Enciclopedia della musica 11

Enciclopedia della musica

Direzione: Jean-Jacques Nattiez
Con la collaborazione di Margaret Bent, Rossana Dalmonte e Mario Baroni

Enciclopedia della musica

Diretta da Jean-Jacques Nattiez
Con la collaborazione di Margaret Bent
Rossana Dalmonte e Mario Baroni

Volume secondo

Il sapere musicale

Giulio Einaudi editore

Coordinamento editoriale: Graziella Girardello.
Redazione: Anna Maria Farcito e Veronica Buzzano.
Revisione delle traduzioni: Carlo Vitali e Fulvia De Colle.
Ricerca iconografica: Luca Bianco, Maria Perosino, Maria Virdis.
Ricerche bibliografiche: Nicola Verzina.
Segreteria editoriale: Carmen Zuelli.

www.einaudi. it

Traduzioni di: Anna Rita Addessi (*La musica e l'inconscio*; *La musica e il bambino*); Roberto Agostini (*Lo studio della popular music*); Lorena Candini (*Processi cognitivi nell'esecuzione musicale*; *Doti musicali e innatismo*); Luca Colombotto (*L'enigma dell'orecchio assoluto*; *Musicologia e comunismo*; *Didattica della musica nel Novecento*); Fulvia De Colle (*Il ritmo*; *Scale, polifonia, armonia*; *Biologia e creatività*; *Il mestiere del musicologo*; *«Opera omnia» e «monumenta»*); Roberta Giordani (*Finalità ed effetti della critica*); Elena Giovanelli (*La musica e il cervello*; *Musica e gola*); Susanna Migli e Carlo Vitali (*La melodia*); Laura Martuscelli (*Musicologia e «gender studies»*); Claudio Mussolini (*Il timbro*; *Musica e significato*; *La percezione della musica*; *La musica degli animali*; *Professionisti e dilettanti*; *Etnomusicologia*; *Etnomusicologia nell'epoca postmoderna*; *Musicologia e nazismo*; *Edizioni critiche di musica dell'Ottocento*; *L'interpretazione della musica antica*; *La regia moderna delle opere del passato*; *Interpretazione e autenticità*); Susanna Pasticci (*La tessitura*; *Analisi ed esecuzione musicale*); Egidio Pozzi (*Forma e sintassi*; *Il tempo musicale*); Aldo Serafini (*Concezioni diverse della storia musicale*; *L'acustica dei teatri e delle sale da concerto*); Giovanni Solinas (*Pluralità e diversità del sapere musicale*); Carlo Vitali (*Collezioni e biblioteche*; *Edizioni critiche di musica medievale e rinascimentale*; *Testo, compositore, direttore d'orchestra*).

ISBN 88-06-15850-3

Indice

JONATHAN DUNSBY

Analisi ed esecuzione musicale

PAUL GRIFFITHS

Finalità ed effetti della critica

ALEJANDRO PLANCHART

L'interpretazione della musica antica

CHRISTOPHE DESHOULIÈRES

La regia moderna delle opere del passato

Elenco delle illustrazioni fuori testo

* Il presente inserto iconografico si riferisce specificamente al saggio di Christophe Deshoulières, in questo volume alle pp. 1029-63.

JEAN-JACQUES NATTIEZ

Pluralità e diversità del sapere musicale
Presentazione del Volume secondo

1. *Cos'è la musica?*

Nel 1952 il compositore americano John Cage faceva eseguire da un pianista un'opera intitolata *4'33''*, la cui partitura è la seguente:

I TACET II TACET III TACET

La eseguí per la prima volta David Tudor, il 29 agosto del 1952 a Woodstock, nello stato di New York. Egli segnò l'inizio e la fine di ogni movimento aprendo e chiudendo il coperchio della tastiera (la parola "tacet" è usata nelle parti orchestrali per indicare che per un certo numero di battute lo strumento non deve suonare). Il primo movimento durò 33'', il secondo 2'40'' e il terzo 1'20''. Vuole la leggenda che la sera di quella prima le finestre della sala da concerto rimanessero aperte, e che durante l'esecuzione si udisse il canto degli uccelli.

Alle soglie di questo volume dedicato al sapere musicale non è inutile citare quel caso limite per tentare di rispondere alla domanda: *Che cos'è la musica?* [cfr. Dahlhaus e Eggebrecht 1985]. Essa può parere banale. Non abbiamo forse tutti i giorni, alla radio, nei supermercati o nella sala d'attesa dello studio dentistico, l'esperienza di cos'è la musica? Non v'è alcun dubbio per ciascuno di noi che la *Sinfonia in sol minore* K 550 di Mozart o *Le sacre du printemps* siano senz'altro musica. Ricordo tuttavia che, quando da adolescente portai a casa il disco col lavoro di Stravinskij, i miei genitori, seppur melomani, fecero fatica a sopportare e a considerare come musica ciò che essi consideravano un frastuono incoerente. Forse oggi che *Le sacre* è divenuta uno dei grandi classici del repertorio sinfonico noi abbiamo difficoltà a comprendere questa renitenza, che risale a circa quarant'anni fa. Ma taluni lettori comprenderanno forse piú facilmente il fatto che quando a Montréal, a metà degli anni Ottanta, fu presentata la Seconda Sonata per pianoforte di Boulez, un critico abbia intitolato il suo articolo: «Boulez = no music»!

Questi pochi aneddoti permettono una prima constatazione: la "musica", prima ancora di essere una realtà sonora, e dal momento che le parole servono da intermediarii con le cose, è anzitutto un *concetto*, cioè una rappresentazione mentale e astratta che noi associamo a una realtà del mondo. Quando usiamo la parola "musica" ritagliamo una certa porzione di realtà, indichiamo un certo tipo di fenomeni sonori anziché altri. Chi dice "musica" dice immediatamente "non musica".

Il Volime primo di questa *Enciclopedia* ha mostrato come il XX secolo abbia spostato i confini tra musica e rumore. Nel *Trovatore* di Verdi (1853) e nell'*Oro del Reno* di Wagner (1854) erano state introdotte delle incudini, ma questi "rumori" non venivano ancora utilizzati per il loro intrinseco valore musicale. Nel 1913 Russolo pubblica *L'arte dei rumori*, e a cavallo della prima guerra mondiale organizza dei "concerti di rumori" che vogliono essere altrettanti schiaffi sonori rivolti contro il concerto tradizionale. Edgar Varèse compone tra il 1929 e il 1931 *Ionisation*, il primo brano per sole percussioni. Nel 1948 Pierre Schaeffer inventa la musica concreta, che diverrà la musica elettronica oggi tanto diffusa. Il "rumore" ha ormai diritto di cittadinanza in campo musicale. Luciano Berio può integrare nelle sue *Sequenze* per diversi strumenti solisti (1958-95) tintinnii di chiavi, "stecche", stridori che spostano e allargano i loro abituali ambiti di impiego. Il gesto cageano del 1952, a un tempo provocatorio e filosofico, significa che possiamo ascoltare i rumori del mondo con un'"intenzione d'ascolto" musicale, come avrebbe detto Schaeffer.

> Cos'è piú musicale [domanda Cage] la cacofonia che esce dalle finestre di un conservatorio, o il rumore del camion che passa loro davanti? [...] Piú si scopre che i rumori del mondo esterno sono musicali, e piú vi è musica [1966, trad. it. p. 84].

E il compositore canadese R. Murray Schafer [1973] ha potuto proporre due dischi in cui ci invita ad ascoltare musicalmente i rumori della città e del porto di Vancouver.

I compositori del XX secolo e la scoperta delle musiche di tradizione orale, sempre meglio conosciute grazie ai dischi, hanno cosí a poco a poco ricondotto sotto il dominio del musicale fenomeni che in precedenza non erano considerati tali, e hanno contribuito ad allargare la coscienza di ciò che gli ascoltatori accettano ora come musica. Si attribuisce a Berlioz questa definizione: «La musica è l'arte di commuovere mediante i suoni esseri dotati di un'organizzazione speciale». Un autore moderno può oggi scrivere: «il musicale è il sonoro costruito e riconosciuto da una cultura» [Molino 1975, trad. it. 1987, p. 10]. Definizione notevole, non soltanto perché consente di misurare il cammino percorso in piú di un secolo, ma perché sottolinea il fatto che quanto viene considerato come musicale è il risultato di una *co-*

struzione culturale. Ma come si opera questa costruzione? Per quale meccanismo un fenomeno *x* o *y* viene collegato all'universo della musica?

Nel caso di *4'33"* il suono è scomparso o, piú esattamente, siamo invitati ad ascoltarlo laddove non esiste. Il problema non è di sapere se abbiamo a che fare con una ciarlataneria. Ciò che importa capire è come un gruppo certamente ristretto – il compositore e il suo interprete – e un gruppo piú vasto – le persone che sono venute ad "ascoltare" tale opera – abbiano potuto accettare di considerarla come inerente alla musica, e non al teatro o al mimo.

La ragione profonda sta nel fatto che la musica non è solamente suono organizzato. Quando noi qualifichiamo come musicale un qualsiasi fenomeno, ci riferiamo non tanto "alla" musica quanto a una realtà piú vasta: il «fatto musicale totale» [Molino 1975]. Esso comprende non solo la manifestazione sonora – che è primaria ed essenziale – ma *tutto ciò che si collega al musicale*: l'esistenza di categorie professionali (i compositori e gli interpreti), di istituzioni (le società filarmoniche o di musica da camera, la sala da concerto), di oggetti specifici (la partitura, gli strumenti, i dischi, la bacchetta del direttore d'orchestra). Per comporre, produrre e ascoltare il suono occorrono cose diverse dal suono stesso: esseri umani, strumenti, istituzioni e categorie sociali. Se *4'33"* può essere considerata un'opera *musicale*, lo è perché l'autore che la firma è un compositore; perché l'opera costituisce l'oggetto di una partitura ed è pubblicata da Peters; perché è eseguita da un pianista, il quale fa uso di un pianoforte; perché l'apertura e la chiusura del coperchio della tastiera segnano l'inizio e la fine dei movimenti; perché, all'interno dello spazio cosí delimitato, la nostra attenzione è attirata sui suoni, e per sentirli siamo invitati a un concerto. Evidentemente il paradosso consiste nel fatto che *4'33"* è considerata opera musicale in ragione di aspetti che sono esteriori rispetto all'universo sonoro di un'opera tradizionale; ma per il teorico essa ha anche il merito di sottolineare che la musica non consiste puramente nel suono delle opere, ma anche nei fenomeni compresi in un insieme di oggetti, di comportamenti, di idee, di immagini e di sentimenti, di gruppi umani: realtà in sé non musicali, tuttavia strettamente relazionate alla produzione dell'evento musicale e contribuenti alla *costruzione*, in una data epoca e in una data cultura, del fatto musicale complessivo.

Il problema si complica allorquando lasciamo l'Europa per osservare le società di tradizione orale.

1) Quando si confrontano culture differenti che posseggono l'equivalente della parola "musica" si constata *lo spostamento dell'area semantica del termine da una cultura a un'altra*. Cosí il persiano possiede nel suo vocabolario le parole *musiqi*, la scienza o l'arte della musica, e *muzik*, che designa i suoni musicali o le esecuzioni di musica. Orbene, Lorraine Sakata [1983] ha potuto dimostrare che l'appellativo di *muzik* dipende dalla posizione e

dalla valutazione che quella cultura attribuisce al musicale: sono *muziki* i canti su testi religiosi non necessariamente utilizzati nei rituali – i canti interpretati in contesti profani –, ma non lo sono gli appelli alla preghiera e la cantillazione del Corano. Perché? I criteri addotti da Sakata sono "esterni" al musicale propriamente detto, ma appartengono al fatto musicale totale: si parla di *muzik* quando intervengono strumenti musicali e musicisti professionisti e quando il *contesto* specifico di esecuzione non è religioso. Eppure, quando ascoltiamo una registrazione su disco del richiamo del *muezzin*, siamo ben convinti che si tratti di musica. Attraverso la via indiretta del vocabolario, con gli equivalenti nella propria lingua della parola "musica", *ogni cultura impone un proprio taglio a ciò che essa intende come musica.*

2) Ma la maggior parte delle società di tradizione orale, in particolare le società di cacciatori-raccoglitori, non posseggono l'equivalente della parola "musica". Fuori d'Europa, come hanno rilevato molti ricercatori, si trovano soprattutto termini equivalenti a "canto", "danza", "gioco", e anche a forme simboliche di cui in Occidente non conosciamo l'equivalente. Prendiamo la cultura musicale dei Mapuche dell'Argentina, studiata da Carolina Robertson [Robertson - De Carbo 1976]. I Mapuche non hanno una parola per "musica", ma distinguono tra le forme strumentali improvvisate (*kantun*), la musica europea e quella delle tribú diverse dai Mapuche (*kantun winka*), i canti cerimoniali (*öl*) e un genere a parte, il *tayil*. All'ascolto nulla distingue per noi il *tayil* da ciò che noi chiamiamo "canto" o "musica", ma per comprendere cosa esso sia occorre penetrare nell'universo religioso dei Mapuche. La parola *tayil* designa la forza vitale (per semplicità: l'anima) che un individuo condivide con tutti i membri viventi o defunti del suo clan. L'essenza di quest'anima è attivata e verbalizzata soltanto attraverso l'esecuzione di un *tayil*. Essa attira, richiama, con una combinazione specifica di linee melodiche, l'anima del clan al quale un individuo appartiene. Si tratta di una sorta di biglietto da visita sonoro attraverso il quale un individuo si identifica col proprio clan, mettendo in moto la forza vitale di cui esso è depositario.

Noi non conosciamo certamente nulla di analogo nella nostra cultura, e se per un etnomusicologo occidentale è possibile studiare le strutture musicali di un *tayil* (esso si suddivide in quattro frasi, vi è un *glissando* alla fine di ogni frase, una progressione melodica per tono, l'assenza di qualsiasi riferimento metrico), in compenso l'accostamento dei quattro generi riconosciuti dai Mapuche, e soprattutto l'uso particolare del *tayil* e le sue associazioni religiose – che dal nostro punto di vista sono elementi "extramusicali" – ci rendono difficile affermare che per essi si tratti in questo caso di musica nel senso in cui la intendiamo generalmente. Non dimentichiamolo: musicologia ed etnomusicologia sono discipline *occidentali*, che interpretano i fenomeni sonori del mondo a partire dalla *nostra* concezione di musica.

3) Nel caso del *tayil* si trattava di un genere concettualizzato dai Mapuche in termini extramusicali. Prendiamo ora un esempio in cui la distinzione musica / non musica non è dedotta tanto da concettualizzazioni esplicite che si possono raccogliere da informatori, quanto da *comportamenti* osservabili sul campo: il caso del *katajjaq* – il gioco di gola – delle donne Inuit [cfr. Nattiez 1983]. Nella lingua degli Inuit, l'inuttitut, non esiste una parola per indicare ciò che noi intendiamo per musica, e pare proprio che il concetto di musica come tale sia assente dalla loro cultura e dal loro vocabolario. La parola *nipi*, comprendente alcuni fatti che noi designiamo col termine "musica", possiede un'area semantica piú vasta, poiché include tanto il rumore dell'aereo quanto il suono della voce parlata. Nell'ambito di ciò che noi consideriamo *a priori* come musica gli Inuit praticano principalmente i canti di danza col tamburo e, in una regione piú limitata dell'area culturale inuit, il *katajjaq*.

In un primo tempo antropologi ed etnomusicologi parlavano, a proposito di questo genere, di "*canto* di gola", dato che esso era conosciuto essenzialmente tramite registrazioni su nastro. Ma l'osservazione sul campo dell'esecuzione del *katajjaq* ha condotto Nicole Beaudry [1978] a considerarlo non come un tipo di canto, ma principalmente come un *gioco*. In effetti il principio dell'esecuzione consiste nella ripetizione sfasata, da parte di due donne poste l'una di fronte all'altra, di un breve motivo, fino a che una delle donne sia costretta a fermarsi, o per mancanza di fiato, o per abbassamento della voce. Vi sono in tal modo una vincitrice e una perdente.

Rimane legittimo studiare la componente sonora del *katajjaq* (nulla ci vieta di chiamarla "musicale" secondo le nostre categorie), a condizione di non trascurare il fatto che in questo gioco musicale si deve vincere, ma con merito, cioè impiegando bei suoni e anche suoni riconosciuti come difficili. Considerato in rapporto alla sua cultura d'appartenenza, il *katajjaq* è un gioco in cui la componente sonora è essenziale, ma l'organizzazione morfosintattica si spiega soltanto in funzione del carattere puramente ludico di tale produzione.

4) Prendiamo in esame un altro caso tipico: le "forme intermedie" (l'espressione è di Molino) tra ciò che noi chiamiamo linguaggio e ciò che noi chiamiamo musica: formule di sortilegio, declamazioni, salmodie, cantilene, ecc. Queste forme ci appaiono intermedie in quanto in Occidente facciamo del linguaggio parlato e della voce cantata due poli opposti, perciò rimaniamo stupiti dinanzi a quello strano pianeta che è la voce semicantata, semiparlata: come, ad esempio, lo *Sprechgesang* utilizzato da Schönberg nel suo *Pierrot lunaire*. La presenza dello *Sprechgesang* nella nostra cultura musicale ci costringe ad aggiungere una categoria nuova al *continuum* delle for-

me simboliche che ben conosciamo: musica-canto-*Sprechgesang*-linguaggio. Secondo lo stesso spirito, George List [1963] ha distinto negli indiani Hopi linguaggio, canto e declamazione; fra i Maori linguaggio, canto rituale, canto vernacolare e *haka*, che per essi costituisce una forma particolare di comunicazione in accompagnamento alla danza.

5) Si può al tempo stesso estendere e sfumare quest'idea di *continuum*. Per esempio gli studi sulla musica degli Inuit conducono ad aggiungere il gioco e la danza al *continuum* parola-musica-canto. Ma oltre all'estensione del *continuum* vi è qui la ridefinizione di ciò che ciascuna di queste categorie viene a significare allorquando la si applichi alla cultura studiata. In effetti, per comprendere la funzione pragmatica dei canti di danza col tamburo e dei tornei di canto inuit, che noi consideriamo immediatamente come forme di musica, è necessario introdurre fra gli altri elementi il concetto di durata: un canto di danza col tamburo (*pisiq*) deve durare quanto piú a lungo possibile, e la durata è ancora piú importante nel contesto dei tornei di canto. Lo stesso concetto è presente nel gioco del *katajjaq*, giacché per gli esecutori si tratta di restare in fase tra loro il piú a lungo possibile. Cosí fra gli Inuit la durata stabilisce un legame tra fenomeni quali il canto, la danza e il gioco, che nella nostra cultura sono separati gli uni dagli altri, o sono collegati in modo diverso. Anzi, l'importanza rivestita dalla durata e dalla competizione nei generi inuit, comprendenti una cospicua componente che noi chiamiamo musicale, ci porta a guardare sempre piú da vicino alla dimensione competitiva e ludica nella nostra stessa musica; in quella musica che a partire dalla metà dell'Ottocento, attraverso il concetto di "musica pura" o di *absolute Musik*, tendiamo a considerare e a definire unicamente dal punto di vista delle strutture immanenti e formali. Di concorsi musicali in Occidente ve ne sono oggi a bizzeffe. Commentatori e ascoltatori scommettono talvolta sul vincitore come se si trattasse di cavalli da corsa. Quanto al concerto (termine che il *New Grove* ci dice derivare probabilmente dal latino *concertare*, combattere, lottare), non è forse esso una sorta di giocosa disputa fra il solista e l'orchestra?

Occorre, come taluni hanno fatto senza alzare la voce [Feld 1982] o proposto con insistenza [Gourlay 1984], astenersi dal parlare di "musica" quando gli autoctoni non ne utilizzano o non ne conoscono neppure la parola? Posizione a nostro avviso eccessivamente nominalista che, per rispettare la specificità delle culture, finisce per non cogliere un fenomeno antropologico universale. Un neonato di pochi mesi già distingue fra suoni vocali emessi per il piacere del sonoro e suoni destinati a comunicare dei significati e a interagire col suo ambiente. Tranne il caso in cui certi "incidenti" facciano scomparire la musica – per un certo periodo sotto il regime khomeinista in Iran, e ancora nell'ottobre del 2001 sotto quello dei Talebani in Afghanistan, dove la musica è stata proibita perché nuocerebbe alla grandezza di Allah – esiste senz'altro nella specie umana un'universale "facoltà della musica" all'origine di una forma simbolica particolare che nelle nostre società chiamiamo "musica". Fin dagli albori della specie umana essa si manifesta attraverso il canto, ovvero l'impiego modulato della voce, e attraverso la produzione di ritmi. André Schaeffner [1936] ha formulato l'ipotesi che occorra vedere l'origine della musica nei sonagli appesi alle gambe dei popoli cosiddetti primitivi. Nessuno potrà stabilire con certezza la precedenza tra queste due possibili origini, ma pare logico pensare che la musica trovi la sua genesi nel corpo, in un impiego particolare, per dirla col paleontologo Leroi-Gourhan [1964-65], del gesto e della parola, o piú precisamente della voce. Produzione ritmica e produzione vocale paiono in ogni caso ben iscritte nel patrimonio genetico dell'essere umano.

Ogni cultura delimita e articola in maniera specifica non soltanto la sostanza sonora della forma simbolica che noi chiamiamo "musica", ma anche i legami di qualsiasi natura che essa intrattiene coll'ambiente – culturale, sociale, religioso – e anche, l'abbiamo visto riguardo ai problemi sollevati dalla musica del Novecento, nel seno di una stessa società. Siamo quindi autorizzati a parlare di "musica" a proposito di forme sonore organizzate per le quali la cultura autoctona non utilizza l'equivalente della parola "musica", ma a condizione di sapere o di stabilire quali siano i legami specifici tra queste manifestazioni sonore e la loro cultura d'appartenenza.

Tutte le culture umane posseggono accanto al linguaggio una forma simbolica costituita da suoni organizzati. Ma la definizione richiamata all'inizio potrebbe applicarsi altrettanto bene al linguaggio verbale. Purtuttavia, quando ascoltiamo l'inizio della *Sonata al chiaro di luna* non sentiamo qualcuno dirci: «Quel ramo del lago di Como, che volge a mezzogiorno...» Certo nella musica vi è una dimensione semantica: *La mer* di Debussy denota bene il rumore delle onde, l'assolo di corno inglese del *Tristano* ha una connotazione nostalgica, il *Till Eulenspiegel* di Strauss evoca la gioia e il senso dell'umorismo. Ma l'obiettivo di un brano musicale non è quello di veicolare *significati coordinati sintatticamente*, come nel caso delle diverse lingue umane. La semantica musicale funziona in modo assai specifico rispetto a ciò che conosciamo della significazione linguistica [cfr. i lavori sperimentali dello psicologo Michel Imberty: 1979; 1981], e conviene tenerne conto. Completeremo dunque nel modo seguente la già proposta formula di Molino: *La musica consiste nel sonoro prodotto e organizzato da una cultura. Tale sonoro è portatore di connotazioni semantiche e affettive, ma la sua sintassi non è organizzata, come nel linguaggio, a livello di unità legate a significati lessicali, bensí a livello di unità minimali e discrete, che vengono chiamate ordinariamente note, e piú tecnicamente unità di scala oppure, nel caso specifico delle musiche elettroacustiche, oggetti sonori.*

2. *Per una concezione filogenetica della musica*.

Il fatto musicale è il risultato di un processo che probabilmente affonda le sue radici nel corredo genetico umano – la facoltà della musica – e probabilmente altrettanto avviene per tutte le altre forme simboliche: il linguaggio deriva dalla facoltà di parlare, e la letteratura dalla facoltà di raccontare. Questa facoltà si manifesta attraverso comportamenti umani e contesti che non sono specifici della musica: l'uomo utilizza strumenti per eseguire musica, ma anche per lavorare o per fare teatro; utilizza il linguaggio per cantare, ma anche per giudicare un'interpretazione musicale, per comunicare, per esprimersi; fa musica nelle sale da concerto o sotto alberi sacri, ma ne fa anche in chiesa o per strada. Proporremo qui una piccola teoria, a un tempo genetica e antropologica, sulla natura della musica.

Prendiamo l'esempio delle salmodie, delle cantillazioni, di quelle grida modulate (quale termine usare? Gli americani parlano di *chant*, ma non si tratta propriamente del nostro canto) che contraddistinguono negli Stati Uniti le stupefacenti prestazioni dei banditori alle aste di antiquariato. Esse sono state studiate dall'etnomusicologo americano Geoffrey Miller [1984], e lo hanno posto dinanzi a un dilemma. La sua indagine fra i banditori d'asta dimostra come essi non abbiano consapevolezza di fare qualcosa di musicale; purtuttavia, in quanto musicista e musicologo, Miller riesce a distinguere senza difficoltà in queste prestazioni vocali una dimensione musicale: stabilità di altezze, struttura scalare con un centro tonale e note ausiliarie, formule d'intonazione, struttura ritmica e *tactus*. Semplifichiamo molto la sua analisi, che è di grande finezza, ma prendiamo in considerazione due elementi delle sue conclusioni. Egli spiega l'utilizzo di procedimenti che consideriamo come musicali da un lato con la *necessità funzionale* di poter procedere senza fatica e per lunghe ore alla vendita, dall'altro di impedire al pubblico di annoiarsi e di incitarlo ad acquistare creando con la voce una tensione del tutto particolare. Che poi i banditori d'asta non abbiano consapevolezza di compiere qualcosa di musicale, egli lo spiega sia col fatto che parte dei procedimenti da essi utilizzati sono anche quelli della poesia epica di tradizione orale, sia col *contesto* commerciale dell'esecuzione, che nulla ha di musicale. In questo secondo criterio ritroviamo un canone contestuale analogo a quello dei persiani quando usano la parola *muzik*.

Quest'analisi ci pare a grandi linee esatta, ma vorremmo avanzare una spiegazione da un punto di vista antropologico e genetico piú generale di quella di Miller, e che può anche qualificarsi, mutuando il termine dalla biologia, come filogenetica: essa tenta di spiegare il modo di formazione e di evoluzione delle specie, intendendo qui le specie di forme e di pratiche simboliche presenti nelle diverse culture umane. Intendiamo per forme e pratiche simboliche, sulla traccia di Cassirer e di Piaget, qualsiasi attività o creazione che conduca l'essere umano a collegarla col pensiero a un qualsiasi oggetto del mondo.

Nel tentativo di comprendere cosa sia la musica, l'errore è stato fino a oggi quello di partire da una divisione delle forme simboliche in categorie relativamente stagne – il linguaggio, la musica, il gioco – che, se anche tollerano di tanto in tanto qualche prestito dalle categorie affini, non reggono allorquando siano messe a confronto con le delimitazioni e i significati propri di ciascuna cultura. Quando si riconosce che nella musica, a differenza del linguaggio, si ha l'impiego sistematico di altezze e ritmi, si deve nel contempo riconoscere che queste due dimensioni non sono assenti dal linguaggio, ma vi funzionano in modo differente. Quando chiedo: "Le piace Verdi?" conferisco alla mia frase un'intonazione di carattere interrogativo qualificabile come "musicale". Il ritmo non è esclusivo della musica: esiste un ritmo nel disegno, nell'architettura, nella danza, nel mimo, in un verso di Dante o di Leopardi, per non parlare (argomento decisivo) dei ritmi biologici come la respirazione e il battito cardiaco.

Proponiamo quindi di considerare le diverse forme e le diverse pratiche simboliche che la nostra cultura concepisce come "puramente musicali" o come parzialmente derivate dalla musica, non in quanto attualizzazione o manifestazione di un'entità astratta che chiamiamo "musica" o "linguaggio", bensí come derivazione da un sostrato genetico-antropologico comune a tutte le forme e pratiche simboliche [Molino 1991*a*], ma a partire dal quale in ogni epoca e in ogni cultura si diversificano le varie forme e pratiche simboliche che conosciamo ed etichettiamo. In questo sostrato distingueremo nove componenti (e ve ne sono senza dubbio altre ancora), che non vanno confuse con le forme e le pratiche simboliche in sé.

1) Ogni forma o pratica simbolica si compone di *parametri sostanziali* a partire dai quali la sostanza delle forme simboliche considerate si organizza specificamente:
   - il ritmo – che ritroviamo allo stesso modo in una sfilata, in un rituale, nella parola, nella danza, nel disegno, nell'architettura o nella musica;
   - le modulazioni dell'altezza: in musica esse tendono a organizzarsi secondo altezze fisse discrete, mentre nel linguaggio obbediscono a curve di intonazione non discrete (*continuum*); ma hanno una forma particolare nello *Sprechgesang,* nelle formule di vendita all'incanto o nei richiami dei *muezzin*; i contadini di Formosa hanno in repertorio canti costituiti unicamente da *glissando*;
   - l'intensità, di cui si parla assai nella musica in quanto vi sono concettualizzate le opposizioni (ad esempio di *piano* e di *forte*), che però sono altrettanto importanti nei colori di un quadro o nell'enunciato verbale di una frase, quantunque organizzate in modo ben diverso;

- il timbro, che caratterizza il colore delle vocali e delle consonanti, ma anche gli strumenti musicali e i registri della voce cantata, per non parlare dei colori della pittura.

2) Le forme e le pratiche simboliche fanno appello per esistere ai *movimenti del corpo*: essi accompagnano altrettanto bene la produzione linguistica (movimenti delle labbra, gesti delle braccia e delle mani), la produzione musicale (vocale e strumentale), la narrazione letteraria verbale, la danza, l'azione teatrale, ecc. Sono necessari per edificare le chiese, sono alla base del gesto del pittore, e non solamente nell'*action painting*!
3) Le forme e le pratiche simboliche risultano dall'*impiego di utensili e strumenti*: in una manifestazione politica (i cartelli), nel lavoro (dalla carriola all'automobile, dalla matita al computer), nel teatro (la scenografia, i costumi, gli attrezzi, le luci), per fare cinema (la macchina da presa, il proiettore, lo schermo), per parlare (la voce, poiché essa è uno strumento), per far musica (la voce e lo strumento musicale).
4) Le forme e le pratiche simboliche si inscrivono *in contesti e in circostanze concrete* di creazione, esecuzione o percezione, sia che si tratti di assemblee di fedeli, di raduni politici, di contesti d'uso della parola studiati dagli etnolinguisti (conversazione, comizio politico, corso universitario, riflessione interiore, ecc.) o di contesti di esecuzione musicale (concerto pubblico o privato, festival rock, festa, rituale, cerimonia religiosa, teatro): vale a dire quanto Boilès [1978] ha definito «musical occasions».
5) Le forme e le pratiche simboliche acquisiscono una dimensione *pragmatica* tipica dell'uso che se ne fa in tali circostanze e in tali contesti concreti: ludico, competitivo, di resistenza, solenne, mistico, per riprendere alcune delle categorie prima citate. Si noti che esse non riguardano unicamente l'impiego del linguaggio o della musica, ma la totalità delle forme d'espressione artistica.
6) Le forme e le pratiche simboliche danno luogo a scambi che mettono in gioco uno *schema tripartito* [cfr. Molino 1975; Nattiez 1987], costituito di tre istanze irriducibili: il produttore (o i produttori) della forma o dell'azione, una traccia (verbale, grafica, sonora) di tale produzione, e uno o piú destinatari di tale forma di espressione o di tale azione. E ciò è vero tanto nelle arti plastiche, nelle arti dello spettacolo, nella letteratura, nel linguaggio verbale o nella musica, quanto nelle *pratiche* simboliche (una sfilata, un bacio, la preparazione di un pasto). L'opera o il brano musicale sono il prodotto di strategie compositive e produttive che lasciano una traccia scritta e/o sonora percepita da un pubblico; nell'ambito della musica occidentale questa traccia (lo spartito) costituisce l'oggetto di un'interpretazione che dà vita a strategie percettive.

7) Le forme e le pratiche simboliche danno luogo ad *associazioni mentali* di ogni natura: i significati lessicali e frastici nel caso del linguaggio, i diversi livelli di significato nelle arti plastiche, i rimandi mimetici, le immagini e le connotazioni emotive nel caso della musica; ma anche le connotazioni religiose, filosofiche, ideologiche legate alla psicologia e alla cultura dell'individuo in ogni genere di opere e di pratiche. E ciò vale per i produttori cosí come per i fruitori.
8) Le forme e le pratiche simboliche danno vita a un tipo particolare di associazioni mentali: *i giudizi estetici*, suscitati non solo dalla musica occidentale, ma in pari misura dalla parola ("ha una bella voce"), dagli edifici ("questo palazzo è orribile"), non meno che dalle musiche considerate a torto come puramente funzionali. Sulla copertina di un disco che contiene un richiamo alla preghiera leggiamo che i *muezzin* dell'album, grazie alle loro doti particolari, sono riconosciuti come maestri nella loro cultura. Allo stesso modo nelle scuole americane per banditori d'asta (in effetti ce n'è qualcuna!) si riconosce a tali esibizioni una qualità estetica, a prescindere dalla loro efficacia prettamente commerciale.
9) Le forme e le pratiche simboliche danno luogo a *enunciati metalinguistici*, quelli attraverso i quali l'essere umano ne commenta, descrive o prescrive sotto forme piú o meno teorizzate, piú o meno metaforiche, il funzionamento. Compete a questo livello il fatto di qualificare un fenomeno come appartenente alla musica, al canto, alla *haka* o al *tayil*. Si è visto come la nostra analisi non ne possa prescindere. La costruzione del sapere musicale, che è argomento del presente volume, fa evidentemente riferimento a questa capacità dell'essere umano di cercare di comprendere ciò che egli produce. Come scrive splendidamente il filosofo Paul Ricœur: «Laddove un uomo sogna, profetizza o fa poesia, un altro si leva ad interpretarlo» [1969, p. 27]. Parafrasando: «Laddove un uomo o una donna cantano, danzano o suonano uno strumento, qualcun altro cerca di comprendere ciò che essi fanno».

Vi sarebbero dunque almeno nove istanze genetico-antropologiche *alla base* della creazione, dell'esibizione, dell'esecuzione di tutte le forme e pratiche simboliche umane: i parametri sostanziali, i movimenti del corpo, l'impiego di strumenti, i contesti e le circostanze, la dimensione pragmatica, il quadro di scambio simbolico, i rimandi associativi, i giudizi estetici e il metalinguaggio. Nell'enumerarli abbiamo di volta in volta considerato non soltanto l'esempio della musica o del linguaggio, ma anche alcune delle particolari forme simboliche sopraccitate.

Per dimostrare la fondatezza di questa prospettiva, riprendiamo l'esempio del banditore d'asta. Il sostrato genetico-antropologico consente di comprendere perché i banditori diano l'impressione di attingere al musicale senza averne coscienza. Molto semplicemente perché essi non mutuano nulla dalla musica. Essi producono una specifica forma simbolica che per le sue esigenze particolari (provocare nel pubblico il desiderio di acquistare) va ad attingere alla riserva di possibilità parametriche a disposizione dell'essere umano taluni elementi (ritmi, altezze, intonazione, intensità della voce, ecc.) che le nostre conoscenze musicologiche collegano alla musica. È per questo che da un lato non viene in mente ai banditori d'asta di avere nella loro pratica qualcosa di musicale, e che dall'altro la loro produzione ci appare come una forma ibrida; in realtà essi non fanno altro che ricorrere al bagaglio fondamentale delle possibilità simboliche umane, e ciò in funzione degli specifici requisiti postulati dalle esigenze commerciali di una vendita all'incanto, e secondo modalità proprie della loro microcultura, quella dei banditori d'aste d'antiquariato americani.

Se ora torniamo "alla" musica, comprendiamo allora come quanto ciascun gruppo culturale delle nostre società intende con questa nozione non sia altro che una combinazione particolare di elementi e di componenti creati e combinati a partire dalle possibilità genetico-antropologiche che abbiamo tentato di definire. E quando ci troviamo di fronte a culture che della musica non posseggono né il termine, né il concetto, o quando siamo in presenza di forme che consideriamo ibride, siamo noi a considerare come musica o come attinenti al musicale queste forme di espressione o questi fenomeni sonori, per analogia col nostro concetto di musica e con tutto ciò cui la parola rinvia.

Ogni forma simbolica, venga o no chiamata "musica", risulta da una complessa combinazione di parametri sostanziali ai quali ogni cultura dà forma originale a partire dalle possibilità inscritte nelle facoltà genetiche dell'essere umano. A questa forma simbolica viene assegnato un nome, viene ritagliato uno spazio in rapporto alle altre forme simboliche, viene associata talvolta una teoria, insomma viene sviluppanto intorno a essa un *sapere* piú o meno elaborato.

Poiché non esiste "la" musica, ma esistono "le" musiche; poiché la musica deriva allo stesso tempo da una universale "facoltà della musica"; poiché una certa particolare musica è il prodotto di una storia, di una società, di una cultura e di un individuo, il numero delle discipline convocate oggi per render conto del fatto musicale totale si è moltiplicato nel giro di mezzo secolo. Ne abbiamo appena avuto una prima dimostrazione tentando di rispondere alla domanda: "cos'è la musica?". Abbiamo preso in prestito strumenti di riflessione ed elementi di conoscenza dalle discipline ben consolidate della musicologia: la storia della musica, la teoria, l'analisi, l'estetica, l'etnomusicologia; ma è stato necessario rivolgersi anche alla sociologia, all'antropologia, alla psicologia e, anche se solo per allusione, alla biologia. È proprio di questa molteplicità di approcci al fatto musicale che il presente volume intende rendere conto.

3. *Il poliedro del sapere musicale*.

Per comprendere il punto di vista che abbiamo adottato ci si può rappresentare il sapere musicale sotto forma di un poliedro dalle molteplici sfaccettature. Nel cuore di tale poliedro risiede "la" musica nel suo aspetto sonoro, che si tratti di musica scritta (come nella tradizione occidentale), di musica elettronica, di musica improvvisata o di musica di tradizione orale. Ma il fatto musicale viene osservato e accostato attraverso le diverse sfaccettature del poliedro: le differenti discipline presenti a pieno titolo entro la cornice della musicologia (ad esempio la storia, l'analisi, la teoria musicale, l'acustica), le discipline – e i relativi metodi – costituite da altri settori di investigazione scientifica (scienze umane, scienza della natura, scienze esatte), le filosofie, le ideologie e i punti di vista (marxismo, fenomenologia, strutturalismo, femminismo, ecc.) che costituiscono altrettante visioni del mondo. È a partire da tutto ciò che si costruisce il sapere musicale.

Se insistiamo sull'idea di costruzione, è per sottolineare come la conoscenza del musicale non attenga a un sapere diretto, immediato, ingenuo, ma piuttosto a un'organizzazione cognitiva che considera il fatto musicale in un modo anziché in un altro, e che fa ricorso a specifici strumenti intellettuali. E ciò indipendentemente dal livello di raffinatezza intellettuale e scientifica dell'atto o del fatto di conoscenza musicale: dalle reazioni spontanee dell'ascoltatore all'uscita di un concerto o dall'articolo di un critico di professione fino a un trattato di armonia o a una biografia di Wagner in sei volumi. Tutte le discipline chiamate in causa dalla ricerca musicologica, delle quali tentiamo con questo volume di presentare un panorama, costituiscono altrettante sfaccettature del poliedro, per mezzo delle quali abbiamo accesso al fatto musicale e che moltiplicano le maniere di considerarlo.

In funzione di cosa muta il sapere musicale? Distingueremo quattro fattori.

1) Il sapere musicale evolve in primo luogo a seconda della *situazione storica ed epistemologica del sapere in generale*. Esso dipende dal bagaglio di discipline, metodi, ipotesi e credenze a disposizione del ricercatore, a seconda delle epoche e delle culture. Per attenerci alla civiltà occidentale, la situazione del sapere musicale è mutata nel tempo. Passando in rassegna a grandi linee la storia, si possono fissare cinque grandi momenti.

- Nell'antichità, e grosso modo fino a Boezio (ca. 480-524), la musica è considerata secondo i principî pitagorici come "ombra dei numeri", e il discorso sulla musica si integra in *una spiegazione globale del mondo*, servendole da base.

- A poco a poco il discorso sulla musica si rivolge alla *pratica*: come eseguire il canto fermo (Aureliano di Réôme)? Come addestrare un coro (Guido d'Arezzo)? Quando nel 1722 Rameau pubblica il suo *Traité de l'harmonie réduite à ses principes naturels*, si tratta per lui di definire i fondamenti della musica, ma anche di fornire una base scientifica alla teoria e alla pratica musicali, al fine di legittimare una maniera specifica di scrivere la musica, segnatamente nella sua dimensione armonica. La ricerca dei principî occuperà i teorici della musica fino all'Ottocento, e nel contempo essi continueranno a produrre una quantità di trattati pratici per la composizione e l'interpretazione.
- Ben presto il discorso sulla musica non trova altra giustificazione se non *l'approfondimento della conoscenza* dei fatti musicali. Quando nel 1771 Charles Burney (1726-1814) pubblica *The Present State of Music in France and Italy*, basato su note di viaggio prese in vista della redazione di una storia generale della musica, egli partecipa senza saperlo alla creazione della musicologia moderna, essenzialmente imperniata, nell'Ottocento e per gran parte del Novecento, sulla storia.
- Ma quando nel 1875 Guido Adler traccia la prima mappa della *Musikwissenschaft*, egli distingue tra "musicologia storica" e "musicologia sistematica". Sotto quest'ultimo termine egli raggruppa gli approcci sincronici al fatto musicale: il tentativo di applicare all'armonia, al ritmo e alla melodia alcune leggi tratte dalla ricerca storica; l'estetica e la psicologia della musica; l'educazione musicale; e quella che piú tardi sarà chiamata etnomusicologia. Con l'ingresso della psicologia in campo musicologico, Adler sancisce il riavvicinamento fra musicologia e scienze umane. E si può dire che, nel lungo dialogo che esse intratterranno durante il XX secolo, la musicologia rispecchierà il predominio dell'una o dell'altra disciplina. Cosí il primo gruppo di etnomusicologi, costituitosi in Germania attorno al 1900, trova asilo presso l'Istituto di psicologia dell'università di Berlino. L'importanza del paradigma marxista in filosofia conduce all'emergere di una critica sociologica della musica [ad esempio Adorno 1962]. L'etnomusicologia incontra necessariamente sul suo cammino l'antropologia [Merriam 1964]. Parallelamente l'analisi musicale subisce l'influenza dei modelli forniti dalla linguistica strutturale [Ruwet 1966], considerata per un certo periodo "scienza guida delle scienze umane". La psicologia sperimentale della musica [Francès 1958], ribattezzata piú tardi psicologia cognitiva [Sloboda 1985], assume alla fine del XX secolo un considerevole rilievo istituzionale.
- È possibile supporre che gli sviluppi delle ricerche neuropsicologiche e biologiche, le possibilità di "scannerizzare" il cervello, conducano presto nel XXI secolo allo sviluppo di una rilevante neuro- o bio-musicologia. Dopo l'opera fondante di Niels Wallin [1991], forse essa ha

visto la sua nascita istituzionale nel colloquio sulle origini della musica organizzato a Fiesole nel 1997 [Wallin, Merker e Brown 2000].

2) Per comprendere a fondo la complessità della situazione attuale, è importante non dimenticare che le diverse tendenze fin qui elencate *non si susseguono* relegando nell'ombra o facendo scomparire le precedenti. Si potrebbe dire delle discipline scientifiche quanto Koestler ha detto delle invenzioni: una volta create, esse non possono essere "disinventate". Cosí lo spirito del pitagorismo può essere ancora presente nelle ricerche sui fondamenti della scrittura atonale [Costère 1962; Deliège 2001]. L'elaborazione di trattati pratici di teoria e scrittura tonale si sussegue durante il Novecento [Piston 1941; Schenker 1935; Schönberg 1911], senza escluderne gli stili contemporanei: per la musica elettronica Schaeffer [1966]; per la musica dodecafonica Schäffer [1976]. Lungo la seconda metà del Novecento, le nuove scienze umane hanno esercitato con cadenza molto rapida le loro influenze successive: si riscontra come alla fine del secolo scorso l'influenza delle differenti discipline si sia manifestata contemporaneamente: che si trattasse dell'antropologia [Feld 1982], o della linguistica [Lerdahl e Jackendoff 1983], della sociologia [Menger 1983], della psicologia [Sloboda 1985], o della semiologia [Nattiez 1987].

3) Il moltiplicarsi dei punti di vista sulla musica non deriva solamente dall'entrata in scena di discipline nuove. In terzo luogo occorre senz'altro ricordarsi che, esattamente come la musicologia stessa, *ognuna delle discipline chiamate in causa ha anch'essa una storia* ed è terreno di confronto fra diverse tendenze e diversi orientamenti, talvolta in conflitto. Come la storia tradizionale, la storia della musica rimane ancora fortemente improntata alla documentazione dei grandi avvenimenti, ma essa subisce l'influenza della scuola delle *Annales* [Dahlhaus 1977], comprende il gusto per la storia delle mentalità [Dahlhaus 1980; Danuser 1984], evolve verso il paradosso di una storia a-cronica [Treitler 1989]. V'è ben poco in comune fra un approccio psicoanalitico alla musica che si richiama a Jung [Donington 1963] e uno che si fonda su Freud [Solomon 1988]. Ci si può accostare ai sogni di Wagner senza proporre neppure l'ombra di un'interpretazione psicoanalitica, ma ispirandosi alla psicologia genetica di Piaget [Muller 1981]. Un'antropologia della musica derivata dal culturalismo di Boas [Merriam 1964] non somiglia affatto a un'etnomusicologia improntata allo strutturalismo di Lévi-Strauss [Seeger 1987], mentre uno dei primi etnomusicologi a stabilire connessioni fra stile e cultura, Lomax [1968], fa appello alle ampie caratterizzazioni etnoculturali di Murdock. Il panorama epistemologico si complica quando si consideri che al giorno d'oggi uno storico o un teorico della musica possono ispirarsi a differenti dottrine filosofiche e a differenti ideologie lasciateci in eredità dal XX secolo: neomarxismo, fenomenologia, strutturalismo, teoria lacaniana, archeologia del sapere di Foucault, de-

costruzionismo, femminismo, postmodernismo costituiscono altrettante sfaccettature supplementari... È sufficiente leggere i lavori dell'ultimo decennio del Novecento per convincersene [Kramer 1990, 1995; McClary 1991; Pople 1994; Tomlinson 1993]. E talune preoccupazioni possono riemergere proprio quando le si credeva passate di moda – l'ispirazione linguistica, che riconferisce notevole slancio alla teoria dello stile [Baroni, Dalmonte e Jacoboni 1999] – o definitivamente sepolte, come il darwinismo [Miller 2000; 2001].

4) Infine il sapere musicale si demoltiplica perché gli oggetti di tale sapere sono oggi piú numerosi che negli anni Sessanta, quando l'insegnamento musicologico ufficiale si interessava quasi esclusivamente alla musica occidentale (con resistenze verso la musica contemporanea) e abbastanza di rado alle musiche di tradizione orale. L'interesse per le musiche tradizionali, la loro accessibilità grazie al disco e a mezzi di trasporto sempre piú agevoli hanno favorito da un centinaio d'anni a questa parte lo sviluppo e il costituirsi dell'etnomusicologia in disciplina autonoma. L'invasione dell'etere da parte della musica pop-rock e della musica leggera ha favorito l'emergere di una disciplina a pieno titolo che si dedica allo studio della musica *popular*. E anche se la generazione piú giovane di studenti, piú vicina a Madonna che a Berio, è abbastanza lontana dalle "avanguardie" di ieri, i loro professori includono nell'ambito di ciò che considerano degno di insegnamento le musiche atonali, dodecafoniche o elettroniche, la cui affermazione e i cui sviluppi hanno accompagnato i loro studi o i loro primi anni di pratica, cosicché esse figurano in buona posizione nell'insegnamento superiore d'oggigiorno. Basta che l'evoluzione delle scienze accenda la luce su una nuova realtà musicale perché spunti all'orizzonte una nuova disciplina musicologica. L'ingresso della biologia nel panorama conduce immancabilmente a una zoomusicologia, di cui si intravedono i primi contorni.

4. *Organizzazione e contenuto del Volume II dell'"Enciclopedia".*

Il Volume secondo di questa *Enciclopedia* riflette l'insieme delle problematiche che abbiamo appena richiamato. Qui l'espressione "sapere musicale" è assunta in duplice accezione. Il sapere musicale è innanzitutto ciò che sappiamo della musica e dei musicisti. Ciò è oggetto delle prime tre parti dell'opera. Ma è anche l'impiego che della conoscenza della musica si fa per trasmetterla, renderla viva, interpretarla. Questo è oggetto delle due ultime parti. Fra le due, le diverse discipline e i diversi orientamenti della musicologia.

Per ciascun punto o problema che ci accingiamo ad affrontare il nostro obiettivo non è stato – compito impossibile – quello di presentare l'insieme delle teorie o dei punti di vista che possono darne contezza, ma al contrario, cosí come avevamo fatto nel Volume primo, di fare appello per la trattazione di ciascun tema a una sola disciplina, spesso innovativa, o a un solo punto di vista. Tranne quando si trattava di offrire una rassegna delle grandi branche della musicologia (storia, teoria, analisi, etnomusicologia, ecc.), non si è proceduto a un'esposizione sintetica e storica di quanto avviene all'interno di ciascuna branca. Si è preferito illustrare la diversità dei metodi e delle discipline mobilitate oggi nella costruzione del sapere musicale, facendole intervenire su un certo numero di questioni specifiche, che non sorprenderanno dopo l'esame che abbiamo appena proposto.

1) Il sapere musicale si interessa in prima istanza alle componenti sonore del fatto musicale che variano da un'epoca e da una cultura all'altra. La prima parte del presente volume, *Il materiale musicale*, inizia quindi dal principio. Subito il suono musicale, cosí come viene affrontato dalla scienza acustica. Ma quali sono i parametri fondamentali del fatto musicale costruiti a partire dal suono? Le altezze e il ritmo, certo; ma non esclusivamente in rapporto alla cultura occidentale, rivolgendosi ad autori in grado di trarre i loro esempi da pratiche musicali lontane nello spazio e nel tempo. Si tratterà anche di armonia, di contrappunto, di polifonia, di forme e di sintassi musicali; ma per darne solo una visione generale, poiché non sarebbe convenuto allo spirito di questa *Enciclopedia* affrontare tali categorie dal punto di vista tecnico al quale sono tenuti gli studenti del conservatorio o delle facoltà universitarie di musica. Per contro si è accordata una posizione non trascurabile a dimensioni generalmente lasciate da parte: il timbro, la cui descrizione scientifica è cosí difficile, la tessitura, categoria poco contemplata ma essenziale, e il tempo musicale, dimensione ineffabile quant'altre mai, ma della quale purtuttavia facciamo esperienza a ogni ascolto.

Viviamo ancora nell'idea che la "vera" musica sia una musica "pura", il cui prototipo sarebbe la musica strumentale. Considerato che la musica vocale è probabilmente quella piú praticata sul pianeta, risultava opportuno reintrodurre fra le componenti di numerose tipologie di opere musicali le parole e i testi. Poiché sulla scia di Hanslick [1854] si è a lungo ritenuto che la musica fosse prima di tutto una sorta di sistema formale i cui elementi non rinviassero ad altro da sé, si è qui riservata al contrario una posizione non trascurabile agli studi sulla significazione, poiché crediamo che la semantica, in particolar modo quella affettiva, è parte costituente delle opere musicali.

2) Quindi i componenti fondamentali della musica, gli uomini e le donne, dei quali occorre sottolineare che sono in primo luogo esseri fatti di carne e sangue. Iniziando la seconda parte dell'opera, *La musica, il corpo e lo spirito*, con uno studio di neuropsicologia dedicato al funzionamento del cervello musicale, sottolineiamo che la musicologia del XXI secolo non potrà fare a meno delle scienze biologiche. Non stupirà allora il fatto che con un secondo testo ci siamo assunti il rischio di dare la parola a una ricercatrice

che non ha esitato a misurare il tasso di testosterone dei compositori per vedere se la loro capacità creativa sia legata a una specifica componente ormonale. Dopo il compositore l'interprete, i cui meccanismi psicologici vengono affrontati dal punto di vista delle scienze cognitive. Dopo l'interprete l'ascoltatore: si leggerà un panorama di quanto oggi conosciamo sui principî fondamentali della percezione musicale. Vale a dire che occorre relegare la psicoanalisi nel magazzino degli attrezzi? Anche se lo stesso Freud sperava che un giorno la biologia sarebbe giunta a spiegare quelle crepe dell'animo umano che egli si era dedicato a identificare e a curare, lungi da noi l'idea che la neuropsicologia e la biologia soppiantino l'esplorazione dell'inconscio. L'evoluzione delle scienze umane depone a favore di una coesistenza e di un'interazione fra le discipline. La psicoanalisi trova qui il suo posto. L'incontro della musicologia con le scienze umane da un lato, con le scienze naturali dall'altro, rende ancora piú attuale l'eterno dibattito fra natura e cultura, fra innato e acquisito. Se ne tratterà nuovamente, in modo forse ancora piú approfondito, nel Volume terzo, dedicato alla musica esaminata secondo una prospettiva interculturale.

Tre saggi di questa seconda parte studiano, in modo forse inatteso, i rapporti della musica con la medicina e la malattia. Un musicista è innanzitutto un individuo che ha un corpo. Questi rapporti sono affrontati allo stesso tempo dal punto di vista della storia, della teoria, ma anche da quello della musicoterapia, che è un altro modo di ravvisare l'influenza della musica sugli esseri umani. Dopo tanti discorsi seri, ci siamo concessi una facezia, ma con la massima serietà musicologica: il rilievo della buona tavola e del bere fra i musicisti, i compositori e gli interpreti, e anche in certe opere musicali...

3) Dopo il dato biologico è opportuno chiedersi: *cos'è un musicista?* E innanzitutto una domanda preliminare: se è certo che l'uomo sia dotato di una facoltà musicale, è però egli il solo tra le specie viventi? Uno zoomusicologo offre uno scorcio di ciò che potrebbe essere la musica degli animali... Sappiamo tutti che nel venire al mondo il neonato emette dei suoni. Come si costruisce, passo dopo passo, l'attività musicale del bambino? Uno psicologo descrive tale genesi. Rimaniamo nel campo della psicologia per occuparci di tre aspetti inerenti la predisposizione alla musica: come può spiegarsi che taluni uomini e donne riconoscano le note senza bisogno di far riferimento al diapason (ossia possiedano quello che viene chiamato orecchio assoluto)? È in ragione di una qualche dote innata l'esistenza di bambini apparentemente piú dotati di altri per la musica? E quale ruolo riveste l'educazione nell'acquisizione e nello sviluppo delle capacità musicali? Alla fine di questa terza sezione si abbandona il campo della psicologia per dare ascolto al punto di vista del sociologo: con gli strumenti della sua disciplina egli si volge alla differenza che intercorre fra musicista dilettante e musicista di professione.

4) Poiché il fatto musicale dà origine all'elaborazione di metalinguaggi, giacché è nella natura dell'essere umano commentare ciò che egli produce per interpretarlo e comprenderlo, esso costituisce l'oggetto di un sapere che nel corso degli anni ha provocato l'apparizione di specialisti. Fare musicologia è un mestiere, e il primo saggio della quarta parte, *La conoscenza del fatto musicale*, descrive i diversi aspetti di tale professione. Numerosi capitoli sono dedicati alle diverse branche di questa vasta disciplina. Essa s'interessa in primo luogo alle opere e agli stili, nella loro dimensione storica, estetica e strutturale. Se ne occupano le branche riconosciute della musicologia: la storia della musica – se ne presentano qui le diverse concezioni –, l'estetica, con una piccola storia della nozione di bello musicale, le forme di esegesi delle opere (conosciute sotto il termine filosofico di "ermeneutica"), le teorie che rendono conto dei sistemi utilizzati dai compositori e i modelli di analisi che s'interessano alla struttura delle opere e all'organizzazione degli stili.

Il Volume primo di questa *Enciclopedia* non aveva trascurato le musiche popolari, e il terzo sarà dedicato alle musiche di tradizione orale. Se ne dividono lo studio due famiglie di ricercatori. I primi sono chiamati oggi etnomusicologi, e l'etnomusicologia, che ha compiuto circa un secolo, ha trovato posto solo di recente nelle istituzioni universitarie. Le sono dedicati due saggi: l'uno descrive l'evoluzione della disciplina; il secondo si sofferma sulle sue tendenze piú recenti, poiché essa è particolarmente sensibile alle influenze del postmoderno. La seconda famiglia non ha un nome: anche se vi sono oggi associazioni culturali, riviste, congressi che si dedicano specificamente allo studio delle musiche *popular* e commerciali, la novità di questo campo d'interesse fa sí che i musicologi, gli etnomusicologi, gli antropologi e i sociologi che vi si dedicano non abbiano ancora sentito la necessità di una nuova denominazione. In ogni caso il testo dedicato allo studio delle musiche *popular* ci mostra come la musica pop-rock, commerciale e leggera possa costituire oggetto di problematiche autenticamente musicologiche.

In via di principio la musicologia è una scienza "neutra", poiché i suoi obiettivi sono scientifici. S'intuisce in realtà che essa è percorsa da ogni sorta di correnti ideologiche, quelle che abbiamo elencato in precedenza. Abbiamo scelto d'illustrare questa presenza dell'ideologia attraverso due situazioni estreme: l'esercizio della musicologia nell'epoca del nazismo e sotto i regimi comunisti. Sono certamente considerazioni fondamentali dal punto di vista umano e sociale quelle che, alla fine del XX secolo, dopo la morte dei "grandi racconti", hanno condotto a meditare sulla posizione della donna e sul ruolo dell'identità sessuale nelle attività musicali. Un saggio propone una valutazione di questo nuovo orientamento dell'indagine musicologica.

Le ricerche sul fatto musicale non sono condotte indipendentemente dalla cultura e dalla società che ne costituiscono il quadro. Con questi tre ultimi saggi abbandoniamo l'immagine di un sapere musicale che non avrebbe altro obiettivo se non la ricerca di base. Lo stesso oggetto "musica" impedisce che le cose stiano cosí.

5) In effetti il sapere musicale non scaturisce dalla mera conoscenza. Se nel corso degli ultimi tre decenni del Novecento la ricerca musicologica ha acquisito uno sviluppo senza precedenti, non bisogna però dimenticare che l'apprendimento della musica è essenzialmente una disciplina *pratica*: imparare a leggere le note (solfeggio), a riconoscerle (dettato musicale), imparare a suonare, a scrivere, a comporre. Non è quindi sufficiente accumulare un sapere musicale, occorre anche trasmetterlo. Il sapere musicale si rivela qui nomotetico, normativo. Il professore di pianoforte è colui il quale, al di là dell'apprendimento puramente tecnico, ritiene che quella tale maniera di suonare sia preferibile a un'altra in funzione di una certa concezione di quella tale opera o di quel tale stile. Il professore di composizione è necessariamente colui il quale, al di là dell'insegnamento della scrittura e dell'orchestrazione, insegna ai suoi studenti un modo di concepire la musica piuttosto che un altro, anche se gli è capitato di astenersene in quel periodo di dubbio radicale che ha segnato la fine del XX secolo ("Tutto è possibile", *Anything goes*). Il rapporto tra ricerca fondamentale e impiego pratico del sapere varia a seconda delle culture e delle epoche. Sono quindi possibili diversi modelli pedagogici, ma è sempre difficile conciliare la vocazione a un tempo fondamentale e pratica dell'elaborazione e della trasmissione del sapere musicale: la coesistenza, talvolta in una stessa città, di conservatori e di dipartimenti o facoltà universitarie di musica ne costituisce la dimostrazione istituzionale.

Metodi pedagogici e problemi della didattica musicale nella scuola elementare, in quella media e negli istituti di insegnamento superiore formano l'oggetto della quinta parte, *Pedagogia della musica*. In essa si pone l'accento sulle difficoltà attuali nell'insegnamento della musica. Infatti non è piú possibile operare come se l'unica musica degna di studio fosse la musica occidentale classica: i giovani ascoltano la "loro" musica pop-rock e hanno profonda coscienza di appartenere a una cultura musicale propria; la world music attinge alle musiche tradizionali. Due studi affrontano i problemi specifici incontrati dagli educatori nell'epoca della presenza invadente dei *media* nella nostra vita quotidiana e del confronto con le realtà multiculturali nelle moderne società occidentali.

6) L'ultima parte di questo Volume secondo analizza il *passaggio dalla conoscenza all'interpretazione*. In via di principio il sapere musicale accumulato è a disposizione degli interpreti. Ma essi se ne servono veramente? E se sí, in che modo? Cinque studi si soffermano in primo luogo a descrivere la *summa* delle conoscenze accessibili all'interprete: nelle collezioni e nelle biblioteche, nelle edizioni degli *opera omnia* di singoli compositori o nei *mo-*

numenta, nelle edizioni critiche delle musiche del Medioevo, del Rinascimento, del Barocco o dell'Ottocento, nei lavori di analisi. Il *corpus* dei dati raccolti dallo storico e dal teorico della musica (trattati, testimonianze iconografiche, ricostruzione filologica e interpretazione delle partiture) può essere impiegato per giustificare e fondare tale concezione dell'interpretazione. Piú ci allontaniamo dalle musiche del passato, piú ci domandiamo come dobbiamo eseguirle. Il critico musicale non fa altro che mettere in relazione ciò che sente con ciò che sa; ci si domanda allora: quali sono gli obiettivi e gli effetti della critica? Con la frenesia per le musiche antiche e barocche che ha segnato gli ultimi decenni del Novecento, e di cui troviamo qui una cronistoria, l'esistenza di nuovi rapporti fra musicologia e interpretazione è ormai nota a molti melomani. Gli allestimenti teatrali moderni di opere del passato fanno talvolta parlare i giornali e mettono in piazza il problema della fedeltà alle intenzioni degli autori. La musicologia è in grado di fornire argomenti e risposte certe a questi problemi ed esigenze? Molti ne dubitano, e si troverà qui una riflessione critica sul concetto di autenticità.

Le esecuzioni odierne non si tengono piú nelle medesime condizioni acustiche di una volta: uno studio sulle sale da concerto e sui teatri d'opera fornisce il quadro del nostro ascolto e del nostro apprezzamento musicale dal vivo. E il direttore d'orchestra contemporaneo, cosa fa dinanzi alle tracce silenziose lasciate sulla partitura? La parola è lasciata da ultimo a una figura di spicco nella direzione d'orchestra del XX secolo, che rilascia la sua testimonianza, personale e provocatoria, sui difficili rapporti fra il testo lasciato dal compositore, le conoscenze raccolte dai musicologi e le esigenze dell'interprete odierno.

Ma il direttore d'orchestra è anche compositore... È il caso di ricordare che, dall'*Ars Nova* alla scuola di Darmstadt, sovente le teorie agiscono come manifestazioni a favore di una scuola o di uno stile piuttosto che di altri [cfr. Molino 1991*b*]. Nella prefazione al suo *Traité de l'harmonie* Rameau scrive:

> Come potremmo provare che la nostra Musica è piú perfetta di quella degli Antichi? [...] Con l'esposizione di un principio evidente, dal quale si traggano poi conseguenze giuste e certe [1722].

È tipico il fatto che la ricerca e l'affermazione della verità servano spesso da fondamento per una scelta ideologica, il che mina talvolta le pretese scientifiche e fondanti della musicologia nate all'epoca del positivismo: lo si coglie bene oggi nel discorso neomarxista dei discepoli di Adorno; se Schenker ha elaborato una nuova teoria dell'armonia tonale è perché sperava che essa avrebbe dimostrato la superiorità della musica tedesca. Le regole d'analisi *descrittive* e *a posteriori* che il teorico evidenzia possono divenire per il compositore regole *prescrittive* e *a priori*, e servire da fondamento a una determinata scelta estetica. È questa l'ambiguità e la duplicità del sapere musicologico: esso non è utilizzato solamente per conoscere ciò che si compie e spiegarne il funzionamento, ma anche per orientare la creazione in una direzione piuttosto che in un'altra. In verità il compositore non può comportarsi altrimenti, anche contro il parere di tutti i musicologi del mondo, se egli crede fino in fondo alla legittimità dell'orientamento estetico da lui prescelto.

Con l'interprete il problema è simile. L'incontro fra "color che sanno" e "color che fanno" crea una relazione conflittuale? Come ci diceva un giorno un giovane direttore d'orchestra, piú cose si sanno sulla musica e sulle opere musicali, piú l'interprete ci guadagna, perché può prendere le sue decisioni estetiche in piena cognizione di causa. Scommettiamo che alla fine del viaggio, se si dovesse venire a un confronto, sarà la musica a uscire vincitrice dalle sfide che la molteplicità delle forme di sapere musicale lancia alla nostra epoca.

5. *La pluralità del sapere musicale e la tentazione del riduzionismo.*

A queste difficoltà inerenti alla costruzione di un sapere che spesso si è dato come scopo quello di reperire o di decretare delle regole, laddove l'invenzione musicale sembra scaturire dalla pura immaginazione e l'interpretazione sembra soprattutto dipendere dall'umore e dalla personalità degli artisti, se ne aggiunge un'altra, che il quadro tracciato in questa introduzione rende evidente: che fare di fronte a questa molteplicità di conoscenze?

Dalla rassegna presentata in questo volume, necessariamente molto frammentaria nonostante il gran numero di pagine, risulterà senz'altro che la conoscenza del fatto musicale è ormai pluralistica. Non vi è limite alle forme di costruzione dei fatti musicali e ai parametri che vengono privilegiati. Non vi è limite al numero delle discipline e, all'interno di ciascuna di esse, ai paradigmi propri di ciascuna disciplina ai quali il musicologo può far ricorso. Non vi è piú limite alle tipologie di musica che possono costituire oggetto di indagine musicologica. Tale è la nuova situazione di cui la musicologia è testimone in questo inizio di XXI secolo. L'unitarietà di una disciplina a lungo caratterizzata dall'onnipresenza del criterio storicistico ha lasciato posto a una disciplina esplosa e variegata, che trova il suo nettare ovunque si volga a coglierlo.

Si può recriminare su questa situazione. Perché l'immagine unitaria di una disciplina o di un campo di conoscenza è sempre psicologicamente rassicurante. Perché gli studenti di oggi sono messi di fronte a una moltitudine di teorie e di metodologie che non necessariamente essi hanno tempo, voglia o forza di padroneggiare; e ciò, in un periodo in cui il declino generale della cultura e la mancanza evidente di addestramento accademico allo spirito di sintesi, non favorisce una visuale abbastanza ampia da permettere loro di dominare intellettualmente la babele dei discorsi scientifici chiamati a raccolta.

Il presente volume intende dunque riflettere l'attuale molteplicità dei possibili campi d'indagine della musica e del musicale. Se abbiamo preso posizione a favore di questa pluralità, è soprattutto perché essa corrisponde a ciò che ci appare la reale situazione odierna del sapere musicale. Ma è anche perché l'impresa ci fornisce l'occasione per prevenire tutti coloro che sono interessati alla conoscenza del fatto musicale – lettori, melomani, musicologi, musicisti – da un possibile pericolo: *il miraggio del riduzionismo*, vale a dire l'atteggiamento che consiste nell'assumere per un dato problema o per un dato settore un solo modo di descrizione, di comprensione e di spiegazione. Cedere al riduzionismo è allettante, in un'epoca in cui con l'aumento del numero di paradigmi scientifici disponibili si allunga la lista di domande che si possono rivolgere alla musica. È altrettanto allettante cedervi quando un nuovo paradigma sembra arrecare risposte talmente illuminanti e innovatrici da relegare nell'ombra i paradigmi del passato. In realtà, l'abbiamo qui ricordato, i paradigmi rimossi possono sempre riaffiorare alla superficie.

Se dal percorso che ci proponiamo in questo volume vi fosse una sola "lezione" da recepire, privilegeremmo questa: chiunque voglia dedicarsi alla comprensione del fenomeno musicale, anche se gli fosse impossibile osservare il fenomeno studiato attraverso le molteplici sfaccettature del poliedro, deve farsi dovere di osservare il principio secondo cui un altro paradigma esplicativo potrà sempre trovar posto accanto a quello da lui privilegiato. Lezione di modestia, probabilmente, e anche di tolleranza scientifica, ma insieme incitamento a pensare la musica "in stereofonia". Non si può penetrare nel poliedro del sapere musicale con una sola chiave.

Adler, G.

1875 *Umfang, Methode und Ziel der Musikwissenschaft*, in «Vierteljahrschrift für Musikwissenschaft», I, pp. 5-20.

Adorno, Th .W.

1962 *Einleitung in die Musiksoziologie*, in Id., *Gesammelte Schriften*, XIV. *Dissonanzen. Einleitung in die Musiksoziologie*, a cura di R. Tiedemann, Suhrkamp, Frankfurt am Main 1980 (trad. it. parziale *Introduzione alla sociologia della musica*, Einaudi, Torino 1998; 1ª ed. 1971).

Baroni, M., Dalmonte, R., e Jacoboni, C.

1999 *Le regole della musica. Indagine sui meccanismi della comunicazione*, Edt, Torino.

Beaudry, N.

1978 *Le katajjaq: un jeu inuit traditionnel*, in «Études Inuit Studies», II, n. 1, pp. 35-53.

Boilès, Ch.

1978 *Man, Magic, and Musical Occasions*, Collegiate, Colombus Ohio.

Burney, Ch.

1771 *The Present State of Music in France and Italy*, Becket, London (ed. it. a cura di E. Fubini, *Viaggio in Italia*, Edt, Torino 1979).

Cage, J.

1976 *Pour les oiseaux, entretiens avec Daniel Charles*, Belfond, Paris (trad. it. *Per gli uccelli, conversazione con Daniel Charles*, Testo & Immagine, Torino 1999).

Costère, E.

1962 *Mort ou transfigurations de l'harmonie*, Presses Universitaires de France, Paris.

Dahlhaus, C.

1977 *Grundlagen der Musikgeschichte*, Gerig, Köln (trad. it. *Fondamenti di storiografia musicale*, Discanto, Fiesole 1980).

1980 (a cura di), *Die Musik des 19. Jahrhunderts. Neues Handbuch der Musikwissenschaft*, vol. VI, Akademische Verlagsgesellschaft Athenaion, Athenaion-Laaber, Wiesbaden-Laaber (trad. it. *La musica dell'Ottocento*, La Nuova Italia, Firenze 1990).

Dahlhaus, C., e Eggebrecht, H.-H.

1985 *Was ist Musik?*, Heinrichshofen, Wilhelmshaven (trad. it. *Che cos'è la musica?*, il Mulino, Bologna 1988).

Danuser, H.

1984 *Die Musik des 20. Jahrhunderts. Neues Handbuch der Musikwissenschaft*, a cura di C. Dahlhaus, vol. VII, Laaber, Laaber.

Deliège, C.

2001 *L'harmonie atonale: de l'ensemble à l'échelle*, in I. Deliège e M. Paddison (a cura di), *Musique contemporaine. Perspectives théoriques et philosophiques*, Mardaga, Bruxelles, pp. 85-108.

Donington, R.

1963 *Wagner's "Ring" and its Symbols*, Faber and Faber, London.

Feld, S.

1982 *Sound and Sentiment*, University of Pennsylvania Press, Philadelphia Pa.

Framery, N. E.

1770-71 *Journal de musique, historique et pratique, sur la musique ancienne et moderne, dramatique et instrumentale chez toutes les nations*, 5 voll., Paris.

Francès, R.

1958 *La perception de la musique*, Vrin, Paris (nuova ed. 1972).

Gourlay, K. A.

1984 *The Non-Universality of Music and the Universality of Non-Music*, in «The World of Music», XXVI, n. 2, pp. 25-39.

Hanslick, E.

1854 *Vom Musikalisch-Schönen: ein Beitrag zur Revision der Aesthetik der Tonkunst*,

Weigel, Leipzig; nuova ed. Wissenschaftliche Buchgesellschaft, Darmstadt 1981 (trad. it. *Il bello musicale*, Martello, Milano 1971).

Imberty, M.

1979 *Entendre la musique. Sémantique psychologique de la musique*, vol. I, Dunod, Paris (trad. it. *Suoni, emozioni, significati. Per una semantica psicologica della musica*, Clueb, Bologna 1988).

1981 *Les écritures du temps. Sémantique psychologique de la musique*, vol. II, Dunod, Paris (trad. it. *Le scritture del tempo. Semantica psicologica della musica*, Unicopli-Ricordi, Milano 1990).

Kramer, L.

1990 *Music as Cultural Practice. 1800-1900*, University of California Press, Berkeley - Los Angeles.

1995 *Classic Music and Postmodern Knowledge*, University of California Press, Berkeley - Los Angeles.

Lerdahl, F., e Jackendoff, R.

1983 *A Generative Theory of Tonal Music*, Mit Press, Cambridge Mass.

Leroi-Gourhan, A.

1964-65 *Le geste et la parole*, 2 voll., Albin Michel, Paris (trad. it. *Il gesto e la parola*, Einaudi, Torino 1977).

List, G.

1963 *The boundaries of speech and song*, in «Ethnomusicology», VII, n. 1, pp. 1-16.

Lomax, A.

1968 *Folksong Style* and *Culture*, American Association for the Advancement of Science, Publication n. 68, Washington.

McClary, S.

1991 *Feminine Endings. Music, Gender, and Sexuality*, University of Minnesota Press, Oxford.

Menger, P. M.

1983 *Le paradoxe du musicien*, Flammarion, Paris.

Merriam, A. P.

1964 *The Anthropology of Music*, Northwestern University Press, Evanston Ill. (trad. it. *Antropologia della musica*, Sellerio, Palermo 1983).

Miller, G.

1984 *Are you all unhappy at a twenty dollar bill? Text, tune and context at antique auctions*, in «Ethnomusicology», XXVIII, n. 2, pp. 187-208.

Miller, G. F.

2000 *Evolution of human music through sexual selection*, in Wallin, Merker e Brown 2000, pp. 329-60.

2001 *The Mating Mind. How Sexual Choice Shaped the Evolution of Human Nature*, Heinemann, London.

Molino, J.

1975 *Fait musical et sémiologie de la musique*, in «Musique en jeu», n. 17, pp. 37-62 (trad. it. *Fatto musicale e semiologia della musica*, in «Eunomio», n. 2-3, 1986, pp. 11-23; n. 4, 1987, pp. 8-20).

1991*a* *L'art aujourd'hui*, in «Esprit», n. 173, pp. 72-108.

1991*b* *La théorie d'hier à demain*, in «InHarmoniques», n. 8-9, pp. 63-81.

Muller, Ph.

1981 *Wagner par ses rêves*, Mardaga, Bruxelles.

Murray Schafer, R.

1973 *The Vancouver Soundscape*, A.R.C., Vancouver.

Nattiez, J.-J.

1983 *Some aspects of the study of Inuit vocal games*, in «Ethnomusicology», XXVII, n. 3, pp. 457-75 (trad. it. *Semiologia dei giochi vocali inuit*, in D. Carpitella (a cura di), *Ethnomusicologica*, «Quaderni dell'Accademia Chigiana», XLIII, Accademia Musicale Chigiana, Siena, pp. 167-87).

1987 *Musicologie générale et sémiologie*, Bourgois, Paris (trad. it. *Musicologia generale e semiologia*, Edt, Torino 1989).

Piston, W.

1941 *Harmony*, Norton, New York (trad. it. *Armonia*, Edt, Torino 1989).

Pople, A.

1994 (a cura di), *Theory, Analysis and Meaning in Music*, Cambridge University Press, Cambridge.

Rameau, J.-Ph.

1722 *Traité de l'harmonie réduite à ses principes naturels*, Ballard, Paris; nuova ed. Broude Brothers, New York 1965.

Ricœur, P.

1969 *Le conflit des interprétations*, Seuil, Paris (trad. it. *Il conflitto delle interpretazioni*, Jaca Book, Milano 1977).

Robertson - De Carbo, C.

1976 *Tayil as category and communication among the argentine Mapuche: a methodological suggestion*, in «Yearbook of the International Folk Music Council», VIII, pp. 35-42.

Russolo, L.

1913 *L'arte dei rumori. Manifesto futurista*, manifesto dell'11 marzo; poi in *L'arte dei rumori*, Edizioni futuriste di «Poesia», Milano 1916.

Ruwet, N.

1966 *Méthodes d'analyse en musicologie*, in «Revue Belge de Musicologie», n. 20, pp. 65-90; ripreso in Id., *Langage, musique, poésie*, Seuil, Paris 1972, cap. IV (trad. it. *Linguaggio, musica, poesia*, Einaudi, Torino 1983).

Sakata, L.

1983 *Music in the Mind. The Concepts of Music and Musician in Afghanistan*, The Kent State University Press, Kent Ohio.

Schaeffer, P.

1966 *Traité des objets musicaux*, Seuil, Paris.

Schaeffner, A.

1936 *Origine des instruments de musique*, Payot, Paris; 2ª ed. Mouton, Paris - Den Haag 1968 (trad. it. *Origine degli strumenti musicali*, Sellerio, Palermo 1987).

Schäffer, B.

1976 *Wstep do kompozycji / Introduction to Composition*, Polskie Wydawnictwo Muzyczne, Krakow.

Schenker, H.

1935 *Der freie Satz*, Universal Edition, Wien.

Schönberg, A.

1911 *Harmonielehre*, Universal Edition, Wien (trad. it. *Manuale di armonia*, Il Saggiatore, Milano 1997, 8ª ed.).

Seeger, A.

1987 *Why Suyá Sing. A Musical Anthropology of an Amazonian People*, Cambridge University Press, Cambridge - New York.

Sloboda, J. A.

1985 *The Musical Mind. The Cognitive Psychology of Music*, Oxford University Press, Oxford (trad. it. *La mente musicale. Psicologia cognitivista della musica*, il Mulino, Bologna).

Solomon, M.

1988 *Beethoven Essays*, Harvard University Press, Cambridge Mass. (trad. it. *Su Beethoven. Musica, mito, psicanalisi, utopia*, Einaudi, Torino 1998).

Tomlinson, G.

1993 *Music in Renaissance Magic. Toward a Historiography of Others*, The University of Chicago Press, Chicago Ill.

Treitler, L.

1989 *Music and the Historical Imagination*, Harvard University Press, Cambridge Mass. - London.

Wallin, N. L.

1991 *Biomusicology. Neurophysiological, Neuropsychological and Evolutionary Perspectives on the Origins and Purposes of Music*, Pendragon Press, Stuyvesant N.Y.

Wallin, N. L., Merker, B., e Brown, S.

2000 (a cura di), *The Origins of Music*, Mit Press, Cambridge Mass.

Il sapere musicale

Parte prima
Il materiale musicale

GIANNI ZANARINI

Il suono

1. *Preludio*.

In una stanza silenziosa e raccolta, una donna ascolta il Preludio della Seconda Suite per violoncello di Johann Sebastian Bach. Il suono caldo e intenso dello strumento sviluppa un'idea musicale semplice e profonda, lineare e appassionata. L'ascoltatrice segue lo sviluppo melodico del brano, ne coglie la struttura armonica, apprezza le qualità interpretative dell'esecutore (le sue sottolineature espressive, le sue scelte di tempo), è conquistata dalla voce del violoncello. Vive questa esperienza con una profonda partecipazione emotiva: il Preludio crea un tempo magico nel quale le emozioni si manifestano, cambiano di intensità, trascolorano l'una nell'altra. Nella stanza, però, non c'è alcun violoncello, né alcun violoncellista: gli stimoli sonori che danno vita a questa esecuzione virtuale provengono da una registrazione. L'indicazione riportata sull'etichetta sembra non lasciare dubbi: il disco contiene effettivamente la Seconda Suite di Bach per violoncello. Ma in che senso? Che cosa è il suono musicale, e in che modo è possibile imprigionarlo in un disco? Per rispondere a queste domande, è necessario innanzitutto distinguere tra stimoli sensoriali ed elaborazioni percettive.

Gli stimoli acustici sono variazioni della pressione dell'aria sulla membrana del timpano, la quale di conseguenza si deforma leggermente. Queste variazioni di pressione si possono rilevare per mezzo di apparecchiature (come i microfoni) che simulano il funzionamento del timpano e producono segnali elettrici proporzionali agli stimoli: segnali che si prestano particolarmente bene a venire amplificati, registrati e riprodotti (cioè convertiti di nuovo in variazioni di pressione). La trasformazione dei segnali meccanici in segnali elettrici e viceversa, comunque, non ne modifica la caratteristica fondamentale: essi costituiscono una immagine di ciò che accade al livello del timpano, e dunque del puro e semplice stimolo acustico. Ma i suoni (cosí come le immagini, i colori, i sapori, i profumi) non sono semplici riproduzioni interne delle caratteristiche degli stimoli esterni: essi sono piuttosto elaborazioni complesse di tali stimoli [Bregman 1994; Pierantoni 1996]. Sarà proprio il riconoscimento di questa irriducibile complessità a orientare il nostro percorso nel mondo del suono musicale. Partiremo infatti dall'esperienza percettiva, per esaminare poi gli elementi fisici su cui tale esperienza si costruisce.

2. *L'esperienza della percezione uditiva*.

Torniamo all'esperienza di ascolto musicale citata all'inizio. All'orecchio dell'ascoltatrice giungono le variazioni della pressione atmosferica prodotte dagli altoparlanti: una sequenza di stimoli che può sembrare povera di contenuto informativo. Eppure, è proprio sulla base di questi stimoli che si riconosce la voce del violoncello, si analizza la musica, si provano emozioni. L'operazione piú immediata che la percezione uditiva svolge è l'analisi causale, ossia la ricostruzione dell'origine degli stimoli sonori. In altre parole, il sistema percettivo tenta innanzitutto di rispondere a domande del tipo: quale sorgente fisica può avere prodotto lo stimolo che giunge all'orecchio? quale evento meccanico, quale «gesto sonoro» [Smalley 1996*a*, p. 130] ne è responsabile? È chiara l'importanza di una tale operazione per la stessa sopravvivenza degli esseri viventi: infatti, gli stimoli sonori sono segnali il cui contenuto informativo di minaccia o di rassicurazione può venire colto soltanto se si effettua con successo l'operazione di identificarne la fonte. In generale, la percezione uditiva coopera con le altre modalità percettive; ma poiché in questa sede ci concentreremo sul mondo dei suoni musicali, non prenderemo in considerazione tale sinergia. Analogamente, per alleggerire la trattazione, trascureremo le peculiarità della percezione binaurale [Deutsch 1982, p. 99].

Al livello del timpano, le variazioni della pressione atmosferica prodotte da sorgenti diverse si sovrappongono, dando luogo a un'unica perturbazione complessiva. La percezione uditiva deve dunque affrontare un compito formidabile: costruire un mondo popolato di «oggetti sonori» distinti e identificabili a partire da stimoli mescolati e confusi in un modo che sembrerebbe irreversibile [Bregman 1994, p. 5]. Come può dunque il sistema percettivo riuscire quasi infallibilmente nell'operazione di costruire gli oggetti sonori e di attribuire loro una identità tale da permettere che si attraversino reciprocamente senza mescolarsi, che coesistano senza fondersi? Ad esempio, se durante l'ascolto della Suite di Bach squilla il telefono, questo nuovo oggetto sonoro si sovrappone alla voce del violoncello senza fondersi con esso, nonostante che le perturbazioni della pressione atmosferica prodotte dalle due sorgenti si siano mescolate a livello del timpano.

Che cosa è un oggetto sonoro? Come viene costruito dal sistema percettivo? Per cominciare a rispondere a questa domanda, prendiamo in considerazione, ad esempio, una singola nota di violoncello. In questo caso, gli stimoli sonori che raggiungono il timpano sono prodotti dal movimento della corda, che viene trasmesso alle molecole dell'aria attraverso la tavola armonica e la cassa del violoncello. Il movimento della corda è una vibrazione, ossia una oscillazione intorno alla sua posizione di equilibrio. Questo fenomeno elastico, ovvio se la corda viene pizzicata, si produce anche quando l'esecutore impiega l'arco. Infatti, la funzione dell'arco è quella di fornire energia alla corda ad ogni oscillazione, contrastando lo smorzamento dovuto agli attriti e permettendo di prolungare le note [Fletcher e Rossing 1991, p. 45; Frova 1999, p. 276]. La sollecitazione che giunge all'orecchio è dunque periodica; eppure, l'esperienza percettiva sembra non confermare questa affermazione. Infatti, anziché riprodurre il periodico alternarsi di compressioni e rarefazioni dell'aria sul timpano, la percezione presenta un oggetto sonoro stabile nel tempo e caratterizzato da una peculiare qualità che ne permette il confronto con oggetti analoghi (in particolare, con le altre note del violoncello): l'altezza. È interessante sottolineare il carattere di metafora visiva di questa parola, come di altre espressioni che vengono applicate al suono: il volume, il colore, la brillantezza. Forse in questo modo si cerca di attribuire un carattere piú stabile, piú tangibile, piú materiale al mondo dei suoni: un mondo enigmatico che non si può vedere né toccare, i cui oggetti (i suoni, appunto) sono trasparenti gli uni agli altri pur mantenendo la propria identità.

L'altezza delle note del violoncello non è affatto indipendente dalla frequenza di vibrazione delle corde. Infatti, vengono percepite come piú acute le note che corrispondono a frequenze di vibrazione piú elevate. Il fatto che esista una relazione univoca tra altezza percepita e frequenza dello stimolo sonoro fa pensare che il sistema percettivo sia in grado di rilevare la periodicità della perturbazione acustica che giunge all'orecchio. Ma in che modo? Non è possibile dare una risposta definitiva a questa domanda, ma dalle acquisizioni piú recenti della fisiologia [Pickles 1982] si può estrarre una descrizione semplificata, sufficiente agli scopi della presente trattazione. L'orecchio interno si presenta sotto forma di cavità arrotolata (coclea) riempita di liquido e divisa in due parti, in senso longitudinale, da una struttura assai complessa. In essa risiede l'organo del Corti, che ha un ruolo centrale nella percezione acustica, perché contiene un gran numero di cellule cigliate con caratteristiche diverse. A seconda della frequenza dello stimolo acustico (che dal timpano viene trasmesso all'orecchio interno), entrano preferenzialmente in risonanza soltanto le cellule cigliate che si trovano in una ristretta porzione longitudinale dell'orecchio interno. In questo modo, senza bisogno di ulteriori analisi sulla perturbazione incidente, le cellule nervose di quella particolare regione sono in grado di fornire al sistema nervoso centrale un'informazione sulla frequenza, che diverrà costitutiva della percezione dell'altezza. In presenza di un suono complesso, questa informazione riguarda la frequenza di ciascuno dei suoni componenti.

Se ora, anziché l'altezza di una singola nota, consideriamo gli intervalli tra altezze diverse, incontriamo una peculiarità del sistema percettivo che informa di sé tutta la teoria musicale. Per comprendere in che cosa consista questa peculiarità, spostiamoci idealmente sulla tastiera di un pianoforte. La struttura della tastiera è ripetitiva, nel senso che su di essa le ottave si susseguono con una spaziatura uniforme. Eppure, ad esempio, tra un *la* che corrisponde alla frequenza di 220 vibrazioni al secondo (ossia 220 Hertz, utilizzando, come d'abitudine, il nome del grande fisico tedesco dell'Ottocento per la denominazione dell'unità di misura) e il *la* all'ottava superiore (corrispondente a 440 Hertz) c'è una differenza di frequenza di 220 Hertz; tra quest'ultimo *la* e quello all'ottava successiva (880 Hertz), invece, la differenza è di 440 Hertz. In ambedue i casi, però, il rapporto resta lo stesso, e cioè 2:1. Fin dall'antichità le scale musicali codificano rapporti anziché differenze: questo fatto è talmente acquisito che può apparire strano interrogarsi sulle ragioni profonde di una tale scelta. Eppure, qui si vuole appunto sottolineare che è la percezione a costruire intervalli di altezza che mantengono la loro identità indipendentemente dall'altezza di riferimento anche spostandosi in regioni di frequenza diverse: in altre parole, è la percezione, e non l'astratta necessità legata a un rapporto matematico, a far sí che un'ottava, una quinta, una terza minore restino, per cosí dire, se stesse spostandosi lungo la tastiera.

L'osservazione sperimentale ha mostrato che lo spostamento lungo l'orecchio interno della regione risonante in funzione della frequenza ha un andamento fortemente non lineare: alla stessa variazione di frequenza corrisponde uno spostamento, maggiore alle basse frequenze e minore alle alte frequenze, in modo che (almeno approssimativamente) uguali rapporti di frequenza corrispondano a uguali spostamenti. La nostra immagine mentale dei rapporti di altezza sembra dunque fondarsi sulla fisiologia dell'orecchio interno [Roederer 1995, p. 25]. Di questa caratteristica apparentemente singolare si può dare una interpretazione di carattere funzionale. Essa permette infatti, a fronte di una dimensione contenuta dell'orecchio interno, di ottenere una gamma piuttosto ampia di frequenze udibili e, contemporaneamente, di assicurare una buona sensibilità alle frequenze della voce umana e della maggior parte dei segnali di interesse che provengono dal mondo circostante.

Una struttura analoga si riscontra nella percezione dell'intensità sonora. Ad esempio, nessuno giudicherebbe (senza ricorrere all'uso di strumenti di misura) che l'intensità degli stimoli sonori che raggiungono l'orecchio in una discoteca possa essere milioni di volte superiore a quella corrispondente a un quieto ascolto di musica registrata in una stanza: il volume sonoro percepito, infatti, cresce molto piú lentamente della corrispondente intensità dello stimolo [Pierantoni 1996, p. 278; Pierce 1983, trad. it. p. 117]. Anche questa caratteristica della percezione acustica corrisponde a un vantaggio funzionale, perché consente di combinare in modo soddisfacente la ricezione di stimoli molto intensi, dei quali non è in generale necessario decifrare la struttura fine, con una estrema sensibilità alle piccole variazioni degli stimoli deboli (pensiamo ad esempio ai fruscii della foresta, e piú in generale ai rumori prodotti da chi, preda o predatore, non vorrebbe essere udito).

Torniamo ora alla nostra riflessione sulla costruzione percettiva delle singole note di violoncello per indagare un altro aspetto di fondamentale importanza. Come ogni musicista sa molto bene, l'attenzione e l'esercizio permettono di influenzare le modalità della percezione: quello che a un ascolto spontaneo si presenta come un oggetto sonoro unitario e stabile può venire percepito anche come una miscela di oggetti diversi. I suoni hanno una struttura interna: nel caso della nota di violoncello, come nella maggior parte dei suoni musicali, un suono parziale la cui altezza corrisponde a quella del suono nel suo complesso è accompagnato da altri suoni parziali di altezza superiore.

3. *La struttura degli stimoli sonori.*

Sembra dunque di poter affermare che all'orecchio non giunge una vibrazione semplice, alla cui frequenza è legata la percezione di altezza del suono, ma piuttosto una vibrazione composta: composta, appunto, da piú vibrazioni simultanee di altezza diversa, che però a un ascolto spontaneo danno luogo, come si è detto, a una percezione fusa e unitaria.

Questa congettura, formulata sulla base dell'esperienza percettiva, richiede di venire confermata da un'analisi delle modalità di produzione degli stimoli sonori. In particolare, nel caso della nota di violoncello, si tratta di capire se è effettivamente la corda a effettuare una vibrazione composta, cioè risultante dalla sovrapposizione di vibrazioni semplici. Per approfondire questo punto ci può aiutare una semplice esperienza, nella quale il violoncello assume il singolare ruolo di strumento scientifico.

Supponiamo innanzitutto di pizzicare leggermente al centro una delle corde, spostandola di poco dalla sua posizione di equilibrio: la percezione sonora risultante è diversa da quella che si ottiene pizzicando la stessa corda, ad esempio, in prossimità del ponticello. L'altezza percepita non cambia. Nel primo caso, però, il suono risulta piú cupo, meno brillante, piú povero, e non siamo in grado di isolare in esso suoni parziali di altezza superiore; nel secondo caso, invece, è possibile percepire anche un suono corrispondente all'ottava superiore. Un leggero contatto con il centro della corda mentre questa è in vibrazione è sufficiente, nel primo caso, a smorzare quasi completamente il suono; nel secondo caso, invece, si produce un salto di ottava, anche se l'intensità corrispondente è appena percepibile. Nel primo caso, dunque, la corda esegue una vibrazione semplice; nel secondo caso, invece, si ha la sovrapposizione di due vibrazioni a frequenze diverse, una doppia dell'altra. La vibrazione a frequenza doppia avviene in modo da dividere la corda in due parti vibranti di uguale lunghezza: il punto centrale è un nodo di questa vibrazione, come dimostra il fatto che la vibrazione stessa permane anche toccando leggermente tale punto. D'altra parte, è ben noto agli strumentisti che l'ottava del suono corrispondente all'intera lunghezza della corda si ottiene appunto dividendo la corda a metà.

Se la corda viene pizzicata (ovvero viene eccitata con l'arco) in modo piú energico in un punto generico, il suono risulta ancora piú pieno, ed è possibile discernere un maggior numero di suoni parziali. Le frequenze delle vibrazioni semplici corrispondenti ai suoni parziali superiori corrispondono ai multipli interi della frequenza fondamentale: i suoni parziali (e gli stimoli sonori corrispondenti) si dicono in questo caso «armonici» [Frova 1999, p. 102]. È bene sottolineare, però, che la semplicità di questa relazione tra le frequenze degli stimoli sonori corrispondenti ai suoni parziali discende da una idealizzazione, che fa riferimento a corde di spessore trascurabile rispetto alla lunghezza e perfettamente elastiche. Nelle corde reali, le frequenze degli armonici sono solo approssimativamente multiple della frequenza fondamentale: l'arte di accordare il pianoforte consiste appunto nel trovare il compromesso musicalmente piú soddisfacente tra i comportamenti non ideali delle corde e il rigore matematico dei rapporti di accordatura [Fletcher e Rossing 1991, p. 335; Frova 1999, p. 327].

Quando i corpi vibranti hanno la forma delle lamine dei vibrafoni e degli xilofoni, delle membrane dei timpani, dei tubi metallici delle campane d'orchestra, le frequenze delle vibrazioni non stanno piú tutte in relazioni semplici tra loro [Fletcher e Rossing 1991, p. 532]. Vedremo in seguito che questo fatto può avere implicazioni rilevanti sulla percezione del suono. La presenza di rapporti armonici tra le frequenze di vibrazione si ritrova, invece, negli stimoli sonori prodotti dagli strumenti aerofoni (canne d'organo, legni, ottoni), anche se la fisica del problema è piuttosto diversa. Qui, infatti, l'aria non è semplicemente il mezzo che trasferisce all'orecchio il movimento del corpo vibrante, ma è coinvolta in modo molto piú intimo nella produzione delle vibrazioni. Il funzionamento degli strumenti aerofoni risulta quindi piú difficile da comprendere intuitivamente, e va studiato con l'aiuto di un adeguato formalismo matematico [*ibid*., p. 345]. Volendo però, anche in questo caso, limitarci a un'analisi qualitativa, partiremo dallo studio di uno strumento particolarmente semplice, per accennare poi alle caratteristiche generali degli stimoli sonori prodotti dagli strumenti aerofoni delle diverse famiglie [Handel 1993, p. 33].

Consideriamo un flauto di Pan, costituito da un sistema di tubi di lunghezza diversa chiusi a una estremità. L'eccitazione dalla quale la vibrazione sonora ha origine è un soffio contro lo spigolo vivo dell'estremità aperta. Il soffio resta approssimativamente lo stesso in corrispondenza delle note che si ottengono da canne di lunghezza diversa: deve trattarsi dunque di uno stimolo generico, o meglio di uno stimolo che contiene in sé un gran numero di possibilità vibrazionali. In effetti, la frequenza con cui il getto d'aria passa alternativamente al di sopra e al di sotto dello spigolo può variare entro limiti molto ampi. Sarà il tubo, come vedremo, a selezionare solo alcune di queste frequenze tra quelle possibili. Quando il soffio è rivolto verso l'interno, si produce un aumento di pressione che si propaga lungo il tubo. La velocità di propagazione dipende dalla densità e dalla temperatura dell'aria, ma non dalle caratteristiche della perturbazione. Possiamo farci un'idea di questa velocità ricordando che lo stimolo acustico dovuto a un tuono si propaga molto piú lentamente del segnale luminoso corrispondente (il fulmine). L'intervallo di tempo che intercorre tra l'arrivo dei due stimoli in uno stesso luogo permette di stimare la distanza a cui gli stimoli stessi sono stati prodotti: a un chilometro di distanza corrisponde un tempo di ritardo di circa 3 secondi. Ciò equivale a dire che lo stimolo acustico ha una velocità dell'ordine di 340 metri al secondo, contro i 300 000 chilometri al secondo dello stimolo luminoso.

È importante sottolineare, a questo proposito, che non sono le molecole d'aria inizialmente interessate dalla perturbazione a percorrere il lungo tratto che separa il luogo dove si produce il tuono dall'orecchio che lo ascolta. Come nel caso delle onde del mare, la perturbazione si trasmette alle molecole vicine, e da queste a quelle successive: ciò che si sposta, dunque, è la perturbazione in se stessa, e non il suo supporto materiale, che varia da punto a punto. Analogamente, nel caso del flauto di Pan, l'aumento di pressione dovuto al soffio percorre il tubo, ne raggiunge l'estremità chiusa, si riflette e risale lungo il tubo fino a raggiungere nuovamente l'estremità aperta; a questo punto, non è piú contenuto dalle pareti del tubo, e quindi si disperde nell'aria libera, favorendo nello stesso tempo l'orientamento del soffio verso l'esterno. In corrispondenza di questo mutamento nella direzione del soffio si ha una diminuzione di pressione che viaggia lungo il tubo, si riflette e ritorna indietro, favorendo questa volta un nuovo orientamento del soffio verso l'interno del tubo. Il processo fin qui descritto richiede dunque il tempo che una variazione di pressione impiega a compiere un percorso pari a quattro volte la lunghezza del tubo. Si tratta evidentemente di una sequenza che si ripete in modo periodico per tutta la durata del soffio. Se indichiamo con L la lunghezza del tubo, il periodo di ripetizione vale $T = 4L/c$, dove c è la velocità degli stimoli sonori nell'aria, di cui si è detto. In questo modo, l'interazione tra la dinamica del getto d'aria e la propagazione nel tubo seleziona una frequenza $f = 1/T = c/4L$. Il *la* a 440 Hertz, ad esempio, viene selezionato da un tubo di lunghezza pari a circa 19 centimetri, il quale "risuona" a questa frequenza.

Non si tratta, però, dell'unica frequenza possibile. Come nel caso delle corde, essa può coesistere con i suoi multipli interi: ma, in questo caso, non tutti i multipli sono permessi. Ad esempio, le considerazioni precedenti ci consentono immediatamente di scartare la frequenza $f = c/2L$ (doppia della frequenza fondamentale sopra considerata); piú in generale, si giunge a concludere che solo i multipli dispari della frequenza fondamentale sono selezionati da questo sistema. In corrispondenza di queste frequenze piú elevate, si può pensare che l'aria contenuta nel tubo venga suddivisa dalla vibrazione in sezioni longitudinali, esattamente come accade nel caso delle corde vibranti.

La struttura del flauto traverso (come quella del flauto dolce, e di gran parte delle canne d'organo) è diversa da quella del flauto di Pan, perché si tratta di un tubo aperto ad ambedue le estremità. Senza soffermarci sull'analisi dell'interazione tra soffio e tubo (ossia tra eccitazione e risonanza), sarà sufficiente citare il risultato: in questo tipo di tubo vengono selezionate le frequenze che corrispondono a tutti i multipli interi di una frequenza fondamentale doppia della precedente, ossia pari a $c/2L$. A parità di lunghezza, quindi, un flauto traverso produce una nota che corrisponde all'ottava superiore di quella prodotta da un flauto di Pan [Roederer 1995, p. 129]. A differenza del flauto di Pan, nel flauto traverso il tubo è uno solo, e la sua lunghezza utile viene modificata aprendo o chiudendo gli appositi fori. È opportuno aggiungere che, come nel caso delle corde, le frequenze sopra indicate corrispondono a una situazione idealizzata; in particolare, i valori effettivi si discostano da quelli ideali all'aumentare del diametro dei tubi, pur mantenendo la stessa struttura di massima. Lo scostamento è ancora maggiore nel caso di tubi conici [*ibid*., p. 137].

In altri tipi di aerofoni il meccanismo di eccitazione è profondamente diverso da quello del flauto. Nei sistemi ad ancia semplice (clarinetto, sassofono) o ad ancia doppia (oboe, fagotto) il soffio dell'esecutore favorisce la vibrazione delle ance, e quindi l'apertura e la chiusura periodica di un canale attraverso il quale entrano nel tubo sbuffi d'aria. Anche in questo caso, la frequenza di vibrazione delle ance dipende strettamente dal comportamento del tubo come sistema risonante. In alcuni tipi di strumenti (negli ottoni, nelle canne ad ancia degli organi, nelle fisarmoniche) l'interazione tra il generatore primario degli stimoli e il tubo è meno stretta. In questi casi, le frequenze sono determinate essenzialmente dai sistemi vibranti (labbra, lamine metalliche), mentre i tubi (là dove sono presenti) hanno la funzione prevalente di rinforzare o attenuare l'importanza di alcune regioni di frequenza rispetto ad altre.

Anche la voce si può considerare come il prodotto di uno strumento aerofono, costituito dalle corde vocali e dal cavo oro-faringeo. Le frequenze degli stimoli sonori (la frequenza fondamentale e i suoi multipli) sono determinate dalla vibrazione delle corde vocali, mentre il tubo sonoro modula l'importanza delle diverse regioni di frequenza, definendo cosí le «regioni formanti» delle diverse vocali [Sundberg 1991, p. 119]. In questo caso, la plasticità del tubo sonoro permette una gamma straordinariamente ampia di modifiche alle caratteristiche del suono: basta pensare alla differenza tra le vocali e le consonanti, o tra vocali diverse intonate alla stessa altezza.

4. *Struttura dei suoni e scale musicali*.

Gli stimoli acustici corrispondenti a una nota di violoncello, di flauto, di clarinetto sono dunque strutture composte, costituite di vibrazioni con frequenze diverse. La fusione percettiva dei suoni componenti in un unico suono è legata alla regolarità dei rapporti tra le loro frequenze: cioè alla loro armonicità. Il fatto che la musica (o, quanto meno, la musica occidentale) abbia da sempre privilegiato i suoni armonici fornisce una plausibile motivazione all'esistenza e alla struttura delle scale musicali [Sethares 1998, p. 49]. Innanzitutto, la struttura armonica dei suoni musicali fornisce una ragione scientifica per la centralità del rapporto di ottava. La segmentazione in ottave del continuo delle altezze appare infatti legata alla particolare somiglianza tra lo spettro di un suono e quello del suono a un'ottava di distanza: tutti gli armonici del suono piú alto sono armonici anche dell'altro.

Ma come dividere l'ottava, e in quante parti? La questione, affrontata fin dall'antichità, è assai complessa [Cohen 1984], ma nei suoi termini essenziali è di immediata comprensione. L'importanza di disporre di un quadro cognitivo semplice e chiaro per il ricordo di melodie favorisce la suddivisione dell'ottava in un numero piuttosto limitato di intervalli. A sua volta, la scelta dei gradi intermedi è tanto piú soddisfacente quanto piú porta a intervalli di facile intonazione, e certamente l'intonazione è favorita dall'esistenza di armonici comuni tra le due note di un intervallo (il caso limite, ancora una volta, è quello dell'ottava). Si possono dunque adottare come note della scala i primi armonici della nota di partenza, opportunamente riportati all'interno dell'ottava di riferimento, integrandoli con gli armonici degli armonici.

In particolare, il terzo armonico della nota di partenza, riportato all'interno dell'ottava, corrisponde all'intervallo di quinta (cioè a un rapporto di frequenze pari a 3:2): la scala si può poi costruire aggiungendo la quinta della quinta, e cosí via lungo il circolo delle quinte. I problemi teorici di questo procedimento nascono dal fatto che il circolo delle quinte non si richiude esattamente su un'ottava della nota di partenza [Sethares 1998, p. 49]. Ma con opportuni aggiustamenti (peraltro di entità limitata dal punto di vista percettivo), i primi dodici intervalli definiti attraverso il circolo delle quinte si possono rendere tutti uguali tra loro (in termini, ovviamente, di rapporto), in modo che il loro prodotto dia l'ottava, ossia il rapporto 2:1. La scala temperata che cosí si ottiene è divisa in dodici intervalli di semitono, ciascuno dei quali corrisponde a un incremento di frequenza dell'ordine del sei per cento. Piú precisamente, il rapporto di semitono vale $2^{1/12} = 1,05946$.

5. *La costruzione degli oggetti sonori*.

La voce ha una struttura armonica: si può allora avanzare l'ipotesi che proprio intorno alla voce si articoli l'apprendimento precoce di quella competenza di costruzione degli oggetti sonori attraverso la fusione degli armonici che assume un ruolo cosí importante nell'esperienza musicale. La voce materna, infatti, deve venire individuata, ossia riconosciuta come oggetto sonoro specifico, e quindi anche separata con sicurezza da altri oggetti sonori. In questo senso, la regolarità degli armonici fornisce un criterio semplice ed efficace. La fusione degli armonici comporta l'attribuzione di un'altezza (corrispondente a quella del suono fondamentale) all'oggetto sonoro nel suo complesso: si tratta di una vera e propria costruzione percettiva, e non semplicemente della trasposizione di una caratteristica dello stimolo sonoro [Bregman 1994, p. 245; Pierantoni 1996, p. 187]. Per convincerci di questo, supponiamo ad esempio di ascoltare il violoncello di cui si è parlato in precedenza attraverso un apparecchio telefonico, o una piccola radio portatile. In ambedue i casi, gli altoparlanti presentano una marcata attenuazione delle frequenze inferiori a 200 Hertz, e proprio in questa regione rientrano molte delle note che vengono eseguite (basti pensare che la corda piú bassa del violoncello corrisponde a un *do* a 65 Hertz). Eppure, anche se con un'avvertibile perdita di qualità del suono, le altezze vengono percepite correttamente. Si può dunque supporre che il sistema percettivo giunga a questo risultato utilizzando le informazioni disponibili, e in particolare le frequenze degli stimoli parziali superiori, che risultano multiple di una frequenza fondamentale assente: viene cosí ricostruita una «altezza virtuale» del suono [Terhard 1974, p. 1061]. Questo singolare fenomeno percettivo era ben noto agli antichi costruttori di organi, e veniva utilizzato per rinforzare il debole suono delle ottave basse o addirittura per ottenere ottave basse virtuali [Fletcher e Rossing 1991, p. 478]. Trascurando per semplicità gli armonici superiori, è chiaro infatti che, se una nota e la sua quinta vengono suonate contemporaneamente, questi due suoni corrispondono al secondo e al terzo armonico di un suono all'ottava inferiore, che viene cosí ricostruito percettivamente. In molti casi, questa sembra essere una spiegazione plausibile anche per il misterioso «terzo suono» di Tartini, del quale non è possibile qui una trattazione soddisfacente [Roederer 1995, p. 37].

Il fatto che i principali oggetti sonori di interesse musicale (la voce umana in primo luogo, come pure gli stimoli prodotti dalle vibrazioni delle corde e delle colonne d'aria) abbiano una struttura armonica ha portato storicamente a considerare l'altezza come un attributo essenziale dei suoni. Addirittura, la possibilità di assegnare un'altezza a una vibrazione sonora è stata assunta come criterio di discriminazione tra suoni e rumori. Eppure, non tutti i suoni di interesse musicale sono dotati di altezza: si pensi a gran parte delle percussioni e in particolare al triangolo, che pure ha una emissione cristallina assai gradevole. L'analisi delle vibrazioni prodotte da quest'ultimo strumento mostra che esse non hanno una struttura armonica. In questo caso, l'integrazione tra componenti parziali, che porta alla costruzione di un unico oggetto sonoro, sembra essere effettuata dal sistema percettivo sulla base della sincronia nell'attacco piuttosto che a partire dai rapporti tra le frequenze. In altri strumenti musicali, come le campane o i vibrafoni, l'attribuzione di altezza viene effettuata dal sistema percettivo utilizzando solo alcune tra le frequenze presenti, e l'altezza percepita non corrisponde necessariamente alla frequenza piú bassa. In questi casi, anche se gli stimoli sonori parziali, nel loro complesso, non fanno parte di un'unica serie armonica, una parte di essi si presta alla costruzione di un oggetto sonoro dotato di altezza [Fletcher e Rossing 1991, p. 577].

Se le sorgenti sonore presenti sono molteplici, come accade nella vita quotidiana, nella musica polifonica e anche nella musica disturbata da colpi di tosse, la ricostruzione della «scena uditiva» [Bregman 1994, p. 1] richiede anche la competenza complementare a quella della fusione: è necessario infatti riuscire a separare gli stimoli sonori provenienti da sorgenti diverse. Seguendo una linea di pensiero proposta dalla psicologia cognitiva, possiamo immaginare che la costruzione e la separazione degli oggetti sonori siano il risultato della competizione e della cooperazione tra una molteplicità di regole diverse [Leman 1996, p. 191]. Abbiamo già incontrato alcune di tali regole: l'integrazione di suoni parziali armonici in un unico suono, la separazione dei suoni non armonici dal resto della scena uditiva, l'integrazione tra suoni, armonici o meno, che iniziano nello stesso istante. Molte altre regole si possono ipotizzare, come ad esempio la separazione tra componenti, anche armonici e precedentemente fusi, che iniziano a variare nel tempo in modo diverso [Bregman 1994]. Questo, comunque, non è che un semplice modello di un'attività cerebrale straordinariamente complessa, della quale solo in anni recenti si è iniziato uno studio sistematico. Ma da sempre la musica si serve, piú o meno consapevolmente, di regole percettive per costruire i propri oggetti sonori; a volte, poi, gioca con esse, costruendo universi fantastici.

6. *Timbro e gesto sonoro*.

La competenza percettiva si sviluppa per prove ed errori nel corso della prima fase della vita. Si apprende cosí a costruire oggetti sonori sempre piú corrispondenti alle diverse sorgenti di stimoli: il mondo dei suoni si popola di oggetti, con una identità precisa e riconoscibile anche in presenza di cambiamenti molto rilevanti. È sempre la stessa voce, ad esempio, quella che parla o canta, che sussurra o grida, che scende scherzosamente in un registro grave o sale in falsetto. Ogni oggetto sonoro ha dunque un proprio marchio di identità, un proprio "timbro": non a caso questa parola ha avuto in primo luogo il significato di sigillo, di autenticazione, e solo in un secondo tempo è entrata fra i descrittori del mondo sonoro. La costruzione di oggetti sonori il cui timbro caratterizza una specifica sorgente di stimoli sembra passare attraverso un processo di categorizzazione che fa riferimento al "gesto sonoro", ossia al processo fisico di produzione degli stimoli acustici.

È chiaro che tra i criteri che contribuiscono a determinare questo sfuggente eppure solido marchio di identità rientrano quelli che favoriscono la fusione tra componenti. Ricordiamo in particolare l'armonicità almeno parziale (caratteristica che permette di distinguere, ad esempio, il vibrafono dal triangolo, nonostante la somiglianza del gesto percussivo) e il sincronismo di attacco tra parziali (che differenzia il sassofono dal violoncello, nel quale gli armonici presentano una maggiore indipendenza di attacco). A questi criteri vanno aggiunti, in particolare, l'ampiezza dello spettro di frequenza (l'oboe, caratterizzato da un ampio spettro di parziali di notevole intensità, si differenzia nettamente dal corno), la presenza o meno di un transitorio di attacco ad alta frequenza (piú importante nel clarinetto che nella tromba), le caratteristiche delle strutture formanti (particolarmente importanti nella voce), la dipendenza del peso dei diversi armonici dall'intensità complessiva dello stimolo sonoro (come nel caso della tromba), l'eventuale presenza di micromodulazioni simultanee degli armonici (che differenzia le voci dagli altri oggetti sonori) [Bregman 1991, p. 204; Risset 1991, p. 245]. Non bisogna dimenticare, comunque, che lo studio degli oggetti sonori per mezzo dell'analisi delle frequenze presenti nei corrispondenti stimoli acustici è, sí, illuminante, ma anche limitato, proprio perché si colloca a monte dei processi di costruzione percettiva del suono [Smalley 1996*a*, p. 124].

Anche nel caso del processi di categorizzazione dei suoni si può pensare che siano contemporaneamente all'opera molteplici regole di analisi della struttura degli stimoli acustici: il riconoscimento del timbro sarà allora il risultato della loro cooperazione e competizione. Questa capacità, come si è detto, si sviluppa nel corso di un lungo apprendimento e si modella sulle grandi categorie di gesti sonori della vita quotidiana. D'altra parte, anche il riconoscimento del timbro degli strumenti musicali si fonda su tale competenza di carattere generale. I gesti sonori della musica, infatti, non sono che versioni specializzate di gesti quotidiani, come urti, soffi, pizzichi, sfregamenti.

La costruzione dei suoni della musica è stata a lungo divisa in due grandi aree. Da una parte, la liuteria (in stretto contatto, ovviamente, con l'esperienza e il gusto musicale) ha avuto la funzione di creare timbri riconoscibili ed esteticamente interessanti; dall'altra, i compositori hanno prescritto altezze e ritmi per queste “voci” già codificate. Tale dicotomia, ripensata nell’esperienza orchestrale ottocentesca, è stata completamente trasformata dalla musica del Novecento, e in particolare dalla nuova attenzione alla materialità dei suoni [Schaeffer 1966] e dall’esperienza della musica elettroacustica [Camilleri e Smalley 1988]: qui, infatti, l’altezza è soltanto una caratteristica possibile dei timbri ideati dai compositori, nei quali spesso si attenua o addirittura scompare il riferimento a specifici gesti sonori.

7. *Musica e percezione.*

La teoria della musica si occupa della condotta delle voci, del loro intrecciarsi o confondersi, del loro accordarsi o urtarsi. Essa dunque, pur facendo riferimento a criteri estetici, non può prescindere dalle regolarità percettive desunte dall’esperienza. Un lavoro sistematico di rielaborazione della teoria musicale in chiave è appena agli inizi [Bregman 1991, p. 213]; in questa sede ci limiteremo ad alcune sintetiche indicazioni.

La caratteristica fondamentale di una linea melodica, affidata a una voce o a uno strumento, è evidentemente quella di poter venire percepita come tale. Ciò comporta, in ogni istante, la fusione tra componenti parziali e, nello stesso tempo, la separazione da tutto il restante mondo sonoro. È chiaro, quindi, che questa esigenza pone dei vincoli sui salti di altezza e sulle distanze temporali tra una nota e l’altra [Bozzi 1993, p. 37; Bregman 1994, p. 47; Vicario 1965, p. 843]. Nel caso di una scrittura polifonica (pensiamo ad esempio a un madrigale) le voci debbono risultare chiaramente distinte, e debbono intrecciarsi senza confondersi. Ciò accade tanto piú efficacemente quanto piú il compositore ha separato tra loro i timbri delle diverse voci e le loro regioni caratteristiche di altezza, e quanto piú ha evitato attacchi simultanei di voci diverse. Anche la proibizione classica del movimento parallelo di due voci a distanza di ottava o di quinta sembra avere la funzione percettiva di mantenere separate le voci stesse: infatti, in presenza di una relazione semplice tra le frequenze fondamentali dei due suoni, il sistema percettivo potrebbe interpretare questo movimento parallelo come indizio di un’unica sorgente sonora [Bregman 1991, p. 209]. In altri casi (ad esempio, nella conclusione di un brano musicale) l’obiettivo del compositore può essere, all’opposto, quello di fondere insieme le diverse voci, creando cosí un nuovo oggetto sonoro. Ciò che si è detto sulla costruzione degli oggetti sonori suggerisce che la fusione sarà tanto piú favorita quanto piú gli armonici delle diverse voci potranno essere trattati dalla percezione come armonici del nuovo oggetto sonoro emergente, appunto, dalla fusione.

Una versione semplificata di questo criterio si può enunciare cosí: per favorire la fusione è opportuno che tra i suoni fondamentali delle diverse voci vi siano intervalli corrispondenti ai rapporti tra armonici di uno stesso suono. In particolare, dunque, sarà favorita la fusione delle triadi maggiori. Cosí formulato, il criterio di fusione sembra avere un importante punto di contatto con la teoria del basso fondamentale di Rameau [Parncutt 1989, p. 8]. Va sottolineato, comunque, che la ricerca del teorico e compositore francese è orientata a trovare nella fisica, anziché nell'esperienza percettiva, il fondamento della teoria musicale: di qui discende, tra l'altro, il suo ostinato e frustrante sforzo di giustificare in termini naturali anche la triade minore [Christensen 1993, p. 128]. La sua trattazione si propone di fondare scientificamente l'armonia, mentre lo studio della fusione in chiave percettiva ha piuttosto lo scopo di comprendere meglio le scelte storicamente effettuate dai teorici e dai compositori.

Il tema della fusione è legato a quello della fondamentale virtuale, già introdotto in precedenza. È chiaro infatti che il suono fondamentale intorno al quale si effettua la fusione percettiva sarà uno dei suoni presenti, ovvero sarà un suono virtuale di altezza inferiore. Da questo punto di vista, una triade minore non presenta problemi concettuali diversi rispetto a una triade maggiore: anch'essa è una combinazione favorevole alla fusione, anche se in grado inferiore (almeno in linea di principio, perché l'abitudine e la competenza musicale possono influenzare profondamente la percezione). Come si è detto, la fusione può essere favorita anche da altri elementi (ad esempio la simultaneità di attacco) e può avvenire anche tra suoni non armonici.

È opportuno, a questo punto, distinguere chiaramente il concetto di fusione da quello di consonanza percettiva [Bregman 1994, p. 507]. Come è noto, la problematica della consonanza è centrale nella teoria della musica fin dall'antichità [Cohen 1984]. La spiegazione della particolare gradevolezza di certi intervalli musicali (e della sgradevolezza di altri) è stata ricercata in piú direzioni: nella semplicità dei rapporti numerici, nella fisica delle vibrazioni sonore, nella fisiologia uditiva. Quest'ultima linea di ricerca, sviluppata a metà dell'Ottocento da Hermann von Helmholtz, è oggi la piú accreditata, perché è quella che meglio interpreta i dati della percezione, pur senza esaurirne la complessità [Pierantoni 1996, p. 218; Serravezza 1996, p. 11; Sethares 1998, p. 76]. La spiegazione di Helmholtz parte dalla fisiologia dell'udito. Stimoli di frequenza diversa, come si è detto, mettono preferenzialmente in vibrazione regioni differenti (ma non infinitamente piccole) dell'orecchio interno. Le percezioni di due stimoli contemporanei di frequenza diversa sono dunque indipendenti finché le frequenze sono abbastanza diverse tra loro, mentre si ha interferenza quando si avvicinano (indicativamente, al di sotto di una seconda minore per toni acuti e di una terza maggiore per toni gravi). Questa interferenza ha la caratteristica percettiva di un battimento quando la differenza di frequenza è inferiore a poche decine di Hertz, per trasformarsi poi in una fastidiosa asprezza. Il grado di consonanza tra due suoni composti, secondo la teoria di Helmholtz, risulta dunque dalla somma delle asprezze prodotte dall'interferenza reciproca tra tutti i suoni parziali presenti, e non soltanto tra i suoni fondamentali. In questo modo si ottiene di nuovo (ma sulla base di un'ipotesi teorica del tutto originale) la tradizionale gerarchia delle consonanze (unisono, ottava, quinta, quarta, terza maggiore, sesta maggiore).

Analogamente si può calcolare il grado di consonanza percettiva degli accordi di tre o piú suoni [Sethares 1998, p. 89]. In base alla teoria di Helmholtz, le triadi maggiori nello stato fondamentale risultano gli accordi triadici piú consonanti. Come si è visto, questi accordi sono anche quelli che meglio si prestano alla fusione. I due concetti, però, riguardano fenomeni percettivi diversi. Per chiarire meglio questo punto pensiamo ad esempio allo stridore di una sega, o al fastidioso stimolo sonoro prodotto da un coltello che raschia una superficie metallica. Si tratta di oggetti sonori che risultano da un processo di fusione, pur presentando un'aspra dissonanza percettiva. Dunque, si può avere dissonanza anche in presenza di fusione: addirittura, quasi paradossalmente, la fusione sembra esaltare in questo caso la percezione della dissonanza. Viceversa, l'assenza di fusione può ridurre o addirittura far scomparire l'asprezza, perché i suoni potenzialmente dissonanti vengono attribuiti in questo caso a flussi sonori diversi [Bregman 1994, p. 201]. Alcune regole classiche della condotta delle voci in musica sembrano avere appunto la funzione di controllare la dissonanza impedendo la fusione. In particolare, la proibizione che note dissonanti vengano intonate simultaneamente sembra orientata a impedirne la fusione in un unico oggetto sonoro, fusione che potrebbe venire favorita dalla simultaneità dell'attacco. Analogamente, le regole tradizionali di preparazione e risoluzione degli accordi dissonanti si possono interpretare, in termini percettivi, come modalità che permettono di mantenere separati i flussi sonori relativi alle singole voci. In questo modo, non si trasforma la dissonanza in una consonanza percettiva ma si modifica la scena uditiva nel suo complesso: si ostacola infatti la fusione, nell'ambito della quale la dissonanza verrebbe piú chiaramente percepita [Bregman 1991, p. 211].

È chiaro che le regole della condotta delle parti hanno anche una valenza propriamente musicale, e non possono certo venire completamente ricondotte alle problematiche della percezione. Ma, come si è detto, la competenza percettiva si forma in gran parte al di fuori della musica, nell'esperienza quotidiana, e quindi la teoria musicale non può che tenerne conto e volgerla ai propri fini. Comunque, è necessario mantenere ben chiara la distinzione tra gli ambiti, soprattutto in presenza di usi profondamente diversi delle stesse espressioni linguistiche: un caso particolarmente vistoso è per l'appunto quello delle parole “consonanza” e “dissonanza”, che in ambiti diversi possono venire riferite a fenomeni percettivi ovvero a funzioni musicali [*ibid.*, p. 209; Serravezza 1996, p. 81].

8. *La musica come invenzione di mondi sonori.*

Le precedenti riflessioni sui processi percettivi possono aiutare a comprendere meglio la progressiva affermazione del timbro, divenuto nel corso del Novecento un elemento sempre piú importante di organizzazione del discorso musicale. Già si è accennato alla continua ricerca timbrica che ha portato alla nascita e allo sviluppo delle diverse famiglie di strumenti musicali. Ma, da sempre, nuovi timbri vengono creati da parte dei compositori attraverso la miscela degli stimoli sonori prodotti da strumenti diversi. Basta pensare, ad esempio, alla pratica barocca del raddoppio all'ottava del violino con il flauto: in questo caso, la struttura armonica non cambia, ma il rinforzo dell'ottava è accompagnato dal soffio caratteristico del nuovo gesto sonoro [Bregman 1994, p. 489]. Come si è già detto, stimoli acustici che si muovono per ottave parallele tendono a venire integrati in un unico oggetto sonoro. Nel caso considerato si tratterà di un nuovo oggetto, che però non permette un riferimento univoco a un gesto preciso: al primo ascolto (specie se non è accompagnato dalla visione degli esecutori) un oggetto sonoro di questo tipo può dunque confondere il sistema percettivo, proprio perché tale riferimento risulta ambiguo. Un'altra modalità per costruire nuovi timbri è l'impiego di sezioni orchestrali. Le piccole differenze di intonazione e la dispersione temporale degli attacchi danno origine infatti a un tessuto sonoro molto diverso da quello del singolo strumento. Forse è proprio la ricerca timbrica ad avere avuto un ruolo decisivo nella nascita dell'orchestra, piú che l'esigenza di incrementare il volume sonoro: infatti, per le caratteristiche della percezione uditiva, il volume sonoro percepito cresce molto lentamente con l'aumento del numero degli strumenti [Benade 1976, p. 235]. Piú in generale, il compositore può costruire timbri orchestrali che emergono come nuovi oggetti sonori dalla sovrapposizione di componenti e di dinamiche temporali proprie dei singoli strumenti e delle diverse sezioni orchestrali. L'ascolto di una composizione di Wagner, di Debussy, di Ligeti può cogliere di sorpresa il sistema percettivo, orientato alla individuazione di sorgenti precise, alla ricostruzione di gesti sonori conosciuti. Ancor piú intensamente, questa esperienza di spaesamento e di confusione percettiva può caratterizzare l'ascolto di musica elettroacustica, che spesso propone oggetti sonori corrispondenti a «sorgenti virtuali» [Bregman 1994, p. 460] o addirittura a «sorgenti fantastiche» [Roads 1996, p. 35]. Allo spaesamento contribuisce anche, in molto casi, l'impossibilità di assegnare un'altezza a tessuti sonori che si presentano, a una percezione formata nell'esperienza quotidiana, come ambigui e sfuggenti [Zanarini 2000, p. 126].

D'altra parte, la musica non è soltanto costruzione di melodie, di armonie, di strutture formali. A un livello piú profondo, essa è una trasfigurazione dell'esperienza acustica e delle sue connotazioni emotive: una trasfigurazione che si realizza anche attraverso l'invenzione di timbri e di mondi sonori «inauditi» [Cadoz 1991, p. 28]. Questa invenzione richiede un ascolto adeguato, una partecipazione emozionata, una disponibilità a liberarsi, per un breve tratto, delle pesantezze e delle rigide catene causali dell'esperienza quotidiana [Risset 1991, p. 259]. Anche la Suite di Bach, con la quale si è aperta questa trattazione, richiede un ascolto capace di trasfigurare le vibrazioni dell'aria in invenzioni sonore, anziché, riduttivamente, in suoni conosciuti e ormai consunti dall'abitudine.

Benade, A. H.

1976 *Fundamentals of Musical Acoustics*, Oxford University Press, New York.

Bozzi, P.

1993 *La vicinanza temporale e la vicinanza tonale come fattori formanti della melodia*, in L. Albertazzi (a cura di), *La percezione musicale*, Guerini Studio, Milano, pp. 37-56.

Bregman, A. S.

1991 *Timbre, orchestration, dissonance et organisation auditive*, in J.-B. Barrière (a cura di), *Le timbre. Métaphore pour la composition*, Bourgois, Paris, pp. 204-215.

1994 *Auditory Scene Analysis. The Perceptual Organization of Sound*, Mit Press, Cambridge Mass.

Cadoz, C.

1991 *Timbre et causalité*, in J.-B. Barrière (a cura di), *Le timbre* cit., pp. 17-46.

Camilleri, L., e Smalley, D.

1988 *The analysis of electroacoustic music: introduction*, in «Journal of New Music Research», XXVII, n. 1-2, pp. 1-10.

Christensen, T.

1993 *Rameau and Musical Thought in the Enlightenment*, Cambridge University Press, Cambridge.

Cohen, F. H.

1984 *Quantifying Music*, Reidel, Dordrecht.

Deutsch, D.

1982 *Grouping mechanisms in music*, in Id. (a cura di), *The Psychology of Music*, Academic Press, New York, pp. 99-134.

Dowling, W. J., e Harwood, D. L.

1986 *Music Cognition*, Academic Press, Orlando - San Diego - New York.

Fletcher, N. H., e Rossing, T. D.

1991 *The Physics of Musical Instruments*, Springer, New York.

Frova, A.

1999 *Fisica della musica*, Zanichelli, Bologna.

Handel, S.

1993 *Listening. An Introduction to the Perception of Auditory Events*, Mit Press, Cambridge Mass.

Leman, M.

1996 *Music and Schema Theory*, Springer, Berlin.

Parncutt, R.

1989 *Harmony. A Psychoacoustical Approach*, Springer, Berlin.

Pickles, J. O.

1982 *An Introduction to the Physiology of Hearing*, Academic Press, Orlando Fla.

Pierantoni, R.

1996 *La trottola di Prometeo. Introduzione alla percezione acustica e visiva*, Laterza, Roma-Bari.

Pierce, J. R.

1983 *The Science of Musical Sound*, Scientific American Books, New York (trad. it. *La scienza del suono*, Zanichelli, Bologna 1988).

Risset, J.-C.

1991 *Timbre et synthèse des sons*, in J.-B. Barrière (a cura di), *Le timbre* cit., pp. 239-60.

Roads, C.

1996 *The Computer Music Tutorial*, Mit Press, Cambridge Mass.

Roederer, J. G.

1995 *The Physics and Psychophysics of Music*, Springer, Berlin.

Schaeffer, P.

1966 *Traité des objets musicaux*, Seuil, Paris.

Serravezza, A.

1996 *Musica e scienza nell'età del positivismo*, il Mulino, Bologna.

Sethares, W. A.

1998 *Tuning, Timbre, Spectrum, Scale*, Springer, Berlin.

Smalley, D.

1996*a* *La spettromorfologia: una spiegazione delle forme del suono (Prima parte)*, in «Musica/Realtà», n. 50, pp. 121-37.

1996*b* *La spettromorfologia: una spiegazione delle forme del suono (Seconda parte)*, ivi, n. 51, pp. 87-110.

Sundberg, J.

1991 *The Science of Musical Sounds*, Academic Press, San Diego Cal.

Terhard, E.

1974 *Pitch, consonance and harmony*, in «Journal of the Acoustical Society of America», n. 55, p. 1061.

Vicario, G.

1965 *Vicinanza temporale e vicinanza spaziale nella segregazione degli eventi*, in «Rivista di Psicologia», n. 59, pp. 843-63.

Zanarini, G.
2000 *Il divenire dei suoni: composizione musicale e mondo sonoro*, in «Sonus», n. 20, pp. 126-43.

HAROLD POWERS

La melodia

1. *Tipo melodico e linea melodica.*

Il termine "melodia" e i suoi affini nelle altre lingue europee moderne hanno origine – tramite il latino medievale *melodia* – dal greco μελῳδία. Nell'uso odierno piú corrente *melodia* fa parte di una costellazione di tre termini: è distinto da *ritmo* in quanto si riferisce all'altezza piuttosto che alla durata o all'accentuazione, e anche da *armonia* in quanto riferito alla successione delle altezze piuttosto che alla loro combinazione simultanea. Nello specifico, con *melodia* si indica una successione di suoni riconosciuta come coerente e di norma conchiusa in sé; "aria" ne è un sinonimo approssimativo di minore eleganza. In questa accezione il campo lessicale di *melodia* comprende voci indicanti successioni coerenti brevi e aperte come: *motivo* e *figurazione*, e altresí *soggetto* e *tema*, cui possono corrispondere, a seconda del contesto, *melodia* o *motivo*.

Si può affermare che un gruppo di melodie reciprocamente simili in modo riconoscibile appartengano a un particolare "tipo melodico"; le melodie stesse sono "segni" (*tokens*) del loro "tipo", secondo la terminologia proposta da Charles Sanders Peirce. Nella sintesi di Robert Hatten:

> Un tipo è una categoria ideale o concettuale definita da certe caratteristiche o da una serie di qualità essenziali per la sua identificazione. Un tipo viene compreso o elaborato come un'inferenza a livello cognitivo; non esiste a livello percettivo. D'altro canto un "segno" è l'entità percettibile che incarna o manifesta il tipo [Hatten 1994, pp. 44-45].

Nei seguenti paragrafi 2 e 3 si analizza il tipo melodico cosí come si presenta in due *corpora* dell'arte musicale: le antifone dell'*Officium* nel canto gregoriano della Chiesa Cattolica Romana, secondo la notazione medievale occidentale; la musica colta dell'India settentrionale secondo la pratica odierna. Come vedremo, in entrambe le culture un tipo melodico dato è «definito da caratteristiche [...] essenziali per la sua identificazione», ma mentre nel canto gregoriano abbiamo di fatto nient'altro che «un'inferenza a livello cognitivo», nella musica dell'India settentrionale possiamo dire propriamente di avere una coesistenza fra "livello percettivo" reale e concetto ideale.

Le "melodie-tipo" del gregoriano si fondano su una gamma di organizzazione delle altezze che va da un aggregato di classi d'altezza (cioè scale), da un lato, fino a un sistema di formule melodiche fisse e inalterabili, dall'altro. Il concetto di "tipo melodico" ricopre quasi totalmente il campo di variabilità fra i due estremi dello spettro scala/melodia. Alcuni tipi possono collocarsi assai vicino al polo "melodico", cosicché le singole melodie di quel tipo si assomigliano strettamente; tali *tipi melodici* sono per cosí dire "motivi generalizzati". Altri possono svilupparsi piú vicino al polo "scalare", e sono definiti non tanto da profili individualizzati quanto piuttosto dalla semplice sottolineatura e/o dissimulazione (se non addirittura dall'evitamento) di una o piú classi di altezza nella loro sequenza scalare; sono "scale particolarizzate".

Le figure 1, 2 e 3 illustrano una tipologia melodica riscontrabile nell'imponente repertorio delle antifone dell'ufficio gregoriano. Le figure 4 e 5 sono "segni" di tipi melodici oggettivati nella musica indiana settentrionale, chiamati *rāga*. I tre soggetti melodici nella figura 6 sono tratti dalla polifonia vocale europea del Cinquecento. Tali melodie mostrano una sistematica affinità con altre di tipo analogo, anche se prevedono la presenza contemporanea delle melodie delle altre voci. In questi casi qualunque successione melodica è limitata armonicamente da esigenze di eufonia tra note simultanee e di appropriatezza nella successione di queste simultaneità.

Le due melodie chiuse provenienti dal repertorio europeo sette-ottocentesco, riportate nelle figure 7 e 8 e analizzate nel paragrafo 4, sono di natura differente. Diversamente dalle melodie della figura 6, queste sono completamente ancorate a un substrato armonico. Le loro proprietà melodiche dipendono da articolazioni ed elaborazioni di superficie, percettibili in un primo piano intricato ma coerente di brevi motivi e figurazioni a sé stanti; a livello piú profondo sono presenti capisaldi melodici in semplice successione discendente per grado congiunto; tali capisaldi sono a loro volta fondati sul rispetto dell'eufonia e sull'appropriatezza della sonorità e delle successioni armoniche. Tipi peirciani riconoscibili sul piano del genere, dello stile, della forma e altro ancora sono sicuramente rilevanti a livello cognitivo per questo repertorio, ma il tipo melodico in quanto tale non è un elemento determinante.

2. *Melodie gregoriane*.

Le figure 1, 2 e 3 e relativi sottoesempi riproducono antifone tratte dal rito monastico medievale per l'*Officium* [per una succinta ma completa descrizione di questo repertorio e delle sue fonti si veda Huglo 1980]. Tutti eccetto due sono trascritti dall'antifonario duecentesco di Worcester (WA), che riporta le melodie tradizionali trasmesse nei codici benedettini [Anonimo 1922]. Le figure 3-B e 3-D sono tratte da un antifonario del secolo precedente, quello di Morimondo (MA), riveduto secondo la riforma generale promossa dall'Ordine Cistercense [Maître 1998].

Le sei melodie illustrate nella figura 1 sono adattamenti di una *melodia-tipo* che si colloca vicino al polo melodico della gamma scala/melodia; la melodia sale e discende in modi assai simili entro lo spazio tonale fra *re1* e *la2* (indichiamo con l'esponente 1 le note della prima ottava, quelle che nel sistema medievale erano scritte in lettere maiuscole; con l'esponente 2 indichiamo quelle dell'ottava successiva); solo una o due volte si estende di un grado sotto il *re1*, al *do1*, e una o due volte sopra il *la2*, al *si(♭)2* o al *do2*. Nella teoria gregoriana il *re1* con cui si concludono viene denominato, non a caso, *finalis*; sebbene all'epoca questo termine indicasse comunque soltanto l'ultima nota in una successione temporale, presto le verrà incorporata una nozione affatto diversa: si pensò che l'altezza della nota finale dovesse governare direttamente o indirettamente gli intervalli fra tutte le altre note del brano da lei concluso. In breve, al suo ruolo nella dimensione transitoria della successione fra le note la *finalis* aggiunse un ruolo stabile nel sistema intervallare: oltre a essere una *finale* era anche una *tonica* (per servirci del termine moderno corrente). L'identificazione tra *finale* e *tonica* nei singoli oggetti musicali si è tramandata nel pensiero e nella pratica occidentali fino al XX secolo, ma ciò non rappresenta una regola ineluttabi-

Figura 1.
Sei versioni di un tipo melodico di primo modo vicino al polo melodico della gamma scala-melodia.

le né sul piano logico né su quello musicale, come si può osservare in altre culture, compresa quella odierna dell'India settentrionale.

La dottrina che prescrive la coincidenza fra la nota conclusiva e la sua tonicità venne formulata nell'XI secolo da Guido d'Arezzo. Dapprima egli enunciò una regola per mantenere unite le note in modo coerente, limitando in ogni singola frase le possibili uscite dall'ambito di una quinta perfetta; una norma che vediamo ben illustrata nelle sei melodie della figura 1 con le loro minime estensioni al di là del *do1*, del *si♭2* o del *do2*.

> Si hanno pertanto sei intervalli melodici, cioè tono, semitono, terza maggiore, terza minore, quarta e quinta giuste. Infatti in nessun canto una nota è congiunta all'altra mediante intervalli diversi, né salendo né discendendo [Guido d'Arezzo 1955, p. 104].

Guido enunciò poi cinque principî, raccomandazioni e analogie intese a spiegare perché la nota finale di un canto si dovesse considerare dominante su tutte le altre; i primi tre sono strettamente musicali: la *finalis* risuona piú a lungo, conferisce il proprio colore alle altre note, le chiusure (cadenze) e persino gl'*incipit* delle frasi mediane devono concordare con essa.

> [1] Quantunque qualsiasi canto sia fatto con tutte le note e gli intervalli, talvolta la nota che conclude il canto conquista il dominio; infatti questa risuona piú a lungo e con piú insistenza. [2] E le predette note, il che appare chiaro solo agli esperti, le si adattano talmente da sembrare che quasi per miracolo prendano da lei un'apparenza di colorito. [3] Mediante le sei consonanze suddette le altre note devono quindi concordare con la nota che termina il periodo. Ma il principio dell'intero canto, ed anche tutti gli inizi e le conclusioni delle sue singole parti devono uniformarsi alla nota che lo conclude [*ibid.*, pp. 139-40].

L'insieme di tutte le altezze utilizzate nella figura (*do1*, *re1*, *mi1*, *fa1*, *sol1*, *la2*, *si♭2*, *do2*) forma una scala delle note disponibili, con la condizione aggiuntiva che la nota *re1* – la *finalis* – domini su tutte le altre come una *tonica* sovrana. Nella teoria gregoriana quest'entità fatta a mo' di scala venne chiamata "modo"; ogni brano dell'intero repertorio delle antifone e molto del restante *corpus* gregoriano si considerò appartenente a uno di questi otto modi. Le antifone delle figure 1, 2 e 3 sono fra le centinaia che la teoria del canto gregoriano attribuisce al primo modo (*Protus*), il quale includeva anche il *si♮2* e il *re2*. Il *re2* è semplicemente l'ottava superiore del *re1* fondamentale, ma il *si♭2* che appare nella figura 1-C veniva considerato in teoria solo un sostituto "accidentale" del bequadro. Questa era la norma centrale nel sistema diatonico medievale cui tutti i modi appartenevano.

Le segmentazioni dello spazio temporale nella figura 1 sono strettamente collegate alla sintassi del testo cantato. Le figure 1-C/D/E/F rappresentano versioni della formula base di questa melodia particolarmente adattabile: i loro testi sono divisi in due emistichi a loro volta suddivisi in due metà, ognuna musicata con due motivi melodici; in tutto quattro. Le configurazioni d'apertura di queste antifone (*re1-do1-fa1-sol1-fa1-sol1-la2*) sono virtualmente identiche, ascendendo dal *re1-do1* sino al *fa1* e attraverso il *sol1* per affermare il *la2*, il grado piú acuto ad una quinta giusta sopra il *re1*. Le frasi che intonano le seconde parti del primo emistichio elaborano il *la2* in vari modi: discendendo al *fa1*, risalendo al *la2* per poi concludere un grado piú sotto, sul *sol1*. Le terze frasi discendono per salto da *sol1* a *mi1* e risalgono al *sol1*, poi trasportano il *sol1* di un altro grado sotto attraverso *la2-sol1-fa1* e ancora giú al *mi1-re1-do1* per cominciare l'avvicinamento alla *finalis*. Ciascuna delle quarte frasi di ogni antifona esordisce con una discesa lievemente diversa al *do1* e risale poi al *sol1* in uno di questi tre modi: *mi-fa-sol*; *mi-sol*; *re-sol*, per concludere con la medesima discesa cadenzale sulla *finalis*: *sol-fa-mi-re*.

La figura 1-B è un "segno" a tre motivi del tipo consueto a quattro frasi, nel quale il secondo motivo, che fa discendere il *la2* al *sol1*, si prolunga, mentre il terzo motivo si abbrevia e si fonde con il quarto. L'esempio 1-A è un "segno" minimo del tipo, solo con il motivo di apertura che afferma il *la2* e il motivo cadenzale di base *mi1-fa1-sol1-fa1-mi1-re1* condiviso con la figura 1-B e 1-C, ma senza la preparazione dal basso.

La figura 2 illustra un altro aspetto della tipologia melodica derivata dall'Antifonario gregoriano. La figura 2-A è uguale a 1-A, con il suo motivo iniziale afferma il *la2* e il motivo cadenzale. Ciascuna delle altre quattro antifone illustrate nella figura 2 afferma il *la2* una quinta sopra la *finalis re1* con un motivo iniziale differente; la figura 2-B fa altrettanto due volte, e la seconda volta con il motivo usato nella figura 2-A. Una discesa cadenzale alla *finalis re1* appare non una volta, ma due o tre in ciascuna di queste quattro antifone, cosí articolandole in due o tre suddivisioni; il motivo cadenzale *mi1-fa1-sol1-fa1-mi1-re1* è banalmente variato alla fine di entrambe le parti della figura 2-D e nella prima parte della figura 2-E.

Peraltro, l'avvicinamento alla *finalis* in conclusione della figura 2-B costituisce di fatto un differente motivo cadenzale. Nella figura 2-B/C/D tutte e tre le cadenze discendenti alla *finalis re1* sono precedute da frasi mediane, rispettivamente sulle parole «ab ecclesia», «et cuiusvis manus» e «claudi curantur»; nella figura 2-B, invece, i tipi motivici mediani e finali si fondono sulle parole «ab ecclesia ad Deum» con l'unico motivo cadenzale *fa1-sol1-la2-fa1-mi1-re1*, abbastanza comune in altre antifone.

La figura 2-B è particolarmente interessante, in quanto venne analizzata all'inizio del XII secolo dal teorico Giovanni di Afflighem: la sintassi musicale è definita in termini di sintassi verbale ma con l'uso della terminologia corrente nella punteggiatura (si noti tuttavia che l'autore inverte il normale significato sia latino-medievale che inglese moderno di *comma* e *colon*).

> Quando il canto resta sospeso appoggiandosi ad una quinta o ad una quarta sopra la *finalis*, è colon; quando ritorna alla *finalis* a metà, è comma; quando giunge alla *finalis* in conclusione, è periodo. In questa antifona: *Petrus autem* colon, *servabatur in carcere* comma, *et oratio fiebat* colon, *pro eo sine intermissione* comma, *ab ecclesia ad Deum* periodo [1950, pp. 79-80].

Ciascuna delle antifone nella figura 2 è il “segno” di un differente tipo melodico [per una discussione piú dettagliata delle tipologie melodiche nell’Antifonario gregoriano cfr. Ferretti 1934; Gevaert 1895]. Nell’antifonario di Worcester sono tutte attribuite al primo modo con la sua *finalis re1* (nell’inventario esauriente e completo d’analisi di 47 melodie-tipo di Gevaert [1895, pp. 225-446] le figure 2-A/B/C/D ricadono rispettivamente nei suoi *thèmes* 5, 4, 3 e 2; i *thèmes* 4 e 3 sono caratterizzati dal salto ascenden-

Figura 2.
Tipologia di motivo iniziale, mediano e cadenziale in cinque melodie modo 1.

te di quinta nel motivo di apertura. La figura 2-E, «Domine quinque talenta», è attribuita al terzo modo in altri codici; ha la stessa melodia fondamentale ma si sviluppa in una posizione piú acuta nel sistema diatonico gregoriano, vale a dire: *mi* è la sua *finalis*/tonica e il grado immediatamente superiore è un intervallo di semitono (*mi-fa*) e non il tono intero che divide *re finalis*/tonica da *mi* nelle melodie di primo modo). La maggior parte delle melodie e dei tipi melodici di primo modo affermano nel *la2* il secondo grado piú importante (corda di recita) dopo la *finalis*, ma ce ne sono alcune che si comportano diversamente. La figura 3-A/C mostra due «segni» con la *finalis re1*, tradizionalmente attribuita al primo modo, ma che hanno l'intonazione secondaria sul *sol2* anziché sul *la2*. Normalmente una melodia con la *finalis re1* e con questa intonazione dovrebbe essere classificata nel modo secondo o *plagale*, equivalente al primo modo *autentico*.

La principale differenza tra modo autentico e plagale consiste nel fatto che nelle melodie in modo autentico, per esempio nel primo, tutte le note all'infuori della piú bassa dovranno collocarsi al di sopra della *finalis* o al suo stesso livello, estendendosi fino a un'ottava o piú al di sopra, ma non piú di un grado al di sotto, mentre la gamma di una melodia in modo plagale può estendersi fino a una quinta sotto la sua *finalis* ma non oltre una quinta o una sesta sopra. Inoltre negli autentici la frase iniziale che defini-

---

Figura 3.
Un tipo melodico ambiguo del modo 1 ricomposto secondo la teoria riformista cistercense.

sce il modo gravita verso il quinto grado sopra la *finalis* (sesto grado nel terzo modo), mentre l'ascesa iniziale nei modi plagali come il secondo non dovrebbe sottolineare alcuna nota piú acuta del quarto grado sopra la finale. Nelle parole di Gui d'Eu, il teorico della riforma del gregoriano operata nel XII secolo dai Cistercensi:

> Autentico e plagale hanno composizioni differenti. È proprio dei [modi] autentici non indugiare gravemente intorno alla finale, ma elevarsi quasi con una certa alacrità, e frequentare la propria quinta. È invece attributo pertinente alla composizione dei plagali principiare il canto con un intervallo ascendente di una quarta rispetto alla finale, cosa che non si conviene agli autentici [Gui d'Eu 1995, p. 164].

Stando cosí le cose, le due melodie del primo modo convenzionale nella figura 3-A e 3-C, con la loro pesante insistenza iniziale sul *sol2*, furono considerate corrotte dai riformatori cistercensi e dovettero essere riallineate alla loro teoria modale. Quantunque le melodie appartenenti a questo tipo non si sviluppino molto al di sotto della *finalis*, come dovrebbero fare le melodie del secondo modo plagale, i Cistercensi si limitarono a riclassificarne molte nel secondo modo, il plagale di *Re*. Tuttavia alcune in particolare, ivi comprese quelle della figura 3, furono ricomposte per sostituirne l'inizio apparentemente anomalo con uno confacente a diverse melodie-tipo del primo modo.

E inoltre, la melodia per «Ante me non est formatus Deus» (fig. 3-A) aveva costantemente il *si♭* come parte integrante del suo profilo, benché nel sistema diatonico medievale esso potesse venir usato come elemento *accidentale* e non *essenziale*. Di nuovo nelle parole di Gui d'Eu:

> Non vi meravigliate se nel naturale computo delle lettere non ho incluso la b rotonda [= bemolle], che non è nessuna delle sette, né di quelle anteposte né di quelle replicate [...]. D'altronde si dice giustamente "accidentale", poiché nella naturale disposizione delle lettere non ha posto [...] Ha questa lettera una forza contraria al b quadrato [= bequadro] poiché quella lettera fa un semitono dove questa fa un tono, e viceversa. In nessun canto deve prendere per sé né spazio, né linea, ma a volte deve essere apposta quasi furtivamente allo spazio del bequadro, poiché fu inventata a causa del tritono e si trova soltanto dopo il la acuto, e sovracuto dove termina il tritono [*ibid*., pp. 112-14].

Il *si♭2* in «Ante me non est formatus» è però necessario proprio per evitare, nei motivi sulle parole «et post me non erit» e «quia mihi curvabitur», il tritono che si provocherebbe cantando il *si♮*. Inoltre non vi è posto altrove per il si bequadro che è tipico del primo modo, cosicché in questa particolare melodia il *si♭2* è ovviamente non *accidentale*, ma *essenziale*: ciò che rappresenta una contraddizione in termini. Pertanto nell'antifonario cistercense riformato l'intera melodia fu trasposta cinque gradi sopra nella scala diatonica medievale cosí da terminare sul *la2*, come nella figura 3-B. In questa posizione la *finalis*/tonica è ora *la2*, chiamata *affinalis*, la quinta sopra è *mi2* e al semitono superiore si trova il *fa2*; tutti gli altri intervalli restano come stavano prima alla quinta inferiore, cosicché ora la precedente contraddizione fra il ruolo "essenziale" di un tono entro il pezzo e il suo ruolo "accidentale" entro il sistema è stata risolta.

Nelle intonazioni, la contraddittoria insistenza iniziale sul quarto anziché sul quinto grado sopra la *finalis* fu risolta sostituendo la frase iniziale con una melodia-tipo appartenente al *primo modo* che sottolineava enfaticamente la quinta sopra la *finalis* con un salto diretto dalla *finalis* medesima, come nelle figure 2-B/C con i loro salti intervallari da *re1* a *la2*; nella trasposizione per evitare il *si♭2*, ha luogo un salto ascendente dalla *affinalis la2* al *mi2*. Il resto di «Ante me non est formatus Deus» indugia sulla quinta sopra la *finalis* e conclude con un motivo cadenzale caratteristico del primo modo, cosí che non sono piú necessarie ulteriori sostituzioni per uniformare la melodia alla teoria Cistercense.

Il brano nella figura 3-C «Quod uni ex minimis» è un "segno" particolarmente breve dello stesso tipo melodico; esso sta ad «Ante me non est formatus Deus» come «In tuo adventu» sta a «Qui michi ministrat» nella figura 1-A/C. La melodia piú breve usa soltanto i tipi motivici iniziali e conclusivi della piú lunga. Anche qui i riformatori cistercensi sostituirono il motivo di apertura, con la sua sottolineatura della quarta sopra la *finalis*, mediante il "segno" di un tipo motivico caratterizzato dal salto iniziale di quinta; in questo caso una perfetta corrispondenza al motivo iniziale della figura 2-B «Petrus autem» (nell'Antifonario cistercense moderno queste melodie sono annotate nella forma "corretta" in uso nell'ordine, ma senza trasposizione; vale a dire che cominciano come «Petrus autem» all'altezza convenzionale del primo modo, con la *finalis* sul *re1* e il *si♭* "pseudo-essenziale" un semitono sopra il *la* al quinto grado).

3. *Melodie dei "rāga" dell'India settentrionale.*

Per quanto rappresentino differenti melodie-tipo appartenenti ambedue allo stesso primo modo della teoria gregoriana, le tradizionali melodie gregoriane «Qui michi ministrat» (fig. 1-C) e «Ante me non est formatus Deus» (fig. 3-A), condividono la stessa serie di altezze (cioè scala), e la medesima *finalis re1* (che è anche la loro tonica). Un'analoga distinzione fra tipo di scala e tipo di melodia esiste nella musica classica dell'India settentrionale, e lo stesso tipo di confusione fra le due nozioni che soggiace alla posizione cistercense rispetto al divergere dei tipi melodici entro le stesse categorie modali ha spesso afflitto gli osservatori esterni della musica indiana. Tuttavia una chiara distinzione fra le due fu già operata nel 1834 in uno straordinario saggio di N. Augustus Willard, un ufficiale eurasiatico al servizio di uno dei piccoli principati allora esistenti nell'India britannica. Descrivendo la differenza fra *ṭhāṭ* (tipo di scala) e *rāginī* (termine alternativo per rāga, cioè tipo melodico), egli afferma:

Un *ṭhāṭ* si avvicina maggiormente a ciò che noi intendiamo per modo, e consiste nel determinare esattamente le distanze relative fra i vari suoni costituenti l'ottava, ciascuno in rapporto all'altro; mentre il *rāginī* dispone questi stessi suoni in una successione stabilita e determina quali siano i principali al suo interno. Cambiando l'ordine delle successioni, lo stesso *ṭhāṭ* può essere adattato a diversi *rāginī*; laddove nessun *rāginī* si può suonare al di fuori del *ṭhāṭ* suo proprio. Non è nemmeno una melodia, giacché un abile esecutore può adattare le parole di una melodia a qualsiasi *rāginī*; neppure un cambiamento di tempo può distruggerne la qualità costitutiva [1834, p. 65].

Tale distinzione è illustrata nelle figure 4 e 5, trascritte in notazione europea da una monumentale antologia di composizioni redatta da Vinayak Narayan Patwardhan, il quale era stato allievo di Vishnu Digambar, il maggior artista-didatta del primo Novecento. I nomi delle note che corrispondono al *sargam* (solfeggio) dell'India settentrionale, ossia: *sa/re/ga/ma/tīvra-ma/pa/dha/ni*, sono stati scritti secondo l'uso occidentale (*do*, *re*, *mi*, ecc.); si è anche seguita la moderna convenzione occidentale per cui il cosiddetto «*do* centrale» viene scritto *do3*. Si noti che le sillabe del *sargam* indiano, analogamente a quanto accade nel gregoriano con le lettere e le posizioni dei neumi sul rigo, non indicano le altezze "assolute" delle note. Perciò nulla si può dedurre a questo riguardo da tali traslitterazioni. Ogni solista fissa l'altezza "reale" della tonica fondamentale *sa* al livello di frequenza o diapason che meglio si conviene alla propria voce o strumento. Il grado *sa* della scala è la *tonica fondamentale* della musica classica indiana, ma *non* rappresenta una tonica nel senso in cui *re* è la tonica del primo e secondo modo gregoriano, oppure *mi*, *fa* e *sol* lo sono ripettivamente dei modi III-IV, V-VI e VII-VIII. *Sa* è un'onnipresente *tonica di pedale* che sta sullo sfondo di *qualsiasi* rāga indiano e non rappresenta necessariamente la nota dominante di un qualsiasi *singolo* rāga. Ad esempio, nel *rāga* Mārvā la tonica fondamentale *sa* non risuona mai nel registro piú grave, e la sua ottava superiore compare regolarmente soltanto in un particolare contesto, che è determinato da requisiti puramente formali applicabili in tutte le realizzazioni di qualunque *rāga*.

La figura 4-A/B mostra gli *sthāyī* (ritornelli «di base») di due pezzi già composti, entrambi nel rāga Gauḍ Sāraṅg. Entrambi appartengono al medesimo genere vocale denominato *choṭā khayāl* («piccola idea») – o *chīz* («bagatella») – ed entrambi sono scanditi nello stesso metro quaternario (*tīn tāl*), da eseguirsi in tempo veloce (*drut lay*) [Patwardhan 1960, p. 56]. I due *sthāyī* nella figura 5-A/B hanno quasi tutto in comune con quelli della figura 4-A/B (non soltanto il genere e il tempo ma anche la scala del tipo *ṭhāṭ*); ma appartengono al rāga Bihāg [Patwardhan 1961, pp. 292, 296]. «Pala na lāgī morī ā̃khiyā̃» (fig. 4-A) e «Aba hū̃ lālana mā̃ikā» (fig. 5-A) sono forse i due piú celebri brani composti in tempo veloce del genere *choṭā khayāl* per quanto riguarda i rispettivi rāga d'appartenenza: Gauḍ Sāraṅg e Bihāg. La melodia in raga Bihāg sul testo «Nahī̃ chodū̃ re bābā Rāma nāma», il cui *sthāyī* compare nella figura 5-B, è opera di Vishnu Digambar.

Una differenza fondamentale nel campo della tipologia melodica fra i rāga dell'India settentrionale appartenenti al medesimo *ṭhāṭ* e i diversi tipi melodici dell'Antifonario gregoriano che si richiamano allo stesso modo si riflette nella circostanza che ogni rāga indiano è provvisto di un proprio nome, mentre le melodie-tipo gregoriane ne sono prive. I teorici medievali, e probabilmente anche i cantori, erano senz'altro consapevoli dell'esistenza di affinità melodiche entro il repertorio ben al di là del rigido schema degli otto modi (*oktoechos*), ma non pensarono a oggettivarle. I tipi melodici illustrati nelle mie figure 1 e 3, oppure quelli riportati nei lavori di autori come Gevaert e Ferretti, sono artefatti costruiti dai moderni teorici europei per illustrare la coerenza del repertorio. Al contrario, per l'artista dell'India settentrionale i rāga sono entità reali, direttamente manipolabili in estese realizzazioni improvvisative dotate o meno di rapporti con un qualsiasi motivo composto e memorizzato in precedenza.

In una vera e propria esecuzione, un *choṭā khayāl* in tempo veloce come «Pala na lāgī», il cui *sthāyī* compare nella figura 4-A, sarebbe il nucleo della seconda parte di un'estesa realizzazione del relativo rāga; normalmente preceduta da un *baḍā* («grande») *khayāl* in tempo lento. Il grosso del tem-

Figura 4.
Due *sthāyī* da un *choṭā khayāl* in rāga Gauḍ Sāraṅg.

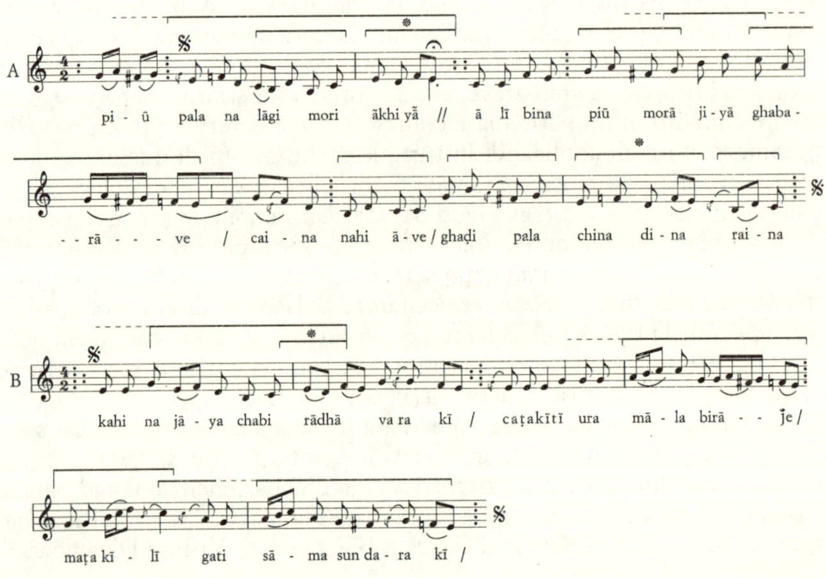

po totale d'esecuzione sarebbe dedicato a lunghe esposizioni improvvisative del rāga, poste a incorniciare le due composizioni preesistenti. Lo *sthāyī* di un *khayāl*, o anche solo il suo primo verso o motivo d'apertura, suole essere usato come ritornello fra l'uno e l'altro dei passaggi improvvisativi nei quali si sviluppano i tipi motivici del rāga. Soprattutto durante il primo *khayāl* lento ciò avviene in *ālāp* (una sorta di "recitativo" non ritmato); mentre nel secondo *khayāl* prevalgono i *tān* (veloci *roulades* che possono o meno emanciparsi dalla pulsazione metrica fondamentale). Nella musica strumentale il procedimento è sostanzialmente analogo; la principale differenza sta nel fatto che l'*ālāp* lento e non ritmato precede l'ingresso della composizione lenta e ritmata.

Ad esempio, nella tradizione vocale di Vishnu Digambar il già citato *khayāl* veloce nel rāga Gauḍ Sāraṅg (cfr. 4-A) potrebbe esordire col canto della melodia «pala na lāgī morī ā̃khiyā̃» protratto fino al mio segno di ritornello, sostenendo per tre pulsazioni la clausola «-ā̃» (come suggerisce la croma puntata con corona) ed effettuando alcune ripetizioni del verso, introdotto questa volta dalla sillaba «piū». Anche il secondo verso può esse-

Figura 5.
Due *sthāyī* da altrettanti *choṭā khayāl* in rāga Bihāg.

re ripetuto alcune volte prima che l'artista proceda alla conclusione dello *sthāyī*, dopodiché si lancerà in una serie di *tān* improvvisativi sempre piú lunghi e fioriti, ritornando ogni volta a tempo debito sul primo verso dello *sthāyī*. Infine egli raggiungerà l'*antarā* (o «intermezzo»), la seconda parte, qui non raffigurata, del *khayāl*, e ne sottoporrà il primo verso al medesimo trattamento. Poi prenderà nuovamente lo *sthāyī* come base periodica di qualche altro *tān*, e verso la fine della sua interpretazione potrà far ritorno ad alcune frasi libere e sostenute in stile di *ālāp* prima di concludere il tutto con una serie di *tān* virtuosistici.

Il *choṭā khayāl* «Kahi na jāya» anch'esso nel rāga Gauḍ Sāraṅg (cfr. per esempio 4-B) è assai simile a «Pala na lāgī»; le unità motiviche caratteristiche del rāga che accomunano i due brani sono racchiuse tra parentesi quadre sopra il rigo. Le melodie del primo verso suscettibile di ripetizione sono pure assai simili e le continuazioni dei rispettivi *sthāyī* hanno molto in comune, terminando con frasi pressoché identiche: sulle parole «ghabarāve» nella figura 4-A e su «māla birāje» e «śāmasundara kī» nella figura 4-B. Ciononostante non si tratta della stessa melodia, ma piuttosto di due melodie che realizzano lo stesso tipo melodico. Sarebbe anche possibile collegare fra loro in modi diversi i tipi motivici in esse contenuti, o anche collegarli a schemi motivici piú astratti. Si tratta perlopiú di figurazioni di volta imperniate su *do2*, *mi2* e *sol2*; il principale tipo motivico del rāga, contrassegnato da un asterisco, è *mi2-re2-fa2-mi2*, come si riscontra al punto d'arrivo di entrambi i *khayāl*, rispettivamente sulle parole: «ā̃khiyā̃» e «rādhā». La discesa alla tonica fondamentale *do2* non è diretta, come si vede nelle frasi d'esordio; l'ornamentazione del *do2* mediante le note adiacenti *si1* e *re2* compare nella figura 4-A sulle parole «lāgī morī,» «nahī̃ āve,» e «raina», che introducono un ritorno all'inizio; *si2* e *re3*, adiacenti all'ottava superiore della tonica fondamentale (*do3*), compaiono sulle parole «jiyā gha[barāve]» nella figura 4-A e «[*maṭa*]*kīlī*» nella figura 4-B. La volta imperniata su *sol2* (*sol2-la2-fa#2-sol2*) come sulle parole «piū morā» e «ghaḍi pala» nella figura 4-A è l'unico punto in cui compaia la nota *fa#2*. Il micromotivo prosegue da un lato sulle parole «piū morā», ascendendo alla volta imperniata sul *do3* (*si2-re3-do3*) fino alle parole «jiyā gha[barāve],» e dall'altro lato sulle parole «ghaḍi pala,» discendendo alla volta imperniata su *mi2* (*mi2-fa2-re2-fa2-mi2*) fino alle parole «china dina»; ciò che conferma la sua indipendenza sintattica dal contesto immediatamente adiacente.

Questo e altro si può trovare sistematizzato nella pratica didattica e nella teoria musicale dell'India settentrionale, con riferimento alle descrizioni chiamate *rāga-lakṣaṇa* («caratteri dei rāga»); come in queste citazioni riguardanti il rāga Gauḍ Sāraṅg che leggiamo in Omkarnath Thakur, uno dei maggiori artisti-didatti di metà Novecento e anch'egli un discepolo di Vishnu Digambar.

> La sua successione (*calan*) non è lineare:
>
> *Si1-do2-mi2-re2-fa2-mi2, sol2-fa#2-la2-sol2, do3-si2-re3-do3, la2-sol2-fa2-mi2,*
>
> *sol2*\\\\
> *fa2-mi2, re2- fa2-mi2, re2---do2---*
> *re2/*
>
> Quando ci si diffonde nell'improvvisazione non ritmata (*ālāpcārī*) non bisogna mai fermarsi sulle note *re2, fa2, la2*, o *si2*. Solo le tre note *mi2, do2*, e *sol2* si possono usare come punti di sosta (*mukām*). Per caratterizzare l'immagine (*chāyā*) del Gauḍ Sāraṅg basta cantare [le note] *mi2-re2-fa2-mi2*. Quando qualcuno viene chiamato per nome, rivolge il viso in direzione del chiamante per vedere chi ha parlato. In tal modo, se qualcuno canta [le note] *mi2-re2-fa2-mi2*, il Gauḍ Sāraṅg solleva la testa e dice: «Eccomi».
>
> In questo rāga l'inizio dell'improvvisazione non ritmata (*ālāp*) e della fioritura (*tān-kriyā*) parte da *mi2*. Il suo fondamento poggia interamente su questa nota; nell'improvvisazione non ritmata e nella fioritura tutte le frasi vi fanno sosta. [...] Di solito la sua natura (*prakṛti*) è moderatamente giovanile. Il suo modello di scala (*jāti*) non è pentatonico, né esatonico, né completo [cioè eptatonico] ma piuttosto tortuoso-completo (*vakra-sampūrṇa*). Gli intenditori lo chiamano anche «Bihāg diurno» [Thakur 1954*a*, pp. 16-17].

I due *khayāl* in rāga Bihāg raffigurati nella figura 5 si assomigliano reciprocamente come già i due *khayāl* nel rāga Gauḍ Sāraṅg; inoltre i due rāga condividono non solo il tipo di scala ma anche il suo grado fondamentale (*mi2*). Il motivo che nel rāga Bihāg afferma il *mi2* è *mi2-fa2-mi2*, contrassegnato nelle figure con un asterisco: sulle parole «juga bī[ta]» e «tarase» nella figura 5-A e su «Rāma nā[ma]» e «choḍū re» nella figura 5-B. Consideriamo poi il grado *re2* della scala, che riveste un ruolo tanto importante nelle figure di volta del Gauḍ Sāraṅg in quanto nota adiacente inferiore del *mi2* e superiore del *do2*. Il suo ruolo è invece assai debole nel rāga Bihāg, come si può vedere fra l'altro nelle frasi discendenti «[bī]ta gaye» e «jiyā tarase» della figura 5-A e «Rāma nāma» della figura 5-B, dove viene soltanto sfiorato di passaggio, e nelle frasi ascendenti *Si1-do2-mi2-fa2-sol2* sulle parole «[aba] hū̃ lālana» e «tarapha tarapha ji[yā]» (fig. 4-A); nonché su «nahī̃ choḍū̃ re bābā Rā[ma]» e «mero aura paḍhana» (fig. 5-B), dov'è addirittura omesso. Del tutto analogo all'impiego del grado *re2* è il trattamento riservato al *la2*: debole nel salire e assente nel discendere; si veda fra l'altro come la figurazione *si2-do3-si2--(la2fa#2)-sol2* sulle parole «nahī̃ kāma» (fig. 5-B) rispecchi alla quinta superiore la caratteristica sequenza *mi2-fa2-mi2-(re2Si1)--do2* su «Rāma nāma», esattamente come fa «mãikā» con «[ga]ye» e «[tara]se» (fig. 5-A). Qui come in altri passi dei due *sthāyī* in rāga Bihāg vediamo che il *si2* pareggia generalmente in forza il *mi2*. Tutto ciò è teorizzato nella relativa descrizione del rāga (*rāga-lakṣaṇa*) fornita da Omkarnath Thakur:

> Bihāg è un rāga assai noto. Si annovera fra i rāga «puri» (*śuddha*) [...] nei quali non vi è sfumatura (*chāyā*) o commistione con alcun altro rāga. [...] Vi sono parec-

> chi rāga nei quali l'identico gesto [musicale] (*kriyā*) può sorgere in entrambi i segmenti dell'ottava centrale, e Bihāg è fra questi:
>
> *Si1-do2-mi2-fa2-mi2---re2Si1do2--- / fa#2-sol2-si2-do3-si2---la2fa#2sol2---*
>
> In questo rāga *mi2* e *si2* sono considerate note forti. Nell'ascendere (*āroha*) *re2* e *la2* si omettono, e anche nel discendere (*avaroha*) *re2* e *la2* sono deboli e vengono appena sfiorate rapidamente. Le scale ascendente e discendente si presentano come segue:
>
> *Si1-do2-mi2-fa2-sol2-si2-do3-si2-la2fa#2sol2---fa#2---mi2-fa♮2mi2---re2Si1do2---*
>
> La forma completa e autonoma (*sva-rūpa*) del rāga Bihāg emerge da queste note:
>
> *mi2-fa2-mi2---re2Si1do2---, si2-do3-si2---la2fa#2sol2---fa#2---mi2-fa♮2mi2---re2Si1do2---*
>
> Questo rāga si canta o si suona a metà della seconda parte della notte. Si pensa che sia particolarmente indicato per esprimere [il *rasa* (passione o sentimento codificato)] dell'amore di chi è separato dall'amato, di chi parla di sé, e dello stato di innocenza o semplicità (*mugdha-bhāva*) [Thakar 1954*b*, pp. 1-2].

L'attribuzione, qui avanzata da Thakur, di un *rasa* (passione o sentimento codificato evocabile dal musicista) al rāga Bihāg, come pure di una "natura" (*prakṛti*) al rāga Gauḍ Sāraṅg, è un tratto comune a tutta la teoria della musica classica indiana; si tratta di una credenza equivalente all'ἦθος che Platone e molti dei suoi successori attribuivano agli antichi modi greci. La dottrina classica dell'ἦθος modale era conosciuta nell'Europa del Medioevo, ma non veniva collegata direttamente al repertorio del canto gregoriano, a eccezione del curioso passo di un anonimo trattatista del primo Cinquecento [cfr. Coussemaker 1867, p. 448]. Tuttavia, man mano che nel Quattro-Cinquecento le idee degli umanisti intorno ai modi musicali europei penetravano nella cultura musical-letteraria, si finí per attribuire qualità espressive anche ai modi moderni, identificati con nomi grecizzanti mutuati dagli autori della tarda classicità.

I rāga Bihāg e Gauḍ Sāraṅg hanno molto in comune, compreso il tipo di scala e la forte sottolineatura del *mi2*, ma sono anche assai differenziati. Nel Bihāg il *si2* è forte e, per cosí dire, indipendente; mentre nel Gauḍ Sāraṅg esso è confinato quasi esclusivamente alla figura di volta imperniata sul *do2*. Nel Bihāg il *fa#2* parallelo al *si2* non si limita semplicemente a un impiego ornamentale rispetto al *sol2*, come avviene nel Gauḍ Sāraṅg; esso compare anche in fase discendente nel motivo *sol2-fa#2-mi2-fa♮2-mi2*, come sulle parole «jiyā tara[se]» (fig. 5-A) e su «nahī̃ choḍū̃ re» (fig. 5-B), per poi far ritorno all'origine. Naturalmente cosí nel Bihāg come nel Gauḍ Sāraṅg compaiono un forte motivo caratterizzante (rispettivamente: *mi2-fa2-mi2* e *mi2-re2-fa2-mi2*), e anche restrizioni d'impiego sul *re2* e il *la2*, ma nel complesso il Bihāg è piú libero di muoversi direttamente e vi sono meno rigiri obbligati che nel Gauḍ Sāraṅg. Il Bihāg si colloca verso il centro della gamma delle melodie scalari, magari un po' piú verso l'estremo inferiore, mentre il Gauḍ Sāraṅg è vicinissimo all'estremo melodico della stessa gamma.

4. *Esempi di musica occidentale: Palestrina, Mozart, Verdi.*

Durante il secondo millennio dell'era cristiana la musica europea di tradizione scritta fu dominata sempre piú da musica vocale e strumentale, in cui si verificava la sovrapposizione simultanea di piú note. Le regole imposte a questa simultaneità, tanto per gli accordi singoli quanto per le loro successioni, finirono per rivestire un ruolo sempre maggiore nella condotta e nella percezione delle linee melodiche; ciononostante il tipo melodico rappresenta ancora un fattore significativo nella polifonia del Cinquecento.

La figura 6 mostra i soggetti iniziali nelle parti di *cantus* di tre mottetti palestriniani a quattro voci. Tutti e tre appartengono a un unico "tipo tonale", debolmente contrassegnato da una *finalis*/tonica *la*, da *si*♮ anziché *si*♭, e dalla presenza del registro alto in ciascuna delle voci. Si tratta di un tipo tonale [concetto elaborato da Hermelink 1962; cfr. anche Powers 1981] ampiamente utilizzato da Palestrina e altri. Le parentesi quadre collocate sopra i righi indicano giri di frase comuni, nei quali s'incontrano tre varianti di un tipo melodico generale rintracciabile nelle parti di *cantus* di questo tipo tonale. Le cifre sovrapposte al rigo indicano il numero delle voci presenti in ciascun punto nel corso di ogni melodia; ogniqualvolta due o piú voci sono simultaneamente presenti, tutto l'insieme è sottoposto alle regole armoniche sui suoni simultanei e le loro successioni.

In questo tipo tonale i soggetti del *cantus* sono generalmente caratte-

---

Figura 6.
Melodie iniziali nelle parti di *cantus* di tre mottetti di Palestrina, composti nel tipo tonale *La1-*♮*-sol2*$_{(2)}$.

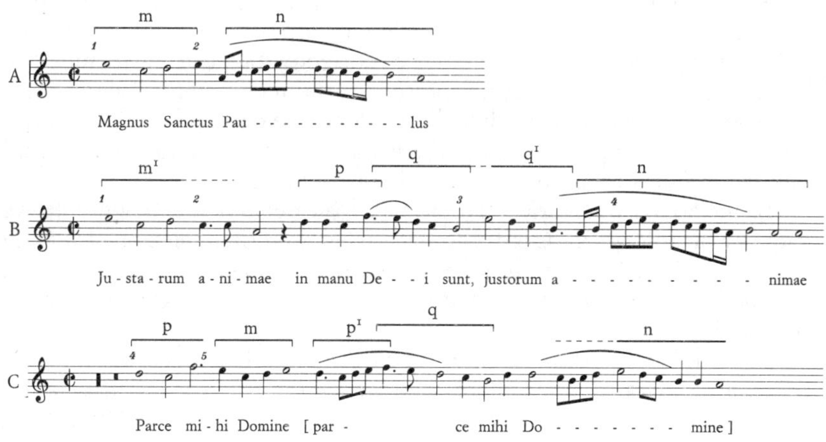

rizzati dallo sfruttamento dell'*ambitus la3-mi4* (estensibile di un grado o due in entrambe le direzioni) e in particolare da: 1) affermazione motivica di un caratteristico *mi4* e/o *re4*; 2) finale discesa per grado congiunto da *mi4* fino a *la3*. La figura 6-A rappresenta un'epitome del tipo: il motivo iniziale *m* afferma il *mi4*, che viene immediatamente riaffermato procedendo da note piú basse e subito fatto ridiscendere con una figurazione veloce del tutto comune, indicata come tipo motivico *n*. Quest'ultimo conclude anche il soggetto della figura 6-B, che esordisce come 6-A ma ne diverge dopo la parola «Justorum» e discende fino a *la3* senza tornare a *mi4*. «In manu Dei» (fig. 6-B) esordisce con la configurazione *re4-do4-fa4*, etichettata *p*, la stessa che apre anche la figura 6-C. L'indipendenza sintattica di questo tipo motivico è confermata dal fatto che nella figura 6-B esso procede lungo una linea di quinta diminuita discendente (etichettata *q*) da *fa4* a *si3*, mentre in 6-C continua con il motivo *m*.

Questi soggetti palestriniani illustrano come taluni aspetti di tipologia melodica mantenessero la propria rilevanza nella musica d'arte europea del Cinquecento. Man mano però che si estendeva e si arricchiva la gamma delle possibilità armoniche e le loro regole di successione divenivano piú rigide e formalizzate, la "tipologia" perse sempre piú d'importanza nella condotta delle melodie. Nella cosiddetta musica europea «armonico-tonale» del Sette-Ottocento la melodia fu percepita sempre piú come risultante da una successione di armonie governate da propri principî costruttivi e tassonomici. Le melodie di questi secoli si possono dunque comprendere piú facilmente come motivi indipendenti al livello di superficie tenuti insieme a livello profondo da note strutturali adiacenti ordinate per grado congiunto discendente, analogamente a quanto accade nei soggetti palestriniani della figura 6 con le loro discese da *mi4* a *la3*. I rapporti fra i disegni ritmico-melodici direttamente percepibili in superficie e il loro fondamento astratto (note strutturali emancipate dal ritmo) vengono di solito analizzati parallelamente alle strutture armoniche e alle loro successioni. Ciononostante, la compenetrazione fra linea melodica e motivo nella musica armonico-tonale europea può essere concepita spesso in termini puramente melodici, e ciò è quanto mai facile nel caso di melodie, dove due o piú registri d'altezza sono contemporaneamente impiegati entro un'unica successione melodica. Le figure 7 e 8 mostrano due melodie di questo genere.

La melodia della figura 7, il tema principale del movimento lento dalla sonata per pianoforte K. 310 di Mozart, rivela un'intima relazione fra le note strutturali di livello piú profondo e la superficie in movimento. Essa è fasciata da una linea discendente per grado congiunto di cui costituisce una sorta di riflesso ornato.

La melodia mozartiana esordisce affermando l'*ambitus* totale con una triade arpeggiata di *fa* maggiore che ascende dal *fa3* al *la4*. Tuttavia il *la4* viene per il momento lasciato sospeso, mentre le prime quattro battute procedono in due diverse maniere ad articolare la linea principale (qui indicata con frecce) discendendo dal *do4* al *fa3*: dapprima con "sospiri" (*Seufzer*) dalla leggera ornamentazione, e poi in ogni battuta successiva con appoggiature (*do4-si♭3* / *si♭3-la3* / *la3-sol3* / *fa3-mi3*) contrassegnate da parentesi graffe sotto il rigo. Ai sospiri si sovrappongono sulle batt. 2-3 e 3-4 scalette frammentarie di cinque note discendenti, piccoli gesti decorativi che riecheggiano in scala ridotta la discesa di cinque gradi della linea principale.

Le quattro battute successive rappresentano una versione piú elaborata delle prime, riprendendo la discesa da *do4* a *fa3* in un contesto di ancor maggiore integrazione fra superficie motivica e linea principale. Sono lontani i sospiri leggermente ornati, che forse restavano ancora sullo sfondo alla battuta 5 ma vengono spazzati via dal ritorno del *do4* all'inizio della battuta 6, e sostituiti alle battute 7 e 8 da veloci discese di quinta a partire da un registro sussidiario piú acuto. La prima di queste (batt. 6) fa rapidamente discendere il *la4*, già abbandonato al principio della melodia, attraverso il registro acuto sussidiario fino al *do4* col quale culmina il registro principale; la seconda (batt. 7) raccoglie il *fa4* della figurazione di volta alla batt. 6 e lo trasporta ancor piú velocemente in basso fino al *la3*, replicando nel registro principale quella posizione, che viene poi abbellita e fatta discendere, attraverso un *sol3* fiorito, al *fa3* con cui si conclude la melodia.

La figura 8 è la melodia cantata da Desdemona sulla terza delle quattro quartine di endecasillabi con le quali ella dà voce ai suoi ricordi nel duetto finale dell'Atto I di *Otello*. Il suo profilo ritmico è radicato nei versi di Boito, che nella figura abbiamo trascritto accanto ai grafici analitici intesi a sottolineare le relazioni lineari e motiviche della melodia. Gli endecasillabi e decasillabi che s'alternano entro la strofa vanno accentati come da noi indicato, ma Verdi ha separato le sinalefi che nel secondo e nel quarto verso (là dove abbiamo posto delle virgole) cosí da avere undici attacchi di sillabe ogni due battute, sconfinanti nella musica del quarto verso sul batte-

Figura 7.
Mozart, Sonata per pianoforte K. 310, secondo movimento, batt. 1-8.

re di una terza ulteriore battuta. L'accento tonico secondario sul «túo» del secondo verso deriva dalla scelta musicale di Verdi; sarebbe stato piú convenzionale vederlo cadere su «matérno». L'accompagnamento orchestrale raddoppia la melodia oppure la espande armonicamente *in acuto*, cosicché di fatto è proprio la melodia l'elemento piú grave della tessitura.

Come la melodia mozartiana della figura 6, quella di Desdemona consiste in due unità di quattro battute ciascuna, la seconda delle quali è una variante della prima, ma i frammenti motivici non sono tanto intimamente legati alla lunga catena sottostante da rappresentarne un riflesso a livello di superficie, come avveniva nella melodia di Mozart. La struttura melodica profonda abbraccia l'*ambitus* di registro dal *do4* (batt. 2, 3, con ripresa a batt. 8) attraverso il *si♭3* (batt. 6) fino al *la♭3-sol3-fa3* (batt. 8-9).

La superficie della melodia è ornata dai vari modi di articolazione di una quarta giusta (qui indicata da parentesi quadre sopra e sotto il rigo), il che avviene a volte per salto, come nelle batt. 1, 2 o 4, e altre volte per grado congiunto, come nelle batt. 2 e 3-4. La quarta *re♭4-sol4* a batt. 6 è aumentata, non giusta, ma per effetto del ritmo e del profilo si può anche percepire come un riflesso del salto *re♮3-sol3* all'ottava inferiore (batt. 4).

Le linee di quarte ascendenti e discendenti per grado congiunto alle batt. 2 e 3 affermano un registro acuto sussidiario *fa4/do4* che ricompare alle batt. 7-8, ma non in forma del tutto diretta. Il *do4* a batt. 8 viene avvicinato per grado congiunto sia dalla quarta superiore sia da quella inferiore, e ogni volta con l'interruzione prodotta da un diverso frammento della linea melodica. Alle batt. 7-8 il *do4* viene avvicinato dal *fa4* superiore, facendo eco alle batt. 2-3, ma tale avvicinamento è interrotto nel corso delle stesse battute da un altro avvicinamento al *do4*, questa volta dal basso (*sol3-la♭3-si♭3-do4*), e dunque entro il registro principale, cosí da costituire l'immagine specula-

Figura 8.
Verdi, *Otello*, Atto I, scena III; seconda quartina delle reminiscenze di Desdemona.

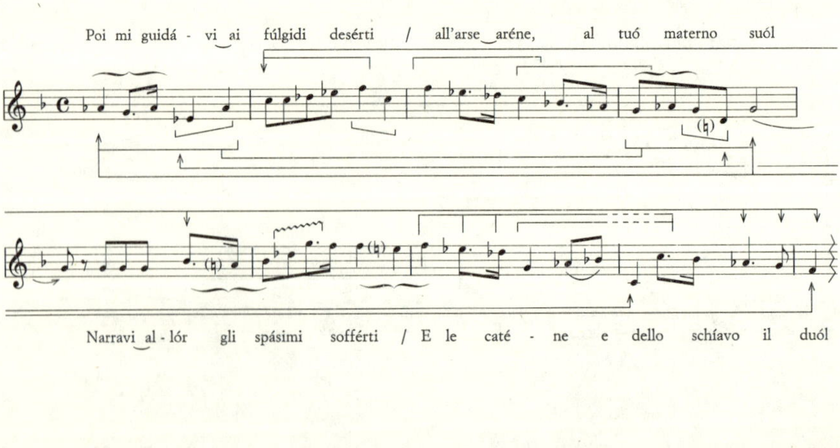

re della discesa attraverso le stesse note già prodottasi alla batt. 3. Ma questa quarta diatonica è interrotta a sua volta dal *do3* inferiore, che rappresenta la conclusione di una linea secondaria di note gravi raggiunte alle batt. 1 (*mi♭3*) e 4 (*re♮3*), e che punta verso quel *do3* della batt. 8: il collegamento fra il *mi♭3* della batt. 1 e il *re2* della batt. 4 è attuato per salti dalle rispettive quarte superiori, *la♭3* e *sol3*. Il collegamento fra *la♭3* e *sol3* a tre battute di distanza è messo in luce da note di volta semitonali presenti nelle batt. 1 e 4, qui raccolte fra parentesi graffe. Due note fortemente evidenziate come il *la♭3* alla batt. 1 e il *sol3* alla batt. 4 affermano un'altra linea secondaria, questa volta moventesi ad altezza mediana entro il registro principale, che infine raggiunge il *fa3* alla batt. 9 ricongiungendosi con la linea principale e rispecchiando in parallelo la linea (*mi♭3-re3-do3*) già presentata alle batt. 1, 4 e 8.

5. *Conclusione.*

A onta delle grandi differenze di stile, le melodie europee esaminate nelle figure 1-3 per il canto gregoriano, nella figura 6 per la polifonia vocale del Cinquecento e nelle figure 7, 8 per la prassi armonico-tonale del Sette-Ottocento hanno in comune una forte predisposizione allo sfruttamento di gradi strettamente congiunti, o al livello di superficie o al di sotto di esso. Ad ogni modo, nel repertorio gregoriano la coerenza dipende da una rete di tipi motivici, laddove le melodie armonico-tonali come quelle riportate nelle figure 7-8 si basano su precise convenzioni regolanti la successione armonica. Le melodie ricavate dalla polifonia vocale del Rinascimento europeo, come quelle palestriniane riprodotte alla figura 6, mostrano entrambi gli aspetti: esse sono costruite a partire da repertori di tipi motivici comuni, e tuttavia sono regolate (sebbene in maniera non rigida) da talune convenzioni circa la successione armonica. Il repertorio che esemplifica la moderna prassi dell'India settentrionale (fig. 4-5), al pari di quello rappresentato dalle antifone gregoriane delle figure 1-3, trae la sua generale coerenza tassonomica da reti interconnesse di tipi motivici.

Linea e tipo melodico non sono tuttavia i soli modi sistematici per organizzare successioni di motivi musicali. Il *céngkok* giavanese e la dodecafonia schönberghiana, ad esempio, fondano la propria coerenza infraculturale su altri principî e altri generi d'esperienza. Ma si tratta di storie troppo lunghe da narrare in questa sede.

Anonimo

1922 Facsimile del Codex F. 160 della Worcester Cathedral, in *Paléographie musicale*, vol. XIII, Desclée, Tournai; nuova ed. Lang, Berne 1971.

Coussemaker, E.

1867 *Scriptorum de musica mediae aevi nove series II*, Paris.

Ferretti, P.

1934 *Estetica gregoriana I*, Pontificio Istituto di Musica Sacra, Roma (trad. francese *Esthétique grégorienne*, Abbaye Saint-Pierre de Solesmes, Solesmes).

Gevaert, F.-A.

1895 *La mélopée antique dans le chant de l'église latine*, Ghent; nuova ed. Zeller, Osnabrück 1967.

Giovanni di Afflighem

1950 *De musica cum tonario*, in *Corpus Scriptorum de Musica I*, a cura di J. S. van Waesberghe, American Institute of Musicology, Roma.

Gui d'Eu

1995 *Regule de arte musica*, in C. Maître (a cura di), *La réforme cistercienne du plaint-chant: étude d'un traité historique*, Citeaux - Commentarii cistercenses, Brecht.

Guido d'Arezzo

1955 *Micrologus*, in *Corpus Scriptorum de Musica IV*, a cura di J. S. van Waesberghe, American Institute of Musicology, Roma.

Hatten, R. S.

1994 *Musical Meaning in Beethoven. Markedness, Correlation, and Interpretation*, Indiana University Press, Bloomington.

Hermelink, S.

1962 *Dispositiones modorum: die Tonarten in der Musik Palestrinas und seiner Zeitgenossen*, Schneider, Tutzing.

Huglo, M.

1980 «Antiphon», «Antiphoner», in *The New Grove Dictionary of Music and Musicians*, a cura di S. Sadie, Macmillan, London.

Maître, C.

1998 (a cura di), Facsimile di Parigi, Bibliothèque Nationale, MS nouvelles acquisitions latines 1411, in *Un antiphonaire cistercien pour le temporale: XIIème siècle*, Société générale - Ministère de la Culture, Poitiers.

Palestrina, G. P. da

1939 *Le opere complete*, a cura di R. Casimiri, Scalera, Roma.

Patwardhan, V. N.

1960 *Rag-vijnan III(6)*, Pune.

1961 *Rag-vijnan II(7)*, Pune.

Powers, H.

1981 *Tonal types and modal categories in Renaissance polyphony*, in «Journal of the American Musicological Society», XXXIV, n. 3, pp. 428-70.

Thakur, O.

1954*a* *Sangitanjali*, IV.2, Varanasi.

1954*b* *Sangitanjali*, II, The Sangeet Press, Hathras.

Willard, N. A.

1834 *Treatise of the Music of Hindustan*, poi in S. M. Tagore, *Hindu music from various authors*, Babu Punchanum Mukerjea, Calcutta 1875.

KOFI AGAWU

Il ritmo

1. *Definire il ritmo.*

Il termine "ritmo" non consente una facile definizione. Di etimologia greca (*rhythmós*), ritmo indica in senso lato una strutturazione temporale. In questa accezione piuttosto generale, il termine non è esclusivo della musica, ma si riferisce anche alle arti linguistiche, alla vita organica e perfino alle arti plastiche. Viste le sue numerose connotazioni, sarà utile passarne in rassegna alcune prima di avventurarsi in una discussione specificamente musicale.

Il *Longman Dictionary of the English Language* [1984] definisce il ritmo come «un modello di alternanza ricorrente fra elementi forti e deboli o lunghi e brevi nel fluire di suono e silenzio entro il discorso». Il linguaggio in movimento è discorso. Il discorso stesso è reso possibile dall'alternarsi di suono e silenzio. Un'ulteriore differenziazione deriva dall'intensità relativa con la quale vengono articolati gli elementi costitutivi del discorso: alcuni sono forti, altri deboli; alcuni lunghi, altri brevi; alcuni sonori, altri sommessi; alcuni acuti, altri gravi; e cosí via. Il modello risultante da tale sequenza di articolazioni determina il ritmo.

Tre ulteriori significati del termine "ritmo" forniti dal *Longman Dictionary* estendono il campo materiale del fenomeno, conservando però il senso centrale di articolazione differenziata e sequenziale. Il primo definisce il ritmo come «una mutazione quantitativa regolarmente ricorrente in un processo biologico variabile». In tal senso il ritmo diurno indica ad esempio un *continuum* di flusso associato al ritmo naturale. Analogamente, i ritmi del camminare, parlare e respirare, o del seminare e raccogliere, suggeriscono che l'esistenza ci predispone in vari modi a consumare il/i ritmo/i, senza sostenere però che i ritmi naturali e i ritmi musicali siano in relazione fra loro in maniera diretta, generativa. Il secondo significato è quello del ritmo come «l'effetto creato dall'interazione degli elementi connessi allo sviluppo dell'azione in un dramma, film o racconto». Ciò implica che la consapevolezza di una risultante "immagine temporale" descrivibile come ritmica è basilare per l'interpretazione. Ad esempio, la forma drammatica di una produzione artistica può essere intesa come un fenomeno ritmico. Pensiamo al momento del capovolgimento ironico in una poesia di Heine, o allo scioglimento di un dramma di Shakespeare, o alla scena madre di un film hollywoodiano: sono tutti attimi entro un piú ampio flusso di eventi, all'interno del quale differenti intensità d'azione si combinano per creare un macro-ritmo. Terzo significato, il cosiddetto "metodo ritmico", un metodo di controllo delle nascite, si basa su una corretta ricostruzione dei periodi sicuri nel ciclo mestruale di una donna. La periodicità delle mestruazioni è in questo senso un fenomeno ritmico proiettato lungo un'ampia unità temporale.

Molte delle parole incontrate in queste definizioni si possono ritrovare puntualmente anche negli scritti sulla musica: ciclo, periodo, durata, accento, forte, debole, lungo, breve, ricorrenza e alternanza. Ne consegue che i campi semantici del ritmo quale termine generico e del ritmo quale termine specificamente musicale si sovrappongono in considerevole misura. Pertanto, quando il *Longman Dictionary* fornisce una definizione specificamente musicale di ritmo come «aspetto della musica riguardante la regolare ricorrenza di un modello di accento e di lunghezza delle note», restiamo colpiti dalle affinità di questa definizione con le definizioni putative di ritmo in poesia, nel cinema o nel teatro. Tale prossimità è insieme un vantaggio e uno svantaggio. Nel suo aspetto positivo, essa offre un'ampia base comparativa per l'analisi di procedimenti specificamente musicali, oltre a scoraggiare gli analisti dal mantenere una separazione troppo rigida fra la musica e altre arti temporali. Sul versante negativo, l'analista potrebbe essere troppo incline a unificare le metafore ritmiche, finendo per sottovalutare quegli aspetti della strutturazione temporale che appartengono esclusivamente alla musica.

Sebbene fornire una rassegna esaustiva della letteratura specialistica sul ritmo musicale [per la quale cfr. Dürr, Gerstenberg e Harvey 1980; London 2001; Sachs 1953] esuli dall'ambito di questo saggio, può essere utile citare tre contributi recenti nel campo degli studi sul ritmo. È certamente difficile giungere a una definizione unica e autorevole di ritmo. Gli effetti ritmici sono piuttosto il prodotto della combinazione di fenomeni in gran parte sovrapponibili e distribuiti su differenti dimensioni. Il ritmo è un concetto fluido ed elusivo, e parte di questa fluidità gli deriva dall'essere sempre connesso, permanentemente intrecciato, ad altre dimensioni musicali [Agawu 1995*b*, p. 388].

> Il ritmo musicale viene normalmente percepito come qualcosa che abbraccia tutto quanto ha a che fare con il tempo e insieme con il movimento – ossia con l'organizzazione degli eventi musicali nel tempo cronologico; pur restando qualcosa di flessibile per ciò che attiene al metro e al tempo agogico, irregolare negli accenti, o libero nei valori di durata [Whittall 1983, p. 1562].

Metro, tempo agogico, accento e durata vengono identificati come elementi nucleari del ritmo, e Whittall continua a esplorare l'intersezione fra altezza e ritmo in alcune composizioni. Degna di nota è l'espressione «tutto quanto ha a che fare», la cui indeterminatezza rinforza l'accezione di ritmo quale parametro «permanentemente intrecciato». Senza sottostimare i problemi analitici sollevati da altre dimensioni musicali, Whittall vuol forse suggerire che la definizione di ritmo musicale abbia un'estensione notevolmente piú ampia rispetto a quella di parametri come il timbro, l'armonia, la melodia o perfino la tessitura.

Harold Powers, tenendo presenti svariate culture musicali del mondo (India, Indonesia, Medio Oriente, Europa e Africa), definisce il ritmo come «il modello del movimento nel tempo» [1986, p. 700]. Egli distingue fra due accezioni del termine. La prima, che collega il ritmo ad altri due parametri fondamentali della musica tonale europea, e cioè melodia e armonia, «include tutti gli aspetti del movimento musicale ordinati nel tempo, in quanto opposti agli aspetti del suono musicale concepiti come altezza (singola o in combinazione simultanea) e timbro (colore del suono)». La seconda è «un'accezione piú ristretta e specifica» la quale ci permette di parlare non del ritmo, ma di «un ritmo», cosí denotando «una tipologia di modelli d'attacco che può essere o meno vincolata a un metro generale sottostante o associata a un particolare tempo agogico» [*ibid.*]. Powers si discosta in tal modo da una concezione del ritmo come incarnazione dell'intero ambito temporale della musica, in direzione di una possibile indipendenza di ritmo e metro o di ritmo e tempo agogico.

Infine Simha Arom, in uno studio dettagliato ed esauriente sul ritmo e sulla polifonia nella musica della Repubblica Centrafricana, inizia col passare in rassegna la letteratura europea sul ritmo musicale, quindi enuncia le condizioni minime per l'esistenza del ritmo:

> Affinché vi sia ritmo, bisogna necessariamente che eventi sonori successivi siano caratterizzati da tratti contrastanti. Tale opposizione può manifestarsi in tre modi distinti: tramite *accenti, timbri* o *durate*. Tuttavia nella pratica il ritmo finisce perlopiú per combinare questi tre parametri, sebbene in maniere assai diverse. La loro distinzione, essenzialmente teorica, viene qui introdotta per ragioni metodologiche; essa mira a rendere possibile una classificazione rigorosa dei differenti tipi d'esistenza del fenomeno ritmico [Arom 1985, vol. I, p. 330].

Arom fornisce nove modelli musicali formulati astrattamente per illustrare «tutte le forme che una manifestazione ritmica può assumere [nelle musiche misurate]» [*ibid.*, p. 331]. Soltanto dopo avere stabilito la gamma delle possibilità egli procede con lo specifico obiettivo di delucidare «i principî soggiacenti all'organizzazione del tempo nelle musiche africane» [*ibid.*, p. 335].

Tali osservazioni preliminari dovrebbero essere sufficienti per indicare i diversi generi di problemi con cui deve fare i conti lo studioso del ritmo. Il presente saggio è da considerarsi come un'introduzione all'argomento, concepita non come un resoconto delle ricerche precedenti, bensí come un invito per il lettore a esplorare determinati aspetti del procedimento ritmico. La letteratura sul ritmo musicale richiede un lettore attivo, disposto tanto ad ascoltare, riascoltare, immaginare o ricomporre mentalmente una serie di esempi, quanto a confermare o rifiutare le ipotesi di un dato autore circa le singole composizioni.

2. *Il ritmo nella musica europea*.

Alcune osservazioni sul tema di questa famosa serie di variazioni per pianoforte (cfr. fig. 1) servirà a introdurre alcuni elementari problemi di analisi ritmica.

A un livello generale e sopraordinato, il carattere del tema mozartiano si manifesta in un tempo moderato, una melodia chiaramente articolata, e una struttura cadenzale regolare e prevedibile. Il ritmo della battuta 1 richiama alla mente la *siciliana*, un *topos* coreutico evocato anche altrove da Mozart (cfr. ad esempio i movimenti lenti della Sonata in *fa* maggiore K. 280 e del Concerto per pianoforte in *la* maggiore K. 488). Mentre l'idea di danza conserva un'immagine costante, la successione delle cadenze contrappuntisticamente organizzate evoca una sorta di narrazione. Cosí le prime quattro battute servono da frase antecedente sospesa, cui le quattro battute successive – che per inciso riproducono gran parte del contenuto delle prime – servono da frase conseguente o da risposta. Questo periodo di otto battute viene ripetuto. Dopo il ritornello vi è un'intensificazione retorica costituita da un'espansione del registro melodico (batt. 9-10), da una piccante cadenza sospesa alla battuta 12 (introdotta, a differenza di quella a battuta 4, dal quarto grado innalzato, il *re* diesis) e da un gesto ritmico iterato alle battute 11-12. Queste quattro battute producono un contrasto con le prime otto: esse mantengono aperto il senso armonico e portano avanti la promessa di un ritorno al materiale precedente. Come previsto, il tema d'apertura riappare alla battuta 13, riproducendo soprattutto il materiale della frase conseguente (batt. 5-8). Il tema viene modificato per raggiungere una conclusione incompleta alla battuta 16, intensificando cosí il desiderio di una conclusione piena (batt. 17-18). Le ultime due battute sono in effetti una ricomposizione delle due precedenti: mediante un procedimento di inversione contrappuntistica, le note melodiche *la-si-do#-re* di battuta 15 vengono trasposte al basso di battuta 17, mentre il ritardo del terzo grado nel gruppo cadenzale di battuta 16 viene modificato per incorporare una discesa per grado congiunto alla tonica nella battuta 18.

Tratto saliente del tema è un levare di croma che contribuisce molto al suo moto dinamico (cfr. in particolare batt. 1-7). Ciascun levare funge da anacrusi per il battere successivo. Ma se paragoniamo la funzione di queste anacrusi al moto armonico, osserveremo fra i due sia una congruenza sia un'incongruenza: il fatto che ogni battere presenti un cambio d'armonia rispetto alla battuta precedente significa che l'anacrusi partecipa al passaggio da uno stato a quello successivo. D'altra parte, poiché l'armonia della seconda metà della battuta (nelle batt. 1, 2, 5 e 6) è invariata rispetto all'inizio della battuta, in un certo senso la croma finale di tutte queste battute ha una qualità retroattiva, comunicando un'idea di freno, piuttosto che di movimento in avanti. I modelli di durata racchiudono cosí una dinamica contrastante rispetto al modello armonico. Questo genere di scarto interdimensionale è del tutto tipico del repertorio tonale, e sta alla radice del suo

Figura 1.
Mozart, Sonata in *la* maggiore K. 331, Tema.

carattere ritmico. Lungi dal costituire un'eccezione, tale scarto rappresenta di fatto la norma [cfr. la discussione delle interazioni in Narmour 1977, pp. 96-107; in Cohn e Dempster 1992].

Nell'uso dei modelli di durata emerge una coerenza sufficiente a suggerire che il "significato" di questo tema possa risiedere in processi di ripetizione, modificazione e conclusione (da notare ad esempio come il modello di durata della melodia alla battuta 1 ricorra altre sei volte: batt. 2, 5, 6, 9, 13 e 14). Le sole durate non possono tuttavia dar conto della vita ritmica di una composizione poiché, come abbiamo indicato, armonia, melodia, struttura e periodicità della frase concorrono a loro volta a produrre effetti ritmici. Consideriamo ad esempio il ritmo armonico nelle prime quattro battute. Le battute 1 e 2 hanno un'armonia per ciascuna, la battuta 3 ne ha due, e la sola battuta 4 ne ha quattro; tutto ciò rivela una crescita esponenziale del numero di armonie nell'arco delle prime quattro battute. Si potrebbe quindi parlare di un'accelerazione verso la cadenza.

Descrivere la battuta 4 come se comprendesse quattro armonie diverse sembrerà una forzatura a coloro che calcolano le armonie non in base al movimento della nota fondamentale, ma secondo un complessivo senso gerarchico contestuale basato sulle distinzioni prescritte dal contrappunto tonale. Ad esempio, la seconda metà della battuta 4 verrà udita non come una progressione I6/4-V5/3, ma come un'estensione del V grado – e cioè una sola armonia, non due. Ma ciò distruggerebbe la precisa simmetria che si è detta inerente al tasso di mutamento armonico. Tale distruzione coinvolgerebbe a sua volta il senso ritmico percepito nella frase di quattro battute.

Analogamente, la condotta delle voci a differenti livelli strutturali diviene un aspetto importante dell'analisi ritmica. Ad esempio, la figura *do#-re-do#* alla battuta 1 è un semplice movimento di nota di volta, per la durata di un quarto puntato. Una funzione simile è espressa dalla sequenza di note *mi-fa#-mi* alle battute 9-10, ma in questo caso la figura si estende per quattro movimenti di tre ottavi e introduce un ulteriore abbellimento della stessa nota di volta. La figura 2 mostra le origini concettuali della melodia alle battute 9-10. La successione *mi-fa#-mi* viene gradualmente abbellita per condurre al *la* acuto all'inizio della battuta 10. Una sorta di parallelismo viene a crearsi cosí fra il motivo *do#-re-do#* della battuta 1 e il motivo espanso *mi-fa#-mi* delle battute 9-10. Tuttavia i due momenti sono fenomenicamente distinti. La condotta delle voci offre un'altra prospettiva ancora circa la vita ritmica del tema mozartiano.

Il ritmo è dunque una qualità risultante, il prodotto di vari processi dimensionali; include, pur non limitandosi ad essi, il *topos* della *siciliana*, gli accenti *sf* alle battute 4, 7, 11, 12 e 15, le frasi di quattro battute, il ritmo armonico e gli aspetti di condotta delle voci appena citati. Un'analisi multivalente ci permette di riconoscere tali processi, ma se non fornisce un resoconto esauriente delle relazioni formali tra i parametri costitutivi, il suo valore è limitato. Scoraggiati dalla natura complessa e poco maneggevole dei processi parametrici, molti analisti procedono tuttavia col fissare dei limiti, escludendo alcuni processi per concentrarsi su quelle che vengono considerate le dimensioni centrali. La comprensione del ritmo nella musica tonale richiede entrambe le prospettive: la piú ampia per riconoscere le qualità complessive, e la piú ristretta per raggiungere il nucleo di un singolo aspetto della composizione. Alcune tra le sfide piú stimolanti dell'analisi ritmica sono nate proprio perché i confini che separano il ritmo dalle altre dimensioni non sono sempre tracciati con precisione.

Al Minuetto settecentesco è solitamente assegnato un metro di 3/4, che comporta una solida intelaiatura composta da tre tempi di note da un quarto. All'interno di questa struttura, il compositore è libero di "giocare" nella composizione di eventi che rinforzino, contraddicano o semplicemente rimangano indifferenti al metro dominante. Haydn amava in particolar modo giocare col ritmo all'interno del minuetto, e un buon esempio a tal riguardo è quello del quartetto op. 20 n. 4 (cfr. fig. 3).

Ascoltando questo minuetto, piú che leggendone la partitura, potremmo restare immediatamente colpiti da alcune irregolarità d'accento e da un conseguente oscuramento del metro, che ci costringerebbero a un notevole sforzo per continuare a seguire la suddivisione ternaria sottostante. La ragione è che Haydn appone alcuni segni di *sforzando* (*fz*) sopra note che occupano il secondo e il terzo tempo all'interno del metro. Nelle prime cinque battute della parte del primo violino, ad esempio, i segni *fz* compaiono nel secondo tempo della battuta 1, nel terzo della battuta 2, nel secondo della 3, nel primo della 4 e nel secondo della 5. Per il secondo violino essi compaiono nel terzo tempo della battuta 2, nel secondo della 3, nel primo della 4 e nel se-

Figura 2.
Battute generatrici 9-10 della Sonata K. 331, Tema.

Figura 3.
Haydn, Quartetto per archi in *re* maggiore op. 20 n. 4, Minuetto.

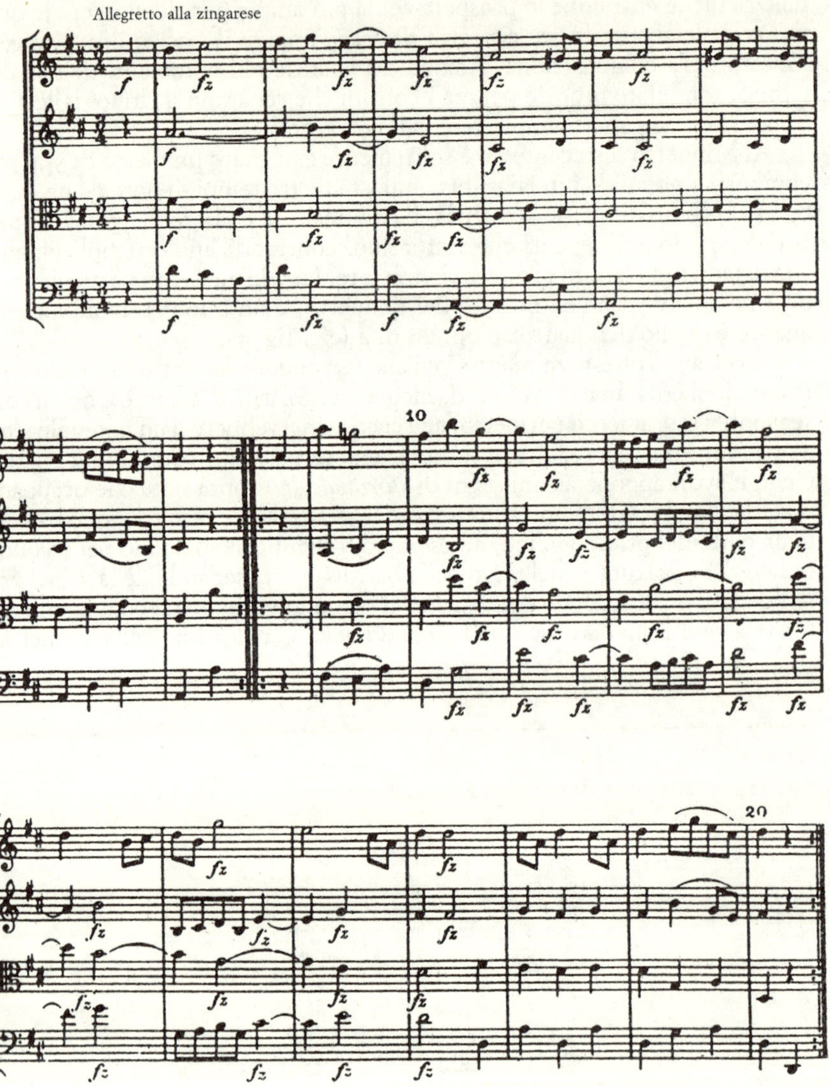

condo della 5. Per viola e violoncello gli *sforzando* si trovano nel secondo tempo della battuta 2, nel primo e nel terzo della 3.

Gli *sforzando* producono i cosiddetti accenti fenomenici, definiti da Lerdahl e Jackendoff come tutti quegli «eventi della superficie musicale che conferiscono rilievo o accento a un dato momento del flusso musicale» [1983, p. 17]. Gli accenti fenomenici differiscono dagli accenti metrici e strutturali. Un accento metrico descrive «ogni tempo relativamente forte nel proprio contesto metrico», mentre un accento strutturale è «un accento causato dai centri di gravitazione melodico-armonica all'interno di una frase o di una sezione – soprattutto a ridosso della cadenza, scopo ultimo del movimento tonale» [*ibid.*]. I segni di *sforzando* haydniani rivelano un modello di accentuazione che si discosta dal modello normativo di accentuazione metrica in un tempo di 3/4. Vi è cosí una tensione continua fra accenti fenomenici e accenti metrici. Inoltre, le reiterate progressioni V7-I che concludono le due parti del Minuetto (batt. 6-8 e 18-20) sottolineano dei raggruppamenti binari, disgregando ulteriormente il senso metrico del 3/4. Nella seconda parte del Minuetto gli accenti fenomenici sono presenti per tutti gli strumenti, e soprattutto nei secondi e nei terzi tempi. L'effetto di oscuramento del metro è ulteriormente complicato da un canone fra il primo violino da una parte, il secondo violino e il violoncello dall'altra (terzo tempo della battuta 10 - batt. 16).

L'interpretazione dipende in maniera decisiva dall'importanza accordata all'accento metrico rispetto a quello fenomenico. Per un certo verso, il metro di 3/4 viene oscurato solo temporaneamente. Infatti, malgrado l'effetto di emiola, le battute 6-8 e le loro battute corrispondenti 18-20 producono un ritorno alla sensazione di 3/4. L'indebolimento di quest'ultima deriva quindi dall'attività precedente (rispettivamente alle batt. 1-5 e 9-17). Secondo questa prospettiva si può raccomandare all'ascoltatore di postulare il senso di 3/4 e di attenervisi fin dall'inizio, anziché attendere che esso emerga dal gioco delle parti strumentali. In tal modo, la conquista del 3/4 al termine di ciascun periodo si rivelerà doppiamente soddisfacente.

I passaggi del Minuetto haydniano costellati da segni di *sforzando* sono soltanto una deviazione da un metro soggiacente di 3/4? La loro funzione è strettamente temporanea, come suggerirebbe l'analisi finora effettuata? Se cosí fosse, l'ascoltatore si limiterebbe a rivendicare un regolamentare 3/4, proprio come un passeggero d'aeroplano che allaccia la propria cintura di sicurezza quando il velivolo entra in una zona di turbolenza. Tuttavia nel Minuetto di Haydn le aree con metro diverso dal 3/4 sono qualcosa di piú che non diversivi transitori. La loro persistenza, coadiuvata dai raggruppamenti marcatamente binari, suggerisce un altro metro, quello di 4/4. Sarebbe plausibile riscrivere la melodia delle prime otto battute, come mostra la figura 4, ottenendo un *topos* di gavotta.

Tale versione è quasi priva di tensioni fra accenti fenomenici e metrici.

I precedenti segni di *sforzando* sono stati convertiti in accenti metrici. In effetti, con questo metro le battute 3-6 risultano particolarmente riuscite. Potremmo quindi affermare che nel complesso il Minuetto rappresenta un confronto fra un tempo di minuetto in 3/4 e una gavotta in 4/4, considerando il minuetto come metro primario, e la gavotta come secondario [cfr. Agawu 1991, p. 42, per un'ulteriore discussione di questo minuetto; Berger 1994, pp. 297-98, per una diversa interpretazione].

Piú che non il tema della sonata mozartiana K 331 (e forse piú ancora del minuetto settecentesco medio) quello dell'op. 20 n. 4 di Haydn evidenzia problemi ritmici e metrici. Ed è proprio in questi momenti di eccesso, di contrasto intenzionale prodotti dal compositore che si approfondisce la nostra concezione di normalità.

Leggero e umoristico nello spirito, lo Scherzo è quel tipo di movimento che subentrò in luogo del Minuetto nella struttura della composizione pluripartita; esso è storicamente associato a Beethoven. Era il luogo deputato a fare sfoggio di arguzia mediante la defamiliarizzazione del già familiare. Sebbene parametri quali armonia, melodia e tessitura vi siano soggetti a manipolazione, il gusto del gioco risiede in gran parte nella dimensione ritmica. Lo Scherzo del Quartetto per archi in *si* bemolle maggiore op. 18 n. 6 offre un interessante esempio di gioco ritmico (cfr. fig. 5 per la sola melodia).

Molti ascoltatori sono rimasti colpiti dal doppio senso metrico del movimento. Nella complessiva sequenza Scherzo-Trio-Scherzo, il Trio centrale proietta senz'ombra di ambiguità un tempo di 3/4; lo Scherzo invece può essere percepito come un tempo di 6/8 e/o di 3/4. A scanso di equivoci, Beethoven indica un tempo di 3/4 e ci sono passi (come ad esempio le batt. 45-48) che rinforzano questa indicazione. Ma osserviamo l'attacco della frase iniziale sulla quarta croma di una battuta in 3/4, le frequenti legature del-l'ultima croma attraverso la stanghetta fra due battute, e la presenza di segni di *sforzando* su numerose note in levare (cfr. le ultime crome di batt. 1, 2, 4, 5, ecc.), come già visto nel Minuetto di Haydn: tutto questo serve ad attenuare la chiarezza del metro di 3/4. Se tuttavia un ascoltatore optasse per un'intelaiatura di 6/8, alcune delle ambiguità prodotte dal 3/4 scomparirebbero. In particolare, il rientro dal Trio (battute non riportate nella figura) favorisce una spiccata sensazione di 6/8. Eppure non tutto si allinea chiaramente entro tale metro. Alle battute 12-13 e anche al-

Figura 4.
Riscrittura della figura 2, batt. 1-8.

le battute 39-44, coppie successive di crome del primo violino segnalano una sorta di modulazione ritmica. Essa è comunque piú apparente che non reale. Il primo dei due passaggi (12-13) riporta alla sensazione di 3/4 o 6/8 dell'inizio del movimento. Il secondo (39-44) conduce tuttavia a una piú ovvia frase di quattro battute in 3/4.

Si sarebbe tentati di dichiarare indecidibile questa situazione metrica, affermando che il metro scritto (3/4) differisce da quello udito (6/8). Ma nella misura in cui il metro viene scelto dall'analista, e poiché tale scelta lo costringe ad attenersi a una specifica intelaiatura metrica, sancire l'impossibilità di decidere potrebbe sembrare una discreta forzatura. All'ascolto, lo Scherzo può essere percepito alternativamente, ma non simultaneamente, in entrambi i metri. La scelta dell'uno o dell'altro equivarrebbe alla scelta di un punto di vista metrico, a un orientamento temporale dal quale "osservare" gli eventi.

Figura 5.

Beethoven, Quartetto per archi in *si* bemolle maggiore op. 18 n. 6, Scherzo.

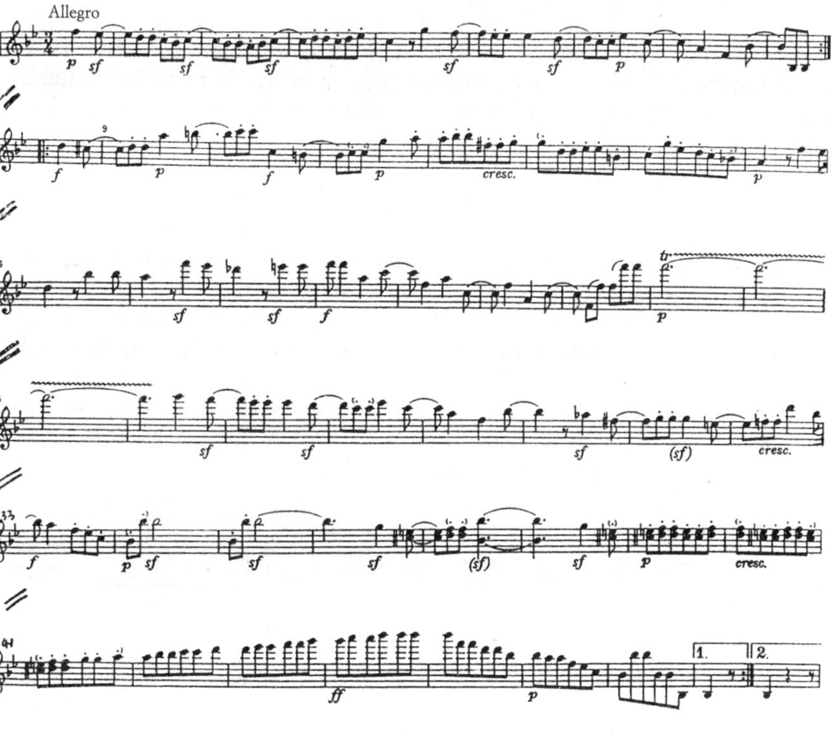

Un modo per dimostrare le tendenze ritmico-metriche dello Scherzo è quello di collocare diversamente le stanghette delle battute al fine di evidenziare gli spostamenti metrici latenti. È ciò che ha fatto Leonard Ratner in uno studio sui quartetti per archi di Beethoven, e la figura 6 riproduce il profilo melodico-ritmico della sua versione riscritta delle battute 1-8 [1995, pp. 96-97]. Ratner immagina un levare di un quarto in una battuta incompleta di 3/4, seguita da due battute in 6/8, una in 7/8, una in 3/8, due in 3/4, una in 4/4 e infine una battuta incompleta in 3/4 per bilanciare il levare iniziale.

Rendendo esplicito l'implicito, evidente il latente, l'esercizio di riscrittura orienta l'ascoltatore verso strati di attività metrica non immediatamente evidenti a "orecchio nudo", per cosí dire. C'è però in tale esercizio un notevole inconveniente. I nuovi raggruppamenti, in quanto successioni piatte, giustapposte, nascondono alla vista le implicazioni accentuative dovute a un metro sottostante. La riscrittura delle battute nega in effetti la tensione fra una simmetria soggiacente e un'asimmetria superficiale. Essa si lascia sfuggire la tensione costante fra struttura degli aggregati e struttura metrica; indebolisce l'interazione fra un'intelaiatura fissa e regolata e un materiale superficiale variabile, irregolarmente accentato. In definitiva, tale riscrittura neutralizza lo sfondo. Nella struttura cosí ottenuta per giustapposizione, il punto di riferimento si riconfigura come un'unità di croma sostenuta dalla pulsazione, anziché come una struttura divisionale ricca di tensione. Date le origini coreutiche dello Scherzo, la neutralizzazione dello sfondo fa ancor piú violenza alla musica.

I procedimenti adottati da Beethoven in questo Scherzo sono in sintonia con le tecniche utilizzate in altri repertori. L'insistenza metronomica che minaccia il metro diverrà parte integrante dell'attrezzatura dei compositori a venire, come vedremo ad esempio in seguito nel caso di Stravinskij, per il quale non sembra del tutto fuori luogo parlare di ritmo giustapposto. D'altro canto, il non-allineamento fra struttura metrica e struttura degli aggregati ci ricorda taluni repertori percussionistici dell'Africa occi-

Figura 6.
Riscrittura della figura 5, batt. 1-8 (secondo Ratner).

dentale, nei quali modelli ricorrenti di contrattempo animano una musica a carattere di danza e dall'accento altrimenti regolare. Che due repertori apparentemente cosí dissimili possano, per cosí dire, essere ricompresi nell'orbita concettuale della musica beethoveniana, rappresenta un riflesso della ricchezza di quest'ultima.

Il linguaggio ritmico del *Sacre du printemps* (se ne veda un campione nella fig. 7) sembra di primo acchito lontano anni luce da quello di Mozart, Haydn e Beethoven. Qui non esiste piú un contesto armonico-funzionale

Figura 7.

Stravinskij, *Le sacre du printemps*, numeri in partitura 13-16.

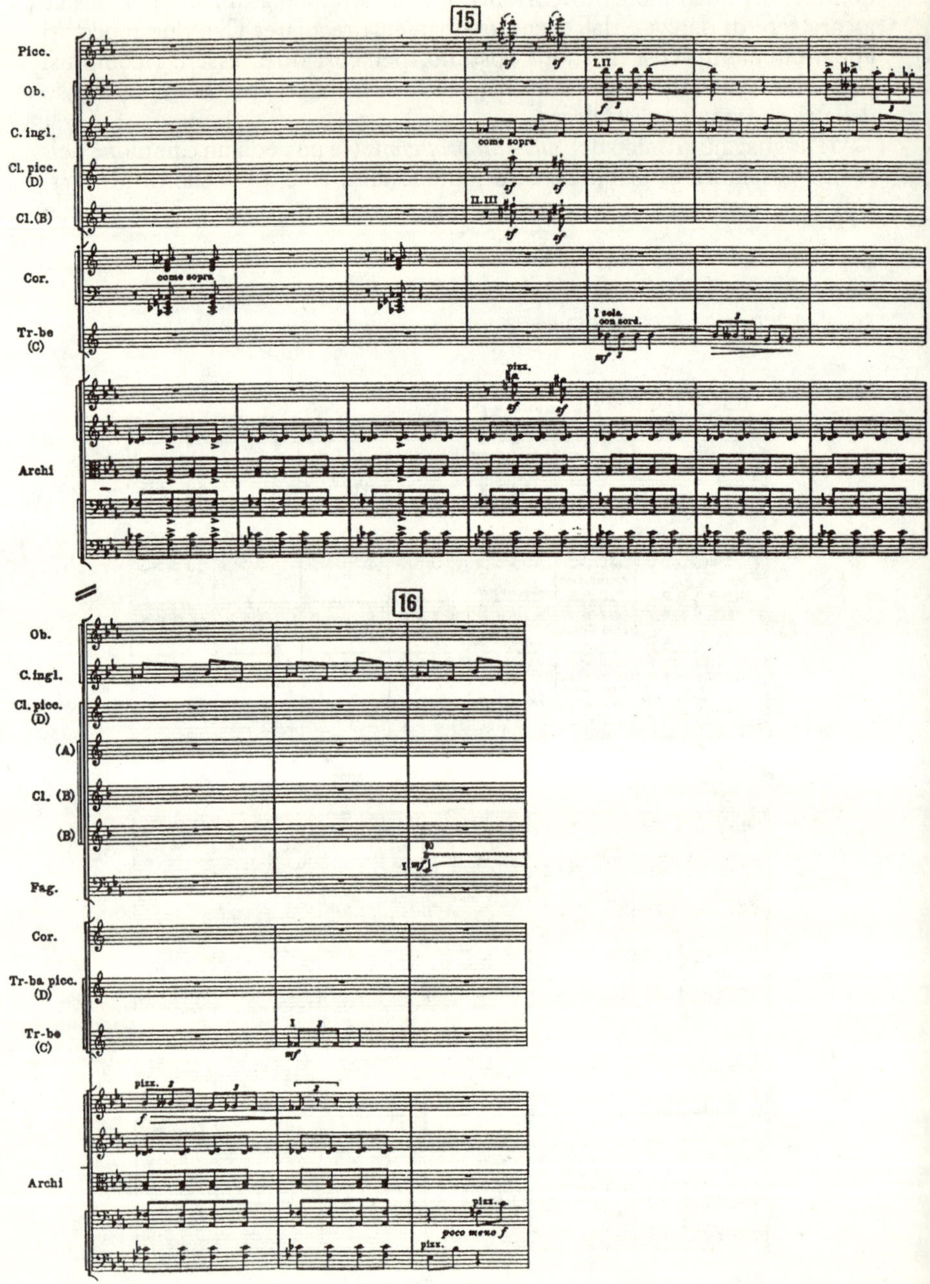
15
Picc.
Ob.
C. ingl.
Cl. picc. (D)
Cl. (B)
Cor.
Tr-be (C)
Archi
come sopra
I. II
II. III
I sola con sord.
pizz.
16
Ob.
C. ingl.
Cl. picc. (D)
(A)
Cl. (B)
(B)
Fag.
Cor.
Tr-ba picc. (D)
Tr-be (C)
Archi
poco meno f

entro il quale misurare la periodicità. Quantunque sia facile identificarvi dei motivi, è piuttosto difficile discernere una trama melodica piú ampia. Inoltre, sebbene il passaggio sia scritto in un metro di 2/4, tale griglia metrica non fornisce all'ascolto che un debole ausilio articolatorio. Soprattutto per difetto, gran parte del carico strutturale viene sostenuta dal ritmo piuttosto che dal metro.

Una fonte del carattere ritmico di questa musica sta nel suo sfruttamento relativamente modesto delle risorse armoniche. Una singola sonorità, descrivibile nella nomenclatura di Allen Forte come classe d'insiemi 7-32 (ovvero come un bicordo costituito a sua volta dalle note sovrapposte di un accordo di *mi* bemolle maggiore settima e di *fa* bemolle maggiore), viene reiterata 32 volte nelle prime otto battute (numeri in partitura 13-14 [Forte 1977, pp. 179-81]). Nelle successive quattro battute, si prolunga l'effetto di stratificazione: gli archi alternano accordi di *mi* maggiore ad accordi di *do* maggiore, i fagotti oscillano a velocità doppia fra *do* maggiore e *mi* minore, e il corno inglese esegue un segmento della scala pentatonica come fosse un motivo di tre note. La classe d'insiemi 7-32 ricompare alla quinta battuta dopo il numero 14, e perdura per dieci battute intere. Tuttavia, già dopo cinque battute (n. 15), frammenti melodici si sovrappongono all'accordo e al motivo del corno inglese. Si potrebbe parlare di una progressione dalla classe 7-32 a un *cluster* accordale *mi* minore / *mi* maggiore / *do* maggiore e poi viceversa, o piú semplicemente di una successione di sonorità priva di relazioni funzionali cogenti, di un senso gerarchico palese, o di una percettibile finalità tendenziale. L'interpretazione del profilo ritmico di questo passo varierà quindi a seconda che si percepiscano un'andata e un ritorno (nel qual caso i momenti iniziali di tali funzioni acquistano un'accentuazione) ovvero soltanto una successione non gerarchica.

Il carattere del passo deriva altresí dal confluire di una pulsazione costante di croma e di una serie di accenti irregolari che esordiscono sulla terza battuta del frammento e cessano a sei battute dalla fine. Ogni accento suggerisce un inizio, o meglio l'inizio di un gruppo e, come è accaduto nell'esempio tratto dall'op. 18 n. 6 di Beethoven, piú di un commentatore ha avvertito il bisogno di ricollocare le stanghette al fine di evidenziarne l'embrionale struttura metrica. Joseph Kerman, ad esempio, interpreta ciascun accento come un battere, cosí da udire nelle prime otto battute una successione di 9 (ovvero 4 + 5) + 2 + 6 + 3 + 4 + 5 + 3 crome. Tale modello viene rinforzato dall'esecuzione da parte di otto corni della classe 7-32 sulle note in "battere" della versione riscritta da Kerman [Kerman e Kerman 1980, pp. 442-43].

La riscrittura delle battute rivela la vera struttura metrica di questo passaggio? In un certo senso la risposta è negativa, poiché la giustapposizione neutralizza ciò che in altri contesti avremmo percepito come tensione fra un processo divisionale soggiacente, o di livello profondo, e un processo superficiale giustapposto. In effetti, negando questa tensione la riscrittura delle battute sottrae al carattere del passaggio l'apporto degli accenti in contrattempo. Essa rende impossibile lo sforzo di controbilanciare gli accenti metrici normativi postulati dal metro di 2/4 con quelli fenomenici introdotti all'interno di ciascuna battuta. Siffatta lettura appiattisce la percezione ritmica, giacché riduce a uno anziché (come minimo) a due gli strati dell'attività strutturale.

Ciononostante, almeno in un senso la riscrittura delle battute restituisce un aspetto significativo della struttura metrica di questo passaggio. Poiché non esiste piú un contesto armonico-funzionale che permetta agli ascoltatori di inferire funzioni d'inizio, metà e fine – dal momento che non è piú possibile parlare di una cadenza in senso brahmsiano, e l'attività ritmica è neutralizzata e ridotta a una sequenza metronomica basata sulla pulsazione anziché sul contrasto delle durate e sulle relative forme locali imbevute di tensioni e risoluzioni – il 2/4 scritto da Stravinskij diviene non tanto un veicolo di approfondimento strutturale, ma piuttosto uno strumento per raggruppare i ritmi a uso di colui che legge la partitura [per uno studio piú completo sulla riscrittura metrica di Stravinskij cfr. Van den Toorn 1987, pp. 57-96].

Si può quindi dire che, a dispetto di tutte le sue apparenti complessità, il linguaggio ritmico stravinskiano di questo esempio rappresenta in un certo senso una semplificazione di quello di Mozart, Haydn e Beethoven. Nella musica tonale il ritmo è infatti una qualità composita, il prodotto non solo di modelli contrastanti di durate accentate e non accentate, ma anche di svariate articolazioni armoniche e polifoniche. L'analisi del ritmo tonale è cosí inevitabilmente stratificata su piú livelli, mentre l'analisi del passo stravinskiano riprodotto nella figura 7 è efficace anche a un singolo livello.

3. *Il ritmo nella musica africana.*

Si ritiene generalmente che nella musica africana il ritmo sia elaborato piú a fondo che non nella musica europea. Anche se non tutti gli autori sono riusciti a resistere all'impulso di mistificare, rendere sensazionale o complicare all'eccesso la musica africana, esiste una dimensione in cui il comune linguaggio musicale dell'Africa – reso quotidiano, ad esempio, nelle filastrocche infantili, negli inni funebri e nelle danze di festa accompagnate dalle percussioni – rivela forme ritmiche particolarmente interessanti e stimolanti che richiedono di essere attentamente analizzate.

La funzione generativa del discorso parlato sta alla radice di molte forme africane di espressione ritmica [cfr. Agawu 1995*a*; Rouget 1996]. Il canto declamato che prelude a talune danze può presentarsi in stile recitativo: sillabico, di minima complessità quanto alle altezze, e orientato unicamente a un'espressione semantica di un certo rilievo contenutistico. La figura 8, cantato in ritmo libero con pause nei momenti indicati, prelude alla danza *Adewu* degli Ewe del Nord. Secondo il testo, l'*akloloe*, una pianta rampicante, fornisce l'ombra ad altre piante, ma nessuna pianta fa ombra all'*akloloe*. Gli ascoltatori vengono cosí invitati a riflettere su una situazione in cui chi fa del bene non sempre viene ricompensato con delle buone azioni. In un'altra canzone declamatoria che introduce la danza *Gabada* della stessa etnia, il testo cantato annuncia che «Sapone e spugna andarono al fiume; tornò indietro il sapone, ma non la spugna». Questo capovolgimento delle normali aspettative serve di stimolo a pensare durante tutta l'esecuzione. Cosí i suoni percussivi e le danze che seguono a un ritmo piú scandito gli appelli preludianti non si limitano a offrire suoni piacevoli e movenze atletiche per il divertimento del pubblico e degli interpreti. L'occasione favorisce anche riflessioni filosofiche e spirituali.

In alcuni generi, il contenuto verbale consiste di sillabe o vocaboli cosiddetti asemantici (*nonsense*), pretesti articolativi, suoni senza contenuto. Tra questi figurano un certo numero di filastrocche ludiche infantili, come pure i canti polifonici di varie popolazioni pigmee. Tali vocaboli sono stati sistematizzati nelle formule didattiche di alcune tradizioni locali di esecuzione percussiva [cfr. ad esempio Locke e Agbeli 1980]. Per quanto almeno un autore abbia ipotizzato che quei vocaboli fossero un tempo elementi lessicali a pieno titolo, oggi privati del loro valore semantico [Nketia 1963, p. 42], il loro diffuso impiego didattico corrobora l'opinione opposta, e cioè che possano essere stati inventati nella piena consapevolezza della loro asemanticità. L'idea sarebbe infatti quella di metterne a tacere il valore semantico per esplorarne appieno le proprietà fonologiche. L'ascolto di una qualunque fra le varietà di canto dei Pigmei BaAka, recentemente raccolte dall'etnomusicologa Michelle Kisliuk, potrà confermare che, prescindendo dal problema etimologico, quei vocaboli vengono usati al meglio nella produzione di suoni non linguistici [1998].

Nelle aree influenzate dagli stili musicali arabi, l'esecuzione vocale rivela un alto grado di ornamentazione e di sfoggio melismatico, in genere

Figura 8.
Preludio in canto declamato all'*Adewu* (danza di festa degli Ewe del Nord).

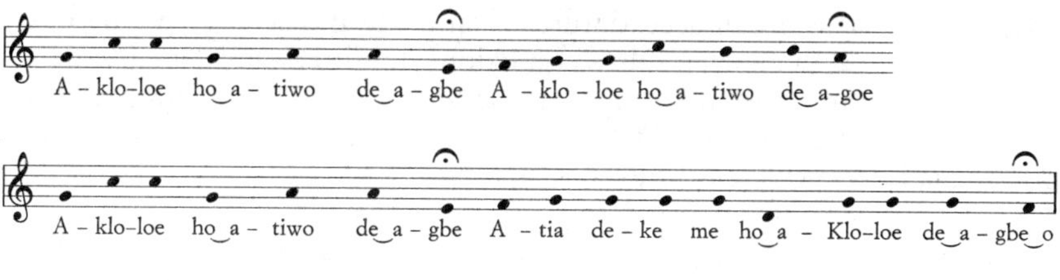

considerato estraneo all'Africa bantú. I melismi disgregano il ritmo spostando l'accento dal "ritmo preciso" verso il "ritmo libero" (il primo inteso come rigidamente metrico, il secondo come a-metrico). L'influenza araba, filtrata dall'espressione culturale dell'Islam, è piuttosto marcata in alcuni generi di musica popolare, quali le forme Sakara, Apala e Waka degli Yoruba, o negli stili afro-pop propugnati da Youssou N'dour, Baaba Maal e Salif Keita, come pure in alcuni degli stili encomiastici praticati dai *griots* (cantastorie) dei Mande. Le specificità degli stili musicali mediorientali rispetto a quelli dell'Africa Nera potrebbero spingere i ricercatori verso un dualismo metodologico nell'analizzare la struttura ritmica degli stili di canto africani. Ma l'insistenza sulle origini può occultare ai nostri occhi la velocità e la natura volatile della circolazione delle idee musicali in vaste aree dell'Africa urbanizzata.

Sebbene il canto sia il modo d'espressione musicale predominante nell'Africa Nera, il fascino esercitato sugli europei dalle percussioni africane come surrogati della parola (i cosiddetti "tamburi parlanti") o come strumenti per la produzione poliritmica di gruppo ha spostato l'attenzione degli studiosi dai complessi problemi relativi al canto, incluso il ritmo, ai "ritmi complessi" delle percussioni che accompagnano la danza. E comunque, non tutti i ritmi percussivi africani hanno origine nel discorso parlato, sicché non è detto che una maggiore attenzione ai ritmi del canto debba necessariamente migliorare la nostra comprensione del ritmo strumentale. Eppure, il grado di compenetrazione fra discorso verbale e ritmi strumentali è abbastanza significativo da consentire la messa a punto di modelli che permettano di studiare congiuntamente i ritmi del parlato e quelli delle percussioni. Il piú valido di questi modelli è una tripartizione che suddivide le modalità percussive in modalità parlante (*speech mode*), segnaletica (*signal mode*) e coreutica (*dance mode* [Nketia 1963, pp. 17-31; cfr. anche Agawu 2001, pp. 14-15, per un'elaborazione delle categorie di Nketia]).

La caratteristica dei tamburi parlanti consiste nel riprodurre i ritmi del discorso verbale su uno strumento a percussione. La figura 9, tratta dallo studio di Nketia sulle percussioni degli Akan, ne illustra la modalità parlante. La differenziazione delle intonazioni imposta dalle lingue toniche (o "ad accento musicale") è attuata a livello minimo dalla distinzione fra acuto e grave. Cosí, nella modalità parlante possono essere utilizzati sia due tamburi accordati a livelli di altezza non identici, sia un singolo tamburo capace di alterazioni dell'accordatura. Cosí come il discorso verbale è di norma libero, e si fa metrico solo a condizioni stabilite, analogamente il discorso del tamburo parlante è metricamente libero. La modalità parlante produce gruppi asimmetrici di ritmi, articolati senza un *tactus* e in segmenti abbastanza brevi per facilitarne la comprensione.

La dipendenza dalla parola è meno accentuata nella modalità segnaletica. La figura 10, anch'essa tratta da Nketia, ne rappresenta un'illustrazione. Fenomeno tipico, qui una frase parlata che esorta gli ascoltatori a «riflettere su una cosa» (in lingua Akan, «Susu biribi») viene scandita ripetutamente su un tamburo per trasmetterne il messaggio. Gli ascoltatori riconoscono il segnale, lo interpretano e reagiscono di conseguenza. Seppure modellato sul linguaggio parlato, il segnale è meno univoco del discorso, poiché non possiede l'abbondanza di sillabe che caratterizza la modalità parlante delle percussioni.

È la modalità coreutica il terreno privilegiato per la coltivazione di ritmi puramente musicali. La figura 11 presenta quattro battute a pieno organico tratte dalla danza *Bobobo* degli Ewe del Nord, una forma tradizionale parzialmente rinnovata. Due campane, un sonaglio e una batteria di cinque tamburi producono ritmi complementari. Certamente la danza, come occasione o avvenimento sociale, offre un terreno fertile per coltivare tutte e tre le modalità percussive. Ma a differenza delle modalità parlante e segnaletica, che non sollecitano necessariamente la danza, la modalità coreutica richiede una volta avviata corrispondenti reazioni di movimento, stilizzato o improvvisato che sia. I ritmi senza una chiara base verbale vengono trattati in funzione di accompagnamento alla danza.

Le pratiche ritmiche sono assai variabili da un capo all'altro dell'Africa, e quantunque esistesse un tempo la tendenza a considerare il continente in modo omogeneo, la produzione in atto di etnografie particolareggiate relative a regioni differenti ha contribuito a delineare un quadro molto piú complesso e diversificato. Taluni gruppi della Repubblica Centrafricana

Figura 9.
Modalità parlante delle percussioni (popolo Akan).

Figura 10.
Modalità coreutica delle percussioni (popolo Akan).

studiati da Simha Arom manifestano una preferenza per la pulsazione e per l'organizzazione poliritmica [Arom 1985]. Anche gli Anlo-Ewe sono affezionati alle tessiture poliritmiche, ma attribuiscono altresí grande importanza ai contrattempi e a scansioni temporali nettamente articolate [cfr. Jones 1959; Locke 1978; 1982; 1987]. Le tradizioni esecutive di strumenti idiofoni (xilofono, *mbira*) studiate da Kubik [1994] e Berliner [1979] utilizzano modelli concatenati e pulsazioni concorrenti per produrre percettibili "ritmi impliciti" che sono fonte di grande effetto estetico. Le percussioni degli Yoruba Dúndún [Euba 1990], le esecuzioni dei complessi strumentali misti presso i Gun [Rouget 1996], le percussioni degli Akan [Nketia 1963], e i canti danzati degli Igbo [Nzewi 1997]: tutte queste pratiche e molte altre ancora concordano nel privilegiare modelli ritmico-metrici entro tessiture polifoniche isocronicamente regolate e ravvivate da estesi procedimenti di ripetizione e variazione. Non essendo possibile passare in rassegna tutte queste ricerche nel presente breve saggio, vorrei almeno citare alcuni tratti salienti della ritmica africana.

Figura 11.
Modalità coreutica delle percussioni (*Bobobo* degli Ewe).

Nel paesaggio sonoro dell'Africa occidentale e centrale emerge una serie di *topoi* ritmici: moduli brevi e facilmente memorizzabili dal profilo netto, spesso articolati dalla campana o da uno strumento acuto del complesso. Questi *topoi* sono stati definiti come «moduli di rintocco» (*bell patterns* [Jones 1959, p. 3]), «scansioni temporali» (*time lines* [Nketia 1962, p. 78]) o «referenti di fraseggio» (*phrasing referents* [Nzewi 1997, p. 33]). Essi fungono da costante punto di riferimento durante l'esecuzione, restando invariati nel corso di una data composizione coreutica.

Una delle piú comuni scansioni temporali riscontrate trasversalmente ad alcune culture dell'Africa occidentale e centrale è il modulo riportato nella figura 12, chiamata a volte "modulo standard". Della durata di dodici crome, esso si staglia su uno sfondo di quattro semiminime puntate. Tale sfondo riassume in sé l'andamento della danza, suggerendo cosí come i musicisti locali si muovano in esso. Il modulo standard porta a compimento un ciclo di tensione-distensione; in tal modo esso è conchiuso in sé e si ricorda facilmente come unità minima di significato ritmico. Nello stesso tempo, il fatto che il punto di risoluzione coincida con la ripetizione del modulo indica un'apertura, la possibilità di infinite ripetizioni. La scansione temporale è stata definita asimmetrica. Il suo schema di durate 2 2 1 2 2 2 1 è isomorfico con lo schema di semitoni riscontrabile nella scala maggiore diatonica, suggerendo un "isomorfismo cognitivo" fra ritmo e altezza in due diverse culture del mondo [Pressing 1983]. Riconoscere le scansioni temporali ed essere in grado di danzarle è un prerequisito per la comprensione di numerosi repertori dell'Africa occidentale e centrale.

Esistono anche altre scansioni temporali. Citerò tre esempi tratti dalla musica ghanese. La figura 13, diffusa in tutta l'Africa occidentale, è legata alla danza popolare urbana che in inglese ha preso il nome di *Highlife*. Questa scansione temporale è degna di nota per il suo esteso modulo sincopato, che le conferisce un senso di anacrusi risolto in una pausa sui successivi tempi in battere. Poiché nessuno dei tre punti d'attacco coincide col disegno principale, il modulo sviluppa un senso di mobilità e di propulsione in avanti. La figura 14, la scansione temporale di una danza di festa degli Ewe settentrionali denominata *Gabada*, attacca simultaneamente al primo

Figura 12.

Scansione temporale ordinaria dell'Africa occidentale e centrale (modulo standard).

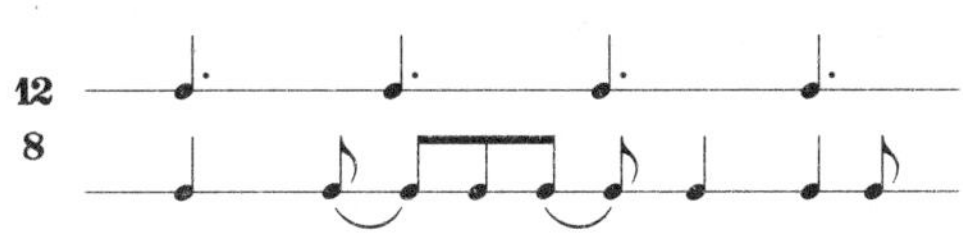

battere del disegno principale, ma il suo andamento sincopato distacca l'articolazione dal secondo battere. Sebbene la scansione temporale sia notata in 4/4, le sue due metà sono identiche, nell'idea che possa venir percepita come la somma di due battute di 2/4. La figura 15 mostra infine la scansione temporale in 12/8 tipica della musica dei complessi di corni d'elefante del popolo Akan. Qui gli accenti principali 1, 3 e 4 coincidono con i punti d'attacco 1, 4 e 6 della temporalità, tendendo a creare una temporalità ben squadrata. Da notare il ritmo incrociato che abbraccia gli accenti principali 1 e 2.

La tessitura di un complesso strumentale viene ordinariamente descritta come poliritmica perché i singoli strumenti vi suonano ritmi distinti a mo' di ostinato dall'inizio al termine della danza. La figura 16 è un frammento dalla tessitura poliritmica di una danza *Gahu* degli Ewe meridionali [Locke 1987, p. 78]. Ogni strato consiste di un ostinato eseguito da campana, sonaglio, tamburi di sostegno o risposta. La scansione temporale o modulo di rintocco annotato nello strato superiore funge da modulo guida durante tutta la danza. All'altro estremo sta il tamburo principale, i cui moduli sono i piú variati fra tutti gli strumenti del complesso, ma esso non è ri-

Figura 13.
Scansione temporale della *Highlife* (danza popolare urbana).

Figura 14.
Scansione temporale della *Gabada* (danza di festa degli Ewe del Nord).

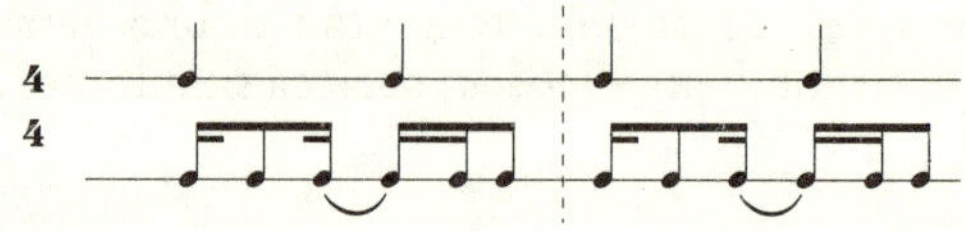

Figura 15.
Scansione temporale del *mmensoun* degli Akan (musica per complesso di corni d'elefante).

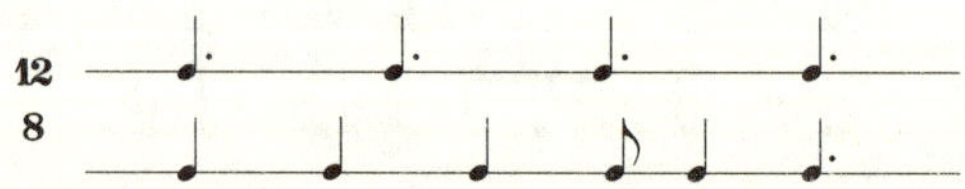

portato nell'esempio. In qualità di responsabile dell'accompagnamento percussivo alla danza, il tamburo principale manda segnali ai ballerini, ne incoraggia (o scoraggia) alcuni, ne aiuta, ispira o confonde altri, scherza con alcuni, prolunga determinati momenti, e infine segnala la conclusione. Adempiere a questi compiti con mezzi ritmici richiede abilità percussionistiche distinte, una raffinata comprensione delle norme sociali, e un radicamento nella cultura religiosa tradizionale. Ecco perché in alcune comunità il tamburo capo non è soltanto rispettato, ma addirittura riverito.

La musica riportata nella figura 16 è poliritmica, ma non polimetrica. Quantunque un certo numero di studiosi abbiano diluito la distinzione fra i due concetti [cfr. ad esempio Waterman 1948], sarebbe necessario mantenerli distinti onde evitare confusione. Poliritmia indica il simultaneo dispiegarsi di moduli ritmici distinti. Polimetria suggerisce che i moduli costitutivi derivino da ordini metrici diversi. I moduli trascritti nella figura 16 sono tutti guidati da un'unica pulsazione o *tactus* generale, e non da pulsazioni divergenti. Sarebbe perciò un errore riscrivere il modulo eseguito dal

---

Figura 16.
Poliritmia nella *Gahu* (danza di festa degli Ewe del Sud).

tamburo *kaganu* (terzo strato) cosí da collocare i suoi interventi sui tempi forti della battuta e trasportare le pause sui tempi deboli. La dinamica del modulo dipende in modo decisivo dal sembrare coerentemente fuori tempo.

Essendo basata sull'improvvisazione, l'esecuzione del tamburo principale può sembrare derivata da procedimenti strutturali assai flessibili. Eppure un'analisi dettagliata condotta dall'etnomusicologo Willie Anku sull'*Adowa*, una danza funebre dell'etnia Akan (Ghana), dimostra come procedimenti sapientemente calcolati di interpolazione e somma complementare di cellule vengano combinati con ponti e moduli di attesa al fine di collegare aree tematiche distinte e di creare una composizione pianificata con cura [Anku 1992]. Tutto ciò è realizzato sotto il segno di una scansione temporale ricorrente dotata di un punto di riferimento costante. Senza negare le associazioni verbali dei temi esposti dal tamburo principale, Anku dimostra tuttavia che un modulo 12 ne governa saldamente l'esposizione. Un controllo compositivo tanto rigoroso è stato riscontrato di rado nella musica delle culture orali. Il saggio di Anku fa pensare che potremmo aver sottovalutato il genio musicale africano nel campo della progettazione compositiva di largo respiro.

L'uso di moduli sincopati (cfr. fig. 16, terzo strato) è un altro carattere spesso osservato della ritmica africana [per un esame dettagliato cfr. Locke 1982]. Forte della sua precisa cognizione circa la collocazione dell'accento principale – spesso esternata nella danza, articolata dal sonaglio o dalla risultante della coppia sonaglio-campana, o semplicemente interiorizzata per forza d'abitudine – il musicista africano può sbizzarrirsi nei contrattempi piú elaborati senza perdere il proprio orientamento metrico. Una volta che le basi sono solide, ci si può permettere di giocare con le rifiniture. Moduli ritmici che appaiano fuori tempo sono retoricamente in primo piano, ma dipendono strutturalmente da altri moduli, ivi comprese le pause. Tale preferenza stilistica non rappresenta un rovesciamento della norma occidentale, dal momento che moduli sincopati sono comuni ad esempio nella musica di molte bande e fanfare; essa suggerisce piuttosto che i musicisti africani si compiacciano soprattutto di dare per scontato l'elemento di ovvietà (gli accenti principali), in modo da poter vivacizzare l'attività di contorno.

Si può anche esprimere la persistenza di moduli sincopati con le categorie precedentemente introdotte in rapporto a Beethoven, cioè come una discrepanza fra struttura aggregativa e struttura metrica. David Temperley ha recentemente dimostrato l'utilità di adottare questa specifica distinzione [2000]. Gli aggregati sono determinati da avvenimenti, laddove il metro serve da griglia di riferimento. Quando gli aggregati di suoni esordiscono e hanno termine in punti diversi dall'inizio e dalla fine delle battute, la struttura aggregativa viene in certo modo sfrattata da quella metrica, senza tuttavia troncare del tutto la propria fondamentale dipendenza da essa. Le pratiche di numerosi musicisti africani mostrano una sicura comprensione di questa proprietà.

4. *Conclusioni*.

Le osservazioni offerte nel presente saggio circa la musica occidentale e africana dovrebbero suggerire molte affinità fra le due tradizioni. Essendo la musica africana legata alla danza, la sperimentazione ritmica emancipata da quest'ultima e fine invece a se stessa ha tardato a emergere. Peraltro non si può disconoscere la grandiosa ricchezza ritmica diffusa in tutto il continente africano. Là dove la musica si libera dalla danza, come nei brevi esempi di musica settecentesca occidentale qui analizzati, possono progredire determinate forme di sperimentazione. Anche qui c'è molto da ammirare: i linguaggi di Mozart, Haydn, Beethoven e Stravinskij ne sono esempi tipici, assieme a molti altri. È perciò eloquente il fatto che le tradizioni africana e occidentale condividano i medesimi principî organizzativi.

Analizzare il ritmo significa analizzare la musica nella sua interezza poiché, come abbiamo detto all'inizio, e come dovrebbero aver dimostrato le osservazioni analitiche, il ritmo è già collegato in permanenza alle altre dimensioni. Termini tecnici come accento, metro, periodicità e battuta ci consentono di specificare il procedimento strutturale e – forse ancora piú importante – di segnalare il significato o i significati delle singole composizioni cosí come risultano dal gioco dei procedimenti. Esplorare la vita ritmica di una composizione equivale dunque a ricercarne l'essenza forse illusoria. La scommessa analitica proposta da un parametro tanto strettamente concatenato agli altri è ingente e i premi in palio sono numerosi.

Agawu, K. V.

1991 *Playing with Signs. A Semiotic Interpretation of Classic Music*, Princeton University Press, Princeton.

1995*a* *African Rhythm. A Northern Ewe Perspective*, Cambridge University Press, Cambridge.

1995*b* *The invention of "African rhythm"*, in «Journal of the American Musicological Society», XLVIII, n. 3, pp. 380-95.

2001 *African music as text*, in «Research in African Literatures», XXXII, n. 2, pp. 8-16.

Anku, W.

1992 *Structural Set Analysis of African Music 1: Adowa*, Soundstage Production, Legon (Ghana).

Arom, S.

1985 *Polyphonies et polyrythmies instrumentales d'Afrique centrale. Structure et méthodologie*, 2 voll., Selaf, Paris.

Berger, J.

1994 *Playing with "Playing with Signs". A critical response to Kofi Agawu*, in «Journal of Music Theory», XXXVIII, n. 2, pp. 293-313.

Berliner, P.

1979 *The Soul of Mbira. Music and Traditions of the Shona People of Zimbabwe*, University of California Press, Berkeley.

Cohn, R., e Dempster, D.

1992 *Hierarchical unity, plural unities. Toward a reconciliation*, in K. Bergeron e Ph. Bohlman (a cura di), *Disciplining Music. Musicology and its Canons*, University of Chicago Press, Chicago Ill., pp. 156-81.

Dürr, W., Gerstenberg, W., e Harvey, J.

1980 «Rhythm», in *The New Grove Dictionary of Music and Musicians*, a cura di S. Sadie, Macmillan, London, vol. XV, pp. 804-25.

Euba, A.

1990 *Yoruba Drumming. The Dúndún Tradition*, Elekoto Music Centre - Bayreuth African Studies Series, Lagos-Bayreuth.

Forte, A.

1977 *The Structure of Atonal Music*, Yale University Press, New Haven Conn. (1ª ed. 1973).

Jones, A. M.

1959 *Studies in African Music*, 2 voll., Oxford University Press, London.

Kerman, J., e Kerman, V.

1980 *Listen*, Worth, New York (3ª ed.).

Kisliuk, M.

1998 *Seize the Dance! BaAka Musical Life and the Ethnography of Performance*, Oxford University Press, New York.

Kubik, G.

1994 *Theory of African Music*, vol. I, Noetzel, Wilhelmshaven.

Lerdahl, F., e Jackendoff, R.

1983 *A Generative Theory of Tonal Music*, Mit Press, Cambridge Mass.

Locke, D.

1978 *The Music of Atsiagbekor*, Tesi di dottorato, Wesleyan University, Middletown Conn.

1982 *Principles of offbeat timing and cross rhythm in Southern Ewe dance drumming*, in «Ethnomusicology», XXVI, n. 2, pp. 217-46.

1987 *Drum Gahu. A Systematic Method for an African Percussion Piece*, White Cliffs Media, Crown Point Ind.

Locke, D., e Agbeli, G.

1980 *A study of drum language in Adzogbo*, in «African Music», VI, n. 1, pp. 32-51.

London, J.

2001 «Rhythm», in *The New Grove Dictionary of Music and Musicians*, a cura di J. Tyrell e S. Sadie, vol. XXI, pp. 277-309 (2ª ed. riveduta).

Longman Dictionary of the English Language

1984 Longman, Harlow (Essex).

Narmour, E.

1977 *Beyond Schenkerism*, The University of Chicago Press, Chicago Ill.

Nketia, J. H. K.

1962 *African Music in Ghana. A Survey of Traditional Forms*, Longmans Green, London.

1963 *Drumming in the Akan Communities of Ghana*, Nelson, Edinburgh.

1974 *The Music of Africa*, Norton, New York (trad. it. *La musica dell'Africa*, Sei, Torino 1986).

Nzewi, M.

1997 *African Music. Theoretical Content and Creative Continuum. The Culture-Exponent's Definitions*, Institut für Didaktik populärer Musik, Olderhausen.

Powers, H.

1986 «Rhythm», in *New Harvard Dictionary of Music*, a cura di D. M. Randel, Harvard University Press, Cambridge.

Pressing, J.

1983 *Cognitive isomorphisms between pitch and rhythm in world musics. West Africa, the Balkans and Western tonality*, in «Studies in Music», n. 17, pp. 38-61.

Ratner, L. G.

1995 *The Beethoven String Quartets. Compositional Strategies and Rhetoric*, Stanford Bookstore, Stanford.

Rouget, G.

1996 *Un roi africain et sa musique de cour. Chants et danses du palais à Porto-Novo sous le règne de Gbèfa (1948-1976)*, CNRS, Paris.

Sachs, C.

1953 *Rhythm and Tempo. A Study in Music History*, Norton, New York.

Temperley, D.

2000 *Meter and grouping in African music. A view from music theory*, in «Ethnomusicology», XLIV, n. 1, pp. 65-96.

Van den Toorn, P.

1987 *Stravinsky and "The Rite of Spring". The Beginnings of a Musical Language*, University of California Press, Berkeley.

Waterman, R.

1948 *"Hot" rhythm in negro music*, in «Journal of the American Musicological Society», I, n. 1, pp. 24-37.

Whittall, A.

1983 «Rhythm», in *The New Oxford Companion to Music*, a cura di D. Arnold, 2 voll., Oxford University Press, Oxford - New York, pp. 1562-66.

NICOLAS MEEÙS

Scale, polifonia, armonia

1. *Polifonia e consonanza*.

Ciò che contraddistingue in maniera assoluta la musica occidentale rispetto alle altre musiche del mondo è l'importanza da essa accordata alla polifonia. Si trovano esempi di musica polifonica nella maggior parte, se non nella totalità delle culture musicali, ma in Occidente la scrittura polifonica è stata assunta a principio essenziale della composizione. La polifonia è un gioco di altezze e di intervalli: nella musica occidentale il parametro dell'altezza è stato favorito a detrimento di tutti gli altri, soprattutto del ritmo e del timbro. Questa particolare situazione è durata circa un millennio, dai primi esempi di polifonia nel IX secolo fino ai giorni nostri. La nuova importanza attribuita al ritmo e al timbro nella musica occidentale del XX secolo indica forse che tale periodo è giunto al termine.

Bisogna sottolineare come l'opposizione consonanza/dissonanza, indispensabile per comprendere tutti i problemi prodotti dalla sovrapposizione dei suoni, è innanzitutto differenziale: la consonanza è l'assenza di dissonanza, e viceversa. Questa opposizione reciproca può essere accentuata da talune scelte acustiche, che sembrano a loro volta caratteristiche della musica occidentale. In particolare, l'intervallo consonante è caratterizzato dal fatto che la sua intonazione giusta è assai differente dalle sue intonazioni false, mentre nel caso della dissonanza i termini di falsità e di giustezza hanno poco senso. Sebbene gli studiosi di acustica non si trovino d'accordo su una definizione univoca della consonanza (o del suo corollario, la dissonanza), essi sembrano almeno concordare sul fatto che tale definizione dipende, in un modo o nell'altro, da quel fenomeno chiamato talvolta "risonanza", ossia dalla produzione di suoni parziali armonici. Consonanza e dissonanza non si distinguono nettamente l'una dall'altra se non entro precise condizioni acustiche: qualunque sia la definizione fisica o psicofisiologica attribuitale, la consonanza richiede che i parziali dei suoni considerati siano il piú possibile armonici. Fin dai tempi piú remoti, la musica occidentale ha favorito le emissioni vocali e strumentali stabili e sostenute, che assicurano l'armonicità dei parziali. Questa è una fra le ragioni dell'evidente preferenza per gli strumenti a suono sostenuto, quelli in cui la produzione del suono si accompagna a un apporto continuo di energia, com'è il caso degli strumenti a fiato o ad arco, a scapito di quelli a corde pizzicate o delle percussioni.

La produzione di suoni armonici, contrariamente a un'idea diffusa, non giustifica affatto, o solo in modo assai indiretto, un fenomeno cosí complesso e cosí evidentemente culturale come la tonalità. Da quando Rameau [1722] ha creduto di rintracciare nella serie degli armonici il modello dell'accordo perfetto, si è ricercato nel fenomeno della risonanza il fondamento "naturale" della tonalità. Questo atteggiamento non fa che perpetuarne un altro, molto piú antico, secondo cui il fondamento della musica andava ricercato nei numeri, che per i Pitagorici dell'antichità rappresentavano il modello di tutte le cose, nonché gli elementi costitutivi della materia. Ed è alla possibilità stessa di avere un fondamento naturale, aritmetico o acustico, che la musica deve il fatto di essere stata ben presto considerata come una disciplina scientifica, molto prima della maggior parte delle altre discipline oggi annoverate fra le scienze umane.

La nascita della polifonia medievale occidentale è legata al riconoscimento di un carattere particolare della consonanza. Il termine *organum*, con il quale fino al XII secolo si designava la polifonia stessa, rinvia probabilmente alla relazione consonante fra le voci, e l'espressione *vox organalis* potrebbe significare "voce consonante". Secondo una concezione pitagorica o platonica, nella quale la consonanza appariva legata alla semplicità dei rapporti numerici, la polifonia consonante poteva inoltre essere intesa come "razionale", vale a dire fondata su intervalli numericamente misurabili. Entro una prospettiva filosofica che collocava il numero nel cuore della realtà, la polifonia era considerata l'immagine dell'ordine del mondo.

Le pagine seguenti non pretendono affatto di proporre un panorama storico della scrittura polifonica. Il vero oggetto di questo testo è la tonalità armonica in quanto soluzione particolare del problema dell'unità e della coerenza dell'opera musicale, un problema presentatosi in Occidente, come si vedrà, fin dai primi tentativi di scrittura polifonica. La tonalità, ora che la musica occidentale ha imboccato altre strade, appare come l'ultimo stadio di un'evoluzione che senza dubbio non è stata se non parzialmente padroneggiata dai suoi attori, ma che, nel corso di quasi un millennio, è stata animata da una necessità interna da molti scambiata per una necessità naturale. La nostra musica occidentale, nella quale la musicologia eurocentrica d'inizio Novecento ha creduto riconoscere il necessario punto d'arrivo dell'intera evoluzione musicale, oggi sembra piuttosto un caso particolare, unico e provvisorio, nella storia della musica mondiale.

2. *Il contrappunto.*

I trattati di contrappunto, che descrivono e codificano alcune pratiche piuttosto che teorizzarle, affrontano fin dal Medioevo due importanti problemi della scrittura polifonica: il rapporto d'interdipendenza fra le voci e la gestione dell'alternanza fra consonanze e dissonanze. Come si vedrà, questi due problemi sono strettamente collegati.

La prima pratica polifonica occidentale, quale viene descritta fin dagli ultimi anni del IX secolo, consiste nell'applicazione quasi automatica di un ristretto numero di regole che consentono una pratica improvvisativa. Si tratta di ornare il canto ecclesiastico improvvisando una o piú voci di contrappunto. La consonanza fra le voci è un obbligo quasi assoluto. L'unica libertà concessa all'improvvisatore è quella di scegliere il moto parallelo o quello contrario rispetto alla melodia ecclesiastica che serve di fondamento alla sua improvvisazione. Tale pratica non lascia per cosí dire alcun livello di libertà né di indipendenza alla voce aggiunta: il risultato ottenuto è un effetto timbrico piuttosto che una polifonia propriamente detta – come accade in numerose polifonie extraeuropee.

Un'altra pratica antica consiste nell'estendere in valori molto lunghi la melodia da ornare per sviluppare liberamente al di sotto di essa un contrappunto in valori brevi; in tal caso si ottiene l'effetto opposto: la voce aggiunta non si ricollega se non di quando in quando a quella che pretende di ornare.

Queste due pratiche sono ugualmente insoddisfacenti dal punto di vista che ci interessa, ma per motivi opposti: la prima in quanto non assicura una sufficiente autonomia delle voci, la seconda in quanto non giunge a mantenere fra di esse un sufficiente legame. Con tutta evidenza, il problema è di conciliare in un equilibrio sottile due esigenze opposte quali autonomia e interdipendenza. Il contrappunto cercherà delle soluzioni su due piani: la direzione dei moti lineari da un lato, e la successione degli intervalli fra le voci dall'altro. Nel primo caso, la regola che si impone rapidamente è quella del moto contrario: una voce sale, l'altra discende. Nel caso di un contrappunto a piú di due voci, di norma almeno una di esse si muove per moto contrario rispetto alle altre.

Riguardo agli intervalli, in un primo tempo i trattati di contrappunto procedono a una classificazione secondo il livello di dissonanza. Le categorie in cui vengono distribuiti gli intervalli si possono ricondurre a tre, semplificando un poco una codificazione che ha conosciuto numerose varianti. Esse sono, in ordine decrescente di consonanza, le consonanze perfette, le consonanze imperfette e le dissonanze. La regola generale è quella dell'alternanza e della varietà: è auspicabile alternare quanto piú possibile intervalli appartenenti a categorie differenti. Altre regole associano le prescrizioni relative ai moti lineari a quelle riguardanti gli intervalli. Ad esempio, se devono succedersi due consonanze perfette, le voci non possono procedere per moto parallelo; le dissonanze richiedono un moto congiunto di almeno una delle due parti, ecc. Nel caso delle dissonanze, la regola dell'alternanza diviene assoluta: la dissonanza fra due voci deve necessariamente essere preceduta e seguita da una consonanza, perfetta o imperfetta, fra le stesse voci. È tale regola a ingenerare l'impressione di una "risoluzione" della dissonanza, la quale non è tollerata se non a titolo passeggero, provvisorio, per assicurare la fluidità melodica. Ma in realtà si constata come le esigenze di autonomia e di interdipendenza non vengano veramente conciliate se non attraverso la libertà concessa al compositore di far uso della dissonanza: anche se la scrittura dissonante è soltanto il frutto di una tolleranza, essa si impone come una tolleranza indispensabile, senza la quale le voci sovrapposte non possono raggiungere l'autonomia.

Lo sviluppo della polifonia produce conseguenze non trascurabili sulla struttura ritmica della musica occidentale. Per assicurare la concordanza di melodie sovrapposte e relativamente indipendenti le une dalle altre occorre che il ritmo sia semplice e misurabile. Del resto, nel Medioevo la musica polifonica assume anche il nome di "musica misurata", in opposizione alla musica monodica nella quale il ritmo può rimanere piú libero. Uno dei principî fondamentali della ritmica occidentale è la proporzionalità: i valori ritmici utilizzati sono multipli gli uni degli altri. In tal modo le voci si possono dispiegare in una relativa indipendenza ritmica, pur mantenendo una soddisfacente concordanza, poiché esse si ricongiungono necessariamente nel momento in cui i multipli dei valori utilizzati coincidono. Il contrappunto ha permesso inoltre di stabilire una metrica regolare, punteggiata dal regolare ritorno delle voci alla simultaneità; in genere tali posizioni metriche "forti" vengono evidenziate anche attraverso consonanze perfette.

La lenta elaborazione di questo vasto *corpus* teorico è un fenomeno particolarmente interessante. Bisogna insistere sul fatto che nessuna delle regole contrappuntistiche è stata dettata dalla natura stessa del suono, nessuna cioè ha origini acustiche. L'unico dato oggettivo, fisico, sul quale esse si fondano è la distinzione fra consonanza e dissonanza. E inoltre, come indicato piú sopra, tale distinzione non si manifesta se non in ragione di scelte operate in rapporto ai timbri della musica vocale e strumentale. Al di là di questo dato oggettivo, tutte le interdizioni del contrappunto provengono da scelte volontarie dei musicisti – dettate senza dubbio da una presa di coscienza della superiore efficacia di taluni procedimenti, ma limitate nello stesso tempo dalla difficoltà di realizzare in concreto quegli stessi procedimenti. Da un punto di vista necessariamente distaccato qual è il nostro, sembra che mentre le costrizioni della scrittura polifonica non abbiano fatto che aumentare, paradossalmente i musicisti vi si sono piegati con sempre maggior facilità. Tale evoluzione raggiunge un culmine nel grande stile polifonico di metà Cinquecento, in particolare con Palestrina, la cui scrittura appare allo stesso tempo totalmente controllata e totalmente libera in rapporto a ognuno dei punti fin qui esaminati: condotta delle voci, gestione delle consonanze e delle dissonanze, organizzazione ritmica e metrica. Uno stile siffatto, "classico" in tutti i sensi del termine, non può quindi che divenire un modello: è ad esso infatti che si è ispirato il successivo insegnamento del contrappunto.

3. *La tonalità.*

Per quanto sviluppata possa essere, la teoria contrappuntistica non sembra affrontare un fondamentale problema, quello dell'unità dell'opera musicale. Tale questione occupa una posizione centrale nella riflessione musicologica moderna, ma è difficile stabilire in quale misura essa abbia potuto preoccupare i musicisti d'un tempo. Fintantoché la composizione polifonica è stata concepita come l'aggiunta di contrappunti a una melodia preesistente, il problema dell'unità dev'essersi presentato in termini abbastanza diversi da quelli che ci si presentano oggi: la questione essenziale doveva essere l'adeguamento alla melodia preesistente della o delle voci aggiunte, ma non c'era motivo di rimettere in discussione l'unità intrinseca della prima – soprattutto se si trattava di una melodia del canto gregoriano, la cui ispirazione era ritenuta divina. Nel momento in cui il compositore musicava un testo presente in tutte le voci, esso contribuiva anche ad assicurare la coerenza dell'insieme. Infine, la scrittura imitativa dev'essere considerata anch'essa come un principio unificatore, sebbene non possa assicurare una coerenza su grande scala: l'imitazione è sempre localizzata.

Ma nessuno di questi principî unificatori era sufficiente. La coerenza su grande scala dei lavori polifonici medievali e rinascimentali ha a che fare in fin dei conti con la tonalità, vale a dire con una relazione gerarchica fra le altezze. Riguardo a questo aspetto, è ancora abbastanza difficile valutare oggi quale fosse la situazione reale nella musica antica, soprattutto per la persistenza di una difficoltà nell'articolare chiaramente i concetti complementari di modalità e di tonalità. In questa sede si potrà soltanto indicare a grandi linee qualche caratteristica della tonalità polifonica antica, sottolineando alcune opposizioni nei confronti del sistema tonale successivo.

In primo luogo occorre insistere sul carattere assolutamente diatonico della musica polifonica occidentale sino alla fine del Cinquecento. Per comprendere tale stato di cose, bisogna innanzitutto prendere coscienza di quale sia la situazione al riguardo prevalente nella tonalità moderna: ognuna delle scale tonali vi costituisce un sistema diatonico distinto, differente dagli altri sia per la sua altezza assoluta, sia per la sua posizione in rapporto al sistema generale soggiacente, vale a dire quello cromatico. Al contrario, nel Medioevo e nel Rinascimento, quando il concetto di diapason non esisteva ancora, non era possibile alcuna differenziazione secondo l'altezza assoluta. Tutte le opere appartengono a uno stesso sistema diatonico, all'interno del quale non si possono distinguere fra loro se non per una particolare organizzazione nella gerarchia dei gradi. Il fatto che una composizione sia "in *do*", "in *re*", "in *mi*", ecc. non indica in alcun modo a quale altezza la si debba cantare o suonare, ma soltanto una particolare disposizione gerarchica all'interno della scala diatonica comune. L'importanza relativa dei gradi della scala è di ordine statistico: i gradi principali, in genere la finale e la sua quinta, sono nettamente piú numerosi nella composizione rispetto a tutti gli altri. Essi appaiono inoltre nei momenti chiave, in particolare al momento delle cadenze.

Perfino le composizioni piú cromatiche della fine del Cinquecento sono ancora rette dal diatonismo soggiacente: qui le alterazioni cromatiche non sono che delle varianti dei gradi che esse alterano, non costituiscono in alcun caso dei gradi indipendenti e non suggeriscono in alcun modo il passaggio da una diatonia a un'altra. Esse non indicano né un trasporto, né una modulazione. In questa antica concezione, la tonalità/modalità (dal momento che i due concetti sono difficilmente distinguibili) non ha che l'effetto di determinare un colore particolare della diatonia. Si percepisce quindi tutta l'importanza di quell'avvenimento capitale che fu la comparsa della nozione di diapason, segnalata per la prima volta nel 1511 dallo *Spiegel der Orgelmacher und Organisten* di Arnold Schlick. Una volta stabilita tale nozione, e come suo corollario la nozione di trasporto, le tonalità si distingueranno le une dalle altre per la loro altezza – essendo dei trasporti – piuttosto che per la loro struttura intervallare interna. Ovvero, piú precisamente, l'aspetto tonale si distacca d'ora in poi dall'aspetto modale: la tonalità designa il trasporto, il modo indica la struttura interna, una distinzione mai apparsa prima. Inoltre, dal punto di vista strutturale, sin da fine Cinquecento o inizio Seicento i modi vengono raggruppati in due grandi categorie, corrispondenti ai nostri modi maggiore e minore.

4. *L'armonia*.

Le regole del contrappunto governano le relazioni fra le voci prese a due a due. Quando la composizione è a piú di due voci, il compositore deve considerare separatamente ciascuna coppia di voci; la difficoltà tecnica aumenta quindi assai rapidamente. In tale contesto, l'armonia può essere intesa come il tentativo di abbracciare con un solo sguardo le combinazioni di voci multiple, sia dal punto di vista degli intervalli sia della condotta simultanea delle voci.

Dal punto di vista degli intervalli, la nuova nozione è quella di "accordo". Già prima del Cinquecento si prende coscienza del fatto che il numero di intervalli percepibili simultaneamente in consonanza è molto limitato. In effetti, quale che sia il numero delle voci, non è possibile far sentire simultaneamente piú di due intervalli consonanti (ossia tre note) senza provocare una dissonanza: essi sono la terza e la quinta, la terza e la sesta o la quarta e la sesta, e i loro raddoppi. Queste tre combinazioni vengono sempre piú percepite come entità che conservano il loro carattere proprio qualunque sia la particolare disposizione delle voci che le producono. Per convenzione, o forse in risposta a un fenomeno percettivo, si ritiene che fin dal XVI secolo gli intervalli costitutivi venissero calcolati a partire dalla nota piú grave, considerata come la fondamentale dell'accordo.

La tappa successiva consiste nel prendere atto che una delle tre combinazioni consonanti di intervalli, quella che comporta la terza e la quinta sopra il basso, è il modello delle altre due, da esso ricavabili mediante uno scambio delle voci. La combinazione di terza e sesta si ottiene dallo spostamento del basso al di sopra delle altre due voci, la quarta e sesta da un ulteriore spostamento. Il diagramma seguente illustra tale meccanismo per un accordo di *re* minore:

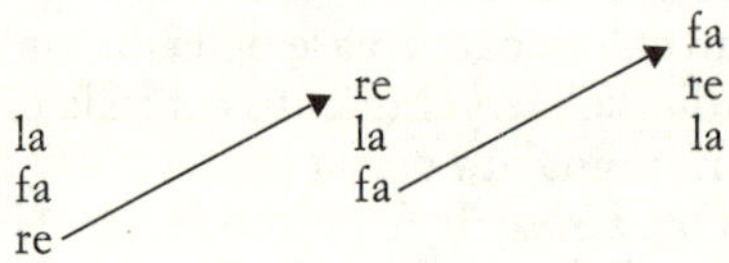

Questo è il principio del rivolto. Nel 1608, Otto Siegfried Harnisch scrisse: l'accordo

> è composto di sole consonanze e consiste di tre suoni disposti per quinta e per terza, i quali sono quasi le radici di ogni consonanza nel canto. La voce inferiore è in certo qual modo il fondamento di tutta la consonanza, per cui la si può chiamare a buon diritto la base. [...] La consonanza è perfetta quando la base, ossia la nota inferiore della quinta, si trova al proprio posto o all'ottava inferiore. È imperfetta quando la base si trova solamente all'ottava superiore, e la voce o la nota intermedia fra quella superiore e quella inferiore della quinta, cioè la terza, resta alla base della consonanza; bisogna osservare inoltre che se la terza inferiore manca, la quarta che resta quindi alla base dev'essere considerata come una dissonanza [in Lester 1989, p. 32, n. 29].

Nel 1610 Johannes Lippius aggiunge che la disposizione per terza e quinta, che noi oggi chiamiamo accordo perfetto, è anche «la piú soave, la piú piena e la piú perfetta»; nel 1612 egli scrive ancora: «La triade armonica semplice e diretta è la vera radice sonora una e trina della piú perfetta e della piú piena fra tutte le armonie». Da questo momento, la nozione di accordo appare completamente integrata nel pensiero teorico. L'eccezionale modernità dei termini utilizzati da Lippius è velata solo dall'uso del latino: nel XX secolo ritroveremo *trias* (triade) e *radix* (radice) tradotte in tedesco o in inglese nel trattato d'armonia di Schönberg [1954].

Verso il 1613 Thomas Campian aggiunge alla nozione di rivolto quella di basso fondamentale. Il basso degli accordi di terza e sesta, egli scrive, non è affatto il vero basso «poiché ove si ha una sesta, il vero basso si trova una terza sotto». L'idea qui propugnata è che se il rivolto consiste in uno spostamento della fondamentale verso l'ottava superiore, la nota spostata non diviene per questo meno costitutiva, nella sua ottava d'origine, di un basso implicito che è poi il vero basso dell'accordo. Questa nozione di basso fondamentale assumerà una considerevole importanza nella teoria di Rameau, a cui è stata peraltro erroneamente attribuita.

Riguardo alla visione sintetica della condotta delle voci, è opportuno considerare il caso della cadenza, definita nel Rinascimento come una combinazione di piú movimenti melodici caratteristici. La cadenza è il movimento terminale, latore del senso di completezza, di una melodia o di un'armonia. La concezione contrappuntistica della cadenza consiste nel considerare che piú voci effettuano simultaneamente tale movimento cadenzale, chiamato *clausula*. L'esempio 1 riportato qui di seguito riproduce una cadenza tipica, nella quale ciascuna delle quattro voci effettua il caratteristico movimento conclusivo:

- la voce superiore sale di un semitono dopo un ritardo (*clausula cantizans*);
- la voce di contralto tiene la nota o discende di una terza (*clausula altizans*);
- la voce di tenore discende di un tono (*clausula tenorizans*);
- la voce di basso discende di una quinta (*clausula bassizans*).

Figura 1.

Il nome di ciascuno di questi quattro movimenti melodici proviene dal nome della voce che lo realizza nella disposizione tipica illustrata nell'esempio, ma l'ordine della sovrapposizione può essere invertito, ad esempio in modo che la voce superiore effettui la *clausula tenorizans* e quella di tenore la *clausula cantizans*.

5. *Rameau*.

Tuttavia, se si ammette il principio del basso fondamentale – il basso implicito di Thomas Campian – risulta che, qualunque sia la disposizione reale delle voci all'interno di una cadenza, il movimento melodico del basso implicito è necessariamente quello della *clausula bassizans*, le cui note sono anche le fondamentali degli accordi. Si vede in tal modo come il movimento del basso fondamentale sembri sintetizzare quello delle linee del contrappunto, quale che sia la loro particolare disposizione. Questa attenzione al movimento implicito del basso fondamentale è alla base della teoria di Rameau. I principî del rivolto e del basso fondamentale, enunciati piú d'un secolo prima da Harnisch, Lippius, Thomas Campian e altri, non avevano trovato se non una debole eco nella teoria musicale. Rameau li integra nella propria teoria, non piú come semplici rappresentazioni concettuali degli accordi, bensí, trattandosi ormai di una linea melodica implicita dei bassi fondamentali, come la sintesi al tempo stesso degli accordi e della condotta delle voci. Il movimento armonico di base è quello della *clausula bassizans*, la caduta di quinta del basso fondamentale. È questo che permette a Jean-Jacques Rousseau [1768] di affermare che «tutta l'armonia in realtà non è altro che una serie di *cadenze*».

Bisogna insistere sul fatto che nella concezione di Rameau tale rappresentazione sintetica presuppone l'insieme dei movimenti melodici cadenzali riportati all'esempio 1 (o tutte le disposizioni analoghe), considerati a prescindere dalla loro distribuzione fra le voci del contrappunto. Lo scopo di Rameau, al momento di intraprendere la prima redazione della sua teoria, non è altro che di fornire semplici regole per la realizzazione del basso continuo. L'improvvisazione di un accompagnamento su un basso dato presuppone che l'improvvisatore abbracci rapidamente con un solo sguardo tutti gli aspetti del contrappunto e dell'armonia: è quanto permette il basso fondamentale. Tuttavia Rameau si rese conto ben presto dell'eccezionale valore del suo concetto di basso fondamentale ai fini della costruzione di una teoria piú speculativa dell'armonia e della tonalità. I suoi trattati si distaccano quasi subito dalla problematica essenzialmente pratica della realizzazione del basso continuo, per condurre una riflessione piú astratta sul funzionamento generale dell'armonia.

Il movimento cadenzale pone gli accordi successivi in una relazione dinamica, nella quale il primo accordo è volta per volta la dominante del secondo. Ne risulta una catena di dominanti che non si può interrompere se non quando il penultimo accordo della serie, la "dominante-tonica", conduce allo scopo prefisso, la tonica. Nello spirito di Rameau, la tensione di tale movimento verso il proprio scopo risulta dal carattere esplicitamente o implicitamente dissonante di ciascuno degli accordi, a eccezione dell'ultimo: ognuno di essi va considerato come un accordo di settima, con risoluzione obbligata, anche se la dissonanza resta sottintesa. Rameau individua anche un'altra funzione, quella della sottodominante, che genera un movimento cadenzale d'altro tipo, fondato su un moto di quinta ascendente dal basso fondamentale verso la tonica – in un certo senso quindi l'inverso della funzione di dominante. La sottodominante è caratterizzata da un'altra forma di dissonanza, la sesta aggiunta alla quinta. I movimenti dell'armonia sono dunque essenzialmente di due tipi, corrispondenti a due forme distinte dell'accordo dissonante. Ma di questi due movimenti fondamentali quello di dominante rimane il piú frequente – per ragioni che Rameau credeva legate all'acustica, come si vedrà tra poco.

Di norma, la catena delle dominanti prende le mosse dalla tonica. Ma una successione di quinte discendenti a partire dalla tonica non sarebbe in grado di ritornare al punto di partenza, dal quale al contrario si allontanerebbe inesorabilmente. Rameau concepisce quindi un meccanismo complementare, il "doppio uso", che descrive la soluzione di tale problema. Il secondo accordo della catena di quinte, quello che segue la tonica, è la sottodominante, la cui tendenza naturale sarebbe di ritornare all'accordo iniziale. Affinché l'accordo di sottodominante possa servire al prolungamento della catena di dominanti, bisogna che esso stesso si trasformi in una dominante: l'accordo di sesta aggiunta, caratteristico della sottodominante, diviene un accordo di settima, caratteristico della dominante; è questa la trasformazione concettuale dell'accordo che Rameau chiama "doppio uso". Essa comporta una modificazione del basso fondamentale, come illustra il seguente esempio 2, ricavato dal *Traité* di Rameau [1722, p. 382]. Vi si osserva come un movimento congiunto del basso reale, *mi-fa-sol*, si traduca in termini di basso fondamentale in due movimenti di quinta discendente (o di quarta ascendente), *do-fa*, quindi *re-sol*, ove il passaggio da *fa* a *re* non è altro che il cambio di funzione concettuale (e di basso fondamentale) del secondo accordo. Il secondo accordo vi è inteso dapprima come quinta e sesta, quindi come sottodominante con basso fondamentale *fa*, poi come settima, infine come dominante con basso fondamentale *re*.

Figura 2.

Rameau si è ben presto adoperato allo scopo di identificare un fondamento naturale per le sue teorie. Il *Traité* del 1722 resta praticamente muto a questo proposito, ma poco dopo Rameau venne a conoscenza degli esperimenti di Sauveur sui suoni armonici, nei quali scorse subito una giustificazione acustica del proprio sistema: già dal *Nouveau système de musique théorique* [1726] egli tenta di rendere conto delle ipotesi che ha potuto dedurre dal fenomeno della risonanza e che poggiano su due punti essenziali: da un lato la costituzione dell'accordo, dall'altro la condotta delle voci. La serie degli armonici ottenuti a partire dalla risonanza del *do* grave è rappresentata nella figura 3.

Per quanto riguarda l'accordo, Rameau osserva che gli armonici 4, 5 e 6 formano il modello dell'accordo perfetto maggiore. La nota del basso fondamentale dell'accordo si identifica quindi con la fondamentale (l'armonico 1) della stessa serie armonica. Rameau non ha cercato di giustificare con lo stesso ragionamento l'accordo di settima, come qualcuno farà piú tardi chiamando in causa il 7° armonico: per lui la dissonanza è necessariamente inscritta nella condotta delle voci, piuttosto che nell'accordo in quanto tale. Si noti peraltro che la serie degli armonici non permette di spiegare allo stesso modo l'accordo perfetto minore. Nessuna fra le soluzioni proposte in seguito per questo problema è soddisfacente. In realtà, il problema è stato mal posto fin dall'inizio. La serie armonica non può giustificare direttamente né l'uno né l'altro dei due accordi perfetti. Ciò che essa giustifica è solamente la consonanza. Gli accordi perfetti – maggiore e minore – e i loro rivolti sono, come si è visto, le sole combinazioni possibili interamente consonanti e formate da piú di due suoni.

Nella serie degli armonici Rameau vede anche la giustificazione dei movimenti del basso fondamentale e dunque, indirettamente, la giustificazione dell'intera condotta delle voci. La discesa di quinta – il movimento della dominante – è come la discesa dall'armonico 3 all'armonico 2: il secondo termine della catena è in un certo senso la fondamentale (o l'ottava della fondamentale) del primo. La quinta ascendente – il movimento della sottodominante – compie il percorso inverso, dall'armonico 2 all'armonico 3. È proprio perché "ritorna alla sua fondamentale" che la quinta discendente è preferibile. La serie armonica fornisce il modello ad altri movimenti del basso fondamentale: quello di terza maggiore, dall'armonico 5 all'armonico 4 o viceversa, e quello di terza minore, dall'armonico 6 all'armonico 5 o viceversa. Rameau ne deduce che i movimenti possibili del basso fondamentale sono quelli di quinta, quarta, terza maggiore o terza minore, discendenti o ascendenti. I movimenti di seconda invece non sono possibili in quanto tali e vanno spiegati con il "doppio uso".

Figura 3.

6. *Sechter e Riemann*.

La teoria di Rameau è all'origine di tutte le successive teorie dell'armonia e della tonalità. Ciò che caratterizza l'evoluzione del pensiero teorico nella seconda metà del Settecento e nell'Ottocento è la crescente importanza attribuita agli accordi in se stessi, piuttosto che ai concatenamenti accordali e alle progressioni del basso fondamentale. Per Rameau la funzione di dominante era caratterizzata essenzialmente da un particolare movimento del basso fondamentale, la caduta di quinta, quindi da una relazione reciproca fra due accordi. Nel XIX secolo la dominante è invece la funzione di un accordo preciso, quello sul quinto grado della scala. Mentre Rameau descriveva la frase tonale come una catena di dominanti, l'ultima delle quali era contrassegnata dal proprio carattere di "dominante-tonica", i teorici ottocenteschi vi individuavano piuttosto un percorso fra gradi distinti gli uni dagli altri, ognuno caratterizzato dalla propria posizione in seno alla tonalità.

Si possono delineare a grandi tratti due tendenze generali della teoria armonica ottocentesca. La prima, piú antica e piú vicina alle idee di Rameau, è caratteristica dei teorici viennesi, in particolare di Simon Sechter [1853-54], il quale, tramite la mediazione di Anton Bruckner, ha influenzato Heinrich Schenker e Arnold Schönberg. Essa distingue sette funzioni, corrispondenti ai sette gradi della scala, ordinate entro il ciclo delle quinte a seconda del loro allontanamento dal primo grado – la tonica; i gradi vengono tradizionalmente rappresentati in cifre romane:

VII III VI II V I IV

——————————→ ←——

La progressione armonica tende a ritornare verso il centro tonale, il I grado, come indicato dalle frecce del precedente diagramma. In tal modo, la progressione per quinte discendenti privilegiata da Rameau viene qui tenuta ancora in una certa considerazione.

La seconda teoria, di tradizione tedesca, è stata formulata in particolare da Hugo Riemann [1893] il quale individua solo tre funzioni, anch'esse esercitate dagli accordi piuttosto che generate dalla condotta del basso fondamentale: esse sono le funzioni di tonica, di dominante e di sottodominante, denotate rispettivamente dalle lettere T, D e S. Le funzioni di dominante e di sottodominante si collocano in un rapporto di opposizione rispetto alla tonica, come illustra il seguente diagramma:

D T S

↔ ↔

La progressione armonica viene inoltre descritta, piú che come una tendenza centripeta a ritornare alla tonica, come la possibilità di due movimenti simmetrici (andata-ritorno) da una parte e dall'altra rispetto ad essa. Riemann associa tale costruzione simmetrica alle nozioni hegeliane di tesi, antitesi e sintesi. Ognuna delle tre funzioni descritte può essere esercitata da vari gradi della scala. L'assimilazione dei diversi gradi alle tre funzioni si fonda sull'idea, ripresa da Rameau, di una dissonanza implicita. L'accordo di secondo grado, ad esempio *re-fa-la* nella tonalità di *do* maggiore, viene assimilato alla sottodominante poiché corrisponde alla dissonanza implicita di quinta e sesta della sottodominante *fa-la-(do)-re*; l'accordo di settimo grado, *si-re-fa*, corrisponde alla dissonanza implicita della settima di dominante, *(sol)-si-re-fa*; ecc.

Ora può essere interessante notare a quale punto tale concezione simmetrica delle funzioni armoniche sia legata alla terminologia germanica, nella quale la dominante e la sottodominante vengono considerate rispettivamente come la "dominante superiore" e la "dominante inferiore", e in modo analogo si procede per gli altri gradi della scala. La terminologia romanza invece, francese o italiana che sia, sembra designare piuttosto una costruzione concettuale a due centri, la tonica e la dominante. Tali differenze, che i due diagrammi seguenti tentano di illustrare, non sembrano indicare a prima vista se non delle discordanze terminologiche inessenziali. Ma esse non sono prive di incidenza su concezioni piú importanti, riconducendo a modi di pensiero profondamente differenti:

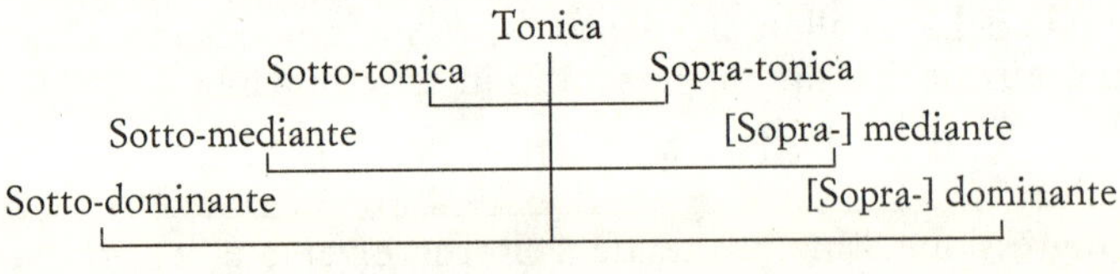

Terminologia germanica.
(*Über-*, *Untertonika*; *Über-*, *Untermediante*; *Über-*, *Unterdominante*)

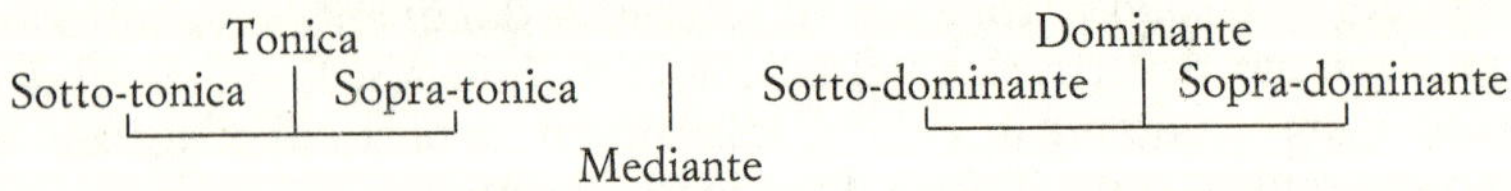

Terminologia romanza.

7. *Concezioni naturalistiche della tonalità.*

Le teorie di Rameau sul fondamento naturale dell'armonia danno origine, direttamente o indirettamente, a una serie di teorie sul fondamento naturale della tonalità stessa. D'Alembert, autore di una presentazione divulgativa delle teorie ramiste [1752], ne riprende l'idea delle tre funzioni essenziali, tonica, dominante e sottodominante, ma le considera in maniera piú statica, come elementi immanenti alla tonalità. Conscio del problema dell'unità tonale delle composizioni, egli suggerisce che la tonalità si costruisca attraverso la risonanza dei tre gradi principali del "modo" (ossia della tonalità), il primo, il quarto e il quinto grado della scala:

> Cosí, i tre suoni *fa, do, sol* e gli armonici di ciascuno di essi, vale a dire le loro terze *maggiori* e le loro quinte, compongono l'intero *modo maggiore* di *do*. Quindi la serie di quinte o basso fondamentale *fa, do* e *sol*, il cui centro è costituito dal *do*, si può considerare rappresentante del modo di *do*.

Tale punto di vista è uno dei primi a situare interamente le funzioni tonali all'interno degli accordi piuttosto che nella loro concatenazione, e a fare della tonalità una struttura statica.

Il caso limite di questo genere di riflessioni è con ogni probabilità quello di Jérôme-Joseph de Momigny [1803-806], il quale cerca di affermare l'unità tonale sostenendo che tutte le note della scala si possono trovare in una sola serie armonica. Il problema è che, malgrado le approssimazioni tollerate nel calcolo degli armonici, la nota fondamentale della serie non può in alcun caso essere la tonica della tonalità considerata, bensí il suo quinto grado: ad esempio, secondo Momigny le note della scala di *do* sarebbero armonici del *sol*. Egli ne conclude che la funzione piú importante è quella della dominante. Tale idea, non priva di aspetti interessanti, appare nondimeno come il risultato di una concezione eccessivamente naturalistica. All'estremo opposto, François-Joseph Fétis [1844] sostiene che la tonalità non può in alcun caso trarre origine da fenomeni acustici: a suo dire essa sarebbe «metafisica».

All'inizio del Novecento, Heinrich Schenker [1906] elabora a sua volta una concezione statica della tonalità, da lui rinvenuta nell'accordo perfetto suggerito dagli armonici 4, 5 e 6 della tonica. La composizione tonale è secondo lui il prolungamento nel tempo di tale accordo fondamentale. L'aspetto interessante è che tale prolungamento sarebbe insieme contrappuntistico e armonico: Schenker raggiunge cosí malgrado tutto un punto di vista dinamico, paragonabile a quello di Rameau, nel quale la tonalità non è concepibile senza il movimento delle parti. L'accordo di tonica si dispiega in linee contrappuntistiche il cui incontro dà origine a nuovi accordi;

questi ultimi si sviluppano a loro volta in nuove linee, che generano altre armonie ancora, e cosí di seguito. Questa teoria produce una visione estremamente unitaria e gerarchizzata dell'opera tonale, che si presenta come il risultato di una proliferazione quasi organica. La teoria schenkeriana ha conosciuto una straordinaria fortuna nel XX secolo, in particolare come teoria dell'analisi musicale: il concetto di dispiegamento, quale è stato appena delineato, consente un'analisi per livelli successivi di notevole efficacia.

Ma il teorico della tonalità che piú si è avvicinato alle teorie di Rameau è Arnold Schönberg, soprattutto nell'attività didattica da lui esercitata negli Stati Uniti durante gli ultimi anni della sua vita. Schönberg [1954] propone una descrizione sistematica dei movimenti del basso fondamentale, che classifica in tre categorie, la prima delle quali corrisponde al movimento di dominante secondo Rameau, la seconda al movimento di sottodominante, la terza ai movimenti spiegabili attraverso il "doppio uso". Si ritrova qui la visione sintetica secondo la quale il significato tonale degli accordi non è separabile dai loro concatenamenti.

Ma Schönberg è anche il compositore che all'inizio del XX secolo piú sistematicamente ha cercato di sfuggire alle costrizioni della tonalità. Cosí facendo ha accelerato la fine di un periodo particolarmente glorioso della storia della musica occidentale, in cui la polifonia e il suo corollario, la tonalità, costituivano il paradigma della creazione musicale.

Alembert, J. Le Rond d'

1752 *Éléments de musique théorique et pratique, suivant les principes de M. Rameau*, David l'aîné, Paris; 2ª ed. ampliata Bruysset, Lyon 1762; ried. 1779; facsimile 1966, 1984.

Bruckner, A. J.

1950 *Vorlesungen über Harmonielehre und Kontrapunkt an der Universität Wien*, a cura di E. Schwanzara, Österreichischer Bundesverlag für Unterricht, Wissenschaft und Kunst, Wien.

Campian, Th.

ca. 1613 *A New Way of Making Fowre Parts in Counter-Point, by a most Familiar and Infallible Rule*, Snodham, London; 2ª ed. annotata da Ch. Simpson, London 1655.

Coeurdevey, A.

1998 *Histoire du langage musical occidental*, Presses Universitaires de France, Paris.

Dahlhaus, C.

1968 *Untersuchungen über die Entstehung der harmonischen Tonalität*, Bärenreiter, Kassel.

1980 «Tonality», in *The New Grove Dictionary of Music and Musicians*, a cura di S. Sadie, Macmillan, London, vol. XIX, pp. 51-55.

Fétis, F.-J.

1844 *Traité complet de la théorie et de la pratique de l'harmonie*, Conservatoire-Schlesinger, Bruxelles-Paris.

Harnisch, O. S.

1608 *Artis musicae delineatio*, Richter, Frankfurt.

Lester, J.

1989 *Between Modes and Keys. German Theory. 1592-1802*, Pendragon Press - Stuyvesant, New York.

Lippius, J.

1610 *Disputatio musica tertia ... proposita in Alma Wittenberg*[ensi] *Academia, praeside M. Joanne Lippio ... Respondente Sebastiano Carolo*, Wittenberg.

1612 *Synopsis musicae novae*, Kieffer, Strasburg (trad. ingl. di B. V. Rivera, Colorado College Music Press, Colorado Springs 1977).

Meeùs, N.

1997 *Mode et système. Conceptions ancienne et moderne de la modalité*, in «Musurgia», IV, n. 3, pp. 67-80.

Meier, B.

1974 *Die Tonarten der klassischen Vokalpolyphonie*, Oosthoek, Utrecht (trad. ingl. *The Modes of Classical Polyphony*, Broude Brothers, New York 1988).

Momigny, J.-J. de

1803-806 *Cours complet d'harmonie et de composition d'après une théorie neuve et générale de la musique, basée sur des principes incontestables, puisés dans la nature*, ..., 3 voll., presso l'autore, Paris.

Rameau, J.-Ph.

1722 *Traité de l'harmonie réduite à ses principes naturels*, Ballard, Paris; facsimile J.-M. Bardez, Slatkine, Genève 1986; facsimile integrale dei trattati di Rameau: *Complete Theoretical Writings*, a cura di E. R. Jacobi, 6 voll., American Institute of Musicology, 1967-72.

1726 *Nouveau système de musique théorique*, Ballard, Paris; facsimile integrale dei trattati di Rameau, *ibid.*

Reckow, F.

1980 «Organum», in *The New Grove Dictionary of Music and Musicians* cit., vol. XIII, pp. 796-808.

Riemann, H.

1893 *Vereinfachte Harmonielehre oder die Lehre von den tonalen Funktionen der Akkorde*, Augener, London.

Rousseau, J.-J.

1768 *Dictionnaire de musique*, Veuve Duchesne, Paris; ora in Id., *Œuvres complètes*, vol. V, Gallimard, Paris 1995 («Bibliothèque de la Pléiade»), pp. 603-1154.

Schenker, H.

1906 *Harmonielehre (Neue musikalische Theorien und Phantasien I)*, Universal Edition, Wien.

1935 *Der freie Satz (Neue Theorien und Phantasien 3)*, Universal Edition, Wien.

Schlick, A.
1511 *Spiegel der Orgelmacher und Organisten*, Schöffer, Mainz; facsimile Flade, Mainz 1931.

Schönberg, A.
1954 *Structural Functions of Harmony*, Norton, New York (trad. it. *Funzioni strutturali dell'armonia*, Il Saggiatore, Milano 1957).

Sechter, S.
1853-54 *Die Grundsätze der musikalischen Komposition*, 3 voll., Breitkopf und Härtel, Leipzig.

Wiora, W.
1963 *Natur der Musik? Unnatur heutiger Musik?*, in W. Wiora (a cura di), *Die Natur der Musik als Problem der Wissenschaft*, Bärenreiter, Kassel-Basel, pp. 7-18.

JEAN-CLAUDE RISSET

Il timbro

1. *Il timbro, un parametro residuale?*

S'intende per timbro quella particolare qualità del suono che permette d'identificare la fonte sonora: il timbro dipende dallo strumento o dalla voce che emette il suono, e non dall'intensità o dall'altezza del suono emesso. La nozione di timbro rinvia dunque all'origine del suono, ma anche alla sua qualità: una voce può essere piú o meno "timbrata".

La parola "timbro" deriva dal nome greco *tympanon*, una specie di tamburo a corde; essa viene impiegata per designare i differenti dispositivi che producono dei suoni ben timbrati: i crotali, piccoli cimbali antichi dalla vibrazione intensa e prolungata; in francese *timbre* è anche il campanello della bicicletta o la suoneria del telefono, segnali d'avvertimento che debbono essere sufficientemente presenti per adempiere al loro ruolo di messa in allerta. Nella famiglia degli strumenti a percussione, i campanelli (*jeu de timbres*, *Glockenspiel*) sono uno strumento fatto di laminette metalliche che producono suoni acuti e penetranti. Per il tamburo militare, denominato in francese *caisse claire*, il termine "timbres" viene usato per indicare le corde metalliche tese che si possono rendere solidali alla membrana vibrante, conferendo in tal modo al suono una coloritura metallica ben riconoscibile. Un timbro può essere scuro o chiaro, brillante o cupo: in effetti il timbro sonoro suggerisce determinate analogie con il colore. Il timbro viene designato come colore del suono tanto in inglese (*tone-colour*) quanto in tedesco (*Klangfarbe*).

Il timbro viene spesso indicato fra i "parametri" del suono musicale, insieme all'altezza, all'intensità e alla durata; tuttavia si tratta di un parametro che non si lascia circoscrivere facilmente. Quando si parla del timbro di uno strumento musicale, ci si riferisce a una sorta di firma dello strumento, a una caratteristica che permette d'identificarlo. L'Associazione americana di normalizzazione definisce il timbro come segue: «Il timbro è l'attributo della sensazione uditiva che permette all'ascoltatore di differenziare due suoni della stessa altezza e della stessa intensità, presentati in maniera simile». Il timbro viene cosí definito tramite quello che esso non è: né altezza, né dinamica; esso appare dunque come un attributo residuale. Ma si tratta davvero di un parametro inteso nell'accezione abituale? Le altezze sonore possono essere "discretizzate" e ordinate lungo una scala, ovvero una gamma. Anche le durate e le intensità possono essere ordinate come delle grandezze scalari in base a un'unica dimensione; non cosí il timbro, che è multidimensionale: due timbri possono differire sotto piú punti di vista, per esempio scuro/chiaro, percussivo/continuo. La nozione di timbro appare dunque come un vero e proprio ripostiglio dentro cui raggruppare talune qualità del suono che permettono d'identificarne l'origine, ma sono difficilmente classificabili in scale.

Il timbro sembra spesso ricoprire un ruolo subalterno nelle musiche non europee e anche nella musica classica occidentale. Nella notazione musicale tradizionale, la specificazione del timbro si riduce all'indicazione dello strumento e del modo di suonarlo, per esempio: violino *sul ponticello*, viola *pizzicato*, tromba *con sordina*. Numerose partiture dell'epoca barocca sono state scritte "per ogni sorta di strumenti", senza indicazioni di strumentazione.

Ciononostante, i musicisti non hanno mai smesso di preoccuparsi della qualità sonora. Un'acuta consapevolezza della funzione musicale svolta dal timbro si può riscontrare in Hector Berlioz, le cui orchestrazioni sono molto creative: le armonie berlioziane finiscono col sembrare piatte nella riduzione pianistica. La preoccupazione per il timbro diventerà centrale con l'inizio del XX secolo: Debussy storna gli accordi dalla loro funzione armonica tonale e li utilizza per la loro propria sonorità, come faranno piú tardi anche Varèse e poi Messiaen, il quale adotta nel suo linguaggio musicale degli "accordi-timbro".

Alla fine del XIX secolo, due importanti invenzioni sconvolgono i nostri rapporti con il suono: il fonografo (1877) che permette di registrare il suono e di riprodurlo in assenza della sua originaria causa meccanica, e il telefono (1876) che permette di trasmettere i suoni a distanza sotto forma d'impulsi elettrici. I trasduttori elettroacustici apriranno poi la porta, nel trattamento dei suoni, alle risorse dell'elettricità, dunque anche a quelle dell'elettronica, della codificazione digitale e del calcolatore: una vera e propria «rivoluzione elettrica» [Dufourt 1991]. Queste invenzioni, in un primo tempo applicate alla riproduzione del suono, sono state sfruttate solo molto piú tardi per poter produrre dei nuovi suoni. La musica concreta (1948), la musica elettronica (1950) e la musica digitale (1957) hanno permesso per la prima volta ai musicisti di esercitare un controllo senza precedenti sul timbro e di comporre il suono stesso, invece di accontentarsi di comporre con dei suoni preesistenti. Da quel momento il timbro non si riduce piú al certificato di nascita del suono, esso ne qualifica la struttura e la forma e diventa per il musicista un importante campo d'azione. L'avventura delle musiche elettriche ha stimolato nella musica strumentale un nuovo lavoro sul timbro, e la liuteria elettronica ha segnato profondamente la pop music.

Il presente articolo ripercorre questa evoluzione del ruolo del timbro nelle diverse musiche, dopo aver esaminato i parametri fisici che lo determinano, secondo quanto hanno potuto stabilire le piú recenti ricerche sul suono.

2. *Le determinanti fisiche del timbro musicale. La concezione tradizionale.*

Generalmente si attribuisce il timbro musicale allo spettro della vibrazione sonora, vale a dire alle intensità relative delle armoniche che compongono il suono. Ciò presuppone che la vibrazione sonora sia periodica, cioè che si riproduca identica con una certa frequenza; l'orecchio considera suoni diversi della stessa frequenza come suoni aventi la stessa "altezza" sonora. Timbri differenti corrispondono a forme d'onda differenti. Nel secolo XIX, ancor prima dell'invenzione del fonografo, fu possibile registrare le onde sonore per poterne dare delle rappresentazioni grafiche. L'esame di queste rappresentazioni portò alla conclusione che i suoni musicali di una determinata altezza sono periodici. Agli inizi del secolo XIX, il barone Joseph Fourier ha dimostrato che un'onda periodica poteva essere ricostituita sovrapponendo delle onde sinusoidali – le armoniche – le cui frequenze sono dei multipli interi di quelle dell'onda fondamentale: il dato delle ampiezze e delle fasi di queste onde è sufficiente a caratterizzare l'onda di partenza. Georg Simon Ohm constatò poi che l'orecchio era insensibile alle fasi delle armoniche, anche se la loro alterazione sconvolge la forma d'onda.

Dunque il timbro di un suono periodico dipende solo dallo spettro di Fourier, vale a dire dal dosaggio d'ampiezza delle armoniche successive. Per la verità, i musicisti non avevano atteso Fourier per rendersene conto in-

---

Figura 1.

Le forme d'onda 1-4 appaiono molto differenti, ma hanno lo stesso timbro. Esse corrispondono a suoni di sintesi aventi lo stesso spettro; comportano dieci armoniche con lo stesso dosaggio d'ampiezza (un'ampiezza inversamente proporzionale al grado dell'armonica), ma relazioni di fase differenti.

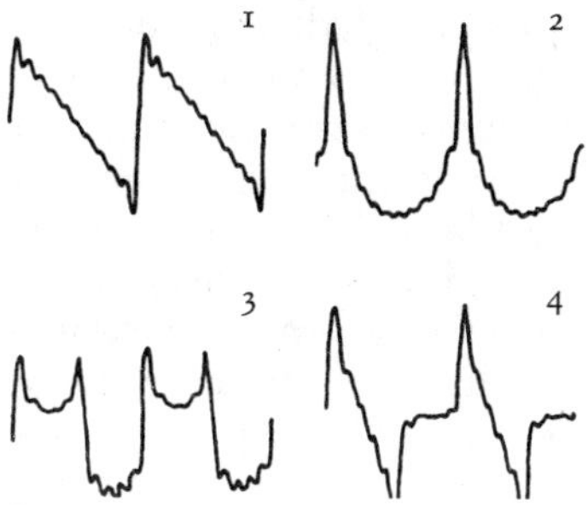

tuitivamente. Fin dal XVI secolo, gli organari costruivano dei registri detti di mutazione, con i quali un tasto della tastiera apre piú canne accordate alle armoniche di una stessa frequenza fondamentale (per esempio le terze, nel registro detto appunto *terza*, o le quinte, nei registri detti *nasard* o *larigot*): questi registri producono cosí diversi timbri secondo un processo che oggi chiamiamo "sintesi additiva"; adeguate sovrapposizioni di armoniche possono in tal modo evocare alcuni timbri strumentali, come nel registro di cornetto.

Se si costruisce una gamma, lo spettro può essere trasposto verso gli acuti, ma il timbro tende a restare piú stabile se, nel corso di questa trasposizione, si preserverà non lo spettro stesso – le proporzioni delle ampiezze delle componenti armoniche – ma il profilo spettrale, in modo tale da mantenere fisse le posizioni dei massimi degli spettri. Ciò è comprensibile nella misura in cui un oggetto stabile possiede frequenze di risonanza ben definite: cosí la cassa di un violino o di un violoncello tenderà a rinforzare le componenti armoniche in una specifica regione di frequenza.

Nel caso della parola, l'articolazione – che consente di emettere a volontà una "a" o una "o" – modifica la forma del condotto vocale, e dunque le posizioni delle risonanze dello spettro. La posizione di queste risonanze, che si chiamano "formanti", caratterizza le differenti vocali. Cosí lo "schwa" ("e" rovesciata), una specie di "œ" corrispondente a una posizione neutra del condotto vocale, dà luogo a delle formanti situate a 500 Hz, 1500 Hz, 2500 Hz; la "i" comporta invece una prima formante piú grave e una seconda piú acuta. Accordando con estrema precisione le risonanze sopra un'armonica della vibrazione delle corde vocali, i cantori tibetani o mongoli danno l'impressione di due voci simultanee; si parla in tal caso di canto difonico.

Per un certo numero di strumenti, l'interprete può, controllando il tocco o l'emissione, influenzare lo spettro prodotto e dunque il timbro. Un violinista produrrà una sonorità piú dolce se suona in alto lungo il manico, e una sonorità piú acuta e pungente se suona vicino al ponticello. Nel caso della voce cantata, taluni dettagli spettrali hanno un effetto significativo sul timbro, in modo particolare la proporzione della fondamentale (o prima armonica) in rapporto al resto dello spettro.

Il timbro di un suono viene giudicato chiaro o scuro a seconda che il centro di gravità spettrale sia acuto o grave; la posizione di questo centro di gravità determina un attributo che viene indicato col termine brillantezza. La *presenza* del suono aumenta con l'intensità delle componenti spettrali situate nelle vicinanze dei 2000 Hz. Vi è qui un'analogia con il colore: sappiamo che il colore percepito dipende dalla composizione spettrale della luce. «Il suono è luce sotto un'altra forma... Nella musica, gli strumenti hanno la funzione dei colori utilizzati dal pittore», scrive Honoré de Balzac nel 1839 in *Gambara*, una novella nella quale menziona il *Panharmonicon*, automa musicale costruito da Maelzel, «uno strumento dalle cento voci [...]

che è in grado di sostituire un'intera orchestra», e per il quale Beethoven scrisse *La vittoria di Wellington*. Un lavoro di Wayne Slawson [1985] approfondisce gli aspetti del timbro apparentati con il colore. A parte le sensazioni visive, si descrivono taluni timbri anche per mezzo di aggettivi che qualificano determinate sensazioni gustative o tattili: acre, nasale, caldo, vibrante...

3. *Il timbro dei suoni evolutivi.*

Nella concezione classica, ancora esposta in numerosi trattati, il timbro viene determinato sulla base della sola composizione spettrale del suono, ossia la distribuzione delle sue componenti significative di frequenza. Questa concezione è valida per suoni molto stabili, sostenuti; suoni "periodici". In effetti, soltanto un suono di durata illimitata può essere considerato, a rigor di termini, un suono periodico; in ogni caso è vero che la maggior parte dei suoni di altezza determinata, quelli piú utilizzati nella musica occidentale, sono quasi periodici: le forme d'onda di periodi successivi si assomigliano molto. Tuttavia, se si esaminano attentamente le onde di suoni musicali impressi su rulli o su dischi, si può osservare che lo spettro si modifica spesso nel corso del suono, ma allora è necessario dimostrare l'importanza uditiva di queste variazioni, per cosí tanto tempo trascurate.

Una concezione puramente spettrale del timbro si scontra con alcune difficoltà. Cosí uno strumento, un violino o un clarinetto, viene immediatamente identificato come tale, quale che sia il registro o la dinamica dell'esecuzione, mentre gli spettri variano con l'altezza e con l'intensità. Si potrà continuare a riconoscere uno strumento anche se la sua registrazione viene diffusa da un altoparlante a membrana o da un apparecchio a transistor, che provocano entrambi una distorsione degli spettri. Fino a poco tempo fa le tecniche d'analisi e soprattutto di sintesi permettevano di trattare soltanto suoni a evoluzione assai lenta, dandoci cosí informazioni assai scarse sugli aspetti temporali del timbro. Tuttavia, quando s'inverte il senso di scorrimento di un suono registrato su nastro magnetico, ci si accorge che determinati timbri, come quello del pianoforte, diventano irriconoscibili, sebbene questa inversione temporale non modifichi gli spettri. I transitori – periodi di attacco e di estinzione del suono – giocano spesso un ruolo importante nel riconoscimento dello strumento: la soppressione dell'attacco di determinati suoni strumentali registrati su nastro magnetico rende praticamente impossibile la loro identificazione. Pierre Schaeffer, inventore della musica concreta nel 1948, ha utilizzato le tecniche di laboratorio per delle ricerche sul suono musicale, poi pubblicate nel suo *Traité des objets musicaux* del 1966: secondo la sua terminologia, il timbro non ha a che fare soltanto con la *materia* del suono, ma anche con la sua *forma*, per il modo con cui si evolve nel tempo. Se questa evoluzione è sufficientemente radicale può svolgere un ruolo decisivo nel riconoscimento del timbro. Se s'impone a un suono periodico a spettro fisso il profilo temporale caratteristico di uno strumento a percussione – attacco breve, decremento lento e risonante che si avvicina all'andamento di una curva esponenziale – il suono evocherà il pianoforte, il clavicembalo o la chitarra, anche se lo spettro originario corrisponde a quello di uno strumento a fiato. E in certi casi la variazione dello spettro nel corso del tempo può influenzare il timbro, come preciseremo.

Una rappresentazione pertinente del suono dovrebbe dunque permettere di seguire l'evoluzione dello spettro nel tempo. Si utilizzano molto le rappresentazioni "tempo-frequenza", nelle quali il tempo compare in ascissa e la frequenza in ordinata, un po' come accade in una partitura musica-

Figura 2.

Sonogrammi di suoni musicali sintetizzati tramite calcolatore. Le frequenze vi appaiono in funzione del tempo, a somiglianza delle partiture musicali, ma vi si vede per ogni nota il corteo delle sue armoniche o dei suoi parziali di risonanza. Simili rappresentazioni, per quanto imperfette, sono quelle che suggeriscono meglio l'effetto uditivo. Vi si può vedere la varietà di morfologie permessa dalla sintesi.

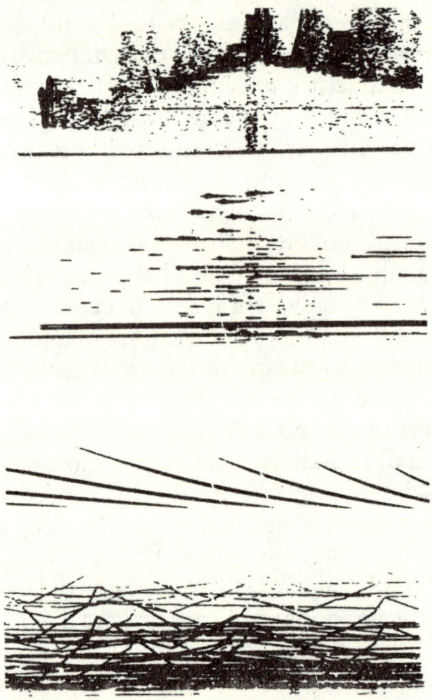

le. L'intensità delle componenti spettrali varia sulla base di una terza dimensione verticale: è possibile raffigurarla schematicamente in un diagramma piano con l'annerimento piú o meno intenso delle componenti, o con una rappresentazione a curve di livello o a colori, simili alle rappresentazioni dei rilievi sulle carte geografiche.

Émile Leipp [1971] ha molto insistito sulla pertinenza delle «immagini di suono» costituite dai sonogrammi; e Robert Cogan [1984] ha pubblicato un lavoro che fornisce immagini tempo-frequenza di diverse composizioni, da Beethoven alla musica digitale di sintesi. Comunque è lecito interrogarsi sulla pertinenza uditiva delle differenze che si colgono in simili rappresentazioni: con quale(i) aspetto(i) classificabile(i) ha a che fare l'identità di uno strumento? L'ascolto è l'unico giudice. Il metodo per accertarsene è quello della "analisi tramite sintesi": se si riesce a sintetizzare un suono che evoca lo strumento, si comprende di aver catturato fra i parametri di sintesi i suoi fattori caratteristici. Si potrà in seguito valutare quale sia l'importanza dei diversi parametri per l'orecchio modificando la sintesi e poi studiando gli effetti delle modifiche operate sulla individuazione dell'origine del suono.

È soltanto dal 1960 circa che, grazie al calcolatore, si sono potuti sintetizzare suoni complessi in modo perfettamente controllato, per riuscire a isolare i determinanti fisici del timbro e poter cosí comprendere da cosa dipendeva l'identità di questo o quell'altro suono. Fino all'irruzione dell'elettricità nel campo sonoro, la genesi del suono era indiretta; essa passava attraverso l'eccitazione di un corpo vibrante e la struttura relativamente stabile di tale corpo condizionava la stabilità del timbro, vale a dire il certificato di nascita del suono. Non si poteva produrre direttamente un suono sulla base di una forma d'onda o di uno spettro dato, ed era difficile modificare gli spettri. Soltanto la sintesi digitale dei suoni permette di costruire direttamente un suono "sulla carta" a partire dalla specificazione dei suoi parametri fisici. Dunque la sintesi obbliga a interrogarsi sui determinanti fisici del timbro musicale; essa permette di verificare la pertinenza uditiva delle particolarità ricavate dall'analisi e di determinare quali siano le caratteristiche sulle quali l'orecchio si basa realmente per identificare il timbro.

È in gioco qualcosa che va oltre la comprensione scientifica: si tratta anche di creare nuovi timbri onde rinnovare il vocabolario sonoro disponibile per la musica. Al di là dell'universo strumentale, ricco ma anche carico di connotazioni, numerosi musicisti sono interessati alla conquista di nuovi territori di timbri artificiali. Lo scopo finale non è dunque tanto quello della produzione di un surrogato di sintesi; ma è certo che il passaggio attraverso l'imitazione degli strumenti per via di sintesi è stato decisivo al fine di comprendere i fattori che determinano l'identità e la vita interna di certi suoni.

Per esempio l'impronta peculiare dei suoni "squillanti" (tromba, trombone, corno) non è quella di uno spettro di Fourier caratteristico, ma una relazione fra spettro e intensità: quando l'intensità aumenta, lo spettro s'arricchisce di frequenze acute, anche nella fase dell'attacco. Per quanto l'orecchio non sia in grado di analizzare un attacco, che dura soltanto un trentesimo di secondo, per poter constatare che in esso le armoniche acute sorgono dopo le armoniche gravi, esso riconosce questo tipo di transitorio non sincrono come una forma caratteristica. Dunque non si può imitare un suono squillante con un suono a spettro costante, nemmeno imponendogli un profilo d'ampiezza globale che riproduca fedelmente le durate dei transitori d'attacco e di estinzione. L'impronta dei suoni prodotti da strumenti a corde soffregate (violino, viola, violoncello) ha anch'essa a che fare con una relazione, in questo caso tra frequenza fondamentale e spettro; tale relazione è dovuta alla risposta fisica della cassa dello strumento, con le sue molteplici risonanze. È cosí che si spiega segnatamente il carattere particolarissimo del *vibrato* dei violinisti: la modulazione quasi periodica di frequenza s'accompagna a una modulazione dello spettro sincrona e assai complessa. È impossibile imitare un *vibrato* di questo tipo con una modulazione di frequenza di uno spettro fisso.

Per i suoni degli strumenti a fiato o a corde soffregate, il sostegno del suono costringe le vibrazioni a essere quasi periodiche e i loro spettri sono formati di componenti armoniche le cui frequenze stanno fra loro come i numeri interi consecutivi. Non è la stessa cosa per gli strumenti a percussione: il loro spettro non è armonico. La componente inarmonica di questo spettro influenza il timbro; perciò i suoni del pianoforte sono quasi armonici, le prime componenti di un suono di campana si avvicinano alle frequenze di una serie armonica, a differenza dei suoni del gong, dei piatti o del tamburo. Le caratteristiche di estinzione – forma, rapidità, variazione dello spettro nel corso della fase di estinzione – influenzano anch'esse in modo notevole il timbro.

Un suono sintetico periodico, il cui spettro è la copia di quello di una vocale, non assomiglia a una voce, tuttavia è in grado di suggerire la voce cantata in modo sorprendente, se si introdurrà un appropriato *vibrato*, sempre che questo *vibrato* non sia troppo meccanico. Dunque la presenza di taluni aspetti caratteristici può essere decisiva per indurre l'identificazione di un timbro, anche se l'imitazione del suono iniziale è approssimativa. Lente variazioni d'ampiezza, che risultino da risonanze di frequenze contigue, comunicano al suono una sorta di calore; per contro, rapide fluttuazioni d'ampiezza possono dar luogo a una "ruvidezza" del suono che assomiglia agli effetti di una dissonanza.

Le caratteristiche fisiche di uno strumento variano dal grave all'acuto della sua tessitura; eppure si parla di timbro del pianoforte, del violino o del clarinetto. Pierre Schaeffer attribuiva la costanza del timbro del pianoforte a una legge di variazione in senso inverso della ripidezza dell'attacco e della larghezza dello spettro (con la prima che aumenta e la seconda che diminuisce andando verso l'acuto). È lecito supporre che la familiarità con uno strumento come il clarinetto ci insegni ad assimilare la qualità del suo registro grave – detto *chalumeau* – e del suo registro acuto – il *clairon* – per quanto i suoni gravi e acuti abbiano una struttura fisica molto differente.

Il timbro è influenzato dal modo con cui il suono evolve nel corso del tempo. In funzione di tale evoluzione, è possibile classificare gli strumenti in due grandi famiglie: gli strumenti sui quali l'esecutore deve reggere il suono in modo continuo – è il caso della voce umana, degli strumenti a fiato e a corde soffregate – e gli strumenti sui quali l'esecutore controlla i suoni soltanto all'inizio, mentre sarà il funzionamento fisico dello strumento a determinarne lo sviluppo ulteriore – è il caso degli strumenti a percussione, ma anche del clavicembalo, del pianoforte, del liuto e della chitarra. Queste due famiglie, associabili ai due archetipi della voce e della percussione, ricompaiono quando ci si pone il problema del controllo sui suoni di sintesi (cfr. *infra* il § 9, *Musiche elettroacustiche e padronanza del timbro*).

Come si è visto, il timbro è legato in maniera complessa ai parametri fisici del suono. E cosí le relazioni di fase tra componenti periodiche non sono captate dall'orecchio, mentre taluni dettagli frequenzali facilitano considerevolmente l'identificazione dello strumento. È anche chiaro che l'identificazione del timbro richiede un apprezzamento dell'andamento generale del suono: per identificare il suono, l'orecchio si fonda su parametri spettro-temporali, ma si avvale anche di determinate specificità. Come si può verificare tramite sintesi, la pertinenza di questo o quel dettaglio della struttura sonora dipende considerevolmente dal contesto. Però non sempre è possibile trovare un unico tratto fisico che riconduca all'identità di un timbro.

In mancanza di un filo d'Arianna suscettibile di spiegare le apparenti bizzarrie della percezione del timbro, la descrizione delle sue determinanti fisiche appare altrettanto enigmatica e arbitraria di un bestiario cinese alla Borges. Comunque è possibile decifrare questo enigma prendendo in considerazione l'ascolto nella prospettiva "funzionalista" o "ecologica" raccomandata a partire dal 1966 dallo psicologo J. J. Gibson, e rivisitata in seguito alla luce degli apporti della psicologia cognitiva e della sintesi dei suoni tramite calcolatore [cfr. Bregman 1990; Chowning 1991; McAdams 1982; Risset 1988]. Stando a tale punto di vista, i sensi – e l'ascolto in modo particolare – si sarebbero evoluti per trarre il massimo profitto dai segnali fisici al fine di estrarne delle informazioni sull'ambiente in grado di contribuire alla sopravvivenza. Orbene, l'orecchio ha sviluppato le sue capacità in un mondo in cui tutti i suoni o quasi erano d'origine meccanica; e cosí, invece di misurare dei parametri fisici come intensità, frequenza o spettro, esso procede a una sorta d'indagine per scovare il modo di produzione fisica che è – o potrebbe essere – all'origine del suono. Perciò l'identità di un timbro risulterà sovente piú marcata e robusta quando questo suono è di origine meccanica o quando la sua struttura permette d'interpretarlo come tale. Si possono benissimo qualificare come percussivi dei suoni prodotti da circuiti elettronici in cui nulla picchia su nulla. L'orecchio è sordo alle relazioni di fase, in quanto queste relazioni sono totalmente perturbate in qualsiasi ambiente appena appena riverberante; per contro esso è estremamente sensibile agli aspetti di frequenza, un parametro fisico questo che generalmente resta molto stabile all'atto della propagazione del suono dalla fonte all'ascoltatore. E l'orecchio è sempre alla caccia di irregolarità, di idiosincrasie del suono che lo aiutino a risalire alla sua origine: raschiare dell'archetto sulla corda, *glissando* del trombone a tiro, "fischio" delle corde di chitarra a lungo compresse. Causa il prevalere della frequenza, sono sovente delle figure frequenzali a portarsi dietro queste impronte della fattura del suono: comportamento erratico della frequenza all'attacco del suono del violino (ciò che suggerisce il raschiare dell'archetto della corda prima che la vibrazione si stabilizzi), scivolamento di frequenza all'attacco del suono del trombone a tiro, componenti sovracute all'attacco del suono della chitarra.

L'orecchio è riluttante a creare nuove categorie di timbro; esso tende a ricollegare lo sconosciuto al conosciuto, a identificare un'"andatura" sonora con un prototipo familiare, a meno che una differenza di morfologia importante non inibisca questa "assimilazione" (vocabolario di Piaget) e costringa l'ascolto ad "adattare" le proprie categorie all'esperienza. Il sassofono era inizialmente considerato come un cattivo clarinetto travestito da fagotto; solo col tempo gli è stato gradualmente riconosciuto un timbro peculiare, dopo che divenne popolare grazie alla sua adozione nell'Ottocento da parte dell'esercito francese, e in seguito come strumento emblematico della musica jazz. Per un altro verso l'indagine che l'orecchio opera inconsciamente sulla genesi meccanica del suono deve rinforzare l'impressione di costanza del timbro lungo tutta la tessitura di uno strumento.

Il timbro di uno strumento è legato alla sua struttura in quanto sistema vibrante; tale struttura è vistosa e stabile nel caso di un dispositivo meccanico, da cui la marcata identità degli strumenti acustici. Al contrario, nel caso del suono elettrico, questa struttura è dissimulata e labile, ciò che modifica il significato del timbro. Non è possibile parlare del timbro di un altoparlante, concepito appunto per (ri)produrre timbri differenti.

Queste osservazioni finiscono coll'attenuare la speranza che si potrebbe nutrire circa suoni "nuovi" o "inauditi", suoni che non sempre vengono percepiti come tali, ma talvolta come delle cattive copie di archetipi acustici; inoltre giustificano taluni orientamenti attuali miranti a produrre suoni digitali sulla base di "modelli fisici" che simulano il funzionamento di dispositivi meccanici vibranti.

4. *Mappe e spazi timbrici*.

Le analisi multidimensionali della percezione del timbro gettano una certa luce su questo complesso attributo. Partendo da un certo numero di suoni dai timbri differenti, il protocollo di sperimentazione consiste nel domandare a degli ascoltatori di valutare quantitativamente la differenza di timbro fra coppie di suoni. Un programma matematico analizza i risultati per ricavare un modello geometrico compatibile con i dati: ogni suono viene rappresentato con un punto di uno spazio a piú dimensioni, e le distanze fra i punti stanno a indicare le differenze percepite fra i suoni corrispondenti. In questo modo si ottiene una rappresentazione dello spazio soggettivo dei timbri: le dimensioni di questo spazio sono le dimensioni principali in base alle quali gli ascoltatori distinguono i timbri. Gli spazi ottenuti dipendono naturalmente dalla scelta dei timbri presi in esame, tuttavia i lavori di Grey [1978] e di Wessel [1979] mostrano come una dimensione grave-acuto, o scuro-chiaro, che si può battezzare "brillantezza" e che è legata al centro di gravità dello spettro, compaia in quasi tutti i casi. Per i suoni isolati degli strumenti dell'orchestra, essi rivelano anche una dimensione che distingue fra loro le famiglie di strumenti e che sembra legata alle caratteristiche temporali dell'attacco. Queste conclusioni vanno a sostenere un'ipotesi secondo la quale l'ascoltatore che cerca d'identificare una fonte sonora tende a separare le sue proprietà temporali, connesse all'eccitazione della fonte stessa, dalle sue proprietà strutturali, che non variano nel tempo.

Le rappresentazioni fornite dall'analisi multidimensionale sono vere e proprie "mappe" dello spazio timbrico; esse possono servire d'ausilio alla navigazione che ha lo scopo di esplorare materiali sonori nuovi come quelli che vengono utilizzati dalla musica concreta, dalla musica elettronica, o certi suoni prodotti per sintesi o per trattamento digitale. Per esempio una traiettoria che congiunge i punti che rappresentano due timbri in corrispondenza alla trasformazione continua fra loro: non una fusione per sovrapposizione come si può realizzare fra due strumenti dell'orchestra, ma una vera e propria metamorfosi, un *morphing*, come viene detto nel campo delle immagini; John Chowning ha realizzato fin dal 1971 dei *morphings* sonori, seguito da Loren Rush, John Grey e David Wessel. L'esame delle mappe timbriche permette cosí talune previsioni sull'organizzazione percettiva di un susseguirsi o di una mescolanza di timbri. In tal modo la rapida alternanza di due timbri darà luogo a una fissione melodica – dove l'orecchio separerà le linee associate a ognuno dei due timbri – se essi differiscono per la dimensione della brillantezza, e non soltanto per le loro caratteristiche temporali.

5. *Al di là dei suoni isolati*.

Gli esempi precedenti implicano non dei suoni isolati, ma delle relazioni fra numerosi suoni, come è solitamente il caso nella musica. Se si è interessati alla percezione di un passaggio musicale, occorre sfumare ulteriormente la nozione di timbro. L'esempio della fissione melodica indotta da differenze di brillantezza mostra bene il fatto che il timbro non si riduce alla qualità del suono o all'identificazione della fonte sonora; taluni aspetti del timbro possono anche fungere da tramite per l'organizzazione percettiva e per il riconoscimento di oggetti musicali. L'orchestrazione non mira soltanto a introdurre colori cangianti, ma anche a sottolineare l'organizzazione del discorso musicale (cfr. *infra* il § 7, *Musiche tonali ed evoluzione del linguaggio armonico*).

Se si cambia l'accordatura di uno strumento come il clavicembalo, le variazioni di diapason non vengono tutte percepite come tali: la tendenza dell'ascoltatore occidentale ad assimilare le altezze udite a quella dei gradi della scala cromatica stabilizza la percezione dell'altezza; l'ascoltatore prova allora la sensazione di un mutamento di qualità, di colore, di timbro. Un fenomeno del genere è di natura linguistica, esso è legato alla categorizzazione del parametro dell'altezza.

Si parla sovente della sonorità di un pianista. Alfred Cortot era famoso per la sua eccezionale sonorità: quando, in occasione dei corsi d'interpretazione, si metteva al pianoforte dopo gli allievi, egli trasfigurava il timbro del pianoforte e dava l'impressione di suonare un altro strumento. Ora, per ogni singola nota il pianista è in grado di controllare soltanto l'intensità e la durata della pressione sul tasto, tuttavia egli può anche dosare le intensità rispettive delle note di un accordo, e anche sfalsarle insensibilmente nel tempo. Gli studi di Bregman [1990] sulla fissione melodica (si parla anche di segregazione) mostrano come l'ascoltatore tenda a raggruppare le note che si succedono in funzione delle loro intensità o della loro articolazione, e a percepire ogni gruppo come proveniente da una stessa fonte. In questo modo il pianista può isolare o far risaltare talune linee melodiche e fraseggiare in modo piú o meno marcato giocando su aspetti dinamici o ritmici, modificare il colore armonico, mettere in rilievo questa o quella voce, favorirne la fusione o la dissociazione. I risultati musicali di differenti interpretazioni pianistiche sono talvolta cosí dissimili che si può essere tentati di descriverli come differenze di timbro. È inutile, per spiegarle, fare appello agli effetti misteriosi di certi tipi di tocco o ad altri fenomeni paranormali.

Lungi dal limitarsi ai soli aspetti spettrali, il timbro è dunque un attributo complesso, che raduna diversi aspetti legati all'identità e alla qualità del suono.

6. *Ruolo musicale del timbro.*

In molte tradizioni musicali non europee non esiste un termine specifico per designare il timbro. La musica viene prodotta su particolari strumenti e secondo modi di suonare che determinano implicitamente i timbri risultanti, ma la nozione di timbro non sembra intervenire in quanto tale. Tuttavia alcune fra queste tradizioni mostrano una preoccupazione del tutto particolare per la qualità sonora. Molti degli strumenti africani presentano dispositivi che arricchiscono il timbro, spesso confondendo l'altezza: cosí dei sonagli agitati ritmicamente contribuiscono a segnare il ritmo. La pratica musicale conduce sovente a sonorità inconsuete: è il caso delle elaborate inflessioni melodiche di talune musiche cinesi o vietnamite. Certi artifici di liuteria creano delle non-linearità che danno luogo a un timbro molto particolare, come la corda di seta del "tambura" utilizzato per fornire un "bordone" nella musica indiana. Nelle orchestre di metallofoni balinesi, due gong gravi – maschio e femmina – sono accordati su frequenze molto vicine, in modo da produrre un battimento che conferisce al suono vita e calore. La sottigliezza delle tecniche esecutive raggiunge una raffinatezza sonora sovente anche piú spinta che non nelle musiche occidentali. Debussy restò sconvolto dalla scoperta dei *gamelan* indonesiani in occasione dell'Esposizione universale del 1889.

7. *Musiche tonali ed evoluzione del linguaggio armonico.*

Molto schematicamente, si potrebbe dire che l'evoluzione della musica occidentale classica abbia indotto i compositori a instaurare relazioni via via sempre piú complesse fra i suoni, a relativo detrimento dell'attenzione dedicata ai suoni in quanto tali.

Cosí la comparsa della polifonia a partire dal XIII secolo ha comportato la semplificazione dei ricchissimi melismi esistenti nelle musiche monodiche. La musica occidentale ha optato a favore di strumenti che producono suoni depurati, dall'altezza ben determinata. L'adozione del "temperamento equabile", vale a dire della suddivisione dell'ottava in dodici intervalli uguali, ha considerevolmente accresciuto le possibilità di modulazione – passaggio da un tono a un altro – ma a detrimento della "verità acustica" degli intervalli. Se non s'impiega il temperamento equabile, la trasposizione in certe tonalità potrà dar luogo a effetti molto curiosi, dal momento che gli intervalli non sono piú conformi a quelli della tonalità di riferimento: le qualità melodiche o armoniche particolari che ne risultano sono interpretate come degli effetti timbrici. È per questo motivo che i clavicembalisti barocchi sono molto attenti all'accordatura del loro strumento.

Dal XVI al XIX secolo il linguaggio tonale si è sviluppato in maniera logica e complessa nella dimensione armonica. Il timbro, il piú delle volte, compare solo come una componente accessoria, «d'ordine secondario» [Boulez 1964, trad. it. p. 32]. Nella notazione musicale tradizionale, la notazione del timbro si riduce all'indicazione dello strumento e del modo di suonare. Nel XVII e nel XVIII secolo molti lavori sono stati scritti "per ogni sorta di strumenti" senza precisare la strumentazione, lasciata all'arbitrio degli interpreti, come nel caso de l'*Arte della fuga* di Bach, in un'epoca in cui numerosi capolavori della pittura erano largamente diffusi sotto forma di incisioni in bianco e nero. Le trascrizioni erano molto comuni. Il timbro ricopre spesso un ruolo aneddotico, che è legato alle connotazioni di taluni strumenti o alla loro capacità descrittiva: «il suono del corno in fondo al bosco» nell'ouverture dell'*Oberon* di Weber, il corno inglese nel *Tristano e Isotta* di Wagner, lo xilofono che evoca il cozzare delle ossa nella *Danza macabra* di Saint-Saëns. Il fagotto, nel trattato d'orchestrazione di Rimskij-Korsakov, viene descritto in questi termini: «senile e subdolo in tono maggiore, sofferente e triste in minore».

Tuttavia il timbro finisce non soltanto per colorire la musica o introdurre connotazioni pittoresche, esso riuscirà anche a sottolineare l'organizzazione del discorso musicale contribuendo alla separazione delle linee. L'attenzione ai dettagli dell'orchestrazione può peraltro indurre un ascoltatore sia a distinguere fra loro i differenti strumenti, sia, al contrario, a fonderli insieme, il che farà sembrare la loro combinazione una sorta di timbro specifico; Brahms opera tali accostamenti nelle sue sinfonie. Varèse ha espresso con chiarezza questa duplice funzione del timbro strumentale:

> Per quel che riguarda il timbro, il mio atteggiamento è l'esatto contrario di quello sinfonico. L'orchestra sinfonica cerca il maggior amalgama possibile tra i colori; io mi sforzo di chiarire all'ascoltatore per quanto è possibile la distinzione tra i colori e tra le densità. Utilizzo il colore per distinguere i piani, i volumi e le zone di suono, non come mezzo per produrre una serie di episodi in contrasto caleidoscopico [...]. Quindi, quel che chiamiamo orchestrazione deve [...] ridiventare una parte integrante della sostanza musicale. Ne consegue che, quanto a orchestrazione, Rimskij-Korsakov era scadente, ottimo invece Brahms [1983, trad. it. pp. 110 e 96].

L'evoluzione dell'armonia verso una sottigliezza e una complessità sempre maggiori ha sí arricchito le potenzialità espressive del linguaggio tonale, ma, nello stesso tempo, ne ha anche minato gradualmente la forza strutturante. In Mozart le gravitazioni armoniche, i punti di riferimento tonali erano chiari, ma l'audace impiego delle modulazioni a toni lontani e l'irruzione crescente del cromatismo – soprattutto in Chopin e Liszt – hanno provocato una graduale erosione del linguaggio tonale. In Wagner, le risoluzioni vengono spesso evitate o ritardate, il movimento armonico risulta ambiguo e sfuggente, le tonalità sono instabili come i sentimenti o le situazioni drammatiche. Da questo momento il linguaggio tonale entra in crisi.

8. *Innovazioni musicali nel* XX *secolo: grammatica e vocabolario sonoro.*

Diversi compositori hanno reagito a questa situazione spostando la loro attenzione sul linguaggio musicale e piú particolarmente sulla sua grammatica, senza modificare in modo significativo il vocabolario sonoro. È il caso di Stravinskij e Hindemith, che hanno tentato di operare una "restaurazione" del linguaggio tonale. Bartók ha voluto rivitalizzare la corrente modale, rimasta vitale nei folklori, cosí come Messiaen, che l'ha estesa alla dimensione ritmica.

Invece di cercare di resistere al cambiamento, taluni compositori hanno tentato di spingere alle estreme conseguenze l'evoluzione del linguaggio tonale. Schönberg ha sospeso la tonalità ed "emancipato la dissonanza", eludendo del tutto le risoluzioni di quegli accordi dissonanti che si facevano tanto attendere in Wagner; poi ha definito le basi di un sistema di composizione nuovo, detto "dodecafonico" o "seriale". In questo sistema, il discorso musicale è organizzato non attorno a poli o pilastri tonali, ma a partire da una serie, da una permutazione dei dodici suoni della gamma cromatica, che si può considerare come una successione d'intervalli. Dopo la seconda guerra mondiale, il modo d'organizzazione seriale è stato esteso alle "durate" (all'aspetto ritmico, alla condotta nel tempo) e ad altri parametri del suono come l'intensità oppure il timbro, da Babbitt, Stockhausen e soprattutto Boulez. Ne è derivato un nuovo stile che privilegia la discontinuità e instaura una grammatica spesso poco percettibile all'ascoltatore.

Xenakis, traendo tutte le conseguenze dalla difficoltà di percepire le relazioni basate sulle regole seriali, ha proposto nel 1954 un metodo di composizione "stocastico", un metodo che controlla statisticamente gli effetti di massa piuttosto che le note o i parametri individuali. Xenakis, Cage, Ligeti, Mâche hanno trasposto nel campo della scrittura musicale modelli formali provenienti da altri ambiti, ciò che finisce per portare in Cage a una disorganizzazione metodica del discorso.

Anche i compositori seriali hanno tentato di ammorbidire le regole – per cosí dire – totalitarie che reggevano la composizione, e si sono posti il problema della forma; attorno al 1960 si assiste a un moltiplicarsi delle "opere aperte", con schemi varianti e mobili (in analogia con i *mobiles* di Alexander Calder), suscettibili di realizzazioni o interpretazioni differenti. La specificazione compositiva, talvolta, si è persino ridotta a una specificazione grafica o testuale, realizzabile sotto svariate forme, con differenti materiali.

Le ricerche appena descritte mirano a rinnovare le regole d'assemblaggio dei suoni musicali: esse si dedicano piú alla grammatica che non al vocabolario. Ma è anche possibile scorgere nella musica del XX secolo una tendenza complementare, quella di spostare l'attenzione sul suono in quanto tale, e di cercare di rinnovare il materiale musicale prima di prendere in considerazione nuove tecniche redazionali.

In effetti, anche nel periodo classico i musicisti occidentali non hanno mai smesso di preoccuparsi della qualità sonora: in alcuni di loro, tale preoccupazione era assillante. Berlioz, grande orchestratore, ha dedicato molte energie a sviluppare e migliorare lo strumentario a sua disposizione; il suo *Traité d'orchestration*, apparso nel 1843, resta un documento prezioso. In gioco non c'era soltanto l'aspetto – per cosí dire – cosmetico della realizzazione musicale; in Berlioz tutte le componenti del suono concorrono all'espressione: come abbiamo già osservato le sue armonie ridotte per pianoforte appaiono piatte, senza rilievo. Nel XX secolo il timbro assumerà un'importanza sempre maggiore. In Debussy, i timbri, le sonorità e i registri giocano un ruolo essenziale nell'organizzazione musicale. Anche se la sua musica sembra ricomprendersi nella tradizione occidentale; anche se, con i suoi accordi consonanti paralleli, appare non aggressiva, rassicurante, Debussy era in effetti un rivoluzionario tranquillo che fondava la sua musica su princìpî architettonici differenti da quelli della musica tonale classica, e che prestava attenzione piú alla sonorità degli accordi che non alla loro funzione armonica (Messiaen sistematizzerà piú tardi questi "accordi-timbro"). In Debussy c'è già la composizione del suono in quanto tale. Per lui, la forma musicale non viene definita in base a uno stampo prestabilito, bensí tramite il risultato dell'esecuzione.

Sotto questo punto di vista, Varèse è sulla stessa linea di Debussy, entrambi sono nemici dei "sistemi" e si rifiutano di ridurre la forma a uno schema formale. Al contrario, in Varèse l'impiego dei timbri e dei registri è provocatorio; esso sottolinea la tensione fra i suoni («L'infrazione è il motore della creazione»). Varèse voleva estendere e rinnovare il materiale sonoro, aspirando a nuove fonti di suoni che gli avrebbero cosí permesso di sfuggire ai vincoli strumentali, e in particolare di allontanarsi dalle altezze della gamma cromatica, «stupida lama per affettare l'ottava», al fine di esplorare il *continuum* delle frequenze. Varèse voleva poter lavorare direttamente a plasmare i suoni in funzione delle sue esigenze compositive. Già nel 1917 scriveva:

> Il nostro alfabeto è povero e privo di logica. La musica che deve vivere e vibrare ha bisogno di nuovi mezzi di espressione, e solo la scienza può infonderle una linfa di giovinezza. [...] Io sogno degli strumenti docili al pensiero – che con il contributo di una fioritura di timbri insospettati si prestino alle combinazioni che mi piacerà imporre loro e che si pieghino alle esigenze del mio ritmo interiore [1983, trad. it. pp. 37-38].

La sua opera *Ionisation*, scritta per strumenti a percussione, la maggior parte dei quali sono ad altezza indeterminata, volta le spalle all'egemonia tradizionale del parametro dell'altezza e procede direttamente all'articolazione temporale del timbro.

Piú che allineare note, Varèse cercava di comporre il suono in quanto tale. Egli vedeva la forma come risultante di una manipolazione del materiale; amava ricordare che i nuovi materiali danno sempre luogo a nuovi tipi di architettura. Egli appare dunque come il precursore di un'ampia corrente musicale che attribuisce al timbro uno spazio preponderante, e che comprende soprattutto le musiche elettroacustiche – musica concreta, musica elettronica, musica numerica – ma anche certe musiche strumentali influenzate dalle musiche elettroacustiche che sanno impiegare in modo nuovo gli strumenti per sfruttare le risorse del timbro e intrecciare nuove tessiture sonore.

Nel 1909 Arnold Schönberg, nel suo brano per orchestra op. 16 intitolato *Farben* («colori»), sostituisce il gioco melodico con un gioco timbrico: ascoltiamo lo stesso accordo ripetuto da strumenti differenti. Nel suo *Manuale di armonia* del 1911, Schönberg scrive:

> Non sono portato ad ammettere senz'altro la differenza di timbro (*Klangfarbe*) e altezza del suono di cui normalmente si parla, ma penso che il suono si manifesta per mezzo del timbro e che l'altezza è una dimensione del timbro stesso [trad. it. p. 528].

Avanti alla prima guerra mondiale, taluni artisti italiani della scuola futurista – soprattutto Luigi Russolo – organizzano dei *concerti di rumori*. In questo tentativo possiamo vedere l'irruzione nella musica dell'elemento sonoro ricacciato fuori della musica, e l'idea di estendere senza limiti il vocabolario musicale. Varèse ha rimproverato ai "rumoristi" di riprodurre servilmente gli aspetti superficiali e seccanti della vita quotidiana.

A partire dal 1938, Cage compone delle opere per "pianoforte preparato": egli inserisce tra le corde vari oggetti, come gomme o graffette, che modificano il suono dello strumento e fanno scaturire nuove sonorità. Queste opere sono di natura "aerea": permettono l'espandersi della complessità timbrica di un universo non armonico, anche se riducibile ai simboli della notazione. In tutta la sua opera Cage si dedica al suono musicale, per lui ogni suono è già musica, è bene farlo ascoltare come tale e guardarsi dall'inserirlo in un reticolo di relazioni troppo vincolanti. Le relazioni fra i suoni devono essere allentate, ai suoni deve essere garantito uno spazio di libertà al fine di lasciarli essere se stessi e poter concedere al silenzio lo spazio necessario.

Il XX secolo ha visto anche l'apparizione delle musiche che utilizzano uno strumentario modificato, come i pianoforti di Carrillo, accordati sulla base di scale microtonali, o costruiti appositamente, come gli splendidi strumenti di Harry Partch; inizialmente, questi strumenti dalle sonorità particolari sono stati concepiti per permettere intonazioni differenti piuttosto che nuovi timbri. Ma la necessità di disporre di strumenti che esistono solo in un piccolo numero di esemplari rende problematica la diffusione di queste musiche. Sono poi nati anche altri strumenti acustici molto interessanti, come le strutture sonore dei fratelli Baschet, che comunque restano poco diffusi.

9. *Musiche elettroacustiche e padronanza del timbro.*

Il ricorso all'elettroacustica introduce possibilità radicalmente nuove per produrre il suono e controllare il timbro. Il timbro del "suono elettrico" non è piú soltanto l'impronta lasciata da un sistema vibrante, esso diventa duttile, malleabile, immateriale. Tuttavia le scoperte di fine Ottocento sulla riproduzione del suono e la telefonia daranno solo molto piú tardi risultati utili per la produzione di nuovi suoni. Attorno al 1900, Cahill aveva costruito una vera e propria "centrale elettrica di suoni" in grado di diffondere delle musiche sulla rete telefonica, sulla base di un principio che verrà ripreso piú tardi nell'organo Hammond. Fra il 1915 e il 1927, Lee de Forest, Theremin e Martenot costruiscono strumenti elettronici dalle sonorità "celesti": si tratta di strumenti monodici dei quali è possibile controllare la frequenza in modo continuo. Clara Rockmore, virtuosa del Theremin, esegue soprattutto trascrizioni di opere scritte per la voce o gli strumenti ad arco, ma nella sua opera *Ecuatorial* (1931), per basso, strumenti acustici ed elettronici, Varèse lascia l'ultima parola a suoni sovracuti prodotti dal Theremin. E le onde Martenot vengono utilizzate in numerose partiture: da quelle di Varèse, Milhaud, Hindemith, Honegger a quelle di Messiaen, Jolivet e Murail.

Verso il 1930, le tecniche del cinema sonoro vengono dirottate alla produzione diretta di suoni musicali. Nel 1939, Cage realizza *Imaginary Landscape 1*, primo lavoro musicale esistente soltanto sotto forma di registrazione.

Nel 1948, presso lo studio sperimentale della radio di Parigi, Pierre Schaeffer inventa la *musica concreta*, sfruttando gli artifici sonori dei rumoristi a vantaggio di una nuova arte dei suoni, nata dalle nozze fra la radio e la musica, secondo l'espressione di François Bayle. Gli "oggetti sonori" usciti dalle registrazioni vengono direttamente "montati" per dare forma all'opera musicale, senza ricorrere a una partitura simbolica. Dopo il "concerto per rumori" del 1948, Pierre Henry si associa a Schaeffer. La valutazione in sede di ascolto riveste un ruolo decisivo nella composizione della musica concreta, e Schaeffer molto presto darà vita a nuove ricerche sulla percezione uditiva, consigliando di esplorare il solfeggio degli oggetti sonori prima di avventurarsi nella composizione [Schaeffer 1966].

Verso il 1950, negli studi della radio di Colonia fa la sua apparizione la musica elettronica, che ricorre soltanto a suoni prodotti da oscillazioni elettriche. La colorazione estetica è meno teatrale, meno empirica e piú formalista di quella della musica concreta; la finalità è quella della realizzazione materiale esatta di composizioni seriali e specialmente di ritmi calcolati con grande precisione, ma troppo difficili perché gli esecutori possano giungere a renderli in modo rigoroso.

Le due scuole nutriranno a lungo l'una per l'altra una vera e propria avversione estetica, ma resteranno legate solo per pochi anni all'esclusività del materiale "concreto" o "elettronico"; dalla metà degli anni Cinquanta, *Le voile d'Orphée* di Pierre Henry e *Gesang der Jünglinge* di Karlheinz Stockhausen impiegheranno nel contempo suoni registrati e suoni elettronici, cosa che era già stata fatta fin dal 1950 da Luening e Ussachevsky negli Stati Uniti, coi loro lavori di «music for tape».

Numerose opere sono state prodotte presso il Groupe de Recherche Musicale de Paris, che si è poi sparpagliato in Francia e all'estero, soprattutto in Canada. Fra i musicisti che hanno illustrato e ampliato l'indirizzo concreto bisogna citare Pierre Henry, Luc Ferrari, Tristram Cary, Francis Dhomont, Iannis Xenakis, François Bayle, Bernard Parmegiani, Michel Chion, Michel Redolfi, Philippe Mion, Daniel Teruggi, Denis Smalley, Jon Appleton, Tod Dockstater, Luciano Berio, Barry Schrader, Wlodimierz Kotonski e molti altri. Fra le opere che si richiamano alla corrente elettronica nata a Colonia bisogna citare le composizioni di Karel Goeyvaerts, Gottfried-Michael Koenig, Henri Pousseur, György Ligeti, Jean-Claude Eloy e soprattutto Karlheinz Stockhausen.

A proposito della musica concreta e della musica elettronica, si è anche parlato di musica sperimentale, di composizione integrale o di musica acusmatica. Poiché i lavori erano registrati su nastro magnetico, sono stati definiti musica su nastro; ma oggi si dovrebbe dire, come si usa in Canada, musica su supporto. Il termine piú neutro e piú generale è quello di musica elettroacustica. La musica elettroacustica ha già una sua storia, una sua dinamica, le sue correnti, le sue opere di riferimento. Tuttavia le tecniche analogiche non permettono un controllo del timbro tanto raffinato quanto sarebbe desiderabile. Schematicamente, la musica concreta fa di ogni suono registrato un potenziale materiale musicale; in questo modo essa fornisce un'immensa varietà di suoni naturali complessi, dalle differenti morfologie e con una marcata identità; ma le modalità di trasformazione di questi suoni restano rudimentali in confronto alla loro ricchezza, cosicché si rischia di privilegiare gli effetti sonori e l'estetica del *collage*. Al contrario, la musica elettronica permette di stabilire precise relazioni fra i suoni, tuttavia questi suoni elettronici spesso possono essere arricchiti soltanto attraverso manipolazioni che fanno perdere in buona misura al compositore il controllo dettagliato della struttura. I due indirizzi possono essere combinati insieme, ma rimane il dilemma fra ricchezza del suono e precisione del suo controllo.

Nel 1957, nei *Bell Telephone Laboratories* presso New York, Max Mathews realizza la prima sintesi di suoni tramite calcolatore e la prima registrazione digitale. Si tratta di un procedimento che permette di trattare il segnale sonoro con una precisione, una riproducibilità e una duttilità senza precedenti; è cosí possibile concepire l'elaborazione di un materiale sonoro ricco e complesso, senza limitazioni materiali, che tuttavia garantisca anche un perfetto controllo. Ma occorre ancora acquisire la padronanza di queste nuove possibilità. Il calcolatore è un mezzo potente, ma esigente: è possibile specificare il suono desiderato con tutte le particolarità auspicate, ma bisogna imperativamente precisare tutti i dettagli al programma di sintesi, il quale non fa altro che realizzare un suono "sulla carta"; bisogna allora sapere come si può fare per descrivere il suono desiderato in termini di parametri fisici. Lo sfruttamento delle risorse del suono digitale è dunque inseparabile da una ricerca sul suono musicale e la sua percezione. Con gli esperimenti sulla sintesi dei suoni si sviluppa e si accumula, archiviabile e trasmissibile, tutto un sapere e un saper-fare sul timbro. Se n'è già parlato in precedenza: è il metodo dell'"analisi tramite sintesi" che ha permesso d'isolare i determinanti fisici del timbro di strumenti come il violino o la tromba.

L'imitazione di strumenti acustici tramite sintesi è stata sfruttata per produrre dei surrogati, un po' come quando si fa del finto legno con la plastica. Un sintetizzatore come il DX-7, comparso agli inizi degli anni Ottanta, dava accesso a una certa varietà di timbri, inclusi timbri strumentali le cui chiavi erano state fornite dalle ricerche di Chowning e altri. La norma MIDI è comparsa pressappoco nello stesso momento. Si tratta di uno standard per la codificazione digitale degli eventi musicali, ricalcato sulla base della nozione tradizionale di nota. Gli aspetti relativi all'altezza e alla durata, che costituiscono una sorta di scheletro musicale, vi sono codificati in maniera ben definita, a differenza del timbro, considerato piú come un rivestimento specifico e contingente, e codificato in maniera peculiare («data exclusive») per ogni singolo strumento digitale. I sintetizzatori o campionatori che aderiscono alla norma General MIDI mirano esplicitamente a imitare gli strumenti; è possibile utilizzarli per realizzare modelli d'orchestrazione ridotti che sono in genere molto sommari, tanto piú che la norma MIDI si adatta meglio ai timbri derivanti dall'archetipo percussivo e a quelli controllabili a partire da una tastiera, che non a quelli provenienti dall'archetipo vocale, i quali esigono una condotta continua, come quella del fiato per uno strumento aerofono o dell'archetto per un violino.

Le risorse del suono digitale sono ovviamente servite anche per altre finalità estetiche, e hanno introdotto nuove possibilità musicali. In *Dialogue* (1962) e *Phases* (1964) James Tenney associa composizione e realizzazione sonora mediante calcolatore. In *Little Boy* (1968) e *Mutations* (1969) Jean-Claude Risset introduce una continuità fra armonia e timbro: la fusione tra le componenti di altezze diverse trasforma un accordo in uno spettro, ma uno spettro composto armonicamente e che svolge un ruolo funzionale (cfr. fig. 3). Queste composizioni introducono anche suoni dalle proprietà paradossali, i quali sembrano salire o scendere indefinitamente, o anche ridiscendere la gamma per sfociare in un punto piú alto; questo tipo di effetti si avvantaggia delle specificità dell'ascolto, soprattutto della relazione fra altezza e timbro sottolineata da Schönberg. In *Sabelithe* (1971) e *Turenas* (1972), John Chowning crea movimenti illusori molto elaborati; egli introduce anche delle traiettorie continue nello spazio timbrico, per esempio la metamorfosi graduale in suoni squillanti a partire da suoni inizialmente evocanti ciottoli percossi, e questo senza ricorso ad artifici come la fusione per sovrapposizione. In *Stria*, Chowning compone strati inarmonici in maniera molto precisa nella prospettiva d'indurre sorprendenti sensazioni di consonanze per intervalli diversi dall'ottava, dalla quinta o dalla terza. *Phone* di Chowning e *Songes* di Risset, *Mortuos Plango* di Jonathan Harvey sfruttano la duttilità dei suoni di sintesi.

Attualmente gl'indirizzi concreto, elettronico e informatico tendono tutti a utilizzare tecniche digitali, il che confonde le frontiere tecniche non meno di quelle estetiche. Era naturale immaginare di fondere insieme strumenti e suoni elettroacustici. Le musiche "miste" mettono in scena l'incontro fra due mondi: un mondo strumentale dai timbri ben individuati, dalla forte identità, e un mondo elettroacustico dai timbri piú duttili, in lavori come *Déserts* di Edgar Varèse, *Musica su due dimensioni* di Bruno Maderna, *Kontakte* di Karlheinz Stockhausen, *Différences* di Luciano Berio, *Synchronisms* di Mario Davidovsky, *Philomel* di Milton Babbitt, *La fabbrica illuminata* di Luigi Nono, *Korwar* di François-Bernard Mâche, *Trumpet studies* di Dexter Morrill, *Inharmonique*, *Passages* e *Invisible* di Jean-Claude Risset, *La tempesta* e *Saturne* di Hugues Dufourt, *Aber die Namen* di Gerald Bennett, *Jupiter* e *Pluton* di Philippe Manoury, *Désintégrations* di Tristan Murail, *Traiettoria* di Marco Stroppa, *Explosante-fixe*, *Répons* e *Anthèmes* di Pierre Boulez.

10. *Il timbro nella musica strumentale e vocale d'oggi.*

Agli scettici che assicurano che il timbro non può dar luogo a differenziazioni precise quanto quelle degli altri parametri musicali, che esso non po-

Figura 3.

Incipit di *Mutations* di Jean-Claude Risset. L'arpeggio iniziale forma in seguito un accordo; poi gli fa eco un suono che ricorda un gong la cui composizione spettrale è ricalcata su questo accordo, prolungando l'armonia. Melodia, armonia e timbro provengono cosí da un medesimo motivo; qui il timbro è come l'ombra dell'armonia.

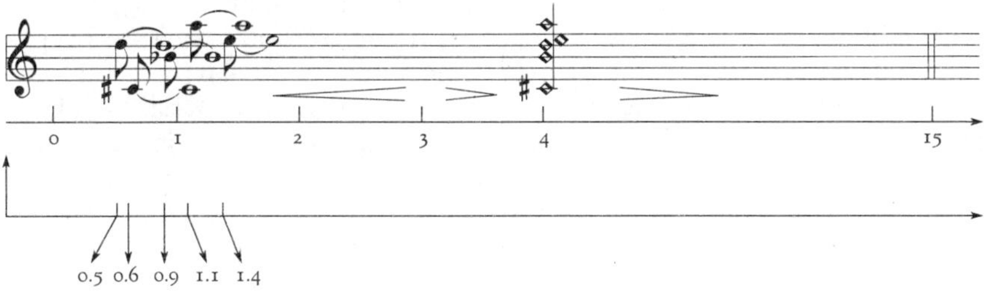

trà mai essere "morfoforico" (portatore di forma), si può obiettare che esistono elaborati sistemi di comunicazione fondati su modulazioni dello spettro, ossia su uno dei principali determinanti del timbro musicale: si tratta dei linguaggi parlati. Dai tempi dei poemi dadaisti, la parola è stata sfruttata come una delle belle arti. Raoul Hausman e Kurt Schwitters, fin dal 1921, poi Tristan Tzara, Henri Chopin, Lars-Gunnar Bodin e molti altri hanno sviluppato la poesia sonora; François Dufrêne, Charles Dodge, Paul Lansky l'hanno associata alle tecniche della musica concreta, elettronica o digitale.

Numerosi musicisti hanno continuato a utilizzare con maestria le risorse della voce e degli strumenti; fra questi, Michael Tippett, Maurice Ohana, Goffredo Petrassi, Henri Dutilleux, Lukas Foss, Luis de Pablo, Alexander Goehr, Emmanuel Nunes, Wolfgang Rihm, Arvo Pärt, Pascal Dusapin.

La musica elettroacustica ha suggerito nuove modalità di scrittura strumentale e vocale. In lavori come *Metastasis* per archi di Iannis Xenakis, *Threnos* (*Tren Ofiarom Hiroszim*) per 52 archi, *Anaklasis* o *Fluorescences* di Krysztof Penderecki, *Atmosphères* per orchestra o *Lux aeterna* per coro di György Ligeti, la polifonia intreccia trame, tessiture sonore; le note sono confuse, sfumate, la musica è costruita per blocchi sonori su scala grandiosa. Ligeti osserva: «Non avrei mai potuto sviluppare questo pensiero senza l'esperienza della musica elettroacustica».

Si troveranno numerosi esempi di elaborazione compositiva del timbro nell'opera di Robert Erickson, *Sound structure in music*. Il gioco delle sonorità è una preoccupazione fondamentale per musicisti come Toru Takemitsu, George Crumb o Francis Miroglio. I musicisti seriali si sono posti il problema dell'integrazione del timbro nei processi formali di scrittura. La magia sonora di certe strumentazioni di Boulez maschera il ruolo funzionale delle scelte strumentali: il timbro articola il discorso. In *Éclat*, i timbri di strumenti che suonano simultaneamente possono, a seconda della durata delle note, essere riconosciuti o al contrario fondersi in un'entità complessa. Helmut Lachenmann chiede agli strumentisti di utilizzare modalità di esecuzione poco usuali (soffiare negli strumenti a fiato senza produrre note, strofinare l'archetto sul ponticello, dietro il manico o sulla cassa di risonanza, ecc.), realizzando in questo modo una musica concreta strumentale, per quanto questo "campo di forze" sia anche un "campo di macerie", tanto l'identità degli strumenti, sia pur deviata, resta presente. In certi lavori nei quali la musica dà spazio al teatro, Mauricio Kagel fa appello a tecniche di esecuzione particolari (in *Sonant*) o a una liuteria sperimentale (in *Acustica*). Compositori come Vinko Globokar, Heinz Holliger, Carlos Alsina sono anche esecutori: essi esplorano le possibilità strumentali piú estreme. Numerosi compositori collaborano con interpreti creativi che esplorano nuovi modi d'esecuzione e introducono nuove risorse timbriche, per esempio vocalisti o vocaliste che praticano il canto armonico accordando con precisione la laringe su una frequenza armonica, o strumentisti a fiato che padroneggiano suoni "multifonici" o tecniche come lo *slap* o il *whistle-tone*.

Taluni musicisti hanno fatto ricorso a determinati modelli esterni per realizzare delle musiche strumentali. Nel 1964 Mâche scrive *La peau du silence* per orchestra, dove la struttura armonica e melodica è ricalcata sull'analisi fisica di una voce parlata. Negli anni Settanta, i musicisti del gruppo L'Itinéraire sviluppano in Francia una musica "spettrale", ispirata ai lavori strumentali di Giacinto Scelsi, che s'immergono nel cuore del suono, e si dedicano anche all'esplorazione della sintesi sonora mediante calcolatore. Hugues Dufourt pratica un approccio globale al timbro che egli si propone di rendere congruente con le sintassi d'altezza; da citare il suo monumentale lavoro *Ehrewon* per insieme di strumenti a percussione. Gérard Grisey e Tristan Murail simulano, con gli strumenti, taluni processi di sintesi informatica, elaborando tessiture che utilizzano frequentemente lo spettro armonico. Numerosi compositori – come La Monte Young, Martin Bresnick, Roger Reynolds, Joji Yuasa, Horatiu Radulescu, Francis Bayer, Costin Miereanu, Kaija Saariaho, Marc-André Dalbavie, Philippe Durville, Philippe Hurel, Magnus Lindberg, Michael Jarrell, Bernfried Pröve, Ivan Fedele, Per Nørgård, Pierre-Albert Castanet, Nicolas Vérin, Nicola Cisternino, Marco Stroppa, Hans Tutschku, George Benjamin – definiscono processi sonori legati all'esplorazione del timbro. Secondo Jonathan Harvey, in certe musiche di oggi il gioco dei colori sonori raggiunge vertici che fanno perno su identità ambigue.

La liuteria elettronica non ha prodotto molti strumenti durevoli. Il Theremin e le onde Martenot, strumenti monodici, introducono timbri riconoscibili, legati, piú che agli spettri prodotti, alle modalità d'esecuzione che permettono continue modulazioni di frequenza. La principale novità è senza dubbio la chitarra elettrica, molto utilizzata nella pop music, nel rock e nel jazz; ma le possibilità di modificazione del suono, e soprattutto la manipolazione elettronica e la distorsione, sono in essa cosí radicali che ci si può chiedere se si tratti ancora di uno strumento nel senso classico, di uno strumento le cui possibilità di variazione s'innestano su di un'identità riconoscibile. L'evoluzione molto rapida della tecnologia e anche la logica commerciale impediscono alla liuteria elettronica di stabilizzarsi: i dispositivi tecnologici vengono superati velocemente, il che impedisce l'approfondimento di una tradizione interpretativa e lo sviluppo di una letteratura musicale specifica per strumenti elettronici originali, ma effimeri. Per contro, quegli strumenti elettronici le cui modalità d'esecuzione sono derivate da strumenti tradizionali sono molto utilizzati: chitarra elettrica, ma anche batterie elettroniche, tastiere digitali di sintetizzatori o campionatori, strumenti a corde o a fiato elettronici.

La musica di autori contemporanei come Louis Andriessen, Gavin Bryars o Jay Kernis intrattiene relazioni con la pop music. Fenomeno sociale attuale, la pop music si permette invenzione e audacia nel campo del timbro, appoggiandosi a una solida base tonale e a una regolare pulsazione ritmica. Per non parlare della musica techno e dei suoi imprestiti, diversi gruppi innovativi, seguendo l'esempio dei Pink Floyd, si avvantaggiano notevolmente delle acquisizioni delle musiche elettroacustiche. Le musiche attuali rivestono spesso una funzione sociale d'identità quasi tribale, quella di "musiche di aggregazione": ogni gruppo cerca di affermare un'identità e di delimitare un territorio individuando il proprio "suono". Donde tutta l'importanza del timbro, composto con cura e sovente con inventiva. In anni non troppo lontani, il ruolo creativo del progettista di suono aveva già avuto il suo riconoscimento: nei titoli di coda del film *Star wars* compariva il nome del "sound designer", l'autore del suono della spada-laser, e questo dopo l'uscita dei lavori di Robert Erickson, *Sound Structure in Music* [1975], e di Robert Cogan ed Escot Pozzi, *Sonic Design* [1976], che presentavano diverse ricerche di musica contemporanea nell'ottica delle preoccupazioni timbriche. Questo assillo di mettere a disposizione di un gruppo un suono molto caratteristico ha portato a ricerche di liuteria elettronica che forniscono timbri estremamente caratterizzati, dando luogo dopo un certo tempo a una sensazione di sazietà, da cui la nozione di "sintetizzatore kleenex" del quale ci si sbarazza quando è raggiunta la saturazione. Questa rapida evoluzione degli strumenti elettronici va in direzione contraria al "granitico desiderio di durare", alla preoccupazione dei compositori "classici" di assicurare la perennità delle loro opere.

11. *Conclusione: il timbro come globalità.*

Per quanto in certe musiche esso appaia accessorio, il ruolo del timbro, impronta della fonte sonora, non si riduce a quello di rivestimento o paludamento di un discorso astratto. Esso aiuta a separare le linee per rendere piú leggibile un discorso polifonico. In Berlioz e Debussy si può parlare di spazio sonoro e non soltanto di una colorazione di schemi armonico-melodici; il timbro assume una funzione, contribuisce all'espressione musicale alla stessa stregua dell'altezza, della durata e dell'intensità. Come ha scritto André Souris [1976], «è il timbro che qualifica il silenzio, che ritma il tempo, che dispiega le prospettive, e infine che valorizza tutte le peripezie del discorso musicale».

Secondo l'espressione di Daniel Charles [1980], il XX secolo è quello del «grande ritorno del timbro»: la musica mette il timbro al centro dei suoi assilli, preoccupandosi del "suono" che l'incarna e non solamente dei tradizionali parametri privilegiati, altezza, durata, intensità. Con le duttili possibilità offerte dal suono numerico, certe dimensioni del timbro acquistano virtú architettoniche, il timbro diventa oggetto di composizione.

Ma lo *status* del timbro è ambiguo. Nella voce parlata, le variazioni di spettro differenziano le vocali e articolano il discorso; tuttavia va considerato il fatto che il timbro cambia costantemente. Ci si riferisce al timbro come a un attributo stabile, che caratterizza un'identità, una permanenza, un andamento generale, mentre sappiamo che la musica è movimento, forma e andatura piuttosto che materia, sostanza, stabilità. Quando una dimensione del timbro articola il discorso, questo parametro sfugge al timbro nella sua accezione classica. Nella misura in cui le sue modulazioni plasmano la musica, il timbro onnipresente «divenuto inseparabile dalla globalità del fenomeno sonoro» [Souris 1976], si dissolve nelle articolazioni musicali. Passando dal ruolo di etichetta, d'identificatore, a quello di soggetto centrale dell'esecuzione musicale, il timbro, che è attributo multidimensionale, si confonde, si disperde e scompare dietro alla musica stessa.

AA.VV.
1980 *Sound Generation in Winds, Strings, Computers*, Royal Swedish Academy of Music, Stockholm.

AA.VV.
1986 «Analyse Musicale», numero speciale sul timbro, 2° trimestre.

AA.VV.
1986 *Nuova Atlantide. Il continente della musica elettronica 1900-1986*, Biennale di Venezia.

AA.VV.
1995 *Les instruments de l'orchestre*, Belin, Paris.

Barrière, J. B.
1991 (a cura di), *Le timbre, métaphore pour la composition*, Bourgois-IRCAM, Paris.

Bayle, F.
1985 *La musique acousmatique ou l'art des sons projetés*, Encyclopaedia Universalis, Paris, pp. 211-18.

Boulez, P.
1964 *Penser la musique aujourd'hui*, Gonthier, Genève (trad. it. *Pensare la musica oggi*, Einaudi, Torino 1979).

Bregman, A. S.
1990 *Auditory Scene Analysis. The Perceptual Organization of Sound*, Mit Press, Cambridge Mass.

Charles, D.
1980 *L'eterno ritorno del timbro*, in A. Vidolin (a cura di), *Musica ed elaboratore*, Laboratorio permanente per l'Informatica musicale della Biennale di Venezia, Venezia, pp. 94-99.

Chion, M.
1982 *La musique électroacoustique*, Presses Universitaires de France, Paris.
1998 *Le son*, Nathan, Paris.

Chowning, J.

1973 *The synthesis of audio spectra by means of frequency modulation*, in «Journal of the Audio Engineering Society», n. 21, pp. 526-34.

1991 *Music from machines: perceptual fusion and auditory perspective*, in AA.VV., *Für György Ligeti: die Referate des Ligeti-Kongresses (Hamburg 1988)*, Laaber, Hamburg.

Cogan, R.

1984 *New Images of Musical Sound*, Harvard University Press, Cambridge Mass.

Cogan, R., e Escot, P.

1976 *Sonic Design: the Nature of Sound and Music*, Prentice Hall, Englewood Cliffs N.J.

Dufourt, H.

1988 *Hauteur et timbre*, in «InHarmoniques», n. 3, pp. 44-70.

1991 *Musique, pouvoir, écriture*, Bourgois, Paris (trad. it. *Musica, potere, scrittura*, Ricordi, Milano 1997).

Electronic Music

1958 «Die Reihe», numero speciale.

Erickson, R.

1975 *Sound Structure in Music*, University of California Press, Berkeley.

Grey, J. M.

1978 *Timbre discrimination in musical patterns*, in «Journal of the Acoustic Society of America», n. 64, pp. 467-72.

Leipp, E.

1971 *Acoustique et musique*, Masson, Paris (4ª ed. riveduta 1984).

Mathews, M. V.

1969 *The Technology of Computer Music*, Mit Press, Cambridge Mass.

McAdams, S.

1982 *Spectral fusion and the creation of auditory images*, in M. Clynes (a cura di), *Music, Mind and Brain; the Neuropsychology of Music*, Plenum Press, New York - London.

McAdams, S., e Bigand, E.

1993 (a cura di), *Thinking in Sound: the Cognitive Psychology of Human Audition*, Oxford University Press, Oxford - New York.

Pierce, J. R.

1983 *The Science of Musical Sound*, Scientific American Books, New York (trad. it. *La scienza del suono*, Zanichelli, Bologna 1988).

Risset, J.-C.

1988 *Perception, environnement, musique*, in «InHarmoniques», n. 3, pp. 10-42.

Risset, J.-C., e Wessel, D. L.

1999 *Exploration of timbre by analysis and synthesis*, in D. Deutsch (a cura di), *The Psychology of Music*, Academic Press, New York - London, pp. 113-69.

Russcol, H.

1972 *The Liberation of Sound*, Prentice Hall, Englewood Cliffs N.J.

Schaeffer, P.

1966 *Traité des objets musicaux* (con esempi sonori), Seuil, Paris.

1967 *La musique concrète*, Presses Universitaires de France, Paris.

Schönberg, A.

1911 *Harmonielehre*, Universal Edition, Leipzig (trad. it. a cura di G. Manzoni, *Manuale di armonia*, Il Saggiatore, Milano 1963).

Slawson, W.

1985 *Sound Color*, University of California Press, Berkeley.

Souris, A.

1976 *Conditions de la musique et autres écrits*, Éditions de l'Université de Bruxelles - Éditions du CNRS, Paris.

Sundberg, J.

1987 *The Science of the Singing Voice*, Northern Illinois University Press, Evanston Ill.

Tamburini, A.

1988 *Il calcolatore e la musica*, Muzzio, Padova.

Varèse, E.

1983 *Écrits*, a cura di L. Hirbour, Bourgois, Paris (trad. it. *Il suono organizzato. Scritti sulla musica*, prefazione di G. Manzoni, introduzione di L. Hirbour, Ricordi-Unicopli, Milano 1985).

Vers une musique expérimentale

1957 «Revue musicale», n. 236, numero speciale.

Wessel, D. L.

1979 *Timbre space as a musical control structure*, in «Computer Music Journal», III, n. 2, pp. 45-52.

NICHOLAS COOK

Forma e sintassi

Che cos'è la forma musicale? Cos'è la sintassi musicale? Domande come queste sono pericolose nella misura in cui inducono ad aspettarsi risposte specifiche: la forma musicale è *questo*, la sintassi musicale è *quest'altro*. Sarebbe ragionevole aspettarsi questo tipo di risposta se realmente esistesse una cosa, un singolo fenomeno, chiamato "musica". Ma nel mondo esiste un numero indefinibile di musiche diverse e, con tutta evidenza, innumerevoli sono anche le diverse musiche esistite nel tempo. Cosí il pericolo di affermare che *questa* è la forma musicale, *quella* è la sintassi musicale consiste nell'innalzare, ciò facendo, un modello di "musica" (la tua musica) a modello di *tutta* la musica, e quindi giudicare la validità, la "musicalità" delle altre musiche a seconda del loro maggiore o minore adeguarsi a questo modello. E c'è ancora un altro problema. Quando si chiede che cos'è la forma musicale, o cos'è la sintassi musicale, la formulazione della domanda implica che esistano di per sé realtà come le forme e le sintassi musicali che, per cosí dire, aspettano solo di essere scoperte. Ma tale assunto è davvero verificabile? Oppure le idee di forma e sintassi musicale sono in realtà costruzioni metaforiche poste in essere soltanto in virtú delle nostre domande sulla musica, dei nostri tentativi di comprenderla? O ancora, diremmo che la musica ha forma o sintassi solo perché essa è stata creata da qualcuno che l'ha concepita in tali termini, cosicché la questione diventa essenzialmente di tipo storico?

Io non pongo domande del genere con l'intenzione di fornir loro immediatamente una risposta affermativa o negativa. Al contrario, la mia opinione è che le domande che ci poniamo sulla forma e sulla sintassi musicale dovrebbero essere poste nella maniera piú aperta possibile, in modo da non escludere *a priori* alcuna possibile risposta. Invece di domandare cosa *sono* la forma e la sintassi musicale, io chiederò in che misura, e in quali modi, le diverse musiche hanno proprietà di tipo formale o sintattico. Chiedere ciò equivale a chiedere quanto queste musiche possono essere comprese (o *sono* comprese da persone culturalmente "introdotte") considerando che la musica è in un caso un qualche tipo di oggetto e nell'altro un qualche tipo di linguaggio. Ma dietro ciò c'è la piú ampia questione di fino a che punto la musica possa essere letteralmente costruita, o come oggetto o come linguaggio, oppure quanto l'applicazione ad essa di termini quali "forma" e "sintassi" debba essere intesa come un linguaggio figurato. Se non conosciamo la risposta, è difficile decidere cosa farsene delle storie che tali termini ci raccontano.

1. *Un approccio intuitivo alla forma.*

Nella cultura dell'odierna musica occidentale od occidentalizzata siamo cosí abituati a parlare di eseguire pezzi di musica che le parole sembrano doversi applicare letteralmente, al pari di moltissimi altri esempi nell'uso linguistico. Ciononostante l'idea di un pezzo di musica è metaforica; la metafora diventa ovvia se ci chiediamo cos'è questa "musica" di cui eseguiamo dei pezzi. Si tratta di "affettare" pezzi da un blocco di musica, o di coniarli da un lingotto come monete? Quando tutti i pezzi sono stati eseguiti, questo significa che non rimane piú "musica"? Tali assurde questioni sono il risultato del prendere alla lettera il linguaggio figurato. I pezzi di musica hanno qualcosa in comune con la circolazione di monete d'argento: essi hanno una loro propria autonomia, possono essere scambiati contro beni e servizi e possono essere accumulati. Questa è la similitudine che consente la congiunzione metaforica, concentrando l'attenzione su alcuni attributi della musica e contemporaneamente sottostimandone altri (per esempio l'evanescenza della musica). Per qualsiasi congiunzione metaforica c'è un resto che non può essere spostato da un termine dell'equazione all'altro; è quando ce ne dimentichiamo che le metafore diventano fonte di malintesi.

La percezione che la musica sia riducibile in pezzi, che abbia quasi le qualità di un oggetto, non è assolutamente un'esclusiva occidentale. Bruno Nettl suggerisce che uno dei (pochissimi) universali della musica è che essa «consiste in unità distinte di creatività, identificabili in base alla loro collocazione nel rituale, all'autore o all'esecutore, al numero d'opera. Non si "canta" semplicemente, ma si canta *qualcosa*» [1983, p. 40]. A questo livello l'identità musicale è una variabile binaria: qui c'è qualcosa, là c'è qualcos'altro (o qualsiasi altra cosa). E una delle concettualizzazioni piú basilari della forma, quella che ha oltretutto un alto grado di applicabilità interculturale, proviene dall'applicazione dello stesso principio binario *all'interno* di quel "qualcosa" che è un pezzo di musica.

Nell'insegnamento della musica occidentale, si è usato per tutto un secolo rappresentare le forme musicali utilizzando le lettere dell'alfabeto. Qualsiasi tipo di unità identificabile, un "qualcosa" musicale, si chiama A. Quali sono le alternative dopo la prima A? La piú comune è la ripetizione: qualcosa, seguito da qualcos'altro che è ancora la stessa cosa (AA), o letteralmente, o entro un certo grado di riconoscibilità. Il primo principio nella generazione della forma musicale è quindi quello dell'identità. Ma il secondo principio, quello di non-identità o di contrasto, è difficilmente definibile come meno fondamentale: qualcosa, poi qualcos'altro. (E dopo tutto, a parte fermarsi, cos'altro si potrebbe fare?) Ciò fa sorgere la piú semplice delle forme binarie, o a due parti: AB. Combinando ripetizione e contrasto si ha la forma ternaria, o forma a tre parti. ABA: qualcosa, qualcos'altro, poi di nuovo la prima cosa (sebbene si possa notare che anche a questo primo stadio compare una sorta di incrinatura fra la nostra rappresentazione della musica e la nostra esperienza di essa, poiché la A finale ha una storia differente dalla prima A, e cosí non risulteranno mai uguali all'ascolto – anche se ciascuna nota è identica e, cosa meno probabile, se l'esecutore la suona esattamente nel modo in cui ha suonato la prima A). E dobbiamo soltanto applicare in serie il principio del contrasto – dando vita a C, D e cosí via – per generare il terzo dei modelli fondamentali nei quali si presenta la musica, il modello che, nella tradizione classica occidentale, è chiamato *rondò*: ABACADA...

Forme binarie, ternarie e rondò ricoprono complessivamente una gran porzione della musica all'interno e all'esterno della tradizione occidentale. E la portata di questo criterio classificatorio viene enormemente ampliata da un ulteriore principio: ripetizione e contrasto possono verificarsi in maniera ricorrente, dando cosí origine a gerarchie. In realtà abbiamo già incontrato questo principio sin da quando abbiamo iniziato a distinguere "qualcosa" da "qualsiasi altra cosa" allo scopo di definire il pezzo musicale, e successivamente abbiamo fatto la stessa cosa *all'interno* del pezzo. Analogamente ogni A può essere suddivisa al proprio interno in A e B oppure, per essere forse piú chiari, in A1 e A2, e ciascuna A1 può essere ancora suddivisa in A1a e A1b e cosí via. Vista in questo modo, la forma è il risultato di una serie di differenziazioni che procedono dal livello del "pezzo" verso unità via via piú piccole. Questo tipo di approccio non implica necessariamente l'uso di simboli alfabetici; la tabella 1, ricavata dal *Traité de haute composition musicale* di Antonín Reicha del 1824-26 [riprodotta in Bent e Drabkin 1987, trad. it. p. 25], fa uso di numeri per indicare le sezioni, combinandoli con un simbolismo a base di legature che assomiglia ai "diagrammi a ombrello" usati nei manuali americani contemporanei. (Ogni legatura indica un'unità formale, le legature di primo livello sono raggruppate sotto altre di livello superiore; e naturalmente tutto il contenuto del diagramma di Reicha si potrebbe raggruppare sotto un livello ancora piú alto, corrispondente all'intero movimento). Inoltre si può esprimere lo stesso approccio mediante quel tipo di diagramma ad albero che numerosi metodi analitici del XX secolo condividono con la linguistica strutturale. Non è un caso che gli stessi tipi di diagrammi ad albero ricorrano anche nelle genealogie, negli organigrammi aziendali, nelle tassonomie botaniche e zoologiche, negli *stemmata codicum* dei filologi; tra questi, almeno gli ultimi due possono essere visti come espressioni dell'esigenza classificatoria che pervase la scienza europea tra la fine del Settecento e l'Ottocento. Ed è all'interno di questo contesto, e come parte della codificazione manualistica del sapere, che si svilupparono le tassonomie formali come quella di Reicha: esse potevano far uso di simboli alfabetici (ABA, ABACADA...) o di nomi propri (forma-sonata, rondò), ma in entrambi i casi rappresentavano una sorta di storia naturale dei tipi musicali.

Analogamente ad altri schemi di classificazione, quello che io chiamerò il modello tassonomico della forma assume valore esplicativo in un gran numero di campi. Assimilare un pezzo di musica a una tassonomia formale non contribuisce di per sé alla sua comprensione estetica, e all'inizio del Novecento l'applicazione meccanicistica di tali schemi procurò una cattiva reputazione all'analisi della forma. Essa rappresentava la musica come una serie di scatole all'interno di altre scatole, tipo *matrioska*, o magari come un sistema di ingranaggi e rotelle di un orologio meccanico. Ma dov'era allora la causa prima, il senso di movimento musicale attraverso il tempo, la forza motrice di un evento che ne implica un altro? Un modello del tipo AB non comporta forti implicazioni rispetto a cosa verrà dopo: esso potrebbe essere seguito da un'ulteriore A, oppure no. In modo analogo, ABA potrebbe essere seguito da un'altra B o da C, oppure da nient'altro. Ma ci vuole ben di piú in quelle situazioni dove si richiede una data continuazione, oppure tutta una serie di continuazioni, affinché la struttura formale assuma la massima rilevanza estetica. Per ovviare a ciò è necessario un principio complementare, e ancora una volta possiamo definirlo in prima approssimazione

Tabella 1.

Motivo	*Ponte*	*Seconda idea madre*	*Idee accessorie*
o prima idea madre	o passaggio da un'idea all'altra	nella nuova tonica	e conclusione della prima parte

Prima sezione della seconda parte	
Sviluppo principale	*Fermata*
con modulazioni continue	sulla dominante principale

Seconda sezione			
Motivo iniziale nel tono d'impianto	Alcune modulazioni di passaggio con le idee del ponte	Trasposizione della seconda tonica nella tonica originale con modifiche	*Coda*

traendolo dalla metafora fondamentale della musica in quanto forma. Ho già citato l'affermazione di Nettl secondo la quale nel mondo «non si "canta" semplicemente, ma si canta *qualcosa*». È difficile sapere se la percezione che si tratti di qualcosa in movimento, in qualche modo fluttuante sullo sfondo della corrente temporale, sia egualmente universale. Questo è il modo in cui lo rappresenta la notazione su pentagramma, come un diagramma bidimensionale le cui coordinate sono l'altezza e il tempo; quantunque la notazione su pentagramma sia fortemente dipendente dalla cultura che l'ha prodotta, la sua assimilazione relativamente agevole da parte di altre culture musicali sembra testimoniare l'universalità del tipo di rappresentazione cartesiana su cui si basa – la traduzione delle altezze sonore in termini spaziali. La metafora secondo cui la musica si muoverebbe, e nel muoversi delimiterebbe un campo bidimensionale, è profondamente annidata all'interno della cultura occidentale [Scruton 1997, pp. 49-52]. E un tale movimento genera chiaramente delle implicazioni.

Esempi particolarmente chiari di questo tipo di implicazione potrebbero essere trovati nelle *ouvertures* di Rossini, nel preludio del *Rheingold* di Wagner, o nelle musiche tradizionali del Sud-est asiatico in generale e della Thailandia in particolare. Partite con andatura circospetta e pacifica, le *ouvertures* di Rossini aumentano gradualmente in velocità, volume ed energia per poi raggiungere un punto culminante che annuncia l'inizio dell'opera in senso stretto. Il preludio del *Rheingold* esordisce da profondità sotterranee e si eleva gradualmente al registro consueto del discorso musicale, quasi come una goccia che trapela lentamente attraverso uno spesso filtro, si avvolge in mulinelli e ribolle con impeto crescente fino a che la prima nota cantata dell'opera non interviene a spazzare via il tutto. E nella musica thailandese il suono penetrante dei *ching* (piccoli cimbali che vengono percossi dalle dita) articola un controllato accelerando che racchiude la morfologia dell'intero pezzo. (Si noti che ciascuno di questi esempi mostra un incremento su larga scala dell'energia musicale: non riesco a pensare a un esempio fatto nel modo inverso, un preludio del *Rheingold* che scompare nelle profondità. Forse questo è un altro di quei rari universali o quasi-universali della musica).

È stato affermato che la previsione meteorologica piú attendibile è in genere quella che prevede per domani lo stesso tempo di oggi. Gli esempi che ho fatto a proposito di quella che potremmo chiamare la "forma processuale" (per analogia con la "musica processuale" dei minimalisti nordamericani) funzionano allo stesso modo: ogni processo già in atto tende alla la propria continuazione, sebbene in ogni situazione data possa esistere un ventaglio di possibilità rispetto alla forma che tale continuazione potrà assumere [per una trattazione teorica generale si veda Meyer 1973]. Vale a dire che la musica diventa continuamente piú veloce, dinamicamente piú forte e/o piú acuta nel registro, con un incremento del suo livello di energia fino ad arrivare a un punto di rottura che ne determina l'arresto. All'interno della musica thailandese questa è la norma. Entro la tradizione classica occidentale ciò rappresenta invece l'eccezione. La musica della cosiddetta prassi stilistica comune (*common practice style*), diciamo fra il 1700 e il 1900, è generalmente caratterizzata da modelli di tensione e rilassamento lungo profili ad arco i quali, analogamente alle ripetizioni e ai contrasti del modello formale tassonomico, ricorrono su una molteplicità di livelli a partire dalla frase – facilmente definibile come ciò che può essere cantato con un singolo respiro – fino ad arrivare all'intero movimento. Abbiamo onde all'interno di onde, che corrispondono alle scatole concentriche del modello tassonomico. E mentre queste ultime conferiscono alla musica una complessità non priva di una sfumatura meccanica, le onde all'interno di onde avvicinano la musica ai moduli periodici che articolano la vita umana, a partire dall'ambiente (il giorno e la notte, le stagioni) fino agli aspetti biologici (il coito, la mestruazione o il ciclo della vita, per esempio).

Abbiamo quindi un'immagine a due facce della forma musicale, nella quale il disegno schematico delle sezioni – una distribuzione puramente spaziale – è integrato da una modellazione cronologica dell'energia musicale. Ogni immagine della forma trasmette le proprie associazioni e il proprio simbolismo. E ciascuno di questi principî formali opera a molteplici livelli, a volte in reciproca sincronia (per esempio nella struttura di frase della musica ottocentesca, caratterizzata dallo stretto coordinamento fra l'organizzazione delle sezioni e quella delle tensioni), a volte in contrasto. Questa, *in nuce*, costituisce l'idea fondamentale della forma musicale cosí come, verso la fine dell'Ottocento, poteva essere compresa da un musicofilo o da uno studente di conservatorio europeo o nordamericano. A dire il vero, essa era stata sviluppata a un livello molto raffinato (e tecnicamente complesso) da teorici di professione come Hugo Riemann. In ogni caso, piuttosto che registrare questi sviluppi mi rivolgerò alla critica di fondo che nel corso del Novecento venne alimentata nei confronti di tali metodi da una serie di critici, a partire da Heinrich Schenker (pianista e insegnante viennese i cui scritti sono stati sorprendentemente trasformati in testi canonici dalla *music theory* americana del dopoguerra) fino al pianista e storico Charles Rosen. E in particolare tratterò della forma-sonata, la quale non fu soltanto la piú prestigiosa tra le forme della musica classica (indicando con ciò la musica della tradizione "d'arte" occidentale, dal 1750 circa fino a Ottocento inoltrato), ma anche il principale campo di battaglia sul quale continuarono a scontrarsi le contrapposte concezioni della forma.

2. *Il caso della sonata.*

Per capire la forma-sonata, affermò Schenker, «è necessario scartare i concetti e la terminologia della teoria convenzionale» [1979, I, p. 133]. Quali erano dunque questi concetti e questa terminologia? Le sonate classiche erano scritte in diversi movimenti, ma fu la struttura convenzionale del primo e generalmente piú significativo movimento a dare origine al nome "forma-sonata". La tabella 1, sebbene non etichettata come "forma-sonata" (il termine risale soltanto alla metà dell'Ottocento), rappresenta infatti qualcosa di molto simile ad essa; la tabella 2, tratta da un manuale per lo studio delle sonate pianistiche di Beethoven scritto tra la fine dell'Ottocento e l'inizio del Novecento [Harding 1901, vol. III], è piú caratteristica e con-

Tabella 2.

Forma-sonata. Questa forma si compone di tre parti che possono essere chiamate rispettivamente enunciazione, sviluppo e ripresa; ciò che segue è uno schema approssimativo di ciascuna parte:

Enunciazione	*Sviluppo* [E]	*Ripresa* [F]
Primo Soggetto nella tonalità d'impianto (A) seguito da un episodio di collegamento (ponte) che modula alla tonalità di dominante (B). Secondo Soggetto nella tonalità di dominante, dopo il quale c'è una coda (C) che termina nella tonalità di dominante (D). Doppia stanghetta e ritornello (a piacere).	In questa parte vengono sviluppati i temi principali presenti nell'enunciazione. Le modulazioni sono disposte in modo da ricondurre alla tonalità d'impianto.	Primo Soggetto nella tonalità d'impianto seguito dall'episodio di collegamento trasposto in modo da condurre alla tonalità d'impianto (invece che a quella di dominante). Secondo Soggetto nella tonalità d'impianto dopo il quale viene la coda che, naturalmente, si conclude nella tonalità d'impianto.

A) Il primo soggetto termina con una cadenza perfetta nella tonalità d'impianto, ma questa regola viene spesso trascurata – per esempio nelle Sonate n. 1 e n. 19 il primo soggetto del primo movimento termina su una cadenza imperfetta; nella Sonata n. 23 il primo soggetto termina sulla dominante; nella n. 9 la fine si sovrappone all'ingresso dell'episodio di collegamento.

B) L'episodio di collegamento, chiamato alcune volte "ponte", consiste in passaggi modulanti che conducono dalla tonalità del primo soggetto a quella del secondo soggetto; questi passaggi possono essere costruiti sul primo soggetto oppure su nuove idee.

C) Quando il movimento è in una tonalità maggiore, il secondo soggetto generalmente è nella tonalità di dominante (quando il movimento è in una tonalità minore, il secondo soggetto di solito è nella tonalità della relativa maggiore); ma ci sono molti esempi nei quali esso si presenta in altre tonalità: si vedano le Sonate n. 1, 2, 3, 14, 16, 17, 21, 23, 27, 29, 32. Queste eccezioni si applicano anche al secondo soggetto nella forma di rondò; si vedano le Sonate n. 10 e 19.

D) La coda consiste in pochi passaggi che confermano la cadenza perfetta nella tonalità di dominante.

E) Lo sviluppo (libera fantasia) che costituisce la seconda parte del movimento, contiene gli "sviluppi" dei temi enunciati nella prima parte. Questi devono essere "di tipo contrappuntistico, a canone, ad imitazione o fugato". Si possono introdurre nuove idee per combinarle con il materiale precedente. Questa parte deve terminare riconducendo alla tonalità d'impianto (lo sviluppo non dovrebbe esordire nella tonalità d'impianto).

F) La ripresa, o terza parte, consiste in una ripetizione dell'enunciazione; il secondo soggetto è tuttavia trasposto nella tonalità d'impianto e il precedente episodio di collegamento è modificato in modo da condurre a quella tonalità. La coda è spesso prolungata e qualche volta contiene idee nuove.

tiene quella che da allora divenne la terminologia standard per indicare le sue sezioni, eccezion fatta per l'uso del termine "enunciazione" (contrapposto a "esposizione", il termine usato in senso descrittivo se non proprio tecnico da Reicha). Nel descrivere la forma-sonata, Harding la divide in tre parti, Reicha in due, sebbene la sua «première section de la seconde partie» sembri una sezione separata; ma ciò è di per sé significativo: la tensione tra la forma a due o a tre parti è caratteristica della forma-sonata. Ed entrambi i teorici mostrano chiaramente il parallelismo fra la prima parte (l'esposizione o enunciazione) e l'ultima (la ricapitolazione), mediante gli stessi due "soggetti" (Reicha si riferisce ad essi chiamandoli «motif» e «idée») che nell'esposizione appaiono in differenti tonalità, e in sede di ricapitolazione nella tonalità d'impianto. Ma né i dettagli dello schema formale, né la terminologia erano definitivamente fissati; Francesco Galeazzi [1796, riassunto in Ratner 1980, p. 220] parlava di un "motivo", cioè di un tema nella tonalità principale che tramite un'"uscita" conduceva a un "passo caratteristico" nella seconda tonalità. Essi corrispondono rispettivamente al primo tema, alla modulazione e al secondo tema. Dai nomi che ho citato in questo paragrafo si potrà rilevare l'ascendenza ampiamente europea di quella che in ultimo venne definita forma-sonata. In ogni caso, la sua rappresentazione grafica piú concisa si suole effettuare per mezzo di lettere, come ad esempio nella tabella 3 [Cook 1996, p. 158].

La forma-sonata è facilmente comprensibile come modello strutturale; ciò che forse è piú difficile da comprendere è il ruolo che essa ha occupato nel pensiero musicale del XIX secolo. Il diagramma di Harding è concepito come una guida pratica, ma il testo delle note stampato in piccolo appare piú come una serie di norme («Questa parte deve terminare riconducendo alla tonalità d'impianto») che tuttavia in alcuni casi entrano in contrapposizione con quanto aveva fatto lo stesso Beethoven («questa regola viene spesso trascurata»). Altri teorici coevi adottarono un approccio anche piú normativo; la voce «sonata» nell'edizione 1898 del *Dictionary of Musical Terms* di Stainer e Barrett presenta una storia della forma da Corelli a Beethoven nei termini di un costante «anelito ad una forma fissa» nella quale si esaltano i precorrimenti della «genuina forma» sonatistica, mentre se ne deplorano le deviazioni («perfino Cherubini, con tutto il suo amore per la forma, scrisse qualche volta sonate in forma non genuina») [Stainer 1898, pp. 410, 413]. Oggetto del contendere fra critici quali Schenker e Rosen da un lato, e i sostenitori della "teoria convenzionale" dall'altro, non erano

Tabella 3.

	Esposizione			*Sviluppo*		*Ricapitolazione*	
Tema	A...	B...	: :	...		A...	B...
Tonalità	I...	2		...	V di	I...	I

tanto i modelli formali quanto il significato da ascriversi ai medesimi. In altre parole, la controversia era non meno estetica, e perfino ideologica, che tecnica. Schenker vedeva il problema centrale della composizione musicale come una creazione di lunghezze, e considerava la ripetizione come la tecnica fondamentale per il raggiungimento di tale scopo. Ciò che egli aveva in mente era comunque quanto mai diverso da quella duplicazione della forma a mo' di "scatole cinesi" che ho appena descritto. Questo perché anche Schenker condivideva l'idea romantica secondo la quale i compositori – o almeno i *veri* compositori, quelli che Schenker chiamava i «compositori di genio» – concepivano ciascuna delle proprie composizioni in un singolo atto mentale, come abbracciandole con un solo sguardo; a questo proposito egli citava un'affermazione largamente diffusa che veniva attribuita a Mozart fino a quando non è stata di recente identificata come un falso ottocentesco [Solomon 1988, pp. 126-38]. E il suo approccio analitico derivava per cosí dire dal colpo d'occhio del genio, ripercorrendo il processo d'individuazione attraverso cui un'iniziale visione compositiva d'assieme si arricchiva di livelli via via piú definiti col procedere della creazione musicale. Come ho detto in altra sede,

> Schenker mostrò che la maggior parte delle composizioni appartenenti alla tradizione classica potevano essere ricomprese nel modello basilare di una singola frase musicale enormemente espansa mediante una serie di elaborazioni; il suo sistema di analisi consiste essenzialmente nello svestire la musica dalle elaborazioni, riconducendola in tal modo al modello soggiacente [Cook 1998, p. 32; cfr. anche Cook 1987; Drabkin, Pasticci e Pozzi 1995].

Il risultato è un sistema teorico di considerevole efficacia e flessibilità, il cui scopo è dimostrare la relazione strettamente logica tra il modello soggiacente (che Schenker chiamò "livello profondo") e i dettagli della musica apparentemente piú minuti e arbitrari.

Ma come si può conciliare un approccio siffatto con la "forma-sonata" dei pedagoghi, le sue ripetizioni, i suoi primi e secondi soggetti, le sue esposizioni, sviluppi e ricapitolazioni? In verità non era possibile alcuna riconciliazione; Schenker vedeva la "forma-sonata" da manuale come nient'altro che un modulo burocratico, un letto di Procuste sul quale i «falsi teorici» (come lui li chiamava) avevano disteso i capolavori della tradizione classica come tanti cadaveri. Secondo Schenker tutto ciò che dava vita alla musica risiedeva nel livello profondo, o piuttosto (e la distinzione è importante) nel modo in cui la superficie musicale – cioè la musica in partitura – entra in relazione con il livello profondo. In particolare egli vedeva l'inizio della ricapitolazione (il momento in cui il tema d'apertura torna alla tonalità d'origine) come un'"interruzione", un punto di cesura drammatica; invece di scorrere costantemente e direttamente verso il suo punto conclusivo, la musica veniva, per cosí dire, fatta rifluire a forza verso il punto di partenza. Visto in questo modo, il punto della ricapitolazione diventa un punto di crisi, la svolta decisiva di un dramma interno. Oppure si potrebbe metterla in termini piú direttamente compositivi e dire che la principale sfida tecnica nella costruzione di una forma-sonata consiste nel rendere in qualche modo coerente la sua caratteristica discontinuità strutturale. Allora il processo spesso tortuoso della dialettica tonale nelle sezioni di sviluppo, le giravolte della direzione armonica che conducono alla tonica, alcune volte direttamente e altre volte con enormi deviazioni, si possono concepire come una drammatizzazione di questa sfida.

Vista in questo modo, la musica attira l'ascoltatore nella sfera compositiva. Condividiamo con Mozart la sensazione per cui il ritorno alla tonica strutturale nel primo movimento della Sonata K 284 avviene improvvisamente, senza preavviso, e deve essere equilibrato da una ricapitolazione insolitamente stabile, mentre l'omologo ritorno nella K 279 risulta quasi fin troppo facile e senza sofferenza; forse è per questo che la ricapitolazione della K 279 introduce a un livello piú alto di tensione armonica e tonale prima di ricondursi definitivamente alla tonalità d'impianto [Cook 1996, pp. 173-74]. Spingendo ancora oltre il medesimo principio, condividiamo con Beethoven la sensazione di rottura tonale (cesura non è termine abbastanza forte in questo caso) all'inizio della ripresa nel primo movimento della Quinta Sinfonia, e collaboriamo con lui a "randellare" la musica cosí da risospingerla verso una sembianza di unità tonale nel seguito del movimento. Un conflitto che sfocia in una coda enormemente prolungata, quasi a controbilanciare la sezione di sviluppo, disgregando in tal modo il tradizionale equilibrio della forma-sonata [Cook 1987, pp. 286-88]. E una tale comunione d'intenti, reale o fittizia, con i grandi compositori del passato rappresenta precisamente il tipo di impegno che Schenker richiedeva all'ascoltatore musicale. Per contro, a suo modo di vedere, i manuali nei quali si rappresentava la sonata come una serie di eventi di superficie susseguentisi l'un l'altro senza nesso né ragione che non fosse l'uso stabilito dalle convenzioni, riducevano la comprensione dei capolavori al livello di omaggio a una manfrina ritualizzata.

Oggi molti musicisti (specialmente nei paesi anglofoni) ritengono che, rispetto a quello tassonomico, l'approccio di Schenker dia origine a una comprensione decisamente piú adeguata della forma-sonata. Ma Schenker non giovò alla propria causa comunicando il suo messaggio in testi dalla scrittura densa, che mescolano in maniera tutta personale descrizioni tecniche complesse e a volte proibitive, metafisica ottocentesca e generose dosi di invettiva *ad hominem*. E per tanti musicisti che oggi valutano positivamente il suo approccio ce ne sono altrettanti che lo considerano piú interessato al modello soggiacente che non alla musica realmente visibile e udibile. (Non è irrilevante considerare che Schenker lavorava nella stessa città e nella stessa epoca di qualcuno che impresse una svolta assai piú radicale all'antica diffidenza della filosofia occidentale nei confronti delle apparenze e alla sua propensione a invocare arcane profondità: Sigmund Freud). Per esempio Charles Rosen lamenta che il *criticism*, termine con il quale egli si riferisce a una comprensione piú umanistica della musica rispetto all'analisi schenkeriana,

> non è la riduzione di un lavoro alle sue simmetrie individuali ed interne, ma il continuo movimento dall'esplicito all'implicito e viceversa. Ed esso deve finire là dove è iniziato – in superficie [cit. in Kerman 1985, p. 85].

L'approccio di Rosen alla forma-sonata offre un illuminante contrappeso a quello di Schenker. Rosen non crede piú di Schenker alla "forma-sonata" dei manuali, bensí nelle *forme*-sonata, donde il nome del suo libro [Rosen 1988]. In altre parole egli è interessato alla varietà dei modelli di sonata, o di forme simili alla sonata, che si trova nella musica di compositori quali Haydn, Mozart e Beethoven. Ma, come per Schenker, è un'esigenza esplicativa a motivare questo interesse. In estrema sintesi, Rosen considera la sonata classica come un'espansione dello schema formale del tipo consonanza-dissonanza-consonanza che si può trovare in una singola frase dove successioni di tonalità prendono il posto delle progressioni armoniche. (La tonalità d'apertura della forma-sonata è una consonanza, laddove il movimento alla dominante è una dissonanza risolta tramite il ritorno finale alla tonica). Ed esiste una varietà di modi nei quali questo senso di risoluzione formale può essere trasmesso: da qui la varietà di forme-sonata. In tal modo l'approccio di Rosen si basa sull'idea del prolungamento non meno di quello schenkeriano, sebbene egli elabori quest'idea in maniera assai diversa. Si potrebbe dire che tanto Schenker quanto Rosen vedono la musica classica come governata dalla metafora del prolungamento, come un collegamento di micro-moduli produttivo di effetti direttamente percepibili su larga scala; quest'ultima è la risultante di una concezione non meno che di una percezione. Entrambi vedono la forma non significante di per sé, in quanto modello statico, ma piuttosto come dinamica interazione fra l'organizzazione soggiacente e la superficie udibile – un'interazione che deve essere interiorizzata dall'ascoltatore che voglia apprezzare appieno la musica.

È possibile rintracciare l'effetto delle concezioni contrapposte nella terminologia stessa della forma-sonata. Un tempo era normale far riferimento agli elementi contrastanti dell'esposizione come a un primo e secondo "soggetto" o "tema" (termini che implicano entrambi un legame con l'oratoria, una preoccupazione per l'"argomento" della musica). L'influente critico musicale britannico Donald Tovey, che scrisse tra le due guerre, detestava questi termini; egli li vedeva come un implicito suggerimento a considerare la forma-sonata come costituita da un certo numero di melodie in successione, e perciò sostituí loro il termine "gruppo". E piú tardi l'influenza di approcci come quello schenkeriano, per quanto annacquati, condusse a un ulteriore abbandono delle melodie in favore delle tonalità: divenne comune riferirsi a una prima e una seconda "area tonale", quasi a suggerire che gli elementi di superficie della musica – melodie, struttura della frase, orchestrazione – servano a esprimere un'organizzazione soggiacente di tipo tonale. Ma Rosen, mettendo l'accento sulle relazioni dinamiche fra la struttura soggiacente e la superficie, lamenta che un approccio puramente tonale alla forma-sonata non sia preferibile a quello puramente tematico. Infatti egli propende ad apprezzare l'idea della forma a prescindere da ogni sorta di descrizione puramente strutturale, descrivendo invece la sonata come «un modo di scrivere, una certa sensibilità per le proporzioni e per gli stati di tensione, [piuttosto] che non una forma» [Rosen 1976, trad. it. p. 33]. Infatti a un certo punto egli si riferisce a «una struttura [*texture*] chiamata sonata» [*ibid.*, p. 32].

Può sembrare piuttosto bizzarro ridurre la forma-sonata a una *texture*! Ma Rosen ha in mente qualcosa di preciso: egli vuole sottolineare la continuità fra la sonata classica e il concertato operistico, e il modo in cui entrambi dipendevano da uno stile che permetteva la presentazione e la riconciliazione di piú voci. Egli spiega che i temi o i soggetti di una sonata sono disposti come fossero personaggi di un'opera, e lo sviluppo e la riconciliazione dei loro rapporti si attua esattamente secondo gli stessi principî di un'opera mozartiana [per un confronto specifico tra la forma-sonata e le pagine iniziali delle *Nozze di Figaro* – il duetto tra Figaro e Susanna – si veda Cook 1987, pp. 261-63]. Naturalmente la differenza sta nel fatto che i protagonisti della sonata non hanno nomi, sono delle astrazioni, e la struttura della narrazione è conosciuta in anticipo dall'ascoltatore. La sonata, in altre parole, funziona allo stesso modo di una tragedia greca, in quanto si basa su una trama stereotipa la cui conoscenza definisce la comunità culturale di appartenenza. E noi potremmo sviluppare quest'idea dicendo che se la sonata classica è stata compresa all'interno della metafora dominante del dramma, la sonata del tardo Ottocento riflette la transizione verso il romanzo come maggiore forma letteraria del momento: qualsiasi sviluppo tecnico (per esempio l'indebolirsi del contrasto tonale, o il programmatico accrescimento degli elementi condivisi fra i temi) indica la sostituzione di un paradigma privato e soggettivo a uno pubblico, e in tal senso oggettivo.

Vista in questo modo, la forma non è piú qualcosa da ascoltare (un modellare eventi sulla superficie della musica) e neanche il processo di oscillazione tra la superficie e la struttura soggiacente espresso dall'analisi schenkeriana e/o dal *criticism* di Rosen. Essa rappresenta piuttosto un orizzonte di aspettative all'interno del quale si colloca l'azione dell'ascolto. Il termine "sonata", scritto all'inizio di una partitura o del programma di un concerto, diventa una sorta di etichetta commerciale. Essa enuncia un contratto fra il compositore e l'ascoltatore (o piú precisamente fra la composizione e l'ascoltatore). In breve, la forma veramente "interna" – quella pienamente interiorizzata nell'esperienza della musica – cessa di essere "forma" nel senso in cui abitualmente usiamo quel termine, e diventa indistinguibile dal genere.

3. *Descrizione e prescrizione*.

Applicata alla musica, l'idea kantiana di "distanza estetica" suggerisce che essa dovrebbe essere ascoltata non come esperienza sensoriale istantanea, ma piuttosto come lo svelarsi della forma. E per la maggior parte del Novecento il valore dell'ascoltare la musica come forma è stato considerato di per sé evidente; un valore sia sociale sia estetico; esso informava tanto quella *music appreciation* che in Nordamerica è compresa nei piani di studio della scuola umanistica, quanto l'istruzione specialistica offerta nei conservatori e nelle università. Ma ascoltare la musica come forma, in una qualsiasi delle accezioni sopra descritte, non è un'operazione naturale. Ecco perché si sono diffusi corsi di educazione all'ascolto (*aural training*) o di ascolto strutturale (*structural listening*) il cui scopo era effettuare la transizione dall'immersione sensoriale istantanea nelle proprietà della musica a una comprensione informata, durante la quale la comparsa di ogni evento era posta in relazione con le macro-organizzazioni formali della musica. Fino a tempi recenti questo processo di acculturazione forzata mancava quasi del tutto di teorizzazioni esplicite; lo si considerava semplicemente un procedimento per "educare" (*e-ducere*, tirar fuori) le potenzialità dell'individuo di esperire la musica in modo esteticamente piú informato. Nel 1988, però, un importante saggio di Rose Rosengard Subotnik demolí l'idea secondo la quale l'ascolto strutturale rappresenterebbe la mera intensificazione di una reazione naturale, rilevando invece il suo orientamento ideologico, la sua complicità con le strutture istituzionali che costruiscono e sostengono le egemonie musicali e culturali. In effetti, essa dimostrò fino a che punto l'ascolto strutturale e i modelli formali di musica da esso suffragati non siano descrittivi ma prescrittivi.

Le concettualizzazioni della musica come forma e ancor piú come linguaggio sono state segnate da costanti confusioni tra il descrittivo e il prescrittivo. Ciò diventa piú ovvio nell'interazione fra musica e psicologia percettiva. Fino a non molto tempo fa gli psicologi tendevano a leggere le frasi di autori quali Schenker o Rosen (o, piú specificamente, le formulazioni dei testi di *music appreciation*) come enunciazioni di fatti scientifici. Per esempio, se tali autori imputavano l'effetto di alcuni particolari eventi strutturali al loro ruolo entro un progetto tonale complessivo, gli psicologi potevano domandare la prova della reale percettibilità di questo progetto e, in mancanza di essa, concludere che le ricerche sulla psicologia della musica potrebbero produrre

> l'auspicabile effetto di favorire maggior cautela, moderazione e umiltà nei critici e teorici della musica, le cui affermazioni spesso perentorie sono in realtà mere speculazioni [Gotlieb e Konečni 1985, p. 98].

E gli psicologi avevano ragione a sospettare che molte delle fiduciose attribuzioni di effetti estetici contenute negli scritti sulla musica non fossero suscettibili di dimostrazione empirica; nel corso di semplici esperimenti da me condotti, non si è trovata una sola prova diretta che gli ascoltatori percepissero effettivamente un ritorno alla tonica d'apertura oltre un lasso di tempo superiore a un minuto circa [Cook 1994; per uno studio piú elaborato che raggiunge conclusioni analoghe cfr. Tillmann e Bigand 1996]. E si osserva che quando gli ascoltatori scoprono davvero una struttura tonale complessiva nella sonata e in forme analoghe è perché essi riconoscono i tratti tematici, la tessitura e altre caratteristiche tradizionalmente associate alla struttura tonale (studio inedito di David Huron e altri, descritto in un messaggio inviato alla *mailing list* della Society of Music Theory, 23 giugno 1998); piú in generale, le risposte degli ascoltatori sembrano perlopiú determinate assai piú significativamente dai tratti superficiali della musica di quanto non si potrebbe pensare leggendo i lavori della *music theory* [Clarke e Krumhansl 1990; Rosner e Meyer 1986].

Qual è il significato di questa frattura tra la forma musicale (come la vedono i teorici) e le risultanze percettive? Numerosi teorici ne sono rimasti turbati. In particolare Joseph Swain [1994] ha sostenuto che in tali circostanze l'unico modo per garantire ancora la validità del discorso teorico sulla musica è una drastica delimitazione della comunità di ascoltatori alle cui percezioni si può riconoscere rilevanza estetica. In definitiva, tale comunità dovrebbe circoscriversi ai soli compositori; secondo Swain i grandi compositori del passato non avrebbero scritto la loro musica nello stesso modo se avesse ecceduto la comprensione uditiva anche di un pubblico preparato, e perciò un ascoltatore preparato dev'essere qualcuno in grado di percepire la struttura della loro musica. (L'ovvia circolarità di quest'argomentazione sbigottirà coloro i quali sono convinti che la composizione accademica del secondo Novecento fosse infestata o dall'ingenuo presupposto secondo cui qualsiasi struttura intellettuale immessa nella musica produrrebbe conseguenze uditive corrispondenti, ovvero dall'indifferenza rispetto a una loro mancata produzione). Ma il dilemma proviene soltanto da un tacito assunto secondo cui le visioni teoriche della musica dovrebbero essere descrizioni immediate di come in effetti la gente (ossia la maggior parte di essa) ascolta la musica. Ma un simile assunto non è affatto ovvio. In ogni caso è abbastanza chiaro che non era questo lo scopo di Schenker; al contrario egli cercava di prescrivere come la gente *dovrebbe* ascoltare la musica, di cambiare quelle che egli considerava le abitudini di ascolto profondamente errate della società in cui viveva. Il presupposto secondo cui la teoria musicale debba essere o scientificamente vera, oppure del tutto falsa, tradisce soltanto l'insensibilità verso gli scopi divergenti dei diversi discorsi. Schenker proveniva da studi legali; pertanto egli non mirava alla prova scientifica, ma alla persuasione.

In questo senso le prescrizioni estetiche sono state fraintese come descrizioni di esperienza ordinaria, le metafore esplicative come enunciati di fatto. Tali malintesi, abbastanza comuni in relazione alla forma musicale, diventano la norma quando si pensa alla musica come a un tipo di linguaggio. Non che questo fenomeno sia ristretto alla musica. Il linguista Roy Harris [1980; 1981] ha fatto un'identica osservazione circa la grammatica: un sistema originariamente concepito a scopi pedagogici, egli sostiene, fu in qualche modo preso a modello di processi psicologici, e il risultato è quello che egli chiama in modo provocatorio la "pseudo-scienza" delle strutture linguistiche. Gli argomenti di Harris sono a dir poco polemici; ma sono assai suggestivi se applicati ai tentativi contemporanei di teorizzare la musica sul modello della lingua, tentativi che in genere inglobavano gli approcci teorico-musicali esistenti esattamente come le linguistiche strutturali inglobavano la grammatica tradizionale.

Non c'è bisogno di raccontare la storia nei dettagli, ed è curioso che ancora una volta Schenker ne sia il centro. Milton Babbitt e Leonard Bernstein furono i primi a porre l'attenzione sul parallelismo fra la struttura gerarchica della teoria schenkeriana e quella delle linguistiche strutturali [Babbitt 1972, p. 21; Sloboda 1985, pp. 11-17]. Ma furono il compositore e teorico Fred Lerdahl e il linguista Ray Jackendoff a costruire sulla base di questa intuizione una teoria complessiva della musica che chiamarono «teoria generativa della musica tonale» (*Generative Theory of Tonal Music*, in acronimo: GTTM [Lerdahl e Jackendoff 1983]). Le fonti teoriche della GTTM non si limitavano affatto a Schenker (c'era in special modo un generoso apporto delle teorie di Meyer), ma decisiva fu la strutturazione dell'intero sistema sul modello delle linguistiche strutturali e, in particolare, l'adozione di un approccio normativo alla cognizione musicale. Nella loro stessa formulazione, essi miravano a

> un'esplicita grammatica formale della musica capace di modellare la relazione che l'ascoltatore instaura fra la superficie musicale manifesta di una composizione e la struttura che egli le attribuisce [*ibid*., p. 3].

In sostanza, per Lerdahl e Jackendoff la teoria musicale diviene in tal modo una branca della psicologia:

> un pezzo di musica è un'entità mentalmente costruita, di cui partiture ed esecuzioni sono rappresentazioni parziali mediante le quali il pezzo viene trasmesso [...]. Il

compito centrale della *music theory* dovrebbe consistere nello spiegare questa organizzazione mentalmente prodotta [*ibid.*, p. 2].

Grazie all'esplicita, per non dire elegante, formulazione delle sue regole e la sua conseguente apertura alla dimostrazione o alla confutazione empirica, la GTTM divenne rapidamente il modello di teoria musicale dominante nella letteratura psicologica, sebbene non abbia mai avuto lo stesso impatto nei circoli teorico-musicali. Ma tutte le implicazioni di che cosa significhi teorizzare la musica sul modello del linguaggio divennero chiare soltanto in una serie di pubblicazioni successive di Lerdahl, particolarmente in quella dove egli discusse una varietà di «incontri mancati» fra la «grammatica dell'ascolto» e la «grammatica della composizione» [Lerdahl 1988]. Il suo punto di partenza è *Le marteau sans maître* di Boulez, la cui elaborata organizzazione compositiva fu resa nota nei dettagli soltanto molti anni dopo la prima esecuzione. A buon diritto egli evidenzia che il modo in cui gli ascoltatori recepiscono il pezzo ha poca o nessuna relazione con quella organizzazione.

A causa del postulato iniziale: «un pezzo di musica è un'entità mentalmente costruita», di cui la partitura sarebbe soltanto «una rappresentazione parziale», diviene impensabile per Lerdahl contemplare l'eventualità che siffatta divergenza possa non essere di per sé un fenomeno culturalmente significativo, paragonabile per esempio all'adozione della serie di Fibonacci nei progetti architettonici di Le Corbusier (o, nel caso in questione, alla preponderanza della struttura sulla percezione che si rivela caratteristica della sonata classica). Al contrario, tale divergenza deve essere vista come un incontro mancato fra la grammatica dell'ascolto e la grammatica della composizione, una sorta di "errore di calcolo" sul piano compositivo. E cosí, come ho sostenuto altrove [Cook 1994, p. 87]:

> egli [Lerdahl] continua a prescrivere una quantità di condizioni che devono essere soddisfatte se si vuole evitare questa sorta di incontro mancato. E formula due leggi estetiche generali: «la musica migliore nasce da un'alleanza della grammatica compositiva con la grammatica dell'ascolto» e «la musica migliore utilizza appieno il potenziale delle nostre risorse cognitive» [1988, pp. 255-56]. Se la prima di queste leggi esclude *Le marteau* e la musica seriale in genere, la seconda ha effetti ancora piú drastici: restano escluse le *Atmosphères* di Ligeti perché in esse la distinzione fra gli eventi è confusa [p. 239], la musica *gamelan* di Bali «è inadeguata a causa della sua rudimentale gamma di altezze» [p. 256] e «la musica rock fallisce a motivo della sua insufficiente complessità». (La musica rock attrae pubblici enormi, riveste un ruolo centrale nello sviluppo personale e sociale dei giovani, produce colossali fortune, ma fallisce ugualmente).

C'è in questo modo un'enorme differenza tra il vedere, sull'esempio di Lerdahl, la musica come un linguaggio, o almeno sostenere che essa condivida con il linguaggio il meccanismo cognitivo di base, e il considerarla *simile* per certi versi a un linguaggio – assumendo, per cosí dire, come metaforico il legame tra musica e linguaggio. E sebbene il vero nodo del problema sia proprio il binomio musica e linguaggio, il termine "sintassi" ci consente di metterlo a fuoco con maggiore precisione. Tradizionalmente definita come lo studio del modo in cui le parole sono composte in frasi, la sintassi potrebbe essere collocata all'interno di un campo bidimensionale del quale l'asse verticale rappresenta una gerarchia che parte dalla fonetica e arriva all'analisi del discorso, mentre l'asse orizzontale vede la sintassi opposta alla semantica. Ma tutta questa impalcatura analitica si può trasportare in musica solo con difficoltà. Il discorso linguistico è costruito con parole che sono, per cosí dire, dispiegate in superficie, e la cui stabilità è garantita dal loro riferirsi a oggetti e concetti esterni. Potremmo pensare agli "elementi" della musica – che nella prassi stilistica comune potrebbero significare triadi e scale – come al corrispettivo delle parole di una lingua; ciò suggerisce che la sintassi musicale consisterebbe nelle regole per combinarli fino a un livello di complessità corrispondente al periodo (e il termine "periodo" è stato usato, soprattutto da Schönberg, per indicare un livello di struttura musicale superiore a quello della "frase"). Ma molta della musica classica tradizionale non è costituita dalla combinazione di triadi e scale in senso letterale. Spesso triadi e scale non sono affatto dispiegate alla superficie della musica; è necessaria un'analisi (o un ascolto strutturale) per renderle evidenti. E in quel caso ha piú senso pensare a triadi e scale come astrazioni pedagogiche che non come elementi corrispondenti a un livello cognitivo distinto. A sua volta ciò suggerisce che le "regole" della loro combinazione dovrebbero essere comprese nello stesso senso prescrittivo delle altre regole pedagogiche – ad esempio le "regole" dell'etichetta. Ci stiamo allontanando rapidamente dal tipo di regola riscontrabile in linguistica.

A ciò si collega la permeabilità dei "linguaggi" musicali. Naturalmente, anche le lingue reali sono permeabili; si pensi al *Pidgin English*, la lingua franca del commercio anglocinese nata nell'Ottocento. Ma esse sono sostenute da comunità di parlanti, che sono molto piú stabili delle loro omologhe musicali. Forse si potrebbe delimitare una comunità musicale in termini di linguaggio tonale tradizionale, ossia il già citato *common practice style*. Ma dove tracciare la linea tra quest'ultimo e il linguaggio della popular music o del world beat, i quali attingono entrambi a pratiche armoniche analoghe? Esistono comunità musicali definite dai linguaggi della popular music (ma quale popular music?) e del world beat? Il linguaggio seriale di Schönberg e dei suoi successori è circoscritto a una comunità musicale? (In caso di risposta negativa dovremmo pensare al serialismo come all'equivalente musicale dell'esperanto?) E come se queste domande non imbrogliassero abbastanza il problema, si consideri il luogo comune secondo cui ogni compositore dovrebbe creare il proprio linguaggio musicale, per cui si parla del linguaggio musicale di Verdi, o perfino del linguaggio musicale dell'ultimo Verdi. Trasportate in letteratura – cioè prese alla lettera – tali pretese sarebbero assurde; mentre invece, usando un'ovvia metafora, parliamo di scrittori che trovano la propria "voce". L'idea di compositori che sviluppano il proprio linguaggio musicale non è meno metaforica.

Tutto ciò significa che non serve a molto chiedere se la musica abbia o meno una sintassi; la risposta sarà positiva o negativa a seconda di come si scelga di definire la sintassi. Swain [1995] per esempio, risponde affermativamente perché secondo lui è sufficiente che la musica possieda dei «rules of well-formedness» [«regole del ben formato»: cfr. Lerdahl e Jackendoff 1983, trad. it. p. 199] (in talune situazioni una certa nota od accordo possono essere sbagliati quanto muovere diagonalmente la torre degli scacchi), e che essa possa essere strutturata gerarchicamente. A questo riguardo la musica è davvero come la lingua. Ma in altri casi non lo è, e se si sceglie di definire la sintassi in altri termini allora la risposta sarà negativa. Un esempio è dato da Douglas Dempster [1998], il quale considera come qualità essenziale della sintassi il modo in cui essa genera significato (la differenza di significato tra "Mary colpisce il ragazzo" e "il ragazzo colpisce Mary" è generata ovviamente dalla sintassi, poiché le due frasi sono costituite dalle stesse unità lessicali). E poiché la musica non possiede lo stesso tipo di semantica referenziale della lingua, è difficile vedere come essa possa essere sintattica in questo senso; nell'affermazione di Dempster essa non è «semanticamente compositiva» [*ibid.*, p. 60]. Se il concetto di sintassi è utile quando viene applicato alla musica, allora dobbiamo porre una domanda diversa, quella che ho formulato all'inizio di questo contributo: in quali modi un certo brano musicale possiede o non possiede proprietà di tipo sintattico? Usata in tale accezione, l'idea di sintassi musicale può essere illuminante.

4. *Sintassi musicale.*

La figura 1 mostra la fine della strofa e l'inizio del ponte di transizione al ritornello in *Don't Look Back in Anger* degli Oasis (parole e musica di Noel Gallagher). In questo esempio esiste chiaramente una continuità con ciò che dovremmo senz'altro chiamare la sintassi della tonalità tradizionale. Sorprendentemente il ponte di transizione si basa su una progressione (I-V-vi-III con la caratteristica linea del basso per salti che conduce alla cadenza IV-V-I) reperibile in innumerevoli composizioni del periodo barocco e classico; il *Canone* di Pachelbel ne è soltanto l'esempio piú vistoso. E la progressione è espressa tanto nella melodia quanto nell'armonia. A parte le sincopi e alcuni dettagli della voce superiore, questo frammento potrebbe quasi passare per il lavoro di qualche Kapellmeister del Settecento, almeno fino all'improvvisa cadenza melodica alla quarta battuta di questa sezione (sulla parola *by*). Ancora piú estranea al XVIII secolo è la forma melodica delle due battute successive (sulle parole *But don't look back*), con la dissonanza non preparata dell'apice melodico in coincidenza con il *la* acuto (*la*4) che non appartiene all'accordo di *mi* maggiore. In contrasto con queste elaborazioni melodiche tipicamente novecentesche di un modello armonico comune nel XVIII secolo, la successione di accordi delle prime quattro battute è chiaramente non classica, almeno fino alla cadenza IV-V. Non che ci sia alcuna difficoltà nel descriverla in termini di triadi armoniche o anche con la numerica romana: V - VI bemolle - vi bequadro - V - IV con il VI bemolle e il vi bequadro collegati da una nota comune (*do*); il tutto piuttosto alla maniera dell'armonia russa del tardo Ottocento. E allora cosa rende non classica questa successione di accordi?

La risposta s'impernia sull'armonia parallela, ma ci sono vari aspetti da considerare. Per primo la natura non direzionale della progressione, una sorta di melisma esteso al livello della successione armonica che contempla la cadenza sospesa della battuta 5, piuttosto che "puntarvi" direttamente; è quasi come "scendere al volo da una scala mobile". Ciò riflette una qualità generale della popular music che potremmo definire mancata sottolineatura delle implicazioni cadenzali, una qualità collegata a quelle inflessioni di minore e di sottodominante che rappresentano il contributo del blues al cocktail stilistico del rock (si collega anche al caratteristico uso della successione armonica V-IV nel blues e nel rock, che la musica classica ha evitato in quasi tutti i casi, presumibilmente per mantenere l'implicazione cadenzale della dominante). Ma non è soltanto la presenza dell'armonia parallela; esempi di armonia parallela abbondano anche nella musica classica. In ogni caso, dove i compositori del Settecento impiegavano le armonie parallele, si preoccupavano spesso di mascherarle sotto una superficie contrappuntistica che bilanciava il parallelismo attraverso l'uso del moto contrario. E in ogni caso essi evitavano le quinte parallele (e pertanto la posizione fondamentale degli accordi). Gallagher fa esattamente l'opposto: le armonie parallele stanno proprio alla superficie della musica, con una serie di accordi in posizione fondamentale che creano delle evidenti quinte parallele. C'è un'apparente eccezione: nella battuta 3, dove l'armonia parallela (chiaramente visibile nella mano destra dell'accompagnamento) è camuffata dalla settima, il *sol* al basso. Ma quando si ascolta la registrazione, il *sol* è appena udibile; ciò che risalta è la serie di quinte parallele tra la melodia e il basso fondamentale. E questo fa sorgere un'ulteriore domanda: fino a che punto ha senso perseguire il tipo di affinità sintattiche che abbiamo evidenziato fra lo stile di Gallagher e quello del XVIII secolo, quando la sonorità e la relazione fra suono e notazione sono cosí diverse? È qui che vien meno l'idea di un incontro fra un Kapellmeister del Settecento e la canzone di Gallagher.

Solo nella penultima frase ho introdotto la parola che ha cercato di farsi strada attraverso gli ultimi due paragrafi: lo *stile*. Questioni come la misura in cui si dovrebbero mostrare le quinte parallele alla superficie della musica, anziché velarle pudicamente come le gambe dei tavoli vittoriani, hanno ben poco a che fare con le regole della linguistica strutturale o con quelle della sintassi vera e propria. Ma esse ricordano molto il tipo di dispute coltivate fino a oggi dagli stilisti letterari. In questo momento divampa nuovamente un dibattito pubblico, innescato dai compilatori dell'*Oxford English Dictionary*, se convenga o meno accettare nel buon uso inglese lo *split infinitive* (una forma di infinito con la frapposizione di un avverbio, ad esempio *to boldly go* piuttosto che *to go boldly*). Ciò non ha nulla a che fare coi problemi di intelligibilità, col ricavare un certo significato piuttosto che un altro dalla costruzione delle parole; è estraneo, per cosí dire, all'ambito della sintassi. Si tratta invece di ciò che persone diverse considerano buono stile, o finanche "buona forma", per usare una frase abbastanza antiquata, ma significativa in questo contesto. Potremmo vedere la cosa in termini di regole, ma (come ho già suggerito) assomigliano piuttosto alle regole dell'etichetta, oppure della moda, che non a quelle del linguaggio. Come ha dimostrato Umberto Eco [1975, *passim*], i codici del vestire trasmettono dei significati e si collocano bene nell'ambito della semiologia. Ma la semiolo-

Figura 1.

heart out.
So Sal - ly can wait she knows it's too late as {we're / she's} walk - ing on by
{her / my} soul slides a - way. But don't look back
in an - ger, I heard you say.

gia in questione è molto piú ampia di quanto non consentirebbe il modello di sintassi strettamente inteso.

Una volta situato il concetto di sintassi musicale, e piú generalmente quello di musica come linguaggio, entro il campo metaforico, ci si può chiedere come culture musicali estremamente diverse abbiano incarnato questa metafora all'interno delle proprie concettualizzazioni della musica. Due esempi brevemente esposti rappresenteranno la varietà delle risposte possibili. Per tutto il Seicento e nel primo Settecento la musica si modellava consapevolmente sul linguaggio, ma su un linguaggio concepito in termini retorici piuttosto che sintattici. Il compositore e teorico Johann Mattheson affermava che ogni composizione ben formata dovrebbe consistere in *exordium*, *narratio*, *propositio*, *confirmatio*, *confutatio* e *peroratio* – termini che derivano dalla tradizione oratoria dell'antichità. Essa era valutata in base a quello che venne poi definito come il suo contenuto, la sua capacità di descrivere le passioni. In breve, la musica era vista come un tipo di discorso e, conformemente alle specifiche destinazioni dei modelli linguistici, si collocava a quello che potremmo definire il livello analitico del discorso: per esempio nell'adozione bachiana dei modelli formali derivati dalla tradizione retorica classica. Si potrebbe affermare che questo approccio alla musica come linguaggio riflettesse le preoccupazioni di una società che vedeva la musica soprattutto come uno strumento di potere. Per contro, un insieme di preoccupazioni assolutamente diverse e talora contraddittorie informa nel XX secolo gli approcci alla musica come linguaggio, completamente in linea col fatto che la sintassi e non la semantica o l'analisi del discorso era considerata lo snodo strategico fra musica e linguaggio.

Questa nuova concezione della musica come linguaggio è stata in primo luogo un mezzo per affermarne l'indipendenza nei confronti di altri sistemi di significazione. Se la musica era un linguaggio, allora non richiedeva i puntelli del testo, del palcoscenico o di altri contenuti extra-musicali; in questo modo la metafora della sintassi serviva *ante litteram* all'obiettivo della musica assoluta. Analogamente, una composizione che incarnasse il suo proprio linguaggio, il suo proprio sistema di significazione, acquistava l'autonomia ricercata dai modernisti musicali; qui la metafora della sintassi articola gli stessi valori di altre varietà del formalismo modernista. Entrambi questi aspetti si assommano nel lavoro di Arnold Schönberg e, specie durante il periodo atonale, nella sua consapevole ricerca di un *linguaggio* musicale, di un sistema di regole che compensasse la dissoluzione della tonalità (e dunque una tonalità non concepita in senso schenkeriano, cioè come una sorta di legge naturale, un equivalente musicale della forza di gravità, ma piuttosto come un sistema convenzionale di regole con una propria storia e geografia, in altre parole: una sorta di linguaggio). Il serialismo, con le sue nuove regole per la combinazione degli elementi musicali – cioè la sua nuova sintassi – realizzava e deludeva insieme le aspirazioni di Schönberg.

Da un lato esso creava un metodo esplicito e di conseguenza una comunità di persone che lo condivideva e lo metteva in pratica. D'altra parte esso non riusciva a conquistare quella intellegibilità che Schönberg aveva sperato quando parlava di un'epoca in cui il garzone del droghiere sarebbe andato in giro fischiettando melodie seriali, una speranza sostenuta dall'idea che il pubblico avrebbe appreso il linguaggio seriale esattamente come aveva appreso quello della tonalità.

Si potrebbe dire piú in generale che la svolta linguistica del *criticism* novecentesco (spiegata in testi come quelli di Deryck Cooke, *The Language of Music*, e di Donald Mitchell, *The Language of Modern Music*) rifletta un insieme di aspirazioni egualmente contraddittorie: verso l'autonomia della musica e il suo potenziale significato espressivo; verso la creazione di una comunità di ascoltatori e la rappresentazione delle differenze in una società sempre piú multiculturale. Da un lato c'è la pressante necessità di riconoscere il ruolo della musica come un "linguaggio universale", metafora che rapidamente conduce a un ossimoro, perché proprio nella misura in cui la musica è universale essa non è un linguaggio. D'altro canto c'è la valorizzazione di comunità musicali parallele e indipendenti, incarnata nel concetto di bi-musicalità proposto da Mantle Hood; qui il linguaggio fornisce un modello al pluralismo, alla conservazione delle diverse identità culturali. Ancora una volta il valore di una metafora sulla musica non deriva dal suo grado di "verità" o "falsità", ma dal lavoro culturale che essa svolge.

5. *Conclusioni*.

Ho affermato che la musica ha una sintassi solo in senso metaforico, sebbene sia un fatto storico che alcune culture musicali abbiano per cosí dire costruito questa metafora all'interno della loro musica (potrei aggiungere che in generale la musica diventa piú simile alla sintassi quando si basa sull'improvvisazione in tempo reale piuttosto che sul "tempo virtuale" della composizione scritta). Non c'è altro da dire sulla sintassi? Ce ne sarebbe, ma ho già detto molto soltanto usando il linguaggio metaforico della forma. Giacché per molti versi le due metafore sono coestensive; esse svolgono lo stesso lavoro culturale. Entrambe sottolineano il contesto piú generale dentro cui opera una qualunque formulazione musicale data. Entrambe costruiscono la musica come entità astratta, collocandone l'essenza nella dimensione a-temporale e riducendo cosí al contingente la sua dimensione esecutiva (in altre parole l'esecuzione diventa letteralmente "strumentale"). Entrambe tematizzano l'organizzazione gerarchica, cioè la complessità ricorsiva, della musica – una qualità che è spesso associata, implicitamente o esplicitamente, al valore estetico. In effetti esse definiscono lo *status* della musica come appartenente alle belle arti, piuttosto che a quelle decorative;

uno *status* che essa raggiunse intorno al 1800, l'epoca a cui risalgono anche (non a caso) le prime analisi musicali riconoscibili come moderne.

Quali sono allora le differenze? La metafora della forma, della musica in quanto oggetto con un'estensione quasi spaziale sottolinea la dimensione empirica della musica; essa suggerisce che la musica è "là fuori", indipendente da costruzioni sociali o da interpretazioni critiche. Per contro, la metafora della sintassi sottolinea la dipendenza della musica rispetto a pratiche interpretative culturalmente determinate, la sua dipendenza nei confronti di una comunità di ascoltatori. Esistono poi differenze risultanti dalla semplice giustapposizione delle due metafore. In virtú del suo differenziarsi dalla semantica, la sintassi non rappresenta il centro dell'attenzione, ma piuttosto la condizione a cui può emergere un significato; ecco cosa ha in mente Rosen quando afferma circa lo stile della sonata che «la modulazione alla dominante era un elemento della grammatica musicale, non della forma» [1976, trad. it. p. 36]. In tal senso la giustapposizione determina la forma come centro di attenzione estetica. Analogamente, se con "sintassi" vogliamo indicare le normali condizioni di continuità, basate su modelli specificamente connessi a un certo stile o cultura musicale, allora la forma ne diventa il limite, l'eccezione. Essa diviene, per cosí dire, la traccia materiale di un processo estetico. Ed ecco che siamo tornati ai modelli della forma tassonomica e alla forma come processo già descritti all'inizio di questo contributo. Poiché in questo modo il tipo di interazione che ho descritto tra forma come modello e forma come processo dinamico – tra quelle che possiamo definire la forma "esterna" e quella "interna" – si esprimerebbe altrettanto bene come interazione tra forma e sintassi.

Ma è quando la musica sembra fratturarsi in autonomi strati di significato che nasce un doppio linguaggio basato su una combinazione di questi termini. Basteranno due esempi sommari. La gagliarda *The Fairie-Round* di Anthony Holborne [1599, p. 72] è un prolungato esercizio di poliritmia la cui conclusione parrebbe a prima vista abbastanza sbrigativa. Si potrebbe considerarla un tipico esemplare di quelle composizioni funzionali le quali, piuttosto che concludere – nel senso di provocare un'impressione di completezza esteticamente soddisfacente –, si limitano a fermarsi quando il materiale ha conosciuto una sufficiente esposizione. Eppure un effetto di chiusa si genera in qualche strato profondo della sua struttura poliritmica; è come se il punto finale fosse prefigurato con molto anticipo sul suo arrivo. In altre parole la conclusione della musica è sintattica e opera contro una forma di superficie che dà l'impressione di non registrare ciò che avviene al di sotto di essa. Piú comune, ma meno soddisfacente sul piano estetico, è il caso contrario: una musica che giunge a una conclusione in modo non convincente, attraverso l'accumulazione di gesti retorici non sostenuti da conclusioni sintattiche. Il mio secondo esempio è il movimento iniziale della *Symphonie Fantastique* di Berlioz, dove i segni di ritornello posti alla fine dell'esposizione creano una ripetizione puramente "formale", un effetto di distanza estetica che sembra fare a pugni con l'emergente qualità psicologica della musica (l'effetto discordante del ritornello forse spiega perché esso venga sovente tralasciato in sede d'esecuzione). Discutere in questa sede della relazione tra forma e sintassi significa articolare un'opposizione che appare presente entro la musica, e non soltanto nei discorsi che si fanno su di essa.

Babbitt, M.

1972 *The structure and function of musical theory*, in B. Boretz e E. T. Cone, *Perspectives on Contemporary Music Theory*, Norton, New York, pp. 10-21.

Bent, I., e Drabkin, W.

1987 *Analysis*, Norton, New York (ed. it. a cura di C. Annibaldi, *Analisi musicale*, Edt, Torino 1990).

Clarke, E., e Krumhansl, C.

1990 *Perceiving musical time*, in «Music Perception», n. 7, pp. 213-51.

Cook, N.

1987 *A Guide to Musical Analysis*, Dent, London (trad. it. della prima parte, *Guida all'analisi musicale*, a cura di G. Salvetti, Guerini Associati, Milano 1991).

1994 *A theorist's perspective on perception*, in R. Aiello (a cura di), *Musical Perceptions*, Oxford University Press, New York, pp. 64-95.

1996 *Analysis Through Composition. Principles of the Classical Style*, Oxford University Press, Oxford.

1998 *Music. A Very Short Introduction*, Oxford University Press, Oxford.

Dempster, D.

1998 *Is there even a grammar of music?* in «Musicae Scientiae», II, pp. 55-65.

Drabkin, W., Pasticci, S., e Pozzi, E.

1995 *Analisi schenkeriana: per un'interpretazione organica della struttura musicale*, Lim, Lucca.

Eco, U.

1975 *Trattato di semiotica generale*, Bompiani, Milano.

Galeazzi, F.

1796 *Elementi teorico-pratici di Musica con un saggio sopra l'arte di suonare il violino analizzata ed a dimostrabili principi ridotta*, vol. II, Michele Puccinelli, Roma.

Gotlieb, H., e Konečni, V.

1985 *The effects of instrumentation, playing, style and structure in the Goldberg Variations by Johann Sebastian Bach*, in «Music Perception», n. 3, pp. 87-101.

Harding, H. A.

1901 *Analysis of Form. As Displayed in Beethovens Thirty-two Pianoforte Sonatas*, Novello, London (ed. riveduta).

Harris, R.

1980 *The Language-Makers*, Cornell University Press, Ithaca N.Y.

1981 *The Language Myth*, Duckworth, London.

Holborne, A.

1599 *Pavans, Galliards, Almains*; nuova ed. London Pro Musica Edition (LPM AH1), London 1980.

Kerman, J.

1985 *Contemplating Music. Challenges to Musicology*, Harvard University Press, Cambridge Mass. (testo pubblicato anche con il titolo *Musicology*, Fontana-Collins, London 1985).

Lerdahl, F.

1988 *Cognitive constraints on compositional systems*, in J. A. Sloboda (a cura di), *Generative Processes in Music. The Psychology of Performance, Improvisation, and Composition*, Oxford University Press, Oxford, pp. 231-59.

Lerdahl, F., e Jackendoff, R.

1983 *A Generative Theory of Tonal Music*, Mit Press, Cambridge Mass.

Meyer, L. B.

1973 *Explaining Music. Essays and Explorations*, The University of Chicago Press, Chicago Ill.

Nettl, B.

1983 *The Study of Ethnomusicology. Twenty-nine Issues and Concepts*, University of Illinois Press, Urbana-Chicago.

Ratner, L. G.

1980 *Classic Music. Expression, Form, and Style*, Schirmer, New York.

Rosen, Ch.

1976 *The Classical Style. Haydn, Mozart, Beethoven*, Faber and Faber, London, ed. riveduta (trad. it. *Lo stile classico. Haydn, Mozart, Beethoven*, Feltrinelli, Milano 1982; 2ª ed. riveduta e aggiornata).

1988 *Sonata Forms*, Norton, New York, ed. riveduta (trad. it. di R. Bianchini, *Le forme-sonata*, Feltrinelli, Milano 1986).

Rosner, B., e Meyer, L.

1986 *The perceptual roles of melodic process, contour, and form*, in «Music Perception», n. 4, pp. 1-39.

Schenker, H.

1979 *Free Composition*, trad. inglese di E. Oster, Longman, New York - London (ed. or. *Der freie Satz*, Universal Editions, Wien 1935).

Scruton, R.

1997 *The Aesthetics of Music*, Oxford University Press, Oxford.

Sloboda, J. A.

1985 *The Musical Mind. The Cognitive Psychology of Music*, Oxford University Press, Oxford (trad. it. *La mente musicale. Psicologia cognitivista della musica*, il Mulino, Bologna 1988).

Solomon, M.

1988 *Beethoven Essays*, Harvard University Press, Cambridge Mass. (trad. it. *Su Beethoven. Musica, mito, psicanalisi, utopia*, Einaudi, Torino 1998).

Stainer, Sir J.

1898 *Stainer and Barrett's Dictionary of Musical Terms*, Novello, London (ed. riveduta).

Subotnik, R. R.

1988 *Towards a deconstruction of structural listening: a critique of Schoenberg, Adorno, and Stravinsky*, in R. Solie e E. Narmour (a cura di), *Explorations in Music, the Arts, and Ideas. Essays in Honor of Leonard B. Meyer*, Pendragon Press, Stuyvesant N.Y., pp. 87-122.

Swain, J. P.

1994 *Music perception and musical communities*, in «Music Perception», n. 11, pp. 307-20.

1995 *The concept of musical syntax*, in «Musical Quarterly», n. 79, pp. 281-308.

Tillmann, B., e Bigand, E.

1996 *Does formal musical structure affect perception of musical expressiveness?*, in «Psychology of Music», n. 24, pp. 3-17.

JONATHAN D. KRAMER

Il tempo musicale

1. *La musica e il tempo.*

La musica si dispiega nel tempo e il tempo si dispiega nella musica. Il tempo, cosí come se ne ha esperienza attraverso la musica, non corrisponde al tempo assoluto, al tempo "oggettivo" (*time-out-there*) che ospita la sequenza dei reali avvenimenti della vita. L'idea della filosofa Susanne Langer [1953, pp. 109-13] secondo cui mentre si ascolta musica il tempo ordinario viene sospeso può essere un'esagerazione, ma un ascolto attento dà effettivamente importanza primaria a particolari tipi di tempo che possono essere piuttosto diversi dal tempo assoluto. Una volta riconosciuta l'unicità delle esperienze temporali della musica e di quelle vissute attraverso di essa, possiamo iniziare a intravedere il potere della musica di creare, alterare, distorcere, o perfino distruggere il tempo stesso.

L'idea ampiamente accettata secondo cui il tempo è "là fuori" e scorre accanto a noi non dovrebbe essere accolta in modo acritico. Il tempo assoluto può essere esterno a noi, ma questo è comunque un dato accettato per convenzione. Inoltre esso non scorre necessariamente. Gli eventi, e non il tempo, fanno parte di un flusso. E la musica è una serie di eventi; eventi che non solo esistono nel tempo assoluto, ma contengono anche il tempo soggettivo e lo modellano. Il tempo può essere considerato come un principio ordinatore dell'esperienza. Esso è una relazione tra le persone e gli eventi che queste persone percepiscono [Clifton 1983, p. 53].

La differenza fra tempo assoluto e tempo musicale è la differenza fra il tempo che un pezzo di musica *occupa* e il tempo che un pezzo *presenta* o *evoca*. Il tempo musicale viene esperito in un modo che gli è peculiare, malgrado la musica esista e venga ascoltata nel tempo assoluto. Tutte le specie di tempo discusse in quest'articolo sono esperite e comprese simultaneamente al tempo assoluto. Questo dualismo è possibile perché il tempo può essere molte cose diverse in una volta. Sebbene tutta la musica sia sentita come una successione attimo-dopo-attimo, essa crea anche i diversissimi *continua* (e *discontinua*) del tempo musicale. Il tempo musicale esiste nella relazione fra ascoltatori e musica, proprio come il tempo ordinario esiste nella relazione fra le persone e le loro esperienze, inclusa la musica. Cosí il tempo musicale e il tempo ordinario conducono esistenze parallele. Quando ascoltiamo con profonda attenzione, cominciamo a perdere la distinzione fra questi due tipi di tempo. Quando dedichiamo tutti noi stessi a un'esecuzione *abbiamo* esperienza delle peculiarità del tempo musicale, siano esse i riordinamenti di quello che io chiamo il «tempo gestuale» (*gestural time*) [Kramer 1988, pp. 150-63], la stasi di quello che chiamo il «tempo verticale» (*vertical time*) [*ibid.*, pp. 375-97], o le discontinuità di quello che chiamo il «tempo momentaneo» (*moment time*) [*ibid.*, pp. 201-85]; questi concetti saranno analizzati in seguito. L'ascolto attento ci consente di trascendere il tempo assoluto che il pezzo occupa per entrare nel tempo musicale che esso evoca.

Sebbene il tempo musicale presenti la propria logica e perfino il proprio ordinamento temporale, ciascun evento di una composizione subentra chiaramente a un altro evento e, nella maggior parte degli ascolti musicali, c'è la sensazione che eventi precedenti introducano o implichino eventi successivi [Meyer 1973]. Ma ci sono altri modi di intendere il tempo musicale, modi nei quali vengono percepite connessioni fra eventi non necessariamente adiacenti nel tempo assoluto. Esistono modi olistici di comprendere i significati temporali della musica. È possibile intendere gli eventi musicali non solo come elementi di una sequenza lineare, non solo come una serie di cause che conducono a degli effetti, non solo come successioni dal passato verso il futuro, ma anche come una totalità organizzata per segmenti.

2. *Linearità e non-linearità.*

Il contrasto fra le successioni attimo-dopo-attimo e la totalità organizzata può essere collegato rispettivamente al contrasto fra il lineare e il non-lineare. Questi termini corrispondono approssimativamente alla distinzione filosofica tra divenire ed essere (nonché alla diacronicità e alla sincronicità della linguistica). Questi due concetti hanno riecheggiato nella filosofia che indaga il concetto di tempo – e in tutta la filosofia, in effetti – per secoli. L'idea del divenire si ritrova soprattutto nella logica lineare che ebbe inizio nell'antica Grecia e culminò in epoca moderna nella filosofia e nella scienza occidentali. L'idea dell'essere, anche se certamente esplorata dai pensatori occidentali, ha ricevuto la sua massima affermazione nelle filosofie introspettive del buddismo, in cui lo Zen ricopre un ruolo primario.

Nel corso della storia le arti hanno rispecchiato le credenze culturali circa il tempo come essere e/o il tempo come divenire. In musica la rappresentazione piú forte del divenire è il sistema tonale, sebbene qualsiasi movimento nel tempo, orientato o meno verso un obiettivo, esemplifichi il divenire. La non-linearità è piú simile all'essere. Essa è un concetto, un atteggiamento compositivo e una strategia di ascolto che si occupa della permanenza della musica, ossia degli aspetti di un pezzo che non cambiano e, in casi estremi, delle composizioni che non cambiano.

Il suono musicale è e diviene insieme. La musica ha un'esistenza senza tempo a prescindere da qualsiasi esecuzione, eppure ci consente di muoverci attraverso il tempo (e permette al tempo di muoversi attraverso di noi) quando la ascoltiamo. I miei concetti di linearità e non-linearità non sono esattamente corrispondenti al divenire e all'essere della filosofia, ma le somiglianze sono pronunciate. Linearità e non-linearità sono forze complementari in tutta la musica, sebbene esse si manifestino in modi assai diversi. Esse sono i due mezzi fondamentali attraverso cui la musica struttura il tempo e attraverso cui il tempo struttura la musica. La non-linearità non è semplicemente l'assenza di linearità, ma è essa stessa una forza strutturale. Poiché queste due forze possono apparire in gradi diversi e in differenti combinazioni a ogni livello della struttura gerarchica della musica, la loro interazione determina sia lo stile sia la forma di una composizione. Dalla loro interazione e dal loro conflitto derivano le temporalità e i significati della musica.

Definiamo la linearità musicale come *la determinazione di una o piú caratteristiche della musica secondo implicazioni che derivano da eventi precedenti del pezzo*. Concetto derivato dal pensiero tonale di Schenker e di Meyer, la linearità è processuale, mentre la non-linearità è non processuale. Essa è *la determinazione di una o piú caratteristiche della musica secondo implicazioni che derivano da principî od orientamenti che governano un intero pezzo o una sua sezione*. Definiamo inoltre il tempo musicale lineare come il *continuum* temporale creato da una successione di eventi in cui gli eventi precedenti implicano i successivi e questi ultimi sono conseguenza dei primi. Il tempo musicale non-lineare è il *continuum* temporale risultante dal complesso dei principî che governano una sezione o un pezzo. Le varietà di tempo musicale discusse in seguito nascono da diversi gradi e tipi di interazione fra il tempo lineare e il tempo non-lineare.

Sia la linearità che la non-linearità dipendono dalle aspettative dell'ascoltatore, ma con differenze cruciali. Quando per esempio ascoltiamo una composizione tonale, ogni evento costituito da altezze (nota singola, accordo o motivo) influenza in modo piú o meno esteso le nostre aspettative di ciò che seguirà. Noi ascoltiamo la successione degli eventi nel contesto di queste aspettative, che verranno pienamente o parzialmente soddisfatte, rimandate o frustrate. Ma ogni nuovo avvenimento, compreso e successivamente ricordato sotto l'influenza delle aspettative precedenti, implica anche gli eventi futuri. La linearità è quindi una complessa rete di implicazioni (nella musica) e di aspettative (dell'ascoltatore) che cambiano costantemente [Meyer 1967, pp. 5-21]. Perciò non ci aspettiamo gli stessi tipi di eventi in parti differenti di una composizione lineare. Dopotutto l'esperienza che facciamo di una ricapitolazione è diversa da quella di un'esposizione. La linearità è intimamente legata al modo di procedere di una composizione.

Fra i due concetti di base la non-linearità è, almeno per chi di noi appartiene a una cultura prevalentemente occidentale, il meno familiare e perciò il piú problematico. È piú difficile spiegare la non-linearità che la linearità, in parte perché il nostro stesso linguaggio è lineare come lo sono i nostri tipici processi di pensiero analitico. Mentre i principî lineari scorrono costantemente, ciò che viene determinato in base a principî non-lineari non si sviluppa e non subisce mutazioni. I principî non-lineari possono essere scoperti gradualmente, ma non si sviluppano da eventi o da tendenze precedenti. La non-linearità di un lavoro o di una sezione è presente sin dall'inizio. La dinamica della comprensione della non-linearità di un lavoro consiste nell'arrivare a conoscere le sue relazioni immutabili. Per fare un semplice esempio: un aspetto di non-linearità in un quartetto d'archi sta nel fatto che esso è un quartetto d'archi. Supponendo che nel vedere gli esecutori sul palcoscenico o nel leggere il titolo della composizione non l'avessimo già capito, dopo averne ascoltato un piccolo frammento comprendiamo che quella musica è scritta per quattro strumenti ad arco. Ci aspettiamo che non ci sia un gruppo di ottoni dietro le quinte, non perché una logica compositiva interna suggerisca che il pezzo sia scritto per archi, ma semplicemente perché esso *è* scritto cosí. Naturalmente può accadere che le nostre aspettative siano sbagliate e che nel terzo movimento un gruppo di ottoni possa in realtà suonare da dietro le quinte. In quel caso le nostre aspettative non-lineari verrebbero distrutte da un'inaspettata discontinuità. Ma la strumentazione del pezzo sarebbe ancora non-lineare; naturalmente sto presupponendo che il pezzo non prescriva, attraverso una logica lineare interna – ad esempio l'uso di citazioni di temi di marcia nel secondo movimento – che alla fine gli archi siano associati agli ottoni. L'entrata degli ottoni non sarebbe una conseguenza lineare di eventi passati, ma ci mostrerebbe piuttosto che una premessa non-lineare del lavoro consiste nel fatto che è scritto per quartetto d'archi associato a ottoni nel finale. Dovremmo aspettare fino al terzo movimento (supponendo che stiamo ascoltando il pezzo per la prima volta e che non siamo stati informati dalle note di sala) prima di comprendere appieno questo particolare principio non-lineare.

La quintessenza dell'espressione della linearità musicale è il sistema tonale. La tonalità è una delle piú grandi realizzazioni della civiltà occidentale, e il suo sviluppo non è stato casuale. Per lungo tempo la cultura occidentale è stata prevalentemente lineare, e la sua musica ha incarnato un raffinato sistema di linearità. La tonalità è costituita da un insieme di complesse relazioni gerarchiche fra i suoni, basate sulle durate, le dinamiche, i timbri, ecc. Poiché la tonica è dotata di estrema stabilità, le relazioni tonali concorrono al raggiungimento di un obiettivo: il ritorno della tonica, infine vittoriosa e non piú minacciata da altre tonalità. Quindi il movimento tonale è sempre diretto verso un obiettivo. L'arrivo della tonica non è mai messo in dubbio. Piuttosto l'attesa e perciò il movimento sono determinati proprio dal tipo di strada che la musica percorre e dalla velocità a cui viaggia. Quei rari pezzi che terminano in un'altra tonalità rispetto a quella iniziale devono la loro forza alla negazione di quest'aspettativa, oppure sono prodotti di particolari convenzioni stilistiche, come per esempio le marce di John Philip Sousa. L'aspettativa del ritorno della tonica è ancora operante, ma quell'implicazione viene alla fine negata per ottenere un effetto espressivo.

Il movimento tonale è, a rigor di termini, una metafora. Niente nella musica si muove veramente, a eccezione delle parti vibranti degli strumenti o delle voci e delle molecole d'aria che colpiscono i nostri timpani. Ma la metafora è pertinente. Le persone che hanno imparato come ascoltare la musica tonale ne percepiscono il costante movimento: il movimento melodico, il movimento armonico verso le cadenze, il movimento ritmico e metrico, la successione dinamica e timbrica. La musica tonale non è mai statica, perché ha a che fare con costanti variazioni di tensione. Anche quando in un passaggio il movimento armonico è sospeso, noi continuiamo ad ascoltare, speranzosi nella desiderata ripresa della successione.

Sapere come ascoltare la musica tonale è una speciale competenza che le persone cominciano ad acquisire in giovane età. La maggior parte di questo apprendimento si verifica in maniera subconscia. Però anche il dilettante appassionato, che potrebbe dichiarare di ascoltare solo piccole gradevoli melodie tonali da Schubert a Richard Rodgers, comprende in realtà con considerevole raffinatezza le sottigliezze dell'ascolto tonale. L'ascolto della musica tonale è divenuto agevole per gli occidentali non solo perché abbiamo imparato un'arte complessa, ma anche perché la linearità della tonalità corrisponde in maniera eccellente a molti processi finalizzati che fanno parte del modo di vita occidentale. Non dobbiamo comunque farci ingannare dalla facilità dell'ascolto tonale, aspettandoci che la linearità musicale sia un fattore universale. L'ascolto lineare *è* un comportamento appreso, come ci ricordano le arti prevalentemente non-lineari di numerose culture diverse dalla nostra.

Ciò che può essere costruito, non importa quanto coscienziosamente né con quanta magnificenza, può essere distrutto. Durante il XX secolo la linearità temporale della musica occidentale ha perso la propria universalità. La disintegrazione della linearità cominciò con la sua intensificazione. Quando verso la fine del XIX secolo il vocabolario tonale divenne piú ricco di cromatismi, aumentò la necessità di inventare nuovi orientamenti verso la conclusione. La musica tardo-romantica (come l'*Intermezzo* in *mi* minore op. 116 n. 5 di Brahms (1892) o *Das verlassene Mägdlein* (1888) di Hugo Wolf, uno dei suoi Lieder su versi di Eduard Mörike) è sempre alla ricerca di obiettivi che si materializzano solo occasionalmente. Spesso tale musica sembra consistere di "levari strutturali" che cercano i loro punti d'arrivo, ma li trovano solo di quando in quando. In questa musica il procedere temporale è definito piú dalla condotta delle parti che non dal movimento fondamentale dei gradi strutturali, tenuto in serbo per articolazioni particolarmente ampie. La musica tardo-romantica portò la continuità propria del livello profondo sempre piú in secondo piano, in quanto i prolungamenti nella condotta delle voci su armonie strutturali dal movimento lento divennero norma a livello locale. Solo di rado ascoltiamo ciò che era tipico della musica del secolo precedente: successioni armoniche nel livello di superficie che funzionano come supporto primario del movimento armonico profondo su larga scala.

3. *Linearità finalizzata e linearità non finalizzata.*

L'idioma atonale della prima musica di Schönberg (come i *Sechs kleine Klavierstücke* op. 19 del 1911) era il risultato della scomparsa, a livello profondo, delle armonie tonali. Il movimento per grado congiunto nel livello di superficie era ritenuto il mezzo principale per ottenere continuità nelle linee melodiche, ma per questo tipo di movimento la definizione di obiettivi su larga scala divenne problematica. Mentre alcune composizioni atonali come l'op. 19 hanno obiettivi ambigui, altre tentano di creare contestualmente obiettivi prevedibili tramite la reiterazione o la sottolineatura. Per esempio, nel movimento iniziale della Prima Cantata di Webern (1938-39) un accordo di quattro note diventa una sonorità stabile in virtú della sua frequente sottolineatura nelle diverse fasi del pezzo; esso viene ad assumere l'aspetto di un obiettivo attraverso la reiterazione, la costanza e l'importanza strutturale di quello che Allen Forte chiamerebbe il suo tipo di *set* sottostante. Analogamente, in lavori quali il Quarto Quartetto (1926) e il Concerto per violino (1936), Schönberg cercò di rendere certi modi di trasposizione della sua struttura seriale combinatoria piú stabili di altri, trasformandoli cosí in un obiettivo.

Queste composizioni di Webern e Schönberg esibiscono una linearità diastematica non tonale. Nella Cantata di Webern e nei lavori dodecafonici di Schönberg si procede verso un obiettivo – una particolare sonorità o un particolare modo traspositivo – conosciuto in anticipo (come nella musica tonale), mentre nell'op. 19 di Schönberg l'obiettivo non è prevedibile se non quando la musica gli si avvicina.

La musica neotonale, d'altro canto, mantiene il potenziale della definizione *a priori* di un obiettivo. Il primo movimento della Seconda Sonata per pianoforte di Hindemith (1936), modellata sulle procedure del classico Allegro di sonata, fa affidamento sulla nostra conoscenza della linearità tonale. La sua tonica non è soltanto una nota di riferimento ma anche un obiettivo prevedibile del movimento armonico e contrappuntistico, nonché di quello ritmico.

Dal punto di vista temporale, affinché una composizione post-tonale possa essere caratterizzata da una linearità finalizzata a degli *obiettivi*, dev'esserci un chiaro senso di continuità, eventualmente fornito dalla condotta delle parti o forse da altri processi direzionali che riguardino qualche parametro (ad esempio il registro, la densità, il livello dinamico, il livello di dissonanza, le dimensioni intervallari o il timbro). Inoltre gli obiettivi devono essere definiti contestualmente (tramite la reiterazione o l'enfasi, come nella Cantata di Webern) o stabiliti tramite il riferimento alle procedure (neo)tonali, come nella Sonata di Hindemith. In entrambi i casi l'arrivo degli obiettivi è valorizzato di solito da procedimenti del ritmo e della tessitura.

Comunque non tutte le composizioni post-tonali stabiliscono precisi obiettivi su larga scala. Tutti i brani dell'op. 19 di Schönberg si sviluppano nel tempo adottando una varietà di procedimenti e, nell'articolazione cadenzale delle frasi, diversi gradi di stabilità localizzata, evitando l'affermazione di insiemi o di classi di altezze definitivamente stabili. Altri lavori che si muovono in modo lineare nel tempo attraverso processi essenzialmente non basati sulle altezze sono ad esempio quelli di George Crumb, *Makrokosmos III* (1974) e *Echoes of Time and the River* (1967), il primo movimento dei *Three Places in New England* di Charles Ives (1911-12), il Nonetto di Aaron Copland (1960), la *Sequenza III* (1966) di Luciano Berio, *Syrmos* (1959) di Iannis Xenakis, *Hyperprism* (1922-23) di Edgar Varèse e *Socrate* (1918) di Erik Satie.

Cosí, sebbene molta musica del XX secolo mostri un alto grado di linearità, soltanto parte di quella linearità è finalizzata a un obiettivo. In altre parole, molta della linearità atonale opera a livelli superficiali, ma non ai livelli intermedi o profondi. La musica che non ha direzione a livello profondo propone un tipo di linearità diversa da quella della musica tonale. La musica che esibisce questo speciale senso del tempo, che io chiamo "linearità non finalizzata" è, come la musica tonale, in costante movimento, ma gli obiettivi di questo movimento non sono inequivocabili. Nella precedente musica occidentale la linearità non finalizzata sarebbe stata impensabile, finanche autocontraddittoria. Invece, visto il crollo dell'orientamento finalistico in molta musica recente, nel XX secolo il concetto è abbastanza appropriato. La musica lineare non finalizzata annulla l'implicazione per cui certe altezze possono diventare totalmente stabili. Tale musica ci conduce lungo il suo *continuum* ma, in ogni frase o sezione, non sappiamo realmente dove stiamo andando fino a quando non ci arriviamo.

4. *La non-linearità tonale.*

Sin qui questa discussione si è concentrata sulla linearità temporale nella musica occidentale. Fino a poco tempo fa la musica occidentale è stata prevalentemente lineare, ma nondimeno ha avuto i suoi aspetti non-lineari. Che cosa potrebbe costituire un costrutto non-lineare nella musica tonale?

Un contesto immutato sarebbe un esempio della "determinazione di alcune caratteristiche della musica secondo implicazioni derivanti da principî od orientamenti che governano un intero pezzo o una sezione" (definizione di non-linearità). Si considerino pezzi nei quali la tessitura, il materiale motivico e il disegno ritmico sono virtualmente costanti. Il Preludio in *do* maggiore op. 28 n. 1 (1839) di Chopin e il Preludio in *do* maggiore dal primo volume del *Clavicembalo ben temperato* (1722) di Bach ne sono buoni esempi, come pure lo *Stückchen* dall'*Album für die Jugend* (1848) di Schumann. In tale musica il contesto non è una conseguenza del modo in cui il pezzo inizia, ma esso è piuttosto determinato dalla superficie della composizione, che per certi versi è immutabile. La tessitura della musica è presente all'interno del pezzo ma non si sviluppa e non si trasforma man mano che il lavoro procede.

Si potrebbe sostenere comunque che un contesto costante inviti a un ascolto lineare. Sia nei preludi citati sia nel brano di Schumann la somiglianza della seconda battuta con la prima aumenta le nostre aspettative che la terza misura sia anch'essa simile. Alla fine l'attesa di questa coerenza si trasforma in virtuale certezza: tessitura e ritmo di superficie diventano prevedibili. Ma in retrospettiva ci rendiamo conto che un principio invariabile di organizzazione, non una linearità progressiva, ha determinato la tessitura e il ritmo di superficie sin dall'inizio di questi pezzi. Una volta che la coerenza del modello ritmico e della tessitura diventa una certezza, iniziamo a notare la non-linearità della tessitura. La linearità della musica risiede in altri aspetti: profili melodici, armonie, registri e forse dinamiche.

Naturalmente è possibile sorprenderci di un inaspettato cambiamento nel modello. Ad esempio, nel Lied di Schubert *Gretchen am Spinnrade* (1814) si verifica proprio una frattura di tal genere, con un effetto straordinario. La costante tessitura che rappresenta il movimento ipnotico e infinito della ruota dell'arcolaio a un certo punto si interrompe. Gretchen smette di lavorare quando ricorda per la prima volta il bacio di Faust. L'impatto dell'inatteso è enorme, e nonostante il ritorno del motivo dell'arcolaio non riusciamo piú ad ascoltare la musica come prima.

Non solo la coerenza del contesto, ma anche le proporzioni formali possono essere determinate secondo principî non-lineari. Le rispettive lunghezze dei segmenti musicali possono essere un fattore significativo nella creazione di strutture equilibrate. Noi ascoltiamo e ricordiamo, e quindi possiamo confrontare le durate degli intervalli di tempo per comprendere il loro relativo bilanciamento. Affinché due sezioni siano proporzionalmente equilibrate può essere irrilevante quale delle due si ascolti per prima. Cosí equilibrate proporzioni di durata possono essere comprese in modo non-lineare al di fuori dell'ordinamento degli eventi musicali.

5. *Influenze sulla non-linearità*.

Poiché la musica post-tonale spesso è non-lineare in piú maniere e in modo piú persistente della musica tonale, nel repertorio atonale ci aspetteremmo di trovare una profusione di non-linearità. Prima di esplorare alcuni esempi di non-linearità non tonale, dovremmo comunque considerare come e perché la musica sia progressivamente divenuta meno lineare mentre diventava meno tonale. Ci furono quattro enormi influenze sui primi compositori del XX secolo che si dimostrarono decisive nell'affermazione di un'estetica della non-linearità. Queste influenze non determinarono in senso stretto la disaffezione avvertita da molti artisti nei confronti della linearità, ma il loro impatto fu profondo. Esse sono: 1) il clima culturale e sociologico; 2) l'influenza della musica non occidentale; 3) l'impatto della tecnologia di registrazione; 4) il modo in cui l'arte arrivò sempre piú a riflettere l'irrazionalità dell'interiorità umana.

1) Quando nuovi orizzonti estetici e culturali si svilupparono nel corso del XX secolo, divennero disponibili nuovi gradi e tipi di discontinuità nel cinema, nella musica, nel teatro, nella letteratura e nella cultura di massa. Si consideri un esempio di discontinuità temporale: i programmi radiofonici. Le stazioni radio presentano montaggi di pubblicità, annunci, notizie, bollettini meteorologici, sport, servizi speciali e musica. La televisione può essere altrettanto discontinua. In un istante gli spettatori sono trasportati dall'animazione di un mondo fantastico a un servizio in diretta sulla guerra in una terra lontana, o dal mondo artificiale (ma la parola significa effettivamente qualcosa oggi?) del gioco a quiz al bucato di una casalinga tipo. E pensate ai bambini che crescono guardando quindicimila ore di televisione fra i due e gli undici anni. Considerate l'influenza formativa sui bambini degli Stati Uniti del programma *Sesame Street*. Esso esibisce discontinuità estreme, poiché si passa senza transizione o logica da una breve scena a un'altra totalmente diversa. Davvero un esempio di *moment form*! Guardare *Sesame Street* non è diverso dall'ascoltare un montaggio di brevi spezzoni musicali.

2) A differenza del caso precedente, relativo alle discontinuità estreme, un altro aspetto dell'estetica musicale modernista è stato l'esplorazione di raggruppamenti in sé coerenti cosí forti da riuscire a sospendere il movimento in avanti di una composizione attraverso il tempo. Incontriamo per la prima volta stasi armoniche moderniste nella musica di compositori quali Debussy e Stravinskij: non piú il pedale bachiano cosí carico di tensione, ma piuttosto segmenti di tempo musicale che sono stazionari e non hanno alcuna implicazione di movimento in avanti; non piú la costanza della tessitura come una copertura al movimento armonico, ma il congelamento di

diversi parametri in eternità miniaturizzate. Il contributo all'aumentato interesse nei confronti della stasi armonica venne dal graduale assorbimento della musica di culture totalmente diverse, le quali si erano evolute nei secoli senza alcun contatto con le idee occidentali. L'impatto su Debussy dell'orchestra *gamelan* giavanese, ascoltata per la prima volta nel 1889 all'Esposizione Universale di Parigi, è stato spesso sottolineato. Anche l'apertura di Stravinskij alla musica popolare russa costituí una fonte significativa di pensiero non-lineare. Entrambi i compositori ascoltarono sonorità autonome, la cui origine non risiedeva all'interno di relazioni funzionali con altri suoni e che non facevano parte di un mondo compositivo fondato sul levare/battere. L'influenza giavanese su Debussy fu particolarmente forte. La sua musica fu realmente la prima in Occidente a contenere estesi momenti di sonorità pura che devono essere apprezzati piú per se stessi che non per il loro ruolo all'interno di successioni lineari.

Un altro compositore ascoltò l'orchestra *gamelan* a Parigi (durante la sua seconda *tournée* europea del 1900) e comprese le implicazioni di una nuova concezione del tempo. Sebbene profondamente fedele alla "linearità tedesca", Gustav Mahler fu non di meno influenzato dall'insolita musica che proveniva da un altro mondo. Pochi anni dopo compose *Das Lied von der Erde* (1907-909), nel cui movimento finale viene esposto (in modo veramente sensazionale) un senso del tempo decisamente orientale in opposizione a quello della "linearità occidentale". Mi sto riferendo a qualcosa di piú di certe attraenti *chinoiseries* come le melodie pentatoniche. *Der Abschied* contiene ampi tratti di stasi armonica, e alla fine la tonalità funzionale gradualmente "evapora" in favore di una onnicomprensiva verticalità pentatonica: *do*, *mi*, *sol* e *la* sono esplicitamente presenti, mentre il *re* resta in memoria senza trovare una risoluzione nel proprio registro. Mahler dimostrò che il temperamento tedesco può costruire temporalità non-lineari. Ma si dovettero attendere molti anni prima che il suggerimento presente in *Das Lied von der Erde* fosse sfruttato ulteriormente, quando i compositori tedeschi provarono sempre piú disperatamente a mantenere la linearità che avevano ereditato, come dimostra la sua intensificazione nella musica di Schönberg e seguaci.

Sull'altra sponda dell'Atlantico, la musica da concerto stava entrando in contatto con una musica meno lineare di diversa tradizione. Charles Ives non provava attaccamento per la linearità europea, e probabilmente l'aspetto piú radicale della sua musica è il suo senso non-direzionale del tempo. All'epoca in cui Ives compose i suoi lavori esisteva già un considerevole *corpus* di musica americana (che includeva i *medleys* delle bande itineranti, alcuni eccentrici lavori sinfonici di Anthony Philip Heinrich, e alcune canzoni di Stephen Foster) che solo in qualche occasione era lineare a livello formale.

3) Le tecnologie di registrazione non hanno soltanto reso disponibili e attualizzato sia le musiche dell'antichità sia quelle delle culture "lontane", ma hanno pure trasformato la casa e l'automobile in ambienti adatti all'ascolto musicale non meno di una sala da concerto. L'allontanamento della musica dal comportamento ritualizzato che circonda l'andare al concerto inferse un grave colpo all'ordine interno dell'esperienza d'ascolto. Radio, dischi, cassette e CD consentono inoltre all'ascoltatore di entrare e uscire a piacimento da una composizione. Indipendentemente dal fatto che nella musica ci sia o meno una successione di eventi dall'inizio alla fine, l'ascoltatore non è catturato dalla totalità del pezzo. Tutti noi cambiamo canale e soffriamo meno di quanto i compositori non amino credere al pensiero di aver perso parte della composizione.

L'invenzione del registratore a nastro ebbe un profondo impatto sul tempo musicale. Il nastro poteva essere realizzato con un montaggio; eventi registrati in momenti diversi possono essere collocati uno accanto all'altro. Un montaggio potrebbe produrre una continuità mai esistita prima della registrazione stessa (cosí come la realizzazione discografica di un concerto classico che utilizzi i passaggi migliori di diverse registrazioni). Ma l'effetto opposto interessò di piú i compositori: il risultato musicale del montaggio poteva essere lo strapotere della discontinuità. L'ascoltatore era istantaneamente trasportato da un mondo sonoro a un altro. Proprio il momento del "taglio" era imprevedibile quanto la natura del nuovo mondo sonoro nel quale l'ascoltatore veniva sospinto. Le recenti tecniche di campionamento servono ad aumentare la tavolozza delle discontinuità musicali a disposizione del compositore.

4) Come la temporalità dei processi interni del pensiero, il senso del tempo in molta musica del XX secolo è spesso non-lineare. La nostra mente può seguire solo un ramo alla volta nell'albero delle associazioni; dobbiamo ritornare ancora sui nostri passi se desideriamo esplorare un altro ramo. Proiettiamo costantemente nel futuro le nostre fantasie, le nostre speranze e i nostri timori; richiamiamo e giustapponiamo ricordi del passato piú o meno remoto; rivolgiamo la nostra attenzione da una sequenza di pensieri a un'altra, spesso senza una ragione plausibile. La temporalità della mente è in apparenza irrazionale. Ma il tempo delle nostre vite quotidiane è fondamentalmente ordinato da schemi, orologi e relazioni causali. È solo a fronte di questo fondale d'ordine che le crescenti discontinuità della vita quotidiana vengono intese come non-lineari. Il conflitto tra il confortevole ordine delle abitudini quotidiane e le discontinuità che si intromettono in quell'ordine si è fatto particolarmente acuto negli ultimi decenni, anche se in effetti vi diventiamo insensibili nel momento in cui esso si fa abitudine. Ma il conflitto tra la continuità lineare della vita esterna e la discontinuità sostanziale della vita interiore non è peculiare del XX secolo. Sicuramente

il pensiero era non-lineare nell'Ottocento tanto quanto oggi. Ma ora l'arte si è spostata da una logica che riflette la linearità direzionale della vita esterna a un'irrazionalità che riflette le nostre ombrose, confuse e totalmente personali vite interiori.

6. *Il tempo lineare multi-direzionato.*

La discontinuità onnipervasiva minaccia la linearità del tempo musicale. Composizioni consistenti interamente di sezioni autosufficienti delimitate da sensibili discontinuità sono in realtà del tutto non-lineari, per lo meno non al livello in cui operano le forme delle loro sezioni. La loro coerenza deriva da principî globali, non dalla logica delle successioni che procedono momento dopo momento. Al di fuori del caso estremo rappresentato da composizioni che offrono un alto grado di discontinuità, troviamo pezzi in cui la direzione del movimento è cosí frequentemente interrotta da discontinuità, e in cui la musica muove cosí spesso verso direzioni inattese, che la linearità (pur rappresentando ancora una potente forza strutturale) appare diversamente organizzata. In una musica del genere definisco l'orientamento temporale come «multi-direzionato» (questo concetto è in relazione con quello di «incongruenza parametrica» formulato da Meyer [1973, *passim*]). C'è un senso di movimento, ma la direzione di quel movimento è tutt'altro che univoca. Il tempo multi-direzionato non è la stessa cosa del tempo lineare non-direzionale. Nel primo il senso di una direzione verso un obiettivo è molto accentuata, anche se vi è implicato piú di un obiettivo e/o viene suggerito piú di un percorso verso l'obiettivo o gli obiettivi. Nel tempo lineare non-direzionale non c'è un obiettivo chiaramente formulato, nonostante la continuità orientata del suo movimento. In termini matematico-geometrici, il tempo multi-direzionato potrebbe paragonarsi a un campo vettoriale multidimensionale; cosí come il tempo lineare finalizzato è analogo a una linea retta, e il tempo lineare non-direzionale o non-finalizzato assomiglia a una serpentina.

Facciamo un esempio ipotetico: il frammento A si sviluppa gradualmente. Il frammento B, che è in *pianissimo*, può avere la funzione di obiettivo del frammento A anche se B non segue immediatamente A. Supponiamo che A stia anche diventando piú denso dal punto di vista della tessitura e supponiamo inoltre che il frammento B (delicato e magari rarefatto) o un frammento C (forte e denso) possano servire come obiettivo di A. Il frammento A si sviluppa in due direzioni insieme, entrambe le quali possono o meno condurre immediatamente a un obiettivo. Sto sostenendo non solo che alcuni frammenti possono evolversi in piú di una direzione nello stesso tempo, ma anche che non c'è bisogno che le loro continuazioni li seguano direttamente. Quando in un brano alcuni processi si muovono verso uno o piú obiettivi e quando inoltre l'obiettivo, o gli obiettivi, non sono posti alla fine del processo ma altrove, il *continuum* temporale è multiplo.

Questo ipotetico esempio mostra come il tempo multi-direzionato dipenda dalla circostanza che la linearità sottostante sia percepibile anche quando non viene presentata in ordine lineare. Una concezione postmodernista del tempo ci consente di avere esperienza del tempo multi-direzionato non soltanto nella musica contemporanea ma anche in qualche precedente opera tonale. La musica tonale può essere oggetto di ascolto multi-direzionato per due ragioni: 1) i processi tonali sono ben definiti, cosicché il loro orientamento verso un obiettivo può essere compreso anche quando l'obiettivo non viene immediatamente raggiunto; 2) la musica tonale contiene una ricchezza di convenzioni gestuali, quali gli inizi, le cadenze finali, le transizioni, i punti culminanti, ecc. che possono essere riconosciute anche quando si presentano nella parte "sbagliata" di un pezzo. A causa di questi due fattori, possiamo trovare anomalie quali una conclusione nel mezzo di un pezzo, continuazioni diverse di un dato passaggio, transizioni interrotte, inizi o conclusioni multiple, e cosí via. Esempi di linearità tonale multi-direzionata includono il Trio della Sinfonia *Jupiter* (1788) di Mozart, dove la formula cadenzale si presenta ripetutamente all'inizio della frase, e il primo movimento del *Quartetto* per archi in *fa* maggiore op. 135 (1826) di Beethoven, in cui una "normale" successione viene totalmente riorganizzata con profondi effetti [Kramer 1988, pp. 123-36; 1996, pp. 25-32; 1998, pp. 299-304].

Il primo movimento dell'op. 135 usa il tempo musicale tanto come materiale quanto come contesto. La musica non soltanto si sviluppa nel tempo ma sviluppa anche il tempo stesso. Il suo significato (almeno per me) dipende da una linearità riorganizzata, non dagli esecutori e forse nemmeno dal compositore, ma nella mente dell'ascoltatore. La comprensione di tali manipolazioni temporali può richiedere una sensibilità postmoderna, piú facile da possedere e articolare alla fine del XX secolo che non in epoche precedenti.

La letterale successione degli eventi del movimento è contraddetta da ciò che definisco il "tempo gestuale", nel quale la funzione temporale è creata non dall'ordine degli eventi nel tempo assoluto ma dai loro profili convenzionali. Considero per esempio la cadenza finale come il momento conclusivo nel tempo gestuale, che si trovi o meno alla fine di un'esecuzione nel tempo assoluto. Una tale cadenza è presente nella battuta 10 dell'op. 135 di Beethoven. È possibile comprendere questo gesto come cadenza *finale* a dispetto della sua comparsa precoce nel *continuum* temporale del movimento. Tale gesto ha l'impatto di una *cadenza finale*. Esso dà la sensazione di una conclusione, e ne possiede anche la forma. E dunque in un certo senso esso *è la fine*. In realtà, nel tempo assoluto le batt. 1-10 costituiscono ovviamente un inizio. Ma in termini di tempo gestuale il movimento *si con-*

clude effettivamente alla batt. 10, perché questo è il luogo in cui ascoltiamo ciò che riconosciamo come una cadenza finale. In seguito ci spostiamo lungo il pezzo nel tempo assoluto per scoprire il contenuto del movimento che si è appena "concluso" (nel tempo gestuale).

Il tempo assoluto del pezzo è lineare: la musica si sviluppa nota dopo nota, gesto dopo gesto, frase dopo frase. Il tempo gestuale è comunque non-lineare: una cadenza finale viene riconosciuta come tale a prescindere da dove essa si presenti nel pezzo. L'idea che la fine del movimento si presenti alla decima battuta postula un *continuum* temporale multiplo, con due ordini separabili di successioni. Un ordine dipende dalla successione lineare degli eventi musicali come ascoltati nell'esecuzione, mentre l'altro dipende da gesti convenzionalmente definiti non-lineari che portano connotazioni di funzioni temporali (inizio, fine, punto culminante, transizione, ecc.), e ciò prescindendo dal loro immediato contesto. Tali convenzioni sono definite in modo piú chiaro e completo nella musica tonale, in particolare nella musica tonale del periodo classico.

Questa analisi delle prime battute dell'op. 135 di Beethoven separa la funzione gestuale dalla collocazione gestuale. Tale separazione dipende da una visione assoluta della funzione, il che significa definire la cadenza della batt. 10 come una "cadenza finale", a prescindere da dove essa appaia. Significati gestuali interagiscono con significati contestuali: da un punto di vista gestuale la batt. 10 è un movimento di cadenza, ma dal punto di vista contestuale essa è una cadenza d'apertura di frase binaria. La batt. 10 non è *semplicemente* o *unicamente* una conclusione. C'è disaccordo fra l'intrinseca funzione di un gesto conclusivo e il fatto che lo si incontri in un contesto d'apertura. La differenza consiste nel come il tempo viene usato (tempo assoluto, governato dall'inevitabilità del procedere e dalla sintassi della successione tonale) e rappresentato (tempo gestuale, suggerito dalle intrinseche funzioni temporali dei gesti).

Una lettura del quartetto beethoveniano secondo il tempo gestuale suggerisce inoltre che la batt. 9 "conduca direttamente" alla batt. 25. Il fatto che io consideri la batt. 25 come la continuazione della batt. 10 non contraddice la mia affermazione secondo la quale il movimento termina alla batt. 10 (nel tempo gestuale). In tal modo la musica contiene un paradosso: un gesto conclusivo *vicino all'inizio* è *seguito* da un arrivo posto all'interno del pezzo.

Poiché il tempo musicale esiste all'interno dell'ascoltatore, vi sono altre specie di temporalità oltre alla semplice successione attimo-dopo-attimo che ho finora associato al tempo assoluto. Il tempo gestuale è una di queste. Naturalmente non credo che qualcuno esperisca in senso letterale il tempo gestuale. Piuttosto comprendiamo quando un gesto sembra essere mal collocato all'interno del tempo assoluto, e aspettiamo le conseguenze di questa collocazione fuori posto. Alla fine possiamo arrivare a capire, *a posteriori*, che i gesti del brano implicano continuità virtuali piuttosto diverse da quelle ascoltate nel tempo assoluto. Definisco queste continuità "virtuali" perché esse non esistono oggettivamente nel tempo assoluto, ma piuttosto dove esiste tutta la musica ascoltata: nella mente.

Se il tempo multi-direzionato suscita un modo di percezione peculiare della mente postmoderna, allora potremmo aspettarci di trovare un ricco *corpus* di musica multi-direzionata composta nella seconda metà del XX secolo. Ma in effetti trovo relativamente pochi esempi di questo tipo. La ragione è che senza una linearità tonale chiaramente percepibile è difficile comprendere un tale riordinamento. Inoltre nella musica post-tonale gesti quali cadenze, inizi, conclusioni ecc. non sono stati resi altrettanto convenzionali dei loro equivalenti nella musica tonale.

Tuttavia c'è un ristretto ma significativo numero di composizioni musicali non-tonali con linearità multi-direzionata. Si consideri il Trio per archi (1946) di Schönberg. I gesti sono continuamente interrotti e spesso le transizioni non vanno dove sembravano dirigersi; eppure verso la fine sentiamo che tutte le fila disperse sono state magicamente riannodate. Questo interessante brano è complesso dal punto di vista temporale, eppure anche qui la molteplicità del tempo non è chiaramente definita come in un pezzo tonale "riordinato" da un punto di vista gestuale quale l'op. 135 di Beethoven. Ciò accade in gran parte perché la linearità riordinata è non-direzionale ai livelli gerarchici piú profondi. Ma non c'è altro modo ragionevole per capire la dimensione delle discontinuità temporali del Trio. Sicuramente esso non presenta ancora un mosaico di *moments* discreti (un argomento che sarà trattato in seguito) perché i frammenti che si interrompono continuamente l'un l'altro non sono né statici (il pezzo è pieno di energia direzionata, di ritmi che evolvono, di trame che si sviluppano e di connessioni di suoni per grado congiunto) né autosufficienti (i frammenti concludono di rado al proprio interno).

Un esempio precoce di tempo multi-direzionato nella musica del ventesimo secolo è *Jeux* (1912-13) di Debussy. In *Jeux* le sezioni discrete sono talora statiche, ma spesso si muovono verso obiettivi (o provengono da origini) che non appaiono in sezioni adiacenti e possono anche non apparire affatto all'interno del pezzo. Cosí *Jeux* esiste in una dimensione temporale multi-direzionata complessa e affascinante, che anticipa il concetto ancor piú radicale di *moment time* in Stravinskij, Messiaen, Stockhausen e altri.

Un esempio piú recente di composizione multi-direzionata è il primo canto di *Time Cycle* (1960) di Lukas Foss. *We're Late* è tutt'altro che ovviamente lineare, sebbene nella linea vocale vi siano connessioni di altezze al livello medio. Ma l'ascoltatore è colpito dal carattere conclusivo della cadenza a batt. 14. Questa cadenza viene ripresa due volte in una forma piú debole alle batt. 37 e 57, e la vera conclusione del canto sembra assai meno conclusiva della batt. 14.

7. *Il "moment time"*.

Il tempo multi-direzionato è tempo discontinuo; le sue discontinuità segmentano e riordinano il tempo lineare. In alcuni brani rivoluzionari del XX secolo non c'è alcuna linearità fondamentale e quindi la musica è marcatamente discontinua. Definisco il concetto temporale di tale musica non-lineare *moment time*, con riferimento alla *Momentform* di Stockhausen [1963*b*]. Mentre un pezzo lineare multi-direzionato di solito ha un inizio chiaro o diversi inizi inequivocabili che possono presentarsi o meno all'inizio del lavoro, una composizione non-lineare in *moment time* non ha un reale inizio. Piuttosto essa si limita a "partire", come se fosse già iniziata da tempo e ci fosse capitato di sintonizzarci su di essa. Una forma multi-direzionata può avere una o piú cadenze *finali*, non necessariamente alla conclusione del pezzo, mentre una *moment form* si ferma, e non conclude. Al suo termine abbiamo l'impressione di aver ascoltato una serie di sezioni debolmente connesse - chiamate *moments* - che formano un segmento di un *continuum* eterno. I *moments* possono avere relazioni interne (per esempio attraverso dei motivi), ma non connessioni attraverso una transizione. I *moments* sono quindi sezioni autosufficienti, separate da discontinuità, che si odono piú per se stesse che non per la loro partecipazione al progredire della musica. Se un *moment* è definito da un processo, quel processo deve raggiungere il suo obiettivo e deve concludersi entro i confini del *moment*. Se d'altro canto una sezione conduce a un'altra, adiacente o meno che sia, allora essa non è né autosufficiente né concepita nel *moment time*. Essa è collegata tramite mezzi lineari con almeno un'altra sezione.

I *moments* sono spesso definiti da eventi statici piuttosto che da processi. Un *moment* può consistere per esempio in una singola armonia allargata. Poiché non c'è alcuna logica lineare che colleghi i *moments*, la loro successione *sembra* arbitraria. In realtà l'ordine può essere o meno arbitrario, ma questo è ciò che deve apparire in superficie se il pezzo va ascoltato nel *moment time*. L'espressione estrema di una *moment form*, nella quale l'ordine dei momenti non *sembra* soltanto, ma *è* realmente arbitrario, è la forma "aperta" (*mobile form*): il compositore indica che le sezioni del pezzo possono essere disposte secondo un ordine qualsiasi, variabile da un'esecuzione all'altra, probabilmente entro certi limiti. Un chiaro esempio è dato da *Music for Cello* (1963) di Barney Childs, che contiene diversi frammenti sparsi sulla pagina da eseguire secondo un ordine qualsiasi. Ugualmente importanti sono *Available Forms I* (1961) di Earle Brown, *Momente* (1962-1964) e *Mixtur* (1964) di Stockhausen. Ciò che nella logica lineare può mancare a tali pezzi viene recuperato nella logica non-lineare della coerenza (per esempio, l'analogia della tessitura o del timbro) che fa sembrare i *moments* come appartenenti allo stesso pezzo piuttosto che solo come un coacervo di estratti senza relazione fra loro.

Nel *moment time* il grado di discontinuità fra le sezioni può essere considerevole. Il contrasto fra *moments* deve evitare un loro annullamento attraverso il loro confronto incidentale. Eppure i *moments* devono ancora sembrare appartenenti allo stesso pezzo: ci deve essere la logica non-lineare a legarli insieme. Sebbene il *moment time* provenga direttamente da estreme discontinuità, il grado contestualmente "corretto" di discontinuità necessario per un'efficace *moment form* è difficile da dosare. D'altro canto diversi pezzi che mantengono residui di pensiero lineare possono ancora essere ascoltati significativamente nel *moment time* perché evidenziano gli alti livelli di discontinuità necessari tra le sezioni e la relativa indipendenza di queste.

Sinfonie per strumenti a fiato di Stravinskij [analizzato in Kramer 1988, pp. 221-85] è un lavoro di questo tipo. Il pezzo richiede un ascolto nel *moment time* nonostante le sue connessioni di suoni per gradi congiunti, il punto culminante, la fanfara iniziale e la cadenza finale. Esso *è* una *moment form*, anche se ne rappresenta un esempio embrionale e contaminato. La sua temporalità appartiene principalmente al *moment time*, perché le sue sezioni sono relativamente statiche e vi è una considerevole discontinuità fra di esse.

Altri esempi del concetto di *moment* comprendono pezzi quali *Oiseaux exotiques* (1955-56) di Messiaen, il secondo movimento della *Sinfonia* (1928) di Webern, *Quick Are the Mouths of Earth* (1965) di Roger Reynolds, il Quartetto per archi (1964) di Witold Lutosławski, *Lumpy Gravy* di Frank Zappa, *Symphony of Modules* (1967) di István Anhalt e il terzo movimento del quartetto per archi *Un vieux souvenir* (1985) di Michael Gielen. La varietà di questo breve elenco dimostra che il *moment time* non dipende da uno stile. Esso è un concetto profondamente radicato nella cultura contemporanea.

Ma se l'ordine dei *moments* sembra arbitrario, se il pezzo non ha inizio e non ha conclusione, esso ha poi una forma? Io sostengo che anche la musica essenzialmente in *moment time* abbia una forma discernibile, e che tale forma derivi dalle proporzioni e/o dagli aspetti costanti e coerenti dei *moments*, entrambi principî non-lineari. L'autosufficienza dei *moments* consente all'ascoltatore di comprenderli come entità. Il modo in cui queste entità si uniscono in un tutto coerente viene compreso attraverso quello che potrebbe essere metaforicamente definito «l'ascolto cumulativo» [*ibid*., pp. 367-69], un modo di percezione che è suggerito dall'assenza di processi lineari su larga scala. Quando ascoltiamo un pezzo, accumuliamo sempre piú informazioni riguardo alla sua forma. Piú ascoltiamo e piú comprendiamo la non-linearità incorporata nella coerenza e nell'equilibrio (o nella mancanza di esso) che generano la forma non-lineare. Cosí, rispetto a quanto accade nella musica tonale, nella *moment form* le proporzioni tra le sezioni devono essere verosimilmente piú importanti di un complessivo senso di equilibrio.

Nella musica di compositori come Messiaen e Stravinskij, i quali scrissero molte composizioni discontinue che utilizzano il *moment time*, vengono messi in atto raffinati equilibri. Quando in tale musica una linearità strutturale in sviluppo viene mascherata oppure non esiste, possiamo considerare le sue proporzioni come un elemento di coerenza strutturale. Nella musica in cui la non-linearità è la forza strutturale dominante, le proporzioni divengono il fattore piú determinante della coerenza formale.

Ho esaminato le proporzioni di numerosi lavori di Stravinskij che mostrano discontinuità del tipo *moment time* [*ibid*., pp. 286-303]. Probabilmente il sistema piú complesso di equilibri proporzionali può essere riscontrato in *Agon*. Questo balletto ha lasciato perplessi i commentatori a causa dell'alto grado di discontinuità presente fra le sezioni e dell'apparente mancanza di unità nei materiali e nei procedimenti. Eppure il lavoro è coerente, anche grazie a un insieme di raffinati equilibri proporzionali. *Agon* consiste in una serie di sezioni piú o meno autosufficienti che sono separate da discontinuità. Questi *moments* sono caratterizzati da aspetti costanti e coerenti nella tessitura, nell'armonia, nel procedimento compositivo, nell'orchestrazione, nel tempo metronomico, nel materiale melodico e nella forma. Alcuni *moments* sono suddivisi da discontinuità meno marcate, mentre altri sono raggruppati sia semplicemente in base al fatto di essere adiacenti, sia perché presentano un'analogia motivica. Di conseguenza gruppi di *moments*, *moments* e *submoments* rappresentano tre livelli di struttura distinti, ma gerarchicamente adiacenti.

Una struttura si rivela interessante quando confrontiamo le durate dei *moments*, calcolate secondo le indicazioni metronomiche di Stravinskij, con il numero totale delle pulsazioni per sezione. A eccezione di passaggi seriali estremamente lunghi, troviamo che in *Agon* tutte le sezioni, dalla piú breve alla piú lunga, hanno durate che si approssimano (con un notevole grado di precisione) a una serie di numeri in relazione fra loro secondo un rapporto costante. Le durate proporzionali determinate da questo diffuso rapporto si estendono oltre le durate del *moment*, fino alle durate complessive dei gruppi di *moments*, per arrivare alla durata dell'intero pezzo. Da queste serie di numeri provengono tre risultati: 1) la durata di quasi ogni sezione è determinata da questa serie; 2) gruppi di sezioni adiacenti corrispondono spesso alle durate massime entro la serie; 3) le somme delle durate dei gruppi di sezioni sono determinate dalla serie. La diffusione di questo sistema di proporzioni è imponente. Stravinskij potrebbe non aver calcolato consapevolmente le durate di queste sezioni, ma è chiaro che era sensibile alle proporzioni, e che escogitò e mise in pratica un raffinato sistema di equilibri formali.

Questi sistemi sono non-lineari. Gli equilibri agiscono nel corso dell'intero pezzo, cosicché l'effetto sull'ascoltatore è cumulativo. Le lunghezze delle rispettive sezioni sono determinate non sulla base delle durate delle sezioni precedenti, ma in modo non-lineare secondo un unico principio che prevale inalterato nel corso di tutto il lavoro. Man mano che *Agon* prosegue, acquisiamo piú informazioni che ci consentono di percepire l'equilibrio delle sezioni *disuguali*. L'ordine in cui incontriamo le varie durate quasi non ha importanza. Non sto affermando che si possa eseguire *Agon* come una forma aperta senza distruggere il senso del pezzo, sebbene un tale riordinamento produrrebbe un risultato piú comprensibile di quanto non sarebbe possibile conducendo tale esperimento su una sonata di Mozart. Sto affermando che le *durate* e non i *materiali* delle sezioni mostrano un'organizzazione non-lineare.

Esiste un potenziale problema sottostante all'analisi quantitativa delle durate delle sezioni. Se il tempo musicale è soggettivo, malleabile e multiplo, cosa ci dicono realmente la misurazione *precisa* e il confronto fra le durate? Si tratta semplicemente di qualcosa che è nella partitura, ma viene assimilato a livello subconscio perché l'attenzione dell'ascoltatore è rivolta ad altri elementi? Il problema è particolarmente sensibile nelle analisi oggettive delle durate nella musica tonale, poiché questa è piena di diversi tipi di movimento che procedono a velocità differenti: andamenti metronomici mutevoli, movimento della condotta delle parti nel livello medio, velocità dei cambiamenti armonici, gradi variabili di stabilità armonica, risoluzioni delle dissonanze, l'intera rete di battere e levare strutturali. L'insieme dei movimenti struttura (si potrebbe dire "distorce", sebbene sicuramente in un senso positivo) la nostra percezione della durata. L'intera questione del *come vengano percepite* le proporzioni, soprattutto nella musica tonale, sembrerebbe troppo complessa per essere trattata con una misurazione quantitativa. E allora, che cosa si studia effettivamente nell'analisi oggettiva delle durate "tonali", o anche nelle mie misurazioni numeriche delle durate temporali e dei rapporti in Stravinskij?

Come possiamo porci rispetto a questa domanda? Il *moment time*, occorre ricordarlo, è caratterizzato da sezioni che sono internamente statiche, almeno nei confronti del contesto. Ciò significa che non c'è alcun contrasto sostanziale, cambiamento, movimento o sorpresa, all'*interno* delle sezioni. Piú un passaggio è statico, piú la durata percepita dovrebbe concordare con la sua durata cronometrabile. Piú precisamente, nella musica le cui sezioni interne sono carenti di quei movimenti che producono la distorsione delle durate, le *relazioni proporzionali percepite* fra le durate delle sezioni tendono ad accordarsi con le proporzioni di durata misurate oggettivamente. Mentre la nostra reale valutazione in secondi della durata di un passo può non essere particolarmente accurata, la nostra comprensione dei *rapporti* fra le durate delle sezioni dovrebbe concordare con le proporzioni "reali" misurate, data l'assenza della distorsione temporale procurata dal contrasto o dal movimento. Cosí ipotizzo che le analisi oggettive che studiano i rapporti di durata nella musica "statica", in particolare nella musica legata al *moment time*, sono importanti per la percezione di tale musica.

8. *Tempo verticale*.

Ad ogni modo, non tutte le forme musicali non-lineari dipendono da una comprensione cumulativa dell'informazione relativa alle durate. La coerenza interna di una tessitura è un'altra manifestazione di non-linearità. Il XX secolo ha visto esplorazioni degli artifizi della discontinuità, come pure esperimenti nel campo della coerenza estrema. Alcuni pezzi sembrano aver adottato le esigenze dei *moments* (autosufficienza tramite stasi o processo) come propria essenza complessiva. Quando il *moment* diventa il pezzo, la discontinuità scompare a favore della coerenza totale, possibilmente invariabile. Le composizioni sono state realizzate in modo da essere temporalmente indifferenziate nella loro interezza. Esse mancano di "frasi" (proprio come sono carenti di successioni, di direzionalità, di movimento e di velocità contrastanti) perché le conclusioni di frasi interrompono la continuità temporale. Il risultato è un unico "presente" esteso a una durata enorme, un "adesso" potenzialmente infinito che ciononostante si percepisce come un attimo. Nella musica senza frasi, senza articolazione temporale, dotata di coerenza totale, qualsiasi struttura presente esiste fra strati simultanei di suono, non fra gesti successivi. Definisco il concetto di tempo evocato da tale musica come "verticale".

La mancanza di frasi è una condizione sufficiente, ma non necessaria, del tempo verticale. *Bohor I* (1962) di Iannis Xenakis, per esempio, manca di una differenziazione interna delle frasi; nel corso della sua durata il materiale sonoro resta largamente immutato. Questa composizione mostra quindi un tempo verticale. *Caritas* (1969) di Larry Austin contiene cambiamenti sottili, in quanto il compositore di questo pezzo per nastro magnetico sembra spostarsi gradualmente da un circuito elettronico controllato dal computer a un altro, ma i cambiamenti non sono articolati da gesti conclusivi e neanche danno l'impressione di cadenze sfalsate. La musica non fuoriesce dal contesto accuratamente definito che essa stessa crea; quindi anch'essa esemplifica l'idea di tempo verticale. Un lavoro come *A Rainbow in Curved Air* (1969) di Terry Riley, a dispetto delle regolari salite e discese delle frasi, resta all'interno del proprio "mondo" eccetto che per una marcata articolazione in prossimità di un terzo del pezzo. La ragione per cui questo lavoro viene recepito in tempo verticale è che le sue frasi sfuggono alla formazione di una gerarchia e vengono perciò percepite in una certa misura arbitrarie. Ogni cadenza ha all'incirca la stessa importanza.

Non si fa alcuna distinzione in merito al grado di conclusività. Quindi il lavoro esiste principalmente nel tempo verticale, nonostante la presenza di frasi rassicuranti. Diversamente, nel tempo lineare le frasi si raggruppano in periodi, sottosezioni, sezioni, movimenti, ecc. in una gerarchia (di solito) ben ordinata. Alcune cadenze sono piú forti di altre, e le piú forti concludono porzioni piú ampie del pezzo.

Quindi un pezzo concepito "verticalmente" non mostra una conclusione su ampia scala. Non inizia, ma semplicemente "parte". Non prepara un punto culminante, non crea volontariamente aspettative, non cerca di soddisfare aspettative che possano sorgere accidentalmente, non accumula né libera tensione, e non finisce ma semplicemente si ferma. Nessun evento dipende da un altro. In altre parole l'intera composizione è solo un unico evento di grandi dimensioni. Un pezzo concepito verticalmente definisce sin dall'inizio quello che sarà il confine del suo mondo sonoro durante l'esecuzione, e resta nei limiti che ha scelto. Il rispetto dei termini autoimposti è essenziale, perché qualsiasi sconfinamento verrebbe percepito come un'articolazione temporale di considerevole peso strutturale, e pertanto distruggerebbe la verticalità del tempo.

In che modo un pezzo definisce i propri limiti? La maggior parte di noi tende ad ascoltare in modo orizzontale – lineare – data la prevalenza nella nostra cultura della musica tonale e dei valori lineari. Nella musica noi ascoltiamo (e persino proiettiamo) implicazioni e sviluppi. Cosí anche sapere in anticipo che un pezzo sarà internamente indifferenziato non preclude la nostra iniziale, abituale, risposta di ascolto "teleologico". Il pezzo parte (non inizia), e in un primo momento cerchiamo di imporre la linearità, accumulando potenziali implicazioni dalle quali trarre piú avanti significative relazioni causali. Ma con il procedere della musica, le implicazioni si accumulano con conseguenze minime, perché la composizione non contiene cambiamenti di un certo peso strutturale. Ci sovraccarichiamo di aspettative che non ottengono soddisfazione e ci troviamo di fronte a una scelta: abbandonare l'aspettativa ed "entrare" nella dimensione di tempo verticale del lavoro – dove l'aspettativa lineare, l'implicazione, la causa e l'effetto, gli antecedenti e i conseguenti non esistono – oppure annoiarci. Chi frequenta concerti di questo tipo sa quanta gente scelga la seconda possibilità. Comunque, una volta che l'abitudine all'ascolto lineare viene detronizzata dalla sua posizione pseudo-universale, l'ascoltatore smette di annoiarsi di fronte alla musica non-lineare, almeno quella migliore. Egli capisce che l'assenza di implicazione, movimento, gerarchia e contrasto non è necessariamente nichilista, e apprende di conseguenza a "entrare" in un pezzo e a godere dei suoi suoni. Il tempo verticale rivela una musica di estrema concretezza, svincolata da significati referenziali o da simbolismi. Si tratta di musica di pura bellezza o di pura bruttezza, non mitigate dal suo procedere nel tempo.

Rinunciando all'ascolto finalizzato, noi abbandoniamo in definitiva ogni attesa di cambiamenti significativi, di implicazioni realizzate, di svolgimenti. Possiamo rimanere ingannati se un pezzo si rivela nient'affatto "verticale", ma possiamo porgere l'orecchio alla linearità soltanto in una prolungata e totale assenza di strutture temporali gerarchiche. Una volta "entrati" nella verticalità di una composizione, abbiamo accettato le sue condizioni. Il pezzo ha definito per noi il proprio contesto; non andrà oltre i confini. Alcune composizioni verticali hanno limiti ristretti, mentre altre ne hanno di molto ampi. Per esempio alcune esecuzioni di *Variations V* (1965) di John Cage si avvicinano all'ideale infinito dove *qualsiasi cosa* può accadere senza sconvolgere la verticalità della struttura temporale. In un pezzo totalmente "aperto" come questo la maggior difficoltà per un interprete consiste nel trovare un modo d'includere una varietà il piú possibile ampia di eventi isolati, disparati e persino sorprendenti senza suggerire la presenza fra essi di relazioni funzionali o di articolazioni.

Di solito le composizioni verticali non sono prive di struttura; è piuttosto il loro *continuum* temporale a esserne privo. La loro struttura è verticale, non lineare. Qualsiasi struttura sia presente (o venga attribuita da interpreti e ascoltatori) essa esiste, almeno potenzialmente, per la durata dell'esecuzione. Mentre nella musica lineare la forma consiste nelle relazioni fra eventi successivi, in questi pezzi la forma consiste per lo piú di relazioni costanti fra strati sempre presenti del loro denso mondo sonoro.

L'ascolto di una composizione "verticale" può essere come guardare una scultura. Quando esaminiamo la scultura determiniamo da noi stessi la misura della nostra esperienza: siamo liberi di camminare intorno all'oggetto, osservarlo da diverse angolazioni, concentrarci su alcuni dettagli, vedere altri dettagli in relazione l'uno con l'altro, retrocedere e guardare l'opera nel suo complesso, contemplare il rapporto fra l'opera e lo spazio nel quale la vediamo, chiudere gli occhi e ricordare, lasciare la stanza quando lo desideriamo e ritornare per ulteriori osservazioni. Nonostante la selettività individuale del processo di osservazione, nessuno potrebbe affermare che non abbiamo dato uno sguardo attento all'intera scultura (sebbene possiamo non averne notato qualche particolare). Per ciascuno di noi la sequenza temporale delle posizioni di osservazione è stata unica. Il tempo trascorso con la scultura è tempo strutturato, ma la struttura è posta da noi, influenzata dall'oggetto, dal suo ambiente, da altri spettatori, e dal nostro umore e gusto. In modo analogo, la musica verticale semplicemente *è*: possiamo ascoltarla o ignorarla. Se ascoltiamo solo parte dell'esecuzione abbiamo anche ascoltato l'*intero* pezzo, perché sappiamo che esso non subirà mai modifiche. Siamo liberi di concentrarci sui dettagli o sull'intera opera. Al pari della scultura, il pezzo non ha una differenziazione temporale interna che possa ostacolare la percezione che desideriamo averne.

Come i *moments* nel *moment time*, la musica verticale si può contemporaneamente definire processo e stasi. C'è uno speciale tipo di musica verticale chiamata minimalista. Composizioni quali *Come Out* (1966) di Steve Reich o *Les moutons de Panurge* (1969) di Frederik Rzewski sono in costante movimento, forse verso un obiettivo (come nel caso di Rzewski), o forse senza averne alcuno, all'infinito (come in Reich). Si potrebbe pensare a tali lavori come a puro tempo lineare, ma ascoltarli non è un'esperienza lineare, a dispetto del loro movimento interno. Poiché in tali pezzi il movimento è incessante e l'andamento graduale e costante, e poiché non c'è alcuna gerarchia nella struttura della frase, la temporalità è piú verticale che non lineare. Il movimento è cosí costante che perdiamo qualsiasi punto di riferimento, qualsiasi contatto con il movimento piú veloce o piú lento che potrebbe renderci consapevoli della direzionalità della musica. L'esperienza è statica a onta del costante movimento.

Il tempo verticale è la piú radicale fra le nuove temporalità qui illustrate. La musica verticale è quella nella quale la non-linearità predomina sulla linearità, quella che differisce di piú dalla tradizione musicale dell'Occidente. La musica verticale cerca di non imporsi sull'ascoltatore e di non manipolare il pubblico. Il contesto della musica verticale consente a un ascoltatore di prendere contatto con la propria temporalità soggettiva. È musica della soggettività e dell'individualità.

9. *Conclusioni.*

Ho menzionato diverse varietà di tempo musicale, alcune prevalenti soprattutto nella musica tonale e altre piú comuni negli stili atonali: il tempo lineare diretto verso un obiettivo, il tempo lineare non-direzionato, il tempo lineare multi-direzionato, il *moment time* e il tempo verticale. Fino a che punto questi modi temporali sono realmente proprietà della musica, e fino a che punto essi sono sovrapposti a una composizione dagli ascoltatori o dagli esecutori? Si consideri *Duo* di Elliott Carter (1974), una convincente forma lineare il cui inizio sembra a un primo sguardo quasi senza direzione. Quando ascoltai per la prima volta questa complessa musica rimasi perplesso: sentivo che il lavoro non aveva assolutamente alcuna direzione. Quando non percepiamo la direzionalità di un pezzo, la sua dimensione temporale sembra verticale. Viceversa, una composizione che non ha alcuno sviluppo intrinseco, una forma verticale, può essere meglio acquisita quanto piú l'ascoltatore ne ha memorizzato la (casuale) sequenza degli eventi. Pochi anni fa, per esempio, ho ascoltato cosí spesso una registrazione di *Aria* di Cage (1958), eseguita simultaneamente a *Fontana Mix* (1958) dello stesso autore, che ho memorizzato quasi alla lettera le esecuzioni. Gradualmente la mia conoscenza di quale fosse la successione degli eventi conferí una prevedibilità alla mia esperienza d'ascolto: sembrava che l'evento

Y non solo seguisse l'evento X, ma anche che X in qualche modo *implicasse* Y. Se c'è implicazione c'è linearità.

Se pezzi cosí diversi come quelli di Carter e Cage possono sembrare non-lineari o lineari a seconda del numero di ascolti o della competenza stilistica dell'ascoltatore, non ne consegue dunque che il tipo di esperienza temporale è determinata dall'ascoltatore piú che dalla composizione? Sí e no. Non intendo negare né il potere dell'ascoltatore né dei fattori che possono influenzare l'esperienza individuale d'ascolto. La creatività dell'ascoltatore è stata per troppo tempo sottovalutata. Per esempio, ora che siamo diventati consapevoli dei modi in cui la nostra esperienza del tempo può essere alterata, possiamo – forse con qualche sforzo – applicare il modo d'ascolto verticale a un pezzo decisamente non-verticale. Un eccellente oggetto d'ascolto non-lineare è il già citato *Stückchen* di Schumann. Questo breve pezzo può risultare statico all'ascolto in quanto non abbandona mai il *do* maggiore, non abbandona mai il metro di 4/4, non cambia mai andamento, il suo accompagnamento raramente abbandona un ostinato movimento di crome, la sua melodia è in prevalenza costituita da semiminime, ci sono solo due alterazioni cromatiche di passaggio, e per la maggior parte del pezzo c'è un pedale di *sol* nella voce interna.

Stückchen non è un brano intrinsecamente statico, ma può essere recepito come tale una volta che sappiamo procurarci significative esperienze musicali di staticità. Lo sforzo di ascoltare in questo modo, sebbene possa arricchire, è considerevole e anche un po' perverso. Un tale sforzo implica necessariamente una contraddizione con il sistema del pezzo. Noi tutti sappiamo, anche solo intuitivamente, come funziona la tonalità. E tutti ascoltiamo la tonalità cineticamente, cioè come un movimento. Evitare l'ascolto del movimento tonale richiede uno sforzo speciale. Pertanto *Stückchen* non è statico e le sue qualità cinetiche – il suo tempo lineare – appartengono *effettivamente* al pezzo. La conoscenza di questo lavoro di Schumann comprende l'ascolto delle sue implicazioni tonali dal momento che esse sono presenti. Il suo ascolto secondo il tempo verticale richiede d'altro canto una negazione della sua struttura tonale intrinseca. Questa situazione è diversa dal memorizzare una certa registrazione di *Aria* insieme a *Fontana Mix*, perché non stiamo sostituendo all'implicazione interna la successione memorizzata.

Ascoltare un lavoro tonale secondo un modo temporale che in genere si associa alla musica post-tonale può essere meno perverso e meno difficile con un'esecuzione che ci sia congeniale. Un pianista che cercasse di proiettare una comprensione verticale di *Stückchen* sottolineerebbe probabilmente la continuità e la mancanza di cambiamenti, minimizzando nel contempo le articolazioni iniziali e finali della frase. La correttezza storica di una tale esecuzione può essere facilmente messa in dubbio, ma una tale interpretazione può essere difesa come una visione postmodernista di un lavoro tradizionale.

Linearità e non-linearità coesistono in questo breve pezzo di Schumann, e un esecutore può scegliere di concentrare la sua interpretazione sull'uno o l'altro estremo, ovvero optare per una via di mezzo. Di sicuro, anche nel brano piú semplice un interprete si trova di fronte a troppe relazioni per riuscire a evidenziarle tutte. Analogamente, in *Duo* di Carter linearità e non-linearità sono intrinseche. La sua linearità è difficile da recepire all'ascolto e da rendere nell'esecuzione. I lavori contemporanei piú convenzionali, quali il secondo Quartetto per archi di Roger Sessions (1951), posseggono una linearità piú facile, la quale tuttavia non dipende dalla tonalità. Essa dipende invece da gesti inconfondibili (quali inizi, cadenze, punti culminanti e transizioni) che sono modellati dal compositore (e presumibilmente dagli esecutori) affinché possano essere riconosciuti e in tal modo avere una funzione nell'economia della composizione. Le strutture temporali lineari in questi lavori di Schumann, Sessions e Carter sono molto diverse, ma tutte esistono per essere usate o meno, a seconda delle predisposizioni e dei desideri degli ascoltatori e/o degli esecutori. Ad ogni modo: piú forte è la linearità, maggiore è lo sforzo che un ascoltatore o un interprete devono compiere per negarla e per far sí che la non-linearità si manifesti liberamente.

Chi non ha familiarità con uno stile ha meno possibilità rispetto a un interprete o a un ascoltatore totalmente immerso nelle tradizioni musicali a cui esso si riferisce. Ascoltare uno stile è una competenza acquisita: è difficile aspettarsi che un marziano si renda conto della linearità in Schumann o in Beethoven, e men che meno che sia capace di esercitare una libera scelta nel relazionarsi con quella linearità. Cosí come giungiamo ad accorgerci sempre meglio di quanto siano state *ingenue* le nostre risposte alle musiche altamente raffinate di altre culture, non dovremmo nemmeno sorprenderci dell'eventuale incapacità marziana di scoprire la linearità nell'*Album für die Jugend*.

Le categorie del tempo musicale discusse in questo articolo sono problematiche per parecchi versi. Sarei cauto nell'usare queste idee in modo troppo letterale o rigido, e ciò per le seguenti ragioni: 1) le categorie si applicano diversamente alle composizioni, ai modi d'ascolto, ai modi d'esecuzione, alle filosofie del comporre e allo stesso concetto di tempo; dunque non sono necessariamente comparabili; 2) la maggior parte della musica mostra caratteristiche appartenenti a diversi tipi di temporalità; 3) le distinzioni fra queste varietà di tempo non sono sempre facili da realizzare. Per esempio, il tempo multi-direzionato e il *moment time* presentano entrambi sezioni discontinue. Il tempo verticale può derivare dall'esteso prolungarsi di un singolo momento. Il tempo lineare finalizzato spesso è difficile da definirsi in assenza di tonalità. Il tempo verticale definito da un processo, come il tempo lineare, mostra un movimento costante, forse verso un obiettivo. La linearità finalizzata a un obiettivo e la linearità non-finalizzata sono gli estremi di un *continuum*, e non categorie separate. Nel tempo multi-direzionato possono essere presenti implicazioni a livello medio a causa di successioni adiacenti, ma esse vengono ignorate in favore di implicazioni su scala piú ampia che hanno effetto sulla musica precedente (o seguente) ma non immediatamente adiacente. Le *moment forms* possono essere lineari nei livelli gerarchici fino al livello del *moment* ma non oltre. Paradossalmente, la musica verticale può essere del tutto non-lineare, oppure cosí totalmente lineare che (come nella musica minimalista) vi regna la prevedibilità.

Siamo soggetti agli svantaggi del procedere per categorie quando scegliamo di parlare di linearità e di non-linearità; quando scegliamo di etichettare le composizioni come finalizzate a un obiettivo, non-direzionali, multi-direzionate, con forme verticali o *moment form*; e anche quando scegliamo di parlare di concatenamenti e successioni armoniche, utilizzando due categorie spesso incontrate nello studio dell'armonia. La temporalità della musica è troppo complessa per essere spiegata esclusivamente tramite la categorizzazione. Nondimeno le categorie rappresentano di fatto strumenti utili al fine di compiere distinzioni preliminari e valutazioni della struttura musicale del tempo. Esse devono essere comprese secondo i termini dei loro due ingredienti di base: linearità e non-linearità.

Linearità e non-linearità sono due forze complementari. Sono entrambe virtualmente presenti in tutta la musica. I livelli gerarchici nei quali si generano la linearità e la non-linearità sono decisivi per la natura temporale della musica, come lo è il grado in cui esse operano. La storia della musica occidentale ha visto negli ultimi tre secoli un graduale affermarsi della non-linearità, cosicché oggi molte composizioni sono piú non-lineari che lineari. In ogni caso, anche la musica meno lineare esiste nel tempo assoluto, e pertanto in prima istanza viene percepita all'ascolto come una successione temporalmente ordinata. Quindi la linearità non può mai essere del tutto bandita dall'esperienza musicale.

La musica del XX secolo ha lanciato grandi sfide ai nostri tradizionali modi d'ascolto. A proposito della sperimentazione, i critici fanno sovente notare che essa ha prodotto estetiche compositive in precedenza impossibili, quali la forma aperta, musica in cui il primo atto (o almeno il principale atto) compositivo è stato la determinazione delle proporzioni delle durate, brani in cui non ha realmente alcuna importanza per quanto tempo si suoni o con quanti interpreti, cosí come composizioni che cercano di essere completamente prevedibili. Giustificare tali musiche, nuove e radicali, soltanto come creazioni legate allo spirito della sperimentazione non significa molto. Esse sono risposte profondamente sentite ai nuovi significati che la cultura occidentale del XX secolo attribuisce all'idea di tempo. Ho cercato di abbozzare a grandi linee alcune idee circa i modi in cui questi nuovi significati si sono tradotti in sperimentazione musicale, e come questa sperimentazione si sia rivelata profondamente espressiva delle idee contemporanee.

Arkad'ev, M. A.

1992 *Temporal Structure of New European Music. A Phenomenological Study / Vremmenye struktury novo evropejskoj muzyki: Opyt fenomenologiceskogo issledovanija*, Garant, Moscow (ed. in inglese e in russo).

Barry, B. R.

1990 *Musical Time. The Sense of Order*, Pendragon Press, Stuyvesant N.Y.

Brelet, G.

1949 *Le temps musical*, Presses Universitaires de France, Paris.

Cage, J.

1966 *Rhythm, Etc...*, in G. Kepes (a cura di), *Module, Proportion, Symmetry, Rhythm*, Braziller, New York, pp. 194-203.

Carter, E.

1977 *The time dimension in music*, in *The Writings of Elliott Carter*, a cura di K. Stone e E. Stone, Indiana University Press, Bloomington, pp. 243-47.

Childs, B.

1977 *Time and music. A composer's view*, in «Perspectives of New Music», XV, n. 2, pp. 194-220.

Clifton, Th.

1983 *Music as Heard. A Study in Applied Phenomenology*, Yale University Press, New Haven.

Emery, E.

1998 *Temps et musique*, L'Âge d'Homme, Lausanne (2ª ed.).

Epstein, D.

1995 *Shaping Time, the Brain and Performance*, Schirmer, New York.

Imberty, M.

1981 *Les écritures du temps. Sémantique psychologique de la musique*, vol. II, Dunod, Paris (trad. it. *Le scritture del tempo. Semantica psicologica della musica*, Ricordi-Unicopli, Milano 1990).

Kramer, J. D.

1985 *The study of time and music. A bibliography*, in «Music Theory Spectrum», VII, pp. 72-106.

1988 *The Time of Music. New Meanings, New Temporalities, New Listening Strategies*, Schirmer, New York.

1993*a* *La percepción del tiempo musical*, in «Pauta», XII, pp. 172-76.

1993*b* (a cura di), *Time in contemporary musical thought*, in «Contemporary Music Review», VII.

1996 *Postmodern concepts of musical time*, in «Indiana Theory Review», XVII, n. 2, pp. 21-62.

1998 *Concepts postmodernes du temps musical*, in É. Darbellay (a cura di), *Le temps et la forme. Pour une épistémologie de la connaissance musicale*, Droz, Genève, pp. 297-322.

Langer, S. K.

1953 *Feeling and Form*, Scribners, New York - London (trad. it. *Sentimento e forma*, Feltrinelli, Milano 1975).

Lochhead, J.

1986 *Temporal structure in recent music*, in «Journal of Musicological Research», VI, n. 1-2, pp. 49-93.

Meyer, L. B.

1967 *Music, the Arts, and Ideas*, University of Chicago Press, Chicago Ill.

1973 *Explaining Music. Essays and Explorations*, University of California Press, Berkeley.

Pogorilowski, A.

1994 *Energii ale timpului muzical* [*Energie del tempo musicale*], Ararat, Bucarest.

Rochberg, G.

1975 *The structure of time in music. Traditional and contemporary ramifications and consequences*, in J. T. Fraser e N. Lawrence (a cura di), *The Study of Time 2*, Springer, New York, pp. 136-49.

Stockhausen, K.

1963*a* *... wie die Zeit vergeht...*, in *Texte zur elektronischen und instrumentalen Musik*, vol. I, DuMont Schauberg, Köln, pp. 99-139 (anche in «Die Reihe», n. 3, pp. 10-40).

1963*b* *Momentform*, *ibid*., pp 189-210.

1963*c* *Die Einheit der musikalischen Zeit*, *ibid*., pp. 211-21 (trad. it. *L'unità del tempo musicale*, in *La musica elettronica. Testi scelti e commentati da Henri Pousseur*, Feltrinelli, Milano 1976, pp. 150-60).

JONATHAN DUNSBY

La tessitura

1. *Definizione del termine e sua diffusione.*

Tessitura musicale è un concetto elusivo, spesso citato nelle conversazioni tra professionisti della musica, nelle note di programma dei concerti e negli opuscoli illustrativi dei CD; come nel caso di altri termini simili – ad esempio "timbro" e "sintassi" – qualsiasi definizione precisa risulterebbe tuttavia difficile e precaria. Oltre a essere elusivo, il termine *texture* (tessitura) è sostanzialmente un vocabolo specifico della lingua inglese. Non esiste un equivalente diretto in francese o in tedesco (sebbene oggi, in epoca post-ligetiana, la lingua tedesca abbia ovviamente adottato il termine *Klangstruktur*), e neppure in italiano, da cui l'inglese ha mutuato il termine "tessitura" intesa, nel suo significato piú preciso, come ambito particolare di una parte vocale o strumentale. Sebbene questa non sia un'indagine etimologica, è evidente che risultano opportune alcune osservazioni preliminari sull'uso e la definizione di questo termine.

È già assai significativo rilevare che l'uso del termine tessitura in campo musicale costituisce soprattutto un fenomeno peculiare dell'età moderna. La voce «texture» non figura nel *Grove's Dictionary of Music and Musicians* (1954), mentre la definizione proposta in *The New Grove* (1980) non è cosí ricca di contenuto informativo e nemmeno ritiene che questo termine sia dotato di un qualche significato importante. I vocabolari di lingua inglese presentano una situazione analoga. Nessun riferimento musicale risulta associato alla parola *texture* nell'*Oxford English Dictionary* del 1933, in cui tuttavia viene messo in evidenza l'uso abbastanza consolidato di questo termine nel campo delle belle arti. Il lemma compare anche nel supplemento del dizionario pubblicato nel 1986, dove si segnala un primo utilizzo del termine in campo musicale in un testo di Lambert del 1934; tuttavia il riferimento piú interessante può essere individuato in uno scritto di Simpson del 1959, dove un autore importante in una rivista importante introduce la parola "texture" fra virgolette, come se si trattasse di un neologismo. Questa e altre considerazioni dimostrano come la diffusione del termine, inteso nella sua accezione attuale, abbia subito un forte impulso in tempi molto recenti, in cui è divenuto un elemento caratteristico del vocabolario critico diffuso dalla musica post-tonale nata nei primi del Novecento. Molti dei termini e dei concetti abitualmente utilizzati dalla critica musicale erano infatti divenuti inappropriati, e per chi tentava di descrivere la musica moderna ciò che noi oggi chiamiamo tessitura spesso diventava l'unico appiglio a cui critici, recensori e insegnanti potevano far riferimento nel loro sforzo di comprendere il nuovo. Ma ora la tessitura è ormai diventata un campo di ricerca tenuto in grande considerazione nell'ambito di tutti i repertori, come viene dimostrato dalla frequenza con cui vengono criticati quasi tutti gli studi musicali di carattere generale che tralascino di prendere in esame le questioni testurali.

2. *Uno sguardo all'indietro*.

Tornando indietro nel tempo, è possibile individuare nel dramma romantico un elemento cruciale nell'evoluzione delle nostre attuali idee in merito alla tessitura. Nel XIX e all'inizio del XX secolo l'espressione drammatica si fondava sulla tessitura non meno che su altre dimensioni musicali, e in modo cosí palese da rendere del tutto superflua la citazione di chiari esempi tratti dalle opere di Berlioz, Wagner e altri (Meyer sembra notare questa tendenza, ma lo fa quasi di passaggio, e usando termini come «sonorità» e «colore sonoro» [Meyer 1989, pp. 283 e 290]). Eppure è necessario prendere in considerazione almeno un esempio, tratto dall'*Otello* di Verdi, per dimostrare che la nostra trattazione s'incentra chiaramente sulla tessitura nel senso piú specifico possibile, ossia su qualcosa di piú concreto che non "mondi sonori", "colorazioni armoniche" e altre simili definizioni. La scena finale dell'atto I dell'*Otello* è introdotta da un passaggio affidato a quattro violoncelli soli, che instaura un clima di serenità in un atto movimentato ed epico, e stabilisce un'atmosfera d'intimità adeguata al colloquio privato che si svolgerà nel successivo duetto d'amore. Nell'Atto IV, all'ultimo momento in cui Otello e Desdemona cantano insieme, l'inquietante ingresso di Otello nella camera da letto di lei – che diventerà la sua camera mortuaria – è accompagnato da un'introduzione (o transizione) che determina un mutamento di clima rispetto alla *Canzone del salice* e all'*Ave Maria* precedenti. In questo caso l'introduzione consiste in una monodia affidata ai contrabbassi. Indipendentemente dal suo effetto immediato, e mettendo fra parentesi tanto la rete di relazioni drammaturgico-musicali che investono i vari incontri di Otello e Desdemona, quanto il complesso di riferimenti che legano e differenziano tutti i duetti dell'opera, vi è un significato particolare nel modo in cui Verdi concentra la nostra attenzione musicale sul contrasto drammatico fra l'incontro iniziale e quello finale, sfruttando un'assoluta contrapposizione tra omofonia e monodia, fra la vitalità dell'amore e la solitudine della morte. Si tratta di un classico meccanismo testurale.

Il riconoscere all'opera tardo-romantica una particolare perfezione nell'uso di questi meccanismi non significa disconoscerne l'eccellenza, sia pur allo stato larvale, anche nelle opere di Gluck o di Mozart. La fecondità di questo procedimento si è rivelata e sviluppata gradualmente. Lo sfruttamento della tessitura come fonte di energia strutturale nella musica drammatica ottocentesca serví a rivelare il suo implicito potenziale alla moderna musica occidentale di tradizione colta, nella quale tali meccanismi hanno acquistato un ruolo importante solo in tempi relativamente recenti, e in modo particolarmente vistoso in alcune composizioni – come quelle del già citato Ligeti – espressamente concepite come strutture testurali [per esempio Simms 1986, p. 135].

Il secondo fattore nell'evoluzione di una nuova funzione della tessitura fu rappresentato dall'Impressionismo, e in modo particolare dalla sua latente tendenza alla "pittura sonora". A questo riguardo *La mer* (1905) rappresentò una cospicua novità nel panorama musicale del primo Novecento. Anche se in quel periodo l'uso di vari e complessi procedimenti testurali era assai diffuso, tuttavia fu proprio la "pittura sonora" a far nascere l'*illusione* di un'espressione al posto di una mera esposizione della medesima (Boulez [1987] parla dell'*illusione* testurale come di una risorsa compositiva). Nei *Drei Orchesterstücke* di Berg (1915), ad esempio, compaiono una varietà e una complessità di tessiture non meno radicali che nei tre schizzi sinfonici di Debussy; e tuttavia nella musica di Debussy si ha l'illusione di un'esperienza realmente condivisa. Analoghe considerazioni si possono fare ad esempio sulla musica evocante il suono delle campane. Quest'ultimo può essere facilmente suggerito in modi che noi oggi potremmo considerare musicalmente primitivi, sebbene talune sue realizzazioni, come i rintocchi di mezzanotte nel finale dei *Papillons* di Schumann, o il carillon della Grande Porta di Kiev di Musorgskij (che di fatto è priva di campane), conservino tutta l'autenticità tipica delle cose semplici. Nel caso di tentativi piú raffinati, è la pittura sonora testurale che conferisce compiutezza al risultato, sia esso di scuola tedesca o francese, come l'op. 19 n. 6 di Schönberg o *La Vallée des cloches* dai *Miroirs* di Ravel. Nel valutare l'ipotesi secondo cui la pittura sonora dell'uno o dell'altro genere avrebbe svolto un ruolo importante nell'ambito del processo che potremmo denominare "emancipazione della tessitura", dobbiamo tener conto del giudizio di Dahlhaus su ciò che egli definisce come «semplice imitazione», che «risulta, proprio in quanto fenomeno marginale, un elemento di poco conto in una discussione sul realismo» [1985, trad. it. p. 29]. Tale linea di pensiero può essere estesa anche al passato recente, e in particolare al caso di Messiaen, il cui atteggiamento nei confronti della composizione dimostra in modo inconfutabile che l'illusione testurale è un *principio* della musica, e non semplicemente una necessità empirica. Messiaen è vissuto in un'epoca in cui avrebbe potuto scegliere di utilizzare veri canti di uccelli – registrati o sintetizzati – per realizzare alcuni degli arabeschi testurali della sua musica: tuttavia egli pensava che i canti degli uccelli non avrebbero mai potuto essere ascoltati come lui desiderava, se non attraverso le sue rielaborazioni musicali. Non stupisce dunque che la *musique concrète* sia stata probabilmente lo stile piú effimero nella storia della musica occidentale, tanto che un autorevole studioso ad essa contemporaneo l'ha circoscritta in un arco di tempo compreso tra gli anni 1948 e 1955 [Vinton 1974, pp. 505-6].

Anche se il dramma musicale e la pittura sonora vengono spesso associati alla musica a programma, tuttavia noi riteniamo che lo sviluppo di quest'ultima non sia tra i fattori principali che hanno fatto evolvere la nostra percezione della tessitura, rispetto alla quale essa rappresenta un fenomeno secondario. Ciò risulta chiaro fin dai suoi piú fausti esordi nella musica di Beethoven, anche a voler restringere la panoramica della storia musicale, sorvolando su altre culture come, ad esempio, i clavicembalisti del Sei e del Settecento. L'indicazione «mehr Ausdruck der Empfindung als Malerei» della Sinfonia *Pastorale* («piú espressione di sensazioni che pittura»), un *obiter dictum* che forse è stato piú commentato di quanto non meritasse, viene collocata da Dahlhaus in una categoria «marginale» del realismo musicale, quella della semplice imitazione [Dahlhaus 1985, trad. it. pp. 33-34]. Eppure, in tale inconsueta difesa verbale della sua intenzione compositiva Beethoven fu probabilmente stimolato, almeno in parte, dalla consapevolezza che nella *Pastorale* il ruscello, la tempesta e cosí via potevano sopraffare il programma emotivo della sua musica. Il suo ricorso piú limitato al programma nella Sonata *Gli addii* può rappresentare una migliore risposta poietica al pericolo di combinare elementi pittorici con caratterizzazioni emozionali esplicite o implicite corrispondenti a un programma – il pericolo consiste semplicemente nel fatto che gli elementi pittorici tenderanno sempre a prevalere. Ne *Gli addii* Beethoven non corre questo rischio piú che in un'aria qualsiasi del *Fidelio*, poiché il motivo del *Lebewohl* non si riferisce a suoni naturali o a immagini (anche ammettendo l'"effetto corno" implicito nel motivo), ma al linguaggio verbale, che è stato sempre associato alla musica senza rischi proprio perché assolutamente distinto da essa (sebbene già nel 1854 Hanslick avrebbe obiettato contro l'espressione "senza rischi", preferendole forse quella "senza importanza" [cfr. ad esempio Hanslick 1986, trad. it. 1945, pp. 69-73]). I programmi sono storie disincarnate, narrazioni troppo vicine alla narrazione musicale. Essi non possono pervenire a una fusione ideale con la musica proprio perché la loro forma di narrazione è destinata a diventare indiscernibile (mentre al confronto la narrazione fisica della danza risulta perfettamente percepibile nel balletto). Di conseguenza, il programma non avrebbe mai potuto aspirare a produrre sviluppi imprevisti nello stile musicale, tessitura compresa, che potessero reggere il confronto con quelli prodotti da una narrazione alternativa, piuttosto che implicita, dal dramma piuttosto che dal programma. Basta confrontare *Erwartung* con *Verklärte Nacht* di Schönberg per sperimentare la differenza tra questi fattori forti e deboli. Tale ipotesi conferma la tesi dialettica di Dahlhaus secondo cui l'Espressionismo musicale si comprende meglio come derivazione del naturalismo, e non del Romanticismo: un'idea che diviene comprensibile, come egli rileva, «se si accetta la nozione che l'"espressione" romantica e quella espressionistica sono radicalmente diverse, a onta della mediazione storica di Wagner» [Dahlhaus 1985, trad. it. p. 163].

3. *Interpretazioni della tessitura.*

Tale ricognizione delle forze storiche è stata resa possibile solo grazie a un intreccio di ipotesi sulla reale natura della tessitura musicale, o almeno sulla comprensione che possiamo averne oggi. Tuttavia la questione necessita di ulteriori approfondimenti. Sarebbe utile, ad esempio, domandarsi quali altri elementi concorrano a delineare una possibile "scienza" della tessitura, intesa in senso neutro o strutturale. La risposta a tale quesito parrebbe indiscutibile. Quattro termini, infatti, circoscrivono il concetto di musica occidentale: monodia, polifonia, omofonia ed eterofonia. Tali elementi non risultano categorialmente distinti. Da un certo punto di vista, ad esempio, la polifonia, l'omofonia e l'eterofonia risultano identiche in confronto alla monodia, dal momento che presuppongono la presenza di una pluralità di linee musicali. Analogamente, la polifonia e l'eterofonia si escludono a vicenda in un modo che non è applicabile ai due elementi dell'altra coppia. La polifonia è la combinazione di linee sonore (e non necessariamente di "melodie", come direbbe il dizionario Webster) tali da risultare reciprocamente distinguibili; questo requisito sussiste anche nell'eterofonia, ma con l'aggiunta di una condizione ulteriore, poiché nell'eterofonia le linee dovrebbero elaborare lo stesso materiale musicale in modo apprezzabile all'ascolto. La monodia e l'omofonia, invece, si escludono a vicenda in base al principio della distinzione fra unicità e molteplicità.

Il fatto che ci stiamo occupando di un insieme di categorie non omogenee non dovrebbe destare sorpresa, dal momento che i quattro termini che abbiamo ipotizzato come possibile fondamento di un qualche tipo di "scienza" rappresentano in un certo senso il risultato di un'evoluzione storica. La tendenza a disporli in ordine cronologico non è priva di un certo fondamento storico: la monodia può essere prodotta dalla voce umana, che presumibilmente l'ha sempre usata, dal momento che essa richiede la presenza di un solo individuo (anche se non *necessariamente* dotato di consapevolezza individuale [cfr. Mithen 1996, p. 141]). La polifonia, presupponendo invece una serie di comprensibili relazioni musicali fra le voci molto al di là del semplice ambito testurale, rappresenta sicuramente una conquista successiva implicante anche un certo livello di interazione sociale; sebbene in questo genere di considerazioni sia opportuno procedere con la consueta cautela antropologica. Dopo tutto, è poi tanto difficile immaginare i primi umanoidi eseguire senza "intelligenza sociale", per cosí dire inconsapevolmente, giochi di voce come quelli degli Inuit, che costituiscono una vera e propria forma di polifonia? (Per gli Inuit si veda ad esempio l'enciclopedia *Encarta* [Microsoft Corporation 1997]). L'omofonia è associata alle elaborazioni, relativamente recenti, della tonalità maggiore-minore in epoca barocca e classica (con l'ovvia eccezione del falso bordone e di altre esperienze della musica non occidentale). L'eterofonia, infine, malgrado la sua onnipresenza in tutte le culture non occidentali, ha richiamato la nostra attenzione grazie alle ricerche di Boulez su Debussy e a molti studiosi che negli anni Sessanta si sono occupati di musica contemporanea.

Da queste osservazioni consegue fra l'altro che il significato e le possibili differenziazioni della tessitura, come nel caso di altri ambiti musicali, dipendono dalla nostra percezione. Essa è diventata cosí oggetto di studio psicologico, come ad esempio in Meyer:

> La tessitura è in relazione con i criteri secondo i quali la mente raggruppa gli stimoli musicali concomitanti in figure simultanee, oppure li distingue in figura e accompagnamento (sfondo) e via dicendo. Come accade per processi musicali di altro tipo, l'organizzazione testurale oppure la sua assenza possono destare attesa [Meyer 1956, trad. it. p. 240. Nella traduzione italiana il termine *texture* era stato tradotto con "struttura", e *textural* con "strutturale"].

Questa interpretazione, tratta da un libro pionieristico che espone una teoria comportamentista della comunicazione musicale, individua nel meccanismo del "raggruppamento" l'elemento fondamentale per la comprensione del processo testurale. Fin qui parrebbe tutto molto chiaro. Un altro studioso propone invece un'argomentazione di tipo concettuale (che si contrappone in radice alla posizione di Meyer), rilevando come una sensibilità tanto culturalmente raffinata da consentirci di apprezzare quell'interazione tra figura e sfondo da cui è determinata la tessitura costituisca in realtà un elemento in piú, un qualcosa che merita un esame particolare rispetto al nostro bisogno quotidiano di una competenza testurale. Un qualche cosa, ad esempio, che è in rapporto col nostro bisogno di evitare un incidente grazie alla capacità di distinguere il rumore di un'automobile che si avvicina all'interno di quel paesaggio sonoro invadente, soffocante e percettivamente rimosso che caratterizza la vita in una città moderna:

> È opportuno rilevare che la figura, lo sfondo e la tessitura possono essere percepiti sia nel mondo dell'esperienza quotidiana sia in rappresentazioni artificiali, ma che il nostro interesse riguarda principalmente la percezione di rappresentazioni artificiali realizzate dall'uomo come poesie, dipinti e concerti per pianoforte [Rowell 1983, p. 27].

Per comprendere la tessitura è dunque necessario tenere in debito conto i meccanismi percettivi (un comportamentista, se ne esistono ancora, parlerebbe *del* meccanismo percettivo al singolare). E bisogna anche, la domanda sorge spontanea, tener conto dei meccanismi – se di meccanismi si tratta – di giudizio e di "critica"? Se la risposta è affermativa, cresce la tentazione di ipotizzare che comprendere la tessitura equivarrebbe, in un modo o nell'altro, ad analizzare la musica, sebbene ciò presupponga un'attenta valutazione preliminare degli «statuti dell'oggetto sonoro» [Nattiez 1987, trad. it. pp. 77-79]. Questa posizione viene assunta implicitamente da Rowell, quando precisa che «la tessitura, la superficie o la grana sono concetti utili per le arti plastiche e tattili, ma necessitano di un'attenta definizione per poter essere applicati alla musica o alla letteratura» [1983, p. 27]. Rowell propone otto categorie per la comprensione dei fenomeni testurali. Le prime tre possono essere definite "distintive": la prima è l'orientamento, che per Rowell sta a indicare la particolare propensione di una musica verso elementi "verticali" o "orizzontali", e all'interno della quale egli separa l'omofonia opponendola a monodia, polifonia ed eterofonia. La seconda categoria è il cosiddetto "groviglio", un effetto risultante dall'"intreccio contrappuntistico" di melodie; la terza è la figurazione, determinata dalla presenza di *patterns*, che può caratterizzare la tessitura musicale ma che, pur se l'autore omette di rilevarlo, può costituire anche uno specifico aspetto strutturale, dal momento che la monodia può spesso basarsi su *patterns* senza che ciò determini necessariamente una tessitura particolarmente riconoscibile – un esempio poco comune in questo senso è il finale della Seconda Sonata per pianoforte di Chopin. Le altre cinque categorie di Rowell risultano probabilmente piú interessanti, poiché si riferiscono a opposizioni polari attorno alle quali ruota qualsiasi manifestazione musicale. Egli chiama in causa (con un richiamo irresistibile all'opposizione fra "crudo" e "cotto") la differenza tra concentrazione e interazione, tra parsimonia e saturazione, tra sottile e denso, tra liscio e ruvido: una distinzione, quest'ultima, in cui è possibile ravvisare un riferimento diretto alla materiale origine etimologica del termine musicale "tessitura". L'ultima opposizione riguarda infine la differenza fra tessitura semplice e complessa.

Questa risulta particolarmente interessante perché, pur essendo data per scontata nel linguaggio comune dei musicisti, rivela tuttavia una presa di posizione critica. I termini "semplice" e "complesso" possono infatti suonare abbastanza neutrali (diversamente, ad esempio, da "complicato", con cui si potrebbe sottintendere che un compositore ha tentato di produrre un effetto senza di fatto conseguirlo: in tal caso ci troveremmo a formulare un giudizio estetico in merito a un'intenzione poietica). Tuttavia tali termini, nel momento in cui vengono applicati a una situazione particolare, risultano assumere sempre e comunque una connotazione valutativa. Cosa potrebbe essere piú "semplice" della battuta iniziale del primo tema nel finale della Sesta Sinfonia di Čajkovskij: cinque note discendenti dei violini che, a partire dal 1893, hanno vellicato i precordi a tutto il mondo? Eppure la melodia risulta di fatto dall'alternanza di secondi e primi violini: ogni linea, singolarmente considerata, risulta bizzarra, e non c'è dubbio che in questo caso la partitura scritta di Čajkovskij sembri effettivamente *complessa*, quantunque la tessitura risultante appaia in ultima analisi abbastanza semplice all'ascolto. Certo è possibile immaginare anche una versione "piú semplice" dell'inizio di questo pezzo: in effetti tale versione esiste, e compare nel punto della partitura contrassegnato dalla lettera G, in cui tutta la melodia di tre battute viene affidata integralmente ai primi violini. Il nostro giudizio assoluto sulla tessitura dell'inizio del pezzo (chi in verità potrebbe pensare a quella bellissima melodia come a qualcosa di non semplice?) viene messo in discussione non appena entrano in gioco altri termini di paragone: ciò dimostra che non è possibile esprimere un giudizio in merito a una tessitura isolatamente considerata poiché tutto dipende dal confronto tra le diverse situazioni prese in esame. Non v'è dubbio che questa sia la ragione per cui i musicisti faticano a considerare la tessitura se non in forma di un'autoriflessione essenzialmente tecnica e intuitiva - come comporre un certo tipo di suono, o come realizzarlo in sede di esecuzione - a dispetto dell'attitudine relativistica e *strutturalista* di Rowell.

4. *L'"illusione"*.

Volendo trascendere il terreno sterile di una descrizione relativistica, e andare oltre la prassi di un linguaggio musicale puramente autoriflessivo (che può essere il piú nobile, ma non l'unico valido), è opportuno spostare la nostra attenzione verso un aspetto della tessitura musicale che piú di ogni altro sembrerebbe renderla passibile di comprensione. Questo aspetto, detto in termini abbastanza semplici, è l'"illusione", cui si è già fatto cenno in precedenza. L'illusione, volendo adottare una definizione informale, è un effetto in grado di indurre una percezione che noi sappiamo esser priva di reale fondamento. Nella tessitura musicale il gioco delle illusioni raggiunge una profondità e un livello tale che le considerazioni seguenti non possono valere se non come un'illustrazione embrionale dell'argomento [cfr. anche Dunsby 1995, pp. 6465, 72-74].

Si consideri, ad esempio, l'illusione testurale che caratterizza tutto il repertorio della musica tonale occidentale in cui la voce maschile si combina con uno o piú strumenti. Quando la voce canta in un registro piú basso dello strumento, essa non assolve abitualmente la funzione di una linea di basso. Qualcuno ha mai interpretato l'inizio del secondo Lied del *Dichterliebe* di Schumann, eseguito da tenore e pianoforte, come un accordo di *la* maggiore in posizione di terza e sesta, oppure come un accordo di *fa* diesis minore in posizione di quarta e sesta?

Figura 1.

La storia di questa illusione testurale perpetuata per secoli da compositori che hanno giocato con le sue possibilità, specialmente nel repertorio post-tonale, richiederebbe uno studio specifico. Molte grossolane illusioni di questo genere sono ormai entrate a far parte dei nostri valori: nessuno di noi è chiaramente consapevole di mediare fra la voce che sostiene la nota e il rapido smorzamento del suono del pianoforte, e di considerare le due tessiture melodiche come omogenee e in qualche modo equivalenti; né, per fare un altro esempio, ci rendiamo conto di come commutiamo l'ascolto di un gruppo d'archi, percependolo a volte come composto di tre o quattro linee stratificate, e altre volte, se un abile compositore ha voluto produrre questo effetto, come eseguito da un unico strumento dotato di un'estensione enorme, dal registro grave del contrabbasso a quello acuto del violino.

Fra i vantaggi del pensare in termini di illusione figura l'opportunità di mettere in relazione il già noto con l'ignoto. L'identità testurale esemplifica bene l'assunto. Spesso l'atto compositivo implica il tentativo di creare, in modo abbastanza indipendente da qualsiasi tipo di mimesi, nuovi tipi di suono – l'asprezza delle voci basse in Ockeghem, il groviglio di dissonanze nella "seconda prattica" monteverdiana, la straordinaria velocità delle brillanti figurazioni pianistiche di Beethoven, le turbinose antifonie di Charles Ives. Qui l'illusione entra in gioco per l'ascoltatore a livello di consapevolezza della fonte sonora. Conosciamo l'origine del suono che determina la tessitura? Lo riconosciamo come qualcosa di già noto e innovativamente modificato, oppure ci troviamo di fronte a qualcosa di nuovo che non ci è familiare perché non siamo in grado di riconoscere in che modo sia assemblata la tessitura? Questo interrogativo acquista una certa rilevanza in un caso come l'inizio del movimento lento del Quarto Quartetto di Schönberg (1936), dove senza il supporto visivo di un'esecuzione dal vivo o della partitura ben pochi ascoltatori, fossero anche musicisti molto esperti, potrebbero affermare con sicurezza che la prima nota lunga viene suonata (all'unisono) dai due violini, dalla viola e dal violoncello. In realtà noi sappiamo che la tessitura della prima nota dev'essere stata realizzata in qualche modo particolare, ma non possiamo stabilirlo con certezza in modo puramente uditivo – solo la partitura o un'esecuzione dal vivo potrebbero aiutarci. Questo esempio, pur se tratto da un pezzo relativamente moderno, evidenzia una risorsa assai sfruttata dalla musica occidentale, e ci dà modo di mettere a fuoco la sua evoluzione storica vista da un'ottica particolare. Dopo il 1790, ad esempio, per i conoscitori della musica di Mozart e dello stile post-mannheimiano doveva risultare problematico dal punto di vista uditivo il fatto che in alcuni esempi di tessitura orchestrale una linea di basso presentasse i fagotti che raddoppiavano i violoncelli. Nel 1690 non si richiedeva, né si avvertiva necessario indicare la presenza di questa tessitura nel basso di ripieno; quando c'era, non vi si badava nemmeno. Anche nella musica da camera è possibile ravvisare uno sviluppo simile, seppure in termini inversi, confrontando ad esempio il secondo decennio del XIX secolo con quello del XX. Le regole strumentali compositivi della musica da camera, con tutte le loro connotazioni testurali, furono stabilite da Beethoven nella fase centrale della sua attività creativa, e continuarono a dominare per un lungo periodo. Tuttavia all'epoca di *Pierrot lunaire* e dell'*Histoire du soldat* quelle regole venivano già considerate piú storiche che attuali: ancora una volta l'illusione di combinazioni strumentali *necessarie* era caduta in disgrazia o, per meglio dire, stava cominciando a essere messa in dubbio.

Dopo aver attribuito un ruolo rilevante al concetto di illusione nell'esame della tessitura musicale, e aver resistito alla tentazione di commentare casi limite come le composizioni di Bach per strumento ad arco solista, o l'effetto "a tre mani" di Thalberg, dobbiamo tuttavia mettere in evidenza anche le difficoltà implicite nell'uso di questo concetto. Dopotutto, l'esempio di Čajkovskij citato nelle pagine precedenti rappresenta un po' un *unicum*, e dipende piú da fattori esecutivi (dal vibrato e da un particolare effetto di intonazione) che non da elementi strutturali. Tuttavia basta dare uno sguardo al Gloria che conclude il primo atto dell'*Œdipus rex* di Stravinskij (1927), e piú precisamente alle battute numero 93 e seguenti, per constatare come un'analisi testurale possa risultare contingente. Nella tempesta sonora che prolunga il *do* maggiore, il pianoforte suona ripetutamente un *la* basso, che svolge una chiara funzione di sesta aggiunta: in effetti un'analisi strutturale non potrebbe fare a meno di collegarlo, almeno sulla carta, con l'ultimo accordo, una straordinaria sonorità in cui la nota *la* ricompare come nona aggiunta in un accordo di *sol* maggiore. Questa interpretazione risulta persuasiva: *potrebbe* avere rilevanza "poietica"; *potrebbe* avere anche un qualche valore "estesico". Tuttavia è necessario concentrarsi sul fatto che il *la* è la nota piú bassa del pianoforte (a eccezione del Bösendorfer Imperial e forse di pochi altri modelli), e sulla base di quest'unica considerazione potremmo concludere che Stravinskij stia usando quel tasto nella sua funzione testurale, e cioè come la piú bassa delle note disponibili, e non per la sua altezza specifica (che, realisticamente parlando, sarebbe in ogni caso difficile riuscire a percepire).

Un'ultima considerazione ci conduce in territori ancor piú labirintici, quelli delle attese testurali e della creazione di un significato illusorio attraverso mezzi che risultano cosí eterogenei da non poter essere ricondotti a una formula o a una teoria. Vari autori hanno già rilevato come, dal momento che la musica occidentale risulta di solito abbastanza complessa sotto il profilo testurale, anche l'uso della monodia spesso sia in grado di determinare effetti particolari (di un brano virtualmente monodico di Chopin si è già fatta menzione nelle pagine precedenti). Messiaen ha sperimentato questa connotazione culturale nella *Danse de la fureur* del *Quatuor pour la fin du temps* (1941): una musica che ci restituisce un'immagine di cruda violenza, appositamente concepita per esprimere un senso di lacerazione che riesce quasi a infliggere una ferita, sia in senso fisico sia estetico, a esecutori e ascoltatori. Ciò che determina un effetto cosí potente non è solo la dissonanza lineare, l'eccesso del volume, o l'impetuosità selvaggia della linea, ma anche, e forse in modo determinante, la persistenza della monodia. Molto prima che il pezzo volga verso la conclusione, l'ascoltatore non può fare a meno di desiderare ardentemente la comparsa di un accordo o di un contrappunto. Un'aspettativa testurale di questo genere è profondamente radicata nella nostra risposta percettiva a certi tipi di musica. Un soggetto di fuga barocca, ad esempio, stimolerà probabilmente nell'ascoltatore che non conosce il pezzo l'attesa di una seconda voce che esponga lo stesso materiale, e via dicendo. In realtà i trattati, come Bukofzer ha già rilevato mezzo secolo fa, hanno descritto la fuga non come una forma, ma come una tessitura (e del resto anche Gould parla della fuga come di un elemento radicato nella coscienza dell'uomo moderno, non solo psicologicamente, ma anche «*acusticamente*» [Gould 1984, trad. it. p. 393; il corsivo è mio]. Tenendo presente l'esempio di Messiaen, che utilizza la monodia in senso, per cosí dire, anticulturale, non c'è bisogno di andare troppo lontano per individuare un uso archetipico dell'aspettativa testurale intesa in senso interculturale, ravvisabile nel trattamento del tema principale del Finale in quella straordinaria nave ammiraglia della musica occidentale moderna che è la Nona Sinfonia di Beethoven. Anche questo esempio ricade nel paradigma dell'illusione, dal momento che l'esposizione del tema, una volta avviatasi in forma monodica, manifesta la misteriosa qualità di un ineluttabile sviluppo. Il tema viene esposto in forma monodica nel registro grave. Esso contiene ripetizioni interne (ABA), e dunque non si presta a ripetizioni invariate. Poiché il tema viene esposto in forma solistica, è possibile prevedere che successivamente verranno introdotti dei contrappunti. Considerando che fino a quel punto la sinfonia è stata, in buona sostanza, essenzialmente omofonica, ci si può aspettare che anche il contrappunto sfoci poi in una successiva omofonia, come di fatto accade nella terza ripetizione del tema. E poiché il tema comincia al basso, la tessitura dovrà espandersi verso l'alto. Nel momento in cui tutti questi procedimenti saranno stati realizzati, il tema dovrà essere eliminato (cosa che del resto puntualmente accade), nel senso che dal punto di vista testurale ogni ulteriore trattamento risulterebbe ridondante.

5. *Difficoltà nella definizione del concetto di tessitura.*

Riesaminando in retrospettiva le considerazioni fin qui proposte, è possibile sperare di aver compiuto un qualche progresso nel tentativo di delineare una mappa del mondo, tuttora ampiamente inesplorato, della struttura del suono – inesplorato dal punto di vista dei discorsi sulla musica, ovviamente. Probabilmente si tratta di un mondo non riconducibile completamente a quel tipo di comprensione che può essere conseguita con lo studio delle strutture ritmiche e delle altezze. E tuttavia, se su questi argomenti l'indagine critica si arrendesse, la nostra stessa concezione della musica verrebbe a subire un notevole degrado. I termini della posta in gioco sono stati chiariti da Edmund Gurney molto tempo fa:

> Dopo la nostra discussione approfondita sulla *forma* musicale, e dopo aver definito [...] il *colore* musicale come il risultato dei vari tipi di timbro o qualità di suono che i diversi strumenti possono produrre, potrebbe sembrare inutile sottoporre quest'ultimo elemento a un esame dettagliato volto a definire in modo piú preciso le sue differenze rispetto al precedente. In verità, tuttavia, la confusione nell'uso delle parole e delle idee ad esse collegate è cosí diffusa, e cosí inconsciamente favorita dal linguaggio dei critici d'arte – il cui interesse è rivolto soprattutto alle arti visive – che risulta assolutamente necessario un rapido esame del fenomeno e del tipo di espressione attraverso cui esso si concretizza [Gurney 1880, p. 286].

Nella splendida esposizione di Gurney si percepisce tuttavia la mancanza di un elemento che, nonostante gli sforzi dell'autore, determina il fallimento del suo tentativo di mettere a fuoco un'immagine della struttura musicale. L'elemento mancante è proprio quello che ha costituito l'oggetto di questa indagine, ovvero la nostra capacità di comprensione della "tessitura", intesa non piú come il segno di una confusione tra diversi paradigmi della critica (arti visuali / musica), ma come un intreccio di significati (oggi i musicisti parlano piú o meno tutti degli stessi fenomeni) in grado di offrire una reale opportunità di sviluppo non solo alla ricerca teorica nel campo della nuova musica, in cui la tessitura gioca spesso un ruolo da protagonista, ma anche a quella relativa a tutti gli altri repertori reinterpretati alla luce della nostra sensibilità musicale moderna.

Boulez, P.

1987 *Timbre and composition – Timbre and language*, in «Contemporary Music Review», II, pp. 161-71.

Dahlhaus, C.

1985 *Realism in Nineteenth-Century Music*, Cambridge University Press, Cambridge (trad. it. *Il realismo musicale*, il Mulino, Bologna 1987).

Dunsby, J.

1989 *Considerations of texture*, in «Music & Letters», LII, n. 1, pp. 46-57.

1995 *Performing Music. Shared Concerns*, Oxford University Press, Oxford.

Gould, G.

1984 *The Glenn Gould Reader*, a cura di T. Page, Faber and Faber, London (trad. it. *L'ala del turbine intelligente. Scritti sulla musica*, Adelphi, Milano 1988; 2ª ed. 1993).

Gurney, E.

1880 *The Power of Sound*, Smith, Elder, London; Basic Books, New York 1966.

Hanslick, E.

1854 *Vom Musikalisch-Schönen: ein Beitrag zur Revision der Aesthetik der Tonkunst*, Weigel, Leipzig; nuova ed. Wissenschaftliche Buchgesellschaft, Darmstadt 1981 (trad. it. *Il bello musicale*, Martello, Milano 1971; 1ª ed. Minuziano, Milano 1945).

Lambert, C.

1934 *Music Ho! A Study of Music in Decline*, Faber and Faber, London.

Meyer, L. B.

1956 *Emotion and Meaning in Music*, The University of Chicago Press, Chicago-London (trad. it. *Emozione e significato nella musica*, il Mulino, Bologna 1992).

1989 *Style and Music. Theory, History, and Ideology*, University of Pennsylvania Press, Philadelphia Pa.

Microsoft Corporation

1997 *Microsoft Encarta 98 Encyclopedia*.

Mithen, S.

1996 *The Prehistory of the Mind. A Search for the Origins of Art, Religion and Science*, Thames and Hudson, London.

Nattiez, J.-J.

1987 *Musicologie générale et sémiologie*, Bourgois, Paris (trad. it. *Musicologia generale e semiologia*, Edt, Torino 1989).

Rowell, L.

1983 *Thinking about Music. An Introduction to the Philosophy of Music*, University of Massachusetts Press, Amherst Mass.

Simms, B.

1986 *Music of the Twentieth Century. Style and Structure*, Schirmer Books, New York.

Simpson, R.
1959 *Thoughts on composition*, in «The Listener», n. 1062, pp. 1033-35.
Vinton, J.
1974 *Dictionary of Twentieth-Century Music*, Thames and Hudson, London.

ROSSANA DALMONTE

Musica e parole

1. *Rapido sguardo sulla bibliografia.*

> Prima le parole, poi la musica (Wagner)
> oppure: prima la musica, poi le parole (Verdi)
> oppure: solo parole, niente musica (Goethe)
> oppure: solo musica, niente parole (Mozart).

Questo passo di una lettera di Richard Strauss al librettista di *Capriccio* [Wilhelm 1988, p. 50] entra emblematicamente nel vivo del problema, ma, per quanto suggestivo e autorevole, è destinato a non trovare tutti i lettori concordi, sia perché pare limitativo ridurre a quattro le possibilità di relazione reciproca fra musica e parola, sia per quanto riguarda l'esemplificazione proposta per ciascuna possibilità.

La letteratura sul tema "musica e poesia" – con le varianti "lingua e musica", "musica e parola", ecc. – è infatti gigantesca ed estremamente disomogenea. Se si vogliono prendere in considerazione tutti i contributi storico-critici sui generi della musica vocale o su autori dal catalogo particolarmente ricco in opere dotate di un testo, la mole delle pagine scritte è tale da scoraggiare qualsiasi tentativo di tracciare un bilancio. Se invece vogliamo riferirci soltanto alla letteratura "teorica", ossia agli studi che mettono in primo piano il metodo e assumono brani particolari come esemplificazione, la lista è molto scarna e i risultati piú interessanti – con qualche rara eccezione [ad esempio Stanger 1992] – si trovano in lavori di qualche decennio fa [ad esempio Imberty 1973; Ruwet 1961].

In questo mare di carta stampata, si dovrebbero forse scartare come "non pertinenti" o considerare decisamente svianti quei lavori che non mantengono le promesse annunciate nel titolo, quelli che usano le parole / musica / o / poesia / metaforicamente, cosí che, ad esempio, sotto l'etichetta generale *Musik und Dichtung* possono raggruppare saggi d'ogni tipo, e perfino un contributo su «Johann Sebastian Bach und die Orgel» [Steiger 1986]. Se tale letteratura appare decisamente "fuori tema", spesso è invece difficile valutare il grado di pertinenza di approcci molto seri anche se prendono in considerazione aspetti non prioritari rispetto al problema che qui interessa: si pensi agli studi storici sui generi della musica vocale [Müller-Blattau 1952], agli studi di estetica [Fubini 1973], alla prospettiva "sistematica" applicata a fonti storiche, ossia alla discussione del problema presso autori del passato [ad esempio Frishberg Saloman 1989]. Vi sono poi approcci piú "moderni", come quelli che si possono leggere nella letteratura comparatistica che studia analogie e differenze fra i metodi di produzione e di analisi in musica e in letteratura [ad esempio Célis 1982], o i modi a disposizione della letteratura per parlare di musica [numerosi articoli in Scher 1992]. Un taglio particolare del problema viene dato da chi indaga il rapporto musica-poesia nei vari fenomeni di «Personalunion», ossia attraverso quegli artisti – dai trovatori a John Cage – che sono allo stesso tempo musicisti e scrittori, senza che uno dei due ruoli prevalga sull'altro [Heissenbüttel 1993]. E c'è anche chi trova il campo cosí fertile da poterlo ritagliare in vari sotto-campi descritti tanto poeticamente quanto metaforicamente: ad esempio la notte [Mayeda 1975] o l'acqua [Härtling 1994].

In questi ultimi approcci pare di intravvedere la realizzazione di una prospettiva critica auspicata da Weingart, nell'ambito del formalismo russo, nei lontani anni Venti, quando, rilevando il ruolo semantico autonomo esercitato dalla sonorità della parola nella struttura poetica, aveva indicato una nuova direzione per lo studio della musica vocale, e aveva previsto la nascita «di una nuova disciplina situata alla frontiera della linguistica e della musica» nella consapevolezza «che tale studio possa portare nuove ricchezze alla linguistica. Esso sarà inoltre in grado di approfondire ed affinare la teoria della declamazione musicale» [Weingart 1929, p. 175].

Negli studi dedicati a un genere particolare (il madrigale, il Lied, la canzone, il melodramma) prevale di solito il taglio storico-musicologico che privilegia la descrizione del repertorio piuttosto che l'impostazione sistematica del confronto fra musica e testo, anche se entrambe le componenti del genere preso in considerazione appaiono nel titolo. Nella letteratura di questo tipo la congiunzione "e" *das süsse Wörtlein*, simbolo wagneriano dell'unione, di solito non indica la presenza simultanea delle due espressioni nello stesso oggetto estetico, bensí viene interpretata come se significasse "inoltre", "piú" o simili, dove l'espressione "secondaria" o solo marginalmente considerata può essere la musica [ad esempio Jachia 1998 discute principalmente dei temi trattati nelle canzoni] o la poesia [Lewin 1973-74 cita appena in una nota il nome di Stefan George, autore della poesia musicata da Schönberg].

Assai piú prossimi al campo d'interesse che si vorrebbe individuare sono invece i lavori di tipo antropologico, che sviluppano le feconde ricerche di George List [1963] e quelli che spingono le acquisizioni ottenute attraverso gli studi sul fonosimbolismo verbale nella direzione di un'effettiva integrazione con la musica [Fonagy-Magdics 1963].

Benché nella letteratura corrente gli approcci teorico-sistematici siano molto rari, sarebbe tuttavia sbagliato sbarazzarsi senz'altro di tanta fatica da parte di storici e critici della musica e della letteratura, poiché non di rado, magari nelle pieghe del discorso, proprio quei rapporti che qui interessano vengono a galla, e proprio per il fatto che vengano dati quasi per scontati è una garanzia che le cose stiano proprio cosí.

Continuando a osservare la letteratura che dal nostro punto di vista appare "non pertinente", si può avere la fortuna di incontrare degli interessantissimi *case-studies*, ossia dei lavori che non si pongono l'obiettivo di analizzare sistematicamente i rapporti fra la musica e il testo nelle innumerevoli forme della musica vocale, ma che descrivendo le opere di un certo autore di fatto danno preziose indicazioni anche su aspetti generali del problema. Ad esempio Thrasybulos Georgiades, commentando il Lied di Schubert sulla poesia di Goethe *Wanderers Nachtlied*, ci offre una chiave generale d'interpretazione in partenza da questo caso particolare:

> La musica di Schubert, come "evento naturale", riflette il fluire uniforme, la prosodia senza parole; tuttavia essa, in quanto senso imprigionato in una struttura musicale, si è uniformata a procedimenti simili a quelli della lingua. E proprio perché alla natura della musica manca il significato, l'elemento "centripeto" degli oggetti di parola, questo elemento ottiene espressività da una struttura musicale che lo realizza [Georgiades 1979, p. 29].

Si può non convenire sulla "naturalità" della musica di Schubert, ma non si può fare a meno di riflettere sulle relazioni che Georgiades mette in luce fra una musica simile a una lallazione infantile (cioè in se stessa già quasi discorso) e una poesia che viene definita "musicale" in quanto capace di creare un'aura al di là delle parole singole, poiché «il saper creare atmosfere viene considerato dominio specifico della musica» [*ibid*., p. 30].

Un'ultima difficoltà si oppone a un uso tranquillo della letteratura esistente per gli scopi di rapida informazione che un articolo di enciclopedia si propone: in entrambe le prospettive (quella storico-critica e quella teorica) ci sono differenze di approccio che rendono ancora piú arduo il compito di tracciare una sintesi. Sia i *case-studies*, infatti, sia i saggi metodologici possono essere scritti da persone di estrazione diversa che si pongono obiettivi dissimili: un compositore, che i rapporti fra musica e poesia contribuisce a crearli, è ovviamente interessato soprattutto all'aspetto pratico del trasferire in musica la poesia [ad esempio Berio 1959; Boulez 1963; Cone 1957; Stockhausen 1964]; un musicologo appartenente alla tradizione storicistica sarà attento ad arrivare a una sintesi estetica del repertorio preso in considerazione e a raccontarci gli effetti sull'uomo dell'unione fattuale delle due espressioni artistiche [ad esempio Kerman 1973]; un analista interessato a mettere alla prova fino in fondo il rapporto musica/testo in singole opere troverà il suo compito cosí arduo che non oserà prendere in seria considerazione l'ipotesi di arrivare a sintesi generali.

Per stendere il presente articolo, dunque, sembrano esserci soltanto due possibilità: o si affronta l'immane compito di raccogliere singole annotazioni sparse nella letteratura esistente con l'obiettivo di ordinarle secondo un progetto di esposizione sistematica, oppure - ed è l'ipotesi qui scelta - si prova a dare al tema una nuova angolazione. Lasciando da parte gli approcci storico-critici qui rapidamente ricordati e tematizzando senz'altro il ruolo della musica e del testo nella comunicazione (quando entrambi vengono a trovarsi uniti nello stesso oggetto artistico), si proverà a individuare dei modelli teorici disposti e descritti non in ordine cronologico, ma secondo una logica che va dal generale al particolare, una logica "aperta" ad ampliamenti e integrazioni, una griglia, insomma, in cui collocare in seguito piú dettagliati riferimenti a singoli generi e stili. Gli studi sul Lied [Agawu 1992, pp. 3-8; Dürr 1984, pp. 23-35; Dürr 1994, pp. 29-34] offrono numerosi spunti, anche se, trattandosi di un solo genere, la teoria si esercita su un repertorio abbastanza compatto e distribuito su un periodo limitato di tempo, mentre i modelli generali, che qui di seguito intendo proporre, devono essere tali da poter descrivere generi diversi in un arco temporale vastissimo.

2. *Specificità e analogie*.

Nelle varie forme di musica vocale si realizza un incontro di musica e parola che ha principalmente una funzione estetica: anche laddove un canto nasca per essere danzato o per rafforzare il ritmo di un lavoro collettivo, la sua particolare organizzazione crea fra esso e la realtà circostante rapporti diversi da quelli dettati dalla pura funzionalità pratica. Anche nei casi delle canzoni a ballo e delle canzoni da lavoro la finalità non è univocamente rivolta a fornire una norma metrica ai danzatori o al miglioramento del risultato nel lavoro, tanto è vero che gli stessi brani si possono cantare anche in occasioni diverse (stando fermi o facendo altre cose) oppure trasferire in altro contesto (ad esempio in una pièce teatrale). Il carattere polifunzionale è tipico delle forme d'espressione che hanno prevalente funzione estetica, ossia delle forme artistiche. Dunque anche se le parole di un canto non esistono come poesia autonoma, il canto stesso è un'espressione artistica che si realizza grazie all'incontro di due sistemi: quello verbale e quello musicale. Occorre dunque per prima cosa verificare quali siano i loro aspetti comuni, i loro possibili punti d'incontro su vari piani e da diversi punti di vista, cominciando a prendere in considerazione i materiali che ciascun sistema usa nelle proprie espressioni. Su questo punto uno dei padri dell'estetica moderna si esprime in maniera inequivocabile:

> Il materiale è, nella differenziazione delle arti, il fattore fondamentale [...]. Le proprietà del materiale di ogni singola arte sono per la creazione artistica un limite invalicabile [...]. Pure le singole arti tentano spesso di sorpassare i confini dati dal materiale: ciò avviene sempre quando un'arte comincia ad avvicinarsi ad un'altra arte: cosí per esempio la letteratura ha tentato piú volte di accostarsi alla musica o

alla pittura, e viceversa. In questi casi si ha a volte una "violentazione" del materiale, cioè una finzione di proprietà che a quel materiale non sono connaturali, senza che possano essere davvero soffocate le sue proprietà naturali. La "violentazione" del materiale dunque accentua piú che cancellare i confini fra le arti. Nonostante la loro diversità però le arti sono strettamente collegate e si evolvono non soltanto singolarmente ma anche come tutto. La questione della loro "classificazione" ha perciò un significato non soltanto teorico: essa è ugualmente urgente se si considerano i legami e rapporti tra le singole arti nel concreto processo del loro sviluppo [Mukařovský 1966, trad. it. p. 231].

Questa pagina mette in guardia dalla tentazione di descrivere i diversi generi di canto come "perfetta fusione" di musica e testo (tentazione cui la letteratura corrente troppo spesso s'abbandona senza poi soffermarsi sufficientemente a descrivere i modi in cui tale "fusione" avverrebbe) e sembra allontanare piuttosto che rendere piú prossima la soluzione del problema che qui interessa. Ma già nella pagina successiva troviamo preziosi suggerimenti laddove Mukařovský propone una classificazione delle arti sulla base di diversi punti di vista e precisamente:

1) secondo i sensi (arti della vista, dell'udito, ecc.); 2) secondo la relazione delle singole arti col tempo e con lo spazio (arti temporali, come la musica e la letteratura; arti spaziali come la pittura, la scultura, l'architettura; arti spazio-temporali come il teatro, il cinema e la danza); 3) secondo la capacità di comunicare (arti tematiche come la letteratura e la pittura; arti atematiche come la musica e l'architettura); 4) secondo la materialità o l'immaterialità del materiale relativo (arti musiche come la letteratura; arti plastiche come la pittura); 5) secondo l'autonomia, eventualmente la libertà della creazione (arti che creano autonomamente, come la letteratura, e arti della riproduzione, come la recitazione [*ibid.*, p. 232].

Se si esclude il punto 3 (per altro assai discutibile se si pensa alla poesia ermetica e a quella sonora, all'informale in pittura e a tutte le piú recenti sperimentazioni in entrambe le arti qui ritenute per natura "tematiche"), in tutte le altre classificazioni musica e letteratura si trovano accomunate, anzi sono le uniche due arti che si trovano nella stessa posizione secondo differenti punti di vista. La teoria estetica, nella formulazione di Mukařovský, viene a dare sostegno razionale a ciò che nella storia si realizza da sempre, ossia ci permette di ipotizzare una motivazione teorica all'unione fattuale delle due forme espressive nei vari generi della musica vocale, e ciò non in base ai loro materiali, bensí per la comune posizione nel sistema generale delle arti.

Altri approfondimenti nel senso delle somiglianze fra i due sistemi comunicativi relative ai punti 1 e 2 di Mukařovský vengono dal campo delle scienze cognitive e acustiche.

Una équipe di studiosi svedesi, dopo aver osservato che sia la musica sia il linguaggio sono rappresentabili (e sono di fatto rappresentati) da segni grafici che possono essere considerati simboli dei segnali acustici corrispondenti, mettono in luce le differenze e le affinità che esistono fra essi. In prima istanza essi rilevano una diversità fra i due sistemi nella relazione fra la rappresentazione grafica e i segnali sonori cui danno origine, nel senso che mentre nella partitura musicale le altezze e le durate sono rappresentate in maniera (quasi) esattamente quantificabile, nell'ortografia non si danno né altezze né durate precise; a un esame piú attento si nota tuttavia che i segni d'interpunzione e l'arco semantico della frase determinano in qualche modo un profilo "melodico" anche nella frase parlata. Altri parallelismi molto interessanti si trovano nella natura degli accenti. In entrambi i sistemi vi sono due tipi di accenti con funzioni molto simili: l'accento tonico della parola e l'accento dato dalla posizione metrica nella musica sono in un certo senso accenti "grammaticali", il cui senso è stabilito da norme accettate e spesso esplicite; in entrambi i sistemi esiste però un altro tipo di accento, di natura diversa rispetto a questo, che viene utilizzato per sottolineare una particolare intenzione comunicativa. Anche la "possibilità di predizione" accomuna musica e parola, in quanto in entrambi i campi è possibile afferrare il "messaggio" anche in presenza di "rumore", ossia è possibile che l'ascoltatore "ricomponga" una frase sia verbale sia musicale, anche se non coglie perfettamente una certa parola (che però si aspetta) o un certo accordo in una successione armonica già impostata. Infine sono comuni anche gli "indicatori strutturali", cioè, rispettivamente, i punti, le virgole, le pause e le cadenze [Carlson, Friberg, Fryden, Granström e Sundberg 1989].

In questo contesto non si possono tuttavia dimenticare le voci – seppure piú rare – che sottolineano piuttosto le differenze fra i due sistemi: mentre la musica ha nel sonoro e nel puro presente la sua ragione d'essere, il linguaggio vi trova soltanto il suo mezzo per significare e quindi, attraverso la semantica, esclude il puro presente. Solo la lingua poetica tende a rafforzare i propri elementi "musicali", ma nel far ciò assorbe il senso nella dominante sonora [Killmayer 1972].

Da qualsiasi punto di vista si prenda le mosse, non si può pensare che un canto derivi dal gioco delle infinite possibilità combinatorie dei due sistemi (una specie di partita a scacchi fatta con musica e linguaggio): l'apparente "artificio" di questa combinazione, infatti, non può essere sganciato dall'uomo e dalla sua storia. Nel momento in cui il musicista tesse una nuova forma servendosi delle parole, viene affascinato dagli echi e dagli innumerevoli richiami delle due materie (quella poetica e quella musicale), e non può prescindere dal prendere in considerazione il caos o l'acquietamento che una singola scelta provoca nella trama già parzialmente tessuta. E in questa trama entrano non solo la poesia che ha scelto e le sue idee musicali, ma anche tutti i condizionamenti che le strutture collettive della sua epoca gli impongono, le "regole" accettate da una comunità a un certo momento della sua storia per garantire la comunicazione.

Dunque, anche avendo scelto un approccio particolare – quello teorico – il rapporto musica/testo non è definibile una volta per tutte, ma è per principio mutevole attraverso la storia, per cuï sarebbe teoricamente possibile (e utile) scrivere una «Storia della teoria dei rapporti fra la musica e la poesia». Qui però l'obiettivo ha una portata assai piú limitata: si tenterà di rintracciare qualche modello, piuttosto che insistere sulle loro varianti attraverso il tempo.

3. *Modelli.*

Cercare i modi in cui musica e poesia si mettono in rapporto in un testo cantato non significa volere a tutti i costi scavalcare le loro specificità come forme simboliche e immaginare un'unione indifferenziata, che forse è ontologicamente impossibile. Significa soltanto porsi di fronte alle innumerevoli sfumature che esistono fra la vita autonoma di ciascuna forma espressiva e la sparizione di entrambe nello spazio acustico delle opere di musica elettronica derivate dal suono delle parole [cfr. Klüppelholz 1978] e tentare di dare a tutte le possibili occorrenze qualche tipo di ordine.

I modelli piú generali di interpretazione che vengono sempre e di nuovo riproposti, riguardano lo statuto del testo verbale nella musica vocale (cfr. tab. 1).

In formulazioni autorevoli, rese famose da numerose citazioni, i modelli estremi sono due e vedono da una parte l'assimilazione del testo nella musica e dall'altra la parola come sostegno semantico indispensabile in tutti i generi vocali. Secondo la prima delle due teorie:

> Quando le parole entrano nella musica non sono piú prosa e poesia, sono elementi della musica. La loro funzione è di contribuire a creare e sviluppare l'illusione primaria della musica, il tempo virtuale, e non quella della letteratura, che è altra cosa; sicché essi abbandonano la loro condizione letteraria ed assumono funzioni puramente musicali [Langer 1953, trad. it. p. 170].

> Fra la lingua e la musica c'è incompatibilità, opposizione profonda [...] il problema dei rapporti fra musica e parole esclude ogni possibilità di compromesso: esso non può essere risolto che attraverso l'assorbimento, l'assimilazione di uno dei due sistemi da parte dell'altro. Se c'è vera unione, questa deve realizzarsi ad esclusivo beneficio di una delle due parti, e precisamente a beneficio della musica e non della parola, dal momento che il linguaggio non può incorporarsi né assimilare a sé la musica, come dimostra la declamazione dei Melodramen [Schloezer 1947, pp. 262-63].

> Nel Lied romantico la poesia e la musica non possono venire separate. Una poesia di Heine [messa in musica] non è piú la sua [Kramer 1994, p.139].

La seconda posizione, già proposta da Wagner con immaginosa metafora, viene poi articolata, fra gli altri, da Ruwet e da Zumthor:

> Ogni organismo musicale per sua natura è femminile: esso ha la facoltà di concepire, non di procreare; la forza produttiva risiede fuori di lui, e, senza essere fecondato da questa forza, esso non è in grado di dare alla luce la cosa concepita [Wagner 1852, trad. it. p. 136].

> nella misura in cui la voce è, per l'uomo, prima di tutto l'organo della parola, dal momento che essa interviene in musica, il linguaggio, come tale, è presente, e ciò anche se il canto si emancipa in puri melismi, anche se il testo diviene totalmente incomprensibile [...]. Mai la musica vocale fa a meno del supporto delle parole: sembra che sia impossibile vedere nella voce uno strumento come gli altri. Solo nelle lezioni di solfeggio o negli esercizi di canto essa è ridotta a quella parte, e il vocalizzo non ha mai costituito un genere musicale autonomo [Ruwet 1961, trad. it. p. 37].

> Una voce senza linguaggio (il grido, il vocalizzo) non è abbastanza differenziata da "far passare" la complessità delle forze del desiderio che la animano [...]. Le nostre voci richiedono il linguaggio e nello stesso tempo godono nei suoi confronti di una libertà d'uso pressoché totale, e che ha il suo culmine nel canto [Zumthor 1983, trad. it. p. 6].

Il primo modello non tende a una svalutazione della parola, ma insiste sulla capacità della musica di trasformare in materiali musicali anche le parole che hanno messo in moto la fantasia del musicista. I sostenitori di questa posizione non offrono concreti strumenti di analisi per verificare come la poesia si trasformi in musica, ma tutti sanno bene che un Lied di Schubert non è "piú bello" se la poesia è di Goethe o di Heine invece che di un poeta di secondo piano come Wilhelm Müller.

Tabella 1.

Modelli del rapporto musica-parole.

1) Assimilazione (sparizione) della poesia nella musica

2) Apporto indispensabile della parola (= cooperazione parola-musica)

Nemmeno i teorici dei secoli passati ci spiegano con sufficiente precisione come potesse la poesia "assorbire" la musica, ma di questa possibilità restarono convinti per secoli. Il primo modello, infatti, ha un antecedente dalla formulazione altrettanto assolutistica, ancorché contraria: l'ipotesi di riduzione della musica alla poesia, ossia il concetto di musica come di una super-poesia, capace di rendere gli "affetti" meglio della parola. In una lunga tradizione critica, le arti della parola vengono assunte a modello di una teoria dell'arte espressa in regole capaci di analizzare e produrre capolavori, fra i quali quelli musicali erano riconosciuti eminenti: *Musica poetica* (o *melopoetica*) viene denominata una branca del sapere pratico-creativo per piú di due secoli a cominciare già dalla fine del XVI secolo [Burmeister 1606]. Attorno alla metà del Settecento l'idea di una comune origine di musica e parola alimenta la fede in una originaria *Urtonsprache* da cui discende l'utopia di poter parlare coi suoni [Schering 1939]. Quando la teoria dell'*Affektenlehre* esaurisce la sua carica rappresentativa e il pensiero romantico dà una diversa strutturazione al sistema delle arti, il concetto di fondo cambia segno, ma permane l'idea di una musica come "poesia di suoni", che si concreta in figure di artisti come il *Tondichter* e in forme come il Poema sinfonico.

Alla fine dell'Ottocento, in pieno clima positivistico, questo modello non convince piú, anzi dà origine a una reazione molto decisa in senso contrario, come si può leggere in un passo di Combarieu:

> Un paradosso [...] che riappare un poco dappertutto sotto forme diverse è la pretesa analogia fra la poesia e la musica [...]. Ogni forma di assimilazione della Musica alla Poesia è al giorno d'oggi una semplice figura retorica, una chimera o una eresia pericolosa [L'autore prosegue descrivendo le differenze fra musica e poesia dal punto di vista della materia e del modo di organizzarla, indi afferma:] l'opposizione delle due arti è dunque completa [1894, pp. XXI, XXV].

Opponendosi all'ipotesi di assimilazione della musica alla poesia Combarieu indica un'altra posizione estrema nel rapporto che qui interessa: quella dell'estraneità, anzi della «completa opposizione fra le due arti». A questo punto i modelli individuati sono tre (cfr. tab. 2).

Tabella 2.

Modelli del rapporto musica-parole.

1) Assimilazione
2) Estraneità
3) Cooperazione

Mentre il primo modello, nella sua formulazione assolutistica, non può che prevedere il proprio contrario e si muove in area prevalentemente teorica, ancorché fertile di stimoli alla fantasia dei creatori, il secondo e il terzo si presentano, nella storia della musica vocale, in forme diverse, che tenteremo di descrivere nella maniera piú semplice, accettando il rischio di sacrificare alle ragioni della chiarezza una materia ricchissima di sfumature e di casi intermedi.

Rileggendo la citazione di Combarieu con maggiore attenzione, ci si accorge che l'obiettivo di opporsi al principio di assimilazione porta lo studioso ad accomunare due tipologie del rapporto musica-poesia che dovrebbero rimanere distinte: le differenze nella materia espressiva e nel modo di organizzarla che possono provare un rapporto di "estraneità" non danno ragione dei casi in cui le due arti si trovano in "opposizione", benché estraneità e opposizione siano entrambi caratteri contrari all'"assimilazione". Per convincersene basta trasferire il modello teorico nel vivo della storia.

Se nel modello "estraneità fra le due componenti" facciamo convergere tutti quei brani nei quali il rapporto musica-poesia non ha carattere di necessarietà, si vedrà che si tratta di un contenitore estremamente ampio, capace di rendere ragione dell'unione fattuale delle due arti in repertori vastissimi, distribuiti non solo lungo tutto l'arco della storia della musica colta occidentale, ma presenti anche nella musica di tradizione orale. Si tratta di tutte quelle forme in cui la musica sembra essere piú legata al ritmo che alla semantica della parola, in cui la musica non tende a esprimere con i suoi mezzi ciò che va intonando, ma serve come sostegno mnemonico, o come gesto fatico, o come espressione di un atteggiamento esistenziale. In questi casi la musica gioca un ruolo che Brecht definiva «epico», intendendo con ciò il contrario di "espressivo" e anche qualcosa come "anti-romantico". In questo modello del rapporto musica-poesia entra la tradizione della poesia orale [Zumthor 1983, *passim*] e la prassi, diffusissima in Italia, del "cantar ottave", ossia il recitare i versi degli episodi piú diversi della *Gerusalemme Liberata* del Tasso o della *Divina Commedia* di Dante su moduli melodico-ritmici sempre uguali. Questo sotto-modello ha moltissime "varianti": comprende tutte le forme nelle quali la musica è il supporto di storie da raccontare, come nel repertorio dei giullari e dei cantastorie, nel teatro dei pupi e nelle canzoni di certi cantautori [Gallo 1986, p. 245; Jachia 1998, p. 125]; comprende le canzoni strofiche e i Lieder in cui la stessa musica intona strofe diverse (ma spesso semanticamente simili), come ad esempio in *Wandern* di Müller-Schubert, e comprende anche tutti i fenomeni di parodia o travestimento, nei quali sulla stessa musica vengono cantate parole non solo diverse, ma anche dettate da una *Stimmung* di segno opposto, si pensi, ad esempio, alle canzoni della Rivoluzione francese, quando, per confezionare nuovi canti che diffondessero le notizie ed esaltassero i valori delle azioni rivoluzionarie, non si badava alla musica tanto per il sottile, cosí che un'aria d'opera come *Vous qui d'amoureuse aventure* (dal *Renaud d'Ast* di Dalayrac) diventa *Veillons au salut de l'Empire* [Barbier e Vernillat 1957]. In tutti questi casi musica e poesia aderiscono sul piano metrico e fraseologico, mentre i rispettivi riferimenti semantici possono essere fra loro "indifferenti" o "estranei"; oppure si può pensare, con Hanslick e compagni, che la musica non significhi altro che se stessa e che quindi possa aderire indifferentemente a tutti i contenuti poetici.

Un rapporto di "opposizione", invece, implica che si abbia ben chiara in mente l'area semantica espressa nella forma poetica e in quella musicale e che le si voglia coscientemente mettere in contrasto per ottenere qualche obiettivo particolare. È questo il rapporto che s'instaura nei casi in cui la musica tende a "commentare" il testo poetico con ironia, o manifestando la propria disapprovazione; si pensi a come la musica di Rossini rida sulle parole "tragiche" di qualche scena di opera buffa o all'effetto di straniamento prodotto dalle musichette orecchiabili di Weill inserite nella graffiante drammaturgia della *Dreigroschenoper*. Il secondo modello della tabella 2 si scinde dunque in due sotto-modelli che prevedono ciascuno un largo ventaglio di varianti a seconda del ruolo semantico giocato da l'una e l'altra forma espressiva nel rapporto di estraneità o di opposizione (cfr. tab. 3).

Tabella 3.

Modelli del rapporto musica-parole.

1) Assimilazione
2) Estraneità
3) Opposizione
4) Cooperazione

Ancor piú fertile di casi diversi è la prospettiva di un rapporto di cooperazione fra le due arti. Alla base di tutti i possibili sotto-modelli di questo tipo c'è l'identificazione di un significato affettivo nelle forme sonore, secondo la tradizione iniziata dai teorici dell'*Affektenlehre* nei secoli XVII e XVIII, che consente di confrontare il "significato" delle parole con quello della musica. Analizzando le forme della poesia e della musica e inferendo dai dati delle analisi i caratteri del loro contenuto (si pensi a forma e contenuto dell'espressione nel senso indicato da Hielmslev) si è tentato di ordinare i vari modi della cooperazione sul piano della comunicazione attraverso tracciati incrociati o incrociabili come i cerchi intersecati [Agawu 1992, p. 8] o gli assi semantici [Dalmonte 1980, pp. 100-2].

È un percorso fecondo, ma anche pericoloso, per il rischio (o la tentazione) di scivolare nella soluzione piú facile, ossia quella di partire dai significati piú palesi della poesia per tentare di ritrovarli (o per volerli a tutti i costi ritrovare) nelle forme della musica. Questa prospettiva – che Nattiez definisce «onomasiologica» – rovescia il percorso comunicativo (infatti va dal significato al significante e non viceversa, come vorrebbe una prospettiva semioticamente corretta) e dà per scontato un rapporto arbitrariamente semplificato: ci sarebbe un solo significato (quello della poesia) espresso soltanto nelle forme della musica. Secondo Nattiez i caratteri comuni agli scritti basati su questo tipo di approccio sono due:

1) si parte dall'idea espressa dal testo e si cerca come questa idea è tradotta in musica;
2) si dà per certa una correspondenza biunivoca fra la musica e il testo, ossia si suppone che la musica "traduca", o raddoppi il testo [Nattiez 1975, p. 166].

Ai due tratti identificati da Nattiez se ne può aggiungere un terzo, ossia che in questa impostazione critica non tutti i significati della poesia né tutti gli aspetti della forma musicale vengono presi in considerazione, ma solo quelli che appaiono piú accomunabili, come ad esempio i significati di movimento o di quiete con forme musicali movimentate o statiche, e cosí via. Le descrizioni a cui perviene questa strategia analitica risultano necessariamente incomplete, ma indicano tuttavia una casistica nell'ambito delle premesse teoriche ruwetiane. All'interno di questo modello, infatti, si possono rintracciare diversi sotto-modelli originati dai diversi modi di intendere sia la "duplicazione del testo da parte della musica" in prospettiva onomasiologica (ossia la lunga tradizione dei vari tipi di "madrigalismi" musicali), sia la "cooperazione della poesia al significato globale del pezzo" secondo una lettura piú aperta e comprensiva dell'ipotesi ruwetiana. In questo ampio ventaglio di possibilità, pare opportuno descrivere qui le due tipologie estreme, in modo da fissare i poli tra i quali si collocano tutte le altre.

Il tipo di rapporto che appare dominante negli scritti teorici e nella musica dei secoli XVI e XVII è quello che interpreta la musica vocale come uno specchio amplificante del ritmo e del profilo melodico della poesia recitata. Il "recitar cantando", e tutti gli stili di canto da esso derivati, e l'estetica della "musica ancella della poesia", secondo la formulazione della *seconda prattica* monteverdiana, pongono l'accento sul ruolo trainante giocato dalla declamazione nelle scelte del musicista [nella gran mole della letteratura su questo argomento, si veda, ad esempio, Kurtzman 1993].

Quando invece, a partire dalla metà del secolo XVI si comincia a riconoscere alle forme musicali un'autonoma capacità significante, la dipendenza della musica dalla parola si fa piú lasca: al musicista è sufficiente cogliere dal testo verbale la *Stimmung* dominante (o quella che egli ritiene tale), per poi svolgere autonomamente il tema coi mezzi propri della sua arte. Questa posizione, che affonda le sue radici, come si è detto, nei trattati dell'*Affektenlehre*, arriva fino al nostro secolo, quando Arnold Schönberg, in un passo giustamente famoso afferma:

> Un paio di anni fa provai profonda vergogna scoprendo che per alcuni Lieder di Schubert a me ben noti, non avevo mai avuto la minima idea dell'argomento trattato dal testo poetico [...]. Ma ancora piú decisivo di questa esperienza fu per me il fatto di scrivere molti dei miei Lieder nell'ebbrezza della sonorità iniziale delle prime parole, senza preoccuparmi minimamente dell'ulteriore sviluppo della composizione poetica, anzi senza neppure comprenderlo nell'esaltazione della creazione, e solo qualche giorno dopo rendendomi ragione del contenuto poetico del Lied [1974, p. 396].

Anche il modello della "cooperazione", dunque, si scinde in due sottomodelli estremi e antitetici senza perdere la sua identità, che consiste nell'apertura verso un'ampia zona di sinergia delle due forme espressive. Si dovrebbe perciò riscrivere la tabella dei modelli come indicato piú avanti (cfr. tab. 4).

Tabella 4.
Modelli del rapporto musica-parole.

1) Assimilazione	della poesia nella musica della musica alla poesia
2) Estraneità	intonazione epica, stroficità, parodia
3) Opposizione	travestimento, ironia
4) Cooperazione	con prevalenza delle parole sulla musica con prevalenza della musica sulle parole

Dal punto di vista della loro genesi questi modelli non sono omogenei: il primo (in entrambi i suoi aspetti) sembra una costruzione prevalentemente teorica, un modo di interpretare non particolari repertori, ma un ideale costrutto a-temporale fatto di musica e poesia. Se non che, a ben guardare, esso offre chiavi interpretative preziose, ad esempio per capire il senso di espressioni tanto abusate quanto ineliminabili come la "musicalità della poesia". Quando un oggetto di parola assume a proprio ordine interno parametri musicali quali la ripetitività ritmica e i richiami sonori, come nelle rime e nelle assonanze, e attraverso questo ordinamento del materiale verbale riesce a creare un'aura, un'atmosfera psicologica, una *Stimmung* che va al di là delle singole parole, ecco che descrivere quella poesia con l'attributo "musicale" non è piú una semplice metafora, ma significa aver riconosciuta in essa la musica assimilata dalla poesia.

Il secondo modello nasce allo stesso modo (per contrapposizione al primo, come si ricorderà), ma poi è stato precisato e scisso in due forme in base a considerazioni condotte su repertori concreti. L'ultimo, infine, viene formulato prendendo in considerazione opere esistenti e si articola in innumerevoli sotto-modelli che si dispongono fra i due estremi qui illustrati.

I modelli sono invece omogenei per l'aspetto del rapporto musica-parole posto al centro della riflessione, che è il ruolo giocato dalle due forme espressive nel processo comunicativo, ossia il piano della significazione.

La sperimentazione in campo verbo-musicale, però, propone artefatti che sfuggono anche a questi apertissimi modelli. Si legga, ad esempio, cosa dicono della loro opera Walter Branchi e Renato Pedio:

> in questo lavoro [*ecLIPSe*] la musica invade il campo semantico e il linguaggio quello musicale; tuttavia non si tratta di un banale (e quindi opinabile) scambio di aree d'azione. Si tratta piuttosto di riunire musica e linguaggio in uno spazio piú interno e inevitabile. È uno spazio in sé distinto ma comune ad entrambi, nell'ininterrotta attività mentale. Gli "intermedia" tendono a gettare luce in questo spazio preliminare, dato per certo, ma sempre nascosto e silenzioso [1979, p. 88].

Per il momento non sembra il caso di aggiungere all'ultima tabella il modello di una relazione che si potrebbe definire "invertita"; conviene piuttosto rivolgere l'attenzione ad altri aspetti del rapporto musica-parole, ancorché quello semantico abbia piú degli altri attratto l'interesse dei critici.

4. *Altri approcci al tema.*

Si cercherà qui di seguito di richiamare per brevi cenni altri modi di affrontare il tema musica/parole al solo scopo di dare un'idea della sua ricchezza e vitalità. Cominciando dal problema delle *origini*, dal quale si può ipotizzare che si dipartano tutti i discorsi sui rapporti reciproci fra i due sistemi, si può dire che, benché recentemente sia meno frequentato, sia però stato oggetto di vivaci dibattimenti fino a qualche decennio fa. Marius Schneider, nel capitolo «La musica e il linguaggio» del suo libro sugli animali simbolici, affronta la questione da un punto di vista antropologico esponendo i risultati di affascinanti ricerche sia presso società tribali, sia nelle letterature piú antiche dell'umanità. Da queste indagini si deduce che sia la musica, come insieme di forme organizzate, sia il linguaggio capace di descrivere il mondo, sono «materializzazioni» che si verificano attraverso vari stadi di «discesa del ritmo creativo originario», quindi deriverebbero entrambi dalla stessa matrice [Schneider 1946, trad. it. p. 137].

Di taglio psicologico è invece la trattazione di John Sloboda che imposta il problema inizialmente nei termini di un sillogismo: se è vero che il linguista Noam Chomsky ha potuto dimostrare che tutti i linguaggi naturali hanno, a livello profondo, la stessa struttura e se è vero che il teorico della musica Heinrich Schenker afferma lo stesso principio per tutte le buone composizioni (quanto meno per quelle appartenenti all'ambito della tonalità), fra i due sistemi devono esistere analogie molto strette. L'autore le descrive poi dettagliatamente, ma ciò che qui interessa è un'osservazione che va alle radici stesse del problema:

> Se musica e linguaggio hanno proprietà che richiedono grammatiche di una certa complessità, allora gli esseri umani devono possedere delle risorse psicologiche che consentano loro di rappresentare tali grammatiche [Sloboda 1985, trad. it. p. 47].

In altre parole, lingua e musica sarebbero all'origine strettamente collegate, in quanto sono entrambe rese possibili da una particolare conformazione della nostra mente.

Nella storia della musica occidentale le origini comuni di musica e linguaggio sono implicite in certe parole o espressioni che vengono usate indifferentemente per l'una o per l'altro: la parola greca *mousiké*, ad esempio, indicava l'inscindibile unità di musica e poesia nel verso, come se la musica non fosse nominabile se non attraverso qualcosa che ne precisasse il senso. Numerosi passi di autori latini testimoniano la mancanza di una chiara distinzione fra le nozioni di "leggere" e di "cantare" [Dalmonte 1993] e la coscienza di tale affinità originaria si è mantenuta fino ad epoca recente; afferma, infatti, Jules Combarieu: «La voce umana è l'origine comune del linguaggio poetico e di quello musicale» [1894, p. 23].

Un altro punto di vista da cui esaminare i rapporti fra la musica e il linguaggio è il *tempo*, involucro in cui si muovono entrambe le forme espressive. Anche rispetto a questo parametro gli approcci risultano ricchi e diversificati. Innanzi tutto si è osservato che la funzione dell'elemento temporale è sostanzialmente diversa nei due sistemi. Mentre, infatti, in molti repertori il discorso musicale si sviluppa in un quadro di unità isocrone ripetute che costituiscono il *pulsus*, l'organizzazione temporale della lingua parlata (e anche quella di molte forme poetiche) si fonda su una sorta di periodicità elastica che permette di allungare o restringere la durata delle parole a livello locale, senza distruggere il senso della comunicazione. La precisa definizione temporale della musica – funzionale anche all'esecuzione sincronica di piú voci o strumenti – non è altrettanto importante nel linguaggio, dove è assai raro il caso di piú persone che parlino insieme in maniera coordinata. Mentre per il linguaggio in tutte le sue forme il fattore tempo appartiene soltanto alla sfera dell'*elocutio* (ossia al momento dell'esecuzione di un testo precedentemente composto), in musica il quadro temporale può sovrintendere anche alla definizione formale di un brano, ossia entrare a far parte della stessa *dispositio*. È chiaro che questa disomogeneità di funzioni che il tempo esercita nella musica e nella poesia crea, nel momento della loro unione, delle frizioni che risultano lesive dei diritti dell'una (si pensi, ad esempio, a come il *tactus* della musica si pieghi all'agogica imposta dal senso della frase nel recitativo) o dell'altra (come, ad esempio, la scansione temporale ripetitiva modifichi accenti e temporalità prosodica nelle canzoni a ballo).

Nel momento in cui la musica rinuncia a regolare il suo respiro alla ripetitività del *pulsus* e a organizzarsi in sezioni temporalmente ben delimitate, il tempo musicale, non piú misurabile con precisione, non piú metronomico, ma piuttosto proiezione diretta del pensiero del compositore, può configurarsi anche come un "ampliamento" del tempo della poesia, campo pertinente in cui si misurano le loro relazioni [Dalmonte 1987; Petri 1964, pp. 64-86]. Nella musica contemporanea (piú che in altre epoche e in altri stili) la composizione vocale può formarsi dal ritmo della poesia: come proliferazione, come ampliamento che va alla deriva e sfugge a qualsiasi misura. Il tempo della musica, quando s'incontra con quello della poesia, tende sempre a fargli violenza, a dilatarlo; in alcuni generi questa tendenza si radicalizza e ottiene l'effetto di un dispiegamento della durata, estesa oltre la dimensione della parola (che si allunga e si frantuma), del verso (ormai privato del suo ordine interno) e anche della pagina che originariamente conteneva la poesia. Il tempo fisico dei respiri e quello psicologico delle emozioni sono una nuova realtà nella quale il tempo della poesia appare trasformato. Ma ciò accade soltanto a condizione che il tempo simbolico della musica, il suo scorrere reso sensibile durante l'ascolto, non si scontri con il tempo dei fatti del mondo veicolato dal linguaggio, ossia è possibile solo se anche la lingua rinuncia al pensiero referenziale; altrimenti, lo paventava già Nietzsche, «il linguaggio di parole risveglia in noi l'uomo teoretico, trasportandoci in tal modo in un tempo non mitico; sicché noi non finiamo, per mezzo della parola, col capire piú chiaramente ciò che si è svolto davanti a noi, bensí col non capire piú niente» [1988, trad. it. p. 136]. Il tempo della musica in una Messa di Ockeghem o nel *Prometeo* di Luigi Nono, quel tempo che dilata fino a farlo scomparire il contenuto referenziale del linguaggio, diventa esso stesso "messaggio", in quanto si assume l'incarico di veicolare all'ascoltatore il "come", la "qualità" che i due compositori hanno dato rispettivamente al mistero della transustanziazione e al mito di Prometeo.

Strettamente connesso ai problemi riguardanti il tempo è un campo di confronto altrettanto fertile e coltivato: quello riguradante il *ritmo*, il metro, l'accento.

Fra le quattrocento definizioni di ritmo che Willems [1954] elenca all'inizio del suo studio, molte si muovono nella zona franca fra musica e poesia promettendo esiti che poi non vengono raggiunti, poiché ci si ferma, appunto, alle definizioni, le quali però, da parte loro, testimoniano la varietà dei possibili approcci. Basti pensare che per calare nel concreto dei repertori i problemi riguardanti le relazioni fra il ritmo della musica e quello della poesia, ci si scontra subito con la difficoltà della diversa organizzazione ritmico-accentuale delle varie lingue e con la diversità di aspetti che lo stesso problema assume trattando dei vari generi. Si pensi, ad esempio, alle migliaia di pagine scritte su questo argomento da filosofi e letterati nella Francia del secolo dei lumi; essi credevano di dibattere il problema generale dei rapporti fra musica e poesia, in realtà discutevano di melodramma e delle condizioni piú favorevoli offerte dalla lingua italiana o da quella francese.

Anche prescindendo dalle differenze di genere e di lingua e assumendo il problema nella sua formulazione nuda e cruda: "il ritmo del verso influenza il ritmo della musica?" due posizioni antitetiche si scontrano e prevedono numerose posizioni intermedie fra loro: da una parte si trovano delle ricorrenze, e quindi delle regolarità, fra vari tipi di ritmo musicale e un determinato tipo di verso [Lippmann 1986; Putnam 1966], dall'altra si sostiene invece che dall'avvento della polifonia in poi la musica si sovrappone al ritmo del verso [Georgiades 1954].

Nonostante queste difficoltà oggettive, della fertilità di questo approccio fa fede tutta una tradizione di studi tesa a descrivere la struttura ritmica della musica sulla base dei piedi poetici. Il primo a tentare questa strada fu, forse, Aristosseno, e le tracce delle sue teorie si possono riconoscere nei teorici rinascimentali italiani, negli illuministi francesi e anche in Riemann, l'enciclopedico sistematore della teoria tonale dell'Ottocento. Il nostro tempo non è sordo a questo aspetto: Cooper e Meyer, in base alla distribuzione dei gruppi accentuati e non accentuati, descrivono tutte le possibili forme di articolazione musicale con cinque tipi ritmici tratti dalla poesia: trocheo, dattilo, giambo, anapesto, amfibraco [Cooper e Meyer 1960]. Uno studio recente sulla grammatica musicale individua nelle corrispondenze ritmiche fra la battuta musicale e gli accenti prosodici la matrice da cui scaturisce la frase melodica cantata [Baroni, Dalmonte e Jacoboni 1999, pp. 124-57]. Partendo da una diversa angolazione, Paul Fraisse intitola il capitolo VI del suo libro «Ritmo e misura in musica e poesia» e lo inizia tentando «il censimento delle forme ritmiche della poesia e della musica» [1974, trad. it. p. 98], mentre poi si limita a ricapitolare luoghi abbastanza noti sulla musica greca e sul canto gregoriano, fino a dimenticarsi del tutto della poesia quando arriva a trattare della battuta musicale moderna. Di fatto l'interesse di Fraisse non è rivolto al ritmo musicale e poetico in sé, né alla loro funzione nelle due arti parallele, quanto piuttosto alla dimostrazione della tesi che «in tutti i ritmi il dato-base consiste in un raggruppamento percettivo» [*ibid.*, p. 115]. Con gli studi di Willems, Francès e Fraisse negli anni Cinquanta si assiste a uno spostamento del problema di portata storica, che segna tutti gli studi successivi di taglio psicologico e didattico. L'ipotesi che tutti gli artisti nel produrre enunciati di qualsiasi forma e linguaggio «sono vincolati all'uso delle possibilità percettive dell'uomo» [*ibid.*] conduce anche il problema del *ritmo*, come già per altra via quello delle *origini*, alla comune matrice cognitiva di tutte le arti.

Come si vede ognuno di questi percorsi ha una lunga tradizione alle spalle e non sembra ancora avere raggiunto posizioni accettabili dall'intera società degli studiosi. È prevedibile che sui rapporti fra la musica e le parole continueranno a scriversi moltissimi libri, ordinati lungo le diverse direttrici qui appena accennate oppure in altre ancora, in accordo con le composizioni che verranno scritte e per riflesso di quelle che lo furono nel passato, coniugando su questo tema specifico le nuove posizioni filosofico-estetiche oppure inventandone di autonome appositamente per descrivere questo immenso repertorio di segni e di significati.

Agawu, K. V.

1992 *Theory and practice in the analysis of the nineteenth-century Lied*, in «Music Analysis», XI, n. 1, pp. 3-36.

Barbier, P., e Vernillat, F.

1957 *Histoire de la France par les chansons*, IV. *La Révolution*, Gallimard, Paris (8ª ed.).

Baroni, M., Dalmonte, R., e Jacoboni, C.

1999 *Le regole della musica. Indagine sui meccanismi della comunicazione*, Edt, Torino.

Berio, L.

1959 *Poesia e musica - un'esperienza*, in «Incontri Musicali», n. 3, pp. 98-111.

Boulez, P.

1963 *Poésie – centre et absence – musique*, in «Melos. Zeitschrift für Neue Musik», XXX, n. 2, pp. 33-40 (trad. it. *Poesia – centro e assenza – musica*, in *Punti di referimento*, Einaudi, Torino 1984, pp. 144-60).

Branchi, W., e Pedio, R.

1979 *Speaking sounds. A note on ecLPSe*, in «Perspectives of New Music», XVII, n. 2, pp. 85-97.

Brown, C.

1963 *Music and Literature. A Comparison of the Arts*, The University of Georgia Press, Athens.

Burmeister, J.

1606 *Musica poetica*, Stephanus Myliander, Rostock.

Carlson, R., Friberg, A., Fryden, L., Granström, B., e Sundberg, J.

1989 *La parole et l'exécution de la musique: parallèles et contrastes*, in S. McAdams e I. Deliège (a cura di), *La musique et les sciences cognitives*, Margada, Liège, pp. 551-71.

Célis, R.

1982 (a cura di), *Littérature et musique*, 2 voll., Université de Saint-Louis, Bruxelles.

Combarieu, J.

1894 *Les rapports de la musique et de la poésie considérées du point de vue de l'expression*, Alcan, Paris.

Cone, E. T.

1957 *Words into music: the composer's approach*, in N. Frye (a cura di), *Sound and Poetry*, Columbia University Press, New York, pp. 3-15.

Cooper, G. W., e Meyer, L. B.

1960 *The Rhythmic Structure of Music*, The University of Chicago Press, Chicago Ill.

Dalmonte, R.

1980 *Il Nachtlied di Goethe-Schumann: proposta e verifica di un metodo di analisi*, in «Ricerche Musicali», n. 4, pp. 81-111.

1987 *The concept of expansion in theories concerning the relationships between music and poetry*, in «Semiotica», LXVI, n. 1-3, pp. 111-28.

1993 *Parole di musica e poesia*, in Id. (a cura di), *Phoné semantiké*, in «Il Verri», n. 1-2.

Dürr, W.

1984 *Das deutsche Sololied im 19. Jahrhundert. Untersuchungen zu Sprache und Musik*, Heinrichshofen, Wilhelmshaven.

1994 *Sprache und Musik. Geschichte. Gattungen. Analysemodelle*, Bärenreiter, Kassel.

Fonagy, I., e Magdics, K.

1963 *Emotional patterns in language and music*, in «Zeitschrift für Phonetik», XVI, n. 1-3, pp. 293-326.

Fraisse, P.

1974 *Psychologie du rythme*, Presses Universitaires de France, Paris (trad. it. *Psicologia del ritmo*, Armando, Roma 1979).

Frishberg Saloman, O.

1989 *Chabanon and Chastellux on music and language, 1764-1773*, in «International Review of the Aesthetics and Sociology of Music», XX, n. 2, pp. 109-20.

Fubini, E.

1973 *Musica e linguaggio nell'estetica contemporanea*, Einaudi, Torino.

Gallo, F. A.

1986 *Dal Duecento al Quattrocento*, in *Letteratura italiana*, diretta da A. Asor Rosa, VI. *Teatro, musica, tradizione dei classici*, Einaudi, Torino, pp. 245-63.

Georgiades, Th.

1954 *Musik und Sprache. Das Werden der abendländischen Musik, dargestellt an der Vertonung der Messe*, Springer, Berlin (trad. it. *Musica e linguaggio: il divenire della musica occidentale nella prospettiva della composizione della Messa*, Guida, Napoli 1989).

1979 *Schubert. Musik und Lyrik*, Vandenhoeck und Ruprecht, Göttingen (2ª ed.).

Härtling, P.

1994 *Das wandernde Wasser. Musik und Poesie der Romantik*, Radius, Stuttgart.

Heissenbüttel, H.

1993 *Autoren-Musik*, in «Musik-Konzepte», n. 81, pp. 6-15.

Imberty, M.

1973 *Introduction à une sémantique musicale de la musique vocale*, in «International Review of the Aesthetics and Sociology of Music», IV, n. 2, pp. 175-95.

Jachia, P.

1998 *La canzone d'autore italiana 1958-1997*, Feltrinelli, Milano.

Kerman, J.

1973 *An die ferne Geliebte*, in A. Tyson (a cura di), *Beethoven Studies 1*, Norton, New York.

Killmayer, W.

1972 *Sprache als Musik*, in «Melos», XLIX, n. 1, pp. 35-41.

Klüppelholz, W.

1978 *Sprache als Musik. Studien zur Vokalkomposition seit 1956*, Döring, Herrenberg.

Kramer, R.

1994 *Distant Cycles. Schubert and the Conceiving of Song*, The University of Chicago Press, Chicago Ill.

Kurtzman, J.

1993 *A taxonomic and affective analysis of Monteverdi's "Hor che 'l ciel e la terra"*, in «Music Analysis», XII, n. 2, pp. 169-95.

Langer, S. K.

1953 *Feeling and Form*, Routledge and Kegan Paul, London (trad. it. *Sentimento e forma*, Feltrinelli, Milano 1975).

Lewin, D.

1973-74 *Towards the analysis of a Schönberg's Song (op. 15 n. 11)*, in «Perspectives of New Music», XX, pp. 43-86.

Lippmann, F.

1986 *Versificazione italiana e ritmo musicale. I rapporti fra verso e musica nell'opera italiana dell'Ottocento*, Liguori, Napoli (pubblicato originariamente in «Analecta musicologica», 1973-75, con il titolo *Der italianische Vers und der musikalische Rhytmus*).

List, G.

1963 *The boundaries of speech and song*, in «Ethnomusicology», VII, n. 1, pp. 1-16.

Mayeda, A.

1975 *Das Reich der Nacht in den Liedern R. Schumanns*, in *De ratione in musica: Festschrift E Schenk zum 5. Mai 1974*, a cura di Th. Antonicek e R. Flotzinger, Bärenreiter, Kassel, pp. 202-27.

Mukařovský, J.

1966 *Studie z estetiky* («Studi di estetica»), Odeon, Praha (trad. it. *Il significato dell'estetica*, Einaudi, Torino 1973).

Müller-Blattau, J.

1952 *Das Verhältnis von Wort und Ton in der Geschichte der Musik*, Metzler, Stuttgart.

Nattiez, J.-J.

1975 *Fondements d'une sémiologie de la musique*, Union Générale d'Éditions, Paris.

Nietzsche, F.

1988 *Unzeitgemässe Betrachtungen*, IV. *Richard Wagner in Bayreuth*, in G. Colli e M. Montinari (a cura di), *Friedrich Nietzsche, Sämtliche Werke*, Deutscher Taschenbuch, München, vol. I, pp. 431-510 (trad. it. *Richard Wagner a Bayreuth* (1876), in *Scritti su Wagner*, Adelphi, Milano 1979, pp. 79-160).

Petri, H.

1964 *Literatur und Musik. Form-und Strukturparallelen*, Sachse und Pohl, Göttingen.

Putnam, A.

1966 *Rhythm in Seventeenth Century Italian Monody*, Dent, London.

Ruwet, N.

1961 *Fonction de la parole dans la musique vocale*, in «Revue Belge de Musicologie», n. 15, pp. 8-28 (trad. it. *Funzione della parola nella musica vocale*, in Id., *Linguaggio, musica, poesia*, Einaudi, Torino 1983, pp. 25-55).

Scher, S. P.

1992 (a cura di), *Music and Text. Critical Inquiries*, Cambridge University Press, Cambridge.

Schering, A.

1939 *Carl Philipp Emmanuel Bach und das 'redende Prinzip' in der Musik*, in «Jahrbuch der Musikbibliothek Peters für 1938», pp. 13-19.

Schloezer, B. de

1947 *Introduction à J.-S. Bach*, Gallimard, Paris.

Schneider, M.

1946 *El origen musical de los animales símbolicos en la mitología y la escultura antiguas*, Instituto Español de Musicología, Barcelona (trad. it. *Gli animali simbolici e la loro origine musicale nella mitologia e nella scultura antiche*, Rusconi, Milano 1986).

Schönberg, A.

1974 *Il rapporto col testo* (1912), in L. Rognoni, *La scuola musicale di Vienna. Espressionismo e dodecafonia*, Einaudi, Torino, pp. 394-97 (1ª ed. 1966).

Sloboda, J. A.

1985 *The Musical Mind. The Cognitive Psychology of Music*, Oxford University Press, Oxford (trad. it. *La mente musicale. Psicologia cognitivista della musica*, il Mulino, Bologna 1988).

Stanger, C.

1992 *Semiotic elements af a multiplanar discourse*, in Scher 1992, pp. 193-215.

Steiger, E.

1986 *Musik und Dichtung*, Atlantis, Zürich.

Stockhausen, K.

1964 *Musik und Sprache*, in *Texte*, vol. II, DuMont, Köln, pp. 58-68, 149-56, 157-166.

Wagner, R.

1852 *Oper und Drama*, Weber, Leipzig (trad. it. di L. Torchi, *Opera e dramma*, Bocca, Torino 1929).

Weingart, M.

1929 *Étude du langage parlé suivi du point de vue musical avec considération particulière du tchèque*, «Travaux du Cercle linguistique de Prague», n. 1, pp. 170-239.

Wilhelm, K.

1988 *Fürs Wort brauche ich Hilfe. Die Geburt der Oper "Capriccio" von Richard Strauss und Clemens Krauss*, Nymphenburger, Wien.

Willems, E.

1954 *Le rythme musical, étude psychologique*, Presses Universitaires de France, Paris (trad. it. *Il ritmo musicale, studio psicologico*, Sei, Torino 1966).

Zumthor, P.

1983 *Introduction à la poésie orale*, Seuil, Paris (trad. it. *La presenza della voce. Introduzione alla poesia orale*, il Mulino, Bologna 1984).

JEAN-JACQUES NATTIEZ

Musica e significato

Potrà apparire trano che si prenda in considerazione il significato come uno dei parametri propri della musica, alla stessa stregua della melodia, dell'armonia, del ritmo o del timbro, ma a quanto pare ciò si spiega sulla base di tre ragioni di fondo. Innanzitutto, la musica, nella tradizione occidentale piú recente, è stata spesso considerata come un fenomeno prettamente formale e ciò, in particolare, a seguito del celebre saggio di Eduard Hanslick *Vom Musikalisch-Schönen* [1854], che definiva la musica come una forma in movimento. In secondo luogo, perché il senso comune spesso assume la produzione di significati del linguaggio verbale come un modello appropriato della produzione di significati in generale, ed è abbastanza evidente come, a fronte di una definizione cosí restrittiva del significato, la musica non sia qualcosa che "parla". Infine, anche nei casi in cui è ammissibile che un certo lavoro musicale abbia "un senso" o si caratterizzi per delle intersezioni di piú significati, questi stessi appariranno troppo evanescenti e troppo fluidi per meritare d'essere messi sullo stesso piano degli elementi costitutivi diretti della musica. Però, la musica è anche una forma simbolica, per riprendere l'espressione di Ernst Cassirer, vale a dire è qualcosa che, come un'espressione verbale, un mito, una pittura o un film, riporta colui che la crea e colui che la percepisce a svariati aspetti della realtà, una realtà certamente sonora, ma anche affettiva, concreta, ideologica, ecc. È per questo motivo che non è possibile assumere la produzione linguistica di significati come un modello del significato in generale. Allo stesso titolo delle pratiche e delle opere di ogni genere, anche la musica è un fenomeno semiologico se è vero che, come affermava già sant'Agostino, il segno è qualcosa che *rinvia*, che rimanda a qualcosa d'altro per qualcuno. Tutta la difficoltà, nel caso della musica, sta quindi nel sapere in che cosa mai consista questo "qualcosa d'altro" e in che modo la musica attivi il suo procedimento di rinvio.

Per fare un po' di chiarezza su questi complessi problemi, sarà bene innanzitutto procurarsi una definizione del significato che non sia quella del linguaggio umano. Proporrei la seguente: «Un oggetto qualsiasi assume un significato per un individuo che l'apprende, quando egli colloca tale oggetto in relazione con settori del suo vissuto, vale a dire con l'insieme degli altri oggetti che appartengono alla sua esperienza della realtà». Ma è possibile ricondurre questa definizione a una formulazione piú lapidaria: «Vi è significato quando un certo oggetto viene messo in relazione con un determinato orizzonte». Se le cose stanno proprio cosí, quali saranno, allora, gli orizzonti di riferimento di una produzione o di un oggetto musicale?

1. *Semiologia comparata della musica, del linguaggio e della letteratura.*

Per tentare di saperlo, affidiamoci a un piccolo esercizio di semiologia comparata, vale a dire mettiamo a confronto strutture e funzionamento semiologico (i processi di rinvio) del linguaggio verbale, della letteratura e della musica.

I linguisti sono generalmente d'accordo nel definire il linguaggio umano un fenomeno con una duplice articolazione [cfr. Martinet 1960]. La prima articolazione è costituita di unità dotate di significati: il termine, o morfema, "tavolo" rinvia a un certo tipo di mobile, il termine "cavallo" a un certo animale, il termine "felicità" a un certo stato psicologico, ecc. La sintassi di una lingua è ciò che sorregge le leggi della combinazione delle parole e tali regole variano da una lingua all'altra. Cosí, in inglese, è possibile collocare un avverbio fra un pronome personale e un verbo, ma questo in francese o in italiano non è possibile; in tedesco, l'aggettivo viene sempre prima del sostantivo, il participio passato sempre alla fine della proposizione principale, ecc. Una frase è dunque costituita di una serie di parole dotate di significati *e sintatticamente collegate*: «Nel mezzo del cammin di nostra vita...» A loro volta, queste unità di prima articolazione si suddividono in unità di seconda articolazione, i fonemi, che non sono portatrici di significati, ma che sono indispensabili per consentire la differenziazione tra le parole. Cosí, il termine "vita" si segmenta in ciò che i fonologi chiamano la consonante labiodentale *v*, la vocale *i*, la consonante dentale *t* e la vocale *a*. È grazie alla consonante *t* che separa la *i* e la *a* che un italiano non confonde la parola *vita* con la parola *via* che ha tutt'altro significato. I fonemi costituiscono dei sistemi fonologici specifici di ogni singola lingua: il tedesco, ma non l'italiano, distingue il *ch* sordo di *Kirsche* (ciliegia) e il *ch* sonoro di *Kirche* (chiesa); il giapponese confonde la *l* e la *r*, l'italiano le distingue; i francesi distinguono fra la *a* breve di *patte* (zampa) e la *a* lunga di *pâte* (pasta); gli italiani distinguono fonologicamente fra la *e* chiusa di *pesca* e la *e* aperta di *pesca*, il frutto.

Nella musica le cose vanno in un modo del tutto differente. Infatti, quali che siano le culture d'appartenenza, l'unità minimale sulla quale è basato un brano musicale è la nota o, piú esattamente, l'unità scalare: per esempio *do*, *re*, *mi fa*, *sol*, *la* e *si* sono unità costitutive della gamma di *do maggiore* a partire dalle quali è possibile produrre un'infinità di brani, dai *Tre porcellini* alla Sonata, detta facile, di Mozart. In questo senso è possibile paragonare le note ai fonemi delle lingue, dal momento che ogni cultura musicale suddivide il *continuum* sonoro in maniera specifica: il sistema tonale temperato ha come sua unità minima il semitono; il sistema scalare dei Gadsup della Nuova Guinea riconosce differenze basate sul quarto di tono; i sistemi pentatonici, invece, conoscono solo i toni e i toni e mezzo, ma non i semitoni. Comunque, a differenza del linguaggio umano, è a livello di queste unità scalari che la sintassi musicale si organizza, o, piú esattamente, a livello dell'insieme dei connotati morfologici di cui la nota è portatrice [cfr. Baroni, Dalmonte e Jacoboni 1999]. Questa successione di eventi sonori non è portatrice di una concatenazione di unità dotate di significati: quando ascolto l'inizio dell'*Appassionata* di Beethoven, non sento il pianista che mi dice: «Quel ramo del lago di Como che volge a mezzogiorno», il che non significa che, ascoltando un lavoro musicale, io non gli associ un universo espressivo di sentimenti ed emozioni, o persino determinate cose o idee.

Infatti, cosí come il linguaggio e la letteratura rinviano al mondo esterno, cosí la musica è veicolo di significati: essa è in grado d'imitare i versi degli animali e il movimento, di evocare l'infinito, di caratterizzare l'allegria o la tristezza, la quiete o la melanconia, di suggerire una certa successione di stati d'animo, ecc. Ma essa non lo fa alla maniera del linguaggio e della letteratura, per la semplice ragione che, essendo sintatticamente organizzata a livello della sua seconda articolazione, la musica non collega fra loro i significati denotati o connotati secondo la logica che è propria del linguaggio verbale o della letteratura.

È a causa di questa profonda differenza fra musica e linguaggio che, in differenti momenti della sua storia, si è potuto teorizzare o considerare la musica come una forma che rinviava a se stessa – la musica ha come suo solo contenuto la musica – o al contrario come un fenomeno che rimandava a qualcosa d'altro da se stessa – la musica ha la capacità di rinviare al mondo esterno. Qui di seguito impiegherò l'espressione *significati musicali intrinseci* per designare i primi tipi di rinvii e quella di *significati musicali estrinseci* per i secondi.

2. *Breve storia del significato musicale.*

Quando si esamina il significato musicale dal punto di vista storico [cfr. Fubini 1976; 1987], si resta colpiti dal fatto che l'estetica musicale sembra avere oscillato, fin dall'antichità, fra concezioni della musica incentrate sulla musica in quanto tale che ne privilegiano l'autonomia, e concezioni che la indicano come portatrice di significati estrinseci. Il piú delle volte, una di queste due concezioni sembra dominare: vi è una sorta di alternanza nel corso della storia della musica. Talvolta, esse coesistono in uno stesso periodo storico.

Secondo la concezione pitagorica, confermata da Aristotele, la musica è l'ombra dei numeri ed esiste una certa corrispondenza fra l'armonia dell'universo e l'armonia musicale, secondo leggi analoghe ai principî musicali che reggono i rapporti fra gl'intervalli musicali e gli astri. Qui l'accento viene messo sulle entità discrete costitutive della musica, ma visto che anche l'anima è armonia e rapporto di numeri, la musica può agire su di essa per analogia e purificarla (catarsi). Si ritroverà questa concezione pitagorica della musica nel corso del Medioevo, soprattutto nelle *Scholia Enchiriadis* del periodo carolingio:

> Il sistema di misura che regola la consonanza delle voci agisce anche sulla natura dei mortali, e i rapporti numerici che permettono ai suoni d'associarsi gradevolmente producono l'intesa fra anima e corpo, cosí come l'armonia eterna degli elementi opposti dell'universo [in Gerbert 1963, vol. I, p. 172].

Nella concezione platonica, il potere terapeutico ed etico della musica s'estende dall'individuo alla società, perché secondo l'insegnamento di Damone certe melodie e certi ritmi sono l'imitazione di certe qualità o di certi vizi. Per Socrate, utilizzando i modi, i ritmi e gli strumenti adeguati, la musica può contribuire a mantenere l'equilibrio e l'ordine sociale. Ogni modo è quindi dotato di un *ethos*, vale a dire di un effetto che agisce sull'anima umana. Nella *Repubblica* (III, 398-99), Platone propone di sopprimere, perché inutili, i modi che egli chiama "misolidio" e "sintonolidio", che sono i modi del lamento, e il lidio, modo della mollezza e dell'inoperosità. Mentre il dorico, modo violento, sarà utilizzato per stimolare le azioni guerresche e il coraggio: «questo modo dovrà imitare alla perfezione gli accenti della sua andatura militare». Il frigio, invece, è il modo della flessibilità e dell'accortezza, quello che contribuisce al controllo di sé e all'equilibrio. Segue la scelta conseguente degli strumenti: arpa e flauto sono banditi, lira, cetra, siringa incoraggiate. «Portiamo a termine la ripulitura, – dice ancora Socrate, – dopo i modi, dovremo dettar legge ai ritmi che non dovranno piú ricercare la varietà in un gran numero di combinazioni metriche».

Aristotele, nella *Politica*, estenderà l'impiego della musica in base all'età e alle attività, «per l'educazione, la purificazione, ma anche il divertimento, il riposo della mente e la distensione dopo lo sforzo» (1342). Aristosseno, discepolo di Aristotele, attribuirà una posizione ancora piú importante agli effetti psicologici della musica.

Se nell'antichità gli effetti della musica venivano valutati in base alla loro incidenza psicologica e sociopolitica, i pensatori dell'era cristiana li prenderanno in considerazione in funzione della loro incidenza sulla fede. Essendo ammesso un effetto della musica sull'animo umano, possiamo vedere come i ragionamenti di sant'Agostino siano molto rivelatori di quelle che saranno le esitazioni della Chiesa nei confronti della musica:

> Oscillo fra il pericolo del piacere e l'ammissione dei suoi effetti salutari, e sono piuttosto incline a pensare, senza tuttavia accettare in maniera definitiva l'uso del canto in chiesa, che lo spirito troppo debole assurga al sentimento della devozione attraverso il piacere dell'ascolto. Tuttavia, quando mi sento emozionato piú dal canto che dalle parole cantate, ammetto che sto commettendo un peccato da espiare, e allora preferirei non sentir cantare (*Le Confessioni*, libro XI).

Se nell'anno 1322 il papa Giovanni XXII condanna l'Ars Nova, è perché la complessità del nuovo stile è in dispregio a tutti quei principî di semplicità e di equilibrio che caratterizzavano il canto gregoriano. Nel caso del gregoriano e di certi tipi di polifonia, come il *conductus* dell'Ars Antiqua, la musica rendeva accessibile il contenuto semantico delle parole; l'Ars Nova, al contrario, attira l'attenzione sulla musica in quanto tale e distoglie l'anima da Dio. Dal punto di vista che ci interessa, essa contribuisce a quello sviluppo di una concezione autonoma dell'arte dei suoni che sboccerà nel XIX secolo.

Si obietterà magari che il significato veicolato dal testo in una musica vocale non corrisponde al significato della musica in quanto tale; tuttavia, le scommesse della semantica musicale verranno regolate nel contesto di un tipo di musica che resterà sostanzialmente vocale, dal gregoriano fino al Rinascimento. Le musicologie di lingua italiana, inglese e tedesca possiedono un termine per indicare questo fenomeno: la *pittura della parola*, il *word-painting*, o la *Wortmalerei*. Questo tipo di corrispondenze fra una parola e la sua traduzione musicale immediata sono già riscontrabili nel canto gregoriano, nei mottetti del XIII secolo, nella musica dell'Ars Nova, nei lavori di Dufay e dei suoi contemporanei e in Josquin des Près. I pensatori dell'inizio del Rinascimento studiano con attenzione gli *affetti*, vale a dire il potere della musica sull'animo umano. Poco alla volta, un'attenzione del tutto particolare sarà accordata ai rapporti che esistono fra poesia e musica. Siccome viene considerata inadatta all'espressione semplice dei sentimenti, la polifonia dominante nel XV secolo viene sempre piú criticata nel corso del XVI secolo. Le viene contrapposta la monodia con accompagnamento che permette di valorizzare il contenuto emozionale trasmesso dalla parola cantata. Zarlino (1517-90) fonderà la nuova pratica sulle armoniche, stabilirà la bimodalità maggiore-minore e sancirà la comparsa di quello che noi oggi chiamiamo l'accordo perfetto. Questo lavoro di semplificazione e di razionalizzazione confluisce nella volontà di considerare la musica come un mezzo in grado di muovere gli *affetti* e di accordarsi con gli elementi sensibili dell'anima umana: Zarlino abbozza l'attribuzione di un significato emotivo unico per ogni singolo intervallo, scrivendo al capitolo XXXII delle *Istitutioni harmoniche*:

> Resta ora da vedere [...] in qual maniera si debba accompagnare le armonie alle soggette parole [...]. Non sarà adunque conveniente che in una materia allegra usiamo l'armonia mesta e i numeri gravi; né dove si tratta materie funebri e piene

di lagrime, è lecito usare un'armonia allegra e numeri leggieri o veloci che gli vogliamo dire [...]. Il che penso che ciascuno lo saprà fare ottimamente, quando avrà riguardo a quello che ho scritto nella terza parte e considerato la natura del modo, sopra il quale vorrà comporre la cantilena. E debbo avvertire di accompagnare quanto potrà in tal maniera ogni parola, che dove ella dimostri asprezza, durezza, crudeltà, amaritudine et altre cose simili, l'armonia sia simile a lei, cioè alquanto dura e aspra, di maniera però che non offendi. Simigliantemente quando alcuna delle parole dimostrerà pianto, dolore, cordoglio, sospiri, lagrime ed altre cose simili, che l'armonia sia piena di mestizia... [1558, p. 419].

Ciò che è fondamentale in questo passaggio è, naturalmente, l'espressione di una convergenza, costante dal gregoriano a Bach, di semantica musicale e semantica poetica, ma nello stesso tempo il riconoscimento di facoltà semantiche proprie della musica, dal momento che il contrasto fra il tenore del testo e i connotati della musica viene respinto decisamente.

Tale concezione troverà la sua fioritura nelle attività della Camerata de' Bardi, presso i primi compositori di opere, che sono caratterizzati dalla convergenza della semantica dell'accompagnamento musicale e di quella del testo cantato. In seguito a questo fenomeno verrà dato il nome di *madrigalismo*. Questa corrente convergerà con l'esigenza di una musica liturgica cattolica nella quale il testo deve restare intelligibile e con la volontà umanistica di ritrovare forme drammatiche simili a quelle dei greci. Essa proseguirà fino alla fine del XVII secolo con quello che, nel XIX secolo, verrà chiamato *Affektenlehre*, la teoria degli affetti, vale a dire l'impiego codificato in termini piú o meno stretti di figure musicali corrispondenti a sentimenti, e persino a idee. Ormai l'espressione dei sentimenti e delle passioni nella monodia con accompagnamento viene a opporsi alla musica dei polifonisti concepita come mero piacere dell'ascolto e nella quale il testo è in qualche modo annegato. Vincenzo Galilei, nel suo *Dialogo della musica antica et della moderna*, sarà chiarissimo a tale proposito:

Per il semplice diletto che prende l'udito degli accordi non è alcuno che non le giudichi [le musiche polifoniche], mediante la varietà loro, buonissime e necessarie; ma per l'espressione de' concetti sono pestifere. Imperroché elle sono atte non ad altro che a fare il concerto vario e pieno, la qual cosa non sempre, anzi mai, conviene all'espressione di qual sia concetto del poeta e dell'oratore [1581, p. 110].

In quest'ottica la musica viene subordinata al testo. Nel 1600, come reazione alle idee e al successo di Galilei, di Caccini, di Peri e di Monteverdi, Giovanni Maria Artusi, criticando le *Imperfettioni della moderna musica*, se la prende con questa concezione della musica in quanto «espressione degli affetti» e si erge a campione della polifonia, del contrappunto e delle fughe. In tal modo egli si propone come il difensore di una certa tradizione, pur privilegiando quegli aspetti della scrittura che contribuiranno al conseguimento dell'autonomia a venire della musica strumentale. Nella prefazione al quinto libro dei *Madrigali* di Monteverdi (1605), gli viene risposto che il discorso (verbale) deve comandare l'armonia. Oramai il campo di battaglia della semantica musicale vede contrapposte due tendenze: i fautori di un'autonomia del linguaggio musicale e, in modo particolare nel contesto della musica vocale, i paladini della sua subordinazione al dramma.

Ritroviamo i sostenitori della prima tendenza nel mondo germanico della riforma protestante, mondo nel quale la musica in quanto tale viene interpretata come un dono di Dio e come qualcosa che possiede una dimensione metafisica intrinseca: il suono come elevazione dell'anima. Questa concezione, fortemente ancorata nella cultura luterana, contribuirà allo sviluppo della cosiddetta musica strumentale pura a partire dal XVII secolo. Sul versante francese, Mersenne, alla ricerca di leggi, riconosce le capacità espressive della musica, ma lo fa per sottolineare che non è questo il suo scopo principale. Per Cartesio, la musica deve aderire al discorso verbale, tuttavia l'obiettivo della filosofia è essenzialmente di renderne conto dal punto di vista armonico. Nei secoli XVII e XVIII i lavori di musica strumentale pura saranno una miriade, al punto che l'enciclopedista Fontenelle, sensibile soprattutto alle musiche vocali, esclama: «Sonata, che cosa vuoi da me?» L'opera teorica di Rameau costituisce una difesa della musica strumentale e, nell'*Enciclopedia*, sarà Diderot a redigere le voci concernenti gli strumenti musicali, capaci di riprodurre i fenomeni della natura e tutta la gamma dei sentimenti umani.

Ormai la musica può essere concepita come un qualcosa che è dotato d'un potere espressivo autonomo: essa è capace di veicolare emozioni e significati, grazie alle capacità semantiche che le sono state riconosciute anteriormente, all'epoca della sua stretta unione con il linguaggio verbale. Ispirandosi al concetto aristotelico d'imitazione che dominava all'epoca, è stato probabilmente l'abate Du Bos a meglio sancire questo riconoscimento del potere intrinseco della musica nelle sue *Réflexions critiques sur la peinture et la poésie*:

> Come il pittore imita i tratti e i colori della natura, cosí il musicista imita i toni, gli accenti, i sospiri, le inflessioni vocali, insomma tutti i suoni grazie ai quali la natura stessa esprime i suoi sentimenti e le sue passioni [1719, pp. 435-36].

La musica possiede «un meraviglioso potere di commuoverci», perché i suoni «sono i segni delle passioni, istituite dalla natura dalla quale hanno ricevuto la loro energia» [*ibid.*]. E per la prima volta, la musica viene concepita come un linguaggio diverso da quello delle parole che, nel contesto della musica vocale, ha un potere autonomo d'evocazione emotiva che rafforza la potenza espressiva della composizione. Già l'*Affektenlehre* aveva stabilito dei nessi precisi fra le formule musicali e i sentimenti. I lavori classici di Schweitzer [1905] e Pirro [1907] dimostrano ampiamente in che modo dei motivi musicali particolari traducono il contenuto semantico del testo nella musica vocale di Bach, ma essi analizzano anche in che modo funziona l'espressione musicale nelle sue composizioni strumentali. L'elaborazione della retorica musicale in Mattheson, Quantz e C. Ph. E. Bach codifica la traduzione e la concatenazione musicale delle emozioni. Se Mozart, nelle sue opere, aveva concepito la poesia come una figlia obbediente della musica, Wagner in *Oper und Drama* [1852] e nei saggi di quel periodo ne fa la serva del dramma: grazie all'autonomia semantica della musica, i *Leitmotive* possono suggerire un'idea o un sentimento contrario a ciò che recita in quel momento il testo del libretto. Fino a Hanslick e oltre, musicisti e teorici impareranno a scoprire la potenza delle emozioni oscure e delle forti passioni che la musica è capace di veicolare, e questo soprattutto nell'epoca romantica. Molto presto si concepirà la musica, in quanto capace d'incarnare l'infinito e l'assoluto, come un'arte superiore a tutte le altre. Collocandola al vertice del suo sistema, Schopenhauer vi vede il sentimento espresso nella sua forma pura.

Ma nel 1854 c'è il fulmine a ciel sereno di Hanslick. In *Vom Musikalisch-Schönen*, il critico ed estetologo austriaco volta le spalle alle concezioni espressive e affettive della musica.

> La pura forma (la costruzione sonora), contrapposta al sentimento come presunto contenuto, è invece proprio essa il vero contenuto della musica, è la musica stessa [1854, trad. it. pp. 97-98].

Da cui la sua celebre definizione:

> un'idea musicale perfettamente espressa è già un *bello* autonomo, è scopo a se stessa, e non un mezzo o un materiale per la rappresentazione di sentimenti e pensieri. Contenuto della musica sono *forme sonore in movimento* [*ibid.*, trad. it. pp. 48-49].

Per Hanslick, il significato della musica non è altro che il suo significante. Ma non bisogna dimenticare che, in questo saggio, quello che Hanslick cerca di definire, come indica il suo titolo, è la natura del Bello musicale [cfr. Nattiez 1993]. È per questo che, collocandosi da un punto di vista estetico normativo, egli rifiuta, tanto al compositore quanto all'ascoltatore, il diritto di collocare il bello musicale in qualcosa che non sia la forma musicale, anche se, nello stesso tempo, egli riconosce che la musica è capace di evocare i sentimenti:

> Non che noi vogliamo disprezzare i forti sentimenti che la musica sveglia dal loro sonno [Hanslick 1854, trad. it. p. 16].

Per Hanslick, gli affetti sono l'effetto dello stimolo musicale, dunque una risultante, non un contenuto. Ciò che egli rifiuta energicamente è l'idea che la musica possa avere un contenuto affettivo preciso:

> Ciò che conta riuscire è di stabilire il modo specifico con cui tali emozioni sono suscitate dalla musica [*ibid.*].

In tal modo, presentandosi come precursore della psicologia sperimentale applicata alla semantica musicale, egli volge le spalle a tanti secoli di fiducia nelle capacità semantiche della musica e, in modo particolare, in quelle della musica vocale.

> All'epoca in cui l'aria di Orfeo *J'ai perdu mon Eurydice; | Rien n'égale mon malheur!* commoveva fino alle lacrime migliaia di persone (e fra queste uomini come J.-J. Rousseau), un contemporaneo di Gluck, Boyé, notò che a quest'aria potevano convenire ugualmente, anzi meglio, le parole di senso opposto: *J'ai trouvé mon Eurydice; | Rien n'égale mon bonheur!* [...] parecchie generazioni ammirarono in questa melodia il sentimento del piú profondo dolore, espresso dalle parole ad essa collegate [*ibid.*, trad. it. pp. 33-34].

Figura 1.

In questo modo Hanslick assume la parte del precursore del formalismo musicale che sarà cosí caratteristico della musica del XX secolo. Piccolo florilegio: Schönberg, «La musica parla nella sua propria lingua di materie meramente musicali»; Varèse, «La mia musica non può, io credo, esprimere nient'altro che se stessa»; Stravinskij, «Considero la musica, per sua essenza, impotente a esprimere alcunché: un sentimento, un atteggiamento, uno stato psicologico, un fenomeno della natura, ecc. L'espressione non è mai stata la proprietà immanente della musica»; Webern, «L'uomo vuole tramite questo linguaggio [musicale] esprimere delle idee; ma non delle idee che si possano tradurre in concetti, delle idee musicali»; Boulez, «La musica è un'arte non-significante». Il rifiuto ontologico di una semantica musicale è stato uno dei tratti caratteristici del modernismo, ma basterà che la sua intransigenza formalista si sbricioli, che Stockhausen abbandoni la scrittura puntillista da lui stesso teorizzata per intavolare un dialogo mistico con le potenze sovrannaturali, che un Rihm si riallacci all'espressionismo di Berg, che un Pärt faccia nuovamente della musica l'espressione del divino, ed ecco che la semantica ritrova il suo posto fra i parametri musicali.

3. *I significati musicali intrinseci.*

Sono state impiegate varie espressioni per caratterizzare il tipo di significato che sarebbe "propriamente" musicale, vale a dire che non rinvia a nient'altro che alla musica stessa. Si è parlato di *senso musicale*, di *significato musicale intrinseco*, o addirittura di *endo-semantica*. Quest'ultimo termine presenta il vantaggio d'indicare come il rinvio d'un fenomeno musicale a un altro fenomeno musicale appartenga al dominio del significato, e ha il merito di contribuire a reintegrare la musica, anche se considerata in termini formalisti, nella grande famiglia dei sistemi simbolici. Ma ha l'inconveniente di andare controcorrente rispetto all'uso oggi diffuso nella letteratura musicologica e psicologica che impiega l'espressione "semantica musicale" quando si tratta di rinvii al mondo e all'affettività, cioè di significati musicali estrinseci. Dunque io manterrò per questi il termine di semantica e parlerò, per quanto riguarda l'ottica formalista, di significati intrinseci.

Come si è visto, questa concezione è stata ampiamente condivisa nel XX secolo. La formulazione semiologica piú chiara è stata probabilmente enunciata dal linguista Roman Jakobson:

> Invece di mirare a qualche oggetto estrinseco, la musica si presenta *come un linguaggio che si significa da solo*. Dei parallelismi di strutture costruiti e ordinati differentemente permettono all'interprete di ogni tipo di *signans* [= significante] musicale percepito immediatamente di dedurre e di anticipare un nuovo costituente corrispondente, e l'insieme coerente formato da questi costituenti. È appunto questa interconnessione delle parti cosí come la loro integrazione nel tutto compositivo a funzionare come il *signatum* [= il significato] della musica in quanto tale [1970, p. 12].

Facciamo un esempio di questi rinvii intrinseci ai quali si riduce talvolta il senso musicale, soffermandoci un istante sull'*a solo* iniziale di fagotto di *Le sacre du printemps* di Stravinskij. Nell'esempio qui di seguito, adottiamo un metodo, detto paradigmatico [cfr. Ruwet 1972, cap. IV], che permette di rintracciare i parallelismi di struttura di cui parla Jakobson:

Figura 2.

Questo quadro rende conto del significato musicale intrinseco di questo *a solo*. In sostanza noi ascoltiamo nove volte "la stessa cosa", ma ogni volta Stravinskij si è ingegnato d'introdurre delle piccole variazioni che trasformano il "senso" di quanto abbiamo appena ascoltato e di quanto, in funzione di questo, ci attendiamo.

Frase I

- Le due prime unità U e U' sono melodicamente identiche, ma una sottile trasformazione ritmica della seconda rende quest'ultima piú elastica.
- La terza, U_I, elimina il gruppo *sol-mi-si* per andare direttamente al *la*, ma aggiunge un nuovo elemento *x* che consente alla melodia, per la prima volta, di elevarsi fino al *re* e d'insistere sul *la*.
- La quarta unità, U'', è una nuova trasformazione ritmica di U (quintina). Ritorno alla posizione di partenza: nessuna sorpresa che il *la* finale sul quale U_I ha insistito qui sia prolungato; queste quattro prime unità costituiscono una prima frase.

Frase II

Ora noi siamo abituati a sentire U e ad attendere il suo ritorno, poiché il compositore ce l'ha imposto quattro volte. Una ragione di piú, ora che entriamo in una seconda frase dopo il *la* prolungato, per introdurre degli elementi di novità, costitutivi di una nuova unità U2. Eliminazione del *mi* grave. Il *la* atteso viene ritardato dalla breve interpolazione di un *si* bemolle preceduto da un'appoggiatura. Questa nuova figura viene qui ripetuta due volte. La frase termina con una figura nuova, *sol* bemolle - *do*, che è in effetti l'inversione intervallica dell'*x* di U1, da cui il simbolo *x*'. Silenzi, una seconda frase sta terminando.

Frase III

Per la terza, Stravinskij riprende la U iniziale, seguita da un'unità già sentita, U1, ma, in precedenza, essa era stata separata dall'unità madre da una variazione di questa stessa. Proprio come la prima U1, quella di questa frase è seguita dalla trasformazione ritmica di U, U'', con il prolungamento del *la* finale.

Frase IV

Per la quarta e ultima frase, Stravinskij ci sorprende cominciando con la piccola unità *x* sentita due volte alla fine di U1: inversione di struttura. Per questo fatto, l'unità U'' della frase III seguita da *x*, che inizia la frase IV, costituisce, in un certo modo, la somma di U'' e U1. E, di nuovo, il compositore fa terminare questa frase con U''.

Questo *a solo*, come capita spesso nella musica, si basa sull'intreccio dialettico di ripetizione e trasformazione. Esso è composto di nove unità variate. Si tratta della dimensione tassonomica del significato intrinseco. Se però, in ogni momento dello svolgimento dell'*a solo*, in ragione della ripetizione dell'unità iniziale, noi anticipiamo il suo ritorno (rinvii tassonomici), è anche perché la linea melodica lascia attendere certi prolungamenti. È quanto si dimostra con l'esempio seguente che, dal punto di vista metodologico, combina la paradigmatica di Ruwet con la tecnica d'analisi melodica di Meyer [1973] (cfr. fig. 3).

Questa presentazione, incentrata su collegamenti di prolungamento, mostra come, da questo punto di vista, U, U', U'' siano identici. L'*x* di U1 non fa che ritardare il ritorno del *la* aprendo uno spazio di quarta ascendente che conduce al *do* che concluderà la seconda frase ma che, per il momento, deve essere immediatamente chiuso. In U2, si vede chiaramente in che modo y prolunghi per due volte il *la* finale, e in che modo l'inversione di *x* induca ad aprire la frase: la risoluzione arriverà solo piú avanti, alla fine dell'*a solo*. Un piccolo schema alternativo (ossia) mostra come questo slancio incompiuto prenda il suo modello dal movimento di quarta ascendente di U1.

L'esempio 4, assumendo l'onere dell'insieme delle relazioni di prolungamento dell'*a solo*, sottolinea il fatto che le tre unità della frase III, connesse alle due unità della frase IV – *x* e U'' – non apportano assolutamente niente di nuovo in rapporto alla frase I: anche suddivisa in quattro frasi, la struttura generale di questo *a solo* corrisponde allo schema classico ABA.

Figura 3.

Con una differenza, tuttavia, essenziale: il *do-si* (*sol-mi-si*)-*la* finale arriva a risolvere l'attesa creata dal *do* sospeso alla fine della frase II. In una forma semplificata che elimina le ridondanze, il profilo di prolungamento generale di questo *a solo* si presenta nel modo seguente:

Figura 4.

Come si vede, il senso musicale immanente (il significato intrinseco) dell'*a solo* di fagotto del *Sacre* è organizzato sintatticamente proprio a livello delle unità musicali minimali. Sono le regole della sintassi tonale occidentale che ci fanno comprendere (anche se non conosciamo il vocabolario tecnico della musica) che il *la* segna un momento di riposo, che il *re* deve ridiscendere, che il *do* troverà, presto o tardi, la sua risoluzione.

4. *I significati musicali estrinseci.*

Ma i significati veicolati da un'opera musicale non sono soltanto immanenti al linguaggio musicale come tale. Ogni produzione musicale rinvia a un universo semantico complesso, esterno alla musica in quanto tale.

Riprendiamo l'esempio dell'*a solo* iniziale del *Sacre*. Esso viene affidato al fagotto, attorniato da legni (clarinetti, clarinetti bassi, corno inglese) e da un corno, strumentazione che, combinandosi con un tempo *rubato*, dà a questa musica un carattere agreste e pastorale. Lo capiremmo anche se non conoscessimo il titolo della composizione, *Le sacre du printemps*, e quello della sua prima parte, *L'adoration de la terre*. Inoltre, il carattere ripetitivo della struttura motivica di questo inizio le conferisce un carattere rituale che il seguito del balletto confermerà. È impossibile percepire in questa musica solamente delle relazioni strutturali, dei contrasti, delle opposizioni tra fenomeni musicali. Essa rinvia anche, dal punto di vista di Stravinskij, al mondo della Russia pagana, a una semantica esotica, a dei significati estrinseci. E va un po' cosí in tutte le produzioni e composizioni musicali, anche le piú formaliste: si potrebbe mostrare come i lavori anche piú astratti di Boulez, spesso, tratteggino la morte... Quali sono le possibilità semantiche della musica?

Mettiamoci dalla parte dell'ascoltatore. I rinvii estrinseci provocati dalla musica sono di tre ordini (riprendo e adatto qui una comoda classificazione proposta dallo psicologo Robert Francès [1958, pp. 259-60]). Oltre ai giudizi che attengono alla forma e alle proprietà immanenti della composizione noi abbiamo:

1) dei giudizi normativi (apprezzamenti personali sulla qualità, la bellezza – o la bruttezza – della composizione, giudizi di gusto); questi provengono dalla valutazione estetica della musica e per quanto siano strettamente legati alle nostre interpretazioni semantiche, qui non li prenderò in considerazione;
2) delle osservazioni d'ordine introspettivo, relative all'effetto psicologico, soprattutto affettivo, provato dall'ascoltatore che sente la musica;
3) dei giudizi sul significato, con i quali gli ascoltatori della composizione attribuiscono al complesso o a parti di questa un contenuto che rinvia a un certo referente extramusicale; Francès li distingue in tre tipi: *a*) referente individuale, con una produzione di significati che si riferisce a un'esperienza personale unita o meno a immagini; *b*) significato concreto, un aspetto della natura, un fenomeno del mondo esterno, una situazione drammatica; *c*) significato astratto, certi tratti psicologici (allegria, vivacità, serenità) attribuiti alla musica (è quel-

lo che li distingue dalle osservazioni del punto 2) o delle rappresentazioni generali sull'andamento della composizione (certe caratteristiche attinenti l'ordine, il disordine, la gerarchia).

Sono, a mio avviso, i giudizi e le affermazioni dei punti 2 e 3 a rivelare le capacità di rinvio estrinseco della musica.

Anche se la concezione formalista della musica ha avuto la propensione di minimizzare tale aspetto, non dimentichiamoci che la musica può essere innanzitutto descrittiva, soprattutto quando essa imita un altro fenomeno sonoro: pensiamo ai piú musicisti fra gli animali, gli uccelli in Daquin (*Le coucou*), in Beethoven (*Sinfonia pastorale*), in Wagner (uccello della foresta in *Siegfried*), in Messiaen (*Catalogue d'oiseaux*). Con Saint-Saëns (*Carnaval des animaux*) altre bestie entrano nell'orchestra: oltre ai pianisti (!), i leoni, i galli, le tartarughe, i canguri, i pesci, gli asini (hi-han! hi-han!), l'elefante (affidato al contrabbasso per parodiare la *Danse des Sylphes* di Berlioz...), il cigno (*a solo* di violoncello), ma, come si vede da questi due ultimi esempi, piú con l'evocazione del carattere e del portamento dell'animale che con la riproduzione del suo verso. Il frastuono della guerra ispira tanto Janequin (*La bataille de Marignan*) quanto Britten (*War Requiem*). L'acqua è oggetto di sottili evocazioni in Debussy e, basandosi su serrate indagini presso gli ascoltatori, Imberty [1979; 1981 *passim*] è riuscito a dimostrare la sorprendente varietà dei tipi d'acqua che il compositore è capace di descrivere: chiare e agitate, ondeggianti, pesanti, disperate, maestose, plumbee o imponenti... Pensiamo alle onde agitate o alle risacche di *La mer* o alle profondità glauche di *La cathédrale engloutie*. L'evocazione delle realtà del mondo può presentarsi piú astratta, piú ricollegata al carattere che a un'imitazione sonora: in Wagner, lo scrigno magico di *Tristano*, la lancia di Wotan o la spada di Sigfrido della *Tetralogia*. Per contro, un'imitazione musicale stilistica o il ricorso a una scala musicale *esotica* può evocare un'entità culturale piú astratta, un paese o un'etnia: *Impressions d'Italie* di Gustave Charpentier, *Harold en Italie* di Berlioz, *Pini di Roma* di Respighi, *Scaramouche* di Milhaud (che evoca il Brasile), *Suite algérienne* di Saint-Saëns, l'Oriente in *Madama Butterfly* e *Turandot* di Puccini. La Spagna è una vera e propria fonte d'ispirazione per i compositori: *España* di Chabrier, *Symphonie espagnole* di Lalo, *Rhapsodie espagnole* di Ravel, *Ibéria* di Debussy... La musica può anche mimare o evocare le azioni e le vite degli uomini: pensiamo alle *Quattro stagioni* di Vivaldi, alla *Sinfonia domestica* di Richard Strauss, a *Du berceau jusqu'à la tombe* di Liszt. La musica suggerisce anche universi ideologici, filosofici o metafisici: gli ideali rivoluzionari che cantano le sinfonie di Šostakovič, il superuomo di Nietzsche (*Also sprach Zarathustra* di Richard Strauss), l'infinito (preludio di *Lohengrin* di Wagner) e la trascendenza religiosa (le *Visions de l'Amen* o le *Méditations sur le mystère de la Sainte Trinité* di Messiaen).

Tutti questi esempi stanno a dimostrare che le capacità semantiche della musica risiedono essenzialmente in tre aspetti che d'altronde possono essere combinati in uno stesso passaggio o in una stessa composizione: quello cinetico, quello spazio-temporale e quello affettivo [cfr. Nattiez 1987, cap. v]. Se si passa dal grave all'acuto si crea movimento. Nella scena III dell'*Oro del Reno*, il profilo dei violini e delle tube evoca i movimenti del mostro nel quale si è trasformato Alberich, ma il timbro e il registro grave caratterizzano anche l'orrore che si suppone s'insinui in Wotan e Loge. Pensiamo all'arcolaio di *La filatrice* di Mendelssohn descritto dal movimento ascendente e discendente della linea melodica, ma il trattamento pianistico evoca pure la leggerezza, forse una calma felicità... I contrasti d'intensità creano il sentimento dello spazio: nelle opere e nei poemi sinfonici si ha la sensazione della prossimità o della lontananza d'un cacciatore o d'un personaggio a seconda che il corno o i tromboni suonino *pianissimo* o *forte* ma, nello stesso tempo, questa distanza piú o meno grande può suscitare tranquillità o turbamento, a seconda dei contesti e del carattere della musica (allegra in *Sigfrido* e nel *Crepuscolo degli Dei*, inquietante nel caso di Fafner drago). Tradizionalmente, nelle opere barocche e ancora in Mozart (*Don Giovanni*) i tromboni *fortissimi* evocano le potenze divine o malefiche. All'inverso, per suggerire delle sostanze leggere, i compositori impiegheranno note acute, rapide e staccate: pensiamo al temporale della *Pastorale*, agli sciami di scintille nel finale della *Valchiria*. Il piú delle volte, la musica è nello stesso tempo descrittiva, evocatrice di movimento e di collocazione spaziale, e portatrice di una carica affettiva ed emotiva.

5. *Come spiegare il significato musicale?*

5.1. Significati naturali o convenzionali?

Per cercare di comprendere il funzionamento semantico della musica, è bene innanzitutto fare una distinzione fra i significati naturali e i significati convenzionali. Esaminiamo dapprima i significati naturali. Questa o quella musica possiede delle capacità descrittive o espressive che le sono proprie. È possibile distinguerne due tipi.

Nel caso – quello piú semplice – dell'imitazione *stricto sensu* la cui comprensione è immediata, la musica funziona come segno analogico di quanto rappresenta (per esempio, imitazione di versi d'animali).

Vi è poi il fatto che, nel caso in cui la musica evochi il movimento, ciò avviene perché essa ci sollecita a muoverci. Orbene è il movimento del corpo che sta alla base delle emozioni che noi proviamo. «La parentela dello schema ritmico e melodico con gli schemi gestuali che caratterizzano il comportamento costituisce uno degli elementi fondamentali del linguaggio espressivo della musica», scrive Francès.

> Gli stati psichici fondamentali (calma, eccitazione, tensione, distensione, esaltazione, depressione) si traducono solitamente in forme gestuali che possiedono un dato ritmo, in tendenze e orizzontalità, in modalità d'organizzazione delle forme parziali in seno a forme globali (ripetizione ostinata, diversità, periodicità, evoluzione). [...] La trasposizione di questi ritmi, tendenze, modalità di movimento sul piano sonoro costituisce il fondamento del linguaggio espressivo della musica [1958, p. 299].

Qui l'associazione simbolica appare fondata sulla natura, poiché è radicata nel funzionamento del corpo (cinestesia, ritmi cardiaci, contrazioni muscolari, dilatazione respiratoria) che è ciò che fornisce un quadro a partire dal quale il simbolismo musicale viene costruito.

Certe antitesi musicali, come quella per esempio di grave e acuto, sono portatrici di catene di connotazioni che rinviano psicologicamente a diversi ordini di realtà. Associamo simbolicamente il grave al basso, alla profondità, all'oscurità, al tetro, al triste, al funebre, e l'acuto all'alto, alla luce, all'allegria, alla gioia. Ma, a questo punto, occorrerà essere molto piú prudenti sul fondamento naturale di queste associazioni, poiché noi tendiamo a credere alla naturalezza delle cose soltanto quando vi siamo stati abituati: in Giappone, è il bianco che simboleggia il lutto. Francès ricorda che «prima di ogni istruzione musicale, i bambini non percepiscono l'acuto e il grave in termini spaziali» [*ibid*., p. 310]. I greci, gli ebrei e gli arabi capovolgono queste associazioni. Qui si tratta di un'associazione la cui origine non può essere considerata d'ordine biologico (acuti cantati con voce di testa e gravi con voce di petto) perché uomini e donne non cantano nella stessa maniera. In realtà, queste reti d'associazioni hanno un fondamento convenzionale, come ha dimostrato Jacques Chailley impiegando un eloquente esempio:

> Fra i canti liturgici dell'Ascensione, due brani successivi traducono il medesimo testo: *ascendit Deus*, frase eminentemente propizia alla disposizione ascensionale. Però, solo uno di loro contiene la descrizione attesa. Il brano non descrittivo piú antico è precedente alla convenzione del linguaggio secondo la quale l'acuto viene chiamato *alto* e il grave *basso*, e questa convenzione, sembra a sua volta contemporanea all'adozione di una notazione "diastematica" che riporta graficamente il movimento melodico sulla carta. Quello che è stato all'origine delle associazioni di idee estranee all'essenza della musica ha finito, attraverso una pratica lunga e costante, con *l'identificarsi per noi con questa stessa essenza* di modo che ci sarebbe impossibile, senza rinnegare tutto il nostro atavismo, abbandonare questa convenzione che in buona fede noi prendiamo per l'espressione della musica in quanto tale [1963, p. 411].

Cosí, molti dei significati che noi riteniamo naturali sono il risultato di quei sistemi codificati ai quali siamo stati acculturati. Sarebbe possibile immaginare il *Preludio in do diesis minore* di Rachmaninov che, stando alla tradizione, descrive gli sforzi disperati di un sepolto vivo per uscire dalla sua tomba, in *do* o in *fa* minore? Sarebbe possibile immaginare la «sonata facile» di Mozart in *si bemolle* maggiore?! Tuttavia la giustapposizione delle caratteristiche affettive associate a ogni tonalità da parte di diversi compositori sta a dimostrare il loro carattere arbitrario. È per effetto di un condizionamento culturale che talune associazioni oggi ci appaiono tanto evidenti. *Do* maggiore è gaio e guerriero per Marc-Antoine Charpentier nel 1692, allegro e allietante per Rameau [1722, cap. 24], semplice, ingenuo e sincero per Albert Lavignac [1942, p. 424]; *do* minore oscuro e triste per il primo, tenero e lamentoso per il secondo, tetro, drammatico e violento per il terzo; *re* minore grave e devoto per il primo, dolce e triste per il secondo, serio e concentrato per il terzo, ecc. Mentre Lavignac è il solo a parlare di pastorale e agreste per il *fa* maggiore, Charpentier vi sente qualcosa di furioso e collerico, Rameau vi ravvisa un tono adatto a tradurre le tempeste, mentre per l'Hoffmann del 1814 *fa* maggiore è adatto ai dialoghi appassionati: è chiaro che la *Pastorale* di Beethoven è passata di là.

La rilevanza del condizionamento culturale e del carattere convenzionale dei significati che vengono associati alla musica è ancor piú evidente quando si passa dalle musiche occidentali a quelle di tradizione orale. Per molto tempo, l'etnomusicologia, sotto l'influenza della concezione hanslickiana e formalista della musica, s'è rifiutata di vedervi altro che un gioco di forme. Tuttavia, l'inserzione delle produzioni musicali in un contesto religioso, cerimoniale o teatrale spiega come mai dei significati relativamente stabili vengano associati a figure musicali precise e come sia possibile, nel corso dell'indagine sul campo, farli sprigionare. Mettendo a confronto alcuni esempi di funzionamento semantico extra-occidentale, ci si accorge ben presto che i parametri musicali portatori di significati variano da una cultura all'altra. Cosí, secondo le ricerche di Charles Boilès [1969; 1973, p. 39] sui rituali di sussistenza degli Otomi del Messico, sono le sequenze melodiche che designano le divinità: la sequenza *mi-do-re-do* designa il Dio Sole mentre la sequenza *mi-fa-re-mi* designa l'inviato di questo dio. Nei sacrifici dei Tamil della Martinica, è il ritmo a designare le divinità: la figura *semicroma - semicroma puntata - semicroma* designa la dea Maliémin, mentre la sequenza *croma* - due *semicrome* - due *crome* - due *semicrome* - *croma* designa la dea Maldévilin [Desroches 1996, cap. IV], e non è ben chiaro quello che, simbolicamente, potrebbe collegare questi ritmi al carattere vegetariano oppure carnivoro dell'una o dell'altra divinità. Ma se si pensa alla funzione di una cerimonia religiosa, queste associazioni, per convenzionali che siano, non devono sorprendere. Queste figure musicali non hanno niente di decorativo. Sfruttando l'unione di un signicante e di un significato stabilita dalla tradizione, esse hanno come fine quello di suscitare la presenza delle divinità nello spazio rituale per gli officianti e i fedeli. L'autore di queste righe, nel quadro di una ricerca ancora inedita, è riuscito a stabilire che, nelle danze d'iniziazione al matrimonio presso i Baganda dell'Uganda, certe precise figure ritmiche che corrispondono ai differenti momenti della cerimonia, portano dei nomi precisi: servono da segnali e annunciano a colei che dirige le danzatrici qual è la figura coreografica successiva che deve danzare con le sue compagne. Certo, le configurazioni ritmiche empiriche di queste figure sono il risultato di convenzioni, ma si vedono comparire qua e là elementi di motivazione simbolica: i motivi ritmici che accompagnano la rappresentazione coreografica dell'atto sessuale vengono eseguiti con un'accelerazione del tempo nettamente percepibile rispetto a quanto la precede. Quanto all'ultimo motivo ritmico di questa *suite* coreografica, che è in effetti quello piú importante, esso è costruito, per ragioni che qui sarebbe troppo lungo spiegare, sul ritmo e sulla struttura intonativa della frase che significa "essi hanno piantato il banano". Anche qui niente di sorprendente nel fatto che questi ritmi abbiano una dimensione semantica (qui segnaletica), visto che lo svolgimento musicale complesso che accompagna queste danze non è fisso, in quanto la sua maggiore o minore estensione dipende dalle possibilità d'improvvisazione dei tamburellisti. Dunque bisogna proprio che le danzatrici vengano avvisate in una maniera o nell'altra di quanto devono fare. Nel teatro giapponese *kabuki* [Malm 1968, pp. 210-26], la semantica delle situazioni drammatiche si basa essenzialmente sui timbri. Quello dello *shamisen* è solitamente riservato a interventi concernenti i rumori naturali, le disposizioni psicologiche, questo o quel momento del clima. Gli strumenti metallofoni sono riservati alle scene religiose e il tamburo al combattimento e alla guerra. Qui ricompare una certa dimensione motivata. Questo funzionamento non è fondamentalmente differente da quello della musica da film nella quale questo o quell'aspetto rafforza o annuncia il carattere drammatico d'una sequenza (basti pensare alla musica di Bernard Herrmann per la celebre scena della doccia in *Psycho* di Hitchcock).

5.2. Il ruolo del contesto.

Tanto gli esempi della *Pastorale* quanto le musiche di tradizione orale permettono di toccar con mano quel meccanismo fondamentale mediante il quale un determinato evento musicale si carica di significati: il semantismo fondato per convenzione è spiegabile, in parte, attraverso il *contesto* dell'associazione semantica.

Prendiamo il celebre esempio dell'utilizzazione da parte di Stanley Kubrick dell'introduzione di *Also sprach Zarathustra* di Richard Strauss in *2001: Odissea nello spazio*. Non è piú possibile, per chiunque oggi ascolti questa musica alla radio o in disco (e che ovviamente abbia visto il film), evitare di associarla agli spazi intersiderali. Associazione convenzionale evidentemente, visto che, nel 1895, data della composizione di questo lavoro, i viaggi interplanetari esistevano soltanto nell'immaginazione di Jules Verne (*Dalla terra alla luna*, 1865). Allo stesso modo, come non associare l'*Adagietto* della *Quinta sinfonia* di Mahler alle acque tranquille della laguna veneziana da parte di chi ha visto *Morte a Venezia* di Visconti? Si tratta dunque di un contesto peculiare d'associazioni ampiamente distribuite su scala sociale che crea il nesso fra queste musiche e i significati che sono ad esse ormai legati. Ma è evidente che a questi contesti non si sarebbe potuto associare una musica qualsiasi. Il carattere trascendentale della musica di Strauss s'adattava all'evocazione dell'infinità dello spazio. Nei contesti in cui questa musica è stata utilizzata si ha difficoltà a immaginare in Kubrick la *Piccola serenata notturna* di Mozart o *Le sacre du printemps* di Stravinskij, e in Visconti il *Valzer dell'imperatore* di Johann Strauss o un *french can-can* di Offenbach.

In *Tristano*, sono solamente la contiguità del motivo dello scrigno magico (*fa-sol-la-fa#-sol*) con la sua utilizzazione sulla scena e le parole del libretto che lo richiamano a permettere di attribuirgli questo significato. La prova di ciò è che è impossibile associargli questa denotazione quando il motivo si presenta nel preludio, al di fuori del contesto scenico e drammatico. Stessa cosa per il motivo della spada nell'*Oro del Reno*, motivo che, malgrado il suo carattere solenne, non può essere associato a questo preciso oggetto. Per comprenderne il senso, bisognerà attendere il primo atto della *Valchiria* in cui, come si curano di fare molti registi, con un'illuminazione diretta si mette in evidenza la spada infilata nel tronco dell'albero, nel momento in cui si leva nuovamente il motivo dalla buca dell'orchestra. Nella musica vocale, è il testo che permette di precisare la formazione del significato della musica: se nelle opere religiose di Bach si presentano molte figure musicali il cui carattere corrisponde proprio alle parole delle Passioni che sono ad esse associate, ve ne sono altri che devono questa associazione soltanto alla contiguità con il testo.

Le cose non vanno diversamente nella musica narrativa. Prendiamo l'esempio del motto esplicativo dell'ultimo quartetto di Beethoven:

Figura 5.

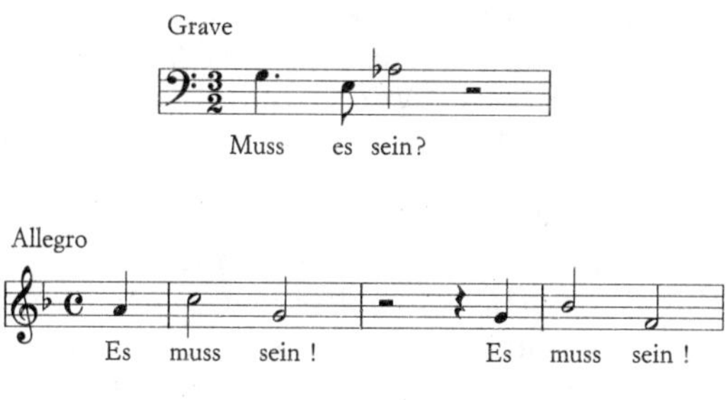

Ignorando il motto, è comunque possibile, ascoltando questo movimento, avvertirvi un dialogo, dato che la curva melodica delle singole frasi imita l'intonazione linguistica di una domanda e una risposta. Ma quello che non si saprà mai è quello che dicono la domanda e la risposta: "si deve? si deve!" È un po' come se si ascoltasse una discussione fra due persone in un'altra stanza separata da un muro: si percepisce la musica della loro conversazione, ma il muro è troppo spesso perché se ne comprenda il senso. È per questo che, nei poemi sinfonici o nella musica a programma, se il compositore desidera veramente che il contenuto narrativo in quanto tale venga compreso, occorre che ne fornisca anticipatamente il contenuto da *leggere* al pubblico. È quello che fece Berlioz che, per essere sicuro d'essere compreso, distribuí prima della "prima" della *Sinfonia fantastica* il programma che con essa s'intendeva illustrare. Vivaldi non aveva fatto diversamente in quanto, nell'edizione del 1725 dei concerti delle *Quattro stagioni*, aveva collocato in esergo quattro sonetti che rinviano in maniera precisa, grazie a un sistema di lettere, ai personaggi e alle azioni descritte con la musica: dal contadino ebbro al cervo senza scampo, dal tuono alla calura, dalla capriola al capitombolo sul ghiaccio [cfr. Chion 1993, pp. 95-98].

Prendiamo un altro esempio: *L'apprenti sorcier* di Paul Dukas, ispirato alla ballata di Goethe. A suo tempo ho fatto l'esperimento di chiedere a dei bambini che ignorassero sia il testo poetico sia la traduzione cinematografica di Walt Disney in *Fantasia*, d'immaginare una sequenza narrativa dopo aver ascoltato la composizione, il che metteva i giovani ascoltatori nella situazione della condotta d'ascolto narrativo cosí com'è definita da Delalande [1993, p. 201]. Ho ottenuto dei racconti come questi:

> Di notte in un negozio di giocattoli. Tutto è tranquillo. Di colpo, un giocattolo si sveglia. Un soldatino di piombo fa la corte a una bambola. Ma una marionetta arriva, e c'è una lotta interminabile. Il soldato e la bambola se ne vanno via lontano, ma vengono inseguiti. Corrono a piú non posso e si sbarazzano dell'assalitore. All'alba, il commerciante ritorna e ritrova gli oggetti al loro posto.

Oppure:

> Un uomo cammina tranquillamente sulla strada quando sopraggiungono dei cani. Il suo cammino tranquillo continua, poi si mette a correre fino a un albero. I cani s'allontanano e l'uomo scende. Viene di nuovo sorpreso dai cani e si rifugia in una vecchia baracca. Viene inseguito fino a casa sua. I cani se ne vanno.

Che i bambini arrivassero alla poesia di Goethe sarebbe stato tanto sbalorditivo quanto il fatto che una scimmia posta di fronte a un computer battesse a macchina *Il nome della rosa*. Per contro, i 353 racconti ottenuti, messi a confronto, mostrano come il carattere delle azioni corrisponda, in maniera piú o meno esaustiva a seconda dei racconti stessi (per esempio nel secondo testo, la quiete dell'introduzione e della conclusione non viene presa in considerazione), ai momenti della poesia di Goethe che è possibile, all'ascolto, ricostituire con una certa facilità in questo modo:

1) evocazione della grotta dello stregone;
2) comparsa dell'apprendista, tentativi e successo nell'impiego della formula magica;
3) destarsi di una scopa, dilagare dell'acqua, tentativi d'arrestare il fenomeno, colpi d'ascia;
4) destarsi di due scope, ripresa del dilagare acquatico, tentativo d'arresto con la formula magica, intervento del maestro stregone;
5) ritorno alla calma dell'inizio;
6) formula conclusiva.

Sia ciò che è possibile stabilire a partire dalla ballata di Goethe, sia ciò che i bambini hanno immaginato corrisponde, in realtà, a una certa obiettività semantica della partitura che è possibile far emergere procedendo a un test di libera associazione d'idee. Si chiede a venti soggetti non musicisti quali siano gli avvenimenti e i sentimenti evocati, secondo loro, dai diversi momenti della composizione al procedere dell'ascolto. (Con una seduta d'ascolto preliminare ci si assicura che non conoscano né la composizione, né il suo titolo). Sovrapponendo le risposte ottenute dopo altri due ascolti e con un'operazione di corrispondenza alla struttura della composizione nei sei punti che abbiamo appena indicato, e allo svolgimento del pezzo, si ottengono le seguenti convergenze (elimino le risposte statisticamente minoritarie):

1) calma, serenità;
2) salterellare, allegria, mistero, leggerezza, fermezza, caduta, affermazione;
3) corsa, camminata, allegria, insistenza, invasione, acqua, cascate del Niagara, trionfo, catastrofe;
4) agonia, resurrezione, ripresa di una camminata, progressione, disperazione, orgia, vortice, orgasmo, rottura;
5) calma, serenità, felicità;
6) pugno, rudezza.

Questa dimensione semantica della struttura musicale corrisponde a quello che Kofi Agawu ha chiamato un «model of topical succession» [1991, p. 50], riscontrabile anche nella musica strumentale classica. Per questa, egli ha stabilito una lista di questi *tòpoi* inventariati in un'ampia raccolta di composizioni del XVIII secolo. Questi sono tanto d'ordine stilistico quanto dei rinvii a generi o a stati affettivi: alla breve, alla zoppa, amoroso, aria, *bourrée*, stile brillante, cadenza, sensibilità, fanfara, fantasia, *ouverture* alla francese, gavotta, stile di caccia, stile appreso, marcia, minuetto, *musette*, ombra, opera buffa, pastorale, recitativo, sarabanda, motivo di sospiro, stile cantato, *Sturm und Drang*, musica turca [*ibid.*, p. 30]. La successione di questi *tòpoi*, peculiare di una certa composizione, non fa sí che essa racconti una storia; fa sí che questi *tòpoi inducano la possibilità* di una storia che non sarà mai raccontata dalla sola musica – in quanto ciò va al di là delle possibilità semiologiche della musica, come s'è detto all'inizio –, ma che di tale storia potrà poi farsi carico un racconto dell'ascoltatore il quale, con le risorse del linguaggio verbale, fornirà i nessi sintattico-narrativi assenti fra un singolo *tòpos* musicale e l'altro.

Detto altrimenti, può benissimo esserci nel carattere di questa o quella musica qualcosa che la predisponga a essere utilizzata in un contesto drammatico, gioioso, solenne, umoristico, ecc., ma una piú precisa associazione semantica fra questa musica e un oggetto o una situazione è possibile solo se un elemento contestuale – scenografico o linguistico – viene a ridurre il numero delle possibili connotazioni associate a tale musica, al punto, talvolta, da riuscire a ridurre questa proliferazione di significati potenziali a una denotazione stabile. Si tratta di un fenomeno ben noto ai semiologi. Esso è detto *ancoraggio*; è stato studiato da Roland Barthes [1964] che ha mostrato, a proposito del funzionamento semiologico dell'immagine, come il titolo di un quadro finisca col restringerne e precisarne i significati.

Il ruolo svolto dal contesto testuale nella semantica musicale di una composizione vocale ci permette di comprendere meglio l'esame compiuto da Hanslick della celebre aria dell'*Orfeo* di Gluck. Egli riconosceva alla musica la possibilità d'esprimere il movimento «che è ciò che la musica ha in comune con il sentimento» e insisteva sul fatto che questo movimento è l'*aggettivo* del sentimento, non il sentimento stesso [1854, cap. II, ed. fr. pp. 75-76]. Ciò di cui la musica di Gluck, in questo caso, si fa carico non è né l'infelicità né la felicità – come hanno creduto Boyé e altri –, ma il moto dell'anima emotivamente scossa o, piú precisamente, come ha proposto Massimo Mila [1950], il dubbio e l'incertezza espresse nella frase iniziale «Che farò senza Euridice?»

È per questo che la dinamica della melodia può andar bene tanto all'evocazione dell'infelicità e della felicità, il che non vuol dire che l'elemento semantico musicale qui sia arbitrario: quest'aria *vivace* non andrebbe bene all'espressione del languore. È solo che il testo viene a precisare la causa di questo turbamento e ad ancorarla in un sentimento o in un altro.

5.3. I fattori propriamente musicali.

Dunque ogni passaggio musicale è latore di possibili significati. Gli esperimenti condotti dalla psicologia sperimentale [cfr. Francès 1958; Imberty 1979; 1981] mostrano bene come gli ascoltatori non percepiscano una qualsiasi cosa e come non siano soltanto i contesti esterni ad attivare questa o quella associazione semantica. Quali saranno mai, allora, quegli aspetti peculiari del materiale musicale in quanto tale che spiegano tali associazioni? I segreti del *linguaggio musicale* hanno sempre incuriosito i musicologi e sono state avanzate varie teorie.

La teoria di base piú convincente è stata fornita, per la musica tonale, da Leonard B. Meyer nel suo lavoro dal titolo significativo di *Emotion and Meaning in Music* [1956]. Ogni musica tonale si fonda su un alternarsi dialettico di tensione e distensione. Cantate con me: *do-mi-fa-sol*. La vostra voce passa dalla tonica alla dominante e cosí voi vi rendete conto che la frase non è compiuta. È possibile prolungare la frase facendo del *sur-place*, segnando il passo: *sol-la-sol-fa#-sol*. L'attesa si prolunga. La vostra melodia può dirigersi verso l'alto: *sol-la-si* (sempre incompiuta) o scendere verso il basso: *sol-fa-re*. La frase è sempre incompiuta. Presto o tardi, sarà necessario salire o scendere verso la tonica *do*: *si-la-si-do* verso l'acuto, o *re-mi-re-do* verso il grave. A quel punto soltanto si sarà raggiunto il momento di riposo. Per ognuna delle tappe di questa melodia, si è creato un senso di sospensione e di attesa: la conclusione della frase è stata differita. Ne consegue, in termini psicologici, un'impressione di tensione che dovrà essere risolta. È questo meccanismo di base, in quanto corrispondente a stati affettivi di fondo – angoscia invece di soddisfazione –, che è a fondamento della semantica musicale.

Nel lavoro citato, Meyer ha analizzato il funzionamento di tre leggi fondate sui principî della *Gestaltpsychologie*: la legge di buona continuazione (cap. III), la legge di complementarità e di chiusura (cap. IV) e la legge d'affievolimento della forma (cap. V). La legge di buona continuazione è quella che opera nel breve esempio che ho appena presentato: essa intende il fatto che l'ascoltatore sta aspettando che lo svolgimento musicale lo conduca a un momento di risposo. Se la continuità musicale viene sospesa, deviata o differita troppo a lungo, può derivarne un senso d'angoscia. Ma non si deve dimenticare mai, come riconoscono la maggior parte degli psicologi della musica, che queste leggi sono sempre dipendenti da un contesto storico e culturale. È pressoché certo che l'attesa della tonica, un'attesa che nello scherzo della *Settima sinfonia* di Bruckner può prolungarsi fino a qualcosa come 268 misure [cfr. Meyer 1973, p. 205], abbia sconcertato piú di un ascoltatore contemporaneo. Ma dal giorno in cui abbiamo potuto ascoltare Mahler e ci siamo abituati allo stile post-romantico, noi siamo ormai in grado di provare un piacere sicuro in questa attesa. È quello stesso piacere che, grazie al riposo sulla tonica svariate volte differito, ci fa condividere con voluttà il crescendo del desiderio dei due amanti nel secondo atto di *Tristano e Isotta*. La legge di complementarità e di chiusura mostra come qualsiasi procedimento musicale tonale sia composto di un antecedente e di un conseguente: se la forma ABA è cosí frequente nella musica, è perché la nostra mente viene soddisfatta da un ritorno a ciò che è già noto. Ciò può compiersi con l'alternanza di strofa e ritornello, nella costruzione simmetrica d'un determinato motivo ritmico, nell'equilibrio fra l'allontanarsi da una tonalità e il ritorno alla tonalità di partenza, ecc. Perciò, se complementarità e chiusura sono assenti, la tensione cresce: da qui quell'effetto di sollievo che noi proviamo quando il sipario si alza sulla prima scena dell'*Oro del Reno* e finalmente Woglinde canta, dopo l'insediarsi di un arpeggio di *mi* bemolle maggiore ripetuto per 49 misure, quindi la ripetizione mai risolta della stessa figura melodico-ritmica, che per giunta va dal grave all'acuto senza mai ridiscendere (*mib-fa-sol-lab-sib-mib-sol*) per le 87 misure seguenti. Infine, la legge d'affievolimento della forma descrive i sensi d'angoscia che si creano all'ascolto di passaggi musicali, e persino di intere composizioni, nelle quali i punti di riferimento abituali (le ripetizioni, la regolarità metrica, i contrasti di timbro) siano scomparsi: le *Structures pour deux pianos* di Boulez, il libro I soprattutto, sono probabilmente il migliore esempio di una generalizzata entropia della comunicazione musicale all'interno della quale è possibile suscitare dell'interesse, se non addirittura del piacere, una volta percepita, nel contesto storico che l'ha prodotta e giustificata, la novità del gesto radicale avanzato dal compositore. Si tratta probabilmente di quello stesso contesto d'ascolto *avanguardista* – per quanto fondato su principî opposti (ricerca della massima semplicità e non della complessità) – che può spiegare il piacere, masochistico secondo taluni, che si prova all'ascolto dei lavori ripetitivi di Terry Riley, Philip Glass e Steve Reich.

Anche se nel suo libro, molto discusso, del 1959, *The Language of Music*, Deryck Cooke non fa riferimento alle teorie di Meyer, è evidente che la sua ricerca dei «termini di base del vocabolario musicale» risiedeva in effetti sulla coppia tensione-distensione visto che, secondo lui, gli elementi dell'espressione musicale sono gli intervalli melodici assunti sulla base del rapporto con la tonica del brano analizzato. La parte empirica della sua operazione consiste nell'inventariare tali campioni d'intervalli. Cosí, «1-(2)-3-(4)-5 maggiore» indica una melodia ascendente con terza maggiore, che impiega, oppure no, sopratonica e sottodominante col significato di «un'estroversa, attiva e drastica emozione di gioia». E via di seguito esempi presi tanto da Byrd e Purcell quanto da Mozart, Beethoven o Liszt [*ibid.*, pp. 115-19]. All'inverso, «5-(4)-3-(2)-1 minore» indica una melodia discendente con terza minore (*mib*) che impiega, oppure no, sopratonica e sottodominante, che esprime «una "montante" emozione di pena, in un contesto di natura definitiva: accettazione o cedimento al dolore; scoraggiamento e depressione; sofferenza passiva; e la disperazione connessa alla morte». E via di seguito esempi pertinenti in Josquin, Bach, Musorgskij, Britten o Stravinskij [*ibid.*, pp. 133-38].

A mio avviso, vi sono numerose cose notevoli in questo lavoro di Cooke. In primo luogo è sufficiente cantare o suonarsi al piano i numerosi esempi che illustrano gli *elementi di vocabolario* per convincersi che in effetti vi è qualcosa di vero lí dentro. Inoltre, la teoria è applicabile alla musica che va dal XVI al XX secolo (con l'esclusione della musica atonale e seriale): l'autore sembra aver messo le mani su delle radici semantiche valide per tutta la musica occidentale. Un interrogativo critico che ci si può porre è il seguente: bastano veramente i sedici campioni d'intervalli inventariati a spiegare la totalità delle connotazioni emotive veicolate dalla musica occidentale?

Cooke presenta nell'ultimo capitolo un'analisi semantica completa del primo movimento della *Sinfonia in sol minore* K. 550, di Mozart (la *Quarantesima*). Conformemente ai campioni inventariati, la ripetizione della cellula *mib-re-re- mib-re-re- mib-re-re-sib*, con la sua seconda minore discendente, delinea «una fitta d'angoscia», che pervaderà tutto il movimento.

> Lo stato d'animo basilare del primo movimento è chiaramente quello d'un ossessivo e perturbato senso d'angoscia che si manifesta delicatamente o violentemente, pateticamente o rumorosamente, a seconda del livello dinamico e delle implicazioni armoniche e tonali [*ibid*., p. 241].

Il medesimo aspetto depressivo e nostalgico si ritrova nell'*a solo* di corno inglese del *Tristano* con l'elemento di seconda minore discendente *sol-sol b* che compare numerose volte e finisce col condurre al *fa* tonico.

È possibile opporre all'analisi di Cooke un dato empirico difficilmente confutabile. Questa sinfonia è stata oggetto di numerose registrazioni e i diversi direttori d'orchestra adottano per il primo movimento tempi molto diversi. Eccone una selezione, con le associazioni semantiche ottenute presso ventuno soggetti musicisti ai quali si chiedeva d'esprimere i sentimenti e il carattere delineati con ogni singola interpretazione, impiegando un aggettivo o un nome in merito al tema del primo movimento (cfr. fig. 6). Le risposte statisticamente aberranti (una volta malinconico, a proposito di Hogwood, per esempio) sono state scartate. I soggetti interrogati hanno ascoltato gli estratti nell'ordine seguente: Walter, Brüggen, Abbado, Harnoncourt, Szell, Hogwood, Bernstein, Furtwängler.

1) Abbado (quarto = 96, corrispondente ad Andante):

   Felicità, calma, tranquillità, pace, serenità, dolcezza, nobiltà, ricchezza, grandioso, luce nella notte.
   Languore, indifferenza, melanconia, nostalgia, pesantezza, oppressione, stanchezza, pigro. Tristezza, afflizione, lugubre, annoiato, smorto, piatto.
   Statico, immobile.

2) Walter (quarto = 100, Andante molto):

   Tristezza piacevole, serenità riflessiva, rassegnazione, calma, libertà, leggerezza.
   Nostalgia, malinconia, oppressione, pesantezza, tetro, minaccia.
   Introspettivo, lento, liquido, denso, solenne, interrogativo.
   Dramma, fatalità, senso del destino.

3) Bernstein (quarto = 100, Andante molto):

   Calma, riposo, rassegnazione, stoicismo morbido, dolcezza, intimità, sfumato, elastico. Pesantezza, languore, malinconia, dolce, tedio, pigro, ritardatario, nostalgia nervosa.
   Tristezza, pena, drammatico, inquietudine, angoscia, disperazione, tetro, velato, *le sanglot long des violons* (Verlaine).

4) Szell (quarto = 112, Moderato):

   Lirico, posato, maestoso, chiaro, trasparente.
   Introverso, sognante, enfatico.

Pesante, pesantezza, patetico, tetro, oppresso, gravità, senza speranza, oppressivo, attesa ansiosa, un po' triste, malinconico, interrogazione nostalgica, disperato, sofferenza, dolore.

5) Brüggen (quarto = 120, Allegro):

Danzante, rustico, vivacità, impazienza, esaltazione, senso della velocità, la corsa.
Triste, nostalgico, pena, oscurità.
Tormentato, ansioso, scompiglio interiore, agitato, teso, febbrile, nervoso, frenetico, inquieto, sognatore, fatalità, destino, moto fatidico, alla ricerca di qualcosa, non si sa dove si va...

Figura 6.

6) Hogwood (quarto = 120, Allegro):

Allegro, leggero, aereo, luce, ottimista, speranza, ricerca di qualcosa. Equilibrato, determinato, affermato, convinto.
Nervoso, gaio, gioioso, energico, vivacità, stimolante, frenetico, precipitazione, lacerazione.

7) Furtwängler (quarto = 126, Allegro molto):

Allegro, saltellante, gaio, gioia, vivacità, attivo, infantile, benessere, leggero ma ricco. Trepidante, nervoso, determinato.
Frenetico, eccitato, molto agitato, vivace, curioso, frettoloso.
Teso, nervoso, infastidito, enigmatico, aspettativa, ricerca d'un fine, tormentato, galoppo soffocato, secolo passato.

8) Harnoncourt (quarto = 126, Allegro molto):

Allegro, gioioso, leggero, saltellante.
Sollecito, irritabile, entusiasta, esaltato, lirico, infiammato, entusiasmo, pressato per mancanza di tempo, energico, vivace, corsa che non conduce a nulla, tormentato.
Drammatico, deciso, nervoso, appassionato.

Questo esperimento mira a dimostrare che il campione intervallico non è il solo fattore che determina la caratterizzazione semantica del tema e, a questo proposito, la teoria della *competenza musicale* di Gino Stefani [1982] ci sarà di grande aiuto. Nel suo inventario delle associazioni semantiche che fanno capo alla competenza comune, Stefani vede nell'intervallo di seconda minore discendente d'un passaggio del *Trovatore* di Verdi un esempio di *lamento in musica* che rintraccia anche in Scarlatti, Schubert, Schumann, Porter e altri [1990, pp. 125-31]. Ma in *La terrasse des audiences du clair de lune* di Debussy, il *nucleo di senso comune* che è associato al medesimo intervallo discendente viene definito come *smarrimento nell'evanescenza* per un passaggio e *patetico lamentoso* per un altro [Stefani e Marconi 1989, p. 61]. Come mai queste differenze? Perché, come egli sottolinea, la pertinenza del connotato *seconda minore*, in rapporto a un'associazione semantica data, non significa

> che la seconda minore basti da sola a costruire il significato *lamento*; e nemmeno, all'inverso, che ogni volta che compare la seconda minore, questo significato sia sempre presente (infatti, perché sia cosí, occorre anche un *contesto cooperativo* [il corsivo è mio]; [...] né che, ovunque si trovi questo significato, si trovi anche questo intervallo [*ibid.*, p. 65].

In effetti, nella costruzione della competenza musicale intervengono svariati livelli: i codici generali, le pratiche sociali, le tecniche musicali, gli stili e la specificità delle composizioni [Stefani 1982, p. 13].

Qual è il *contesto cooperativo* che, nell'inizio della *Sinfonia in sol minore* di Mozart, sposta sul versante del lamento e della malinconia l'interpretazione della seconda minore discendente? Il fattore *tempo* gioca chiaramente un ruolo determinante, visto che, in questo esperimento, altezze, ritmi e armonie sono rimaste invariate, ma la velocità dello svolgimento modifica il carattere del brano. Quando il tempo varia fra i valori 96 e 120 del quarto, le risposte sono, in maggioranza, negative: il tema della *Quarantesima* è tetro, triste, nostalgico; fra i valori 120 e 126, al contrario, esse sono positive e privilegiano l'allegria, la leggerezza, l'energia.

In un primo tempo, questo esperimento sembra dunque confermare la tesi di Michel Imberty sviluppata nei suoi principali lavori: *Entendre la musique* [1979] e *Les écritures du temps* [1981] che hanno ambedue come sottotitolo *Sémantique psychologique de la musique*. Per questo autore,

> i fenomeni semantici musicali sembrano tutti legati a quell'espressività specifica dell'organizzazione stilistica definita innanzitutto come organizzazione temporale della composizione [1979, p. XIV].

È possibile tentare di riassumere nel modo seguente la sua teoria. Essa si fonda, da una parte, sulla complessità formale della composizione che può essere valutata esaminando l'omogeneità (oppure l'eterogeneità) della forma e la somiglianza (o la dissimiglianza) fra i suoi elementi costitutivi [*ibid.*, pp. 84-90]. Con una struttura formale della composizione che indichi un'entropia comunicativa alta, il brano si caratterizza per reazioni d'angoscia e d'insicurezza (malinconiche e depressive), con una bassa, al contrario, di soddisfazione e di calma. Comunque, questa complessità formale «ha senso solo in un contesto determinato, quello di una certa composizione, di un certo stile, di una certa epoca o di un certo tipo di formazione» [*ibid.*, p. 122]. Ma, per l'altro verso, le reazioni semantiche dipendono dal «vissuto della sperimentazione del tempo musicale» che è possibile valutare tenendo conto dell'intervallo metrico (che separa le note oggetto di un'accentuazione pregnante), degli scarti di durata fra gli eventi, della velocità complessiva e dell'organizzazione dei contrasti d'intensità [*ibid.*, pp. 122-23]. Questi dati del materiale musicale possono essere posti in relazione con gli stati d'animo interiori avvertiti:

> Sul piano psicologico, il dinamismo generale viene equiparato agli schemi di tensione e distensione motori e posizionali. La complessità formale viene equiparata agli schemi di risonanza emozionale, e cosí gli schemi d'integrazione, o di disintegrazione, della vita interiore e dell'Io appaiono proprio come delle coordinazioni degli schemi precedenti, con l'assimilazione delle congiunzioni dei differenti aspetti delle forme musicali in una sintesi originale dell'esperienza vissuta del tempo. Queste saranno, con ogni probabilità, le basi di una teoria della rappresentazione simbolica inconscia della musica [*ibid.*, p. 123].

Per Imberty, vi è corrispondenza fra l'integrazione (o la disintegrazione) della forma, del tempo, e dell'Io. Dunque la teoria di Imberty sembra bene spiegare la correlazione fra le variazioni dei tempi e le differenti reazioni semantiche per ognuna delle esecuzioni scelte per il test.

Ma si può comunque notare che, quando il quarto ha il valore 120, anche le interpretazioni di Brüggen e di Hogwood si distinguono nettamente dal punto di vista semantico. Quella di Brüggen viene percepita piú inquieta e piú tormentata di quella di Hogwood, nella quale domina l'allegria e l'ottimismo. Ciò dimostra, dal momento che nei due casi il tempo è rigorosamente identico, che sono intervenuti altri fattori e che non è possibile *ridurre* la fonte del semantismo musicale al solo fattore tempo, cosí come non si può fare per i soli intervalli. E perché mai non il ritmo? Un bellissimo studio di Frits Noske sulla *figura musicale della morte* dimostra che due, tre o quattro biscrome seguite da una croma vengono costantemente associate all'idea di morte, nelle opere, dalla fine del XVII secolo (*Amadis* di Lully) fino al *Macbeth* di Verdi [1977, cap. VIII]. Nel caso delle versioni di Brüggen e di Hogwood, l'audizione comparata delle due versioni farebbe pensare che la differenza di caratterizzazione semantica, con un identico tempo, è probabilmente dovuta al timbro orchestrale, piú smorzato nella versione di Brüggen, e a un'articolazione dei motivi spesso piú incisiva, per non dire piú stridente.

La conclusione a cui si perviene è che la spiegazione del semantismo avvertito all'ascolto di una versione particolare di una composizione non può essere *ridotto* a un solo parametro, ma risiede in una *combinazione* di parametri. Certo, il fattore-tempo gioca un ruolo decisivo, ma non esclusivo: è il tempo combinato con una certa struttura ritmica, un dato profilo intervallare, una sonorità d'insieme ciò che orienta un'interpretazione espressiva in un senso o nell'altro. Come scrive Scruton,

> Quel che caratterizza la musica non è determinato da una qualsivoglia sua configurazione fisica, ma piuttosto dalla totalità delle sue caratteristiche nella loro azione comune [1980, p. 327].

Bisogna dunque arrivare alla conclusione, alla quale egli giunge, che è impossibile definire delle regole che farebbero corrispondere a una certa combinazione di tratti caratteristici un certo tipo d'espressione? Quel che abbiamo effettuato nel precedente esperimento su Mozart è simile all'operazione che i linguisti hanno a lungo praticato chiamandola commutazione [cfr. Stefani e Marconi 1989, p. 65]: le altezze, i ritmi, le armonie sono identiche, ma c'è un parametro che cambia, il tempo. Per saperne di piú occorreva fare intervenire un altro parametro, il timbro. Ciò significa che la ricerca, se non di regole, quanto meno dei principî che sono alla base del semantismo musicale, è possibile. Infatti, nonostante le critiche, troppo spesso affrettate, rivolte da Scruton a Cooke e Meyer e ad altri autori, oggi ne sappiamo un po' di piú sul funzionamento della semantica musicale, anche se molto spesso non siamo in grado di conoscere le regole magiche che permetterebbero di ottenere una data tipologia espressiva, grazie a una combinazione specifica di tratti caratteristici. L'essenziale è che invece i compositori, intuitivamente, le conoscano.

Agawu, K. V.

1991 *Playing with Signs. A Semiotic Interpretation of Classic Music*, Princeton University Press, Princeton.

Baroni, M., Dalmonte, R., e Jacoboni, C.

1999 *Le regole della musica. Indagine sui meccanismi della comunicazione*, Edt, Torino.

Barthes, R.

1964 *Rhétorique de l'image*, in «Communications», n. 4, pp. 40-51 (trad. it. *Retorica dell'immagine*, in Id., *L'ovvio e l'ottuso*, Einaudi, Torino 1985, pp. 22-41; nuova ed. 2001).

Boilès, Ch.

1969 *Otomi Cult Music*, PhD Dissertation, Tulane University, New Orleans La.

1973 *Sémiotique de l'ethnomusicologie*, in «Musique en jeu», n. 10, pp. 34-41.

Chailley, J.

1963 *L'Axiome de Stravinsky*, in «Journal de psychologie normale et pathologique», LX, pp. 407-19.

Charpentier, M.-A.

1692 *Règles de composition*, Masson, Paris.

Chion, M.

1993 *Le poème symphonique et la musique à programme*, Fayard, Paris.

Cooke, D.

1959 *The Language of Music*, Oxford University Press, London - Oxford - New York.

Delalande, F.

1993 *Le condotte musicali. Comportamenti e motivazioni del fare e ascoltare musica*, a cura di G. Guardabasso e L. Marconi, Clueb, Bologna.

Desroches, M.

1996 *Tambour des Dieux*, L'Harmattan, Montréal.

Du Bos, J.-B.

1719 *Réflexions critiques sur la peinture et la poésie*, Paris (ed. postuma Pissot, Paris 1755; nuova ed. École nationale supérieure des Beaux-Arts, Paris 1993).

Francès, R.

1958 *La perception de la musique*, Vrin, Paris (nuova ed. 1972).

Fubini, E.

1976 *L'estetica musicale dall'antichità al Settecento*, Einaudi, Torino.

1987 *L'estetica musicale dal Settecento a oggi*, Einaudi, Torino (nuova ed. ampliata).

Galilei, V.

1581 *Dialogo della musica antica e della moderna*, Marescotti, Firenze; ed. abbreviata da F. Fano, Minuziano, Milano 1947.

Gerbert, M.

1963 *Scriptores Ecclesiastici de Musica Sacra Potissimum*, 3 voll., Olms, Hildelsheim; 1ª ed. Typis San-Blasianis, St Blaise 1784.

Hanslick, E.

1854 *Vom Musikalisch-Schönen*, Weigel, Leipzig; nuova ed. Breitkopf und Härtel, Wiesbaden 1980 (trad. it. *Il bello musicale*, a cura di M. Donà, Martello, Milano 1971).

Imberty, M.

1979 *Entendre la musique. Sémantique psychologique de la musique*, vol. I, Dunod, Paris (trad. it. *Suoni, emozioni, significati. Per una semantica psicologica della musica*, Clueb, Bologna 1988).

1981 *Les écritures du temps. Sémantique psychologique de la musique*, vol. II, Dunod, Paris (trad. it. *Le scritture del tempo. Semantica psicologica della musica*, Ricordi-Unicopli, Milano 1990).

Jakobson, R.

1970 *Language in relation with other communication systems*, in AA.VV., *Linguaggi nella società e nella tecnica*, Comunità, Milano, pp. 3-16.

Lavignac, A.

1942 *La musique et les musiciens*, Delagrave, Paris.

Malm, W.

1968 *Japanese Music and Musical Instruments*, Tuttle, Rutland.

Martinet, A.

1960 *Éléments de linguistique générale*, Colin, Paris.

Meyer, L. B.

1956 *Emotion and Meaning in Music*, The University of Chicago Press, Chicago-London (trad. it. *Emozione e significato nella musica*, il Mulino, Bologna 1992).

1973 *Explaining Music*, University of California Press, Berkeley - Los Angeles - London.

Mila, M.

1950 *Cauto omaggio a Hanslick*, in Id., *L'esperienza musicale e l'estetica*, Einaudi, Torino, pp. 15-26 (8ª ed. 1997).

Nattiez, J.-J.

1987 *Musicologie générale et sémiologie*, Bourgois, Paris (trad. it. *Musicologia generale e semiologia*, Edt, Torino 1989).

1993 *Introduction à l'esthétique de Hanslick*, in *Le combat de Chronos et d'Orphée*, Bourgois, Paris, cap. III (trad. it. in preparazione, Einaudi, Torino).

Noske, F.

1977 *The Signifier and the Signified. Studies in the Operas of Mozart and Verdi*, Nijhoff, The Hague (trad. it. *Dentro l'opera: struttura e figura nei drammi musicali di Mozart e Verdi*, Marsilio, Venezia 1993).

Pirro, A.

1907 *L'esthétique de Jean-Sébastien Bach*, Fischbacher, Paris; nuova ed. Minkoff, Genève 1973.

Rameau, J.-Ph.

1722 *Traité de l'harmonie réduite à ses principes naturels*, Ballard, Paris; nuova ed. Broude Brothers, New York 1965.

Ruwet, N.

1972 *Langage, musique, poésie*, Seuil, Paris (trad. it. *Linguaggio, musica, poesia*, Einaudi, Torino 1983).

Schweitzer, A.

1905 *Bach, le musicien-poète*, Foetisch, Lausanne.

Scruton, R.

1980 *The nature of musical expression* («Expression»), in *The New Grove Dictionary of Music and Musicians*, a cura di S. Sadie, Macmillan, London, vol. VI, pp. 327-32.

Stefani, G.

1982 *La competenza musicale*, Clueb, Bologna.

1990 *Gli intervalli musicali: dall'esperienza alla teoria*, Bompiani, Milano.

Stefani, G., e Marconi, L.

1989 *De l'interprétation à la théorie: une sémiose progressive*, in «Analyse musicale», n. 16, pp. 61-66.

Wagner, R.

1852 *Oper und Drama*, in *Gesammelte Schriften und Dichtungen*, Weber, Leipzig vol. III, pp. 222-320, e vol. IV, pp. 1-229; nuova ed. Olms, Hildesheim 1976 (trad. it. *Opera e dramma*, Bocca, Torino 1929; 1ª ed. 1894).

Zarlino, G.

1558 *Istitutioni harmoniche*, Francesco de' Franceschi, Venezia; nuova ed. Gregg Press, Ridgewood 1966 (rist. anastatica dell'ed. Venezia 1561, Forni, Bologna 1999).

Parte seconda
La musica, il corpo e lo spirito

ISABELLE PERETZ

La musica e il cervello

A titolo introduttivo possiamo prendere in considerazione, dagli archivi della clinica neurologica, i risultati di due sedute di osservazione. Il primo caso riguarda un compositore professionista, Vissarion Šebalin. All'età di 57 anni l'uomo viene colpito da una grave emorragia nell'emisfero sinistro del cervello. Questo accidente vascolare lo rende ormai incapace di comunicare verbalmente. Šebalin non è piú in grado di comprendere la piú semplice delle domande che gli venga posta; non riesce piú a esprimersi in modo intelligibile; soffre di una grave forma di afasia.

Nel tentativo di definire cosa sia un oratorio, Šebalin pronuncia i seguenti frammenti di frase:

> un oratorio... è... sceso... era... molto... tempo... fa... è... una... specie di spiritual... oh... gradatamente, diventava... si sviluppava... e poi... e adesso... ah... questo diventa... tutta un'altra cosa come potrei dire... io devo ricordare... oh... niente... ho dei pensieri... no... è troppo difficile... [Luria, Tsvetkova e Futer 1965, p. 290].

Il compositore continuerà comunque a esercitare la propria professione fino alla morte, sopravvenuta quattro anni dopo. Durante questi quattro anni di afasia Šebalin lavora assiduamente con i suoi allievi, ascoltando e correggendo le loro composizioni; inoltre, compone egli stesso quattordici corali, due sonate, due quartetti, undici canzoni e una sinfonia. I suoi colleghi affermano che la musica composta in questo periodo non si distingue da quella precedente all'afasia.

Šostakovič giudica la quinta sinfonia di Šebalin come

> un'opera creativa brillante, piena di emozioni tra le piú elevate, ottimista e piena di vita. Questa sinfonia composta durante la malattia è la creazione di un grande maestro [*ibid.*, p. 292].

La storia di Šebalin, divenuto musicista privo di parola in seguito a una lesione cerebrale, caratterizza una condizione neurologica nota con il nome di «afasia senza amusia». Una condizione spettacolare ma niente affatto eccezionale. Molti casi simili sono stati in seguito documentati nella letteratura medica [Assal 1973; Basso e Capitani 1985; Signoret, Van Eeckhout, Poncet e Castaigne 1987].

Il secondo caso preso in osservazione nell'ambito della ricerca clinica neurologica è complementare a quello di Šebalin e riguarda una donna comune, senza particolari talenti linguistici o musicali. Questa signora, che chiameremo semplicemente con il suo nome proprio, Isabelle, gestisce un ristorante quando, all'età di ventotto anni, si trova a dover subire una drammatica serie di operazioni chirurgiche al cervello. Gli interventi ai quali viene sottoposta sono tre. Il primo interessa l'emisfero sinistro del cervello e viene eseguito per bloccare l'emorragia causata dalla rottura di un aneurisma; il secondo si rende necessario per ridurre un'infezione susseguente alla prima operazione; si interviene poi una terza volta, nell'emisfero destro del cervello, per legare un secondo aneurisma che minaccia di rompersi. Le immagini del cervello di Isabelle mostrano due ampie lesioni cerebrali, una nell'emisfero sinistro e una in quello destro. In un simile contesto neurologico, si rimane un po' sorpresi nel constatare che Isabelle non ha perduto alcuna delle sue competenze linguistiche.

Dieci anni dopo aver subito le trapanazioni craniche, nel periodo in cui svolgiamo la nostra osservazione, Isabelle scrive una poesia per il suo compagno. Ne riproponiamo qui di seguito due strofe:

Ascoltami, ti prego, ho bisogno di parlare
Concedimi pochi istanti soltanto
Accetta ciò che vivo, ciò che provo
Senza reticenze, senza giudicare.
Ascoltami, ti prego, ho bisogno di parlare
Non interrompermi e non cercare di analizzare
Non cercare di violare il mio mondo nascosto
So bene ciò che voglio e fino a dove posso spingermi.

[pubblicata per intero in Peretz, Belleville e Fontaine 1997].

Isabelle non si limita a comunicare verbalmente con *humour* e disinvoltura (a parte un leggero disturbo dell'articolazione), ma gode di un'autonomia intellettuale e sociale del tutto normali. Il suo problema è la musica. Isabelle lamenta il fatto di non riuscire a percepire la musica come prima. Dobbiamo precisare che la donna è cresciuta in un ambiente di melomani e che suo fratello dirige un'orchestra leggera. In realtà, da bambina Isabelle non ha praticato attività musicali con troppa assiduità. Ciò non toglie, come anche lei ci ripeterà spesso, che la musica abbia sempre occupato un posto importante nella sua vita. Questo fa sí che per lei la perdita delle sue attitudini musicali rappresenti un handicap. Di fatto, la donna non è piú in grado di riconoscere o riprodurre neppure la piú semplice delle melodie che pure le erano familiari prima degli interventi al cervello. Non riesce a conservare in memoria la minima traccia di ciò che ha appena udito, e questo la rende altresí incapace di discriminare e di giudicare la maggior parte della caratteristiche musicali che un qualsiasi ascoltatore di musica percepisce senza la minima difficoltà. Si tratta, evidentemente, di un caso di «amusia senza afasia». Questa condizione neurologica è stata descritta da oltre un secolo, ma fino a oggi raramente era stata studiata in modo scientifico. Solo di recente la lacuna è stata colmata, e altri tre casi simili a quello di Isabelle sono stati documentati [Griffith, Rees, Witton, Cross, Shakir e Green 1997; Peretz, Kolinsky, Tramo, Labrecque, Hublet, Demeurisse e Belleville 1994].

Quali conclusioni si possono trarre da questi protocolli di osservazione che la clinica ci fornisce? La risposta è che oggi pare certa l'esistenza di un cervello musicale. Esso sarebbe stato selettivamente risparmiato nel caso di Šebalin, probabilmente perché i circuiti cerebrali che presiedono alle attività musicali non sono stati intaccati dall'emorragia cerebrale. Al contrario, il cervello musicale sarebbe rimasto colpito, in un modo comunque altrettanto selettivo, nel caso di Isabelle, poiché questa parte di cervello risiedeva proprio nelle aree cerebrali colpite da disfunzioni in seguito alle emorragie e agli interventi chirurgici subiti.

Un riscontro di questo genere, derivato dalla clinica neurologica, suscita numerosi interrogativi. In primo luogo, un lettore che non abbia familiarità con la disciplina si potrà chiedere se una simile specializzazione del cervello possa essere un fenomeno circoscritto al caso della musica. Questo aspetto della questione sarà trattato nelle prime due sezioni dello studio. In seguito, vedremo quale potrebbe essere la sede dell'"intelligenza" musicale nel cervello, e in quale modo si possa affrontare questa spinosa questione della localizzazione cerebrale.

1. *Specializzazione o modularità del cervello.*

Il principale insegnamento che si può trarre dagli studi contemporanei sul cervello nella sua attività è quello relativo alla sua alta specializzazione, tanto anatomica quanto funzionale. Ogni minima area della corteccia pare riservata a una funzione specifica e può essere considerata come un microcervello (ovvero modulo) specializzato nell'elaborazione di informazioni particolari [Fodor 1983; Shallice 1988]. Quindi, le manifestazioni di modularità, emerse nei casi di Šebalin e Isabelle, non si limitano al caso della musica. Il medesimo principio si ripropone per numerosi aspetti del funzionamento cerebrale nell'uomo.

Prendendo in esame il caso del linguaggio, si osserverà come sia ormai largamente accettato che lo stesso è organizzato secondo uno schema modulare. La sua realizzazione si fonda per la maggior parte sull'integrità dell'emisfero sinistro del cervello. Ancor piú precisamente si può parlare di un'area – localizzata all'intersezione della circonvoluzione temporale superiore con il giro angolare – che presiede alla comprensione del linguaggio (area di Wernicke) e di una sua porzione anteriore, situata nella circonvoluzione frontale inferiore, che presiede all'articolazione dello stesso (area di Broca). Queste aree, tradizionalmente considerate come aree del linguaggio, sono riprodotte nella figura 1. Scoperte da oltre un secolo [Broca 1861; Wernicke 1874], la loro funzione è ampiamente confermata dalle moderne tecniche di produzione di immagini cerebrali [Posner e Raichle 1994]. Oggi sappiamo che per il linguaggio la modularità non si limita alla dicotomia comprensione/espressione, ma coinvolge anche componenti piú fondamentali, come le operazioni inerenti alla fonologia, alla sintassi, alla composizione ortografica e alla semantica. Leggere a voce alta una parola scritta, per esempio, implica l'attivazione di una serie di moduli che nella figura 1 sono raffigurati per mezzo di simboli. La parola presentata in forma scritta raggiunge in primo luogo le aree visive primarie, nella parte posteriore del cervello, passando in seguito alla parte anteriore verso le aree motrici. Lungo tale percorso, l'informazione visiva transita attraverso regioni specializzate nel riconoscimento di determinate caratteristiche della parola: il modo in cui è scritta (codice ortografico), il concetto cui fa riferimento (codice semantico), il suo suono (codice fonologico) e il modo di articolarla (codice e gesto articolatorio). Ecco dunque che la lettura di una parola isolata, funzione linguistica peraltro assai limitata, determina l'attivazione pressoché totale dell'emisfero cerebrale sinistro. Tale estesa attivazione è tuttavia costituita da tutta una serie di tappe denominate moduli.

I moduli interessati, relativamente distanti gli uni dagli altri nella rete cerebrale, sono specializzati. La loro unica funzione è quella di eseguire una trasformazione specifica dell'informazione nella catena del linguaggio. Ogni area esegue un calcolo preciso, il cui risultato contribuisce in modo specifico allo scopo dell'operazione. Si noti tuttavia che tale scopo - leggere una parola isolata - presuppone la rapida orchestrazione di un grande numero di moduli. Si comprende quindi meglio come la modularità del cervello, relativamente facile da concepire, risulti poi in effetti difficile da individuare. Una lesione può produrre alterazioni della capacità di lettura a causa della distruzione (parziale o completa) di uno o di piú moduli differenti. La registrazione di un'attivazione cerebrale può evidenziare la somma di diversi moduli interessati. Individuare l'insieme di questi moduli è compito dei neuropsicologi, e per quanto riguarda la musica il lavoro, come vedremo, non è che appena abbozzato.

2. *Specializzazione musicale del cervello.*

Fino a questo punto la musica è stata considerata come una facoltà distinta rispetto al linguaggio. Come stanno realmente le cose? La musica può forse essere considerata a tutti gli effetti come una facoltà a sé stante? In altri termini, la musica corrisponde a un settore specifico della cognizione uma-

Figura 1.

Le aree tradizionalmente deputate al linguaggio, come tutte le altre strutture cerebrali citate nel testo, sono indicate nel disegno bidimensionale dell'emismero cerebrale sinistro del cervello umano (parte superiore). Nella parte inferiore è illustrata la sequenza delle tappe implicate nella lettura a voce alta di una parola (per esempio: DONNA), al fine di individuare:

1) le caratteristiche visive (simbolizzate da una lente d'ingrandimento);
2) la forma ortografica (simbolizzata dalle lettere dell'alfabeto);
3) il significato (simbolizzato da un concetto di «donna»);
4) la forma fonologica (simbolizzata da un orecchio);
5) la forma articolatoria (simbolizzata dall'emissione sonora).

AREE CLASSICHE DEL LINGUAGGIO

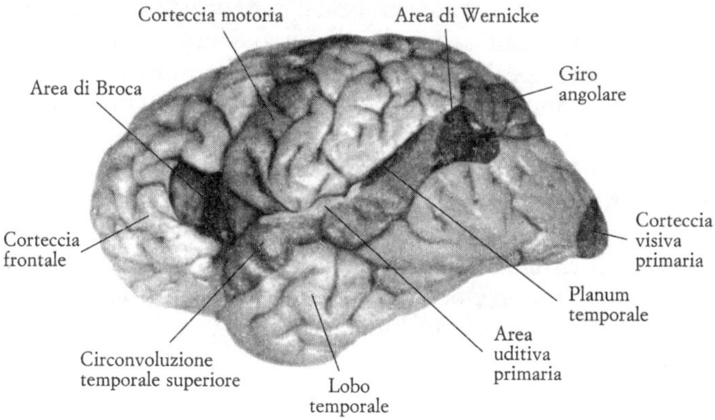

LETTURA A VOCE ALTA DI UNA PAROLA SCRITTA («DONNA»)

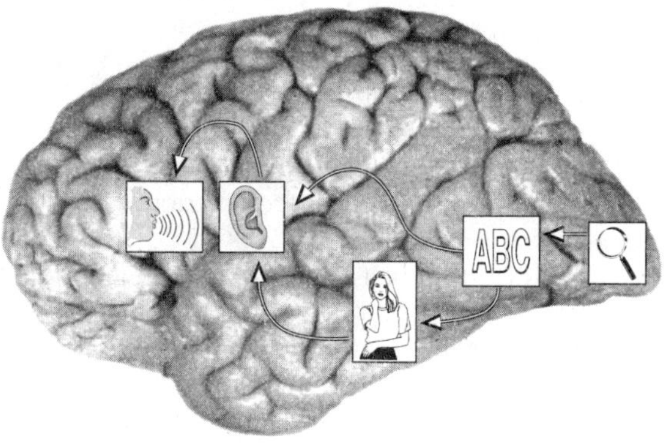

na (e *a fortiori* cerebrale)? Per alcuni, come ad esempio per Howard Gardner [1983] dell'Università di Harvard, il quale considera la musica come emanazione di una intelligenza distinta, la risposta è affermativa. Gardner identifica di fatto sei principali facoltà umane, che corrispondono rispettivamente all'intelligenza linguistica, musicale, logico-matematica, spaziale, cinestesico-corporea e personale. Secondo questa concezione, la musica è un elemento particolare, in quanto corrisponde a un settore di specializzazione del cervello ampiamente indipendente dal resto della cognizione umana. In termini figurati e sintetici, uno schizofrenico può essere un musicista di talento, cosí come un grande matematico può essere musicalmente del tutto incapace. Considerando la musica in un contesto di modularità di questo genere, sembra dunque che il cervello debba possedere un substrato cerebrale a essa riservato. Questo substrato cerebrale, geneticamente programmato, non avrebbe altra funzione se non quella di assicurare l'allocazione di un dispositivo altamente specializzato e riservato alla musica. Tale dispositivo andrebbe a collocarsi all'interno dei circuiti neuronali in modo relativamente costante in tutti gli individui appartenenti alla specie che si trovino esposti agli stimoli musicali.

La posizione opposta, cui aderisce un buon numero di specialisti dell'attività cognitiva (cognitivisti), considera invece la musica come un esercizio dell'intelligenza, come il riflesso del funzionamento generale del cervello umano. La musica metterebbe in gioco tutta una serie di attività o di componenti di elaborazione che partecipano anche ad altre funzioni, essenziali o meno per la sopravvivenza umana. La percezione della musica, per esempio, prenderebbe a prestito gli aspetti essenziali dei meccanismi utilizzati per la comprensione della prosodia del linguaggio (secondo il profilo dell'intonazione, delle variazioni nell'emissione, delle pause, ecc.), mentre la lettura musicale utilizzerebbe le tecniche di assemblaggio tra simboli e suoni messe a punto per la lettura del codice linguistico scritto. Poiché il cervello non è in possesso di meccanismi specifici programmati geneticamente per la musica, quest'ultima si appoggerebbe ai sistemi piú adatti a svolgere le diverse funzioni richieste. La musica si troverebbe dunque a essere parassita di sistemi biologici dalla destinazione iniziale differente. In base a una simile ipotesi "parassitaria", il cervello compenserebbe questa mancanza biologica configurando, a seconda dei bisogni immediati, dei circuiti di ricambio che, da quel momento in poi, potrebbero funzionare in modo variabile da un individuo all'altro.

Per poter prendere partito fra l'ipotesi della modularità e quella del parassitismo, è necessario fare ricorso a numerose fonti di informazione, legate in particolar modo alla biologia, all'etnologia, alla musicologia, alla filosofia, alla psicologia (soprattutto quella dell'età evolutiva). Fra tutte queste fonti, una delle piú dirette attiene alle neuroscienze delle quali stiamo trattando. In effetti, se la musica corrisponde a una facoltà umana a sé stante, nel senso che mette in gioco un dispositivo specifico, allora deve essere "isolabile" all'interno del cervello stesso. In termini neuropsicologici la definizione "isolabile" si riferisce alla modularità della quale abbiamo parlato in precedenza. Le attività musicali devono essere, nello stesso tempo, autonome rispetto alle altre facoltà umane (come il linguaggio) e servite da sistemi neuronali a esse riservati.

2.1. Argomenti derivati dalla clinica neurologica.

Come evidenziano i casi di afasia e amusia indipendenti, riscontrati in Šebalin e Isabelle, la musica pare "isolabile" rispetto al linguaggio. Una lesione accidentale del cervello può, in effetti, compromettere selettivamente la percezione musicale risparmiando il linguaggio (il caso di Isabelle) o, al contrario, preservare la musica distruggendo il linguaggio (come nel caso di Šebalin). Altre condizioni neurologiche possono condurre a risultati analoghi. L'autismo, per esempio, può compromettere in profondità le funzioni intellettuali e linguistiche, risparmiando tuttavia quelle musicali. Le persone colpite da autismo, che presentano dei deficit intellettivi, vengono spesso definite col termine poco lusinghiero di *idiots savants* (ossia «idioti sapienti»), oppure «musicisti-sapienti». L'eziologia dell'autismo non è ancora stata identificata; tuttavia, l'incidenza di questi casi è elevata: circa uno o due casi su mille nascite (piú o meno come per la sindrome di Down). Tra le persone affette da autismo, una percentuale che varia dall'uno al dieci per cento può meritare la qualifica di musicista [Miller 1989].

Un caso celebre [descritto dettagliatamente *ibid.*] è quello di Blind Tom. Si tratta di un giovane schiavo cieco che si esibí in concerti alla Casa Bianca e nel mondo intero. Il suo lessico contava meno di cento parole, ma il suo repertorio musicale era di oltre cinquemila brani. La storia di questo memorabile "idiota" musicale ebbe inizio nel 1850 in occasione di una vendita di schiavi in Georgia. Il ragazzo fu venduto, insieme alla madre, al colonnello Bethune. Fino all'età di cinque anni non parlava, né manifestava altro segno di intelligenza se non l'interesse per la musica che sentiva suonare dalle figlie del colonnello. All'età di quattro anni eseguiva già le sonate di Mozart che aveva potuto ascoltare. All'età di sei anni cominciava a improvvisare e a sette si esibiva nel suo primo concerto. Nel 1862, senza saper leggere la musica, suonò a memoria e senza commettere errori le quattordici pagine di una composizione originale dopo averla sentita una sola volta. Blind Tom suonò in concerto fino all'età di cinquantatre anni, allorché la sua carriera ebbe termine a causa della morte del colonnello che si prendeva cura di lui.

I "musicisti-sapienti" affascinano, e non senza ragione. Queste persone rappresentano, infatti, la prova evidente che le facoltà musicali possono svilupparsi, e persino raggiungere l'eccellenza, a prescindere dal restante funzionamento del sistema cognitivo. Casi di questo genere confortano ampiamente l'ipotesi della modularità, come anche quella, descritta in precedenza, delle intelligenze multiple di Gardner.

Oltre all'autismo e all'amusia, che conducono a interessanti risultati circa il cervello musicale, esiste un'altra forma di patologia cerebrale, ancora piú diffusa e assai rivelatrice riguardo alla modularità del cervello in questo stesso ambito: si tratta dell'epilessia. L'epilessia ha origine dalle scariche di reti neuronali divenute ipereccitabili in una specifica area del cervello (area che il piú delle volte si situa nel lobo temporale; cfr. fig. 1); queste scariche anomale possono propagarsi a tutto il cervello. L'epilessia si manifesta in circa 45 individui su 100 000, e nell'ottanta per cento dei casi questi individui riescono a mantenere un livello di stabilità seguendo una terapia farmacologica. In alcuni casi – fino a oggi ne sono stati recensiti ottanta [Wieser, Hungerbühler, Siegel e Buck 1997] – la crisi epilettica è scatenata dalla musica.

Una delle pazienti epilettiche del neurologo inglese Macdonald Critchley gli segnalò casualmente, in occasione di una delle sue visite di *routine* per il controllo della terapia, che le sue crisi erano esclusivamente provocate dalla musica, e non da una musica qualsiasi. La musica incriminata era esclusivamente quella che la donna definiva "musica classica", affermando inoltre di non avere nessuna inclinazione estetica per il genere. La donna, consenziente, venne ricoverata in ospedale e sottoposta a un esperimento. Le furono fatti ascoltare diversi ballabili senza che si producesse alcun effetto particolare. Poi, però, in seguito all'ascolto del solo disco di musica classica di cui disponessero gli sperimentatori, disco che conteneva il *Valzer dei fiori* di Čajkovskij, si scatenò immediatamente una crisi generalizzata con schiuma alla bocca e cianosi [Critchley 1977].

La registrazione delle onde elettriche emesse dal cervello e captate dagli elettrodi fissati sul cuoio capelluto (elettroencefalogramma – EEG) durante le crisi di epilessia generate dalla musica palesa sovente delle anomalie del lobo temporale. Tale regione del cervello contiene dunque un circuito neuronale che si attiva solo in presenza dello stimolo prodotto dalla musica, evidenziando l'estrema specializzazione di questa area cerebrale per la musica stessa.

Wilder Penfield e Phanor Perot [1963], dell'Institut Neurologique de Montréal, giunsero alla medesima conclusione adottando una tecnica di indagine oggi abbandonata. Questa tecnica consiste nello stimolare direttamente la corteccia temporale del paziente epilettico cosciente per mezzo di un elettrodo, per poi asportare chirurgicamente la porzione di tessuto responsabile dell'epilessia. I chirurghi sopra citati hanno esplorato in questo modo la corteccia cerebrale di 520 pazienti epilettici, osservando che la stimolazione può evocare, nell'otto per cento dei casi, un ricordo preciso che il paziente (in stato di veglia) è in grado di descrivere verbalmente. Inoltre, poco piú della metà dei ricordi evocati riguardano l'udito. I pazienti dicono di sentire delle voci, della musica. Una volta su tre i ricordi evocati riguardano precisamente la musica.

Gli autori stimolano (all'insaputa della paziente trattata) un'area specifica della prima circonvoluzione temporale destra. La paziente dice: «Sento della musica». La stimolazione viene ripetuta, senza avvisare la paziente, nello stesso punto di prima e la donna immediatamente dice: «Sento di nuovo della musica. È come la radio». Quando le si chiede di quale musica si tratti, la donna risponde che non lo sa, ma che le sembra familiare. Si ripete ancora la stimolazione, sempre senza avvisare la paziente. La donna esclama: «La sento». L'elettrodo viene tenuto fermo nello stesso punto e si chiede alla paziente di descrivere quello che sente. La donna si mette a canticchiare un'aria. La canticchia in modo cosí chiaro che un'infermiera presente nella sala di chirurgia riconosce il brano: si tratta di *Rolling along together*. La paziente ammette che le parole della canzone da lei udita sono davvero simili a quelle della canzone riconosciuta dall'infermiera [*ibid*., caso n. 5, p. 620].

I lobi temporali degli emisferi destro e sinistro sono in grado di evocare esperienze musicali. Nonostante questi lobi siano rappresentati bilateralmente, il fatto che in persone prive di qualsiasi formazione musicale si possa verificare l'insorgere di ricordi esclusivamente musicali sottolinea sia l'influenza dell'ambiente musicale circostante, che rimane ancorato per durate insospettabili ai circuiti neuronali, sia l'importanza della specializzazione del cervello per le esperienze di tipo musicale.

L'insieme dei dati forniti dalla clinica concorda su un punto: le reti neuronali situate all'interno o in prossimità della circonvoluzione temporale superiore partecipano in modo decisivo alla percezione e alla memorizzazione della musica.

È importante precisare a questo punto che Isabelle, come tutti gli altri casi di amusia percettiva presi in esame, ha subito danni imponenti proprio in quella precisa area del cervello. Dunque, se esiste una facoltà musicale nel cervello, il suo substrato è senz'altro situato nelle reti neuronali del lobo temporale superiore del cervello umano. Ritorneremo su tale problema di localizzazione nella terza parte di questo scritto.

2.2. Argomenti derivanti dallo studio del cervello normale.

Riguardo agli argomenti derivanti dalla clinica, come ad esempio quelli che abbiamo appena presentato, viene spesso avanzata un'obiezione: simili argomenti non possono essere estesi in modo generalizzato a un cervello sano. La patologia potrebbe determinare peculiarità che nulla hanno a che vedere con il funzionamento cerebrale normale. Per fortuna, le neuroscienze dispongono oggi di un arsenale di tecniche che consentono di studiare il funzionamento di un cervello normale e permettono dunque di stabilire collegamenti fra i casi clinici e il comportamento funzionale normale.

La questione della modularità per ciò che concerne la musica è a tutt'oggi scarsamente esplorata nell'individuo normale. Nei rari studi che affrontano l'argomento, l'organizzazione cerebrale relativa alla musica viene invariabilmente raffrontata a quella del linguaggio. In ogni caso, diverse sono le tecniche utilizzate per esplorare un simile accostamento; cogliamo dunque l'occasione per esporre in breve le tecniche piú comuni, cosí importanti nell'ambito di questo specifico campo di ricerca.

Un primo studio, effettuato nel 1977 da Harold Goodglass e Mara Calderon dell'Università di Boston, ha sfruttato la tecnica dell'ascolto dicotico, la piú in voga all'epoca, per studiare l'organizzazione cerebrale nel soggetto sano.

L'ascolto dicotico consiste nel presentare, per mezzo di cuffie, uno stimolo sonoro all'orecchio sinistro e, simultaneamente, un altro stimolo sonoro all'orecchio destro. Se al termine di un consistente numero di ascolti dicotici l'ascoltatore manifesta una migliore capacità di ricezione dell'informazione da un orecchio piuttosto che dall'altro, si può dedurre che l'emisfero controlaterale risponda con maggiore efficienza agli stimoli ricevuti. L'orecchio destro, per esempio, recepisce meglio la parola rispetto all'orecchio sinistro. La superiorità dell'orecchio destro viene in questo caso attribuita a una maggiore capacità di elaborazione dei dati operata dall'emisfero sinistro del cervello. La connessione crociata tra emisfero cerebrale e orecchio ricevente viene spiegata in base a vari fenomeni, tra i quali quello meglio individuato è di carattere neuro-anatomico: le fibre nervose che conducono l'informazione uditiva si indirizzano per la maggior parte verso l'emisfero opposto a quello in cui si trova l'orecchio stimolato.

A un gruppo di persone, tutti musicisti, vengono fatte ascoltare delle sequenze di tre numeri cantati secondo diverse altezze sonore (piú acute e piú gravi) e presentate in modo dicotico (una serie diversa, simultaneamente, in ciascun orecchio). Gli ascoltatori devono poi riprodurre cantando, subito dopo la presentazione di ogni serie, ciò che hanno appena ascoltato. I risultati ottenuti con ascoltatori musicisti dimostrano che vengono meglio memorizzate le sequenze numeriche presentate all'orecchio destro, anche se sono riprodotte in modo piú corretto le altezze dei suoni presentati all'orecchio sinistro. Simili risultati confermano la dominanza, largamente accettata, dell'emisfero cerebrale sinistro relativamente al linguaggio (numeri enunciati). Gli stessi risultati lasciano supporre che la musica associata ai numeri in questione faccia riferimento a un distinto substrato cerebrale, il quale ha la sua sede principale nell'emisfero destro. La dimostrazione è particolarmente spettacolare perché illustra la possibilità che i moduli linguistici e musicali si attivino in parallelo e indipendentemente per elaborare informazioni che si riferiscono al rispettivo ambito. In effetti, nulla nei numeri cantati permette di attivare *a priori* l'uno o l'altro dei due tipi di modulo operanti, visto che musica e parole sono integrate nell'onda sonora. Sono i moduli stessi a ripartirsi il lavoro, ciascuno reperendo nel canto gli indizi che attengono alla propria specifica competenza.

Risultati assai simili a quelli appena citati sono stati di recente ottenuti da Mireille Besson insieme ai suoi collaboratori del Centre de Neuroscience Cognitive di Marsiglia [1998], utilizzando una tecnica affatto diversa: la tecnica dei "potenziali evocati" (noti con l'abbreviazione inglese ERPs, Evoked Related Potentials).

Gli ERPs corrispondono a un'analisi specifica dei segnali rilevati dall'elettroencefalogramma (EEG). L'EEG consiste nell'amplificare e seguire nel tempo le deboli variazioni elettriche captate da elettrodi sistemati sul cuoio capelluto dei soggetti osservati. Queste variazioni elettriche sono effettivamente prodotte dai potenziali d'azione dei neuroni in attività e possono essere misurate quasi al millisecondo. Gli ERPs consistono nella registrazione di tali potenziali associati alla presentazione di un evento uditivo o visivo, e confrontati con un grande numero di eventi simili. Dal confronto si ottiene un tracciato dei potenziali cosí evocati, le cui componenti caratteristiche possono essere analizzate e confrontate a livello statistico. Tali analisi consentono di seguire lo svolgimento temporale dell'attività mentale connessa all'elaborazione degli eventi presentati. Le tecnologie moderne permettono la registrazione di siti multipli (la maggior parte dei laboratori di ricerca utilizza oggi diverse decine di elettrodi). Visto che ogni elettrodo rileva localmente il potenziale evocato, il profilo dei potenziali varia a seconda della collocazione degli elettrodi. L'analisi di tali variazioni spaziali dell'attività elettrica permette di ipotizzare la collocazione della fonte cerebrale dell'attività registrata.

Questa tecnica è stata utilizzata allo scopo di captare l'attività cerebrale evocata dal linguaggio e dalla musica in una situazione di ascolto piú naturale dell'ascolto dicotico. I soggetti osservati, muniti di un casco di elettrodi, ascoltavano con attenzione dei brani di opera (come quello illustrato nella figura 2 e tratto dalla *Carmen* di Bizet) con l'intento di scoprirvi eventuali anomalie nel finale. Alcuni finali erano stati intenzionalmente e sistematicamente modificati, e sono illustrati nella figura 2 insieme a una raffigurazione ponderata dei potenziali evocati associati.

Come è possibile osservare nella figura, un'anomalia semantica contenuta nell'ultima parola genera una componente negativa il cui apice si situa a circa 400 millisecondi (msec) dall'inizio della parola modificata (perciò la parola stessa viene denominata N400). Una incongruità musicale generata da un finale inatteso evoca una componente di polarità inversa (positiva) e piú lenta (l'apice si verifica dopo 600 msec a partire dall'inizio della nota modificata e sarà dunque chiamato P600). I potenziali negativi, associati al linguaggio, e positivi, associati alla musica, vengono valutati raffrontandoli con un livello di base, rappresentato dal finale in versione originale dei brani operistici. La condizione critica rispetto alla questione della modularità corrisponde qui alla presenza di una doppia incongruità che si produce sia a livello linguistico sia a livello musicale. In questo caso un semplice raffronto tra la N400 e la P600, posizionate a video in una stessa finestra, dimostra l'indipendenza dei generatori cerebrali dell'attività elettrica innescata dalle parole e dalla musica di uno stesso brano operistico. La localizzazione di questi due tipi di generatore è ancora da stabilire.

L'autonomia cerebrale della musica rispetto al linguaggio non si limita all'ascolto. La stessa indipendenza si estende alla lettura, come illustra il confronto di due studi svolti senza reciproca relazione nel 1992 da Justine Sergent e dai suoi collaboratori all'Institut Neurologique de Montréal, per quanto concerne la musica, e da Steven Petersen e i suoi collaboratori nel 1988, all'Università di Washington, per quanto concerne il linguaggio. Entrambi gli studi utilizzano la tomografia a emissione di positroni (TEP) per la registrazione diretta del cervello attivo di individui normali.

La tomografia a emissione di positroni permette di registrare l'aumento dell'afflusso sanguigno al cervello, in risposta all'accresciuto fabbisogno di ossigeno della regione cerebrale attivata. Per seguire tale aumento di consumo cerebrale vengono iniettate per via endovenosa delle molecole radioattive. La rilevazione del tasso di radioattività da emissione di positroni permette di localizzare tridimensionalmente il sito, o i siti, cerebrali in cui aumenta l'afflusso sanguigno nel corso di due o tre minuti. C'è da dire che altre tecniche di *imaging* cerebrale, come la risonanza magnetica e la

---

Figura 2.

ERPs evocati da una incongruenza riscontrata nelle parole e/o nella musica di brani d'opera. Nell'esperienza qui riportata, i brani sono stati cantati dalla stessa cantante professionista secondo il tempo prescritto nella partitura. Ogni tracciato rappresenta l'attività stimolata e registrata, a partire dall'inizio dell'ultima parola, di cinquanta brani di opera differenti; e questo con sedici soggetti, tutti musicisti. I partecipanti dovevano ascoltare attentamente i brani al fine di scoprire le anomalie linguistiche o musicali che si sarebbero prodotte alla fine dei brani stessi.

A) ERP (registrato nel sito centrale Cz) in relazione alle parole congrue (originali; VENT) e incongrue sotto il profilo semantico (SANG). La parola incongrua evoca una N400 di ampiezza maggiore di quella registrata per la parola congrua.

B) ERP (registrato nella medesima localizzazione Cz) per una nota attesa (*mi*) e relativamente inattesa (*fa* bequadro). La nota inattesa evoca una componente positiva tardiva maggiore di circa 600 msec di quella rilevata per la nota attesa.

C) ERP (collocazione Cz) per i finali originali e per i finali doppiamente incongrui, sia per il testo che per la musica. Da notare la risposta evocata bifasica: una ascesa di N400 seguita da una discesa di P600 piú tardiva rispetto alla risposta evocata dal finale originale. Il voltaggio negativo è rappresentato, per convenzione, in alto. Ogni tacca rappresenta 100 ms. La barra verticale di calibro rappresenta 2μv (tracciati stilizzati estratti da Besson e altri).

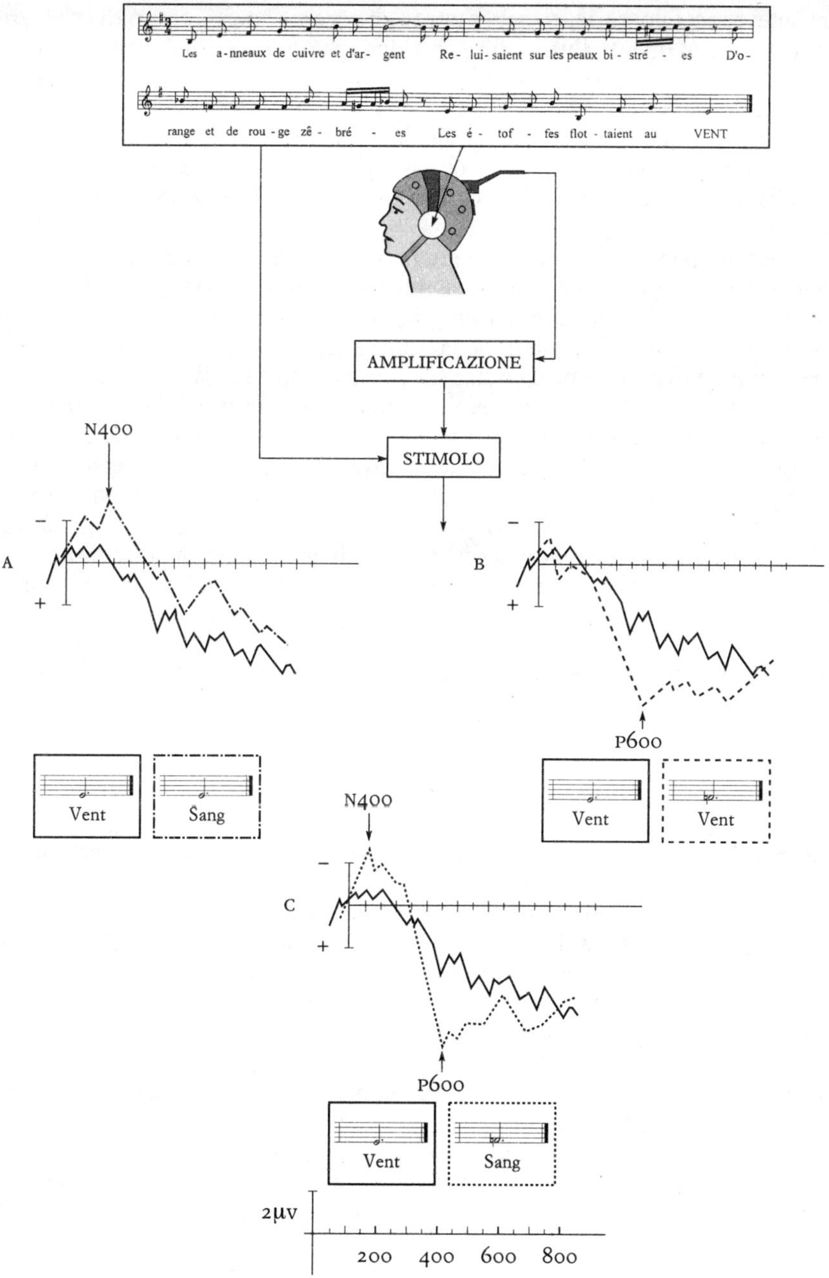
Les a-nneaux de cuivre et d'ar- gent Re- lui- saient sur les peaux bi - stré - es D'o-
range et de rou - ge zê - bré - es Les é - tof - fes flot - taient au VENT
AMPLIFICAZIONE
STIMOLO
N400
A
B
P600
Vent
Sang
Vent
Vent
C
N400
P600
Vent
Sang
2µV
200
400
600
800

magnetoencefalografia, messe a punto di recente, permettono di ottenere immagini con un alto livello di risoluzione spazio-temporale rispetto a TEP e ERPs, rendendo cosí disponibile un'ampia raccolta di misurazioni funzionali del cervello.

Grazie a questo genere di immagini funzionali del cervello, è letteralmente possibile vedere i lobi cerebrali attivati rispettivamente dall'ascolto e dalla lettura del linguaggio e della musica. Detti lobi sono descritti nella figura 3.

Dall'immagine si evince immediatamente, e senza entrare nel dettaglio, che le aree cerebrali attivate per la musica appaiono diverse e adiacenti rispetto a quelle interessate dal linguaggio. La separazione anatomica conferma la sensibile autonomia della musica rispetto al linguaggio, indipendentemente dal fatto che il codice sia visivo o uditivo. L'organizzazione cerebrale parallela lascia supporre che i moduli deputati alla musica e al linguaggio seguano un percorso molto simile. Quest'ultima osservazione spiega perché l'amusia e l'afasia si manifestino spesso nello stesso individuo [Basso 1993; Marin 1982]. Casi di danno selettivo come quello riscontrato in Šebalin e Isabelle sono rari. La piú elevata incidenza dei casi di afasia con amusia si spiega con la distruzione di aree cerebrali adiacenti a causa di un accidente cerebrale, che solo di rado rispetta i limiti delle aree funzionali.

2.3. Una modularità per difetto?

Disponiamo di un'ampia raccolta di osservazioni neuropsicologiche che tenderebbero a sancire una separazione cerebrale relativamente evidente tra linguaggio e musica. Tale constatazione non implica assolutamente che le due facoltà siano sottese da sistemi modulari. Solo il linguaggio potrebbe essere "speciale", essendo organizzato nel cervello in modo particolare. La musica potrebbe invece essere legata a tutto ciò che non attiene al linguaggio, come per esempio i suoni familiari dell'ambiente in cui viviamo, le voci, i versi degli animali e cosí via. La musica, come ogni evento non verbale, potrebbe avvalersi di un sistema piú generico, la cui missione sia quella di capire e organizzare l'ambiente sonoro, fatta eccezione per la parola. Torniamo cosí al secondo scenario, ossia a quello che ipotizza l'assenza di specializzazione del cervello riguardo alla musica. Occorre però soffermarsi un attimo al fine di chiarire come possa essere plausibile una simile modularità per difetto.

In primo luogo, come abbiamo visto in precedenza, alcune aree del cervello rispondono esclusivamente alla musica: lo dimostrano i casi di epilessia musicogenica e le stimolazioni elettriche della corteccia. Un rapporto a tal punto esclusivo si assimila difficilmente all'idea che quelle stesse reti neuronali possano rispondere ad altri tipi di fonti sonore, come, per esem-

Figura 3.

Proiezione dei focolai di attivazione registrati nel corso di due studi, utilizzando la TEP. La prima immagine riguarda l'ascolto e la lettura di brani musicali [Sergent, Zuck, Terriah e Brennan 1992]; la seconda l'ascolto e la lettura di parole [Petersen e altri 1988]. A sinistra: la visione laterale e mediana dell'emisfero destro cartografato da Talairach. A destra: una immagine piana delle medesime strutture. La rappresentazione dell'emisfero destro è sempre di Talairach. Di fatto, la maggior parte dei focolai si trovano riprodotti specularmente. Adattamento da Drury e Van Essen [1997] riprodotto per concessione degli autori e dell'editore Wiley e Sons.

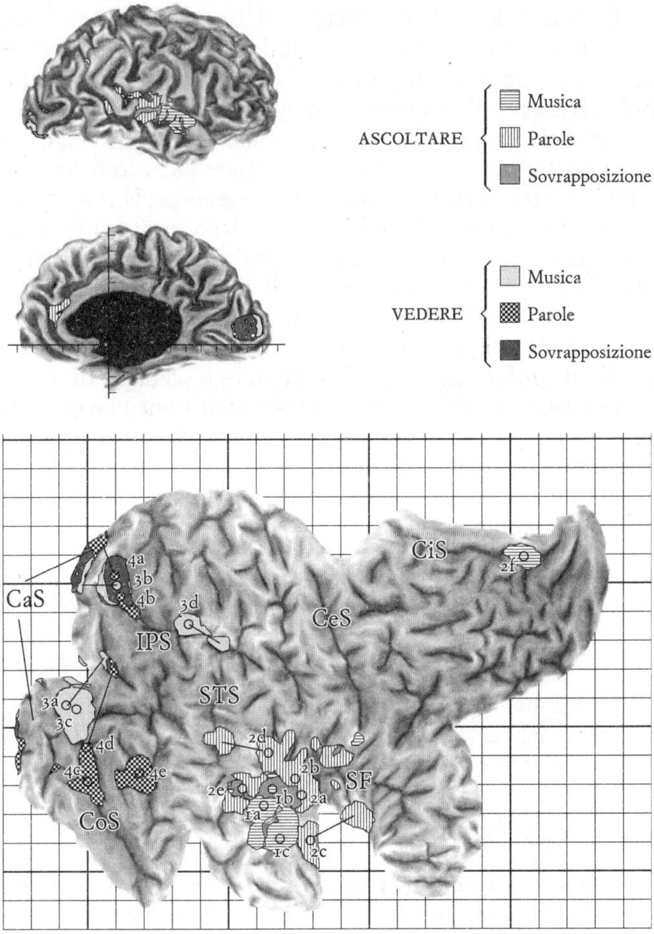

pio, il miagolio di un gatto. Inoltre, è fondamentale capire che un accidente cerebrale può turbare determinate attività senza nuocere all'organizzazione sonora nel suo insieme.

Abbiamo potuto constatare piú volte che un paziente cerebroleso, il quale aveva perso la capacità di riconoscere musiche conosciute, era comunque in grado di riconoscere le parole che vi erano associate (nel caso si trattasse di canzoni), ma anche le voci di personaggi pubblici, le intonazioni del linguaggio, i versi degli animali e i suoni prodotti da oggetti legati alla quotidianità [Peretz 1996; Peretz, Kolinsky, Tramo, Labrecque, Hublet, Demeurisse e Belleville 1994]. La perdita selettiva delle cognizioni musicali non può essere attribuita a una maggiore vulnerabilità cerebrale dovuta, per esempio, allo scarso interesse che determinati individui provano per la musica. In realtà, può verificarsi l'evenienza opposta. In questi casi, che apparentemente non sono di primario interesse per quanto concerne la musica, solo le facoltà a essa connesse sono state risparmiate da lesioni cerebrali. I pazienti in simili condizioni si ritrovano, quanto meno in via transitoria, nell'impossibilità di capire ciò che viene loro comunicato oralmente, e anche di riconoscere i suoni dell'ambiente circostante conosciuto. Tuttavia non sono affatto sordi, e sanno riconoscere melodie familiari alle loro orecchie [Godefroy, Leys, Furby, De Reuck, Daems, Rondepierre, Debachy, Deleume e Desaulty 1995; Laignel-Lavastine e Alajouanine 1921].

Queste osservazioni confermano il significato di uno scenario di modularità applicato alla musica, donde si può trarre la conclusione che esistano circuiti neuronali a essa esclusivamente riservati. I circuiti maggiormente critici in questo contesto, in quanto deputati alle attività percettive e alla memoria nella maggioranza degli individui, sembrano essere collocati nella parte superiore dei lobi temporali.

3. *Dove e come è organizzata la musica all'interno della corteccia cerebrale?*

Al fine di focalizzare meglio la questione della localizzazione delle attività musicali all'interno del cervello, sarà utile ripercorrere in breve la storia delle ricerche che concernono questi studi.

3.1. Breve panoramica storica.

A partire dalle prime scoperte sulla modularità del cervello, è emerso il problema della localizzazione della musica. E ciò è per una semplice ragione: i primi punti fermi al riguardo erano incentrati sul linguaggio, che veniva localizzato nell'emisfero cerebrale sinistro della persona destrorsa [Broca 1861]; un corollario logico portava dunque a supporre che quello stesso emisfero cerebrale dovesse essere depositario di ogni funzione umana superiore. Per trovare una risposta piú fondata alla questione, diversi neurologi, con notevole intuito scientifico, hanno allora rivolto la loro attenzione verso i musicisti colpiti da lesioni cerebrali subitanee.

La risposta derivata dalle loro osservazioni risulta alquanto deludente. Sí, la musica sembrava effettivamente dipendere dall'integrità dell'emisfero sinistro. No, la musica non dipendeva esclusivamente dall'emisfero sinistro: anche l'emisfero destro pareva svolgere un ruolo niente affatto trascurabile [Henschen 1926]. Da un lato c'erano numerosi musicisti, come Šebalin, il cui emisfero sinistro era stato devastato e che continuavano la loro carriera musicale. D'altro canto, c'erano musicisti colpiti nell'emisfero destro i quali lamentavano di non essere piú in grado di svolgere come in passato alcuna delle loro attività musicali. Era dunque giocoforza constatare che l'emisfero sinistro non era dominante per ogni attività raffinata. Oltre a tutto, sembrava difficile sancire la specializzazione dell'emisfero sinistro rispetto all'attività musicale.

L'affermarsi dell'idea opposta, la quale sosteneva che le funzioni deputate alla musica emanano soprattutto dall'emisfero cerebrale destro, sopravvenne piú avanti nel tempo, negli anni Sessanta. Questo concetto si impose grazie agli studi condotti a Montréal su soggetti normali e soggetti clinici. I soggetti normali venivano studiati con la tecnica dell'ascolto dicotico, descritta nel paragrafo precedente. Utilizzando tale tecnica, Doreen Kimura ha dimostrato nel 1964 che gli ascoltatori comuni riconoscevano meglio i brani musicali (scelti dal repertorio strumentale classico e tratti da registrazioni commerciali) con l'emisfero cerebrale destro. Parallelamente, Brenda Milner dimostrava nel 1962 che una parziale ablazione del lobo temporale destro (cfr. fig. 1) indeboliva le capacità di risposta dei pazienti durante gli esperimenti di individuazione delle sequenze pseudo-musicali, piú di quanto si potesse riscontrare nel caso di un'asportazione di tessuto cerebrale nel lobo sinistro.

L'ablazione di una parte di tessuto cerebrale è un intervento relativamente comune che permette di controllare forme di epilessia resistenti ai trattamenti farmacologici. Essendo il focolaio epilettico il piú delle volte situato nel lobo temporale, l'ablazione di una considerevole porzione del tessuto neuronale di questo lobo permette lo studio di un'ampia popolazione di pazienti che presentano lesioni cerebrali di dimensioni e localizzazione conosciute, nonché relativamente omogenee.

Come si spiega la divergenza dei punti di vista tra i primi studi compiuti su casi di questo genere e quelli basati sull'osservazione di grandi serie di casi clinici e di casi normali? I primi studi evidenziavano il manifesto contributo dell'emisfero sinistro nell'ambito delle attività musicali, i secondi dimostravano la dominanza dell'emisfero destro. Un'ipotesi interessante è quella di considerare la possibilità che l'emisfero sinistro sia la parte educata del cervello. Essendo i primi studi relativi a questi casi basati sull'osservazione di professionisti della musica, è ovvio (essendo i musicisti i primi a lamentarsi delle loro condizioni di menomazione) che si venissero a sommare le condizioni atte a dimostrare la dominanza dell'emisfero esperto (nei musicisti, quello sinistro). Al contrario, poiché gli studi su vaste platee di soggetti interessano persone di qualsiasi provenienza, essi includono una preponderante maggioranza di individui musicalmente non preparati e mettono perciò in risalto l'emisfero del novizio (ossia l'emisfero destro dei non musicisti).

Questo effetto della competenza musicale sui principî dell'organizzazione cerebrale ha trovato buona risonanza negli studi, ritenuti di grande interesse, condotti nel 1974 da Tom Bever e Robert Chiarello della Columbia University. Utilizzando la tecnica dell'ascolto dicotico, i due studiosi hanno dimostrato che non soltanto i musicisti riconoscono meglio le melodie con l'emisfero sinistro, ma che sono i soli a poter riconoscere due note isolate appartenenti a quelle melodie. I non musicisti non sono in grado di riconoscere due note isolate, e per di piú riconoscono le melodie con l'emisfero destro. Questi risultati dimostrano che l'educazione musicale induce una strategia di ascolto fondata sugli intervalli, e di questo si fa carico l'emisfero sinistro. Quanto poi ai non musicisti, essi si attengono a una versione grossolana della melodia connessa al profilo melodico, il che indurrebbe piuttosto a optare per l'emisfero destro. Come vedremo piú avanti (§ 3.3), l'idea secondo la quale gli intervalli e il profilo sono attributi musicali che attengono, rispettivamente, all'emisfero sinistro e destro costituisce un principio di organizzazione cerebrale relativamente ben stabilito. Per contro, l'idea secondo la quale solo i musicisti sarebbero sufficientemente dotati per ricorrere all'emisfero sinistro è stata vivacemente contestata. La specializzazione musicale degli emisferi non sembra potere essere spiegata con un fattore soltanto. A seconda del compito proposto e dei parametri musicali individuati come elementi di studio, i musicisti, cosí come i non musicisti, possono utilizzare l'emisfero destro. Allo stesso modo, i non musicisti possono essere indotti a utilizzare l'emisfero sinistro [si consulti a questo proposito lo studio comparato di Peretz e Morais 1988].

La prima conclusione che si può trarre da questo breve *excursus* storico sulla ricerca della localizzazione della facoltà musicale in termini di emisferi cerebrali, è un non luogo a procedere che si può interpretare in diversi modi.

La carenza di risposte risolutive testimonia del fatto che non esiste autentica specializzazione cerebrale per quanto riguarda la musica. Come abbiamo visto in precedenza, tuttavia, una simile conclusione è scarsamente verosimile. Le osservazioni fornite dalla clinica sembrano suggerire la presenza di una facoltà musicale che può essere o selettivamente risparmiata, o selettivamente distrutta dal danno cerebrale. E ancora, la musica coinvolge entrambi gli emisferi cerebrali e la dominanza dell'uno sull'altro risulta essere un fenomeno incerto. Infine, sussiste anche la possibilità che la questione sia impostata in maniera scorretta. Per esempio, la facoltà musicale non è un'entità che si possiede o non si possiede; la facoltà musicale si fonda su una serie di moduli relativamente indipendenti gli uni dagli altri, e dunque suscettibili di essere collocati in aree distanti tra loro. Come vedremo in seguito, è proprio quest'ultimo scenario a parere quello piú verosimile.

3.2. Principî di organizzazione cerebrale.

Come abbiamo visto nella prima sezione, anche la minima porzione della competenza linguistica, che concerne la comprensione delle parole isolate e che corrisponde a una delle attività maggiormente lateralizzate del cervello, copre un ampio territorio cerebrale. La comprensione di parole lette assorbe per cosí dire la metà del cervello, estendendosi a quasi tutto l'emisfero sinistro. È dunque chiaro che il linguaggio, come d'altronde la maggior parte delle attività mentali in apparenza semplici, mette in gioco una serie di moduli relativamente distanti gli uni dagli altri [per uno studio comparato di diverse attività mentali considerate in questi termini cfr. Posner e Raichle 1994]. Non c'è ragione di pensare che per la musica possa essere altrimenti. Al contrario, le osservazioni condotte per mezzo della TEP e rappresentate nella figura 2 suggeriscono, proprio nel caso della musica, un'organizzazione del tutto simile.

Inoltre, una facoltà biologicamente determinata può distribuirsi su entrambi gli emisferi cerebrali. Il fatto che il linguaggio sia essenzialmente confinato nell'emisfero cerebrale sinistro costituisce piú un'eccezione che una regola. Che si tratti di riconoscere un oggetto visivo, come una tigre di fronte a sé, o un viso familiare, oppure di ritrovare la strada, o di partire per la caccia – attività, queste, essenzialmente legate alla sopravvivenza – la partecipazione di entrambi gli emisferi cerebrali sembra senz'altro opportuna. La duplice partecipazione non è necessariamente ridondante. In ciascuno degli emisferi cerebrali sono allocati moduli capaci di contribuire, in modo specifico, all'attività in corso. L'identificazione di tali moduli lateralizzati non determina ancora l'unanimità, neppure nel campo della visione, nel quale la ricerca è piú avanzata. Non è dunque tanto sorprendente dover ammettere che le cose stanno nello stesso modo anche per la musica.

A questo stadio della ricerca incentrata sui presupposti dell'organizzazione cerebrale – sia che l'attività presa di mira riguardi l'ambito della visione oppure la sfera musicale – è prima di tutto indispensabile definire il contenuto e la funzione dei moduli che vengono interessati al compito. Una volta identificati questi moduli, dovrebbe essere possibile individuare la loro localizzazione all'interno del cervello. Occorre notare che le risposte potranno essere tante quante sono le attività stimolate dalla musica. Si tratta dunque di un impegno considerevole, dal momento che si può spaziare da un ascolto distratto sino alla composizione di un'opera musicale. Tra le molteplici attività musicali possibili ne prenderemo in esame una in particolare, scelta tra quelle in apparenza piú semplici: il riconoscimento di un'aria familiare.

3.3. Un'attività musicale tra le altre: il riconoscimento.

Il riconoscimento di un brano musicale proposto a livello uditivo è apparentemente immediato, ma in realtà mobilita diversi moduli. L'intervento di tali moduli avviene in modo sia parallelo sia seriale, al fine di individuare il carattere strutturale unico del brano. Questa affermazione si fonda su un buon numero di dati; probabilmente, quelli forniti dalla ricerca neuropsicologica sono comunque piú affidabili degli altri. Per meglio collocare questi lavori, finalizzati all'identificazione delle diverse componenti che intervengono nel riconoscimento musicale, nella figura 4 viene proposto un modello. Lo schema riprodotto, derivante in massima parte dai lavori da me condotti all'Université Libre de Bruxelles e all'Università di Montréal, si fonda su dati sperimentali derivati dallo studio del soggetto normale (gra-

Figura 4.
Modello funzionale del riconoscimento musicale.

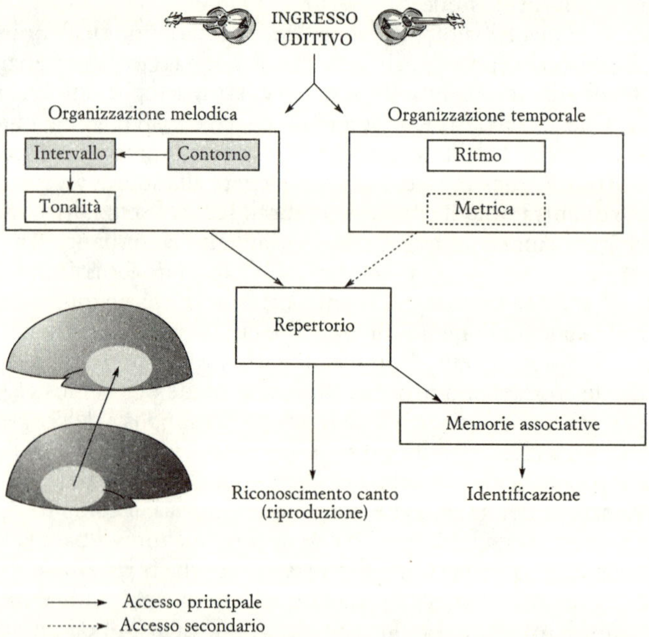

zie alla tecnica dell'ascolto dicotico) e del soggetto adulto cerebroleso [per consultare in dettaglio questi dati, cfr. Peretz 1993*a*; 1993*b*; 1994].

Secondo lo schema presentato, il cervello dell'ascoltatore che percepisce un brano musicale presentato a livello uditivo segue le seguenti procedure: opera un'analisi strutturale (definita organizzazione melodica) delle variazioni sequenziali nelle altezze caratteristiche dei suoni, e in parallelo esegue un'analisi delle particolarità temporali del brano (definita organizzazione temporale). La distinzione tra questi due filoni di analisi è basata su numerose osservazioni fornite essenzialmente dalla clinica [Peretz 1990; Peretz e Kolinsky 1993].

La distinzione delle variazioni nell'altezza del suono e delle variazioni nella durata è data per acquisita dai musicisti e da numerosi cognitivisti. Questa distinzione è evidente nel codice scritto convenzionale, che utilizza simboli differenti allo scopo di precisare le altezze e le durate. Potrebbe essere del tutto diverso nella percezione e nella memoria uditive. Secondo Mary Riess Jones dell'Università dell'Ohio, e Marilyn Boltz del Haveford College, altezze e durate sono integrate nell'analisi percettiva di una sequenza musicale, e sono considerate come entità indivisibili la cui organizzazione è guidata dall'accentuazione combinata delle durate e delle altezze del suono [Jones e Boltz 1989]. Le due ricercatrici fondano la loro tesi su un buon numero di dimostrazioni empiriche ottenute con un ascoltatore neurologicamente integro. Abbiamo potuto dimostrare che, in effetti, l'ascoltatore il cui cervello sia integro non può fare a meno di considerare in modo congiunto altezze e durate, subendo cosí l'impatto della doppia struttura. Al contrario, il cervello colpito da lesioni e privato del percorso melodico (fig. 4), analizza normalmente la struttura temporale della musica. Questa economia, insieme all'intervento delle aree rimaste indenni nel cervello leso, dimostra la possibilità di separazione funzionale del percorso melodico e di quello temporale nelle prime tappe della loro analisi.

Ognuno di questi percorsi analitici si basa sulla partecipazione di una serie di diverse componenti. Per quanto concerne il percorso melodico, si verificano almeno tre tipi di trasformazione che si distinguono l'una dall'altra grazie al codice che producono: identificazione del profilo, degli intervalli e della tonalità. Il profilo, definito dall'evoluzione delle traiettorie di altezza del suono, svolge un ruolo cruciale nella selezione e nella memoria a breve termine. L'informazione critica risiede tuttavia nelle dimensioni degli intervalli. Gli intervalli si esprimono sulla base di un *continuum* dell'altezza del suono, e si calcolano in quanto spazi che si frappongono tra due suoni consecutivi. Infine, la percezione dell'altezza del suono musicale stesso testimonia, forse piú di altri elementi, del sapere acquisito riguardo alle note utilizzate tradizionalmente nella cultura, ossia nella struttura musicale occidentale che rispetta le regole del sistema tonale. Il contributo rispettivamente fornito da ognuna delle tre caratteristiche melodiche alla elaborazione del riconoscimento musicale è stato documentato in modo soddisfacente nel soggetto normale [per studi recenti cfr. Dowling e Harwood 1986; Krumhansl 1990]. La validità neuropsicologica di tali distinzioni si fonda sull'ottenimento di una dissociazione tra emisferi cerebrali nel soggetto normale in seguito all'ascolto dicotico (proprio come la dissociazione ottenuta da Bever e Chiarello [1974], descritta in precedenza, e rielaborata da Peretz e Babaï nel 1992) e sulla osservazione delle turbe selettive conseguenti a una lesione cerebrale [Liégeois-Chauvel, Peretz, Babaï, Laguitton e Chauvel 1998; Peretz 1990; 1993*b*].

Le componenti caratterizzate dall'individuazione del profilo e degli intervalli sono le sole dello schema rappresentato nella figura 4 che fino a oggi siano state "localizzate" all'interno del cervello. Come rappresentato nella figura, l'individuazione del profilo avverrebbe nelle aree temporali della parte destra del cervello e sarebbe poi trasmessa alle strutture omologhe dell'emisfero sinistro per esservi definita in termini di intervalli. L'emisfero destro svolge dunque un ruolo decisivo per quanto concerne l'organizzazione melodica della musica, essendo concepito come obbligatoria sede preliminare della percezione.

I risultati ottenuti da Goodglass e Calderon [1977] per la riproduzione cantata di numeri presentati in modo dicotico e descritti nella sezione 2.2, si inscrivono nella medesima prospettiva. Le serie cantate si distinguevano dal profilo (come ___ ___ - e - - ___) e non dalle altezze precise del suono che assumevano i medesimi valori (per esempio *do*, *do*, *mi* e *mi*, *mi*, *do*).

Le strutture collocate nelle aree frontali dell'emisfero destro pare siano importanti anche perché mantengono in memoria l'informazione melodica [Zatorre, Evans e Meyer 1994]. Tuttavia, l'emisfero sinistro assume un'importanza essenziale perché da esso sembra dipendere la codificazione tonale dell'altezza del suono, elemento di unione irrinunciabile per poter apprezzare l'essenza della musica occidentale, e probabilmente anche quella di qualsiasi altra musica organizzata secondo un'altezza di riferimento (*hauteur-pivot* [per una piú ampia elaborazione di questo concetto cfr. Peretz e Morais 1989]).

Per ciò che attiene al percorso temporale (cfr. fig. 4), gli studiosi sono oggi concordi nell'individuarvi due livelli principali di organizzazione: la metrica e il ritmo. La metrica fa riferimento alla misura, vale a dire all'alternanza periodica di tempi forti e tempi deboli. Il ritmo è riferito invece all'organizzazione delle durate relative, senza riguardo alla regolarità dei tempi. Qualcuno avanza in proposito l'ipotesi di un legame della metrica con il ritmo, in conseguenza dell'intervento di meccanismi di raggruppamento [Povel 1984]; altri invece [Lerdahl e Jackendoff 1983] vedono questi due livelli di organizzazione come risultanti dall'intervento di meccanismi totalmente diversi. L'ultimo dei modelli citati trova sostegno nei dati forniti oggi dalla neuropsicologia. Infatti, una lesione cerebrale sembra essere in grado di pregiudicare una delle componenti senza intaccare l'altra [Liégeois-Chauvel, Peretz, Babaï, Laguitton e Chauvel 1998; Peretz 1990]. Comunque sia, questo indirizzo dell'analisi continua a essere il parente povero della neuropsicologia attuale, e questo solo per la carenza di studi in materia.

Possiamo quindi avanzare l'idea che sia la rappresentazione derivante dalla serie di trasformazioni melodiche, piuttosto che temporali, il fattore determinante per accedere al repertorio (come rivelano le linee piene e tratteggiate presenti nella fig. 4), cosí da pervenire in seguito al riconoscimento. Parlando di repertorio mi riferisco all'esistenza di una sorta di lessico contenente le rappresentazioni memorizzate di tutte le musiche alle quali l'individuo è stato esposto durante la sua vita.

In linea di principio, e considerata l'elaborazione parallela prevista per l'organizzazione melodica e temporale di una musica già ascoltata, l'interruzione accidentale di una delle due vie di accesso dovrebbe poter essere compensata dal passaggio di informazioni attraverso l'altra via. In altri termini, dovremmo essere capaci di riconoscere un'aria familiare in base alla sua particolare struttura temporale (ad esempio riprodotta mediante percussione). Ma cosí non è. Abbiamo invece dimostrato che gli studenti universitari di varia estrazione possiedono, quanto alla dimensione temporale, pessime qualità di giudizio, mentre sono relativamente precisi e rapidi rispetto alla dimensione melodica [Hébert e Peretz 1997]. Inoltre, i due pazienti cerebrolesi – entrambi portatori di turbe della via d'accesso melodica, ma senza problemi riguardo a quella temporale– si dimostravano incapaci di utilizzare le proprie attitudini ritmiche, peraltro intatte, per riconoscere e reimparare le arie musicali. Queste osservazioni portano a considerare la via di accesso melodica come determinante per il riconoscimento musicale, per lo meno per quanto concerne il sistema occidentale.

Secondo il modello appena descritto, il brano musicale verrebbe riconosciuto solo nel caso in cui si realizzasse un'adeguata combinazione tra le rappresentazioni astratte fornite dai due percorsi analitici (con una predominanza per la valutazione melodica nella nostra cultura musicale) e la rappresentazione memorizzata a livello di repertorio. Una volta conclusasi tale operazione, il cervello è già in grado di esprimere un giudizio di familiarità, e persino di riprodurre il brano ascoltato. Altre operazioni, legate probabilmente all'attivazione di altre aree cerebrali, si rendono necessarie se l'ascoltatore desidera, per esempio, ritrovare il titolo o il nome del compositore del brano, oppure definirne lo stile.

Possiamo infine menzionare altri studi che suggeriscono percorsi di affinamento del modello di riconoscimento musicale riprodotto nella figura 4. All'ascolto di un brano musicale, per esempio, un gran numero di individui descriveranno la loro esperienza in termini emotivi. Abbiamo studiato alcune di queste risposte emotive fornite dai pazienti cerebrolesi e abbiamo cosí scoperto che i giudizi emotivi, basati sulle caratteristiche musicali elaborate (soprattutto in connessione all'armonia), potevano risultare selettivamente risparmiati dal danno cerebrale [Peretz e Cagnon 1999; Peretz, Cagnon e Bouchard 1998]. Questo genere di risultato lascia ipotizzare l'esistenza di un'altra serie di moduli connessi alle emozioni, che sarebbero relativamente autonomi dal sistema di riconoscimento sopra descritto. Al contrario, altri dati forniti da ulteriori studi portano poi a supporre la possibilità di una sovrapposizione con il sistema di riconoscimento. Si tratta di studi che riguardano l'immaginario uditivo. Questo genere di attività fa riferimento all'esperienza fenomenologica praticamente comune a noi tutti, e che consiste nell'evocare e lasciare scorrere mentalmente o interiormente un brano musicale in assenza di uno stimolo uditivo.

I ricordi musicali provocati dallo stimolo elettrico della corteccia e illustrati negli studi di Penfield e Perot [1963] si ricollegano a questo fenomeno.

Grazie alla TEP, Robert Zatorre e i suoi collaboratori dell'Institut Neurologique de Montréal hanno dimostrato nel 1996 che le aree cerebrali attivate al momento dell'evocazione di arie e canzoni coincidono con quelle presenti durante l'ascolto degli stessi. Ecco, dunque, che si vedono emergere delle ramificazioni del modello di riconoscimento. Lo schema potrebbe ammettere passaggi di informazione in senso inverso, quando l'attività implicata è quella di immaginare una musica piuttosto che quella di riconoscerla; il cervello partirebbe allora dal repertorio e potrebbe consultare in un secondo tempo i sistemi di analisi melodica e temporale.

3.4. Altre sfere di attività musicale e di competenza musicale.

Cosa sappiamo delle attività musicali diverse da quelle del riconoscimento uditivo e della lettura musicale che abbiamo sin qui considerato? Davvero poco. Fra i tanti settori di attività trascurati si annoverano la maggior parte delle competenze che soltanto i musicisti hanno potuto sviluppare con l'esercizio pratico ma anche con l'apprendistato formale. Fino a questo punto ho considerato l'ascoltatore medio, senza preoccuparmi troppo del suo livello di conoscenza musicale. Ho altresí considerato i moduli musicali come se funzionassero e si articolassero allo stesso modo nell'individuo privo di educazione musicale e in quello che ha fatto della musica una professione. Una siffatta assimilazione si fonda sulla convinzione che ogni individuo nasca con una predisposizione per la musica e che tale predisposizione crescerà grazie soltanto all'esposizione alle musiche propostegli nell'ambiente in cui cresce. Tutto ciò in maniera relativamente simile e omogenea per tutti gli individui della specie, che diventino o meno musicisti con il passare del tempo. L'educazione musicale è dunque considerata come prodotto dell'acquisizione di sapere e saper fare supplementari e diversi, che verrebbero a innestarsi sulle competenze condivise da tutti gli individui, senza per questo snaturarle. Vale la pena di soffermarsi per un momento su questa ipotesi di lavoro.

Il postulato secondo il quale una organizzazione cerebrale musicale è condivisa da tutti gli individui potrebbe rivelarsi erroneo. In tal caso, lo studio del cervello dei musicisti dovrebbe fornirci degli elementi decisivi. In effetti, si possono prendere in considerazione per lo meno due modi in cui le conoscenze musicali acquisite possono intervenire a modificare l'organizzazione musicale. Da un lato l'educazione musicale potrebbe modificare i moduli preesistenti, dall'altro potrebbe stimolare la creazione di moduli completamente nuovi. Entrambe le argomentazioni sono plausibili e non si escludono a vicenda. In entrambi i casi ipotizzati, la questione cruciale consiste nello stabilire in quale misura le modificazioni legate alle maggiori conoscenze possano sovvertire l'organizzazione cerebrale iniziale, la quale esiste già a monte di qualsivoglia educazione musicale formale.

Prendiamo il caso di coloro che suonano uno strumento, e che nel corso degli anni hanno sviluppato un'abilità eccezionale e tagliata sullo strumento prescelto. L'esercizio ripetuto e specializzato si consolida, di fatto, grazie a risposte cerebrali osservabili. Come è noto, la parte anteriore del corpo calloso, che permette la comunicazione tra le aree senso-motorie sinistra e destra del cervello, appare come ipertrofica nelle immagini riprodotte dalla risonanza magnetica [Schlaug, Jäncke, Huang, Staiger e Steinmetz 1995]. Allo stesso modo, la rappresentazione corticale delle dita della mano sinistra di coloro che suonano uno strumento a corde è piú ampia di quella dei non musicisti. L'ipertrofia cerebrale sinistra dipende dall'età in cui colui che suona uno strumento ha cominciato a esercitarsi [Elbert, Pantev, Wienbruch, Rockstroh e Taub 1995]. Queste osservazioni dimostrano che l'organizzazione cerebrale è sufficientemente flessibile per rispondere ai bisogni e alle esperienze dell'individuo, nella misura in cui tali esperienze si producano nel periodo della maturazione del cervello. Tuttavia, ciò non significa affatto che sia avvenuta una riorganizzazione. La pratica musicale non ha distolto la corteccia motoria dalla sua vocazione iniziale; non ha fatto altro che renderla maggiormente efficiente nel suo compito, accrescendo, per esempio, la qualità e il numero delle connessioni sinaptiche tra i neuroni della corteccia senso-motoria.

In ogni caso, l'ipotesi che individua un'altra delle strutture cerebrali esistenti, il *planum temporale* dell'emisfero sinistro (cfr. fig. 1), come connessa all'orecchio assoluto, suscita altri interrogativi. Schlaug e la sua équipe dell'Università di Düsseldorf hanno dimostrato, nel 1995, che nei possessori di orecchio assoluto si riscontra un'asimmetria del *planum temporale*, il quale risulta piú esteso verso sinistra che non negli altri individui, musicisti privi di orecchio assoluto oppure non musicisti scelti casualmente. Tale accresciuta asimmetria è compatibile con la creazione di un nuovo modulo. Occorre sapere che il *planum temporale* è una struttura anatomica tipicamente associata al linguaggio. Un'asimmetria del *planum* nella parte sinistra del cervello, riscontrata nei detentori dell'orecchio assoluto, suggerisce che le reti neuronali in origine riservate al linguaggio siano state distolte dalla loro vocazione iniziale andando a sviluppare capacità particolari. Possiamo dunque immaginare che il cervello di un musicista sia organizzato in modo diverso da quello della maggior parte degli individui? A mio avviso, può trattarsi di un'affermazione prematura. Il *planum temporale* non è esclusivamente deputato al linguaggio. Dati recenti forniti dalle immagini cerebrali a disposizione lasciano supporre che il *planum temporale* partecipi in eguale misura anche alla percezione dell'altezza del suono musicale [Binder, Frost, Hammeke, Rao e Cox 1996]. Se questa constatazione sarà confermata, l'ingrossamento del *planum temporale* nei detentori dell'orecchio assoluto non sarà piú considerato come la prova di un modulo creato *ex novo*; ma, trattandosi dello sviluppo ipertrofico di un modulo condiviso, esso verrà assimilato alle scoperte legate ai moduli senso-motori degli strumentisti.

4. *Concludendo*.

Come il lettore avrà potuto constatare seguendo il testo, si discute ormai da piú di un secolo riguardo alle questioni legate alla musica. Le sorti del dibattito hanno conosciuto alti e bassi, sempre derivanti dalle tecniche di indagine di moda nei vari periodi che si sono succeduti. Fino a oggi sono stati compiuti, in ogni caso, progressi notevoli; scoperte che permettono di desumere che la musica sia legata all'attività di numerosi micro-cervelli, dei quali per lo meno alcuni sarebbero a essa riservati. Ma il dibattito è naturalmente lungi dall'essere concluso. Considerati i vertiginosi progressi che si registrano nel campo delle tecniche di produzione di immagini cerebrali e l'esplosione delle ricerche sperimentali condotte nell'ambito musicale a partire dagli anni Ottanta nel campo delle scienze cognitive, sembra davvero possibile che, fra qualche anno soltanto, un nuovo capitolo potrà essere aggiunto a questa avvincente storia.

Tengo a ringraziare Pascal Belin, Bernard Bouchard e Simone Dalla Bella per il loro parere critico. Le ricerche su cui si basa il testo hanno beneficiato del supporto finanziario del Conseil de la Recherche Médicale e del Conseil de Recherche en Sciences Naturelles et en Génie del Canada.

Assal, G.

1973 *Aphasie de Wernicke chez un pianiste*, in «Revue Neurologique», XXIX, pp. 251-55.

Basso, A.

1993 *Amusia*, in «Handbook of Neuropsychology», VIII, pp. 391-410.

Basso, A., e Capitani, E.
1985 *Spared musical abilities in a conductor with global aphasia and ideomotor apraxia*, in «Journal of Neurology, Neurosurgery and Psychiatry», XLVIII, pp. 407-12.

Besson, M., Faita, F., Peretz, I., Bonnel, A.-M., e Requin, J.
1998 *Singing in the brain: independence of lyrics and tunes*, in «Psychological Science», IX, n. 6, pp. 494-98.

Bever, T. G., e Chiarello, R. J.
1974 *Cerebral dominance in musicians and non musicians*, in «Science», CLXXXV, pp. 537-39.

Binder, J., Frost, J., Hammeke, T., Rao, S., e Cox, R.
1996 *Function of the left planum temporale in auditory and linguistic processing*, in «Brain», CXIX, pp. 1239-47.

Broca, P.
1861 *Remarques sur le siège de la faculté du langage articulé, suivies d'une observation d'aphémie*, in «Bulletin et Mémoires de la Société Anatomique de Paris», II, pp. 330-57.

Critchley, M.
1977 *Musicogenic epilepsy*, in M. Critchley e R. A. Henson (a cura di), *Music and the Brain. Studies in the Neurology of Music*, Heinemann, London, pp. 344-453 (trad. it. in M. Critchley e R. A. Henson (a cura di), *La musica e il cervello*, introduzione di M. Tippett, Piccin, Padova 1987).

Dowling, W. J., e Harwood, D. L.
1986 *Music Cognition*, Academic Press, Orlando - San Diego - New York.

Drury, H., e Van Essen, D.
1997 *Fonctional specializations in human cerebral cortex analyzed using the visible man surface-based atlas*, in «Human Brain Mapping», V, pp. 233-37.

Elbert, T., Pantev, C., Wienbruch, C., Rockstroh, B., e Taub, E.
1995 *Increased cortical representation of the fingers of the left hand in string players*, in «Science», CCLXX, pp. 305-7.

Fodor, J. A.
1983 *The Modularity of Mind. An Essay on Faculty Psychology*, Mit Press, Cambridge Mass.

Gardner, H.
1983 *Frames of Mind. The Theory of Multiple Intelligences*, Basic Books, New York (trad. it. *Formae mentis. Saggio sulla pluralità dell'intelligenza*, Feltrinelli, Milano 1987).

Godefroy, O., Leys, D., Furby, A., De Reuck, J., Daems, C., Rondepierre, P., Debachy, B., Deleume, J.-F., e Desaulty, A.
1995 *Psychoacoustical deficits related to bilateral subcortical hemorrhages: A case with apperceptive auditory agnosia*, in «Cortex», XXXI, pp. 149-59.

Goodglass, H., e Calderon, M.
1977 *Parallel processing of verbal and musical stimuli in right and left hemispheres*, in «Neuropsychologia», XV, pp. 397-407.

Goodglass, H., e Kaplan, E.

1972 *The Assessment of Aphasia and Related Disorders*, Lea and Febiger, Philadelphia.

Griffith, T., Rees, A., Witton, C., Cross, P., Shakir, R., e Green, G.

1997 *Spatial and temporal auditory processing deficits following right hemisphere infarction: a psychophysical study*, in «Brain», CXX, pp. 785-794.

Hébert, S., e Peretz, I.

1997 *Recognition of music in long-term memory: are melodic and temporal patterns equal partners?*, in «Memory and Cognition», XXV, pp. 518-33.

Henschen, S.

1926 *On the function of the right hemisphere of the brain in relation to the left in speech, music and calculation*, in «Brain», XLIX, pp. 110-23.

Jones, M. R., e Boltz, M.

1989 *Dynamic attending and responses to time*, in «Psychological Review», XCVI, pp. 459-91.

Kimura, D.

1964 *Left-right differences in the perception of melodies*, in «Quarterly Journal of Experimental Psychology», XVI, pp. 355-58.

Krumhansl, C. L.

1990 *Cognitive Foundations of Musical Pitch*, Oxford University Press, Oxford.

Laignel-Lavastine, M., e Alajouanine, T.

1921 *Un cas d'agnosie auditive*, in «Revue Neurologique», XXXVII, pp. 194-198.

Lerdahl, F., e Jackendoff, R.

1983 *A Generative Theory of Tonal Music*, Mit Press, Cambridge Mass.

Liégeois-Chauvel, C., Peretz, I., Babaï, M., Laguitton, V., e Chauvel, P.

1998 *Contribution of different cortical areas in the temporal lobes to music processing*, in «Brain», CXXI, pp. 1853-67.

Luria, A., Tsvetkova, L., e Futer, J.

1965 *Aphasia in a composer*, in «Journal of Neurological Science», II, pp. 288-92.

Marin, O. S. M.

1982 *Neurological aspects of music perception and performance*, in D. Deutsch (a cura di), *The Psychology of Music*, Academic Press, New York, pp. 453-78.

Miller, L.

1989 *Musical Savants. Exceptional Skill in the Mentally Retarded*, Erlbaum, Hillsdale N.J.

Milner, B.

1962 *Laterality effects in audition*, in V. Mountcastle (a cura di), *Interhemispheric Relations and Cerebral Dominance*, John Hopkins University Press, Baltimore Md.

Penfield, W., e Perot, P.

1963 *The brain's record of auditory and visual experience*, in «Brain», LXXXVI, pp. 595-696.

Peretz, I.

1990 *Processing of local and global musical information in unilateral brain-damaged patients*, in «Brain», CXIII, pp. 1185-205.

1993*a* *Auditory agnosia. A functional analysis*, in S. McAdams e E. Bigand (a cura di), *Thinking in Sound. The Cognitive Psychology of Human Audition*, Oxford University Press, New York, pp. 199-230.

1993*b* *Auditory atonalia for melodies*, in «Cognitive Neuropsychology», X, pp. 21-56.

1994 *Les agnosies auditives*, in X. Seron e M. Jeannerod (a cura di), *Neuropsychologie humaine*, Mardaga, Liège, pp. 205-16.

1996 *Can we loose memories for music? The case of music agnosia in a nonmusician*, in «Journal of Cognitive Neurosciences», VIII, n. 6, pp. 481-96.

Peretz, I., e Babaï, M.

1992 *The role of contour and intervals in the recognition of melody parts: evidence from cerebral asymmetries in musicians*, in «Neuropsychologia», XXX, n. 3, pp. 277-92.

Peretz, I., Belleville, S., e Fontaine, F. S.

1997 *Dissociations entre musique et langage après atteinte cérébrale: un nouveau cas d'amusie sans aphasie*, in «Journal canadien de psychologie expérimentale», LI, n. 4, pp. 354-67.

Peretz, I., e Cagnon, L.

1999 *Dissociation between recognition and emotional judgment for melodies*, in «Neurocase», V, pp. 21-30.

Peretz, I., Cagnon, L., e Bouchard, B.

1998 *Music and emotion: perceptual determinants, immediacy and isolation after brain damage*, in «Cognition», LXVIII, pp. 111-41.

Peretz, I., e Kolinsky, R.

1993 *Boundaries of separability between melody and rhythm in music discrimination: a neuropsychological perspective*, in «Quarterly Journal of Experimental Psychology», XLVI, pp. 301-25.

Peretz, I., Kolinsky, R., Tramo, M., Labrecque, R., Hublet, C., Demeurisse, C., e Belleville, S.

1994 *Functional dissociations following bilateral lesions of auditory cortex*, in «Brain», CXVII, pp. 1283-301.

Peretz, I., e Morais, J.

1988 *Determinants of laterality for music: toward an information processing account*, in K. Hugdahl (a cura di), *Handbook of Dichotic Listening. Theory, Methods and Research*, Wiley, New York, pp. 284-323.

1989 *Music and modularity*, in «Contemporary Music Review», IV, pp. 277-91, citato in C. Faienza, *Music, Speech and the Developing Brain. The Case of the Modularity of Mind*, Guerini, Milano 1994, pp. 57-89.

Petersen, S. E., Fox, P. T., Posner, M. I., Mintun, M. A., e Raichle, M. E.

1988 *Positron emission tomographic studies of the cortical anatomy of single-word processing*, in «Nature», CCCXXXI, pp. 585-89.

Posner, M., e Raichle, M.

1994 *Images of mind*, Scientific American Library, New York.

Povel, D.
1984 *A theoretical framework for rhythm perception*, in «Psychological Research», XLV, pp. 315-37.

Schlaug, G., Jäncke, L., Huang, Y., Staiger, J. F., e Steinmetz, H.
1995 *Increased corpus callosum size in musicians*, in «Neuropsychologia», XXXIII, pp. 1047-55.

Schlaug, G., Jäncke, L., Huang, Y., e Steinmetz, H.
1995 *In vivo evidence of structural brain asymmetry in musicians*, in «Science», CCLXVII, pp. 699-701.

Sergent, J., Zuck, E., Terriah, S., e Brennan, M.
1992 *Distributed neural network underlying musical sight-reading and keyboard performance*, in «Science», CCLVII, pp. 106-9.

Shallice, T.
1988 *From neuropsychology to mental structure*, Cambridge University Press, Cambridge (trad. it. *Neuropsicologia e struttura della mente*, il Mulino, Bologna 1990).

Signoret, J. L., Van Eeckhout, P., Poncet, M., e Castaigne, P.
1987 *Aphasie sans amusie chez un organiste aveugle*, in «Revue Neurologique», CXLIII, pp. 172-81.

Wernicke, C.
1874 *The symptom complex of aphasia. A psychological study on an anatomical basis*, in «Boston Studies in the Philosophy of Science», IV, pp. 34-97.

Wieser, H. C., Hungerbühler, H., Siegel, A., e Buck, A.
1997 *Musicogenic epilepsy, review of the literature and case report with ictal single photon emission computed tomography*, in «Epilepsia», XXXVIII, pp. 200-7.

Zatorre, R., Evans, A., e Meyer, E.
1994 *Neural mechanisms underlying melodic perception and memory for pitch*, in «Journal of Neuroscience», XIV, pp. 1908-19.

Zatorre, R., Halpern, A., Perry, D., Meyer, E., e Evans, A.
1996 *Hearing in the mind's ear: a PET investigation of musical imagery and perception*, in «Journal of Cognitive Neuroscience», VIII, pp. 29-46.

MARIANNE HASSLER

Biologia e creatività

1. *Introduzione.*

I musicisti sono fatti proprio come me e te? La differenza tra noi, i non musicisti, e loro risiede unicamente in quella meravigliosa facoltà di inventare musica o di dare creativamente forma alla musica dei nostri grandi compositori e interpretarla magistralmente? O forse ci sono anche altre differenze? Se si dà uno sguardo alla letteratura neurobiologica, si trovano precisi riferimenti a delle variabili che distinguerebbero i musicisti dai non musicisti. In questo articolo le presenterò e mostrerò come esse conducano alle radici biologiche della creatività musicale.

Tra i musicisti, per esempio, si trovano piú mancini e ambidestri che tra i non musicisti, i musicisti hanno un'organizzazione cerebrale strutturalmente e funzionalmente diversa da quella dei non musicisti riguardo a musica, linguaggio e pensiero visuo-spaziale, la complessità dinamica dell'attività cerebrale magnetica ed elettrica è piú elevata nei soggetti musicalmente dotati, e i musicisti sono piú facilmente soggetti a determinate malattie; per esempio da bambini soffrono piú spesso di asma, allergie ed eczemi. Per quanto riguarda le doti cognitive, si può notare che nei musicisti – nell'infanzia, durante e dopo la pubertà, e in età adulta – sono meglio sviluppate determinate abilità spaziali rispetto ai non musicisti. Anche i tratti di personalità, come "virilità" e "femminilità", nei musicisti tendono all'androgino, e cioè in loro le caratteristiche maschili e femminili sono spesso unite in una sola persona. Se comunque si misura il livello degli ormoni sessuali, si può trovare una situazione piú androgina nei musicisti con abilità creative, mentre i gruppi di controllo forniscono risultati sessualmente tipici.

Quello che a prima vista può sembrare un guazzabuglio di caratteristiche si può ridurre, con l'ausilio di un duplice modello teorico, a un'unità che ci offra un'idea delle condizioni biologiche della creatività musicale. Gli ormoni sessuali rivestono inoltre un'importanza particolare: essi influiscono sulla musicalità nella fase prenatale e nell'età adulta, e il tipo di influenza nel periodo prenatale è diverso da quello del periodo post-puberale. Mentre l'embrione si sviluppa nel ventre materno e il cervello riceve l'impronta del genere maschile, femminile o androgino, gli ormoni sessuali influiscono costantemente sull'area cerebrale. Tali influssi sul cervello nella sua fase di sviluppo vengono chiamati "organizzatori". Diverso è il caso in cui, nel corso della vita, gli stessi ormoni sessuali influiscano ancora sul cervello. In quel caso essi agiscono come attivatori e il loro influsso è temporaneo e reversibile.

2. *Il modello di Geschwind: come nasce il talento musicale.*

Il primo modello teorico che ci verrà in aiuto nel collegare i singoli risultati delle varie ricerche fa parte di una teoria piú ampia sullo sviluppo della lateralità, cioé del modo in cui i due emisferi del nostro cervello si distribuiscono le rispettive funzioni; il modello è stato elaborato dai due neurologi americani Norman Geschwind e Albert Galaburda [1985]. Se dopo la ventesima settimana di gestazione una percentuale maggiore del normale (o una quantità media ma piú efficace) dell'ormone sessuale detto testosterone influisce sul cervello, l'anatomia dello stesso si modifica. La modificazione avviene perché la maturazione di determinate aree nella parte sinistra del cervello viene ritardata, mentre in compenso si sviluppano particolarmente bene alcune aree della parte destra.

Secondo il modello di Geschwind e Galaburda una tale modificazione dell'anatomia cerebrale ha conseguenze di enorme portata: negli individui interessati il cervello lavora in modo diverso rispetto a quelli su cui nel periodo critico ha influito una minore quantità di testosterone. Il ritardo nello sviluppo dell'emisfero cerebrale sinistro fa sí che esso sia meno coinvolto nell'elaborazione del linguaggio, mentre in tale processo acquista maggiore importanza il lato destro. La struttura cerebrale analizzata in questo contesto si chiama *planum temporale*, e in circa due terzi delle persone è piú grande nella parte sinistra del cervello; per circa un quarto dei casi invece le due strutture, la destra e la sinistra, sono di uguale grandezza, mentre per il restante dieci per cento il *planum temporale* è piú esteso nella parte destra. Il modello di Geschwind prende in considerazione questi ultimi due casi. Un'altra importante struttura analizzata è il *corpus callosum*, un consistente fascio di fibre che unisce i due emisferi del cervello. Nei musicisti per esempio la sua parte anteriore è piú grande che nei non musicisti [Schlaug, Jäncke, Huang e Steinmetz 1995].

Una seconda conseguenza del ritardo nello sviluppo dell'emisfero cerebrale sinistro è la modificazione della lateralità manuale: gli individui interessati cioè sono piú facilmente mancini o ambidestri. Una terza conseguenza è la comparsa di determinati talenti, collegati in modo particolare al maggiore sviluppo dell'emisfero destro del cervello. Qui Geschwind e Galaburda [1985] citano soprattutto il talento musicale e la competenza spaziale.

Il rallentamento nello sviluppo dell'emisfero cerebrale sinistro, oltre a influire sull'elaborazione del linguaggio, si ripercuote anche sulla maturazione di talune strutture del sistema immunitario. Anch'essa viene ritardata, comportando una quarta conseguenza: gli individui con un'organizzazione cerebrale modificata sono piú facilmente soggetti a malattie atopiche (asma, allergie, che compaiono generalmente nell'infanzia) e autoimmuni, nonché ad altre malattie che interessano il sistema immunitario.

3. *Il modello di Geschwind: ipotesi sui musicisti.*

I musicisti hanno, piú dei non musicisti, un'atipica organizzazione cerebrale del linguaggio; essi sono piú frequentemente mancini o ambidestri; hanno probabilmente un'elevata abilità spaziale e sono piú facilmente soggetti a malattie atopiche, autoimmuni e simili rispetto ai non musicisti. In questo gruppo di differenze si ritrovano anche la maggior parte di quelle individuate dagli studi sperimentali di cui si è riferito sopra.

Per confortare la loro tesi, Geschwind e Galaburda [1985] hanno raccolto una gran quantità di dati sperimentali e clinici, che sono stati confermati da esperimenti successivi. In questa sede se ne può fare solo un accenno: per cominciare dall'aspetto piú sorprendente del modello, le persone con particolari capacità, che non adoperano del tutto naturalmente la mano destra e il cui cervello elabora il linguaggio in modo differente dalla maggioranza, sarebbero anche piú soggette a malattie del sistema immunitario. In questo caso i due ricercatori si basano su studi sperimentali condotti sugli animali, i quali mostrano che se si lede l'emisfero cerebrale sinistro con piccoli aghi, importanti organi immunitari come milza e timo si riducono, e le difese immunitarie costituite dai linfociti T si dimezzano. Queste conseguenze non si verificano invece se nell'esperimento si danneggia l'emisfero destro del cervello. Ad ogni modo, studi condotti sugli animali dimostrano che somministrazioni di testosterone durante la gestazione provocano malattie immunitarie nella discendenza. Negli studi sugli uomini – che non sono sperimentali per ragioni etiche, cosicché bisogna limitarsi a controllare l'esattezza delle previsioni del modello – è stato mostrato che nei mancini si verificano piú malattie atopiche e piú casi di emicrania che nei destrimani.

Il fatto che il modello di Geschwind ipotizzi un meccanismo di sviluppo analogo sia per la deficienza immunitaria sia per il talento musicale, ci permette di vedere sotto una nuova luce i dati biografici dei compositori. Nelle biografie di famosi musicisti leggiamo spesso di predisposizioni a diversi tipi di malattie: cosí Leonard Bernstein soffriva sin dalla prima infanzia di asma [Bernstein 1982]; Alban Berg soffrí di eczemi per tutta la vita [Scherliess 1975]. In altre opere si trovano solo vaghi accenni alla costituzione cagionevole dei compositori, come nel caso di Chopin, Mahler, Schubert o Schumann. Tutti i biografi sarebbero sicuramente stupiti di scoprire che il rapporto tra creatività musicale e immunodeficienza non è probabilmente casuale, ma viene influenzato da processi evolutivi prenatali.

4. *Verifica sperimentale della teoria di Geschwind.*

Il nostro gruppo ha verificato per due volte sugli stessi soggetti i complessi rapporti fra talento musicale e deficienza immunitaria ipotizzati dalla teoria di Geschwind e Galaburda [1985]. Nel nostro studio longitudinale, durato otto anni, con 120 ragazzi e ragazze che componevano/improvvisavano (40), suonavano uno strumento da anni (40), o non suonavano nessuno strumento e possedevano un talento musicale comune (40), abbiamo confrontato dei musicisti di età media compresa fra i 14 e i 19 anni con dei non musicisti loro coetanei. Attraverso un questionario abbiamo chiesto ai genitori dei ragazzi di 14 anni se questi soffrissero di asma, allergie, emicrania o miopia; abbiamo inoltre richiesto loro una diagnosi specialistica di supporto. Poiché l'ipotesi di Geschwind suggerisce che il mancinismo predisponga a questo tipo di affezioni, abbiamo mandato il nostro questionario, oltre che a diciannove mancini, anche a diciannove destrimani che corrispondessero ai primi per età, talento musicale e sesso.

Il risultato ha messo in evidenza che i musicisti mancini soffrivano in modo significativamente piú frequente di asma e/o allergie rispetto ai destrimani.

La seconda verifica delle ipotesi di Geschwind e Galaburda ha avuto luogo nell'ottavo e ultimo anno del nostro studio longitudinale: i soggetti erano diventati dei giovani adulti, i maschi avevano in media 19,16 anni, le femmine 18,77. Abbiamo evidenziato, sempre con l'aiuto di un questionario, la frequenza di asma, allergie, emicrania e miopia. Inoltre abbiamo potuto effettuare dei prelievi di sangue a 51 delle 93 persone esaminate in questo periodo e misurare cosí per la prima volta gli indicatori fisiologici delle carenze immunitarie. Abbiamo deciso di isolare tre valori: in primo luogo l'immunoglobulina E, quindi le immunoglobuline totali, infine la beta-endorfina. Ci aspettavamo che i soggetti con una maggiore sensibilità alle malattie atopiche presentassero valori piú elevati di anticorpi IgE. Abbiamo rilevato infatti un'iperproduzione patologica di anticorpi IgE, formatisi all'interno di determinate immunocellule in seguito ad attacchi allergici. I valori delle immunoglobuline totali e quelli della beta-endorfina erano invece uguali in entrambi i gruppi – quelli affetti e quelli non affetti da immunodeficienza. L'immunoglobulina E rappresenta infatti una minima parte delle globuline totali e non influisce minimamente sul valore totale degli anticorpi, mentre la beta-endorfina in genere modula la risposta immunitaria in caso di stress.

Ne sono emersi risultati complessi:

1) Al confronto dei valori di immunoglobulina-E fra musicisti, musiciste, non musicisti e non musiciste, è emerso che le musiciste aveva-

no valori IgE significativamente piú elevati rispetto agli altri tre gruppi. Le musiciste erano quindi piú soggette a malattie atopiche come asma ed allergie rispetto ai musicisti e ai non musicisti di entrambi i sessi;

2) ad un confronto fra musicisti/e e non musicisti/e dal punto di vista delle malattie atopiche effettivamente manifestatesi, erano sempre i musicisti a presentare piú frequentemente tali malattie – ma solo se erano anche mancini;

3) indipendentemente dal sesso e dalle doti musicali, avevano i valori IgE piú alti i dodici soggetti il cui cervello presentava un'elaborazione atipica del linguaggio, affidata appunto maggiormente al lato cerebrale destro. A un'analisi piú precisa la maggioranza di queste dodici persone risultava costituita da musiciste [Hassler e Gupta 1993].

L'ultimo risultato rappresenta una valida conferma del modello di Geschwind, poiché una modificazione anatomica del cervello – e con ciò una modificazione delle funzioni cerebrali – è la principale conseguenza del presunto influsso precoce del testosterone sul cervello del feto.

Nel complesso, tuttavia, abbiamo commentato i nostri risultati con molta prudenza. Il numero dei soggetti analizzati era in entrambi i casi troppo basso (rispettivamente 38 e 51 persone). Sebbene i due studi mostrino un rapporto tra musicalità, mancinismo e asma/allergie, ovvero sensibilità a tali malattie, dobbiamo però tenere conto delle limitazioni introdotte tanto dalla scelta delle malattie (asma, allergie), che da quella dei parametri immunitari (immunoglobulina E, immunoglobuline totali e beta-endorfina). Saranno necessarie ulteriori ricerche per verificare con maggior esattezza le previsioni dell'ipotesi di Geschwind.

Il secondo aspetto, centrale, dell'ipotesi di Geschwind, riguarda l'anatomia e le funzioni del cervello. I musicisti, secondo questo modello, dovrebbero presentare una funzione cerebrale piuttosto atipica. Bisogna innanzitutto ricordare che, dal punto di vista funzionale, il cervello umano è asimmetrico. Sebbene esso sia deputato nella sua totalità all'elaborazione di compiti complessi, ci sono comunque alcune regioni che agiscono con piú intensità di altre. In neurobiologia si tende a spiegare il fenomeno come una questione di economia del cervello. Nella maggioranza dei destrimani il ruolo principale nell'elaborazione del linguaggio spetta all'emisfero cerebrale sinistro (lateralizzazione sinistra), mentre quello di destra è predominante in molte funzioni non-verbali. Esempi di queste funzioni sono costituiti dagli aspetti musicali e spaziali, o dal riconoscimento di volti ed emozioni. Nei mancini l'esito può essere inverso, e cioè l'emisfero destro può essere predominante nei processi verbali, e il sinistro in quelli non-verbali; ma ci sono anche dei mancini la cui organizzazione cerebrale non si differenzia da quella dei destrimani, o per i quali i due emisferi hanno compiti pressoché equivalenti. Inoltre, del tutto indipendentemente dalla lateralità manuale, vi sono differenze anche tra uomini e donne. Gli uomini destrimani sono in genere piú lateralizzati a sinistra per il linguaggio rispetto alle donne destrimane.

Negli studi comparativi tra musicisti e non musicisti è risultato che anche i musicisti destrimani erano meno lateralizzati a sinistra per il linguaggio rispetto ai non musicisti destrimani [riassunto in Gordon 1983]. Già nel 1974 Bever e Chiarello avevano dimostrato che i musicisti elaborano piú frequentemente le melodie con il lato sinistro del cervello, mentre nei non musicisti è maggiormente interessato il destro. Per tutti questi compiti, si è potuto mostrare come le differenze tra musicisti e non musicisti si potessero ricondurre alle buone prestazioni dell'emisfero cerebrale, che nella media dei soggetti umani non è cosí ben attrezzato per il loro svolgimento. Perciò si è anche sostenuto che il cervello dei musicisti possa essere in grado, piú di quello dei non musicisti, di integrare in entrambi gli emisferi i complessi procedimenti necessari a comprendere il linguaggio, ascoltare la musica, ecc.

Nel nostro studio longitudinale durato otto anni sui giovani in età puberale, e in due studi trasversali con compositori, strumentisti e non musicisti adulti di entrambi i sessi, abbiamo ottenuto un quadro assai diversificato della lateralità. A differenza degli studi precedenti sull'argomento, noi avevamo sempre analizzato anche soggetti di sesso femminile. E i risultati relativi alle donne ci hanno stupito. Ci aspettavamo che tutti i musicisti, compositori e strumentisti, uomini e donne, sarebbero risultati meno lateralizzati a sinistra per il linguaggio rispetto ai non musicisti. Invece ciò si è verificato solo per i musicisti maschi. Del tutto differente era il caso delle donne: le compositrici infatti erano quelle per cui la lateralizzazione sinistra del linguaggio era la piú forte. Il loro campione era identico a quello degli uomini della popolazione normale. Le strumentiste presentavano una debole lateralizzazione sinistra e si distinguevano a malapena dagli strumentisti maschi, mentre le non musiciste presentavano una debole lateralizzazione destra. Se univamo tutti i risultati degli uomini e tutti i risultati delle donne, ottenevamo il quadro a cui la ricerca ci ha abituato: gli uomini presentano una maggiore lateralizzazione sinistra rispetto alle donne. Accanto a musicisti e musiciste, nel gruppo delle personalità creative abbiamo pure analizzato pittori e pittrici. Ci sembra significativo che anche le pittrici, come le compositrici, presentino un modello di elaborazione "maschile" nel test dicotico dell'udito. È qui probabilmente emerso un aspetto androgino non ancora rilevato dalle ricerche precedenti. Circa gli studi sull'androginia nei musicisti riferirò piú avanti, a proposito del secondo modello neurobiologico che presenterò.

Una volta considerati il primo aspetto del modello di Geschwind – la immunodeficienza nei musicisti molto dotati – e il secondo aspetto – l'atipica organizzazione cerebrale – va ora verificato il terzo aspetto, e cioè l'elevata frequenza di mancini fra i musicisti.

Già nel 1969 Oldfield si era domandato se i mancini non fossero svantaggiati nella musica, dato che molti strumenti sono costruiti per chi adopera la destra. Di conseguenza, Oldfield si aspettava che fra i musicisti ci fossero meno mancini che non, ad esempio, fra gli studenti di psicologia. Ma non era cosí. Successive ricerche mostrarono che tra i musicisti c'erano perfino piú mancini e ambidestri che tra i non musicisti, e che i mancini erano piú dotati musicalmente dei non-mancini. Questo risultato è stato confermato anche dal nostro gruppo, tuttavia analisi piú precise hanno messo in evidenza che nel nostro studio longitudinale la superiorità musicale dei mancini sui destrimani era dovuta soltanto ai mancini in età evolutiva. Negli adulti, poi, sono stati scoperti rapporti tra musicalità e uso della sinistra solo per i maschi, e anche in quel caso non erano cosí evidenti come per i ragazzi e le ragazze.

Un'ultima previsione del modello di Geschwind suggerisce che i piú dotati musicalmente possederebbero in grado elevato anche un'altra competenza non verbale, e cioè quella spaziale. I musicisti dovrebbero cioè notare e riconoscere meglio dei non musicisti i modelli e le forme, anche se fatte ruotare attorno al proprio asse o rappresentate specularmente. Entrambi questi aspetti della competenza spaziale sono stati verificati con dei test psicologici, i quali hanno abbondantemente provato che i musicisti, da bambini, da ragazzi e da adulti, se la cavano decisamente meglio dei non musicisti.

Riassumendo: il primo assunto neurobiologico, secondo cui la musicalità creativa si svilupperebbe già in fase prenatale sotto l'influsso di determinati ormoni, può richiedere una certa conferma sperimentale. Bisogna però tener conto che – per motivi etici – non si possono analizzare direttamente su soggetti umani le influenze degli ormoni sessuali sul cervello in formazione, ma si possono fare, a partire dal modello, delle pure e semplici previsioni per poi verificarle sperimentalmente solo in seguito. Ciò vale anche per il secondo modello che presenterò, avente per oggetto l'androginia fisiologica e psicologica nei musicisti.

5. *Lo sviluppo dell'androginia nei musicisti. Modello II.*

I musicisti sono fatti proprio come me e te? La risposta a questa domanda è stata cosí tradotta in psicologia: musicisti e non musicisti differiscono fra loro nei tratti di personalità? Gli studi sperimentali, con l'ausilio di test di personalità, ci conducono al secondo approccio neurologico, che studia la musicalità in rapporto agli ormoni sessuali e alle strutture cerebrali.

I test psicologici hanno mostrato che i musicisti, diversamente da molti non musicisti, devono convivere con grosse contraddizioni interiori. Cosí, da un lato sono delle personalità introverse, e contemporaneamente sentono il bisogno di esprimersi, di proporsi all'esterno; sono dominanti e disprezzano le regole sociali, ma sono insieme afflitti da paure; sono traboccanti di sentimenti e da essi dipendono, ma nello stesso tempo agiscono in modo indipendente e intelligente, e sono in grado di conferire una chiara strutturazione alle loro opere. La categorizzazione delle personalità utilizzata nella società e in psicologia – la quale considera tipicamente maschili tratti come "introverso, dominante e indipendente" e invece "soggetto a paure, traboccante di sentimenti e da essi dipendente" come tipicamente femminili – questa separazione cosí netta non vale per i musicisti. In loro piuttosto convivono l'una accanto all'altra caratteristiche cosiddette maschili e cosiddette femminili, cosa di cui essi stessi sono generalmente consapevoli.

La ricerca psicologica definisce tali personalità complesse come "androgine". Androginia significa coesistenza nella stessa persona di caratteristiche maschili e femminili. L'androginia ha un aspetto fisiologico; essa si riflette da un lato nell'aspetto esteriore – per esempio nei tratti sessuali secondari – e dall'altro nell'effettivo livello degli ormoni sessuali. Il mio gruppo di lavoro è stato il primo a individuare nei musicisti dei dati riferibili a una modificazione del tasso degli ormoni sessuali nelle persone androgine [Hassler e Nieschlag 1989]. Abbiamo confrontato il livello di secrezione di testosterone (tre misurazioni al giorno) di giovani compositori e compositrici in età non superiore ai trentacinque anni con quelli di strumentiste e strumentisti, non musiciste e non musicisti della stessa età. I compositori maschi avevano valori di testosterone significativamente inferiori a quelli degli altri due gruppi maschili; le compositrici avevano invece valori di testosterone significativamente superiori a quelli degli altri due gruppi femminili. E mentre tutti e due gli altri gruppi maschili mostravano – com'era prevedibile – valori di testosterone nettamente superiori rispetto ai corrispondenti due gruppi femminili, i compositori non si differenziavano di molto dalle compositrici. Statisticamente parlando, la differenza fra questi due gruppi di artisti raggiungeva a malapena il limite di significatività del cinque per cento (questa misura statistica serve a verificare la verosimiglianza di una possibile natura casuale dei risultati).

Tali risultanze relative a compositori e compositrici sono state da noi definite come "androginia fisiologica".

La questione dell'origine dell'androginia fisiologica e psicologica trova una risposta nel secondo modello. Questo modello fa delle previsioni circa i processi prenatali che hanno luogo all'incirca tra la dodicesima e la sedicesima settimana di gravidanza, e cioè molto prima di quelli discussi nel modello di Geschwind. Dörner [1985] ha descritto come segue i processi cerebrali durante le fasi critiche.

Il cervello, che inizialmente nei feti di entrambi i generi potrebbe svilupparsi in tutte e due le direzioni – femminile e maschile – nella fase sensibile agli ormoni sessuali viene durevolmente modellato da questi ultimi in direzione femminile, maschile o androgina. Gli ormoni sessuali provengono sia dalle gonadi del feto sia dalla placenta materna. Inoltre, all'interno del cervello – nell'ipotalamo – tre centri si sviluppano in modo diverso nei due sessi: il primo centro (*sex center*) è responsabile della secrezione costante di ormoni negli uomini e di quella periodica nelle donne, nonché del valore del rapporto androgeni/estrogeni e della responsività della rete-bersaglio in cui gli ormoni sessuali si attivano. Questo centro si forma sotto l'influsso di estradiolo e altri neurotrasmettitori e neuromodulatori.

Il secondo centro (*mating center*) è corresponsabile del comportamento sessuale, quindi anche dell'orientamento e delle fantasie sessuali. Si forma sotto l'influsso di testosterone o estradiolo, neurotrasmettitori e neuromodulatori.

Il terzo centro (*gender role center*) è infine corresponsabile nella definizione dei ruoli sessuali – proprio come le esperienze psicosociali postnatali – e si forma esclusivamente sotto l'influsso di testosterone, neurotrasmettitori e neuromodulatori. Esso influisce sul modo in cui l'individuo si autopercepisce – come maschile, femminile, o androgino – e sul suo conseguente comportamento, nonché su interessi, preferenze e atteggiamenti.

Secondo Dörner [1985], questi tre centri non si formano contemporaneamente, ma piuttosto le loro formazioni si sovrappongono l'una all'altra, e il momento del loro sviluppo si colloca presumibilmente tra la dodicesima e la sedicesima settimana di gravidanza, nonché nelle prime settimane dopo la nascita.

Questo modello neurobiologico permette di immaginare una personalità che per il livello di ormoni sessuali è androgina – come i compositori della nostra ricerca – ma nella sessualità cosí come nel comportamento può essere comunque tipicamente maschile o femminile. D'altra parte essa potrebbe essere androgina nella sessualità, ma avere un livello ormonale, o comportamenti, interessi, atteggiamenti sessualmente tipici. Ogni combinazione è possibile.

Abbiamo constatato che i compositori, in due delle tre aree analizzate, e cioè quella psicologica e quella ormonale, sono risultati androgini. I musicisti che non svolgevano un'attività musicale creativa, invece, presentavano valori androgini in una sola delle aree, quella psicologica. Secondo questo modello si dovrebbe ipotizzare che nei compositori si siano sviluppati prima della nascita due centri cerebrali (nell'ipotalamo), diversamente che nei non musicisti, mentre negli strumentisti questo sarebbe accaduto in un centro solo.

Nei feti maschili è una "carenza" di testosterone a favorire la formazione di una personalità androgina, mentre in quelli femminili è un "eccesso". Questi effetti si verificano tra la dodicesima e la sedicesima settimana di gravidanza. Per far sí che i centri ipotalamici si sviluppino in senso maschile deve essere presente una certa quantità di ormoni sessuali. Se il testosterone è presente in minima quantità, o manca del tutto, il cervello si sviluppa – sia in un feto geneticamente maschile sia in uno geneticamente femminile – in senso femminile. Se le quantità e gli effetti del testosterone sono cosí importanti per la futura androginia, è necessario allora sapere qual è il livello generale del testosterone durante tutto il periodo fetale.

In una sintesi degli studi sulla quantità di testosterone (T) nel sangue fetale [Finegan, Bartleman e Wong 1989] è risultato che la concentrazione massima di testosterone si verifica tra la quattordicesima e la sedicesima settimana di gravidanza, e che questo è anche il periodo in cui tra i due sessi si verifica il massimo scarto tra i valori di questo ormone. A partire circa dalla diciassettesima settimana i valori di T cominciano a diminuire; fra la ventisettesima e la trentasettesima settimana la maggior parte degli studi non rileva particolari modificazioni. Al momento della nascita le concentrazioni di T sono pressappoco uguali in maschi e femmine, tuttavia nei maschi subito dopo aumentano nuovamente per un breve periodo. Nelle sue ricerche, Finegan misurò dei valori mediamente doppi nei maschi rispetto alle femmine tra la quattordicesima e la ventesima settimana di gravidanza. Tuttavia ciò che interessa la ricerca sull'androginia è il fatto che per circa il 25 per cento dei maschi e il 9 per cento delle femmine fossero stati trovati dei valori analoghi. Il 25 per cento dei maschi aveva cioè dei valori di testosterone inferiori al restante 75 per cento; invece il 9 per cento delle femmine presentava valori piú elevati di testosterone rispetto al restante 91 per cento. Si potrebbe quasi ipotizzare che il 25 per cento dei maschi e il 9 per cento delle femmine siano destinati a divenire androgini in età adulta.

Accanto alla questione sul come si giunga all'androginia, è importante anche sapere quali conseguenze potrebbero avere, rispettivamente nei compositori e nelle compositrici, bassi o alti valori di testosterone sui processi di elaborazione cerebrale in età adulta. Poco di preciso sappiamo per ora sull'argomento. Si è sempre constatato come ormoni periferici, quali quelli sessuali prodotti dalle gonadi, influiscano sulla struttura e/o sull'attività delle reti neuronali, dal momento che partecipano alla comunicazione tra le cellule nervose e in tal modo modificano una gran quantità di funzioni neuroendocrine e di comportamenti. A differenza della neurotrasmissione classica – la liberazione nel cervello di sostanze che servono alla trasmissione di messaggi – la comunicazione ormonale non è legata a caratteristiche spazio-temporali rigidamente definite [Demotes-Meinard, Vernier e Vincent 1993]. Sebbene i meccanismi neurochimici dell'influenza ormonale sulla creatività musicale siano poco chiari, è probabile che un certo rapporto fra testosterone ed estradiolo funga da regolatore per la soglia di eccitabilità di determinate aree cerebrali responsabili delle abilità musicali.

6. *Il talento compositivo nelle donne.*

Prima di presentare i dati neurobiologici sperimentali che abbiamo ricavato dalle ragazze e dalle donne compositrici in età adulta, sono necessarie alcune premesse generali sul talento compositivo nelle donne. All'inizio del Novecento (1916, corrispondenza di Karl Kraus con Sidonie Nádherny von Borutin) si poteva ancora constatare ciò che descrive Kraus [1974]:

> Oggi Schönberg è venuto a trovarmi [...] gli ho mostrato la "Metamorfosi" di Dora. Egli trova naturale che una donna non possa essere una creatrice di musica, ma ha lodato comunque la composizione, specialmente un passo...

La compositrice Dora Pejacevič (1885-1923), amica di Arnold Schönberg e di Karl Kraus, aveva musicato una poesia di quest'ultimo, *Metamorfosi*; e Karl Kraus stava pensando di far eseguire il Lied durante una lettura poetica prevista per il dicembre 1916. Chiese cosí consiglio a Schönberg, il quale caldeggiò la proposta.

Oggi una simile situazione sarebbe difficilmente immaginabile. Chi ha ascoltato la musica di Younghi Pagh-Paan, Adriana Hölzky, Susanne Erding (per citare solo tre delle numerosissime compositrici di successo); chi conosce la musica di Lili Boulanger, Ethel Smith, Germaine Tailleferre, e ascolta gli splendidi brani vocali di una Francesca Caccini o di una Barbara Strozzi, o la musica di Fanny Hensel-Mendelssohn, stenterebbe a capire quello che diceva Schönberg circa la donna come creatrice di musica. Tuttavia è ancora troppo scarsa la letteratura musicologica sulle donne compositrici e i vecchi pregiudizi devono essere verificati e confutati sperimentalmente.

Per esempio, la composizione di una donna non varrà meno di quella di un uomo? Esistono differenze qualitative? Il metodo compositivo femminile si riconosce ad esempio nel tipo e nel numero degli strumenti prescelti? Le donne compongono diversamente dagli uomini, esiste cioè uno stile compositivo tipicamente femminile? Le donne che compongono hanno tratti di personalità diversi rispetto agli uomini che compongono?

A queste domande si risponderà in seguito, mediante i dati provenienti dal nostro studio longitudinale con i giovani e da quello trasversale con gli adulti. Presenteremo infine altri dati, che considerano il talento compositivo femminile da un punto di vista neurobiologico.

La questione se le composizioni delle donne siano meno valide di quelle degli uomini è stata da noi esaminata con l'ausilio dei dati provenienti dallo studio trasversale e dalla seconda fase dello studio longitudinale. 17 dei 51 ragazzi e 13 delle 52 ragazze che avevano partecipato alla seconda parte dello studio longitudinale hanno dato una dimostrazione della loro creatività musicale attraverso almeno due delle quattro prove seguenti:

1) stesura di una composizione; 2) esecuzione di una composizione; 3) libera improvvisazione; 4) improvvisazione su un canto o un tema dati. Le piccole opere sono state giudicate da quattro esperti di musica, che però non sapevano se l'opera che stavano ascoltando fosse di una ragazza o di un ragazzo. Nel tentativo di indovinarlo, hanno notato ben presto che non riuscivano a riconoscere alcun criterio compositivo tipicamente maschile o femminile. Cosí non si sono stupiti quando la nostra statistica ha mostrato che solo casualmente essi avevano individuato il sesso dei compositori.

Gli esperti hanno valutato le prove dei ragazzi su una scala Likert da 1 a 5. I maschi hanno ottenuto in media 3,35 punti su 5, le femmine 3,04. Per le libere improvvisazioni i maschi hanno ottenuto in media 2,48 punti e le femmine 2,98; le improvvisazioni vincolate sono state valutate in media 2,77 punti per i maschi e 2,88 per le femmine. Nessuna delle differenze era statisticamente significativa. Pertanto, quando gli esperti valutano le capacità creative di ragazzi in età puberale, se non conoscono già il sesso dei giovani artisti non sono in grado di riconoscerlo, ma solo, nel migliore dei casi, di indovinarlo; la valutazione delle prove non mostra alcuna differenza di natura sessuale [Hassler e Feil 1986]. Le opere di dieci compositrici e di diciannove compositori adulti sono state esaminate da Diether de La Motte, musicista e docente alla Hochschule für Musik di Vienna, il quale ha utilizzato una scala Likert da 1 a 7 punti, e ha attribuito alle opere delle compositrici una media di 4,30 punti, e a quelle dei compositori una media di 4,43. Nemmeno lui sapeva se stava esaminando l'opera di un uomo o quella di una donna; come i giudici delle composizioni dei ragazzi, ha cercato di indovinarlo, ma gli è riuscito altrettanto poco. La nostra analisi statistica ha dato effettivamente il risultato che egli si aspettava: l'esatta attribuzione di un'opera al genere maschile o femminile era stata puramente casuale. Poiché anche fra 4,30 e 4,43 punti non esiste una differenza statisticamente significativa, anche l'analisi delle prestazioni di compositori adulti non ha rivelato alcuna differenza di natura sessuale [Hassler, Nieschlag e de La Motte 1990].

La credenza occasionalmente espressa, secondo cui le donne utilizzerebbero un minor numero di strumenti, o strumenti diversi – soprattutto la voce – non ha trovato conferma nelle nostre ricerche.

Esiste uno stile compositivo femminile e uno maschile; e se esiste, le donne compongono effettivamente "al femminile" e gli uomini "al maschile"? Lo psicoanalista Carl Gustav Jung era del parere che l'uomo traesse le proprie forze creative dal suo lato femminile, cioè dalle parti femminili della propria personalità, e la donna da quelle maschili [Jung 1971, trad. it. p. 207]. Jung considera come qualità femminili prima di tutto l'intuito e il sentimento orientato verso ciò che è personale [*ibid.*, trad. it. pp. 187 sgg.], mentre le capacità maschili riguarderebbero l'ordinare, il pensare e l'organizzare. A partire da tali riflessioni ci si dovrebbe aspettare che nel comporre gli uomini si affidino alla loro intuizione, al loro sentimento; mentre le donne privilegerebbero la pianificazione e la progettualità. Nella storia ci sono già stati tentativi di ordinare entro stili ben definiti processi creativi individualmente assai differenziati [ad esempio Bahle 1939]. Basandosi sul materiale biografico delle compositrici Younghi Pagh-Paan e Dora Pejacevič e del compositore Alban Berg, le analisi condotte hanno mostrato un processo creativo legato all'intuizione, ma anche all'ausilio di progetti e concetti; tuttavia sotto questo aspetto Dora Pejacevič componeva "al maschile", mentre Younghi Pagh-Paan e Alban Berg componevano "al femminile". L'attribuzione di uno stile compositivo al sesso del compositore non è quindi possibile.

Abbiamo comunque controllato i dati sperimentali delle nostre ricerche dal punto di vista di un possibile stile compositivo maschile o femminile. A questo scopo era necessaria una piccola deviazione concettuale. Abbiamo dovuto cercare un concetto psicologico che rendesse possibile l'interpretazione dei nostri risultati, poiché in psicologia non è stato effettuato alcuno studio sullo "stile compositivo". Ci siamo serviti cosí della categoria di "stile cognitivo". Essa indica il modo in cui gli individui organizzano concettualmente il proprio ambiente; si tratta cioè piú della struttura che non del contenuto del pensiero. I pionieri della neurobiologia utilizzavano questo concetto in relazione al genere e agli ormoni sessuali; essi parlavano di uno "stile cognitivo maschile" e di uno "stile cognitivo femminile" in base a risultati che mostravano come le donne se la cavassero meglio nei test linguistici e gli uomini in quelli spaziali. Le capacità superiori in un campo o nell'altro venivano poi da loro utilizzate per l'organizzazione concettuale dell'ambiente.

I primi neurobiologi ritenevano quindi che la struttura del pensiero fosse determinata maggiormente o dal linguaggio o da processi non linguistici, spaziali. Se si applica questo concetto al processo creativo della composizione, bisogna porsi questa domanda: la composizione femminile è un processo creativo legato alla competenza linguistica, mentre la composizione maschile è un processo creativo legato alla competenza spaziale?

Avendo già misurato le abilità spaziali e linguistiche nei ragazzi e negli adulti, abbiamo potuto rispondere a questa domanda: nei ragazzi all'inizio della pubertà (seconda fase, età media 12,5 anni) abbiamo trovato rapporti positivi tra la valutazione delle composizioni e la capacità di rappresentazione spaziale in entrambi i sessi. Ragazzi e ragazze avevano cioè uno stile compositivo "maschile". Lo stesso risultato l'abbiamo ottenuto con artisti adulti. Nei compositori come nelle compositrici c'era un rapporto chiaramente positivo tra il loro talento compositivo, cosí come aveva valutato l'esperto, e le loro abilità spaziali. Come era già chiaro all'inizio della nostra ricerca, ci sono stati nel frattempo studi che mostrano come i musicisti possiedano competenze spaziali superiori rispetto ai non musicisti e come siano psicologicamente e fisiologicamente androgini. C'è tuttavia un'altra serie di studi che non si è occupata delle doti musicali ma di quelle spaziali e ha fornito due risultati importanti per la ricerca sulle persone musicalmente dotate: 1) la competenza spaziale è particolarmente elevata negli uomini con un tasso di testosterone inferiore al livello medio maschile e nelle donne con un tasso di testosterone superiore al livello medio femminile; e 2) essa è elevata nelle personalità androgine.

Ciò potrebbe significare, se riferito alla nostra ricerca, che le compositrici non si differenziavano dai compositori nel loro stile compositivo perché entrambi erano delle personalità androgine.

Abbiamo controllato se effettivamente il talento compositivo nelle donne sia in relazione con i medesimi o con diversi tratti di personalità rispetto agli uomini servendoci dei risultati forniti dal Bem Sex-Role-Inventory [Bem 1974]. Il BSRI è un test psicologico di androginia. I tratti di personalità in esso contenuti sono considerati come tipici e auspicabili rispettivamente per gli uomini o per le donne. Abbiamo constatato che, come previsto, il talento compositivo negli uomini era in relazione negativa con i valori della scala di virilità. Quanto meno erano virili, tanto piú gli uomini erano dotati musicalmente; in altre parole: quanto piú consideravano forti i loro lati femminili in confronto a quelli maschili, tanto piú positivamente venivano valutate le loro opere.

Nelle donne invece queste correlazioni statistiche erano leggermente diverse. In loro si verificavano correlazioni negative sia fra talento compositivo e tratti femminili, sia fra talento compositivo e tratti maschili. Inoltre bisogna dire che le compositrici erano le uniche dei sei gruppi di adulti che ottenevano punteggi superiori sia alla media dei valori di virilità, sia a quella dei valori di femminilità, cioè dimostravano per cosí dire un certo *women's power*. Le migliori compositrici erano quelle dotate di un *women's power* minore e piú introverso. Diether de La Motte, ad ogni modo, aveva ottenuto gli stessi risultati attraverso un altro percorso. Dopo aver consegnato le sue valutazioni, era stato informato di quali fossero i compositori e quali le compositrici delle opere esaminate. Aveva verificato quindi le sue annotazioni, e constatato che su dieci donne quattro avevano ottenuto la valutazione piú elevata, e cioè 7, ma che altre quattro erano in fondo alla scala di valutazione con solo 1 o 2 punti. Nelle donne la media (3-6 punti) non era quasi rappresentata. Al contrario, nel caso degli uomini erano rappresentati tutti i punteggi. Diether de La Motte ha interpretato i suoi (e i nostri) risultati in questo modo: una donna che si permette di comporre deve essere molto brava o possedere molto *women's power*; la mancanza di punteggi medi sarebbe probabilmente collegata al fatto che le donne avrebbero bisogno di un incoraggiamento che in genere non ricevono.

Le nostre ricerche tuttavia hanno il loro fulcro nei parametri fisiologici, che rappresentano probabilmente i fondamenti delle abilità creative musicali. Sebbene non possiamo controllare direttamente le idee di Geschwind e Galaburda [1985] e di Dörner [1985] sugli influssi prenatali degli ormoni sessuali nello sviluppo del cervello, ma possiamo solo verificare sulle persone interessate le previsioni derivate da questi modelli, tuttavia i risultati sono rilevanti anche per lo studio del talento compositivo nelle donne.

Già prima della nascita deve essere stata presente una quantità e un'influenza di testosterone, la quale ha fatto sí che il cervello si sia sviluppato in modo potenzialmente favorevole per il talento compositivo (nucleo dell'ipotalamo piú "maschile", sviluppo differenziato degli emisferi cerebrali destro e sinistro, o di determinate aree di entrambi). A questo proposito le ricerche di Finegan, Bartleman e Wong [1989] fanno ipotizzare che ciò si verifichi solo in alcune donne. Tuttavia nel 25 per cento dei feti maschili, ma solo nel 9 per cento di quelli femminili, sono state trovate quantità di testosterone per le quali non c'è differenza di sesso nella fase critica prenatale.

I processi avvenuti nel periodo prenatale – e anche poco dopo la nascita – diventano evidenti solo durante la pubertà, quando il tasso degli ormoni sessuali sale e raggiunge i valori dell'adulto, valori i cui limiti erano stati tracciati proprio durante quel primo sviluppo.

I dati del nostro studio longitudinale hanno mostrato che il talento compositivo si blocca prima e in maggior misura nelle ragazze che non nei ragazzi. Nei ragazzi abbiamo considerato importante come causa di tali arresti l'aumento del tasso di testosterone al di sopra del livello ottimale durante la pubertà [Hassler 1992]. Cosa succede però nelle ragazze?

Per le ragazze la pubertà ha inizio – dal punto di vista ormonale – da uno a due anni prima dei ragazzi. Ci si può aspettare quindi che nelle ragazze determinati cambiamenti dovuti all'aumento del tasso di testosterone avvengano prima che nei ragazzi. Inoltre, nelle ragazze l'estradiolo e il progesterone, i cosiddetti ormoni femminili, aumentano maggiormente rispetto al testosterone, il cosiddetto ormone maschile. In tal modo si modificano anche i rapporti tra gli ormoni stessi; e poiché nel cervello non agisce un solo ormone, ma un intero sistema di ormoni e altre sostanze chimiche trasmettitrici, nelle ragazze si possono instaurare durante la pubertà delle condizioni ormonali particolarmente sfavorevoli per il talento compositivo, e tali da portare alla scomparsa (sia pure parzialmente transitoria) delle componenti creative della musicalità. Quando però al termine della pubertà la maturazione ormonale delle ragazze si è conclusa, possono tornare (o cominciare) a dominare condizioni fisiologiche favorevoli per il talento compositivo.

Se queste riflessioni sono giuste, in media le donne dovrebbero iniziare a comporre piú tardi degli uomini. Alle compositrici e ai compositori adulti che hanno preso parte allo studio trasversale è stato chiesto anche quando hanno cominciato a comporre [Hassler, Nieschlag e de La Motte 1990]. Per 6 delle 14 compositrici il periodo d'inizio era stato successivo al ventesimo anno d'età; invece su 20 compositori solo 2 avevano iniziato dopo i vent'anni. Una delle 6 donne aveva fatto i suoi primi tentativi di composizione già a dieci anni, ma in seguito li aveva interrotti, per ricominciare solo attorno ai vent'anni. Delle 8 compositrici e dei 21 compositori rimanenti, due donne e due uomini avevano cominciato a comporre a dieci anni o precedentemente, e avevano continuato fino all'età adulta; i rimanenti 19 compositori e 6 compositrici infine avevano cominciato a comporre tra i dieci e i vent'anni. Questi dati conforterebbero l'ipotesi fisiologica. Andrebbero però condotte molte altre ricerche analoghe alla nostra per ottenere dei risultati piú sicuri. Se si dimostrasse che le donne, a causa di determinati processi biologici, sviluppano la facoltà di comporre solo alla fine dell'adolescenza, potremmo spiegarci meglio perché ci siano cosí poche compositrici. A questa età il corso della vita di molte donne è già ben pianificato; ancora oggi agiscono gli influssi di un contesto sociale in cui per una donna la professione di compositrice o direttrice d'orchestra appare bizzarra. Tuttavia ci sarebbero già oggi esempi di compositrici e direttrici donne sufficienti a impedire l'ulteriore propagazione dei vecchi pregiudizi.

Bahle, J.
1939 *Eingebung und Tat im musikalischen Schaffen*, Hirzel, Leipzig.

Bem, S. L.
1974 *The measure of androgyny*, in «Journal of Consulting and Clinical Psychology», XLII, n. 2, pp. 155-62.

Bernstein, B.
1982 *Family Matters*, Summit, New York.

Bever, T. G., e Chiarello, R. J.
1974 *Cerebral dominance in musicians and non musicians*, in «Science», CLXXXV, pp. 537-39.

Demotes-Meinard, J., Vernier, P., e Vincent, J.-D.
1993 *Hormonal control of the neural function in the adult brain*, in «Current Opinion in Neurobiology», n. 3, pp. 989-96.

Dörner, G.
1985 *Sex-specific gonadotrophin secretion, sexual orientation and gender role behaviour*, in «Experimental and Clinical Endocrinology», LXXXVI, n. 1, pp. 1-6.

Finegan, J.-A., Bartleman, B., e Wong, P. Y.
1989 *A window for the study of prenatal sex hormon influences on postnatal development*, in «The Journal of Genetic Psychology», CL, n. 1, pp. 101-12.

Geschwind, N., e Galaburda, A. M.
1985 *Cerebral lateralization. Biological mechanism, associations, and pathology: I. A hypothesis and a program for research*, in «Archives of Neurology», n. 42, pp. 428-59.

Gordon, H. W.

1983 *Music and the right hemisphere*, in A. W. Young (a cura di), *Functions of the Right Cerebral Hemisphere*, Academic Press, London.

Hassler, M.

1992 *Creative musical behavior and sex hormones: musical talent and spatial ability in the two sexes*, in «Psychoneuroendocrinology», XVII, n. 1, pp. 55-70.

Hassler, M., e Birbaumer, N.

1988 *Handedness, musical abilities, and dichaptic and dichotic performance in adolescents: a longitudinal study*, in «Developmental Neuropsychology», n. 4, pp. 129-49.

Hassler, M., e Feil, A.

1986 *Composition - Improvisation. Differences in the relationship to selected variables: An experimental study*, in «Bulletin of the Council for Research in Music Education», n. 87, pp. 26-34.

Hassler, M., e Gupta, D.

1993 *Immune parameters, anomalous dominance, and special talents in males and females*, in «Neuroendocrinology Letters», XV, n. 3, p. 172.

Hassler, M., e Nieschlag, E.

1989 *Masculinity, feminity, and musical composition. Psychological and psychoendocrinological aspects of musical and spatial faculties*, in «Archives of Psychology», n. 141, pp. 71-84.

Hassler, M., Nieschlag, E., e de La Motte, D.

1990 *Creative musical behaviour, cognitive functioning, and gender. Psychobiological aspects*, in «Music Perception», VIII, n. 1, pp. 35-48.

Jung, C. G.

1971 *Die Beziehungen zwischen dem Ich und dem Unbewußten. Studienausgabe. Olten*, Walter, Freiburg (trad. it. *L'Io e l'inconscio*, in Id., *Due testi di psicologia analitica*, Boringhieri, Torino 1983, pp. 121-236).

Kraus, K.

1974 *Briefe. An Sidonie Nádherny von Borutin*, a cura di H. Fischer e M. Lazarus, Kösel, München.

Oldfield, R. C.

1969 *Handedness in musicians*, in «British Journal of Psychology», n. 65, p. 279.

Scherliess, V.

1975 *Alban Berg*, Rowohlt, Reinbeck (trad. it. Discanto, Fiesole 1981).

Schlaug, G., Jäncke, L., Huang, Y., e Steinmetz, H.

1995 *In vivo evidence of structural brain asymmetry in musicians*, in «Science», CCLXVII, pp. 699-701.

ERIC CLARKE

Processi cognitivi nell'esecuzione musicale

1. *Introduzione.*

Cosa si può ricavare da un sistematico studio cognitivo dell'esecuzione musicale? A questo interrogativo si può rispondere in modo diverso a seconda della prospettiva dalla quale si considera l'esecuzione. A uno psicologo interessato alle competenze motorie, l'esecuzione offre un'affascinante opportunità di studiare una gamma di fenomeni, come il controllo del movimento, il tempo e il ritmo, la lettura della notazione e la coordinazione con altri musicisti. Per chi si interessi allo sviluppo musicale, essa offre la possibilità di osservare e valutare, in vari modi, un comportamento musicale tangibile per un considerevole periodo di cambiamento continuo. Se si considera la cognizione musicale, l'esecuzione fornisce un'affascinante e ricca finestra che si apre sul mondo nascosto del pensiero musicale: nella classica tradizione dell'Occidente, la maggior parte dei processi mentali associati all'esperienza musicale si mantengono in condizioni passive e ricettive. Possiamo sapere o credere che intervengano numerosi processi sottili e sofisticati nelle esperienze musicali, ma normalmente si tratta di fenomeni non accessibili attraverso esperimenti: l'unico modo di raggiungerli è attraverso le descrizioni introspettive. Nell'ambito della psicologia della musica, una soluzione a questo problema è stata quella di inventare (negli esperimenti) compiti di vario genere capaci di mettere in luce questi processi mentali, ma spesso si tratta di compiti di dubbio valore. L'esecuzione musicale offre un'alternativa importante e attraente, in quanto può essere considerata come una forma concreta di pensiero musicale, in cui ogni aspetto della concezione del musicista possiede almeno potenzialmente la facoltà di manifestarsi in forme di comportamento esplicito; forme non solo relative al brano eseguito, ma anche a proprietà piú globali e "schematiche" quali la tonalità, il ritmo, la melodia e cosí via. Lo scopo di un musicista è ovviamente quello di avvicinarsi il piú possibile a una condizione di completa trasparenza fra la concezione e l'azione, affinché ogni aspetto della sua comprensione della musica si esprima nell'esecuzione stessa. Questa è naturalmente una visione idealizzata dell'esecuzione; la realtà è destinata a non raggiungere questi ideali, se non altro per ragioni pratiche: un musicista può interpretare un evento o un passaggio secondo diverse modalità, ma in ogni esecuzione è obbligato a sceglierne una sola. Allo stesso modo, egli può concepire un'idea globale dell'opera, che può essere impossibile esprimere in modo concreto nell'esecuzione. Pur ammettendo queste limitazioni, è chiaro, tuttavia, che l'esecuzione offre complesse e sottili illuminazioni sui processi mentali che vengono attribuiti al pensiero musicale.

La complessità di questa forma di comportamento può essere dimostrata dal fatto che l'esecuzione musicale al livello piú alto richiede una combinazione considerevole di abilità fisiche e mentali. A un pianista da concerto può essere richiesto di suonare con entrambe le mani a velocità di dieci o piú note al secondo, in base a modelli spaziali complessi e cangianti sulla tastiera e secondo diversi schemi temporali, dinamici e di articolazione. Allo stesso tempo, egli può essere consapevole di aspetti micro e macro strutturali della musica che esegue: un compito cognitivo che può essere grossolanamente "quantificato" in base al fatto che libri interi sono dedicati all'interpretazione analitica di un singolo brano di musica. Tali abilità non si sviluppano improvvisamente: prima di raggiungere i ventun anni, i migliori musicisti possono avere trascorso piú di diecimila ore esercitandosi con il loro strumento [Ericsson, Krampe e Tesch-Römer 1993], senza considerare il tempo trascorso in altre forme di educazione, di ascolto e di acculturazione musicale. Il messaggio di queste osservazioni è chiaro: l'esecuzione ad alto livello rappresenta un raggiungimento arduo e costituisce il risultato di un enorme investimento di tempo e di sforzo.

Cosa fanno allora i musicisti? Da un lato, la risposta a questo interrogativo è palesemente scontata: essi producono realizzazioni fisiche di idee musicali, sia registrate in notazione scritta, sia trasmesse oralmente (come accade in una cultura non letterata), sia inventate sullo stimolo del momento, come nella libera improvvisazione. Il requisito essenziale consiste nel fatto che il musicista dovrebbe produrre correttamente le note, i ritmi, le dinamiche, ecc. dell'idea musicale (ammesso che esista un appropriato punto di riferimento, notazionale o concettuale, in base al quale si possa misurarne la "correttezza"). Ai musicisti si richiede, inoltre, che animino la musica, che esprimano *piú* di quanto è indicato nella notazione o nel modello trasmesso oralmente. Questo è diventato del tutto evidente in un'epoca di strumenti musicali computerizzati, che hanno permesso di ascoltare l'effetto di un'interpretazione completamente letterale e senza espressione di un brano musicale, e di valutare quanto essa sia inferiore a un'esecuzione umana.

L'espressione, o ciò che i musicisti jazz e pop chiamano *feeling*, è cosí fondamentale per esecuzioni di ogni genere che è paradossalmente facile non accorgersene: l'espressività di base viene data talmente per scontata che si diventa insensibili alla sua presenza. Una considerazione dettagliata del fenomeno, tuttavia, permette di aprirsi a un'area di grande ricchezza e a un argomento che ha generato numerose ricerche. Prima di procedere con l'argomento, è necessario fornire alcuni tipi di definizione operativa della parola “espressione” applicata all’esecuzione. Un punto di partenza ragionevole potrebbe essere il definire l’espressione come un insieme di deliberate deviazioni dalle indicazioni della partitura scritta, che è sostanzialmente quel che Carl Seashore sosteneva nel suo lavoro pionieristico sull’esecuzione negli anni Trenta:

> Come proposizione fondamentale possiamo dire che l’espressione artistica dell’emozione nella musica consiste nella deviazione estetica dal regolare, dalla nota pura, dall’altezza perfetta, dalla dinamica uniforme, dal tempo scandito dal metronomo, dai ritmi rigidi ecc [1967, p. 9].

Esistono diversi problemi nell’applicazione di questa definizione: come si differenziano le deviazioni *deliberate* da quelle accidentali? Come deve essere considerata la musica che non ha partitura? Come si dovrebbero trattare le indicazioni espressive che sono già nella partitura (accelerando e ritardando, crescendo e decrescendo, ecc.)? Nell’esecuzione, le corrispondenti accelerazioni e i rallentamenti e gli aumenti e i decrementi della dinamica devono essere considerati come inespressivi semplicemente perché esiste un’indicazione nella partitura? Questo sembra assurdo e certamente non ha nessuna relazione con quanto sentono gli ascoltatori, che raramente possiedono una conoscenza dettagliata dello spartito e non possono perciò rilevare le caratteristiche in esso indicate, ma rilevano, tuttavia, l’espressione che caratterizza un’esecuzione.

Sono state elaborate altre definizioni a proposito dell’espressione, con le quali si è tentato di superare alcuni di questi problemi relativi al considerare il principio basilare dell’espressione come una deviazione da alcuni tipi di norme. Ad esempio, Desain e Honing indicano quanto segue:

> L’espressione all’interno di un’unità viene definita come la deviazione delle sue parti rispetto alla norma stabilita dall’unità stessa [1992, p. 175].

Questa è una definizione piú generalmente applicabile, che in teoria si può riferire anche alla musica per la quale non esiste partitura, poiché “la norma stabilita dall’unità stessa” può riferirsi a una norma stilisticamente appropriata. Per meglio spiegare il concetto, si consideri un esempio ipotetico, come l’analisi del tempo espressivo in un assolo di be-bop, e si immagini che la melodia dello standard jazz sul quale l’assolo si basa contenga un passaggio in crome esatte. Sembra essere una caratteristica dell’esecuzione jazz che le crome esatte tendano a essere suonate secondo un modello di alternanza fra lungo e corto (venivano chiamate *swing quavers* e sono quasi come le *notes inégales* dell’esecuzione barocca), e questo modello di lungo/corto alternati si rivela, quindi, essere una norma stilistica piuttosto che una caratteristica espressiva. Un’analisi del tempo espressivo, basata sulla definizione di Desain e Honing (di cui sopra), permetterebbe di oltrepassare l'alternanza lungo/corto, classificandola come parte della norma stilistica, e di cogliere altre deviazioni (intensificazioni o diminuzioni del rapporto lungo/corto o qualunque altra caratteristica temporale) sovrapposte ad essa. Il principio basilare è rappresentato dal fatto che i valori globali di una caratteristica (come ad esempio il modello temporale) considerati gerarchicamente diventano le norme secondo le quali le caratteristiche su scala piú ridotta vengono valutate a un livello inferiore. Siccome la maggior parte della ricerca sull'esecuzione è limitata alla musica classica occidentale del XVIII e XIX secolo, che è esplicitamente caratterizzata da notazione e, al confronto, presenta scarse indicazioni espressive nella partitura, viene solitamente usata la definizione piú semplice di Seashore.

Può essere importante riconoscere che esistono delle limitazioni circa la possibilità di "deviare" dalla partitura, da parte dei musicisti: nell'ambito della tradizione concertistica occidentale, ai musicisti non viene richiesto di cambiare le note e i ritmi di un brano musicale (sebbene questa rappresenti un'attitudine comparativamente recente: nel XIX secolo e ancor prima, i musicisti normalmente ornavano o alteravano in altri modi le composizioni suonate) o di cambiare l'ordine dei movimenti o le sezioni (tranne quando questa opzione viene esplicitamente autorizzata nella partitura, come in alcune composizioni del XX secolo) o di suonare piú velocemente o piú lentamente di quanto richiedano le indicazioni di tempo (sebbene esistano musiche del periodo antecedente quello del metronomo, per le quali il compositore non fornisce alcuna precisa indicazione). Come risulta dalle condizioni che si riferiscono persino a queste limitazioni apparentemente rigide, i musicisti hanno un'enorme libertà nell'interpretare la musica che suonano. Tuttavia, gli ascoltatori sono anche molto acuti nel considerare alcuni tipi di trattamento della musica come inaccettabili: questo distingue un'esecuzione raffinata e interessante da una povera e incompetente (escludendo il fatto che le esecuzioni contengano errori banali), e gli ascoltatori sono in grado di fornire valutazioni estremamente fini a questo proposito, anche se non sono dotati di un'educazione musicale formale. Questo solleva un problema interessante per la psicologia della musica, ovvero il determinare che cosa renda un suono, nell'ambito di un'esecuzione, "umano" e musicalmente efficace, e il distinguere tra questo e un'esecuzione "senza vita" o incompetente.

2. *Competenza ed espressione nell'esecuzione.*

In quanto abilità fisica, l'esecuzione musicale ha attirato l'interesse degli psicologi cognitivi che studiano le abilità spaziali e temporali complesse. L'origine di questo interesse risale a Seashore [1967], che è stato il primo a sviluppare metodi per registrare i dettagli del tempo e della dinamica nell'esecuzione. Seashore era innanzitutto interessato ad argomenti quali l'accuratezza e la riproducibilità dell'esecuzione, e a fornire informazioni quantitative sulle caratteristiche dell'intonazione di strumenti non a tastiera. È presente una scarsa teorizzazione nello studio di Seashore sui processi cognitivi che possono essere implicati nelle abilità che egli osserva, ma il fenomeno indicato nel suo lavoro costituisce un importante punto di partenza per i lavori successivi.

L'opera principale sull'abilità esecutiva è quella di Shaffer [1981; 1984] e, piú recentemente, quella di Palmer [1997]. Shaffer si è interessato soprattutto a tre argomenti fondamentali: 1) il controllo cognitivo del movimento; 2) i meccanismi di determinazione del tempo nell'esecuzione; 3) la coordinazione e l'indipendenza tra le mani in esecuzioni di piano solo e quella tra i musicisti in esecuzioni in duo. Il suo lavoro è stato determinante nel favorire la convinzione che una concezione musicale venga tradotta in azione concreta e ha dimostrato che il controllo del movimento rimane abbastanza astratto e vicino alla struttura della conoscenza musicale, fino a una fase molto avanzata di questo processo di "traduzione". Per esempio, egli ha mostrato [Shaffer 1981] come un musicista che leggeva a vista una fuga di Bach e non si era accorto di un cambiamento di chiave da una pagina all'altra, commettesse errori i quali, tuttavia, preservavano la correttezza armonica del passaggio, e non si configuravano semplicemente come le note risultanti dallo sbaglio di chiave. Sembrava che il musicista, dopo avere realizzato che qualcosa era sbagliato, improvvisasse utilizzando il ritmo e l'armonia appropriati, mentre correggeva l'errore. Questa improvvisazione di emergenza è resa possibile dalla presenza dell'informazione strutturale relativa al controllo del movimento.

Una delle modalità, in base alla quale il controllo astratto del movimento dovrebbe concretizzarsi, riguarda la determinazione del tempo. La determinazione del tempo è particolarmente importante per l'esecuzione musicale, poiché le caratteristiche temporali di un'esecuzione rappresentano un aspetto cruciale della struttura musicale stessa. Shaffer e altri hanno mostrato che i musicisti esperti possono raggiungere precisione e stabilità notevoli nel determinare il tempo dell'esecuzione a livelli che variano dalla nota individuale fino alle sezioni complete o ai brani completi [cfr. anche Clynes e Walker 1982]. Il controllo sulla determinazione del tempo al livello piú dettagliato viene considerato come una funzione della rappresentazione mentale della musica da parte del musicista e la sua stabilità (o meno) viene pertanto attribuita direttamente alla stabilità della rappresentazione.

Una caratteristica evidente dell'esecuzione alla tastiera è la questione della coordinazione tra le mani e la corrispondente coordinazione tra i musicisti. Shaffer [1981; 1984] ha dimostrato il livello considerevole di indipendenza tra le mani che i pianisti sono in grado di ottenere sia laddove la poliritmicità della musica lo richiede, sia per scopi espressivi. Ancora una volta, questa indipendenza e l'abilità complementare della coordinazione delle mani possono essere attribuite alla struttura della rappresentazione cognitiva. Allo stesso modo, la coordinazione tra due musicisti, durante un duo per piano, non dipende dal fatto che un musicista segua rigidamente l'altro; l'analisi di Shaffer indicava l'intervento di un elemento significativo di predizione da parte di entrambi i pianisti sull'esecuzione espressiva dell'altro. Questo si può spiegare considerando che i due musicisti condividevano una comune rappresentazione della musica e la usavano come un punto di riferimento stabile dal quale effettuare le loro predizioni espressive. Un'alternativa può essere rappresentata dal fatto che i musicisti si comunicavano le loro intenzioni e si coordinavano l'uno con l'altro tramite la respirazione, il movimento corporeo, i gesti facciali, ecc. (un argomento che lo studio di Shaffer non indagava).

La caratteristica piú importante di questa discussione sulle abilità motorie nell'esecuzione è rappresentata dal ruolo centrale della rappresentazione cognitiva dalla quale derivano le specifiche caratteristiche dettagliate di un'esecuzione. Questa idea ha costituito il nucleo di numerose teorie generative che hanno tentato di spiegare l'espressione nell'esecuzione sulla base di un dato sistema di regole, e la sezione successiva è dedicata alle suddette teorie.

3. *Teorie generative dell'espressione nell'esecuzione.*

Negli ultimi anni, si è venuto a costituire un considerevole settore di ricerca che ha avuto lo scopo di specificare i principî che governano l'esecuzione espressiva nella musica [ad esempio Clarke 1988; Sundberg 1988; Todd 1989]. Questa ricerca ha utilizzato una mescolanza di approcci empirici e di simulazioni al computer al fine di esplorare le modalità secondo le quali i musicisti interpretano espressivamente un'intera varietà di dimensioni musicali (tempo, volume, attacco, timbro, accordatura, vibrato, ecc.) nell'esecuzione. Gli studi empirici sull'espressione nell'esecuzione hanno identificato numerose caratteristiche ricorrenti: l'espressione nell'esecuzione può essere estremamente stabile se si tratta di esecuzioni che vengono ripetute, talvolta anche per diversi anni [Clynes e Walker 1982]; essa è presente persino in esecuzioni a prima vista [Shaffer 1981] e può essere modificata da un musicista immediatamente [Clarke 1985]. Queste osservazioni si riferiscono al fatto che l'espressione non nasce come un modello appreso di tempo, di dinamica e di articolazione, che viene memorizzato e applicato a un brano ogni volta che questo viene suonato, bensí sorge dalla comprensione della struttura musicale da parte del musicista nel corso dell'esecuzione. Altri modelli dovrebbero presupporre compiti di memoria che non sono plausibili psicologicamente e non potrebbero render conto della mescolanza di stabilità e di flessibilità appena menzionata. La stabilità delle esecuzioni nel tempo viene, quindi, considerata come stabilità delle rappresentazioni cognitive del musicista, in relazione alla struttura musicale; l'esistenza dell'espressione in esecuzioni a prima vista è la conseguenza del fatto che un musicista si forma una rappresentazione della musica appena la legge e la organizza; i cambiamenti nell'espressione rappresentano, invece, una conseguenza del fatto che i brani musicali possono essere interpretati in modi diversi.

In teoria, ogni aspetto della struttura musicale contribuisce a delineare il profilo espressivo di un brano, ma numerosi autori hanno evidenziato la particolare rilevanza della struttura della frase. Todd [1985] presenta un modello che considera come *input* una struttura gerarchica di raggruppamento e produce come *output* un tempo espressivo, sulla base di una regola estremamente semplice [Todd 1985; 1989]. I risultanti profili temporali si possono paragonare con il profilo delle reali esecuzioni di musicisti professionisti, come hanno mostrato i dati di Todd stesso e quelli successivi di altri; numerosi altri studi hanno pure evidenziato l'esistenza di corrispondenze simili a regole tra i vari aspetti della struttura musicale e dell'espressione. In uno studio effettuato su ventotto esecuzioni di un breve brano di Schumann (*Träumerei*), relativo a registrazioni commerciali di molti fra i maggiori pianisti del secolo, Repp [1992*a*] ha mostrato che era presente un livello notevole di somiglianza alla base dei profili espressivi delle esecuzioni, nonostante l'originalità di alcuni dei musicisti. Egli ha anche evidenziato che la differenza maggiore tra gli esecutori è situata ai livelli piú superficiali di espressione, ipotizzando che i musicisti si trovino sostanzialmente d'accordo sul livello strutturale piú profondo di un brano musicale, e impongano invece le loro caratteristiche individuali manipolando i dettagli piú fini della struttura e la sua attuazione espressiva.

Se l'origine e il controllo dell'espressione si fondano su di una comprensione della struttura musicale, questa relazione può essere considerata in due modi: espressione intesa come la conseguenza inevitabile e insopprimibile di una particolare comprensione della struttura musicale; espressione intesa come tentativo cosciente e deliberato da parte del musicista di rendere udibile la sua interpretazione della struttura. La prova della qualità inconscia e insopprimibile dell'espressione si ricava dai tentativi dei musicisti di suonare senza espressione; Seashore [1967] ha mostrato che il livello di espressione può essere ridotto in queste circostanze, ma non viene mai eliminato e conserva le tracce del modello generale che si osserva in circostanze normali. Allo stesso modo, Sloboda [1983] ha mostrato che una melodia presentata a pianisti secondo due diverse versioni metriche veniva suonata secondo diversi modelli espressivi, che riflettevano i diversi arrangiamenti metrici, anche se ai musicisti non veniva esplicitamente richiesto di provare a differenziare le due versioni, e infatti essi non notavano nemmeno che le due melodie si differenziavano solo nel metro. L'espressione dell'esecuzione, a queste condizioni, si ricollega alle basilari caratteristiche strutturali del materiale (quali la struttura della frase e il ritmo) e può, quindi, essere considerata come la conseguenza della comprensione spontanea e inconscia della struttura musicale da parte del musicista, ovvero come l'espressione di una rappresentazione strutturale della quale i musicisti possono anche non essere consapevoli.

È ovvio, comunque, che i musicisti modellano l'espressione delle loro esecuzioni anche consapevolmente e deliberatamente al fine di ottenere particolari risultati strutturali e stilistici. Questo (oltre a ovviare problemi puramente tecnici) è dovuto alla pratica e comporta cambiamenti nell'uso di particolari stratagemmi espressivi, cambiamenti nella scelta di particolari modi di evidenziare un tratto della musica (per esempio, l'uso dell'articolazione piuttosto che della dinamica per modellare una frase), e cambiamenti nella comprensione stessa della musica da parte del musicista. Tutti questi elementi possono essere considerati come processi che sottolineano le proprietà espressive implicite nella musica o che impongono un diverso modello su di essa. Nel caso di un brano con una struttura fortemente indeterminata o ambigua, ad esempio, può essere presente uno scarso modellamento espressivo che emerge direttamente dalla struttura e il musicista sarà obbligato a imporre alla musica una propria modalità espressiva piú o meno arbitraria. Per contro, una musica dalla struttura chiara e potente può porre considerevoli limiti alla libertà di espressione del musicista.

Un approccio sistematico al modo in cui l'informazione strutturale genera un modellamento espressivo è quello di proporre un insieme di regole ognuna delle quali considera la descrizione strutturale della musica come *input* ed elabora una serie di trasformazioni espressive come *output*. Nonostante le proprietà espressive che caratterizzano le esecuzioni competenti possano essere molto fini, questo non implica che le regole siano complesse o numerose, poiché le strutture musicali che rappresentano gli *input* possono esse stesse essere assai complesse. È questa complessità strutturale che rende l'intero sistema cosí ricco e variabile; è possibile, infatti, che nessuna di due interpretazioni strutturali (quella svolta da musicisti diversi o quella svolta dallo stesso musicista in occasioni diverse) sia identica, e questo garantisce anche che l'*output* di una collezione molto semplice di regole espressive possa risultare molto diverso. Il punto importante da considerare si riferisce al fatto che la finezza dell'esecuzione osservata non deve tradursi direttamente nelle stesse regole di espressione, a condizione che le strutture che rappresentano i loro *input* siano dotate di ricchezza e complessità sufficienti.

Nonostante sia stata ampiamente dimostrata la natura dell'espressione "fondata sulle regole", sembra che i musicisti abbiano anche la capacità di cogliere e di imitare un modello espressivo che sentono persino quando questo non presenta una ragionevole base strutturale [Clarke 1993], allo stesso modo in cui uno studente tenta di imitare un insegnante persino quando non ha un'idea chiara dell'interpretazione della musica da parte dell'insegnante. Esistono diverse possibili spiegazioni di questo fatto: i musicisti possono crearsi direttamente qualche tipo di "immagine" uditiva dell'esecuzione alla quale tentano poi di aderire il piú possibile nel loro tentativo di imitazione (quasi come il tentativo da parte di un ascoltatore di dipendere, con il suo "orecchio mentale", dal suono della voce di una persona per imitarne il modo di parlare); possono tentare di ricordare alcuni tipi di descrizione verbale della particolare esecuzione (per esempio "accelerare verso la fine della prima frase, decelerare durante la metà della seconda frase e poi volgere in fretta alla fine"); possono codificare l'esecuzione in termini di immagine corporea, ovvero di una sorta di coreografia mentale che permette di ricreare l'esecuzione a partire da un'immagine dei movimenti reali o immaginari che essa può attivare, o di esprimere la forma di una tale esecuzione. Indipendentemente dal fatto che queste possibili strategie (e forse ne esistono anche altre) vengano o meno adottate, è chiaro che un modello che raffigura l'esecuzione semplicemente come un flusso di informazioni che origina da un *input* e passa attraverso un insieme di regole espressive per giungere a un sistema di *output* è irrealisticamente astratto e cerebrale, mentre la realtà è molto piú pratica e corporea. Il corpo non rappresenta solo una fonte di *input* sensoriali e un meccanismo per elaborare *output*, ma è intimamente vincolato alla reazione complessiva nei confronti della musica, sia a livello percettivo sia a livello motorio, si deve perciò riconoscere che il suo ruolo è piú centrale di quanto il semplice modello generativo suggerirebbe.

4. *Il movimento e il corpo nell'esecuzione.*

L'attenzione per il corpo umano e per il ruolo del movimento corporeo permette di riconoscere che la struttura non è l'unica determinante dell'espressione. Sul risultato inciderà profondamente una serie considerevole di altri fattori, ivi comprese le potenzialità dello strumento, l'acustica dell'ambiente d'esecuzione, la natura del pubblico, l'umore e le intenzioni del musicista, le norme stilistiche e culturali e perfino l'ideologia adottata in relazione all'esecuzione (ad esempio una pratica di esecuzione "storicamente consapevole"). Il movimento e il corpo umano sono particolarmente significativi in questo insieme complesso di relazioni per varie ragioni, la piú ovvia delle quali si riferisce al fatto che la musica viene prodotta dal movimento umano e da quello strumentale e risulta, quindi, profondamente segnata dalle sue origini corporee e strumentali. Il flusso e riflusso motorio, la tensione e il rilassamento che vengono sperimentati nell'ascolto della musica derivano in parte da un'identificazione fisica con i mezzi della produzione musicale, anche se non c'è una conoscenza diretta degli strumenti effettivamente usati. L'appartenenza al genere umano e il possesso di un corpo, con capacità e limitazioni comuni, permettono a tutti di intuire immediatamente la fisicità della produzione musicale. In un contesto piú generale, molti etnomusicologi hanno mostrato come lo sviluppo delle strutture caratteristiche di un particolare stile musicale possa essere ricondotto alla struttura fisica dello strumento per il quale viene composta la musica. Baily [1995] ha mostrato, ad esempio, come la musica del *dutar*, uno strumento a corda dall'Afghanistan, si evolva dalla musica di uno strumento di una regione vicina, ma nel processo evolutivo abbia acquisito caratteristiche specificamente imputabili alle proprietà fisiche del *dutar* stesso.

Se si presta attenzione agli scritti greci classici, si nota che in essi veniva riconosciuta la stretta relazione tra la musica e il movimento umano. In epoca piú recente si è diffuso [Shove e Repp 1995] lo studio di un autore tedesco, Alexander Truslit, che ha condotto un lavoro di ricerca sperimentale mostrando che diversi tipi di istruzioni motorie (o di immagini di movimento) fornite ai musicisti si riflettevano in esecuzioni sensibilmente diverse. Altri ricercatori hanno mostrato, inoltre, che il modello temporale che i musicisti usano spontaneamente segue la curva temporale degli oggetti che si muovono in un campo gravitazionale [Todd 1995], suggerendo che il suono naturale di un'esecuzione si spiega con un'imitazione del comportamento degli oggetti fisici che si muovono nel mondo reale. Todd ha mostrato che un modello di tempo e di dinamica basato sulla velocità e sulla forza del movimento degli oggetti che si muovono per influsso della gravità può spiegare gran parte dell'espressione presente nelle esecuzioni musicali spontanee. Questo costituisce una prova a favore dell'assunto che l'espressione nell'esecuzione musicale si può configurare per certi aspetti come un fenomeno relativamente concreto e fisico; viene pertanto rifiutato un approccio troppo cerebrale in ambito di psicologia della musica, in quanto l'esperienza della musica si connota come un'esperienza inevitabilmente fisica e somatica a causa delle origini fisiche e somatiche della musica stessa. In questo modo non si vuole negare l'importanza di elementi piú rarefatti nell'espressione musicale, ma si propone di considerarli come giacenti su di una base fisica concreta.

Per contro, infine, Clynes [1983; 1987] ha affermato che l'espressione nell'esecuzione si ricollega a uno specifico "modello di pulsazione" caratteristico del compositore della musica eseguita. Egli ha asserito che una buona espressione nell'esecuzione dipende dall'aderire a un particolare modello di deviazioni temporali e dinamiche che è diverso per ogni compositore studiato dall'Autore (principalmente Haydn, Mozart, Beethoven e Schubert), e applicabile a svariati livelli di struttura musicale compresi fra la dinamica di una singola nota e il profilo temporale e dinamico di intere sezioni musicali. Questi modelli non derivano dall'osservazione e dall'analisi dei dati relativi a esecuzioni reali, ma dalle intuizioni di Clynes in quanto musicista. Egli ha infatti creato "esecuzioni" sintetizzate di opere di Haydn, Mozart, Beethoven e Schubert applicando sia il modello di pulsazione corretto, sia quello non corretto, al fine di dimostrare la verità delle sue asserzioni. I risultati di un'indagine empirica piú rigorosa effettuata da Repp [1990], nella quale viene richiesto agli ascoltatori di valutare le esecuzioni fondate su modelli di pulsazione appropriati e inappropriati, sono tuttavia poco significativi.

5. *La percezione dell'espressione gestuale e uditiva nell'esecuzione*.

Se il movimento fisico rappresenta una possibile base per l'espressività temporale di una esecuzione musicale, senza dubbio esso costituisce anche un fattore cruciale della reazione globale a esecuzioni dal vivo, reazione visiva oltre che uditiva. Fino a poco tempo fa non era stata dimostrata l'importanza dell'informazione visiva sulla nostra percezione dell'esecuzione musicale, ma lo studio della Davidson [1993; 1995] ha provato che essa può costituire una ricca fonte di informazione. Con l'utilizzo del video per la registrazione dei musicisti, ella ha mostrato che i soggetti possono stabilire quale tra le diverse modalità di esecuzione (senza vita, normale, esagerata) viene trasmessa, basandosi solo sull'informazione visiva. La Davidson ha anche mostrato che la modalità di esecuzione veniva ben individuata quando le immagini video erano ridotte a punti di luce indirizzati alle articolazioni e alla testa, suggerendo che è proprio il modello dinamico di movimento che rappresenta la principale fonte di informazioni. È importante notare che mentre alcuni movimenti sono necessari per produrre musica servendosi di uno strumento fisico, altri movimenti, e sono la maggioranza fra quelli osservati e studiati nella ricerca della Davidson, sono superflui rispetto a questa linea di base "ergonomica" e possono, quindi, essere considerati come espressivi piuttosto che come pratici. I movimenti coinvolti includevano ondulazioni di tutto il corpo, ma anche gesti corporei discreti che si configuravano come "non necessari" in riferimento al compito basilare di far suonare lo strumento.

Nel procedere dalla distribuzione del movimento espressivo nello spazio alla sua distribuzione nel tempo, la Davidson ha mostrato che alcuni estratti video, della durata di due secondi e arbitrariamente selezionati da un'esecuzione, contenevano prove visive sufficienti per specificare ognuna delle tre modalità di esecuzione, suggerendo che il movimento espressivo è distribuito nel corso di un'esecuzione. Allo stesso modo, ella ha evidenziato come i soggetti che guardavano un'esecuzione completa dall'inizio alla fine connotavano come particolarmente espressivi certi movimenti o gesti ben definiti, presenti nell'esecuzione. Era presente un alto livello di accordo tra gli osservatori indipendenti a proposito della posizione di questi movimenti espressivi e della loro descrizione e categorizzazione; si giungeva, quindi, alla conclusione che il pianista professionista che eseguiva le esecuzioni per il suo studio faceva uso di una sorta di lessico dei gesti espressivi, nelle sue esecuzioni. Diversi gesti sembravano essere associati a funzioni musicali specifiche, ed erano cosí profondamente ricollegati alla concezione musicale del musicista che venivano osservati perfino quando egli veniva ripreso durante la riproduzione di un'esecuzione immaginaria degli stessi brani musicali su di un tavolo piuttosto che alla tastiera. Il musicista possedeva solo una consapevolezza limitata dei movimenti espressivi che eseguiva e non era chiaro se i movimenti erano stati sviluppati spontaneamente o se erano stati provati in precedenza. L'impressione dominante (come potrebbe suggerire l'intuizione) era che i movimenti costituissero parte integrante della sua concezione e produzione della musica e fossero generati durante l'esecuzione, allo stesso modo in cui le caratteristiche espressive del suono (tempo, dinamica, articolazione, ecc.) sono generate sulla base di un'idea della musica.

Nonostante questi inizi promettenti, non è ancora molto sviluppata una comprensione della percezione visiva durante l'esecuzione e lo stesso si può dire per quanto riguarda la percezione dell'espressione, a partire dal suono. Kendall e Carterette [1990] dimostrarono che gli ascoltatori riuscivano a cogliere le intenzioni espressive (senza vita, normale, esagerato) di musicisti che suonavano strumenti diversi, e che non vi erano differenze tra i musicisti e i non musicisti in questo tipo di abilità. Sloboda [1983] mostrò che gli ascoltatori ai quali veniva richiesto di distinguere tra due varianti metriche di una melodia erano in grado di farlo con un livello di successo che rifletteva direttamente la chiarezza dell'espressione metrica dell'esecuzione. Nel suo studio, le esecuzioni prodotte da musicisti piú esperti mostravano un modello di caratteristiche espressive piú chiaramente distinto per ognuna delle due varianti metriche della melodia e gli ascoltatori riuscivano meglio a distinguere tra le due varianti metriche, nelle esecuzioni di questi musicisti piuttosto che nelle esecuzioni di musicisti meno esperti.

La dimensione dei cambiamenti espressivi che viene registrata in questi dati (e nei dati relativi ad altri studi sull'esecuzione) varia considerevolmente, ma gli studi hanno mostrato che gli ascoltatori sono sensibili a cambiamenti di durata di circa 20 millisecondi nell'ambito di sequenze molto semplici. I piccoli cambiamenti di tempo che vengono riportati e analizzati negli esperimenti sulle esecuzioni sono dunque percettivamente rilevanti, a parte la loro importanza di rivelatori dei processi cognitivi del musicista.

La relazione fra la struttura musicale e la *produzione* dell'espressione è stata ben documentata, ma Repp [1992*b*] ha mostrato che ci sono anche forti limitazioni strutturali nella *percezione* dell'espressione da parte degli ascoltatori. Gli ascoltatori assistevano a un'esecuzione pianistica inespressiva di un frammento di minuetto di Beethoven nel quale erano presenti minimi cambiamenti nella durata di alcune note scelte a caso, e veniva chiesto loro di indicare il punto nel quale essi sentivano un prolungamento. Gli ascoltatori dimostravano una grande sensibilità verso questi cambiamenti minimi, ma la loro sensibilità rispecchiava in modo piú significativo la struttura fraseologica della melodia e aveva una stretta relazione con il profilo temporale di un'esecuzione musicale professionale che venne analizzata separatamente. Ai limiti della frase, ove il musicista esperto mostrava una tendenza a rallentare, gli ascoltatori erano meno sensibili ai cambiamenti di durata anche in questa esecuzione senza espressione. Al contrario, nel mezzo della frase, gli ascoltatori erano molto piú sensibili. Questo suggerisce che l'elaborazione inconscia della struttura musicale da parte degli ascoltatori e le loro aspettative circa un simile trattamento espressivo della musica da parte di un esperto influenzavano la loro sensibilità ai cambiamenti temporali. L'abilità di cogliere l'espressione relativa all'esecuzione, cosí come l'interpretazione che viene data a tali caratteristiche, risulta essere fortemente influenzata dal contesto strutturale nel quale queste si verificano.

Seashore ha mostrato questo negli anni Trenta, con il suo lavoro sull'esecuzione pianistica. Nell'osservare che gli ascoltatori attribuivano a un'esecuzione un numero maggiore di caratteristiche espressive di quante ne fossero effettivamente presenti egli si chiede:

> Quali caratteristiche attribuite all'esecutore si configurano invece come contributi soggettivi dell'ascoltatore? [...] L'enfasi oggettiva posta dall'esecutore sull'intensità e la durata della nota, può essere secondaria in termini di valore rispetto all'enfasi, implicita nella struttura compositiva, che l'ascoltatore musicale "sente" soggettivamente nella battuta? [1967, pp. 243-44].

Questo apre una prospettiva del tutto diversa sull'esecuzione musicale, nella quale la funzione espressiva e l'importanza delle caratteristiche dell'esecuzione non vengono valutate considerando soltanto le loro proprietà direttamente misurabili, ma si riferiscono a un'interpretazione in evoluzione. Esse funzionano, in altre parole, come i segnali locali di una rete interpretativa molto piú elaborata [Clarke 1995].

6. *Prospettive*.

Il periodo che comincia verso il 1980 ha visto una grande produzione di ricerche volte a evidenziare che cosa caratterizzi l'esecuzione musicale; in quel periodo era forte l'influenza degli stessi modelli linguistici e di misurazione che avevano condizionato la psicologia in generale. Il considerare nuovamente un approccio che sottolinea gli stretti legami tra la biologia (tramite una considerazione del corpo umano e delle sue proprietà) e la psicologia rappresenta un'importante cambiamento che può bilanciare la tendenza a un'eccessiva astrazione presente in alcuni lavori precedenti, e promette di proseguire la ricerca orientandola verso nuove e interessanti direzioni.

Per quanto riguarda l'aspetto visivo di questo argomento, il lavoro della Davidson si configura come un'importante iniziativa relativa a un aspetto dell'esecuzione musicale che è stato quasi totalmente ignorato, ma che offre prospettive stimolanti. È stato evidenziato che le caratteristiche acustiche che differenziano i diversi approcci dei musicisti a uno stesso brano musicale contengono sia una forte comunanza di base, sia personali idiosincrasie; sarà interessante scoprire ulteriori elementi a proposito della comune "coreografia" dell'esecuzione, cosí come delle peculiarità personali che caratterizzano l'impatto visivo di particolari musicisti. Nonostante l'esecuzione pianistica sia dominante nell'ambito dell'esigua quantità di lavoro finora svolto a proposito dell'esecuzione visiva, è in quest'area che il "pianocentrismo" della ricerca sull'espressione viene piú facilmente allentato, liberato dalle limitazioni tecnologiche che hanno condotto alla generale concentrazione sul piano. L'analisi dei dati sull'esecuzione, a partire dal suono o dai meccanismi dello strumento stesso, si è spesso limitata alla considerazione del piano a causa dei vantaggi determinati dai suoi suoni di percussione nell'identificare l'inizio degli eventi, e dalla disponibilità di metodi di registrazione diretta dal meccanismo dello strumento.

Allo stesso modo, è presente il bisogno di ampliare questo tipo di ricerca cognitiva sull'esecuzione, considerando altre tradizioni e generi musicali non occidentali, popolari, non basati sulla scrittura, collaborativi. L'esecuzione d'insieme solleva sfide tecniche significative, a causa delle difficoltà nel raccogliere i dati appropriati, ma anche perché richiede un confronto con la psicologia sociale dell'esecuzione musicale. Su questo argomento non esistono molti riferimenti nella letteratura in ambito psicologico, nonostante gli argomenti stessi siano interessanti. Ci si chiede: «In che modo un gruppo realizza un'interpretazione concordata e ragionevolmente unificata di un brano? I membri di un gruppo come si comunicano le loro intenzioni espressive sia a livello di suono sia di visione? Il controllo espressivo viene condiviso dai membri di un insieme? Se sí, come? Quali sono i relativi contributi dell'informazione visiva e acustica nella coordinazione d'insieme?» Gli etnomusicologi sono molto piú consapevoli rispetto a questi argomenti, mentre gli psicologi sono meno preparati ad affrontarli o perfino a riconoscerli, nonostante la Davidson abbia fornito un valido punto d'inizio per realizzare tale impresa.

La ricerca sulla psicologia dell'espressione esecutiva si è dedicata a stabilire le norme generali dell'espressione. Ciò non è sorprendente, in quanto la psicologia stessa è orientata soprattutto alla scoperta di processi e di meccanismi diffusi e utili a favorire spiegazioni sui modelli generali di comportamento. Tali norme generali costituiscono solo una base per la valutazione di esecuzioni interessanti, poiché non ci si aspetta che i musicisti seguano semplicemente percorsi banali, ma si richiede loro di inventare, trasformare e rigenerare, per essere eccezionali. Anche questo rappresenta un territorio inesplorato per gli psicologi. Nell'ambito musicologico sono stati effettuati tentativi di trovare soluzioni diverse, per esempio [cfr. Rink 1995], mettendo in discussione il modo in cui la musica dovrebbe o potrebbe essere suonata sulla base di analisi della struttura musicale. L'importanza di questo lavoro consiste nell'identificare alcune delle complessità analitiche delle quali gli psicologi dovrebbero essere piú consapevoli, nonostante anche qui sembri mancare una comprensione culturale piú ampia del contesto valutativo e sociale nel quale l'esecuzione ha luogo. Il tentativo di trovare collaborazioni fra queste diverse tradizioni di ricerca rappresenta un progetto stimolante per capire quali contributi alla fine possano essere offerti alla comprensione dell'esecuzione.

Baily, J.

1985 *Music structure and human movement*, in P. Howell, I. Cross e R. West (a cura di), *Musical Structure and Cognition*, Academic Press, London.

Clarke, E. F.

1985 *Structure and expression in rhythmic performance*, in P. Howell, I. Cross e R. West (a cura di), *Musical Structure and Cognition* cit.

1988 *Generative principles in music performance*, in J. A. Sloboda (a cura di), *Generative Processes in Music. The Psychology of Performance, Improvisation, and Composition*, Oxford University Press, Oxford.

1993 *Imitating and evaluating real and transformed musical performances*, in «Music Perception», n. 10, pp. 317-43.

1995 *Expression in performance: generativity, perception and semiosis*, in Rink 1995, pp. 21-54.

Clynes, M.

1983 *Expressive microstructure in music, linked to living qualities*, in J. Sundberg, (a cura di), *Studies of Music Performance*, Pubblicazioni della Royal Swedish Academy of Music, n. 39, Stockholm.

1987 *What can a musician learn from newly discovered microstructure principles (PM and PAS)?*, in A. Gabrielsson (a cura di), *Action and Perception in Rhythm and Music*, Pubblicazioni della Royal Swedish Academy of Music, n. 55, Stockholm.

Clynes, M., e Walker, J.

1982 *Neurobiologic functions of rhythm, time and pulse in music*, in M. Clynes (a cura di), *Music, Mind, and Brain. The Neuropsychology of Music*, Plenum, New York.

Davidson, J. W.

1993 *Visual perception of performance manner in the movements of solo musicians*, in «Psychology of Music», n. 21, pp. 103-13.

1995 *What does the visual information contained in music performances offer the observer? Some preliminary thoughts*, in R. Steinberg (a cura di), *Music and the Mind Machine. Psychophysiology and Psychopathology of the Sense of Music*, Springer, Berlin.

1997 *The social psychology of performance*, in D. J. Hargreaves e A. C. North (a cura di), *The Social Psychology of Music*, Oxford University Press, Oxford-London, pp. 209-26.

Desain, P., e Honing, H.

1992 *Music, Mind and Machine*, Thesis, Amsterdam.

Ericsson, K. A., Krampe, R. T., e Tesch-Römer, C.

1993 *The role of deliberate practice in the acquisition of expert performance*, in «Psychological Review», n. 100, pp. 363-406.

Kendall, R. A., e Carterette, E. C.

1990 *The communication of musical expression*, in «Music Perception», n. 8, pp. 129-64.

Palmer, C.

1997 *Music performance*, «Annual Review of Psychology», n. 48, pp. 115-38.

Repp, B. H.

1990 *Further perceptual evaluations of pulse microstructure in computer performance of classical piano music*, in «Music Perception», n. 8, pp. 1-33.

1992*a* *Diversity and commonality in music performance: an analysis of timing microstructure in Schumann's "Träumerei"*, in «Journal of the Acoustical Society of America», n. 92, pp. 2546-68.

1992*b* *Probing, the cognitive representation of musical time: structural constraints on the perception of timing perturbations*, in «Cognition», n. 44, pp. 241-81.

Rink, J.

1995 (a cura di), *The Practice of Performance*, Cambridge University Press, Cambridge.

Seashore, C. E.

1967 *Psychology of Music*, Dover, New York; 1ª ed. McGraw-Hill, New York - London 1938.

Shaffer, L. H.

1981 *Performances of Chopin, Bach and Bartók: studies in motor programming*, in «Cognitive Psychology», n. 13, pp. 326-76.

1984 *Timing, in solo and duet piano performances*, in «Quarterly Journal of Experimental Psychology», n. 36, pp. 577-95.

Shove, P., e Repp, B.

1995 *Musical motion and performance: theoretical and empirical perspectives*, in Rink 1995, pp. 55-83.

Sloboda, J. A.

1983 *The communication of musical metre in piano performance*, in «Quarterly Journal of Experimental Psychology», n. 35, pp. 377-96.

Sundberg, J. A.

1988 *Computer synthesis of music performance*, in J. A. Sloboda (a cura di), *Generative Processes in Music* cit.

Todd, N. P.

1985 *A model of expressive timing in tonal music*, in «Music Perception», n. 3, pp. 33-58.

1989 *A computational model of rubato*, in «Contemporary Music Review», n. 3, pp. 69-89.

1995 *The kinematics of musical expression*, in «Journal of the Acoustical Society of America», n. 97, pp. 1940-49.

IRÈNE DELIÈGE

La percezione della musica

Bisognerà attendere la fine degli anni Cinquanta del Novecento per assistere alla comparsa dei primi studi sistematici sulla percezione della musica con i lavori di Paul Fraisse, *Les structures rythmiques* [1956] e di Robert Francès *La perception de la musique* [1958]. Il nostro inventario si situerà dunque in rapporto ai contributi della ricerca di questi ultimi quarant'anni, vale a dire agli studi provenienti dal settore della psicologia cognitiva nel periodo piú fertile in questa materia. Tuttavia nulla viene mai fuori intempestivamente; è bene dunque, in via preventiva, consultarne i preliminari cosí come sono stati affrontati dalle diverse scuole e filosofie a confronto.

1. *Eredità remote.*

Ancora una volta dovremo fare riferimento a Pitagora? È poco probabile che l'esattezza dei rapporti da lui studiati soddisfacesse la soggettività. Certe ricerche hanno osservato che l'ottava è oggetto di una percezione preferenziale in funzione del registro nel quale l'intervallo si situa. Cosí, l'ottava "preferita" sarà leggermente piú larga nell'acuto e piú stretta nel grave [Ward 1954]. Popolazioni non acculturate, secondo i nostri criteri occidentali, presentano la stessa "preferenza" [Harwood 1976], motivo che potrebbe far pensare che questo tipo di fenomeno sia una *costante psicologica*, in altri termini un "universale".

Un'altra eredità della Grecia è passata attraverso i secoli e ha resistito: gli aspetti simbolici associati all'*ethos* modale. Si possono leggere riflessioni a questo riguardo in Platone e in Aristotele; essi avevano osservato che la musica esercitava un potere particolare sul comportamento dell'individuo, le sue reazioni, le sue disposizioni mentali, le sue emozioni, e ne attribuivano l'origine all'organizzazione modale. In funzione di tale constatazione, i differenti modi erano stati catalogati – lamentoso per il modo misolidio, effemminati per il lidio e lo ionico, energico e sobrio per il dorico e il frigio – e il loro uso, tenendo in considerazione questi supposti poteri, era riservato a delle circostanze ben determinate (Platone, *La Repubblica*, III, 398b-399a).

A circa venti secoli di distanza, questi aspetti hanno trovato nuova eco. Cosí, il modo maggiore si vede oggi correntemente associato a un effetto di gioia e d'allegria; per contro, sarà un effetto di tristezza e malinconia a essere attribuito al modo minore; alcuni ricercatori si dedicano persino a oggettivare sperimentalmente la fondatezza di simili sensazioni, laddove altri vi vedono solo delle banalità.

2. *Evoluzione delle teorie e approcci sperimentali.*

Lo studio della percezione della musica, lungo tutto il corso della sua evoluzione, seguirà le vie stabilite dalla psicologia sperimentale e ne sfrutterà i paradigmi, i modelli e i metodi. Tale settore di ricerca attenderà dunque la fondazione dei primi laboratori di Wilhelm Wundt a Lipsia, nel 1879, per vedere accettate totalmente le sue preoccupazioni come ricerca scientifica. Dopo che la psicologia sperimentale è stata ammessa come disciplina universitaria verso la fine del XIX secolo, in Germania, dei discepoli di Wundt l'introducono in numerose università americane e francesi. A questo punto si assisterà al formarsi abbastanza rapido di divergenze, relative alle opzioni filosofiche da privilegiare, fra le diverse scuole in via di formazione.

2.1. La percezione basata sull'introspezione.

La via tracciata da Wundt (1832-1920) verte su un'investigazione degli elementi costitutivi della coscienza. I fatti mentali vengono ormai esplorati sperimentalmente, e da questo momento ammessi al rango di «oggetti scientifici possibili» [Parot e Richelle 1992, p. 170]. Comunque, il fatto di sperimentare solleva delle esigenze e la messa in atto di metodi ripetibili, tali da garantire il carattere di scientificità della ricerca. Trattandosi di fatti mentali, fuori portata per definizione, sorgono alcune difficoltà. Come fare ad attestare i fenomeni psichici che ci si propone di studiare? A quel punto viene proposta una rigorosa quantificazione dei rapporti fra sensazione e coscienza basata sull'introspezione. Le procedure sperimentali consistono nell'interrogare i soggetti sulle sensazioni provate in occasione di una situazione data, una tecnica che presuppone dunque che l'individuo abbia un certo accesso alla propria vita mentale e sia in grado d'interpretarne il contenuto con obiettività. In materia di percezione della musica, la tecnica dell'introspezione produrrà pochi studi significativi ed è fuori dal laboratorio di Wundt che i lavori piú notevoli saranno prodotti dai suoi insegnanti e contemporanei.

2.1.1. *La percezione della musica ai tempi dell'introspezionismo.* Alla fine del XIX secolo, i lavori riservati alla percezione della musica erano opera di eminenti filosofi, fisiologi, o medici. Lavori che suscitano un interesse ancor oggi vivo sono stati pubblicati in Germania a quell'epoca: *Die Lehre von den Tonempfindungen als physiologische Grundlage für die Theorie der Musik* di Hermann Helmholtz [1885], *Vorschule der Aesthetik* di Gustav Fechner [1876] e *Tonpsychologie* di Carl Stumpf [1883 e 1890].

a) Il ruolo di Weber e Fechner. Gustav Fechner (1801-887), un predecessore di Wundt, aveva aperto la via della misurazione rigorosa. Egli proseguiva lungo una direzione inaugurata da Ernst Heinrich Weber (1795-1878), il quale aveva osservato un fatto fondamentale in materia di psicologia della percezione, quale che fosse la modalità sensoriale interessata, e cioè che l'individuo non è sensibile a differenze assolute, ma unicamente a differenze relative. A tale proposito, si propone spesso l'esempio di soggetti con gli occhi bendati ai quali si chiede di valutare delle differenze di peso. Se il soggetto tiene nella mano un peso di 100 grammi, bisognerà mettergli nell'altra mano un peso di almeno 110 grammi perché possa cogliere una differenza. Tuttavia questa differenza di 10 grammi non è piú sufficiente se il peso di riferimento è di 200 grammi; questa volta, bisognerà aggiungere 20 grammi al peso iniziale perché si possa registrare un risultato, e cosí di seguito.

Fechner, l'iniziatore della psicofisica, si dette come compito quello di sistematizzare questa osservazione misurando la relazione che esiste fra una stimolazione fisica, che sia oggettivamente quantificabile, e la sensazione soggettiva che essa attiva nell'individuo. I suoi lavori gli hanno permesso di stabilire che la sensazione cresce come il logaritmo della stimolazione fisica, principio la cui applicazione può essere estesa alla psicoacustica, sia che si tratti della percezione dell'intensità del suono, sia della sua durata, della sua altezza, ecc.

Verso la fine della sua vita Fechner cercherà, piú in relazione agli studi sul gusto, un approccio del giudizio delle preferenze estetiche e della misura del sentimento di bellezza. Egli definisce un principio di *piacere* (*Lustprinzip*) che caratterizza il grado d'attrazione procurato da una stimolazione. Le tecniche sperimentali che si sono qui descritte saranno sfruttate nuovamente, ma questa volta allo scopo di determinare un livello di gradimento, di piacere-dispiacere [Zenatti 1994, p. 180].

b) Il ruolo di Helmholtz. Contemporaneo di Fechner, anche Hermann von Helmholtz (1821-94) svilupperà direzioni di ricerca alle quali s'ispirano ancora i lavori di oggi. Nel campo dell'udito egli privilegia gli aspetti psicoacustici del suono musicale e lo studio dei fenomeni di consonanza e di dissonanza. La sua teoria della percezione delle altezze, "teoria della risonanza", stabilisce che la vibrazione viene trasmessa dal timpano che comunica con la catena degli ossicini dell'orecchio medio verso la membrana basilare a livello dell'orecchio interno, provocando per simpatia la vibrazione di cellule nervose specifiche.

Helmholtz fu anche un pioniere, insieme allo psicologo olandese Donders, nello studio del tempo di reazione, campo che resta attualissimo e si propone di valutare i livelli di complessità dei processi di trattamento tramite procedure sperimentali che permettono d'inferirli, non essendo possibile accedere ai processi in quanto tali. La misura del tempo di reazione può essere applicata a soggetti molto diversi; per esempio, il riconoscimento di un frammento proveniente da una melodia conosciuta, l'identificazione di una variazione in rapporto a un certo tema, ecc.

Nella loro epoca tali ricerche passavano abbastanza inosservate: l'ambiente universitario basava la sua pratica sperimentale sull'introspezione e, data anche la funzione del riconoscimento internazionale, i ricercatori non erano pronti a rimettere in discussione le proprie basi teoriche. Tuttavia Helmholtz non è favorevole a tali speculazioni, che giudica sterili e inadatte a spiegare in che modo un dato sensoriale si trasformi in una percezione. La sua posizione, da lui esplicitata nella teoria delle "inferenze inconsce" (un lavoro la cui risonanza in materia di scienze cognitive è lungi dallo spegnersi) è completamente divergente. Egli presenta la percezione come un atto *creativo*: l'individuo *costruisce* le proprie percezioni, a partire dalla sensazione registrata, con un sistema di deduzioni (o inferenze) effettuate *inconsciamente* sulla base delle proprie esperienze e conoscenze anteriori. Per Helmholtz,

> le sensazioni trasmesse dai nostri sensi sono segnali per la nostra coscienza; è compito della nostra intelligenza imparare in qual modo dedurne il senso [citato da Meyering 1989, p. 157].

Una posizione del genere conferisce d'acchito un rango differente alla percezione, che viene nettamente distinta dall'impressione registrata dai nostri sensi. Inoltre, si vede come un principio di semplicità e d'economia dei mezzi psicologici che si ritroverà in seguito presso i teorici della Gestalt, sia insito nelle affermazioni di Helmholtz; infatti egli asserisce che

> noi captiamo agevolmente e con precisione le sensazioni che contengono informazioni utili concernenti gli oggetti esterni, eppure ignoriamo il resto [citato *ibid.*, p. 188].

c) Il ruolo di Stumpf. L'ottica introspezionista, giudicata troppo elementare, viene contestata anche a Würzburg, scuola alla quale si ricollega Carl Stumpf (1848-1936). Attorno a lui si raggruppano i pionieri del movimento della Gestalt: Christian von Ehrenfels (1859-1932), Kurt Koffka (1886-1941), Max Wertheimer (1880-1943) e Wolfgang Köhler (1887-1967), che gli succede nel 1922. Sia come filosofo sia come psicologo, Stumpf avanza delle riserve quanto alla possibilità di sperimentare in materia di coscienza, non essendo questa, come suppongono i rappresentanti della scuola di Wundt, una semplice concatenazione di sensazioni, immagini, ricordi, ecc., secondo leggi associative, ma, al contrario, variabile a seconda dei momenti e degli individui. La coscienza è un tutto, perpetuamente in moto: la misura di sensazioni elementari, per quanto precise possano essere, non ne proporrà mai altro che una descrizione insoddisfacente.

Stumpf proseguirà ugualmente lo studio della percezione della musica lungo la via inaugurata da Helmholtz a proposito dei fenomeni di consonanza/dissonanza. Egli amplierà il punto di vista acustico-fisiologico di partenza, in direzione di categorie d'ordine piú nettamente psicologico. Albrecht Schneider [1997], uno degli esegeti del pensiero di Stumpf, mette l'accento sul concetto di «Verschmelzung», da Stumpf introdotto nella sua opera *Tonpsychologie*, a proposito del fenomeno di consonanza/dissonanza. Questo concetto fa intervenire l'apprezzamento individuale nella valutazione dei dati fisici del fenomeno, cosa che vi introduce una dimensione soggettiva. La nozione di *Verschmelzung* potrebbe essere accostata a quella di *fusione*. Comunque, Schneider precisa [*ibid.*, p. 119] che non si tratta di fusione nel senso assoluto del termine, dal momento che il concetto non sottintende che numerosi suoni emessi simultaneamente verrebbero percepiti come un unico suono, con un annullamento dell'identità e della qualità delle parti. Al contrario, un orecchio avvertito percepirà questo tipo di configurazione come un "tutto sonoro" (*Tonganzes*) nel quale le parti si fondono pur restando identificabili. Le basi filosofiche e i fondamenti teorici della svolta verso la scuola della Gestalt erano dunque già chiaramente in gestazione.

2.2. L'ereditarietà del talento musicale e la valutazione delle attitudini.

È questo un ambito relativamente marginale, ma che merita una breve digressione. La fine del XIX secolo è segnata dall'influenza di Francis Galton (1822-1911), un cugino di Darwin, del quale si conoscono le preoccupazioni in materia di ereditarietà dei connotati psicologici e fisiologici, e piú in particolare circa l'ereditarietà del genio. L'opera di Galton *Hereditary Genius*, apparsa nel 1869, costituisce un'ampia inchiesta su numerose generazioni di personalità illustri. In tale contesto, anche l'ereditarietà del *talento musicale* è stata motivo d'interesse. Theodor Billroth (1829-94) vi dedica la propria opera, apparsa nel 1895, *Wer ist musikalisch?*, e anche Carl Stumpf elaborerà dei test col proposito di discernere il grado di coscienza musicale dell'individuo, e stabilire su queste basi criteri oggettivi che permettano di delimitare le categorie Musicista / Non Musicista. La messa a punto di insiemi di test d'attitudine musicale, ancora di recente in uso, ha la sua origine in quei criteri.

Alla base della concezione di questi test vi sono differenti principî. In taluni di essi è dominante l'influenza delle teorie associazioniste e delle tecniche della psicofisica; in funzione di ciò questi test sono principalmente imperniati sulla discriminazione uditiva fra coppie di elementi leggermente differenti quanto al parametro sotto indagine. Altri hanno come principio quello di ottenere le misure su basi piú specificamente musicali e privilegiano la sensibilità nella percezione degli intervalli, delle tonalità, dell'armonia, del ritmo, del tempo, della memoria melodica e ritmica, della relazione fra tema e variazione, ecc. Il lavoro di Rosamund Shuter-Dyson e Clive Gabriel, *The Psychology of Musical Ability*, fornisce un'informazione esauriente sull'argomento e descrive in dettaglio le serie di test piú rappresentative che siano state concepite, fino ai *Tests musicaux pour jeunes enfants*, pubblicati nel 1980 da Arlette Zenatti.

2.3. La posizione comportamentista.

Lo studio dei fenomeni della coscienza viene ugualmente combattuto negli Stati Uniti, paese piú orientato verso la tecnologia, le attese di rendimento e lo studio delle sue cause e risultati. Vi si studierà il comportamento umano o animale (da cui il termine "behaviorismo"), in funzione di principî che considerano inaccessibile la valutazione degli stati mentali provati dal soggetto fra l'*input* e l'*output* di un determinato stimolo. Tali aspetti saranno scartati dal campo di ricerca e lo schema "stimolo-risposta" (S-R) proclamato nel 1913 dal fondatore del movimento, John Watson (1878-1958), esclude che ci si dilunghi su quanto avviene fra questi due poli. I comportamentisti sostengono che gli stati mentali si rivelano esteriormente attraverso attività motorie o fisiologiche: dunque dovrebbe essere sufficiente concentrarsi su questi dati per manipolare la "psiche" individuale. Le categorie attinenti la coscienza e le strutture mentali cederanno il passo, per ragioni di oggettività, agli effetti visibili della stimolazione, musicale o d'altro genere, nel soggetto. Questa corrente ha prodotto notevoli teorie dell'apprendimento con Thorndike, Skinner, Tolman, Hull, Hebb. Punti di vista analoghi sono alla base della ricerca in Russia, dove il caposcuola Pavlov (1849-1936) difende la sua celebre teoria basata sul riflesso condizionato.

In un simile contesto il settore della percezione della musica non è stato improduttivo, tuttavia i lavori erano condizionati dalla filosofia circostante: l'apprendimento e lo studio dell'effetto della musica sul comportamento umano erano al vertice delle preoccupazioni. Gli aspetti connessi all'*ethos* tonale godono di un certo ritorno d'interesse, con in parallelo tutto quanto si riferisce alla cosiddetta musica funzionale, ambito nel quale s'arriverà al punto di studiare l'effetto della musica sul miglioramento del rendimento nel lavoro: i procedimenti *muzac*, originari degli Stati Uniti, sono esemplari a questo riguardo circa i vantaggi che si sono potuti ricavare da lavori del genere nella prospettiva di uno sfruttamento su grande scala dell'ascolto musicale per asservire l'individuo. È sufficiente richiamare la pratica delle sonorizzazioni musicali nei supermercati e in altri luoghi pubblici, o per tenere desto il personale negli uffici o nelle fabbriche durante le ore in cui c'è tendenza all'assopimento. Lavori come quelli di Lundin, *An Objective Psychology of Music*, apparso nel 1953, e di Radocy e Boyle, *Psychological Foundations of Musical Behavior*, apparso nel 1979, sono il riflesso di questo atteggiamento mentale e ne forniscono una visione appropriata.

Il radicalismo della posizione comportamentista di partenza sarà attenuato nel seno stesso della scuola da una figura come Edward Tolman (1886-1959), il quale reintrodurrà fra i due termini del modello S-R una variabile intermedia (I) che fa nuovamente spazio agli stati mentali del soggetto. Lavorando con dei ratti, Tolman riteneva che fosse scorretto interpretare in termini di memoria di una sequenza rigida d'azioni l'abilità degli animali di trovare una ricompensa alimentare nel labirinto. Aveva notato che, sulla base dell'apprendimento, il ratto poteva raggiungere il cibo con una variazione del suo tragitto secondo le circostanze: dunque l'animale non era vincolato a sequenze di gesti motori necessariamente ripetitivi. Tolman ne dedusse l'idea che il ratto fosse capace di costruirsi una rappresentazione mentale del labirinto, grazie alla memorizzazione di punti di riferimento esterni, ma non sulla base d'indizi propriocettivi, soprattutto cinestesici: sembrava dunque che, contrariamente all'idea generalmente ammessa, l'animale non si basasse unicamente sulle informazioni rinviate dai propri ricettori sensoriali situati a livello dei muscoli, delle articolazioni, dei tendini, o forniti dal suo stato interno, ma disponesse di mezzi psicologici piú elaborati. Queste osservazioni sono alla base della definizione del suo concetto di *cognitive maps* [Tolman 1948] che d'allora in poi assumerà l'idea di uno schema mentale elaborato dal soggetto a contatto delle stimolazioni registrate. Con un ampliamento di questo punto di vista, l'idea ha recentemente dato luogo, in materia di percezione della musica in tempo reale, all'ipotesi dell'organizzazione di una *linea mentale*, una sorta di schema dell'opera musicale che sarebbe fondato su punti di riferimento percettivi – gli *indizi* – estratti durante l'ascolto [I. Deliège 1991; 1993; 1998; cfr. *infra*].

2.4. La svolta verso la Gestalt.

Sull'esempio del loro maestro Stumpf, anche i rappresentanti di questa scuola manifestano agli inizi del Novecento la propria opposizione all'approccio basato sull'introspezione. Sono numerosi i rappresentanti della scuola della Gestalt che fuggono dalla Germania nazista e si stabiliscono in America, nel momento in cui la corrente comportamentista sta compiendo il suo massimo sforzo. La loro presenza e il loro impatto non furono trascurabili nella perdita progressiva di credito e d'influenza da parte di questa corrente di pensiero.

Fin dall'inizio, gli esponenti della Gestalt avevano proclamato la pregnanza del "tutto" rispetto alla somma delle parti. Dunque, la percezione di una melodia, per fare l'esempio di Von Ehrenfels [1988], non può essere ricondotta alla percezione di una successione di suoni concatenati ritmicamente. La sua identità non viene definita dalle caratteristiche dei diversi suoni che la compongono; al contrario, si tratta di un'organizzazione funzionante come un "tutto" capace di subire trasposizioni, senza tuttavia alterare la sua identità. Il riconoscimento di una melodia in una qualsivoglia tonalità è il risultato della sua forma globale, la sua *Gestalt*, che s'impone in quanto tale e non può risultare dall'associazione, operata dalla coscienza, delle sue diverse componenti [Von Ehrenfels 1988, III, p. 168].

Gli psicologi della Gestalt articoleranno proprie *leggi* dell'organizzazione percettiva a partire da una riflessione in materia di percezione visiva. Esse restano oggi una delle basi piú solide per la spiegazione teorica ed empirica dei fenomeni acustici e musicali. Nella sostanza, queste leggi formalizzano una tendenza spontanea e inconscia dei meccanismi psicologici umani consistente nell'obbedire a principî di semplicità, e delimitare, in campo percettivo, unità generate dalle qualità e dalle disposizioni liberate dagli elementi di una configurazione globale (prossimità, similarità, destino comune, buona continuità, ecc.), i quali a loro volta determineranno segmentazioni e raggruppamenti organizzati di strutture (fig. 1, *a* e *b*). Come corollario, lo stimolo visivo può presentare situazioni che favoriscono il raggruppamento (è il caso della presenza di configurazioni ricorrenti) o lo rendono problematico (è il caso della presenza conflittuale, in punti vicini, di due o piú principî di raggruppamento differenti (fig. 1, *e*).

Nel corso degli ultimi quarant'anni, molti lavori in materia di percezione della musica sono stati influenzati dalle teorie della Gestalt. Le disposi-

Figura 1.

Le configurazioni visive *a*, *b*, *c* e *d* qui rappresentate vengono spontaneamente percepite come formate da due gruppi distinti: *a*) in funzione del principio di prossimità che introduce una distanza fra il terzo e il quarto elemento; *b*) in funzione del principio di similarità fra gli elementi; *c*) in virtú di un'accentuazione del principio di prossimità; *d*) in virtú dell'incontro in un medesimo punto di due principî di raggruppamento (qui prossimità + similarità). Per contro, la configurazione *e* presenta una situazione conflittuale, che impone una scelta fra due raggruppamenti possibili: uno generato dal principio di similarità segmenta la configurazione dopo il terzo elemento; l'altro, se viene privilegiato il principio di prossimità, interverrà dopo il quarto elemento.

zioni percettive proprie della percezione visiva vi sono state applicate per l'organizzazione dell'ascolto (cfr. *infra*).

Segnaliamo, fra i piú significativi, *Les structures rythmiques* [1956] e *Psychologie du rythme* [1974] di Fraisse, *Emotion and Meaning in Music* di Meyer [1956] e, piú vicino a noi, *A Generative Theory of Tonal Music*, di Lerdahl e Jackendoff [1983], dove i principî esemplificati qui sopra costituiscono il fondamento della teoria dei raggruppamenti ritmici (cfr. *infra*).

L'aspetto temporale dello svolgimento musicale ha comunque imposto taluni adattamenti, visto che il carattere d'immediatezza presupposto nella percezione di un "tutto" era fuori portata per informazioni che si svolgono nel corso di porzioni di tempo variabili e di lunghezze non predefinite [cfr. Davies 1978, capp. III e IV]. Su questo piano, il concetto di «presente psicologico» di Fraisse suggerisce l'idea di un'unità di misura, una specie di spanna temporale, che permetta d'attualizzare nell'ascolto strutture sonore ormai fisicamente scomparse, da cui risulti la percezione del ritmo musicale: «Senza un presente psicologico non c'è percezione globale del successivo e senza percezione globale non c'è struttura ritmica» [1974, trad. it. p. 60].

2.5. Il cognitivismo.

Proseguendo sulla linea tracciata dalla Gestalt, i cognitivisti focalizzeranno il proprio interesse sulla struttura e sul funzionamento dei processi mentali. Le capacità cognitive formano un sistema complesso di rappresentazioni e di processi inerenti le nostre differenti modalità cognitive, o per meglio dire un insieme di conoscenze e di possibilità d'intervento su queste stesse conoscenze. L'approccio del sistema delle rappresentazioni presuppone dunque l'esame di stadi molto diversi, che va dall'analisi delle capacità pre-trasmesse (dominio dell'innato), al loro sviluppo nel corso dell'infanzia, all'acquisizione di nuove conoscenze, al loro mantenimento e anche al loro possibile degrado. Questo punto di vista si applica quale che sia il campo di studio. Esiste poi l'idea di *costanti psicologiche*, sottostanti a quei principî, che si ritrovano passando da un campo all'altro, idea che sarà ampiamente sfruttata in materia di percezione della musica. Il progetto cognitivista, lo si è già compreso, fa intervenire differenti settori della ricerca. Una larga parte è riservata alla neuropsicologia, la quale studia le parti del cervello e della corteccia cerebrale che intervengono nelle attività percettive. Vi si aggiungono l'intelligenza artificiale, la linguistica, le scienze matematiche, l'informatica, l'antropologia, ecc., che concorrono a costituire il vasto campo delle *scienze cognitive*.

Questa svolta ha determinato un immediato progresso in materia di studi sperimentali sulla percezione in generale. Sul terreno della percezione musicale propriamente detta, numerosi settori di specializzazione hanno visto rapidamente la luce, concentrandosi ognuno su aspetti specifici della musica occidentale. Un giro d'orizzonte dei principali tipi d'approccio permetterà di evidenziare l'essenziale delle differenti strade attualmente percorse. Qui passeremo in rassegna due principali assi di ricerca: da una parte, i lavori che all'inizio si sono focalizzati in modo particolare sulla percezione delle categorie evidenziate dalla teoria e dalla sintassi musicali (scale, gradi, gerarchia, accordi, ecc.), dunque quelle che permettono di verificare un certo livello di acculturazione dell'individuo rispetto al suo ambiente sonoro; dall'altra i lavori che rispondono a un orientamento ereditato dalle teorie della Gestalt, aventi come obiettivo quello di esplicitare e descrivere il trattamento cognitivo di sequenze melodiche, la formazione dei raggruppamenti e l'accesso allo stadio della rappresentazione mentale della forma musicale. Toccheremo infine alcune tendenze recenti che cercano d'individuare le componenti emozionali legate all'ascolto, argomento da un po' di tempo al centro degli interessi della psicologia cognitiva della musica.

2.5.1. *Percezione delle categorie evidenziate dalla teoria e dalla sintassi tonale*. Già dal 1958, Francès sottolineava che

> il senso tonale si sviluppa come un sistema d'abitudini percettive [...] senza che i termini oggettivi da cui dipende la loro acquisizione siano stabiliti consapevolmente dai soggetti. Costoro ignorano ciò che è la tonica, la dominante, l'accordo perfetto, la cadenza fino al momento in cui lo studio non glielo rivela [1958, pp. 108-9].

L'ordinamento caratteristico delle nozioni dipendenti da una qualsivoglia sintassi acquista dunque un senso all'insaputa dell'individuo, come frutto del suo graduale familiarizzarsi col sistema musicale statisticamente piú in uso nel suo ambiente quotidiano. Dunque è normale che la psicologia della musica si sia data come compito principale quello di sondare sperimentalmente un insieme di nozioni in riferimento all'armonia tonale, con lo scopo di dar conto della realtà di questa impregnazione e della maniera con cui la si acquisisce.

a) Sviluppo della percezione delle strutture tonali. Sulla scia di Francès, autori come Imberty [1969] e Zenatti [1975] hanno indagato lo sviluppo dell'acculturazione al sistema tonale nel corso dell'infanzia, producendo un *corpus* di ricerche programmate con grande sistematicità, le cui acquisizioni si mantengono ancor oggi significative. Al termine della sua opera Imberty stila, sotto forma di un quadro di riepilogo, una visione d'insieme di questa acquisizione per il bambino di età compresa fra i sei e i dodici anni. Contrariamente a un'opinione abbastanza diffusa che tende ad accreditare l'idea di una sorta di presenza innata delle funzioni tonali nei meccanismi percettivi dell'essere umano, l'evoluzione di questa *impregnazione* è veramente sensibile solo a partire dagli otto anni. I test incentrati sulla percezione del senso della *cadenza*, della *dissonanza*, delle *modulazioni*, dell'individuazione di *errori melodici* in bambini di sette anni mostrano un grado d'acculturazione ancora esile a questa età. Verso gli otto anni divengono preponderanti le capacità di giudizio a partire dall'elemento melodico delle sequenze, ivi comprese quelle relative alla valutazione degli accompagnamenti armonici. S'instaura un certo senso della *cadenza perfetta*.

Tuttavia, fra gli otto e i dieci anni, gli effetti dell'acculturazione si precisano. La *cadenza perfetta* viene bene assimilata e l'individuazione di *errori melodici* si stabilizza; comunque il bambino non possiede ancora un senso reale della *modulazione*, né della sua logica organizzativa. Egli è soprattutto sensibile ai cambiamenti *modali* e alle modulazioni verso *tonalità lontane*. Il suo senso dell'armonia resta ancora molto impreciso, e se il bambino improvvisa una melodia o gli viene chiesto di completare dei frammenti melodici, le sue operazioni non rivelano ancora un'organizzazione tonale nel vero senso del termine. Infine, le indagini sulle stesse attitudini all'età di dodici anni mostrano un rafforzamento delle tendenze precedenti, ma non un vero e proprio progresso, il che fa dire a Imberty che «tutto avviene come se a questa età l'evoluzione della percezione e dell'intelligenza musicali fosse bloccata» [1969, p. 217]. Tuttavia l'autore insiste sulla parte enorme che in questo campo spetta alla formazione generale, all'ambiente familiare e ai sistemi di scolarizzazione. Il quadro dello sviluppo genetico della percezione musicale deve dunque essere relativizzato in funzione dell'ambito esistenziale del bambino. Si è cosí potuto osservare che da un paese all'altro la posizione dell'educazione musicale nella scuola è molto variabile, passando dall'assenza totale attualmente riscontrabile in certi paesi europei a una pratica quotidiana in certi tipi d'insegnamento (ad esempio in Gran Bretagna), situazione che non può mancare di produrre differenze sensibili quanto al grado di comprensione e alle attitudini musicali nel bambino [cfr. Hargreaves 1986].

b) La percezione delle strutture tonali nell'adulto. Ad alcuni anni di distanza, la questione della realtà psicologica delle categorie che nell'adulto rimandano alla sintassi tonale è stata oggetto di un complesso di lavori condotti principalmente dall'équipe di Krumhansl durante gli anni Ottanta [cfr. Krumhansl 1990]. Viene impiegata la medesima tecnica sperimentale: si somministra ai soggetti l'ascolto di una breve sequenza musicale (scala, accordo, sequenza musicale, cadenza) che è destinata a creare un contesto d'ascolto, facendola poi seguire da un suono-stimolo (detto *probe-tone*) del quale il soggetto deve valutare la coerenza, su una scala di 7 gradi, in funzione del contesto preliminare. Dall'insieme dei risultati gli autori giungono alla conclusione di una conoscenza implicita delle categorie concernenti il sistema tonale, dal momento che le valutazioni dei soggetti rafforzano ampiamente le teorie racchiuse nei trattati classici. Dunque, per quello che si riferisce alla gerarchia dei gradi della scala tonale, le valutazioni attribuite ai suoni della scala cromatica, presentati come *probe-tone* in un contesto di riferimento di *do* maggiore, mettono in primo piano i suoni dell'accordo perfetto di tonica (*do*, *mi*, *sol*, *do*), seguiti in seconda linea dagli altri suoni diatonici della scala (*re*, *fa*, *la*, *si*), laddove i suoni cromatici (*do#*, *re#*, *fa#*, *sol#*, *la#*), percepiti come molto estranei, vengono scartati come poco adatti a integrarsi in un simile contesto. In uno studio ulteriore condotto nel quadro della gerarchia degli accordi all'interno di una data tonalità, gli stessi ricercatori rilevano nuovamente la perfetta concordanza fra la teoria tonale e l'interiorizzazione acquisita dai soggetti: gli accordi dei differenti gradi della scala ottengono la seguente classifica in ordine crescente d'importanza: I - V - IV - VI - II - III - VII; il che corrisponde alle regole presenti nei trattati d'armonia tonale. Infine, essi si sono proposti di conoscere se gli ascoltatori abbiano o meno una percezione appropriata delle modulazioni all'interno dell'opera e anche una sensazione corretta di ciò che i musicisti chiamano comunemente tonalità *vicine* e tonalità *lontane*. In pratica, queste disposizioni derivano dal cosiddetto "ciclo delle quinte" della teoria tonale: una modulazione viene detta "al tono vicino" se si situa alla distanza di una quinta (per esempio, partire da *do* maggiore per andare al *sol* equivarrebbe a un salto di quinta), e "al tono lontano" se necessita di numerosi passaggi (per esempio, partire da *do* maggiore per andare al *si* equivarrebbe a un salto di cinque quinte). L'interiorizzazione da parte dei soggetti - anche non musicisti - delle relazioni fra tonalità vicine e lontane è ancora una volta confermata: la distanza cognitiva percepita fra le tonalità del sistema corrisponde esattamente ai principî classificati in questa materia e se n'è potuta stabilire l'incidenza sui meccanismi dell'attenzione e sulla memoria [cfr. Sloboda 1985, cap. v; Tighe e Dowling 1993].

2.5.2. *Verso la rappresentazione mentale della forma musicale*.

a) Raggruppamento e percezione delle componenti melodiche. Parallelamente, ma pur sempre all'interno del quadro tonale, sono state condotte ricerche concernenti il trattamento cognitivo della melodia. Dowling [1978] ha studiato l'effetto della struttura diatonica nel riconoscimento di melodie trasposte. Una sequenza-modello era seguita da due sequenze di riferimento (l'una ne era una trasposizione esatta, mentre l'altra, oltre alla trasposizione, modificava l'ampiezza di alcuni intervalli) e i soggetti dovevano segnalare quale delle due era identica alla sequenza-modello. I risultati hanno mostrato come l'alterazione della curva melodica d'origine determinasse dei rifiuti pertinenti da parte dei soggetti, tanto musicisti quanto non musicisti. Altri aspetti concernenti la memoria della melodia sono stati affrontati dalla scuola di Cuddy, specialmente la ripetizione della tonica, la presenza della cadenza perfetta, le modulazioni interne alle sequenze [cfr. Cuddy 1993; 1997], convalidando le argomentazioni proprie delle teorie della tonalità come quadro interpretativo dei risultati.

Anche se perfettamente contemporaneo, è un contesto teorico del tutto diverso e collegato alla Gestalt a ispirare la ricerca relativa alla formazione di "correnti uditive" (*stream segregation*). Tale fenomeno, che è stato messo in evidenza da Bregman e Campbell [1971], studia l'influsso di differenti parametri sonori sulla rottura oggettiva della linearità della sequenza percepita. È possibile paragonare il fenomeno a quei passaggi ad andamento spezzato (o per salti) familiari ai musicisti, alternanti suoni acuti e gravi (fig. 2), che vengono automaticamente percepiti come formanti due linee melodiche distinte.

Bregman e Campbell invocano il principio di similarità in un esperimento nel quale si alternano tre suoni gravi e tre suoni acuti. Con un tempo lento, la sequenza viene percepita in maniera lineare, vale a dire i sei suoni nel loro ordine normale di emissione: stando ai termini in uso, si dirà che il messaggio è *coerente*. Se si tenta di accelerare il tempo, si verificherà la transizione a una zona d'instabilità: laddove il messaggio resta *coerente* per certe persone, per altre si opera al contrario una separazione in due linee, i suoni gravi da una parte e i suoni acuti dall'altra, conformemente al raggruppamento per similarità di frequenze. Tale zona d'ambiguità corrisponde a tempi d'emissione che si situano fra i cinque e i dieci suoni al secondo. A partire da questo limite superiore, si verifica per tutti una separazione automatica in due correnti, si ha cioè la *fissione*, e sarà ormai impossibile percepire in maniera lineare i sei suoni della sequenza [Noorden 1975]. Per giunta, si potrà fissare l'attenzione alternativamente sulla linea superiore o sulla linea inferiore, ma sarà impossibile inglobare le due linee simultaneamente.

Un'indagine sistematica sulle condizioni della comparsa di tale fenomeno è stata intrapresa da numerosi ricercatori nel corso di questo ultimo quarto di secolo; essi hanno sottolineato l'incidenza non soltanto del tempo, ma anche di altri parametri, quali il timbro, il registro e il volume, sulla separazione di una sequenza in correnti distinte, con la generazione di un effetto stereofonico, anche se l'emissione proveniva da un'unica fonte sonora [Bregman 1990; McAdams e Bregman 1979].

In uno studio ormai classico, intitolato *The perception of interleaved melodies*, Dowling [1973] sfrutta le osservazioni provenienti da questi lavori e si dedica alla dimostrazione dell'incidenza del registro e dell'intensità nel-

Figura 2.

Scrittura tipo ad andamento spezzato che produce la percezione di due linee distinte (estratto del *Capriccio* op. 1 n. 12 di Niccolò Paganini).

la percezione di due melodie assai familiari: i differenti suoni vengono presentati in alternanza (primo suono di una melodia seguito dal primo suono dell'altra, secondo suono dell'una seguito dal secondo suono dell'altra, ecc.). Se le melodie vengono prodotte entro un medesimo registro e con la stessa intensità, i soggetti non le riconoscono. Per ristabilire la percezione della successione naturale dei suoni sarà allora necessario differenziare il registro di ognuna di loro (principio di similarità); l'attribuzione di un'intensità propria a ciascuna melodia rinforzerà ancora di piú il risultato (si rileva qui un'applicazione dei principî esemplificati nella figura 1, *c* e *d*).

b) Raggruppamento e percezione delle componenti ritmiche. La formazione di raggruppamenti, quale che sia la modalità sensoriale interessata, risiede su un aspetto che è comune a tutti i principî della Gestalt, vale a dire la necessità di percepire *differenze* fra l'una o l'altra regione dello stimolo [I. Deliège 1987]. Trattandosi del ritmo musicale, saranno dunque decisive le *differenze* d'ordine acustico e/o temporale percepite a livello della superficie musicale. All'interno del gruppo, i suoni potranno essere totalmente identici, o piú o meno simili, ma è importante che una *differenza* generi la frontiera, e determini suo tramite il punto d'inserzione del gruppo seguente (fig. 3). Queste disposizioni confermano, fin dal livello della percezione ritmica, il funzionamento dei principî del *Medesimo* e del *Differente* nel-

Figura 3.

Regole preferenziali di raggruppamento ritmico di Lerdahl e Jackendoff: *a*) il principio di prossimità genera il raggruppamento a causa dell'introduzione di un silenzio o di un suono di durata maggiore; *b*) il principio di similarità genera il raggruppamento a causa di un cambiamento di registro, di dinamica, di articolazione o di lunghezza; gli esempi *c* e *d* mostrano l'intervento degli stessi principî, ma i gruppi sono costituiti da suoni prossimi, non identici.

la rappresentazione mentale dell'opera musicale [I. Deliège 1989; 1991; cfr. *infra*].

È importante sottolineare l'aspetto soggettivo insito nell'organizzazione percettiva del ritmo. L'esempio di un susseguirsi ininterrotto di battiti di metronomo, fornito da Wundt, è stato spesso richiamato per sottolineare il fatto che la percezione inscrive soggettivamente delle differenze – o una sorta di accentuazioni – anche dove oggettivamente tutto è rigorosamente identico, producendo come risultato la percezione spontanea di un ritmo regolare che raggruppa i suoni per due o per tre.

Lerdahl e Jackendoff [1983] dedicano il primo capitolo del loro lavoro *A Generative Theory of Tonal Music* a una sistematizzazione di queste disposizioni percettive del ritmo. Essi definiscono un insieme di regole stabilite a partire dai principî di prossimità e similarità (denominato "cambiamento") e precisano in qual modo le differenze d'ordine temporale (presenza d'un silenzio, di una differenza di durata o d'articolazione) e/o acustico (cambiamento di registro, d'intensità, di timbro, ecc.) generino la sensazione di un accento che trascina la percezione dell'organizzazione ritmica (cfr. fig. 3). Queste regole vengono dette *preferenziali*: esse potranno essere assunte o meno nell'atto percettivo; una verifica sperimentale ha osservato precisamente un ordine di efficacia differenziale dei parametri; per di piú sono stati messi in evidenza altri parametri di raggruppamento, soprattutto il cambiamento di densità sonora e il cambiamento d'armonia [I. Deliège 1987], il che comunque non significa che la lista sia terminata.

La ricerca sperimentale ha sottolineato una convergenza abbastanza elevata fra le risposte degli adulti musicisti e non musicisti, il che permette di formulare l'idea di una relativa automaticità dei processi di percezione ritmica, indipendentemente dalla formazione musicale dell'ascoltatore [I. Deliège 1989]. La conferma dell'ipotesi di un automatismo richiederebbe tuttavia indagini supplementari e l'estensione degli studi in direzione dello sviluppo, campo ancora poco esplorato per il momento. Numerosi esperimenti sono comunque stati condotti su bambini nei primi due anni di vita, con l'intento di mettere inoltre in evidenza il carattere eventualmente innato dei processi. Tale interrogativo su quanto è innato e quanto è acquisito, già posto numerose volte, non ha ottenuto ancora risposte definitive, ma la tendenza a raggruppare i suoni in funzione di certi parametri si è potuta osservare prima di un anno d'età, soprattutto per l'allungamento della durata di un suono all'interno di una sequenza, e per le differenze di registro e di timbro [cfr. Chang e Trehub 1977; Mélen 1997; Morrongiello 1984; Thorpe e Trehub 1989; Thorpe, Trehub, Morrongiello e Bull 1988; Trehub 1993; Trehub e Trainor 1994; Trehub, Schellenberg e Hill 1997]. La formazione del raggruppamento indotta da differenze di volume sonoro si è del resto scontrata con problemi specifici, che mostrano un effetto positivo in presenza di un aumento del volume e un'assenza di effetti in caso di riduzione del volume [Sinnott e Aslin 1985; Thorpe e Trehub 1989]. Una simile situazione suggerisce che la riduzione dell'intensità sonora produca la scomparsa dell'effetto d'accento necessario per individuare il raggruppamento. Mélen [1997] conferma questi risultati in materia di cambiamenti di registro e d'intensità, ed estende l'indagine in funzione dei principî *Medesimo/Differente* [cfr. *supra*]. A partire da queste basi teoriche, vengono introdotte negli stimoli due differenze sonore che si distinguono per la loro rilevanza (una "piccola" e una "grande"), quantunque ugualmente percettibili, il che permette d'osservare che i bimbi di meno di due anni trascurano le piccole differenze, assimilandole ai suoni prossimi sulla base del *Medesimo*, ma reagiscono per contro là dove percepiscono un contrasto imposto dalla frontiera di gruppo a causa del suo effetto d'accento. Per altro verso, si riproduce la medesima assenza di discriminanti per le riduzioni d'intensità, cosa che conferma il fatto che in una situazione del genere il contrasto non è portatore d'accento.

Partendo dalla tendenza al raggruppamento nei bambini di meno di due anni, Krumhansl e Jusczyk [1990] ampliano la prospettiva, cercando di determinare la loro sensibilità per la frase musicale. Due versioni deformate di minuetti di Mozart vengono somministrate a bambini fra i quattro e i sei mesi: l'una con l'aggiunta di una pausa supplementare di un secondo alla fine di ogni frase; l'altra con la presenza di una pausa nel bel mezzo della frase. Musicalmente parlando, la prima versione preserva il buon svolgimento dello schema musicale, mentre la seconda lo perturba, laddove lo scopo è quello di delimitare la "preferenza" dei bimbi calcolata in termini di tempo passato a guardare verso l'uno o l'altro diffusore durante i test. I risultati ottenuti hanno permesso di riscontrare nei bimbi di quell'età una "preferenza" per le frasi musicali non perturbate.

c) Percezione delle componenti metriche. Oltre all'accento espressivo che è in relazione con la percezione del ritmo, bisogna citare i lavori che studiano la percezione dell'accento *metrico*, vale a dire quello che è in relazione con la percezione di una pulsazione regolare nel flusso sonoro, corrispondente a quanto viene sovente descritto come un ritorno periodico dei cosiddetti tempi *forti* e *deboli*.

Se è possibile ipotizzare un carattere d'universalità in relazione ai processi psicologici di formazione dei raggruppamenti ritmici, l'organizzazione metrica deve invece essere individuata entro confini ben definiti, aspetto questo che la letteratura sulla percezione metrica, peraltro abbastanza abbondante, omette di prendere in considerazione. Per esempio, l'idea di un'alternanza di pulsazioni *forti* e *deboli* non poteva essere messa in pratica prima della comparsa, all'inizio del XIV secolo, di un regime metrico fondato sulla proporzionalità e la progressione geometrica per suddivisione o moltiplicazione di un valore di durata "campione" [C. Deliège 1986, p. 9], e dell'introduzione della barra di separazione della misura come punto di riferimento visivo nella notazione musicale. Taluni vi vedono un'analogia con la percezione del *tactus* nell'accezione adottata durante il Rinascimento, ma anche in questo caso è opportuna una riserva, nella misura in cui il *tactus* – ovvero battiti uguali che regolano il sincronismo del flusso musicale con un gesto della mano o un *clic* udibile dagli interpreti – non implica un'accentuazione periodica di certe battute. Infine, la nozione di *metro* potrebbe dover essere ristretta a un periodo limitato a sette secoli di storia per quanto concerne il repertorio della musica occidentale: le categorie che fanno capo alla nozione di *metro* sono infatti diventate sempre meno pertinenti per un buon numero di linguaggi musicali contemporanei. Queste non sarebbero generalizzabili nemmeno per l'insieme dei sistemi musicali di tradizione orale.

Nel suo principio costitutivo, la periodicità del metro presuppone una rigorosa precisione della sua realizzazione da parte dell'esecutore. Alcuni studi hanno tuttavia rivelato che un'esattezza del genere viene raramente raggiunta, se non in esecuzioni ottenute con mezzi meccanici o con calcolatori. L'équipe di Gabrielsson [1987] ha adottato numerosi approcci che mostrano come l'interprete si conceda spontaneamente molte libertà in relazione alla precisione della notazione, generando deviazioni sul terreno della regolarità metrica attesa. E cosí egli ha confrontato, per un medesimo frammento della Sonata in la maggiore K. 331 di Mozart, le esecuzioni di cinque rinomati pianisti (Ingrid Haebler, Wilhelm Kempff, Wilhelm Backhaus, Ken Ara e Alfred Brendel).

Paradossalmente, la figura 4 permette di osservare un'esattezza piú che relativa, e tuttavia queste deviazioni non vengono registrate all'ascolto come errate: si opera automaticamente una compensazione a livello cognitivo, la quale annulla gli scarti in rapporto al metro di riferimento e ristabilisce soggettivamente una pulsazione esatta. La percezione metrica sarebbe dunque

> un'astrazione, un'idealizzazione che implica l'esistenza di processi cognitivi complessi che inducono l'ascoltatore a interpretare come regolari successioni d'eventi sonori che non lo sono oggettivamente [Bigand 1994, p. 273].

Questa "interpretazione psicologica" assicura agli allievi nell'atto di annotare il dettato musicale del professore nelle classi di solfeggio, oppure ai ballerini che regolano i loro passi al suono di un valzer o di un tango, una percezione metrica inconsapevolmente corretta; tuttavia i processi cognitivi che sorreggono questo genere di disposizioni psicologiche sono ben lungi dall'essere totalmente esplicitati [cfr. comunque Jones 1976; 1987; 1993; Jones e Boltz 1989; Jones e Ralston 1991; Monahan 1993].

Figura 4.

La figura mostra le deviazioni introdotte dagli interpreti. Per i pianisti A, B, e D, si possono osservare due differenti esecuzioni (tratti continui e punteggiati). Estratto da A. Gabrielsson [1987, pp. 90-91], per gentile concessione dell'autore e della Royal Swedish Academy of Music.

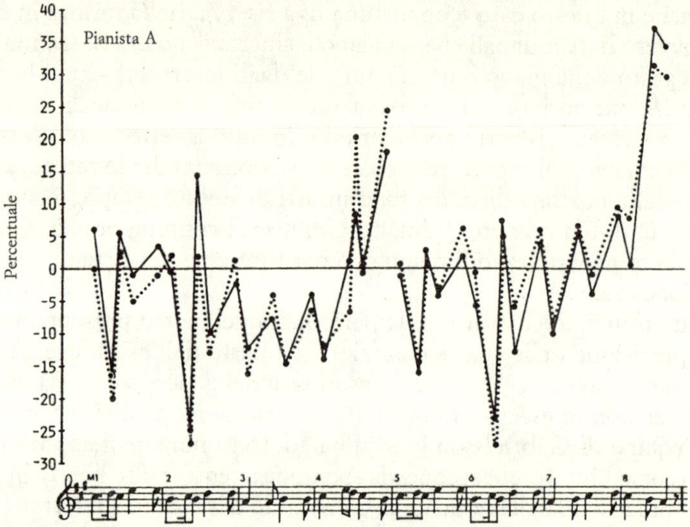

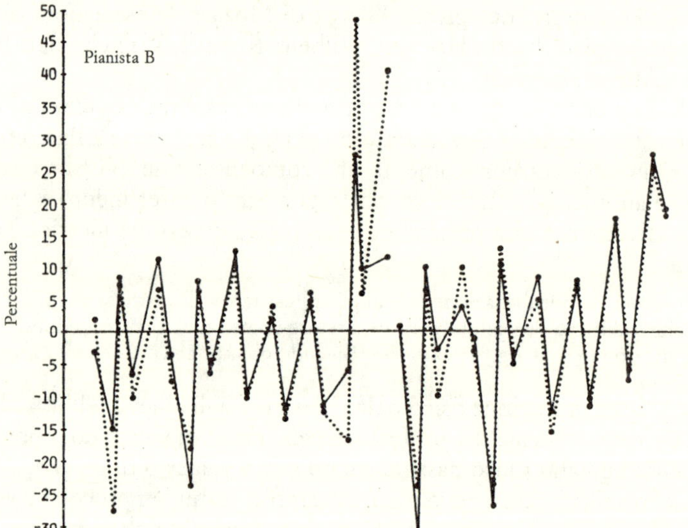

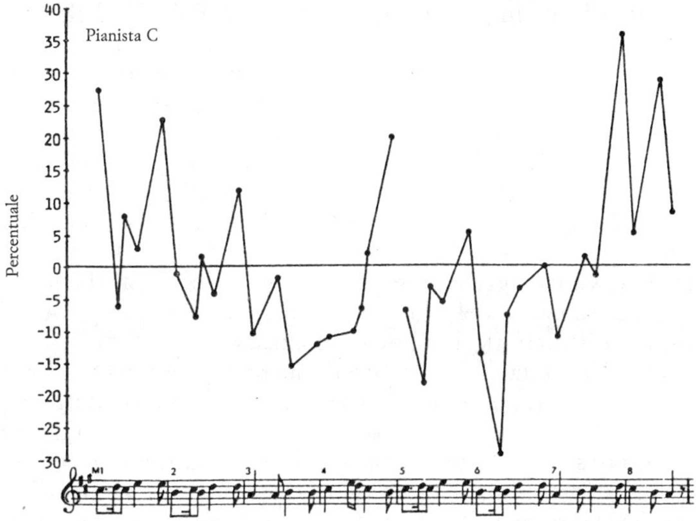
Pianista C
Percentuale
40
35
30
25
20
15
10
5
0
-5
-10
-15
-20
-25
-30
M1
2
3
4
5
6
7
8

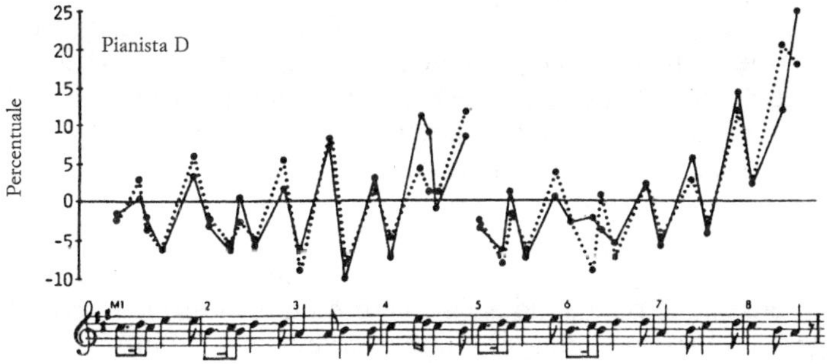
Pianista D
Percentuale
25
20
15
10
5
0
-5
-10
M1
2
3
4
5
6
7
8

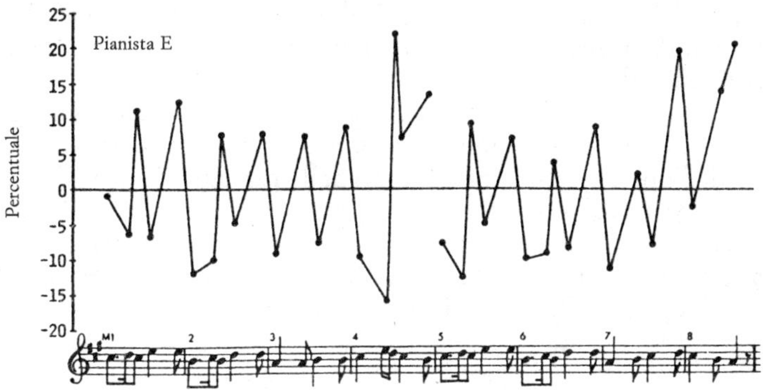
Pianista E
Percentuale
25
20
15
10
5
0
-5
-10
-15
-20
M1
2
3
4
5
6
7
8

d) Formazione dello schema mentale dell'opera. Le percezioni del *metro* e del *ritmo* si verificano in parallelo e sono ricavate al livello della superficie musicale. Accenti *ritmici* e *metrici* si rafforzano se intervengono insieme nel medesimo luogo; tuttavia nella misura in cui, contrariamente al *metro*, i raggruppamenti ritmici non si presentano necessariamente con una regolarità sistematica, la non coincidenza dei due tipi d'accenti è corrente e musicalmente piú ricca. Ma il trattamento cognitivo dell'ascolto di un'opera musicale non si riassume in una concatenazione di raggruppamenti: il trattamento delle tappe ulteriori presuppone l'intervento di procedimenti piú elaborati.

In linea di massima, oggi si presentano tre punti di vista, che si distinguono fra loro in funzione della loro applicabilità e della loro possibile generalizzazione a differenti tipi di linguaggi musicali.

I lavori che affrontano la percezione di opere in stile tonale si fondano generalmente sulla teoria prolungazionale di Lerdahl e Jackendoff che sviluppa un punto di vista basato sul concetto di *riduzione*, in larga misura aperto alle opzioni schenkeriane [cfr. a tale proposito C. Deliège 1984], con la percezione di un processo di "tensioni" e "distensioni" in seno al discorso musicale, cosí come su una ridefinizione dei raggruppamenti della superficie musicale a livelli gerarchici superiori, o raggruppamenti di gruppi.

Krumhansl ha intrapreso di recente [1996] un importante studio sulla base di tale orientamento. Egli propone ai suoi soggetti l'ascolto del primo movimento della Sonata per pianoforte in Mi bemolle maggiore K. 282 di Mozart e assegna loro tre compiti, ciascuno dei quali riguarda in un primo tempo l'intero brano, e in seguito porzioni piú ridotte di esso. Il primo compito concerne le segmentazioni di alto livello, ovvero la percezione dei fine-sezione, seguita poi dalle segmentazioni interne alle sezioni. Il grado di tensione e distensione provato dai soggetti, cui viene chiesto di comunicare la detta sensazione regolando al calcolatore un dispositivo a scorrimento, è l'oggetto del secondo compito; il terzo rileva infine l'introduzione di "nuove idee musicali" percepite dai soggetti. I risultati fanno apparire una co-occorrenza delle segmentazioni musicali con gradi di tensione elevati, laddove i gradi di tensione minori sarebbero propizi alla percezione delle "nuove idee musicali".

Anche il punto di vista di Imberty tende a integrare i fenomeni di *tensione* e *distensione*. La sua nozione di *vettore dinamico*, supporto della *macrostruttura* dell'opera – concetto mutuato dalla psicolinguistica [Kintsch e Van Dijck 1975; 1978] –, conferisce alla frase e all'opera musicali una direzionalità caricata di un'alternanza di periodi di *tensione* e *distensione* [Imberty 1979; 1981]. Questo modello, applicato sperimentalmente alla segmentazione di opere di Brahms e Debussy in corso d'ascolto, ha condotto l'autore alla definizione di due tipi di organizzazioni gerarchiche, una *forte* e una *debole*, che si distinguono per il numero e la densità dei cambiamenti percettibili nel discorso: una *gerarchia forte* è caratterizzata nel contempo dalla rarità e dalla potenza dei *cambiamenti*, una *gerarchia debole* propone per contro *cambiamenti* molto frequenti, ma di minima potenza e relativamente similari.

Infine, le nozioni di tensione e allentamento non sono centrali nel modello basato sulla nozione di *estrazione d'indizi* [I. Deliège 1989; 1991]. Largamente aperto ai contributi della Gestalt, tale punto di vista propone una prospettiva capace di penetrare i processi di rappresentazione mentale di un piú ampio ventaglio di stili musicali. La formazione dello schema mentale dell'opera viene qui fondata sopra un'ipotesi postulante che l'ascoltatore estragga dei punti di riferimento – gli *indizi* – nel corso dell'ascolto. Questi sono costituiti da entità ristrette ma salienti, fornite dalle proprietà della superficie musicale, che hanno il compito d'assicurare una "etichettatura" di entità piú vaste, laddove l'indizio procura una sorta di indice sintetico per la memorizzazione. In virtú del loro carattere emergente, gli indizi sono (cognitivamente parlando) meglio definiti rispetto al rimanente contesto musicale. Perciò essi svolgono automaticamente un ruolo di *facciata* in rapporto a uno *sfondo*, generando i processi di categorizzazione [Rosch 1975; 1978] sotto l'effetto delle reiterazioni letterali o variate degli indizi medesimi, vale a dire una classificazione delle entità percepite sulla base dei princípî del *Medesimo* e del *Differente*. Gradualmente viene cosí ad affermarsi un'*impronta*; questa sarà composta, per ogni singola classe indiziale, da un "riassunto" delle caratteristiche, una sorta di "media statistica" proveniente dall'insieme delle variazioni presentate.

Queste opzioni teoriche, applicate a lavori musicali provenienti da differenti periodi del nostro repertorio (Bach, Schubert, Wagner, Berio, Boulez, ecc.), sono state testate nel quadro di studi relativi ai processi di categorizzazione, di segmentazione e di memoria, verificando l'adeguatezza dei princípî sui quali il modello si regge. Si è osservato che le frontiere di raggruppamento sono generate dall'intervento di un contrasto; in altri termini, i raggruppamenti si prolungano per tutto il tempo che un contrassegno indiziale è presente, il che implica un'operazione congiunta di processi di categorizzazione [I. Deliège 1991; 1996]. Musicisti e non musicisti hanno generalmente ottenuto prestazioni equivalenti in materia di categorizzazione (classificazione, formazione di impronte) e di segmentazione del discorso, un dato che permette d'ipotizzare un certo grado d'automatismo a livello di questi processi. Per contro, la formazione musicale e la familiarizzazione – ovvero un contatto di maggiore durata con il materiale musicale prima dei test – si sono rivelate decisive negli approcci che si fondano sulla memoria [cfr. I. Deliège 1995; 1998].

2.5.3. *Percezione musicale ed esperienza emozionale*. Periodicamente emarginato da talune scuole a causa delle loro opzioni filosofiche, l'interesse per gli aspetti emozionali generati dall'ascolto musicale rinasce presso altre, segnale questo di una intuizione istintiva della realtà psicologica degli effetti prodotti. Tuttavia questo settore della ricerca ha sofferto a lungo della mancanza di basi teoriche stabili e di metodi collaudati; le difficoltà maggiori risiedono evidentemente nell'assenza di una definizione precisa di quanto si desidera individuare e nell'inadeguatezza delle tecniche sperimentali messe in atto. In effetti, se oggi si diffonde la tendenza a sperimentare partendo da estratti di lavori musicali esistenti, che dire dei numerosi risultati ottenuti in materia di esperienza emozionale proponendo ai soggetti piccoli stimoli di suoni puri, suoni di sintesi, e altre invenzioni del tutto sprovviste di un qualsivoglia valore musicale?

Ancora di recente la psicologia cognitiva non concedeva il minimo spazio al campo dell'emozione, mentre oggi si ostenta una certa volontà mirante a rivalutare i fattori emozionali legati all'ascolto musicale. Questo tipo d'orientamento si afferma sempre piú in taluni settori della ricerca, principalmente quelli imperniati sullo studio dello sviluppo dallo stadio fetale alla fine della prima infanzia, e nel campo della neuropsicologia. Gli aspetti studiati in questi settori mostrano una pertinenza piú reale e nel contempo una presa di distanza, tenendo presenti questioni d'interesse secondario, come per esempio l'indagine sulla sensazione d'allegria o di tristezza legata all'ascolto di sequenze melodiche, intervalli o accordi basati sui modi maggiori o minori.

Gli studi particolarmente ricchi e abbondanti sullo sviluppo fetale hanno mostrato che il sistema d'ascolto è, fin dall'inizio del terzo trimestre della gestazione, di carattere funzionale. Per giunta, dell'ambiente sonoro nel quale il feto si sviluppa, costituito perlopiú da rumori organici emessi da lui stesso e dalla madre, cosí come da rumori esterni, esso può privilegiare talune componenti. L'intensità sonora dell'ambiente esterno giunge nell'utero in maniera attenuata, ma la voce della madre conserva una dinamica piú prossima alla realtà a causa di un duplice modo di trasmissione, per via aerea e ossea, che conserva le caratteristiche melodiche e ritmiche dell'emissione vocale naturale. In generale i suoni musicali vengono percepiti abbastanza fedelmente nell'utero e, a parte una leggera riduzione d'intensità, subiscono soltanto deformazioni degli armonici acuti. Il feto può anche memorizzare gradualmente informazioni familiari [cfr. Abrams e Gerhardt 1997; Lecanuet 1995; Mélen 1999]. Alcune ricerche di Mechthild e Hanuš Papoušek [1995], Colwyn Trevarthen [1998], incentrate sulla comunicazione preverbale fra genitori e lattanti, hanno potuto su queste basi catalogare un insieme di caratteristiche che potrebbero costituire il vocabolario universale di una sorta di linguaggio pre-musicale. Queste caratteristiche si ritrovano infatti a tutte le latitudini. Per esempio, le variazioni della curva melodica delle sequenze cantate dai genitori e altre persone in funzione del comportamento che si spera d'indurre nell'infante: specialmente i movimenti melodici ascendenti per provocare il risveglio e l'attenzione o, all'inverso, le curve discendenti per ottenere la calma e l'assopimento; quanto ai ritmi rapidi e a scatti, essi compaiono istintivamente per trasmettere l'idea di disapprovazione o di reprimenda.

La neuropsicologia, in materia di approcci del vissuto emozionale legato all'ascolto della musica, ci riporta verso una popolazione adulta, dal momento che l'uso dell'attrezzatura necessaria per le indagini in questo campo è poco adatto per la ricerca su bambini molto piccoli. In questo caso l'interesse principale è quello d'osservare gli effetti provati mediante una registrazione in corso d'ascolto dei tracciati cerebrali – elettro e magnetoencefalografia, risonanza magnetica, tomografia per emissione di positroni, o altro – e di raccogliere in tal modo dati diretti piú oggettivi di quelli ottenuti tramite risposte verbali, stime ipotetiche, ecc. È dunque il tracciato dei potenziali cerebrali che è rivelatore delle sensazioni provate in funzione di un certo tipo di manipolazione musicale. L'équipe di Besson [1994] ha cosí introdotto nella parte conclusiva delle melodie talune modifiche che perturbano il fenomeno detto "di attesa musicale". Gli effetti sono diversamente avvertiti dai soggetti, a seconda che costoro siano musicisti o non musicisti, mentre per altro verso la ripetizione degli stimoli genera un effetto d'assuefazione: gli effetti tendono ad assottigliarsi. L'interesse principale di questo tipo di ricerca è l'accesso a "risposte" sulle quali il soggetto stesso non ha alcuna presa. Inoltre, l'idea di una correlazione di una manipolazione del materiale, nella prospettiva di individuare gli effetti sulle onde cerebrali dell'ascoltatore, è una via promettente che richiede d'essere piú ampiamente sfruttata.

Una direzione analoga è stata presa da Sloboda [1991] in un contesto estraneo alla neuropsicologia. Ampie indagini sono state condotte per mezzo di questionari che i soggetti erano invitati a riempire. Veniva stilata una lista di manifestazioni fisiologiche associate a stati emozionali (lacrime, fremiti, accelerazione cardiaca, sudori, ecc.) e al soggetto veniva domandato di ricordare se avesse mai provato le sensazioni elencate ascoltando determinate opere o passi. Se il soggetto era un musicista veniva espressamente invitato ad allegare una copia in partitura di questi passi, sottolineando con la maggior precisione possibile le strutture musicali interessate. A partire da questi dati, Sloboda tenta di redigere quasi un catalogo di modelli di scrittura potenzialmente portatori per l'ascoltatore di effetti psicologici d'ordine neurovegetativo. Per esempio, egli osserva che le appoggiature melodiche, le progressioni armoniche o melodiche stimolano spesso e volentieri le lacrime; le modificazioni improvvise della dinamica, dell'armonia, del contesto tonale provocano fremiti, ecc. A seguito di approcci di questo tipo, ci si può domandare se non si sia un po' sconfinati dalla psicologia cognitiva dell'ascolto musicale, per toccare invece quello di certa psicosociologia che tende a riproporre interessi di moda in epoche passate. Chi esattamente è stato ricettivo a questo o a quell'altro *cliché* di scrittura musicale? In quali circostanze? Quali sono i precedenti dei soggetti, la loro classe sociale, il loro grado di formazione, il loro ambiente culturale, ecc.? Ogni individuo può non mostrare un grado equivalente di permeabilità ai suddetti stereotipi: una definizione precisa degli svariati fattori che influenzano lo stato emozionale preso in considerazione sarebbe dunque un'esigenza preliminare, ma non risulterà fuori portata all'interno di un simile quadro metodologico?

2.6. Il connessionismo.

Queste ricerche, cosí come altre passate qui in rassegna dal punto di vista cognitivista, potrebbero forse acquisire un valore euristico maggiore se fossero iscritte parallelamente nel quadro dei modelli connessionisti. Erede delle grandi teorie dell'apprendimento proposte dalle scuole neo-comportamentiste (Hebb, Hull, Tolman, Thorndike), il paradigma connessionista è stato eclissato, nel corso degli anni Sessanta, dall'ascesa in forza del cognitivismo. Ma da una decina d'anni esso conosce un netto recupero d'attualità.

I paradigmi cognitivista e connessionista vengono sovente percepiti come rivali. In effetti essi differiscono radicalmente circa i postulati teorici di base, ma è davvero proibito considerarli piuttosto come complementari? Dal punto di vista cognitivista, l'approccio cosiddetto macroscopico si compie sotto controllo centrale e mette in campo regole che operano su simboli. La concezione connessionista assume un'ottica inversa: l'approccio detto macroscopico o subsimbolico non manipola né regole né simboli. Il calcolo concerne influssi attivatori o inibitori, vale a dire positivi o negativi, registrati da reticoli d'unità interconnesse (spesso assimilati a reticoli di neuroni che comunicano fra loro tramite i propri cilindrassi e dendriti), per sfociare in un *affiorare* graduale delle rappresentazioni, risultato di un "apprendimento" e di una familiarizzazione delle unità del reticolo con una situazione data.

Il bilancio delle ricerche sulla psicologia della musica secondo il paradigma connessionista è oggi ancora modesto. Le indagini si sono finora rivolte verso materie abbastanza elementari: il riconoscimento di accordi, tonalità, strutture ritmiche, ecc. Ma già si prevede comunque con una certa chiarezza che gli apporti della prospettiva connessionista debbano influire positivamente, in un futuro prossimo, sulle nostre possibilità di esplicitare i processi di percezione della musica in generale, sia che si tratti dell'assuefazione, dell'acculturazione e dello sviluppo dell'individuo alla musica a partire dallo stadio fetale sino all'età adulta, sia che si tratti dei processi degenerativi dovuti all'invecchiamento o a situazioni d'ordine traumatico, ovvero dell'organizzazione psicologica dell'atto d'ascolto delle opere in tempo reale.

Abrams, R. M., e Gerhardt, K. J.

1997 *Some aspects of the foetal sound environment*, in I. Deliège e J. A. Sloboda (a cura di), *Perception and Cognition of Music*, Psychology Press, Hove, pp. 83-101.

Besson, M., e Faita, F.

1994 *Electrophysiological studies of musical incongruities. Comparison between musicians and non-musicians*, in I. Deliège (a cura di), *Proceedings of the 3rd International Conference for Music Perception and Cognition*, ESCOM, Liège, pp. 41-43.

Besson, M., Faita, F., e Requin, J.

1994 *Brain waves associated with musical incongruities differ for musicians and non musicians*, in «Neuroscience Letters», n. 168, pp. 101-5.

Bigand, E.

1994 *Contribution de la musique aux recherches sur la cognition auditive humaine*, in S. McAdams e E. Bigand, *Penser les sons. Psychologie cognitive de l'audition*, Presses Universitaires de France, Paris, pp. 249-98.

Billroth, Th.

1895 *Wer ist musikalisch?*, Hansick, Berlin.

Bregman, A. S.

1990 *Auditory Scene Analysis. The Perceptual Organization of Sound*, Mit Press, Cambridge Mass.

Bregman, A. S., e Campbell, J.

1971 *Primary auditory stream segregation and perception of order in rapid sequences of tones*, in «Journal of Experimental Psychology», n. 89, pp. 244-49.

Chang, H. W., e Trehub, S. E.

1977 *Infant's perception of temporal grouping in auditory patterns*, in «Child Development», n. 48, pp. 1666-70.

Cuddy, L. L.

1993 *Melody comprehension and tonal structure*, in Tighe e Dowling 1993, pp. 19-38.

1997 *Tonal relations*, in I. Deliège e J. A. Sloboda (a cura di), *Perception and Cognition of Music* cit., pp. 329-52.

Davies, J. B.

1978 *The Psychology of Music*, Stanford University Press, Stanford Cal.

Deliège, C.

1984 *Les fondements de la musique tonale*, Lattès, Paris.

1986 *Pertinence du mètre musical*, «Les Cahiers du CREM», nn. 1 e 2, pp. 7-20.

Deliège, I.

1987 *Grouping conditions in listening to music. An approach to Lerdahl and Jackendoff grouping preference rules*, in «Music Perception», IV, n. 4, pp. 325-60.

1989 *A perceptual approach to contemporary musical forms*, in «Contemporary Music Review», n. 4, pp. 213-30.

1991 *L'organisation psychologique de l'écoute de la musique. Des marques de sédimentation – indice et empreinte – dans la représentation mentale de l'œuvre*, Dissertazione dottorale, Università di Liège.

1993 *Mechanisms of cue extraction in memory for musical time*, in I. Cross e I. Deliège (a cura di), *Proceedings of the 2nd Symposium of Music and the Cognitive Sciences* (1990), in «Contemporary Music Review», IX, pp. 191-207.

1995 *Cue abstraction and schematization of the musical form*, in «Scientific Contributions to General Psychology», n. 14, pp. 11-28.

1996 *Cue abstraction as a component of categorisation processes in music listening*, in «Psychology of Music», XXIV, n. 2, pp. 131-56.

1998 *Wagner "Alte Weise": une approche perceptive*, «Musicae Scientiae», numero speciale, pp. 63-90.

Dowling, W. J.

1973 *The perception of interleaved melodies*, in «Cognitive Psychology», n. 5, pp. 322-37.

1978 *Scale and contour: two components of a theory of memory for melodies*, in «Psychological Review», LXXXV, pp. 341-54.

Fechner, G.

1876 *Vorschule der Aesthetik*, Breitkopf und Härtel, Leipzig.

Fraisse, P.

1956 *Les structures rythmiques*, Publications universitaires, Louvain.

1974 *Psychologie du rythme*, Presses Universitaires de France, Paris (trad. it. *Psicologia del ritmo*, Armando, Roma 1979).

Francès, R.

1958 *La perception de la musique*, Vrin, Paris (2ª ed. 1972).

Gabrielsson, A.

1987 (a cura di), *Action and Perception in Rhythm and Music*, Pubblicazioni della Royal Swedish Academy of Music, n. 55, Stockholm.

Galton, F.

1869 *Hereditary Genius*, Macmillan, London.

Hargreaves, D.

1986 *The Developmental Psychology of Music*, Cambridge University Press, Cambridge.

Harwood, D. L.

1976 *Universals in music. A perspective from cognitive psychology*, in «Ethnomusicology», XX, pp. 521-34.

Helmholtz, H.

1885 *Die Lehre von den Tonempfindungen als physiologische Grundlage für die Theorie der Musik*, Vieweg, Brunswick (1ª ed.).

Imberty, M.

1969 *L'acquisition des structures tonales chez l'enfant*, Klincksieck, Paris.

1979 *Entendre la musique. Sémantique psychologique de la musique*, vol. I, Dunod, Paris (trad. it. *Suoni, emozioni, significati. Per una semantica psicologica della musica*, Clueb, Bologna 1988).

1981 *Les écritures du temps. Sémantique psychologique de la musique*, vol. II, Dunod, Paris (trad. it. *Le scritture del tempo. Semantica psicologica della musica*, Unicopli-Ricordi, Milano 1991).

Jones, M. R.
1976 *Time, our lost dimension. Toward a new theory of perception, attention, and memory*, in «Psychological Review», LXXXIII, pp. 323-55.
1987 *Dynamic pattern structure in music. Recent theory and research*, in «Perception and Psychophysics», n. 41, pp. 621-34.
1993 *Dynamics of musical patterns; how do melody and rhythm fit together?*, in Tighe e Dowling 1993, pp. 67-93.

Jones, M. R., e Boltz, M.
1989 *Dynamic attending and responses to time*, in «Psychological Review», XCVI, pp. 459-91.

Jones, M. R., e Ralston, J. T.
1991 *Some influences of accent structure on melody recognition*, in «Memory and Cognition», n. 19, pp. 8-20.

Kintsch, W., e Van Dijk, T. A.
1975 *Comment on se rappelle et on résume des histoires*, in «Langages», n. 40, pp. 98-116.
1978 *Toward a model of text comprehension and production*, in «Psychological Review», LXXXV, n. 5, pp. 363-94.

Krumhansl, C. L.
1990 *Cognitive Foundations of Musical Pitch*, Oxford University Press, Oxford.
1996 *A perceptual analysis of Mozart's piano Sonata K.282: Segmentation, tension and musical ideas*, in «Music Perception», XIII, n. 3, pp. 401-32.

Krumhansl, C. L., e Jusczyk, P. W.
1990 *Infant's perception of phrase structure in music*, in «Psychological Science», n. 1, pp. 70-73.

Lecanuet, J. P.
1995 *L'expérience auditive pré-natale*, in I. Deliège e J. A. Sloboda (a cura di), *Naissance et développement du sens musical*, Presses Universitaires de France, Paris, pp. 7-38.

Lerdahl, F., e Jackendoff, R.
1983 *A Generative Theory of Tonal Music*, Mit Press, Cambridge Mass.

Lundin, R. W.
1953 *An Objective Psychology of Music*, Wiley, New York.

McAdams, S., e Bregman, A.
1979 *Hearing musical streams*, in «Computer Music Journal», III, n. 4, pp. 26-43.

Mélen, M.
1997 *Les principes du même et du différent comme organisateurs du groupement rythmique chez le nourrisson de six à dix mois*, Dissertazione dottorale, Università di Liège.
1999 *La psychologie foetale*, in J.-A. Rondal e E. Esperet (a cura di), *Manuel de Psychologie de l'enfant*, Mardaga, Bruxelles.

Meyer, L. B.
1956 *Emotion and Meaning in Music*, The University of Chicago Press, Chicago Ill. (trad. it. *Emozione e significato nella musica*, il Mulino, Bologna 1992).

Meyering, Th.

1989 *Historical Roots of Cognitive Science. The Rise of a Cognitive Theory of Perception from Antiquity to the Nineteenth Century*, Kluwer Academic, Dordrecht.

Monahan, C.

1993 *Parallels between pitch and time and how they go together*, in Tighe e Dowling 1993, pp. 121-54.

Morrongiello, B. A.

1984 *Auditory temporal pattern perception in 6- and 12- month-old infants*, in «Developmental Psychology», n. 20, pp. 441-48.

Muzak Corporation

1974 *Significant Studies of the Effects of Musak on Employee Performance*, Muzak Corporation, New York.

Noorden, L. P. A. S. van

1975 *Temporal coherence in the perception of tone sequences*. Dissertazione dottorale, Technische Hogeschool, Eindhoven.

Papoušek, H.

1995 *Musicalité et petite enfance. Origines biologiques et culturelles de la précocité*, in I. Deliège e J. A. Sloboda (a cura di), *Naissance et développement du sens musical* cit., pp. 41-62.

Papoušek, M.

1995 *Le comportement parental intuitif, source cachée de la stimulation musicale dans la petite enfance*, in I. Deliège e J. A. Sloboda (a cura di), *Naissance et développement du sens musical* cit., pp. 101-30.

Parot, F., e Richelle, M.

1992 *Introduction à la psychologie. Histoire et méthodes*, Presses Universitaires de France, Paris.

Radocy, R. E., e Boyle, J. D.

1979 *Psychological Foundations of Musical Behavior*, Charles C. Thomas, Springfield Ill. (1ª ed.).

Rosch, E.

1975 *Cognitive reference points*, in «Journal of Experimental Psychology: General», n. 104, pp. 192-233.

1978 *Principles of categorization*, in E. Rosch e B. Lloyd (a cura di), *Cognition and Categorization*, Erlbaum, Hillsdale N.J., pp. 28-49.

Schneider, A.

1997 *"Verschmelzung", tonal fusion, and consonance: Carl Stumpf revisited*, in M. Leman (a cura di), *Music, Gestalt, and Computing*, Springer, Berlin, pp. 117-143.

Shuter-Dyson, R., e Gabriel, C.

1981 *The Psychology of Musical Ability*, Methuen, London - New York.

Sinnott, J. A., e Aslin, R. N.

1985 *Frequency and intensity discrimination in human infants and adults*, in «Journal of the Acoustical Society of America», n. 78, pp. 1986-92.

Sloboda, J. A.
1985 *The Musical Mind. The Cognitive Psychology of Music*, Oxford University Press, Oxford (trad. it. *La mente musicale*, il Mulino, Bologna 1988).
1991 *Empirical studies of emotional response to music*, in M. R. Jones (a cura di), *Cognitive Bases of Musical Communication*, APA, Washington D.C.

Stumpf, C.
1883-90 *Tonpsychologie*, 2 voll., Hirzel, Leipzig.

Thorpe, L. A., e Trehub, S. E.
1989 *Duration illusion and auditory grouping in infancy*, in «Developmental Psychology», n. 25, pp. 122-27.

Thorpe, L. A., Trehub, S. E., Morrongiello, B. A., e Bull, D.
1988 *Perceptual grouping by infants and preschool children*, in «Developmental Psychology», n. 24, pp. 484-91.

Tighe, J. T., e Dowling, W. J.
1993 (a cura di), *Psychology of Music. The Understanding of Melody and Rhythm*, Erlbaum, Hillsdale N.J.

Tolman, E. C.
1948 *Cognitive maps in rats and men*, in «Psychological Review», LV, pp. 189-208.

Trehub, S. E.
1993 *The music listening skills of infants and young children*, in Tighe e Dowling 1993, pp. 161-76.

Trehub, S. E., e Trainor, L. J.
1994 *Les stratégies d'écoute chez le bébé: origines du développement de la musique et de la parole*, in S. McAdams e E. Bigand (a cura di), *Penser les sons* cit., pp. 299-347.

Trehub, S. E., Schellenberg, E., e Hill, D.
1997 *The origins of music perception and cognition. A developmental perspective*, in I. Deliège e J. A. Sloboda (a cura di), *Perception and Cognition of Music* cit., pp. 103-28.

Trevarthen, C.
1998 *Intrinsic motive pulse. Finding and losing the beat in human communication and learning*, in *Paper Presented at the Symposium "Rhythm, Musical Narrative and Origins of Human Communication", Casys 1998*, Liège (10-14 agosto).

Von Ehrenfels, C.
1988 *Über Gestaltqualitäten* (1890), in R. Fabian (a cura di), *Christian von Ehrenfels, Philosophische Schriften 3. Psychologie, Ethik, Erkenntnis-theorie*, Philosophia, Wien-München.

Ward, W. D.
1954 *Subjective musical pitch*, in «Journal of the Acoustical Society of America», n. 26, pp. 369-80.

Watson, J. B.
1913 *Psychology as the behaviorist views it*, in «Psychological Review», XX, pp. 158-77.

Zenatti, A.

1975 *Le développement génétique de la perception musicale* («Monographies françaises de psychologie», n. 17), CNRS, Paris.

1980 *Tests musicaux pour jeunes enfants*, Éditions scientifiques et psychologiques, Issy-les-Moulineaux.

1994 *Goût musical, émotion esthétique*, in Id. (a cura di), *Psychologie de la musique*, Presses Universitaires de France, Paris, pp. 176-204.

MICHEL IMBERTY

La musica e l'inconscio

1. *Freud e la musica*.

Freud non ha parlato di musica. Possiamo stupircene, perché visse a Vienna, una delle città piú musicali del mondo, in un'epoca ricca di nuove creazioni e di geni eccezionali. Egli fu contemporaneo dell'ultimo romanticismo musicale (Brahms, Mahler, Strauss), e della rivoluzione dodecafonica di Schönberg, Berg e Webern.

Sorprendentemente, egli resta estraneo a tutto ciò. Bisogna sottolineare che i suoi gusti e giudizi sull'arte erano abbastanza conservatori, e il suo interesse per la pittura ci rivela un'attrazione soprattutto per le opere del passato. In questo caso però egli avrebbe potuto accorgersi di Mozart, Haydn, Beethoven, Schubert, cosí come si era accorto di Leonardo o di Michelangelo. Sembra quindi che egli patisse di una vera e propia sordità musicale. Cosí scrisse, all'inizio del *Mosè*:

> Le opere d'arte esercitano tuttavia una forte influenza su di me, specialmente la letteratura e le arti plastiche, piú raramente la pittura. Sono stato indotto perciò a indugiare a lungo di fronte ad esse quando mi se n'è presentata l'occasione, con l'intento di capirle a modo mio, cioè di rendermi conto per qual via producono i loro effetti. Nel caso in cui ciò non mi riesce, come per esempio per la musica, sono quasi incapace di godimento. Una disposizione razionalistica o forse analitica si oppone in me a ch'io mi lasci commuovere senza sapere perché e da che cosa [1913, trad. it. p. 299].

In questo testo compaiono ragioni piú profonde, in grado di spiegare tale mancanza d'interesse: la psicoanalisi freudiana resta, fondamentalmente, un'ermeneutica sostenuta e mediata dal linguaggio referenziale. Durante tutta la vita, Freud fu ossessionato dallo smascheramento dei significati nascosti sotto il gioco dei significanti linguistici. Il primo modello dell'interpretazione psicoanalitica è il lapsus, un dire falso che nasconde un dire vero. La concettualizzazione e la referenzialità simbolica sono i fondamenti della prassi interpretativa, e il linguaggio è nello stesso tempo il grande traduttore e il testimone privilegiato dell'inconscio e del sogno: senza di esso, né l'uno né l'altro sarebbero accessibili all'analista.

Possiamo chiederci come sia possibile, in musica, cogliere un senso che si manifesta direttamente nei suoni, e cioè in un codice le cui referenze non sono stabilite né stabili. Nella musica c'è qualcosa che sembra fondamentalmente ribelle all'interpretazione psicoanalitica, semplicemente perché è fuori dal linguaggio. Per meglio dire, nella tradizione del Romanticismo tedesco, da cui la psicoanalisi freudiana discende, la musica è l'unica forma di linguaggio che permette l'accesso immediato all'essenza dell'essere e del mondo, l'unica forma di linguaggio totalmente trasparente a se stesso, motivo per il quale non ha piú bisogno di essere interpretato. Già Wagner ricordava che la musica comincia là dove le parole diventano impotenti a esprimere, e il simbolismo letterario andrà ancora piú lontano, prolungando la stessa visione della musica: per Mallarmé il fine di ogni impresa poetica sarà la musica.

La musica, quindi, sarà per sua natura ribelle all'interpretazione, almeno a quella che si applica al sogno, alla creazione letteraria, ad alcune opere plastiche o pittoriche. Non possiamo dire nulla sul sonoro, poiché esso è espressione diretta di un'emozione di cui non si possono determinare le cause: ecco ciò che intralcia Freud nella musica.

2. *Ripetizione, attesa, angoscia.*

C'è però qualcosa di ancor piú fondamentale. In *Metapsicologia*, Freud scrive:

> I processi del sistema Inc [Inconscio] sono atemporali, e cioè non sono ordinati temporalmente, non sono alterati dal trascorrere del tempo, non hanno, insomma, alcun rapporto con il tempo. Anche la relazione temporale è legata al lavoro del sistema C [Conscio] [1915, trad. it. p. 71].

In queste condizioni gli era difficile concepire che tipo di relazione la musica, arte del tempo, poteva avere con l'inconscio.

Uno degli aspetti fondamentali della musica avrebbe dovuto però attirare la sua attenzione: si tratta della *ripetizione*. Potremmo definire la ripetizione come un'attività di compulsione, di natura pulsionale, indicante lo scacco nel soddisfacimento del desiderio. Tuttavia, nel celebre testo *Al di là del principio di piacere* [1920], Freud esprime una posizione molto piú sfumata: egli osserva un bambino di diciotto mesi che gioca con un rocchetto di filo, facendolo scomparire e poi riapparire, e accompagnando il suo gioco con le parole «fort - da!» («via - qui!»). A prima vista, sembrerebbe soltanto un caso di ripetizione compulsiva, che inoltre si riferisce a una scomparsa, a una perdita, quindi a una situazione di dispiacere, come nella ripetizione ossessiva. Freud nota però che il bambino prova in realtà un piacere nuovo e particolare, di natura ludica, che gli permette d'imparare a controllare, attraverso un oggetto disinvestito pulsionalmente (il rocchetto), la scomparsa e l'assenza dell'oggetto investito (la madre).

Possiamo fissare tre idee: innanzitutto, l'idea che il gioco ripetitivo si fondi su una *regolarità* dell'azione, che qui si traduce sotto forma d'un ritmo binario scandito dall'interiezione «fort - da»; poi, l'idea che questo gioco insegni al bambino a *controllare* l'assenza, o piuttosto l'alternanza temporale delle presenze e delle assenze, attraverso la loro prevedibilità, quindi a controllare una sequenza temporale determinata attraverso l'*anticipazione* (un "fort" è sempre seguito da un "da"); infine, l'idea che, esercitandosi su di un oggetto disinvestito, questo controllo del tempo avvenga anche grazie a una "messa a distanza", una "ri/presentazione" che ne permetterà piú tardi la simbolizzazione in un codice cognitivo e sociale, linguaggio od opera d'arte.

All'analisi freudiana manca ancora però un'idea essenziale, che Stern [1977] metterà fortemente in luce, sia nelle sue osservazioni sui bambini, sia nella sua riflessione teorica sul tempo. Questa idea è che la *ripetizione* implica necessariamente la *variazione*, che ogni ripetizione non è mai ripetizione dell'identico – a parte quando è patologica – e che essa è quindi altamente produttiva e creativa, fondatrice di un tempo e di una durata organizzati, ritmati, anticipabili.

La musica utilizza ampiamente questa ripetizione creativa della variazione e dello sviluppo: tutte le forme di ripetizione musicale, in particolare nelle musiche dove essa appare piú rigorosa – pensiamo al caso limite dell'opera di Steve Reich – mostrano che essa supera sempre la mera riproduzione dell'identico, semplicemente perché la qualità del nuovo istante, del presente ripetuto, si aggiunge alla ripetizione precedente, e la ripetizione, per il solo fatto di essere ripetizione e non una sequenza iniziale originale, produce già la *variazione*. Questo passaggio dalla ripetizione alla variazione è particolarmente evidente nelle forme di musica dove il ruolo dell'esecutore è essenziale: la variazione si presenta a volte come una minima modifica del *tempo*, un'accentuazione piú marcata, un modo sottilmente diverso di far aspettare o presentare repentinamente le successive ripetizioni. La variazione resta però uno dei principî fondamentali di ogni musica che metta in rilievo la ripetizione: i semiologi l'hanno formulato chiaramente già da molto tempo, quando hanno definito il principio della segmentazione in relazione alla coppia *ripetizione/trasformazione*, come troviamo negli scritti di Ruwet [1972]. In effetti, la ripetizione musicale, cosí come la ripetizione delle sequenze comportamentali, genera il tempo e, nel tempo, una direzionalità, un presente che va verso qualcosa; ma genera anche un prima e un dopo, con i quali il compositore invita l'ascoltatore a giocare, ricordare e anticipare, con un margine sufficiente d'incertezza affinché ogni volta si insinui la sensazione che la ripetizione avrebbe potuto non realizzarsi, che il futuro può sempre essere sconosciuto, che il *medesimo* atteso può fondersi in un *altro* che, a sua volta, può tuttavia non essere completamente diverso.

Ritroviamo qui due delle idee ricavate dall'osservazione di Freud: la ripetizione genera una *regolarità* e permette al soggetto d'*anticipare* sul corso del tempo e quindi, in una certa misura, di controllarlo. Ma ritroviamo anche un'intuizione freudiana, rimasta tuttavia senza seguito nella sua opera: si tratta di un passo di *Inibizione, sintomo e angoscia*, dove Freud sembra collegare il sentimento del tempo o della durata con il sentimento dell'assenza e della perdita dell'oggetto. Egli scrive:

> L'angoscia [Angst] ha un'innegabile connessione con l'*attesa*: è angoscia *prima di* e *dinanzi a* qualcosa. Possiede un carattere di *indeterminatezza* e di *mancanza d'oggetto* [1926, trad. it. p. 310].

La ripetizione crea quindi una *tensione* legata a un'*attesa* di soddisfacimento del desiderio (attraverso il ritorno della sequenza iniziale), successivamente seguita da una distensione piú o meno marcata, secondo che la *variazione* si allontani piú o meno dal modello iniziale. In questo senso, la successione *tensione/distensione*, generata dall'attesa e dalla risoluzione dell'attesa, istituisce un tempo originario, un'esperienza primitiva di durata, ma anche un'esperienza primitiva della mancanza del soddisfacimento, che prepara l'esperienza successiva della perdita dell'oggetto e del lutto.

In una prospettiva diversa, Stern mostra come l'inizio della socializzazione nel bambino (fra i tre e i sei mesi) sia basato su di un'organizzazione ripetitiva, creata dalla madre nella loro relazione. La madre utilizza di fatto tutti i registri comportamentali con modalità ripetitive, senza che vi sia nei suoi gesti, almeno all'inizio, un'intenzione pedagogica: vocalizzazioni, movimenti, stimolazioni tattili e cinestesiche. In tenera età la ripetizione si presenta quindi come la modalità privilegiata dalla madre per entrare in relazione con il bambino. Stern precisa che essendo il repertorio del bambino un repertorio limitato, la ripetizione materna viene a colmare un vuoto, dove ciò che è detto o fatto ha meno importanza della qualità sensoriale degli stimoli e della loro strutturazione. A proposito dei giochi vocali della madre e del bambino, Stern scrive:

> molto probabilmente non sono importanti le cose che la madre di fatto dice o fa, mentre altrettanto probabimente lo sono la "musica" e i "suoni" ch'essa esprime. Da questo punto di vista la cadenza ripetitiva diventa allora una unità strutturale e funzionale dell'interazione di importanza fondamentale [1977, trad. it. p. 125].

All'osservazione risulta evidente che la madre non ripete mai tali azioni o parole nello stesso modo:

> Si può allora dire che dal punto di vista di una messa a punto concettuale, la cadenza ripetitiva è rappresentata dal costituirsi o ricostituirsi di un tema con o senza variazioni. Piú della metà delle cadenze, vocali e no, comprendono delle variazioni [*ibid.*].

Due elementi permettono quindi, in tali situazioni, lo sviluppo cognitivo, della socializzazione e dell'affettività: da una parte, il bambino impara ad adattarsi a un numero sempre maggiore di variazioni, dall'altra egli può farlo solo perché la ripetizione è basata su *un ritmo regolare* che organizza il tempo e lo rende prevedibile. È su questa regolarità che si fonda l'alternanza emotiva della tensione e della distensione, dell'insoddisfazione e del soddisfacimento, nei loro diversi contesti e trasposizioni. Ritroviamo qui ciò che costituisce il substrato universale della musica in tutte le culture.

Probabilmente esiste quindi un legame profondo tra la cognizione musicale, l'esperienza affettiva e la ripetizione: strutturando il tempo, la ripetizione struttura anche le esperienze emotive del soggetto, e sarà questa una delle fonti piú ricche dell'esperienza musicale futura. Ma l'abbiamo appena visto: la ripetizione acquista valore positivo solo nella misura in cui genera delle variazioni accettabili, che permettono cioè nello stesso tempo il riconoscimento dei punti di riferimento e l'identificazione del modello iniziale. È in questo gioco di sottile equilibrio che si spiega l'emozione. Ci sono dei limiti oltre i quali la variazione distrugge l'effetto della ripetizione, instaurando la perdita e il caos. Il ruolo strutturante della ripetizione compare all'interno di questi limiti, e al di là di questi inizia l'esperienza dell'angoscia e dell'attesa imperiosa del ritorno della ripetizione. In queste condizioni si comprende come l'attesa di cui parla Freud in *Inibizione, sintomo e angoscia* sia essenzialmente quella legata a un'interruzione del ritmo regolare, quella che rompe i riferimenti; quella che in effetti equivale a una mancanza, a una perdita, e che, per conseguenza, produce angoscia.

3. *Una figura arcaica della ripetizione: l'eco.*

Il tempo è quindi al centro della riflessione sulla ripetizione, in psicoanalisi come in musica. Devo ad Anzieu [1976] un concetto essenziale, punto di partenza del mio successivo approccio al tempo musicale: si tratta del concetto di *involucro sonoro del Sé*, che chiarisce una delle forme fantasmatiche piú arcaiche della ripetizione: l'*eco*. Dal punto di vista psicoanalitico, il Sé è il primo embrione della personalità sentita come unità, come individualità. Il soggetto, in questo stadio primitivo della vita psichica, non è ancora cosciente di essere una persona, di essere un Io di fronte a un Altro. Il bambino è però già capace di sentire e di rapportare a un'identità confusa (la propria) le diverse sensazioni, i diversi stimoli che riceve dal suo corpo e dal suo ambiente, di sentire che sensazioni e stimoli sono *legati* fra loro dall'esperienza vissuta con il corpo. Inoltre, dopo Bion, Anzieu mostra mediante le osservazioni cliniche che questi legami, costituenti la prima unità del Sé, possono costruirsi solo se il bambino possiede la capacità psichica di "contenere" questi sentimenti, percezioni o affetti, di "tenerli raccolti" in uno stesso "luogo" o "spazio", come in un "involucro contenitore" del Sé, abbozzato a partire dalle prime esperienze di scambio fra il soggetto e il suo ambiente.

Come attestato da numerosi studi, queste prime esperienze del bambino sono innanzitutto di natura sonora (e non visiva), grazie alla precocità dello sviluppo del sistema uditivo nella vita fetale: l'involucro contenitore del Sé è quindi prima di tutto un *involucro sonoro* in cui si mescolano tutti i rumori e i suoni del suo corpo e dell'ambiente circostante in maniera ancora indifferenziata, cioè senza distinzione fra interno ed esterno, fra l'Io e il mondo. L'Io, che si costruirà piú tardi sul Sé, non è che questo involucro senza consistenza, che lascia il Sé fragile, minacciato di parcellizzarsi nelle sensazioni, negli oggetti e negli affetti, perché i suoi limiti non sono ancora stabiliti.

Costruire il Sé è quindi una fase essenziale dello sviluppo psichico del bambino: questa prima tappa è sonora e, si potrebbe dire, musicale. All'inizio l'involucro sonoro è penetrato da vuoti: i rumori e i suoni costituiscono un ambiente eterogeneo, uno "spazio" in cui essi rimangono estranei gli uni agli altri, non integrati nel tempo, intermittenti, non durano e non hanno un ordine definito. L'involucro è quindi a-temporale, senza continuità interna, esso è "contenitore" di elementi eterogenei che non hanno altro legame fra loro se non il fatto "d'essere contenuti".

In questo universo ancora caotico, la voce materna costituirà poco per volta il primo riferimento e il primo rafforzamento del Sé: tutti i lavori sperimentali sui comportamenti pre-linguistici nel bambino mostrano che essi si sviluppano solo nella misura in cui esiste fra il soggetto e il suo ambiente umano un clima di comunicazione affettiva molto forte. In particolare, come dimostrano i lavori di Stern [1977; 1985], gli scambi e i giochi vocali con la madre sono della massima importanza, e la voce materna, che si distingue molto presto dalle sensazioni indistinte dell'involucro sonoro primitivo, gioca un ruolo di *specchio sonoro*, che riflette le esperienze vocali del bambino, rafforzandole.

Attraverso questa voce riposante e stimolante, ancora non situata all'esterno come voce dell'Altro, il bambino coglie qualcosa della propria identità, nella durata della sensazione sonora che egli vive. Momento privilegiato in cui, sullo sfondo molteplice e disordinato delle sensazioni senza legame, si alza improvvisa

> la melodia d'una musica piú classica o piú popolare, fatta cioè di suoni ricchi di armonici, musica propriamente detta, voce umana parlata o cantata, con le sue inflessioni e invarianti molto presto memorizzate come caratteristiche d'una individualità. Momento, stato nel quale il bambino sperimenta una prima armonia (presagente la propria unità in quanto Sé attraverso la diversità dei propri sentimenti), e un primo incantamento (illusione d'uno spazio dove non esiste la differenza fra il Sé e l'ambiente circostante, e dove il Sé può rafforzarsi grazie alla stimolazione e alla calma dell'ambiente al quale è unito) [Anzieu 1976, p. 177].

Questa voce-eco costituisce il primo vero *legame* psichico fra le esperienze eterogenee contenute nell'involucro sonoro, nello stesso tempo in cui essa ne disegna i contorni, creando cosí la sensazione di un Sé protetto nel seno di questo involucro. Non è forse questa l'esperienza che Proust bambino rivive, riascoltando una sera sua madre leggergli nella camera, per calmargli la violenta crisi d'angoscia, il romanzo di George Sand *François le Champi*? «ella infondeva in quella prosa cosí comune una specie di vita sentimentale e continua».

La figura sonora inconscia dell'*eco*, forma primitiva della ripetizione, appare quindi come il primo contenuto significante dell'*involucro sonoro del Sé*: la voce materna percepita come eco della propria, voce interna-esterna, rappresenta per il bambino la prima esperienza d'una sensazione o d'un fenomeno che *dura*, e in questa durata si disegna un primo cambiamento, una prima variazione rapportata a un'identità primaria e senza dubbio ancora molto confusa.

L'eco materna è quindi il primo fenomeno sonoro strutturante dei rapporti fra il soggetto e il mondo. Essa disegna i limiti d'un *tempo transizionale*, tempo intermedio fra l'atemporalità arcaica del Sé e il divenire dell'ambiente che forgerà presto l'identità dell'Io. Il concetto di *tempo transizionale* va dunque inteso qui nel senso che Winnicott [1971] dà all'oggetto e ai fenomeni transizionali: oggetti e fenomeni che non sono ancora percepiti come esterni al soggetto, ma che tuttavia già non sono piú annessi al corpo e all'interiorità soggettiva. I fenomeni transizionali instaurano quindi una paradossale armonia fra il Medesimo e l'Altro, con la funzione di compensare nel neonato gli effetti angoscianti della perdita e della differenziazione, e perciò del mutamento e del divenire.

L'eco è quindi una figura armoniosa del tempo, è la rappresentazione fantasmatica di quell'*istante inaugurale del tempo* in cui la fusione tra ciò che è esterno e ciò che è interno, tra Sé e non-Sé, tra identico e differente, tra presente, passato o futuro, è ancora possibile. L'universo transizionale, e in particolare il tempo transizionale, non lascia posto alla separazione, alla perdita, al lutto. Il Medesimo e l'Altro si sovrappongono in interminabili dissolvenze incrociate e, in quest'aria armoniosa, la madre e il bambino possono inscenare all'infinito la loro separazione e il loro ritrovarsi: il tempo resta chiuso, senza un vero divenire imprevedibile del futuro, senza proiezione verso la morte. L'universo transizionale protegge dagli attacchi di angoscia depressiva.

In musica, l'eco rinvia a questa esperienza primitiva del tempo transizionale: essa è quindi innanzitutto una felice fantasmagoria. Lo straordinario giubilo mistico del *Gloria* in eco del *Magnificat a sette*, che conclude il *Vespro della Beata Vergine* di Monteverdi (1610), simboleggia il piacere e la felicità del musicista, procuratigli da una condizione di scambio fusionale con la madre divinizzata (il *Magnificat* è il canto di felicità della Madre per il figlio ricevuto da Dio). I due tenori si rispondono in una mobilità vocale prodigiosa e febbrile, dalla sensualità botticelliana, mentre in alto la voce femminile, su lunghe note tenute, *avvolge* e protegge il gioco sonoro dei vocalizzi.

4. *L'ambivalenza dell'esperienza affettiva del tempo e la sua simbolizzazione nelle opere e negli stili musicali.*

Lo sviluppo normale della personalità deve evidentemente superare l'illusione di felicità procurata dall'universo transizionale. Il soggetto deve imparare a poco a poco che lo spazio e il tempo comportano la distanza, l'allontanamento, la scomparsa, la perdita. Deve anche imparare che l'amore che egli prova per le persone che lo circondano (in primo luogo per la madre) implica il riconoscerle come persone distinte da lui, dotate di sensibilità e sentimenti propri, che possono differire dai suoi. Deve imparare che i loro desideri possono contrastare con i suoi, deve insomma imparare che la relazione fusionale non permette di costruire legami variabili, pensabili, durevoli, in particolare con l'ambiente, e che tale relazione non resiste alla prova della realtà.

È ciò che in un certo modo ritroviamo nella scena dell'eco alla fine dell'*Orfeo*, dove Monteverdi mette in scena la scoperta del tempo del lutto e della morte, nel divenire di un Io progressivamente integrato; siamo di fronte al passaggio dal tempo transizionale al tempo-divenire, con il quale Orfeo riesce a integrare e ad assumere la propria solitudine e angoscia, alimentate dal senso di colpa per aver perduto Euridice a causa di uno sguardo troppo avido e bramoso. All'improvviso, Eco non è piú la voce materna consolatrice, ma gli appare come parola vuota, voce che non riempie piú nulla, che lascia in sospeso qualcosa d'incompiuto e forse impossibile da compiere. Orfeo si lamenta perché Eco ripete solo le sue ultime parole. Egli la supplica di ripetere con lui tutto il suo lungo lamento e il suo dolore:

S'hai del mio mal pietade io ti ringrazio
Di tua benignitade.
Ma mentr'io mi querelo,
Deh, perché mi rispondi
Sol con gli ultimi accenti?
Rendimi tutti integri i miei lamenti (Atto V).

Ma Eco tace, Orfeo resta solo di fronte all'assenza e alla morte. La scena rappresenta senza dubbio un rovesciamento, nella musica occidentale, del concetto di durata come esperienza esistenziale del tempo, dell'assenza e della morte. Qualità profonda della materia sonora, la durata diventa la grande unificatrice dei gesti stereotipati e fissi del figuralismo del primo Rinascimento.

L'eco appare cosí come una figura fantasmatica, paradigmatica di tutti i fantasmi legati al tempo, ai sentimenti da esso suscitati, alle paure e alle angosce da lui generate. L'eco, divenuta fantasmagoria del lutto, instaura un tempo contrapposto all'essere. Queste conclusioni mi conducono all'ipotesi centrale del mio modo di concepire i rapporti fra musica e inconscio.

Nell'universo transizionale, tutto ciò che è spiacevole e pericoloso per il Sé è espulso dall'orizzonte fusionale: il dolore, la separazione e la morte non vi entrano. Com'è stato mostrato da Melanie Klein [1955; 1957], un fattore essenziale nella formazione della personalità è la scoperta da parte del soggetto dell'*ambivalenza*. Il bambino, nei primi tre o quattro mesi di vita, è assalito da sensazioni molteplici, da intense esperienze contraddittorie, che vaglia in maniera elementare, differenziando e separando ciò che è piacevole da ciò che non lo è: egli vive quindi in un mondo "scisso", in altre parole in un mondo spezzato, frantumato, dove gli stessi oggetti, le stesse sensazioni, anche le stesse persone, sono divisi in buoni e cattivi, senza che le parti possano mai comunicare tra loro, né fondersi. Questo processo psicologico inconscio – e normale – della *scissione* è caratterizzato dalla *posizione paranoide-schizoide*. Il termine *posizione* definisce sia una fase dello sviluppo della personalità, sia una particolare forma d'un insieme di relazioni con il mondo, di angosce e di difese che permangono anche per tutta la vita. Possiamo ritrovare le tracce di queste configurazioni relazionali e affettive in numerose produzioni culturali e sociali, per esempio in tutti i miti religiosi sulla spartizione (o scissione) del potere fra le divinità del bene e del male. Per il soggetto in posizione paranoide-schizoide, gli oggetti scissi e le persone scisse non hanno esistenza individuale, ma una molteplicità di esistenze che non coincidono e non possono interferire in nessun tempo e luogo. In questo universo frammentato è impossibile per il soggetto avere il minimo pensiero globalizzante, perché la scissione conduce sempre alla distruzione dei *legami*, visibili o nascosti, tra diversi aspetti della realtà, e rende il soggetto incapace di ricostruirli.

Affinché la personalità si sviluppi normalmente, bisogna che il soggetto scopra innanzi tutto, e poi accetti, che i due aspetti fondamentali del mondo scisso, piacevole e spiacevole, coesistono nella stessa realtà e vi sono *legati*. La scoperta dell'*ambivalenza psichica* di ogni oggetto, persona o esperienza vissuta (che si produce in generale tra il quarto e il nono o decimo mese), scatena una reazione d'angoscia profonda che Melanie Klein chiama *angoscia depressiva*, esperienza cruciale e indispensabile affinché progredisca in seguito la costruzione psichica dell'Io. Quest'angoscia – che caratterizza una nuova posizione, la *posizione depressiva* – ha origine nella paura del bambino che ciò che è buono o piacevole diventi cattivo o pericoloso. Tuttavia, essa si riveste ugualmente di un sentimento di colpa, quello di aver odiato e voluto distruggere gli oggetti e soprattutto le persone che gli procuravano del bene. Il bambino supererà questa angoscia solo se le esperienze positive prevarranno, il che potrà essere possibile grazie soprattutto alla vicinanza affettiva della madre e dell'ambiente, che lo aiuteranno ad accettare l'ambivalenza degli oggetti, delle persone e delle proprie esperienze interiori. In questo caso, egli diventerà capace di costruire legami durevoli tra gli esseri e le cose, in maniera indipendente dai propri vissuti, legami che potranno allora essere pensati nei sistemi logico-cognitivi e simboleggiati nel linguaggio.

Se però prevalgono le cattive esperienze, il bambino troverà rifugio negli atteggiamenti difensivi, che lo manterranno in un universo frammentato e caotico. La scissione ricomparirà, ma insieme ricompariranno anche la *negazione*, che consiste nel negare le parti cattive dell'oggetto, nel non tenerne conto, per costituire un oggetto fantasmatico ideale sempre buono, e l'*identificazione proiettiva*, che consiste nell'espellere quelle parti dell'Io percepite come responsabili dell'odio per l'oggetto, nel fissarle sulle parti cattive dell'oggetto, e nel proteggere le parti dell'Io capaci d'amore attraverso la loro proiezione sull'oggetto ideale.

È questa la problematica generale che, in definitiva, ho proposto per i vissuti del tempo esistenziale e per le loro rappresentazioni in musica [Imberty 1981]. Posso riassumerli cosí, basandomi sui concetti di *ambivalenza* e di *legame*, concetti già utilizzati nei paragrafi precedenti: tutta la vita umana è fatta di accettazione o di rifiuto di questa ambivalenza, e in primo luogo dell'ambivalenza essenziale del tempo in cui si sviluppano i progetti personali o collettivi e in cui, tuttavia, ogni istante conduce inesorabilmente al termine fatale. Prendendo coscienza del tempo, l'uomo cerca di proteggersi dai cattivi aspetti o dai cattivi momenti (in altre parole dall'irreversibilità che conduce all'invecchiamento e alla morte), per vivere solo in un tempo armonioso e pieno, quello del progresso, dell'avvenire migliore, dei "domani che cantano". Da una parte, il romanticismo è stato tentato da questa via di aggiramento della morte attraverso un'estetica dell'apoteosi: quante morti eroiche e redenzioni per mezzo dell'amore, in altre parole morti che rendono immortali! Ma il romanticismo è anche un'*accettazione dell'ambivalenza* del tempo attraverso un'integrazione della morte nell'orizzonte esistenziale: le conclusioni tragiche ma calme, che si acquietano sino al limite del silenzio, le cerimonie funebri, i ritmi ostinati del destino sono altrettanti segni del tempo del *lutto* e della rassegnazione, sentimenti che risultano da un lavoro psichico consistente nel ritrovare la totalità perduta del divenire e accettare il rischio della perdita e della mancanza, nel ricreare il *legame* naturale che esiste fra le tristezze e le gioie, l'odio e l'amore, la vita e la morte.

Al contrario, il tempo musicale contemporaneo – inaugurato da questo punto di vista dall'opera di Debussy – manifesta il *rifiuto dell'ambivalenza* del tempo attraverso la sua *negazione*: in tutta la musica del xx secolo, la scrittura si concentra sulla notazione dell'istante, della sua qualità sonora, della sua ricchezza e tenuità. Il tempo musicale contemporaneo sostituisce al divenire del tempo romantico la successione e la giustapposizione degli istanti, la frammentazione della durata in momenti distinti e separati, isolati e senza legami reciproci. La scrittura musicale contemporanea sostituisce quindi alla rappresentazione di un tempo esistenziale integrato e continuo quella di un tempo senza divenire, di un tempo che non passa (tempo *negato*), nel quale la morte è ignorata, tenuta fuori dagli avvenimenti sonori che non portano – apparentemente – da nessuna parte. La *scissione* separa, distrugge i *legami*, implica le rotture incessanti, imprevedibili, i temi schizzati e subito interrotti, i ritmi abbozzati e subito contraddetti. Il rifiuto dell'ambivalenza equivale a una negazione del sentimento della durata, a una difesa dall'angoscia della distruzione e della morte, e produce un tempo paradossale, un tempo del presente senza passato né avvenire.

Il tempo musicale contemporaneo è quindi un tempo frammentato. Ma questa disorganizzazione organizzata si costruisce paradossalmente sulla preminenza data alla struttura e al gioco con le strutture rispetto al contenuto espressivo, ossia sull'attenzione quasi esclusiva accordata al lavoro con le microstrutture a scapito della stessa forma globale. Con Varèse prima, e poi con la musica elettroacustica, la sistematizzazione del serialismo e insieme della musica aleatoria, la nozione stessa di tempo musicale è in parte sostituita da quella dello spazio dei suoni e dei timbri, dove non succede piú nulla, nulla piú dura, invecchia, muore. Vi si sviluppano solo sensazioni sparse, raffinate e complesse, generate dagli avvenimenti sonori che sembrano senza legami, sorgono e scompaiono in maniera imprevedibile per l'ascoltatore – e anche per il compositore, quando lavora con l'alea – privati d'investimenti affettivi, riflessi delle parti proiettate dell'Io scisso.

Durante gli anni Cinquanta e Sessanta, periodo del serialismo integrale, questa preminenza della microstruttura sulla forma discorsiva e sulla durata in divenire diventa il carattere dominante d'una musica fattasi soltanto astrazione matematica: la freddezza e il rifiuto dell'emozione segnano simbolicamente quest'arte della frammentazione; anzi, segnano in realtà la paura della morte, perché, come scrive Melanie Klein, la scissione come difesa primitiva contro questa paura è efficace solo se essa ha come conseguenza una dispersione dell'angoscia e un'interruzione delle emozioni. Ma possiamo dire che essa fallisce perché finisce su di un sentimento vicino alla morte: è qui che ritornano la disintegrazione e il sentimento di caos che l'accompagna [1957, trad. it. pp. 35-38].

Sentiamo allora che il musicista contemporaneo si protegge da questo sentimento di caos interiore e da questa disintegrazione dell'Io, da questo timor panico dell'invecchiamento e della morte, attraverso l'invenzione di codici nuovi, sempre piú complessi e ornati di tecnicismi e algebra: in luogo di lasciarsi trasportare dal divenire senza fine del tempo romantico, egli cerca solo di controllare una sintassi vuota, una tecnica, un sistema algebrico, come una macchina di suoni, lasciando che il tempo e la morte compiano la loro opera distruttrice.

In definitiva, la musica parrebbe una simbolica del tempo esistenziale, collettivo o individuale, e lo stile di un'opera musicale testimonierebbe le attitudini inconsce fondamentali dell'uomo di fronte all'irreversibilità del divenire, dell'invecchiamento e della morte, rifratti attraverso la sensibilità di un'epoca e l'immaginazione di un artista di genio.

5. *Il simbolismo inconscio nel periodo romantico: Mahler, Wagner.*

Approfondiremo quest'interpretazione generale attraverso nuovi esempi. La figura fantasmatica dell'eco, per il suo doppio significato d'instaurazione della durata e del tempo nei rapporti fra il soggetto e il mondo, e di difesa contro l'angoscia che il tempo può provocare attraverso la perdita e il lutto, appare come il punto d'articolazione inconscio di tutte le forme di rappresentazione e di controllo simbolici del tempo nell'arte musicale.

Troviamo questa figura dell'eco, e il fantasma associato dell'involucro sonoro, nell'*Addio* del *Canto della Terra* di Mahler, opera-chiave del confine tra romanticismo ed espressionismo. L'*Addio*, le cui due poesie cantano il dramma di una separazione definitiva, si compie su una visione utopica e insieme paradossale: sentimento di pienezza, di dolcezza e di appagamento nato da un lutto, da una separazione metamorfizzata in un'utopia d'eternità («Ewig!... Ewig!...»). Ma questa pienezza è anche un immenso vuoto, e il tempo vuoto è un tempo al di là di ogni desiderio, di ogni angoscia, in altre parole è un tempo morto. È questo paradosso del pieno e del vuoto che io ho chiamato *utopia dell'appagamento*: utopia di uno stato psichico di pienezza ove il tempo non esiste, non viene piú a scavare il Sé dell'assenza, della perdita, della separazione, utopia in cui il *Vuoto* non corrisponde al *Nulla*, ma è apertura su un pieno virtuale [Imberty 1993].

Nell'inizio dell'*Addio* troviamo un'assenza di eco, un vuoto senza voce che viene a ossessionare l'ascoltatore. C'è soltanto l'impressione d'uno spazio nel quale circolano risonanze e vibrazioni segrete, e dove anche l'eco potrebbe solo aver già risuonato. Ma l'involucro sonoro sembra vuoto. La scrittura, su tre livelli, segna la stratificazione di giochi spaziali e timbrici fortemente individualizzati: il gruppo-pedale del *do* grave e del gong, gli acuti arabeschi dell'oboe e del flauto, e fra questi confini di volta in volta la terza minore dei corni che progressivamente abbozza il movimento della marcia funebre pesantemente ritmata, e la voce bianca, di cui non si sa se sia una voce che si sveglia o che muore. Lutto, ma anche attesa... *Morendo*.

È qui che si compie il rovesciamento psicologico del tempo nell'opera, il primo dispiegarsi del paradosso dell'utopia dell'appagamento. Per comprenderlo, al *tempo transizionale* che abbiamo già incontrato a proposito di Monteverdi bisogna in effetti opporre il *tempo morto*. Il tempo morto è qualcosa come la prescrizione del tempo. Per un momento, il tempo non esiste piú, in altre parole non vi è piú cambiamento, movimento. Vi è un disinvestimento psichico. La voce che canta in questo vuoto sembra senza timbro, cioè senza individualità, è una voce neutra, senza passato, senza avvenire. Manifestazioni di questa neutralità sono le malinconie patologiche, senza angoscia, indifferenti.

Ecco che, in questa neutralità spettrale, si profila l'immagine d'un movimento di riempimento: «il sole si nasconde dietro le montagne, l'ombra notturna raggiunge le valli, il mondo si addormenta». Lo spazio morto, il tempo morto si animano di un'*agonia*. L'agonia è ancora, in effetti, un'immagine di movimento, di durata, la rappresentazione di una realtà temporale. Essa si compie, conduce alla morte, ma nello stesso tempo la fa indietreggiare. Essa è *attesa*. Qui, l'agonia è in posizione invertita: nel tempo morto e nello spazio vuoto, essa diventa segno d'un inizio, un inizio *paradossale* perché esso avviene *morendo* (indicazione inserita da Mahler poco prima del n. 4 della partitura), perché essa si *disfa* in questo languore del flauto e del *do* grave che si dilegua. Quest'agonia che si ripeterà durante tutta l'opera è quindi *iniziale*. Di fatto, essa apre il tempo, insufflando un segno di vita nel vuoto: essa è attesa di qualcosa di ancora indeterminato, indefinitamente respinto.

Nel suo libro *The Hands of the Living God* [1969], Marion Milner presenta la figura del cerchio: a suo parere, il cerchio è piú un foro che una chiusura. La stessa cosa vale per la rappresentazione della mancanza: essa è un bianco, un vuoto. Ho appena detto che l'eco può avere un senso di pienezza armoniosa, ma può lasciare anche un'impressione di vuoto. Nel nostro caso, essa simbolizza un *involucro vuoto*. In che modo è costruita la partitura di Mahler? Come una serie di limiti che circondano, circoscrivono: al centro, nulla se non risonanze di gong. Le prime battute dell'*Addio*, che ritornano molto spesso durante l'opera, sono l'immagine sonora del cerchio, foro aperto che la voce potrebbe tentare di riempire nel movimento da lei abbozzato. Tutta l'ambiguità di questo inizio è qui: un pieno potrebbe instaurarsi a partire da un vuoto, una temporalità a partire da un'atemporalità.

Continuiamo tuttavia a seguire Marion Milner nella sua riflessione: per lei, il cerchio vuoto «potrebbe essere in relazione con la pulsione verso l'indeterminato, uno stato che può essere sentito sia come tutto sia come niente» [*ibid*., p. 313], e quindi può essere vicino a uno stato di morte psichica come a uno stato di pienezza, tale che la pulsione verso l'indeterminato può sembrare una pulsione verso l'infinito, o piuttosto si realizza solamente in una ricerca infinita del proprio oggetto che è qualcosa come un'assenza d'oggetto, un foro, un cerchio vuoto, un anti-oggetto, con le stesse proprietà che si attribuiscono all'anti-materia. Ritroviamo qui questa negatività essenziale, che non è però un nulla, e che costituisce l'altra faccia della positività manifestata nell'area e nel tempo transizionali. In tal modo anche il tempo morto rivela una continuità fra il mondo interiore e il mondo esteriore, ma questa continuità conduce all'illusione del senza fine, dell'illimitato, dell'infinito, dell'eternità. «Ewig!... Ewig!...» È proprio questa l'*illusione dell'appagamento* [Imberty 1993].

Illusione perché quell'eternità non è l'immortalità: quando riprende il tema della marcia funebre iniziale, noi sappiamo che questa messa in movimento sarà non soltanto riempimento progressivo del vuoto, ma anche *instaurazione del lutto*. Tuttavia, Mahler ne dilaziona incessantemente la venuta: l'agonia non significa la morte, ma l'ultimo tentativo per far sorgere l'illusione della vita, "eternamente". L'agonia sospende il lutto. D'altra parte non sente egli il bisogno di aggiungere i tre ultimi versi di suo pugno? Natura eterna, terra amata che rifiorirà incessantemente, come suona stranamente tutto ciò dopo l'ultimo addio dell'amico ormai perso! Negazione del vuoto della separazione e della morte, attraverso la visione idilliaca e quasi artificiale di un'eterna primavera che si attende infinitamente! Anche la musica fugge nel tempo vuoto per colmarlo con il sentimento dell'eternità d'un eterno e illusorio ritorno!

Qualcosa di analogo, ma senza dubbio di struttura meno arcaica, troviamo già in Wagner, in ciò che ho chiamato *fantasma dell'errare e della ricerca* [Imberty 1981, trad. it. pp. 225-28]. Il sentimento dell'assurdità del desiderio, di cui Wagner si fa testimone dopo Schopenhauer, è in relazione con ciò che Melanie Klein chiama *invidia*, vissuta come invidia divorante e pericolosa per l'oggetto agognato. L'odio e l'aggressività, che le parti odiate dall'Io scisso proiettano sull'oggetto odioso, possono essere vissute come una minaccia di distruzione o di "divoramento" per l'oggetto desiderabile che l'Io amante cerca. La difesa da questa angoscia consiste allora nel perdere questo oggetto per tenerlo lontano dagli attacchi invidiosi, in maniera tale che egli resti l'oggetto del desiderio, ma al sicuro, indefinitamente inaccessibile. L'immagine resta, ma essa rinvia a un'assenza, a una mancanza che diventa allora il solo fine della ricerca del desiderio, ricerca cosí incessantemente ricominciata verso un ideale ipotetico, sempre piú allontanato. Il soggetto è condannato a vivere in un tempo senza limite, a proseguire questa ricerca senza fine, è condannato all'errare psichico. L'errare è il fantasma del tempo prodotto dall'onnipotenza possessiva del desiderio, vissuta come portatrice di distruzione dell'oggetto desiderabile.

Non è un caso se *Il vascello fantasma* è la prima opera in cui Wagner sostituí al tradizionale soggetto storico un soggetto mitico, il cui tema è precisamente quello dell'errare assurdo che ha termine solo con la morte. In un certo senso, tutti i personaggi wagneriani sono dei personaggi dell'errare: Tristano e Isotta sono erranti in un mondo dove il loro amore proibito non può realizzarsi; Wotan, dio onnipotente e ancora padrone del mondo nella *Valchiria*, diventa, nel *Sigfrido*, il dio errante, il *Viaggiatore* eterno e senza scopo che percorre il mondo in attesa della propria fine; Parsifal, anch'egli è il *folle* e *puro* che, venuto non si sa da dove, compie un atto di redenzione, il cui senso gli sfugge sino alla redenzione finale. La maggior parte del tempo, però, l'errare, immagine negativa e funesta dell'eternità, conduce solo alla morte-liberazione, perché non vi sono altre vie d'uscita possibili, per il solo fatto che l'errare è ricerca dell'Assenza, dell'Indeterminato, del Nulla. Questa ricerca senza fine e senza scopo obbliga la vita a ricercare il suo compimento nella morte. Qui è presente il sentimento dell'assurdo, come in Schopenahuer e in Wagner, e anche nell'Hugo di *Hernani*. È questo assurdo che l'utopia dell'appagamento tenta di circondare, è questa assurdità che Mahler rifiuta, ed è questo rifiuto che rende senza dubbio la fine dell'*Addio* simile alla fine della sua *Nona Sinfonia*, cosí tragica, straziante. In Wagner, al contrario, è nello stesso errare che risiede la chiave dell'attrazione per la morte che trasmuta l'annichilimento in redenzione, in *apoteosi*.

Le apoteosi wagneriane sono sempre trionfi della morte, anche se questa appare come sacro mistero o ineffabile parusia [Imberty 1981, trad. it. 1990, p. 226]. Esse si concludono con la morte, la ricerca e l'errare – e non con l'illusione dell'appagamento e dell'attesa dell'eterno ritorno. Attraverso la morte, l'assurdità di un desiderio senza oggetto non viene piú a rilanciare incessantemente la corsa del divenire. La morte appare quindi come compimento supremo e paradossale del desiderio, come sottolinea Nattiez, «preservandoli [i due amanti] dalla corrosione del tempo» [1990, trad. it. p. 316]:

> Nella massa delle onde, nel fragore dei rumori,
> nel Tutto che respira con l'alito del mondo,
> naufragare, affondare,
> perdere coscienza: o suprema voluttà!
>
> (*Tristan und Isolde*, Atto III, scena III, ultimi versi del *Liebestodgesang* d'Isolde).

Tempo integrato e continuo, tempo del desiderio divorante, tempo della vita e della morte che conduce alla morte: questo è il tempo wagneriano. La sua continuità e il suo perpetuo divenire sono tali che il *passaggio* e la *transizione* prendono il sopravvento sullo stato, sulla cellula, sul motivo, sulla forma. Anche i famosi *Leitmotive* costituiscono senza dubbio il sistema di composizione piú labile, indeterminato e flessibile di tutta la musica tonale. Nattiez [1983, pp. 188-89] cita un lungo testo di Wagner, tratto dal *Diario* e dalle *Lettere* a Mathilde Wesendonck, ove il compositore definisce la propria arte come «l'arte della transizione», e mostra poi come tutto il lavoro interpretativo di Boulez del *Ring* sia stato quello di ritrovare questa continuità assoluta, e il modo per costruirla. È a questa continuità, corrispondente forse in parte a ciò che Boulez per l'appunto piú tardi chiamerà "il tempo liscio" in opposizione al "tempo striato", che si collegheranno i compositori del XX secolo, tanto a Parigi quanto a Vienna.

6. *L'irruzione dell'istante e la frammentazione del divenire nella musica del xx secolo: Debussy.*

Può accadere che i due tipi di difesa dall'angoscia depressiva, l'agonia iniziale e l'utopia dell'appagamento da una parte, l'errare e l'apoteosi dall'altra, siano irrealizzabili: quando non può instaurarsi alcuna continuità temporale, è perché l'esperienza originaria dell'eco, invece di essere stata l'esperienza felice dello scambio di fusione con la voce materna, è stata vissuta come esperienza infelice, quella in cui questa voce si fa indifferente, dura e stridente, ed è sentita come una minaccia e un rifiuto. Domina allora la scissione che distrugge il legame tra la voce del bambino e la voce materna - eco e fa di questa una voce straniera e strana, inquietante in quanto irriconoscibile. La voce materna si spezza e non protegge piú, l'involucro sonoro è irrimediabilmente lacerato da rumori e grida terrificanti. L'esperienza della durata e dei legami temporali tra gli avvenimenti sonori si arresta, la continuità è definitivamente perduta. Come scrive Anzieu,

> il risultato è allora la disgiunzione pulsionale, che libera le pulsioni di morte, assicurando loro un primato economico sulle pulsioni di vita [1976, pp. 161-79].

Ritroviamo qui le caratteristiche della temporalità musicale contemporanea, dove ogni continuità è assente, la microstruttura domina sulla forma d'insieme e l'istante prevale sul divenire.

Questa predominanza delle pulsioni di morte appare già all'alba del xx secolo nell'opera di Debussy, il quale è da questo punto di vista il primo fra tutti i grandi compositori contemporanei. In Debussy, nella struttura stessa della sua scrittura, il tempo, in quanto tempo di morte, è *negato*, e la frammentazione e l'immobilizzazione della durata lo idealizzano, sviando dall'Io l'immagine della propria distruzione. Lo stile di Debussy appare come rifiuto dell'ambivalenza del tempo, della continuità che lega nell'esperienza umana la nascita e la morte, che fa di ogni istante un passo inesorabile verso la fine. Al tempo del divenire romantico, Debussy sostituisce il tempo dell'istante, dell'effimero, il tempo di ciò che non dura, quindi di ciò che non passa perché gli istanti sono isolati e fuggitivi, e perché essi non si integrano nel flusso inesorabile della durata. Mi sembra necessario citare qui un testo illuminante di Boulez [1958, trad. it. p. 303]:

> il mutevole, l'istante irrompono nella musica; non soltanto l'impressione dell'istante, del fuggevole, al quale lo si è ridotto, ma anche una concezione relativa e irreversibile del tempo musicale, e in genere dell'universo musicale.

Debussy, come sottolinea sempre Boulez, rifiuta ogni gerarchia che sia fuori della dinamica dell'evento, la forma si rinnova spontaneamente nell'istante, conformandosi a ciò che è movimento, essa è dettata da questo movimento, irreversibile e imprevedibile. La scrittura musicale, sebbene estremamente organizzata, procede per giustapposizioni e superposizioni, dando l'illusione che il tempo non porti da nessuna parte, in ogni caso che esso sia abolito: restano solo gli *istanti buoni* (nel senso kleiniano), riempiti da una specie di iperattività, da una pienezza rara, da un turbinio di vita luminosa, mentre sono negati gli *istanti cattivi*, quelli che lasciano trasparire le forme della disintegrazione dell'Io e l'angoscia della morte. Questa è sviata da una scrittura che arresta il flusso implacabile: quante volte abbiamo notato, nelle sue opere, quelle conclusioni immobili, quel "quasi niente" che fissa il pezzo nel silenzio finale senza concluderlo veramente, che lo fermano e non lo lasciano morire, o ancora quei turbinii di vita, dove ogni sentimento nostalgico è escluso, che si arrestano bruscamente in una piroetta inattesa, come se tutta la vita non fosse che una *Sérénade interrompue*. La negazione del tempo e della morte della musica di Debussy risiede proprio in questa istantaneità di ogni essere, di ogni cosa, di ogni piacere come di ogni paura: la morte non è mai là, essa non viene, repentinamente, bruscamente, come se la vita non fosse mai esistita per nessuno: «Non ho visto niente... Non ho sentito niente... Presto, presto... essa se ne va senza dire niente». Qualche sfioramento di arpa, qualche tremolo di corde. Mélisande non è piú. Non vi sono lamenti funebri, né cerimonia della morte, solo dei poveri e pietosi singhiozzi in un universo vuoto e ghiacciato, perché la morte non è mai integrata nella vita, essa è negata dalla qualità dell'istante e dall'immobilizzazione del tempo [Imberty 1987].

A volte, però, si sviluppano una specie di angoscia aggressiva e una paura panica e caotica, che ritroviamo nei sentimenti di ostilità, di forza brutale e cieca degli elementi (*La mer*, 3° Movimento, *Jeux*), *processi d'identificazione proiettiva* che conducono alla creazione immaginaria degli oggetti bizzarri e degli esseri spersonalizzati che popolano l'opera di Debussy, o ancora alla pittura musicale della gelosia di Golaud quando minaccia Mélisande, nella scena II dell'atto IV di *Pelléas et Mélisande*: angoscia e collera di Golaud, legate all'invidia frammentante che lo induce a voler distruggere ciò che, in Mélisande, lo minaccia, e cioè i suoi occhi, simboli di quella giovinezza che egli ha perduto. In seguito, ritornando a una condotta di negazione e di disprezzo, minaccerà solo di aspettare il caso per vendicarsi. Il caso è il rifiuto stesso del tempo integrato e della morte come morte dell'Io. Il caso è l'accidente, ciò che arriva imprevedibilmente, fuori tempo. Questa immagine musicale dell'accidente, del caso che interrompe nel divenire, senza concludere – apparentemente – l'opera, la si ritrova nell'ultimo accordo de *La puerta del vino* (*Préludes*, 2ème *livre*), e nella palla da tennis caduta nel nulla sul terreno di *Jeux*, che disperde i giocatori, fissa la partita amorosa, rinvia la musica alle sonorità acquose della morte.

Tutta la musica di Debussy sarebbe, in fin dei conti, una reminiscenza indefinita delle prime esperienze sonore senza legami, prima della loro unità di fusione nel tempo transizionale dell'eco, reminiscenza che darebbe all'opera quello spessore di mistero, quella movenza del fuggente e dell'effimero con la quale l'angoscia depressiva sfumerebbe nella varietà multicolore dell'istante e della sensazione, nella molteplicità delle apparizioni di esseri bizzarri e strani quali le fate, le ondine, i menestrelli, le marionette, ma anche le nuvole, i profumi della notte, il rumore delle foglie morte, i giuramenti misteriosi delle udienze del chiaro di luna, figure del tempo che fugge, maschere dell'invecchiamento irrimediabile e della derisione di fronte alla morte.

7. *Tra espressionismo e formalismo: legare e separare. Berg e la Scuola di Vienna.*

In fin dei conti, ritrovo qui la distinzione freudiana tra pulsione di vita e pulsione di morte, in termini particolarmente chiarificanti per l'insieme di cose che ho appena presentato. Tutto il Romanticismo, e in particolar modo il Romanticismo musicale, è dominato dall'"istante di vita", cioè da quell'energia che non ha altro scopo che di possedere e conservare, riunire e unificare nell'onnipotenza d'un *Wunsch*. «Meta della prima di queste due pulsioni è stabilire unità sempre piú vaste e tenerle in vita: unire insieme dunque» [Freud 1938, trad. it. p. 575]. Il voler-vivere - o Eros - implica quindi la rappresentazione musicale d'un tempo omogeneo e continuo, d'un tempo-divenire che ripete infinitamente le attese, le frustazioni, i soddisfacimenti e l'errare del desiderio.

Al contrario, «meta dell'altra, [...], è dissolvere nessi e in questo modo distruggere le cose» [*ibid.*]. Il tempo musicale contemporaneo è il tempo di Thanatos: il divenire vi è bloccato, disperso in mille istanti che non durano, alternanze di apparizioni caotiche e d'immobilità glaciali. La morte vi si insinua come una lacerazione che, subitaneamente, fa oscillare la forma piú elaborata ai limiti del rumore e dell'urlo.

Questa distinzione conduce al concetto centrale delle analisi precedenti, quello del *legame*. Dopo Freud, Melanie Klein e soprattutto Bion, hanno sviluppato l'idea che dall'accettazione dell'ambivalenza dipenda la possibilità per il soggetto di costruire dei legami tra gli oggetti, le persone, e di costruire dei sistemi simbolici. Didier Anzieu ricorda che il *legame* è, secondo Bion, un vissuto emozionale dove due persone, o due componenti di una sola persona (quando quest'ultima è scissa in buona e cattiva persona), o ancora una persona e un oggetto o le parti dell'una e dell'altro (ma sempre quando c'è scissione e frammentazione) sono in relazione reciproca. Il legame crea un'interrelazione comunicativa e di fusione. Da questa capacità di costruire dei legami dipende la capacità generale di categorizzare spazi, luoghi sociali o socio-affettivi, di poter evocare un oggetto o un essere assente attraverso un altro a lui in qualche modo legato, di poter tessere delle relazioni e concepire dei rapporti tra passato, presente e futuro. Si tratta evidentemente di un giuoco fondamentale per lo sviluppo normale della personalità, tanto sul piano cognitivo che su quello affettivo. La stessa cosa avviene per l'arte, essendo l'opera il risultato d'una messa in forma che, per l'appunto, crea legami e coerenza nel seno della materia, sia essa pittorica, architettonica o musicale.

Ciò che Bion dimostra [cfr. Grinberg, Sor e Tabak de Bianchedi 1972] è che la scissione come difesa dall'angoscia depressiva può trascinare fino alla distruzione della capacità di costruire dei legami (capacità che riguarda prima di tutto il legame d'ambivalenza tra il buono e cattivo oggetto). È ciò che egli chiama *attacco ai legami*, che mette in evidenza la predominanza delle pulsioni di morte dirette contro l'Io e il nucleo primitivo del Sé. La distruzione e la frammentazione riguardano allora le sensazioni, le percezioni, il linguaggio, interdicendo provvisoriamente il loro sviluppo normale e corretto. In tal caso, non sono piú gli oggetti stessi che sono scissi, distrutti e sparpagliati, ma tutto ciò che, nel sistema psichico, ha per funzione di legare due oggetti. In questo caso, la percezione diventa frammentaria, il sentimento di durata è inesistente, la forma del linguaggio è impossibile (è impossibile il legame tra significante e significato, ma anche ogni legame sintattico o formale di qualunque forma esso sia).

La sintassi tonale, durante tre secoli, ha creato dei *legami* all'interno delle strutture: legami sintattici, ma anche legami formali di continuità del tempo musicale, che privilegiano la grande forma rispetto alla coerenza delle microstrutture. Schönberg, brutalmente, distrugge questa sintassi, perché egli rifiuta la continuità, il divenire romantico: la natura dei legami fra le strutture generate dalla serie dodecafonica cambia di senso in rapporto a quelli generati dalla sintassi tonale. Musica *slegata*, liscia, senza principî gerarchici né funzionali né sonori, forma decomposta ma tuttavia algebrizzata e logicizzata, che crea nell'ascoltatore una sensazione di frammentazione e di polverizzazione del tempo, ancora piú forte che in Debussy. Nell'universo classico e romantico, la forma crea il *legame*: la costruzione formale, ricalcata sugli schemi strutturali della grammatica tonale (sonata, rondò, passacaglia, suite, ecc.), controlla il caos interiore e il tempo esistenziale nel suo divenire.

Il linguaggio seriale, al contrario, utilizzato in alcune opere da Berg, generalizzato in seguito da Webern e da tutta la scuola degli anni Cinquanta, crea un universo allo stesso tempo fisso e mobile: mobile per l'assenza di ogni rapporto gerarchico tra i suoni e l'estrema mobilità delle strutture locali, fisso perché questa agitazione ripetitiva resta continua all'interno di una forma il cui principio fondamentale è evidente fin dall'inizio della sua enunciazione. Già attivo nel *Wozzeck*, questo principio è ancor piú netto in *Lulu*, opera nella quale la tecnica di Schönberg è condotta con una logica rigorosa che rende artificiale ogni costruzione formale sovrasegmentale, e inutile ogni altra specie di legame sintattico o discorsivo. Le forme classiche, riutilizzate da Berg come puro e semplice involucro del corso temporale di ciascuna scena in *Wozzeck*, o dell'identificazione tematica musicale di ogni personaggio in *Lulu* [Imberty 1986; 1991], creano solo uno *pseudo-legame* tra gli elementi che ormai sono soltanto le variazioni di una serie unica (soprattutto in *Lulu*), e non lo sviluppo di cellule tematiche tonali autonome.

Lo *pseudo-legame* appare come un *legame vissuto fantasmaticamente*, in altre parole come la rappresentazione immaginaria e fantasmatica di un processo d'interrelazione. In questo caso, non è necessario che oggetti o parti d'oggetto, che oggetti e persone siano in relazione reciproca. Al contrario, la rappresentazione fantasmatica si basa sull'assenza di ogni contenuto, assenza che rende allora possibile l'allucinazione dello stesso processo di legamento. In questo caso, il soggetto è in uno stato di frammentazione interiore tale che egli costruisce degli pseudo-legami per difendersi dal caos interiore e dalla morte psichica. L'assenza di legami temporali, nella musica contemporanea, equivale, l'abbiamo visto già con Debussy, a una disintegrazione dell'esperienza del tempo esistenziale, che esclude ogni pensiero e rappresentazione dell'orizzonte futuro e mortale. Lo pseudo-legame è una conseguenza dell'attacco ai legami, e possiamo dire che il formalismo musicale – in particolare, quello legato alla serialità integrale che seguirà dopo Webern – consiste nella creazione di regole vuote, aventi come funzione quella di realizzare un'unità e una coerenza temporali private di ogni carico emotivo legato all'irreversibilità del tempo e della morte. Lo pseudo-legame consiste quindi nella ricostruzione – specialmente nel tempo musicale – di un'interrelazione temporale disinvestita psichicamente, di un'interrelazione che sia solo un'algebra, una combinazione, un grafico di oggetti emotivamente neutri.

In queste due opere, Berg si difende dall'angoscia del tempo e della morte attraverso l'uso di forme classiche, incollate su un contenuto musicale a loro completamente estraneo (la logica atonale e la logica seriale), e che gli danno, fantasmaticamente, l'illusione di un'unità interiore protetta. Le forme non costruiscono piú il divenire, non legano piú nulla, sono solo figure inconsce, nell'opera, dell'immobilità primordiale della morte; esse sono la maschera della morte.

8. *L'eredità di Debussy e di Berg: l'invenzione paradossale.*

L'attacco ai legami non distrugge soltanto i legami interni, esso tocca anche i legami esterni dell'Io con il suo ambiente. Ciò significa che possono essere colpite tutte le specie di legami sociali, storici e culturali.

Il concetto d'*invenzione paradossale* può rendere conto di tali fenomeni nel campo della creazione musicale contemporanea. L'*invenzione paradossale* è quell'invenzione ove il *legame* (nel senso di Bion) tra il compositore e la sua opera è *distrutto*. Il compositore crea l'opera non perché essa sia, ma perché essa resti sempre da fare, lasciandovi una parte importante sia all'interprete che si sostituisce a lui, sia al caso o all'automatismo algebrico della scrittura. L'opera, quindi, non è soltanto un oggetto proiettato, che raccoglie l'angoscia persecutoria e distruttrice dell'Io, tenendola lontana (nella creazione "normale" l'opera è anche una protezione dell'Io dall'angoscia in quanto proiezione di questa angoscia nell'opera); essa è anche "annichilita" nella sua funzione di sviare l'angoscia. L'opera non è piú di me (dell'Io), essa è non-opera, non-angoscia di me (dell'Io), essa tiene l'angoscia *isolata*. L'opera è ormai esistente solo grazie alla manipolazione dell'Altro, sia esso interprete o ascoltatore. Questa distruzione del legame tra l'opera e il suo creatore spiega, quindi, tutta una serie di mutazioni dei ruoli dell'attività musicale (compositore, interprete, ascoltatore) che divengono intercambiabili, non piú ruoli che si escludono vicendevolmente, ma ruoli «permutabili lungo un cerchio senza fine» [Anzieu 1996]. Ormai, tanto quanto attraverso il gesto creatore del compositore, l'opera si realizza attraverso l'*interprete-improvvisatore*, che crea davanti a una partitura sempre piú schematica, fatta di frammenti non ordinati e liberati dalla sua fantasia; attraverso il *gruppo* o l'invenzione individuale si diluisce in uno spazio proiettivo multidimensionale che disperde l'angoscia o la trasforma in angoscia dell'Altro (*creazione collettiva*); attraverso la *società* e le sue abitudini culturali, che impongono al compositore la rigidità delle leggi, dei codici, delle macchine (*composizione automatica*, *composizione assistita da calcolatori elettronici*).

Ma dal punto di vista che ci interessa, questi atteggiamenti di fronte alla creazione musicale lasciano in realtà trasparire *tre figure della pulsione di morte relative alla paura della fuga del tempo: il formalismo, l'alea, l'oggetto sonoro*. Figure della pulsione di morte perché essi sono di fatto i fantasmi dei processi psichici che esprimono gli ideali sostituiti ai sentimenti del tempo e alle esperienze interiori che vi sono legate. Melanie Klein ha mostrato che i processi psichici possono essi stessi operare come fantasmi nella misura in cui rispondono a un bisogno pulsionale. Cosí, il bisogno di dominare e la volontà di potenza possono essere associati in certi momenti a dei processi psichici che assicurano questo dominio e questa potenza. L'onnipotenza è allora proiettata su tali processi che diventano vere rappresentazioni della stessa pulsione. È in questo senso che la *formalizzazione* dipende da un fantasma d'onnipotenza dell'intelligenza e del dominio tecnico: nulla è impossibile all'uomo, e l'artista non è piú sottomesso al caso della soggettività (ispirazione, intuizione, ecc.). Intelligenza, matematica e tecnica sono sufficienti alla creazione. Nello stesso tempo, questo fantasma dell'onnipotenza razionale risponde al bisogno di universalità ed eternità, e cioè di permanenza e d'inviolabilità nel tempo e nella storia, che il creatore sente di fronte alla sua opera. Essi sono in tal modo protetti dall'oscuro e dall'irrazionale, giudicati come minacciosi e pericolosi.

Allo stesso modo, il tempo e la morte sono scongiurati dalla creazione di *oggetti sonori* (o *oggetti* musicali) il cui statuto di oggetti li rende inalterabili. Questo movimento è stato favorito dalle tecniche elettroacustiche, anch'esse dipendenti dalla fantasmatizzazione della formalizzazione. Attirando repentinamente l'attenzione sul timbro, la *Klangfarbenmelodie* di Schönberg anticipa la scoperta della complessità del suono stabilita dal suo statuto di oggetto. Al di là del suono-oggetto, anche l'opera formalizzata e matematizzata prende lo statuto di oggetto, cioè di un essere sonoro inerte, fisso, posto nello spazio e sottomesso a trattamenti che ne rispettano la struttura, dove il compositore non ne è l'autore, ma il rivelatore dell'autonoma logica interna. *Oggettivazione* e *formalizzazione* sono, in un certo senso, modi di "mineralizzare" l'opera, di far sí che essa sfugga all'invecchiamento e all'alterabilità. Il beneficio, però, non riguarda solo l'opera: il compositore stesso è protetto dall'oggetto nel quale si è proiettato. L'angoscia e la paura della morte sono espulse dall'Io creatore, neutralizzate nell'inerte oggetto atemporale. Poco importano i giochi ai quali il compositore si abbandona con questi oggetti, poiché, nello stesso tempo, l'oggetto è tenuto a distanza, indistruttibile.

Quanto poi all'*alea*, già la s'incontra nel fatto che Schönberg riduce tutte le regolarità, tutti i cicli prevedibili del tempo musicale tonale alla sola serie dodecafonica, in uno spazio liscio. Per l'ascoltatore, la conseguenza è l'imprevedibilità della forma e la sensazione che la musica si muova a caso in un tempo che non avanza [Imberty 1996]. L'*alea* riveste quindi due aspetti. Da una parte rende le strutture musicali imprevedibili, ne rende confuse le linee: in questo senso, l'alea è all'opposto della formalizzazione, perché essa lascia oscillare la forma verso l'improvvisazione, perché è promulgazione dell'accidente, del caso (di cui abbiamo già visto l'importanza in Debussy), cioè di quanto è fuori dal tempo e non riguarda piú il divenire. Il caso è forse la fatalità, ad ogni modo non riguarda me – «a me questo non accadrà mai!» L'alea pone l'opera a distanza dall'Io creatore, come la formalizzazione, come lo statuto di oggetto. D'altronde, anche l'alea può essere formalizzata: in questo caso, essa rinvia alla prima delle nostre tre figure della pulsione di morte, all'origine dell'invenzione paradossale, ma lascia intravedere una fragilità strutturale permanente dello sviluppo temporale concreto.

E forse una definizione interessante della musica di Schönberg o di Webern potrebbe essere quella di una creazione controllata dal caso...! Cage tra i discendenti dei Viennesi...

9. *A guisa di conclusione*.

> Lo stile è qualcosa che riguarda i limiti (e l'incertezza dei limiti) del sé, i livelli di strutturazione dell'Io e le loro fratture, gli inganni mediante cui l'Io cerca di affascinare la coscienza [Anzieu 1977, trad. it. p. 229].

Qui, il termine importante è "limiti". Limiti tra la creazione e la follia, limiti tra l'opera e il sogno, tra il sintomo e lo stile. Ho cercato, attraverso un certo numero di esempi, di smascherare queste illusioni, di ritrovare questi limiti nello stile musicale. Ho cercato di capire come la creazione musicale permetta di sfuggire ai determinismi dell'inconscio, attraverso l'analisi di quei punti privilegiati in cui essa sembra, al contrario, avvicinarvisi di piú. Ho però presentato al lettore una psicoanalisi della musica, una psicoanalisi dei compositori di cui ho parlato o una psicoanalisi delle loro opere?

Il lettore non si lasci ingannare: sono i fantasmi sottostanti agli stili musicali che danno all'opera la sua universalità, ciò che ci colpisce, uomini d'oggi come ascoltatori di ieri. Ciò significa che in un'interpretazione psicoanalitica dello stile si coglie in primo luogo ciò che si comprende, si accetta o si rifiuta in un'epoca determinata, e non qualche fenomeno psichico privato del compositore, che di solito non può essere individuato per mancanza di testimonianze e di documenti sufficienti.

La grande incrinatura della psicoanalisi dell'arte – sia essa degli artisti o delle loro opere – è che essa è sempre *analogica*. In realtà il giuoco è altrove e come mostra molto bene Ricœur [1965], l'analisi freudiana del sorriso della Gioconda si scontra non con una realtà inconscia ritrovata, ma al contrario con un'assenza. Il ricordo del sorriso della madre «è uno spazio vuoto nella realtà» [*ibid*., trad. it. p. 197], e il sorriso di Monna Lisa, che simboleggia l'assenza e il vuoto nella memoria di Leonardo, esiste solo sulla tela dipinta, rinviando a un qualcosa che io posso cogliere solo in quella forma inventata dal pittore, e questa forma e questi colori ricoprono definitivamente ciò che è cancellato, fantasma privato e incomunicabile. È Leonardo che, in questo vuoto, crea il famoso sorriso, e lo pone tra le opere della cultura.

In altro contesto, ma in modo molto penetrante e vicino al mio discorso, Capogreco dice che

> L'arte non è un'esperienza della trascendenza, ma non è neanche un libero gioco della fantasia. Piú esattamente, l'arte ci parla di ciò che manca [...] di ciò che l'uomo ha "innescato" nella storia, ma che lí ha dimenticato o non ha saputo completare [...]. L'arte ci parla di ciò che è stato, di ciò che avrebbe potuto essere, ma anche di ciò che potrebbe essere per la soggettività umana [1990, p. 51].

Come disse Paul Valéry ne *Le cimetière marin*:

> O pour moi seul, à moi seul, en moi-même,
> Auprès d'un coeur, aux sources du poème,
> Entre le vide et l'événement pur,
> J'attends l'écho de ma grandeur interne,
> Amère, sonore et sombre citerne,
> Sonnant dans l'âme un creux toujours futur! (vv. 43-48)

La psicoanalisi applicata alle opere d'arte e agli artisti, qui alle opere musicali e ai compositori, ha senso inizialmente solo in rapporto a noi, in rapporto a ciò che accettiamo di noi stessi in un dato momento della nostra vita, in un'epoca della nostra storia collettiva. Essa ha senso solo per far capire allo spettatore e all'ascoltatore ciò che può, nell'opera, svegliare in lui delle emozioni nuove, forti, dei sogni, desideri e piaceri che egli non avrebbe saputo dire, disegnare né comunicare. L'eco in Monteverdi, la figura del vuoto in Mahler, l'errare in Wagner, lo pseudo-legame in Berg come la frammentazione in Debussy rinviano al compositore, alla sua paura della sterilità creatrice, del caos interiore e dell'angoscia della morte, solo nella misura in cui tutto ciò tocca l'ascoltatore e prende senso prima di tutto per lui, nella misura in cui le opere creano in lui, in forma sonora, quei fantasmi ch'egli ignorava o che non poteva riconoscere. È ciò che scrive Anzieu a proposito di una novella di Henry James:

> Se la lettura della novella lo commuove (lui, il lettore), lo angoscia, lo sconvolge, provocando ricordi, risvegliando fantasticherie, sogni notturni, è che in lui la sua parte di orrore, di sfida, di disperazione, di minaccia e di sprofondamento è stata toccata, risvegliata, designata, localizzata, e che essa è forse divenuta percettibile, evocabile, rappresentabile, comunicabile, condivisibile [1981, p. 255].

In tal modo, ciò che l'opera designa resta inaccessibile, o piuttosto si lascia indovinare solo da un'assenza che rinvia al vuoto dell'ascoltatore, al suo bisogno «di potersi liberare dei legami e dei limiti della propria storia soggettiva derealizzando il presente» [Capogreco 1996, p. 192]. L'opera trova posto in lui, vi diventa portatrice di una mancanza, di un'inesistenza ormai proiettata al di fuori, simbolicamente pensabile in mille varianti imprevedibili e impreviste dalla cultura. L'opera, in ultima analisi, è solo la nostra parte impossibile da compiere, ciò che René Char chiama «l'inestinguibile reale increato» [1962].

Anzieu, D.

1976 *L'enveloppe sonore du Soi*, in «Nouvelle Revue de Psychanalyse», n. 13, pp. 161-79.

1977 *Les traces du corps dans l'écriture: une étude psychanalytique du style narratif*, in Id. (a cura di), *Psychanalyse et langage*, Dunod, Paris (trad. it. *Psicoanalisi e linguaggio. Dal corpo alla parola*, ed. it. a cura di F. Ortu, Borla, Roma 1980).

1981 *Le corps de l'œuvre*, Gallimard, Paris.

1996 *Le transfert paradoxal*, in Id., *Créer détruire*, Dunod, Paris, pp. 75-102 (trad. it. *Creare distruggere*, Borla, Roma 1999).

Boulez, P.

1958 «Claude Debussy», in *Encyclopédie de la Musique*, Pasquelle, Paris; ripreso in *Relevés d'apprenti*, Seuil, Paris 1966 (trad. it. *Note di apprendistato*, Einaudi, Torino 1968, pp. 287-304).

Capogreco, N.

1990 *Simbolo, mito e memoria nella comunicazione musicale*, Tesi di laurea, Università di Bologna.

1996 *Arte e razionalità nella "nuova musica" di Arnold Schönberg*, in M. Bristiger, N. Capogreco e G. Reda (a cura di), *Il pensiero musicale degli anni Venti e Trenta (Atti del Convegno di Arcavacata di Rende, 1-4 aprile 1993)*, Centro editoriale librario, Università degli studi della Calabria, Rende, pp. 183-93.

Char, R.

1962 *Partage formel*, in Id., *Fureur et mystère*, Gallimard, Paris.

Freud, S.

1913 *Der Moses des Michelangelo*, in *Gesammelte Schriften*, vol. X, Internationaler psychoanalytischer Verlag, Leipzig 1924, pp. 257-86 (trad. it. *Il Mosé di Michelangelo*, in Id., *Opere complete*, Bollati Boringhieri, Torino 1975, vol. VII, pp. 299-326).

1915 *Métapsychologie*, *ibid*., vol. V, 1924, pp. 431-553 (trad. it. *Metapsicologia*, *ibid*., vol. VIII, 1976, pp. 13-118).

1920 *Jenseits des Lustprinzips*, *ibid*., vol. VI, 1925, pp. 191-257 (trad. it. *Al di là del principio di piacere*, *ibid*., vol. IX, 1977, pp. 193-249).

1926 *Hemmung, Symptom und Angst* (1925), *ibid*., vol. XI, 1928, pp. 23-115 (trad. it. *Inibizione, sintomo e angoscia*, *ibid*., vol. X, 1978, pp. 237-317).

1938 *Abriss der Psychoanalyse*, in *Gesammelte Werke*, vol. XVII, Imago, London 1941, pp. 61-138 (trad. it. *Compendio di psicoanalisi*, *ibid*., vol. XI, 1979, pp. 571-634).

Grinberg, L., Sor, D., e Tabak de Bianchedi, E.

1972 *Introduction aux idées psychanalytiques de Bion*, Dunod, Paris 1976 (trad. it. *Introduzione al pensiero di Bion*, Armando, Roma 1975).

Imberty, M.

1981 *Les écritures du temps. Sémantique psychologique de la musique*, vol. II, Dunod, Paris (trad. it. *Le scritture del tempo. Semantica psicologica della musica*, Ricordi-Unicopli, Milano 1990).

1986 *Il concetto di morte e di temporalità nel «Wozzeck» di Alban Berg*, in «Lo Spettacolo», n. 2, pp. 107-36.

1987 *Il senso del tempo e della morte nell'immaginario debussiano*, in «Nuova Rivista Musicale Italiana», XXI, n. 3, pp. 383-409.

1991 *A proposito di «Lulu» di Alban Berg: riflessioni sulla sessualità, la morte e la creatività al principio del secolo a Vienna*, in «Lo Spettacolo», n. 3-4, pp. 297-326.

1993 *L'utopie du comblement. À propos de l'«Adieu» du «Chant de la Terre» de Gustav Mahler*, in «Les Cahiers de l'IRCAM», n. 4, pp. 53-62.

1995 *Psychanalyse de la création musicale ou psychanalyse de l'œuvre musicale? Essai sur la répétition*, comunicazione al *3ème Congrès européen d'analyse musicale*, Montpellier (pubblicato in italiano in «Il Saggiatore Musicale», n. 1, 1998, pp. 333-51).

1996 *L'evoluzione delle strutture del tempo musicale da Debussy alla Scuola Viennese: il punto di vista della psicologia e della psicanalisi*, in M. Bristiger, N.

Capogreco e G. Reda (a cura di), *Il pensiero musicale degli anni Venti e Trenta* cit., pp. 59-74.

Klein, M.

1955 *On identification*, in Id., *Our Adult World and Other Essays*, Basic Books, New York 1963 (trad. it. *Sull'identificazione*, in Id., *Il nostro mondo adulto e altri saggi*, Martinelli, Firenze 1991, pp. 79-137; 1ª ed. 1972).

1957 *Envy and gratitude*, in Id., *Envy and Gratitude*, Tavistock, London (trad. it. *Invidia e gratitudine*, Martinelli, Firenze 1969, 3ª ed. 1985).

1959 *The significance of infant conflict in the pattern of adult behaviour*, in Id., *Our Adult World and Other Essays* cit. (trad. it. *Il nostro mondo adulto e le sue radici nell'infanzia*, in Id., *Il nostro mondo adulto e altri saggi* cit., pp. 7-35).

Milner, M.

1969 *The Hands of the Living God*, International Universities Press, New York 1969.

Nattiez, J.-J.

1983 *Tétralogies (Wagner, Boulez, Chéreau). Essai sur l'infidélité*, Bourgois, Paris.

1990 *Wagner androgyne*, Bourgois, Paris (trad. it. *Wagner androgino*, Einaudi, Torino 1997).

Ricœur, P.

1965 *De l'interpretation. Essai sur Freud*, Seuil, Paris (trad. it. *Della interpretazione. Saggio su Freud*, Il Saggiatore, Milano 1967; nuova ed. Il Melangolo, Genova 1991).

Ruwet, N.

1972 *Langage, musique, poésie*, Seuil, Paris (trad. it. *Linguaggio, musica, poesia*, Einaudi, Torino 1983).

Stern, D. N.

1977 *The First Relationship*, Harvard University Press, Cambridge (trad. it. *Le prime relazioni sociali: il bambino e la madre*, Armando, Roma 1979; nuova ed. Sovera Multimedia, Roma 1989).

1985 *The Interpersonal World of the Infant. A View from Psychoanalysis and Developmental Psychology*, Basic Books, New York (trad. it. *Il mondo interpersonale del bambino*, Bollati Boringhieri, Torino 1987).

Winnicott, D. W.

1971 *Playing and Reality*, Tavistock, London 1971 (trad. it. *Gioco e realtà*, Armando, Roma 1974).

BRENNO BOCCADORO

Musica, medicina e temperamenti

«Sull'*aulos* – canta il poeta spartano Alcmane nell'alto VII secolo – un canto frigio modulò» [*I lirici greci* 1969, p. 290]. A Stesicoro il ritorno imminente del clima primaverile ispira un invito a «trovare una melodia frigia per un canto struggente di ballate alle chiomate Càriti» [*ibid.*, p. 298]. All'inizio del V secolo Pratina invita a coltivare le regioni intermedie della voce mediante l'armonia eolica, evitando gli scogli insidiosi della "musa" ionica, "intensa" o "rilasciata". Ottenuta l'approvazione delle maggiori autorità del pensiero filosofico, dei Pitagorici, di Platone e d'Aristotele, la tradizione successiva si compiacerà a inscenare una vasta aneddotica d'esperienze terapeutiche svolte su adolescenti avvinazzati in preda a collere sfrenate, a incontenibili meati di violenza, con Pitagora, Damone Ateniese, Democrito, Empedocle, Teofrasto come protagonisti di un intrigo in cui è la musica, arte della giusta mescolanza fra elementi contrari, il regime piú efficace per temperare le dissonanze dell'anima. Narra Giamblico che il divino Pitagora, un giorno, giunse ad armonizzare la collera di un giovane di Tauromenio eccitato dal vino e dall'armonia frigia prescrivendo all'auleta una trasformazione dalla melodia frigia alla dorica, coniugata al metro spondaico, tardo e lento. L'episodio si ripete nel paragrafo seguente, con Empedocle nel ruolo di protagonista:

> Avendo un giovane impugnato la spada contro Anchito, ospite d'Empedocle, perché giudice in un pubblico giudizio, gli aveva condannato a morte il padre, ed essendo a tal punto pieno di passione e d'ira da volerlo uccidere, quasi che non giudice ma assassino fosse stato del padre, Empedocle, subito mutando tono sulla lira e dando l'avvio ad un canto atto a addolcire e a rasserenare, intonò il *farmaco d'ira e di dolori e oblio di tutti i mali*, come dice il poeta, e cosí salvò l'ospite suo Anchito da morte e il giovane dal commettere un omicidio [*I Presocratici* 1986 (Empedocle 31 A 15), I, p. 334].

A quest'aneddotica, concepita dalla cultura che ha educato l'Occidente per venticinque secoli, la teoria musicale occidentale rivolgerà con un'insistenza quasi ossessiva uno stesso ordine di domande. Qual è il segreto del potere psichico della musica greca? Perché la melodia ipofrigia è attiva, la lidia lamentevole, l'ipolidia dissoluta e voluttuosa? Interrogata sui segreti del proprio fascino contagioso, la musica greca risponderà evasivamente. Arte del tempo figlia della Memoria, la sua scorza corporea svanisce irrimediabilmente sul marmo dei teatri antichi, nonostante l'esistenza di un preciso sistema di notazione. Non cosí la sua dimensione psichica teorica e matematica, che sopravvivèrà alle proprie spoglie sotto forma di una psicofisiologia degli affetti, conservata dalle filosofie e da una cospicua biblioteca di trattati teorici. Nel fiore degli anni il suo corpo muove le passioni del pubblico con tale efficacia da indurre piú di un autore a proclamare l'identità fra temperamento e armonia. L'equazione è reciproca: l'Antichità, atea o pitagorica, la percorre nei due sensi, attribuendo al temperamento le qualità dell'armonia musicale e le qualità del temperamento all'armonia. In virtú di questo parallelismo, l'anima della musica greca sorvolerà indenne, libera dai vincoli corporei, piú di venti secoli di teoria: professerà nelle scuole, formulando assiomi, diagrammi, leggi universali sempre attuali in quanto superiori al divenire deformante della storia. Negli anni in cui la teoria musicale cessa di parlare il greco, nel Prologo al *De Institutione Musica* di Severino Boezio, l'analisi degli effetti psichici della musica greca entra nelle competenze della teoria delle proporzioni. L'affetto di cui si tratta rimarrà un'entità numerica che molti autori esiteranno a incarnare nel corpo della melodia – come nei mottetti isoritmici di Philippe de Vitry, dove il significato dell'opera verrà riposto in un'idea numerica astratta e inaccessibile all'istinto cieco dell'orecchio. Cristallizzato dai diagrammi di una concezione quanto mai statica dell'armonia numerica, il sangue della musica greca verrà conservato, in un coagulo da reliquia, durante dieci secoli di teoria musicale. Inizia però a circolare di nuovo nel corpo del contrappunto cinquecentesco grazie alle cure degli umanisti. L'involucro sonoro nel quale rinasce a nuova vita non ha nulla in comune con le sue antiche spoglie: la polifonia cinquecentesca moltiplica le voci, combina terze e seste che l'Antichità aveva relegato negli spazi indeterminati delle scale; ignora i micro-intervalli, e la sua ossatura modale, nonostante i tentativi di riforma, continua a trarre alimento dai modi pseudo-classici, edificati in era carolingia sulle sabbie mobili di un'esegesi disinvolta di Boezio. Invece, per quanto riguarda la teoria degli affetti che gli umanisti incarnano nella polifonia, il contrappunto cinquecentesco parla la stessa lingua della musica antica, lo stesso greco che armonia e medicina imparano nell'infanzia trascorsa in comune. A conferma di ciò la doppia valenza, psicologica e musicale, del termine "temperamento"; il significato equivoco del concetto di *elemento*, sintomo di una concezione *elementare* della grammatica musicale come arte della mescolanza di elementi contrari temperati in giuste dosi, e, infine, l'idea di una lettura in chiave umorale dei fenomeni armonici.

1. *L'umanesimo musicale.*

Il dialogo con la musica greca attraverso il tramite della medicina umorale ha alle spalle una tradizione veneranda, sulla quale la teoria degli affetti, fra il Cinquecento e il Seicento, edifica parte della propria sostanza. L'antologia piú ricca di dati tecnici in materia di iatro-matematica, alla fine del Quattrocento, è l'opera del Ficino, alla quale, per ragioni di spazio, non sarà assurdo limitare il campo di indagini. Editore di Platone, musico e medico mediceo, esperto in materia di iatro-matematica, musica greca, meloterapia, filosofia pitagorica, psico-fisiologia, primo interprete delle dottrine sul genio melanconico, animatore dell'accademia di Careggi, il Ficino è fra i primi a disporre delle formule necessarie per ridestare la mummia del canto dal suo sonno millenario. Le indicazioni piú precise circa il metodo figurano nei suggerimenti del *Corpus Hermeticum* sull'arte di animare le statue imprigionandovi un demone mediante una disposizione armonica delle membra. E la cosa diviene realtà nel regime di scale escogitato dal Ficino per la cura delle malattie dell'anima, nel quale è dato rinvenire gli ingredienti essenziali della teoria cinquecentesca degli affetti.

Con la benedizione del libro della *Sapienza*, di Davide, Pitagora, Ermete Trismegisto, Platone e Aristotele, la lettera *De Musica* inviata all'amico Antonio Canisiano sui motivi di mescolare «con tanta frequenza lo studio della medicina e della musica» convoca Orfeo, Anfione, Arione, Pitagora, Davide, Empedocle, Democrito, Timoteo di Mileto, Alessandro Magno, Teofrasto, il medico Asclepiade, per operare *mirabilia* con modi e melodie [Ficino 1962, p. 651). Il copione non ha subito modifiche sostanziali. La differenza è che la musica alla quale questo sapere si applica è il contrappunto moderno (*concentus*). In una costruzione complessa nella quale entrano la medicina, la fisiognomonia e la psicologia umorale, il Ficino incarna il numero nel fenomeno sensibile, trasformando il contrappunto in un talismano complesso carico di virtú efficaci e fisicamente attive. Con le note gravi, le note acute e le regioni intermedie della voce, la cetra eptacorde con la quale Apollo ordina l'universo produce l'inverno, l'estate, la primavera e l'autunno. All'ordine armonico del cosmo risponde la consonanza dell'anima con il corpo, la proporzione degli umori e l'armonia degli stati mentali. Allo stesso modo in cui il corpo imita l'anima, la musica del polso, il "ritmo armonico delle febbri" e il circuito degli umori imitano la musica dell'anima. Il richiamo al parossismo febbrile rinvia alle dottrine pitagoriche sulla scansione armonica del tempo critico conservate negli *Aforismi*, nel *Pronostico* e nel *De Hebdomadibus* ippocratici, in cui l'evoluzione della temperatura osserva tetradi di giorni, articolate, per *congiunzione* e *disgiunzione* come i tetracordi nelle scale musicali. Le febbri urtano nodi e punti critici – il *kairos* pitagorico – sottoponendo il destino del malato a modulazioni (*metabolai*) conformi al transito fra *tonoi* rivali. La musica del polso, invece, può rifarsi a una tradizione indipendente, voluta da Erofilo Alessandrino, ma egualmente reperibile negli scritti di Galeno, di Avicenna e di Pietro d'Abano. Sistole e diastole battono l'arsi e la tesi dei metri greci modulando la misura secondo l'età. Consonante e stabilito da numeri interi, il battito cardiaco è ritmico; dissonante o irrazionale, riunisce i sintomi di un'alterazione patologica delle funzioni vitali. La tradizione non ha subito modifiche sostanziali. Nessuno però aveva mai scritto o sostenuto che come il corpo imita la musica dell'anima, l'arte oratoria, la poesia, la pittura, la scultura e l'architettura imitano le forme armoniche nate nell'immaginazione dell'artista.

Autorizza quest'affermazione l'idea di una metemsomatosi della fantasia nelle arti. Allo stesso modo in cui l'immaginazione della madre può plasmare l'embrione o impossessarsi del bronzo degli strumenti, l'anima del cantante può migrare nella melodia, comunicare la propria forma al ritmo, alle inflessioni della voce, determinando il registro, la scelta degli intervalli e l'affetto generale della melodia. I sensi interni del compositore prenderanno corpo nel contrappunto, convertendolo in un omuncolo dotato di tutte le facoltà psico-fisiologiche degli esseri viventi. Suono e pensiero, modi e affetti fanno tutt'uno: la composizione apparirà come una fisica d'elementi contrari e il significato della musica una proprietà intrinseca degli oggetti sonori, che in una certa misura una scienza della melodia può isolare nei ritmi e nelle melodie.

Alla funzione produttiva dell'armonia, questa metafora aggiunge una dimensione conoscitiva, nella quale la trattatistica musicale rinviene un criterio legittimo per la ripartizione della materia, governando, dalla nota alla melodia, l'intelaiatura generale degli studi armonici. Stando all'*Expositio* di Teone Smirneo, manuale quadriviale d'esegesi platonica che il Ficino studia, annota e traduce a uso personale all'inizio della propria carriera filologica, l'intelaiatura generale della melodia è una "sintassi di sistemi, come il Lidio, il Frigio o il Dorico", articolati in un tutto coerente. L'armonia tempera il grave e l'acuto nelle note come elementi contrari; le note si articolano negli intervalli, gli intervalli nei sistemi, i sistemi nei *tonoi*, i *tonoi* nella melodia organizzata. Lo stesso dicasi degli "elementi del numero" pari e dispari, che l'aritmetica armonica sposa negli estremi della quinta (3:2), della quarta (4:3) e dell'ottava (2:1) (2:3x3:4=1:2) [cfr. Ficino 1994, III [3], 90-91, p. 183]. Allo stesso modo in cui due note formano un'intervallo e piú intervalli la melodia, due numeri formano una relazione di numeri (*logos*), una serie di relazioni formano una progressione proporzionale (*analogia*).

Inoltre l'Antichità greca conta mediante un sistema di lettere. La melodia ottiene un valore linguistico quando il significato equivoco del termine *logos*, – "rapporto", "analogia", "discorso" –, stabilisce un denominatore comune tra i fenomeni sonori, la matematica, la grammatica e la metrica. A conferma di ciò la definizione del tetracordo come *syllabe* presa in prestito al pitagorico Filolao (v sec. a. C.): la nota sta all'intervallo come la lettera alla sillaba; e come gli intervalli si combinano nella melodia, le sillabe si articolano nelle parole, le parole nelle frasi, le frasi nel discorso [Barker 1984-89, II, 9, 2, p. 214]. Il discorso è logico quando l'aritmetica armonizza numeri interi, irrazionale (*alogos*), illogico e inaudibile quando tempera estremi incommensurabili. Infine, il significato del termine "elemento" (*stoicheion*) è equivoco: può designare, come in Democrito, le lettere dell'alfabeto, gli elementi del sistema numerico, gli elementi della grammatica musicale e gli elementi *tout court* in conflitto nei corpi fisici. E l'anello delle analogie si chiude quando la radice del termine "melodia" – membro anatomico – consente al Ficino di trasformare l'unione di piú voci nel contrappunto in un essere vivente provvisto di anima e corpo. All'idea di un mondo come *liber et scriptura* risponde allora, da un lato, la tesi del corpo come sistema grammaticale, e dall'altro il corollario di una fisiognomica musicale degli affetti come chiave di lettura. La radice greca del termine "melodia" provvede il contrappunto di un sistema di falangi, di arti, di membra e di articolazioni congiunte e disgiunte, rivestite da un sistema nervoso a tela di ragno di relazioni numeriche intessute dallo *spiritus* [cfr. *infra*, p. 378].

Idea e sensazione, vengono quindi a confondersi in un concetto di polifonia come spirito animato, posto a condividere la natura di un sospiro, di un pensiero e di un affetto: corpo aereo analogo allo spirito sottile dei demoni astrali, il contrappunto pensa, respira, prova gioia e melanconia, caldo nell'acuto e freddo nel grave.

1.1. «Musica humana».

Il contrappunto riproduce specularmente le potenze dell'anima del suo autore. Che le operazioni dell'intelletto possano rispecchiare l'anatomia dello spazio armonico, è quanto afferma esplicitamente Socrate nel *Filebo* platonico, testo ampiamente commentato dal Ficino. La voce musicale, che allo stato grezzo costituisce una certa unità, è anche infinitamente molteplice. La conoscenza dell'infinità del suono però non conferirà a Protarco il titolo di musico. Sapiente di musica è colui il quale sa declinare l'uno e il molteplice, determinando la *quantità* e la *qualità* degli intervalli contenuti nello spazio infinito fra il grave e l'acuto [Ficino 1975, p. 265]. Colta l'unità allo stato grezzo, la conoscenza procederà sezionando *generi* e *specie* sino all'indivisibile, accertando il numero complessivo delle parti; e il processo divisorio proseguirà sino al momento in cui l'impossibilità di specificare ulteriormente condurrà l'analisi in presenza della specie individuale e dei suoi correlati. Particolarissima, contingente e irriducibile, ad esempio, sarà la combinazione delle note nella melodia di *Calami sonum Ferentes*, frutto del temperamento individuale di Cipriano de Rore in un momento preciso della sua carriera compositiva e fatta eseguire tale giorno, in tali condizioni, dal Lasso a Monaco di Baviera. Meno particolare e soggettiva, la *specie* di ottava del suo modo frigio generata dalla permutazione ciclica degli intervalli diatonici nel sistema disgiunto, generatore di tutte le consonanze; piú universale, il *genere* diatonico e cromatico, che condividono tutte le *specie* di ottava; piú universale ancora, la "finalis" *mi* del modo frigio; universalissimo, infine, il "gamma ut" prodotto dalla corda di quattro piedi tesa sul monocordo, *fundamentum relationis* del sistema (*tonos*) che contiene tutti i modi.

Il metodo è dialettico: la divisione dell'unisono nei sottomultipli sta alla teoria armonica come la dicotomia dell'universale nel particolare sta all'analisi razionale. Dal punto di vista geometrico la scomposizione dialettica della realtà può essere paragonata a una struttura piramidale a forma di *lambda*, identica a quella impiegata da Crantore, primo interprete del *Timeo* platonico, per illustrare la psicogonia armonica dell'*anima mundi*. Al vertice, l'universalità incolore, l'identità assoluta e l'unisono, simbolo delle realtà permanenti; alla base un intervallo vuoto aperto sull'infinito, immagine del divenire indeterminato dei corpi fisici. L'Intelletto (*mens*) è il sole dell'anima, la ragione (*ratio*) è la sua luce, la *phantasia* e l'*imaginatio* è un raggio di essa, il temperamento o anima irrazionale è la sua ombra. Dai piedi al capo, il triangolo psichico comprende: i quattro umori, lo spirito, evaporazione del sangue responsabile delle sensazioni, l'immaginazione, la fantasia, l'intelletto e la memoria.

Col sangue, la bile gialla, la melanconia e la pituita, il temperamento imita l'armonia dei quattro elementi e il loro avvicendarsi nelle quattro stagioni. Il sangue, caldo e umido, imita l'aria e aumenta in primavera. Calda e secca, la bile gialla imita il fuoco e aumenta in estate; la melanconia, fredda e secca, imita la terra e aumenta in autunno, la pituita, fredda e umida, aumenta in inverno. L'equilibrio psichico e somatico è un contrappunto di forze antagoniste. Pure e smisurate, le sue componenti si emarginano dalla mescolanza, generando dissonanze, affezioni piú o meno patologiche; debitamente temperate producono salute e armonia. Il carattere è la risultante di una "media" (*tonos*) stabilita da quattro coppie di qualità contrarie, la cui oscillazione governa tutte le variazioni negli individui di una stessa specie: tratti del viso, colore dei capelli, fisionomia e affetti. In ogni coppia di contrari la media percorre una linea continua divisibile all'infinito; il suo valore può essere razionale o irrazionale. Ma l'armonia è perfetta quando osserva le qualità numeriche degli intervalli consonanti.

1.1.1. *Spiritus*. L'azione efficace della musica si esercita anzitutto sulle facoltà inferiori dell'anima, grazie allo spirito e la *vis imaginativa*, che l'uomo condivide con gli animali. Attivato dall'impeto della fantasia, lo spirito veicola nell'anima dell'ascoltatore le *intentiones* concepite dai sensi interni. Secondo la corrente tradizione galenica mediata da Alberto Magno, lo spirito è un'esalazione del sangue prodotta dalla combustione degli alimenti. Circola nel sistema cardiovascolare «con moto perpetuo»; contiene le potenze dei quattro elementi veicolati dal sangue, dai quali viene differenziato a seconda degli organi che nutre. Raro o denso, crasso o sottile, tardo o veloce, umido nel cervello, caldo nel cuore, aereo nel fegato, viene definito "animale" nel cervello, "vitale" nel cuore, "naturale" nel fegato, "radicale" nei testicoli. Per la musica è lo spirito animale del cervello che piú conta. Genera i cinque sensi, e immette nelle cavità aeree degli orecchi uno pneuma aereo nel quale le potenze cognitive dell'anima possono insinuarsi per riportare le immagini incorporee (*intentiones*) delle melodie percepite. Mosso dagli affetti, lo spirito bolle o gela, provocando collera o melanconia, passioni intense o catatoniche, "acute" o "gravi". Comunica all'immaginazione le *potenze* degli umori con i quali entra in contatto: quando la bile nera bolle moltiplica la rapidità di operazione della fantasia; quando gela paralizza il pensiero producendo depressione. Sottile, vola al cervello, dove viene impiegato dall'idolo come strumento conoscitivo per l'analisi delle sensazioni. L'anima sente, operando con piú attenzione, quando l'*aer inclusus* presente nell'orecchio "oscilla", *alterato* nel suo equilibrio, fra coppie di qualità contrarie. Occorre che la media posta a determinare la mescolanza dei contrari non contenga due qualità affettive contrarie simultaneamente: se lo spirito del gusto fosse al contempo dolce e amaro confonderebbe i sapori senza discernere né il dolce, né l'amaro. In quanto elemento corporeo, lo spirito è sottoposto a generazione e corruzione; va alimentato e rigenerato mediante rimedi catartici, fra cui la farmacopea astrale ficiniana.

Dal trattato di Sinesio sui sogni, il Ficino desume l'idea di uno spirito astrale collocato fra il corpo e l'*anima mundi*. La tesi di uno pneuma luminoso di natura siderale che cola nelle vene è aristotelica. Contenuto nel seme virile, veicola l'anima del padre al figlio plasmando l'embrione mediante la sua virtú formatrice e l'immaginazione della madre. Determina le qualità e il temperamento dei figli. L'idea di estendere questa fisiologia alle ruote della volta celeste però deve molto alla pneumatologia stoica e neoplatonica. Coniugata a un passo del *Timeo* (41d-42d) che sembrava prestarsi a simili deduzioni, l'idea di un veicolo dell'eredità diviene il veicolo dell'anima, che nella sua discesa attraverso le sfere planetarie, grazie alla sua virtú informativa, riveste l'anima di un involucro etereo, nel quale i pianeti iscrivono i propri doni determinando il carattere e, in parte, anche il destino che peserà sull'individuo suo ospite. Il legame con l'immaginazione si fa piú stretto: l'involucro pneumatico si associa all'immaginazione a causa della sua virtú iridescente che forma la materia dei sogni. Nel sonno e nell'estasi, quando i sensi tacciono, lo spirito può vagare da un'estremità all'altra dell'*anima mundi*; abbandona il corpo del dormiente migrando nelle regioni dell'immaginario per assistere alle visioni di cui è il protagonista; può sentire l'armonia delle sfere impressa nell'anima durante la sua discesa sulla terra. Di qui l'idea di un viaggio interplanetario dell'anima, dell'ispirazione e del delirio creatore. Alla psicofisiologia risponde, negli autori favorevoli alla magia, una teoria dell'incantesimo intesa come consonanza stabilita fra spirito e spirito.

1.1.2. *Imaginatio e phantasia*. La conoscenza è un moto dell'anima che oscilla fra l'universale e il particolare sensibile. Vaga e confusa, la voce veicolata dallo spirito giunge all'"idolo", sede dell'immaginazione e della fantasia. L'idolo isola le determinazioni materiali degli oggetti sensibili dal loro supporto corporeo: estrae le qualità, il timbro, la forma matematica delle consonanze e i motivi melodici di una composizione musicale. Consente di immaginare una voce in sua assenza, oppure deforma a piacimento un canto noto; combina intervalli e compone il contrappunto. La fantasia definisce però in maniera grossolana, ricreando solamente le *intenzioni* degli oggetti sensibili. Si tratta di un organo che gli esseri umani condividono con la *vis imaginativa* degli animali, ai quali, per la ricerca del cibo, bastano il "muggito", il "latrato", le "grida e i gesti". Quasi-ragione, invece, l'immaginazione parla il linguaggio non verbale del corpo, incapace di immaginare altro che suoni tutto sommato insignificanti rispetto ai concetti del testo poetico. E per questa sua intrinseca miopia, cede senza riserve, facile cortigiana, al fascino seduttore della musica. In quanto facoltà piú vicina al corpo, l'idolo rappresenta la parte piú instabile dell'anima. Nelle annotazioni che accompagnano la traduzione ficiniana di Prisciano di Lidia, interprete del *De sensu* di Teofrasto, l'immaginazione viene definita «Proteo e Camaleonte», divinità marina delle trasformazioni fantastiche e animale "versicolor" dalle mille apparenze [Ficino 1962, p. 1825]. Attivata da una forte concentrazione, può esercitare una virtú deformante sul corpo, come Cippo re d'Italia il quale, sognando un combattimento di tori, si risvegliò provvisto di due corna; oppure può servirsi degli spiriti vitali per alterare la materia circostante, comunicando affetti e infezioni agli astanti, come quell'anziano che comunicò la propria febbre a un giovane che aveva in odio, trafiggendolo mediante spiriti fetidi e febbrigeni. L'immaginazione turbata, corre, "lubrica e fugace" da una forma all'altra, giustappone immagini incoerenti coordinate in maniera paratattica: pensata la pioggia, vede i venti, dai venti passa alle alte montagne, dalle montagne alle nevi. Nell'estasi, genera visioni arcimboldesche di elementi, animali acquatici, combinate ignorando il genere e la specie. A conferma di ciò la descrizione data dal Ficino in un passo della *Teologia Platonica* [Ficino 1964-70, II, 13, p. 212] delle operazioni della mente sollevata dal furore profetico: la potenza degli idoli superiori che causerà la pioggia rappresenta in anticipo le orbite dei cieli in previsione delle piogge future; le sfere umidificano l'aria; il vapore acqueo muove la pituita, la pituita la parte umida dello spirito. Siccome lo spirito è un'esalazione del sangue e il sangue contiene i quattro umori, lo spirito veicola nel corpo le potenze dei quattro umori e dei quattro elementi. La sua potenza acquosa eccita la potenza vivifica dell'anima attraverso la parte che possiede i semi degli elementi acquosi risvegliando le immagini relative alla pituita erranti nella fantasia e nella ragione, che si rappresentano corsi d'acqua, piogge, idre, anguille e pesci.

1.1.3. *Ratio*. Dalla quantità e dalle qualità delle specie individuali, la ragione risale al genere, ritrovando nell'immagine di Platone un'«Idea comune di umanità». Corregge le cose come dovrebbero essere, rettifica le forme degli intervalli deformate dalla percezione, estrae le cause dagli effetti, dibatte e discute. Questa sua eloquenza fa sí che al contrario della mente, oscilla fra il vertice e l'ipotenusa dell'anima. Viene definita "cogitativa" quando guarda verso il basso, "intellettuale" quando si eleva alla deduzione dell'universale. L'anima «si irrita, prova gioia o dolore» attraverso la "cogitativa", quando la disposizione del corpo si altera, agitata dagli umori. La ragione intelligente, invece, nota le disposizioni, talvolta vi consente, talvolta reagisce dissipando gli affetti mediante attenta riflessione [*ibid.*]. Infatti, mentre l'intelletto (*mens*) lega il destino dell'anima alla provvidenza e l'idolo lo vincola al corpo, la *ratio intellectualis* giudica liberamente, ponendo la volontà di fronte alla libertà di scegliere e di agire.

Di qui la tesi umanistica circa la supremazia della parola rispetto alla musica. Nel corpo del contrappunto, il Ficino distingue una facoltà razionale – il testo – e una potenza immaginativa, identica al suo involucro sonoro. Mentre la parola giudica e delibera, la melodia, dimensione fantastica, indeterminata dal punto di vista concettuale, parla il linguaggio del corpo, degli umori e dell'immaginazione, facoltà inferiore, incapace di ragionare e perciò facile cortigiana disposta a consentire a qualsiasi forma di seduzione melodica, giusta o errata, etica o dissoluta. Pur rimanendo esposto agli artifici di una retorica flexanima, l'ascoltatore è libero nei confronti della parola, ma può farsi schiavo del canto – come dimostrano gli exempla sul potere psichico della musica greca, in cui la melodia conduce alla morte marinai che preferirebbero non morire, muovendo pietre, fontane, cavalli, delfini e uccelli privi delle facoltà superiori dell'anima.

1.1.4. *Mens*. L'intelletto condivide le proprietà dell'uno, occhio e capo dell'anima. Con la ragione forma un complesso coerente destinato alla conoscenza delle realtà superiori. Come la corda tesa sul monocordo vede in un colpo d'occhio ciò che le facoltà inferiori percepiscono in piú immagini separate; riassume le qualità particolari che il musicista declina nella melodia e lo sviluppo temporale della composizione musicale. Ama l'ordine delle parti e l'universalità incolore, fuggendo le specificità stilistiche individuali. Mentre il temperamento sanguigno preferisce «il rosso, il verde e le melodie allegre», la mente crea forme canoniche che «piacciono a tutti»;

approva la bellezza della figura circolare, l'armonia regolare delle note e dei ritmi. Concepisce immagini di donne ideali, nate dalla sintesi dei nasi piú riusciti, degli occhi piú belli di tutte le donne esistenti; opera una selezione di tutte le varianti stilistiche di una scuola, concepisce contrappunti palestriniani «prima prattica», fondati su regole eterne, superiori alla storia e alle particolarità dei gusti individuali.

1.1.5. *Memoria*. La mente, che sopprime il divenire temporale, è l'anticamera della memoria. Senza di essa il contrappunto, che il Ficino immagina come un caleidoscopio di figure matematiche in evoluzione nel tempo, non avrebbe senso, la nota assumendo un valore linguistico quando la mente percepisce il presente ricordando il passato. Nella "modulazione" (*metabole*) la forma statica (*thesis*) impressa nella memoria permane servendo da sostrato alle metamorfosi ulteriori della melodia. L'intensità dell'affetto generato nella fantasia fra la forma acquisita dalla memoria e l'avvicendarsi di forme nuove è allora direttamente proporzionale alla complessità della relazione stabilita dagli elementi in conflitto nel corpo della melodia. Le modulazioni piú regolari avvengono fra modi affini, le piú drammatiche fra modi matematicamente rivali.

La memoria, inoltre, è un'*ars*, come insegnava nel lontano 1966 Frances Yates. Un'arte, e nel Ficino, cosa rarissima, un'arte musicale. Una lettera del 1458 indirizzata a un destinatario dal nome di «Banco aritmetra» paragona le operazioni della memoria all'attività dell'apparato digestivo: assimila le *intentiones* dopo averle armonizzate con "ordine", "proporzione" e "connessione" in una forma unitaria, come gli alimenti cotti dal sangue. Digerisce con piú facilità i cibi resi piú gradevoli da un'orazione ordinata e un canto soave [Ficino 1937*b*, I, p. 39]. La sintesi è nuova, ma non cosí le sue fonti, citate nella lettera: la tradizione greco-latina, da un lato, il canto e la musica dall'altro. Se il rapporto musica e memoria è raro nell'*ars*, il nesso della musica con la memoria è istituzionale nella trattatistica grazie alla solmisazione, nata a fini mnemotecnici dalle sillabe iniziali dell'inno «*Ut* queant laxis, *Re*sonare fibris, *Mi*ra gestorum...» L'equivoco fra il valore verbale e sonoro delle sillabe servirà da veicolo all'immaginazione per l'*Inventio* di soggetti "cavati" dai testi poetici. La solmisazione separa l'altezza (*clavis*) del suono dal suo valore o funzione nell'esacordo (*vox*); indipendente dalla "materia" della scala, una formula esacordale può venire manipolata, deformata, e trasposta nelle varie regioni della voce assumendo il doppio ruolo di modulo unificatore e di veicolo della forma. L'esempio piú eloquente di applicazione di questi principî alla realtà della pratica musicale si ha nella messa *La sol fa re mi* di Josquin Despres, in cui la separazione fra la *funzione* delle *voces* e le altezze materiali delle *claves* suppone un procedimento di astrazione delle forme nel quale non sarebbe errato riconoscere un *pendant* musicale delle operazioni che nell'anima rendono indipendenti le forme dall'impressione sensibile.

1.2. Il contrappunto.

1.2.1. *Pneuma e suono*. Il contrappunto ficiniano è un doppio psichico dell'io, che l'autore provvede di un'ossatura modale, di un sistema nervoso di relazioni numeriche; di una dimensione spirituale, fantastica, razionale e intellettiva. La materia informe del suono è l'aria. Tensione e allentamento, acutezza e gravità sono la conseguenza di un *moto* della voce fra il grave e l'acuto. L'intensità sonora è un moto nella categoria della qualità, ossia una forma di *alterazione*, conformemente alla definizione aristotelica. Il suono è allora qualità determinata la cui altezza sta alla musica come il colore allo spettro. Basta una trasposizione per alterare il carattere di una melodia. A conferma di ciò il carattere "flebile" assegnato dalla tradizione ai modi gravi e l'affetto "incitato" degli autentici. L'analisi è analoga per il carattere delle consonanze, determinato dal moto melodico, che si arresta in un grado di tensione determinato (*tonos*) *alterandosi* qualitativamente nell'intervallo. Gli intervalli grandi prodotti nei modi autentici significano magnanimità, forza, collera, arroganza; minuti, debolezza e lacrime.

L'interpretazione qualitativa del registro trova conferma in un passo del *Commento al Timeo* nel quale, con la precauzione di un "quasi", il Ficino non esita a trasferire le qualità dei quattro elementi alle quattro voci del contrappunto:

> Allo stesso modo in cui i medici espertissimi mescolano vicendevolmente certi liquidi con una certa proporzione in maniera tale che piú materie diverse si unificano in una forma nuova e coerente, conseguendo, oltre alla virtú elementare anche una virtú celeste, i musici artificiosissimi temperano note gravissime come fossero materie fredde, note acutissime come materie calde, note moderatamente gravi, come materie umide, e note moderatamente acute come materie secche, con tanta proporzione che una sola forma si viene a creare da piú [forme], alla quale, oltre alla virtú vocale, consegue anche una virtú celeste [Ficino 1962, p. 1455].

Al basso, al tenore, al contralto e al soprano rispondono la terra, l'acqua, l'aria e il fuoco. Il basso è tardo e lento, come la melanconia, il tenore è umido e freddo, come le affezioni flemmatiche, l'alto è moderatamente caldo come le affezioni sanguigne, il *cantus* è bollente e secco come la collera. L'idea di un'azione psichica dei registri è una conseguenza logica: le potenze dei quattro elementi contenute nel suono sovvertono l'equilibrio termico dello spirito determinando affetti e stati mentali contrari: l'acuto produce la collera; il grave la melanconia. Inoltre le qualità delle scale comunicano con i caratteri astrali. Tardo e lento, Saturno compie la propria rivoluzione durante un trentennio, producendo note fredde, secche, gravi e lamentevoli. Marte, veloce bollente e veemente, genera suoni acuti, aspri, dal carattere marziale:

> Attribuiamo a Saturno note tarde, gravi, roche e lamentevoli; a Marte, invece, note di qualità contraria [collocate nell'estremità opposta del registro], acute, pungenti e minacciose [Ficino 1989, III, 21, p. 360].

"Acuto", il suono lo è in senso letterale, in virtú del correlativo greco *oxy* posto a designare sia i suoni, sia gli angoli acuti delle figure geometriche, sia i sapori "pungenti", aspri acri o piccanti. Acuto, inoltre, è anche il fuoco. L'anello si chiude quando la tradizione del *Timeo* platonico pone la virtú ulcerante e penetrativa del fuoco sul conto della struttura piramidale delle sue "molecole".

Trovavano conferma cosí le testimonianze di Platone, nella *Repubblica*, sul carattere variabile delle melodie incitate e rilasciate; le affermazioni della fisiognomonia sul registro acuto della voce nei caratteri collerici; le tesi di Tolomeo secondo cui la stessa formula melodica otterrebbe una capacità eccitante nei *tonoi* piú acuti, e una maggiore capacità calmante nei *tonoi* collocati nelle regioni piú gravi. E ci si spiega la presenza, nel repertorio trenodico e malinconico – *déplorations*, lamenti – di composizioni per quattro, cinque bassi e piú.

L'azione psichica della musica, inoltre, riguarda anche il timbro. L'attribuzione di qualità ai registri è un luogo comune diffuso nella trattatistica musicale. Pochi però erano gli autori che avevano scritto o sostenuto che, in sé, un timbro isolato poteva assumere un carattere determinato. Agrippa di Nettesheim, in un capitolo intessuto di citazioni inconfessate prese in prestito dagli scritti ficiniani, incarna anime e valori psichici nella materia dei corpi sonori. L'antipatia che incita il lupo a odiare l'agnello continua a operare nel budello impiegato nella fabbricazione delle corde rendendo impossibile l'accordo degli strumenti. Il significato della musica veniva a collocarsi in una dimensione extra-sintattica, estranea alla lingua delle relazioni aritmetiche: un modello relativamente inedito, che nessuno fra gli autori favorevoli alla magia da Ficino a Giordano Bruno, passando per Giovanni Battista della Porta, non ha mai perso di vista. Le potenzialità artistiche di questa dottrina rimangono confinate a lungo nell'ambito teorico della tradizione degli *exempla* sul potere psichico della musica antica. Nella seconda metà del Cinquecento trovano però dei riscontri non casuali nelle ricerche coloristiche della scuola policorale veneziana, nella mescolanza di voci e strumenti nello stile *concertato* oppure, nell'opera, nell'impiego psicologico dei timbri.

1.2.2. *Forma e materia.* La materia aerea del canto assume qualità supplementari in quanto «aer fractus ac temperatus»; quando, cioè, il movimento sonoro viene determinato numericamente. «Stasi del moto», il suono è allora tonos, punto e unità numerica indivisibile, mentre l'aria indeterminata, informata e frazionata dal numero, entra nelle quantità discrete sulle quali speculano l'aritmetica e la teoria armonica. L'individuazione delle qualità procede negli intervalli declinandosi progressivamente nel particolare con la suddivisione dell'unità in sottomultipli. Qualità e quantità si confondono nelle relazioni matematiche stabilite dagli estremi degli intervalli, nei loro generi e nelle loro specie. Nei corpi fisici, la qualità è indipendente dalla quantità; si conserva mentre il corpo si divide e crea un ostacolo all'azione delle qualità. Non cosí nella musica, dove la quantità esercita un'azione efficace sulla mente in virtú di qualità non estese presenti nel «punto, nell'unità, nel numero e nell'armonia» [*ibid.*, III, 21, p. 358] con il Limite e l'Illimitato uniti in giuste dosi. La consonanza, in queste condizioni, è anzitutto una nozione puramente aritmetica, e la sua valutazione può anche fare a meno di una verifica empirica. Il discorso di Erisimaco nel trattato *De Amore* separa la bellezza spirituale dal numero; nel caso dei numeri sonori, tuttavia, la qualità del rapporto generatore che l'intervallo traduce nel campo acustico viene fatta coincidere *more geometrico* con la testimonianza dell'orecchio. Il problema del valore psichico dei modi greci, già incluso dalla tradizione quadriviale fra i compiti della teoria delle proporzioni, può venire formulato a monte della realtà empirica e risolto a livello di pura aritmetica qualitativa.

Gli assiomi di questa matematica utili per prevedere l'affetto delle consonanze riguardano l'idea di mescolanza. Nell'opuscolo dedicato dal Ficino alla soluzione del nodo numerico intessuto da Platone nella *Repubblica* intorno al numero nunziale si legge che il pari e il dispari sono maschio e femmina e si sposano mescolandosi nelle consonanze come i contrari nei corpi fisici. L'aritmologia pitagorica scompone il numero in *parti*. La quantità globale del numero è la “materia”. La somma, o la relazione delle sue parti col tutto, è la sua “forma” [Ficino 1994, pp. 175-76]. Platone ama il dodici poiché, oltre alle sue “radici” 7 e 5, contiene le forme della quinta (3:2) e della quarta (4:3), “elementi” pari e dispari (2 e 3) che, temperati in giuste dosi, generano l'ottava, la piú perfetta delle consonanze (2:3x3:4= 6:12) [*ibid.*, III, 3, p. 183]. Inoltre il numero dodici è divisibile per 1, per 2, per 3, per 4, per 6 e per 12. Tutte le “mescolanze” di questi fattori, compresi i quadrati, generano, fra 1 e 144, la scala pitagorica impiegata dal demiurgo nel *Timeo* per la psicogonia armonica dell'*anima mundi* [*ibid.*, IV, 4, p. 185]. Spingendo il parallelismo *mixis-krasis* alle sue ultime conseguenze, l'aritmetica ficiniana spiega la varietà dei caratteri degli intervalli mediante un principio che, storicamente, la musica condivide con la medicina umorale dalle sue origini comuni, nei frammenti di Alcmeone di Crotone: il divenire altro di una temperie di contrari in seguito all'eccesso di una delle componenti. La melodia muta il proprio carattere quando la modulazione *altera* le misure adibite alla mescolanza delle sue membra, la parte in eccesso mantenendosi ostinatamente confinata entro i limiti della propria dissidenza. Individuazione delle qualità e alterazione, *pathos* e dissonanza si rivelano quindi condizioni reciproche: un Tutto incolore si scinde in un arcobaleno dividendosi per dicotomia, come gli elementi di Empedocle, generati sotto il regno dall'Astio dalla disaggregazione dello *sphairos*. Il compito di alterare il carattere degli intervalli spetta alla virtú deformante che le istanze ideali dell'Altro o della Diade indeterminata comunicano al pari, portavoce delle realtà numeriche ideali nel numero matematico. I Pitagorici e i Platonici, scrive il Ficino,

> consideravano perfettissima e gradevolissma fra tutte le cose l'unità [...]. Stimavano invece essere imperfettissima e molestissima fra tutte la moltitudine dissoluta, [...] la moltitudine, dico, difficile da ricondurre all'unità [1937*a*, p. 53].

Mentre il principio di Identità, tradotto dal dispari, mantiene le cose entro i limiti della propria forma, la Diade produce eccesso e difetto, raddoppia e divide, genera la continuità dello spazio geometrico mediante procedimenti analoghi alla divisione all'infinito di una linea in parti aliquote. L'antecedente pitagorico della Diade indeterminata, prima che la matematica accademica distinguesse numeri ideali e numeri matematici, era il Pari, sostrato corporeo e al contempo causa efficiente di tutte le sue stesse determinazioni (*pathe te kai hexeis*). Fra le speculazioni numeriche contenute negli estratti del trattato perduto di Aristotele figura la tesi secondo cui, mentre il valore centrale di un numero dispari determina l'intervallo centrale mediante la media aritmetica dei due estremi (1:2:3=3 + 1/2), i termini di confine (*horoi*) di un numero Pari delimitano un campo vuoto "senza padrone" divisibile all'infinito, ricettacolo di un numero indeterminato (*aoristos*) di medie. Inoltre il Dispari è maschio, mentre il Pari, *res mancipi* è femmina: al fallo centrale del Dispari, principio (*arche*) dell'autorità esercitata sugli estremi, fa specchio la voragine del Pari, nella quale il pitagorismo antico riconosce l'immagine del *chaos* teogonico come matrice inestinguibile dell'universo e di smisurate potenze demoniche. Tale virtú deformante, il Pari la comunica agli intervalli alterando l'*eccesso* nei lati dei numeri adibiti alle consonanze, spiegandone l'evoluzione deformante verso la dissonanza. Le consonanze sono piú perfette e piú semplici quando vengono generate dal *genus multiplex*, dove l'estremo maggiore contiene il minore in ragione del doppio, del triplo, ecc. Degenerano però progressivamente, nel *genus superparticularis*, quando l'eccesso perde, diviso da rapporti piú complessi, il proprio potere di conciliazione. L'integrità del modulo si mantiene nell'ottava (2:1) in cui l'estremo maggiore eccede il minore di un'unità. Ma si disintegra perdendo la metà del proprio valore nel rapporto successivo, la quinta (3:2) – "sesquialtera" –, dove l'estremo maggiore contiene una volta il minore e *la metà* di esso (3:2=1 + 1/2). Con la crescita della progressione (n + 1:n) la parte in eccesso diminuisce nei sottomultipli: vale un terzo nella quarta (4:3=1 + 1/3), un quarto nella terza maggiore (5:4=1 + 1/4), un ottantesimo nel comma sintonico (81:80=1 + 1/80). L'operazione riguarda la diade indeterminata nella misura in cui la suddivisione dell'eccesso in sottomultipli ricorda la dicotomia all'infinito di una linea in parti aliquote. Mentre il *genus multiplex* mantiene l'integrità aritmetica dell'eccesso unificatore, il *superparticularis* lo divide all'infinito sconfinando nell'indeterminato. Lo dimostrano le manipolazioni dello *gnomon* citate da Nicomaco e da Teone per dimostrare l'identità pitagorica fra il Pari e l'Indeterminato (*apeiron*). Si tratta, ricordiamo, di disporre gruppi di ciottoli pari e dispari intorno ai lati di una serie di squadre (*gnomon*) disposte intorno al primo dispari (1) e al primo pari (2). Mentre la somma dei numeri dispari intorno all'unità produce una serie di quadrati (1+3 = 4, 1+3+5=9; 1+3+5+7=16; 2x2=4; 3x3=9, 4x4=16) l'addizione dei numeri pari genera una progressione di rettangoli (*inaequilateros, heteromekeis, pars altera longiores*) (2+4=6; 2+4+6=12; 2+4+6+8=20; 6= 2x3; 12=3x4).

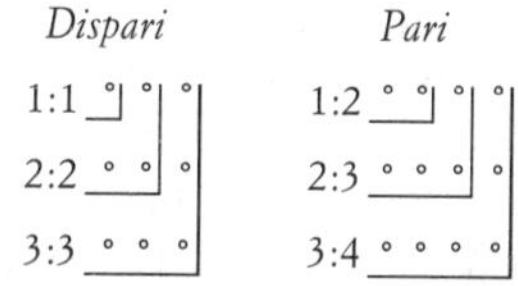

L'operazione prova che il pari, indeterminato e nemico del limite, modula all'infinito il rapporto dei lati, costringendo gli intervalli a «varcare sistematicamente i limiti della propria forma». Alterità e dissidenza operano infatti come condizioni reciproche: con l'incremento della serie e la divisione dell'eccesso, cresce l'opposizione conflittuale degli estremi, e piú l'intervallo si complica, piú si emargina dall'universalità incolore del sistema consonante:

> l'unità appaga sempre l'udito, mentre la dualità l'offende sempre, come per divisione. Quando discerne due note come due entità separate si sente ferito maggiormente; dove le distingue meno soffre di meno [*ibid.*].

Il numeratore del "semitono" 11:10 (=1+1/10) supera il denominatore di 1/10; il difetto fra questo rapporto e l'unità è di nove parti: un valore cospicuo che però decresce quando la serie si avvicina all'identità iniziale. Infatti al modulo unificatore di un rapporto sesquialtero (1 +1/2) occorre solamente una parte (1/2) per "ricomporre" l'unità, al contrario dell'ottava al cui eccesso (1) non occorre complemento alcuno. L'operazione conferma la tesi secondo cui «le consonanze piú grandi sono le piú perfette». La parte del *Commento al Timeo* riservata alla valutazione dei caratteri delle consonanze, dimostra che questa tesi il Ficino la rinviene in una reminiscenza vetero-pitagorica conservata nel *Regime* ippocratico, in un contesto in cui un'ampia digressione sulla similitudine fra armonia musicale e arte culinaria costituisce l'invito piú convincente a sopprimere il compartimento stagno fra il piano matematico e quello percettivo. L'orecchio, scrive l'autore del frammento, percepisce la fusione del grave e l'acuto nelle consonanze come il gusto la mescolanza dei sapori. La lingua produce suoni acuti e gravi, nell'alto e nel basso (*oxy*, *bary*, *ano*, *kato*); percepisce la dolcezza e l'asprezza (*to oxy*); armonizzata a dovere, procura piacere; disarmonica genera dolore. La monotonia però annoia e la varietà estrema disgusta, come in un piatto nel quale un cuoco unirebbe una quantità smisurata di ingredienti incompatibili. Lo stesso dicasi per la melodia, dove le «note che distano di piú formano accordi migliori» e le «trasformazioni (*metabolai*) piú varie piacciono di piú» [Joly e Byl 1984, I, 18, p. 138; Ficino 1962, p. 1456].

Questa tesi prova che i micro-intervalli rappresentano l'inchiostro nero della musica. Con la divisione dell'eccesso diminuisce la differenza fra i suoni, e con essa la quantità di moto che produce la tensione e l'allentamento della voce. L'energia dell'intervallo è allora inversamente alla sua grandezza: maggiore designa affetti espansivi, minuto assume il carattere melanconico (*mollis*) del grave. A conferma di ciò la tesi esposta secondo cui, oltre la quadrupla, la "frazione" del moto melodico produce suoni velocissimi che esercitano "un'azione violenta sul senso", inferiore alla sesquiterza (4:3) genera lentezza e "torpore". Per questo motivo «i filosofi riprovano il carattere rilasciato del genere cromatico che procede per un semitono minore ed un semitono maggiore» [*ibid*., p. 1457]. Si tratta di un principio generale ancora reperibile nel Seicento. In un passo noto della sua *Harmonie Universelle* il Mersenne assimila il moto dei micro-intervalli ai passi minuti dei bimbi (pituita) e delle persone anziane (melancolia).

> I semitoni e i diesis rappresentano lacrime e gemiti a causa degli intervalli minuti che significano debolezza; i piccoli intervalli eseguiti ascendendo o discendendo ricordano i bambini, le persone anziane e le persone reduci da una lunga malattia che non possono camminare a passi larghi e fanno poca strada in molto tempo [Mersenne 1936-37, «Des chants», prop. XXVI, p. 173].

1.2.3. *Numeri e affetti*. L'equivoco *mixis/krasis* non poteva che incoraggiare i teorici a trasferire la nozione matematica di eccesso al concerto delle potenze latenti negli umori. Alterità e identità governano lo spirito, veicolo «ratione quadam harmonica temperatus» che contiene la quinta, la quarta e l'ottava [Ficino 1937*a*, p. 54]. Ma è nel *Commento al Timeo* che il concetto di isonomia, come freno imposto all'escrescenza delle potenze, viene convertito in un'armonia di numeri interi.

Per un buon mantenimento del corpo, per cosí dire, occorrono otto parti di sangue, quattro di pituita, due di bile gialla, una di bile nera. Cosí, nel caso in cui il sangue avesse un grado di calore e di umidità, e forse anche lievemente piú caldo, la bile gialla tre di calore e la pituita tre di umidità, risulterà che l'umore della pituita con il calore della bile gialla riporterà la temperie del sangue nel luogo del sangue [Ficino 1962, p. 1481].

Uno sguardo ai valori numerici assegnati agli umori consente di individuare immediatamente i requisiti di ciò che nel temperamento è l'equipollenza dei diritti. I quattro termini formano la progressione geometrica 8:4:2:1. Al contrario del *genus superparticularis*, la serie cresce mantenendo l'identità del rapporto iniziale. La proporzione è la *dupla* 2:1 del genere *multiplex*, il piú stabile, in cui l'estremo maggiore contiene interamente il minore. Il rapporto produce l'ottava, la consonanza piú perfetta [*ibid*., p. 1454], e anche l'unica a mantenere l'identità del suono iniziale nelle sue repliche. Una serie come 1:3:9:27 avrebbe prodotto una serie di suoni diversi, come *do, sol, re, la*... L'evoluzione è lineare, "diritta", sorta di norma o di grado zero dell'apatia. Inoltre l'ottava "contiene tutte le consonanze". Lo dimostrano le categorie parallele del calore e dell'umidità: l'espressione «temperiem sanguinis referre videtur» significa che il rapporto stabilito dall'umidità della pituita, – tre volte umida – col calore della bile – tre volte calda – va riferito alla temperie del sangue. Una lettura corsiva suggerisce l'idea di un rapporto fra i gradi della pituita (3), l'umidità della bile (3) e il calore del sangue (8). Ma la relazione 8:3:3 non è consonante. Non rimane che un'ultima possibilità: che tre parti di bile producano il triplo della temperatura. In tal caso due parti di bile generano *sei* gradi di calore, e quattro di pituita, dodici. Ne risulta la relazione armonica 12:8:6 (12-8/8-6 =12:6) che contiene la quinta, la quarta e l'ottava, secondo le indicazioni fornite a proposito dello spirito.

Stabilito questo punto, il Ficino può considerare, nel pieno rispetto dei principî della medicina umorale, la generazione delle passioni come una serie di scarti o deviazioni piú o meno importanti, ottenute partendo da un punto di riferimento iniziale – la serie 8:4:2:1– considerata, appunto, come il neutro del sistema, sorta di grado zero dell'apatia o di norma espressiva partendo dalla quale è possibile misurare tutti gli scarti possibili, tutte le dissonanze. Il divenire deformante del temperamento si converte cosí in un'escrescenza numerica e a ogni affetto prodotto dalla preponderanza di uno dei quattro umori risponderà una quantità numerica dissidente rispetto ai termini concomitanti della serie. L'esempio piú classico si ha nel *De Vita*, in cui il Ficino non ha esitato a condensare i moti del temperamento melanconico in una serie numerica. La melanconia che favorisce l'accesso agli stati eccezionali, – per ricordare una dottrina anche troppo nota – è una sostanza irrequieta che si infiamma come l'acquavite oppure raffredda all'estremo, producendo nei sensi interni ardore, depressione, e un arcobaleno di affetti misti. Il suo potere calorifico inebria l'immaginazione trasformando la persona piú mediocre in un essere estremo, imprevedibile: divino o bruto, ottuso o ispirato, stupido o dotato di poteri cognitivi eccezionali. Sottilissimi e costretti nei canali di una composizione terrosa estremamente densa, gli spiriti circolano rapidamente moltiplicando la rapidità di operazione della mente. L'ardore però è un fuoco di paglia e per produrre un entusiasmo di lunga durata la bile nera va spenta in giuste dosi nelle qualità antagoniste. La temperie assume le proprietà del ferro («instar ferri») a condizione che a *due* parti di bile nera rispondano *due* parti di bile gialla e *otto* di sangue:

> Che [la bile nera] si mescoli alla bile e al sangue in maniera da formare, partendo da tre corpi, un corpo unitario composto da una proporzione doppia del sangue rispetto agli altri due. Ove esistano otto parti di sangue, due di bile, e ancora due di bile nera [*ibid.*].

Che questa formula non abbia nulla in comune con la volontà di temperare i contrari risulta con evidenza dalle anomalie dell'ordine interno. Il temperamento è un contrappunto a tre, e può anche fare a meno della pituita. Inoltre tre umori sono troppi. Per introdurre un vuoto supplementare il Ficino assegna parti uguali alla bile gialla e alla bile nera, che, legate in coalizione contro il sangue, riducono a due i termini della serie. La proporzione non è la quadrupla 8:2 bensí la *dupla* («dupla sanguinis ad reliqua duo»: 8:2 + 2=2:1). Che una formula di questo genere abbia poco in comune con l'idea di armonia è quanto attesta una testimonianza esplicita dello stesso Ficino secondo cui, due estremi sprovvisti di due termini intermedi «minime congruunt» [*ibid.*, p. 1454]. La caratteristica della melanconia, infatti, è l'*extremitas*, come dimostra il modello dualistico presente in tutti i suoi attributi allegorici: l'oscillazione fra l'orbita di Saturno e il centro della *terra* come modello della concentrazione, Scylla e Cariddi, la *proportio dupla*, l'*ethos* stesso di Saturno come «astro peregrino e dissonante» [*ibid.*]. Assegnare strutture numeriche consonanti all'espressione matematica di un temperamento nemico della giusta misura e della mediocrità sarebbe stato assurdo. Inoltre non si trattava di descrivere due stati mentali determinati quantitativamente, bensí il movimento nella categoria della qualità comunicato alla fantasia dall'intensità variabile dello spirito alterato dagli sbalzi di temperatura della bile nera. Nulla di piú logico che immaginare la divisione di uno spazio geometrico in un numero infinito di gradi, rifacendosi al modello musico-matematico della *Diade Indeterminata* come luogo geometrico della *varietas* nel vuoto centrale di un archetipo numerico Pari. Affrancata dalle sue medie, la melanconia poteva produrre liberamente un numero infinito di sfumature psichiche e di «affetti vari» [*ibid.*].

1.2.4. *Il corpo della polifonia*. Quando il corpo della melodia cresce, la relazione matematica varca i limiti dell'intervallo per governare le strutture piú complesse, dai modi alla melodia. Piuttosto evasiva su questo punto, l'aneddotica musicale ficiniana lascia questa conclusione al lettore. Un'indicazione precisa, tuttavia, si ha nella metafora del canto come animale aereo e razionale formulata nel *De vita*, che provvede il contrappunto di un sistema di falangi, di arti, di membra, di articolazioni congiunte e disgiunte, rivestite da un sistema nervoso a tela di ragno di relazioni numeriche intessute dallo spiritus:

> D'altra parte la materia del canto è molto piú pura e molto piú affine al cielo della materia della medicina: si tratta, qui, di un'aria calda o tiepida, che ancora spira e in un certo senso vive, combinata secondo certe sue articolazioni e membra, come un animale, che non solo è dotato di movimento e porta con sé un affetto, ma sprigiona anche un significato, come fosse una mente: in guisa tale che, in un certo senso, il canto può essere definito un animale aereo e razionale [Ficino 1989, III, XXI, p. 358].

Se il rapporto psiche-armonia è speculare, l'allusione all'aria riguarda lo spirito del canto. La sua temperatura variabile rinvia alle quattro voci, che rappresentano il correlativo sonoro dei suoi quattro umori. Il richiamo alle membra, legittimato dal greco *melos*, designa i segmenti della melodia, le quarte e le quinte articolate nelle corde essenziali dei modi, le specie prodotte dalla permutazione ciclica degli intervalli, da intendere come qualità secondarie miste in proporzioni variabili nella melodia. Cosí, nel pieno rispetto dei principî della medicina umorale, il Ficino può spiegare il carattere della melodia come una conseguenza della mescolanza variabile dei modi (*commixtio modi*). Agli squilibri psichici prodotti nel corpo dall'egemonia di un umore in eccesso rispondono, nella melodia, i contrasti drammatici generati dal confronto violento delle parti; e la matematica armonica può provare che l'intensità dell'urto è direttamente proporzionale alla complessità del rapporto stabilito dalle qualità modali in conflitto nella melodia. La memoria corre al mito delle statue animate dall'armonia nell'*Asclepio*, al canone di Policleto di cui tratta Galeno, e alle analisi in chiave metrica della bellezza statuaria, ma anche alla discordante discordia delle parti nella Chimera, al corpo armonico di Orfeo smembrato dalle Baccanti, figure patetiche, dall'espressione convulsa, figlie di Proteo, di Dissonanza e, in fondo, di una lettura in chiave elementare della semantica musicale.

2. *Epiloghi*.

Amata con garbo dai polifonisti, con discrezione nel *vers mesuré à l'antique*, con violenza nel madrigale «seconda prattica», la Musa degli affetti attraverserà una prima crisi di identità alle soglie del Seicento. Ragione e sensazione, scienza e arte avevano condiviso un clima coniugale tutto sommato pacifico nell'estetica rinascimentale. Ma negli ultimi decenni del secolo, quando Vincenzo Galilei e Zarlino iniziano a rinfacciarsi mutuamente la responsabilità dei mancati effetti psichici della musica moderna, l'unità linguistica del Cinquecento si frantuma in due «prattiche». L'umanesimo classico aveva saputo conciliare ragione ed esperienza sensibile, matematica e teoria delle passioni, musica greca e contrappunto classico. Ma l'utopia di una matematizzazione di ciò che per definizione sfugge all'analisi inizia a rivelare tutte le sue contraddizioni interne, inaugurando una serie di fratture che nei secoli successivi avrebbero ridotto il sapere in un caleidoscopio di discipline incommensurabili. L'arte farà a meno della scienza, l'universale dal particolare, il genio dalle regole. Infatti la teoria delle passioni era ambigua. La proporzione e il numero potevano sia frenare l'emozione, sia causare stati d'animo specifici. Non tutti gli autori ammettevano l'incarnazione del numero intelligibile nel corpo della melodia, riconoscendo ora una coincidenza fra la nozione aritmetica della consonanza e il giudizio dell'orecchio, ora l'esistenza di una bellezza sensibile senza rapporto con l'Idea numerica, ora una bellezza astratta inaccessibile alla percezione sensoriale. L'affetto poteva riguardare sia una potenza coestensiva con gli elementi della grammatica musicale, sia un'essenza spirituale extra-sintattica e inconcepibile oltre la sfera del temperamento individuale. Non da ultimo, l'atteggiamento nei confronti del valore espressivo della musica era condizionato dal rapporto stabilito dalle filosofie fra anima e corpo. Nei dispositivi in cui pensiero e sensazione fanno tutt'uno, la musica agisce sugli affetti con l'efficacia di un farmaco, ma l'ascoltatore è libero di sottrarsi al suo fascino quando una compartimentazione stagna isola nell'anima un'istanza formale superiore in grado di resistere al corpo. Nel contesto del dualismo psicologico cartesiano, non a caso, a causare gli effetti psichici della musica non è una virtú efficace intrinseca al canto, bensí un'associazione accidentale di idee stabilita nell'esperienza irriducibile di un individuo e di un concorso di circostanze particolari impossibili da prevedere in anticipo fra una melodia neutra disinfettata da eventuali contaminazioni affettive, come nel caso di quel cane, che «frustato cinque o sei volte al suono del violino fuggirebbe non appena sentirebbe il suono dello strumento».

All'emancipazione del giudizio critico dalle facoltà inferiori dell'anima risponde, sul piano epistemologico, una presa di posizione nuova della critica musicale nei confronti del significato della musica, che con il "buon gusto" come indizio di valore al contempo incomunicabile e normativo, scoprirà anche l'irriducibile autonomia del significato. Anziché un linguaggio della musica, un discorso critico sulla musica edificato sul baratro fra oggetto e soggetto, che incoraggerà il Settecento a mandare in frantumi quanto rimaneva della teoria seicentesca degli affetti.

> Si dice che le cantate del Bernier abbiano guarito un musicista francese dalla febbre; io sostengo che l'avrebbero comunicata ad un musicista di tutt'altra nazione. [...] Sarebbe bene che colui il quale intende riflettere filosoficamente sulla forza delle sensazioni inizi a eliminare dalle impressioni puramente sensibili le impressioni intellettuali e morali che ci vengono comunicate per mezzo dei sensi, ma di cui non sono che le cause occasionali; che eviti l'errore di attribuire agli oggetti sensibili un potere che non hanno, oppure che ottengono dalle affezioni dell'animo che rappresentano in noi. Credo che sviluppando con piú cura queste idee ci si sarebbero potuti risparmiare numerosi ragionamenti sciocchi sulla musica dell'Antichità [Rousseau 1995, cap. xv, p. 418].

Che questa musica, un giorno, abbia potuto produrre gli effetti descritti dagli autori, il Rousseau non dubita, la cosa avendo dalla sua il riscontro dell'esperienza, come il tarantismo, oppure la testimonianza di autori divinizzati dall'agiografia enciclopedica, come Giuseppe Tartini. Pura sciocchezza, semmai, è il discorso edificato sulle cause di simili fenomeni da una tradizione interpretativa deviante, ormai sorda alle armoniche della musica delle Origini. Chi aveva inteso ricondurre gli effetti della musica greca alle qualità affettive degli elementi armonici, istituendo modi diagrammi, tensioni tonali e sistemi universali, si era ingannato. La musica greca, ora, opera psicologicamente, come "segno memorativo" di qualità radicate nell'esperienza irriducibilmente soggettiva dell'ascoltatore. La musica di Orfeo agiva anche sulle pietre e gli animali. Con Rousseau e i Romantici avrà per ascoltatore un individuo chiuso in se stesso, che reagisce solamente agli accenti della lingua e delle melodie intese sul patrio suolo. Difatti i rimedi da prescrivere a chi è punto dalla tarantola comprenderanno: tarantelle diverse secondo i temperamenti individuali, l'«aria di una melodia familiare» e delle frasi cantate nella lingua madre del paziente, «italiane per un italiano, turche per un turco» [*ibid.*]. E ciò che nella melodia del *ranz des vaches* giunge ad anestetizzare l'istinto guerriero delle truppe dell'esercito elvetico non è la qualità affettiva del suono, irresistibile al punto da operare persino sulle mucche, bensí la nostalgia indefinibile provata per una melodia familiare intesa nell'infanzia a risuonare nelle montagne di casa.

A fare tesoro dei progressi dell'estetica, nonostante i compartimenti stagni elevati tra filologia classica e precettistica da un sapere che si specializza, è l'antiquariato musicale. Proprio in questo giro di anni, come per rimediare all'eventualità di una confusione fra scienza e melodia, il grande libro della musica greca rivela le tracce di un problema decisivo, sul quale l'umanesimo cinquecentesco non aveva insistito oltre modo, ma che ora, non a caso, inizia a focalizzare l'interesse degli addetti ai lavori: gli interrogativi circa le competenze della teoria armonica nella determinazione dei caratteri di una melodia; occorrerà decidere se la qualità espressiva di un canto riguarda le sue componenti elementari oppure un punto critico – *tonos*, *kairos* – posto al vertice di una trama di relazioni sintattiche troppo complessa per venire elevata dalla teoria al rango di una regola universale. Il *corpus* teorico conteneva divergenze di opinioni sufficienti per rivendicare per sé sia l'una sia l'altra ipotesi. Ma l'attenzione delle correnti scettiche si sarebbe focalizzata con insistenza sempre maggiore intorno a un passo di Plutarco attribuito ad Aristosseno sull'autonomía della *melopea*, settima parte degli studi armonici dedicata a considerazioni sulla maniera di modulare il carattere di un canto mediante una mescolanza particolare delle parti rispetto all'intelaiatura generale della teoria armonica. Il Burette, editore del dialogo, commenta:

> appropriare ogni genere e ogni modo [...] a una specie particolare di poesia cantata non spetta alle competenze dell'Armonia. La decisione riguarda il gusto e il genio del poeta musicista [1735, p. 424].

La situazione non muta nemmeno nel Novecento, malgrado l'autonomia crescente dell'archeologia musicale. Nei grandi tentativi di ricostruzione l'idea di una scienza della melodia, che suscita scandalo, viene sia espunta dalle competenze della teoria armonica, sia esaminata alla fine dopo aver concluso sulle difficoltà piú scottanti relative alla "realtà" sonora della musica in senso stretto. Resta la presenza ingombrante, in seno al programma generale della teoria armonica abbozzato da Aristosseno negli *Elementi*, di un settimo capitolo dedicato alla melopea, sufficiente per convertire la melodia in una scienza razionale. Ecco allora l'antiquariato musicologico compiacersi in un atteggiamento ablazionista volto a provare la realtà storica di una teoria armonica di sole sei parti. Per chi desideri seguire le tracce di questo sempreverde dell'estetica romantica nella musicografia ellenistica del nostro secolo, il libro del Laloy offre forse il miglior punto di partenza.

> Regna, nell'opera di Aristosseno, come in tutti gli autori permeati da un sentimento vivo dell'arte, una specie di kantismo incosciente, che li eleva al di sopra delle arroganti pretese e delle discussioni dei teorici dell'estetica [...]. Come un poema o una statua – un'opera musicale è un tutto la cui armoniosa unità non poteva venire prevista in anticipo: [...] risulta da una sintesi, non logica, ma intuitiva; [...] Lasciando deliberatamente da parte qualsiasi genere di considerazione morale, Aristosseno non poteva che deludere le aspettative di ascoltatori sedotti piú dalla filosofia e dalla retorica che dalla musica. Ha forse finito col cedere alle consuetudini della moda contemporanea? Nella stessa opera in cui si lamentava dell'errore commesso sul suo dispositivo, Aristosseno muta il proprio programma per allungarlo di un capitolo relativo alla composizione [Laloy 1904, p. 167].

Formulata in maniera dubitativa dal Laloy, questa tesi, viene data per scontata ed elevata al rango di una verità generale dal Winnington-Ingram. Considerato il divorzio fra *ethos* e sintassi, Aristosseno avrebbe incluso la melopea nell'armonica «in seguito ad un ripensamento» (*on second thoughts*).

La possibilità di muovere alle *harmoniai* dall'*ethos* accedendo alla varietà dei modi attraverso l'alterità dei loro caratteri viene intravista sin dall'esordio, dove però viene scartata e ritenuta *out of place* rispetto ai compiti piú immediatamente tecnici di un libro dedicato alla grammatica della musica in senso stretto. A conferma di ciò, come prova, lo scetticismo dell'autore nel concepire la possibilità stessa che «gli elementi della musica possano, in assoluto, assumere dei caratteri altrettanto definiti» [Winnington-Ingram 1936, p. 3]. L'*ethos* dei modi, ora, è un errore logico; con le note dei modi, semplici compendî delle note piú frequentate in un determinato stile melodico, ha ben poco in comune e riguarda fattori extra-sintattici, come la combinazione delle note in una melodia particolare. Sancite da una delle personalità piú autorevoli del ramo, queste tesi verranno date per scontate dai piú e accolte nella lessicografia. Del valore psichico attribuito agli elementi della composizione, l'autore dell'articolo dedicato alla musica greca nella *New Oxford History of Music* – un sismografo relativamente affidabile degli umori di un'epoca – quasi non parla. Etica e retorica musicale, ai suoi occhi, non avrebbero nulla in comune con la realtà della musica "vera e propria".

> Nulla risulta piú deprimente [...] che la fossilizzazione dell'insegnamento sulla melopea [...]. Facendo professione della dottrina che allora viene attribuita ad Aristosseno [...]. Cleonide definisce dapprima la *metabole* nei termini di un transito fra un *tonos*, un *systema*, un genere e un altro; aggiunge poi che nella *melopoia*, la *metabole* è qualcosa di diverso, come una mutazione da un carattere espansivo (*ethos*) verso uno stato di contrazione o di calma. Questa seconda definizione, tuttavia, non ha a che fare con la musica vera e propria piú della prima. Si tratta solamente di speculazione etica ricoperta termini accademici dei retori professionisti [Henderson 1957, tomo I, p. 375].

La straordinaria applicazione con la quale gli archeologi della musica si affaccendano nell'escludere i paralogismi della tradizione antica dalla realtà della musica "vera e propria", risulta piú istruttiva sulla musica moderna che sulla musica greca. L'eventualità che gli elementi della composizione possano rivestirsi di un significato prestabilito fuso con la sintassi, irrita perché ferisce nel cuore le conquiste piú indiscutibili di due secoli di estetica: l'originalità dell'opera, la democrazia dei gusti, il riconoscimento dello stile personale come qualità positiva, il conflitto fra il genio e le regole, l'impostura di una scienza della melodia. L'argomento di fondo contro questo genere di interpretazione, oltre al suo carattere militante, è la brutalità con la quale riduce a un unico denominatore comune la realtà storica di una corrente di idee eterogenea e tutt'altro che lineare. L'idea di un limite imposto alle competenze dell'analisi teorica nella determinazione dei caratteri di una melodia, non a caso, non risale oltre il terzo secolo dell'èra antica, data nella quale i paralogismi delle idee antiche sull'*ethos* vengono sottoposti a un fenomeno di disinfezione generale a base di categorie desunte dalla logica aristotelica. Un esame "meno intelligente" della materia rivela infatti atteggiamenti che alcuni anni luce separano da quanto di piú ovvio sia possibile immaginare in materia di buon senso, e in particolare sul significato della musica come valore psicologico individuale di cui *non est disputandum*. L'armonia è un farmaco da prescrivere o da proibire come rimedio per le malattie dell'anima, che soggioga la volontà esercitando sul giudizio critico dell'ascoltatore un'azione efficace identica alle virtú psicotropiche dei narcotici: lo dimostra il verso omerico messo in bocca a Empedocle dall'agiografia pitagorica, in cui la parola "farmaco", nell'*Odissea* [IV, 221] non rinvia alla melodia, bensí alla mescolanza di ingredienti contrari versata da Elena nel cratere del vino per impedire chiunque ne bevesse di versare lacrime. In un'epoca in cui sensazione e pensiero fanno tutt'uno, il potere del canto vincola la mente attraverso la materia corporea, con un dispiego di energia minore a quello con il quale muove le fiaccole, soggioga smisurate potenze demoniche, apre le porte dell'Ade, esercita la propria azione sulle pietre, sugli animali e trascina al suicidio equipaggi di marinai che preferirebbero non morire. Il lento progredire della psicologia greca sul cammino dell'astrazione potrà separare ciò che la cultura presocratica aveva confuso: la coscienza dal corpo. Ma la musica continuerà a lungo a parlare alle facoltà inferiori dell'anima, comunicando alla Ragione, dall'Epopea ai Padri della Chiesa, un sentimento di impotenza nel quale è dato rinvenire l'argomento piú convincente in favore della realtà storica delle idee relative al suo potere contagioso.

Barker, A.

1984-89 (a cura di), *Greek Musical Writings*, 2 voll., Cambridge University Press, Cambridge.

Burette, P.-J.

1735 (a cura di), *Plutarque. Dialogue sur la musique*, Imprimerie royale, Paris; rist. anastatica Minkoff, Genève 1973.

Ficino, M.

1937*a* *Epistola de rationibus musicae*, in Ficino 1937*b*, pp. 52-54.

1937*b* *Supplementum ficinianum: Marsilii Ficini Florentini, philosophi platonici opuscula inedita et dispersa; primum collegit et ex fontibus plerumque manuscriptis edidit auspiciis Regiae Scholae Normalis Superioris Pisanae Paulus Oscarius Kristeller*, a cura di P. O. Kristeller, Olschki, Firenze.

1962 *Opera Omnia*, con una lettera introduttiva di P. O. Kristeller, premessa di M. Sancipriano, 2 voll., Bottega d'Erasmo, Torino, rist. anastatica dell'ed. 1576, Basel.

1964-70 *Marsile Ficin. Théologie platonicienne de l'immortalité des âmes*, a cura di R. Marcel, Les Belles Lettres, Paris.

1975 *Marsilio Ficino. The Philebus Commentary*, a cura di M. J. B. Allen, University of California Press, Berkeley - Los Angeles 1975.

1989 *De Vita Triplici*, in *Marsilio Ficino. Three Books on Life*, a cura di C. Kaske e J. R. Clark, Center for Medieval and Early Renaissance Studies, Binghamton N.Y.

1994 *Nuptial Arithmetic. Marsilio Ficino's Commentary on the Fatal Number in Book VIII of Plato's Republic*, a cura di M. J. B. Allen, University of California Press, Berkeley - Los Angeles.

Gouk, P.

2000 (a cura di), *Musical Healing in Cultural Contexts*, Ashgate, Aldershot.

Gozza, P.

2000 *Number to Sound. The Musical Way to the Scientific Revolution*, Kluwer, Dordrecht.

Henderson, I.

1957 *Ancient Greek music*, in *The New Oxford History of Music*, Oxford University Press, London, pp. 336-403.

Horden, P.

2000 (a cura di), *Music as Medicine. The History of Music Therapy Since Antiquity*, Ashgate, Aldershot.

I lirici greci

1969 trad. it. di F. M. Pontani, Einaudi, Torino.

I Presocratici. Testimonianze e Frammenti

1986 trad. it. a cura di G. Giannantoni, R. Laurenti, A. Maddalena, P. Albertelli, V. E. Alfieri e M. Timpanaro-Cardini, Laterza, Roma-Bari.

Joly, R., e Byl, S.

1984 (a cura di), *Hippocratis de Diaeta*, Akademie Verlag, Berlin.

Kümmel, W. F.

1977 *Musik und Medizin: ihre Wechselbeziehungen in Theorie und Praxis von 800 bis 1800*, Alber, Freiburg-München.

Laloy, L.

1904 *Aristoxène de Tarente, disciple d'Aristote, et la musique de l'Antiquité*, Société française d'imprimerie et de librairie, Paris; rist. anastatica Minkoff, Genève 1973.

Lohmann, J.

1989 *Mousiké et Logos. Contributions à la philosophie et à la théorie musicale grecques*, trad. fr. a cura di A. Giannaras e P. David, Trans-Europ-Repress, Mauvezin.

Mersenne, M.

1636-37 *Harmonie Universelle*, Cramoisy, Paris; ristampa anastatica CNRS, Paris 1963.

Plutarco (Pseudo)

1954 *Plutarque. De La Musique*, a cura di F. Lasserre, «Bibliotheca Helvetica Romana», n. 1, Graf, Olten-Lausanne.

Rousseau, J.-J.

1995 *Essai sur l'origine des langues*, in Id., *Œuvres complètes*, vol. V, Gallimard, Paris («Bibliothèque de la Pléiade»), pp. 371-429.

Winnington-Ingram, R. P.

1936 *Mode in Ancient Greek Music*, Cambridge University Press, Cambridge.

GIOVANNI MORELLI

Musica e malattia

1. *"Ut-remedium-musica" alla corte della regina Quintessenza.*

Se riuscissimo a convincere la *vexata quaestio* della relazione musica-malattia a dismettere i suoi tratti piú stereotipici (i tic e i costumi degli sfoggi d'erudizione e di convenzionalità) e a lasciarsi esaminare, ovvero "testare", distesa su di un piano, un tavolo, un lettino di descrittività genericamente aperta od onestamente possibilista, ci troveremmo verosimilmente a veder comparire fin dal primo momento, predominante fra le icone maggiori del monitor, grazie alla prestazione diagnostica di un *software* nuovo o non ancora del tutto a noi familiare, un'immagine un po' strana: una sorta d'icona assegnata a un "comando di commutazione" del tipo *displace-replace*.

Il processo di cui vado qui adombrando l'eventualità potrebbe sembrare a tutta prima un *petit jeu* di magia da camera. Si tratterebbe infatti di una sorta di gioco di prestigio, con tanto di sostituzione di carte in tavola. Nella fattispecie la sostituzione sarebbe quella di un bel concetto accattivante e ben scelto, ovvero di un'anziana "idea corrente", piú figurata che reale, suscettibile di essere tutta compresa in un motto araldico che potrebbe suonare: «ut remedia [*vel* remedium] musica», con il concetto opposto, ossia piú reale che figurato, destinato a essere irrimediabilmente sfuggente, irrappresentabile, di una musica che tanto nella sua natura quanto nei suoi fini risultasse patentemente qualcosa di contrario alla precedente. Una musica cui infatti si dovrebbe chiedere d'essere essa stessa, in sé, non il rimedio taumaturgico di un contatto qualsiasi con il male, quanto piuttosto il testo della o di una "esposizione al male", l'"esercizio auto-rappresentativo" di un momento di accettazione del male, o di una fase, addirittura, d'"apprendimento del male [del dolore, della condizione propria di chi vive nel *pathos*]". A sua volta, infine, la suddetta sostituzione, talora introdotta appena appena, insensibilmente (*par glissements progressifs*), talora invece per *saltus* innaturali e altri scatti, dovrebbe attuare piú ordini di riferimento secondari essenzialmente "indicibili".

Per tentare di delineare, onorevolmente, subito e alla breve, dopo un avvio tanto cauto, un quadro sufficientemente visibile della sostituzione di cui sopra, ricorro a un aiuto esterno. Mi accingo infatti a prendere a prestito – per derivarne alcuni spunti semiallegorici – il pregevole capitolo XX del V («e ultimo») libro «des horribles et espoventables faictz prouesses et dictes heroïques du tres renommé Pantagruel». Il capitolo in cui un illustre medico-scrittore del Rinascimento (il gran traduttore degli aforismi d'Ippocrate, che si tramuta, però, a vista, in indomito esegeta dei *limina* delle filogenesi e delle ontogenesi della "rappresentazione del testo" nelle venture della traduzione e della composizione scritta trasgressiva, sostenendo parimenti la parte dell'esploratore - argutissimo quant'altri mai - dei pelaghi abissali del *non-sense*), François Rabelais, solleva quanto piú in alto può, sino a un grado critico d'ebollizione affabulativa, una struttura che egli ha identificato e prescelto per la sua patente "idolatrabilità" fra quegli idoli falsi del pensiero classico che uno per uno egli sta affrontando per attossicarli, o bollirli, nel brodo del suo libro - uno per uno. Nel caso, quella che prende figura e forma caricaturate di "chiacchiera idolatrata" è questa volta proprio la struttura oltremodo stereotipica di cui s'è appena detto: la relazione "classica", appunto, di malattia e musica. Ossia la prima, la vetustissima gran madre sia del gracile pensiero *musicale* dei medici che dell'ancor piú fioco pensiero *medico* dei musicisti.

Cosí, per rendere acconciamente trasgressivo il suo gioco, Rabelais intromette *in fabula* una Regina giovinetta, tale «Royne Quinte-Essence»: una reginetta, di bell'aspetto, che, a differenza dei piú celebri coronati e maschi Taumaturghi - i Re cristianissimi di Francia (i quali, come è ben noto, "sanano", *semel in anno*, con la grazia di un tocco fugace e «phantastique» delle loro estremità superiori regali, le «scrophules, [i] maux-sacrés, [et les] fiebvres quartes» dei loro sudditi) -, guarisce i suoi pazienti non soltanto da quei pochi mali che riuscivano a guarire quei gran Re:

> - [*c'est à dire*]: epilessie ed esantémi, ectime, porpore fulminanti, flitteni, porpore papulose di Hebra, eritrosi declive, *paludides*, ectodermosi erosive degli orifizi, *écrouelles*, eritrodonzie porfiriche, dermatofizíe, pitiriasi *rubrae*, eritroplasíe di Queyrat, eritràsmi, eritrísmi, eritrocianòsi delle cosce, erisípele, eritémi "del nono giorno - discoidi o induriti -", escarificazioni rhysopatiche ecc. [Rabelais 1948, pp. 68-74],

ma da «tutte, tutte quante le malattie che il buon Dio ha mandato giú in terra». E questo sulla scorta di un protocollo terapeutico dalle *allures* molto piú amene e decisamente molto meno sbrigative di quelle dei prodigiosi Re. Ossia «sans y toucher».

Forse rimemorando di una massima pochissimo frequentata di Aulo Gellio («Ischiaci cum maxime doleant, tum, si modulis lenibus *tibicen* incinat, minuit dolores») (IV.3), Royne Quintessence viene raffigurata, infatti, da Rabelais, mentre *guarisce* "sonando" (forse "componendo", all'improvviso) al cospetto di una folta compagnia di accoliti malati, ai quali, uno per uno, viene dedicata una sua «canzonetta [*ad hoc*] sull'aria del suo male». È pur anche vero che per far fronte al gran carico dei differenti "sembianti della morbilità" che affronta, e quindi, di conseguenza, per mettere in uso un amplissimo repertorio musicale perspicuo, la Royne-Quinte-Essence lascia andar per la sua strada e ammoderna il modello gelliano. Lasciato fuori scena infatti il flautista, dell'*exemplum*, ormai troppo, intollerabilmente troppo "classico", si serve, invece, per accompagnare i suoi canti medicamentosi, di un grande organo. Un grande organo imponentemente moderno e fantasticamente farmaceutico (per quanto, di fatto risonante, piú che altro, nei "registri" di pancia delle purghe e dei purganti).

Fra le rappresentazioni che piú fortemente si sono andate definendo, nei secoli, secondo alcune diverse gradazioni di stereotipia, al proposito della relazione musica/malattia nel senso aperto di medicalizzazione dell'esperienza musicale (sia attiva che passiva), alcune hanno generato, nel contempo della loro attestazione, altrettanti ambiti cui è riconoscibile un certo carattere "autoritario"-normativo, perlopiú espresso con moduli mediocremente formulari, e che contemplano generiche azioni di "messa a norma".

Per tenerci ora a tre soli esempi diversi basterà scegliere tre *flashes* di tre posizioni formulari, tanto diverse quanto poi, alla fin fine, tanto simili nel loro modo di essere sufficientemente sensate: 1) la *petitio principii* igienica; 2) la *petitio principii* morale; 3) la *petitio principii* comportamentale.

1) «La musica fa bene al corpo umano solo se l'esposizione ad essa è d'ordine discreto».

«Tristantur maxime parentes ex mictu in lecto cum pueri aut infantes ultra aetatem trium annorum continue emittunt aequoritatem urinalem in lecto». A riparo dell'infastidimento dei genitori, Paulus Bellegardus a Flumine (*De infantium egretudinibus*, 1487) consiglia due rimedi:

- uno direttamente terapeutico (pillole di polvere d'ossi mascellari di un pesce di fiume: il luccio),
- e uno profilattico (ridurre i contatti dei fanciulli incontinenti "contenendo" la esposizione diurna dei loro corpicini a esperienze acustiche prolungate).

2) «La musica interviene sul comportamento umano in relazione al suo carattere, genere e modo: nel bene e nel male».

Si può ricordare *in exemplum* il caso di un fatidico adulterio (una normale malattia acuta dell'anima privata, che nel caso si fa identificare come causa efficiente dello scatenamento di un archetipo tragico); un adulterio eccellente che sembra essere stato favorito – cosí nel dettato omerico – dal venir meno del controllo etico della virtú coniugale da parte di quell'"aedo", di quel "musico" assegnato da Agamennone alla guardianía dell'onore di Clitemnestra, quando – appunto – il cantore-guardiano, l'aedo di corte, viene rapito dall'indegno Egisto, e poi dallo stesso abbandonato derelitto, sull'isola deserta, in pasto agli avvoltoi.

> Noi eravamo laggiú in guerra e lui, al sicuro, nel rifugio di Argo, terra arrossata, dai bellissimi cavalli, con parole e parole e parole seduceva la sposa di Agamen-

none, la divina Clitemnestra, che dapprima si rifiutò all'indegna azione. Era, essa, donna d'animo nobile, ed era accompagnata da quel cantore a cui prima di partire per la Troade il Figlio di Atreo aveva ordinato di conservargli la sposa. Ma quando la Moira degli dèi la costrinse a piegarsi allora Egisto condusse l'aedo su un'isola deserta, e colà l'abbandonò preda agli uccelli voraci, e portò la donna nella sua casa. Questo d'altronde era ciò che volevano entrambi» (*Odissea*, III, 262-71).

3) «La musica è un sollievo che deriva dal suo essere un analgesico primario, ovvero, piú esattamente, la musica è un tranquillante, un *sedator princeps*, seppur "di sfondo"».

Nel suo *Tesoro della sanità* (Mantova 1590) – un libro decisamente non raro, pressoché onnipresente nelle biblioteche private di medici, umanisti e filosofi – Castor Durante Gualdo inserisce fra le norme igieniche le piú realisticamente fondate il benefico abbandono al triplice incastro di tre "sottofondi" ottimamente preposti al godimento "concertato" di un tempo libero *sui generis*:

[1.] guardar le verzure,
[2.] conversare con amici facondi,
[3.] (fra suoni e canti).

Questo nel 1590. Cinquant'anni dopo, nel tempo che significativamente consegue ai danni inferti alla sensibilità dell'epoca dalla grande paura della peste, al riguardo di quei "passatempi" agevolati dai «salutari sfondi ambientali» – luogo ameno = conversazione = musica-"lontana" (ovvero "sonata-piano" o, perlomeno, sonata-"mezzo-piano", o "mezzo-forte") –, Isbrand von Diemerbroek (*De peste libri VI*, 1646) sembra non demordere dallo stereotipo del Gualdo sostenendo essere quelle «animi laetitia» e quella «hilaritas» che derivano entrambe dal consumo di musica e vino in amichevole compagnia i «praecipui pestis hostes» (per quanto difficile possa essere l'immaginare per un appestato della grande endemia del primo Seicento, per l'appestato piú oppresso – nella storia delle pesti – dai «capitis dolores» e dalla «summa anxietas», piú febbricitante, piú fetidamente pustoloso, piú squassato dalle tossi e soffocato da piú scodelle-ora di escreati, una buona disposizione al sollievo di sfondi fantastici musicali agevolati, fra le ilarità piú condivise, nella confusione, da plurime e amichevoli libagioni).

Per molti secoli, la musica, si è offerta al comune sentire, come una entità buona-bonaria, di lunga durata, non di rado come un possente e inossidabile principio benefico, di sollievo ma *sub condicione*, ossia "benefica [se]":

1) *se* e quando saviamente "dosata" (ossia se intervallata da equilibrati silenzi: altrimenti gli *adulescentuli* dell'esempio succitato continueranno – anche da adulti e da vecchi – a "farsela addosso" di notte *et in lecto*);

2) *se* e quando coltivata in funzione della morigeratezza, come dis-incentivo per l'uomo o per la donna dalla loro natura malvagia di belve predestinate [*Moíra theon*] a rivelarsi al mondo, prima o poi, quali sono tutti: tutti dei *natural born killers* (ossia musica benefica che educa e guarisce il soggetto-uomo dalla sua *prima naturalità criminale*, ossia musica quale benefico scongiuro della "tragedia", ossia "musica morale", ovvero musica linguisticamente "temperata": come bene s'illustra nell'esempio di Clitemnestra prima e seconda);
3) infine, *se* e quando si è prestata ad attenuare (*q.b.*: «quanto basta») la coscienza infelice della terminalità dei grandi morbi (quando, sul modello del consumo "cortese" della musica in posizione eletta proprio in virtú delle sue proprietà di lontananza e di sfondo, essa musica aiuta il soggetto a portarsi, da solo – se stesso da se stesso –, definitivamente, "sullo sfondo" della propria vita, lungo la linea di fuga dissolvente di una esistenza che s'estingue nell'uscire dal "fuoco" della coscienza di sé e della percezione del mondo, nonché fuori dal campo della elaborazione mentale, soggettiva, del "male"; a dirla piú brutalmente: verso la morte).

Fra le "nostre" culture occidentali che piú hanno goduto di una plausibile apparenza di buona salute, e che in gran parte sono state "trascritte" secondo le loro espansioni espressive-linguistiche, le piú floride ci hanno messo a disposizione quello che gli economisti chiamano un "magazzino di temporanea custodia" (*warehouse*): una enorme *warehouse*, esageratamente provvista di scorte di "figure di scambio" (figure di scambi teorici e pratici – un gran deposito di *Wechselbeziehungen*, non sempre tutte completamente s-doganate: nella nozione di "magazzino di temporanea custodia", appena citato, è implicita per la definizione utile del senso l'idea di *sito doganale* adibito alla custodia di merci *temporaneamente* messe in attesa di un destino doganale ancora indefinito seppur plausibilmente regolare). Un deposito pieno stipato di *unlisted securities* (titoli raramente quotati) molto piú spesso, riccamente dotato non di veri e propri titoli, ma di spettrali presenze "per memoria" del tema della musica/malattia intruse e poi divelte nei e dai diverticoli di un testo che sempre aspira alla dimensione enciclopedica (Conrad B. Behrens, *Selecta dietetica seu de recta ac conveniente ad sanitatem vivendi ratione tractatus*, 1710; Nicolaus Börner, *Medicus sui ipsius oder sei selbst I-II*, 1744-48; Hermann Conring, *Introductio in universam artem medicam*, 1726; Denis Fontanon, *De morborum internorum curatione libri IV*, 1550; Sempronius Gracchus, *Medicus hujus saeculi*, 1693; Friedrich Hoffman, *Medicina rationalis systematica*, 1727-40; Marin Mersenne, *Harmonie universelle*, 1636; Antonius Niger, *Consilium de tuenda valetudine*, 1581; Pierre Pomme, *Traité des affections vaporeuses des deux sexes*, 1763; Johannes F. Ulmus, *De occultis in re medica proprietatibus libri IV*, 1597; Simon de

Vallambert, *Cinq livres de la manière de nourrir et gouverner les enfants dès leur naissance*, 1565; Berhard Stainer, *Gerocomicon sive diaetetcum regimen de conservanda senum sanitate*, 1631; Philippe Pinel, *Nosographie philosophique ou la méthode de l'analyse appliquée à la médecine*, 1803; Edoardo Arrais Madeira, *Novae philosophiae et medicinae qualitatibus occultis a nemine unquam excultae [...] De viribus musicae (de tarantula) [...]*, 1650; Franz Anton Mai, *Medicinae Fastenpredigten*, 1793; Magnino da Milano, *Regimen sanitatis*, 1503). Ciononostante l'effettivo potenziale conoscitivo di queste pregiudiziali, per cosí dire gnomiche, è favorito e anche accresciuto dalla rara frequentazione effettiva delle argomentazioni sulle quali si fonda questa sorta di coscienza culturale comune - che peraltro resta sempre di medio-basso livello - della relazione musica/malattia.

Pur cercando di dotarsi talora di qualche riscontro simil-obiettivo, questa relazione, che è infatti piú asseverata che non dimostrata, è colta preferibilmente in figurazioni d'assolvenza o di dissolvenza, e quasi mai, invece, dirette o frontali, sempre, però, come una relazione di segno "positivo". Positiva nel doppio senso di una doppia direzione, reversibile, di due frecce apparentemente, solo apparentemente, opposte di segno:

1) musica che fa ammalare,
2) musica che fa guarire.

Una lettura approfondita di queste fonti potrebbe non arricchire affatto la funzionalità comunicativa del *topos*, per non dire che potrebbe addirittura danneggiare il suo vecchio, originale e accreditato *charme*. Potrebbe infatti far scoprire di quali e quante catene di catene di catene di altre catene di piccoli plagi affabulatorii sia fatto lo stereotipo della musica-medica: plagi, leggende, affabulazioni non di rado banali, o insulse, sempre basate, o per lo piú basate su quella "patologica" disposizione di un'allegoresi o di una simbologia, le quali, quando vengono riferite alla musica, attribuiscono alla musica stessa il tocco dei Taumaturghi, ossia la proprietà preter-naturale di far opera di forte *camouflage* di concetti molto deboli, o di robusta protezione di enunciazioni gracili e, nella loro tessitura scientifica, alquanto lise.

Come tipi eminenti di esposizioni patentemente "rischiose" del discorso teorico (rischioso nei termini della irreversibilità delle involuzioni) credo che potremmo additare fra le molte apprezzabili:

1) le documentazioni neutre e fisse di uno solo, ad uno ad uno per volta, dei molti lati dei referenti piú criticamente instabili nella loro fenomenologia: la normalità, la salute, la malattia, la musica, ecc.;
2) le descrizioni insistentemente trattenute in aree preteoriche e coltivate *in absentia* di teorie sperimentabili (quelle che per dirla secondo il "modo di dire" popolare corrispondono alla formula del "mangiar

l'uovo in culo alla gallina") ovvero, non meno, le confutazioni predescrittive (secondo il *pattern* del motteggio non meno popolare del precedente, seppur un po' meno pittoresco: "prender su il fumo alla candela") di universi categoriali supposti – solo e soltanto supposti – di essere reciprocamente conoscibili, oppure conoscibili due a due (per esempio il motto di Giovanni Pico della Mirandola: «Medicina sanat animam per corpus, musica autem corpus per animam» [1557, p. 110];

3) le osservazioni della/sulla individualità (umana) ottenute secondo modalità generalizzanti (cfr. la critica radicale che Hegel oppone alla fortuna della Fisiognomica e della Frenologia di Gall);
4) le accumulazioni di metafore (esposte a una sorta di grosso rischio di "infarto trombotico" (specie là dove la discorsività è trasportata nelle tonalità eccitate *dal* o *del* panico in analogia alla legge che stabilisce essere i momenti di deflagrazione, ovunque nell'universo, come piú notoriamente nella chimica fisica, in tutti quei punti in cui "l'indice possibilità di ramificazione" supera quello di "possibilità di terminazione" – secondo l'immagine di riferimento che alla virulenza conflagrativa della stereotipia in letteratura suggeriva suggestivamente Gaston Bachelard [1948]);
5) le preconcette organizzazioni "gerarchiche" delle supplenze (come accade, esemplarmente, nelle avventure dei linguaggi poetici applicati alla comunicazione scientifica, e viceversa; oppure ai lessici delle scienze morali – scienze per cosí dire "dello spirito" – applicati alle immorali (fisiche) – scienze, per cosí dire, "della natura", o "dei numeri", comunque non essenzialmente linguistiche, non essenzialmente grammaticali, non essenzialmente esauribili in una rappresentazione verbale/vocale), ecc.

2. *Due rivoluzioni.*

La svolta che interviene a questo punto è una svolta tutta storica ed è conveniente per noi identificarla per come è connessa, molto connessa, significativamente connessa a due delle rivoluzioni piú importanti che hanno fatto la nostra modernità: la rivoluzione ideologica e quella musicale. Due rivoluzioni che non è difficile scorgere in atto di tenersi d'occhio a vicenda, di tenere, di fatto, l'una il passo dell'altra, e viceversa, sul loro gran cammino – in un regime di non-interscambi comunque non difficili: l'una, nel reparto ideologia-scienza-politica, sotto la nobile etichetta dell'Illuminismo, l'altra, nel campo musicale, sotto la non meno pregiata etichetta del Classicismo-romanticismo (musicale). Queste due etichette – che possono essere applicate sia ad aree di nuovo sapere, sia ad aree di nuova sensibilità, sia ad aree di nuova coscienza, sia a incrementi del lessico concettuale, sia alle creazioni *ex nihilo* di piccoli universi di "contatti comunicativi" –, evidenziano scambi di ruoli di responsabilità, grazie ai quali, nello scambio stesso, si producono (singolarmente, o in serie) alcuni "discorsi" egemoni che sembrano nutrirsi l'uno dell'altro, o l'uno con l'altro, per ben trasformarsi poi, consustanziandosi l'uno nell'altro, in altri enunciati nuovamente suscettibili di trasferimenti e di scambi. Macchine adatte alle produzioni di scambi attraverso scambi. In questo schema la vecchia relazione classica già indurita dalle sue ripetizioni, musica/medicina [*aliquanto melius* quella di musica/malattia], viene come a rianimarsi dalla sua degenerescenza, per dar vita ad alcuni sensi inediti per entrambe le sfere (per la musica e per la medicina *vel* nosografia). Questo, non senza caricarsi di problematiche realistiche e materialistiche, molto importanti, che investono le dimensioni innovative della storicizzazione dell'Individuo, nonché quella del costituirsi della identità strutturale del Soggetto o, in altre parole, dell'"esemplare umano singolo" estratto dalla stessa nozione di specie. È in questo *framework* concettuale che si valorizza non poco, ovviamente in un nuovo ordine esemplare delle cose, la figura del malato. Una figura *personale*, nonché *inter-personale*, sinanco emblematicamente universale (ma di un'universalità di nuovo tipo: "universale in *soggettiva*"). Proprio perché malato, colui che sarà riconosciuto e apprezzato come autentico titolare della propria malattia, auscultera la sua stessa malattia come se fosse un vissuto tutto internamente compreso dalla e nella sua propria biografia (come forma vissuta dell'apprendimento di Sé, come "scoperta del Sé di Sé"). La quale, come tale, a sua volta, sarà intesa come forma della alterazione di una specifica "proprietà di stato" (proprio nel senso di condizione umana – incognita, di già, nella silente normalità del "prima" dell'insorgere della malattia stessa), per divenire infine il vero modello protagonistico di ogni vicenda umana che aspiri a essere interrogativa, espressiva, conoscitiva, e compositiva, contemperatamente. A quell'"ordine di alterazione", di cui ho appena detto, ordine di (libera) *fuori-uscita* dalla normalità, viene riconosciuto il ruolo espressivo di una istanza nuova, che sopravviene nel vivente malato, a rivelargli quella che è la sua vera, rinnovatamente materiale, nuovamente sensibile, natura. Una natura che altrimenti – come nella cosidetta e classica buona salute – se ne starebbe sottocoperta, in sonno o silente (consegnata eventualmente, in termini di conoscenza, di visibilità e di presenza, soltanto a una eventuale, ma anche improbabile ricognizione istruttiva del "male" nel macabro studio accademico, fatto solo e soltanto "sul morto"). Ebbene, è proprio nel quadro di questo mutamento di prospettiva che si modifica anche quel nuovo ordine di autointerpretazioni (neo-metaforologiche) della medicina e della malattia cui facevo prima riferimento quando si stava parlando d'esse in un quadro di "rivoluzioni".

Alcuni storici della medicina, fra i non molti sensibilizzati alla necessità di dare una qualche definizione a questo transito ideologico della cultura europea, hanno scelto, in funzione per l'appunto definitoria, alcune coordinate dell'esistenza e dell'azione storicamente significative di un certo "Illuminismo medico", richiamando l'attenzione su come e su quanto esso avesse anticipato – nei suoi originali progressi settecenteschi, e proprio in virtú di alcune sue specifiche capacità di "agire per scambi" – altre consecutive idee illuministiche/moderne molto piú generali o generalizzabili [cfr. King 1970, p. 3; Williams 1975, pp. 23 sgg.]. Erano stati pochi (pochi ma buoni), infatti, i medici che s'erano battuti, nel cuore del XVIII secolo, per rivendicare la dignità e il titolo di prove d'efficiente cultura moderna (moderna e/ossia libera) per alcune strategie di pensiero e d'azione libere ed egualitarie, quali

1) l'"istruzione permanente diffusa" (per esempio essenzialmente medica: quella igienica);
2) o, non meno, l'"abolizione della schiavitú" (per esempio: eccellentemente medica anch'essa in quanto "applicazione giurata" (*more hyppocratico*) del diritto naturale alla pietosa cura di ogni creatura umana sofferente; un'applicazione che s'è esplicitata facendo lievitare la negazione assoluta di ogni pregiudizio circa la sub-umanità di altri esseri umani, cosí da incontrare, in questo nodo concettuale, la prova provata dell'esistenza di quel diritto-principio dell'Eguaglianza che metterà in moto tutte le macchine ideologiche e politiche dell'emancipazione dei repressi, degli schiavi e degli sfruttati, principio che appunto si vede realizzato nelle icone di quella interpretazione della socialità, già in età prekantiana, si fa guidare da un categorico imperativo professionale, per l'appunto *ippocratico*) [cfr. Gay 1967; Shyrock 1948].

È una condizione umana, quella che si va configurando, che si rende però stabile solo per grazia di paradosso in quanto il suo *sine qua non* è quello storico *trend bi-fase* che tramuta ogni unità - "uomo-individuo" in una entità pateticamente sdoppiata,

1) da una parte, in un Soggetto felice della propria "sofferta" affermazione;
2) dall'altra, in un Soggetto infelice a causa della propria sofferta, essenzialmente nevrotica, "divisione di divisioni": *a*) divisione dell'Ego: spartito, dilaniato da due Mezzi-Moloch inseparabili: le istanze-mostro della filantropia e quelle dell'interesse; *b*) divisione della Nuova Classe (la Borghese) stessa: spartita in *lobbies* e in gruppi di potere, nello scenario (un po' "banditesco") del libero mercato; *c*) divisione differenziatissima dei Dividendi Utili del profitto: distinti in accumulati, cumulativi, differiti, di giro, trascosti, supplementari, maturati, interinali, ecc.

3. *Tanti Orfei tanto malati.*

3.1. Gli archetipi: Bach, Händel, Mozart, Beethoven.

Credo che sarebbe un assunto quanto mai ostico, votato quasi fatalmente a un ruvido insuccesso, il voler rendere ragione di quando e di come siano giunte a rovesciarsi, del tutto, nella modernità, la *testa* e la *croce* (ovvero, alla tedesca, il *numero* e l'*aquila*) della medaglia della storia delle relazioni di musica e malattia (o di musica e medicina, che dir si voglia). Di come e quando sia stata cancellata la testa della figura, già possentemente connotata come tradizionale, del musicista - "medico-guaritore" per insediare in suo luogo un'icona di croce. La figura, appunto in posa da crocifisso, di un musicista "cadavere ambulante", "inchiodato al suo male", che sperimenta, attraverso la elezione del sacrificio vissuto nel suo corpo stesso, per inscrivere poi, a sua volta, nel testo musicale che consegnerà ai viventi e ai posteri, una nuova leggenda musicale: quella, appunto di una musica (quando buona, bella, ovvero d'alto conio) essenzialmente patografica.

Pur non essendo facile dire quando questa conversione sia stata compiuta, è possibile comunque darla per conclamatamente avvenuta a partire, grossomodo, dall'epoca in cui si è avviato il processo della ben sincronizzata modernizzazione della musica e del pensiero medico, di cui si è trattato poco sopra, quando si cominciò a delineare, sempre piú visibile, il processo che trasforma i moderni Orfei da musici-medici (alla moda del tempo antico) nei moderni musici-malati (e via via malati sempre piú gravi, e di questo loro presente morboso nient'affatto dissimulatori, ma espressivi semiografi e impudenti *historiographoi*).

Il tempo dell'epoca evocata dovrebbe essere quello in cui Giovanni Pietro Bellori sembra cominciare a chiedersi se sia o non sia il caso di cominciare a censurare e a contestare, al Caravaggio – cattivo maestro –, quel naturalismo che al di già problematico omaggio al Vero affianca la contemplazione ancor piú perturbante delle deformità patologiche («le dita nodose, le membra alterate da' morbi»), secondo uno stile che, a dire del critico ancora affezionato alla sua postazione intellettuale antiquaria, è comparabile a quelle tali "erbe (officinali) bifronti" che sono parimenti medicamentose e venefiche. Di certo meglio del Bellori, lo stesso Caravaggio potrebbe anche illustrarci da solo, senza l'ausilio di lettori idiosincrasici, come tale inclinazione alla esposizione al *pathos* passi – si veda l'aura che spira nel *Bacchino malato* – dall'osservazione spietata dei sintomi di miserie corporali, trasmessa nella/sulla superficie dell'opera, alla tematizzazione, per quelle che pari pari sono, come "atmosfere patetiche indicibili", e non piú come soggetti iconografici, le rappresentazioni, appunto, del sentimento patetico interno delle malattie invisibili (invisibili perché appunto interne, inconfessate, o incipienti. Sino a raggiungere in altre opere ancora la presenza testuale, a tutto corpo, dell'Io malato dell'artista che si autoritrae in stato di sofferenza, come avviene nel cianotico "autoritratto da *Bacchino crocifisso*".

Cominciamo, per dar la mossa a un breve ciclo narrativo di esempi canonici, dalla vita e dalle pene ultime, in morte, di Johann Sebastian Bach.

La vita mortale, fisica, di Johann Sebastian Bach, peraltro tutta vissuta in proiezione ortogonale sulla parallela sua vita immortale, musicale, si era mantenuta, medicalmente parlando, per alcuni lustri e decenni fecondi in opere e in atti di buona propagazione (anche genetica) della specie, su di un livello accettabilmente silente. Il primo (sia pur *inter pares*) dei grandissimi moderni della musica europea aveva retto abbastanza il paragone della sua vita con quella della sua amatissima pipa. Aveva pompato nei suoi polmoni litri e litri di fumo di tabacco (talora anche di qualità mediocre) per migliaia e migliaia di ore dalla sua buona pipa di terra, e aveva adorato Dio, quasi fondendo queste sue elette pulsioni nel loro pacioso "concerto" creativo, sino a quando – corrispondendo un po' a quell'autoprofezia ch'egli stesso si era autodedicato scrivendone in una poesiola (*Erbauliche Gedanken eines Tobackrauchers*) nel "quaderno di cembalo" di Anna Magdalena Wülcken, sua moglie, in cui si dice della «natura della pipa»: creatura impastata, al pari dell'Uomo, di terra fangosa e altra acqua, e a null'altro destinata che a spezzarsi a terra prima o poi, e in terra ritornare – anch'egli aveva cominciato a «sentire il crepitio delle sue crepe».

A una originaria, grave, forte ma pazientemente tollerata miopia del *Kantor*, s'aggiunse infatti una infiammazione obliterante cronica dell'arteria temporale (causa sospettata l'abuso, in stato di conclamata debilità, dell'organo della vista) che gli tolse giorno dopo giorno ogni capacità di vedere con un progressivo incremento di dolori nevralgici retrobulbari (quasi la rappresentazione in risonanza patetica di un aspro "conflitto neurovascolare" – un infrequente effetto, comunque non raro, nell'anziano [Bach aveva 66 anni] – dovuto alla relazione algogena fra plurime anomalie vascolari, prevalentemente al livello dell'arteria cerebellare superiore, e normale stato di sensibilità d'area propriorecettiva della radice trigeminale). Una malattia malintesa, la sua, molto malintesa, che fu poi anche molto malcurata da un dottore oculista che il giornale di Lipsia aveva annunciato di passaggio alla taverna. Un oculista-*killer* (inglese) che era poi arrivato per davvero a Lipsia dove subito tagliuzzò le cornee del «poor Mister Bach» inserendo nei taglietti piccoli fiotti di unguenti mercuriali a effetto conseguente cruentissimo, accecandolo del tutto in fine, e portandolo a presentarsi ottenebrato come una talpa davanti allo splendore del trono del suo Dio.

E come a Bach anche a Händel, suo gemello di pari grandezza, anch'esso accanito fumatore di pipa, capitò, a partire dal cinquantaduesimo anno, che diversi sintomi messaggeri di morte, sintomi non di una ma di piú malattie, si avvinghiassero tentacolarmente alla sua intima e pur ancor creativa biografia.

Polimialgie reumatiche, offuscamenti progressivi del *visus*, completati sino alla semicecità che scattò attorno al cinquattottesimo anno, e anche sintomi importanti di un *diabète sucré* resistente alle diete, un'emiparesi accompagnata da acerrime crisi di "febbre etica" e da compromissioni irriducibili dell'articolazione verbale. Inutile l'operazione criminal-oculistica, perpetrata, *more solito*, da quello stesso Dr. Taylor Esq. che, quand'era passato per la locanda di Lipsia, aveva di già accecato, con due successive operazioni, Johann Sebastian Bach. Un trattamento della cataratta messo a punto dal Taylor, sull'un versante, chirurgico, con aghi aspiranti i liquidi torbidi del retrobulbo, e, poi, sull'altro, galenico, con simultanei accanimenti di sordide pozioni calomelaniche-mercuriali, trascinò il Maestro sino a quel punto critico che si attribuisce all'ultima, solenne lipotimia che lo atterrò nel corso di un'esecuzione del *Messiah*. Un deliquio dal quale non si riprese per sei lunghi giorni, prima di morire infine, dopo un orribile periodo (sul quale il bravo biografo Mainwaring prega di sorvolare) di vai e vieni della coscienza che impegnò (quando sveglia) a emendare clausole, codicilli e servitú di un corposo, cospicuo testamento notarile.

Se rivolgiamo ora un breve sguardo all'esemplare «mauvaise vie et jeune mort» di Wolfgang Amadé Mozart potremo renderci conto subito di quanto essa si sia complessivamente inquadrata nello sviluppo di un unico pernicioso evento-quadro di patogenia.

Sostanzialmente un'unica diuturna, infinita infezione streptococcica, mai risolta, che s'impiantò e dislocò nel corpo del Maestrino sin dai sei anni quando esplose in un *erythema nodosum* controllato a fatica, seguitando poi con alcune importanti crisi anginose tonsillitiche che se all'inizio furono imperiosamente tormentose, quando divennero dipoi croniche furono sempre piú spesso accompagnate da sempre piú frequenti crisi di angine ulcero-necrotiche di Henoch-Schönlein (reazioni d'autoimmunizzazione antistrepto) e, nelle fasi subacute, da accessi di angina di Vincent (con presenze di formazioni ulceriformi apparentemnte indurite ma di fatto solo infittite di trame membranacee essudative). Sempre all'eziologia di un quadro infettivo streptococcico sono ascrivibili le giammai guarite poliartriti e le spondiloartriti rizomieliche anchilosanti che colpirono Wolfgang alle radici degli arti, alle ginocchia e ai gomiti, cosí come anche quelle febbri, diverse dalle tante altre, ch'erano specificamente seguite da scorticamenti delle labbra, e da sfaldamenti dapprima umidi e poi simil-pergamenacei delle mucose nasali, dalle frequenti emicranie, nonché da brutte e financo laide a vederle sporgere dai colletti, eruzioni di bianchicci grappoli adeno-lipomatosi cervicali. Veniamo a sapere, continuando a scorrere i dati della sua biografia d'ammalato, che Mozart nel contempo era stato sottomesso a causa di alcune infaustissime combinazioni (viaggi) al contagio di due epocali infezioni endemiche: una tifoidea e una vaiolosa. Nell'ultimo anno di vita, infine, molto marcati, sullo sfondo del tono vitale di una serie di gravissime e poliformi anemie (geofagica, ipoplastica infantile perdurante e idiopatica), vennero a umiliarlo, nel corpo e nella persona, i deliqui, pressoché quotidiani, cosí come i rigonfiamenti dolorosissimi dei piedi, i quali s'aggiunsero ai tormenti sintomatici di una insufficienza renale cronicissima ex-nefrite (a sua volta causata da stati morbosi a loro volta conseguenti o antecedenti di una ipertensione essenziale). I trattamenti delle frequentissime febbri, peraltro di lungo, lunghissimo periodo, comportarono ferali esposizioni a terapie antifebbrili ed essudative che indussero medici dissennati a prescrivergli sostanze dai poteri devastantemente attossicanti quali l'antimonio, il calomelano e gli oppiacei.

Sordità violata da violenti clamori di tinniti intracranici, coliche addominali, scompenso cardiaco (forse una *cardiopathie noire*), crisi di prostrazione da intossicazione etilistica cronica, enormi versamenti ascitici conseguenti alle due, forse tre, forse quattro malattie cirrotiche, emergono in stato di disordinata evidenza, giorno dopo giorno, nell'intimo giornale della vita-martirio di Ludwig van Beethoven. Un conglomerato di patologie, quello che investe, ripeto, giorno dopo giorno, l'esistenza del piú moderno dei moderni musicisti, in un dispiegamento di titaniche prove di afflizione sulle quali si accanirà, a Maestro morto, la ricerca patologica speciale e anatomopatologica. Il cadavere di Beethoven fu ben scrutato in ogni remotissima sua parte.

- Il fegato fu visto piccoletto, duro, verde-bluastro, rattrappito (in sezione risultò tutto composto di noduli grossi come *Haricots Pinto*) e tubercolato in superficie come un torrone.
- La colecisti era tutta piena di una specie di *custard* o di un mosto d'odor fetido e color marrone scuro.
- La milza era dura e di dimensioni notevoli: fra il triplo e il doppio del normale.
- Lo stomaco e gli intestini tutti, specie il colon ascendente e il traverso, erano imponentemente rigonfi d'aria.
- I bacinetti dei reni erano massivamente occupati da una concrezione verrucosa e calcificata.
- La matassa delle anse intestinali era immersa in otto litri di liquido ascitico, intorbidato da concomitanti infezioni mesenteriche.
- All'ispezione dell'orecchio si rilevò che nei pressi del timpano il canale acustico era tutto invaso da formazioni scagliose; la mucosa della tromba di Eustachio, inoltre, era ispessita e aderita all'osso (al suo sbocco, sopra alle tonsille, innumerevoli vecchie cicatrici callose); le piccole cavità del processo mastoideo del temporale erano fittamente stipate di formazioni membranose molto vascolarizzate e anche nella

sezione petrosa dell'osso si notavano grossi vasi innaturali induriti e di color rosso carminio, un colore resistente e immutato nel tempo della autopsia.

- I nervi acustici erano grinzosi, sguainati e rattorti; i nervi facciali inusualmente spessi, come cordicelle di refe; e le arterie che seguivano malamente il decorso dei nervi erano grosse e incallite.
- Dei nervi acustici, il sinistro mostrava tre striature madreperlacee, mentre il destro visibilmente partiva con una stria particolarmente candida dal quarto ventricolo abnormemente inspessito dall'intrico dei vasi di una circolazione collaterale disordinatamente sopravvenuta.
- Le circonvoluzioni della massa cerebrale erano abnormemente fissurate in profondità, straordinariamente larghe, e oltremodo numerose.

Beethoven stesso nella celebre «lettera-testamento di Heiligenstadt» sembra quasi proporre una sintesi d'autodiagnosi che va a inscriversi sia sul quadro della sua consunzione nella sofferenza-martirio che su quello dell'incontenibilità vitale e vegetante della sua poetica, molto segnata dalla istanza di continuare a creare *à corps perdu*. Là dove infatti scrive:

> se essa venisse [la morte] prima che avessi sviluppato tutte le mie qualità artistiche *giungerebbe troppo presto* e indubbiamente *mi piacerebbe ritardarne la venuta*,

Beethoven sembra mettere a fuoco, come estremo stato di tematizzazione del *pathos*, la sua necessità artistica di una coazione a sopravvivere "già da dentro la morte" e nel prolungamento accanito dello strazio del suo corpo materiale.

A partire da questi *trailers* di pochi (tre-quattro) retroscena biografici di creatori molto malati - piú nel fisico che non nel morale -, sin troppo numerosi potrebbero essere quegli apporti "aneddotici" suggeriti e richiesti piú sopra come convenienti all'illustrazione di come sia accaduto che la qualità, la qualificazione, l'interesse, l'inventività, la stessa salvezza (in proiezione evolutiva) del linguaggio musicale, si siano poste tutte in parallelo con l'esplosione di un quadro nosografico importante, nella vicenda umana, stroncata dal male, di un importante numero di musicisti, di quelli che "hanno fatto storia" nella Storia della musica.

3.2. Franz Schubert.

Segnato dal destino degli sviluppi leggendariamente ineluttabili di una sifilide contratta in stato di una pressoché abituale esaltazione etilica nel corso di frenetiche frequentazioni di partner sessuali occasionali e infetti, sviluppi ch'egli però non visse sino al compimento patologico del tragico terzo stadio (quello delle estreme compromissioni neurali), ma di cui con profondo senso di umiliazione ulcerante per i progressivi intrecci di deliri di vergogna, di senso di colpa, di depressione e di concomitanti crisi di abreazione negativa con crisi di somatizzazione violenta (grandi vertigini, grandi cefalee e grandi nausee) e abbandoni consolatorii all'abuso del vino, Franz Schubert fu un soggetto che molto tipicamente si creò una personalità mista, parimenti alcolistica e "infettiva", creata dalla e nella malattia e in ispecie dalla coscienza infelice delle connessioni infrante fra l'Io innocente e l'Io infetto. Egli infatti realisticamente – prima di morire per una insorta febbre tifoidea addominale per infezione da salmonella, del tutto fuori quadro rispetto alla malattia principale che infatti non fu la malattia della morte – patí per sommazione algogena/deprimente delle tante sintomatologie dermatopatiche dello stadio secondario della sifilide (una sintomatologia di estrema esposizione delle prime degenerazioni dei tessuti i piú estrinsecamente visibili: esantemi, papule, vescicole, alopecie – discromiche e pseudotonsuranti –, tricoclastie, tricoptilosi, ecc., tutti stati fisici nonsublimi, di piccola laidità, che si sovrapponevano a una costituzione di già semigrottesca – marcatissima brevilineità, pancetta) nonché per le reazioni emotive e vegetative alle stesse sintomatologie. Un periodo di ospedalizzazione in un tranquillo e ben tenuto reparto dell'ospedale maggiore di Vienna, nel 1824, incentivò quella che l'amico von Schwind definí – nel contesto della descrizione di una terapia di basso profilo, a base di bagni e di una dieta sin troppo frugale e parca a base «di panata, [tanto] té, e senza vino» – un'attività sovrumana. Furono fissate sulla carta, nei quattro anni sovrumanamente attivi, successivi alla ospedalizzazione, importanti opere in un regime quantitativo e qualitativo estremamente, mirabolantemente eccitato: gli innumerevoli e fra i piú celebrati Lieder e cicli di Lieder che si numerano dal D795 al D991, le opere corali dal D825 al D948, le composizioni per pianoforte a quattro mani dal D812 al D952, le danze per pianoforte dal D779 al D925, le sonate per pianoforte dal D840 al D960, la Sinfonia D944 (*Die Grosse*), la Sonata per l'arpeggione D821, i due trii con pianoforte D898 e D929, il quintetto D 956, i quartetti in *la* minore, *re* minore, *sol* maggiore, *do* maggiore, l'Ottetto D803, alcuni Momenti musicali (*do* diesis, *fa* minore, *la* bemolle), i quattro + quattro + tre Improvvisi D899, D935 e D946, i 34 *Valses sentimentales*. La seconda infezione, quella mortale, che aggredí Schubert nel suo ultimo mese di vita, quella che indusse la setticemia intestinale che abbatté il piccolo Maestro, era un'infezione bestiale, trasmessa dalle carni di suini affetti dal colera del porco (morbo di Salmon). Schubert fu colto da crisi di rifiuto "tragico" del cibo, da un orrore panico per gli alimenti, da una esasperata fame d'aria, da astruse sensazioni d'impotenza fisica («mi sento – disse a un amico – di cadere a precipizio dentro il letto»), da accessi di culto feticistico per l'assunzione dei medicinali (teneva sempre vicino a sé sul comodino una grande pendola che scandiva il tempo delle somministrazioni dei farmaci all'ora giusta); seguirono i deliri, le farneticazioni, gli annaspamenti aggressivi, gli sproloqui in gran parte concernenti il nome di Beethoven. Morí stringendo con una mano quella del medico e con l'altra afferrando qualcosa – un piolo che sporgeva dal muro – per designarlo, quel qualcosa, come suo ultimo gesto percettivo-conoscitivo: «eccola, questa è la mia fine».

3.3. Felix Mendelssohn.

Ben portante all'aspetto, ritenuto dal *beau monde* – nonostante la stazza piccolina – un bell'uomo, elegante nella conduzione espressiva di una personalità di gran rango sociale e di rara eccellenza artistica, Felix Mendelssohn si era portato addosso, inscritta nel codice genetico, la tara fisica dell'ereditarietà di una malattia impegnativa, silente, in genere, fino al momento delle massime compromissioni di organi vitali: una ipertensione essenziale maligna (una malattia che al tempo non era neppure valutabile in termini diagnostici quantitativi non essendo ancora stata concepita la "macchina" che misura le pressioni sistoliche e diastoliche). Genitori e nonni e molti altri Mendelssohn, congiunti, parenti, erano morti a seguito di crisi apoplettiche diversamente sviluppate, quasi sempre accompagnate, in esito, da una totale perdita di coscienza, annunciate, però, da episodi minori e sempre sottovalutati: fuggevoli lipotimie, piccole, incomprensibili e remittenti paresi e altri quadri sintomatici sempre collegabili – nel quadro dell'epicrisi – a piccole vicende emorragiche ("d'avvertimento") accompagnate da improvvise sudorazioni fredde, epistassi, formicolamenti o sensazioni di algida pesantezza agli arti superiori e alle dita. Altri schemi sintomatici di allarme erano state, nelle vicende cliniche della famiglia Mendelssohn, le imponenti cefalee, ricorrenti, ma di diverso andamento, che verosimilmente corrispondevano alle successioni diversamente localizzate di insulti microemorragici di diversa entità.

Molto simile a Felix per le tonalità del carattere, per la genialità musicale innata, per il distinto stile di vita era la sorella di Mendelssohn: Fanny, pianista, compositrice, direttrice di corali, madre di un bambino, moglie devota di un pittore di talento, Wilhelm Hensel. Molto simile anche a Felix nello specifico della cagionevolezza (la stessa vaga occorrenza degli avvertimenti del male familiare).

Nello stesso, a entrambi fatale, orribile anno 1847, lei in una sola mezza giornata, il 14 maggio, e lui in un decorso lungo ma non troppo – meno di un mese (dal 9 ottobre al 3 novembre) –, i due fratelli morirono seguendo la traccia (*kleine* lei, *grosse* lui), della stessa diatesi ferale: una emorragia subaracnoidea intracerebrale da rottura di un aneurisma encefalico congenito. Dopo la morte di Fanny, la cui agonia in stato di marasmatico semideliquio durò otto ore, Felix ritornò al lavoro, per poco piú di un mese, a Lipsia. Era però improvvisamente diventato un vecchio, invecchiato "a vista" di diversi decenni. Camminava lento e curvo e sembrava visibilmente oppresso da un'aura di morte improvvisa. Riprese a scrivere la *Romantische*

Oper che non avrebbe mai compiuto (la *Loreley* sul libretto di Geibel), finí il mestissimo quartetto *d'adieu* in *fa* minore, terminò il quarto coro (*Comitat*) dei *Wandersmann* op.76, aggiunse i due ultimi Lieder (il *Nachtlied* da Eichendorff e l'*Auf der Wanderschaft* da Lenau) alla raccoltina dell'opera 71, poi cadde in stati aspecifici ma di breve durata – depressioni, astenie, incontrollabili sonnolenze. Quindi fu la volta del grande dolore alla testa, improvviso, ricorrente per crisi in costante incremento di gravità, accompagnato dalla gravissima bradicardia, dal grande freddo, dall'ansia, dal sudore, e dalla gastrodinia. Infine dal primo al 3 novembre s'ebbe una serie di *ictus* che aprirono la strada all'emorragia massiva, quella che diede l'avvio a un lungo episodio agonico che mosse dal cosciente, orribile, urlo dello schianto doloroso al capo e al collo, delle ore 14, progredendo nello stato stuporoso-affanoso che cessò *in obitu* poco dopo le ore 21.

Per quanto eloquente, comunque, il quadro non è chiaro: Mendelssohn aveva convissuto, di certo, fin dalla nascita, con un'importante patologia ipertensiva progrediente, marcata, forse, da molti episodi emorragici sub-aracnoidei minimi, forse connessi, anche, a plurime eziologie, fra le quali verosimilmente una nefro-angio-sclerosi maligna ereditaria sulla quale se pur non ci si possa esprimere (dato che non furono mai visti in autopsia i reni di nessun Mendelssohn morto), corrisponde abbastanza, in termini di sintomatologia, al relativo strano silenzio allarmato che caratterizza le descrizioni indirette del "male dei Mendelssohn", essendo quella ipertensione maligna, poi detta di *Keith-Wagener-Kernohan*, una malattia le cui lesioni endo- e periarteritiche, dapprima renali, sin dalla nascita, si estendono lentissimamente ad altri organi, eccitando dapprima vaghe "aure" patetiche, dipoi crisi sempre piú acute in regioni sempre piú impegnate nelle funzioni vitali, nel contempo della cronicizzazione aggravata della affezione renale, la quale, a sua volta, alimenta la gravità della ipertensione essenziale, facendo cosí corrispondere con crescente intensità, ai progressivi danneggiamenti anatomo-fisiologici, aure e sentimenti interni, indescrivibili, di penosissimo allarme.

3.4. Fryderyk Chopin e Robert Schumann.

Accosto in un'unica scheda il maestro polacco-parigino e il renano perché per entrambi, sia pur in un quadro che piú personalisticamente disparato non potrebbe essere, la malattia si configura o come un sistema diffuso di plurime patologie sovrapposte, o comunque mantenute in un certo qual clima di misteriosa indecifrabilità. E anche perché il progredire dell'aggravamento dello stato morboso corrisponde, in entrambi, a una intensificazione della sperimentazione di innovazioni linguistiche (sempre in un ordine di sentimento della "fretta creativa" evidentemente sollecitato dall'impressione di vivere un presente tutto fatto di incalzanti "punti-momenti" di non-ritorno).

Chopin, che godeva da giovinetto di una figura slanciata (seppur visibilmente compromessa da un evidentissimo "torace a barilotto") e di una statura rispettabile, in età matura restò sempre sottopeso di una trentina di chilogrammi. Soffriva, fin da bimbo, di una estrema inclinazione alla stanchezza, se mai suonava il pianoforte per un periodo di tempo superiore ai venti minuti, di fatto sveniva. Tanta stancabilità lo escluse, oltre che dalla dimensione spettacolare del concerto, anche da pratiche sessuali d'ogni genere, insostenibili, nonché da qualsiasi partecipazione ad attività di sopravvivenza e di conduzione di un *ménage* casalingo. Di fatto viveva su divani. Anche suonando il suo pianoforte non si concedeva mai dei faticosi crescendi o attingimenti di forti sonorità (si serviva, per suonare, solo e soltanto di un pianino Pleyel di morbidissima tastatura). La sintomatologia che l'accompagnò dalla nascita alla morte – sopravvenuta sulle soglie del quarantesimo anno – era collegabile in tutto e per tutto a un'importantissima insufficienza respiratoria, la quale dovrebbe essere, però, interpretata nel sistema della sindrome di Lansteiner (una disporia entero-bronco-pancreatica, o congenita, o infantile, riportabile a lesioni anatomiche multiple di canali e canalicoli: sia quelli escretori del pancreas, sia i bronchioli, sia i condotti delle ghiandole salivari). Diversamente nominata, tale sindrome – detta anche della fibrosi cistica o pancreatite fibrocistica –, induce, sintomatologicamente, molte possibili manifestazioni quali le diarree acute e subacute (steatosi fecali in corso di defecazioni significativamente abbondanti, grasse e fetide), meteorismi, intolleranza per burro e strutto e salsicce, tossi convulse con esiti in escreati di spettacolare aspetto qualitativo e quantitativo. Del pari Chopin dimostrò di essere soggetto paziente di altri gruppi nosologici, in parte di differente eziologia e differente schema sintomatologico, in parte contigui l'uno all'altro per molte analogie d'ordine semeiotico. La verosimile sofferenza primaria, la pancreatica, aveva comunque indotto Chopin, nella vita corrente, a scelte dietetiche di desco molto negative sul fronte delle necessità di molti metabolismi vitali (una passione frenetica per i dolciumi, in specie secchi, e per le assunzioni di pasti basati per il novanta per cento su carboidrati, con poche integrazioni grasse o proteiche, qualche filetto di petto di pollo, pescetti marinati e altre simili minuzie: mai mai, comunque, uova, formaggi e creme). Da questo disorientamento metabolico non può aver tratto vantaggio la reazione soggettiva alla presenza di uno stato di tubercolosi latente, ereditaria, a progressione lentissima, che sembrò uscire dall'assoluta asintomaticità localizzandosi al laringe (e dando agio ai medici parigini del Maestro di diagnosticare per il pianista una fondamentale laringite o laringopatia tubercolare: una malattia di cui, in seguito, molti patologi negarono, però, la stessa esistenza, escludendone nome e descrizione dai trattati). In effetti la "celebre" tubercolosi chopiniana è rimasta a tutt'oggi poco verificata. Dell'autopsia compiuta sul cadavere non sono state conservate le documentazioni (furono perdute e quindi irricostruite, infatti, le carte relative, in un incendio avvenuto, a detta di alcuni, durante la guerra del '70, a detta di altri nel periodo rivoluzionario della Comune); corre però la leggenda che non avesse portato a riscontri validi della malattia tubercolare (in effetti la lunga storia, ventennale, delle emottisi, delle grandi "scodelle piene di sputi sanguinolenti", delle cachessie impressionantemente funeree, per quanto remittenti a ogni mutar di clima, di sollievi mattinali susseguenti a intere notti impegnate a reggere parossismi di tosse, ecc., una storia troppo lunga, non conforta l'ipotesi di uno stato di autentica tisicità primaria). Non è altresí facile definire altrimenti la patologia polmonare, che senz'altro comportò alcune polmoniti a eziologia ignota, cosí come importanti manifestazioni, avanzate, di dilatazioni bronchiali cilindriche composte (sulla scorta di alcune autorevoli auscultazioni) con bronchiettasie "moniliformi", e, forse, indiscutibilmente con un cuore polmonare (verosimilmente un'impegnativa concausa delle diarree provocate dal male pancreatico). Alcuni medici intravidero nel quadro, considerando sommativamente, con la nota sterilità e l'a-sessualismo di Chopin, sia le sintomatologie sinusitiche, sia le manifestazioni otitiche secche-sclerematose, nonché, buone ultime, le difformi brochiettasie, la possibilità di avanzare una diagnosi della cosiddetta, al tempo, "syndrome du Carthaginois": una poliforme malattia piú mitica che rara, favoleggiata nelle Facoltà, e poi obliata. È certo che l'abuso di farmaci s'impose su ogni quadro della malattia, la quale via via che esprimeva piú drammaticamente i suoi annodulati complessi di sintomi, sempre piú diventava incomprensibile. Il musicista malato divenne preda delle conseguenze incrociate dell'assunzione in fortissime dosi di belladonna e di oppio in vari composti, che via via che creavano la dipendenza via via divenivano inefficaci nel controllo dei sintomi piú invalidanti: appunto le succitate diarree, le tossi, le laringiti purulente cicliche, le espettorazioni. Alcuni medici curanti cominciarono a prendere in considerazione, oltre al "cuore polmonare", altre affezioni cardiache in posizione centrale al quadro: una stenosi mitrale ("sentita" in piú occasioni di consulto), una cronica – già infantile, polacca e irrisolta – pericardite, anch'essa a eziologia tubercolare, supposta o latente, che avrebbe avuto gran parte nell'eziologia dello scompenso del cuore destro. George Sand non mancò in piú occasioni di attribuire valenze patogene significative a un colpo di sole (o di calore). Il caso paradossale del grandissimo virtuoso che non dava concerti per motivi medici fu comunque al centro dell'interesse professionale e della competenza, indiscussa ma impotente, di molti clinici illustri e capaci, tra i quali primeggiarono alcuni nomi entrati poi con gran rilievo d'onore nella storia stessa della medicina, intitolando a sé morbi [di], segni [di], prove [di], reazioni [di], triadi [di], sindromi [di] (Roemer, Gaubert, Girardot, Malcz, il tisiologo londinese Clark, il tisiologo parigino Louis, il fisiopatologo viennese Malfatti, l'anatomopatologo parigino Cruveilhier, Roth, Hofman, Matuszynski, Papet, l'otorino Fraenkel, il nefrologo Koranyi, Koreff, Simon, Lyszczynski, ecc.). Non uno, non uno solo di loro, però, fu in grado di produrre una interpretazione credibile della malattia di Chopin – né sul piano diagnostico, né su quello terapeutico. Finí per trattarsi di una malattia che andò a rispecchiarsi solo in qualche indicibile certezza d'intuizione, sia in un ordine di lontananza del quadro nosografico evidentissimamente costituitosi nella infanzia, e conservato, ingrandito, nello stato di "sopravvivenza inspiegata" di un bambino malato-da-morire, ma non-morto-*just-in-time*, sia nell'ordine di una sua strana, personalissima, caleidoscopia d'auto-presentazione (della malattia) di una inesprimibile fragilità essenziale attraverso la rappresentazione di un profondo senso di erosione del tempo vitale. Una rappresentazione che fu poi anche un monumento di poetica, che venne a realizzarsi in uno strano quadro di originalità creativa del compositore, fondata quasi esclusivamente sulle microforme, sulle reazioni, sulle "forme momentanee", sulle metatrofie, sui dettagli minimi incidenti, accessuali, interni e imperscrutabili del testo, sulle generazioni di segni per contiguità e parergie, per scorrimenti, per crisi degli sviluppi, per debolezze costruttive, per soffocamenti dell'eloquio. In una lingua musicale infinitamente sintomatica.

La vicenda umana e artistica di Robert Schumann è indubbiamente segnata dal male e anche dalle piú patetiche ricorrenze, anche spettacolari, di un disagio esistenziale estremo e finanche istrionico. Schumann è uno dei pochi, pochissimi musicisti che se non fosse stato salvato da due generosi pescatori, che a forza lo trassero a riva dalle acque gelide del Reno, quando in esse s'era gettato sul finire del febbraio del 1854 con espliciti propositi da uno dei ponti di Düsseldorf – quello a pagamento di pedaggio – sarebbe entrato nella eseguissima lista dei compositori suicidi. È uno dei pochi musicisti, Robert Schumann, che ebbero a sviluppare dei veri e propri stati simil-psicotici: paralisi psicosomatiche, allucinosi, deliri paranoidi, stati importanti di bipolarità affettiva, compulsioni, depressioni involutive, ecc. Nel contempo è, a mio parere, abbastanza sospetto, nella configurazione della lettura "demenziale" della sua biografia – ripeto, umana e artistica – un notevole dispiegamento di elementi topici "letterari" (quali la divisione dell'io della proverbiale invenzione dei personaggi Schumann 1 e Schumann 2, *alias* Eusebio e Florestano) espressi in termini topici "letterari" da un autore sinceramente diviso, nella propria autoidentificazione, fra una imperfetta vocazione letteraria e un'altra non meno imperfetta vocazione musicale (a sua volta divisa fra quella del compositore e quella del *performer* – di fatto, poi, rigettata sulla scorta di una romanzesca affezione paralitica, remittente e indecifrata). I tratti fobici e gli stati vertiginosi (a cui si può riferire anche quell'acrofobia che determinò la sua coazione a risiedere solo in piani terreni e ch'egli attribuiva peraltro a un non sufficientemente comprovato tentativo giovanile di un salto suicida dalla finestra di un piano alto) non possono essere scollegati dalla dimensione, anche normale, non patologica, da un certo punto di vista di osservazione statistica della loro occorrenza, del notevole alcolismo, mai valutato con la dignità di un dovuto primo piano anamnestico, e anche della gravissima, trascuratissima miopia. Alla dipsomania e alla semicecità si dovrebbe anche aggiungere una inclinazione smodata alla assunzione di farmaci, condotta alla cieca, con *exploits* di improvvisazione e innumerevoli forsennate autoprescrizioni. Se facciamo un po' di riferimento attento alla farmacopea, specie tedesca, della prima metà del'Ottocento, non è improbabile che molti dei fenomeni demenziali dell'ultimo periodo siano giunti a esito di una protratta carriera di autointossicazioni da abusi di farmaci "disponibili", seguite a sconsiderate autoprescrizioni, scatenate a loro volta da fantastiche autodiagnosi. In particolare sia uno stato protratto di ipertensioni vascolari estrinseche (verosimilmente dovute a ignote intossicazioni da prodottti erboristici o da sali minerali impropri), sia l'immissione in circolo per decenni di pozioni mercuriali, autoprescritte in relazione a una paventata e forse inesistente infezione luetica (il gran sintomo, confessato, della lesione al prepuzio, che scatenò la nozione divenuta poi molto comune della sifilide schumanniana, è stata anche interpretata come una lesione traumatica intervenuta nel corso di un ruvido rapporto), potrebbero essere all'origine dapprima degli stati umorali catastroficamente eccessivi, poi di stati di irritabilità a loro volta inclini a farsi risolvere con sempre rinnovate assunzioni di alcolici o di altri farmaci, poi di stati parademenziali (pseudodemenziali) effettivi, intervallabili da stati di eccitazione che mentalmente si fecero oltremodo produttivi, espressi con caratteri d'"ossessiva genialità" (secondo quello schema che effettivamente corrisponde al *trend* delle creazioni febbrili del decennio 1844-54). Sulla sua strada Schumann non ebbe modo di incontrare personalità mediche di spicco; non si sottopose alle diagnosi di luminari paragonabili a quelli che visitarono e trattarono, sia pur inutilmente, Chopin. Tutt'altro; non si scorgono figure di medici nella storia di Schumann. Solo nell'ultimo, estremo atto entrano in scena i medici. Ma non si tratta di luminari. A seguito del grave tentativo di suicidio del 1854 Schumann fu internato in una clinica per neuropatici, a Endenich, ove restò recluso sino alla morte. La clinica, che fungeva anche da istituto di pretenziosa ricerca, era diretta dal dottor Richarz, forse una personalità scientifica molto poco predisposta a entrare in consonanza con il caso che ebbe a prendersi in carico. Esponente non di prima fila della psichiatria positivista, il dottor Richarz perseguiva infatti una diagnostica e una terapia molto realistiche, che escludevano dal quadro eziologico, anamnestico e terapeutico ogni possibile componente d'ordine psicogeno, emotivo, caratteriale, ambientale, ecc., nella patogenesi della psicosi. Pertanto aspirava a interpretare ogni stato morboso dei suoi pazienti come esito o di una lesione, o di una turba funzionale del cervello come organo, o della circolazione sanguigna come sistema di nutrimento dello stesso. Raggiunta una minima configurazione diagnostica, Richarz interveniva genericamente, alla cieca, con farmaci psicotropi, con tisane e infusi di erbe dotate di principî attivi efficaci sul sistema cardiocircolatorio. Inoltre riteneva opportuno per i suoi pazienti, onde restassero direttamente, senza distrazione faccia a faccia, con le proprie reazioni organiche alla disorganizzazione fisiologica che s'era espressa nella malattia, un regime di assoluto isolamento. Nei due anni della "reclusione" a Endenich, Schumann, isolato e ri-farmaceutizzato sotto il controllo diretto della direzione sanitaria, tentò comunque di ricostruire il suo personale andamento: fluttuante, maniaco-depressivo, distimico, ricorrentemente prossimo a essere recuperato a se stesso, al suo pensiero, alla sua creatività. Ma il rigore terapeutico della direzione sanitaria ebbe la meglio, riuscí a far dispiegare al massimo la patologia. Schumann cominciò a non mangiare: fu nutrito con un moderno sistema di forzosa alimentazione via sonda nasale. Poi sorsero disturbi dell'articolazione della parola: il malato parlò per sei mesi, prima di morire, soltanto a monosillabi, dilatando sino all'incomprensibilità, la configurazione fonematica delle parole dei pochi, insulsi messaggi verbali che ancora affidava ai rari contatti occasionalmente interpersonali. L'autopsia – subito apprestata da Richarz – non portò a verificare dati di sorta: il cervello di Schumann, osservato *de visu* e poi analizzato al microscopio, non si rivelò assolutamente interessante; non si trovò alcun segno di lesione, magari *ex stadio* neuroluetico terziario, che potesse essere fatto corrispondere – come prova della esistenza di un focolaio di degenerazione del tessuto – alla diagnosi precostituita di una "paralisi neurale incompleta". Poco significativo fu anche il rilievo del peso leggermente sub-normale della massa cerebrale, peraltro una riduzione di peso molto modesto rispetto alle ben piú patenti riduzioni-standard dei cervelli dei neurosifilitici (tenendo anche conto del fatto che la stessa minima riduzione, di 15-20 grammi, è ascrivibile all'errore commesso dal dottor Richarz nel corso dell'autopsia quando invertí i tempi giusti dell'apertura del cadavere e delle relative operazioni di asportazione degli organi, circa i quali il protocollo prescrive per prima l'asportazione del cervello e di poi quella degli organi addominali e non viceversa, come invece fu fatto a Endenich nell'operazione autoptica su Schumann).

3.5. *Grandi malati tutti.*

All'interrogativo, classico, [?] «An musica in morbis efficax», il "no" della modernità è venuto fuori in forme bellamente corali, seppure nella contrazione della materia narrativa di pochi casi presi in considerazione, fra i tanti altri possibili.

Di fatto, la questione antica dell'intonazione umano-mimetica della *musica mundana* è scaduta di molto sino a scoprirsi come l'ingannevole simulacro di una ingannevole credenza, inutile e sin perfida nella irriverenza, per la tanta, dimostratasi invece, di fatto, tale e tanta, essenzialità poetica di quei futuri quadri morbosi che saranno vissuti nell'intreccio dei quadri patetici di quelle creazioni giocate sul filo di lana di una impari gara fra scrittura e morte.

I Principî della musica moderna, per quanto essi rappresentino antonomasticamente "la nostra musica", per quanto insostituibili essi siano nel presente storico dell'esperienza culturale alta - media - e anche bassa, di certo tali non sono per l'esercizio, nella loro arte, di alcuna professione "musico-medica".

Non sono affatto dei medici: perché essenzialmente sono dei malati. Dei grandi malati. Sono tutti dei poveri malati abbandonati, non mai veramente in cura, oppure, se curati, peggio, tutti malcurati, tutti incompresi, tutti aiutati dai medici, eventualmente, solo a peggiorare le tonalità già tanto cupe del loro martirio.

4. *Fra il silenzio degli organi e il silenzio della morte.*

Al fine di dare ora spazio d'accesso all'ingombrante problema che incombe, per quanto informe, occorre aprire qui, proprio a questo punto, una finestra di ri-definizione abbastanza larga, panoramica, sulle vicende cui, nell'età moderna, sono andati incontro sia l'idea stessa di male che il suo "discorso" (la patologia).

Nella coscienza dell'europeo moderno, il male organico non è, o non è piú stato inteso come una pura e semplice deviazione dalla normalità, neppure ha continuato a essere inteso come una sorta di guasto, meccanico o funzionale, sopravvenuto a negare la natura su questo o quel livello della esecuzione di un programma di vita, diagrammato secondo una mappa-quadro, ben finalizzato, di fenomeni coerenti e integrati. Il male moderno è stato visto come una *composizione* per fasi diverse (di avvio, di stallo, di evoluzione, crisi e compimento, spesso esito) della partecipazione dell'individuo *a un'altra vita* (a un'altra vita biologica, ma sempre propria ["sua"] in tutte le variabili dimensioni spazio-temporali dell'esplicazione della natura biologica dell'individuo). Altra vita da quella ideale.

Facciamo il caso di prendere in considerazione, per esempio, un malato molto compromesso, qual è il diabetico (e scelgo a bella posta, qui, il diabetico per evitare il richiamo a un caso clinico riscontrato nelle "cartelle" dei grandi musicisti malati precedentemente chiamati in causa); se consideriamo dunque la carriera di *un* diabetico, non è che il suo male esista *in toto* nella forma passata-prossima della sua prima lesione pancreatica, o nel passato un po' piú prossimo del deficit ormonico conseguente, o nella testimonianza diagnostica quantitativa dello zucchero nella secrezione renale.

Il "male diabetico" è altro: il male è innanzitutto un'attesa, ovvero la realizzazione in atto di un piano evolutivo di plumbea tonalità. È un progetto aleatorio che promette comunque molti eventi: promette cecità, promette tubercolosi, suppurazioni infettive, handicap motori secondari alle artriti o alle cancrene, promette perdita del desiderio sessuale, sentimento della immanenza del coma, impotenza nel maschio, sterilità nella donna, e, nella stessa donna, nell'eventualità di una gravidanza comunque ottenuta, l'orribile proiezione del suo stato nella creatura da lei nata.

E da tutto ciò, altra conseguenza può discendere, come effetto d'ibridazione di figure retoriche aggiunte, ironia *piú* ossimoro, il favoloso discendere di "dolci lacrime" o lacrime dolciastre dagli occhi del diabetico. Quelle lacrime zuccherine che sia poeti sia i bambini ostentatamente "degustano" (in un vecchio numero di «Physiologie», i dottori Chaix e Fromageot [1939, p. 40] fornirono in un breve articolo, le prove di quella figuratissima zuccherinità sulla quale Claude Bernard aveva ironizzato nel 1859).

L'originalità biologica di un evento patetico realmente vissuto si attua nella forma che l'avvento di piú "composizioni sintomatiche" il male determina per esse, in quel loro essere *piú* (molteplici-reciprocamente-irrelate) in un quadro di ulteriori comportamenti ambientali che il Soggetto sostiene in relazione ad altri comportamenti che dall'ambiente sono a lui rivolti, a lui riservati, a lui concessi in rapporto all'interesse che suscita nell'ambiente la sua patetica "modificazione".

Nel 1933, trattando di patologie del linguaggio – un ordine di morbilità che per noi dovrebbe divenire interessante, proprio per l'estrema contiguità che l'"azione modificata" (rispetto alla norma) del malato ha con le problematiche della creatività di "cose testuali" – il neuro-fisio-patologo Goldstein aveva richiamato l'attenzione sulla necessità di interpretare il comportamento *normale* (teoricamente normale), alla luce delle modificazioni apportate dalla personalità "in stato dinamico" del malato su di una serie di azioni presupposte come normali (il malato agisce infatti sulla scorta di una dote di idee e informazioni proiettive, che si è fatto, che si è programmato e composto, sulla possibilità d'esistenza modale e affettiva del proprio organismo "modificato").

Sortiva da questa interpretazione una specie di "legge". Occorre evitare – diceva Goldstein – di credere che i "possibili" della vita di un malato siano un resto, una carcassa, una reliquia, o il sedimento residuo di un altro comportamento, "normale": una rovina del soggetto parzialmente salvata dalla distruzione. Attitudini di tal sorta (sopravvissute) non si presentano mai nel soggetto normale come invece sempre, per cosí dire, di norma, nel sopravvissuto, nemmeno agli stadi inferiori della sua ontogenesi o della sua filogenesi come troppo frequentemente si crede. Il malato non è un soggetto *regredito*, è un soggetto *evoluto*. La malattia ha dotato il "suo" malato di strutture particolari, di strutture nuove, artificiali, che non possono essere comprese se non dall'interno, intimo e profondo, del suo quadro.

Il problema che immediatamente consegue a questo *input* è che il giudizio del malato sul suo proprio stato è un giudizio realista, infinitamente sintomatico, tendente alla piú fiera unicità di stampo (data la necessaria sopravvalutazione emotiva dei fatti e la carica d'importanza emotiva del personale coinvolgimento del Soggetto cosciente di sé e del suo stato). Un giudizio tanto difficile, tanto astruso, come giudizio, che di fatto è irrecuperabile al senso (ovvero è, in termini di discorsività, un quasi-nulla, per quanto non argomenta, non narra e non rappresenta). Cosí come, altrettanto, ma in altro modo, il giudizio di sanità e/o di salute, da parte del soggetto non-malato, è, in termini di coscienza, altra ben poca cosa: tanto semplice e tanto chiaro da tendere anch'esso al nulla. I suoi organi, gli organi del sano, come si sa, felicemente tacciono, nel soggetto non-malato. La vera realtà risulta al sano essere solo quella di quel mondo esterno che interviene su di lui fornendo occasioni di conoscenza, perlopiú modulando diverse forme di pressione, o impressione sui suoi tegumenti (e organi di senso), cosí da dare ad essi, tegumenti e apparecchi del sensorio, dignità d'esistenza come "organi del mondo" (nel doppio senso di organi rivelatori del mondo *nel* soggetto, e organi espressivi *del* mondo *al* soggetto).

Ovviamente questa, che sto qui esprimendo, forse con un po' d'addizioni d'enfasi, è comunque l'unica definizione della malattia a portata del malato. Non è, certamente, quella del medico. Il medico sa bene che gran parte dei dati offerti dal discorso del malato sono "composizioni" di elementi disarticolati, irrilevanti per potenza e valore conoscitivi. Egli sa, del pari, che gli organi non "tacciono" soltanto quando sono sani, ma tacciono anche quando stanno degenerando, o infettandosi, ma non sono captati dalla struttura d'autocoscienza del malato. E che quindi devono essere indagati, all'insaputa del programma comunicazionale del malato. Il medico ha il sacrosanto dovere di de-soggettivizzare la malattia. Deve imporsi la simulazione del trattamento di una realtà estremamente virtuale: qual è la malattia, la quale in termini medici autentici, è giocata essenzialmente a livelli sub-soggettivi, ai livelli tissutali, enzimologici, citologici, genetici. Se il malato interviene espressivamente, allora "disturba i lavori" del bravo medico: lavori che in gran misura percentuale riguardano cose che la coscienza del malato non ha mai visto, né sentito o conosciuto.

Fondamentalmente la questione si pone, dunque, attorno alla centralità e alla natura del dolore nel pensiero del malato; piú precisamente nella rimodulazione della personalità del malato attraverso il dolore. Richard Leriche [1931; 1936; 1937*a*; 1937*b*; 1940], il maestro di due o tre generazioni della scuola fisiologica formatasi al Collège de France, che ha affrontato radicalmente la problematica del dolore con intenti validamente innovativi, ha sollecitato uno schema ermeneutico che innanzitutto nega, per il dolore, il carattere di "attività normale", ovvero di attività orientata nel senso predisposto nella scheda biologica che produce l'esercizio permanente della vita (in specie umana). Il dolore, è ben noto, non dispone infatti di un sistema di recettori periferici tutti "suoi", né di vie di trasmissione nervose dirette a un centro di entità funzionalmente analitiche. Non esiste affatto un "organo del senso del dolore".

Non è neppure, il dolore, una sentinella, o un rilevatore di entità esterne minacciose per l'integrità dell'organismo. Non è neppure un difensore della stessa integrità, alla stregua di un *anticorpo* o di *parassita buono* che fa la guardia alla vita del corpo del suo ospite. Il dolore è una manifestazione espressiva particolare: una forma di informazione *da dentro a dentro* all'unità biologica, di un fenomeno individuale mostruoso di già realizzato o che si sta realizzando tutto dentro al soggetto "ancora integro", ancora esistente, ancora vivo.

Il dolore, e con il dolore la "sua" malattia (sua madre o sua figlia che sia), non è, e non sono dei subdoli parassiti penetrati nell'uomo per mangiarselo (vivo). Sono fenomeni evolutivi di una variazione dell'ordine fisiologico generale-generico-medio (quello che se si mantiene intatto consente una permanenza del silenzio del corpo interno che nulla dice e nulla fa sapere di sé alla coscienza dell'Io); fenomeni che evolvono nella dimensione del possibile ignoto di altri ordini fisiologici nuovi che rivelano la loro individualità nella diversa "messa di voce" degli organi parlanti in un dispiegamento di morfologie espressive per lo piú forti, intense, enigmatiche ma anche percepibili (dentro e fuori al corpo del soggetto): differenziatamente percepibili, e anche differenziatamente percepite dal Soggetto malato *che "si sente" da dentro*, ovvero che *"si sente dentro" per come e per quanto "si fa sentire da fuori"*. Anche conflittualmente, in questo.

Ripetutamente Leriche batte sul tasto della malattia-dolore da intendersi *non* come una fisiologia-deviata o guasta *ma* come una fisiologia nuova, qualitativamente modulata o modellata.

Sulla scorta di questo impulso teoretico cambia di molto il ruolo del medico, che diventa un critico ermeneuta di nuovo stampo che a differenza dei suoi predecessori non presume di poter ripristinare il *silenzio degli organi*, rinaturalizzare il mostro, e negare l'esistenza avvenuta di un ri-ordino deviato della materia vivente, quanto piuttosto si adopera a essere un "aiutante del malato", un collaborante che guida il malato a rimodellare il suo processo di deviazione per condurlo sino a uno stato in cui una efficace composizione sintomatica delle manifestazioni del disordine consenta lo sviluppo di messaggi non piú muti, silenti, sani (che mai piú potranno essere tali), ma, se attivi, sonori, figurati, sintomatici, anche compensati, concertati, testualizzati, orientati a dar senso a quel loro modo nuovo di esistere *non in silenzio*, sino a poter cessare in un altro silenzio che sia una vera fine. Fine del soggetto. Fine della malattia. Fine dell'intrigo espressivo-sintomatico.

Nella musica dei musicisti grandi-malati, mal-medicati, è verosimilmente presente una testificazione invasiva della cocente elaborazione di dati interni, sintomatici-ipersintomatici, risolta in manifestazioni non-silenziose, espressive: autoespressive della ricomposizione di una realtà sopravvivente, la propria, la patetica. Vita reale, sintomaticamente "parlata" di soggetti sopravvissuti alla deviazione e alla deriva da una norma biologica, comportamentale, linguistica, ecc. che (ove potesse essere in questa sede articolatamente documentata, con esempi dettagliati) aprirebbe su questa sezione dell'articolo un campo di incroci di quadri sintomatici e quadri di identificazione poetica; e di conseguenza un'area disciplinare di "patografia poetica", con le sue brave topografie, i suoi bravi casi e i suoi bravi luoghi comuni d'"atlante".

La malattia è un modo di vita "mantenuto"/"salvato" in un ambiente divenuto inadeguato alla conservazione dell'integrità del soggetto-portatore, e con il quale, identificandosi con il suo soggetto-portatore, essa (la malattia) "contratta" un sistema di momenti di spiegazione a contrasto, di adattamento conflittuale, di polemica resistente, di perdita delle sicurezze. In specie perdita di sicurezze nella prospettiva del futuro.

Fondamentalmente il suo cosí sopraddetto "modo" è la creazione di un tempo intermedio, strappato alla reciproca perdita totale del soggetto all'ambiente e dell'ambiente al soggetto: la morte. E tale tempo, è un tempo che come sua unica dimensione di eventuale vittoria sulle infedeltà dell'ambiente possiede una sola risorsa: costituirsi come entità potenzialmente in grado di togliersi da sé, e da sé rimettersi, nel tempo reale di uno o piú ambienti: divenendo volontariamente testo, divenendo scrittura (come tale entità "terminata" prima che la morte lo interrompa).

5. *Pietà, madre mia, guarda, questo verso è già finito.*

Se mai fosse però che questo capitolo, per rispetto delle sue misure, si concludesse qui e ora, in dissolvenza, sul brusio delle osservazioni sentenziose dei clinici e patologi che discettano sulla "moira" archetipica della "malattia per musica", poco altro sortirebbe da queste pagine oltre all'impressione di un tanto ottimo quanto inutile lancio, scientificamente un po' protetto, delle *chances* di immortalazione via re-interpretazione del già florido e propagandato "sommo repertorio" musicale del Romanticismo (specie quello tedesco, "malatissimo" quant'altri), o comunque in genere della grandissima parte di quei due secoli di musica (antologizzati) che oggi si stipa nei negozi di dischi nei reparti della "Classica", se mai ciò fosse, ripeto la storia della relazione musica/malattia potrebbe anche dirsi finita. E forse, concludendo qui, potremmo dare per finito in banalissima "chiacchiera" anche il discorso sulla "musica che ammala", cosí come quello sulla "musica malata", sulla creazione come morbo, sull'ascolto come affezione-infezione. Finito non meno in chiacchiera, forse, di com'era finita in beffa la carriera della sua sorella anziana, la *vexata quaestio* della relazione musica / malattia "classica", alla corte della regina Quintessenza (si dovrà aver la cura di leggere qui: "preclassica", al posto di "classica", nel rispetto della convenzione storiografica che vuole le etichette della diacronia musicale in ritardo di ottanta-cento anni sulle diacronie delle altre scienze, lettere e arti).

Ma non ce lo possiamo permettere, forse le cose non stanno propriamente cosí.

Primo secolo della Storia ad avere avuto i sonni della sua ragione stravolti dall'*Horribilis Sonitus* dei mostri dell'appercezione della propria presenza storica, il secolo XX, che fra presentimenti, angosce d'attesa, prese d'atto e lavori d'elaborazione della coscienza colpevole-colposa della impudente invasività di un *pathos* tanto elevato alla potenza della scarnificazione di ogni attrattiva da esser giunto a sperimentare l'inverosimile orrore dei propri compimenti universali e delle sue ingegneristiche soluzioni finali ben oltre la finzione artistica, sulla carne "mortificata" di popoli, etnie, "razze", ha reagito prendendo in uggia la "personalizzazione" delle poetiche (anche quando ne ha verificato la tragica compromissione del soggetto creatore con la propria morte e l'urgenza di consegnare il testo a un "altro" "prima" che il sacrificio patetico della malattia sia compiuto).

Ha quindi dichiarato, il secolo, scaduta la centralità della funzione patetica laddove ha tentato creazioni "palingenetiche" *nel* e *del* proprio tempo: creazioni che perlopiú aveva programmate come "espiazioni", in una sorta di cura interminabile della "colpa dei sopravvissuti alle vittime [innocenti]" nella elaborazione interminabile di un lutto interminabile della poesia morta a se stessa. E sembra avere anche accantonato, il secolo ultimo, anche le stesse problematiche della malattia, o del rimedio, poste in relazione di causa o effetto con l'esperienza musicale (vuoi nel senso etico che in quello religioso che in quello estetico o sublime): ossia il nostro tema.

In effetti anche questo non è stato cosí, o non è stato del tutto propriamente cosí: non vi è stata, comunque, reattivamente, una presa del potere comunicativo da parte di intellettualità creative espresse da soggetti sani, o portatori sani. Ce lo potrebbero confermare, che i "malati" son rimasti in posizione privilegiata, in ordine alla creatività, i fegati martoriati, non meno di quello di Ludwig van Beethoven, di Nono e Maderna, le mini-devastazioni da miriadi di micro-ictus che per decenni hanno minato il cervello di Stravinskij, ri-orientandone la funzione in uno zig-zag portentoso di ripristini generanti innovazioni linguistiche indicibili. Ce lo potrebbe confermare la lunga consunzione leucemica del corpo di Bartók nell'esilio americano, cosí come il dissesto settico del sangue di Berg o la travolgente infezione streptococcica di Mahler, cosí come il cancro ai reni di Busoni, quello polmonare di Puccini, o quelli al cervello di George Gershwin e Ravel, fulminante il primo, a decorso ventennale – con una storia insidiosa di conquista per progressive sottrazioni funzionali dello stato di demenza – il secondo, ecc. Ma è anche pur vero che in nessuno dei soliti pochi casi nominati l'emergenza storica della figura dei "creativi" si è fondata sul culto dell'Umano - "non-Dio" divinizzato dalla paziente accettazione del male.

Sul finire del secolo del fine millennio è anche avvenuto, però, che si affermasse una "nuova", epidemica, contagiosa, malattia infettiva; forse virale. Se ne intuí un sospetto di quadro fra l'ottobre 1980 e il maggio 1981 quando la cosa fu affidata, non senza azzardo, a una prima segnalazione in termini di problema epidemiologico sul foglio del centro specializzato di Atlanta (Morbility and Mortality Weekly Report) il 5 giugno 1981. Si segnalava il fatto che cinque giovani maschi, tutti omosessuali attivi, erano stati trattati clinicamente per una *Pneumocystis carinii*, confermata diagnosticamente in cinque biopsie, in quattro diversi ospedali di Los Angeles, California. Il Report proseguiva informando che due dei cinque "erano già morti" e che tutti e cinque gli infetti avevano espresso sintomatologie di candidosi mucosa e la positività al test del *Cytomegalovirus*...

Nasceva cosí, ancora in sordina, ventuno soli anni fa, la categoria morbosa, fattasi poi epocale, dell'oggidí notissimo Aids/Sida. Una nuova configurazione aggiunta dell'orrore secolare. Le sue vittime si dimostrarono inclini a riabilitare le potenzialità espressive del male, aggressivamente espressive. In buona percentuale, specie nelle metropoli di gran rango intellettuale, le vittime erano gente che abitava il mondo della creatività piú effimera: danzatori, stilisti, attori, registi, pittori, scrittori, giornalisti, molto poco fra i musicisti, tra i quali – molto pochi – piú che altro alcuni attivi nel campo del concertismo dell'*ancient music*. Circa l'espressività aggressiva, la corrispondenza dell'atto creativo era fondata sul bisogno di confessare, descrivere, gridare le forme freneticamente abbreviate dal male, della dissoluzione dei propri corpi ammalati per un essenziale cedimento di ogni difesa immunitaria, ossia malati di un male che non faceva egli stesso il male ma induceva altre malattie (preferendo una o piú mortali). «Corps détruits, visages défigurés, maisons sans porte ni fenêtre où s'engouffrait le vent chargé de germes»: cosí si autodescrive al plurale uno di loro [De Ceccaty 1994] in uno dei tanti, dopo i primi – proliferatissimi, a decine, centinaia – di testi letterari e diaristici (senza contare i testi teatrali, d'ardua collocazione, di Raul Damonte-Copi, di Bernard-Marie Koltés, di Mohamed Rouhani, converrà ricordare fra i primi le opere di Guy Hocquenghem [1987], Alain-Emmanuel Dreuilhe [1987], Cyril Collard [1989], Hervé Guilbert [1990; 1991; 1992], Gilles Barbedette [1993] e Pascal de Duve [1993]), pressoché tutti sempre simili, nonostante l'impegno brutale di ricerca di una scrittura esasperatamente "vera", tutti improntati a un inutile dialogo con gli organi corporei morenti, o a una febbrile presa di coscienza dell'imminenza della fine del soggetto inchiodato al corpo in una strenua inutile difesa della "parola", *à corps perdu*. «Auteurs, - li definisce da fuori, con una certa acredine impietosa, Dominique Fernandez, - auteurs, les *sidéens*, qui bricolent en hâte un bout de texte avec ce qui leur reste de la vie».

Questo *bricolage* nello «spazio chiuso della malattia in lotta con la morte» per creare testi che dicono pressoché solo e soltanto: «non sono ancora morto, io», questo *bricolage* che produce dei canti che saranno tutti sospesi non ha nulla a che fare con il *bricolage* eccellente dei musicisti morituri-affetti-infetti della grande stagione romantica. È qualcosa di necessariamente nuovo.

Può essere significativo, ma non è chiaro di che, il fatto che non esista una musica *sidéenne*, cosí come può essere significativa l'idea che una tale musica *sidéenne* non esista soltanto ancora, non esista per ora, dato che la sua matrice morbosa è di recentissima istituzione: appena una decina di anni, e, come si sa, la musica, come si è già detto, ha dei riflessi epocali lenti; arriva dopo, arriva tardi, spesso arriva con caratteri d'epoca quando quell'epoca è già tramontata.

Non posso comunque rinunciare a raccogliere un'ultima impressione. Un prototipo di musica adeguata a questa declinazione modernissima del male esiste di fatto, e la sua creazione data a un anno, il 1982, in cui solo alcuni epidemiologi molto avvertiti avevano avuto sentore dello scatenamento del male di fine secolo. Una musica che se non è una profezia, di certo un presentimento può sembrarlo. Mi riferisco al diciottesimo Lied dell'op.20 di György Kurtág - che riporterò in facsimile dall'autografo fra poche righe, in fine [Kurtág 1984].

Si tratta del frammento musicale piú tragicamente contratto che mai sia stato scritto da una mano maestra. Canta un soprano la cui voce è pateticamente impegnata in sforzo innaturale di registro, le note intonate sono dodici *fa* / *fa#* /*sol* / *sol#* / (*la#* + *sib*) / *si* / *do#* / *re*/ (*re#* + *mib*) / *mi*, ma non "fanno serie" in quanto due ripetizioni fanno mancare alla serie la sua integrità funzionale [*desunt la* nat. e *do* nat.] (se mai la composizione vivesse non disporrebbe di una intera serie per sopravvivere, dodecafonicamente). Nel tempo pateticamente soffocato dei *14*″ della durata del pezzo sono richiesti quattro cambi di *ethos* espressivo, uno sforzato - interno a una sola nota -, e una violenta cesura - un singhiozzo - a metà frase, che frase non è perché la poesia intonata esprime nella sua scarnita sensualità solo un concetto di non-compimento fraseologico, un lamento troncato dalla morte del verso stesso: «Pietà, madre mia, mamma, pietà, guarda, questo verso è già finito».

Figura 1.

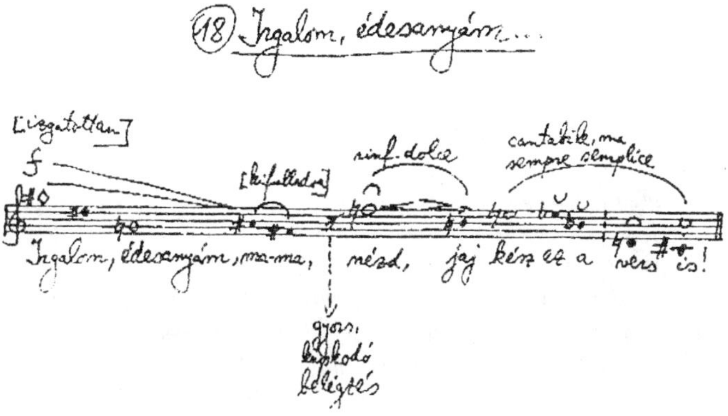

Bachelard, G.
1948 *La terre et les rêveries de la volonté*, Corti, Paris.

Barbedette, G.
1993 *Mémoires d'un jeune homme devenu vieux*, Gallimard, Paris.

Bernard, C.
1859 *Leçons sur les propriétés physiologiques et les altérations pathologiques des liquides de l'organisme*, 2 voll., Baillière, Paris.

Chaix, P., e Fromageot, C.
1939 *Glucides*, in «Physiologie», II, n. 3, pp. 40-45.

Collard, C.
1989 *Les nuits fauves*, Flammarion, Paris.

De Ceccaty, R.
1994 *L'accompagnement*, Gallimard, Paris.

De Duve, P.
1993 *Cargo Vie*, Lattès, Paris.

Dreuilhe, A.-E.
1987 *Corps à corps: journal du Sida*, Gallimard, Paris.

Gay, P.
1967 *The enlightenment as medicine and his cure*, in Id., *The Age of the Enlightenment*, The University Court of the University of St. Andrews - Oliver and Boyd, Edinburgh-London.

Guilbert, H.
1990 *À l'ami qui ne m'a pas sauvé la vie*, Gallimard, Paris.
1991 *Le protocole compassionel*, Gallimard-Folio, Paris.
1992 *Cytomégalovirus*, Seuil, Paris.

Hocquenghem, G.

1987 *Eve*, Albin Michel, Paris.

King, L. S.

1970 *The Road to Medical Enlightenment*, Macdonald, London - New York.

Kurtág, G.

1984 *József Attila Törenékek, op. 20 (Attila József - Fragments. For Soprano solo), n. 18* (1982), Editio Musica, Budapest.

Leriche, R.

1931 *Recherches et réflexions critiques sur la douleur*, in «La Presse médicale», 3 gennaio.

1936 *De la santé à la maladie: la douleur dans les maladies*, in *Encyclopédie française*, Société nouvelle de l'Encyclopédie française, Paris, vol. VI, pp. 280-354.

1937*a* *Neurochirurgie de la douleur*, in «Revue neurologique», 3 luglio, pp. 46-55.

1937*b* *Physiologie et pathologie du tissu osseux*, Masson, Paris.

1940 *La chirurgie de la douleur*, Masson, Paris (2ª ed.).

Pico della Mirandola, Giovanni

1557 *Conclusiones DCCCC quas olim Romae disputanda exhibuit*, in Id., *Opera Omnia*, Basel, tomo I.

Rabelais, F.

1948 *Le cinquiesme livre*, testo stabilito da J. Plattard, Les Belles Lettres, Paris.

Shyrock, R.

1948 *The Development of Modern Enlightenment*, Gollancz, London.

Williams, G.

1975 *The Age of Agony. The Art of Healing. 1700-1800*, Constable, London.

ROBERTO CATERINA e LESLIE BUNT

Musicoterapia

1. *Definizione*.

Il termine "musicoterapia" si fonda su due elementi – la musica e la terapia – e sulla relazione che esiste tra questi due termini. Non esiste, però, una definizione unitaria: alcuni autori e alcune scuole evidenziano soprattutto l'importanza degli elementi sonori e musicali analizzando il rapporto che esiste tra il suono e i comportamenti osservabili in chi ne è esposto; per altri autori, invece, il suono e la musica non sono altro che dei mezzi per instaurare un rapporto con il paziente. Tra queste due posizioni ne esistono molte altre intermedie che, pur assegnando un'importanza prioritaria alla relazione terapeuta-paziente, sottolineano la particolarità del linguaggio musicale e delle sue componenti ritmiche, melodiche, armoniche [Bruscia 1989].

Per comprendere che cosa è la musicoterapia occorre vedere in breve com'essa è nata e si è sviluppata. Gli effetti terapeutici del suono e della musica sono conosciuti da molto tempo: esempi storici possono essere rinvenuti nei papiri medici egiziani datati prima del 1500 a. C. [Benenzon 1981], nel Libro III della *Repubblica* di Platone, dove sono ricordati, tra l'altro, gli effetti dei diversi modi (dorico, frigio, lidio, misolidio, eolio, locriano e ionico) sull'animo umano, nella tradizione medica arabo ebraica [Goodman 1981]. Le potenzialità terapeutiche della musica, inoltre, sono evidenziate, da sempre, nelle pratiche magiche e sciamaniche della medicina tribale dove gli elementi ritmici musicali sono legati al movimento e all'espressione corporea. Un ulteriore, ben noto riferimento storico è la storia del tarantolismo, a partire dal Medioevo fin quasi ai giorni nostri nelle regioni dell'Italia meridionale: qui la musica e la danza (tarantella) erano impiegate per combattere l'improvviso delirio indotto dalla puntura – reale o immaginaria – della tarantola.

Per comprendere, tuttavia, come si sia sviluppata la pratica e la teoria della moderna musicoterapia bisogna fare riferimento ad alcuni grandi fenomeni che si sono verificati nel XIX secolo e nei primi anni del XX secolo, per quanto, a prima vista, essi non appaiano strettamente legati alla musicoterapia: lo sviluppo del sapere medico (Pasteur, Koch, ecc.), lo studio sull'origine della specie umana (Darwin) e la nascita della terapia psicoanalitica di Freud.

Il grande sviluppo che la scienza medica ha avuto in Europa e nei paesi industrializzati soprattutto nel XX secolo ha posto le basi per un impiego piú mirato della musica come mezzo terapeutico e ha orientato la ricerca a indagare sulle possibili cause che sono all'origine degli effetti terapeutici della musica. Si possono ricordare a questo proposito il lavoro di Chomet del 1875 [Alvin 1975] che indagò sugli effetti della musica sulla salute psicofisica e sulla sua utilità nella prevenzione degli attacchi epilettici o, ancora, il primo impiego - nel 1891, in Inghilterra - della musica nelle corsie ospedaliere per sedare e tranquillizzare i pazienti [Davies 1988]. Le implicazioni terapeutiche della musica erano, in queste prime applicazioni, ancora molto vaghe, nonostante lo sforzo di fornire una spiegazione scientifica agli effetti della musica sull'organismo umano.

I primi lavori di ricerca che si concentravano sugli effetti prevedibili e misurabili della musica, del suono e delle vibrazioni sulla fisiologia umana hanno avuto, comunque, una grande importanza per il costituirsi di un modello medico o meglio, fisiologico, di musicoterapia che soprattutto negli Usa ha avuto modo di svilupparsi nei decenni successivi grazie alla tradizione degli studi comportamentistici.

La nascita della psicoanalisi, le teorie di Freud e dei suoi allievi congiuntamente a un approfondimento teorico sulla natura e le funzioni della comunicazione non verbale, hanno fornito degli ulteriori elementi di riflessione e hanno posto le basi per un modello di musicoterapia fondato sull'analisi della relazione terapeuta-paziente. L'idea che gran parte del comportamento umano avesse un'origine primordiale e non identificabile con un modello d'uomo adulto civilizzato era presente, sia pure con finalità diverse, tanto in Darwin, quanto in Freud. Per Darwin la continuità in linea filogenetica tra comportamento animale e comportamento umano era rilevabile soprattutto nella persistenza nell'uomo adulto di modelli comportamentali non piú attuali e fondati su un linguaggio non verbale (gesti, espressioni facciali di emozioni). Il rapporto organismo-suono rilevava in questo contesto l'esistenza di una relazione molto antica uomo-ambiente, sia sul piano della filogenesi (sviluppo della specie) sia dell'ontogenesi (sviluppo del singolo individuo). Darwin [1872] in particolare ipotizzò che una certa qualità musicale della voce esistesse nell'uomo ancor prima della comparsa del linguaggio e che una medesima capacità di emettere suoni fosse presente in gran parte del mondo animale: sempre secondo Darwin, quando la voce è usata da una persona adulta sotto la spinta di forti emozioni, tende ad assumere una qualità musicale che ricorda le prime espressioni preverbali usate durante l'infanzia e simili, per certi aspetti, a espressioni vocali adoperate nel mondo animale.

Per Freud la vita mentale d'ogni individuo non poteva esaurirsi sul piano della rappresentazione cosciente: l'esistenza dell'inconscio, d'altra parte, era intimamente connessa con stadi primitivi sia al livello ontogenetico sia filogenetico.

La profonda trasformazione che il concetto stesso di terapia doveva avere grazie all'apporto di alcune discipline come la psicoanalisi fornì in seguito le basi per un nuovo modo di intendere e studiare le potenzialità terapeutiche della musica. Lo sviluppo di una terapia del disturbo mentale basata sull'analisi del rapporto terapeuta-paziente, piuttosto che sull'assunzione di farmaci, e l'idea stessa che i sintomi di un determinato disturbo psichico potessero avere origine nelle fasi precoci dello sviluppo individuale orientarono la ricerca psicoanalitica allo studio delle prime forme di rapporto che il neonato ha con il mondo esterno, con la madre e con chi si prende cura di lui. L'importanza di forme di comunicazione non verbali, diverse, quindi, dal linguaggio parlato fu ben presto scoperta dalla terapia psicoanalitica soprattutto nell'applicazione con pazienti in età evolutiva o con particolari disturbi che rendevano poco praticabile il piano della comunicazione verbale. La musicoterapia, anche se non derivò direttamente dalle tecniche di gioco, di esplorazione attiva, di intervento nell'*hic et nunc* della seduta proprie della psicoanalisi infantile [come in Klein 1928; 1932], ritrovò, tuttavia, in quelle tecniche molti dei suoi elementi costitutivi.

Da tutto quanto si è detto si può capire che lo sviluppo della musicoterapia come professione clinica si basa da una parte sull'osservazione delle risposte fisiologiche dell'organismo in seguito alla stimolazione sonora e dall'altra sulla costruzione della situazione terapeutica con le sue regole fondamentali – (*setting*, analisi del transfert, supervisione, ecc.). Queste due fonti di influenza non devono essere viste necessariamente come contrapposte, anche se indubbiamente esistono profonde differenze tra la posizione teorica comportamentista e quella psicodinamica. La necessità di un'osservazione scientifica del comportamento e di avere dati confrontabili e verificabili può accompagnarsi a una rigorosa analisi del rapporto paziente-terapeuta nei suoi aspetti transferali e controtransferali. Questo obiettivo risulta comune, pur con le dovute differenze, a molti approcci di musicoterapia centrati sul cliente che si riferiscono alla terapia della Gestalt [Perls, Hefferline e Goodman 1973], alla concezione di Maslow relativa all'elaborazione di esperienze molto intense indotte dalla musica (le «esperienze dei picchi» [Maslow 1970]), al concetto di "empatia" di Rogers [1976], al concetto di "sintonizzazione" di Stern [1985], alle tecniche dell'immaginazione guidata della Bonny [1997; Bonny e Savary 1973] o, ancora, alla stessa tradizione psicoanalitica e psicodinamica [Benenzon 1981; 1997; Priestley 1975; solo per citare alcuni fra i numerosissimi studi).

In quest'ottica una disciplina come la psicologia della musica costituisce senza dubbio un punto di riferimento per chi si occupa di musicoterapia dal momento che si prefigge, tra l'altro, di indagare quanto avviene nella mente di chi ascolta la musica, la esegue o la compone [Sloboda 1985] e di come le valutazioni di carattere soggettivo abbiano o no un preciso riferimento in alcune caratteristiche sonore e musicali.

Volendo tracciare a brevi linee un quadro relativo allo sviluppo della musicoterapia negli anni che vanno dalla seconda guerra mondiale ai giorni nostri bisogna ricordare prima di tutto le esperienze fatte negli Usa relative a un regolare impiego della musica nella riabilitazione di numerosi reduci. Queste prime esperienze organizzate hanno creato le condizioni per uno sviluppo della tecnica musicoterapeutica come pratica professionale. Il primo corso completo e ufficiale di musicoterapia nacque presso l'Università del Kansas nel 1946, preceduto nel 1944 da un programma di studi della Michigan State University. La prima associazione di musicoterapia (The National Association of Music Therapy, NAMT) fu fondata negli Stati Uniti nel 1950.

La musicoterapia si sviluppò presto anche in Europa: in Gran Bretagna Juliette Alvin fondò nel 1958 The British Society for Music Therapy. Da allora la musicoterapia ha avuto una vastissima diffusione ed è stata applicata in contesti molto diversi fra loro. Solo per citare alcuni dati si può affermare che agli inizi degli anni Novanta negli Stati Uniti vi erano piú di tremila musicoterapeuti qualificati iscritti a una delle due associazioni nazionali esistenti (la seconda associazione, l'American Association of Music Therapy – AAMT – fu fondata nel 1971; le due associazioni si sono di recente unificate nel 1996 dando vita alla – AMTA – The American Music Therapy Association, a riprova del tentativo di avvicinare fra loro differenti posizioni teoriche); in Gran Bretagna i musicoterapeuti erano piú di trecento; in piú di trenta paesi era riconosciuto uno *status* professionale alla musicoterapia. Esiste, inoltre, un organismo internazionale, la World Federation of Music Therapy, che organizza congressi e che sta cercando di fissare degli standard comuni per quanto concerne gli aspetti deontologici della professione e le norme di accesso alla stessa.

Per quanto riguarda il percorso di formazione del musicoterapeuta bisogna ricordare che ormai in tutto il mondo esistono corsi di formazione con differenti livelli (diploma per persone non laureate oppure corsi postlaurea) articolati in lezioni teoriche e in tirocini, supervisioni. I criteri con cui questi corsi sono gestiti variano a seconda del modello teorico di riferimento – possono essere evidenziati, nelle lezioni, come nelle supervisioni, maggiormente gli aspetti quantitativi e comportamentali della ricerca oppure quelli qualitativi e relazionali – e anche la loro durata, spesso, è diversa. Tuttavia un certo sforzo per una definizione della figura professionale del musicoterapeuta che contempli al suo interno una molteplicità di competenze – musicali, terapeutiche, relazionali, di ricerca – si sta gradualmente delineando. La collaborazione con altre figure professionali, come logoterapisti, psicologi, operatori sanitari, arti-terapeuti in centri e laboratori terapeutici costituisce un importante passo verso questa direzione [Bunt 1994].

In Italia il corso quadriennale della Cittadella di Assisi è stato per lungo tempo l'unico punto di riferimento per chi era interessato alla professione di musicoterapeuta. In questi ultimi tempi sono sorte numerosissime iniziative volte a promuovere questa figura professionale. Molti centri e corsi sono sorti nelle principali città italiane spesso in collaborazione con università straniere: un'ulteriore opportunità di crescita potrà senza dubbio essere fornita dall'istituzione di master universitari.

La diffusione della pratica musicoterapeutica ha comportato l'adozione di differenti modelli e standard applicativi che rinviano a una diversa valutazione del ruolo del terapeuta, della relazione terapeuta-paziente e del ruolo che la musica effettivamente esercita in questo contesto operativo. Parte di queste differenze interpretative e metodologiche derivano dal fatto che l'uso della musicoterapia riguarda, spesso, categorie di pazienti che hanno problemi specifici che richiedono un intervento mirato.

Non esiste dunque una sola musicoterapia, ma diverse possibilità terapeutiche offerte dall'impiego della musica o del suono nella cura di molteplici patologie. Le aree principali di applicazione riguardano l'handicap fisico e psichico, deficit sensoriali (in particolar modo i diversi gradi di sordità, curati attraverso le caratteristiche vibratorie dei suoni, come indicato da Cremaschi Trovesi [1991]), disturbi di comunicazione, autismo, disturbi della sfera emotiva, problemi geriatrici, malati terminali, malati di HIV o AIDS, tossicodipendenze, problemi di medicina generale, prevenzione delle malattie e preparazione al parto [Bonny 1997]. I pazienti possono essere adulti o bambini; il musicoterapeuta può avere una sua clientela privata, oppure operare in ambito scolastico, istituzionale, medico, comunitario. I diversi ambiti operativi si riflettono sugli scopi che il musicoterapeuta si pone. In ambito scolastico il fine educativo della musicoterapia può essere prevalente. In un contesto istituzionale l'obiettivo del musicoterapeuta può essere di ordine psicoterapeutico cercando, ad esempio, di ridurre l'aggressività dei pazienti e fornendo loro, attraverso la musica, uno strumento che permetta un'adeguata regolazione delle emozioni. In un modello medico di musicoterapia l'attenzione del musicoterapeuta può essere prevalentemente orientata al miglioramento di una patologia in atto e alla riduzione dell'ansia. Nel caso, infine, dell'applicazione della musicoterapia in una comunità di persone gli aspetti ludici e ricreativi possono essere evidenziati in modo maggiore che in altri ambiti.

Il problema di definire che cosa sia la musicoterapia senza dubbio esiste, come abbiamo già detto in apertura di questo lavoro: il libro di Bruscia [1989], interamente dedicato a questo tema, lo testimonia in modo molto chiaro. Al di là delle diverse definizioni operative bisogna, però, sottolineare che in questa fase del suo sviluppo storico la musicoterapia, anche se tuttora è in un periodo di espansione, ha trovato una sua specifica professionalità che la distingue da ogni altra forma di intervento di tipo psicoterapeutico, riabilitativo oppure inerente alle arti-terapie, pur condividendone alcune basi comuni. La specificità della musicoterapia risiede nella sua metodologia, nell'uso del suono e della musica in funzione terapeutica e relazionale al di là dei problemi clinici che deve trattare [*ibid.*].

Non vi è tanto il problema di definire che cosa è la musicoterapia, quanto piuttosto di mettere in guardia contro ciò che la musicoterapia non è. V'è da dire, infatti, che nei recenti sviluppi della musicoterapia non mancano ragioni di preoccupazione, espresse da Summer [1997] e da Bonny [1997] in relazione a nuove figure che, spesso senza un'adeguata preparazione professionale, propongono terapie sonore o musicali discutibili in cui intervalli, altezze e altri elementi sono prescritti come medicine da somministrare senza alcun riguardo per le esperienze soggettive dei pazienti e per il valore estetico che sempre accompagna l'esperienza musicale. Questi "guaritori sonori o musicali", che presentano le loro "terapie" come olistiche – in cui mente e corpo sarebbero un unico oggetto di indagine – anche se, in realtà, si fondano su un approccio pseudocomportamentistico – spesso sono presi in considerazione piú di quanto meritano [Crowe e Scovel 1996], partecipano a *talk-show* televisivi e, in sostanza, fanno molto danno all'immagine professionale della musicoterapia. La musicoterapia ha una natura relazionale e, come si è detto, si fonda su due elementi: la musica e la terapia. È nel rapporto fra questi due elementi – flessibile, secondo le diverse situazioni terapeutiche – che si trova la specificità dell'intervento musicoterapeutico che non ha nulla di magico e si configura ora come relazione di aiuto, ora come sostegno, ora ancora come possibilità di esplorare, attraverso i suoni, le emozioni piú profonde.

In questo contributo non si cercherà di dare una panoramica di tutti i modelli di musicoterapia attualmente esistenti, ma ci si soffermerà su due grandi temi – il rapporto uomo-suono-musica, l'espressione e la regolazione delle emozioni – per delineare le modalità di intervento e le potenzialità applicative della musicoterapia e per capire come lo spazio sonoro e musicale in quanto contenitore di emozioni possa avere una funzione terapeutica. L'ultima parte dell'intervento sarà dedicato all'illustrazione di due frammenti di materiale clinico, proveniente dall'esperienza professionale di Bunt [1994] – una seduta di terapia individuale e una seduta di terapia di gruppo – per mostrare in concreto alcuni degli aspetti teorici prima discussi, soprattutto in merito all'utilizzazione in musicoterapia dell'improvvisazione musicale.

2. *Suono, significato e situazione terapeutica.*

L'ascolto di un brano musicale spesso comporta delle profonde modificazioni all'interno dell'organismo: quando si afferma che un determinato pezzo musicale è "rilassante", o, al contrario, "stimolante" si fa riferimento per lo piú a dei cambiamenti dell'umore indotti dall'ascolto che hanno un preciso riscontro in alcune risposte fisiologiche dovute all'attivazione del sistema nervoso autonomo come cambiamenti nel ritmo respiratorio, accelerazione o decelerazione del battito cardiaco, modificazioni nella risposta di conduttanza cutanea, ecc. Accanto a un rapporto diretto tra suono e attivazione dell'organismo bisogna, però, considerare che il suono acquista un determinato significato per l'ascoltatore. Si può considerare il rapporto suono-organismo secondo una duplice prospettiva: come una relazione immediata, diretta, come suggerito dal modello comportamentista stimolo-risposta, o in termini piú complessi che prevedono una specifica valutazione cognitiva da parte dell'organismo secondo un modello a tre tappe sequenziali, stimolo (informazione sonora) - significato - risposta dell'organismo.

In ogni caso è necessario distinguere le componenti del suono che risultano rilevanti per l'attivazione dell'organismo. Il suono possiede quattro elementi – timbro, intensità, durata e altezza – che si manifestano in musica come ritmo, melodia e armonia [Alvin 1975], che rappresentano le forme e i modelli degli elementi musicali semplici. Il musicoterapeuta osserva e ascolta come i pazienti fanno uso degli elementi sonori e di quelli musicali. Ciò influenza le risposte del terapeuta e il suo stile nel fare musica. Il rapporto che esiste tra suono e attivazione dell'organismo dipende spesso dalla combinazione di piú elementi musicali tra loro, nonché dalla competenza musicale di chi ascolta, dalla sua storia personale, dall'ambiente socioculturale di appartenenza e, infine, dal contesto di ascolto. Non bisogna, inoltre, dimenticare l'importanza del silenzio in musicoterapia come spazio fra i suoni che spesso dà significato a quest'ultimi e alla relazione con il terapeuta.

Le strategie operative in musicoterapia, in accordo con quanto dice Postacchini [1985] possono essere di tipo esterno o interno. Le prime, vicine al corpo, sono volte a stabilizzare una condotta, a contenere una determinata espressione, senza cogliere necessariamente il nesso causale che è alla base della risposta corporea. La capacità manipolativa e suggestiva del suono, utilizzata in parte della terapia comportamentale, rientra in un tipo di intervento esterno. Un intervento interno tiene conto della personalità globale del paziente, delle sue motivazioni e, soprattutto, della possibilità di usare il suono come uno strumento di comunicazione.

È chiaro che l'obiettivo della musicoterapia è orientato principalmente a sviluppare una strategia di intervento interno, mentre un intervento di tipo esterno può essere utilizzato, sia pure con alcune limitazioni e cautele, in quei casi in cui il mezzo musicale funge da supporto a un altro tipo di terapia – situazioni che sono definite di «musica in terapia» [Bruscia 1989] – come ad esempio l'uso della musica nella preparazione a un intervento chirurgico o nella pratica odontoiatrica. Processi analoghi si manifestano anche nella «musica funzionale» [Benenzon 1981] per migliorare la produttività in ambienti di lavoro o per orientare la scelta verso determinati beni di consumo in centri commerciali (cfr. al vol. I dell'*Enciclopedia* il saggio di Luca Marconi, *Muzak, jingle, videoclips*, alle pp. 675-700).

Laddove, invece, la musica risulta il principale oggetto e obiettivo della terapia (la «musica come terapia» [Bruscia 1989]) l'analisi del significato veicolato dal suono e dalla musica diviene il momento essenziale dell'intervento terapeutico. L'intervento musicoterapeutico "interno" si articola in alcune tappe fondamentali: la capacità del terapeuta di osservare il paziente, la capacità di trovare un canale di comunicazione sonora con il paziente e la capacità, infine, di fare o ascoltare insieme musica. Secondo le diverse patologie dei pazienti e le loro caratteristiche personali è possibile definire quattro diversi tipi di interventi terapeutici sulla base di due precise variabili: l'utilizzo del materiale sonoro (ascolto *vs* produzione attiva) e le modalità di *setting* (terapia individuale *vs* terapia di gruppo). Si può cosí avere una terapia ricettiva individuale e una terapia ricettiva di gruppo, entrambe basate sull'ascolto di brani musicali registrati; una terapia attiva individuale e una terapia attiva di gruppo, ambedue basate sull'uso dell'improvvisazione [Postacchini, Ricciotti e Borghesi 1997]. Altri elementi importanti sono lo spazio – variabile – riservato alla verbalizzazione dell'esperienza musicale e la maggiore o minore direttività del protocollo terapeutico, che può svolgersi secondo un tema o un *focus* concordato oppure procedere liberamente attraverso le iniziative prese nell'*hic et nunc* della seduta. Al di là delle variabili interpretative esistono, comunque, come si è detto prima, alcune costanti che riguardano complessivamente questi tipi di interventi musicoterapeutici definiti "interni".

La prima costante riguarda la capacità del terapeuta di osservare il paziente. La funzione e la natura dell'osservazione, attuata con metodiche diverse secondo l'orientamento teorico di riferimento (psicoanalitico, sistemico, comportamentale, ecc.), si esplica in un preciso compito terapeutico: il terapeuta, partendo dall'osservazione del paziente, deve mettere in grado quest'ultimo di osservare se stesso e le proprie produzioni. Gli strumenti musicali, sia quelli tradizionali, sia quelli costruiti dal terapeuta e dal paziente, stanno nello spazio di comunicazione tra paziente e terapeuta e assicurano la comunicazione tra questi ultimi [Benenzon 1981].

La sviluppo della capacità di osservare si differenzia secondo i diversi canali sensoriali prescelti. Per quanto riguarda la musicoterapia si può dire, al livello generale, che essa si fondi sulla capacità di ascoltare se stessi, a partire dall'esperienza sonora del proprio corpo (si pensi ad esempio al ritmo cardiaco, o a quello respiratorio), di sapere ascoltare gli altri e di acquisire nuove competenze – imparando a modulare la propria voce [Streito 1995] o a suonare uno strumento – che consentono in definitiva di scoprire, o meglio osservare, nuovi spazi percettivi e affettivi. Concretamente, l'osservazione in musicoterapia si attua mediante l'impiego di alcuni strumenti tecnici di valutazione delle capacità potenziali del paziente, come la «scheda di musicoterapia» [Benenzon 1981; 1997], che consente di evidenziare l'ambiente, i gusti musicali del paziente, i suoni o rumori che accetta o rifiuta, e di rapportare tutti questi dati al contesto osservativo, o come la «scheda di osservazione in musicoterapia», illustrata da Manarolo [1990], che evidenzia, tra l'altro, l'approccio dei pazienti agli strumenti musicali, le caratteristiche sonoro-ritmico-melodiche della produzione dei pazienti e le risposte alle proposte di sonorità vocali o musicali suggerite dai terapeuti. Le schede di musicoterapia non consistono, comunque, in una mera raccolta di dati provenienti dal paziente, cosí come l'osservazione non è una mera registrazione di avvenimenti esterni, ma rappresentano per il terapeuta la capacità di saper costruire i presupposti per un dialogo fondato nell'individuazione di alcuni elementi sonori che fanno parte di uno spazio di comunicazione comune.

La seconda costante riguarda la capacità del terapeuta di trovare un canale di comunicazione sonora - non verbale - con il paziente. Il rapporto sonoro tra paziente e terapeuta si realizza attraverso un contatto di "energia sonora" che si articola e si organizza in vari livelli. Ogni individuo appare come caratterizzato da un suo proprio suono, da una propria esperienza sonora, in parte ereditaria, in parte acquisita a partire dalle primissime esperienze intrauterine (dove l'ambiente è quasi totalmente sonoro). L'identità sonora individuale (ovvero *iso*, secondo Benenzon [1981; 1997]) è profondamente radicata nell'inconscio: compito del musicoterapeuta è quello di avvicinarsi all'identità sonora del paziente.

Il principio dell'*iso*, secondo la piú recente formulazione di Benenzon [1997], rappresenta l'insieme infinito delle energie sonore, acustiche e di movimento che appartengono a ogni individuo e lo caratterizzano. L'*iso universale* rappresenta l'energia che deriva dal patrimonio sonoro che si è costituito attraverso i millenni con variazioni significative per alcune grandi aree geografiche (Occidente-Oriente; Nord-Sud; paesi freddi - paesi tropicali). Il ritmo binario che imita il battito del cuore, i movimenti di inspirazione ed espirazione, il suono dell'acqua (legato al liquido amniotico) sono alcuni elementi dell'*iso universale*. Nell'esperienza sonora dell'uomo occidentale possiamo trovare altri elementi sonori piú specifici che possono avere un carattere universale: secondo Benenzon [*ibid*., p. 67] tali elementi sono la scala pentafonica con gli intervalli di seconda e di terza (tipici delle ninne nanne), la tonica e la dominante, l'accordo perfetto, l'ostinato, il canone e il silenzio. Una certa cautela verso queste ultime affermazioni andrebbe, comunque, assunta, dal momento che il discorso sugli elementi universali presenti nel linguaggio musicale fa riferimento a molteplici punti di vista non sempre coincidenti con quelli di Benenzon [Sloboda 1985]. L'*iso gestaltico* rappresenta l'esperienza sonora individuale dal concepimento in poi e può in parte coincidere, in parte sovrapporsi all'*iso universale* laddove vi siano state diverse e particolari esperienze sonore. L'*iso culturale* rappresenta l'influenza dell'ambiente - dalla nascita in poi - nel patrimonio sonoro-musicale di ogni individuo. Il principio dell'*iso* appare come un processo che si articola in stadi successivi. Un ritmo binario fa parte dell'*iso universale*, la voce della madre dell'*iso gestaltico*, un frammento melodico dell'*iso culturale*.

Esiste un rapporto gerarchico tra le varie forme di *iso*: un suono che proviene dall'esterno solo se investe il livello universale e gestaltico potrà far parte dell'esperienza culturale. È importante considerare la funzione che il principio dell'*iso* svolge all'interno della musicoterapia: consente la comunicazione tra paziente e terapeuta - attraverso un transfert sonoro [Postacchini 1985] - e la costituzione di uno spazio potenziale sonoro comune, nel caso di terapie individuali, e di un *iso gruppale* [Benenzon 1981] nelle terapie di gruppo.

La terza e ultima costante riguarda la capacità del terapeuta di fare o ascoltare musica insieme al paziente. Il musicoterapeuta deve possedere una grande flessibilità e sensibilità nel dosare i suoi interventi attivi, nel saper privilegiare il piú delle volte l'ascolto - in tutte le sue sfumature transferali e controtransferali - rispetto al "fare", nel saper orientare il suo intervento per sviluppare e rafforzare la capacità di ascolto del paziente. Certo si tratta di un compito non facile, ma è solo per questa via che il dialogo sonoro tra paziente e terapeuta (o fra i vari componenti di un gruppo terapeutico) può crescere e trasformarsi in un'attività da fare insieme e che in sostanza costituisce la parte piú propriamente musicale della terapia. Nel dare al dialogo sonoro una forma musicale, soprattutto grazie a tecniche di improvvisazione, ma anche nello sviluppare una diversa modalità di ascolto orientata a comprendere il significato di un brano musicale si trovano i fondamenti stessi dell'attività terapeutica esercitata dalla musica [Scardovelli 1992]. Nella musicoterapia l'esperienza di molti pazienti è che la musica li aiuti a liberare i sentimenti, a esprimere in gesti musicali ciò che non riescono a dire a parole. Alla fine di tali esperienze musicali è come se tali pazienti fossero momentaneamente sospesi in un diverso contesto temporale in cui i problemi associati alla ricerca di connessioni significative nelle parole sono spesso insormontabili, una sorta di esperienza trascendentale. Nell'improvvisazione musicale si riesce a liberare un'ampia gamma di emozioni e trovare spesso soluzioni a ciò che affligge e angoscia.

Secondo Bruscia [1987] le finalità generali dell'improvvisazione in musicoterapia sono molteplici, riguardano varie fasi dell'intervento terapeutico e coinvolgono piú dimensioni del sé, da quelle piú propriamente interne a quelle relative all'interazione sociale. Tra i metodi storici relativi all'improvvisazione si possono ricordare l'approccio di Nordoff e Robbins [1977], ora chiamato «Creative Music Therapy», che si fonda sulle potenzialità comunicative dell'improvvisazione, e l'«Analytic Music Therapy» della Priestley [1994] che, basandosi su concetti freudiani e kleiniani utilizza l'improvvisazione come strumento di crescita e di esplorazione della psiche.

Nell'esperienza dell'improvvisazione variazioni personali sono introdotte all'interno di determinate forme musicali, cosicché creazione ed esecuzione coesistono l'una accanto all'altra. Si vede come i processi decisionali in merito al pezzo musicale da eseguire o alla forma da attribuire agli eventi musicali cambiano in ogni istante. Il musicoterapeuta valorizza tutti i contributi musicali forniti sia dagli individui (nella terapia individuale), sia dai membri di un gruppo: non esiste un modo giusto o sbagliato di suonare. L'improvvisazione rappresenta un viaggio di scoperta fra la gente che rivela il potenziale musicale latente di tutti gli esseri umani, malgrado eventuali handicap o disfunzioni. Qualunque significato si possa decifrare da questa interazione, essa può essere interpretata mettendo in relazione le scelte fatte dai partecipanti con le possibilità circostanti. In un contesto terapeutico le diverse forme di improvvisazione possono anche aiutare l'individuo a sperimentare diversi aspetti delle relazioni intra- e inter-personali, a esplorare temi noti, ad affrontare le difficoltà e a negoziare significati nuovi. Tali negoziazioni sono rese piú complesse dall'influenza esercitata da problemi fisici o mentali, meccanismi di difesa, resistenze e caratteristiche individuali.

La natura dell'improvvisazione in musicoterapia è legata a un rapporto diretto con il paziente e a una forma di comunicazione delle emozioni immediata. L'improvvisazione musicale può fornire, analogamente al modello dell'*iso* [Benenzon 1981; 1997], un'efficace impronta digitale-musicale di come una persona è in un qualunque momento dato, come funziona e si relaziona con il mondo esterno. Le persone possono essere identificate come forme musicali che vengono composte continuamente nel mondo. L'improvvisazione offre, perciò, una manifestazione diretta dello stato di una persona in musica. Per questi motivi Aigen [1995] ritiene che l'enfasi sulla natura simbolica della musica sia insufficiente quando si tratta di descrivere la musicoterapia. Il processo della musicoterapia è un incontro umano quotidiano e diretto. Le emozioni e i sentimenti vengono espressi direttamente e non letti attraverso un qualche sistema di simbolismi astratti. La musica non ha bisogno di rappresentare null'altro che se stessa. Ciò, però, è vero solo in parte. L'improvvisazione musicale fornisce un'occasione importante di riflessione sul materiale prodotto, può dare una sensazione di ascolto piú profonda e di coinvolgimento nel processo musicale che può aiutare a vivere delle esperienze molto intense. Questa capacità, come vedremo meglio in seguito, è strettamente collegata con la possibilità che ha la musica di esprimere il vissuto emotivo attraverso dei referenti simbolici che operano all'interno stesso della struttura musicale.

Per quanto riguarda la capacità di ascoltare la musica da parte del terapeuta e del paziente in sintonia emotiva valgono piú o meno le stesse considerazioni che sono state fatte per l'improvvisazione.

Sia nell'ascoltare la musica sia nell'eseguirla è importante cogliere la capacità di relazione che è implicita nel suono che riguarda sia il rapporto esistente tra diversi suoni sia il rapporto con gli altri, con il mondo e con se stessi [Cremaschi Trovesi, Marchesi e Moretti 1991]. Tanto l'ascolto che l'espressione musicale prevedono un intervento che permette di acquisire delle regole di ascolto e di espressione. È la capacità di osservare se stessi in quanto fruitori di musica e in quanto esecutori, d'altra parte, che consente ai pazienti di apprendere quelle regole. A sostegno di questa tesi si può citare la metodologia della Bonny (GIM, «Guided Imagery in Music» [Bonny 1997]) in cui l'ascolto è in funzione dell'immaginazione e della elaborazione simbolica del vissuto emotivo. Un profondo rilassamento viene abbinato alla concentrazione nella musica per guidare il paziente attraverso diverse esperienze interiori. Il terapeuta tiene un rapporto scritto sulle immagini raccontate dal paziente durante l'ascolto musicale. Le immagini vengono, poi, discusse. Nel corso di queste esperienze possono emergere problemi personali o difficoltà che diventano un argomento centrale per ulteriori discussioni o per un futuro lavoro. La scelta dei brani da ascoltare nelle terapie ricettive spesso, come prima si è detto, è in funzione dell'osservazione del paziente.

3. *Musicoterapia e regolazione delle emozioni.*

Se si considerano le emozioni come un sistema gerarchico [Scherer 1984] che copre piú livelli della vita mentale umana e, soprattutto come un processo di continua mediazione tra le esigenze (dapprima biologiche, poi sociali) dell'organismo e gli stimoli che quest'ultimo riceve dal proprio mondo esterno e interno, nel contatto interpersonale, attraverso l'influenza dei *media*, ecc. si può vedere come molteplici aspetti del discorso musicale ripercorrano le tappe fondamentali e i differenti livelli del processo emotivo. Non esiste un concetto unitario di emozione: risposte fisiologiche, risposte espressivo motorie (come l'espressione facciale, i gesti, la postura, il tono della voce), aspetti motivazionali (ciò che causa un'emozione sulla base dei bisogni e degli scopi individuali), cognitivi (valutazione del significato di una situazione che induce emozioni) e soggettivi (il vissuto emotivo) rappresentano differenti elementi del processo emotivo dotati di una certa indipendenza. Esiste, in particolare, una notevole differenza tra esprimere le proprie emozioni e dare loro un nome (come "felicità", "tristezza", "rabbia", ecc.). L'uso del linguaggio verbale solo in misura minima riguarda la comunicazione delle emozioni, che piú spesso fa affidamento su segnali non verbali, mentre ha una funzione essenziale nel rievocare un vissuto emotivo e nel volerne, eventualmente, renderne partecipi altre persone. In un caso le emozioni vengono comunicate direttamente, nell'altro si fa ricorso a un mezzo – il linguaggio – che riesce a illustrare attraverso le parole stati emotivi che non sono direttamente provati. La differenza tra i due tipi di esperienza e comunicazione non può essere ricondotta semplicemente alla ben nota contrapposizione che esiste tra *comunicazione non-verbale* e *comunicazione verbale*: si tratta qui, infatti, di una differenza tra due principî, due modalità di conoscere e rappresentare il mondo sia fisico sia mentale che va al di là del mezzo espressivo – verbale o non verbale – scelto.

Gran parte dei messaggi emozionali, come le emozioni cosiddette "fondamentali" affrontate da vari autori [Ekman e Friesen 1969; Izard 1971; Oatley e Johnson-Laird 1987], segnalano in modo automatico e immediato agli individui che li sperimentano che qualcosa di importante è avvenuto: gli elementi cognitivi appaiono legati alla situazione stessa e vengono comunicati senza subire alcuna elaborazione. Attraverso la comunicazione dei messaggi emozionali si afferma un tipo di conoscenza per cosí dire implicita del mondo e delle persone che si basa su parametri diversi da quelli suggeriti dalle relazioni logiche, come ad esempio il rapporto causa-effetto.

Una definizione di un duplice livello all'interno della comunicazione è stata fornita da Buck [1984], che ha parlato di *comunicazione spontanea*, propria di un sistema biologicamente condiviso e afferente a un codice di origine genetica (non appreso), e *comunicazione simbolica*, propria di un sistema socialmente condiviso che fa capo a un codice di origine culturale (appreso).

Nel discorso psicoanalitico queste due modalità comunicative sono ben presenti soprattutto nell'opposizione conscio/inconscio. Se ci si abitua a considerare l'inconscio non come un *luogo*, ma come una *qualità* dello psichico, risulta piú agevole considerarne gli aspetti comunicativi e relazionali concernenti soprattutto il mondo delle emozioni.

Analizzando il rapporto musica-emozioni si può dire che come la capacità di tenere dentro di sé le emozioni, di rievocarle, richiede l'adozione di un codice simbolico che permetta di rappresentarsi mentalmente un'esperienza non immediatamente presente e di saperla collocare nello spazio e nel tempo, cosí il linguaggio musicale può in qualche modo facilitare la conoscenza dei vissuti emotivi predisponendone l'organizzazione strutturale e favorendone il controllo da parte dell'individuo. La capacità di rievocare le emozioni rappresenta un momento importante dell'esperienza emozionale, ma non è il solo: esiste, infatti, una componente espressiva delle emozioni che delinea il presente dell'individuo, l'*hic et nunc*, e che, il piú delle volte, non attinge a un codice comunicativo di tipo proposizionale, ma fa riferimento a un rapporto immediato con l'ambiente: questa immediatezza nella comunicazione di alcuni messaggi emozionali può essere ritrovata in quegli elementi "ineffabili" – non comunicabili attraverso il linguaggio verbale e non rinvenibili nella notazione musicale – che caratterizzano l'esecuzione e l'interpretazione di un brano musicale.

Il discorso e il linguaggio musicale sono in qualche modo funzionali al controllo dell'espressione emotiva, alla capacità di elaborare, modulare il dato emotivo e di trasformarlo in esperienza, accogliendolo nel proprio mondo interno. In questo senso si può concordare con la Langer [1953], secondo la quale la musica agisce come un trasformatore del significato condiviso, o ancora con Meyer [1956] che inquadra il carattere emotivo del messaggio musicale in quanto generatore di deviazioni rispetto alle aspettative dell'ascoltatore.

La musica – la cui origine va ricercata nel cervello, nella mente umana, come dice Storr [1992] –, ha per scopo di mettere ordine, di porre fine al caos presente nei dati sensoriali. È il carattere "ordinatore" della musica che la accomuna per certi versi al linguaggio verbale o, ancor piú, a quello matematico, come i pitagorici intuirono per primi, ma la musica ha una funzione ordinatrice di tipo particolare: si tratta di ordinare e, quindi, "controllare" le risposte e i vissuti emotivi. Esiste una stretta correlazione tra emozioni e musica, al livello di coinvolgimento corporeo, di esaltazione di alcune risposte psicofisiologiche nel momento dell'ascolto di alcuni brani e in determinate condizioni. La componente ritmico-temporale della musica ha un ruolo importante nel determinare alcune risposte psicofisiologiche e nel provvedere all'organizzazione di una prima forma di ordinamento. La funzione piú complessa di ordinamento esercitata dalla musica si ha, tuttavia, allorquando le emozioni piú profonde possono essere portate alla coscienza trasformandole in quelle strutture ordinate di suoni che chiamiamo musica. Ecco allora che attraverso la musica può realizzarsi una forma di comunicazione simbolica delle emozioni o, meglio, sulle emozioni che prelude alla rievocazione dei vissuti emotivi e alla loro "definizione" mediante parole (come "felicità", "tristezza", "rabbia", ecc.) oppure attraverso brani, frasi musicali. In sostanza, esistono diverse forme di regolazione delle emozioni che trovano il loro corrispettivo nelle diverse componenti del discorso musicale. L'esistenza di principî di controllo e valutazione degli stimoli emotigeni esiste anche ai livelli piú elementari della vita dell'organismo. È molto importante che la definizione stessa di musica come un insieme di suoni organizzati sia vista nell'ambito della possibilità di comunicare le emozioni.

Esiste un legame tra musica e vita quotidiana. Anche qui le affinità con il modello delle emozioni appare per piú versi sorprendente: la musica, al pari delle emozioni, accompagna la vita di ogni giorno, scandisce i grandi eventi collettivi, ma non disdegna i piccoli passi che caratterizzano l'esistenza privata di ogni singolo individuo: l'"universalità" della musica, al di là degli specifici linguaggi, si ritrova nel fatto che essa, come le emozioni, è un elemento praticamente onnipresente in tutte le attività mentali quotidiane. La musica, pertanto, come ben si sa in musicoterapia, non può mai essere considerata un elemento neutrale, ma deve essere sempre vista come un importante fattore di regolazione dell'attività emotiva.

Si vogliono, quindi, citare piú precisamente alcuni aspetti della regolazione delle emozioni in musica. Esiste in primo luogo una regolazione del vissuto emotivo come capacità di provare emozioni intense, dei veri e propri picchi emotivi [Gabrielsson e Lindström 1995; Maslow 1970], senza che queste emozioni si rivelino traumatiche, ma anzi costituiscano la premessa per l'attivazione di meccanismi catartici. Esiste, poi, una regolazione dell'*arousal* e delle risposte fisiologiche in relazione a determinate componenti musicali. Alcuni esempi sono fatti da Sloboda [1991]. Chiedendo a dei musicisti di ricordare esperienze emotive legate all'ascolto di determinati brani musicali e di descrivere in dettaglio le strutture musicali che evocavano particolari emozioni, Sloboda ha elaborato una prima mappa di alcune risposte fisiologiche legate all'ascolto musicale: ad esempio le lacrime, spesso, si accompagnano ad appoggiature melodiche, i tremori a bruschi cambi di tonalità, ecc. I risultati di questo lavoro non possono essere assolutizzati, ma costituiscono, in prospettiva, un importante contributo allo studio del rapporto musica-emozioni. In questo stesso ambito si possono ricordare gli studi condotti sul rapporto tra elementi musicali anche minimi – come gli intervalli – e le emozioni [Stefani, Marconi e Ferrari 1990].

Esiste, ancora, una regolazione dell'espressione emotiva, come studiata da Gabrielsson e Juslin [1996], e da Baroni, Caterina, Regazzi e Zanarini [1997], relativa a diverse interpretazioni "emotive" di differenti passaggi musicali richieste a un certo numero di musicisti e cantanti. Le emozioni espresse dagli interpreti vengono di regola correttamente decodificate dagli ascoltatori. L'analisi delle differenti interpretazioni hanno permesso di evidenziare dei veri e propri profili emotivi sulla base della lunghezza temporale, di lievi spostamenti in altezza rispetto al prescritto, della presenza del vibrato in corrispondenza di determinati passaggi.

Esiste, infine, una regolazione esterna, data dal contesto in cui si esegue o si ascolta un pezzo musicale, dalla presenza o meno di pubblico o di altre persone, ecc.

Questi temi indicati vogliono suggerire un diverso approccio teorico nel considerare il rapporto tra musica ed emozioni che cerca di mettere insieme molteplici competenze nell'ambito della psicologia sperimentale, della musicologia e della prassi clinica e terapeutica.

Nella musicoterapia si può delineare un preciso percorso che va dall'esercizio (inteso sia come esercizio attivo nell'improvvisazione, sia come esercizio all'ascolto) alla traduzione dell'esperienza emozionale. In questo percorso si verificano alcuni importanti cambiamenti: si instaura in primo luogo, come già detto, un dialogo inconscio tra paziente e terapeuta basato su una comunicazione *diretta* di vissuti emotivi e sostenuto molto spesso da messaggi di tipo non verbale non necessariamente sonori, come gesti, espressioni facciali, postura, ecc.; la traduzione del vissuto emotivo in musica implica l'acquisizione e l'applicazione di determinate *regole* proprie di quel linguaggio; viene ad attuarsi una coincidenza tra *regole* musicali, *regole* che determinano il *setting* psicoterapeutico e modalità di *controllo* nell'espressione dei vissuti emotivi; tali coincidenze costituiscono lo *spazio simbolico* di intervento della musicoterapia e assicurano la transizione da una forma di comunicazione diretta delle emozioni a una riflessione sull'esperienza emozionale che si avvale di un codice simbolico che permette in sostanza di definire l'emozione provata e di collocarla nella dimensione spazio-temporale.

L'esperienza emotiva è fondata su relazioni oggettuali (come le prime fasi del rapporto madre-bambino) che sono pre-logiche, ancorate nell'inconscio: la sua intensità, il suo non tener conto delle barriere spazio-temporali testimoniano in tal senso. Il dialogo che si svolge attraverso gli affetti, le emozioni, i sentimenti si snoda verso l'infinito («insiemi infiniti», [Matte Blanco 1975]), non è definibile con delle categorie discrete, ma pervade, in un continuo gioco di riflessi, i vari utenti, senza mai fissarsi in maniera definitiva e certa su questo o quello. Ma è importante considerare il problema della "traducibilità" dell'universo infinito e pre-logico in quello finito e basato su alcuni principî logici fondamentali come quello di causa-effetto: è qui, infatti, che sta il nucleo dell'origine del processo creativo e della possibilità che quest'ultimo si fonda con il processo terapeutico. Il simbolo rappresenta precisamente il momento nodale, il punto di unione in cui le modalità comunicative proprie di un sistema logico, fondato su un linguaggio astratto, rinviano a relazioni prelogiche, e fanno intravedere qualcosa di profondamente diverso e in sé indescrivibile. In questo senso si potrebbero forse leggere da un lato le violazioni delle aspettative in musica descritte da Meyer [1956] e dall'altro il rapporto tra tensione e distensione esaminato da Imberty [1979]. Infatti è nell'imprevedibilità del discorso musicale, che poggia, però, anch'essa su delle regole e su una sapiente alternanza fra momenti di tensione e distensione, che la musica sembra rinviare ad altro da sé, a uscire dal suo involucro per darci un'idea di quello che è il mondo delle emozioni.

Volendo cercare di schematizzare quello fin qui detto, abbiamo indicato nello schema in calce quelli che sono i momenti principali dei processi dinamici attivi nella musicoterapia. Come si può vedere l'elemento che media il rapporto tra musica e terapia è l'ascolto, inteso come capacità di entrare in sintonia con il mondo sonoro del paziente. Ascoltare il paziente è la strada che il terapeuta segue per far capire a chi ha in cura qualcosa di piú del suo mondo emotivo e per aiutarlo a tenerlo sotto controllo. Il paziente può cosí diventare soggetto attivo che vive creativamente le proprie emozioni senza lasciarsi travolgere da esse. La regolazione delle emozioni segue i principî terapeutici dell'osservazione, del *setting* e della supervisione (individuale o di gruppo) – dal momento che il terapeuta stesso ha bisogno di regolare le proprie emozioni, di "sentire" il paziente e di essere aiutato a farlo – e si esprime in musica attraverso l'improvvisazione o l'esercizio all'ascolto con l'obiettivo di poter comunicare delle emozioni intense e di poterle tenere dentro di sé.

Schema 1.

Il rapporto tra le varie componenti della musicoterapia.

Musica	↔	Vissuto emotivo Improvvisazione Esercizio all'ascolto
⇕		⇕
Ascolto	↔	Regolazione delle emozioni
⇕		⇕
Terapia	↔	Osservazione *Setting* Supervisione

4. *Un esempio di seduta individuale.*

[Questo esempio di seduta individuale e il successivo relativo a una seduta di gruppo costituiscono un adattamento di quanto già in parte pubblicato in Bunt 1994].

Questa è la descrizione di alcuni momenti della seconda seduta di musicoterapia (di circa venticinque minuti) di un bambino che chiameremo John. Il bambino stava frequentando con i suoi genitori un consultorio pediatrico per un periodo di valutazione psicodiagnostica di due settimane. John ha tre anni e mezzo. I suoi genitori sono preoccupati perché lui non parla e perché sembra che a volte si chiuda in se stesso, trovando difficoltà a stabilire un contatto con gli altri bambini e adulti intorno a lui.

L'ambiente è una piccola stanza. Il terapeuta è seduto al piano. Un tamburo e il piatto sospeso stanno a lato del piano. Il bambino ha usato per lo piú questi due strumenti nel corso della prima seduta. John entra, si dirige rapidamente al tamburo e al piatto sospeso che il terapeuta gli offre e comincia a suonare. Il contatto con gli strumenti è immediato. Lui si produce subito, in espressioni sonore alte e acute. Il terapeuta esplora sul piano una varietà di idee musicali per provare a eguagliare l'eccitazione e l'energia che il bambino sta generando. Il terapeuta sta cercando di trovare qualche punto di contatto e di venire incontro a queste piccole esplosioni di energia creativa. La madre del bambino, che siede proprio dietro di lui, sorride e incoraggia il figlio con le parole. La musica – basata su intervalli che si alternano, di quarta o di quinta, nel basso, con chiare brevi melodie – che il terapeuta suona o canta sembra attirare la sua attenzione e sostenere il suo suonare il tamburo. È come se queste brevi idee fossero richiami musicali o echi riflessi dei suoi suoni. Insieme, il terapeuta e John suonano musica ad alto volume. Le frasi diventano piú lunghe e la musica piú sostenuta. Lui vocalizza liberamente con il ripetere una serie di "da, da, da, ecc.". I suoni vocali contengono qualche modello ritmico di base e sono connessi da vicino al suo modo di suonare rumorosamente il tamburo. Lui indica un'altra bacchetta usando il richiamo vocale di "da". Paziente e terapeuta cominciano a stabilire un contatto piú sostenuto e a interagire attraverso la musica. John lascia cadere i bastoni sul pavimento e trascorre molto tempo a raccoglierli. Ritorna al tamburo e al piatto sospeso e di nuovo pronuncia bruscamente l'eccitato "da" suonando e vocalizzando. Suona solo il piatto sospeso e questo crea per circa venti secondi come uno scoppio sostenuto. Il terapeuta armonizza questo suono altamente risuonante del piatto sospeso con un altro gruppo di accordi del piano. John rallenta la musica usando movimenti del braccio piú lunghi sul piatto. Il terapeuta canta frasi piú lunghe e introduce vocalizzi lunghi e sostenuti. John lascia la sua area di suono e si avvicina al pianoforte. Guarda il terapeuta dritto in faccia e canta lunghi "eh" e "ah" aggiustando gradualmente questi suoni della voce basati sulle vocali all'altezza della musica che il terapeuta sta improvvisando. A questo punto il terapeuta richiama l'attenzione di John muovendosi molto. La faccia del bambino diventa molto animata, sorride molto: sembra che la musica lo abbia risvegliato. John dà un colpo con una sola bacchetta per fare un singolo suono sul tamburo. Questo improvvisamente interrompe lo stretto contatto vocale con il terapeuta e conduce in una nuova direzione. Il terapeuta tenta di capire la sensazione celata in questo gesto e risponde con un accordo breve e alto con il pianoforte; lui lo ripete. Il terapeuta suona dei motivi collegati; John ne suona tre, poi di nuovo uno. Si gioca a turno un gioco interattivo, quasi come una conversazione in suono. C'è molta ilarità e senso di gioco esplorativo. Paziente e terapeuta cominciano a condividere un'esperienza musicale, costruendo un qualcosa di piú di una semplice relazione attraverso la musica che stanno inventando insieme. Dalla partenza esitante e frammentaria ci si è spostati ora verso un punto dove c'è piú comprensione reciproca e condivisione di significato. Sembra che entrambi – paziente e terapeuta – possano lanciare idee musicali e immediatamente persuadere l'altro a unirsi e a imitare il gesto e lo stato d'animo. Tutto questo accade senza che siano dette molte parole.

5. *Un esempio di seduta di gruppo.*

Questa seduta di gruppo ebbe luogo in un reparto di ricovero per crisi acute in un'unità psichiatrica di un ospedale generale. È un reparto a breve degenza per persone in fasi acute di malattie come psicosi maniaco-depressive e schizofrenia.

L'ambiente è un'ariosa stanza di soggiorno nel reparto. Sono le 11 di mattina: uno spazio si è liberato in fondo alla stanza. L'ambiente non è ideale, ma è lo spazio piú confortevole e contenuto del reparto. Il personale infermieristico annuncia l'inizio del gruppo di musicoterapia e invita le persone a entrare nella stanza. Alcuni hanno frequentato le precedenti sedute, ma, essendo un'unità a breve degenza per crisi acute, ci si può aspettare qualche nuovo membro. In questo tipo di ambiente ogni seduta costituisce una sorta di momento ed esperienza unica. Uno degli scopi principali è quello di provare a trovare un mezzo musicale di incontro tanto necessario per molte persone del gruppo quanto possibile in quella particolare occasione. Alcune strutture musicali saranno fissate nella speranza di procurare un senso di sicurezza, ma all'interno di queste strutture c'è libertà di improvvisare e di esplorare. Dei limiti e delle regole sono stabiliti all'interno del gruppo: la seduta durerà un'ora e un quarto; le persone sono libere di andare e venire come vogliono; non esiste il problema di suonare uno strumento in un modo giusto o sbagliato; non sono ammessi comportamenti fisicamente violenti.

Un assistente studente di psicologia e il terapeuta hanno portato vari strumenti a percussione accordati e non accordati. La selezione effettuata prevede degli strumenti che provengono da tutto il mondo e sono inclusi: gong e piatti cinesi, campane indiane, tamburi parlanti africani e tamburi bongo degli indiani pellirossa, un grande xilofono e altri strumenti a percussione piú familiari stile western. Ci sono anche degli strumenti a fiato piuttosto insoliti, alcuni spesso creano un effetto comico. Altri producono un bel suono con i mezzi piú scarsi, altri ancora propongono una sfida piú difficile e richiedono un controllo piú attento e destrezza. L'arrivo degli strumenti suscita qualche interesse e curiosità. Gli strumenti vengono posti sul tappeto e su piccoli tavoli al centro di un cerchio di dodici sedie. A questo punto si è radunato un gruppo di otto persone: cinque donne e tre uomini. I sentimenti iniziali coglibili nel gruppo sono di apatia, stanchezza e tensione. Tranquillamente i membri del gruppo sono invitati a esplorare gli strumenti e a usare uno strumento accettabile per presentarsi al gruppo: anche non suonare è accettabile dato che ognuno ha bisogno di un tempo diverso per conoscere gli strumenti. Alcune persone scelgono di suonare, altre si presentano verbalmente.

Dopo la presentazione degli strumenti il terapeuta esegue un ritmo che simula la pulsazione cardiaca su un tamburo, controllando con i membri del gruppo che questo ritmo non sia né troppo veloce, né troppo lento. Diversi membri lo trovano troppo veloce e la velocità, di conseguenza, viene adattata. Le persone sono invitate a unirsi al terapeuta, se vogliono. Alcuni si uniscono dopo un po', altri non suonano. Il pezzo musicale gradualmente costituisce un clima di alta sonorità. La struttura del pezzo viene ripetuta a velocità diverse. Si fanno commenti sugli strumenti, sull'eccitazione nel suonare veloce e sulla difficoltà di controllare velocità piú lente. Come di consueto l'intensità si accresce con la velocità. Questa struttura di apertura con enfasi sul ritmo dà energia ad alcuni membri che diventano piú attivi. Questo tipo di sezione di apertura procura al gruppo un senso di libertà personale all'interno di una qualche struttura organizzata. I membri del gruppo possono costruire il proprio modello, tuttavia questo è relativo a un ritmo centrale che procura un senso di sicurezza e chiarezza. Questa struttura offre, inoltre, la possibilità di fare qualche attività musicale interattiva: il terapeuta, osservando una donna nel gruppo e intuendo il suo desiderio ad avere un dialogo musicale, suona un breve modello musicale su alcuni bongo come un messaggio personale. La donna risponde aggiungendo modelli suoi e poi suona per un altro membro del gruppo.

Il terapeuta propone di mettere insieme tutti gli strumenti per costruire un brano improvvisato. Tale brano potrebbe iniziare senza nessun progetto oppure si potrebbe scegliere un tema. Il primo brano è una breve improvvisazione libera che sembra piuttosto disarmonica. Per un secondo brano il tema di "scalando una montagna" è introdotto da un membro del gruppo come immagine su cui il gruppo può concentrarsi. Un partecipante sente che il tema è troppo difficile e commenta che non sarebbe in grado di superare la sua depressione. Un altro membro prende un fischietto Swanee e dice che vuole volare alto come un grande uccello alla cima della montagna. La musica emerge da un silenzio relativo con suoni lunghi, lenti e noiosi impiegando molto tempo per raggiungere qualsiasi livello di velocità o eccitamento. La musica si muove gradualmente verso un climax momentaneo e finisce con un fragoroso scoppio di attività. Dopo l'improvvisazione tutti i membri riferiscono a turno i momenti in cui la musica li ha coinvolti: viaggi musicali individuali e fantasie intime. Alcuni commentano come si sentano non lontani dalle pendici della montagna: l'uomo che ha scelto il fischietto Swanee è quasi in cima librandosi via con gli uccelli. Uno degli uomini suggerisce di tornare indietro al campo base, come tema per una seconda improvvisazione. Si improvvisa di nuovo. La musica diventa piú lenta e finisce con uno stato d'animo piú calmo. La seduta finisce con questo momento di tranquilla riflessione.

I due frammenti di sedute, pur nei limiti di esempi cosí brevi, ci forniscono un'idea su come il musicoterapeuta opera e quanta parte del suo intervento sia dedicato all'ascolto dei pazienti.

A conclusione di questo intervento si vuole sottolineare come nella musicoterapia la funzione terapeutica esercitata dalla musica coincide con la capacità di comunicare le emozioni e con la possibilità di dare un significato piú pieno alle esperienze quotidiane. Il termine "terapia" va inteso in un senso piú lato di quanto finora suggerito sia dalla tradizione medica sia dalla psicoterapia. Nel momento in cui il musicoterapeuta si sintonizza con il paziente sa che la musica non è soltanto terapeutica per un determinato gruppo di pazienti con specifiche patologie, ma per tutti, riconoscendo l'essenza artistica del messaggio musicale come integratore spirituale in grado di riunire le persone di tutte le fasce d'età per uno scopo comune.

Aigen, K.

1995 *Aesthetic foundation of clinical theory*, in C. Kenny (a cura di), *Listening, Playing, Creating: Essays on the Power of Sound*, State University of New York, New York.

Alvin, J.

1975 *Music Therapy*, John Clare, London.

Baroni, M., Caterina, R., Regazzi, F., e Zanarini, G.

1997 *Emotional aspects of singing voice*, in A. Gabrielsson (a cura di), *Proceedings of the Third Triennial ESCOM Conference (Uppsala, Sweden, 7-12 June 1997)*, Uppsala University, Uppsala, pp. 484-89.

Benenzon, R. O.

1981 *Manual de musicoterapia*, Paidos, Barcelona (trad. it. *Manuale di musicoterapia*, Borla, Roma 1994).

1997 *La nuova musicoterapia*, in R. O. Benenzon, G. Wagner e V. H. de Gainza, *La nuova musicoterapia*, Phoenix, Roma 1997.

Bonny, H. L.

1997 *The state of the art of music therapy*, in «The Arts in Psychotherapy», XXIV, n. 1, pp. 65-73.

Bonny, H. L., e Savary, L.

1973 *Music and Your Mind*, Harper and Row, New York.

Bruscia, K. E.

1987 *Improvisational Models of Music Therapy*, Thomas, Springfield Ill.

1989 *Defining Music Therapy*, Spring House Books, Spring City Pa. (trad. it. *Definire la musicoterapia*, Ismez, Roma s.d.).

Buck, R.

1984 *The Communication of Emotions*, Guilford, New York.

Bunt, L.

1994 *Music Therapy: an Art Beyond Words*, Routledge, London (trad. it. *Musicoterapia. Un'arte oltre le parole*, Kappa, Roma 1997).

Cremaschi Trovesi, G.

1991 *Attualità in musicoterapia. Un pianoforte per rinascere*, in M. Porta e G. Cremaschi Trovesi, *L'uomo e il suono. Prospettive e limiti della musicoterapia*, Ghedini, Milano.

Cremaschi Trovesi, G., Marchesi, L., e Moretti, A.

1991 *Voce-corpo-psiche: la musica dentro l'uomo. Criteri metodologici in musicoterapia*, in «Quaderni di Musica Applicata», n. 14, pp. 91-108.

Crowe, B. J., e Scovel, M.

1996 *An overview of sound healing practices: implications for the profession of music therapy*, in «Music Therapy Perspectives», XIV, n. 1, pp. 21-29.

Darwin, Ch.

1872 *The Expression of Emotions in Man and Animals*, Murray, London (trad. it. *L'espressione delle emozioni nell'uomo e negli animali*, Boringhieri, Torino 1982).

Davies, W. B.

1988 *Music therapy in victorian England*, in «Journal of British Music Therapy», II, n. 1, pp. 10-17.

Ekman, P., e Friesen, W. V.

1969 *The repertoire of nonverbal behavior*, in «Semiotica», n. 1, pp. 49-98.

Gabrielsson, A., e Juslin, P. N.

1996 *Emotional expression in music performance: between the performer's intention and the listener's experience*, in «Psychology of Music», n. 24, pp. 68-91.

Gabrielsson, A., e Lindström, L.

1995 *Can strong experiences of music have therapeutic implications?*, in R. Steinberg (a cura di), *Music and Mind Machine*, Springer, Berlin.

Goodman, K. D.

1981 *Music Therapy*, in S. Arieti e H. K. H. Brodie (a cura di), *American Handbook of Psychiatry*, vol. VII, Basic Books, New York.

Imberty, M.

1979 *Entendre la musique. Sémantique psychologique de la musique*, Dunod, Paris (trad. it. *Suoni, emozioni, significati. Per una semantica psicologica della musica*, Clueb, Bologna 1988).

Izard, C. E.

1971 *The Face of Emotions*, Century-Crofts, New York.

Klein, M.

1928 *Early stages of the Œdipus conflict*, in «International Journal of Psycho-Analysis», n. 9 (trad. it. *I primi stadi del conflitto edipico*, in Id., *Scritti 1921-1958*, Boringhieri, Torino 1978).

1932 *The Psycho-analysis of Children*, Hogarth Press, London (trad. it. *La psicoanalisi dei bambini*, Martinelli, Firenze 1969).

Langer, S. K.

1953 *Feeling and Form*, Routledge and Kegan Paul, London (trad. it. *Sentimento e forma*, Feltrinelli, Milano 1975).

Manarolo, G.

1990 *Metodologie di intervento con soggetti disabili psichici gravi*, in «Quaderni di Musica Applicata», n. 12, pp. 35-46.

Maslow, A. H.

1970 *Motivation and Personality*, Harper and Row, New York, 1ª ed. 1954 (trad. it. *Motivazione e personalità*, Armando, Roma 1973).

Matte Blanco, I.

1975 *The Unconscious as Infinite sets. An Essay in Bi-Logic*, Duckworth, London (trad it. *L'inconscio come insiemi infiniti. Saggio sulla bi-logica*, Einaudi, Torino 1981).

Meyer, L. B.

1956 *Emotion and Meaning in Music*, The University of Chicago Press, Chicago-London (trad. it. *Emozione e significato nella musica*, il Mulino, Bologna 1992).

Nordoff, P., e Robbins, C.

1977 *Creative Music Therapy*, John Day, New York.

Oatley, K., e Johnson-Laird, P. N.

1987 *Towards a cognitive theory of emotions*, in «Cognition and Emotion», I, n. 1, pp. 29-50.

Perls, F. S., Hefferline, R. F., e Goodman, P.

1973 *Gestalt Therapy. Excitement and Growth in the Human Personality*, Penguin, Harmondsworth.

Postacchini, P. L.

1985 *La psicologia della musica per la terapia*, in G. Stefani e F. Ferrari (a cura di), *La psicologia della musica in Europa e in Italia*, Clueb, Bologna.

Postacchini, P. L., Ricciotti, A., e Borghesi, M.

1997 *Lineamenti di musicoterapia*, La Nuova Italia Scientifica, Roma.

Priestley, M.

1975 *Music Therapy in Action*, Constable, London.

1994 *Essays on Analytical Music Therapy*, Barcelona, Phoenixville Pa.

Rogers, C.

1976 *On Becoming a Person*, Constable, London.

Scardovelli, M.

1992 *Il dialogo sonoro*, Cappelli, Bologna.

Scherer, K. R.

1984 *On the nature and function of emotion: a component process approach*, in K. R. Scherer e P. Ekman (a cura di), *Approaches to emotion*, Erlbaum, Hillsdale.

Sloboda, J. A.

1985 *The Musical Mind. The Cognitive Psychology of Music*, Oxford University Press, Oxford (trad. it. *La mente musicale. Psicologia cognitivista della musica*, il Mulino, Bologna 1988).

1991 *Music structure and emotional response: some empirical findings*, in «Psychology of Music», n. 19, pp. 110-20.

Stefani, G., Marconi, L., e Ferrari, F.

1990 *Gli intervalli musicali*, Bompiani, Milano.

Stern, D. N.

1985 *The Interpersonal World of the Infant. A View from Psychoanalysis and Developmental Psychology*, Basic Books, New York (trad. it. *Il mondo interpersonale del bambino*, Bollati Boringhieri, Torino 1987).

Storr, A.

1992 *Music and the Mind*, Harper Collins, London.

Streito, B.

1995 *Il laboratorio corale come luogo di relazioni umane e di esperienze estetiche*, in L. M. Lorenzetti (a cura di), *La dimensione estetica dell'esperienza*, Angeli, Milano.

Summer, L.

1997 *Considering the future of music therapy*, in «The Arts in Psychotherapy», XXIV, n. 1, pp. 75-80.

GILLES CANTAGREL

Musica e gola

I musicisti intrattengono con i piaceri del palato rapporti antichi quanto la musica stessa. Se ne trovano tracce e testimonianze nelle espressioni musicali popolari di molte tradizioni orali, come pure nelle musiche colte occidentali.

Se i gastronomi commentano volentieri certi pranzi *composti*, come si dice di una sinfonia, a loro volta i musicisti ricorrono frequentemente alle metafore orali per parlare dell'orecchio: non si evoca forse il *sapore* di un timbro, la sonorità *fruttata* o *aspra* di un certo strumento, l'*acidità* o il *vellutato* di un *impasto* orchestrale, la sua *untuosità*? Nel secolo XVI, i musicisti francesi giungevano addirittura a chiamare talune composizioni polifoniche fondate su un amalgama di frammenti tratti da canzoni popolari, equivalenti del *quodlibet*, con un termine preso a prestito dall'arte culinaria: *fricassea*. Il numero di queste metafore e l'abbondante reiterazione del loro uso denotano in tutta evidenza l'esistere di un legame particolare, nonché il gusto dei musicisti per il cibo e per il bere. O meglio: piú di un gusto, una profonda attrazione. Non era già Lutero a sostenere che: «Chi non ama il vino, le donne e il canto, | resta un pazzo tutta la vita» [Lutero 1566]? Quanto alla saggezza popolare, essa afferma che: «ventre affamé n'a pas d'oreille» («pancia vuota non ha orecchie»)...

Essendo creatori, operatori o servitori di un'arte, i musicisti devono certo manifestare per tutto ciò che attiene al gusto – al buon gusto – un'attrazione e una predilezione particolari. Ma perché per l'arte culinaria, piú che per ogni altra espressione del gusto?

1. *Musiche da tavola*.

La musica è l'anima della festa. Già nei documenti piú antichi essa appare in questa dimensione, legata alla celebrazione di funerali come ai festeggiamenti, e dunque ai banchetti. Nell'antica Roma, i suoni violenti dell'organo accompagnavano i festini, mentre il flauto e l'aulos, i crotali e i tamburelli eccitavano la danza fino alla sua manifestazione piú estrema, la *trance*: ebbrezza del corpo, inseparabile da ciò che provoca ebbrezza.

Ripercorrendo la storia sociale dell'Europa occidentale, si incontrano nel cuore profondo delle campagne di un tempo le musiche delle nozze popolari scandite da uno strimpellatore di violino, o magari da parecchi musicisti girovaghi, per far ballare e accompagnare libagioni e festini. All'altra estremità della scala sociale ci sono i banchetti in musica nei palazzi dei principi e degli aristocratici, tanto raffinati da far disporre delle logge o delle tribune per accogliere i musicisti destinati ad allietare le agapi dei grandi del mondo con quelle musiche da tavola colte e di qualità che fioriranno nel periodo barocco. Già dal 1618 Praetorius può citare queste opere vocali e strumentali riservate alla festa: «Dunque in tal guisa ci si può anche regolare per allestire una buona musica alla tavola dei gran signori o per altre liete riunioni» [Praetorius 1618, p. 130]. Sempre in ambiente tedesco si trova il *Banchetto musicale* (1617), pezzi «per ogni sorta di strumenti» di Schein, il *Taffel Consort* («Concerto da tavola», 1621) di Simpson, e nello stesso anno la *Musicalische Tafelfreudt* («Gioia musicale della tavola») di Isaac Posch, la *Kirchen- und Tafelmusik* «Musica da chiesa e da tavola» di Hammerschmidt (1662), il *Musicalisches Tafelkonfekt* («*Dessert* musical», 1672) di Briegel o la *Tafelmusik* («Musica da tavola») di Telemann (1733). Per la Francia citeremo le *Symphonies pour les soupers du Roy* («Sinfonie per le cene del re») di Delalande (1703), ecc.

Una simile usanza resta privilegio di corti e palazzi. Fin dai suoi esordi seicenteschi, il teatro lirico unisce i piaceri della musica a quelli della tavola. I ricchi appassionati accorrono per gustarvi i pezzi di bravura sulla scena, lo spettacolo della sala e dei suoi intrighi, le cene che vengono servite nei palchi. In particolare si servono rinfreschi, gelati e sorbetti nel tentativo di lenire gli effetti del caldo torrido dei saloni, nei quali ci si tratteneva anche per cinque o sei ore. Ciò viene osservato dal giovane Stendhal nel 1816, quando scopre a Milano il Teatro alla Scala:

> Nei palchi, verso la metà della serata, il cavalier servente della dama fa di solito portare i gelati: c'è sempre qualche scommessa in corso, e si scommettono sempre *sorbetti*, che sono divini; ve n'è di tre specie: *gelati*, *crepè* e *pezzi duri*; merita farne conoscenza. Non ho ancora deciso quale specie sia migliore, e mi sottopongo all'esperimento ogni sera [1826, trad. it. p. 16].

Oggi questa stessa usanza sopravvive all'Opéra di Parigi e si è persino estesa alle sale da concerto, soprattutto nell'Europa del Centro e del Nord. Un buon numero di ascoltatori affolla il buffet prima dello spettacolo o del concerto, e a maggior ragione durante l'intervallo. Si può forse ritrovare un lontano epigono dei sorbetti di un tempo nella gelateria che si consuma al cinema, benché le sale cinematografiche di oggi siano ormai climatizzate.

Quanto alla pratica che associa la tavola alla musica, non è forse mai stata tanto viva come ai giorni nostri, in quegli arredamenti sonori "d'ambiente" adottati da innumerevoli ristoranti che propongono scelte musicali spesso mediocri quanto il luogo e il cibo che vi si serve, e per di piú a volume in genere eccessivo. Solo in alcuni locali, o nelle case private di pochi raffinati, si propongono tra una portata e l'altra ai commensali musiche di qualità, interpretate dal vivo da buoni esecutori, in armonia con la tavola, con l'ambiente e con il clima.

Pratiche come queste si rifanno a elementari riti sociali di carattere collettivo. È tuttavia lecito domandarsi se si tratti di semplice divertimento o se invece tutto ciò non sia rivelatore di significati piú profondi.

2. *Musicisti a tavola.*

Constatare il buon appetito di certi professionisti della musica è diventato luogo comune, soprattutto quando si tratti di cantanti. Il gusto per il mangiar bene non è affatto un segreto e spesso è reso evidente dall'aspetto fisico, specialmente a livello di giro vita, anche se nella seconda metà del Novecento, soprattutto per l'influenza del cinema e delle nuove esigenze dei registi, i cantanti lirici hanno cominciato a curare la linea. Gli eccessi alimentari sono senz'altro risultato dell'intensità che gli artisti pongono nell'interpretazione delle loro parti. È ben nota anche la gradevole consuetudine delle cene dopo il concerto, condivisione di un momento di convivialità dopo le emozioni artistiche degli uni e le preoccupazioni fisiche degli altri. È dunque evidente che la bulimia e il rito rappresentano molto piú di un semplice momento di distensione: il bisogno inconscio, che rasenta l'urgenza, di compensare qualche profonda inquietudine, qualche ansia, professionale se non esistenziale. Comportamento "orale" per il quale ciò che il corpo assimila attraverso la bocca tende a compensare quanto fuoriesce dalla bocca o dalle mani. Una simile osservazione vale in primo luogo per i cantanti, nella misura in cui l'impatto di ciò che viene assimilato ha un rapporto diretto con gli organi che producono il suono, in fondo alla gola.

Il regime alimentare dell'artista – e in senso lato, di chiunque si presenti di fronte a un pubblico in una situazione rischiosa ed emotivamente intensa – può essere paragonato alla dieta dello sportivo. Nutrirsi, mangiare e bere prima della prova, ha la funzione fondamentale di accumulare l'energia necessaria per affrontare e ottimizzare tutte le facoltà fisiche e mentali richieste, la memoria, la concentrazione. A questo scopo, ognuno dovrà scoprire cosa sia piú conveniente per il proprio equilibrio energetico nell'equazione psico-fisiologica individuale. La determinazione di questo equilibrio è essenziale in particolar modo per i cantanti, per i quali, oltre alla buona forma fisica generale, diventa centrale la cura specifica delle corde vocali e quella generale dell'apparato respiratorio. Cosí, prima del recital o dell'opera, un cantante potrebbe ad esempio desiderare di bere del tè al limone dolcificato con miele, sommando sostanze energetiche e leggermente eccitanti nel rispetto della salute dell'apparato vocale. Guai alle deroghe: alcool e tabacco fanno calare la voce e la rovinano, mentre il caffè la rende piú acuta e la schiarisce, tagliandole però contemporaneamente le note piú gravi.

Numerose sono le ricette di cucina legate a musicisti piú o meno famosi. Oggi come ieri, molti interpreti o compositori riconoscono di essere amanti della gastronomia e praticanti dell'arte culinaria, e bisogna forse vedere in questa predilezione un modo per dominare, trasformandolo, il rapporto istintivo che costoro hanno con l'oralità. Da lungo tempo la creazione artistica è conosciuta come sublimazione dell'angoscia e sfida alla morte. Nulla di sorprendente, quindi, nelle scene di pasti e di banchetti, nelle creature procaci e nelle appetitose nature morte ritratte da tanti pittori. Quanto alla musica, numerose opere rappresentano attitudini umane molto realistiche di fronte al cibo e al bere, e sarà bene dunque prenderne in esame alcune. Ma è sul comportamento degli stessi compositori che occorre prima di tutto interrogarsi, sulla scorta dei documenti storici disponibili.

Le abitudini dei musicisti a tavola, e piú in generale la loro oralità in senso lato, sono in tutta evidenza la manifestazione di una particolare psicopatologia. Il loro appetito, i loro eccessi nel mangiare e nel bere, devono forse essere messi in relazione con la potenza creativa e, perché no, con la natura stessa della creazione musicale? Eccoci di fronte a un ampio campo d'indagine, tutto da esplorare: la propensione dei musicisti a gustare, talvolta a dismisura, i piaceri del palato sembra legata ad altre attitudini piú che non alla semplice generosità del temperamento. La bulimia deve rivelare molto di piú, come d'altronde l'eccesso contrario, ossia la negazione di questi piaceri. Sappiamo quanto Schumann fosse forte mangiatore, gran bevitore e grande fumatore, e come nel manicomio di Endenich la sua incapacità di creare si accompagnasse all'anoressia della quale soffrirà durante l'ultimo anno della sua esistenza. Sappiamo anche delle macchie di birra che chiazzano alcuni manoscritti dell'immaginario P. D. Q. Bach, soprattutto quelli conservati alla fantastica Stadtbibliothek di Wein-am-Rhein [Schikele 1976, p. 147], come pure delle macchie di vino sui manoscritti di Beethoven.

È possibile immaginare il delicato François Couperin intento a banchettare? Eppure, nell'inventario *post mortem* dei suoi beni stilato nel 1733 troviamo fra i libri della sua biblioteca un esemplare del *Cuisinier françois* («Il cuoco francese») di La Varenne (il primo a presentare ricette di *foie gras*), opera molto nota e piú volte riedita dalla prima pubblicazione avvenuta nel 1651. Le ricette piuttosto sapide, probabilmente realizzate dall'ottima Marie-Anne Ansault, moglie di Couperin, saranno senz'altro state gustate dal compositore, che peraltro sappiamo rachitico di natura e di costituzione fragile. E quando nel 1713, nella prefazione del *Premier livre de pièces de clavecin*, egli dichiara: «Confesso sinceramente che preferisco di gran lunga quanto mi emoziona a ciò che mi sorprende» non definisce forse la natura dell'autentico *gourmet*, «del gusto di coloro che lo possiedono squisito»?

Nello stesso periodo, verso la fine dell'aprile 1716, Johann Sebastian Bach era stato invitato a collaudare l'organo della Liebfrauenkirche di Halle. Gli annali della città riportano persino un "elenco delle portate" e il costo elevato del banchetto offerto per l'occasione ai musicisti. Vi si incontrano alla rinfusa:

> *bœuf à la mode*, luccio con salsa di burro all'acciuga, prosciutto affumicato, piatto di piselli, piatto di patate, piatto con salsicce e spinaci, quarto d'arrosto di montone, zucca bollita, frittelle, scorza di limone candita, ciliege in conserva, insalata di asparagi caldi, insalata di lattuga, ravanelli, burro fresco, arrosto di vitello.

Senza dubbio i commensali non assaggiavano tutti i piatti. Ciò non impedisce di immaginare volentieri un Bach che gode della buona tavola. Una notevole energia creativa, venti bambini, il gusto della festa nonostante un'intensa attività quotidiana lasciano sospettare un robusto appetito. La sua musica ci porta tuttavia a immaginare in lui un armonioso equilibrio fra una componente carnale molto sviluppata, che si manifesta nel gusto per i piaceri terreni spinto fin quasi alla voluttà, e una componente mentale tendente al dominio e al controllo del vissuto secondo un ordine superiore. Se nell'inventario dei suoi beni non compaiono libri di cucina, esistono comunque alcune testimonianze che permettono di far luce su questo aspetto. Ecco dunque che il cibo appare per lui come un rito sociale al quale si ama sacrificare, senza perciò rinnegare il diletto della gola. Al suo amico Johann Leberecht Schneider, un funzionario della corte di Weissenfels che egli aveva invitato a Lipsia, Bach scrive nel 1741:

> Intanto abbiamo mangiato alla salute di Vostro Onore il bell'arrosto di selvaggina, ma avremmo ancor piú gradito di poterlo fare in Sua piacevole *compagnie* [Neumann e Schulze 1963, p. 111].

Il *quodlibet* delle *Variazioni Goldberg* offre infine un lontano riflesso delle usanze conviviali di quel tempo. Bach vi utilizza due vecchie canzoni tedesche in senso evidentemente metaforico; una di queste canzoni, popolare nel secolo XVII, dice: «Cavoli e rape mi hanno scacciato; | se mia madre avesse cucinato della carne, | sarei rimasto di piú».

Contrariamente a Bach, il suo contemporaneo Georg Friedrich Händel si è fatto una fama da orco. Il disegnatore Goupy può rappresentarlo nel 1754 sotto le sembianze di un grasso porcello che suona l'organo seduto su una botte circondata di cibarie. Eppure il musicista ha una vita quotidiana molto semplice; non essendosi fatto una famiglia e non avendo una vita sentimentale movimentata, si sarebbe tentati di attribuirgli (anche se oggi si comincia a dubitarne) una vita sensuale atrofica, se non fosse per l'appetito gargantuesco che testimonia della sua potenza vitale, tutta volta alla creazione e a una febbrile attività professionale. Un aneddoto forse inventato (ma dove c'è fumo c'è arrosto!) narra che

> arrivato da solo in una locanda, ordinò un pasto per tre persone. Dopo un po' di tempo, non essendo ancora stato servito, fu preso da impazienza e chiese all'oste il perché del ritardo. Alla risposta che bisognava attendere l'arrivo di tutti i commensali, scoppiò in una gran risata: «I commensali sono io. Portate la cena, *prestissimo*» [Labie 1980, p. 374]!

L'appetito del musicista è stato notato dai suoi contemporanei. Cosí Mainwaring, il suo primo biografo e uno fra i creatori della leggenda haendeliana, riporta:

> Coloro che lo biasimavano per il suo indulgere eccessivo a questo, che è il piú basso dei piaceri, avrebbero dovuto considerare che le peculiarità della sua costituzione fisica non erano minori di quelle del suo carattere. Lussuria e intemperanza sono idee relative e dipendono da circostanze non ristrette alla quantità e alla qualità. Sarebbe irragionevole costringere Händel alla dieta e alle razioni dell'uomo comune, cosí come pretendere che un mercante inglese vivesse come un orologiaio svizzero [1980, p. 140].

Pastore anglicano, Mainwaring non può astenersi dal moralizzare:

> Può essere una scusante il fatto che la natura gli abbia dato una costituzione tanto vigorosa, un palato tanto fine e un appetito tanto vorace [*ibid*.],

né dal tentare un abbozzo di spiegazione apologetica a beneficio del suo eroe:

> C'è un altro elemento a suo favore; intendo la sua incessante e intensa applicazione agli studi della sua professione. Ciò rendeva tanto piú necessario un costante e copioso apporto di nutrimento per rifocillare gli spiriti esausti [*ibid*.].

Poco piú avanti nello stesso secolo troviamo il celebre organaro svevo Karl Joseph Riepp, abbastanza amante dei piaceri del palato da venire ad aprire il suo laboratorio in Francia, a Digione. Riepp lavorava soprattutto nella Germania meridionale, terra di vigneti, ed esercitava la sua professione con grande talento. Con altrettanto talento sembra che abbia poi svolto un'attività di mercante di vini all'ingrosso e al dettaglio, entrando a far parte nel 1748 della relativa corporazione. Acquistando poderi e vigne, Riepp si dedicò al commercio dei vini di Borgogna, tra i quali il Gevray Chambertin, senza abbandonare la fabbricazione di organi. In diverse occasioni egli annotò consigli circa le combinazioni dei registri organistici, ricorrendo volentieri ad analogie per spiegarsi meglio. Inevitabilmente, le sue due passioni si sovrapponevano. Infatti verso il 1750 Riepp redige una preziosa annotazione dal titolo: *L'organaro e cuoco per la notte di carnevale*. Stabilendo analogie fra lo strumento musicale e le portate, si legge: «n. 8: Principale di 8 piedi = riso in brodo. N. 9: Bordone di 8 piedi = carne di vitello»; poi, sotto il titolo *Pranzo speciale*, «n. 21: Cromorno = pernice. N. 22: Cornetto di recitativo = passeri ortolani o fagiani. N. 23: i due registri insieme = beccacce in salmí». E piú avanti, sotto *Pranzo di gala*, avremo ancora modo di sapere: «n. 24: pedale aggiunto = vino di Borgogna. N. 27: Nazardo, è una panna montata. N. 31: Eco = caffè.

Seguono le ricette, poiché «non basta avere gli ingredienti, occorre anche prepararli secondo i propri desideri». Riepp fornisce dunque le sue ricette, e per essere piú preciso specifica anche a chi sono destinate: «n. 7: Bordone, Principale, Copula di 8 piedi, Prestante: pasto ordinario che si deve consumare a grossi bocconi con gravità, altrimenti ci si può strozzare». Può essere interessante scoprire quali registrazioni formino il pasto piú indicato per: un generale dell'esercito, un organista, un intenditore, un tedesco di buon gusto e... per le signore. Conclusione obbligata: «L'organista deve essere il cuoco che mette buoni condimenti nella salsa» [Gravet 1996, p. 120].

Quanto a Gioachino Rossini, la sua passione per il cibo, soprattutto per la pasta, è divenuta ben presto leggendaria. Nonostante la salute malferma e i forti dolori di stomaco, il musicista italiano appare come l'archetipo del buongustaio sibarita. Secondo Oettinger avrebbe dichiarato:

> Lo stomaco è il maestro di musica che infrena e sprona la grande orchestra delle grandi passioni; lo stomaco vuoto suona il fagotto del livore e il flauto dell'invidia; lo stomaco pieno batte il sistro del piacere e il tamburo della gioia [Cecchini 1992, p. 78].

La sua seconda moglie Olympe Pélissier occupava in cucina il posto che la prima moglie Isabella Colbran occupava sulla scena e c'è da chiedersi se Rossini – che in effetti componeva a una velocità sconcertante – non abbia trascorso molto piú tempo chino davanti ai fornelli piuttosto che sulla carta da musica. Oltre che di opere musicali egli è autore di numerose ricette ottenute il piú delle volte improvvisando trasformazioni o arrangiamenti originali di ricette già esistenti. La piú celebre è senz'altro quella del *tournedos* di cui gli viene attribuita la formula autentica:

> Prendete quattro fette di filetto di bue alte due centimetri, legatele con lo spago in giro cosí che conservino la forma. Salatele, aggiungete pepe e saltatele al burro da ambo le parti. Friggete nel burro quattro crostoni di pane alti quanto i tournedos e disponeteli su un piatto di portata. Su ogni tournedos ponete una bella scaloppa di fegato grasso saltata nel burro e tre lamelle di tartufo, scaldate nello stesso burro di cottura. Disponete sui crostoni i tournedos, quindi, al sugo di cottura della carne, unite mezzo bicchiere di vino (Madera o Marsala) e ricoprite con l'intingolo i tournedos. Servite caldo [*ibid.*, p. 43].

Il celebre *tournedos* alla Rossini ha poi conosciuto negli anni bui della Repubblica Democratica Tedesca lo squallido simulacro di un piatto costituito da una fetta di manzo bollito ricoperta di paté rustico in scatola e di qualche rondella di olive nere; il tutto adagiato su una fetta di pane e elegantemente battezzato «romsteak Meyerbeer»!

Sfogliando le raccolte di brevi pezzi rossiniani riuniti sotto il titolo di *Péchés de vieillesse* e composti quando il musicista, abbandonata l'opera lirica, si dedicava alla gastronomia, ci s'imbatte in citazioni culinarie. Nel quinto volume alcuni pezzi per pianoforte sono intitolati *Ouf*, *Les petits pois*, *Un sauté* e *Hachis romantique* («Uffa», «I piselli», «Saltato in padella», «Trito romantico»). Quanto al quarto volume, *Quatre mendiants et quatre hors-d'œuvre* («Quattro mendicanti e quattro antipasti») conta due gruppi di quattro "pezzi semicomici" ciascuno, sempre per pianoforte. I "Quattro antipasti" sono in successione: *Les radis*, *Les anchois*, *Les cornichons* et *Le beurre* («Ravanelli», «Acciughe», «Cetrioli» e «Burro»), mentre «Quattro mendicanti» è il nome di un dessert composto da quattro frutti secchi "poveri", di quelli che si possono cogliere lungo i sentieri: *Les figues sèches*, *Les amandes*, *Les raisins* et *Les noisettes* («Fichi secchi», «Mandorle», «Uvetta» e «Nocciole»).

Fu per manifestare la propria ammirazione a una delle grandi cantanti del suo tempo, Nellie Melba, che il cuoco francese Auguste Escoffier *compose* nel 1892, al Savoy di Londra dove officiava, un delizioso dessert che offrí alla diva in occasione di una rappresentazione del *Lohengrin* al Covent Garden:

> pesche affogate su un letto di gelato alla vaniglia, servite in una coppa d'argento incastonata fra le ali di un cigno intagliato in un blocco di ghiaccio (omaggio al cigno dell'opera di Wagner), e ricoperte d'un velo di zucchero filato [Montagne 1938].

Divenuta poi "pesca Melba" nel 1899, questa "pesca al cigno" si trasforma nel tempo, con l'aggiunta di un passato di lampone. Oggi spesso arricchita di crema Chantilly, la ricetta conosce innumerevoli varianti ed esibisce in tutto il mondo il nome della famosa soprano australiana. Ma ben altre preparazioni sono state ispirate dalla cantante-gastronoma: la salsa Melba, il contorno Melba, il toast Melba, ecc. Il grande Escoffier non mancò peraltro di onorare con le sue preparazioni speciali anche Adelina Patti, Verdi e Caruso.

Infine, come non ricordare le quattro ricette di cucina che Leonard Bernstein, senza bisogno di inventarle, ha preso a prestito da un libro francese, *La bonne cuisine*, per tratteggiare altrettante buffe melodie: *Plum pudding* (pudding di prugne), *Queues de bœuf* («code di bue»), *Tavouk Guenksis* (una sorta di timballo di petto di pollo) e per concludere, il *Civet à toute vitesse* (ragú a tutta velocità). Per quest'ultimo pezzo c'è un'annotazione, sempre in francese: «Quando si avesse fretta, ecco un modo per preparare un ragú di lepre che vi raccomando»; a ritmo perdifiato la melodia va *accelerando* per finire con un «Servez!» («Servite!») Il successo è assicurato!

3. *La cantina dei musicisti.*

Non si conoscono musicisti che non abbiamo amato e apprezzato la bottiglia, di vino o altri alcolici. Molti di loro si attrezzano oggi cantine di grande qualità e qualche volta arrivano a gestirne l'inventario su computer, come faceva una volta Rossini sui suoi taccuini d'appunti. Il tutto per accompagnare la raffinatezza delle portate, oppure per arrecare nel dopo-concerto il conforto riparatore delle angosce e del dispendio energetico. La facilità di assunzione delle bevande alcoliche determina in generale un effetto assai rapido e diventa dunque forte la tentazione di cedervi per trovarvi al piú presto quel sovrappiú di vitalità che sembra inseparabile dall'ebbrezza dei suoni.

Fra tutti gli aneddoti che gli furono raccontati quando lavorava alle memorie del suo amico Händel, Burney riporta quello che mostra il suo eroe durante una cena casalinga, in compagnia di alcuni invitati musicisti. Il compositore, dichiara Burney:

> esclamava spesso: «Oh! Mi è venuta l'idea». Gli astanti allora, non volendo che per riguardo verso di loro il pubblico venisse privato di qualcosa di tanto prezioso come le sue idee musicali, lo pregavano di ritirarsi e di annotarle; lui però assecondava cosí di frequente questa richiesta che a un certo punto uno dei piú sospettosi, spinto da perversa curiosità, spiò dal buco della serratura nella stanza contigua, e vide come "queste idee" il maestro le traeva da una nuova cassetta di vino di Borgogna che, si scoprí in seguito, gli era stata donata da un amico, il compianto lord Radnor, mentre agli ospiti veniva servito un piú generoso e *spiritoso* Porto [in Hogwood 1984, p. 130].

Di Johann Sebastian Bach si sa, grazie ad alcune fatture, che sotto il suo tetto si bevevano ogni giorno birra e sidro acquistati all'ingrosso, in barile. Ma per migliorare la dieta e per i giorni di festa c'era il vino bianco delle colline dell'Elba o, meglio ancora, del Reno e della Mosella. È probabile che un'ordinazione di vino del Reno da lui fatta nel 1721 fosse destinata a festeggiare il suo secondo matrimonio. La fattura specifica:

> 32 boccali venduti al Signor Maestro di Cappella Bach a 9 talleri da W. R. L. L., fa 9 talleri | Al medesimo, la stessa qualità per 1 barile e 5 boccali a 8 *Groschen*, fa 23 talleri | 1 barile va al Signor Maestro di Cappella Bach a 19 talleri venduto da W. R. L. Y., fa 18 talleri [Neumann e Schulze 1969, p. 83].

Una testimonianza toccante sulla vita quotidiana del musicista ci viene da una lettera che il cugino Johann Elias Bach, ospite in casa di Johann Sebastian per cinque anni, dal 1737 al 1742, indirizzò nell'ottobre del 1739 a una sorella abitante a Schweinfurt:

> Dopodiché devo ora replicare la mia preghiera precedente circa il mosto dolce; il buon Dio vi darà probabilmente quest'anno una buona vendemmia, e pertanto ti prego con viva insistenza, mia cara sorella, di far bollire soltanto un 10 o 12 bocca-

li di mosto dolce e mandarmelo tramite il corriere, col che potrei per una volta davvero molto volentieri fare un piacere al nostro signor cugino, dal momento che in questi due anni ho goduto tantissimi benefici in casa sua [*ibid.*, p. 371].

Avendo condiviso la quotidianità dell'illustre cugino, Johann Elias sa bene cosa possa fargli piacere. Tornato al suo paese continuerà a manifestargli gratitudine. Ma non sempre la cosa è di facile realizzazione. Succede cosí che nel novembre del 1748 Johann Sebastian lo ringrazi in questi termini:

[...] unitamente al prezioso barilotto di sidro inviatomi, per il quale con la presente esprimo la mia debita gratitudine. È tuttavia da deplorare altamente che il barilotto abbia sofferto per gli scossoni del carro o per altro motivo; perché dopo la sua apertura e consueta ispezione della dogana di qui era vuoto per quasi tre quarti, e secondo la relazione dell'ispettore conteneva soltanto 6 boccali; e dunque peccato che di questo nobile dono di Dio si debba versare la minima gocciolina. Col che mi complimento ora di cuore col signor cugino per la ricca benedizione ricevuta [...] P.[ro] M.[emoria]. Quantunque il signor cugino si sia benevolmente offerto di favorirmi ancora con un siffatto *liqueur*, devo tuttavia declinare a causa delle esorbitanti imposte di qui; infatti il trasporto è costato 16 *Groschen* per il corriere, 2 *Groschen* per l'ispettore, 5 *Groschen* e 3 *Pfennig* per l'imposta regionale e 3 *Groschen* per quella generale, cosí il signor cugino può valutare da solo che ogni boccale mi viene a costare quasi 5 *Groschen*, il che per un regalo è un po' troppo caro [Neumann e Schulze 1963, p. 119].

Dopo il pasto, un bicchierino di *schnaps*. Già dall'aprile del 1738, Johann Elias confida alla sorella:

Se fosse possibile, manderei volentieri una bottiglia di buona acquavite di malto al mio signor cugino e qualche garofano (NB) giallo alla nostra *Frau Muhme* [«mammina», Anna Magdalena Bach], che è molto amante del giardinaggio; so di sicuro che farei loro un gran piacere [Neumann e Schulze 1969, p. 423].

Sono numerosi i compositori di cui conosciamo piú o meno sicuramente la spiccata propensione per l'alcool, da Wilhelm Friedemann Bach a Stravinskij, passando per Mozart, Beethoven, Schumann, Brahms, Musorgskij e molti altri. Occorre tuttavia andare un po' piú a fondo nella questione. Se anche Brahms fu un gagliardo bevitore e una buona forchetta, niente ci autorizza a dire che fosse un alcolista. Tuttavia nei suoi ultimi mesi, malato di cancro al fegato, «continua a mangiare di buon appetito, malgrado il blocco della vescicola biliare; beve del buon vino di Borgogna in boccali da birra; corregge al rum i suoi caffè» [Rostand 1978, trad. it. p. 670]. Il 3 aprile 1897 Josef Brenner, il giovane medico che lo veglia, propone al morente un po' di vino:

lui ha accennato di sí con la testa. Allora gli ho versato un gran bicchiere di buon vino del Reno, proveniente dalle cantine del suo amico il duca di Meiningen, che la sua affittacamere aveva preso per me. Quasi senza aiuto, Brahms si è seduto sul letto, ha bevuto il bicchiere di vino in due grandi sorsate e, con la sua tipica voce ruvida di uomo del Nord, ha esclamato soddisfatto: '*Ach, das ist gut!*' [*ibid.*, p. 672].

Ultimi gesti, ultime parole. Il musicista muore tre ore piú tardi.

Di Franz Schubert è spesso stato detto che spingeva il gusto smodato per il bere fino all'ubriachezza. Sonnleithner precisa nel 1829:

> Sono purtroppo costretto a constatare di aver visto diverse volte Schubert in stato di ebbrezza [in Massin 1977, p. 447].

Ma piú avanti, nel 1864, il suo amico Spaun ricorda:

> per molti anni ho cenato ogni sera con lui in trattoria e altre volte, molto spesso, con una cerchia di amici partecipavamo a brillanti cene organizzate che seguivano un concerto di Lieder senza che Schubert abbia mai, nemmeno una sola volta, oltrepassato i limiti [*ibid*., p. 449].

Anche se gli poté accadere di giungere all'ubriachezza, dev'essere stato molto piú di rado di quanto non si dica, se non altro a causa delle sue scarse disponibilità economiche. Inoltre, la sua musica dimostra come l'alcool non abbia avuto sul suo cervello alcun effetto devastante. Una persona a lui vicina, Anselm Hüttenbrenner riferisce che:

> il piú delle volte Schubert beveva birra bavarese nella locanda "Al gatto nero" nella Annastrasse o "Alla lumaca" in Petersplatz e intanto fumava molto. Ma se disponevamo di piú denaro, allora bevevamo vino, oppure, in circostanze speciali, del punch nella Weihburgstrasse [...]. Dopo un bicchiere di vino o di punch, Schubert diventava molto loquace. I suoi ragionamenti sulla musica erano drastici, brevi, concisi; colpiva sempre al cuore. In questo somigliava a Beethoven, che a volte era anche piuttosto ironico [*ibid*., p. 448].

Dove finiscano le testimonianze e dove abbia inizio l'agiografia, a nessuno è dato di sapere. Tuttavia, queste storie dimostrano quanto sia utile operare una distinzione fra la quotidianità del creatore che può manifestare una particolare attrazione per il bere – con tutta la sequela degli effetti collaterali che interessano le sue condizioni psichiche – e la lucidità che gli è indispensabile per creare. In parallelo a una vita di intenso lavoro e di massima serietà, il dolce Franz, timido e taciturno, spera senza dubbio di trovare nel bere insieme agli amici l'oblio di una condizione assai modesta e quell'integrazione sociale cui aspira. Allegria sfrenata, momenti di stordimento che bilanciano le ore di lavoro tenace, di concentrazione intellettuale, di sobrietà monacale.

È possibile cercare nell'alcool un illusorio sostegno per la mente e per il corpo. Cosí faceva Mozart quando si applicava a comporre l'*ouverture* del *Don Giovanni*. Nissen riporta che:

> all'anti-vigilia della rappresentazione, disse a sua moglie che avrebbe scritto l'ouverture durante quella notte e le chiese di preparargli un punch e di restare accanto a lui per tenerlo sveglio. Lei fece come lui desiderava e gli raccontò delle storie [...]. Ma il punch gli provocava sonnolenza e lui si assopiva non appena lei smetteva di parlare [1828].

Agendo come una droga, l'alcool ha forse avuto per qualcuno la facoltà di trasportarlo verso quei "paradisi artificiali" vantati da Baudelaire? I creativi vi hanno potuto trovare stimoli per la loro immaginazione, una dilatazione dell'essere che genera un simulacro di libertà mentale? Impossibile dare una risposta. Ma anche se questo fosse successo, non è comunque il caso degli artisti esecutori: strumentisti, cantanti o direttori d'orchestra. In presenza della forte ansia che può assalirli, l'alcool non fornirebbe loro che l'illusione di vincere la paura rimuovendo le inibizioni, ma è imperativo fissare dei limiti, quelli imposti dall'obbligo di garantire una prestazione che esige un totale autocontrollo. Tutt'al piú, l'alcool potrà agire come conforto dopo la prova... Alcune celebri eccezioni sono comunque entrate a far parte della storia, anche se pare piú decoroso non citarle in questa sede.

Da parte loro, alcuni grandi musicisti jazz del passato si sono fatti una reputazione che supera ogni limite. Cosí, del sassofonista e compositore Charlie "Bird" Parker, si dice che avesse un appetito da orco per tutto ciò che atteneva ai sensi: ingurgitava enormi quantità di cibo, beveva come un pozzo senza fondo e consumava droga. Parker ammetteva di essere cosciente del proprio comportamento suicida e al tempo stesso riconosceva di non poterne fare a meno. Ma non mancò di osservare:

> Un musicista che afferma di suonare meglio dopo aver fumato, dopo essersi bucato o dopo aver bevuto è un dannato bugiardo. Quando ho bevuto non riesco ad usare correttamente le dita, non parliamo della povertà delle mie idee. Nel periodo in cui mi drogavo, potevo anche pensare di suonare meglio, ma quando riascolto i miei dischi di allora mi rendo conto che è falso [Shapiro e Hentoff 1955].

L'analogia è evidente per quanto concerne le droghe chimiche dure e le sostanze allucinogene consumate soprattutto dai musicisti rock, a volte fino all'*overdose* mortale, spesso in associazione con alcool e prodotti farmaceutici; in diversi ci hanno effettivamente rimesso la vita, come Jim Morrison, Bob Lee Marx, Jimi Hendrix, Janis Joplin e molti altri.

Un posto particolare deve essere riservato al caffè. Introdotto in Europa nel secolo XVII, esso fu subito oggetto di una moda dilagante. Molti esercizi pubblici aprirono ai consumatori e diventarono rapidamente luoghi di incontro per gli artisti. Si sa che a Lipsia Schumann e i suoi amici Davidsbündler frequentavano assiduamente Zum Kaffeebaum («Alla pianta di caffè»). Prima che venissero costruite sale riservate ai concerti, i caffè accoglievano i musicisti in tutte le stagioni – d'inverno nelle sale interne, d'estate all'aperto. Lí si potevano ascoltare le *ouvertures* e i concerti eseguiti dai *collegia musica* davanti a un pubblico che associava consumo di caffè e ascolto musicale.

Le virtú eccitanti del consumo di caffè sono state molto presto riconosciute. Tra gli altri effetti della bevanda c'è quello di mantenere svegli: Mozart ne faceva largo uso per sostenere l'attenzione verso l'alba. E senza che sia possibile stabilire un rapporto causa-effetto, il caffè ebbe un successo particolare fra le donne, che vi riconobbero probabilmente un segno di emancipazione. Già dalla fine del secolo XVII, commedie e cantate celebrano dappertutto il caffè. La piú celebre è evidentemente *Schweigt stille, plaudert nicht*, la bachiana «Cantata del caffè». La giovane donna che beve caffè tre volte al giorno finisce con il trionfare: «La madre ama l'uso del caffè, | anche la nonna ne beveva, | chi vorrà rimproverarlo alla figlia?»

4. *Cibo e bevande nelle opere musicali.*

Opere vocali di ogni genere, romanze, concertati, e naturalmente opere liriche e operette attestano in effetti il gusto dei musicisti per il mangiare e soprattutto per il bere. Il vino è amico del canto: fin dalle composizioni polifoniche della scuola franco-fiamminga pubblicate nel Rinascimento spiccano le canzoni bacchiche di Gombert, Certon o Sermisy. Quest'ultimo canta chiaramente: «Hau hau hau io bevo | Preghiamo Dio re dei re | di conservare questo bel vino francese | Se ne beviamo sei brocche in tre | Per meglio schiarirci le voci | Beviamo a piú non posso». Orlando di Lasso ne ha coltivato il genere non senza vigore; nelle sue canzoni tedesche non smette mai di dichiarare la preferenza per il vino rispetto alla birra, ma non dimentica di farne notare gli effetti nefasti. In Italia, il madrigale propone all'epoca molte canzoni bacchiche. Se ne trovano gli esempi piú famosi nella commedia madrigalesca di Vecchi, il *Convito musicale* (1597), con le sue strofe dedicate a Bacco, oppure in quella di Banchieri, il *Festino nella sera del giovedí grasso avanti cena* (1608), nella quale al termine della canzone conviviale i cantanti bevitori abbandonano l'uno dopo l'altro il complesso polifonico. Nella *Barca di Venetia per Padova*, dello stesso Banchieri (1605), i cinque personaggi, prima di intrattenersi con il canto, rispondono all'invito del mercenario bavarese, Mistr. Tolr. Tutesch: «Mi star Tutesch, mi canter un bassott; mò prima foller far un trinc e sgott! – [...] Prima si bevi, doppo cantiamo! – [...] Brindes iò, iò, iò, iò, iò, iò! Sgott mi trinc con el flascon!»

La prima metà del XVII secolo vede fiorire in effetti la moda della canzone bacchica o conviviale, spesso associata alla canzone a ballo: fin dal 1615 l'editore parigino Mangeant (!) pubblica dei «Baccanali» nella sua raccolta *Chansons des comédiens français*. L'editore Ballard si specializza in questo genere di raccolte, pubblicando a Parigi fra il 1627 e il 1662 due collane di *Livres de chansons pour dancer et pour boire*, che assommano a ventotto volumi. In Germania, Johann Hermann Schein, *Kantor* a Lipsia, inserisce nel 1626 cinque canzoni conviviali a cinque voci nel suo *Studenten-Schmaus* («Il banchetto degli studenti»). E le canzoni da taverna con dignità d'arte abbondano nell'Inghilterra elisabettiana, ma anche, a quanto riporta il *Diario* di Samuel Pepys, all'indomani della rivoluzione puritana di Cromwell.

Come la canzone bacchica, anche l'aria conviviale che fiorirà nella seconda metà del Seicento e nella prima del secolo successivo, si rivela essere una specialità francese al pari del vino. Se ne pubblicano a centinaia, contrapponendole alle arie serie. Le piú famose si trovano in *Airs à boire à 2 et 3 parties* di Cambert (1665), cui faranno seguito nel 1730 le *Airs sérieux et à boire meslez de brunettes, d'ariettes, vaudevilles et rondes de table* di Naudé. Se ne continueranno a pubblicare fino all'Ottocento, spesso sotto forma di libriccini tascabili.

Se l'eccesso del bere può momentaneamente scacciare la tristezza, può però anche generarla. Lo sa bene Berlioz, che nella *Chanson à boire* op. 2 n. 5 delle *Mélodies irlandaises* su versi di Thomas Moore contrappone a uno spensierato ritornello a tre voci due strofe di una malinconia indefinita, uno *spleen* di mal d'amore.

Non mancano neppure nel Novecento lontane reminiscenze delle canzoni e delle arie conviviali: nei *Canti conviviali* di Moniuszko, nelle *Quattro canzoni popolari slovacche* per coro misto e pianoforte e nelle venti *Canzoni popolari ungheresi* per coro misto a cappella di Béla Bartók, o in Frank Martin (*Verse à boire*, per coro a cappella), cosí come nelle melodie di Peter Warlock, in onore del rum (*Captain Stratton's Fancy*) o della birra (*Mr Belloc's Fancy*, *Good Ale*), senza dimenticare la *Chanson à boire de Don Quichotte* di Ravel, né la *Chanson à boire* o i *Couplets bachiques* di Poulenc.

Ma, elevata al piú nobile dei generi nel grande Lied per orchestra, l'aria bacchica verrà ad assumere un significato quasi metafisico. Due delle sei liriche cinesi utilizzate da Mahler per *Das Lied von der Erde* si riferiscono direttamente al vino e all'ebbrezza. In *Das Trinklied vom Jammer der Erde* («Il canto bacchico della desolazione della terra»), con il quale si apre la sinfonia con tenore e contralto, il poeta considera l'ubriachezza quale rimedio perfetto per i mali dell'umanità, l'euforia alcolica inducendo una disperata lucidità riguardo al destino dell'uomo. L'apologia dell'etilismo ricorre nel quinto Lied, *Der Trunkene im Frühling* («L'ubriaco in primavera»): indifferente, l'uomo si abbandona all'ubriachezza mentre la natura torna alla vita.

Quanto ad Alban Berg, egli dedica tutta un'aria da concerto al vino, *Der Wein*, su tre poesie di Baudelaire adattate in tedesco da Stefan George: *Die Seele des Weines*, *Der Wein der Liebenden* e *Der Wein des Einsamen* («L'anima del vino», «Il vino dell'amante», «Il vino del solitario»). L'aria è polarizzata sulla nota *re*, e le prime sei note della serie generatrice enunciano chiaramente la tonalità di re minore, associata da Mozart fino a Berg alla presenza della morte, limite estremo della malinconia cui induce il vino, fino a giungere all'ubriachezza: «E tu otterrai da questo nettare vegetale».

5. *La buona tavola in scena.*

È tuttavia nel melodramma che i musicisti tradiscono spudoratamente i loro appetiti. Quante tavole sono state imbandite sulla scena nel corso di due secoli! Dal palazzo di Don Giovanni alla stanza di Scarpia a Palazzo Farnese (*La Tosca*), dalla camera da letto della Marescialla in *Der Rosenkavalier*, fino alla modesta sala da pranzo familiare della *Louise* (Charpentier), senza parlare delle scene di nozze (*Cosí fan tutte*), di caffè e di locanda: *Fra Diavolo* (Auber), *Carmen*, *La forza del destino*, ancora *Rosenkavalier*, *Boris Godunov*, *Wozzeck*, *Die Soldaten* (Zimmermann), ecc.

Minuto e apparentemente fragile, Mozart si è guadagnato una solida reputazione di bevitore e di gaudente. La sua opera ne testimonia. Il sipario del *Cosí fan tutte* non si alza forse sulla scena di un caffè napoletano? Ma è evidentemente nel *Don Giovanni* che cibo e bevanda si trovano strettamente associati ai piaceri dei sensi. Nel primo atto, subito dopo l'incontro con Zerlina, Masetto e i contadini, Don Giovanni comanda a Leporello: «Ordina ch'abbiano | cioccolata, caffè, vini, prosciutti!», e piú avanti esclama:«Finch'han dal vino calda la testa, | una gran festa fa preparar!» nella celebre aria, brevissima e volteggiante fino alla vertigine, conosciuta come aria "dello champagne". La scena della morte di Don Giovanni si svolge ancora a tavola: «Già la mensa è preparata; | voi suonate, amici cari!» Il protagonista divora con buon appetito («Ah, che piatto saporito!») come fa notare Leporello («Ah, che barbaro appetito! | Che bocconi da gigante!»). Don Giovanni è un orco in tutto e per tutto, e le sue ultime parole da uomo libero sono un inno alla sensualità: «Vivan le femmine! | Viva il buon vino! | Sostegno e gloria | d'umanità!» E se a quel punto interviene la statua del Commendatore, il "convitato di pietra", è perché ne è stato pregato al cimitero dallo stesso Don Giovanni: «A cenar teco | m'invitasti, | e son venuto». Musica e cibo ancora insieme, ad attirare la morte.

Nulla del genere si può immaginare nel morale *Flauto magico*. Eppure, sin dall'inizio è a causa della sua stessa oralità che Papageno sarà punito per la sua menzogna, dietro ordine della Regina della Notte:

> (*Prima damigella*) Dunque per prima cosa ti manda oggi la nostra regina, anziché vino, acqua fresca e chiara. (*Seconda damigella*) E a me ordinò di portarti, invece d'un pan di zucchero, questa pietra. Spero ti sia gradita. (*Papageno*) Cosa? Dovrò mangiare pietre? (*Terza damigella*) E invece dei fichi dolci, ho l'onore di serrarti la bocca con questo lucchetto d'oro.

Quanto all'acqua che dev'essere attraversata nel corso delle prove supreme, per Mozart avrebbe rappresentato una prova ancor piú ardua se gli fosse toccato di doverla bere...

In effetti anche l'acqua può svolgere un ruolo drammatico, ma di segno opposto al vino: acqua santa del passaggio, della purificazione, acqua lustrale dei *Jeux d'eau à la Villa d'Este* di Liszt, o del battesimo di Kundry nel *Parsifal*. Nella *Lakmé* di Delibes, la giovinetta guarisce Gérald facendogli bere una coppa d'acqua attinta alla fontana sacra. E nell'*Arabella* di Strauss, l'acqua offerta al futuro fidanzato assume il significato di un impegno. Prima del duetto finale, Arabella porge a Mandryka il bicchiere d'acqua rituale: «Das war sehr gut, Mandryka!» («È molto buona, Mandryka!»).

Molte figure di bevitori attraversano la scena del melodramma: l'ubriacone di *Katerina Izmajlova* di Šostakovič, o Piet du Bock e poi ancora Nekrotzar, rispettivamente nel primo e nel secondo atto del *Grand Macabre* di Ligeti, prima che il loro bel paese di Breughelland torni a essere quello di prima. Il piú famoso fra tutti è Falstaff, i cui appetiti costituiscono la molla interiore del personaggio, se non dell'azione. È cosí che si presenta alla locanda della Giarrettiera fin dal prim'atto:

> Oste! un'altra bottiglia. | Mi struggete le carni! Se Falstaff s'assottiglia | non è piú lui, nessun piú l'ama; in questo addome | c'è un migliaio di lingue che annunciano il mio nome! [...] (*toccandosi e guardando l'addome*) Questo è il mio regno. Lo ingrandirò.

Fustigando una società spensierata e materialista, Offenbach non trascura in molte operette di abbozzare descrizioni gastronomiche o culinarie davvero gustose. In *Les Bergers* si potrà scoprire la ricetta della zuppa di cavolo campagnola:

> Viva la zuppa di cavoli, | per i giorni di gran festa | non vi è nulla di piú dolce [...]. Ci si mettono | le rape | e dei mazzi | di carote, | un porro, | va benone, | la cipolla, | una bontà | acetosella | che ringalluzzisce, | e a volte mi sfagiolano | dei piselli, | dei pisellini, | ma quel che piú mi gusta | è una buona patata. | Viva la zuppa di cavoli, | la zuppa di cavoli.

E nella *Créole* troviamo l'eloquente illustrazione di un appetitoso piatto di pollo:

> La pollastra era ben messa, | veniva da Le Mans. | Perbacco, la bella pollastra, | e che forme ammaliatrici. | Di un bel giallo era pittata, | ce la mangiavamo con gli occhi, | versandoci una buona pinta | di Chambertin stravecchio. Ritornello: Hm...! la buona pollastrella, | hm...! Principesco spezzatino. | Ah! Purché ne avanzi | un pezzetto per noi.

È evidente che il doppio senso di queste parole non può sfuggire a nessuno... come tante allusioni salaci implicite fin dalle *chansons* rinascimentali. Lo fa persino il delicato Franz Schubert, che affida a un trio vocale la scenetta dell'arrosto di nozze (*Der Hochzeitsbraten*): il guardacaccia, invitato a festeggiare, si delizia con l'arrosto, ma pensa che la sua sorte sarebbe ancora migliore se si trovasse nei panni del giovane sposo anziché in quelli dell'invitato, visto che la fidanzata «è un arrosto niente male».

Ma soprattutto si beve a tutto spiano! Nel suo sermone buffo della *Forza del Destino*, Fra Melitone non afferma forse che: «Ben piú faccenda | le bottiglie vi dan che le battaglie»? Sulla scena del melodramma i brindisi non finiscono mai, e questo già dai secoli XVII e XVIII, con: «come sono dolci, graziosa bottiglia...» del *Médecin malgré lui*, commedia-balletto di Lully (1666), o con «bando alla tristezza, beviamo senza posa» dell'opera *Anacréon* di Rameau (1757). Al grido di «Buvons, buvons!» cori di avvinazzati festeggiano per ogni dove. Sono i bevitori dell'osteria votati a Bacco nel *Faust* di Gounod, con i loro facili versi:

> vino o birra, | birra o vino | colma il mio bicchiere! | Senza vergogna, | un colpo dopo l'altro | un ubriaco beve di tutto! | Giovane adepto | della botte | non rifiutare che l'acqua! | Che la tua gloria, | i tuoi amori, | siano il bere | sempre!

come quelli della taverna di Auerbach nella leggenda drammatica della *Damnation de Faust* di Berlioz. Oppure, nei *Contes d'Hoffmann* di Offenbach, il punch generosamente consumato nel prologo e in concomitanza delle strofe bacchiche nell'atto ambientato a Venezia; già dall'esordio dell'opera si ode un coro invisibile che canta: «Glou, glou, glou, glou, je suis la bière! | Glou, glou, glou, glou, je suis le vin!» O ancora, nel secondo atto di *Béatrice et Bénédict* (Berlioz), la canzone conviviale del maestro di musica Somarone...

In queste innumerevoli scene di taverna, d'osteria, di banchetti e di personaggi che vengono fatti ubriacare o che lo fanno deliberatamente, a volte riceviamo addirittura precisazioni sulle denominazioni d'origine dei vini: manzanilla nella *Carmen*, vin di Spagna nella *Tosca*, vino di Cipro nel *Ratto dal serraglio*, marzemino nel *Don Giovanni*. Ma se il vino domina nel melodramma, è lo champagne, piú leggero e frizzante, a dominare nell'operetta. Scorre a fiotti nel *Pipistrello* di Johann Strauss, nella *Vedova allegra* di Lehár o nella *Principessa della czarda* di Kálmán. È lo champagne a inebriare il barone di Gondremark nella *Vie parisienne* di Offenbach (atto III: «– Lui è sbronzo! – Io no sbronzo!»).

E naturalmente bisogna brindare, tanto che il rituale è divenuto genere musicale, quello del *brindisi*. Questo termine corrisponde alla forma contratta di *far brindisi*, o *fare un brindisi*. L'etimo è alquanto oscuro; la parola avrebbe origine dall'espressione *Bring dir's!* («Lo porto a te!»), o da *Trinken Sie!* («Bevete!»). Si tratta di una canzone conviviale, solitamente intonata da un personaggio e quindi ripresa da tutti gli altri. Ma non è forse curioso che la s'incontri soprattutto nelle opere piú tragiche, come se «l'ora di inebriarsi» annunciata da Baudelaire dovesse precedere e annunziare quella di morire, quasi che il vino fosse un'esaltazione della vita di fronte alla minaccia della morte? Prova ne siano i principali *brindisi* della storia del melodramma, che troviamo nella *Lucrezia Borgia* di Donizetti (Orsini: «Il segreto per esser felici», atto II), in Verdi nel *Macbeth* (Lady Macbeth: «Si colmi il calice», atto II), ne *La Traviata* (Alfredo e Violetta: «Libiamo», atto I) e nell'*Otello* (Iago: «Innaffia l'ugola», atto I); e ancora nella *Cavalleria Rusticana* di Mascagni (Turiddu: «Viva il vino spumeggiante»), o nell'*Hamlet* di Ambroise Thomas («O vin, dissipe la tristesse»). I *couplets* di Escamillo nella *Carmen* di Bizet («Il vostro brindisi posso ricambiarlo», atto II) sono in effetti una sorta di *brindisi*. Nei salotti si ha egualmente modo di sorridere con la gioiosa romanza del *Brindisi* di Verdi, con i *Bevitori* di Donizetti, e naturalmente con l'*ottettino* di Rossini *Toast pour le nouvel an*, o ancora con *Del fanciullo il primo canto*, per basso e coro, e con quella *Orgia* per voce e pianoforte che canta i meriti congiunti dell'amore e del vino. E non si afferma forse per certo che il suo autore amasse degustare a ogni pasto i vini di sei diversi grandi *cru*?

Inevitabile se non auspicata conseguenza delle libagioni è l'ubriachezza, che ha come effetto drammatico quello di indurre al sonno. È questo il caso di alcuni personaggi pittoreschi, come Varlaam nel *Boris Godunov*. «Ci serve solo del buon vino! [...] E la ragione?... E a che mi serve la ragione?», grida costui prima di addormentarsi. Analogamente, per preparare il rapimento di Constanze nel *Ratto dal serraglio*, Pedrillo fa bere a Osmin del vino cui ha aggiunto del narcotico: «Vivat Bacchus!»; ubriaco, Osmin cade in preda al sonno.

Nell'*Elisir d'amore* di Donizetti, è a causa di uno scambio di bevande che il povero Nemorino si ubriaca. E nello stesso errore incorrono Tristano e Isotta, quando bevono il filtro che credono mortale ma che è stato deliberatamente sostituito da Brangania con un filtro d'amore. Beninteso, dal punto di vista filosofico e musicale i due filtri non sono che un'unica, medesima bevanda.

Il filtro è cosí divenuto il lato oscuro del piacere del bere. Che lo si debba con ciò considerare una sorta di autopunizione del musicista pentito? Filtri d'amore, filtri di morte. La libagione si fa veicolo privilegiato di sortilegi, benefici o il piú delle volte malefici. E ancora bevande magiche, nel *Philtre* di Auber, nel *Crepuscolo degli dei* di Wagner, del *Vin herbé* («Il vino fatturato») di Frank Martin. Filtro di morte evocato dal vecchio Dottor Faust: in Berlioz, nella *Damnation de Faust* («O coppa troppo a lungo sottratta al mio desiderio, | vieni, vieni, nobile cristallo! Versami il veleno | che deve illuminare o uccidere la mia ragione!»); o nel *Faust* di Gounod («Sono con questa pozione | il solo padrone del mio destino!» Ancora filtri: il filtro avvelenato della *Lucrezia Borgia* di Donizetti, quello preparato da Mime nell'atto I del *Sigfrido* per uccidere il figlio adottivo, o, nel genere piú nobile, la coppa di cicuta che è costretto a bere Seneca nell'*Incoronazione di Poppea*...

Non potremmo in ultimo tralasciare, accanto ai compositori e ai loro interpreti, coloro a cui essi si rivolgono: il pubblico degli ascoltatori. Se costoro manifestano la loro soddisfazione nei riguardi dei musicisti lanciando fiori, il loro malcontento può invece manifestarsi con il lancio di alimenti. Lo psicologo individuerebbe in questo uso un segno della... *consumazione* di una frattura tra l'artista e la sua oralità, che nel gettar via – o nel rigettare – il cibo tenderebbe a ricomporsi, riconciliando il musicista con la propria alimentazione, ossia col proprio rapporto verso il mondo esterno. Se nei riguardi di Maria Callas il mazzo di ravanelli fu a suo tempo la caricatura beffarda del mazzo di fiori, l'uovo (preferibilmente marcio) è stato a lungo l'emblema dell'ostilità del pubblico. Ma, come hanno ben evidenziato gli scritti di Perec [1991], è pur sempre il pomodoro a riscuotere a tutt'oggi il favore degli appassionati melomani delusi.

Anonimo
1965 *Le Muse in cucina*, All'insegna del pesce d'oro, Milano.

Beaussant, Ph.
1999 *Mangez baroque et restez mince*, Actes Sud, Arles.

Beauvert, Th.
1997 *Rossini, les péchés de gourmandise*, Papiers, Paris (nuova ed. Plume, Paris 2000).

Burney, Ch.
1785 *An Account of the Musical Performances in Westminster-Abbey and the Pantheon [...] in Commemoration of Händel*, T. Payne & Son and G. Robinson, London.

Cantagrel, G.
1997 *Bach en son temps, documents de J. S. Bach, de ses contemporains et de divers témoins du XVIIIème siècle, suivis de la première biographie sur le compositeur, publiée par J. N. Forkel en 1802*, Fayard, Paris (1ª ed. Hachette, Paris 1982).

Cecchini, P.
1992 *In cucina con Rossini: ricette, lettere, aneddoti, motti, frizzi e bisticci del Cigno Pesarese*, Tecnoprint, Ancona.

Chou, O., e Lai, A.
1927 *Further comments on inhibitory responses to tomato splitting in Soloists*, in «Festschrift für Haendel Wissenschaft» (Halle), n. 17, pp. 75-80.

Eger, S.
1745 *Leipziger Kochbuch*, Schuster, Leipzig.

Fétis, F. J.
1835-44 *Biographie universelle des musiciens et biographie générale de la musique*, Bruxelles; Supplemento di A. Pougin, Didot, Paris 1878-80.

Gravet, N.
1996 *L'orgue et l'art de la registration en France du XVIème siècle au début du XIXème siècle*, Ars Musicae, Chatenay Malabry.

Hogwood, C.
1984 *Händel*, Thames and Hudson, London (trad. it. *Georg Friedrich Händel*, Studio Tesi, Pordenone 1991).

Labie, J.-F.
1980 *George Frédéric Haendel*, Laffont, Paris.

La Varenne, F. P.
1999 *Le cuisinier françois, enseignant la manière de bien apprêter et assaisonner toutes*

sortes de viandes, grasses et maigres, légumes et pâtisseries, Payot, Paris (1ª ed. David, Paris 1651).

Lévi-Strauss, C.

1964 *Le cru et le cuit*, Plon, Paris (trad. it. *Il crudo e il cotto*, Il Saggiatore, Milano 1990).

Luther, M.

1566 *Tischreden*, Urban Graubisch, Eisleben; rist. anastatica Böhlaus, 6 voll., Weimar 2000.

Mainwaring, J.

1980 *Memoirs of the Life of the Late George Frederic Handel*, Da Capo Press, New York (1ª ed. Dodsley, London 1760).

Massin, B.

1977 *Franz Schubert*, Fayard, Paris.

Mischke, R.

2000 *Johann Sebastian Bach, Eine Geobiographie*, Admos, Frankfurt am Main - Leipzig.

Montagne, P.

1938 *Larousse gastronomique*, Librairie Larousse, Paris.

Neumann, W., e Schulze, H.-J.

1963 *Bach-Dokumente*, I. *Schriftstücke von der Hand J. S. Bachs*, Bärenreiter, Kassel.

1969 *Bach-Dokumente*, II. *Fremdschriftliche und gedruckte Dokumente 1685-1750*, Bärenreiter, Kassel.

Nissen, G. N.

1828 *Biographie W. A. Mozarts: nach Originalbriefen, Sammlungen alles über ihn Geschriebenen, mit vielen neuen Beilagen, Steindrucken, Musikblättern und einem Fac-simile*, s.e., Leipzig.

Oettinger, E. M.

1845 *Rossini*, Leipzig (trad. it. *G. Rossini*, Nobili, Pesaro 1892).

Perec, G.

1991 *Experimental demonstration of the tomatotopic organization in the Soprano*, in Id., *Cantatrix Sopranica L. et autres écrits scientifiques*, Seuil, Paris (trad. it. *Cantatrix sopranica L. e altri scritti*, Bollati Boringhieri, Torino 1996).

Praetorius, M.

1619 *Syntagmatis musici tomus tertius*, s.e., Wolfenbüttel (facsimile Bärenreiter, Kassel 1998).

Rostand, C.

1978 *Johannes Brahms*, Fayard, Paris (1ª ed. Plon, Paris 1954-55; trad. it. *Brahms*, Rusconi, Milano 1986).

Rouget, G.

1980 *La musique et la transe*, Gallimard, Paris; 2ª ed. 1990 (trad. it. *Musica e trance. I rapporti fra la musica e i fenomeni di possessione*, Einaudi, Torino 1986).

Schikele, P.

1976 *The Definitive Biography of P. D. Q. Bach*, Random House, New York.

Shapiro, N., e Hentoff, N.
1955 *Hear me Talkin' to Ya*, Rinehart, New York.
Stendhal
1973 *Rome, Naples et Florence*, Gallimard, Paris («Bibliothèque de la Pléiade») (1ª ed. Delaunay, Paris 1826; trad. it. *Roma, Napoli e Firenze*, Laterza, Roma-Bari 1990).
Truxa, C.
1903 *Am Sterbebett Brahms*, in «Neue Freie Presse» (Wien), 7 marzo.
Wiora, W.
1950 *Das echte Volkslied*, Müller-Tiergarten, Heidelberg.

1. Emil Rieck, bozzetto per la prima rappresentazione della *Salome* di Richard Strauss a Dresda, 1905.

2. Alexandre Benois, bozzetto per il primo allestimento di *Le rossignol* di Igor' Stravinskij per i *Balletti russi* di Sergej Djagilev, Opéra di Parigi, 1905.

3. Vladimir Tatlin, bozzetto di scena per *L'Olandese volante* di Richard Wagner, olio su tela, 1915-18.

4. Adolphe Appia, bozzetto per *La Valchiria* di Richard Wagner, Staatsoper di Monaco, 1923.

5. Giuseppe Verdi, *La Traviata*, regia di Luchino Visconti, Teatro alla Scala, Milano 1955.

6. Richard Wagner, *Siegfried*, regia di Wieland Wagner, Bayreuther Festspiele, 1951.

7. Philip Glass e Lucinda Childs, *Einstein on the Beach*, regia di Robert Wilson, 1976.

8. *Nelken*, Pina Bausch, Wuppertal Tanztheater, 1983.
9. Cathy Berberian in un recital di musiche di Luciano Berio, 1977.

10. Antonio Vivaldi, *Orlando furioso*, regia e allestimento di Pier Luigi Pizzi, Verona 1978.

11. Georg Friedrich Händel, *Ariodante*, regia e allestimento di Pier Luigi Pizzi, Piccola Scala, Milano 1981.

12. Giuseppe Verdi, *Macbeth*, regia di Giorgio Strehler, scene e costumi di Luciano Damiani, Teatro alla Scala, Milano 1975.

13. Wolfgang Amadeus Mozart, *Le nozze di Figaro*, regia di Giorgio Strehler, scene di Ezio Frigerio, Teatro alla Scala, Milano 1980.

14. Giuseppe Verdi, *Simon Boccanegra*, regia di Giorgio Strehler, scene e costumi di Ezio Frigerio, Teatro alla Scala, Milano 1981.

15. Gioachino Rossini, *Il viaggio a Reims*, regia di Luca Ronconi, scene di Gae Aulenti, Rossini Opera Festival, Pesaro 1984-85.

16. Richard Wagner, *Siegfried*, regia di Patrice Chéreau, scene di Richard Peduzzi, Bayreuther Festspiele, 1976.

17. Christoph Ritter von Gluck, *Orfeo e Euridice*, regia di Jean-Pierre Ponnelle, Opera di Colonia, 1977.
18. Wolfgang Amadeus Mozart, *Mitridate, re di Ponto*, regia di Jean-Pierre Ponnelle, Opernhaus, Zurigo 1985.
19. Wolfgang Amadeus Mozart, *Mitridate, re di Ponto*, regia di Graham Vick, Royal Opera House Covent Garden, Londra 1991.

20. Aribert Reimann, *Lear*, regia di Luca Ronconi, scene di Margherita Palli, Teatro Regio, Torino 2001.

Parte terza
Il musicista

PETER MARLER

La musica degli animali

Anche se negli animali gli avvisi d'allarme e le richieste di cibo sembrano a volte operare simbolicamente, numerosi loro segnali, probabilmente la maggioranza, sono di natura affettiva e radicati nello stato emozionale del segnalatore, cosa che stabilisce un parallelo immediato con la musica. Un altro aspetto rilevante del significato dei segnali animali è se nella loro comunicazione spontaneamente prodotta per natura sia presente o meno qualcosa di equivalente a una frase. La risposta parrebbe negativa. Possiamo stabilire una distinzione fra sintassi lessicale (o *lexicoding*), la quale stabilisce i criteri per definire una vera e propria frase, e codificazione fonologica (o *phonocoding*), che riguarda piuttosto la capacità di creare nuovi schemi sonori per ricombinazione. Vi è spazio per il *lexicoding* quando gli elementi ricombinati del segnale sono dotati di significato e vengono create delle frasi.

Il *lexicoding* parrebbe essere un fenomeno prettamente umano. Il *phonocoding* è assai diffuso in taluni gruppi animali, soprattutto gli uccelli canori e le balene, ma sembra venir usato semplicemente per generare una diversità di segnali. Ciò appare piú evidente in quei gruppi animali presso i quali la vocalizzazione è appresa. È molto meno comune presso i primati non umani, le cui vocalizzazioni sono invece innate. Una comparazione fra gli scimpanzé e i gibboni, da una parte, e gli uccelli canori, dall'altra, rivela che gli uccelli con canti appresi possiedono repertori vocali molto piú ampi, il cui arricchimento dipende nel corso del loro sviluppo da uno sfruttamento estensivo della codificazione fonologica. La capacità di dedicarsi liberamente a un riordinamento di elementi sonori al fine di creare nuove sequenze può essere considerata come un elementare ma necessario precursore non solo del linguaggio, ma anche della capacità di creare musica. Poiché i canti animali che vengono appresi, e che dipendono dalla codificazione fonologica finalizzata alla diversificazione dei segnali, sono in natura, come nella musica umana, principalmente non simbolici ma affettivi, il loro studio può essere una fonte rivelatrice sulle origini animali della musica umana.

1. *Qual è il significato dei suoni animali?*

Nell'esaminare la possibilità che gli antecedenti della musica umana siano da ricercare nei comportamenti comunicativi degli animali, il primo interrogativo da porsi riguarda il significato da attribuire ai suoni animali. Si tratta solamente del manifestarsi di emozioni, oppure qualche richiamo animale funziona da simbolo? Il nostro pensiero a proposito della semantica dei richiami animali, in particolar modo delle vocalizzazioni delle scimmie, ha subíto una specie di rivoluzione. Fino a poco tempo fa, le ipotesi interpretative della comunicazione animale si basavano su quanto Donald Griffin [1992] aveva adeguatamente descritto come la teoria dei "gemiti di dolore". Le vocalizzazioni delle scimmie e di altri animali venivano viste come manifestazioni di emozioni o d'affetti, un po' come le nostre espressioni facciali, e si pensava che solo gli umani fossero progrediti oltre questo tipo di condizione. «L'uomo possiede sia la comunicazione affettiva, sia quella simbolica. Tutte le altre specie, a eccezione di quelle allevate dall'uomo, possiedono solo la forma affettiva» [Premack 1975].

Possiamo assumere come segnali simbolici quelli dotati di referenti identificabili che siano connotati dal segnale tramite una modalità astratta, non iconica. Per qualificare come simbolico un sistema di comunicazione animale, l'informazione riguardante uno o piú referenti dovrebbe essere sia codificata non iconicamente dai segnalatori, sia decodificata in forma equivalente dai ricevitori del segnale. Qui non è in discussione se i segnali animali possiedano o meno un significato. Negli animali, sia i segnali affettivi sia quelli simbolici possono essere ricchi di significato. Ambedue adempiono a differenti e importanti funzioni, alcune comunicative verso altri individui, altre con precise ripercussioni per lo stato fisiologico e mentale del segnalatore. Il problema non riguarda la presenza del significato in quanto tale, bensí il genere di significato che i segnali affettivi o simbolici trasmettono.

Si tratta di un argomento filosoficamente complesso, e qui ne tratteremo solo qualche aspetto. Alcuni considerano i contrasti come differenze quantitative piuttosto che qualitative. In talune circostanze, dei segnali tradizionalmente pensati come affettivi, un po' come le espressioni facciali nell'uomo, possono assumere una funzione simbolica. Segnali complessi possono contenere al loro interno delle componenti con un differente dosaggio di contenuti affettivi e simbolici, come avviene nel discorso. Sarebbe assurdo ritenere che i sistemi di segnale che non rientrano nel genere linguaggio siano necessariamente troppo poveri per fungere da veicoli per un certo tipo di comunicazione sociale.

I richiami con un fondamento emotivo sono molto diffusi negli animali, e possono rappresentare la condizione piú tipica, ma ci sono delle eccezioni, come ad esempio nel repertorio estremamente ricco di richiami d'allarme di una scimmia africana, il cercopiteco verde (*Cercopithecus aethiops*). Questo fenomeno venne descritto per la prima volta da Struhsaker, e quindi analizzato riproducendo registrazioni su nastro dei loro richiami di allarme alla presenza di cercopitechi in libertà, in assenza di predatori. Queste scimmie abitatrici della foresta si avventurano spesso nella savana, dove sono esposte a molti predatori. Predatori diversi richiedono differenti strategie di fuga, e differenti richiami d'allarme aiutano le scimmie destinatarie del messaggio a decidere quale strategia adottare.

Taluni allarmi dei cercopitechi sono segni generalizzati di ansietà. Questi ricadono appieno nella citata teoria dei "gemiti di dolore", e i compagni reagiscono con gradi differenziati di vigilanza e di ansietà. Altri richiami sono piú specifici e sembrano funzionare o come indicazioni di una particolare classe di predatori, o come prescrizioni di un comportamento specifico per quel dato predatore, fungendo cosí da avviso contro il leopardo, il serpente, l'aquila. Le reazioni alla riproduzione di questi allarmi differivano tra loro in modo ecologicamente sensato, in base alle strategie di caccia dei predatori. Le scimmie alzavano gli occhi al cielo e correvano nella macchia in risposta agli avvisi per l'aquila; udendo l'avviso per il leopardo, saltavano sul ramo piú alto del piú vicino albero dove il felino non avrebbe potuto raggiungerle; si drizzavano sulle zampe posteriori scrutando il sottobosco attorno a loro quando veniva emesso il segnale d'allarme per il serpente [Cheney e Seyfarth 1990].

Dopo lo studio sui cercopitechi si è dimostrata l'esistenza di molti altri segnali – avvisi d'allarme e richieste di cibo – che illustrano la cosiddetta «relazione funzionale» [Hauser 1996]; con richiami "che stanno per" la classe di oggetti ovvero "referenti" da loro rappresentati, e funzionano quindi come astratti "simboli non iconici". Non sappiamo ancora se siano implicate forme consce di pensiero e di cognizione, miranti a influire sullo stato mentale di altri soggetti, o se gli scambi di segnali siano innati, riflessi e relativamente non ragionati, e dunque di natura assolutamente non linguistica. Il termine "relazione funzionale" ci permette comunque di esaminare il fenomeno sospendendo il giudizio circa la natura dei sottostanti processi mentali e neurali.

Anche se i richiami, come tutte le vocalizzazioni dei primati non umani, sono di per sé innati, l'apprendimento sembra ricoprire un certo ruolo negli avvisi d'allarme del cercopiteco. Gli avvisi d'allarme per l'aquila nei cercopitechi adulti sono abbastanza specifici, tuttavia i loro piccoli emettono tali avvisi per quasi tutto ciò che si muove nello spazio soprastante a una certa velocità, persino una foglia che cade. In ogni caso, essi non emettono il segnale per l'aquila in presenza di un serpente o di un leopardo. Il rapporto tra i referenti e il tipo di segnale migliora con l'esperienza, come se solo le scimmie esperte sviluppassero dei concetti molto circostanziati riferiti ai predatori, suggerendo forse la presenza di un processo cognitivo. Per tale comportamento esistono a ogni modo anche indizi di un fondamento innato. Le scimmie si comportano come se, già al primo contatto col mondo dei predatori, possedessero la capacità innata di suddividerlo in svariate classi, sia pure ampie e mal definite. Dunque l'esperienza individuale e l'esempio del gruppo servono a mettere maggiormente a fuoco la singola classe generale di referenti, quella dei predatori aerei, dei predatori terrestri e dei serpenti. Ci sono ancora molte lacune nella nostra comprensione del loro comportamento, ma malgrado ciò risulta chiaro che nei richiami di alcuni animali i collegamenti fra segnale e referente sono piú circostanziati di quelli che siamo soliti associare alle manifestazioni emozionali, anche se i richiami di natura interamente emotiva sono probabilmente predominanti.

2. *Gli animali parlano per frasi?*

Una fonte primaria del potere del discorso parlato sta nella sua struttura temporale su due livelli, ciò che Charles Hockett ha chiamato *duality of patterning* (dualità nella costruzione del modello). I tre requisiti fondamentali del comportamento discorsivo sono: bisogna essere innanzitutto in grado di organizzare le parole in frasi; e poi deve esistere un lessico di parole con le quali montare le frasi. C'è inoltre bisogno di un modo di costruire tutte queste parole. Un sistema efficiente è quello di possedere un repertorio di gesti articolatori (o fonemi) distinti e di metterli in sequenza in molti modi differenti, cosí come si fa nel discorso parlato. Quando a queste sequenze vengono assegnati dei significati, esse si trasformano da suoni privi di senso in parole. Quando le parole sono state sistemate adeguatamente in una sequenza, si ha una frase, che è stata creata sulla base delle regole della "sintassi lessicale" o *lexicoding*.

La combinazione in sequenze di suoni originariamente senza significato, operazione che possiamo definire "sintassi fonologica" o *phonocoding*, riguarda le regole di sequenziamento, e non la generazione di significati. Alcuni suoni animali possiedono dei significati simbolici, e ci sono dei casi di animali che nel corso del loro naturale comportamento vocale allineano in successione richiami simbolicamente significativi. Ma non sembra esistere alcun caso in cui una successione assuma il valore di frase, là dove la sequenza acquista un nuovo significato emergente derivato dai significati combinati delle sue parti riunite. I segnali animali simbolicamente significativi che pure esistono – avvisi d'allarme e richieste di cibo da parte di scimmie e uccelli – sembrano tutti originarsi come pacchetti indivisibili. I loro significati possono essere modulati con l'emissione di richiami, singoli o ripetuti, repentini o lenti, forti o leggeri, ma la loro basilare indivisibilità suggerisce che nella costruzione di questi richiami non sussista nulla di evidentemente analogo a una sintassi fonologica. Comunque, nelle vocalizzazioni animali di natura maggiormente affettiva, piú povere di contenuto referenziale, ma ricche di contenuto emotivo, come nel caso dei canti degli uccelli addestrati, esistono molti casi di sintassi fonologica. Taluni uccelli impiegano il *phonocoding* per creare propri repertori canori annoverabili ad alcune centinaia, generati dal riuso continuo, in molte differenti sequenze, di uno schema basilare di minime unità acustiche, l'equivalente negli uccelli dei fonemi e delle sillabe.

Un passero palustre maschio conosce due o tre canti, ciascuno consistente in una stringa di due secondi formata da una decina circa di sillabe ripetute; sequenza che viene emessa numerose volte al giorno in primavera e in estate. Vi sono molti tipi di sillabe nei canti naturali di questa specie. Ogni sillaba, ripetuta nell'identico modo per creare il canto, comprende da due a sei note differenti in svariate combinazioni. Prese una alla volta, le note sono prive di significato. Riunite in distinti raggruppamenti, esse formano i mattoni del canto del passero palustre, con selezioni e sequenze particolari che sono trasmesse come tradizioni apprese. Le note costitutive sono ricavate da un semplice repertorio, comune a tutta la specie, formato da sei note-tipo, ognuna con una gamma di varianti infra-tipiche. Con la giusta combinazione ricavata da questo complesso di note-tipo, e messa appropriatamente in sequenza, si può descrivere qualsiasi canto naturale del passero palustre, proprio come si è in grado di descrivere gli schemi del discorso di qualsiasi linguaggio con la giusta combinazione di fonemi e sillabe ricavate da quel complesso di risorse universale cui tutti gli esseri umani hanno potenzialmente accesso. Tuttavia, mentre le diverse parole possiedono diversi significati simbolici, i diversi canti del passero palustre veicolano tutti lo stesso messaggio fondamentale, modulato soltanto mediante tutte quelle sfumature prodotte da individuali differenze di altezza e di tonalità, specificità dialettali locali, variazioni di volume e di compiutezza nello schema canoro.

Nel familiare richiamo della cinciallegra ogni uccello ricombina in maniera differente un complesso di elementi del richiamo, incrementando cosí la dimensione del repertorio. L'analogia con la musica diventa assai piú stringente nello stupendo canto dello scricciolo invernale, che impiega una strategia analoga per ampliare i suoi repertori. Ogni maschio ha il suo proprio repertorio appreso di cinque-dieci tipi di canto, ognuno lungo fino a dieci secondi, che si compone di molte note differenti. Nel repertorio dei maschi, ciascun tipo di canto si distingue da tutti gli altri tipi, e anche da quelli di tutti gli altri individui maschi. Un esame ravvicinato rivela tuttavia a livello microstrutturale l'esistenza di caratteristiche comuni, tanto infra- quanto intra-specifiche, nei repertori dello scricciolo invernale. Ogni canto del repertorio contiene frasi ricorrenti, disposte in sequenze differenti. Quando un giovane maschio di questa specie impara a cantare, egli sembra acquisire un complesso di canti dagli adulti che si trova ad ascoltare; indi li scompone in frasi e poi crea varianti proprie e allarga il proprio repertorio canoro ricomponendo queste frasi sulla base di modelli differenti. Taluni fra i canti piú complessi si rintracciano in certi uccelli che, non appena acquisito e sviluppato il proprio repertorio canoro, portano all'estremo questo processo di segmentazione e ricombinazione. Il tordo beffeggiatore (*Mimus polyglottus*) e le specie affini creano centinaia di sequenze distinte, usando frasi inventate oppure acquisite non solo dalla loro stessa specie, ma anche da altre, e che vengono tutte ricomposte nella forma e col tempo del tordo beffeggiatore. Il record è raggiunto dal *brown thrasher* (*Toxostoma rufum*) un parente del tordo beffeggiatore il cui repertorio canoro comprende oltre un migliaio di canti distinti.

Fra gli uccelli canori, quelli piú abili impiegano lo stesso fondamentale procedimento di *phonocoding* che noi impieghiamo per creare le parole, ma con una differenza cruciale. Le sequenze canore non sono distinte per significato, in senso referenziale. I canti degli uccelli sono ricchi di contenuto affettivo, ma il loro contenuto simbolico è scarno. È pur vero che taluni uccelli canori di bosco possiedono due ben distinte classi di canti, una maggiormente associata al sesso e l'altra piú connessa alle interazioni e all'aggressività maschio-maschio, forse con un contrasto nella qualità o nell'intensità del soggiacente stato emotivo, ma nessuno ha mai avanzato l'ipotesi che essi siano simbolicamente distinti. Tra le migliaia di canti dello scricciolo invernale, ognuno significa fondamentalmente la stessa cosa, ognuno serve come una sorta di cartellino o di emblema, un segno che denota l'identità, l'appartenenza a una popolazione e a uno *status* sociale. La diversità di canto può colpire l'ascoltatore per la virtuosità dell'esecutore, e in determinate specie sicuramente migliora le aspettative riproduttive [Catchpole e Slater 1995], come è stato sostenuto anche per la musica umana. Nei canti degli uccelli, la varietà introdotta dalla produzione dei repertori serve non per arricchire un bagaglio di significati semantici, ma per creare un massimo di diversificazione sensoriale. La capacità degli uccelli di sfruttare la codificazione fonica viene impiegata non per aumentare la conoscenza trasmessa in senso simbolico, ma per appagare un appetito di ricchezza acustica e di diversità, che suggerisce possibili paralleli con la nostra stessa musica. Senza dubbio i repertori canori alleviano, nel cantante come nell'ascoltatore, la sensazione di noia e possono anche procurare un godimento estetico.

3. *Gli animali fanno musica?*

Se il comportamento vocale degli animali ha un qualche rapporto, per quanto remoto, con la creazione della musica umana, in quale regione del regno animale dovremo iniziare la ricerca? L'interesse potenziale offerto da quello sfruttamento insolitamente ricco della sintassi fonologica che negli uccelli canori genera una cosí straordinaria differenziazione dei modelli di canto, sembra a sua volta dipendere dalla loro apprendibilità. Il *phonocoding* si riscontra nei canti innati degli uccelli e dei mammiferi, ma mai su una scala cosí elaborata come quella reperibile tra gli uccelli in alcuni canti appresi. L'unico altro caso zoologico paragonabile è quello dei canti appresi della balena gobba. Uccelli e cetacei sono nella tassonomia animale le uniche famiglie per le quali siamo certi che l'apprendimento possa forgiare lo sviluppo del comportamento vocale dato in natura. Tutti gli altri animali, inclusi i primati non umani, possiedono repertori vocali innati. Possiamo inferirne che la capacità di apprendere nuove vocalizzazioni, per nulla evidente nei primati diversi dall'uomo, abbia notevolmente facilitato la comparsa e il ricco impiego del *phonocoding*, che è stato successivamente adottato come un passaggio fondamentale nell'evoluzione del comportamento discorsivo e forse anche nella musica. Su questa base concluderei che la musica umana possa aver anticipato l'avvento del linguaggio. Ciò che ha concesso al cervello umano l'attitudine al linguaggio è stato un qualcosa di piú dell'abilità di apprendere e produrre nuovi suoni in un infinito numero di combinazioni. Ancor piú rilevante è stata l'unica e del tutto inedita capacità dei nostri antenati piú prossimi di collegare nuovi significati a questi suoni, e di ricombinarli in una molteplicità di frasi significative; qualcosa che nessun altro essere vivente è riuscito a realizzare. Perciò se tanto poco gli uccelli e le balene possono dirci riguardo all'evoluzione del linguaggio, non è irragionevole chiedersi se non abbiano da dirci molto di piú sulle origini della musica.

Che i richiami animali siano fondamentalmente di natura affettiva e non simbolica, sembrerebbe ben auspicare circa una qualche possibile affinità tra i suoni animali e la musica. La musica è immensamente ricca di significato emozionale ma, generalmente parlando, né i canti animali né la musica umana (tranne casi specifici) vengono di solito considerati come significativi in un senso strettamente simbolico, referenziale. Ciò significa forse che per rintracciare le radici della musica umana dovremmo concentrarci sui canti degli animali? In tale ricerca, un tema fondamentale potrebbe essere la questione della creatività, sicuramente un requisito primario per le origini della musica; in particolar modo la capacità di innovazione acustica, cruciale non solo per i compositori, gli esecutori e gli altri operatori musicali, ma anche per coloro che si dilettano ad ascoltare la musica eseguita dagli altri.

Tutti coloro che sono alla ricerca di antecedenti animali della musica umana si concentrano solitamente sugli altri primati. Sia gli scimpanzé che i gibboni sono parenti prossimi degli umani, e le vocalizzazioni di ambedue sono state considerate «protomusicali» [Wallin 1991].

Ambedue producono suoni qualificabili come "canti". L'"accesso di strida" (*pant-hooting*) dello scimpanzé è un suono forte e ritmico, solitamente della durata di dieci secondi, che inizia leggero e culmina quasi in un grido. Pur se si notano varianti sostanziali nelle registrazioni di differenti individui, o in quelle di uno stesso individuo in differenti circostanze, generalmente esso consiste di quattro parti: introduzione, rafforzamento, culmine e calo. Un "accesso di strida" include qualcosa come quindici-trenta suoni diversi, caratterizzabili come strida, urli, frignamenti, taluni prodotti in inspirazione, altri in espirazione.

L'"accesso di strida" è la vocalizzazione piú lunga e piú complessa propria dello scimpanzé. Un po' come il canto degli uccelli, esso viene impiegato come una manifestazione affettiva di tipo non simbolico, in numerose situazioni differenti, e soprattutto: durante i conflitti in seno al gruppo, in presenza di un'eccitazione, dopo la cattura di una preda, per affermare la dominanza e sovente, in coro, per tenersi in contatto nella foresta. Malgrado le varianti, ciascuno scimpanzé emette le sue strida fondamentalmente nello stesso modo, e diversamente dagli altri individui. Esiste una variabilità considerevole, e probabilmente significativa, ma sempre basata su un'unica modalità. Con un'evidente differenza rispetto ai canti degli uccelli, nessun biologo sperimentale ha mai ipotizzato per le strida dello scimpanzé un repertorio di vari schemi base coerentemente diversificati.

Il canto del gibbone di Kloss (Indonesia) è un altro segnale emotivo non simbolico usato in differenti forme da ambo i sessi, per localizzarsi l'un l'altro nella foresta e per il controllo del territorio. Un po' come le strida dello scimpanzé, esiste un gran numero di varianti, tuttavia ogni individuo possiede la propria distinta modalità fondamentale di canto. Nel *corpus* registrato fra tutte le dieci specie di gibboni non sembra esistere alcun repertorio individuale comprendente piú di un tipo di canto base, anche se taluni gibboni eseguono interessanti duetti maschio-femmina. Sia per gli scimpanzé che per i gibboni, lo schema base di questi complessi richiami sembra innato, sviluppandosi normalmente in uno stato d'isolamento dal gruppo e, come si è visto nei gibboni, in forme intermedie o miste per gli individui prodotto di ibridazione.

Anche se queste sequenze di suoni organizzati secondo uno schema, elaborate ed estremamente individualizzate, si candidano chiaramente alla qualifica di "canti" animali, esse sono nondimeno abbastanza limitate da un punto di vista acustico, se paragonate ai canti degli uccelli. Ciascun individuo possiede un unico schema-modello fondamentale, costante nel corso di lunghi periodi di tempo, attorno al quale vanno a raggrupparsi le sue varianti di "canto". Non c'è alcun "repertorio" individuale di canti o di strida, se intendiamo con ciò un qualche cosa che implichi un complesso di suoni acusticamente differenti in modo piú o meno discernibile. La loro peculiarità individuale pare semmai suggerire un certo grado d'invenzione, o quantomeno d'indeterminatezza nel loro sviluppo, ma il loro carattere innato e abbastanza strettamente peculiare alla specie suggerisce un basso livello di plasticità dello sviluppo. In altri termini, gl'indizi di "creatività" nel loro sviluppo sono minimi.

A paragone, il canto appreso dello scricciolo invernale è piú elaborato di quanto una scimmia sia mai riuscita a produrre. Come si è visto, ogni maschio di scricciolo invernale possiede un repertorio fatto di distinti tipi di canto, manifestamente assemblati nel corso dello sviluppo come un *collage* di frasi musicali e di note apprese [Kroodsma 1980]. Come si possono comparare i canti dei gibboni e l'"accesso di strida" degli scimpanzé? Da un punto di vista funzionale vi sono degli aspetti in comune. Sono tutte manifestazioni di tipo affettivo, non referenziale, espresse in uno stato di eccitazione, impiegate specialmente per realizzare e modulare il contatto sociale e la distanza spaziale. Sono tutte estremamente individuali, entro le limitazioni imposte dalle regole della codificazione fonica prevalenti nelle singole specie. Come possiamo collocare gli uccelli e le scimmie in rapporto alla creatività? Sotto questo punto di vista, le due realtà animali sono differenti quanto il gesso e il formaggio. I repertori della scimmia sono limitati a un solo schema per animale, con l'aggiunta di una certa gamma di varianti raggruppate attorno a tale schema. Le prestazioni di uno scricciolo invernale sono di ben altro livello. Ogni maschio possiede un repertorio di circa dieci canti-tipo e lo scricciolo invernale è soltanto un principiante fra gli scriccioli, visto che taluni di loro possiedono centinaia di repertori.

Nei repertori canori degli uccelli rinveniamo un principio ontogenetico che invece, nei primati non umani, o è fievole o è semplicemente assente. Le vocalizzazioni delle diverse specie di scimmie sono innate. Gli uccelli canori, con i loro canti appresi, possiedono una loro strategia di sviluppo che presenta tutti i crismi di un vero e proprio procedimento creativo. Per quanto ne so, un *phonocoding* dotato di un equivalente grado di ricchezza non è mai stato riscontrato in nessun animale con vocalizzazioni innate. In una classica manifestazione di sintassi fonologica, gli scriccioli e gli altri uccelli canori mostrano una notevole capacità di riorganizzare le frasi musicali apprese, e certe specie sembrano farlo quasi all'infinito. Vengono cosí create molte sequenze differenti che in effetti generano una specie di musica animale. Le sequenze non sono casuali, ma si susseguono secondo un ordine, e risultano organizzate sulla base di regole definibili, strutturate in un modo tale da produrre numerosi disegni stabili, ripetibili e distinti, il cui numero preciso varia da specie a specie e da uccello a uccello. Insieme con i canti delle balene, anch'essi appresi, questi canti degli uccelli sono un ovvio punto di partenza per indagare i princípî estetici comuni eventualmente soggiacenti alla musica animale e a quella umana.

Questo panorama della comunicazione, del linguaggio e della musica animale si incentra soprattutto sul potenziale di *phonocoding* come requisito critico per il manifestarsi non solo del discorso e del linguaggio, ma anche della musica. Una versione di siffatto processo è già in atto, per quanto in forma primordiale, in certi canti animali appresi, specialmente fra gli uccelli canori. Un ulteriore passo nella ricerca delle radici animali della musica sarebbe evidentemente l'analisi delle regole di *phonocoding* usate dagli uccelli quando cantano. C'è una possibilità che esse si conformino alle nostre stesse regole di composizione? Una definizione minimalista della musica, quantomeno della sua varietà tonale occidentale, potrebbe essere espressa in termini di note con altezze specifiche e con intervalli e timbri peculiari, combinate in frasi ripetute con aggiunte e cancellature, assemblate in serie con una particolare metrica e un particolare ritmo, in modo tale da costituire un canto o una melodia. Il paragone tra l'uomo e l'animale si potrebbe anche affrontare verificando se taluni suoni animali si conformino a criteri di questo genere, tutti potenzialmente esaminabili negli animali. Le regole variano fra le specie d'uccelli in rapporto alla dimensione del repertorio? Esistono nei differenti uccelli delle correlazioni fra stile di vita, temperamento e tempo (in senso musicale) del loro canto? Nella nostra indagine sui suoni degli animali per discernere le origini della musica, il comportamento vocale degli uccelli potrebbe dimostrarsi un oggetto di studio ancora piú utile che non i suoni dei nostri parenti piú prossimi: le scimmie.

Catchpole, C. K., e Slater, P. J. B.

1995 *Bird Song*, Cambridge University Press, Cambridge.

Cheney, D. L., e Seyfarth, R. M.

1990 *How Monkeys See the World: Inside the Mind of Another Species*, The Chicago University Press, Chicago Ill.

Griffin, D. R.

1992 *Animal Minds*, The Chicago University Press, Chicago Ill.

Hauser, M. D.

1996 *The Evolution of Communication*, Mit Press, Cambridge Mass.

Kroodsma, D. E.

1980 *Winter wren singing behavior. A pinnacle of song complexity*, in «Condor», n. 82, pp. 357-65.

Premack, D.

1975 *On the origins of language*, in M. S. Gazzaniga e C. B. Blakemore (a cura di), *Handbook of Psychobiology*, Academic Press, New York.

Wallin, N. L.

1991 *Biomusicology: Neurophysiological, Neuropsychological and Evolutionary Perspectives on the Origins and Purposes of Music*, Pendragon Press, Stuyvesant N.Y.

MICHEL IMBERTY

La musica e il bambino

1. *I fatti noti.*

1.1. La vita intrauterina.

Già prima della nascita il bambino è immerso in un bagno sonoro che condizionerà in parte il suo sviluppo psichico ulteriore. L'organizzazione di questo universo sonoro comincia a manifestarsi verso il quinto mese di gravidanza e compare negli esperimenti a partire dal settimo mese [Feijoo 1981], quando è stato osservato che il feto risponde con dei movimenti a stimoli sonori esterni sufficientemente forti da coprire i rumori di fondo intrauterini. Questi stimoli gli giungono però filtrati, ed egli può udirli solo se contengono frequenze relativamente basse (300 Hz all'inizio, poi progressivamente fino a 1200 Hz).

Allo stesso modo il feto riceve la voce della madre e, secondo i risultati di alcune ricerche [Querleu e Renard 1981], essa sarebbe riconosciuta fra altre voci grazie alla percezione del ritmo e dell'intonazione. Ciò spiegherebbe perché, secondo De Casper e Fifer [1980] e Fifer [1981], i neonati di meno di tre mesi distinguono la voce della madre da quella di un'altra donna. Allo stesso modo Fifer e Moon [1989] e Moon e Fifer [1990] mostrano che i neonati preferiscono la voce materna "intrauterina" – e cioè la voce con le qualità acustiche percepite durante la condizione fetale, anche se deformate e filtrate – alla stessa voce in diffusione "aerea", percepita cioè nelle condizioni normali non intrauterine. Esiste quindi una forte esperienza prenatale della voce materna che segna la sfera uditiva del bambino.

Secondo De Casper e Spence [1986], alcuni neonati mostrano di preferire una storia che è stata loro letta dalla madre anche durante la gravidanza rispetto a una che la madre legge loro soltanto dopo la nascita: parrebbe che il bambino riconosca le caratteristiche prosodiche apprese durante la gravidanza. Questo fenomeno è simile a quello dell'*imprinting* lasciato dal grido materno sul feto animale. È stato osservato inoltre che forti rumori esterni possono essere stressanti per il feto se lo sono anche per la madre, mentre al contrario la voce cantata può creare condizioni particolarmente favorevoli al futuro sviluppo. Secondo i risultati di un esperimento condotto da Feijoo [1981], sembrerebbe anche che il feto sia capace, dal settimo mese di gravidanza, di memorizzare un messaggio musicale: l'autore ha fatto ascoltare a un gruppo di feti in utero la frase del fagotto di *Pierino e il lupo* di Prokof'ev (il fagotto corrisponde allo spettro udibile dal feto). I risultati hanno mostrato che non solo i feti reagiscono all'ascolto, ma i neonati sottoposti a questo stimolo, riascoltando la frase, si calmano se piangono, o aprono gli occhi se li avevano chiusi, mentre la stessa reazione non è stata osservata nei neonati non sottoposti durante la gestazione allo stimolo musicale.

Già da prima della nascita esiste quindi un'intensa attività uditiva ed è grazie a questa che si stabiliscono i primi scambi e legami con l'ambiente fisico e umano. In particolare, come è ben riassunto da J. P. Lecanuet [1995], è certo che una grande varietà di stimoli acustici, tra i quali i suoni musicali, sono abbastanza intensi da essere percepiti dal feto, sviluppando il suo sistema uditivo; che questo sistema è già funzionale 3 o 4 mesi prima della nascita, e che i feti da 7 mesi a 7 mesi e mezzo reagiscono in maniera evidente a suoni esterni, compresa la parola; e infine che l'esposizione prenatale a stimoli acustici ha effetti strutturali e funzionali sul sistema uditivo. La familiarizzazione prenatale a determinati suoni o categorie di suoni, o a sequenze di suoni, aiuta a sviluppare una particolare sensibilità e la preferenza per un interlocutore preciso (perlopiú la madre), per sequenze prosodiche lette o cantate dalla madre durante la gravidanza, per una determinata sequenza strumentale, o per una certa lingua (la lingua materna).

1.2. Dalla nascita alla fine del secondo anno.

Durante le prime settimane di vita si deve constatare un maggiore sviluppo del sistema uditivo rispetto a quello visivo; donde l'importanza che le prime esperienze sonore e musicali rivestiranno nel futuro sviluppo cognitivo del bambino e della sua personalità. Questa constatazione è alla base di ogni seria riflessione sul significato conscio e inconscio della voce.

All'inizio, dando continuità al riconoscimento in utero della voce materna, il bambino impara molto presto a reagire a questa voce, di cui percepisce ormai non solo l'intonazione ma anche il timbro. Da questo momento in poi, sarà la voce della madre a fermare le sue grida, meglio di qualunque altro suono (per esempio sonagli o campanelli) e anche meglio del volto umano. A questa età, secondo Carpenter [1975], i bambini riconoscono la madre attraverso la voce: in situazione sperimentale è stato osservato che il bambino, posto di fronte alla madre, non le presta attenzione se gli viene fatta ascoltare una voce femminile diversa da quella materna. È importante precisare che questa voce materna, cosí presto riconosciuta e cercata, è innanzi tutto la voce che il bambino percepisce all'interno di una *relazione simbiotica di scambio*: per esempio, il bambino resta indifferente se per far cessare le sue grida la madre si accontenta di leggere ad alta voce in maniera monocorde un testo qualunque, senza rivolgersi esplicitamente a lui attraverso una particolare intonazione melodica [Mehler 1976]. Questo fenomeno mette in evidenza come l'universo sonoro e vocale del neonato sia soprattutto un universo affettivo e umano, e come – vi ritorneremo piú avanti – esso acquisti significato soprattutto nella relazione che il bambino ha con la madre e, attraverso la madre, con se stesso.

È d'altronde ciò che prova, in maniera generale, l'importanza della *sincronia interazionale* messa in evidenza da Condon e Sander [1974]: quando due adulti parlano è possibile osservare un insieme di movimenti del corpo che accompagnano il loro discorso. La maggior parte delle volte questi movimenti non sono coscienti, ma se essi mancano, o se in una delle persone non sono conformi alle regole comuni (ciò che avviene, per esempio, quando i due interlocutori non appartengono allo stesso gruppo culturale), la comunicazione può risultare disturbata. Condon e Sander hanno osservato che questa sincronia interazionale funziona già nei neonati di circa 12 ore. L'esperienza mostra anche che essa si produce solo in presenza di stimoli costituiti da sequenze linguistiche reali, registrate in situazioni dialogiche, quindi con il ritmo, l'intonazione e la struttura della parola: suoni qualsiasi o sillabe neutre non producono alcuna reazione nel neonato.

Nella produzione vocale dei bambini si distingue ciò che è solo una manifestazione di dispiacere priva d'intenzionalità comunicativa da ciò che funzionerà in seguito come domanda rivolta all'esterno. A meno di tre settimane di vita del bambino, le madri sanno riconoscere quattro grida fondamentali che rappresentano risposte biologiche a situazioni precise: grido di fame, grido di collera, grido di dolore, grido di risposta alla frustrazione (per esempio quando gli si sottrae la tettarella o il seno che sta succhiando). Pressappoco verso lo stesso periodo appare la prima produzione vocale veramente intenzionale, che è stata definita il «falso grido di pericolo» [Wolff 1969]. Si tratta di un gemito portato fino al grido, la cui struttura fisica è molto differente da quella delle quattro grida fondamentali. Questo grido intenzionale è prodotto per attirare l'attenzione, e molto presto, a mano a mano che la madre impara a riconoscerlo come richiamo, il suo significato diventa quello di un vero messaggio-ricatto rivolto alla madre. Verso le 5 settimane, questo grido diventa la base della prima reazione circolare descritta da Piaget, reazione che il bambino esercita in risposta alla voce dell'adulto e presto in risposta esclusiva alla voce della madre, che lo intrattiene in un gioco di scambi a due costantemente variato.

Tra i 2 e i 6 mesi, il bambino è in piena lallazione: questo momento è stato spesso descritto come periodo di esercizio esplorativo delle possibilità vocali. In questa fase il bambino produce infatti ogni sorta di suoni, molti dei quali non fanno parte della lingua materna. Alcuni ricercatori asseriscono invece che le vocalizzazioni alla base della lallazione sono essenzialmente imitazioni dei suoni ascoltati nell'adulto. Due fatti sembrano confermarlo sperimentalmente: innanzi tutto la quantità di vocalizzazioni è maggiore quando il bambino è immerso in un ambiente sonoro ricco di parole, cioè quando la madre o il padre gli parlano molto. In secondo luogo, questa imitazione vocale è prodotta solo in un contesto comunicativo: non soltanto con i genitori ma anche, per esempio, tra i bambini di un asilo nido [Bower 1978]. In questo caso però, molti suoni prodotti non appartengono al repertorio linguistico ma a un repertorio fonico molto ampio dovuto alle reciproche imitazioni dei bambini.

Certo è che durante la lallazione il bambino imita sia ciò che ascolta dall'altro, sia se stesso. È cosí che verso i 3 mesi appaiono le grida contagiose. Questi giochi vocali diventano quindi l'occasione per esercitare le proprie attitudini uditive e per sviluppare la percezione dei rapporti tra le sensazioni fonatorie fisiologiche e muscolari e la qualità intrinseca dei suoni emessi, con i loro differenti parametri acustici. In questo periodo si costruisce ciò che ho definito *schema vocale* [Imberty 1990], trasposizione percettivo-fonica e anticipazione dello schema corporeo. Quest'ultimo è la coscienza vissuta del corpo e dei punti di riferimento percettivo-motori attraverso i quali il soggetto entra in relazione con lo spazio circostante (avanti, indietro, sinistra, destra, ecc.). Il soggetto farà quindi esperienza molto precoce della relazione tra le sensazioni muscolari interne, la produzione dei suoni vocali e la possibilità di controllarli e di modularli. Dall'attivazione di questo schema vocale ancorato nel corpo dipenderà anche lo sviluppo dell'"orecchio", e cioè la capacità di cantare correttamente. Per lo sviluppo del bambino sarà quindi decisivo, al di là della parola, l'ambiente musicale che lo circonda, in particolare la voce materna.

Molti lavori hanno affrontato l'interrogativo se i bambini siano capaci di percepire frasi melodiche semplici e ben organizzate, costruite cioè sui princípî della *Gestalt* [Demany 1982; Fassbender 1995; Trehub, Thorpe e Morrongiello 1987; Trehub e Trainor 1994]. In altre parole, si tratta di sapere come si produce il *raggruppamento uditivo* nel bambino, condizione necessaria per la percezione e l'identificazione di unità musicali elementari. I risultati sperimentali convergono su alcuni punti: sembra che fin dai primi giorni il bambino si dimostri sensibile alle variazioni melodiche e temporali sia del linguaggio sia della musica. Fassbender conclude che il lattante dai 2 ai 5 mesi e mezzo organizza percettivamente sequenze di suoni rapidi sulla base dei princípî gestaltici della vicinanza e della similarità, dipendenti dalla frequenza, dall'ampiezza e dalle caratteristiche spettrali dei suoni percepiti.

Allo stesso modo, Krumhansl e Jusczyk [1990] dimostrano che i bambini dai 4 mesi ai 6 mesi e mezzo sono sensibili alla struttura della frase musicale, alla sua unità e alle sue articolazioni. I soggetti hanno ascoltato dei minuetti di Mozart nei quali erano state inserite delle pause, sia tra le frasi, sia al loro interno: qualunque fosse la loro età, i bambini hanno ascoltato piú a lungo le versioni con le pause collocate tra una frase e l'altra. I confini tra le frasi erano "riconosciuti" dai bambini attraverso diversi indici:

abbassamento dell'altezza del suono finale, aumento della durata di questo stesso suono, intervallo di ottava. Sembrerebbe dunque che per segmentare gli stimoli acustici musicali il bambino si basi su indici aventi valore sintattico. Altri studi condotti sul linguaggio [Hirsh-Pasek, Kemler Nelson, Jusczyk, Druss e Kennedy 1987; Jusczyk, Hirsh-Pasek, Kemler Nelson, Kennedy, Woodward e Piwoz 1992; Trehub e Trainor 1994] mostrano che lo stesso fenomeno si osserva nella segmentazione del flusso linguistico; in questi casi è l'intonazione prosodica dell'adulto a servire come base per la segmentazione effettuata dal bambino. Si può quindi pensare che senza particolari capacità proprie dell'apparato cognitivo umano questi indici non sarebbero riconosciuti. È però altrettanto chiaro che l'ambiente intrauterino e l'esperienza postnatale forniscono le basi per l'apprendimento di questi indici, sia per il linguaggio sia per la musica.

2. *La ripetizione-variazione, primo principio organizzativo dell'universo musicale nel bambino durante gli scambi con l'adulto.*

2.1. Il *baby-talk*.

Sia nella formazione del linguaggio sia nell'apprendimento delle prime forme di attività sonore vocali e musicali vi è un elemento che sembra particolarmente determinante: si tratta degli scambi intensi che il bambino intrattiene con l'ambiente umano che lo circonda. Abbiamo già visto che la voce materna calma il bambino solo se la madre si rivolge a lui con chiara intenzionalità. Possiamo quindi chiederci: quali sono per il bambino gli indici di questa intenzionalità, e cioè in che modo egli riconosce che sua madre o suo padre si rivolgono a lui?

Numerosi autori hanno sottolineato l'importanza della comunicazione preverbale tra gli adulti e il neonato, nonché il ruolo del cosiddetto *baby-talk*, e cioè quel particolare modo di parlare utilizzato dagli adulti quando si rivolgono al bambino. I lavori di Hanuš e Mechthild Papoušek [Papoušek 1994; Papoušek e Papoušek 1981; Papoušek, Papoušek e Bornstein 1985] sono molto chiari su questo punto: tutte le madri del mondo hanno una propria versione del *baby-talk*, variabile a seconda delle culture. Secondo Mechthild Papoušek, esisterebbero però dei tratti comuni, che rappresentano la base universale del bagno sonoro e linguistico in cui il bambino è immerso fin dalla nascita: segmentazione, ripetizione, semplicità sintattica, lentezza del tempo, semplificazione e amplificazione dei moduli espressivi e dei contorni melodici. Molti tratti, semplificati e sottolineati dalla voce adulta, sono comuni all'organizzazione temporale del linguaggio e della musica: abbassamento delle altezze e prolungamento delle durate alla fine della frase, contrasti dinamici, accelerazione o decelerazione. Il bambino esperisce questi elementi attraverso le parole e le brevi melodie che gli vengono rivolte. La musicalità del *baby-talk* è quindi evidente: in particolare la madre lo utilizza per suscitare l'attenzione del bambino, o al contrario per calmarlo. Piú spesso però il *baby-talk* è un'attività *in eco*: la madre ripete qualcosa fin quando il bambino non la imita, poi lo imita a sua volta, e cosí via, in un'infinita variazione in cui emergono il gioco e il piacere. Troviamo qui innegabilmente la prima e universale esperienza musicale del bambino, quella che nella nostra cultura, e ancor piú spesso nelle altre, si prolunga nei canti che la madre rivolgerà al proprio bambino.

Per essere piú precisi, bisogna innanzitutto sottolineare i seguenti aspetti di questo fenomeno: la maggior parte degli studi mostrano come il discorso che l'adulto rivolge al bambino sia situato in un registro acuto che aiuta il lattante a identificare e a seguire il segnale uditivo (emergenza sul rumore di fondo ambientale); le curve d'intonazione risultano molto semplificate, ridotte a cinque o sei prototipi, e hanno significati univoci; esse variano molto poco nel corso delle ripetizioni e sembrano essere universali (si ritrovano per esempio sia nei genitori inglesi sia in quelli cinesi). Tale stabilità è però solo relativa: poiché la voce umana è sufficientemente flessibile e labile e l'intenzione che anima l'adulto nell'ottenere l'interesse e la risposta del bambino è abbastanza decisa, i prototipi si lasciano modificare in maniera accettabile, cioè in maniera tale da restare identificabili per il bambino, senza però che il suo interesse si indebolisca a causa della monotonia. Nel *baby-talk* troviamo quindi accanto al principio della *ripetizione* il principio concomitante della *variazione*, che incita il bambino all'adattamento costante, all'arricchimento del repertorio di base e alla creatività vocale nel gioco. La modificazione del tempo, della durata, del ritmo e dei silenzi sono altrettante variazioni che l'adulto utilizza spontaneamente parlando al bambino, entro i limiti concessi dal rapporto variazione/ripetizione. Le caratteristiche dinamiche inducono d'altronde effetti legati ai processi fondamentali dell'attivazione e dell'attenzione affettive: questi effetti sono istintivamente utilizzati dai genitori per modulare i comportamenti emotivi del bambino.

2.2. Ripetizione e variazione comportamentale e strutturazione del tempo.

Tutto ciò che abbiamo appena detto va ora collocato in una prospettiva assai piú generale, che permette di comprendere come le interazioni del bambino con l'ambiente umano, e in particolare con la madre, contribuiscano a sviluppare anche la sua musicalità, al di là delle capacità innate della specie umana e di quelle presupposte dal linguaggio.

L'osservazione fondamentale è che il binomio ripetizione/variazione rappresenta fin dall'inizio il principio organizzatore delle sequenze comportamentali della coppia madre-bambino, nelle loro relazioni di comunicazione e d'interazione sociale.

La musica utilizza ampiamente questo principio: i semiologi l'hanno formulato con chiarezza già da molto tempo, per esempio definendo il fenomeno della segmentazione in relazione alla coppia *ripetizione/trasformazione*, cosí come si trova già in Nicolas Ruwet [1972]. In realtà, la ripetizione musicale, non diversamente dalla ripetizione delle sequenze comportamentali, genera il tempo e, all'interno del tempo, una direzionalità, un presente che va verso qualcosa; ma genera anche un prima e un dopo, con i quali il compositore invita l'ascoltatore a giocare, ricordare e anticipare, con un margine sufficiente d'incertezza affinché ogni volta si insinui la sensazione che la ripetizione avrebbe potuto non realizzarsi, che il futuro può essere sconosciuto, che il *medesimo* atteso può fondersi in un *altro*, il quale a sua volta può anche non essere completamente differente.

Ritroviamo qui due idee che Daniel Stern sottolinea in tutti i suoi lavori sulla relazione madre-bambino e sulla costruzione dell'Io nel bambino [1977; 1985]: in primo luogo, la ripetizione genera una *regolarità* che permette al soggetto d'*anticipare* il corso del tempo, quindi in un certo qual modo di dominarlo. Questo controllo senza dubbio è solo parziale poiché la variazione comprende sia certezze sia incertezze in rapporto al modello iniziale; esso però permette al soggetto di individuare anche dei punti di riferimento, di non disperdersi, di *costruire* la *propria unità* attraverso una molteplicità di esperienze che rinforza la permanenza d'un elemento (psicologico o musicale) pur fra i mille ornamenti delle variazioni. In breve, la ripetizione e la variazione corrispondono a un dato psichico fondamentale: il bisogno dell'essere umano di poter prevedere e valutare le proprie previsioni nel tempo. Ma, in secondo luogo, ritroviamo anche un'intuizione freudiana, rimasta senza seguito nell'opera dell'inventore della psicoanalisi: Freud l'esprime in un passaggio di *Inibizione, sintomo e angoscia*, dove sembra collegare il sentimento del tempo e della durata al sentimento della mancanza e della perdita dell'oggetto. Egli scrive:

> L'angoscia [Angst] ha un'innegabile connessione con l'*attesa*: è angoscia *prima di* e *dinanzi a* qualcosa. Possiede un carattere di *indeterminatezza* e di *mancanza d'oggetto* [1926, trad. it. p. 310].

La ripetizione crea quindi una *tensione* dovuta a un'*attesa* di soddisfacimento del desiderio (attraverso il ritorno della sequenza iniziale) che è seguita da una distensione piú o meno marcata a seconda che la *variazione* sia piú o meno lontana dal modello iniziale. In questo senso, la successione *tensione/distensione*, generata dall'attesa e dalla risoluzione dell'attesa, istituisce un tempo originario, l'esperienza primitiva della durata, ma anche dell'assenza di soddisfazione, anticipazione dell'esperienza futura della perdita d'oggetto e del lutto.

Questa struttura di ripetizione-variazione delle prime sequenze comportamentali, dei primi scambi preverbali tra il bambino e l'ambiente umano, rappresenta quindi la struttura originaria e prototipica delle esperienze affettive e cognitive future, le cui realtà profonde la musica non farà che riattivare o rappresentare.

Da una prospettiva molto simile e nello stesso tempo piú generale, Stern mostra come l'inizio della socializzazione (fra i 3 e i 6 mesi) si basi su un'organizzazione ripetitiva creata dalla madre durante la relazione con il bambino. La madre utilizza di fatto con modalità ripetitive tutti i registri comportamentali (vocalizzazioni, movimenti, stimolazioni tattili e cinestesiche), senza che nei suoi gesti vi sia, almeno all'inizio, un'intenzione pedagogica. In tenera età la ripetizione si presenta quindi come la modalità privilegiata dalla madre per entrare in relazione con il bambino. Stern precisa che essendo quello del bambino un repertorio limitato, la ripetizione materna viene a colmare un vuoto, dove la qualità sensoriale degli stimoli e della loro struttura ha piú importanza di ciò che vien detto o fatto. A proposito dei giochi vocali fra madre e bambino, Stern scrive:

> Molto probabilmente non sono importanti le cose che la madre di fatto dice o fa, mentre altrettanto probabilmente lo sono la "musica" e i "suoni" ch'essa esprime. Da questo punto di vista la cadenza ripetitiva diventa allora unità strutturale e funzionale dell'interazione d'importanza fondamentale [1977, trad. it. p. 125].

Il fenomeno essenziale per la comprensione dello sviluppo cognitivo musicale è senza dubbio la strutturazione temporale delle interazioni o dei comportamenti interattivi generati dalle ripetizioni.

Durante i giochi col bambino, la madre è quindi portata a ripetere molte cose (azioni, parole, ecc.). Dall'osservazione di questi giochi si evidenzia però che la madre non si ripete mai nello stesso modo:

> Si può allora dire che dal punto di vista di una messa a punto concettuale, la cadenza ripetitiva è rappresentata dal costituirsi o ricostituirsi di un tema con o senza variazioni. Piú della metà delle cadenze, vocali e no, comprendono delle variazioni [*ibid.*].

Due elementi permettono quindi in tali situazioni lo sviluppo della socializzazione, dell'affettività e delle facoltà cognitive: da una parte il bambino impara ad adattarsi a un numero sempre maggiore di variazioni, ma dall'altra egli può farlo solo perché la ripetizione è basata su *un ritmo regolare* che rende prevedibile e organizza il tempo. È su questa regolarità che si fonda l'alternanza emotiva fra tensione e distensione, insoddisfazione e soddisfacimento, nelle loro diverse trasposizioni e contesti. Come si organizza in effetti la sequenza dell'interazione? Secondo Stern essa comprende due elementi: un *episodio d'ingaggio* e dei *tempi morti*. L'episodio d'ingaggio permette alla madre di rendere i comportamenti della sequenza stabili e riconoscibili al bambino. Gli atteggiamenti, i movimenti, le espressioni facciali e le vocalizzazioni sono fra loro collegati secondo un ritmo «di sorprendente regolatità» [*ibid.*, trad. it. p. 119], e ciascun episodio ha un proprio ritmo. Le variazioni riguardano gli altri elementi (i suoni, l'ampiezza dei movimenti, ecc.), mai il tempo adottato e la regolarità. Solo successivamente le variazioni potranno riguardare anche questo ritmo iniziale. L'episodio d'ingaggio ha quindi chiaramente la funzione di stabilire il ritorno regolare della ripetizione variata, o piuttosto, esso manifesta il carattere eminentemente temporale dei comportamenti interattivi fra la madre e il bambino: la sua principale funzione è quella di *creare attese* onde permettere la valutazione ulteriore di deviazioni e divergenze. Al contrario, il *tempo morto* svolge una funzione di *riaggiustamento* e di *collegamento*. Quando l'azione ripetitiva è iniziata, e la madre ha messo in atto diverse variazioni, può essere necessario rilanciare l'attenzione del bambino: il tempo morto permette questa riorganizzazione, che comporta spesso anche un cambiamento di ritmo e l'inizio di una nuova sequenza di atteggiamenti e di gioco. Si tratta di un aggiustamento nel sistema dell'interazione.

Riassumendo, possiamo osservare che l'intero sviluppo del comportamento sociale e comunicativo è costruito sull'apprendimento di sequenze la cui struttura temporale si basa sulla ripetizione. Tale ripetizione permette al bambino di dominare il tempo attraverso la regolarità variata, ornata e diversificata. Ritroviamo qui ciò che costituisce il substrato universale della musica in tutte le culture.

Esiste quindi probabilmente un legame profondo tra la cognizione musicale, l'esperienza affettiva e la ripetizione: strutturando il tempo, la ripetizione struttura anche le esperienze emotive del soggetto, e sarà questa una delle fonti piú ricche dell'esperienza musicale futura. Ma, come abbiamo appena visto, la ripetizione acquista valore positivo solo nella misura in cui essa generi delle variazioni accettabili, cioè variazioni che permettano comunque il riconoscimento dei punti di riferimento e l'identificazione del modello iniziale. È in questo gioco di equilibrio sottile che si dispiega l'emozione. Ci sono dei limiti oltre i quali la variazione distrugge l'effetto della ripetizione, dando luogo al sentimento della perdita e del caos. È all'interno di questi limiti che appare il ruolo strutturante della ripetizione, poiché l'esperienza dell'angoscia e dell'attesa imperiosa del ritorno comincia infatti proprio al di là di questi limiti. In tali condizioni si comprende come l'attesa di cui parla Freud in *Inibizione, sintomo e angoscia* sia essenzialmente quella legata a un'interruzione del ritmo regolare, quella che cancella i punti di riferimento, quella che equivale in effetti a un'assenza, a una perdita, e che per conseguenza produce l'angoscia.

Un corollario interessante di quanto abbiamo appena visto è che molto probabilmente la precisione nell'anticipazione temporale del bambino sulla variazione che la madre può proporgli dipende dalla sua capacità di valutare le durate in maniera relativamente precisa. La regolazione temporale dei comportamenti interattivi non può effettuarsi senza questa capacità, e i risultati sperimentali mostrano che essa è molto sviluppata già nel bambino di pochi mesi. Negli adulti è chiaro che questa capacità di valutare intervalli di tempo molto brevi (inferiori a 200 millesimi di secondo) permette aggiustamenti interattivi molto complessi e precisi, quali per esempio quelli messi in atto da una coppia di ballerini, un duo di musicisti o un complesso da camera. In maniera generale, nei comportamenti sociali l'aggiustamento temporale gioca un ruolo maggiore in rapporto alla significazione e all'affettività del segnale: le interazioni fra individui dipendono molto dalla loro capacità di anticipare con precisione le sequenze comportamentali degli altri (quindi dalla loro capacità di valutare il momento in cui apparirà il gesto o il suono seguente). Le capacità dei bambini su questo punto sono poco conosciute, ma le ricerche compiute da Stern mostrano che essi possiedono già una certa capacità di percezione delle durate: una volta che l'episodio d'ingaggio è superato, la madre varia i propri comportamenti in proporzione sufficiente affinché il bambino possa reagire un attimo prima della variazione, ed è questo sfasamento dovuto all'anticipazione che produce la tensione e l'eccitazione, la divergenza piena del piacere ludico.

3. *Tempo e affetti di vitalità nella formazione dell'Io.*

La ripetizione riguarda quindi sia il tempo musicale, sia l'emergere e la costruzione del Sé attraverso i legami interpersonali che si stabiliscono nel corso degli scambi tra la madre e il bambino, tra il bambino e l'ambiente umano. L'ipotesi interessante è che l'unità dell'esperienza interpersonale o interattiva sia rappresentata dalla struttura temporale sulla quale le esperienze sensoriali, motorie e affettive s'innestano a costruire delle rappresentazioni interiorizzate. Nel bambino molto piccolo queste unità di rappresentazione non possono assolutamente durare piú di alcuni secondi, spesso molto meno; esse però sono sottomesse alla ripetizione dell'interazione sociale, e in seguito s'integreranno progressivamente in rappresentazioni piú complete, la cui organizzazione rimarrà inizialmente legata alla durata e ai cambiamenti che nella durata subiranno i livelli e le direzioni delle tensioni e delle distensioni psichiche.

In effetti, uno dei contributi piú originali di Stern alla psicologia dello sviluppo è senza dubbio l'aver teorizzato il coinvolgimento totale degli aspetti motori, cognitivi e affettivi nei comportamenti sociali interattivi. Secondo Stern, i processi interpersonali sono segnati da una specie d'unità fondamentale che lega strettamente esperienze sensoriali, motorie e affettive, perché i contenuti di queste esperienze sono fondamentalmente *amodali* (sinestesiche). Mechthild Papoušek [1994] nota d'altronde che nelle interazioni (vocali, verbali o melodiche) dei genitori col bambino, le sequenze sono accompagnate da gesti, ritmi del corpo e movimenti condivisi dai protagonisti: una sequenza melodica ascendente per provocare il risveglio sarà accompagnata da uno scotimento della testa, una sequenza discendente per calmare il bambino sarà accompagnata da una lenta carezza, e cosí via. Durante l'interazione, la stessa dinamica caratterizza quindi sia la sequenza vocale sia la sequenza motoria, ed è questo ciò che il bambino sente, e cioè l'intreccio delle esperienze in una stessa temporalità.

Qual è la natura profonda di questo fenomeno? Nel suo libro del 1985, *The Interpersonal World of the Infant*, Stern sviluppa alcuni concetti particolarmente interessanti che, come vedremo, presentano delle relazioni con la musica. Il primo fra questi è l'*affetto di vitalità*:

> molte qualità dei sentimenti non trovano posto nella terminologia esistente o nella nostra classificazione degli affetti. Queste qualità sfuggenti si esprimono meglio in termini dinamici, cinetici, quali "fluttuare", "svanire", "trascorrere", "esplodere", "crescendo", "gonfio", "esaurito" ecc. I bambini sono certamente in grado di percepire queste qualità dell'esperienza che rivestono grande importanza ogni giorno e addirittura in ogni momento della loro vita [*ibid.*, trad. it. p. 69].

Questi affetti di vitalità sono quindi caratteri legati alle emozioni, ai modi di essere, ai diversi modi di provare interiormente le emozioni. Si tratterà per esempio di quanto separa una gioia "esplosiva" da una gioia "fugace", o ancora i mille modi di sorridere, di alzarsi dalla sedia, di prendere il bambino fra le braccia, *modi di sentire* non riducibili alle categorie affettive classiche, ma che le colorano in maniera sempre molto sensibile per il soggetto.

Traducendo altrimenti l'idea di Stern, direi che questi modi di sentire sono innanzi tutto di natura dinamica e temporale, ed è questa la loro originalità. Essi conferiscono spessore all'istante, al presente dell'azione o dell'emozione in corso, e rappresentano senza dubbio ciò che il lattante percepisce inizialmente: gli atti, i gesti, gli atteggiamenti della madre o delle persone che lo circondano. Sono modi di sentire, di "essere con", prima ancora di essere emozioni o sentimenti particolari. Il confronto con la musica o la danza è a questo punto obbligatorio, poiché il coreografo o il compositore esprimono molto piú un modo di sentire che non un sentimento particolare: ciò che fa l'originalità stilistica è precisamente che il sentimento astratto non è mai espresso, e cioè *sentito*, alla stessa maniera da due compositori diversi. Io stesso ho spesso ricordato questo problema nei miei lavori comparativi su Brahms e Debussy [Imberty 1981]: la tristezza evocata dalla musica dell'uno non è la tristezza evocata dalla musica dell'altro, esse non appartengono allo stesso universo di connotazioni affettive e dinamiche. Lo stile sarà quindi un'*architettura degli affetti di vitalità*? La risposta di Stern è in ogni caso identica alla mia: «Nel comportamento spontaneo, ciò che corrisponde allo stile sono gli affetti vitali» [1985, trad. it. p. 166]. Gli affetti di vitalità modulano, cioè "stilizzano" programmi comportamentali fissi e rigidi quali il camminare, il sorridere, ecc.: tutti gli umani camminano, ma quando ancora non riesco a riconoscere da lontano la tua fisionomia, ti riconosco invece per la tua andatura...

È necessario a questo punto fare due precisazioni: bisogna innanzi tutto sottolineare che gli affetti di vitalità non dipendono – nella loro traduzione in comportamenti – da alcuna particolare "modalità" sensoriale. Il tipo di "percezione" che essi rappresentano è, come abbiamo già detto, amodale; nel senso che il bambino – e piú tardi l'adulto – "traduce" spontaneamente il "sentire" attraverso una modalità o l'altra, senza preferenze, restando spesso in uno stato di "percezione" confuso, indeterminato e immediato di natura sinestesica. Molti dei risultati sperimentali hanno mostrato che ben presto i bambini sono perfettamente capaci di effettuare i trasferimenti intermodali, e che la base delle loro "conoscenze" non è influenzata da una "modalità" determinata: in tal modo,

> alcune proprietà delle persone e delle cose, quali la forma, il livello d'intensità, il movimento, il numero e il ritmo, vengono sperimentate direttamente come qualità percettive amodali globali [*ibid*., trad. it. p. 69].

Gli affetti di vitalità, non essendo "categorizzabili" in quanto amodali, troveranno in seguito consistenza nel proprio "profilo d'attivazione", coincidente con lo schema corporale interno. Il concetto di affetto di vitalità si radica quindi nella dinamica stessa della vita affettiva, nella dinamica dello sviluppo della personalità e del legame interpersonale, in quella che Bergson avrebbe definito la creatività dello slancio vitale. L'affetto di vitalità è un momento emergente, un frammento di tempo vissuto nel presente come una successione di tensioni e distensioni piú o meno forti, di variazioni d'intensità della sensazione. Un esempio dato da Stern è assai illuminante: per calmare il proprio bambino, la madre di lingua francese gli dirà «Allez, allez, allez...», accentuando la prima sillaba, rallentando sulla seconda. Ma potrà cercare d'ottenere lo stesso risultato senza dire niente, accarezzando solo la testa del suo bambino: il gesto e la carezza avranno allora lo stesso profilo della voce, appoggiato all'inizio, rallentato e alleggerito alla fine. Interessante è che il bambino avverte i due comportamenti alla stessa maniera, facendo cosí l'esperienza d'uno stesso affetto di vitalità [*ibid*., trad. it. p. 73], caratterizzato da un particolare profilo d'attivazione che egli sente e riconosce immediatamente.

Man mano che si accumulano esperienze dello stesso genere, gli affetti vitali si raggruppano in organizzazioni piú globali, nelle quali le percezioni, gli atti e i pensieri non esistono in quanto tali ma costituiscono la "matrice" del loro sviluppo nelle esperienze future. In tal modo, gli affetti vitali appaiono come le categorie (sensitive e intuitive) primordiali sulle quali si costruiranno successivamente le emozioni, i sentimenti, le forme percepite e identificate, i pensieri. La loro organizzazione resta, dice Stern, «il campo fondamentale della soggettività umana», essa è «il serbatoio da cui scaturisce ogni esperienza creativa» [*ibid*., trad. it. p. 82].

4. *Messa in sintonia affettiva e semiotizzazione dell'esperienza temporale.*

4.1. La messa in sintonia affettiva, condizione per la comunicazione.

Partiamo dall'esempio dei musicisti che suonano insieme in un quartetto: da ciò che abbiamo appena detto si evince facilmente che essi condividono degli affetti di vitalità, non soltanto quelli provati nell'interazione con gli altri membri del quartetto, ma anche quelli suggeriti dalla musica, che vanno ugualmente condivisi. Affinché il gruppo sia omogeneo, affinché sia possibile l'unità d'esecuzione e d'interpretazione, bisogna che essi si aggiustino gli uni con gli altri, che essi si ascoltino per *accordarsi*, non soltanto dal punto di vista dei parametri oggettivi (diapason, tempo, fraseggio, accenti, ecc.) ma anche dal punto di vista del modo di "sentire" la musica che suonano. Bisogna cioè che la loro sia anche una messa in sintonia affettiva.

Questa semplice idea, che tutti possiamo facilmente comprendere e condividere, possiede un'origine e dei meccanismi psicologici molto profondi. La messa in sintonia affettiva è un processo essenziale nella costruzione del legame interpersonale e intersoggettivo; un elemento che compare fra il settimo e il nono mese di vita. Verso il settimo mese, il lattante scopre di avere "qualcosa" nella testa, e che ciò che egli ha nella testa può esistere anche nella testa degli altri ed essere condiviso. Ciò che egli ha nella testa a questa età sono esperienze affettive, quindi principalmente affetti di vitalità, dunque suscettibili di condivisione. Nell'osservazione delle condotte fra la madre e il lattante, questa condivisione è resa visibile dagli aggiustamenti interpersonali basati sul tempo, il ritmo, l'intensità e la forma: parrebbe trattarsi di un'imitazione del bambino da parte della madre e viceversa. Ma Stern sottolinea che siamo in presenza di un'imitazione solo apparente: l'aggiustamento non è qui solo imitare il piú possibile l'altro, bensí trovare il corrispondente affettivo esatto al di là delle forme esteriori della condotta, trovare cioè quel "colore" o "tonalità" avvertiti e ormai condivisi, utilizzando al bisogno tutte le capacità di trasposizione transmodale che il bambino possiede. In sintesi, madre e bambino si accordano, come fanno i musicisti, per entrare in risonanza emotiva l'una con l'altro, e condividono gli stessi affetti di vitalità: è quanto Stern chiama "messa in sintonia affettiva".

Quali sono i caratteri della messa in sintonia che la rendono efficace nella condivisione intersoggettiva degli affetti di vitalità? Stern li descrive nel modo seguente [1985, trad. it. pp. 147-48]: innanzi tutto i comportamenti dei soggetti danno l'impressione di un'imitazione, senza che però vi sia una copia evidente; c'è soltanto una specie di corrispondenza, come per esempio tra il sorriso del bambino e l'espressione vocale della madre; la corrispondenza – come nell'esempio indicato – è ampiamente transmodale; infine, essa non è né fisica né oggettiva, ma principalmente di natura affettiva, e deriva da uno stato emotivo vissuto attraverso l'altro. La nozione di messa in sintonia affettiva è quindi essenziale per comprendere come gli affetti di vitalità possano essere comunicati e condivisi. Ritornando per un momento all'esempio del quartetto, è chiaro che ai fini di un'esecuzione d'assieme, e poiché i musicisti del quartetto devono suonare ognuno la propria parte senza imitarsi, è necessaria anzitutto una sintonia affettiva. Anzi, spesso le raffinatezze della scrittura rendono queste parti molto diverse non solamente nella forma ma anche nella dinamica. Ciò che possiamo percepire come una "complementarietà armoniosa" fra queste parti e anche nell'esecuzione dei musicisti, è che essi sono "in fase" gli uni con gli altri, vivono uno stesso stato d'animo, condividono qualcosa che è un insieme di modi di sentire molto forti, la cui coerenza garantisce la coerenza formale dell'opera e dell'interpretazione che essi ne danno.

4.2. Semiotizzazione dell'esperienza temporale.

Da ciò che precede deriva la nozione di trama temporale del vissuto (o trama temporale del sentire): essa è definita in *The Motherhood Constellation* [Stern 1995] come forma di rappresentazione dell'esperienza affettiva. Essa è quindi un contorno affettivo; cioè la forma temporale di un insieme di profili d'intensità, di ritmo e di durata degli affetti di vitalità, dei quali assicura al bambino la coerenza in un presente che dura. Per il bambino la sua presenza è un avvenimento che si produce in tempo reale, all'"interno" dell'esperienza. Ma per comprendere la portata di questo concetto è necessario porre subito la seguente domanda: quale trama si forma? In altre parole: che cosa si annoda, come si combina un intreccio, un evento di cui si attende una narrazione, di cui si attende la rivelazione del senso? Ancora in altre parole, se "si forma una trama", che senso ha? Dietro questa domanda vi è un interrogativo molto piú generale riguardante il concetto di tempo: questo ha senso per noi solo in quanto legame, collegamento fra passato, presente e futuro, perché esso possiede un orientamento nel quale si proietta la nostra vita. Nel bambino, è chiaro che il tempo esistenziale è ancora frammentato, l'orientamento generale non esiste, si riduce al presente, cioè alle sensazioni, ai gesti, ai movimenti, alle azioni interpersonali e agli affetti di vitalità che sono loro associati: all'inizio – come abbiamo visto sopra – può ridursi a qualche secondo, persino a meno. Ma in questo presente cosí breve, come si costruisce la coerenza fra il Sé e il mondo circostante, in che modo è cioè possibile per il soggetto cogliere, senza l'intuizione d'un orizzonte temporale futuro, la direzione di ciò che si trama nel vissuto del flusso temporale?

Nel lattante, la capacità di cogliere delle coerenze nel mondo interpersonale è legata alla sua capacità di sentire il legame fra le proprie azioni e il piacere o il dolore che gliene derivano. In altre parole, le azioni si colorano d'una motivazione intrinseca – non proposta come obiettivo cosciente, essendo il piacere e il dolore sentimenti immediati – che raccoglie l'energia per agire: tutti i comportamenti d'autoeccitazione dipendono da questo meccanismo. Su di esso si articola e sintonizza il comportamento della madre. Il "vissuto del fare" si colora di un orientamento, di una finalità che, *a posteriori*, dà a questo vissuto una coerenza attraverso una limitazione precisa nel tempo: fare per provare piacere, e poi – un po' per volta – per rispondere all'altro, per condividere qualcosa. Ma dal momento in cui l'obiettivo è raggiunto, l'azione si ricentra su un'altra sequenza, essendo la precedente spostata nel passato e momentaneamente dimenticata. È questo rinvio al passato che, *a posteriori*, dà coerenza alla sequenza, la fa apparire come una forma temporale che ha avuto un inizio, una metà e una fine.

Questo è ciò che Stern chiama l'«involucro protonarrativo» [1994; 1995, trad. it. pp. 88-91]: in effetti, la forma narrativa è ciò che, nell'universo del linguaggio e dei segni ai quali il lattante avrà accesso piú tardi, costruisce l'unità di tempo, segmenta la realtà del divenire umano. L'*a posteriori* temporale è quindi una *semiotizzazione* dei profili d'attivazione degli affetti di vitalità, o piú esattamente ciò che permette alla semiotizzazione di svilupparsi nella durata, ciò che dà forma alle trame temporali del sentire, in definitiva ciò che fa in modo che qualcosa "si trami", "prenda senso" nel tempo. L'involucro protonarrativo è quindi un profilo di affettività ripartito nel tempo con la coerenza di un *quasi-intreccio*: esso si organizza intorno alla messa in atto di un'intenzione-motivazione (orientamento verso un obiettivo), segmenta una porzione di tempo nella quale il bambino sente la propria coerenza, rapportando contemporaneamente a sé (*senso di un Sé embrionale*) le sensazioni dei propri bisogni (per esempio aver fame), dei propri atti (movimenti, grida, ecc.), dei propri sentimenti (affetti di vitalità legati alle proprie sensazioni, movimenti, percezioni). Esso resta, al di là di ogni linguaggio, *una linea d'intuitiva tensione drammatica*. È dunque una forma protosemiotica dell'esperienza interiore del tempo, una matrice della "narrazione" delle tensioni e delle distensioni legate all'"intreccio" (o «protointreccio» [Stern 1994]) della ricerca di un soddisfacimento; essa è ciò che conferisce all'esperienza l'unità globale, qualunque ne sia il grado di complessità. Quest'unità è "vissuta" attraverso la coscienza progressiva che il bambino acquista della causalità e della progressione dell'esperienza verso il suo stato finale. Attorno ai 3 o 4 mesi, il bambino diventa in effetti capace di differenziare il Sé dall'Altro, essendo il Sé sentito come autore o causa di azioni deliberate. Vi è quindi la percezione intuitiva di un Sé-agente, di un'azione, di uno strumento e di un obiettivo. Sono questi gli elementi che sottintendono le forme primitive della causalità e organizzano dei protointrecci, fanno emergere dalle trame temporali del sentire una linea di tensione drammatica che l'orienta:

> Quando in una situazione interpersonale la motivazione (desiderio) è attivata, essa crea nel soggetto una struttura quasi-narrativa [*ibid.*, p. 19].

All'inizio, gli involucri protonarrativi corrispondono a intervalli di tempo molto brevi, e la segmentazione della realtà temporale si opera solo in parte, essendo rari i momenti in cui il bambino sente la propria coerenza e unità interiore. Ma è proprio qui che noi troviamo il ruolo fondamentale svolto dalla ripetizione nelle relazioni interpersonali. Un primo affetto di vitalità è sentito con il suo specifico profilo d'intonazione nel corso d'una situazione interattiva: ripetuto, per esempio, nel piacere di un gioco (motivazione), esso provoca nello stesso tempo non un ricordo (rappresentazione astratta cosciente) ma ciò che Stern chiama una "rimembranza" della presentazione iniziale. Ed è questa "rimembranza" che provoca l'*a posteriori temporale*, dando unità alla sequenza comportamentale. Nello stesso tempo, vediamo nascere l'inizio della rappresentazione degli affetti attraverso la sequenza "presentazione - ri/presentazione". Ed è questa ripresentazione che, grazie alla ripetizione, dà senso all'involucro protonarrativo. Come in musica, la ripetizione diventa cosí il criterio di segmentazione della realtà umana; per suo tramite il tempo acquista senso, e la durata si semantizza.

5. *Per concludere.*

Le riflessioni e i fatti qui presentati apportano evidentemente aspetti nuovi al concetto di macrostruttura musicale già sviluppato in altri miei testi (cfr. *Continuità e discontinuità* nel volume I della presente *Enciclopedia*, alle pp. 526-47). Se posso definire la macrostruttura come uno schema di strutturazione del tempo, in particolare dal punto di vista dell'espressività e dei sentimenti percepiti dall'uditore durante l'ascolto, la progressione temporale prende senso in questa continuità orientata dall'inizio alla fine dell'opera, nel succedersi di tensioni e distensioni, attraverso i *patterns* formali che evocano degli affetti di vitalità. Tale progressione temporale trova la propria coerenza in quella trama temporale che intreccia gesti melodici, ritmici, e armonici, presentando in un profilo unico le "protonarrazioni" della vita interiore dalle mille sfumature. Commentando il testo *Essai sur les données immédiates de la conscience* di Bergson, Jankélévitch descrive molto bene tutto ciò: «Ma cosa potrà mai legare un dolore a una gioia? Eppure la durata opera questo miracolo». La durata interiore, come d'altronde la modulazione armonica, implica «l'intuizione di un certo spessore d'originalità da raggiungere» [1959, pp. 4, 43].

La musica diventerebbe cosí la traduzione o la rappresentazione della matrice originale di ogni forma simbolica, di ogni forma di linguaggio, cioè di ogni forma di messa in ordine del tempo, semplicemente perché essa trova le proprie origini nei primi scambi umani dell'inizio della vita. Non esistono popoli senza linguaggio e nemmeno popoli senza musica: l'una non esiste senza l'altro. Ed è qui che troviamo l'origine di ogni espressione musicale: la musica trae il proprio potere dalla sua doppia natura, biologica ma anche profondamente sociale, esattamente come il linguaggio. La natura temporale della musica è nutrita dai modi di essere-al-mondo che abbiamo costruito durante la nostra prima infanzia, e che orientano in seguito i nostri modi d'essere-nel-tempo, nella cultura, con la nostra percezione, il nostro corpo, le nostre emozioni e i nostri sentimenti. Forse, al di là dei diversi sistemi musicali e dei differenti modi di utilizzarli, è il radicamento dell'inizio della vita nell'universo sonoro, nella durata, nel ritmo, nel tempo e nel movimento ciò che fonda l'universalità della musica come espressione della soggettività umana.

Bower, T. G. R.

1978 *Le développement psychologique de la première enfance*, Mardaga, Bruxelles.

Carpenter, G.

1975 *Mother's face and the newborn*, in R. Lewin (a cura di), *Child Alive*, Temple Smith, London.

Condon, W. S., e Sander, L. W.

1974 *Neonate movement is synchronized with adult speech. Interactional participation and language acquisition*, in «Science», CLXXXIII, n. 4120, pp. 99-101.

De Casper, A. J., e Fifer, W. P.

1980 *Of human bonding. Newborns prefer their mother's voices*, in «Science», CCVIII, pp. 1175-76.

De Casper, A. J., e Spence, M. J.

1986 *Prenatal maternal speech influences newborn's perception of speech sounds*, in «Infant Behavior and Development», n. 9, pp. 133-50.

Demany, L.

1982 *Auditory stream segregation in infancy*, in «Infant Behavior and Development», n. 5, pp. 261-76.

Fassbender, Ch.

1995 *La sensibilité auditive du nourrisson aux paramètres acoustiques du langage et de la musique*, in I. Deliège e J. A. Sloboda (a cura di), *Naissance et développement du sens musical*, Presses Universitaires de France, Paris, pp. 63-99.

Feijoo, J.

1981 *Le foetus, Pierre et le Loup*, in E. Herbinet e M. C. Busnel, *L'aube du sens*, Stock, Paris, pp. 192-209.

Fifer, W. P.

1981 *Early Attachment. Maternal Voice Preference in One- and Three-Day-Old Infants*, PhD Dissertation, University of Greensboro, N.C.

Fifer, W. P., e Moon, C.

1989 *Psychobiology of newborn auditory preferences*, in «Seminars in Perinatology», n. 13, pp. 430-33.

Freud, S.

1926 *Hemmung, Symptom und Angst* (1925), Internationaler psychoanalytischen Verlag, Leipzig-Wien-Zürich (trad. it. *Inibizione, sintomo e angoscia*, in Id., *Opere complete*, Bollati Boringhieri, Torino 1978, vol. X, pp. 231-317).

Hirsh-Pasek, K., Kemler Nelson, D. G., Jusczyk, P. W. C., Druss, K. W. C. B., e Kennedy, L.

1987 *Clauses are perceptual units for young infants*, in «Cognition», n. 26, pp. 269-86.

Imberty, M.

1981 *Les écritures du temps. Sémantique psychologique de la musique*, vol. II, Dunod, Paris (trad. it. *Le scritture del tempo. Semantica psicologica della musica*, Ricordi-Unicopli, Milano 1990).

1990 *La genesi dei comportamenti vocali elementari nel bambino e loro significato inconscio*, in *Pedagogia e didattica degli strumenti nell'educazione musicale di base. XXI Convegno Europeo di studi C. A. Seghizzi sull'educazione musicale, Gorizia*, Associazione Corale Goriziana C. A. Seghizzi, Gorizia, pp. 35-46.

Jankélévitch, V.

1959 *Henri Bergson*, Presses Universitaires de France, Paris.

Jusczyk, P. W. C., Hirsh-Pasek, K., Kemler Nelson, D. G., Kennedy, L., Woodward, A., e Piwoz, J.

1992 *Perception of acoustic correlates of major phrasal units by young infants*, in «Cognitive Psychology», n. 24, pp. 252-93.

Krumhansl, C. L., e Jusczyk, P. W. C.

1990 *Infant's perception of phrase structure in music*, in «Psychological Science», n. 1, pp. 70-73.

Lecanuet, J.-P.

1995 *L'expérience auditive prénatale*, in I. Deliège e J. A. Sloboda (a cura di), *Naissance et développement du sens musical* cit., pp. 7-38.

Mehler, J.

1976 *La reconnaissance de la voix maternelle par le nourrisson*, in «La Recherche», LXX, pp. 786-88.

Moon, C., e Fifer, W. P.

1990 *Newborns prefer a prenatal version of mother's voice*, in «Infant Behavior and Development», n. 13, p. 530 (numero speciale ICIS).

Papoušek, H., Papoušek, M., e Bornstein, M. H.

1985 *The naturalistic vocal environment of young infants. On the significance of homogeneity and variability in parental speech*, in T. Field e N. Fox, *Social Perception in Infants*, Ablex, Norwood N.J., pp. 269-97.

Papoušek, M.

1994 *Vom ersten Schrei zum ersten Wort. Anfänge der Sprachentwicklung in der vorsprachlichen Kommunikation*, Huber, Bern.

Papoušek, M., e Papoušek, H.

1981 *Musical elements in the infant's vocalizations. Their significance for communication, cognition and creativity*, in L. P. Lipsitt, *Advances in Infancy Research*, Ablex, Norwood N.J., vol. I, pp. 163-224.

Querleu, D., e Renard, X.

1981 *Les perceptions auditives du foetus humain*, in «Médicine et Hygiène», n. 39, pp. 2102-10.

Ruwet, N.

1972 *Langage, musique, poésie*, Seuil, Paris (trad. it. *Linguaggio, musica, poesia*, Einaudi, Torino 1983).

Stern, D.

1977 *The First Relationship*, Harvard University Press, Cambridge (trad. it. *Le prime relazioni sociali: il bambino e la madre*, Armando, Roma 1979).

1985 *The Interpersonal World of the Infant. A View from Psychoanalysis and Developmental Psychology*, Basic Books, New York (trad. it. *Il mondo interpersonale del bambino*, Bollati Boringhieri, Torino 1987).

1994 *One way to build a clinically relevant baby*, in «Infant Mental Health Journal», XV, n. 1, pp. 9-25.

1995 *The Motherhood Constellation. A Unified View of Parent-Enfant Psychotherapy*, Basic Books, New York (trad. it. *La costellazione materna. Il trattamento psicoterapeutico della coppia madre-bambino*, Bollati Boringhieri, Torino 1995).

Trehub, S. E., Thorpe, L. A., e Morrongiello, B. A.

1987 *Organizational processes in infant's perception of auditory patterns*, in «Child Development», n. 58, pp. 741-49.

Trehub, S. E., e Trainor, L. J.

1994 *Les stratégies d'écoute chez le bébé: origines du développement de la musique et de la parole*, in S. McAdams e E. Bigand (a cura di), *Penser les sons. Psychologie cognitive de l'audition*, Presses Universitaires de France, Paris, pp. 299-347.

Wolff, P. H.

1969 *The natural history of crying and other vocalizations in early infancy*, in B. M. Foss (a cura di), *Determinants of Infant Behavior*, Methuen, London, vol. IV, pp. 81-109.

SYLVIE VANGENOT

L'enigma dell'orecchio assoluto

A detta di molti, l'orecchio assoluto è il dono prezioso che possiedono quelli che, nei corsi di solfeggio, "capiscono tutto". Nel dettato musicale, cavallo di battaglia degli "assolutisti", un orecchio normale ha bisogno che gli si ricordi sovente il *la* di riferimento per identificare la nota ascoltata in relazione alla sua frequenza. Chi possiede l'orecchio assoluto è invece in grado di indicare istantaneamente la nota percepita.

Dalla fine del XIX secolo, i musicisti e gli psicologi si interrogano sulla natura di questa capacità che facilmente può essere considerata una prerogativa del "buon musicista". Se oggi possiamo definire piú precisamente l'orecchio assoluto come la capacità di identificare un suono di un'altezza ben precisa senza dover ricorrere a una nota di riferimento, questa qualità non perde tuttavia il suo mistero. In che cosa consiste questo orecchio assoluto quasi-mitico, che gode di un tale prestigio tra i musicisti malgrado siano in pochi a possederlo?

1. *Le prime ricerche: innato o acquisito?*

I primissimi lavori vertevano sulla genesi dell'orecchio assoluto. Si tratta realmente di un "dono" del cielo o, piú prosaicamente, di una capacità che è possibile acquisire? Due correnti di pensiero si sono a lungo contrapposte. Per gli uni, l'orecchio assoluto sarebbe un'attitudine innata che si manifesta in maniera spontanea e immediata durante l'infanzia [Bachem 1955; Neu 1947; Stumpf (1883) citato da Neu 1947; Petran 1932; Seashore 1940]. Per gli altri, l'orecchio assoluto non altro sarebbe che il risultato di un apprendimento che si può effettuare a ogni età. Numerosi esperimenti sono stati attuati per far sviluppare tale capacità su soggetti che ne erano inizialmente privi [Brady 1970; Campbell e Small 1963; Cuddy 1968; Meyer 1899]. Nessun esperimento, tuttavia, ha prodotto risultati convincenti.

Sicuramente l'orecchio assoluto si acquisisce, ma solo fino a una certa età. Già nel 1916, Copp esprime l'ipotesi di un periodo critico per lo sviluppo dell'orecchio assoluto. Preso atto della facilità dei bambini ad apprendere la denominazione dei suoni musicali, egli pensa che questa sia un'attitudine innata che il bambino perde dal suo repertorio comportamentale se non sviluppata abbastanza precocemente. In effetti è probabile che, proprio cosí come abbiamo imparato a distinguere i colori, avremmo potuto imparare a riconoscere i suoni. Ma, essendo questa attitudine inutile nel nostro contesto sociale, a eccezione, forse, dei musicisti, siamo destinati a perdere questa capacità durante lo sviluppo. Uno studio di Sergeant [1969] dimostra come sia possibile stabilire una forte correlazione tra l'età alla quale si inizia la formazione musicale e il possesso dell'orecchio assoluto. Su un campione di 1156 musicisti professionisti, la quasi totalità (92,6 per cento) di coloro che hanno iniziato lo studio di uno strumento o del solfeggio tra i due e i quattro anni possiede l'orecchio assoluto. Nei casi in cui la prima educazione musicale è stata impartita tra i dodici e i quattordici anni, possiamo riscontrare che soltanto il 6 per cento ha sviluppato l'orecchio assoluto. Dunque, questa capacità sarebbe il risultato di un apprendimento tanto piú efficace, quanto piú precoce, tenendo conto che la fine del "periodo sensibile" può situarsi attorno agli undici anni.

Nel 1941, Bachem presenta delle tavole genealogiche di intere famiglie portatrici di questa peculiarità, fornendo cosí una base alla sua interpretazione genetica. Eppure non si è mai potuta evidenziare alcuna correlazione tra influenze ereditarie e possesso dell'orecchio assoluto. Uno studio recente ha mostrato come l'87 per cento dei musicisti di un gruppo di concertisti particolarmente dotati di talento e tutti in possesso dell'orecchio assoluto non avesse, nella cerchia dei propri parenti, nessun individuo dotato della stessa abilità. Certo, esiste una chiara correlazione tra ambiente familiare e sviluppo dell'orecchio assoluto. È evidente che un bambino i cui genitori sono musicisti beneficia di un ambiente favorevole allo sviluppo di questa capacità, non fosse che per la familiarità con la musica, quanto mai precoce.

Tuttavia, il problema dell'orecchio assoluto non deve essere isolato dal contesto musicale; è proprio studiando uno strumento o il solfeggio che certi bambini acquisiscono quasi "automaticamente" la capacità di riconoscere le note che ascoltano. Per arrivare allo stesso risultato, altri avranno bisogno di sforzarsi enormemente. Sarebbe interessante poter capire perché certi individui sviluppano l'orecchio assoluto e altri no, pur beneficiando dello stesso insegnamento. Ma fino a oggi, a questa domanda non sappiamo rispondere.

2. *L'orecchio assoluto e i suoi limiti.*

Degli individui in possesso dell'orecchio assoluto si dice spesso che hanno "buon orecchio". Eppure, non sembra che essi presentino una qualche superiorità per ciò che concerne la sensibilità uditiva. Un recente esperimento [Vangenot 1999] ha dimostrato in effetti che i musicisti, in possesso o meno dell'orecchio assoluto, non dimostrano una percezione delle altezze piú raffinata degli altri individui, non appena si ponga attenzione alla discriminazione delle frequenze. Per ciò che concerne la percezione dell'altezza propriamente detta, quella misurata in Hertz, tutti gli individui si distribuiscono attorno a una media. Inoltre, se si chiede a dei musicisti di riconoscere l'altezza di un suono complesso a partire da una nota di base, precedentemente ascoltata, possessori e non possessori dell'orecchio assoluto ottengono lo stesso punteggio, molto vicino, d'altronde, a quello dei non-musicisti. Ciononostante alcuni strumentisti ci colpiscono per la precisione con la quale accordano il loro strumento. Certi violinisti sono precisi allo "Hertz"! Ma questo non vuol dire che essi possiedano necessariamente l'orecchio assoluto, e questa notevole raffinatezza percettiva non sembra avere rapporti con l'altezza. Di fatto, lo spettro sonoro di una corda vuota varia a seconda della sua tensione. Il violinista, in questo caso, riconosce le variazioni spettrali, il che non ha nessun rapporto con la memoria e la decodificazione delle altezze.

Cosí, la famosa storiella del giovane Mozart, il quale a sette anni rilevava che il violino del suo amico Schachtner era accordato di un quarto di semitono troppo alto, non sarebbe il risultato dell'orecchio assoluto, ma soprattutto di una fenomenale capacità di distinguere le altezze e di una memoria eccellente.

Se possedere l'orecchio assoluto vuol dire aver memorizzato negli anni di studio delle altezze e poterle nominare senza sbagliare e senza necessitare di un suono di riferimento, sembra tuttavia che il parametro dell'altezza non sia sufficiente da solo ai fini di una buona decodificazione. In effetti, questa notevole capacità dei possessori dell'orecchio assoluto di riconoscere e nominare i suoni sarebbe sovente condizionata dalla qualità del timbro del suono, memorizzato contemporaneamente all'altezza. Cosí certi musicisti riconoscono facilmente le note quando vengono suonate sul loro strumento, mentre si trovano in grande difficoltà a nominare dei suoni prodotti da altri strumenti. Il loro "orecchio assoluto", in verità, assomiglia molto a un analizzatore timbrico assai sviluppato. Allo stesso modo, i suoni del pianoforte sono sempre decodificati piú facilmente e piú rapidamente che gli altri suoni complessi. Ward e Burns [1982] parlano addirittura di «pianoforte assoluto». I ragazzi, immersi in un ambiente in cui il pianoforte è lo strumento dominante (dettato musicale, accompagnamento del canto, ecc.), sembrano sviluppare una particolare sensibilità alle qualità timbriche del pianoforte e acquisiscono l'orecchio assoluto in questo contesto. Al contrario i suoni puri sono, praticamente sempre, piú difficilmente decodificabili di ogni altro suono musicale. La difficoltà risiede probabilmente nell'assenza degli armonici, elementi ben piú determinanti per l'identità del suono di quanto non sia la frequenza fondamentale. (Il suono piú semplice, dal punto di vista fisico, è un suono puro, cioè un'oscillazione sinusoidale di pressione, caratterizzata da un periodo T, stabile, di cui l'inverso è la frequenza f=1/t misurata in Hertz. Un suono puro è interamente definito da una sinusoide. Raramente, tuttavia, si ha a che fare con un tale tipo di suono, di frequenza f isolata: piú sovente ci si imbatte in suoni composti di oscillazioni aventi frequenze diverse. Tali oscillazioni producono una frequenza detta fondamentale insieme ai suoi multipli, 2f, 3f, 4f, ..., nf, detti armonici, e questa è caratteristica comune a tutti i suoni strumentali).

Miyazaki [1989] ha dimostrato che il riconoscimento di un suono è influenzato anche dalla sua posizione sulla scala delle frequenze. I possessori di orecchio assoluto sono piú a loro agio nell'identificazione delle altezze intermedie che di quelle delle note alte o basse. Il registro nel quale essi sono piú precisi corrisponde alle frequenze comprese fra la terza e la quinta ottava (da 131 a 988 Hz) per i suoni complessi. Inoltre, i possessori dell'orecchio assoluto non riconoscono tutte le note con la stessa precisione. Il *la* (probabilmente a causa del diapason) e il *do* sono quelle che vengono identificate con piú precisione. Qualche errore, quasi sempre un semitono in piú o in meno, si verifica a volte quando si tratta di riconoscere il *sol*, e quindi le altre note naturali. Un po' piú numerosi si fanno gli errori nella decodificazione delle note alterate. Allo stesso modo Miyazaki [1989] ha dimostrato che è possibile classificare le note in funzione del tempo necessario alla loro identificazione: *sol, do, mi, re, la, fa, do, la, si, re, fa, sol*. Le note importanti della tonalità di *do* maggiore, come la tonica e la dominante, vengono riconosciute piú rapidamente. Sarebbe dunque possibile rintracciare una rappresentazione gerarchica delle note nella nostra memoria, derivante, presumibilmente, dal "bagno tonale" nel quale siamo immersi fin dalla nostra prima infanzia. Inoltre, i musicisti sembrano udire spontaneamente in *do* maggiore, forse perché gli esercizi di strumento per principianti sono quasi sempre scritti in questa tonalità, considerata la piú "semplice" perché non presenta alterazioni in chiave.

La precisione e la rapidità di identificazione esistono dunque in funzione della gerarchia tonale, cioè si basano sul senso del contesto tonale in cui ogni suono è inserito. Se osserviamo che ciò dovrebbe riguardare soprattutto l'orecchio relativo, la conclusione che se ne può trarre ha aspetti indubbiamente un po' paradossali.

3. *Il "tone height" e il "tone chroma"*.

I primi lavori sull'altezza del suono hanno sviluppato una teoria che, all'unidimensionalità della scala fisica delle frequenze, faceva corrispondere una scala delle dimensioni psicologiche delle altezze [Stevens e Wolkmann 1940; Stevens, Wolkmann e Newmann 1937]. Ciononostante, altri studi di poco successivi hanno mostrato come la percezione dell'altezza di un suono sia troppo complessa per essere rappresentata in maniera soddisfacente da una semplice scala lineare. Fin dal 1846, Drobisch [citato da Ruckmick 1929] aveva presentato il modello originale di bidimensionalità.

Il suono musicale, in effetti, presenta due componenti di altezza:

- il *tone height* corrisponde alla frequenza fondamentale. Si tratta della frequenza propriamente detta, che può essere misurata. Ogni suono si posiziona su una linea continua e graduata dal basso verso l'alto, dal grave verso l'acuto;
- il *tone chroma* [Bachem 1937; Deutsch 1969; Révész 1913; Shepard 1964] o *pitch class* [Babbitt 1960] corrisponde alla posizione del suono all'interno dell'ottava. Il termine "chroma" deriva da una parola greca che significa "colore". Il *tone chroma* è una qualità musicale del suono; in un certo senso lo caratterizza con un "timbro", un colore specifico che permette di dare lo stesso nome a note appartenenti a ottave diverse.

Il modello bidimensionale dell'altezza è implicitamente contenuto nella scala musicale tradizionale, la quale si basa sull'iterazione del nome delle note che si susseguono a intervalli regolari di ottava. Inoltre, non solo le note presentano lo stesso nome, ma sono anche trattate come fossero armonicamente equivalenti. Le note o i suoni separati da un intervallo di ottava sono percepiti in maniera assai simile, perché i parziali di un suono *a'* (cioè, a intervallo di ottava sopra il suono *a*) sono tutti presenti nel suono *a*. Un intervallo di ottava giusta è dunque molto consonante, le note si amalgamano al punto di confondersi l'una con l'altra. D'altronde, spesso uomini e donne cantano all'ottava senza rendersi conto di intonare note diverse. Allo stesso modo, per certi timbri, succede spesso di sbagliarsi di un'ottava nel giudicare l'altezza. Lo psicologo Shepard ha raffigurato la somiglianza delle ottave con dei punti disposti su una spirale ascendente, denominata il cerchio di chroma. Le note *do*, *re*, *mi*, *fa*, *sol*, *la*, *si* sono ripetute indefinitamente lungo la spirale man mano che si sale la scala. Tuttavia, per quanto concerne la percezione, il *do* dell'ottava superiore sarà sempre molto simile a quello dell'ottava inferiore; e cosí sarà per tutte le altre note della scala.

Su questa forte somiglianza che l'orecchio percepisce tra i suoni a intervallo d'ottava si fonda l'illusione di salite o discese infinite. Il primo esperimento di questo tipo fu condotto da Shepard nel 1964. Egli utilizzò un computer per produrre una scala cromatica di dodici suoni che sembrava salire indefinitamente. Ogni suono era composto da parziali a intervallo d'ottava. Progressivamente, egli modificava la frequenza di ciascun parziale per incrementi di semitono ascendente, cosicché l'altezza percepita salisse di un semitono. Tuttavia, i parziali piú acuti poco a poco si affievolivano e diventavano inudibili. A questo punto egli introduceva un nuovo parziale, sottostante di un'ottava al parziale piú basso, senza che questo fosse percettibile all'orecchio. Procedendo a questa sostituzione, a ogni scarto ascendente di ottava si ritornava alla configurazione iniziale e l'ascensione poteva protrarsi senza che l'ascoltatore si rendesse conto di trovarsi al cospetto di un fenomeno ciclico. Egli udiva una successione indefinitamente ascendente di suoni, senza rendersi conto della molteplicità dei parziali costitutivi, che, giocando sugli intervalli di ottava, diventavano impercettibili all'ascolto.

Dunque, la diversità di due suoni può essere percepita non solo dal punto di vista della frequenza, ma anche dal punto di vista della "tonalità". Ed è proprio la "tonalità" che il possessore dell'orecchio assoluto riesce a identificare in maniera assoluta (cioè, in assenza di ogni termine di paragone). Nominando un suono, egli riconosce la qualità che distingue un *do* da un *re* indipendentemente dalla loro ottava. In effetti, a lungo si è considerato che l'errore di ottava fosse l'errore tipico dei detentori di orecchio assoluto [Révész 1913; Wellek 1938]. Tuttavia, recenti ricerche hanno mostrato come questo errore non sia una peculiarità di un particolare gruppo di musicisti, ma sia piuttosto collegato al tipo di suono da identificare.

Per riconoscere la qualità del chroma, i musicisti privi di orecchio assoluto hanno bisogno di rifarsi al contesto musicale. Non riescono a percepire il *tone chroma* di un suono se non relativamente ad altri suoni. Pertanto, l'orecchio assoluto è quella particolarità che permette di percepire il "colore" di un suono in maniera assoluta, al di fuori di ogni contesto, proprio come tutti quanti riconosciamo i colori spettrali. Questo parallelo è tanto piú evidente dal momento che, come vedremo in seguito, le due percezioni fanno riferimento a delle categorie.

Deutsch [1969] incorpora il modello bidimensionale delle altezze al suo modello di riconoscimento delle melodie. Secondo la sua ipotesi, se la percezione del *tone chroma* è d'importanza basilare nell'identificazione dei suoni isolati, non lo è invece nel riconoscimento delle melodie. In un test di identificazione di canzoni popolari, una melodia è riconosciuta senza problemi anche se trasposta di una o diverse ottave. Il *pitch height*, in quanto frequenza assoluta, non è dunque l'informazione portatrice dell'identità della melodia. Invece, i soggetti implicati nell'esperimento si dimostrano incapaci di riconoscere una melodia in cui solo alcuni suoni sono stati spostati a intervalli d'ottava (al massimo tre ottave sopra o sotto). Eppure, se il *pitch chroma* fosse sufficientemente importante, spostare certi suoni di una o piú ottave non dovrebbe alterare la percezione della melodia. Dunque, l'informazione basilare non è l'altezza, qualunque essa sia. L'identità di una melodia è basata su una successione intervallare; lo spostamento d'ottava di alcune note ne altera lo svolgimento, rendendone cosí impossibile il riconoscimento.

4. *La percezione categoriale dell'altezza*.

La percezione categoriale non concerne solo i campi della parola o del colore, ma è anche una caratteristica della percezione delle note nei musicisti. Nemmeno il possessore d'orecchio assoluto identifica il *la*3 unicamente con la frequenza di 440 Hz. Egli trova dapprima accettabile una ristretta banda di frequenze prima di percepire una nota che non è piú un *la*, ma non è ancora un *sol* o un *si*b. Il grado di tolleranza dipende dall'individuo. Per alcuni musicisti possiamo addirittura constatare una continuità di frequenze tra le diverse note.

Un esperimento condotto da Locke e Kellar [1973] dimostra che i musicisti, invitati a definire un accordo di tre suoni in cui la terza varia da maggiore a minore passando per diverse frequenze intermedie, offrono chiari indizi di una percezione categoriale. Nel nostro sistema temperato, il *do* dell'accordo di *la* maggiore corrisponde alla frequenza di 554 Hz. L'esperimento mostra che quando la frequenza è superiore a 546 Hz quasi tutti i musicisti percepiscono l'accordo come un accordo maggiore, mentre quando la frequenza è inferiore a 540 Hz l'accordo è normalmente avvertito come minore. Questi risultati suggeriscono l'esistenza di una frontiera categoriale nei dintorni dei 542 Hz.

Secondo gli studi sul linguaggio, sembrerebbe che l'informazione non categorizzata sia normalmente inaccessibile alla percezione cosciente. In musica, al contrario, si direbbe che una tale informazione possa essere resa accessibile alla coscienza. Altrimenti sarebbe impossibile percepire la stonatura in un accordo, poiché l'assimilazione categoriale "integrerebbe" l'esperienza percettiva. In musica, l'ascoltatore dimostra una certa attitudine a operare tanto all'interno che all'esterno del modello categoriale.

Per la musica, diversamente che per il linguaggio, non basta esservi esposto perché una percezione categoriale possa svilupparsi. La formazione musicale accresce la tendenza a categorizzare. Cosí, per esempio, la maggior parte dei metodi di educazione musicale prevede lo studio dei nomi delle note e della terminologia della scala. Ora, il semplice fatto di possedere delle etichette verbali favorisce il processo di estrazione e stoccaggio delle informazioni categoriali. È presumibile che, per i musicisti, ogni categoria sia associata a una banda-prototipo di frequenze "assolute", che rappresentano le posizioni "centrali" all'interno delle categorie della scala, mentre le altezze che si allontanano dalla norma vengono assimilate al prototipo piú vicino.

Francès [1958] parla di un processo di astrazione della nota. L'altezza della nota, nella realtà della musica, non corrisponde a una frequenza rigorosa. I musicisti tendono ad alterare piú o meno questa frequenza per molte ragioni estetiche. Le deviazioni di altezza obbediscono a una serie di leggi specifiche: le une in relazione al movimento melodico (vale a dire la gerarchia delle altezze all'interno della melodia), le altre in stretta dipendenza delle funzioni tonali che conferiscono senso a ciascun suono in base a un sistema normativo. Quando, ad esempio, un suono si avvicina a una delle note importanti del sistema tonale (la tonica o la dominante), l'esperienza mostra come il musicista tenda a ridurre l'intervallo in questione ben piú di quanto non vorrebbe il modello teorico della scala. Cosí, nella tonalità di *do* maggiore, il *si* si avvicina al *do* a volte in maniera incredibile. Al posto di un semitono, il musicista realizza di solito un quarto di tono soltanto, e a volte anche meno. Ciononostante, all'ascolto, si avrà la netta sensazione di avvertire un intervallo di semitono! Allo stesso modo, un musicista che esegue un passaggio melodico ascendente tenderà ad allargare gli intervalli, il che vale ugualmente per l'inverso.

«La percezione di un suono musicale è dotata d'un certo potere d'astrazione e di generalizzazione» [Francès 1958]. Il suono musicale è una "nota", cioè un concetto che sussume valori fisici poco rigorosi e ampiamente variabili. Cosí, si sa che tra una nota suonata da uno strumento temperato come il pianoforte e la stessa nota eseguita da uno strumento ad arco o da un ottone, le differenze di frequenza sono rispettivamente: per il *mi*: 0,36 e 0,55 commi; per il *la*: 0,27 e 0,73 commi. Il *re*, il *fa* e il *sol*, pur senza essere identici, divergono in modo piú contenuto: 0,18 e 0,09 commi. Queste differenze acquisiscono una certa importanza per un orecchio esperto. Eppure non si è mai constatato che la coesistenza di questi tre diversi strumenti in orchestra abbia suscitato una qualche reazione tra i musicisti.

Francès ha calcolato che soltanto il 20 per cento dei suoni rimane all'altezza prescritta per tutta la durata di esecuzione. Il 25 per cento non la raggiunge mai e il 55 per cento solo momentaneamente. La media delle oscillazioni, secondo Seashore, è di un semitono per il canto e di un decimo di tono per il violino. Per fortuna, la maggior parte di queste deviazioni non è mai avvertita come tale.

Quando una nota suonata al pianoforte stona, attira subito la nostra attenzione. Ma dopo un istante, se la stonatura non oltrepassa certi limiti, si finisce per non avvertirla piú: si sente allora l'altezza che si vuole sentire. Un recente esperimento [Vangenot 1999] ha mostrato come, se abbassiamo o alziamo molto lentamente le note d'un brano musicale senza interromperne lo svolgimento, la maggior parte dei musicisti si accorgerà del cambiamento solo dopo un lungo lasso di tempo. Certi soggetti dotati di orecchio assoluto non manifestano alcuna sorpresa fino a quando la modificazione non si avvicina al semitono! Per quanto confusi dall'accordatura a 415 Hz dell'epoca barocca, i possessori di orecchio assoluto apprezzano comunque le esecuzioni su strumenti d'epoca. Ci si chiede d'altronde come facessero i musicisti "afflitti" da orecchio assoluto all'epoca di Bach, per esempio, quando l'accordatura poteva variare anche di un tono da una regione all'altra.

L'orecchio musicale sembra accontentarsi di elementi sonori molto approssimativi e carichi di ogni sorta di oscillazioni. Se la tolleranza non esistesse, sarebbe d'altronde impossibile suonare con strumenti mai accordati alla perfezione. Fortunatamente per la soddisfazione dell'orecchio, quest'ultimo adempie alla funzione di enucleare le note dalle frequenze in perenne oscillazione attorno a una certa media.

Cosa significa dunque, in un tale contesto, avere l'orecchio assoluto? Cosa vuol dire suonare intonati per chi possiede questa capacità? I possessori di orecchio assoluto hanno forse una percezione piú acuta dell'intonazione? Sono forse piú esigenti degli altri musicisti?

5. *Percezione sintetica e percezione analitica*.

Gli individui che non possiedono l'orecchio assoluto sviluppano, con un lavoro costante, l'orecchio relativo. Con questo termine si designa la capacità di identificare l'intervallo che separa due note suonate simultaneamente o in successione. Siccome essi decodificano l'identità delle note in maniera relativa piuttosto che assoluta, l'individuazione di un suono implica un processo piú complesso del riconoscimento immediato. Se l'orecchio assoluto, per quanto concerne i prototipi di altezza e i nomi che gli corrispondono, chiama in causa la memoria a lungo termine, l'orecchio relativo fa ricorso alla memoria a breve termine. Il nome di una nota non può essere identificato immediatamente. Il suono deve essere immagazzinato nella memoria a breve termine per il tempo sufficiente a richiamare l'immagine della nota di riferimento con la quale istituire il paragone. L'intervallo tra le due viene poi identificato e designato. Il nome della nota viene finalmente scoperto. Si può dunque dire che la differenza tra possessori di orecchio assoluto e orecchio relativo si gioca sulla rapidità di identificazione delle note piú che sulla precisione.

Siegel [1974] mostra la superiorità mnemonica che conferisce il possesso dell'orecchio assoluto. Nel suo esperimento, ad alcuni musicisti vengono sottoposte due note distanti ora di un decimo, ora di tre quarti di tono. Essi devono stabilire se il secondo suono è piú grave o piú acuto del primo. Per quanto riguarda gli intervalli di un decimo di tono le prestazioni dei soggetti non differiscono, indipendentemente dal fatto che abbiano o meno l'orecchio assoluto. Al contrario, le cose cambiano quando si tratta degli intervalli di tre quarti di tono. I possessori di orecchio assoluto si dimostrano nettamente superiori. Essi possono assegnare un'etichetta verbale (un nome) a ogni nota. Quando le note sono poste a intervallo di decimo di tono questa codificazione non è piú operante, visto che le due note si ritrovano ad avere un unico nome. Cosí essi devono fare ricorso a quella che Siegel chiama codificazione "sensoriale", come tutti gli altri individui che non possiedono l'orecchio assoluto. Inoltre, la codificazione verbale propria dei possessori di orecchio assoluto facilita l'immagazzinamento delle informazioni a piú lungo termine.

Chi non possiede una tale abilità è comunque in grado di costruire una scala a partire da qualsiasi altezza, basandosi su un caratteristico sistema di rapporti tra le frequenze. Questa capacità conferisce una identità melodica o armonica a un insieme di note sulla base di relazioni intervallari che esse intrattengono mutualmente piuttosto che in funzione della loro altezza assoluta. Dunque, a ruoli invertiti, l'individuo che non possiede l'orecchio assoluto svilupperà una capacità peculiare, che potremmo denominare "tonalità assoluta".

Terhardt e Seewann [1983] evidenziano come l'identificazione della tonalità obbedisca a processi percettivi differenti a seconda che i soggetti possiedano o meno l'orecchio assoluto. Chi lo possiede identifica da subito una o piú note. In seguito ne desume la tonica secondo le regole del codice musicale. Diversamente, l'individuo che non possiede l'orecchio assoluto percepisce il carattere singolare di ogni tonalità, un "colore" istantaneamente codificabile, senza esitazioni.

Allo stesso modo, Siegel e Siegel [1977] dimostrano che l'orecchio relativo si sviluppa con la formazione musicale e che i musicisti piú esercitati possono identificare gli intervalli con grande sicurezza e precisione, indipendentemente dal contesto dello stimolo sonoro. Questi musicisti riferiscono di percepire gli intervalli come risonanze qualitativamente ben differenziate. Cosí, una quinta giusta non suona piú "grande" di una quinta diminuita, ma diversa per tipo di suono. Ogni intervallo possiede un carattere unico, un colore particolare, che lo rende inconfondibile. Questo fenomeno percettivo risulta meno evidente presso i soggetti dotati di orecchio assoluto. In effetti, essi dimostrano maggiori difficoltà a riconoscere rapidamente certe qualità sintetiche delle combinazioni dei suoni, come quella dell'intervallo di quinta, o il colore di un accordo o di una tonalità maggiore. La loro percezione è analitica. Il che li obbliga a calcolare le relazioni tra le altezze prima di poter comprendere che tipo di accordo o di intervallo è stato suonato. I musicisti che si basano sull'orecchio relativo hanno imparato a riconoscere automaticamente queste particolarità.

Dunque, se la percezione di tipo analitico del possessore di orecchio assoluto si dimostra importuna in alcune situazioni, altre volte essa si trasforma in un vero e proprio handicap, come quando si tratta di trasporre un pezzo musicale o di suonare uno strumento accordato un semitono piú alto o piú basso. Chi possiede l'orecchio assoluto deve dunque sviluppare anche l'orecchio relativo, cosa che richiede considerevoli sforzi. In effetti i due sembrano incompatibili, come se possedere l'orecchio assoluto impedisse la formazione dell'orecchio relativo.

L'orecchio assoluto, quindi, non è che un'attitudine dalle possibilità molto ristrette che consisterebbe, a quanto pare, nella sola capacità di identificare senza errori, ma solo in certe circostanze, il nome della nota udita. Non ha dunque nulla a che vedere con il "valore" del musicista, di cui non migliora assolutamente le capacità o la sensibilità. Come mai è allora oggetto di tanta considerazione? In fin dei conti, ed è questa la questione fondamentale: l'orecchio assoluto implica o meno una percezione differente della musica? Questo rapporto analitico con la nota, sicuramente involontario, è permanente? Non nuoce al piacere d'ascolto della musica? In altri termini, si può ancora apprezzare l'ascolto musicale se non ci si può impedire di viverlo come una successione di note esattamente identificabili? Dal punto di vista puramente musicale, non possiamo fare a meno di porci queste domande.

Babbitt, M.

1960 *Twelve-tone invariants as compositional determinants*, in «The Musical Quarterly», n. 46, pp. 246-59.

Bachem, A.

1937 *Various types of absolute pitch*, in «Journal of the Acoustical Society of America», n. 9, pp. 146-51.

1941 *The genesis of absolute pitch*, ivi, n. 11, pp. 434-39.

1950 *Tone height and tone chroma as two different pitch qualities*, in «Acta Psychologica», n. 7, pp. 80-88.

1955 *Absolute pitch*, in «Journal of the Acoustical Society of America», n. 27, pp. 1180-87.

Balzano, G. J.

1984 *Absolute pitch and pure tone identification*, in «Journal of the Acoustical Society of America», LXXV, n. 2, pp. 623-25.

Brady, P. T.

1970 *Fixed-scaled mechanism of absolute pitch*, in «Journal of the Acoustical Society of America», XLVIII, n. 4, pp. 883-87.

Campbell, R. A., e Small, A. M.

1963 *Effects of practice and feedback on frequency discrimination*, in «Journal of the Acoustical Society of America», n. 35, pp. 1511-14.

Copp, E. F.

1916 *Musical ability*, in «Journal of Heredity», n. 7, pp. 297-305.

Crozier, B.

1977 *Étiologie de l'oreille absolue*, in «Bulletin de psychologie», XXX, n. 14-16, pp. 792-803.

Cuddy, L. L.

1968 *Practice effects in the absolute identification of pitch*, in «Perception & Psychophysics», n. 43, pp. 1069-76.

Deutsch, D.

1969 *Music recognition*, in «Psychological Review», n. 76, pp. 300-7.

1982 *The Psychology of Music*, Academic Press, New York.

Francès, R.

1958 *La perception de la musique*, Vrin, Paris (2ª ed. 1972).

Locke, S., e Kellar, L.

1973 *Categorical perception in a nonlinguistic mode*, in «Cortex», n. 9, pp. 355-69.

Lockhead, G. R., e Byrd, R.

1981 *Practically perfect pitch*, in «Journal of the Acoustical Society of America», n. 70, pp. 387-89.

McAdams, S., e Deliège, I.

1989 (a cura di), *La musique et les sciences cognitives*, Mardaga, Bruxelles.

Meyer, M.

1899 *Is the memory of absolute pitch capable of development by training?*, in «Psychological Review», n. 6, pp. 514-16.

Miyazaki, K.

1988 *Musical pitch identification by A. P. possessors*, in «Perception & Psychophysics», XLIV, n. 6, pp. 501-12.

1989 *Absolute pitch identification: effects of timbre and pitch region*, in «Music Perception», I, n. 7, pp. 1-14.

1990 *The speed of musical pitch identification by absolute pitch possessors*, ivi, II, n. 8, pp. 177-88.

Neu, D.

1947 *A critical review of the literature on Absolute Pitch*, in «Psychological Bulletin», n. 24, pp. 249-65.

Petran, L. A.

1932 *An experimental study of pitch recognition*, in «Psychological Monographs», VI, p. 42.

Révész, G.

1913 *Zur Grundlegung der Tonpsychologie*, Veit, Leipzig (trad. it. *Psicologia della Musica*, Giunti, Firenze 1954).

Riker, B. L.

1946 *The ability to judge pitch*, in «Journal of Experimental Psychology», n. 36, pp. 331-46.

Ruckmick, C. A.

1929 *A new classification of tonal qualities*, in «Psychological Review», n. 36, pp. 172-80.

Seashore, C. E.

1940 *Acquired pitch vs. absolute pitch*, in «Music Education Journal», n. 26, p. 18.

Sergeant, D. C.

1969 *Experimental investigation of absolute pitch*, in «Journal of Research in Music Education», n. 17, pp. 135-43.

Shepard, R. N.

1964 *Circularity in judgements of relative pitch*, in «Journal of the Acoustical Society of America», XXXVI, n. 12, pp. 2346-53.

1982 *Structural representation of musical pitch*, in Deutsch 1982, pp. 344-90.

Siegel, J. A.

1974 *Sensory and verbal coding strategies in subjects with A. P.*, in «Journal of Experimental Psychology», CIII, n. 1, pp. 37-44.

Siegel, J. A., e Siegel, W.

1977 *Absolute identification of notes and intervals by musicians*, in «Perception & Psychophysics», III, n. 2, pp. 143-52.

Spender, N.

1980 «Absolute pitch», in *The New Grove Dictionary of Music and Musicians*, a cura di S. Sadie, Macmillan, London.

Stevens, S. S., e Wolkmann, J.

1940 *The relation of pitch to frequency: a revised scale*, in «American Journal of Psychology», n. 53, pp. 329-53.

Stevens, S. S., Wolkmann, J., e Newmann, E. G.

1937 *A scale for the measurement of the psychological magnitude of pitch*, in «Journal of the Acoustical Society of America», n. 8, pp. 185-90.

Terhard, E., e Seewann, M.

1983 *Aural key identification and its relationship to A. P.*, in «Music Perception», n. 1, pp. 63-68.

Vangenot, S.

1999 *L'oreille absolue: mythe et réalités*, Tesi di Dottorato, Université Paris X, Nanterre, non pubblicata.

Ward, W. D., e Burns, E. M.

1982 *Absolute pitch*, in Deutsch 1982, pp. 431-51.

Wedell, C. H.

1941 *A study of absolute pitch*, in «Psychological Bulletin», n. 38, pp. 547-48.

Wellek, A.

1938 *Das absolute Gehör und seine Typen*, in «Zeitschrift für angewandte Psychologie», n. 83, pp. 1-368.

JOHN A. SLOBODA

Doti musicali e innatismo

1. *Il "talento" è la spiegazione migliore delle differenze individuali?*

Per introdurre l'argomento, si cominci con l'immaginare una situazione tipica, nella quale un insegnante affida un semplice compito musicale a due bambini di cinque anni (ad esempio riprodurre col canto una melodia ascoltata in precedenza). Il bambino A ascolta la melodia una volta e la riproduce in modo vivido e accurato, mentre il bambino B, pur ascoltando la melodia diverse volte, ne fornisce una riproduzione esitante e imprecisa. Questo modello si ripete in una serie di prove diverse, indicando che il livello di musicalità dei due bambini è molto ineguale. Come si può spiegare una simile differenza?

A questo punto, può essere normale appellarsi alla nozione di "talento" o di "dote naturale"; si può pensare che il bambino A sia dotato di talento musicale, a differenza del bambino B. Si può supporre che il bambino A abbia "un'attitudine naturale" per la musica, "un'abilità innata" a rapportarsi col suono; di solito si pensa anche che tali abilità siano fisse e immutabili. Questo genere di rappresentazioni ingenue può determinare conseguenze pratiche; si può concludere ad esempio che il bambino A sarà in grado di trarre profitto da un'istruzione musicale, mentre il bambino B non ne sarà capace.

È veramente importante comprendere che nelle prestazioni di questi due bambini non esistono elementi razionali per giustificare il ricorso a spiegazioni in termini di "talento", anche se nessuno di loro si è impegnato in formali attività musicali fino a quel momento. Il risultato osservato è interamente compatibile con una diversa rappresentazione, in base alla quale si assume che i due bambini siano ugualmente "dotati", ovvero posseggano le stesse potenzialità o attitudini per l'attività musicale. Le differenze nelle loro esecuzioni possono essere interamente attribuite a differenze strutturali e strategiche nelle loro modalità di elaborazione delle conoscenze in ambito musicale, acquisite prima dell'esperimento.

È infatti molto difficile provare l'ereditarietà di caratteristiche intellettive e mentali differenti. Esistono chiaramente alcuni disturbi genetici specifici che comportano gravi carenze nelle operazioni mentali richieste per un'ampia gamma di compiti, e in alcuni casi (ad esempio Chorea di Huntington) è stato possibile identificare quali responsabili del disturbo un singolo gene o un piccolo numero di geni. I ricercatori non hanno ancora scoperto invece alcun gene specifico che sembri accompagnarsi a livelli eccezionalmente elevati di abilità. Si crede in genere che il substrato neurologico delle abilità psicologiche complesse sia multigenico, cioè che comporti l'intervento di molti geni diversi. Nonostante alcuni ricercatori [Plomin e Thompson 1993] confidino che le nuove tecniche genetiche permetteranno di isolare singoli geni associati ad alti livelli di Q.I., nessuno di tali geni è stato finora identificato.

D'altra parte è ampiamente dimostrato [per una rassegna esaustiva cfr. Storfer 1990] che differenti esperienze vissute nella prima infanzia possono avere un effetto profondo sul funzionamento cognitivo successivo. Tali esperienze precoci possono avere inizio già prima della nascita, poiché il sistema uditivo del feto raggiunge un certo livello di maturità durante il secondo trimestre. La ricerca di Hepper [1991] ha mostrato che taluni brani musicali, fatti ascoltare al feto tramite altoparlanti situati sullo stomaco della madre, erano riconosciuti dai neonati quando venivano fatti riascoltare loro successivamente (come è stato provato dall'accresciuta attenzione verso questi brani in confronto a brani nuovi). Tale apprendimento può naturalmente verificarsi in modo spontaneo. Suoni di oltre ottanta decibel vengono normalmente uditi dall'interno dell'utero; se le madri in gravidanza cantano o suonano qualche strumento il feto può quindi essere in grado di ascoltarli, cosí come può udire chiaramente la musica ad alto volume presente nelle immediate vicinanze della madre.

La maggior parte delle esperienze di apprendimento si verifica comunque dopo la nascita. Alcuni nostri studi sulle esperienze di vita precoci dei giovani musicisti [Howe, Davidson, Moore e Sloboda 1995; Howe e Sloboda 1991*a*; Sloboda e Howe 1991] hanno evidenziato che fin dalla nascita la maggior parte dei genitori cantava quotidianamente per i bambini (soprattutto all'ora di addormentarsi). Molti si impegnavano inoltre in giochi cantati, incoraggiando i bambini sia a danzare e cantare seguendo la musica, sia a svolgere altri tipi di attività familiari non strutturate. Tali comportamenti vengono considerati da molti genitori come "ordinari" e la loro importanza in quanto opportunità di apprendimento può quindi essere seriamente sottovalutata [Papoušek 1982].

Non si sono effettuate ricerche sugli effetti a lungo termine della stimolazione musicale precoce, ma esistono molti risultati a favore della stimolazione in ambito linguistico [Fowler 1990; Whitehurst, Falco, Lonigan, Fischel, De Baryshe, Valdez-Menchaca e Caulfield 1988]. In uno studio si chiedeva ai genitori di impegnarsi, per pochi minuti al giorno e per un periodo di qualche mese, nello svolgimento di semplici e strutturati giochi linguistici interattivi con i loro bambini di uno-due anni. Si trattava ad esempio di indicare il nome di oggetti e di chiedere ai bambini di ripeterlo. Molti genitori svolgono queste attività in modo spontaneo e sono sorpresi di apprendere che altri non lo fanno quasi mai. Lo studio ha evidenziato che l'impegno in queste attività ludiche da parte dei genitori favorisce sostanziali e durature acquisizioni di competenza linguistica da parte dei figli.

Da questi studi si può concludere che i bambini molto piccoli sperimentano livelli assai ineguali di esposizione e di coinvolgimento in ambito musicale sulla base delle attività musicali informali nella cerchia familiare ristretta. Già all'inizio dell'età scolare queste differenze possono condurre a profondi dislivelli nell'abilità di adempiere una svariata serie di compiti musicali.

Finora la discussione ha considerato i bambini come ricettori passivi di diversi livelli di stimolazione musicale, mentre essi partecipano ovviamente in modo attivo all'apprendimento. In seguito ad associazioni piacevoli o a esperienze di successi [Renninger e Wozniak 1985], alcuni bambini cominceranno a ricercare stimolazioni e attività musicali preferendole ad altri tipi di attività, richiederanno l'avvio o il proseguimento dei giochi musicali, si impegneranno nel canto spontaneo o nelle attività di danza e chiederanno che alcuni brani o registrazioni vengano suonati all'infinito. In questo modo, un bambino inizia a essere considerato dall'ambiente sociale come particolarmente sensibile alla musica, coinvolto in essa e quindi "musicalmente dotato".

Nonostante alcune persone preferiscano pensare che una particolare attitudine per i suoni musicali possa essere innata in alcuni bambini, ritengo che ciò sia improbabile. L'attitudine per il suono può essere una caratteristica universale degli esseri umani, se si considera la sua importanza nei primi tempi di vita [Fassbender 1993]. Sembra molto piú realistico pensare che le preferenze precoci si sviluppino in seguito a esperienze positive o negative che inducono l'individuo a impegnarsi o meno in certi tipi di attività. Questi fattori sono essenzialmente emotivi o motivazionali e saranno successivamente discussi in dettaglio. È particolarmente importante comprendere che tali esperienze positive o negative possono essere personali o passare inosservate (agli altri). Nonostante alcuni genitori siano convinti di aver trattato due fratelli allo stesso modo, essi non possono controllare ogni aspetto dell'esperienza di un figlio e non può esserci quindi la certezza che i due bambini svilupperanno gli stessi livelli di competenza musicale. Le dinamiche intrafamiliari implicano infatti che le differenze tra fratelli siano spesso molto marcate [Storfer 1990] e non c'è nulla di piú ingannevole della presunzione che i figli abbiano vissuto le stesse esperienze nell'ambito della stessa famiglia.

Per riassumere quanto è stato fin qui trattato, si spera di aver dimostrato come l'osservazione di due bambini che manifestano diversi comportamenti musicali non permette di concludere che questi differiscano nel talento musicale, se per talento si intende una differenza di potenzialità ereditata o innata. Questo è vero indipendentemente dalla precocità del periodo di osservazione del comportamento o dal tipo di comportamento osservato. Tutte le "prove" di "abilità" o di "attitudine" musicale misurano l'esecuzione effettiva, non quella potenziale. Prove ben articolate possono essere predittive delle conquiste future, ma ciò si verifica a causa del fatto che, a una prima osservazione, i bambini che si trovano in vantaggio rispetto ad altri possono conservare tale posizione se a tutti vengono somministrate le stesse stimolazioni. Se ad esempio nel periodo 1 il bambino A possiede maggiori conoscenze del bambino B, ed entrambi apprendono lo stesso materiale in un certo lasso di tempo (dal periodo 1 al periodo 2), nel periodo 2 il bambino A continuerà a sapere di piú del bambino B.

Questa è solo una delle ragioni per le quali l'attribuire differenze di talento tende a diventare una profezia che "si autoadempie". Un'altra ragione riguarda l'effetto derivato dall'attribuire il "talento" a un individuo; questo incide sui pensieri e sui comportamenti dell'individuo stesso e di coloro che interagiscono con lui o con lei. Dweck [1986] e altri hanno evidenziato come gli studenti convinti del fatto che la capacità intellettuale sia stabile non reagiscono al fallimento nelle prove scolastiche, e tendono a rinunciare alla risoluzione dei problemi (la tipica convinzione "non ce la faccio" o "non sono bravo in matematica", ecc.). Al contrario, gli studenti convinti che l'abilità si possa migliorare tramite l'apprendimento e lo sforzo, persistono nel compito anche quando si scontrano con un fallimento iniziale. È stato dimostrato [Vispoel e Austin 1993] che le convinzioni degli allievi circa l'abilità musicale producono analoghi effetti sulla loro volontà di persistere nella risoluzione di difficili compiti musicali.

Un'indagine dettagliata sui fattori motivazionali che intervengono nell'apprendimento musicale è stata intrapresa recentemente da O'Neill [1996; 1997; O'Neill e Sloboda 1997]. Sono stati osservati cinquanta allievi alla vigilia della loro prima lezione di strumento e dopo un anno dall'inizio del corso. Sono stati somministrati loro diversi test di abilità musicale e intellettiva e una prova di "resistenza al fallimento", durante la quale è stato impartito un compito non musicale. A un primo tentativo, i soggetti svolgevano il compito con successo, mentre a un secondo tentativo fallivano a causa di una manipolazione sperimentale. Durante il terzo tentativo di svolgere il compito, alcuni allievi intensificavano lo sforzo migliorando la loro prestazione, mentre altri rinunciavano a sforzarsi e la loro prestazione peggiorava. Il primo tipo di allievo viene descritto come dotato di "orientamento al successo", mentre il secondo come avente un "orientamento rinunciatario". Questi orientamenti motivazionali si sono rivelati capaci di prevedere i progressi strumentali raggiunti l'anno successivo. Al contrario, le misure dell'abilità musicale e intellettiva non hanno dimostrato altrettante capacità predittive.

È stato provato inoltre [Brophy e Good 1970; Rosenthal e Jacobson 1968] che le convinzioni dell'insegnante circa le abilità dei propri allievi influiscono sul suo comportamento verso questi ultimi. Quando un insegnante crede che un allievo sia dotato di molte potenzialità, sarà piú probabile che gli affidi compiti impegnativi e lo incoraggi verso il successo.

Al contrario, se un insegnante è convinto che un allievo sia dotato di scarse potenzialità, sarà piú probabile che gli affidi compiti non impegnativi e lo incoraggi meno a nutrire aspettative elevate. Diversi studi hanno mostrato che si può migliorare la prestazione scolastica di uno studente semplicemente fornendo al docente informazioni apparentemente fondate (ma in verità false) a proposito delle alte potenzialità del ragazzo.

L'attribuire differenze di talento musicale, oltre a essere operazione priva di fondamento empirico o di giustificazione logica, può di fatto rinforzare e aumentare le grandi disparità nel rendimento sulle quali tale attribuzione si fonda. Stando cosí le cose, la conclusione piú coerente e pedagogicamente piú sensata è che il talento musicale (inteso come una capacità innata e una predisposizione verso l'attività musicale), se esiste, è presente allo stesso modo nella maggior parte della popolazione, e non può comunque spiegare la vastissima gamma di abilità musicali presenti nella popolazione adulta di società industrializzate come la nostra.

Si deve ammettere che questa conclusione non è accettata da tutti i ricercatori del settore; il dibattito continua a estendersi e coloro che sono interessati a confrontare le posizioni alternative possono consultare la serie di commenti pubblicati in due articoli specifici [Sloboda, Davidson e Howe 1994; Howe, Davidson e Sloboda 1998] che elaborano i concetti qui sommariamente esposti. Un'energica difesa del "talento" si può trovare in Winner [1996].

Data questa conclusione, possiamo ora rivolgerci a una questione secondo me assai piú proficua, e cioè: quali sono i meccanismi psicologici alla base del successo musicale? Sono questi meccanismi che, presi assieme, costituiscono "l'abilità" di una persona. Preferisco di gran lunga il termine "abilità" rispetto a "talento" poiché il primo non mi sembra implicare alcuna ipotesi circa le origini di tale abilità. Quando ne sapremo di piú sulla natura dell'abilità musicale saremo in posizione assai migliore per spiegarla, predirla e svilupparla [Sloboda 1996].

2. *La natura dell'abilità musicale.*

Sebbene il termine "abilità musicale" sia meno aperto a diverse interpretazioni che non il termine "talento", anch'esso può tuttavia significare troppe cose. Viene suggerito ad esempio che alla base di tutti i successi ottenuti nella sfera musicale vi sia la presenza di qualche fattore comune o di un insieme di fattori. Come si spiega questo in relazione al fatto che esistono cantanti incapaci di leggere la musica, pianisti che non sanno cantare in modo intonato, musicisti che non sanno comporre e critici musicali che non sanno né suonare uno strumento né comporre musica? Tutte queste persone possiedono attributi comuni in virtú dei quali si può dire che siano dotati di abilità musicali?

Molti ricercatori sostengono che esista veramente un attributo comune, quale l'abilità di "dare senso" alle sequenze musicali attraverso operazioni mentali effettuate sui suoni (sia reali sia immaginari). La locuzione "dare senso" rappresenta una sorta di analogia. Gli idiomi musicali non sono linguaggi, nel senso che non si riferiscono alle circostanze del mondo nello stesso modo delle lingue verbali; essi condividono comunque con le lingue verbali strutture linguistiche simili alla sintassi o alla grammatica [Lerdahl e Jackendoff 1983]. L'abilità musicale implica l'abilità di conoscere e di usare queste strutture nell'elaborazione mentale della musica. Un altro termine talvolta usato per spiegare il processo di comprendere la musica è "ascolto strutturale" (*audition*).

Come facciamo a sapere se e quando una persona sta "dando senso" alla musica? Gli psicologi hanno dato dimensione operativa a tale abilità evidenziando diversi criteri, il primo dei quali implica l'essere in grado di ricordare meglio la musica che si conforma alla "grammatica" di una certa cultura (ad esempio la tonalità) di quella che non vi si conforma. Esistono diverse dimostrazioni in tal senso, e i bambini in tenera età possono già mostrare di possedere questa abilità [ad esempio Deutsch 1980; Zenatti 1969]. Una situazione simile si può ritrovare in altre abilità, ad esempio negli scacchi; gli scacchisti sono infatti capaci di ricordare disposizioni significative dei pezzi (gioco plausibile) meglio di altre del tutto casuali [Chase e Simon 1973].

Il secondo criterio implica che le persone capaci di "dare senso" alla musica tendono a effettuare sostituzioni grammaticalmente plausibili quando viene chiesto loro di ricordare la musica che hanno appena ascoltato [Sloboda e Parker 1985; Sloboda, Hermelin e O'Connor 1985; Oura e Hatano 1988]. Un risultato analogo in ambito linguistico è rappresentato dal fatto che le persone di rado ricordano le informazioni verbali parola per parola, ma ricostruiscono con parole loro qualcosa che abbia lo stesso significato di quanto hanno udito. Ciò suggerisce che generalmente le persone conservino in memoria elementi piú astratti rispetto alle parole o alle note effettive.

Un terzo criterio per "dare senso" alla musica è la capacità di giudicare correttamente se le sequenze date siano accettabili o meno in base alle regole riconosciute da una certa cultura. È stato dimostrato che la maggior parte dei bambini è in grado di cogliere le deviazioni piú evidenti, come le dissonanze, sin dall'età di sette anni, e quelle piú sottili, come le cadenze incomplete, sin dall'età di dieci anni [Sloboda 1985]. Un criterio decisivo è la capacità di identificare correttamente l'umore o l'emozione associati a un passo musicale. Vi sono anche qui le prove che questa abilita è già presente a grandi linee nella maggior parte dei bambini verso i cinque anni [Pinchot-Kastner e Crowder 1990; Terwogt e Van Grinsven 1991].

Nonostante le persone si diversifichino ampiamente nel livello di raffinatezza raggiunto nello sviluppo della loro abilità di “dare senso” alla musica, i dati finora disponibili inducono a concludere che la maggioranza della popolazione acquisisce sin dall’età di dieci anni una normale abilità di comprendere la musica. Ciò non considera ovviamente né i successi ottenuti in particolari sfere musicali, né l’educazione o la formazione musicale ricevuta, come è chiaramente dimostrato dalle ricerche sopra descritte.

Quest’importante conclusione va valutata attentamente, perché la maggior parte delle persone pensa che specifiche competenze in esecuzioni musicali, quali il cantare o il suonare il pianoforte, rappresentino i segni principali dell’abilità. Esse sono infatti le competenze piú spesso indicate, osservate e verificate nell’educazione formale. Si pensa che tali evidenti competenze di esecuzione musicale si fondino di solito su competenze recettive acquisite in precedenza, ma rimaste “latenti”. Se si considerano nuovamente i due ipotetici bambini del paragrafo precedente, si può notare che entrambi possono essere ugualmente “abili” (stesso livello di abilità nel “dare senso” alla musica) pur realizzando diverse esecuzioni musicali, poiché il bambino A ha vissuto specifiche esperienze ricollegabili al cantare, mentre il bambino B non le ha vissute. In questo caso, un’esperienza di canto appropriata dovrebbe aiutare il bambino B a ottenere gli stessi risultati del bambino A. D’altra parte, il bambino B può non essere altrettanto bravo del bambino A perché non ha acquisito l’“abilità” (procedimento cognitivo) necessaria a comprendere la musica. In quest’altro caso, un’esperienza di canto specifica può non essere sufficiente ad aiutare il bambino B a ottenere gli stessi risultati del bambino A, poiché il *deficit* è presente a un livello piú basilare. Credo che questa seconda situazione sia talvolta decisiva nel persuadere insegnanti e genitori che esistono differenze di “talento” fra questi due bambini. L’assunto del presente paragrafo è che tali differenze dovrebbero essere piú propriamente considerate come differenze di abilità, che un efficace apprendimento può sensibilmente ridurre o eliminare. È solo che il tipo di apprendimento richiesto nei due casi è diverso.

Tutto quanto espresso finora non significa naturalmente che i fattori genetici non siano importanti nello sviluppo dell’abilità musicale e del successo. I cantanti lirici devono possedere alcuni tratti vocali caratteristici che incidono sulla risonanza e sul timbro; molto del repertorio pianistico richiede un’ampia dimensione della mano e talvolta i bambini che hanno belle voci possono essere considerati come “dotati” anche quando la loro abilità musicale non è elevata. Ciò può condurre a esperienze di vita particolari che determinano alti livelli di abilità musicale; ma il fatto di avere una bella voce non rappresenta di per sé un segno di abilità musicale, piú di quanto il possesso di uno Stradivari non possa trasformare un violinista qualunque in un bravo violinista.

3. *L'acquisizione dell'abilità musicale*.

Quali sono le caratteristiche della musica e l'apparato mentale dell'essere umano che rendono possibile alla maggior parte delle persone acquisire un livello basilare di abilità recettiva musicale senza ricevere un addestramento formale? Esiste un ampio consenso fra i teorici della musica e gli psicologi [Bregman 1990; Deutsch 1982; Huron 1991; Lerdahl 1988; Meyer 1956; Narmour 1990] circa il fatto che gli idiomi musicali prevalenti sono dotati di proprietà strutturali e matematiche, le quali vengono facilmente recepite dai meccanismi percettivi che formano la "struttura basilare" del cervello. Queste proprietà comprendono la ripetizione e il raggruppamento in base all'altezza o alla durata. Le teorie contemporanee sull'apprendimento applicate alla musica (ad esempio il modello "connessionista" di Bharucha [1987] e Gjerdingen [1990]) hanno dimostrato come tali processi basilari contribuiscano alla formazione di rappresentazioni mentali complesse in seguito alla ripetuta esposizione a numerosi esempi musicali che condividono strutture simili. Tali rappresentazioni includeranno la conoscenza di quanto viene indicato come scala o tonalità, tanto che le coppie di sequenze *do-re-mi-fa-sol e fa-sol-la-si-do* saranno riconosciute dal sistema come "le stesse" (entrambe sono segmenti di scala nella tonalità di *do* maggiore) nonostante le loro caratteristiche intervallari e fisiche siano diverse. La complessità strutturale che il sistema può in qualche modo gestire è comunque funzione diretta del numero e della gamma di esempi musicali ai quali è stato esposto. Facendo un parallelismo con l'essere umano, questo si può paragonare ai diversi livelli di esperienze infantili discusse nel primo paragrafo di questo studio. Quanto piú il sistema è complesso, tanto piú si rende possibile la comprensione di un'ampia gamma di materiale musicale. Tramite tale apprendimento un sistema basilare e universale viene trasformato in un sistema culturalmente determinato, che riflette e reagisce in modo ottimale alle stimolazioni musicali presenti nell'ambiente attorno all'individuo. Questo permette di spiegare perché le persone trovino inizialmente difficile comprendere la musica di altre culture. La maggior parte degli occidentali, ad esempio, trova difficile riprodurre melodie di origine indiana o araba, che vengono costruite su differenti sistemi di scale.

Siamo dunque agli albori della comprensione di come la conferma o la smentita delle attese elaborate all'interno di tale sistema possano condurre all'esperienza di emozione e di umore nei confronti della musica. Molte emozioni suscitate dalla musica sembrano rappresentare altrettante reazioni ai vari tipi di sorpresa nell'ambito della struttura armonica o ritmica [Jackendoff 1991; Meyer 1956; Narmour 1991; Sloboda 1991*a*].

4. *Abilità esecutiva.*

La discussione precedente dovrebbe aver contribuito a chiarire che suonare uno strumento musicale richiede l'intervento di diverse abilità e solo alcune di queste sono "musicali" nel senso appena enunciato. Le altre abilità possono essere definite come "tecniche". Ad esempio un pianista può essere in grado di suonare un brano difficile in modo molto veloce, uniforme e accurato; ciò è reso possibile dalla presenza di sistemi di controllo assai sviluppati per l'esecuzione dei movimenti della mano e delle dita. Tali sistemi avranno richiesto molta pratica per raggiungere livelli alti e sono indicatori di competenza. È comunque possibile che una persona possa imparare a suonare un brano musicale "tecnicamente" senza averlo affatto "compreso". Un'esecuzione altrettanto "tecnicamente perfetta" potrebbe essere generata con mezzi meccanici.

È ampiamente dimostrato che la "perfetta" esecuzione delle note viene avvertita dalla maggior parte degli ascoltatori come monotona, meccanica e priva di interesse. Ciò che conferisce interesse a qualsiasi esecuzione musicale sono sottili fluttuazioni nella durata, nel volume, nel tono e nel timbro che tutt'assieme costituiscono l'*esecuzione espressiva.* Tali fluttuazioni rappresentano ciò che distingue un'esecuzione da un'altra, ed è un valore che contribuisce a mantenere in carriera i musicisti professionisti. Se non fosse per questo potremmo far generare ai computer esecuzioni musicali perfette una volta per tutte e chiudere la maggior parte delle sale da concerto e dei conservatori!

La ricerca recente ha reso sempre piú chiaro che l'esistenza di esecuzioni espressive costituisce la prova migliore che un musicista *comprende* la musica che sta suonando. Ciò si spiega col fatto che le variazioni espressive non sono mai casuali o idiosincratiche. Una serie di studi [Clarke 1988; Gabrielsson 1988; Shaffer 1981; Sloboda 1983] ha evidenziato che le microvariazioni sono ordinate in un sistema, sia nello stesso musicista sia fra musicisti diversi. Molte di tali variazioni sottolineano le caratteristiche strutturali importanti del pezzo per renderle meglio rilevabili dall'ascoltatore. La loro sistematicità dipende pertanto dal fatto che il musicista abbia compreso quali siano le strutture *davvero* importanti. La prova piú convincente che questa comprensione è profondamente radicata in un musicista può essere fornita dal musicista stesso quando riesce a suonare la musica a prima vista. Se in tale situazione egli sa esprimersi in modo appropriato, la sua comprensione dovrebbe essere del tutto interiorizzata, mentre nel caso di un'esecuzione provata piú volte esiste sempre la remota possibilità che gli stratagemmi espressivi siano stati appresi "meccanicamente", senza una reale comprensione. Esistono prove dell'esistenza di un'esecuzione musicale a prima vista che è anche espressivamente appropriata [Sloboda 1983]; molto spesso essa è profondamente interiorizzata e il musicista non è del tutto consapevole dei dettagli del proprio repertorio espressivo, ormai divenuto intuitivo e semiautomatico. Ciò non dovrebbe sorprenderci, poiché si tratta di un'altra ben documentata caratteristica appartenente alla competenza cognitiva. Molte persone presumono a torto che il comportamento intuitivo sia innato, ma ciò si rivela un errore fra i piú gravi. Qualunque abitudine correttamente praticata può diventare infatti automatica.

A una valutazione superficiale può sembrare che l'assunto relativo alla sistematicità dell'espressione sia in contraddizione con il fatto che fra i musicisti esistono differenze interessanti. La contraddizione è comunque piú apparente che reale, poiché i musicisti spesso differiscono l'uno dall'altro soprattutto nella distribuzione e nell'intensità degli stratagemmi espressivi utilizzati, piuttosto che nella loro natura. Un musicista può ad esempio raggiungere tramite sottili fluttuazioni dinamiche ciò che un altro raggiunge con fluttuazioni di tempo. Tali differenze fra i musicisti o nello stesso musicista in tempi diversi possono essere identificate come caratteristiche dello "stile" espressivo personale [Sloboda 1985].

Siccome l'esecuzione musicale di alto livello presenta questo duplice aspetto tecnico-espressivo, le condizioni per lo sviluppo dei musicisti esperti devono permettere l'evoluzione su entrambi i fronti, e ciò è piuttosto difficile da realizzare. Molti professionisti della musica sono tecnicamente competenti, ma manca loro il raggiungimento di un alto livello di abilità espressiva. Molti non professionisti hanno raggiunto invece un alto livello di intuizione espressiva, ma non riescono a tradurre in musica le loro intuizioni a un certo livello di complessità tecnica. Il musicista-maestro si configura come quel raro individuo che è riuscito a sviluppare a un alto livello contemporaneamente sia le capacità tecniche sia quelle espressive. Com'è possibile questo?

5. *La formazione del musicista esperto*.

È stato dimostrato da un vasto numero di ricerche basate sui dati biografici [Ericsson, Krampe e Tesch-Römer 1993; Sloboda e Howe 1991; Davidson, Howe, Moore e Sloboda 1996; Sosniak 1985] che la musica non rappresenta un'eccezione alla regola secondo la quale "l'esercizio fa il maestro". Lo studio di Ericsson, Krampe e Tesch-Römer [1993] mostra che gli studenti di violino considerati eccellenti dai loro professori avevano in media accumulato all'età di ventuno anni circa il doppio delle ore di studio (diecimila ore) rispetto ai suonatori di medio livello (cinquemila ore). Questi dati sono relativi a una ricerca durante la quale ai violinisti veniva richiesto di stimare retrospettivamente la media delle ore di studio settimanali per ogni anno di vita. Per quanto riguarda l'anno in corso, tali dati erano confermati dai diari di lavoro tenuti da tutti i partecipanti.

Sosniak [1985], in uno studio su ventiquattro pianisti americani di alto livello, ha evidenziato che nessuno di loro presentava segni di abilità eccezionale all'inizio della formazione. La maestria si è sviluppata gradualmente nel corso dei primi anni di addestramento musicale. La nozione che il successo ottenuto molto precocemente sia il normale precursore della maestria dell'adulto trova poco fondamento nei protocolli di ricerca empirica. La figura del "bambino prodigio" può rappresentare l'eccezione piuttosto che la norma.

Davidson, Howe, Moore e Sloboda [1996] hanno ampliato questi concetti, rilevando dati empirici da diverse categorie di giovani musicisti, dai piú abili ai meno abili. I loro dati hanno mostrato che il livello di progresso raggiunto (misurato con punteggi derivati da analisi oggettive) era interamente in funzione del numero di ore dedicate all'esercitazione. Una convinzione diffusa tra gli insegnanti riguarda il fatto che i bambini "dotati" possano raggiungere un certo livello esecutivo esercitandosi meno rispetto ai bambini "non dotati". I dati ottenuti da questi studi confutano radicalmente quest'idea. I musicisti abili raggiungono livelli esecutivi maggiori perché si esercitano di piú! Ad esempio, all'età di dodici anni gli allievi piú abili si esercitavano in media centoventi minuti al giorno, mentre quelli meno abili si esercitavano in media solo quindici minuti al giorno. Questo indica che in termini di studio esiste una differenza dell'ottocento per cento fra i musicisti migliori e quelli peggiori. Non c'è da meravigliarsi se gli studenti definiti "abili" erano cosí bravi!

Non è molto facile per una persona giovane accumulare diecimila ore di esercizio da quando comincia a studiare uno strumento (di solito all'età di sei-sette anni) ai ventun anni. Per evidenziare la mole di lavoro che questo implica, si può affermare che al fine di accumulare diecimila ore di pratica è necessario impegnarsi due ore al giorno per quattordici anni. In realtà, la curva di studio del "musicista esperto" prevede inizialmente quindici-trenta minuti al giorno fino ad arrivare a quattro-sei ore all'età di ventun anni. Per i giovani studenti le attività di esercitazione non sono sempre gratificanti di per sé, e perfino nel caso dei musicisti giovani piú abili è spesso necessario un supporto da parte dei genitori o anche una supervisione diretta affinché essi svolgano regolarmente gli esercizi [Davidson, Howe, Moore e Sloboda 1996; Sloboda e Howe 1991].

La qualità della relazione del bambino con le figure adulte piú importanti, i genitori e gli insegnanti, sembra invece un fattore decisivo dell'impegno a lungo termine nello studio della musica. I genitori di coloro che hanno successo nella carriera musicale sono caratterizzati da un alto livello di coinvolgimento nella vita musicale dei loro figli. Inoltre gli allievi ricordano i primi insegnanti soprattutto per la loro abilità di rendere piacevoli le lezioni, piuttosto che per le loro competenze tecniche. Essi comunicavano insieme il loro amore per la musica e la loro simpatia per l'allievo. Il calore personale sembra infatti rappresentare una caratteristica importante di questi insegnanti. Gli approcci critici, quelli tendenti al confronto o quelli orientati al successo sembrano non rivelarsi efficaci, almeno nei primi stadi dell'apprendimento [Davidson, Sloboda, Moore e Howe 1998].

Naturalmente il semplice ammontare delle ore di esercitazione costituisce una misura piuttosto grossolana da un punto di vista psicologico, poiché la qualità dell'apprendimento dipenderà sia da cosa viene fatto sia da quanto viene fatto durante l'esercitazione. Esiste purtroppo una scarsa quantità di risultati empirici attendibili circa il modo di apprendere dei musicisti [i dati disponibili sono stati raccolti da Hallam 1997]. Un risultato evidente è rappresentato dal fatto che, quando si esercitano, i musicisti esperti prestano maggiore attenzione agli elementi strutturali. L'esecuzione espressiva si ricollega infatti puntualmente ai dettagli strutturali di una composizione, e un esercizio che evidenzi la consapevolezza dei fattori strutturali è piú incline a promuovere lo sviluppo di un repertorio espressivo appropriato.

6. *Emozione e motivazione*.

È stato ampiamente dimostrato che per l'impegno musicale esistono due tipi di motivazione. Una di queste può essere definita "intrinseca" e si sviluppa in seguito a esperienze intensamente piacevoli in ambito musicale (di tipo sensuale, estetico o emozionale) che conducono a un profondo impegno personale in questo settore. L'altra motivazione può essere definita "estrinseca" ed è relativa al successo. In questo caso si tende soprattutto al raggiungimento di certi obiettivi (ad esempio: approvazione da parte dei genitori, identificazione con modelli emergenti in quel ruolo, successo nella competizione) piuttosto che a concentrare la propria attenzione sulla musica in quanto tale. In ogni individuo è presente l'unione di entrambe le motivazioni, ma è stato dimostrato che sottolineare troppo precocemente il raggiungimento del successo può inibire la motivazione intrinseca. In altri termini, i bambini possono divenire molto ansiosi rispetto al giudizio degli altri a proposito della loro esecuzione, e di conseguenza non riuscire a prestare la giusta attenzione alle stimolazioni musicali che permettono loro di attivare profondamente la sensibilità estetica ed emozionale. Tutta la musica diventa quindi fonte di ansietà.

Questa conclusione viene confermata da uno studio sulle memorie autobiografiche [Sloboda 1990], nel quale a persone adulte, musicisti e non, è stato chiesto di ricordare eventi collegati alla musica relativi ai primi dieci anni di vita. Per stimolare il ricordo sono state poste loro diverse domande, come: in che luogo si è verificato l'evento, di quale tipo di evento la musica faceva parte, con che persone essi si trovavano, quale significato attribuivano all'esperienza. Le centotredici "storie" ottenute in questo modo sono state classificate lungo due assi; uno si ricollegava al significato "interno" dell'evento, attribuito alla musica in sé, l'altro al significato "esterno", attribuibile al contesto. Il valore di ciascuna dimensione poteva essere positivo, neutro o negativo.

Molti dei musicisti riferivano esperienze precoci profonde e intensamente positive al fattore "interno" degli eventi musicali, il quale sembrava avere il potere di elevarli oltre il normale stato di coscienza. Una giovane donna, ad esempio, ha riportato quanto segue:

> Avevo sette anni e stavo partecipando a una cerimonia mattutina a scuola. La musica faceva parte della cerimonia. Ero con i miei amici Karen, Amelia, Jenny, Allan. La musica era un duetto per clarinetto, classica, probabilmente di Mozart. Ero stupita dalla bellezza del suono. Era liquido, risonante, vibrante. Era come se mi riempisse tutta di brividi. Mi sentivo come se quello fosse un momento importante. L'ascolto della musica mi ha indotto dapprima a imparare il flauto dolce, e in seguito a soddisfare la mia ambizione di suonare il clarinetto. Suonare il clarinetto ha cambiato la mia vita; continuare a raccogliere carta straccia e risparmiare per comprare il mio clarinetto; incontrare amici nella banda della contea... Tutte le volte che sento suonare il clarinetto mi ricordo la carica di questa prima esperienza...

Altri, piú spesso i non musicisti, rievocavano avvenimenti dove la musica non tornava alla mente per la sua importanza in sé, ma per il contesto a essa collegato, che spesso era connotato da ansietà, umiliazione o imbarazzo. Siccome viene richiesto di suonare davanti agli altri, l'essere criticato e deriso rappresentano vissuti comuni. Quasi ovunque, nel pubblico a cui espongo questi risultati, una gran parte di non musicisti riconosce solo le esperienze che ritiene abbiano contribuito ad allontanarli dalla musica persuadendoli che essi non erano "musicali". In quasi nessuno di questi casi le persone sono state in grado di sperimentare la musica come fonte di significato positivo.

L'analisi delle frequenze relative alle sottocomponenti delle storie ha evidenziato l'esistenza di tre fattori statisticamente correlati alle esperienze interne positive:

1) l'evento si è verificato a casa, in chiesa o in una sala di concerto, piuttosto che a scuola;
2) l'evento si è verificato mentre il bambino stava ascoltando piuttosto che suonando;
3) il bambino era solo, con la famiglia o con gli amici piuttosto che con l'insegnante.

In ogni caso, queste condizioni sembrano essere collegate all'assenza di aspettative nei confronti del bambino o di valutazione delle sue prestazioni, alla presenza di un ambiente rilassante e non esigente dove al bambino non si avanzano particolari richieste. Tale ambiente è probabilmente necessario affinché la musica manifesti i suoi effetti piú potenti sugli individui.

Queste esperienze infantili “centrali” profondamente positive sembrano essere fondamentali nello sviluppo dell’abilità musicale per due ragioni. Primo: esse sono tanto piacevoli che spesso i bambini si dedicano ad attività musicali nella speranza di riviverle; secondo: esse sembrano strettamente connesse alla comprensione personale delle strutture musicali che rappresentano elementi cruciali per l’espressività dell’esecuzione. Sloboda [1991*a*] ha mostrato che gli ascoltatori di musica adulti identificano molti dei loro momenti di massima intensità nella risposta emozionale con strutture musicali piuttosto specifiche, quali appoggiature o mutamenti basati sull’enarmonia. Queste strutture influiscono sulle aspettative dell’ascoltatore. Se durante l’ascolto non si è sperimentata la “deliziosa” sorpresa di una modulazione enarmonica, è difficile comprendere come aggiungervi efficacemente l’espressività esecutiva appropriata per esaltarne l’effetto sugli ascoltatori (tale espressività può esprimersi validamente con un leggero rallentamento che ritarda e sottolinea l’attacco di un accordo inatteso). L’esperienza deve precedere l’esecuzione; i bambini che si concentrano emotivamente sull’esecuzione e su altri fattori estrinseci piuttosto che sulla musica in se stessa possono non essere in grado di costruire i legami fra struttura ed emozione che rappresentano le basi di uno spontaneo suonare espressivo.

Sembra che la nostra società, e in particolare il nostro sistema scolastico, siano strutturati in modo da favorire ansia e incertezza piuttosto che amore per la musica. Per ovviare a tale stato di cose è forse necessario rivalutare il principio che, nella sfera musicale piú che altrove, le esperienze emozionali profonde e il divertimento sono non meno importanti e validi del duro lavoro e del buon risultato tecnico. Una delle ragioni per cui molti bambini sembrano considerare la musica come un’attività essenzialmente femminile può risiedere nel forte condizionamento maschile contro l’espressione emozionale, già pienamente strutturato sin dall’età di sei-sette anni nella maggior parte delle culture a sfondo maschilista. Uno dei risultati inattesi dello studio di Sloboda e Howe riguarda il grande senso di sollievo e di sicurezza provato in particolare da alcuni ragazzi quando hanno potuto frequentare una scuola di musica specializzata, dove la musica era vista finalmente come un’attività normale per i giovani maschi, e dove potevano evitare lo scherno e l’incomprensione dei loro pari [Howe e Sloboda 1991*b*].

Se le esperienze scolastiche rappresentano per molti bambini forti inibitori della musicalità, si può forse comprendere il motivo per cui pochi di loro raggiungono alti livelli di abilità nell’esecuzione. I bambini che hanno successo possono avere vissuto precoci esperienze fortunate, relazioni musicali gratificanti piuttosto che negative, ed essere stati incoraggiati all’autonomia e alla sensibilità musicale. È utile ricordare che molti eccellenti musicisti hanno ricevuto una scarsa formazione o non l’hanno ricevuta affatto (si veda ad esempio la dettagliata descrizione di Collier [1983] circa l’acquisizione delle competenze jazzistiche da parte di Louis Armstrong, riassunta e commentata da Sloboda [1991*b*]) e che molti giovani sviluppano una considerevole competenza nella musica leggera e pop, pur avendo ricevuto poco o nessun aiuto da parte dei loro insegnanti di formazione classica. In molte culture, specialmente nelle tradizioni non occidentali, la distribuzione del successo musicale nella popolazione è molto piú uniforme di quanto non lo sia nelle culture industrializzate moderne. In quelle culture la partecipazione ad attività musicali è spesso piú radicata nella vita quotidiana e nel lavoro della comunità piuttosto che essere considerata come qualcosa di separato o di speciale [Blacking 1976].

È stato dimostrato infine che i bambini sono molto consapevoli delle associazioni fra i diversi tipi di musica e l'identità sociale di gruppo. Le scuole insegnano spesso agli allievi che la musica classica è superiore agli idiomi popolari e folkloristici con i quali essi si identificano piú naturalmente e dei quali hanno maggiore esperienza. Gli allievi possono quindi rifiutare la musica classica come troppo "intellettuale", oppure lasciarsi intimidire dalla richiesta di abbandonare ciò che sembra loro comodo e familiare prima di potere produrre musica "accettabile". La maggior parte degli insegnanti è consapevole del fatto che un allievo possa presentarsi come incompetente nell'ora di canto, e nello stesso giorno unirsi ad altri con competenza ed entusiasmo in un'informale attività di "canto libero" nell'autobus della scuola.

Esistono forti pressioni sociali provenienti dal gruppo dei pari, che inducono a conformarsi alla norma e a nascondere un potenziale interesse per la musica vissuto come "diverso" [Finnas 1987]. Gli insegnanti dovrebbero quindi far conoscere la musica attraverso il repertorio riconosciuto come proprio dagli allievi, piuttosto che porsi in opposizione ad esso.

7. *Dal bambino abile all'adulto abile.*

La maggior parte di quanto è stato discusso finora riguarda lo sviluppo dell'abilità musicale dall'infanzia all'adolescenza, ma molti adolescenti promettenti non raggiungono mai livelli superiori di eccellenza musicale. Alcuni di questi sono emarginati "contenti", individui che hanno molti altri interessi e competenze e non sono disposti a raggiungere il livello di impegno richiesto per una carriera musicale da professionista; sono contenti di rimanere al livello di abili dilettanti. Per altri il processo di emarginazione è parte del processo di sviluppo di autoconsapevolezza e d'autonomia; essi comprendono che l'investimento dei genitori per farli sviluppare in ambito musicale è sempre stato considerevolmente superiore al loro e che essi non hanno mai realmente raggiunto un impegno autonomo nella musica. Un terzo gruppo [descritto in dettaglio da Bamberger 1986] è composto da coloro che sperimentano una difficile transizione dai modelli non riflessivi e intuitivi tipici del pensiero musicale infantile ai modelli piú analitici e autocritici che caratterizzano il pensiero adulto, dove ciò che prima sembrava facile sembra ora "cadere a pezzi" e diventare problematico.

Fra coloro che proseguono la formazione ad alti livelli, i musicisti piú eccellenti sembrano aver raggiunto i livelli piú alti di impegno e di autodisciplina. Nello studio di Ericsson, Krampe e Tesch-Römer [1993] i violinisti migliori erano coloro che si esercitavano regolarmente ogni mattina alla stessa ora, che trascorrevano piú tempo durante il giorno a dormire o a "fare pisolini", particolarmente nel pomeriggio (il riposo era indubbiamente necessario in seguito alla faticosa attività d'esercitazione) e trascorrevano meno tempo in attività di svago.

Uno studio di Manturszewska [1990] suggerisce che un ulteriore requisito della transizione verso la maturità musicale è rappresentato dall'esistenza di una relazione "maestro-allievo" profonda e significativa, instaurata con un professionista piú anziano e rispettato, che coincide molto spesso con l'insegnante di strumento. Anche a questo livello relativamente progredito la relazione non implica solamente lo sviluppo della tecnica e dell'abilità esecutiva; si tratta invece di un rapporto che richiede un coinvolgimento personale e spesso conduce a un'amicizia duratura. L'esistenza di un "mentore" piú anziano e molto piú introdotto nel settore è stata osservata anche in molti altri ambiti dell'attività creativa e professionale e rappresenta un elemento spesso presente ai livelli piú alti di successo. Lo sviluppo di tali relazioni sembra dipendere in parte dalla stabilità della relazione fra lo studente e i suoi genitori [Butler 1993]; dove i genitori sono stati ipercritici e poco incoraggianti, gli studenti tendono a essere timorosi dei loro insegnanti e proiettano su di loro il ruolo di "genitori punitivi", secondo una modalità che inibisce la possibilità di sviluppo di relazioni salutari con un "mentore".

8. *Conclusioni*.

Si confida nel fatto che questo testo abbia fornito le basi di possibili risposte alle domande che si rivolgono frequentemente agli psicologi. Le differenze individuali, persino all'interno delle famiglie, sono facilmente spiegabili come differenze d'esperienza, che possono condurre sia a diverse motivazioni sia a diversi risultati nell'apprendimento. Nessuna famiglia può fornire lo "stesso" ambiente a due figli, mentre il semplice fatto che un figlio si dedichi alla musica può condurre l'altro a non farlo.

È impossibile predire con sicurezza il successo musicale di un dato bambino in base al suo comportamento all'età di cinque anni. Molto dipende dalle circostanze nelle quali la musica viene presentata e da come i genitori e gli insegnanti gestiscono la sua relazione con la musica. Nonostante possa esistere una correlazione statistica fra il successo precoce e quello piú avanzato, non si dovrebbe ricondurla a una relazione causale deterministica.

Si può affermare con certezza che esiste un insieme di circostanze capaci di favorire il raggiungimento di alti livelli d'eccellenza. Tali circostanze sono rappresentate dalle precoci e spesso casuali esperienze musicali all'interno della propria cultura; dalle opportunità di impegnarsi in attività musicali nell'ambito di un ambiente divertente e rilassante, che non presenti particolari aspettative di prestazione; dal precoce incoraggiamento da parte dei genitori e degli insegnanti verso l'impegno in attività musicali, pur rispettando l'autonomia e le curiosità del bambino; dal raggiungimento di un equilibrio fra le attività tecniche e quelle espressive; da un impegno sempre maggiore in termini di tempo investito nelle esercitazioni, e infine dall'aspirazione al successo, nel contesto di una relazione "maestro-allievo" incoraggiante e duratura.

Il quadro qui presentato contraddice tre miti culturali profondamente radicati. Il primo è rappresentato dalla convinzione che il successo musicale dipenda dalla preesistenza di un raro "talento" ereditario. Abbiamo invece cercato di dimostrare che esso si forma sulla base di un'attitudine condivisa da quasi tutti gli esseri umani. Il secondo mito si riferisce al concetto che l'eccellenza musicale si sviluppi internamente all'individuo, tramite uno sforzo solitario. Gli studi qui riportati evidenziano la natura sociale dello sviluppo musicale, nel quale il successo di uno rappresenta il risultato dello sforzo di molti. Il terzo mito è relativo al pregiudizio che il lavoro e il piacere siano separati. Gli elementi di prova qui riassunti suggeriscono che se durante gli anni di apprendimento non si raggiunge e non si conserva un profondo piacere nei confronti della musica, non verranno mai raggiunti i vertici dell'esecuzione espressiva.

Bamberger, J.

1986 *Cognitive issues in the development of musically gifted children*, in R. J. Sternberg e J. E. Davidson (a cura di), *Conceptions of Giftedness*, Cambridge University Press, Cambridge.

Bharucha, J. J.

1987 *Music cognition and perceptual facilitation: a connectionist framework*, in «Music Perception», n. 5, pp. 1-30.

Blacking, J.

1976 *How Musical is Man?*, Faber and Faber, London, 2ª ed. (trad. it. *Come è musicale l'uomo?*, Ricordi-Unicopli, Milano 1986).

Bregman, A. S.

1990 *Auditory Scene Analysis. The Perceptual Organization of Sound*, Mit Press, Cambridge Mass.

Brophy, J. E., e Good, T. L.

1970 *Teachers; communication of differential expectations for children's classroom performance: some behavioural data*, in «Journal of Educational Psychology», n. 61, pp. 365-74.

Butler, C.

1993 *The effects of psychological stress on the success and failure of music conservatoire students*, MPhil Thesis, Keele University (England).

Chase, W. G., e Simon, H. A.

1973 *Perception in chess*, in «Cognitive Psychology», n. 4, pp. 55-81.

Clarke, E. F.

1988 *Generative principles in music performance*, in J. A. Sloboda (a cura di), *Generative Processes in Music. The Psychology of Performance, Improvisation, and Composition*, Oxford University Press, Oxford.

Collier, J. L.

1983 *Louis Armstrong, An American Genius*, Oxford University Press, New York.

Davidson, J. W., Howe, M. J. A., Moore, D. G., e Sloboda, J. A.

1996 *The role of parental influences in the development of musical ability*, in «British Journal of Developmental Psychology», n. 14, pp. 399-412.

Davidson, J. W., Sloboda, J. A., Moore, D. G., e Howe, M. J. A.

1998 *Characteristics of music teachers and the progress of young instrumentalists*, in «Journal of Research in Music Education», XLVI, n. 1, pp. 141-60.

Deutsch, D.

1980 *The processing of structured and unstructured tonal sequences*, in «Perception and Psychophysics», n. 23, pp. 215-18.

1982 *Grouping mechanisms in music*, in Id. (a cura di), *The Psychology of Music*, Academic Press, New York.

Dweck, C. S.

1986 *Motivational processes affecting learning*, in «American Psychologist», n. 41, pp. 1040-48.

Ericsson K. A., Krampe, R. Th., e Tesch-Römer, C.

1993 *The role of deliberate practice in the acquisition of expert performance*, in «Psychological Review», n. 100, pp. 363-406.

Fassbender, Ch.

1993 *Auditory Grouping and Segregation Processes in Infancy*, Kaste, Norderstedt.

Finnas, L.

1987 *Do young people misjudge each other's musical tastes?*, in «Psychology of Music», n. 15, pp. 152-66.

Fowler, W.

1990 *Early stimulation and the development of verbal talents*, in M. J. A. Howe (a cura di), *Encouraging the Development of Exceptional Skills and Talents*, British Psychological Society, Leicester.

Gabrielsson, A.

1988 *Timing in music performance and its relations to music experience*, in J. A. Sloboda (a cura di), *Generative processes in music* cit.

Gjerdingen, R. O.

1990 *Categorization of musical patterns by self-organizing neuronlike networks*, in «Music Perception», n. 7, pp. 339-69.

Hallam, S.

1997 *What do we know about practising? Towards a model synthesising the research literature*, in H. Jorgensen e A. C. Lehmann (a cura di), *Does Practice Make Perfect? Current Theory and Research on Instrumental and Music Practice*, Norges Musikkhögskole, Oslo.

Hepper, P. G.

1991 *An examination of fetal learning before and after birth*, in «Irish Journal of Psychology», n. 12, pp. 95-107.

Howe, M. J. A., Davidson, J. W., Moore, D. G., e Sloboda, J. A.

1995 *Are there early childhood signs of musical ability?*, in «Psychology of Music», n. 23, pp. 162-76.

Howe, M. J. A., Davidson, J. W., e Sloboda, J. A.

1998 *Innate talents: reality or myth?*, in «Behavioral and Brain Sciences», n. 21, pp. 399-442.

Howe, M. J. A., e Sloboda, J. A.

1991*a* *Young musicians' accounts of significant influences in their early lives: 1. the family and the musical background*, in «British Journal of Music Education», n. 8, pp. 39-52.

1991*b* *Problems experienced by young musicians as a result of the failure of other children to value musical accomplishments*, in «Gifted Education», n. 8, pp. 102-11.

Huron, D.

1991 *The avoidance of part-crossing in polyphonic music: perceptual evidence and musical practice*, in «Music Perception», n. 9, pp. 93-104.

Jackendoff, R.

1991 *Musical parsing and musical affect*, in «Music Perception», n. 9, pp. 199-230.

Lerdahl, F.

1988 *Cognitive constraints on compositional systems*, in J. A. Sloboda (a cura di), *Generative processes in music* cit.

Lerdahl, F., e Jackendoff, R.

1983 *A Generative Theory of Tonal Music*, Mit Press, Cambridge Mass.

Manturszewska, M.

1990 *A biographical study of the life-span development of professional musicians*, in «Psychology of Music», n. 18, pp. 112-39.

Meyer, L. B.

1956 *Emotion and Meaning in Music*, The University of Chicago Press, Chicago-London (trad. it. *Emozione e significato nella musica*, il Mulino, Bologna 1992).

Narmour, E.

1990 *The Analysis and Cognition of Basic Melodic Structures. The Implication-Realization Model*, The University of Chicago Press, Chicago-London.

1991 *The top-down and bottom-up systems of musical implication: building on Meyer's theory of emotional syntax*, in «Music Perception», n. 9, pp. 1-26.

O'Neill, S. A.

1996 *Factors Influencing Children's Motivation and Achievement During the First Year of Instrumental Music Tuition*, Unpublished PhD Thesis, Keele University (England).

1997 *The role of practice in children's early musical performance achievement*, in H. Jorgensen e A. C. Lehmann (a cura di), *Does Practice Make Perfect?* cit.

O'Neill, S. A., e Sloboda, J. A.

1997 *The effects of failure on children's ability to perform a musical test*, in «Psychology of Music», XXXV, n. 1, pp. 18-34.

Oura, Y., e Hatano, G.

1988 *Memory for melodies among subjects differing in age and experience in music*, in «Psychology of music», n. 16, pp. 91-109.

Papoušek, M.

1982 *The "mother tongue method" of music education: psychobiological roots in oroverbal parent-infant communication*, in J. Dobbs (a cura di), *International Music Education*, ISME Yearbook, s.l.

Pinchot-Kastner, M., e Crowder, R. G.

1990 *Perception of the major/minor distinction. IV. Emotional connotations in young children*, in «Music Perception», n. 8, pp. 189-202.

Plomin, R., e Thompson, L. A.

1993 *Genetics and high cognitive ability*, in K. Ackrill (a cura di), *The Origins and Development of High Ability. Proceedings of Ciba Symposium 178*, Wiley, London.

Renninger, K. A., e Wozniak, R. N.

1985 *Effect of interest on attentional shift, recognition and recall in young children*, in «Developmental Psychology», n. 21, pp. 624-32.

Rosenthal, R., e Jacobson, L.

1968 *Pygmalion in the Classroom. Teacher Expectation and Pupil's Intellectual Development*, Holt Rinehart and Winston, New York.

Shaffer, L. H.

1981 *Performances of Chopin, Bach, and Bartók: studies in motor programming*, in «Cognitive Psychology», n. 13, pp. 326-76.

Sloboda, J. A.

1983 *The communication of musical metre in piano performance*, in «Quarterly Journal of Experimental Psychology», n. 35, pp. 377-96.

1985 *Expressive skill in two pianists: style and effectiveness in music performance*, in «Canadian Journal of Psychology», n. 39, pp. 273-93.

1990 *Music as a language*, in F. R. Wilson e F. L. Roehmann (a cura di), *Music and Child Development. The Biology of Music Making (Proceedings of the 1987 Denver Conference)*, MMB Music, St Louis Miss.

1991*a* *Music structure and emotional response: some empirical findings*, in «Psychology of music», n. 19, pp. 110-20.

1991*b* *Musical expertise*, in K. A. Ericsson e J. Smith (a cura di), *Toward a General Theory of Expertise. Prospects and Limits*, Cambridge University Press, New York.

1996 *The acquisition of musical performance expertise: deconstructing the "talent" account of individual differences in musical expressivity*, in K. A. Ericsson (a cura di), *The Road to Excellence. The Acquisition of Expert Performance in the Arts and Sciences, Sports and Games*, Erlbaum, Mahwah N.J., pp. 107-26.

Sloboda, J. A., Davidson, J. W., e Howe, M. J. A.

1994 *Is everyone musical?*, in «The Psychologist», VII, n. 7, pp. 349-54.

Sloboda. J. A., Hermelin, B., e O'Connor, N.

1985 *An exceptional musical memory*, in «Music Perception», III, n. 15, pp. 5-170.

Sloboda, J. A., e Howe, M. J. A.

1991 *Biographical precursors of musical excellence: an interview study*, in «Psychology of Music», n. 19, pp. 3-21.

Sloboda, J. A., e Parker, D. H. H.

1985 *Immediate recall of melodies*, in P. Howell, I. Cross e R. West (a cura di), *Musical Structure and Cognition*, Academic Press, London.

Sosniak, L. A.

1985 *Learning to be a concert pianist*, in B. S. Bloom (a cura di), *Developing Talent in Young People*, Ballantine, New York.

Storfer, M. D.

1990 *Intelligence and Giftedness. The Contributions of Heredity and Early Environment*, Jossey-Bass, San Francisco Cal.

Terwogt, M. M., e Van Grinsven, F.

1991 *Musical expression of moodstates*, in «Psychology of Music», n. 19, pp. 99-109.

Vispoel, W. P., e Austin, J. L.

1993 *Constructive response to failure in music: the role of attribution feedback and classroom goal structure*, in «British Journal of Educational Psychology», n. 63, pp. 110-29.

Whitehurst, G. J., Falco, F. L., Lonigan, C. J., Fischel, J. E., De Baryshe, B. D., Valdez-Menchaca, M. C., e Caulfield, M.

1988 *Accelerating language development through picture book learning*, in «Developmental Psychology», n. 24, pp. 552-59.

Winner, E.

1996 *Gifted Children. Myths and Realities*, Basic Books, New York.

Zenatti, A.

1969 *Le développement génétique de la perception musicale* («Monographies françaises de psychologie», n. 17), CNRS, Paris.

JOHANNELLA TAFURI

Doti musicali e problemi educativi

1. *I termini del problema.*

L'ansiosa domanda che molti genitori rivolgono agli insegnanti «mio figlio è portato per la musica? ha talento? ha predisposizione? è dotato? ha musicalità?» lascia trasparire la convinzione che si tratti di una qualità innata, che può esserci o non esserci, senza la quale potrebbe essere inutile intraprendere studi musicali. Per di piú le espressioni usate hanno un significato che, apparentemente chiaro per tutti, si rivela in realtà quanto mai ambiguo e confuso se si cerca di precisare a che cosa ci si riferisca esattamente: a una capacità musicale globale? a capacità specifiche come saper cantare/suonare bene? e quale livello indica questo "bene"? qual è il modello di riferimento tecnico e interpretativo che ha in mente sia chi interroga sia chi risponde? si sta parlando di capacità riservate a pochi eletti? in che rapporto sono queste capacità con l'età e con lo studio?

Soffermiamoci brevemente su alcuni di questi interrogativi prima di occuparci del ruolo svolto dall'educazione e dai fattori ambientali, affettivi e culturali nello sviluppo del "talento" musicale.

L'uso del termine "talento" per indicare capacità non comuni proviene, per estensione semantica, dalla parabola evangelica nella quale Gesú, usando il nome di una moneta allora in circolazione in Grecia e in Palestina, racconta di un padrone che distribuisce dei talenti ai servitori (per raffigurare i doni che Dio dà agli uomini) affinché vengano impiegati bene: il servitore che nasconde il talento invece di farlo fruttare viene punito. Il richiamo a questa origine del termine ci permette di collocare fin dall'inizio il problema del talento nella prospettiva sia di qualcosa che si riceve fin dalla nascita, anzi fin dal concepimento, ma che bisogna far "fruttare", sia dell'ipotesi che nessuno sia sprovvisto di talenti e che siano pochissimi coloro con i quali la natura è particolarmente generosa o particolarmente avara. Al talento possiamo quindi attribuire il senso di "dotazione potenziale" che deve poi "fruttare" producendo capacità concrete.

La differenza fra il talento come dotazione di partenza e i frutti che produce se messo a profitto sottolinea inoltre la differenza tra una dotazione genetica potenziale (come può essere quella che permette di diventare alti), e un risultato concreto (una certa altezza) che può essere raggiunto purché si determini una serie di condizioni (alimentazione corretta, moto, clima favorevole, assenza di malattie, ecc.). Il frutto che produce la dotazione genetica relativa all'ambito musicale può essere considerato come un insieme di capacità le quali raggiungeranno un livello maggiore o minore secondo l'interazione piú o meno positiva con una serie di fattori ambientali, affettivi e culturali. È l'analisi di questi fattori che permetterà di capire il senso di una dotazione che può essere considerata "normale" e dell'eventuale esistenza di dotazioni superiori o inferiori alla norma.

Di fronte all'esecuzione di determinati compiti (parlare, cantare, risolvere un problema, ecc.) che alla nascita non si sapevano eseguire, bisogna certamente ammettere che vi sia stata l'acquisizione di determinate capacità cosí come bisogna ammettere che vi sia un patrimonio genetico, chiamato anche dotazione genetica, propensione, predisposizione, ecc., che fornisca le basi per tale acquisizione; questa può tuttavia non determinarsi in assenza delle condizioni ad essa necessarie.

Quando nel 1981 uscí il libro *Intelligenti si nasce o si diventa?* di Eysenck e Kamin il dibattito sul rapporto tra eredità e ambiente, tra natura e cultura era accesissimo, ed era forte la polemica tra i fautori dell'innatismo secondo i quali si nasce con una certa "quantità" di intelligenza e i fautori del ruolo determinante dell'ambiente e dell'apprendimento.

L'entusiasmo che si era acceso intorno ai test di misurazione del Quoziente Intellettuale (QI) oggi si è molto ridimensionato e si è piú convinti che l'"ambiente" sia in realtà qualcosa di molto piú ricco e composito di quanto la parola indichi, con conseguenze sempre piú evidenti sull'apprendimento. Sottolineando l'inevitabile interazione con l'ambiente, Gardner postula una posizione

> che consideri seriamente la natura delle propensioni intellettuali innate, i processi eterogenei di sviluppo del bambino e i modi in cui questi processi sono plasmati e trasformati dalle particolari pratiche e dai particolari valori della cultura [1985, trad. it. p. 346].

Tutto ciò emerge anche dall'affermazione dello psicologo russo Leont´ev [1969] secondo il quale non si nasce con organi pronti a compiere le funzioni prodotte dallo sviluppo storico umano (non si nasce dunque con il senso tonale, con la capacità di "intonare" le altezze della nostra scala, ecc.), ma questi organi si sviluppano durante la nostra vita sulla base dell'esperienza storica. Per dirla ancora con Gardner [1985], le competenze intellettuali non si sviluppano mai nel vuoto ma in precisi contesti culturali e in funzione di certi ruoli sociali [trad. it. p. 393], e cosí Francès, nel suo trattato sulla percezione della musica, pietra miliare in questo settore di studi, sottolinea «il carattere storico delle forme fisiche (qui le forme uditive) a partire dalle quali si costruisce l'esperienza dei soggetti» [1972, p. 21].

In vista di una piú proficua comprensione del "talento" musicale e della possibilità di programmare un'idonea attività educativa, una prospettiva piú soddisfacente sembra essere offerta dalla teoria delle intelligenze multiple di Gardner che costituisce un netto passo avanti in questa problematica. Partendo da una propria definizione di "intelligenza" intesa come «la capacità di risolvere problemi, o di creare prodotti, che sono apprezzati all'interno di uno o piú contesti culturali» [1985, trad. it. p. 10], Gardner stabilisce che i requisiti fondamentali siano appunto la capacità di *soluzione di problemi* e di *creazione di prodotti* apprezzati da una cultura; successivamente individua i criteri in base ai quali poter identificare un'intelligenza e infine sceglie tra i vari poteri, o competenze, intellettuali manifestati nella soluzione di problemi e nella creazione di prodotti specifici, quelli che rispondono ai requisiti e criteri da lui individuati, cioè quelli che possono essere definiti come "intelligenze"; una di queste è l'intelligenza musicale.

Queste *frames of mind* ovverossia *formae mentis* (come dice il titolo del libro) proprio nel senso di forme intellettive, la cui esatta natura ed estensione non è ancora stata spiegata in modo soddisfacente (per ammissione dello stesso Gardner), sono relativamente autonome, indipendenti l'una dall'altra, senza che ciò significhi tuttavia che il possesso di un'intelligenza si identifichi con uno stato finale adulto poiché questo implica generalmente una combinazione di intelligenze diverse.

Oggi gli studi genetici piú recenti confermano che molte delle caratteristiche presenti in ciascun individuo sono "multifattoriali", cioè sono controllate da piú di un gene; tra queste troviamo per esempio la maggioranza dei nostri tratti somatici e a maggior ragione altre caratteristiche piú complesse quali «l'orecchio musicale, la resistenza allo sforzo o allo stress, la prontezza di riflessi o l'intelligenza» [Boncinelli 1998, pp. 119-20]. La presenza di un'azione congiunta di piú geni significa innanzitutto che nessuno di essi ha uno stretto controllo sul risultato ma significa anche una notevole interferenza dell'ambiente, quindi per una caratteristica «essere determinata da piú di un gene vuol dire automaticamente essere forgiata in larga parte anche dall'ambiente» [*ibid.*, p. 128]. Siamo comunque ancora lontani dal sapere quanti geni controllano l'intelligenza [*ibid.*] anche se, recentemente, alcuni scienziati sono riusciti a mettere a punto la mappa fisica completa del genoma umano.

Nel campo dell'intelligenza in genere e dell'intelligenza musicale in particolare non ci sono comunque ragioni scientifiche che autorizzino a credere che la natura sia particolarmente avara con la maggior parte degli individui ma semmai ci sono buone ragioni per pensare che tutti ricevano una dotazione genetica sufficiente per uno sviluppo musicale "normale" e che le differenze effettivamente riscontrabili siano dovute all'azione di altri fattori. Come dice Howe

> tutti gli individui sono forgiati dalle loro esperienze [...]. Il modo in cui una certa persona esperisce una certa situazione dipende dal modo in cui percepisce e interpreta l'informazione che raggiunge il suo cervello. E ciò, a sua volta, dipende da

molti fattori [...] per esempio, le sue conoscenze, i suoi interessi, i suoi atteggiamenti, la sua personalità, la sua sicurezza di sé, il suo temperamento, i suoi pregiudizi, il suo stato d'animo e le sue aspettative [1990, trad. it. pp. 63-64].

In conclusione, l'ipotesi che in molti è ormai convinzione è che tutte le persone (o almeno la maggioranza) siano in partenza musicalmente "dotate", cioè possiedano una dotazione genetica "normale", ma che solo le persone per le quali si determini un'interazione molto positiva e stimolante con l'ambiente, con l'educazione, con tutti gli altri fattori appena citati sviluppino eccellenti qualità. Questa ipotesi è ampiamente confermata dai risultati raggiunti per esempio dai bambini giapponesi nell'apprendimento del violino con il metodo Suzuki, dai bambini ungheresi nell'apprendimento della capacità di cantare con il metodo Kodály e dai bambini anang nigeriani (cfr. *infra*, § 3) nell'apprendimento della capacità di cantare e suonare, altrimenti dovremmo ammettere una generosità della natura con queste popolazioni decisamente inspiegabile. Ciò non esclude tuttavia che possano esservi dei "superdotati" o dei "subdotati", ma di questo ci occuperemo nell'ultimo paragrafo.

Sulla base di quanto detto, proponiamo di sostituire le espressioni dote, talento, musicalità, attitudine, ecc., vaghe e generiche (nonché usurate dalla prospettiva romantica del genio), con *intelligenza musicale* intesa non come dotazione genetica ma come capacità concreta di eseguire determinati compiti, e piú precisamente come *la capacità di risolvere problemi esecutivi, compositivi e analitico-interpretativi o di creare esecuzioni, composizioni e interpretazioni*. Sintetizzando, si può dire che l'intelligenza musicale è la *capacità di capire o produrre una musica*, includendo nel produrre sia la capacità esecutiva che quella compositiva; tale capacità passa attraverso diversi livelli di maturità prima di raggiungere lo stato finale adulto per il quale occorre comunque la combinazione di intelligenze diverse.

Le ricerche psicometriche e quelle evolutive contenute in varie rassegne, da quelle piú dettagliate di Shuter-Dyson e Gabriel [1981], Hargreaves [1986], Colwell [1992], a quelle piú sintetiche di Sloboda [1985] e Tafuri [1988], hanno evidenziato varie capacità attraverso le quali si manifestano diverse fasi di sviluppo dell'intelligenza musicale: riproduzione e invenzione ritmica e melodica, sensibilità all'organizzazione del discorso tonale e agli stili, capacità di interpretare eventi musicali diversi, di esplicitare l'investimento simbolico che avviene nell'ascolto e di motivarlo mediante l'analisi delle strutture; capacità di eseguire brani musicali a vari livelli di difficoltà con la voce e con strumenti, capacità di improvvisare e comporre, ecc.

D'ora in poi useremo quindi l'espressione "intelligenza musicale", che ci permette di cogliere meglio i vari aspetti del problema con particolare attenzione a quelli educativi.

2. *Educazione e sviluppo dell'intelligenza musicale.*

L'accenno frequente all'importanza dell'ambiente nello sviluppo dell'intelligenza in genere e di quella musicale in particolare richiede di puntualizzare che l'ambiente è in primo luogo quello fisico: non è la stessa cosa crescere in una città sul mare o sui monti, vicino alla ferrovia o a un aeroporto, al Polo Nord o all'Equatore; ma l'ambiente è soprattutto quello culturale con i suoi linguaggi, i suoi costumi, i suoi sistemi di valore e le sue pratiche tra le quali è inclusa l'educazione, sia quella informale sia quella piú strettamente formalizzata secondo i sistemi di istruzione propri di ogni cultura.

Perché l'educazione sia efficace è necessario però l'intervento di altri fattori:

> una motivazione appropriata, uno stato emotivo favorevole all'apprendimento, un insieme di valori che favoriscano un tipo particolare di apprendimento e un contesto culturale di sostegno [Gardner 1985, trad. it. p. 394].

A questi non dimentichiamo di aggiungere l'esercizio, un esercizio che può essere inconsapevole o consapevole, piú spontaneo o piú organizzato, piú facile o piú difficile, piú o meno piacevole ma del quale lo sviluppo dell'intelligenza non può certamente fare a meno. Le potenzialità, le virtualità, le propensioni non diventano capacità reali senza esercizio e questo diventa determinante ai fini di una scelta professionalizzante [Krampe e Ericsson 1995].

Una riflessione sul ruolo dell'educazione nei confronti dello sviluppo dell'intelligenza musicale non può prescindere da un sistema di riferimento che evidenzi le *componenti fondamentali del processo di insegnamento/apprendimento*.

Come già detto in altra sede [Tafuri 1995], riteniamo che queste componenti fondamentali siano:

1) l'*interazione insegnamento/apprendimento* e la situazione affettivo-emotiva attivata;
2) i *protagonisti della situazione educativa*, allievi e insegnanti, con i loro bisogni, interessi, motivazioni;
3) il *contesto* o situazione generale in cui avviene l'apprendimento e quindi l'ambiente e il campo culturale e disciplinare;
4) la *modalità di progettazione, organizzazione e gestione* della situazione educativa (scelta di obiettivi, ambienti, metodi, attività, tempi, contenuti, ecc.).

Dall'analisi di queste componenti emerge la quantità di variabili che entra in gioco nel processo educativo; oltre al contesto, di cui si è già parlato, interagiscono altri fattori quali i meccanismi interrelazionali, e oggi sappiamo che l'attività educativa è impegno congiunto di due protagonisti in un percorso non piú a senso unico ma di "vai e vieni"; i processi di apprendimento e i processi affettivi ad essi collegati con il loro sustrato di bisogni, interessi, motivazioni; le modalità concrete con cui viene realizzata ciascuna situazione educativa e quindi la consapevolezza di quali obiettivi si intendano raggiungere, quali contenuti e materiali usare, con quali tempi e ritmi di lavoro, con quali metodi (osservativi, esplorativi, trasmissivo-addestrativi, problematizzanti, ecc.), in quali luoghi, ecc.

Tutto ciò rende impossibile attribuire un effetto a una sola causa anche alla luce della sistemicità come struttura portante della relazione educativa [Bertolini 1990; Mottana 1992] alla quale si attribuisce appunto una *natura sistemica*: intendendo per sistema un tutto organico i cui diversi elementi (in questo caso l'individuo, la comunità sociale, il sapere o patrimonio culturale comune e gli strumenti della comunicazione) siano strettamente correlati, qualunque variazione in uno di essi genera delle variazioni nel tutto.

Alla luce dei fattori presenti nelle quattro componenti evidenziate verrà ora affrontato il ruolo dell'educazione nello sviluppo dell'intelligenza musicale secondo tre modalità diverse con cui si attiva il processo educativo: l'*autoeducazione* come processo di autoapprendimento, l'*educazione informale* e l'*educazione sistematica o formalizzata*.

3. *Autoeducazione e educazione informale*.

L'apprendimento è innanzitutto un processo spontaneo, naturale, motivato da aspetti biologici, fisiologici e culturali [Laporta 1993]: si impara spontaneamente a fuggire il fuoco, a cercare il cibo, a parlare la lingua materna, a cantare, ecc. Questo è quello che si è soliti chiamare autoapprendimento e che può anche essere inconsapevole: il sistema tonale viene generalmente assimilato attraverso l'ascolto di musiche tonali senza che, in colui che impara, vi sia la volontà di assimilare tale modello e senza che la persona che canta, suona o "gestisce" l'ascolto abbia necessariamente l'intenzione, la consapevolezza di proporre un "modello" da assimilare.

Alcune delle capacità acquisibili spontaneamente possono però essere raggiunte in modo piú rapido, piú stabile e con livelli migliori se vi è l'aiuto di una guida, cioè di qualcuno che aiuti a scegliere il percorso che offra il miglior rendimento nel modo piú economico. In questo caso vi è un insegnamento e di conseguenza un eteroapprendimento.

Tra queste due forme di apprendimento che chiamiamo anche autoeducazione ed eteroeducazione si può collocare l'*educazione informale* come quell'insieme di interventi espliciti ma discontinui e casuali che provengono dalle persone che ruotano intorno ai bambini: familiari, parenti, coetanei. Si insegna al bambino una canzone, una filastrocca, un modo di produrre suoni, un gioco motorio-musicale, ecc. senza che ci sia una "programmazione didattica"; è quello scambio che avviene occasionalmente senza programmi o gradualità prestabilite e che produce un benefico "bombardamento" favorendo nel cervello le connessioni sinaptiche tra i neuroni e quindi lo sviluppo di reti neuronali sempre piú complesse.

Vediamo quali capacità i bambini possono raggiungere solamente mediante l'autoeducazione e l'educazione informale purché ovviamente l'ambiente sia ricco di stimoli adeguati.

Iniziando dal canto, bisogna rilevare che normalmente l'apparato audio-fonatorio è predisposto a livello biologico e fisiologico in modo da permettere a tutti la percezione uditiva e la riproduzione vocale esatta di quella qualità del suono che nella cultura occidentale viene chiamata "altezza" e la cui elaborazione, secondo gli studi presentati da Peretz nel capitolo su *La musica e il cervello* in questo stesso volume (cfr. *supra*, pp. 241-70), richiede l'attivazione di regioni cerebrali specifiche; anche la percezione e riproduzione del rapporto tra le durate (ritmo) può essere esatta ma riguardo all'intensità e ad altre qualità del suono quali morbido/duro, brillante/opaco, leggero/pesante, liscio/ruvido, ecc. la precisione è minore e in alcuni casi impossibile.

Il fatto che l'apparato audio-fonatorio possa sviluppare queste capacità non vuol dire che di fatto le sviluppi in quanto l'apprendimento è comunque subordinato a una serie di fattori prima di tutto culturali: poiché le capacità non si sviluppano nel vuoto ma in presenza di prodotti che sono frutto di una cultura o di un ambiente determinati, l'orecchio occidentale viene orientato presto alla discriminazione precisa delle altezze in quelle culture dove i repertori privilegiano questo aspetto, ma se una cultura ne privilegia altri, come quella cinese che ama anche cercare sulla cetra ventisei suoni diversi senza cambiare l'altezza [Francès 1972, p. 18], l'orecchio si specializza di piú su altre qualità del suono. Cosí, per esempio, l'occhio degli esquimesi si specializza su una gran varietà di tipi di bianco e l'orecchio dei cinesi sull'intonazione ascendente o discendente delle parole essendo la loro una lingua intonativa.

L'apparato uditivo ha quindi bisogno di essere stimolato da un ambiente ricco di suoni fin da quando è pronto e cioè dal sesto mese della vita prenatale [Lecanuet 1995], ma secondo alcuni anche dal quinto. Sappiamo che a quattro mesi circa i bambini producono le prime lallazioni orientate all'appropriazione del linguaggio verbale e verso i sei mesi compaiono le prime lallazioni musicali, chiamate da Moog [1976] *musical babbling*, orientate chiaramente al futuro canto in quanto esplorative dello spettro frequenziale e non ripetitive dei singoli fonemi come per le lallazioni. Se poi ai bambini si propongono canti e musiche fin dal periodo prenatale, le *musical babbling* compaiono prima e risultano piú ricche e articolate [Tafuri e Villa

2002]. Sono quindi necessarie alcune condizioni: se da un lato si riconosce la presenza di un programma biologico, dall'altro si deve postulare la presenza di un ambiente in cui si parli, si canti e si ascolti musica [Papoušek 1995] fin dal periodo prenatale [Villa e Tafuri 2000] e soprattutto durante il primo anno di vita. Il famoso bambino "selvaggio" cresciuto con gli animali nella foresta dell'Aveyron e studiato dal medico Itard nell'Ottocento non parlava ma emetteva versi, non camminava eretto ma a quattro zampe. Gli anang della Nigeria introducono i bambini alla musica già a una settimana di età [Gardner 1985, trad. it. pp. 129 sgg.] per cui non sono certo dei superdotati se a cinque anni sanno cantare centinaia di canzoni, eseguire molti movimenti di danza anche complessi e suonare diversi strumenti.

Offrendo insegnamenti espliciti anche se non organizzati, si offrono indubbiamente maggiori possibilità di sviluppo. Dovrebbe essere cura dei familiari insegnare ai bambini canzoni e filastrocche d'ogni tipo cosí come dialogare cantando. Attraverso queste attività si favorisce lo sviluppo della capacità di discriminazione delle altezze e dell'organizzazione ritmica, lo sviluppo della memoria musicale e dell'invenzione melodica nonché della capacità di intonare prima di quanto avvenga oggi, come dimostrano quei bambini che, seguiti fin dalle prime esperienze, intonano correttamente già verso i quattro anni.

In Italia a sei-sette anni sono ancora molti i bambini che non sanno intonare quando cantano e che vengono considerati "stonati" come se si trattasse di una condizione innata: in realtà non si tratta di bambini subnormali, non c'è una carenza funzionale, si tratta semplicemente di bambini che non hanno ancora acquisito il coordinamento audio-vocale o per mancanza di stimoli adeguati nel periodo idoneo [Welch 1985] o per condizionamenti psicologici e culturali dovuti all'ambiente familiare e sociale [Lidman Magnusson 1997; Welch 1994], quindi dovuti anche all'importanza attribuita alla capacità di cantare, ritenuta essenziale, rispettata e valorizzata in alcuni ambienti e culture ma non in altri.

Cosí come tutti i bambini (escludendo eventuali patologie) nascono con la dotazione genetica sufficiente per imparare a parlare in modo corretto secondo le specificità fonetiche della propria lingua materna (lingue intonative, gutturali, aspirate, ecc.), sulla base di numerosi studi e ricerche prodotti in quest'ultimo ventennio si può oggi affermare che tutti i bambini nascono con la dotazione genetica sufficiente per imparare a cantare in modo corretto secondo le specificità del repertorio della propria cultura (escludendo sempre eventuali patologie).

Anche l'attività strumentale viene a essere favorita se in casa e al nido si ascolta musica e se il bambino ha la possibilità (materiale e psicologica) di produrre suoni su strumenti e su oggetti senza essere rimproverato perché "disturba", ma ricevendo invece sollecitazioni e incoraggiamenti con giochi strumentali (per esempio "domanda/risposta").

Determinante poi la partecipazione corporea all'esperienza musicale attraverso il movimento, forma di autoapprendimento che favorisce lo sviluppo dell'intelligenza musicale, in collaborazione con l'intelligenza corporeo-cinestetica, in quanto comporta una serie di operazioni mentali (distinguere, classificare, memorizzare vari aspetti della struttura quali: ritmo lento/veloce, melodia ripetitiva o ascendente/discendente, parti che ritornano uguali o variate ma simili, contrasti dal punto di vista ritmico, melodico, armonico, ecc.) e produce notevoli risonanze affettive.

Sintetizzando, le esperienze musicali presenti in famiglia o al nido, accompagnate da partecipazione affettivo-emotiva, producono l'interiorizzazione e appropriazione di modelli melodici, ritmici, di stili vocali, strumentali, ecc. che costituiscono già delle vere e proprie competenze musicali.

Di fronte all'assenza di capacità musicali invece di concludere che "il bambino non ha talento" bisognerebbe porsi una serie di interrogativi: quanta e quale musica lo ha circondato fin da prima della nascita? C'erano in casa genitori o altri familiari che cantavano, radio, televisione? Quanto l'attività del cantare o l'esplorazione sonora degli oggetti era apprezzata? Se il bambino cantava, quanto era incoraggiato, o scoraggiato perché disturbava? Com'era l'atmosfera affettiva in famiglia quando si cantava o si ascoltava musica? distaccata? calorosa? Quanto il canto è stato favorito con momenti di insegnamento, quanto è stato guidato e opportunamente corretto [Welch 1985] cosí come si corregge una parola, un errore di grammatica ma anche un disegno o un gesto (fare un fiocco, allacciare le stringhe)?

Se ci si è soffermati a lungo su questi aspetti è perché i primi anni di vita costituiscono un periodo particolarmente favorevole per lo sviluppo dell'intelligenza musicale. L'apparato uditivo che, come abbiamo visto, è già pronto almeno dal sesto mese della vita prenatale [Lecanuet 1995], attraversa il periodo critico, cioè piú favorevole allo sviluppo, proprio nei primi cinque-sei anni di vita, un periodo in cui anche il cervello dimostra una plasticità e disponibilità formidabili per questo tipo di apprendimento [Howe 1990; Shuter-Dyson 1994] cosí che trascurarli significa comprometterne lo sviluppo.

Passiamo ora a considerare l'intervento educativo sistematico.

4. *L'educazione formalizzata*.

Ogni società che desideri assicurare la trasmissione della propria cultura, ritenuta cosí importante da non poter essere lasciata all'apprendimento spontaneo, crea delle istituzioni dedicate a tale compito, cioè all'*educazione formalizzata*. La scelta dei contenuti prioritari da trasmettere dipende dai sistemi simbolico-culturali propri di ogni periodo storico e di ogni area geografica, ma anche da ciò che viene considerato scientifico in un'epoca storica dal gruppo sociale dominante.

L'Italia è un esempio lampante: la credenza nella necessità di particolari doti innate per affrontare studi musicali e il ritenere che l'attività musicale sia un passatempo ha portato all'assenza dell'educazione musicale dai programmi scolastici per decenni. Non ci sono state ricerche scientifiche in questo settore né quelle realizzate all'estero sono circolate in Italia fino a una decina di anni fa. I Conservatori hanno proseguito nel loro cammino fortemente centrato sul virtuosismo, governati da una legge del 1930 e impermeabili ai mutamenti sociali e culturali (la nuova legge di riforma del 1999 è ancora un contenitore vuoto). È solo recentemente, dal 1979 per la scuola media e dal 1985 per la scuola elementare, che sono stati approvati programmi di educazione musicale accettabili ma gli insegnanti, soprattutto quelli della scuola elementare, non hanno ricevuto alcuna preparazione specifica per svolgerli.

Poiché, come abbiamo detto nel paragrafo 1, l'intelligenza musicale si manifesta nelle due attività fondamentali che la musica comporta, *capire* e *produrre*, comprendendo in quest'ultima sia la composizione sia l'esecuzione, tutta l'attività didattica dovrebbe essere orientata a favorire il raggiungimento di livelli sempre piú elevati su questi due versanti considerati come gli obiettivi finali.

Il primo versante, *capire la musica*, riguarda la capacità di cogliere i *significati*, le *funzioni*, i *contesti*, gli *stili* e le *strutture* della musica attraverso una serie di attività che si possono sintetizzare in *interpretazione*, *analisi* e *correlazioni semantiche*, dove l'interpretazione punta su significati, funzioni, stili e contesti, l'analisi punta sulle strutture che ne permettono l'individuazione, e le correlazioni semantiche sull'esplicitazione (e quindi la consapevolezza) dei meccanismi di produzione di senso [Stefani 1985; Tafuri 1987]. Ogni brano, attraverso l'organizzazione intenzionale dei suoni che lo compongono, comunica progetti, messaggi, visioni della realtà, sistemi di valore [Baroni 1993; 1996] e permette esperienze ricche e diversificate.

In questa prospettiva è necessario progettare attività a vari livelli di difficoltà e complessità: dare un significato alle qualità dei suoni e motivarlo; ascoltare, interpretare e analizzare brani musicali usando per l'interpretazione sia il linguaggio verbale sia altri linguaggi quali il gestuale-motorio e il grafico-pittorico; riconoscere stili diversi, individuare l'identità d'epoca o d'autore ed evidenziare i tratti pertinenti che simbolicamente la rappresentano. La capacità di analisi, sviluppata progressivamente, può essere guidata dalle interpretazioni prodotte su un determinato brano a costruire delle correlazioni semantiche tra i significati, le funzioni, gli stili, i contesti e le strutture musicali (quel certo ritmo, quel tipo di melodia, ecc.) che li hanno suggeriti. In questo modo si acquista una maggiore capacità di discriminare uditivamente e concettualizzare i vari aspetti delle strutture musicali individuate: intervalli, profili melodici, cadenze, modulazioni, armonia, forma, dinamica, agogica, fraseggio, impasti timbrici, ecc.

Queste abilità e questi concetti, il *saper fare* e il *sapere*, che cominciano a comparire prestissimo, contengono già delle forme precoci di comprensione (musica per dormire, per ballare, "che fa paura") e apprezzamento musicale ma il cogliere lo spirito di un'opera implica una conoscenza che si elabora progressivamente attraverso ristrutturazioni anche inconsapevoli dell'opera stessa e in continua interazione tra affettività e conoscenza.

Il secondo versante, quello del *produrre*, riguarda la sfera delle capacità di improvvisare, comporre, eseguire, con modalità e a livelli diversi.

La capacità di inventare "canzoni" (*musical babbling)*, che i bambini cominciano ad acquisire verso i sei-otto mesi e che diventa, sulla base delle stimolazioni offerte dall'ambiente, capacità di produzioni sempre piú articolate, strutturate e complesse, progredisce notevolmente se fin dalla scuola materna viene guidata dall'insegnante con attività finalizzate a esplorare e organizzare i suoni, a cantare intonato, a produrre particolari effetti sonori, a comporre canzoni, ecc. [Bjørkvold 1990; Davies 1992; Dowling 1994; Lucchetti 1987; Maffioletti 1998; Moog 1976]. Ciò vale anche per l'attività strumentale: esplorare le possibilità sonore, improvvisare sulla base di progetti diversi, comporre brani strumentali, sonorizzare storie, azioni drammatiche (colonne sonore), ecc. All'inizio le composizioni saranno costituite piú da percorsi casuali e di tipo esplorativo che dall'elaborazione di un progetto ma successivamente i bambini scopriranno spontaneamente, per poi migliorare con l'aiuto dell'insegnante, principî organizzativi del percorso musicale (ripetizione di nuclei, contrasti, forme dialogiche, uso della retorica del discorso musicale con inizio, sviluppo e conclusione, ecc.) [Baldi e Tafuri 2000; 2002; Barrett 1996; 1998; Tafuri e Baldi 2002]. Da un punto di vista metodologico, tecniche e concetti vengono appresi con maggior facilità se prima si lascia ai bambini la possibilità di cercare, problematizzare, scoprire, inventare sulla spinta dei propri interessi, nonché utilizzando le competenze già acquisite, e poi si interviene con proposte che permettano di migliorare il livello delle competenze dimostrate e di acquisirne altre.

Con *produrre* non intendiamo però solo la capacità d'*invenzione* in senso stretto, che si manifesta e sviluppa attraverso l'improvvisazione e la composizione, ma anche la capacità di *esecuzione* di repertori vocali e strumentali esistenti considerata come un atto produttivo in quanto appropriazione ri-creativa.

Questa appropriazione richiede certamente capacità tecniche ma anche capacità interpretative e di autovalutazione [Casalboni 1997]. L'esecutore "ricrea" l'opera dandole vita, e una buona interpretazione o, per dirla con Sloboda [1994], una «esecuzione espressiva», comporta numerose scelte: variazioni agogiche, dinamiche, qualità del suono, fraseggio, respiri, vibrato, ecc. che, pur dovendosi collocare all'interno della prassi esecutiva propria di ciascun repertorio, lasciano comunque margine alla creatività personale.

L'*affinamento percettivo* e il padroneggiamento dei meccanismi di elaborazione delle informazioni musicali sono anch'essi capacità da sviluppare ma sono funzionali alle prime due (capire e produrre) poiché quanto piú si padroneggiano i processi percettivo-cognitivi tanto piú la comprensione e la produzione raggiungono livelli maturi. Questo collegamento è indispensabile perché se la didattica privilegia una miriade di esercizi discriminativi otterrà solo un orecchio ipersviluppato ma non una comprensione piú profonda della musica [Davidson e Scripp 1989].

La specificità dell'apprendimento di uno strumento "colto" che avviene spesso tra gli otto e i dieci anni (con il metodo Suzuki già a tre-quattro) richiede alcune considerazioni a parte; con l'approccio allo strumento il bambino inizia un percorso che comporta l'acquisizione di tecniche specifiche in vista di un obiettivo preciso: saper eseguire determinati repertori. Se quest'attività strumentale (che fin dagli inizi potrebbe anche avere nella mente dei genitori un orientamento professionale) è parte di un'educazione musicale piú ampia e complessa nella quale accanto all'eseguire c'è anche il capire, l'esplorare, l'improvvisare, il comporre con la voce e altri strumenti, e se tutto ciò è realizzato con repertori di generi e stili diversi, allora lo sviluppo dell'intelligenza musicale riceve un potenziamento notevole; se invece l'attività strumentale è limitata all'acquisizione della tecnica in funzione di un repertorio relativamente ristretto, forse i bambini svilupperanno eccellenti capacità tecniche, diventeranno degli ottimi ripetitori ma resteranno lontani da quella comprensione dell'opera che lo sviluppo maturo dell'intelligenza musicale permette, non diventeranno cioè eccellenti musicisti.

Un altro elemento tutt'altro che secondario nell'attività educativa che ne condiziona fortemente i risultati è il *metodo*. Porre l'attenzione sul metodo significa far emergere diversi interrogativi le cui risposte ci permettono di capire meglio perché molte persone non sviluppano la propria intelligenza musicale: con quale metodo gli allievi vengono guidati all'appropriazione di una determinata capacità? attraverso quali fasi vengono condotti? vengono rispettate le fasi dei processi percettivo-cognitivi e affettivi? quale spazio viene dato a ciò che già sanno fare, alla loro creatività, al loro bisogno di sostegno e apprezzamento, ai loro interessi, ai ritmi di apprendimento personali? Se la scrittura per esempio viene presentata come un insieme di simboli grafici da far corrispondere a una realtà musicale non ancora posseduta, il metodo è fallimentare: l'apprendimento è estremamente faticoso, scoraggiante e causa di molti abbandoni. Se invece i segni scritti vengono associati a rapporti melodici e ritmici già presenti nella memoria uditiva, assimilati attraverso il canto, l'attività strumentale, motoria, di ascolto, e posseduti concettualmente attraverso opportune analisi uditive, il passaggio è facile e l'apprendimento immediato in quanto vengono rispettate le fasi dell'apprendimento (*fase senso-motoria*, *iconica*, *simbolica*) evidenziate da Bruner [1966] nel suo modello di sviluppo cognitivo. Se l'approccio allo strumento viene limitato a lunghi e noiosi esercizi di tecnica di cui non si capisce il senso perché troppo lontani dalla futura esecuzione di un brano e quindi dal piacere che ne deriverà (motivazione intrinseca), anche questo è un metodo fallimentare perché non sviluppa l'intelligenza musicale e l'abbandono è quasi assicurato.

Oltre che sul metodo bisogna interrogarsi anche sui *contenuti* sui quali si lavora: quali repertori vengono offerti agli allievi per l'apprendimento delle capacità esecutive, interpretative, analitiche? Una causa di scarsi risultati può essere il disinteresse per repertori sentiti lontani, estranei, strutturalmente poco o troppo elaborati che raffreddano il gusto di suonare/cantare e quindi la motivazione ad apprendere.

La constatazione che bambini privi di educazione musicale formalizzata dimostrano di aver sviluppato, solo attraverso il contatto e attività occasionali con repertori musicali diversi, notevoli capacità nel riconoscimento della struttura della frase, profilo melodico, altezza ed elementi ritmici [Davidson 1994], nel riconoscimento stilistico [Addessi, Luzzi e Tafuri 1996] e nell'apprezzamento della musica [Zenatti 1994], induce a immaginare quali livelli potrebbero essere raggiunti con progetti didattici ben impostati.

Un'educazione sistematica deve dunque progettare situazioni di apprendimento che permettano a bambini e ragazzi, a partire dalla prima infanzia, di far maturare la propria intelligenza musicale.

La complessità del processo di sviluppo e la varietà di situazioni educative non permette perciò di attribuire a cause genetiche le differenze anche notevoli tra i risultati raggiunti da ciascuno.

Un richiamo infine a una strana discrepanza che può determinarsi tra l'offerta delle scuole generali e quella delle scuole specialistiche (Conservatori e Scuole di musica), cioè tra l'offerta di una *educazione musicale* per tutti e quella riservata a coloro che vorranno fare i musicisti. Nel primo caso potrebbe esservi l'offerta di un programma vasto e flessibile che mira agli obiettivi della comprensione e produzione musicale con ricchezza di attività e contenuti e con un metodo idoneo: i risultati potrebbero rimanere modesti sul piano tecnico per l'eventuale scarsa applicazione da parte degli allievi, ma raggiungere un buon livello nei confronti della comprensione dell'opera musicale.

Nelle scuole specialistiche l'*istruzione musicale* offerta permette sí di raggiungere livelli notevoli ma il piú delle volte solo limitatamente all'area esecutiva e piú precisamente alla tecnica strumentale se l'espressività dell'esecuzione è "insegnata" dal docente senza fornire all'allievo i mezzi per elaborarla personalmente. Ciò significa che lo studio di uno strumento può ridursi a un campo di lavoro piuttosto limitato che non favorisce uno sviluppo maturo dell'intelligenza musicale.

Due esempi possono chiarire meglio il problema.

La prospettiva di lavoro aperta e flessibile proposta dal metodo Dalcroze risulta molto stimolante per un'educazione musicale che, cominciando a tre-quattro anni, porti i bambini a sviluppare l'intelligenza musicale attraverso percorsi vari e articolati nei quali vi sia l'uso del corpo, primo interpretante della strutturazione temporale della musica, l'esplorazione delle numerose sonorità della voce e di altri strumenti e oggetti sonori, l'improvvisazione come prima forma di organizzazione del pensiero musicale dopo la quale verrà l'esecuzione di repertori esistenti, l'interpretazione motoria di brani musicali, la composizione. L'apprendimento di uno strumento e quindi di una tecnica precisa viene introdotto successivamente, per i bambini che lo desiderino, per non monopolizzare l'attenzione su aspetti tecnici e mnemonici, ma continua a essere accompagnato da attività compositive e improvvisative a livello sempre piú alto.

Il metodo Suzuki ha dimostrato che tra i due e i quattro anni i bambini possiedono una plasticità muscolare e motoria notevole che li rende capaci di imparare i comportamenti motori richiesti dall'uso di alcuni strumenti, in particolare il violino. Tutti i bambini possono quindi imparare a suonarlo a tre-quattro anni senza dover ammettere l'esistenza di straordinarie capacità innate. La consapevolezza di un modello educativo in cui individuare le componenti fondamentali dell'insegnamento/apprendimento ha permesso a Suzuki di intervenire sui punti nevralgici del percorso didattico per mettere in atto delle strategie particolarmente efficaci: il controllo dell'interazione insegnamento/apprendimento, l'importanza data al bambino e alla sua relazione con l'insegnante mediata dalla madre che cura e garantisce un clima affettivo positivo, il contesto come ambito musicale preparato da ascolti programmati e come ambiente popolato da bambini con i quali suonare insieme, e infine una programmazione sistematica accuratamente pianificata di tutte le tappe che i bambini devono percorrere per superare gradualmente le varie difficoltà strumentali, programmazione gestita da insegnanti preparati all'uso di questo metodo.

Riconosciamo certamente a Suzuki il grosso merito di aver smosso la didattica strumentale mostrando l'efficacia di strategie diverse da quelle tradizionali: il vantaggio del lavoro collettivo, dell'imitazione e dell'uso della memoria e quindi la non necessità della lettura all'inizio con benefiche conseguenze per lo sviluppo dell'orecchio, meriti ai quali aggiungiamo anche quello di aver dimostrato la disponibilità e l'interesse per la musica nei bambini piccoli con conseguente sviluppo della capacità di riproduzione ritmica e melodica, una capacità che sarebbe fuorviante considerare "talento" nel senso di dote straordinaria in quanto scaturisce da una dotazione genetica data a tutti. Dobbiamo tuttavia avanzare alcune riserve che derivano da un sistema di valori diverso soprattutto riguardo al concetto di bambino, di musica e di educazione.

Sinteticamente [per un'analisi piú dettagliata cfr. Davidson e Scripp

1989; Gardner 1985], è criticabile la dedizione totalizzante a un'attività imitativa e meccanicamente ripetitiva basata sostanzialmente sull'esercizio tecnico, l'assenza di altre esperienze strumentali e vocali, di esplorazione di sonorità diverse, di uso del corpo in libere attività di interpretazione motoria della musica, di attività di improvvisazione che, come abbiamo visto nel paragrafo 3, i bambini mettono in atto prima del bisogno di imitare; inoltre è riduttivo il repertorio usato, quello occidentale colto di un certo periodo storico (Seicento-Ottocento) che risponde al mito della "vera musica di qualità".

Per quanto questo addestramento strumentale possa essere piacevole e coinvolgente per i bambini, le capacità e le conoscenze musicali che sviluppa sono limitate, e i bambini si abituano a un'esecuzione non espressiva a livello personale ma che imita fedelmente l'espressività del maestro (o di un altro esecutore). Ecco perché il metodo Suzuki non è un metodo di "educazione musicale" nel senso ampio con cui il termine è stato qui usato ma un metodo per l'apprendimento di uno strumento. Questo discorso vale anche per il metodo Kodály con il quale i bambini, guidati da insegnanti didatticamente preparati, acquistano sí la capacità di cantare bene fin da piccoli e di leggere la notazione musicale (appresa facilmente perché il metodo segue le già citate fasi dello sviluppo cognitivo evidenziate da Bruner), ma non quelle capacità di improvvisazione e composizione con strumenti diversi, di interpretazione e analisi di repertori d'ogni genere che avviano alla comprensione profonda della musica.

Alla luce di quanto detto sul ruolo determinante dell'autoeducazione, dell'educazione informale e soprattutto di quella formalizzata, è facile concludere che, in assenza di attività opportune, l'intelligenza musicale raggiunge ovviamente livelli di sviluppo modesti senza che sia necessario invocare la mancanza di "doti innate".

Occupiamoci ora dell'eventuale esistenza di bambini "superdotati" e dei problemi educativi che ne derivano.

5. *Educare i superdotati*.

È frequente sentir parlare di "grande talento musicale" di fronte ai cosiddetti "bambini prodigio": William Crotch, due anni e tre mesi, suona *God save the King* sull'organo; Pepito Areola, due anni e mezzo, suona sul pianoforte le melodie cantate dalla madre o inventate da lui; Erwin Nyiregyhazi, due anni, ripete correttamente qualunque melodia gli venga cantata, a tre e mezzo inventa piccole melodie e a quattro anni suona tutto quello che ascolta; Diego Alonso a tre anni suona un Minuetto di Bach; Mozart sa già suonare a quattro anni [Alonso 1990; Howe 1990; Shuter-Dyson e Gabriel 1981]. Di fronte a questi e ad altri esempi simili non possiamo non ammettere che queste capacità siano fuori della norma, senza però dover necessariamente predire il raggiungimento futuro di livelli musicali eccellenti.

Siamo veramente di fronte a dei "superdotati" o si tratta solo di casi, sia pur straordinari, di precocità nell'esecuzione di compiti musicali?

Anche se il termine "superdotato" è riferito spesso a realtà diverse, a bambini prodigio, a stili interpretativi molto particolari, a straordinarie capacità tecniche dimostrate da adulti, ecc., in realtà il termine dovrebbe indicare non doti innate ma ciò che si manifesta nella fase finale di un percorso continuo di maturazione, quella *eminent performance* (riferita agli esecutori) di cui parlano Krampe ed Ericsson [1995] raggiunta da chi riesce ad andare oltre le mete già raggiunte in campo tecnico e interpretativo ampliando le prospettive esistenti e dando un contributo nuovo. Coincide quindi con quella che abbiamo definito come intelligenza musicale matura: possiamo dimostrare che questa si raggiunge solo in presenza di una dotazione genetica "super"?

Di fronte a capacità che si manifestano come eccezionali o in rapporto all'età, e quindi per la *precocità* con cui sono state raggiunte, o in rapporto al tempo impiegato, e quindi per la *velocità* dimostrata nell'esecuzione del compito, non siamo ancora di fronte allo sviluppo maturo dell'intelligenza musicale, anzi a volte si raggiungono capacità eccezionali per cause patologiche come quelle dei cosiddetti *idiots savants* [Miller 1989] o come la straordinaria flessibilità della mano di Paganini che gli permetteva di comporre ed eseguire brani di estrema difficoltà tecnica (pensiamo ai *Capricci*) a causa del morbo di Marfan da cui era affetto e da cui dipendevano la sua estrema lunghezza degli arti, il notevole rilassamento dei legamenti e la particolare struttura delle ossa che le rendeva molto leggere [Mantero 1987].

Dovremmo semmai ritenere "superdotati" coloro che raggiungono un livello eccellente nell'attività musicale adulta, ma il confronto tra i dati raccolti da Bastian [in Manturzewska 1994] con i giovani virtuosi che partecipano ai festival e quelli raccolti da Manturzewska [*ibid.*] con un gruppo di musicisti famosi e uno di musicisti "normali" ha messo in evidenza il ruolo determinante di una grande quantità di fattori: famiglia, ambiente, esperienze musicali precoci, educazione, insegnanti, carriera professionale, stato socioeconomico, interesse, motivazioni, valutazione di sé, soddisfazioni professionali, ostacoli incontrati; di conseguenza, pur ammettendo in linea di principio che alcune persone possano ricevere una dotazione genetica straordinaria, di fatto è difficile, se non impossibile, dimostrare la presenza di tale dotazione che comunque non produrrebbe capacità eccellenti senza l'azione positiva dei suddetti fattori.

Nelle pagine precedenti abbiamo cercato di sostenere l'ipotesi che tutti ricevano una dotazione genetica sufficiente per sviluppare buone capacità musicali e che tale sviluppo avvenga ad alcune condizioni (ambiente stimolante, educazione appropriata, interesse e motivazioni all'apprendimento, ecc.). Tra queste vogliamo qui riprendere l'importanza dello studio.

Anche in presenza di capacità straordinariamente precoci si deve ammettere che vi sia stata una qualche forma di "allenamento" compiuto inconsapevolmente, velocemente e in modo piacevole sotto la spinta di un particolare interesse e di situazioni ambientali propizie. Non è detto però che questo apprendimento senza sforzo continui: se il bambino vuole accrescere le sue capacità dovrà affrontare uno studio progressivamente piú impegnativo per l'aumento delle difficoltà tecniche e interpretative e per il passaggio dall'attività spontanea alla consapevolezza. Bambini esaltati dai primi apprendimenti avvenuti senza sforzo e dall'approvazione incondizionata degli adulti possono non reggere all'impegno. Krampe ed Ericsson [1995] parlano di «studio consapevole» come di una condizione determinante per il successo, includendo in questa espressione l'impegno, la motivazione e un'intensità di studio ottimale nella quale trovi posto un giusto equilibrio tra studio e riposo.

Niente di piú falso del pensare che la vita dei bambini prodigio sia facile: lo stesso Mozart, considerato quasi il bambino prodigio per eccellenza, ha avuto un'infanzia tutt'altro che allegra, sottoposto dal padre a un duro regime di studio. Molti bambini di fatto non continuano a impegnarsi o perché interessati da altre esperienze o perché non hanno piú un buon rapporto con l'insegnante, o perché le aspettative dei genitori diventano soffocanti, ecc.

Poiché il momento dell'educazione sistematica è un momento molto delicato, gli insegnanti non dovrebbero privilegiare i bambini precoci trascurando quelli ritenuti "non dotati" anche perché tale dedizione potrebbe provocare una sovrastima delle capacità dei primi a causa dell'influenza delle proprie attese e speranze sui risultati (effetto Pigmalione) e contemporaneamente una sottostima delle capacità degli altri il cui sviluppo verrebbe a essere mortificato dalla mancanza di attese e stimoli da parte dell'insegnante (effetto Pigmalione negativo) [Terrassier 1981].

Il momento piú difficile può essere quello della preadolescenza sia per la crisi di identità tipica di questa fase evolutiva sia perché le capacità che risultano eccezionali tra i cinque e i dieci anni rispetto a quelle dei coetanei potrebbero non esserlo piú con quei coetanei di tredici-quindici anni che hanno comunque conquistato notevoli capacità musicali pur non avendo avuto un inizio precoce. Insegnanti e genitori dovranno assicurare il loro sostegno per superare queste crisi e piú in generale per gestire eventuali *dissincronie* [*ibid.*], cioè quelle disarmonie che possono essere *interne*, se derivano dal divario tra lo sviluppo di un'intelligenza e quello raggiunto in altri settori cosí come tra lo sviluppo intellettuale e l'affettività, o possono essere *sociali* se il divario si determina in rapporto all'ambiente scolastico, ai genitori, ai coetanei.

Il contributo migliore che si possa dare loro è quello di un giusto sostegno psicologico e affettivo [Manturzewska 1994] perché sentano di poter continuare a imparare anche con fatica e con qualche insuccesso, senza essere sottoposti a regimi di studio opprimenti ma anche senza essere abbandonati a se stessi, o peggio, viziati [Terrassier 1981, trad. it. pp. 86-94].

Il manifestarsi di capacità straordinarie in campo compositivo (sia precoci sia in età adulta) ci fa toccare da vicino uno degli aspetti piú difficili da spiegare e gestire; lo stesso Gardner ritiene di trovarsi in presenza di una capacità cognitiva che sembra eludere la sua teoria delle intelligenze: l'*originalità*, ovverossia la capacità di dare vita a forme nuove di qualunque tipo e quindi accostamenti inusuali di idee, di suoni, di formule ritmico-melodiche, di forme plastiche, di colori, capacità di leggere la realtà e la natura dell'uomo a livelli piú profondi di quanto facciano gli altri, ecc.

Anche se si tratta ancora di un campo poco esplorato, si va sempre piú facendo largo l'idea che si tratti di una capacità legata non all'ambito in cui si esprime, ma alla personalità, al temperamento e allo stile cognitivo di chi produce [Gardner 1985; Hargreaves 1986; Kemp 1996]. Le poche ricerche esistenti fanno emergere tra i compositori alti livelli di introversione, indipendenza, *pathos* e radicalismo, qualità confermate dallo studio delle loro vite in cui appaiono «individualisti, capaci di solitudine e attratti da imprese simboliche complesse e ambigue» [Kemp 1996, p. 216], dunque si può concludere che il grande compositore non sia tale solo per le doti musicali ma anche per aspetti relativi alla sua identità umana.

Due parole infine su eventuali "subdotati". In realtà non ci sono ricerche esplicite in questa direzione ma qualche dato potrebbe semmai essere ricavato dall'osservazione dei punteggi piú bassi nei test psicometrici o di verifica dello sviluppo. Tuttavia un basso punteggio non è necessariamente indice di "subdotazione" ma può essere causato dall'assenza di alcuni dei vari fattori fin qui considerati.

Alcuni ricercatori hanno messo talvolta in evidenza particolari difficoltà incontrate in determinati compiti, primo fra tutti il cantare intonato [Shuter-Dyson e Gabriel 1981; Teplov 1966], ma il loro obiettivo, sia per l'intonazione sia per altre difficoltà, era quello di capire come ottenere dei miglioramenti anziché dimostrarne l'insuperabilità per carenze innate.

L'affermazione di Manturzewska [1994] citata prima sull'impossibilità di cercare doti straordinarie innate, dato l'alto numero di fattori responsabili, può essere usata anche al contrario nel senso di farci ritenere impossibile dimostrare che alcune persone siano prive di "doti musicali" per natura; l'assenza in costoro di capacità musicali è certamente riconducibile all'assenza delle condizioni indispensabili per lo sviluppo ma non necessariamente a una scarsa dotazione genetica che è impossibile di fatto dimostrare.

In questa prospettiva riteniamo quindi piú importante e soprattutto piú proficuo progettare un sistema educativo che renda possibile a tutti raggiungere lo sviluppo maturo della propria intelligenza musicale.

Addessi, A. R., Luzzi, C., e Tafuri, J.

1996 *La competenza stilistica musicale dagli 8 ai 14 anni*, in J. Tafuri (a cura di), *La comprensione degli stili musicali*, «Quaderni della SIEM», n. 10, pp. 59-80.

Alonso, M.

1990 *Requiem para Batman*, Domenech, Valencia.

Baldi, G., e Tafuri, J.

2000 *Tracce di stile nelle improvvisazioni musicali di bambini di 10 anni*, in J. Tafuri (a cura di), *La ricerca per l'educazione musicale*, «Quaderni della SIEM», n. 16, pp. 37-43.

2002 *Children's musical improvisations: many ways of beginning and ending*, in «Bulletin of the Council for Research in Music Education», n. 147, pp. 15-21.

Baroni, M.

1993 *Linguaggio musicale e valori sociali*, in M. Imberty, M. Baroni e G. Porzionato, *Memoria musicale e valori sociali. Metodi d'indagine e aspetti educativi*, Ricordi, Milano, pp. 33-71.

1996 *Per una definizione del concetto di stile*, in J. Tafuri (a cura di), *La comprensione degli stili musicali* cit., pp. 23-36.

Barrett, M.

1996 *Children's aesthetic decision-making: an analysis of children's musical discourse as composers*, in «International Journal of Music Education», n. 28, pp. 37-61.

1998 *Children composing: a view of aesthetic decision-making*, in B. Sundin, G. E. McPherson e G. Folkestad (a cura di), *Children Composing, Research in Music Education*, Lund University, Malmö, pp. 57-81.

Bertolini, P.

1990 *L'esistere pedagogico*, La Nuova Italia, Firenze (2ª ed.).

Bjørkvold, J.-R.

1990 *Canto ergo sum*, in F. R. Wilson e F. L. Roehmann (a cura di), *Music and Child Development. The Biology of Music Making (Proceedings of the 1987 Denver Conference)*, MMB Music, St. Louis Mo., pp. 117-35.

Boncinelli, E.

1998 *I nostri geni. La natura biologica dell'uomo e le frontiere della scienza*, Einaudi, Torino.

Bruner, J. S.

1966 *Toward a Theory of Instruction*, Harvard University Press, Cambridge Mass. (trad. it. *Verso una teoria dell'istruzione*, Armando, Roma 1967).

Casalboni, A.

1997 *Lo sviluppo della capacità di autovalutazione in musica: uno studio su alunni delle scuole elementari*, in A. R. Addessi (a cura di), *L'autovalutazione nella didattica della musica e altri studi*, «Quaderni della SIEM», n. 12, pp. 19-44.

Colwell, R.

1992 (a cura di), *Handbook for Research in Music Teaching and Learning*, Schirmer, New York.

Davidson, L.

1994 *Songsinging by young and old: a developmental approach to music*, in R. Aiello e J. A. Sloboda (a cura di), *Musical Perceptions*, Oxford University Press, Oxford, pp. 99-130.

Davidson, L., e Scripp, L.

1989 *Education and development in music from a cognitive perspective*, in D. J. Hargreaves (a cura di), *Children and the Arts*, Open University Press, Philadelphia Pa., pp. 59-86.

Davies, C. V.

1992 *Listen to my song: a study of songs invented by children aged 5-7 years*, in «British Journal of Music Education», n. 9, pp. 19-48.

Dowling, W. J.

1994 *La structuration mélodique: perception et chant*, in A. Zenatti (a cura di), *Psychologie de la musique*, Presses Universitaires de France, Paris, pp. 145-76.

Eysenck, H. J., e Kamin, L.

1981 *Intelligence: The Battle for the Mind*, Pan Macmillian, London (trad. it. *Intelligenti si nasce o si diventa?*, Laterza, Roma-Bari 1993).

Francès, R.

1972 *La perception de la musique*, Vrin, Paris (1ª ed. 1958).

Gardner, H.

1985 *Frames of Mind. The Theory of Multiple Intelligences*, Basic Books, New York, 2ª ed. (trad. it. *Formae mentis. Saggio sulla pluralità dell'intelligenza*, Feltrinelli, Milano 1987).

Hargreaves, D. J.

1986 *The Developmental Psychology of Music*, Cambridge University Press, Cambridge.

Howe, M. J. A.

1990 *The Origins of Exceptional Abilities*, Blackwell, Oxford (trad. it. *Bambini dotati*, Cortina, Milano 1993).

Kemp, A.

1996 *The Musical Temperament*, Oxford University Press, Oxford.

Krampe, R. Th., e Ericsson, K. A.

1995 *Deliberate practice and elite musical performance*, in J. Rink (a cura di), *The Practice of Performance*, Cambridge University Press, Cambridge.

Laporta, R.

1993 *Natura e finalità dell'educazione*, in AA.VV., *Fondamenti di pedagogia e di didattica*, Laterza, Roma-Bari, pp. 5-41.

Lecanuet, J.-P.

1995 *L'expérience auditive prénatale*, in I. Deliège e J. A. Sloboda (a cura di), *Naissance et développement du sens musical*, Presses Universitaires de France, Paris, pp. 7-38.

Leont'ev, A.

1969 *On the biological and social aspects of human development: the training of auditory ability*, in M. Cole e I. Maltzman (a cura di), *A Handbook of Contemporary Soviet Psychology*, Basic Books, New York.

Lidman Magnusson, B.

1997 *Factors influencing singing development in poor-pitch singers*, in A. Gabrielsson (a cura di), *Proceedings of the Triennial ESCOM Conference*, Uppsala University, Department of Psychology, Uppsala, pp. 339-43 (trad. it. *La capacità di intonare come sistema di "fattori cooperanti"*, in A. R. Addessi (a cura di), *L'autovalutazione nella didattica della musica e altri studi* cit., pp. 63-69).

Lucchetti, S.

1987 *Mi canti una canzone?*, in «Musicascuola», n. 6, pp. 32-35.

Maffioletti de Albuquerque, L.

1998 *Composições musicais e as estruturas de pensamento. Análise da produção musical infantil*, in S. Malbrán (a cura di), *II Conferencia Iberoamericana de Investigación Musical*, UNLa/FEM, Buenos Aires, pp. 19-21.

Mantero, R.

1987 *Le mani iperabili di Niccolò Paganini*, in «Manovre», n. 2, pp. 133-40.

Manturzewska, M.

1994 *Les facteurs psychologiques dans le développement musical et l'évolution des musiciens professionnels*, in A. Zenatti (a cura di), *Psychologie de la musique* cit., pp. 259-90.

Miller, L. K.

1989 *Musical Savants. Exceptional Skill in the Mentally Retarded*, Erlbaum, Hillsdale N.J.

Moog, H.

1976 *The development of musical experience in children of preschool age*, in «Psychology of Music», n. 4, pp. 38-45 (trad. it. *Esperienze musicali nella prima infanzia*, in Tafuri 1988, pp. 25-33).

Mottana, P.

1992 *Metodi e tecniche in educazione*, in R. Massa (a cura di), *Istituzioni di pedagogia e scienze dell'educazione*, Laterza, Roma-Bari, pp. 447-560 (3ª ed.).

Papoušek, M.

1995 *Le comportement parental intuitif, source cachée de la stimulation musicale dans la petite enfance*, in I. Deliège e J. A. Sloboda (a cura di), *Naissance et développement du sens musical* cit., pp. 101-30.

Shuter-Dyson, R.

1994 *Le problème des interactions entre hérédité et milieu dans la formation des aptitudes musicales*, in A. Zenatti (a cura di), *Psychologie de la musique* cit., pp. 205-31.

Shuter-Dyson, R., e Gabriel, C.

1981 *The Psychology of Musical Ability*, Methuen, London - New York.

Sloboda, J. A.

1985 *The Musical Mind. The Cognitive Psychology of Music*, Oxford University Press, Oxford (trad. it. *La mente musicale. Psicologia cognitivistica della musica*, il Mulino, Bologna 1988).

1994 *Music performance. Expression and the development of excellence*, in R. Aiello e J. A. Sloboda (a cura di), *Musical Perceptions* cit., pp. 152-69.

Stefani, G.

1985 *Capire la musica*, Bompiani, Milano.

Tafuri, J.

1987 *L'ascolto musicale: problematiche e progetti*, in C. Delfrati (a cura di), *Esperienze d'ascolto nella scuola dell'obbligo*, Ricordi, Milano, pp. 9-32.

1988 (a cura di), *Didattica della musica e percezione musicale*, Zanichelli, Bologna.

1995 *L'educazione musicale: teorie, metodi, pratiche*, Edt, Torino.

Tafuri, J., e Baldi, G.

2002 *Proposte didattiche e processi compositivi*, in «Musica Domani», n. 122, pp. 4-8.

Tafuri, J., e Villa, D.

2002 *Musical elements in the vocalizations of infants aged 2 to 8 months*, in «British Journal of Music Education», XIX, n. 1, pp. 75-90.

Teplov, B. M.

1966 *Psychologie des aptitudes musicales*, trad. fr. di J. Deprun, Presses Universitaires de France, Paris.

Terrassier, J.-Ch.

1981 *Les enfants surdoués ou la précocité embarrassante*, ESF, Paris; 4ª ed. 1999 (trad. it. *Ragazzi superdotati e precocità difficile*, Giunti e Lisciani, Teramo 1985).

Villa, D., e Tafuri, J.

2000 *Influenza delle esperienze musicali prenatali sulle reazioni del neonato*, in J. Tafuri (a cura di), *La ricerca per l'educazione musicale* cit., pp. 391-98.

Welch, G. F.

1985 *A schema theory of how children learn to sing in tune*, in «Psychology of Music», n. 13, pp. 3-18 (trad. it. *Come i bambini imparano ad essere intonati*, in J. Tafuri (a cura di), *Psicologia genetica della musica*, Bulzoni, Roma 1991, pp. 156-78).

1994 *Onchi and singing development: pedagogical implications*, in G. F. Welch e T. Murao (a cura di), *Onchi and Singing Development*, David Fulton - ASME, London, pp. 82-95.

Zenatti, A.

1994 *Goût musical, émotion esthétique*, in Id. (a cura di), *Psychologie de la musique* cit., pp. 176-204.

PIERRE FRANÇOIS

Professionisti e dilettanti

In ambito artistico, ancor piú che altrove, non è agevole tracciare un chiaro confine fra il dilettante e il professionista. In generale si ritiene che il professionismo corrisponda all'esercizio di un mestiere basato su di una competenza la cui remunerazione è sufficiente ad attestarne l'esistenza, laddove il dilettantismo è invece definito, in un certo qual modo al negativo, come «un'attività esercitata per il piacere, a fini personali o per una cerchia ristretta di amici e parenti» [Donnat 1996, p. 123]. Definizioni come queste, schematiche ed eccessive, si possono prendere soltanto come un punto di partenza da affinare e precisare poi analiticamente. Vorremmo affrontare questa trattazione tentando d'individuare quelli che, nei rapporti fra il dilettante e il professionista, rappresentano i nodi economici e sociali piú problematici.

Sottolineiamo innanzitutto che l'accostamento fra mondo dei musicisti professionisti e universo della musica amatoriale non è per niente ovvio. Nel definire l'identità sociale del musicista dilettante e del musicista di professione, l'analisi dovrà dare precedenza a quello che avvicina le due figure – la pratica musicale – o a quello che le separa? In altri termini, il musicista dilettante ha piú a che fare con il professionista o con l'insieme dei dilettanti che si dedicano ad altre pratiche culturali, come il pittore, lo scrittore, l'attore per diletto? Come si vede, è necessario lasciare aperta la questione se la pratica professionistica e quella amatoriale facciano parte o meno di un unico mondo.

Tuttavia la questione dei rapporti fra il dilettante e il professionista merita di essere sollevata anche da un punto di vista piú teorico. Nell'universo delle accezioni di questi due termini, è possibile individuare con Bourdieu [1984] due posizioni diametralmente opposte. Secondo la prima, il dilettante costituirebbe una sorta di versione degradata del professionista, caratterizzata dall'assenza parziale di tutte le qualità – eccellenza tecnica, sensibilità estetica – che sono proprie del professionista e ne costituiscono il referente. Secondo l'altra, invece, la competenza del professionista rappresenta soltanto un caso limite della competenza del dilettante ordinario. Queste due contrapposte accezioni non rinviano semplicemente a un'inversione dei valori e dei rapporti rispetto ai quali esse vengono assunte; esse informano due concezioni interamente distinte della pratica e dell'insegnamento musicale, e di conseguenza la posta in gioco di un conflitto il cui esito odierno è, come vedremo, chiaramente deciso.

Nell'analizzare le figure del musicista dilettante e del professionista non si può fare a meno di una digressione storica, la quale permetterà di mettere in luce le condizioni sociali e le modalità storiche che hanno presieduto al processo di formazione delle categorie, in precedenza alquanto indistinte, del compositore e dell'interprete, dell'interprete dilettante e del musicista di professione, dell'interprete e dell'insegnante. L'esame successivo della figura del musicista dilettante e dell'interprete professionista consentirà di mostrare la posizione paradossale del primo e la relativa autonomia del secondo.

1. *La divisione del lavoro musicale: il virtuoso, il professore e il dilettante.*

La storia sociale mal si presta a decisi momenti di rottura; ma è comunque possibile affermare che l'Ottocento fu teatro della progressiva separazione delle figure che fino a quel momento si spartivano in Occidente il processo di produzione musicale: è infatti nel corso dei periodi classico e romantico che la divisione del lavoro musicale crescerà fino al punto da mettere gradualmente in opposizione l'interprete e il compositore; il musicista, sempre piú virtuoso e specializzato, darà vita pian piano al musicista professionista moderno, mentre si fa largo parallelamente una categoria nuova, quella dei dilettanti, che col suo allargamento permetterà la nascita dell'altra figura professionale della musica: l'insegnante.

1.1. Il divorzio fra interprete e compositore.

Menger [1983] descrive la dialettica della domanda e dell'offerta che generò nel corso dell'Ottocento la crescente opposizione fra compositori e interpreti. La prima metà del secolo era segnata dalla coincidenza d'interessi fra gli uni e gli altri, poiché i mercati dell'interpretazione e della composizione non si ostacolavano fra loro, ma erano al contrario strettamente interdipendenti se non addirittura coincidenti. L'espansione di questi mercati obbediva a tre principî complementari che contribuivano a rafforzare la solidarietà degl'interessi fra compositore e interprete: la produzione lirica prevaleva su quella strumentale, le innovazioni estetiche nell'evoluzione dei generi musicali erano di debole portata, e il consumo delle opere si rivolgeva in maggioranza verso un repertorio immediatamente contemporaneo.

Sarà il capovolgimento di questi tre principî che dopo il 1850 condurrà a una crescente divaricazione fra i mercati della composizione e della diffusione. Infatti, le attività del compositore e dell'interprete, nel rapporto che intrattengono col passato, tenderanno a contrapporsi sempre di piú. Da un lato, l'imperativo di originalità diventa la norma della composizione; dall'altro, il mercato delle opere si arricchisce di lavori del passato che gl'interpreti sono chiamati a eseguire con tanto maggior frequenza quanto piú gli impresari, scottati dai ricorrenti fiaschi delle opere contemporanee, mettono in programma una quantità sempre maggiore di vecchia musica.

Questa nuova configurazione dei rapporti che affiorano in seno al mondo musicale produce conseguenze importanti per i suoi differenti soggetti. Innanzitutto per i compositori: in due secoli sono rari quelli che riescono a vivere della propria arte. Tuttavia la natura del "secondo lavoro" che permetteva loro di continuare nell'attività compositiva si è venuta modificando: prima del 1930, i compositori sono in maggioranza degli interpreti; dopo quella data, si trasformano sempre piú in professori.

Peraltro, il divorzio fra i mercati della composizione e dell'interpretazione ha tendenzialmente portato a conferire all'interpretazione un valore in sé, e non piú un valore aggiunto: l'eccellenza degli interpreti ha sollecitato una loro sempre maggiore specializzazione, la quale si è istituzionalmente tradotta in professionalizzazione. Per questa ragione, la modifica dei rapporti fra l'interprete e il compositore va di pari passo con la distinzione, in seno al mondo degli interpreti, fra professionista e dilettante. È possibile analizzare tale segmentazione degli interpreti osservando innanzitutto, come si trattasse di un sintomo, l'evolversi dei mutati rapporti fra i compositori e i dilettanti.

1.2. Il dilettante e il compositore: indizi di un allontanamento.

La professionalizzazione di una parte degli interpreti ha creato una quasi perfetta impermeabilità fra il mondo dei dilettanti e quello dei compositori, tuttavia si è trattato di una separazione graduale, e il XIX secolo può anche essere visto come la cronaca di un lento allontanarsi fra compositore e musicista amatoriale. È pur sempre vero, comunque, che i rapporti fra compositore e musicista amatoriale di tradizione colta sono stati molto presto letti in chiave peggiorativa, sia dagli attori del mondo musicale sia dai suoi analisti: la musica espressamente composta per i dilettanti doveva per forza di cose essere una versione degradata – meno tecnicamente virtuosistica, meno ricca esteticamente – di quella che veniva scritta per i migliori interpreti.

È questa la griglia di lettura adottata da Adorno [1962] per gli inizi del periodo classico, il quale costituisce ai suoi occhi l'alba dell'arte borghese. Per Adorno, la fine del Barocco colloca in una nuova posizione i compositori: ormai essi non si trovano piú di fronte un mecenate illuminato, ma una domanda anonima – quella del mercato – di cui devono riuscire a indovinare i desideri, in modo particolare quelli provenienti dai primi "dilettanti". Questa nuova posizione si traduce secondo Adorno nello sviluppo di una musica piú facile e piú immediata.

Noiray [1990] mette in discussione questa lettura e ne sfuma la portata. Egli sottolinea innanzitutto che i compositori dell'era classica e romantica continuano a proporre musica altrettanto ardua di quella dei loro predecessori, sebbene egli ricordi poi anche l'emergere nella stessa epoca di una letteratura didattica, le cui collezioni di musica per tastiera "a uso delle signore" costituiscono uno degli esempi paradigmatici. Peraltro, Adorno sembra peccare d'anacronismo: infatti fra il 1740 e il 1770 i compositori restano sempre legati a un mecenate. La trasformazione del linguaggio musicale ha sí radici sociali, tuttavia esse provengono dalla trasformazione della natura dei rapporti che legano l'aristocratico e il musicista: Carl Dahlhaus [1985] vede cosí nello sviluppo della musica da camera il passaggio dal mecenatismo ostentato alla pratica entusiastica di un'arte comune a tutti gli strati della società. Sempre piú definita dagli echi emotivi che riesce a risvegliare negli ascoltatori, la musica viene reputata tale da trascendere le classi sociali e diventa il luogo d'incontro privilegiato fra aristocratici e plebei, "dilettanti" e "professori".

Tuttavia, anche se la rottura delle relazioni fra il dilettante e il compositore non si consuma nell'epoca classica, essa si svilupperà nel corso del XIX secolo. Se ne può trovare un'illustrazione esemplare nel caso delle associazioni corali francesi (*orphéons*) studiate da Gumplowicz [1987], il quale mostra come ancora a metà Ottocento questi cori riuscissero ad attrarre i migliori compositori dell'epoca: Auber, Meyerbeer e Gounod sostenevano il movimento orfeonico e giunsero a comporre grandi cori maschili per questa impresa esclusivamente amatoriale. Ma egli descrive anche in qual modo le corali finissero pian piano per assumere un'immagine peggiorativa e come i compositori piú famosi si distaccassero un po' alla volta da tali formazioni, cedendo il passo a compositori sempre piú mediocri.

Il divorzio fra compositori e dilettanti manifestatosi a metà Ottocento è solo una fra le espressioni della posizione che nel nuovo ordine musicale sarà ormai riservata alla pratica amatoriale: i dilettanti non costituiscono un'alternativa ai professionisti, ma ne rappresentano una versione degradata. La figura del dilettante a poco a poco emergente nell'Ottocento è inseparabile dal suo corrispettivo: il musicista professionista.

1.3. La professionalizzazione del musicista: l'interprete e il professore.

Ehrlich [1985] analizza il processo di professionalizzazione conosciuto dal mondo musicale inglese nel corso dell'Ottocento. All'inizio del secolo gli impieghi di musicista sono per la maggior parte concentrati a Londra, e resta molto elevata la quota di musicisti stranieri negli impieghi piú prestigiosi. La nascente professione è assai poco femminilizzata e la trasmissione degli impieghi e delle competenze è soprattutto familiare.

È l'insieme di queste caratteristiche che andrà modificando la costituzione d'un ceto di musicisti di professione: sorretto da una domanda musicale mantenutasi molto vivace fino alla prima guerra mondiale, il numero di musicisti non cessa di crescere. Tale crescita degli effettivi viene alimentata dallo sviluppo degli istituti di formazione, che prendono gradualmente il posto delle famiglie nella trasmissione delle competenze. A questa trasformazione quantitativa viene ad aggiungersene una qualitativa: nel corso del secolo, il ventaglio delle situazioni intermedie fra il dilettante e il professionista si riduce a poco a poco; il mondo professionistico diventa sempre piú impermeabile ai dilettanti e ai praticanti discontinui, che in un primo tempo potevano continuare a mescolarsi agli organici delle formazioni professionali.

Nel complesso, il mercato dei musicisti resta dominato da Londra: nel XIX come nel XX secolo, la capitale inglese continuerà ad attirare il grosso dei musicisti di professione. Ma comunque, sostenuta dall'urbanesimo, la domanda si svilupperà anche in provincia, contribuendo a diffondere sull'insieme del territorio britannico il modello di professionalizzazione (formazione, mercato del lavoro, gestione delle carriere) affermatosi a Londra: reclutamento e carriere si decentrano gradualmente e la concorrenza fra i musicisti locali non cesserà di crescere via via che si costituiscono dei bacini d'impiego locali.

Il mondo degli interpreti è segnato dalla predominanza dei musicisti specializzati nella musica leggera: il consumo di musica "pura" è relativamente poco importante, e il grosso dell'impiego di strumentisti viene dunque fornito da cabaret, caffè, music-hall e anche, dopo il 1918, dai cinema. Il riflusso della congiuntura sarà brutale. All'inizio degli anni Trenta il cinema sonoro trionfa e sostituisce definitivamente il cinema muto, che dall'inizio del secolo alimentava massicciamente la domanda di musicisti professionisti. Parallelamente, lo sviluppo dei *media* - radio e dischi - contribuisce a ridurne sensibilmente la domanda. Queste due trasformazioni accentueranno la stratificazione dell'ambiente, favorendo la formazione di una élite sollecitata dall'industria fonografica e dalla radio, allora in pieno sviluppo.

Di fronte all'interprete emerge l'altra figura del professionista: quella dell'insegnante. Questo è il settore di lavoro che si femminilizza piú rapidamente, e tale femminilizzazione è uno degl'indizi del rango occupato dall'insegnamento nella gerarchia del prestigio professionale: l'esercizio dell'insegnamento era un mestiere scarsamente qualificato (d'altronde non esisteva un'unica filiera di certificazioni delle competenze), mal remunerato, praticato per lo piú in ambito privato e principalmente consacrato ai gradi elementari dell'apprendistato.

In questo processo di professionalizzazione, la posizione dell'amatore di musica resta nell'ombra: estremamente eterogeneo, dalla musica da salotto alle corali di provincia, il mondo amatoriale ha in comune solo il fatto di essere emarginato dal triangolo delineatosi con la nuova divisione del lavoro musicale, definita dall'articolazione dei tre poli rappresentati dall'interprete professionista, dal compositore e dall'insegnante. Il moderno interprete di professione nasce dalla distanza sempre piú grande che lo separa dal dilettante; questa sua affermazione si accompagna al progressivo allontanamento dall'amatore e dal compositore: sarà dunque accanto al professore che l'amatore di musica troverà piú facilmente il proprio posto, delineando la figura di un amatore allievo che relegherà ben presto il musicista dilettante nella posizione di professionista degradato.

2. *La posizione del dilettante: sotto lo sguardo del professionista?*

Nel tentativo di stabilire la posizione del musicista dilettante, bisogna anzitutto ricordare che la pertinenza delle domande e l'interpretazione dei risultati saranno sensibilmente differenti a seconda che si ipotizzi l'esistenza di un mondo comune ai musicisti dilettanti e ai professionisti, oppure si supponga che la pratica amatoriale della musica abbia piú a che fare con le altre pratiche culturali analoghe. La posizione dei musicisti dilettanti è sotto questo profilo abbastanza ambigua: da un lato, la pratica musicale tende infatti a condividere con le altre pratiche artistiche amatoriali alcune caratteristiche similari; eppure essa presenta anche, malgrado tutto, specificità troppo accentuate per essere semplicemente riconducibili a quelle. Per altro verso, il mondo amatoriale resta relativamente impermeabile al mondo professionistico che gli si contrappone come un *a priori* estraneo. Stretta in questo duplice sistema di tensioni – in rapporto alle altre figure amatoriali, e in rapporto ai professionisti della musica – la pratica musicale amatoriale delinea cosí una propria specificità che è anche una difficoltà d'essere. Lo si mostrerà sulla base del caso francese.

2.1. La musica amatoriale e le altre pratiche culturali.

I lavori di sociografia di cui si dispone per la Francia, e che tracciano il ritratto tipico del dilettante [Donnat 1996; Hennion, Martinat e Vignolle 1983] mostrano che il musicista dilettante non si distingue fondamentalmente da coloro che a titolo amatoriale si dedicano al teatro, alla scrittura, alla danza o alle arti plastiche. Infatti il musicista amatoriale è perlopiú donna, piú spesso proveniente da una categoria sociale privilegiata – il livello del titolo di studio essendo sotto questo profilo piú importante del reddito – e la sua pratica dipende abbastanza largamente dalla sua situazione personale: è coniugato? La sua situazione scolastica o professionale gli lascia abbastanza margini di tempo libero? L'immagine del musicista dilettante, cosí grossolanamente abbozzata, non si distingue dunque da quella del filodrammatico o del pittore della domenica.

La musica è tuttavia portatrice di specificità che tendono a distinguere il musicista dagli altri dilettanti. La prima serie di particolarità ha a che vedere con la collocazione della pratica musicale nel ciclo di vita e in rapporto alle variabili generazionali. Queste ultime sono infatti nettamente meno marcate nel caso dei musicisti che non nelle altre pratiche amatoriali. Queste ultime hanno conosciuto una crescita assai rilevante a partire dagli anni Settanta, mentre la pratica musicale era già radicata da molto prima nella vita sociale.

Peraltro, la collocazione della pratica musicale nel ciclo di vita è segnata da un paradosso che rende doppiamente singolare la pratica musicale in rapporto alle altre pratiche artistiche amatoriali. Da un lato la musica è, fra tutte le attività artistiche, quella maggiormente legata all'infanzia: la pressione familiare svolge un ruolo determinante nella decisione di suonare un certo strumento, e l'eredità familiare è molto forte. Un individuo ha molte piú possibilità di essere musicista dilettante se proviene da una famiglia nella quale la musica veniva già praticata. Questo collegamento all'infanzia ha a che fare anche con il peso degli studi nella pratica musicale amatoriale, e si ritrova nell'alto tasso d'abbandono precoce di un'attività che i ragazzi non avevano necessariamente scelta. Per altro verso, di tutte le attività artistiche la musica è quella che piú spesso rappresenta la scelta di una vita: se non l'hanno abbandonata nel corso dei loro primi anni di apprendistato, i musicisti dilettanti continuano a praticare la musica durante tutta la loro esistenza. Questa collocazione paradossale della pratica musicale nel ciclo di vita tende a conferirle una posizione singolare fra le pratiche amatoriali.

Un'altra particolarità della pratica musicale la distingue fortemente dalle altre pratiche amatoriali, contribuendo nel contempo a rendere profondamente eterogeneo il mondo dei musicisti dilettanti in sé e per sé. Piú di altre pratiche culturali – ad esempio il teatro o la danza – quella musicale è sovente una pratica solitaria. Certo, questa singolarità è distribuita in modo diseguale a seconda degli strumenti: essa riguarda molto piú il pianoforte (lo strumento praticato dalla metà dei dilettanti francesi) che non gli strumenti a corda o il canto. Ma il carattere solitario della pratica musicale ha quantomeno un'importante conseguenza: i musicisti dilettanti rinunciano molto piú facilmente al contatto col pubblico. Da questo punto di vista, la pratica musicale amatoriale si oppone radicalmente alla pratica professionale, che esiste soltanto a condizione di essere messa a confronto, diretto o indiretto, con un pubblico; un aspetto questo che contribuisce a distinguere piú nettamente i musicisti dilettanti dai professionisti.

E tuttavia la pratica musicale non è totalmente "desocializzata", il fatto è semmai che le modalità di socializzazione della pratica musicale amatoriale passano di piú dall'insegnamento che non dal confronto con un pubblico e, piú in generale, dall'inserimento in un progetto imposto dalle strutture didattiche.

2.2. Il ruolo della didattica e l'imposizione del progetto professionale.

Una delle caratteristiche che distinguono maggiormente la musica dalle altre pratiche amatoriali deriva dal ruolo che vi riveste la didattica specializzata: connesso alla precocità degli esordi, questo ruolo tende a ridurre per buona parte la pratica del musicista dilettante a una logica d'apprendistato. Ora, in Francia tale apprendistato s'inquadra in un progetto che, come mostra Hennion [Hennion, Martinat e Vignolle 1983], è immediatamente orientato all'eccellenza e alla professionalizzazione. A una domanda di musica estremamente differenziata il conservatorio, cosí com'è organizzato in Francia, risponde con un unico tipo d'offerta: musica cosiddetta "classica", virtuosismo tecnico, comprensione intellettuale della musica e – per certi strumenti, soprattutto quelli a corda e a fiato – la pratica collettiva della musica rappresentano i pilastri d'un tipo di formazione che inquadra la pratica amatoriale in una prospettiva professionale.

L'atteggiamento degli allievi di conservatorio inseriti in tale dinamica varia notevolmente, ma l'imposizione d'un progetto professionale come questo non può non sorprendere, se si considera quanto il mondo professionistico resti estraneo alla stragrande maggioranza dei dilettanti. Prima di tutto, la maggioranza di costoro non sa nulla del mondo professionistico e nemmeno aspira ad appartenervi in futuro. D'altra parte i musicisti dilettanti dimostrano un grandissimo conformismo nei loro gusti musicali e una relativa apatia nelle loro pratiche culturali (la capatina all'opera o al concerto): le scelte degli allievi di conservatorio [Hennion 1988] o piú in generale dei dilettanti [Donnat 1996] sono fra le piú classiche; in particolare essi restano totalmente estranei al mondo della composizione contemporanea. In altri termini, il nesso obiettivo esistente fra la pratica musicale amatoriale e la conoscenza o anche l'interesse per il mondo professionistico è dei piú tenui.

Anche se i conservatori impongono un unico modello per rispondere a differenti domande, si può per questo parlare d'un loro fallimento? Anche qui la risposta è ambigua. Innanzitutto, è d'obbligo constatare che i conservatori non riescono a democratizzare realmente la musica: è possibile che il loro reclutamento sia piú egualitario di quello delle sale da concerto e che la pratica della musica funzioni piú del consumo musicale come un mezzo di democratizzazione. Tuttavia l'influenza del conservatorio resta debole, specie di fronte al peso dell'eredità familiare; come sottolinea Hennion, i conservatori sembrano incapaci di correggere le originarie ineguaglianze sociali e musicali:

> lungi dal livellarle, l'insegnamento musicale le accentua, come se non producesse frutto altro che a condizione di *completare* un ambiente familiare propizio, senza poterlo mai *sostituire* [Hennion, Martinat e Vignolle 1983, p. 15].

Infine, siccome "lo spirito conservatoriale" è interamente sotteso da un progetto professionale, il conservatorio e, piú in generale, l'insegnamento, dovrebbero svolgere un ruolo fondamentale nell'articolazione del mondo dei dilettanti e del mercato del lavoro dei musicisti di professione. A questo riguardo, il bilancio ricavabile dal sistema dei conservatori è profondamente ambivalente. Da un lato infatti, la frequentazione dei sistemi didattici può permettere agli apprendisti musicisti di misurare le proprie possibilità di successo nel mondo professionistico. Strauss [1970] mostra cosí come la frequenza delle scuole d'arte permetta agli artisti di accumulare informazioni circa le proprie possibilità di successo e gli sbocchi sul mercato del lavoro. In tal modo, il peso assunto dai sistemi didattici in campo musicale può dar luogo a un'osmosi molto funzionale fra il mondo dei dilettanti e quello dei professionisti.

Tuttavia, la posizione occupata nel mondo musicale dall'insegnamento può anche essere portatrice di squilibri demografici che esso contribuisce ad alimentare. Ehrlich [1985] mostra cosí che, col crescere della domanda di spettacoli e di servizi pedagogici, l'aggiustamento al rialzo si compie senza difficoltà; per contro, quando la domanda di musicisti s'indebolisce, l'aggiustamento verso il basso dell'offerta di musicisti è molto piú problematico. Infatti, coloro che vengono respinti dal mercato dell'interpretazione tendono a rivolgersi ai mestieri dell'insegnamento. La sovrapproduzione di apprendisti musicisti viene ulteriormente rinforzata: piú insegnanti formano piú allievi, le cui possibilità di accesso al mercato professionistico sono tuttavia sempre piú deboli, e s'indeboliscono ancor di piú via via che gli effettivi aumentano. Certi strumenti, come il pianoforte o anche il flauto diritto, rappresentano esempi paradigmatici di tale disfunzionalità.

2.3. Il dilettante praticante: l'altra figura del dilettante.

Malgrado il peso delle istituzioni didattiche e del loro "progetto professionale", la pratica amatoriale ha potuto e può ancora in molti casi essere concepita al di fuori di tale quadro: collocarsi fuori dalla scuola, sottrarsi agli imperativi dell'eccellenza e del virtuosismo per concentrarsi su una pratica piú immediata, meno intellettuale e meno virtuosistica, rivalorizzare la pratica come fine a se stessa, questi potrebbero essere i connotati che definirebbero una sorta di "contromodello" da opporre, o da giustapporre, a quello dei conservatori. In particolare, questo contromodello del musicista dilettante impedisce di pensare al dilettante come a una sommatoria di carenze delle qualità che formano l'interprete professionista; esso impone di considerarlo come un attore a pieno titolo e non piú in divenire del mondo musicale, un attore la cui pratica, qualitativamente differente, non può essere ricondotta a quella del professionista.

La nascita di questa figura del dilettante come attore a pieno titolo del mondo musicale risale pressappoco alla stessa epoca di quella del dilettante come un professionista in divenire definito dal conservatorio: se ne trova una definizione estremamente chiara nel progetto che anima i fondatori del movimento degli *orphéons*, studiati da Gumplowicz [1987]. Discepolo di compositori della Rivoluzione francese, come Méhul o Gossec, Wilhem, uno dei fondatori di tale movimento, ha in comune con loro l'idea che il vero artista sia quello che riesce a far cantare il popolo. Il progetto degli *orphéons* è inscindibilmente pedagogico e pratico: l'obiettivo perseguito non è di formare dei virtuosi, ma di far calare la pratica musicale in tutti gli strati della società, e in tutti i villaggi francesi. La pratica amatoriale ha dunque potuto concepirsi come un fine autosufficiente, che certo non esclude l'apprendistato, ma non si offre come una via di accesso al mondo professionistico.

Molto presto tale progetto venne schernito e screditato, a riprova che dei due modelli del dilettante definiti nella stessa epoca, uno prendeva il sopravvento sull'altro. Comunque, la pratica amatoriale di cui esso era una delle manifestazioni non è scomparsa, anche se rimane minoritaria. È a questo dualismo delle pratiche amatoriali che rinviano i tratti singolari della pratica del canto corale in Francia: radicato da molto tempo nella vita sociale, praticato da cantori spesso piú anziani degli strumentisti, il canto corale resta una via d'accesso privilegiato alla pratica musicale, e contribuisce a definire un mondo di dilettanti abbastanza sensibilmente differente dal mondo degli strumentisti. In modo analogo, taluni strumenti sono massicciamente usati da musicisti che non si riconoscono nella figura del dilettante definita dai conservatori. Cosí, se la parte autodidattica nell'apprendistato della musica è nel complesso abbastanza debole – soprattutto confrontata ad altre pratiche culturali – la si ritrova comunque nel caso dei chitarristi o degli strumenti a percussione: in altri termini, per gli strumenti poco valorizzati dal repertorio difeso dai conservatori, ma centrali nella musica rock o leggera. Questi strumenti possono rinviare molto piú facilmente a una pratica musicale non professionalizzante, che autonomizza ancor di piú il mondo dei dilettanti in rapporto ai professionisti.

Il mondo amatoriale e il mondo professionistico non sono impermeabili l'uno all'altro, ma sarebbe un po' frettoloso postulare fin dall'inizio che essi partecipino d'un medesimo universo per il fatto che ambedue hanno dalla propria la pratica musicale. La natura dei loro rapporti, quantomeno per i dilettanti, contribuisce in larghissima misura a definire ciò che sono. In effetti, i musicisti dilettanti sono collocati in una posizione paradossale: ignorando in larga misura il mondo professionistico, essi gli sono in ogni caso sottomessi tramite il sistema d'insegnamento che, imponendo loro un progetto professionale che *a priori* è loro estraneo, contribuisce a fare del dilettante una versione degradata del professionista. Prigioniero di un rapporto paradossale col mondo professionistico, fatto d'estraneità e subordinazione, il mondo amatoriale avrà poca influenza su quello degli interpreti professionali: in tal modo si spiega perché, al momento di incardinarsi nel mondo dei professionisti, i dilettanti scompaiano pian piano dalla scena.

3. *Il mondo professionistico: socializzazione, impieghi e carriere.*

Se il mondo degli interpreti professionisti è relativamente autonomo, sia in rapporto ai musicisti dilettanti sia ai compositori, risulta comunque altrettanto eterogeneo, e la sua analisi presuppone che vengano affrontati tre tipi d'interrogativi. Innanzitutto quello della socializzazione professionale: in che cosa consiste l'accesso al rango di professionista? In secondo luogo, quello del mercato del lavoro dei musicisti professionisti: quali sono gl'impieghi che i musicisti professionisti possono occupare, e quali sono i differenti modi di regolazione dell'offerta e della domanda di manodopera? Infine, quello delle carriere dei musicisti professionisti: su quali principî si fonda la segmentazione e la gerarchia dei differenti posti professionali, e quali sono le logiche di carriera che regolano la circolazione fra queste differenti posizioni?

3.1. La socializzazione professionale.

Il passaggio dalla posizione amatoriale al professionismo passa generalmente attraverso l'acquisizione di una competenza: contrariamente ad altre attività artistiche, la professione di musicista presuppone un lungo apprendistato che contribuisce a costruire la distinzione fra dilettante e professionista. Piú che di un apprendistato, si dovrebbe forse parlare di socializzazione professionale: infatti, non sarebbe giusto ridurlo all'acquisizione di una tecnica o magari di una convenzione estetica, poiché esso rinvia a un processo molto ampio d'introiezione di norme e di valori sui quali si basa l'integrazione del musicista nel gruppo dei suoi pari.

La socializzazione professionale del musicista presenta numerose sfaccettature. La prima, la piú evidente, rinvia a tutta quell'acquisizione di tecniche che rende il musicista professionista piú virtuoso del dilettante: l'apprendistato di queste «tecniche del corpo», per riprendere il vocabolario di Mauss [1950], permette al musicista di acquisire un vero e proprio linguaggio del corpo che, come nota Escal [1991], gli permette di tradurre la scrittura in suoni.

Questo apprendistato è molto spesso doloroso. La sofferenza fisica che si produce, spesso passata sotto silenzio, viene analizzata da Alford e Szanto [1995] come il risultato di strategie istituzionali applicate nei tre campi interessati dall'apprendistato dello strumento: il mondo dei virtuosi, quello dei pedagoghi e quello dei medici. L'apprendistato del pianoforte, in questo contesto, è stato sempre caratterizzato da una sofferenza fisica che il gioco istituzionale nega:

> come e perché il dolore compare nei virtuosi? La loro rivalità ai ferri corti impone un allenamento impietoso, fisicamente molto esigente. Tuttavia il mondo dei virtuosi penalizza la confessione del dolore e la ricerca di una terapia che appannerebbe l'immagine pura del virtuoso dal talento quasi sacrale, affrancato da qualsiasi banale impaccio biologico [Alford e Szanto 1995, p. 60].

In ogni caso, non è possibile ridurre l'apprendistato del musicista di professione all'acquisizione di una tecnica: occorrerà ricollocarlo nell'acquisizione piú globale di quello che Becker [1982] chiama una convenzione e che permette di definire in maniera sovente informale, ovvero implicita, l'insieme delle decisioni e delle tecniche che permettono di dar vita a un'interpretazione. Queste convenzioni sono condivise fra musicisti e pubblico, e dai musicisti fra loro: sono esse a rendere possibile e spontanea la loro collaborazione.

Benett [1980] mette cosí in luce le modalità secondo cui si costruisce la convenzione dei musicisti rock. I musicisti studiati sono artisti locali che riproducono i successi musicali nazionali, e che orienteranno l'essenziale della loro attenzione verso i problemi del suono, relegando in secondo piano tutti gli altri aspetti della pratica collettiva. Nel caso dei musicisti rock, l'originalità dell'apprendistato delle convenzioni consiste nella sua natura collettiva:

> senza che nessuno mostri loro come fare, i musicisti imparano a suonare insieme parlando della maniera di costituire un gruppo, cercando luoghi per provare, discutendo su strumenti e attrezzature, acquistando il materiale necessario, cercando contratti per esibirsi, decifrando le composizioni e imparando a suonarle e, molto piú importante, confrontandosi continuamente su quello che *suona bene* [Benett 1980, p. 6].

L'ascolto e l'attitudine a manipolare i suoni progrediscono, il corpo e i muscoli apprendono tutte le implicazioni del "tocco" sullo strumento. In tal modo vengono messi a nudo i processi d'incorporazione delle convenzioni percettive su cui si fonda la cooperazione dei musicisti.

Di conseguenza la socializzazione professionale rinvia necessariamente all'integrazione in seno a un gruppo. Se questa integrazione si fonda e si manifesta in una convenzione condivisa che rende possibile l'interpretazione collettiva, sarebbe comunque un errore ridurla solo a questo: il musicista è un artista anche nelle manifestazioni del suo comportamento, e l'apprendistato del professionista può essere quello di una vera e propria arte di vivere. A riprova di tale aspetto, questo brano tratto da un articolo che Théophile Gautier dedica a Liszt in «La presse» del 22 aprile 1844:

> Ci si è molto burlati dei suoi lunghi capelli, del suo viso da personaggio di Hoffmann, dei suoi sguardi estatici, dei suoi gesti convulsi, delle sue movenze demoniache; la sua piccola redingote nera alla prussiana e la sciabola ungherese sono state oggetto di battute piú o meno insipide. Per quanto ci riguarda, ci pare che un artista non debba e non possa avere l'aria di un fabbricante di candele; i suoi gusti, i suoi costumi, i suoi pensieri imprimono necessariamente alla sua fisionomia qualcosa di particolare ed è un'altra maniera d'impreziosirsi alla stregua di quella di portare scarpe col pizzo, guanti verdi o colletti che ghigliottinano le orecchie. Da qualche tempo, c'è una forma d'ostentazione diffusasi fra i poeti, i pittori e i musicisti, di assomigliare a dei sindaci di campagna o a degli allevatori di bestiame [...]. S'impone anche un'altra mania non meno fastidiosa, quella di suonare uno strumento qualsiasi con le braccia incollate al corpo, la faccia morta e gli occhi da pesce lesso. [citato da Escal 1991, p. 182].

L'artista, ci dice Gautier, non deve assomigliare a un «fabbricante di candele». Becker [1963] ci mostra come questo imperativo si ritrovi anche molto lontano da Liszt e dai suoi ammiratori, e che lo stereotipo del musicista *bohémien*, col suo anticonformismo ostentato, può celare una realtà sociale determinante che contribuisce a strutturare il gruppo dei pari, all'occorrenza quello dei musicisti jazz. L'anticonformismo dei comportamenti nei musicisti jazz sta a fondamento della solidarietà fra i musicisti che si contrappongono ai *caves*, a coloro che non fanno parte del gruppo. Esso sviluppa le opportunità di una comunità deviante nel dover amministrare, per ragioni economiche, i suoi rapporti e i suoi compromessi con gli "altri", i consumatori o i musicisti commerciali che, pur senza appartenere al gruppo, gli sono comunque necessari. In termini analoghi, Gumplowicz [1990] mostra come la figura del jazzista francese fu a lungo inesistente. Provenienti dal mondo dei musicisti da ballo, i primi jazzisti francesi possono benissimo suonare questa musica nera venuta da oltre Atlantico, ma non possono incarnarla: piú poveri di codici espressivi che non i musicisti americani, troppo distanti dalle fonti originali del jazz, essi non possono far altro che riprodurre i modi dei musicisti neri americani, condividere il loro stile di vita e riprodurre i loro manierismi senza riuscire per molto tempo a ottenere il riconoscimento riservato ai "*jazzmen* autentici". Sarà solo gradualmente, grazie all'eccellenza musicale e alla condivisione dello stile di vita, che i musicisti francesi saranno riconosciuti dai consumatori locali e che l'esistenza del musicista jazz francese diverrà possibile.

3.2. Il mercato del lavoro: posizioni e regole.

Uno degli elementi che permette di distinguere *a priori* il dilettante dal professionista rinvia alla presenza di una remunerazione che viene a sanzionare la pratica dell'attività interessata, qui l'attività musicale. In altri termini, l'analisi del mondo professionistico deve necessariamente rinviare a quella del sistema d'impieghi proposti ai musicisti. Nel mondo musicale, la varietà delle situazioni d'impiego è uno dei molti indici di quanto sia eterogeneo l'universo professionale. Si è portati spesso a distinguere istintivamente due poli estremi che definiscono due condizioni d'impiego opposte in tutto e per tutto. Da un lato, i musicisti professionisti possono trovare impiego in strutture stabili, spesso collegate ai poteri pubblici (quantomeno in Europa), presso le quali beneficiano di un posto di lavoro a tempo indeterminato, se non a vita, sancito da un regolare salario la cui progressione è fissata dai contratti collettivi d'impresa. Per altro verso, i musicisti possono essere impiegati da imprese musicali effimere e instabili, che li assumono e li retribuiscono a prestazione – senza garantire loro nessuna continuazione del rapporto di lavoro – a livelli remunerativi che possono seguire le fluttuazioni della domanda e dell'offerta. Si riconoscono qui i due modi di gestione delle risorse scarse descritti dagli economisti: l'istituzione e il mercato.

Tuttavia, nel caso del mondo musicale tale visione bipolare non è per nulla soddisfacente. Non che i due poli di questa opposizione non si presentino nella loro forma pura: le istituzioni liriche o sinfoniche europee sono una perfetta incarnazione del primo modello, mentre il secondo è rappresentato abbastanza bene da taluni gruppi jazz, o dai complessi specializzati nella musica antica. Ma piú che un'alternativa fra questi due poli, l'analisi mette in luce una vera e propria continuità di situazioni fra queste due posizioni. Prossimo all'istituzione, ma comunque piú flessibile delle orchestre permanenti, il funzionamento delle orchestre hollywoodiane specializzate nella registrazione di musica da film analizzato da Faulkner [1971] rappresenta un primo esempio di situazioni intermedie. Infatti, queste formazioni hanno potuto in un certo momento partecipare a una stabilizzazione parziale degli impieghi offerti ai musicisti, assumendo gli artisti per un anno e rinnovando regolarmente gli ingaggi: senza un rapporto d'impiego a tempo indeterminato e senza quindi sfuggire completamente alle incertezze del mercato, i professionisti degli studi cinematografici beneficiavano cosí d'un sistema d'impiego piú stabile del mercato puro e semplice dei musicisti *freelance*.

Piú prossimo al sistema del mercato senza tuttavia identificarsi con esso, il funzionamento delle grandi orchestre londinesi si basa sull'assunzione di musicisti *freelance* senza comunque affidarsi alla sola regolazione della domanda e dell'offerta [Peacock 1970]: ogni grande orchestra londinese – London Symphony, London Philharmonic, Royal Philharmonic, Philharmonia – intrattiene un rapporto privilegiato con un certo numero di musicisti, considerati come membri dell'orchestra, senza perciò esserne salariati, bensí remunerati a prestazione. Questi musicisti si vedono proporre automaticamente l'insieme delle produzioni di ogni orchestra; il musicista è libero di rifiutare, e il lavoro sarà allora proposto a un altro musicista *freelance*, non membro dell'orchestra. Anche se il sistema descritto è quello dell'impiego *freelance*, il mercato e l'istituzione si dividono la regolazione della manodopera.

Prendere atto di tale continuità consente di mettere in luce la dinamica economica di taluni mercati secondari del mondo musicale: la storia di certi segmenti della professione di musicista può essere letta come lo spostamento da un punto all'altro dello spettro. Analizzando l'evoluzione dei musicisti jazz in Francia, Fabiani [1986] mette cosí in evidenza il peso crescente delle sovvenzioni e delle committenze, che tende a far passare il mondo dei musicisti jazz da una regolazione assicurata dal mercato a una regolazione sempre piú istituzionale, che si è manifestata fra l'altro nella fondazione di un'orchestra nazionale di jazz. Questo spostamento dal polo del mercato verso quello dell'istituzione non manca peraltro di conseguenze per il divenire professionale dei musicisti, sempre piú indotti a rendersi conto che paradossalmente «una carriera nell'improvvisazione non s'improvvisa piú» [*ibid*., p. 242].

In modo simmetrico, Faulkner [1971] descrive un'evoluzione inversa nel caso dei musicisti di cinema a Hollywood alla fine degli anni Cinquanta. Le trasformazioni dell'equilibrio economico delle case di produzione cinematografiche le inducono a ridurre il bilancio per la registrazione sonora delle pellicole originali, con un sistema di assunzione annuale gradualmente ridotto fino a scomparire per essere sostituito dal ricorso all'assunzione occasionale di musicisti *freelance*. Anche qui, questo passaggio da una logica istituzionale a una dinamica di mercato non è senza conseguenze per la carriera dei musicisti, laddove taluni di loro riescono a curare la propria visibilità su un mercato sempre piú concorrenziale, mentre altri non riescono ad adattarsi a condizioni di mercato molto piú incerte.

Il mercato del lavoro definisce un insieme di impieghi offerti ai musicisti; pur senza essere una "professione organizzata" nel senso in cui possono esserlo le professioni liberali, i musicisti professionisti hanno posto in essere delle modalità di funzionamento, istituzionali o informali, che permettono alla professione di autoregolarsi parzialmente.

I sindacati di musicisti sono uno degli strumenti privilegiati di questa autoregolamentazione. Essi sono venuti formandosi secondo un percorso abbastanza caotico di cui Fauquet [1990] rende conto per la Francia ed Ehrlich [1985] per la Gran Bretagna. Nel caso della Francia, il sindacalismo musicale compare in un clima che, lungi dall'essere di crisi, è caratterizzato da un'espansione considerevole della domanda di musicisti professionali. Il ruolo del sindacalismo nascente sarà tanto quello di federare in una stessa organizzazione artisti le cui posizioni e le cui pratiche professionali sono estremamente eterogenee (che cosa c'è in comune fra i musicisti da caffè-concerto di provincia, il cui ruolo fu decisivo nella costituzione dei primi sindacati , e i musicisti delle grandi falangi orchestrali parigine?), quanto quello di definire delle frontiere miranti a escludere dal professionismo musicale i musicisti la cui concorrenza è giudicata sleale, soprattutto i musicisti militari e gli stranieri. Il fine che si propongono i primi sindacati di musicisti è infatti di prendere le difese di lavoratori che giudicano sfruttati, definendo essenzialmente un salario minimo, agendo come un ufficio di collocamento e assicurando una pensione ai loro membri. Questi sindacati dovranno affrontare grandi difficoltà: alla «eterna indolenza della nostra corporazione» deplorata da Gustave Charpentier [citato da Fauquet 1990, p. 232], il quale sottolinea l'apatia dei musicisti di fronte alla sfida della mobilitazione collettiva, s'aggiunge la divisione dei sindacati, assolutamente classica agli inizi del Novecento, in rossi e gialli, vale a dire quelli che adottano la strategia rivoluzionaria difesa dalle grandi confederazioni operaie, e quelli che si limitano a piattaforme strettamente professionali.

Se il parto d'un sindacalismo musicale si compie nel dolore, il ruolo che oggi gli compete è molto differente a seconda del paese. Al funzionamento estremamente decentrato dell'American Federation of Musicians risponde il complesso accavallarsi dei livelli federali, regionali e istituzionali del sindacalismo musicale tedesco, mentre la Musicians Union britannica è riuscita a instaurare un potere negoziale e di collocamento dei musicisti che le permette di conservare un ruolo fondamentale nella regolazione del mercato del lavoro. La diversità delle situazioni nazionali non deve occultare il ruolo svolto dai sindacati nel definire lo statuto dei musicisti professionisti, le condizioni di lavoro e d'ingaggio, la protezione sociale; in una parola nel riconoscimento del loro statuto di salariati a tutti gli effetti.

Tuttavia il sindacalismo non è che una delle modalità, fra le piú istituzionali, che permette alla professione di autoregolarsi. Faulkner [1971] descrive la maniera in cui il mercato hollywoodiano dei musicisti è retto in termini informali da un insieme di regole che essi devono rispettare se vogliono riuscire a far carriera in un mercato tanto concorrenziale. La principale arma di cui i musicisti dispongono per muoversi in questo mercato è il sostegno offerto dai colleghi che possono raccomandarli presso i produttori, o dagli stessi reclutatori che rappresentano la figura intermedia fra la massa dei musicisti e i produttori. La gestione di tale sostegno è questione di per sé delicata: il musicista deve riuscire a gestire i tempi della sua carriera in modo assai sottile, senza far precipitare le cose per non minacciare la posizione dei musicisti che lo raccomandano, e senza perdere troppo tempo per non finire col ritrovarsi in ruoli secondari. La regolazione interna del mercato è un gioco complesso e sottile, in larghissima misura informale, e l'inosservanza di queste regole implicite produce in maniera quasi certa il fallimento del musicista.

3.3. Le carriere: gerarchie e multiattività.

Oltre che regolato, il mondo dei musicisti di professione è anche segmentato. Taluni criteri di segmentazione sono fra i piú evidenti, come la scelta del repertorio o del tipo di strumento. Vi sono però due altri tipi di segmentazione che meritano un supplemento di analisi. Il primo è oggettivo, e rinvia all'origine sociale. Non si dispone di una sociografia rigorosa del mondo dei musicisti, come ne esistono per quello delle arti plastiche [Moulin, Passeron, Pasquier e Porto-Vazquez 1985] o per gli attori [Menger 1997]. Lehmann [1995] propone tuttavia alcuni elementi per il caso particolare dei professori d'orchestra. Basandosi su un campione di ex allievi del Conservatorio di Parigi, che egli ipotizza possa riflettere la composizione delle grandi orchestre parigine, mostra come i musicisti di professione provengano in modo diseguale dalla classe dominante: i figli delle classi alte sono particolarmente rappresentati negli strumenti a corda, mentre sono sensibilmente meno numerosi nei legni e minoritari negli ottoni, in prevalenza provenienti dalle classi subalterne. Secondo l'autore questo contrasto è da far risalire alle relazioni interne all'orchestra: le relazioni di socievolezza sono distribuite diversamente fra i leggii e ricalcano un sistema d'affinità socialmente determinato: gli strumenti a corda restano fra di loro, i legni fanno lo stesso; questa solidarietà di leggio rinvia pertanto a una forma di omogeneità sociale. Lo schematismo della dimostrazione può lasciare insoddisfatti, eppure ha il merito di mostrare come le condizioni sociali di mutuo riconoscimento fra musicisti di professione non siano sistematicamente collegate; in altri termini, oltre a essere segmentato oggettivamente, il mondo dei musicisti di professione appare anche come qualcosa di fortemente gerarchizzato e disunito agli occhi dei suoi stessi membri.

Becker [1963; 1982], e sulla sua scia i sociologi che si sono dedicati ai musicisti jazz [Fabiani 1986; Gumplowicz 1990], ha molto insistito nei suoi lavori sui musicisti jazz a proposito della contrapposizione che costoro operano fra i musicisti commerciali e i puristi. Questa opposizione può rinviare a una forte strutturazione del gruppo, cosí come si è potuto vedere ricordando le comunità devianti dei musicisti jazz studiate da Becker. Ora, se tale conflitto fra due tipi d'impegno fa parte dei luoghi comuni piú correntemente evocati dai protagonisti, sarà bene misurarne la fondatezza. L'analisi delle carriere dei musicisti mostra che nei fatti la gestione di questa alternativa si verifica piú spesso sulla complementarità che non sul modo dell'opposizione: allo schema dell'opposizione fra un impegno commerciale e un impegno purista si può in realtà obiettare che alcuni musicisti possono finanziare attività che stanno loro a cuore ma non sono economicamente redditizie, ricorrendo in altre sedi a impegni molto piú remunerativi, anche se svalutati sotto il profilo della qualificazione artistica.

L'esatta comprensione della segmentazione del mondo musicale rinvia logicamente all'analisi della gestione delle carriere dei musicisti di professione. Per ragioni di comodità, si distingueranno qui i due casi limite citati in precedenza come poli estremi di una sequenza di situazioni piú sfumate: le carriere dei musicisti *freelance* e le carriere istituzionali.

Un musicista *freelance* è costretto a ricorrere a una molteplicità d'impegni per raggiungere un livello di reddito coerente con la sua formazione e con le sue aspirazioni. Menger [1989] rifiuta di distinguere fra questi differenti impegni in funzione dell'alternativa lavoro artistico / lavoro alimentare, e considera la combinazione degli impegni come una modalità per gestire l'incertezza insita nella situazione dei musicisti *freelance*. Lungi dall'opporsi al purismo, il ricorso a un'attività commerciale contribuisce molto spesso a renderlo possibile, come una risorsa che permette al musicista di migliorare progressivamente la propria posizione sul mercato del lavoro. Perciò, la diversificazione dell'attività di un musicista non è un indice della sua cattiva situazione sul mercato del lavoro, o del suo tradimento di un ideale estetico: via via che la sua posizione migliorerà, il musicista potrà scegliere le sue differenti attività e non piú soltanto subirle.

D'altra parte, il musicista sarà piú portato che non altri artisti di professione a trovare le sue attività "alimentari" nel mondo della propria arte, in impieghi artistici o para-artistici: infatti, l'acquisizione di una competenza musicale molto elevata si accompagna sovente a una carenza di competenze extra-musicali; di conseguenza, i costi di riconversione sono elevati e le possibilità di diversificazione extra-musicali abbastanza esili; inoltre, il mondo della musica offre al proprio interno numerose possibilità di diversificazione remunerata, soprattutto tramite l'insegnamento.

L'intermittenza degl'impieghi presuppone tuttavia che il musicista non sia impiegato in permanenza, e che i suoi redditi siano di conseguenza irregolari. La gestione dei molteplici "buchi di carriera" di un musicista intermittente è chiaramente uno fra i punti critici nella diversificazione del suo ventaglio d'attività. Comunque, poiché le sole risorse individuali sono insufficienti per arrotondare i suoi redditi, la collettività si fa carico del finanziamento di queste brusche interruzioni d'attività: si sono cosí attuate modalità di socializzazione del rischio che permettono al musicista di premunirsi in parte contro l'irregolarità dei suoi impegni, garantendogli un livello costante di reddito quali che siano le fluttuazioni congiunturali della sua attività.

Tali modalità di gestione del rischio variano da un paese all'altro: in Francia, il sistema d'assicurazione contro la disoccupazione garantisce all'intermittente un reddito minimo fra due periodi d'attività, a condizione che il musicista abbia lavorato per un certo numero di ore durante gli ultimi dodici mesi. Questa forma di socializzazione del rischio costituisce una sovvenzione indiretta molto importante assegnata agli intermittenti e ai mercati che li impiegano, come sottolinea Menger [1991]. Negli Stati Uniti, la socializzazione del rischio passa essenzialmente attraverso i consistenti diritti di sfruttamento secondario delle registrazioni fonografiche o audiovisive, che costituiscono l'essenziale dei redditi dei musicisti intermittenti e contribuiscono a regolarizzarne il livello.

Le carriere istituzionali rispondono a logiche sensibilmente differenti. La posizione di un musicista impiegato in un'organizzazione artistica si misura combinando due scale distinte: la sua posizione in seno all'orchestra, e la posizione dell'orchestra o del teatro in seno alla gerarchia delle formazioni musicali. Di conseguenza, la promozione del musicista e l'analisi della sua carriera rinviano necessariamente a questa duplice scala: il musicista può essere mobile in seno all'organizzazione o cambiare orchestra; se cambia orchestra, può ottenere un posto equivalente, inferiore o superiore a quello che occupava nella formazione precedente.

Gli studi americani effettuati su tali aspetti [Faulkner 1973] mostrano che la periodicità della carriera dei musicisti impiegati nelle orchestre sinfoniche americane obbedisce a regole abbastanza rigide. In particolare, un musicista sarà facilmente mobile prima dei trentacinque anni, mentre le sue aspettative di mobilità si riducono sensibilmente una volta raggiunta questa età; infatti, a trentacinque anni o il musicista è restato nella posizione nella quale aveva iniziato la sua carriera, e allora è etichettato sul mercato come immobile, oppure ha cambiato varie posizioni e si trova collocato dove poteva sperare di arrivare. La collocazione delle svolte di carriera nel ciclo di vita è dunque molto rigorosa, e tale temporalità ha un'incidenza diretta sulle strategie che i musicisti mettono in atto all'interno delle organizzazioni musicali.

La gestione delle carriere artistiche in seno a un'organizzazione burocratica confligge *a priori* con una contraddizione: come conciliare l'impegno in un'attività artistica con la sottomissione a una logica burocratica? Sovente considerata come contraddittoria, questa tensione viene vissuta con immediatezza dai professionisti e spiega perché essi manifestino spesso una notevole frustrazione in rapporto alle loro aspirazioni di partenza [Arian 1971; Faulkner 1971]. A tale frustrazione, che può rivelarsi particolarmente acuta nei musicisti salariati, si può ovviare con una maggiore diversificazione delle attività – per esempio dedicando i momenti liberi alla musica da camera – o decentrando l'interesse e gli impegni dell'attività professionale in altre sfere d'attività, come gli svaghi o la vita familiare.

Estremamente eterogeneo, il mondo dei musicisti di professione può malgrado tutto essere analizzato lungo alcune linee di forza che ricalcano tutto sommato una problematica travalicante il quadro specifico della musica: la socializzazione, il funzionamento del mercato del lavoro e la gestione delle carriere sono in effetti campi d'indagine tradizionali del sociologo e dell'economista. Appare comunque chiaro che, malgrado questa diversità, il mondo degli interpreti professionisti possa essere compreso in quanto tale, senza che sia necessario far intervenire nell'analisi le figure da cui si è gradualmente separato, quella del compositore e quella del dilettante: vale a dire che tale separazione si è tradotta in un'autonomia dei musicisti professionali cui gli altri attori del mondo musicale – a cominciare dai dilettanti – non possono pretendere che di rado.

Adorno, Th. W.

1962 *Einleitung in die Musiksoziologie*, Suhrkamp, Frankfurt am Main (trad. it. *Introduzione alla sociologia della musica*, Einaudi, Torino 1971).

Alford, R., e Szanto, A.

1995 *Orphée blessée. L'expérience de la douleur dans le monde professionnel du piano*, in «Actes de la recherche en sciences sociales», n. 110, pp. 56-65.

Arian, E.

1971 *Bach, Beethoven and Bureaucracy*, The University of Alabama Press, Alabama.

Becker, H. S.

1963 *Outsiders. Studies in the Sociology of Deviance*, The Free Press, New York.

1982 *Art Worlds*, University of California Press, Berkeley Cal.

Benett, H.

1980 *On Becoming a Rock Musician*, University of Massachusetts Press, Amherst.

Bourdieu, P.

1984 *Comment peut-on être sportif?*, in Id., *Questions de sociologie*, Minuit, Paris, pp. 173-95.

Dahlhaus, C.

1985 (a cura di), *Die Musik des 18. Jahrhunderts*, Laaber, Laaber.

Donnat, O.

1996 *Les amateurs. Enquête sur les activités artistiques des Français*, La Documentation Française, Paris.

Dufourt, H., e Fauquet, J.-M.

1990 (a cura di), *La musique: du théorique au politique*, Aux Amateurs de livres - Klincksieck, Paris.

Ehrlich, C.

1985 *The Music Profession in Britain since the Eighteenth Century. A Social History*, Oxford University Press, Oxford.

Escal, F.

1991 *Le corps social du musicien*, in «International Review for the Aesthetics and Sociology of Music», XXII, n. 2, pp. 165-86.

Fabiani, J. L.

1986 *Carrières improvisées: théories et pratiques de la musique de Jazz en France*, in R. Moulin (a cura di), *Sociologie de l'Art. Colloque international de Marseille, 13-14 Juin 1985*, Société française de sociologie - La Documentation Française, Paris.

Faulkner, R.

1971 *Hollywood Studio Musicians. Their Work and Careers in the Hollywood Film Industry*, Aldine Atherton, Chicago - New York.

1973 *Careers Concerns and Mobility Motivations of Orchestra Musicians*, in «Sociological Quarterly», XIV, pp. 334-49.

Fauquet, J. M.

1990 *Les débuts du syndicalisme musical en France. L'art et l'action*, in Dufourt e Fauquet 1990, pp. 219-61.

Gumplowicz, P.

1987 *Les travaux d'Orphée. 150 ans de vie musicale amateur en France: harmonies, chorales, fanfares*, Aubier, Paris.

1990 *France: 1918-1935. La création du Jazz. Dévots et Praticiens*, in Dufourt e Fauquet 1990, pp. 345-63.

Hennion, A.

1988 *Comment la musique vient aux enfants. Une anthropologie de l'enseignement musical*, Anthropos, Paris.

Hennion, A., Martinat, F., e Vignolle, J. P.

1983 *Les conservatoires et leurs éleves*, La Documentation Française, Paris.

Lehmann, B.

1995 *L'envers de l'harmonie*, in «Actes de la recherche en sciences sociales», n. 110, pp. 3-22.

Mauss, M.

1950 *Les techniques du corps*, in Id., *Sociologie et Anthropologie*, Presses Universitaires de France, Paris, pp. 365-88.

Menger, P. M.

1983 *De la division du travail musical*, in «Sociologie du Travail», n. 4, pp. 475-88.

1989 *Rationalité et incertitude de la vie d'artiste*, in «L'Année sociologique», XXXIX, pp. 111-51.

1991 *Marché du travail artistique et socialisation du risque. Le cas des arts du spectacle*, in «Revue Française de Sociologie», XXXII, n. 1, pp. 61-74.

1997 *La profession de comédien. Formation, activités et carrières dans la démultiplication de soi*, La Documentation Française, Paris.

Moulin, R., Passeron, J. C., Pasquier, D., e Porto-Vazquez, F.

1985 *Les Artistes. Essai de morphologie sociale*, La Documentation Française, Paris.

Noiray, M.

1990 *Inertie sociale et dynamique de la musique de 1740 à 1770*, in Dufourt e Fauquet 1990, pp. 211-19.

Peacock, A.

1970 *A Report on Orchestral Resources*, The Arts Council of Great Britain, London.

Strauss, A.

1970 *The art school and its students. A study and an interpretation*, in M. Albrecht, J. Barnett e M. Griff (a cura di), *The Sociology of Art and Literature*, Duckworth, London.

Parte quarta
La conoscenza del fatto musicale

MARGARET BENT

Il mestiere del musicologo

1. *Che cos'è la musicologia?*

Gran parte degli articoli di questa enciclopedia sono scritti da persone che si definirebbero come musicologi. Il ventaglio delle competenze è ampio almeno quanto l'enciclopedia stessa. Ma perché "musicologia"? La musica è in effetti l'unica delle arti belle ad aver adottato per la dottrina ad essa associata, in inglese e nella maggior parte delle lingue europee, il suffisso "-logia", forse sintomo del bisogno da parte di una nuova disciplina di invocare legittimazione accademica e rispettabilità. Tale suffisso è stato recepito dagli autori americani dopo la prima guerra mondiale sulla scorta del termine francese tardo ottocentesco *musicologie*, a sua volta un adattamento dal tedesco *Musikwissenschaft*, che non ha equivalenti nella lingua inglese. La storia della musica – *Musikgeschichte* o *Music history* – si può considerare solo una delle branche di cui si compone lo studio scientifico della musica (intendendo il tedesco *Wissenschaft* piú come "erudizione" che non come "scienza esatta"). *Musikwissenschaft* e *Musikforschung* rimangono le parole tedesche piú comuni nel campo della cultura musicale, mentre molte altre lingue, sia quelle romanze che l'inglese, hanno adottato termini come *musicologia, musicologie, musicology*. La musicologia aspira a includere non solo gli aspetti diacronici della storia della musica, dominanti per tutto il secolo scorso, ma anche altri elementi della dottrina sincronica, studi tecnici e "musicologia sistematica". Molte di queste ulteriori branche hanno sviluppato associazioni e culture specialistiche loro proprie, congressi e riviste, quali ad esempio le società per la teoria musicale, l'analisi, l'etnomusicologia, gli strumenti musicali (organologia), la popular music, la prassi e la storia esecutiva, come pure differenti interessi cronologici, geografici e culturali. Tutte trovano posto nella definizione complessiva adottata nella dichiarazione d'intenti dell'American Musicological Society (1934), la quale si impegnava per «il progresso della ricerca nei vari campi della musica intesa quale branca del sapere e dell'erudizione».

Il campo della musicologia, cosí consapevolmente etichettata e dotata di una propria nozione di professionalità, ha solo poco piú di un secolo, ed è per gran parte un fenomeno del Novecento. Che cosa la distingue quindi dalla precedente attività antiquaria? In effetti, molti di quei lavori originari si riallacciano senza soluzione di continuità ai posteriori sviluppi; la principale differenza sta nel passaggio da una concezione della musica come sottoinsieme della filosofia, o come succursale della storia dell'arte (coltivata da musicisti di mestiere, musicofili, o professionisti di altri settori, quali storici dell'arte, giuristi, filologi, medici, funzionari pubblici ed ecclesiastici) a una condizione di disciplina scientifica autonoma emancipata in linea di massima dallo *status* amatoriale, con programmi specifici e ben piú ambiziosi, con una propria identità professionale, con standard e requisiti di preparazione e competenza. Ciò ha causato qualche problema: contro la professionalizzazione di tale disciplina è ancora avvertibile, da parte degli interpreti non meno che dei musicofili, una violenta reazione, che recalcitra contro l'applicazione del discorso tecnico alla musica. Ci sarà sempre una richiesta di scritti esplicativi sulle belle arti, alcuni dei quali, specialmente nel caso della musica, possono circolare con piú efficacia fra i non specialisti. Questo è particolarmente vero oggi, quando una serie di conflitti e identità sociali differenziate (fenomeni nati piú o meno con la musicologia stessa) ha esteso gli ambiti di quest'ultima ben oltre la musica colta europea, che costituiva un tempo il suo oggetto primario. La musicologia sarà pure un campo relativamente recente, ma continua a conoscere un rapido sviluppo. L'ambito e il peso relativo dei soggetti trattati nella presente enciclopedia differiscono inoltre da quanto si riscontra nelle varie edizioni del *Grove's Dictionary of Music* o in *Die Musik in Geschichte und Gegenwart*, ora giunta alla seconda edizione. Negli ultimi decenni, il ruolo delle musiche popolari e di tradizione orale o di scienze come la psicologia ha completamente spostato gli equilibri in campo musicologico rispetto alla visibilità sociale della disciplina, alla sua rappresentazione pubblicistica, e anche alla descrizione che se ne poteva dare solo mezzo secolo fa.

2. *Lo studio scientifico della musica attraverso la storia.*

Musica, aritmetica, geometria e astronomia erano le discipline del *quadrivium* tardo-antico e medievale, il quale, insieme al *trivium* verbale di grammatica, retorica e dialettica, costituiva le sette arti liberali, il fondamento dell'educazione da Boezio (480-524) in poi. La musica era considerata una delle arti matematiche e aveva poco a che fare con lo scopo finale dell'esecuzione sonora, oggi comunemente considerata la ragion d'essere dello studio musicale, che spesso le viene subordinato. In effetti, nel tardo Medioevo la parola musica denotava non la musica suonata o da eseguire, bensí una scienza o teoria astratta piuttosto lontana dalla reale musica coeva (con la parziale eccezione del trattato di Boezio *De institutione musica*) laddove la musica pratica veniva indicata con altri termini, come ad esempio *cantus*. Il *musicus* godeva di uno *status* superiore rispetto al semplice *cantor*; viceversa lo *status* del *cantor* cresceva nella misura in cui egli era anche un *musicus*.

Gran parte della musica colta e alcune tradizioni artistiche orali di tutto il mondo erano accompagnati nell'antichità da una tradizione teorica scritta. Autori antichi e medievali compilarono trattati speculativi sulla musica come numero sonoro, sulla misurazione degli intervalli, o sul potere della musica e i suoi effetti estetici e morali, o ancora sulla teoria del suono come fenomeno naturale e cosmico. Trattati tecnici riguardanti vari aspetti dell'organizzazione sonora in base alle altezze e alle durate nel tempo in quanto costruzione umana, o sulla fabbricazione degli strumenti, precedono l'idea della musicologia come disciplina con un programma proprio, sebbene si possano anche considerare entro una linea di continuità rispetto ad essa.

Attraverso i secoli, e con alcune significative eccezioni, il principale oggetto della letteratura teorico-erudita intorno a ciò che noi definiamo "musica" verteva sulla produzione coeva o del passato recente, in aggiunta ai principî fisici e teologici ad esse soggiacenti. Attorno al 1470 Tinctoris affermava che solo la musica degli ultimi quarant'anni (all'incirca il periodo da lui vissuto) era degna di attenzione da parte dei moderni, e in generale, fino alle riscoperte ottocentesche, la maggior parte delle composizioni veniva eseguita solo per una o due generazioni. Le deroghe a questa regola riguardano piú la teoria che non la pratica, e in almeno due casi eccezionali (la tradizione di studi boeziani fino al tardo Medioevo e la riesumazione della teoria musicale greco-antica nel tardo Rinascimento) la teoria musicale era completamente indipendente dalla pratica coeva. La tradizione di studiare vecchie musiche entro un contesto storico è molto piú recente. In Inghilterra, un importante fenomeno fu la Academy of Ancient Music di Londra, costituitasi nel Settecento, che eseguiva musica di interesse "antiquario". Prodotti paralleli di questa iniziativa comprendevano le storie della musica di John Hawkins e Charles Burney, entrambe apparse "in concorrenza" nel 1776. Burney documentò anche i propri viaggi musicali con vivaci descrizioni di una qualità che, ricomparendo in seguito nelle note di sala redatte da Donald Francis Tovey (1875-1940), attesta una lunga tradizione britannica – o perlomeno anglofona – di musica e letteratura. In Italia, gli sforzi antiquari del bolognese Padre Martini sfociarono nello stesso periodo in una gran quantità di scritti e in una cospicua collezione di fonti sia teoriche sia pratiche; la sua preziosa biblioteca si conserva presso il Civico Museo Bibliografico Musicale di Bologna. La successiva storia della musica di qualche rilievo fu quella di August Wilhelm Ambros (1862), titolare di una delle prime cattedre di storia della musica (e storia dell'arte) istituita a Praga nel 1869. Una pionieristica collezione di trattati teorici medievali venne pubblicata da Martin Gerbert nel 1784; essa fu integrata un secolo dopo da Edmond de Coussemaker (1864-76). L'interesse a riesumare la teoria precedette la riscoperta e la decifrazione delle composizioni musicali vere e proprie, soprattutto quelle medievali. Le società nazionali apparivano e scomparivano; la English Musical Association (poi Royal Musical Association) venne fondata nel 1874 con l'obiettivo di coltivare l'arte e la scienza della musica; con "scienza" si intendeva l'acustica. Una società internazionale venne istituita nel 1889 e subí diverse rifondazioni. Nel 1798 Rochlitz diede vita all'influente «Allgemeine musikalische Zeitung», e la crescita dei periodici musicali, costante nell'Ottocento, divenne torrenziale nel XX secolo.

Le biografie di compositori cominciarono ad apparire sistematicamente nell'Ottocento. Una delle prime fu quella di Bach ad opera di Johann Nikolaus Forkel (1802), seguita dalle biografie di Palestrina redatte da Giuseppe Baini (1828) e da Carl von Winterfeld (1832). François-Joseph Fétis pubblicò poi la sua monumentale *Biographie universelle des musiciens* [1833-1844]; ma per la musica non c'è mai stato nulla di paragonabile alle *Vite* del Vasari. Dizionari dei termini musicali risalgono ai tempi di Tinctoris (il cui *Diffinitorium* fu redatto prima del 1476 e pubblicato nel 1495); svariate opere di consultazione seguirono dal tardo Settecento in poi.

Un pilastro del sapere musicale è rappresentato dalla produzione di cataloghi e bibliografie. La prima edizione del catalogo mozartiano di Ludwig von Köchel (1862) era destinata a divenire il modello dei successivi cataloghi di opere. Inoltre si procedette alla mappatura dei patrimoni musicali di biblioteche e raccolte inesplorate, acquisendo cosí conoscenze circa la collocazione di manoscritti e materiali a stampa. Notevoli iniziative pionieristiche furono in quest'ambito il monumentale *Quellenlexikon* di Eitner (1900-904), nonché il *Repertorium* di Ludwig (1910). Questo lavoro continua ancor oggi con diverse serie, frutto di compilazione collettiva, nel *Répertoire international des sources musicales* (RISM) e ultimamente con un gran numero di cataloghi *on-line* e di fonti collegate in rete. Alcuni paesi sono stati piú lenti nel rendere giustizia ai propri tesori. L'Italia ad esempio, malgrado il lavoro pionieristico di Padre Martini nel Settecento, è pervenuta relativamente tardi a una musicologia organizzata, in parte a causa della stessa straripante ricchezza dei suoi beni musicali e archivistici. Lavori italiani in considerevole quantità e di livello decisamente elevato sono stati pubblicati negli ultimi decenni, al punto che l'Italia deve oggi annoverarsi tra i paesi piú fecondi nel sostegno alla ricerca musicale e a un'attiva produzione musicologica. La musica richiede una conoscenza specialistica; spesso i catalogatori generici non hanno reso un buon servizio ai beni musicali delle grandi biblioteche.

Un'altra attività musicologica fondamentale è stata la produzione di edizioni critiche. Edizioni complete di grandi compositori (fra cui quella di Händel, intrapresa nel 1787 e poi di nuovo nel 1843; di Mozart, nel 1798 e nel 1877; di Bach a partire dal 1851; di Palestrina dal 1862; di Schütz dal 1885) conobbero un crescendo all'inizio del Novecento. I princípî di euristica delle fonti (*Quellenforschung*) e di tecnica ecdotica vennero mutuati dal modello consolidato della filologia classica, in cui molti musicologi tedeschi si erano formati. I primi lavori sulla musica italiana (le prime due "vecchie" edizioni di Palestrina, il catalogo delle fonti italiane a stampa di musica vocale profana redatto da Emil Vogel, l'edizione del trecentesco codice Squarcialupi curata da Johannes Wolf, l'edizione dei codici quattrocenteschi di Trento nella serie dei *Denkmäler*) vennero intrapresi da studiosi tedeschi e austriaci nel tardo Ottocento e nel primo Novecento. Le edizioni di musica medievale e rinascimentale hanno costituito un punto nodale delle iniziative musicologiche nel corso di quasi tutto il Novecento, in particolare dopo la seconda guerra mondiale, grazie al forte impulso dell'American Institute of Musicology di Armen Carepetyan. A metà Novecento, l'attività principale era la pubblicazione di repertori ancora inediti; anche la ricerca d'archivio rivestiva grande importanza. Dal momento che la musica è effimera, e le sue tracce scritte sono sporadiche e incomplete, la ricostruzione dei contesti musicali è essenziale per attribuire un senso ai documenti musicali superstiti, per individuare modelli di patronato, meccanismi sociali e requisiti esecutivi. Queste iniziative (storia generale, bibliografia, biografia, teoria musicale ed edizione dei testi musicali, contesto istituzionale e sociale) sono rimaste una preoccupazione centrale della musicologia novecentesca e non potranno mai essere soppiantate da altri tipi di indagine, i quali in ultima analisi dipendono sempre da tali primarie testimonianze, che a loro volta richiedono e ricevono costanti rinnovamenti e ripensamenti.

Fu durante lo sviluppo tardo-ottocentesco delle attività biografiche, catalografiche ed editoriali che il nuovo campo della musicologia cominciò a essere riconosciuto di diritto come una disciplina accademica indipendente. Guido Adler, durante la sua docenza a Vienna [1885], espose un ambizioso programma per tale ambito di studio, comprendente quali principali suddivisioni la musicologia storica e quella sistematica. Il termine *Musikwissenschaft* apparve ai primi dell'Ottocento e s'impose accanto a *Musikforschung* dopo il 1860. Per Adler, *Musikologie* rappresentava una suddivisione equivalente a ciò che oggi chiameremmo etnomusicologia, mentre negli Stati Uniti il termine venne adottato per abbracciare sia *Wissenschaft* ("scienza") che *Geschichte* ("storia"). Adler ricomprese sotto le intestazioni principali di *Musikwissenschaft* storica e sistematica anche talune discipline ausiliarie:

1) *Musikwissenschaft* storica: storia generale, paleografia, cronologia, bibliografia diplomatico-descrittiva, biblioteconomia e archivistica, storia della letteratura e linguistica, liturgia, storia della danza, biografia, statistica delle istituzioni, associazioni ed esecuzioni musicali;
2) *Musikwissenschaft* sistematica: acustica e matematica, fisiologia dell'udito, psicologia, logica, grammatica, metrica, poetica, pedagogia, estetica, ecc.

Fino a pochi decenni or sono, gran parte del lavoro musicologico si è svolto nell'ambito storico, inteso in senso ampio, e si potrebbe perciò definire tanto "storia della musica" quanto "musicologia". Ma il XX secolo ha visto un'immensa dilatazione delle aree esplorate dalla musicologia, e non da un punto di vista unicamente storico. La classificazione di Adler rappresenta un promemoria dei diversi interessi che hanno caratterizzato differenti periodi e differenti paesi riguardo a programmi e suddivisioni. Gran parte dell'attuale lavoro può ancora rientrare nelle sue categorie, sebbene oggi alcune delle aree da lui indicate vengano poco trattate (e magari lasciate a fisica, acustica, matematica, filosofia e altre specializzazioni notevolmente emancipatesi dalla musicologia storica, come l'organologia), e sebbene altre aree attualmente oggetto di interesse non avrebbero riscosso la sua approvazione, soprattutto perché spettanti ad ambiti e a tendenze sociali e intellettuali ancora sconosciute ai suoi tempi.

La definizione di quali siano l'attività e le priorità dei musicologi si è modificata e continuerà senza dubbio a variare di generazione in generazione. Nell'Ottocento, l'esame delle filigrane allo scopo di stabilire una datazione veniva già utilizzato da Philipp Spitta per Bach, cosí come Gustav Nottebohm utilizzava i quaderni di appunti per stabilire la genesi compositiva delle opere di Beethoven. Queste e altre tecniche codicologiche e paleografiche, e l'utilizzo di esse per stabilire datazioni, cronologie e processi compositivi, sono state assai sviluppate e affinate in epoca posteriore, e supportate dai progressi tecnici della fotografia e dell'analisi digitale. L'etnomusicologia si è dilatata, soprattutto grazie ai progressi in antropologia e nei numerosi campi a essa collegati, che offrono aree di feconda intersezione, e grandi prospettive potenziali. L'apertura di regioni del mondo prima inaccessibili agli studiosi occidentali, in particolare la Cina e l'ex Unione Sovietica, deve ancora essere assimilata dal punto di vista delle musiche indigene e del modo di studiarle.

L'opinione secondo cui ogni musicologia è di norma musicologia comparativa (ovvero può trarre grande giovamento da quest'ultima, o quantomeno dai metodi etnomusicologici) deve ancora affermarsi pienamente nel modo di studiare le tradizioni europee occidentali. È nei campi piú recenti, come la sociologia della popular music, che tali metodi sono stati esplorati con maggior frutto. In origine, la categoria di musicologia sistematica era relativamente poco sviluppata negli Stati Uniti, ma oggi si lavora molto nella teoria cognitiva della musica, in psicologia, ermeneutica, semiologia e campi correlati. Gli orizzonti della musicologia sistematica si sono notevolmente ampliati grazie allo sviluppo di discipline nate nel XX secolo, quali psicoanalisi e linguistica, per non parlare degli enormi sviluppi tecnologici dell'acustica, della registrazione del suono e della tecnologia informatica.

3. *La musicologia come disciplina universitaria.*

Solo gradualmente la *Musikwissenschaft* si è guadagnata il titolo di disciplina universitaria e, come tutte le discipline giovani, ha dovuto dimostrarsi all'altezza di tale *status*, in un primo tempo sottolineando la natura rigorosamente scientifica delle sue indagini. La prima metà del xx secolo ha visto un cospicuo moltiplicarsi degli argomenti ammessi a uno studio sistematico nelle università europee. Forkel occupava una cattedra universitaria di musica a Göttingen già nel 1779, ma uno dei primi professori ordinari (in storia della musica ed estetica) fu Eduard Hanslick a Vienna, a partire dal 1870. Hanslick aveva studiato avvocatura, ma per tutta la vita fu attivo come critico e come divulgatore della conoscenza musicale. Molte università tedesche istituirono cattedre di musicologia nella prima metà del xx secolo. In effetti, nel primo cinquantennio della sua esistenza tale disciplina fu dominata dagli studiosi germanofoni, e nel secondo da quelli americani. Negli anni Trenta la musicologia americana istituzionalizzata muoveva i suoi primi passi col varo di alcuni corsi di dottorato, ma prese il volo nel 1934 con la fondazione dell'American Musicological Society. Dal 1933, la musicologia tedesca venne mobilitata dal Terzo Reich come potente strumento al servizio della nazione e del *Volk*, e come struttura di supporto alle tradizioni musicali tedesche [Potter 1998]. Come per tutti gli altri campi del sapere, ne risultarono un esodo di quanti non potevano o non volevano occupare un incarico accademico alle condizioni vigenti, e un decisivo impulso dato alla giovane disciplina negli Stati Uniti, che ricevette una massiccia trasfusione di tradizioni ed esperienze europee dall'ondata degli immigrati, della quale facevano parte alcuni fra i piú eminenti padri fondatori della musicologia americana. Questa leva, che portava con sé una preparazione solida e completa radicata nelle migliori tradizioni intellettuali europee, s'innestò sulla giovane cultura musicale americana, molti dei cui praticanti, nella prima metà del Novecento, spesso consideravano essenziale trascorrere un periodo di studio proprio in Germania. Cosí rinvigorita, la musicologia americana rilevò nella seconda metà del Novecento quell'egemonia che nel cinquantennio precedente era appartenuta alla cultura tedesca ormai depotenziata. Sempre nell'ultimo decennio d'anteguerra erano stati conferiti i primi dottorati americani in musicologia (il primo in assoluto fu quello conseguito nel 1932 presso la Cornell University da J. Murray Barbour per una tesi su di un argomento "scientifico" come la storia del temperamento equabile). Solo dalla seconda metà del Novecento si può dire che molti musicologi abbiano studiato musica – o musicologia – all'università. Molti specialisti della prim'ora provenivano da altri campi di studio, soprattutto dalla filologia classica e dalla filosofia. Nei paesi anglofoni la materia universitaria insegnata durante i corsi di laurea inferiori, generalmente denominata "musica", include la competenza scritta (armonia, contrappunto e composizione) e spesso anche capacità esecutive. Il livello delle abilità musicali considerate essenziali o auspicabili nella formazione dei musicologi è ancora assai variabile nei diversi paesi europei, ed è parzialmente alla mercé dei diversi sistemi universitari, non meno differenziati dei piani di studio e degli indirizzi disciplinari.

Spesso oggi si presume che i dottorandi (perlomeno negli Stati Uniti) scelgano fin dall'inizio della loro formazione se specializzarsi in musicologia storica, in teoria o in etnomusicologia, e anche nell'ambito della storia musicale ci si attende che essi intraprendano un'ulteriore specializzazione. Un importante cambiamento ha interessato l'ultima generazione, quando si è sgretolato il principio secondo cui per accedere al dottorato tutti gli studenti dovevano affrontare un esame generale. Tali esami costituivano il rito di passaggio per un'intera generazione di dottorandi americani, il cui apprendistato era in parte comune a quello dei compositori, ma aveva perduto il carattere troppo generico. Come per altre discipline istituzionali, in considerazione del tempo necessario e della competenza specialistica richiesta, non è piú possibile che un solo studente padroneggi la mole bibliografica in continuo aumento, né tutte le capacità richieste per lavorare in differenti aree specialistiche. Un incremento massiccio di nuove specializzazioni e una grande esplosione di riviste e pubblicazioni monografiche ha reso ora improbabile, se non impossibile, tale ideale di unità disciplinare. Spesso si rendeva obbligatorio per tutti i dottorandi lo studio della notazione medievale, in quanto insegnava una rigorosa disciplina e dava accesso a un nuovo regno del pensiero musicale. Anche se l'obiettivo è ancora valido, tale pratica è ormai desueta. Un musicologo che ha compiuto gli studi e ha conseguito il dottorato possiederà tendenzialmente una preparazione maggiore e piú approfondita in un settore piú ristretto dell'intera disciplina. In musicologia, come in molti altri campi, l'epoca del professionista generico sta rapidamente tramontando, salvo che nel settore della divulgazione musicale. Ciò che tiene insieme la disciplina è il comune interesse per la sostanza della musica e dell'esperienza musicale, anche se espresso in modi diversi.

In quanto nuova disciplina, la musicologia tendeva a stabilire livelli elevati di competenza musicale, o almeno a prendere le distanze dallo *status* amatoriale di alcuni suoi precedenti cultori, la cui formazione professionale si collocava altrove. Le aspettative variavano a seconda dei paesi e dei sistemi universitari. In Italia, ad esempio, gli studenti possono raggiungere una specializzazione musicologica assai elevata (specialmente se a indirizzo archivistico o letterario) pur senza possedere corrispondenti capacità pratiche. In Francia l'insegnamento della musicologia e la preparazione pratica sono distribuite fra l'università e il *conservatoire*. In Gran Bretagna una lunga tradizione di pratica musicale nelle università è associata alla tradizione dell'organista - maestro di cappella e alla composizione, molto piú antiche dello studio accademico classificabile come musicologia. In effetti, le prime lauree musicali documentate a partire dal tardo Quattrocento a Oxford e Cambridge erano quelle in composizione. Ora che la musica di tradizione europea degli ultimi tre secoli rappresenta solo uno fra i molti oggetti di studio coltivati dalla musicologia, le tecniche e le capacità pratiche ad essa collegate non si possono piú considerare prerequisiti fondamentali della preparazione comune a tutti i musicologi. Molti nuovi indirizzi e specializzazioni richiedono altre competenze, non riconducibili alla comune preparazione tradizionale che si dava solitamente per scontata. Come ultima arrivata all'università, la musicologia può profittare degli insegnamenti storiografici di altre facoltà; ad ogni modo, le sue esigenze e i suoi ritmi interni sono diversi, e alcuni dei suoi strumenti e metodologie vanno messi a punto appositamente per i suoi scopi. La relazione fra l'opera d'arte musicale e la sua traccia scritta è molto meno diretta, se possibile, di quella fra la parola scritta o la tela dipinta e l'"opera d'arte in sé".

Le mode dei diversi settori hanno subito il variabile influsso dell'importanza attribuita alle specializzazioni scientifiche e tecniche nella formazione dei musicologi. Organologia e iconografia conducono ora un'esistenza in qualche modo separata dalla musicologia corrente, come pure l'acustica e la cospicua letteratura tecnica nata con le applicazioni dell'informatica alla composizione e a vari generi di analisi musicale. Le competenze bibliografiche e linguistiche conservano la loro importanza per alcuni metodi di lavoro, ma non fanno piú parte dell'insegnamento impartito a tutti i dottorandi. Un'elevata padronanza delle tecniche e dei linguaggi musicali europei resta cruciale per alcuni tipi di lavoro, ma meno per altri. La storia dell'interpretazione e perfino quella dell'ascolto sono state promosse abbastanza di recente a oggetti primari di studio musicologico, e in effetti c'è un crescente interesse per la storia della ricezione e dell'esecuzione, temi che richiedono in qualche caso precise capacità pratico-esecutive.

4. *Musicologia e società.*

La diversificazione dei processi formativi emersa dalla sempre maggiore specializzazione è strettamente collegata allo sgretolamento e alla ridefinizione dei canoni. Per gran parte del XX secolo sono esistiti canoni accettati di un repertorio comune, un nucleo di esperienza musicale condiviso dalla maggioranza dei musicisti di professione. L'allargarsi dei confini fino a includere la musica antica, quella delle culture non occidentali, le musiche popolari e di tradizione orale, ha eroso un'esperienza comune di lunga durata. Anche dopo la metà del Novecento, compositori e musicologi avevano la stessa formazione e si radicavano tecnicamente nella comune competenza di un linguaggio musicale condiviso, a prescindere dagli ulteriori approfondimenti cui li avrebbe condotti la loro specializzazione. Ora non è piú cosí. Non solo compositori, teorici e musicologi s'indirizzano prima alla loro specializzazione, ma anche nell'ambito della stessa musicologia storica la scelta di campo inizia prima ed è sempre piú stretta. Il primo importante sconfinamento oltre il canone tradizionale è stato in effetti la scoperta della musica anteriore al Seicento, che ha coinciso con la prima professionalizzazione della musicologia e con l'esplorazione sistematica delle musiche popolari nazionali (ad esempio in Gran Bretagna e in Ungheria). Alla fine del Novecento si sono poi verificate massicce espansioni di campo che hanno interessato world music, musiche popular e musiche di tradizione orale. Alcune di queste nuove aree vanno prese in seria considerazione dagli studi musicologici.

Come avviene anche in altri campi del sapere, gli obiettivi della musicologia nel corso della sua breve storia sono sempre stati determinati in qualche misura da fattori culturali, politici e ideologici. Ciò non è meno vero per l'America di fine Novecento, dove lo studio della musica europea, un tempo tenuto in gran conto, passa ora sovente in secondo piano rispetto a recenti interessi per il Nuovo Mondo, incentrati da un lato su un ampio ventaglio di musiche autoctone e popular, e dall'altro sulla percezione e l'introiezione (culturalmente e soggettivamente determinate da parte dell'ascoltatore) di aspetti della musica europea in precedenza studiati come oggetti di scontato prestigio sociale ed estetico. Lo studio comparativo degli esseri umani come produttori di musica e della musica come artefatto culturale si affianca ora all'antica visione della musica come oggetto già dato, da studiare *in vitro* e con strumenti analitici di altro genere. Alcuni di questi ambiti impongono una moderna consapevolezza di questioni come la diversità di genere, maschile e femminile, in società che l'hanno rimossa, o che la costruiscono in modo del tutto differente. Il canone dei capolavori, in gran parte europei e ottocenteschi, è stato radicalmente messo in discussione e ristrutturato, com'era inevitabile dopo un secolo in cui tale straordinario repertorio, per quanto ancora ben vivo nei concerti, è stato consegnato di fatto all'archivio della storia.

A metà Novecento, la politica ha rivoluzionato la giovane disciplina musicologica in modo forse ancor piú drammatico che per altri campi di studio maggiormente consolidati. Le lezioni apprese dalla strumentalizzazione ideologica della musica hanno stimolato nei musicologi la consapevolezza che la ricerca non può piú essere neutrale, che la musica non può piú essere «un lusso innocente», come un tempo la definiva Burney. Persino l'enciclopedia tedesca MGG (*Die Musik in Geschichte und Gegenwart*), che doveva erigersi a monumento della denazificazione postbellica, ha rivelato i notevoli limiti del suo processo di epurazione. Sebbene molti elementi apertamente razzisti e nazisti fossero stati eliminati dai testi degli antichi, essi erano ancora presenti nelle bibliografie, mentre diversi artisti di primo piano invisi al Terzo Reich erano stati omessi [Gerhard 2000; Potter 1998].

Da allora la musicologia ha conosciuto interpretazioni in chiave di marxismo, decostruzionismo, femminismo, *gender studies* e studi sulla sessualità, strutturalismo, postmodernismo. Ha inoltre proseguito nell'antica consuetudine di adattare e applicare ai propri materiali importanti correnti intellettuali provenienti da campi di studio paralleli – in questo caso storia, linguistica, antropologia, filosofia, psicologia, criticismo culturale e letterario. A volte la linea di confine tra disciplina scientifica e propaganda è sottile, soprattutto negli snodi socialmente piú rilevanti; ciò è risultato particolarmente evidente durante la generazione passata, sotto lo stimolo del relativismo e della nuova posizione centrale attribuita al soggetto osservatore fra i criteri di una disciplina che per tradizione si vantava di essere oggettiva. Recenti crisi degli studi umanistici, specialmente negli Stati Uniti, hanno minacciato il carattere e la sopravvivenza stessa della ricerca e della disciplina a fronte di contemporanee preoccupazioni sociali e appelli all'impegno. I lussi dell'espansione resi possibili grazie alla favorevole congiuntura economica degli anni Sessanta hanno ceduto oggi il passo a vigorosi tagli ai finanziamenti per l'istruzione superiore e per la ricerca, ponendo di fronte a scelte difficili i programmi di formazione e ricerca di tutto il mondo industrializzato.

Almeno dal secondo dopoguerra, con l'aumento di cattedre musicali universitarie, la maggior parte dei musicologi è stata incardinata negli atenei e riceve uno stipendio. Gli studiosi dotati di rendite private o di tempo libero per coltivare la loro passione, che costituivano la colonna portante della musicologia ottocentesca, sono oggi una rarità. I crescenti oneri risultanti dalla recente espansione dell'istruzione superiore lasciano ai docenti universitari meno tempo per la ricerca; la responsabilità legata all'utilizzo di fondi pubblici – erogati in forma di stipendio o d'assegno di ricerca – può inibire percorsi di ricerca avventurosi, rischiosi o anticonformisti; attualmente si attribuisce maggiore importanza alla diffusione su larga scala e alla prevedibilità dei risultati. Pochi musicologi possono vivere solo delle loro pubblicazioni. Chi lo fa, al pari dei critici musicali piú autorevoli, è spesso riluttante a considerarsi un musicologo. Oltre alla pubblicazione di lavori di ricerca, agli studiosi di musicologia vengono spesso richieste consulenze e presentazioni radiofoniche e televisive, contributi per l'industria discografica, per programmi di sala e altre forme d'istruzione e divulgazione, come pure lezioni agli studenti e al pubblico in generale. Tutti questi sono preziosi canali di collegamento e d'influenza reciproca con il mondo della pratica musicale e con la diffusione di cultura a un pubblico piú ampio.

Questo genere di sconfinamenti ha acquistato particolare importanza nel secondo Novecento, in concomitanza con gli anni della grande esplosione dell'industria discografica. La forza del movimento per un'esecuzione "storicamente informata" ha presentato a un pubblico assai piú vasto il frutto di una ricerca musicologica apparentemente cervellotica, e ha sottolineato l'importanza e la rilevanza di tale lavoro, sia per far rinascere una musica antica cui manca una tradizione esecutiva diretta, sia per giustificare la pretesa di fornire esecuzioni storicamente corrette di musiche già note, differenziandole dalle tradizioni esecutive correnti. Questo movimento si basava in larga parte sulla musicologia applicata; si forzava la testimonianza dello studioso per dotare esecuzioni e registrazioni di un suggello d'approvazione commercialmente prezioso, per suggerire che le autentiche sonorità concepite da Machaut, Bach o Beethoven fossero ora ricostruibili per la prima volta. Il grande decollo del compact disc avvenuto negli anni Settanta e Ottanta ha prodotto esecuzioni sempre piú "autentiche" o almeno autenticate, che si rivelavano datate non meno velocemente di quelle che pretendevano di superare. Tali ingannevoli pretese sono già state denunciate [Taruskin 1996]. Ma molte belle collaborazioni sono fiorite tra studiosi ed esecutori e oggi un numero consistente di interpreti possiede, o almeno tiene in gran conto, una preparazione musicologica, permettendo di superare il sospetto e perfino l'ostilità degli esecutori nei confronti dell'erudizione musicale. Tali collaborazioni si sono estese ben oltre la musica antica, fino a comprendere edizioni critiche di opere teatrali e ricostruzioni di organici nell'ambito del repertorio ottocentesco, mentre gli interpreti sono divenuti sempre piú consapevoli dei vantaggi e delle nuove soluzioni che possono ricavare dagli studiosi.

5. *Perplessità e nuove domande.*

A intervalli sempre piú stretti, la musicologia americana ha analizzato se stessa. Un rilevamento compiuto da Frank Harrison, Mantle Hood e Claude Palisca nel 1963 si attirò un primo siluro da Joseph Kerman [1965]. Il vero compito della musicologia, egli affermava, era la critica, la critica "alta", per nulla menzionata in quello studio. La sua supremazia gerarchica era affermata a scapito di altri campi e metodi che venivano cosí svalutati. Edward Lowinsky [1965] contrattaccò con un'energica risposta a favore di una comunità di specializzazioni e attività di ricerca, basata su componenti mutuamente solidali, e affermando la vitalità di valori condivisi ai fini di un sapere duraturo. Sosteneva inoltre una sana e positivamente intesa pluralità di iniziative scientifiche, che dovrebbe prescindere dai dettami e dai pregiudizi di qualunque studioso o ideologia. È un'ironia che fosse proprio l'innovatore Kerman ad attirare l'attenzione sul canone tradizionale a discapito della musica piú esotica o piú antica, e che proprio uno studioso di stampo piuttosto tradizionalista come Lowinsky evocasse una metodologia piú integralmente umanistica e interdisciplinare. L'opinione di Lowinsky si è dimostrata la piú costruttiva nel contribuire positivamente alla recente rivalutazione di una ricerca contestuale e culturale.

Nel 1982 Palisca e altri studiosi pubblicarono un'ulteriore rassegna della musicologia e delle sue ramificazioni; nel 1985 toccò poi a Joseph Kerman fornire la propria ricognizione sul campo. Per ulteriore ironia della sorte, il suo maligno e autorevole saggio fu intitolato *Musicology* in Inghilterra e *Contemplating Music* in America, dando luogo a qualche perplessità sul perché il suo contenuto contemplasse la musicologia e non la musica. Egli rimprovera ai musicologi di conoscere soltanto dei fatti sulla musica, senza riuscire a trattarne come di un'esperienza estetica. Affrontare la musica in modo analitico o teoretico, piuttosto che nel modo che egli chiama "critico", si colloca a un livello non troppo alto sulla sua scala di valori. Laddove Guido Adler aveva dischiuso un immenso arsenale con la sua definizione del nuovo campo della *Musikwissenschaft* [1885], un secolo dopo Kerman cercava di restringere e bandire, e addirittura di invalidare, proprio alcune di quelle operazioni senza le quali sarebbe impossibile procedere nel lavoro, ossia l'edizione dei testi, la compilazione di cataloghi delle opere e di elenchi delle fonti, le biografie e i regesti d'archivio. All'altro estremo, egli dedicava poco spazio a imprese tecniche esulanti dalla portata di un lettore amatoriale, come pure a musiche molto antiche o molto esotiche (poiché non si adattavano al suo tipo di criticismo). Nei riguardi del canone tradizionale, contro il quale gli ultimi decenni del Novecento avevano visto una notevole reazione, la posizione di Kerman è sorprendentemente conservatrice. Ma laddove la maggior parte dei programmi musicologici del secolo passato erano stati risoluti nel propugnare un ampio spettro di ricerca, Kerman e altri autori cercano ora di minimizzare l'importanza del lavoro di base, nel dare per scontati (a volte in maniera acritica) il contesto sociale, storico e biografico, nonché i testi musicali da esso prodotti. Simili prescrizioni, irrigiditesi in abitudini accademiche, tendono a sbilanciare il numero degli studiosi distribuiti fra una serie di campi e mettono in pericolo la sopravvivenza di specializzazioni minori, soprattutto di quelle che non si trovino in perfetta sintonia con le tematiche sociali d'attualità. C'è bisogno di molti tipi differenti di lavoro, in armonia coi talenti e le possibilità dei ricercatori, nonché con le risorse disponibili e le priorità vigenti al momento. Gran parte delle imprese umane, dalla cucina alla ricerca scientifica, vengono ostacolate o migliorate a seconda della qualità degli ingredienti.

L'attività interdisciplinare è stata generalmente salutata come un antidoto all'eccessiva specializzazione, in grado di accrescere la comprensione del contesto a beneficio di un pubblico piú ampio. Le direzioni interdisciplinari scelte da Palisca includono teorie retoriche e psicologiche, filologia classica, storia e committenza, archivistica, liturgia, politica, sociologia, storia religiosa, intellettuale e artistica; Kerman, invece, elenca strutturalismo e post-strutturalismo, antropologia, femminismo, ermeneutica, critica dell'ideologia, teoria dei generi sessuali, che egli caratterizza come sottoprodotti e schegge antagoniste rispetto agli ambiti tradizionali, tali da sgomberare il terreno a nuove prospettive piuttosto che presentare risultati sostanzialmente innovatori [Palisca e Kerman in Pozzi 1995]. Attività di ogni genere vengono vieppiú intraprese in collaborazione con studiosi di antropologia, arte e letteratura, come da sempre è avvenuto in medievistica, dove i bisogni e le competenze dei musicologi operano in rapporto parallelo e complementare con quelli degli storici dell'arte e della cultura, dei paleografi, degli archivisti e di una schiera di altri specialisti.

Molte di queste modernissime tendenze, incluse quelle elencate da Kerman, sono state riunite sotto la bandiera della New Musicology. Tale congerie di nuovi indirizzi ha risposto magnificamente alla sfida di presentare il pensiero musicale a un pubblico piú ampio e privo di nozioni tecniche sull'argomento. I risultati raggiunti rappresentano una gradita integrazione agli ambiti già esistenti, senza tuttavia soppiantarli, come spesso viene insinuato. Ma si verificano anche scontri frontali: gli studi filologici vengono svalutati e non è molto popolare rilevare, come ha fatto Kofi Agawu [1996], che il contributo della nuova musicologia – ad esempio nei confronti dell'analisi musicale – è ancora piuttosto esiguo, e che essa deve ancora dedicarsi ai problemi delle note musicali in sé senza ricorrere a parole e programmi. A suo avviso le nuove tendenze sono frutto di un'ideologia, o di una serie di ideologie, che variano dal disprezzo per la ricerca e per i canoni di verità tradizionali alla noncuranza per fatti e oggetti, e di qui all'atrofia delle tradizionali competenze musicali. La nuova vitalità introdotta da questi movimenti va accolta positivamente per aver apportato maggiore autoconsapevolezza intellettuale all'interno del campo di studio, per lo stimolo e l'espansione sia dei temi del lavoro musicologico sia dei modelli disciplinari e teoretici che lo permettono. Alcuni degli adepti di tali movimenti si sono lasciati trascinare fino alla liquidazione degli studi precedenti, nonché degli ambiti e delle metodologie piú tradizionali, pur senza capire che questi ultimi, al pari dell'intero ventaglio della ricerca musicale, erano stati motivati dal medesimo appassionato interesse e dalla stessa curiosità circa i materiali e gli effetti della musica.

All'apertura del nuovo millennio, chi può prevedere dove condurrà la prossima fase di una musicologia tanto dilatata, e quale sarà il suo obiettivo? La musicologia europea contribuisce a mantenere in esercizio una grande varietà di campi, mentre in America alcuni di essi vengono stretti d'assedio. Con un occhio alle catastrofi della viticoltura nella Francia di fine Ottocento, possiamo affermare che le tradizioni scientifiche tedesche si sono salvate e trasformate grazie al loro trapianto in America negli anni Trenta, e che i frutti migliori di tale fecondo innesto possono ora prosperare di nuovo in Europa. La musicologia, come disciplina affermata e variegata, oggi fiorente in tutta la sua vitalità, può anche permettersi di offrire suggerimenti innovativi ad altri campi, piuttosto che seguire le tracce altrui come ha spesso fatto nel secolo passato.

Adler, G.

1885 *Umfang, Methode und Ziel der Musikwissenschaft*, in «Vierteljahrschrift für Musikwissenschaft», I, pp. 5-20.

1919 *Methode der Musikgeschichte*, Breitkopf und Härtel, Leipzig.

Agawu, K. V.

1992 *Does music theory need musicology?*, in «Current Musicology», LIII, pp. 89-98.

1996 *Analyzing music under the new musicological regime*, in «Music Theory On Line», II (smt.ucsb.edu/mto/mtohome.html).

Allen, W. D.

1939 *Philosophies of Music History. A Study of General Histories of Music. 1600-1680*, American Book Company, New York (nuova ed. Dover, New York 1962).

Bent, M.

1986 *Fact and value in contemporary musical scholarship*, in *CMS (College Music Society) Proceedings: The National and Regional Meetings, 1985*, a cura di W. E. Melin, College Music Society, Boulder Col. (pubblicato anche in «The Musical Times», n. 127, 1986, pp. 85-89).

Chrysander, F.

1863 Prefazione a *Jahrbuch für musikalische Wissenschaft*, vol. I, Breitkopf und Härtel, Leipzig.

Dent, E. J.

1930 *The scientific study of music in England*, in «Acta Musicologica», II, pp. 83-92.

Gerhard, A.

2000 (a cura di), *Musikwissenschaft - eine verspätete Disziplin?*, Metzler, Stuttgart-Weimar.

Harrison, F. L., Hood, M., e Palisca, C. V.

1963 *Musicology*, Prentice-Hall, Englewood Cliffs N.J.

Kerman, J.

1965 *A profile for american musicology*, in «Journal of the American Musicological Society», XVIII, n. 1, pp. 61-69.

1985 *Contemplating Music. Challenges to Musicology*, Harvard University Press, Cambridge Mass. (testo pubblicato in Gran Bretagna col titolo *Musicology*, Fontana-Collins, London 1985).

1991 *American Musicology in the 1990s*, in «The Journal of Musicology», IX, n. 2, pp. 131-44.

Kretzschmar, H.

1920 *Einführung in die Musikgeschichte*, Breitkopf und Härtel, Leipzig.

Lowinsky, E. E.

1965 *Character and purposes of American musicology: a reply to Joseph Kerman*, in «Journal of the American Musicological Society», XVIII, n. 2, pp. 222-34.

Palisca, C. V.

1982 (a cura di), *Musicology in the 1980s. Methods, Goals, Opportunities*, Da Capo Press, New York.

Pirro, A.

1930 *L'enseignement de la musique aux universités françaises*, in «Acta Musicologica», II, n. 1, pp. 26-31; II, n. 2, pp. 45-56.

Potter, P. M.

1998 *Most German of the Arts: Musicology and Society from the Weimar Republic to the end of Hitler's Reich*, Yale University Press, New Haven Conn. - London.

Powers, H.

1993 *Three pragmatists in search of a theory*, in «Current Musicology», n. 54, pp. 5-17.

Pozzi, R.

1995 (a cura di), *Tendenze e metodi nella ricerca musicologica*, Olschki, Firenze.

Riemann, H.

1908 *Grundriss der Musikwissenschaft*, Breitkopf und Härtel, Leipzig.

Seeger, Ch.

1978 *Studies in Musicology (1935-75)*, University of California Press, Berkeley.

Strunk, O.

1932 *The State and Resources of Musicology in the United States*, American Council of Learned Societies, Washington.

Taruskin, R.

1995 *Text and Act. Essays on Music and Performance*, Oxford University Press, New York - Oxford.

PHILIPPE VENDRIX

Concezioni diverse della storia musicale

1. *La storia e la sua teoria di fronte alla musica e alla musicologia.*

La storia della musica è una disciplina del sapere. Una volta istituzionalizzata (viene insegnata, è oggetto di pubblicazioni, è occasione di incontri professionali), essa presuppone l'adozione di metodi che condizionano la sua espressione e la sua concezione. Esistono dunque teorie della storia della musica. Ma la teoria non può ridursi né a una tecnica né a una pedagogia: non soltanto perché dà il meglio di sé quando suscita una lotta vivificante per la disciplina, ma anche perché partecipa a una condizione spirituale, a un atteggiamento mentale di cui non è facile, né evidente, cogliere i limiti. In primo luogo, chi dice teoria presuppone una pratica a cui fa riscontro quella teoria. In questo senso, la teoria della musicologia può assumere le apparenze di una disciplina nuova, in ogni caso posteriore alla nascita della ricerca musicologica nel XIX secolo. Ma se la parola è nuova, la cosa è invece relativamente antica. La teoria musicale non dev'essere confusa con la teoria della musicologia. Gioseffo Zarlino (1517-90) e Jean-Philippe Rameau (1683-1764) non volevano codificare lo studio della musica, ma la musica stessa. La loro ambizione era normativa, mentre la teoria della musicologia vuol essere descrittiva. In secondo luogo, l'appello alla teoria risponde necessariamente a un intento polemico: contraddice, mette in dubbio le pratiche altrui. In altri termini, la teoria analizza le pratiche della critica e della storia della musica, le descrive, rende espliciti i loro presupposti. La teoria protesta contro l'implicito.

Non tutti gli storici della musica intendevano necessariamente fare della teoria. Ciò vuol forse dire che esisterebbero due categorie di storici della musica: quelli che riflettono in modo critico, nel senso kantiano del termine, sulla loro disciplina e sul suo oggetto, e quelli che producono storia della musica? Una caratterizzazione di questo tipo trascurerebbe il pensiero a vantaggio della scrittura. Basta, infatti, enunciare la serie delle domande fondamentali che riguardano la teoria della storia della musica per rendersi conto che ogni atto pratico implica un pensiero teorico. Queste domande – in numero di sei – potrebbero, non meno della prospettiva diacronica adottata in questo saggio, promuovere una riflessione sulle teorie della storia della musica: 1) che cos'è la musica? 2) che rapporto c'è fra la musica e i compositori? 3) fra la musica e la realtà? 4) fra la musica e l'ascoltatore?

5) fra la musica e il linguaggio musicale? 6) come intendere la tradizione musicale, nel suo aspetto dinamico (la storia) e nel suo aspetto statico (il valore)?

Studiare la teoria della musicologia suggerisce una lezione di relativismo. Sono possibili molteplici risposte, tutte accettabili e incompatibili fra loro: anziché sommarsi, esse si escludono, perché non chiamano musica, non qualificano come musicale, la stessa cosa.

Due criteri sono necessari all'esistenza di un approccio storico nel campo delle produzioni artistiche. Un primo criterio è di carattere formale: la storia della musica comincerebbe con il riconoscimento di principio e con l'applicazione di un metodo che permetta di corredare le manifestazioni della creazione musicale di una rete di riferimenti nel tempo e nello spazio. Esso esiste dal momento in cui alcuni autori presero coscienza, sullo scorcio fra il XV e il XVI secolo, dell'importanza della creazione artistica nella storia della musica. Quelle prime storie, per quanto sommarie, si fondavano tuttavia su alcuni criteri fondamentali di un autentico spirito storico. Un secondo criterio, di carattere sostanziale, si basa sulla contrapposizione fra discorso normativo e discorso storico. Sull'esempio di Giorgio Vasari (1511-1574), Zarlino, fin dalla prima versione delle sue *Istitutioni harmoniche* (1558), propone di suddividere ogni studio teorico della musica in due parti: la storia e il metodo. Il metodo consiste nello studio dei corpi sonori, in quella scienza dei suoni che Joseph Sauveur (1653-1716) chiamerà "acustica" all'inizio del XVIII secolo. La storia ha per oggetto, invece, lo studio dei corpi sonori attraverso le loro manifestazioni nella scrittura e nell'interpretazione delle opere realizzate dai compositori di varie epoche. Testi e interpretazioni sono affrontati mediante il ricorso allo studio delle fonti storiche secondo i principî dell'analisi testuale definiti dagli umanisti.

Pittori, architetti e filosofi proclamano, a partire dal XV secolo, la loro appartenenza a un'epoca nuova. Lo fanno in modi diversi, ricorrendo soprattutto alla storia della loro arte o scienza. Elogiano il lavoro di un gran numero di generazioni che hanno saputo restituire alle scienze e alle arti il loro antico splendore dopo lunghi secoli di oscurantismo. L'atteggiamento dei teorici della musica non fu subito lo stesso dei teorici e degli storici della pittura come, ad esempio, Leon Battista Alberti (1404-72) e Giorgio Vasari [Owens 1990; Vendrix 1999]. L'arte musicale, infatti, obbedisce e obbedirà ancora fino a buona parte del XVIII secolo al principio di contemporaneità del gusto. Johannes Tinctoris (ca. 1435-1511) lo afferma chiaramente nel suo *Liber de arte contrapuncti* (1477): «Non esiste un solo brano musicale composto negli ultimi quarant'anni che sia ritenuto degno di ascolto [*auditus dignum*] dagli eruditi». Solo la novità merita attenzione, e, tranne rarissime eccezioni, il concetto di repertorio è del tutto estraneo alla pratica del XV e del XVI secolo. Il discredito colpisce quei compositori che non si volgono verso il futuro, come dichiara Othmar Luscinus (ca. 1480-1537) nella sua *Musurgia seu praxis musicae* (1536). I teorici sono consapevoli del carattere particolare della musica, che non può avvalersi di esempi antichi (Sebald Heyden, *De arte canendi*, 1540). Tuttavia, alcuni teorici esaltano come eroi certi compositori; ma si tratta – ed è importante rilevarlo – di compositori che appartengono alle generazioni immediatamente precedenti. Glareanus ne fornisce un celebre esempio nel *Dodecachordon*, ma non accenna a compositori anteriori a Johannes Ockeghem (ca. 1420-97), cosí come nel suo *Proportionale musices* (ca. 1473) Tinctoris non era risalito piú indietro di John Dunstable (ca. 1390-1453). Nella prima metà del XVI secolo Josquin Desprez (ca. 1440-1521) diventa il "pater musicorum" (Hermann Finck, *Practica musica*, 1556), prima di essere sostituito da Adrian Willaert (ca. 1480-1562), il "nuovo Pithagora" (Zarlino, *Istitutioni harmoniche*), Cipriano de Rore (1516-65), "il divino" (Giulio Cesare Monteverdi, *Dichiaratione della lettera*, 1607), o ancora Orlando di Lasso (1532-94), "il piú che divino Orlando" (Pierre de Ronsard, *Mellange de Chansons*, 1572).

I teorici del Cinquecento, nonostante le critiche da essi rivolte alle generazioni passate (che conoscevano male o in modo indiretto), sono tuttavia d'accordo nel ritenere che l'invenzione della polifonia sia recente. Si tratti di Sebald Heyden (1499-1561) o di Heinrich Glareanus (1488-1563), di Vincenzo Galilei (ca. 1520-91) o di Thomas Morley (1557-1603), tutti concordano nel collocare intorno alla metà del XV secolo l'inizio di quella "nuova arte" che è la polifonia. Adrianus Petit Coclico (ca. 1500-62) classificherà in una stessa categoria, quella dei *teorici*, che precede la categoria dei *mathematici*, dei *musici praestantissimi* e dei *poetici*, Tubal, Orphée, Ockeghem, Jacob Obrecht (ca. 1460-1505) e Alexander Agricola (1446-1506). L'idea di appartenere a una nuova epoca attraversa, dunque, tutto il XV e il XVI secolo, pur articolandosi sulla nozione di progresso e sul disprezzo per ciò che non è contemporaneo. Al contrario, i teorici della musica non condividono la sensazione di collaborare a una rinascita; per loro la musica è partecipe della modernità, senza la quale essa perde la sua ragion d'essere. Di qui il paradosso degli esperimenti condotti a Firenze negli ultimi decenni del Cinquecento dalla Camerata dei Bardi, e sfociati nella creazione di un nuovo genere musicale – l'opera – che essi rivendicheranno come una rinascita del teatro antico [Katz 1986].

Nel 1600 esce a Lipsia, per la penna di Sethus Calvisius [Seth Kallwitz] (1556-1615), la prima storia della musica, *De initio et progressu musices* (seconda parte di un'opera intitolata *Exercitationes musicae duae*). Calvisius non si discosta peraltro dai suoi piú illustri predecessori, Adam de Fulda (1445-1505), Piero Gaetano (metà del XVI secolo) e Hermann Finck (1527-1558): si accontenta di sviluppare in un volume il capitolo che i teorici della musica del Quattrocento e del Cinquecento dedicavano abitualmente agli *inventores musicae*. Un senso della cronologia, che egli prende a prestito da Giulio Cesare Scaligero (1484-1558), distingue il suo approccio da quella che, prima di lui, era una semplice elencazione di nomi. Calvisius non riesce tuttavia a mascherare l'assenza di volontà discorsiva; alla disordinata enumerazione egli si limita a sostituire una maggior ricchezza informativa [Allen 1962].

2. *Una disciplina in formazione.*

La scelta di un punto di partenza – Dunstable o Dufay, poco importa – è indubbiamente arbitraria, ma autorizza, anzi obbliga alcuni teorici a tener conto di opere e di personalità che non corrispondono necessariamente ai loro gusti, a far menzione di certi nomi che non vengono riesumati per il loro carattere esemplare, ma semplicemente perché sono esistiti. Questa scelta ha pesato e pesa ancora fortemente sul discorso storico. Il problema della periodizzazione storica si ripresenta continuamente. Si veda ad esempio il dibattito suscitato dalla pubblicazione del libro di Christopher Page [1993] e in particolare Weller [1993]. Il margine, tuttavia, è piuttosto stretto. Lo sarà tanto piú nel XVII secolo, in quanto l'esplosione del discorso sulla musica – o, piú esattamente, del campo semantico della musica – genera atteggiamenti nettamente distinti. Se il trattato ricorre volentieri a quei nomi e a quelle opere, lo fa spesso per la loro natura esemplare (nozione fondamentale, che procede di pari passo con la presa di coscienza del concetto di opera d'arte). All'opposto, la storia – disciplina costruita e quasi autonoma, anche se non viene ancora insegnata come tale – non cerca esempi: elabora un discorso intorno alla memoria e alle sue tracce. Gli storici, piú dei teorici della musica, saranno i primi a cercare di costruire una storia che nel XVI secolo era stata soltanto abbozzata, ma fondandosi questa volta su un solido criterio formale ed espellendo piú o meno il discorso normativo. Le migliori testimonianze di questo orientamento sono i lavori di erudizione che vengono pubblicati in Francia e in Italia nel XVIII secolo [Vendrix 1993]. Il discorso normativo – quello dei teorici – tendeva a eliminare tutto ciò che non attenesse alla perfezione. Come per reazione, i primi eruditi dedicano il loro studio proprio a ciò che illustra la preistoria di questa perfezione proclamata a partire dalla fine del XV secolo. Prima il canto gregoriano, poi la lirica medievale diventano gli argomenti prediletti di questa storia erudita della musica. Si consuma il divorzio fra teorici e storici: i loro obiettivi sono radicalmente diversi. Ma questa sfasatura non va interpretata in senso negativo o in modo esclusivo. Vi furono bensí, nel XVII e nel XVIII secolo, i tentativi di alcuni teorici di esercitare lo sguardo storico, come rivelano certe opere di Sébastien de Brossard (*Dictionnaire de musique*, 1703), di Johann Gottfried Walther (*Musikalisches Lexikon*, 1732) e di padre Giovanni Battista Martini (*Esemplare o sia saggio fondamentale pratico di contrappunto*, 1774-1775); ma sovente le motivazioni di questi autori non sono dettate da un'autentica preoccupazione storica, sia formale sia sostanziale, ma da interessi di natura diversa, legati alla curiosità o al collezionismo.

L'esplosione del campo semantico della musica che ha luogo alla fine del Rinascimento non ha come suo unico sbocco una suddivisione tripartita (storia, teoria e fisica). Nel campo della storia della musica le domande si riferiscono a oggetti diversi. Nel Settecento emergono infatti atteggiamenti contrastanti nei confronti del passato musicale. Da un lato alcuni storici – generalisti o eruditi – partono alla conquista di territori sconosciuti, o mal conosciuti, coll'obbiettivo di integrare questo passato in un discorso sulla modernità. Ne derivano quelle cesure nella narrazione storica, quella pletora di dettagli, che squilibrano le storie, generali o particolari. D'altro lato, la musica e il suo passato entrano direttamente a far parte degli interessi dei filosofi, fondatori di quel sapere organico che oggi prende il nome di "scienze umane". Agli occhi di questi filosofi, la musica è un oggetto privilegiato per comprendere le origini dell'umanità e di ciò che la distingue dall'animalità, cioè la comunicazione e la creazione di oggetti simbolici. Da un altro lato ancora, entra in scena il collezionista. Egli non è apparentemente animato dagli stessi intenti degli storici-eruditi e dei genealogisti illuministi. Ma il collezionista, se non crea discorso, o lo crea soltanto nel quadro di una descrizione materiale, contribuisce tuttavia anch'egli a conferire una dimensione piú ampia allo sguardo retrospettivo sulla musica. Il collezionista raccoglie, confronta, classifica, valorizza degli oggetti – partiture manoscritte o a stampa, trattati e testi critici – e partecipa attivamente alla monumentalizzazione della musica. Ogni conoscenza passa necessariamente attraverso la carta. Questo principio scatenò nell'Ottocento una frenesia di raccogliere, ricopiare e infine pubblicare. Le imprese editoriali del XIX secolo si proposero di realizzare l'obbiettivo totalizzante della filologia, che ambiva a essere lo studio di un'intera cultura. Per quanto strano ciò possa sembrare, la pratica, l'interpretazione o l'esecuzione rappresentano l'ultima tappa di questa monumentalizzazione. I primi opuscoli di argomento storico sono redatti molto tempo dopo la pubblicazione delle ricerche erudite condotte in Francia agli inizi del XVIII secolo. I compositori sono partecipi della modernità, fatta eccezione per lo *stile antico* (alla maniera di Palestrina); si rifiutano di gettare uno sguardo indagatore su produzioni che risalgano alla generazione dei maestri dei loro maestri; non lo concepiscono nemmeno. Anche le condizioni della produzione sono di ostacolo a una prospettiva storicizzante. Se in qualche raro luogo alcune opere sopravvivono ai loro autori, le corti, i teatri, gli stampatori, i mecenati cercano perlopiú la novità. Jean-Baptiste Lully in Francia, e – dapprima per un tempo limitato (1687-1778) e poi in modo nettamente istituzionalizzato – Georg Friedrich Händel in Inghilterra, diverranno i primi compositori da inserire stabilmente nel repertorio [Weber 1989].

In un simile contesto sembra difficile intravedere la nascita di una teoria della storia della musica. In compenso, vengono proposte delle soluzioni che resteranno attuali fino al tardo Ottocento, fino al momento in cui si costituirà una comunità di musicologi. Nascono dunque dei campi di interesse piú che dei metodi. All'interno di questi campi conviene distinguere due oggetti che attirano l'attenzione di due diversi tipi di storici e sollevano questioni epistemologiche del tutto differenti.

Le origini della musica affascinano i filosofi. Fin dal Medioevo, rispondere alla domanda «Qui sit inventor musicae?» è un passaggio obbligato per qualsiasi trattato. Si afferma una serie di racconti, talvolta giustapposti in una stessa opera, che rivelano il disagio dei teorici e dei teologi, i quali debbono confessare che la musica non ha avuto fortuna, perché seppure è un dono di Dio nasce da mani alquanto screditate, quelle di Jubal, e – se non proprio dalle sue – da quelle del suo fratellastro Tubalcain. In ogni caso, essi appartengono entrambi alla schiatta di Caino, schiatta maledetta che la Genesi condanna fino alla settima generazione. È comprensibile allora che nei primi storici vi sia una certa ambiguità. Isidoro di Siviglia non sfugge alla regola e cosí presenta i dati del conflitto: «Mosè dice che l'inventore della musica fu Tubal, della famiglia di Caino prima del diluvio; i Greci dicono invece che fu Pitagora» (*Sententiae de musica*). Scendono in lizza Jubal per gli uni, Pitagora per gli altri, Orfeo per i poeti del Rinascimento. Il discorso sulle origini, se sembra sclerotizzarsi nei racconti mitici, suscita tuttavia ardenti discussioni, che sboccano nella volontà di introdurre una visione di tipo genealogico nell'interpretazione delle origini della musica. Pontus de Tyard (*Le solitaire second*, 1557), Francisco de Salinas (*De musica*, 1577), Vincenzo Galilei (*Dialogo della musica antica, et della moderna*, 1581) e Michel Coyssard (*Traité du profit que toute personne tire de chanter en la doctrine chrestienne*, 1608) ne saranno i portavoce. Il Sei e il Settecento vissero il progressivo abbandono dei racconti mitici che avevano impresso il loro sigillo su tutti i tentativi storiografici dal Medioevo in poi. Gli storici illuministi non si basano piú sulle *auctoritates*, ma avanzano ipotesi proprie, narrano la loro storia delle origini della musica. Questa nuova concezione delle origini, illustrata da Étienne Bonnot de Condillac (*Essai sur l'origine des connaissances humaines*, 1746), da Jean-Jacques Rousseau (*Essai sur l'origine des langues*, 1781), da Bernard de Lacépède (*La poétique de la musique*, 1785), considera la musica come un segno naturale delle passioni, usato molto prima dell'invenzione del linguaggio convenzionale. La musica assume cosí il valore di modello naturale di ogni rappresentazione. Essa funge, in qualche modo, da anello mancante nella genesi dei sistemi semiotici che l'Illuminismo aveva avuto in animo di spiegare [Thomas 1995].

Il secondo oggetto della ricerca storica concerne la storia della musica e il suo inscriversi nella temporalità occidentale. Il principio di accumulazione regna ancora sovrano: la storia è un succedersi di esperienze. Le storie generali della musica di Jacques Bonnet-Bourdelot (*Histoire de la musique et de ses effets*, 1715), di Giovanni Battista Martini (*Storia della musica*, 1757-1781), di John Hawkins (*A General History of the Science and Practice of Music*, 1776), di Charles Burney (*A General History of Music*, 1776-89), di Jean-Benjamin de Laborde (*Essai sur la musique ancienne et moderne*, 1781), per citare solo le opere piú celebri, arricchiscono il magazzino delle informazioni. Questi storici sono anzitutto dei curiosi e dei dilettanti. Instaurano una pratica, non un metodo. In compenso, taluni progetti traggono impulso da un programma storico. Ma in questi programmi la musica è messa quasi sistematicamente ai margini, o inquadrata in una prospettiva piú ampia. Lo stesso discorso vale per i lavori dei monaci di Saint-Maure sulla liturgia e sul canto gregoriano. Il movimento gallicano rappresenta certamente una reazione politico-religiosa, ma talvolta si costruisce anche intorno a un programma di ricerca che presuppone un metodo (Pierre-Benoît de Jumilhac, *La science et la pratique du plain-chant*, 1673). Nell'Académie des Inscriptions & Belles-Lettres l'erudizione trova un ideale luogo di emulazione. Al servizio del principe, essa si volgerà beninteso verso la produzione aristocratica (la lirica medievale: Lévesque de La Ravallière, *Les poësies du Roy de Navarre*, 1742), ma non trascurerà argomenti scevri da ogni connotazione nazionalistica, come la musica dell'antichità (Pierre-Jean Burette, *Dialogue de Plutarque sur la musique*, 1735). Dalle opere redatte nel XVII e nel XVIII secolo emergono cosí due caratteristiche: la dispersione (molteplicità degli strati discorsivi, frammentazione delle posizioni storiche) e il limite (la continua presenza di veri e propri luoghi comuni). In seguito, queste storie mettono in luce piú la loro funzione discorsiva che non il loro contributo all'accrescimento del sapere, perché in esse la storia è posta sovente al servizio di finalità di natura diversa (morale, rivendicativa, estetica, ecc.).

Gli storici del Sei e del Settecento non si interrogano sulla natura del passato e sulle condizioni che permettono di farne oggetto di studio: di conseguenza, manca in loro una presa di distanza dal passato stesso. Se collezionisti, bibliofili ed eruditi avevano definito un metodo per la critica delle fonti, non ne avevano elaborato un altro per interpretarle. Parallelamente, la parcellizzazione delle conoscenze finí per nuocere alla coerenza del discorso storico. Questo stato di cose dipende piú dal posto che la storia in generale occupa nel sistema delle conoscenze che non dai due distinti oggetti di studio – le origini della musica e la storia della musica – i quali delimitano rispettivamente il territorio dei filosofi e quello degli eruditi.

Questi testi, quelli degli storici-filosofi come quelli dei bibliofili (e altri testi non farebbero che confermarli), illustrano la preistoria della disciplina musicologica: ne disegnano le linee di forza, ma anche le cesure. La disciplina musicologica appare infatti fragile. Può certamente, e senza difficoltà, essere storia (*story*); per diventare Storia (*history*) esige un sistema concettuale che, dopo due secoli di riflessione (1550-1750), si è tradotto in un discorso antropologico nel quale la storia della musica si confonde con la storia delle rappresentazioni. Il precario stato di equilibrio raggiunto intorno alla metà del Settecento subisce, prima sporadicamente e poi in modo continuo, delle scosse. Da un lato, la nuova disciplina filosofica dell'estetica, e dall'altro l'affermazione della storia come disciplina autonoma, soprattutto in Germania, provocano nuovamente uno iato nel campo musicale, una frattura. Johann Nikolaus Forkel (1749-1818) fu prima studente e poi funzionario presso la Georg August Universität di Gottinga, che nella seconda metà del Settecento fu considerata il santuario del nuovo pensiero storico e della nuova pratica storiografica. Collezionisti, curiosi e bibliofili avevano creato le condizioni di questo mutamento. In effetti, negli Stati tedeschi numerosi fattori avevano concorso allo sviluppo degli studi storici. La filologia non era mai stata trascurata dai protestanti: la storia faceva parte del *cursus studiorum* di alcune università. La situazione politica (lo spezzettamento degli Stati tedeschi), l'assenza di un preciso sentimento nazionale (come quello che poteva esistere in Francia intorno alla monarchia), la concorrenza fra le varie università favoriscono lo sviluppo dell'insegnamento della storia, promosso al rango di disciplina fondamentale. Lo attestano i volumi documentari redatti, sotto forma di dizionari biografici o di bibliografie commentate, da Johann Nikolaus Forkel e da Friedrich Wilhelm Marpurg (1718-95). Opere di questo genere confermano l'abbandono dei progetti di una vasta enciclopedia della musica, che avrebbe riconciliato filosofi ed eruditi. Per lungo tempo i due volumi dell'*Encyclopédie méthodique*, ultimo prodotto dell'Illuminismo, resteranno l'unica impresa enciclopedica degna di questo nome. La storia della musica, che ha delimitato il suo campo rispetto ai dizionari e alle bibliografie, potrà ormai dispiegarsi in forma di narrazione.

3. *La storia trionfante*.

Nell'Ottocento il campo "musica" subisce una duplice restrizione inseparabile dal Romanticismo, il quale, affermando la relatività storica e geografica del gusto, si contrappone alla dottrina classica dell'eternità e dell'universalità del canone estetico. Questa restrizione può comportare dei limiti ancora piú rigorosi: la musica si identifica con i grandi compositori, veri e propri eroi dei tempi moderni. Questo schema dicotomico – visione classica contro visione romantica – se appare esacerbato nel campo della letteratura, in campo musicale sembra piú sfumato. Il canone classico (opere-modello destinate a essere imitate in modo fecondo) non è sostituito da un pantheon moderno (compositori che incarnano perfettamente lo spirito nazionale). Al contrario, il XIX secolo vede il paradosso di un canone composto da un insieme di opere che vengono valorizzate di volta in volta sia per l'unicità della loro forma, sia per l'universalità (nazionale e talvolta sovranazionale) del loro contenuto. Alla definizione restrittiva dei "classici" propugnata nel XVIII secolo (opere e autori che si debbono studiare in classe), il XIX secolo ha preferito una definizione piú ampia: sono chiamate classiche quelle opere universali che costituiscono il bene comune dell'umanità, ma rappresentano anche un patrimonio nazionale. Ogni giudizio di valore riposa su una constatazione di esclusione: ciò che non era vero per gli eruditi del Settecento diventa quasi un criterio assoluto per l'Ottocento. Ma la critica storica ottocentesca è relativistica e descrittiva: si contrappone alla tradizione classica, assolutistica e prescrittiva, che giudicava ogni opera in relazione a norme atemporali. Questa nuova critica storica fonda simultaneamente la filologia e la storia della musica, nel senso che queste due discipline hanno in comune l'idea che il compositore e la sua opera debbono essere compresi inquadrandoli nella loro situazione storica.

Agli inizi dell'Ottocento le due nozioni fondamentali sono lo stile e la maniera, due termini in relazione con l'attività artistica propriamente detta. Della maniera si parla in termini assai precisi: «La maniera di Bach differisce da quella di Händel», mentre lo stile è definito come una «maniera di comporre». La distinzione fra i due termini risiede dunque nel grado di personalizzazione, ed è idealmente legata ai contributi individuali dei compositori. Fin dal XVII secolo, la riflessione sullo stile teneva occupati i teorici. Questo movimento di classificazione stilistica era stato inaugurato da Marco Scacchi – *Breve discorso sopra la musica moderna*, 1649. In tutti i sistemi utilizzati fino ai primi anni del Settecento, gli osservatori identificano per mezzo delle classificazioni stilistiche i confini che separano i loro universi musicali. In tutti i casi, le differenze e le somiglianze costituiscono elementi dello stile. Ogni categoria rinvia a un elemento esterno: temporale – stile antico contro stile moderno –, contestuale – musica da chiesa contro musica da camera –, o di carattere – stile ornato contro stile solenne. Inoltre, in quei primi anni dell'Ottocento il discorso sulla musica è portato avanti da autori di biobibliografie che concentrano la loro attenzione sulla biografia dei musicisti o sulla redazione di cataloghi. La questione dello stile passa dunque dalle mani dei teorici a quelle degli storici. Sotto la loro penna, si assiste a una fusione di due elementi: la personalità e lo sviluppo artistico [Lenneberg 1988]. L'apparizione dei primi dizionari biografico-storici conferma questa tendenza: Choron e Fayolle, *Dictionnaire historique des musiciens* (1810-11); Ernst Gerber, *Neues historisch-biographisches Lexikon der Tonkünstler* (1812); John Sainsbury, *Dictionary of Musicians* (1824), François-Joseph Fétis, *Dictionnaire biographique universel* (1833-44). Raphael Kiesewetter proporrà di articolare la narrazione della storia della musica intorno a dei nomi (*Geschichte der europäisch-abendländischen oder unserer heutigen Musik*, 1834). Ne derivano tradizioni di varia natura. Per alcuni si tratta di spiegare le opere attraverso la vita degli autori e la descrizione dei loro gruppi di appartenenza (Giuseppe Baini, *Memorie storico-critiche della vita e delle opere di G. P. da Palestrina*, 1828). Per altri, occorre tener conto di tre fattori: la nazionalità, l'ambiente e il momento (Raphael Kiesewetter, *Die Verdienste der Niederländer um die Tonkunst*, 1829). Piú tardi, alcuni autori aggiungeranno alle determinazioni biografiche e sociali un'altra determinazione: quella della tradizione musicale stessa (August Wilhelm Ambros, *Geschichte der Musik*, 1862-78), rappresentata dalla forma che agisce su una composizione musicale o reagisce ad essa.

Gli storici della musica del Sei e del Settecento consideravano l'evoluzione come un divenire progressivo: erano interessati a mostrare come quel progresso fosse andato svolgendosi fino ad arrivare alla perfezione del presente o di un recente passato. François-Joseph Fétis (1784-1871) è uno dei primi a considerare con spirito critico questa legge del progresso necessario dell'arte, che sembrava cosí ben garantita [Wangermée 1951]. Per questo sfrenato collezionista, il passato non è semplicemente una concatenazione di fatti che conducono fino al presente; alcune opere possono rivendicare un valore artistico permanente. Un divenire organico presiede dunque alla storia della musica: all'idea di progresso Fétis sostituisce quella di trasformazione. In questa prospettiva, non sorprende vedere un Guido Adler rivolgere la sua attenzione alle scienze naturali quando elabora la sua definizione di *Musikwissenschaft* in un celebre articolo [1885] (il termine «Musikwissenschaft» era apparso per la prima volta sotto la penna di Johann Bernhard Logier, nel *System der Musik-Wissenschaft*, 1827). Questa scelta è doppiamente condizionata. Da un lato, è il frutto di una volontà di reazione contro lo storicismo; dall'altro, è concomitante alla professionalizzazione della disciplina musicologica.

Si è spesso detto che il XIX secolo fu il secolo dello storicismo. Ma non ogni pensiero storico è storicista. Per esempio, nel secolo dei Lumi, con Hume, Robertson e altri la storia è costituita dalle azioni degli uomini e dalla loro interazione con l'ambiente fisico. A quell'epoca studiare la storia non significava aprire il libro di un destino ineluttabile, ma accedere a un deposito di esperienze. A questa concezione pragmatica lo storicismo oppone non solo il postulato di un determinismo storico, ma anche – e piú fondamentalmente – quello di una causalità storica che trascende i comportamenti umani e i fattori fisici. Da allora, rifiutare lo storicismo non significa negare la presenza di leggi nella storia, ma respingere la tesi dell'esistenza di leggi della storia (cioè, di leggi specificamente storiche). L'alfiere dello storicismo nei primi anni dell'Ottocento è incontestabilmente Hegel (1770-1831). Il suo maggior progetto, quello dell'*Estetica* – l'estetica come sapere dell'Arte in quanto totalità sistematica –, è possibile solo perché l'arte è cosa del passato. Di fatto, la conoscenza filosofica, che non è la storia dell'arte o la critica d'arte, non può limitarsi a una conoscenza parziale ed empirica dell'arte. Di qui la necessità della storia. Al tempo stesso, poiché l'arte è un'attività speculativa e poiché il campo dell'attività speculativa è fondamentalmente religioso, l'arte è necessariamente di natura teologica. Di conseguenza, è l'evoluzione religiosa che fornisce il quadro dell'evoluzione storica globale. Il concetto di universalismo segna fortemente le storie della musica che si ispirano al progetto hegeliano. Ne sono esempi la biografia mozartiana di Otto Jahn – 1856-59 – e quella händeliana di Friedrich Chrysander – 1858-67. Hegel traccia un parallelo fra le tre forme d'arte da lui precedentemente definite (l'arte simbolica, l'arte classica e l'arte romantica) e le tre tappe della religione (la religione della natura, il panteismo greco e la religione rivelata). Tuttavia, la storicità dell'arte non si confonde con la storicità delle religioni. Mentre la religione non è legata necessariamente a un singolo popolo (anche se questo legame può esistere, come nel caso dei Greci), l'arte invece è sempre espressione dello spirito nazionale. La storia dell'arte sarà dunque prima di tutto una storia delle arti nazionali, ma costruita secondo criteri che non dipendono dall'osservazione.

In risposta alla sfida "epistemologica" lanciata dalla filosofia, i seguaci del "metodo storico", e Adler in particolare, ritengono ormai che la storia sia una disciplina scientifica, non perché essa obbedisca a principî teorici che governerebbero tutte le scienze, ma perché è organizzata sul piano pratico come le scienze naturali [Dahlhaus 1977]. Essa si fonda su una divisione del lavoro che consente la produzione di un sapere specializzato (il "metodo"), grazie al quale vengono elaborati fatti che possono venire verificati. La collaborazione dell'insieme dei ricercatori permette infatti di compensare la frammentazione del sapere prodotta dalla specializzazione. Di conseguenza, una conoscenza musicologica non può piú essere considerata come "vera" perché è stata prodotta secondo regole modellate sulle scienze naturali, ma perché viene accettata come tale dall'insieme dei musicologi competenti.

In questo secolo della storia trionfante un altro fatto desta impressione: la professionalizzazione della storia della musica. Finché si integrava nelle filosofie della storia in generale, la musica invitava alla scrittura una pleiade di autori di vario orientamento. Per gran parte del XIX secolo lo statuto delle storie della musica è soggetto a una costante oscillazione. La storia è insegnata solo occasionalmente: non interessa piú i filosofi, che si dedicano a questioni di estetica (anche quando, come Nietzsche, adottano una prospettiva storica), ma attira l'attenzione di qualche teorico, di qualche storico marginale o dei conservatori di biblioteche. A partire dagli anni Cinquanta dell'Ottocento vengono create alcune cattedre di musicologia grazie al sostegno massiccio che gli Stati europei dedicano alla ricerca scientifica in generale, e alla storia in particolare. Questa fioritura di cattedre consente la nascita delle prime comunità professionali di storici, e poi di musicologi. In pari tempo, la "nazionalizzazione" delle società europee nell'ultimo trentennio dell'Ottocento sottende un obbligo dei musicologi: quello di partecipare attivamente all'elaborazione e alla diffusione della memoria collettiva, fondamento dell'identità nazionale. Tra la fine dell'Ottocento e gli inizi del Novecento vedono la luce anche i primi periodici specializzati. Ogni nazione ha i suoi: gli «Jahrbücher für musikalische Wissenschaft», i «Monatshefte für Musikgeschichte», la «Revue d'histoire et de critique musicales», la «Rivista musicale italiana». Non mancano le testimonianze attestanti l'importanza che assume allora, agli occhi degli storici della musica, il principio associazionistico. Ne è un esempio la fondazione nel 1868, ad opera di Franz Commes e Robert Eitner, della Gesellschaft für Musikforschung, prima società scientifica di musicologia.

Un'altra prospettiva era tuttavia emersa mentre perdurava il contrasto tra filosofi e storici: l'ermeneutica [Bent 1994]. La reazione dei seguaci dell'ermeneutica servì dapprima a stigmatizzare gli storici, i quali credevano che i procedimenti delle scienze naturali fossero applicabili in ogni campo del sapere per giungere a conoscenze oggettive, fiducia che traspare di recente negli sviluppi delle scienze cognitive della musica [per un'archeologia di questo atteggiamento cfr. Vendrix 1993]. La specificità delle scienze dello spirito, tra le quali figura anche la storia della musica, dipende dal fatto che esse debbono cogliere il significato delle attività umane: ogni storia è scritta sempre al presente, a partire da un punto di vista particolare in funzione del quale la realtà studiata acquista la sua coerenza. Il compito dello storico della musica consiste quindi in un lavoro d'interpretazione mediante il quale egli cerca di comprendere le esperienze vissute (nell'Ottocento Wilhelm Dilthey, nel Novecento Arnold Schering e Lawrence Kramer). Ciò non significa tuttavia che l'ermeneutica faccia proprie le tesi dello storicismo: lo storico ha il compito di studiare degli oggetti reali (la musica) e non l'"Idea" che si presume dominante di un'epoca o di una cultura. Per molti decenni – sino alla fine degli anni Sessanta del Novecento – il dibattito teorico sulla storia della musica vedrà contrapporsi i sostenitori di una sorta di "monismo naturalistico", definiti talvolta "oggettivisti", e i partigiani dell'ermeneutica, i "soggettivisti".

I diversi modi di accostarsi al passato musicale, dalla rivoluzione del 1789 alla prima guerra mondiale, non possono tuttavia occultare una distinzione – spesso taciuta e assai raramente dichiarata in modo esplicito – fra due tipi di discorso: la storia della musica e la storia musicale. La distinzione è soltanto grammaticale, ma le due espressioni non sono sinonime, né indipendenti l'una dall'altra. Una storia della musica è, per gli autori dell'Ottocento, una sintesi, un panorama, quasi un'opera di volgarizzazione, costruita non come una vera e propria storia, ma come una successione di monografie dedicate ai grandi compositori, e talvolta anche ai meno grandi, disposti in ordine cronologico: una specie di "affresco". La storia musicale è invece una disciplina erudita e un metodo di ricerca: essa prosegue ciò che nel Settecento avevano abbozzato alcuni studiosi isolati. Ha per oggetto la musica come istituzione, cioè i compositori maggiori e minori, i movimenti, le scuole, i generi e le forme. Si discosta dal metodo storico causale, ma non può fare a meno di ricadere nella spiegazione genetica delle fonti. L'ipotesi centrale su cui si fonda la storia musicale è la seguente: il compositore e la sua opera, per essere capiti, debbono essere inquadrati nella loro situazione storica; la comprensione di una partitura presuppone la conoscenza del suo contesto (lo *Zeitgeist*). Perciò la storia musicale, quando – alla fine dell'Ottocento – si istituzionalizza come disciplina dell'insegnamento superiore, nel Conservatorio o nell'Università, manifesta la sua volontà di distinguersi nettamente dalla critica musicale, creando compartimenti che pretendono di essere stagni e che dopo il 1945 saranno demoliti dalla teoria della musicologia.

4. *La crisi dei paradigmi*.

I metodologi del primo Novecento giustificarono la loro volontà di autonomia respingendo come intollerabili intrusioni tutti gli interrogativi e le critiche che venivano loro rivolti dal "mondo esterno". Alcune generazioni di musicologi pensarono di risolvere questa contraddizione adottando una "musicologia-problema" e cercando di integrare nella sua problematica le questioni a cui piú si interessavano le discipline affini e l'intera società. Se la musicologia si interroga sempre piú frequentemente, e spesso in modo problematico, sulle proprie pratiche, conviene intendere questa situazione come l'espressione di un'altra contraddizione che attraversa tutta la storia della disciplina. La musicologia ha conquistato una relativa autonomia nel campo dei saperi, ponendosi sul terreno della ricerca empirica e affidando ai filosofi le questioni generali relative alla musica e alla sua storia. Questo atteggiamento non è riuscito tuttavia a eliminare i discorsi generali sul senso della storia della musica. Per giustificare un simile rifiuto è stato necessario ricorrere a un "metalinguaggio" mutuato dalla filosofia. La critica della musicologia non esordisce certamente con la pubblicazione di quei manuali che intendevano corroborare le tesi dei metodologi di inizio secolo, trasmesse da molte generazioni di musicologi, soprattutto tedeschi. Solo alla fine degli anni Sessanta prende forma un reale tentativo di critica storica della musicologia, sotto la penna di un musicologo tedesco formatosi proprio alla scuola dei seguaci del "metodo": Carl Dahlhaus (1928-1988).

L'atteggiamento di Dahlhaus [1977], e piú o meno contemporaneamente quello di Leo Treitler [1989], non è monolitico. Il musicologo tedesco si rifiuta di condividere una certa abitudine dei teorici, per i quali – qualunque sia il loro campo di indagine – il riferirsi alla storia sembra essere il gesto indispensabile e inaugurale di ogni presa di posizione teorica che voglia stabilire l'autonomia degli studi musicologici. La teoria musicale accusa la storia della musica di annegare la musica stessa in un processo storico che disconosce la sua "specificità" in quanto musica; parallelamente, e paradossalmente, la teoria rimprovera alla storia di non essere autenticamente storica, nella misura in cui si limita a compilare delle cronologie. Il punto di vista diacronico (la musica come documento) e il punto di vista sincronico (la musica come monumento) appaiono inconciliabili. Opponendosi a questo atteggiamento, Dahlhaus intende promuovere una forma di storiografia che rappresenti il contrappunto e il complemento logico della storia sociale e della teoria della musica. Essa condivide con questi due campi del sapere il rifiuto dell'*événementiel*, l'interesse per l'analisi delle condizioni storiche generali, il gusto della "lunga durata" e infine una particolare commistione di diacronia e sincronia. Sull'esempio di Reinhart Koselleck, Dahlhaus crea la *Begriffsgeschichte*, la storia dei concetti in musicologia (musica assoluta, giudizio di valore, realismo musicale). La grande originalità di Dahlhaus consiste nell'aver cercato ostinatamente una propria strada fra la teoria e la pratica della musicologia, tra filosofia e linguistica, antropologia e teoria politica, strutturalismo ed ermeneutica. La vera questione che anima la penna feconda di Dahlhaus è sempre quella della storicità di ogni riflessione e di ogni attività umana, oltre al problema dell'articolazione della storia nel tempo. Ciononostante, Dahlhaus si distingue dai filosofi della storia in quanto attribuisce il primato alla pratica storiografica. Il pensiero di questo musicologo non si avventura mai nei meandri di una metastoria, ma resta sempre ancorato all'interpretazione di una "realtà" storica concreta.

L'aspirazione dei musicologi impegnati sul fronte dell'innovazione consisteva nel cercare di rispondere a questioni che le precedenti generazioni avevano lasciato insolute. Bisognava innanzitutto ripensare da cima a fondo il principio dell'unità della musicologia, perché, con il diversificarsi della disciplina, era apparso evidente che questa unità non poteva essere fondata sul famoso "metodo storico". Era poi necessario uscire dal vicolo cieco nel quale una certa musicologia si era cacciata, comportandosi come se fosse possibile parlare di "scienza della musicologia" senza alcuna competenza filosofica. Certo, portando avanti dibattiti senza fine sulla riflessione interna alla loro disciplina, i musicologi-epistemologi non hanno fatto che aggravare i problemi che volevano risolvere, accelerando il processo di autonomizzazione della musicologia. Ma hanno anche favorito la ripresa di una riflessione sul processo di svalorizzazione di questa disciplina o sulla sua assenza dalla scena teorica.

In una ventina d'anni, la musicologia ha dunque riesaminato i suoi saperi e i suoi oggetti, trasformandosi lentamente. Marxista, post-strutturalista, femminista, decostruttivista, psicoanalitica: tutte queste musicologie hanno invaso territori talora completamente vergini. Esse ci hanno indotti (talvolta addirittura forzati) a riconsiderare i nostri saperi da un nuovo punto di vista, fino a polarizzare le appartenenze. Sono anche rassicuranti, perché dimostrano che l'opposizione binaria fra soggetto (gli attori della musicologia) e oggetto (la musica) può essere vista come perennemente in atto, storicamente in movimento. Il progetto iniziale della musicologia, sia storico sia sistematico, è stato progressivamente riveduto per rispondere a un certo numero di critiche. Questa revisione ha imboccato direzioni diverse, ma le strategie si sono orientate in sintesi verso alcune idee ben precise: 1) abbattere gli steccati sub-disciplinari e integrare nuovi approcci; 2) valorizzare il discorso storico e dare il giusto risalto al ruolo del narratore; 3) ridefinire l'oggetto studiato; 4) ricollocare al centro di ogni gesto musicologico l'esperienza estetica.

A questa musicologia teorica si potrebbe facilmente rimproverare di muoversi in quelle sfere del pensiero che toccano solo episodicamente le pratiche musicologiche. È precisamente questo lo scoglio nel quale è incappato Dahlhaus; i "nuovi" teorici lo aggirano ponendo al centro del lavoro musicologico le proprie riflessioni teoriche. La contrapposizione fra teoria e pratica non esiste realmente in musicologia, per la semplice ragione che questa disciplina interviene in ritardo sul terreno della riflessione teorica, e può quindi beneficiare dei vari apporti di una serie di discipline, fra le quali occupano un posto privilegiato la teoria letteraria e la filosofia della storia. La musicologia teorica può presentarsi come una risposta alla situazione attuale, caratterizzata da un'enorme produzione di ricerche specialistiche e da una relativa povertà di discussioni generali: una situazione che impedisce allo sguardo di rivolgersi altrove e suscita talvolta interessi abbastanza vaghi, ma riconduce sempre lo spirito al tavolo di lavoro, dove si accumulano estratti, monografie e altri materiali d'archivio.

Musicologia storica, etnomusicologia e teoria costituiscono tre subculture, ciascuna dotata della sua organizzazione professionale che afferma la perennità della propria distinta struttura sociale. La musica studiata dal musicologo ha spesso deformato l'orientamento da lui assunto, introducendo immancabili limitazioni nelle prospettive, nei metodi e negli obiettivi. Il prenderne coscienza ha rappresentato una prima tappa verso una riformulazione della musicologia, senza che ciò significhi necessariamente erigere delle barriere: al contrario, questa presa di coscienza tende a un arricchimento reciproco [Bergeron e Bohlman 1992; Qureshi 1995].

Seconda tappa: accettare che la musicologia non si riduca semplicemente all'elencazione in ordine cronologico di una serie di fatti. Essa implica l'elaborazione di una narrazione che mira a raggiungere una certa coerenza attraverso la selezione e l'organizzazione dei fatti. Questo atteggiamento, carico di senso politico per i musicologi di oltre-Atlantico, assume una diversa dimensione quando viene ricondotto su un altro terreno. Si prende coscienza di una molteplicità di sistemi di rappresentazione che si intrecciano: quello dell'autore, quello dell'ascoltatore e quello del musicologo. La narrazione rappresenta la mediazione indispensabile per fare opera storica e collegare in tal modo lo spazio di esperienza e l'orizzonte di attesa, muovendosi fra uno spazio di esperienza che evoca la molteplicità dei percorsi possibili e un orizzonte d'attesa che definisce un futuro attualizzato, non riducibile a una semplice derivata dell'esperienza presente. La presa in considerazione dell'aspetto interpretativo del discorso storico si accompagna a una rimessa in causa delle ambizioni nomologiche che avevano sedotto la musicologia, a suo tempo influenzata dalla scuola delle «Annales». Guidata dal concetto di appropriazione, la musicologia rivisitata giunge a collocare nel presente il baricentro della temporalità: la musicologia vuole agire sul presente. Grazie a questa prospettiva fanno ingresso nel discorso musicologico alcuni orientamenti nuovi, il piú vivace dei quali è indiscutibilmente quello dei «gender studies» [Solie 1993].

Ma la principale difficoltà della musicologia risiede nella definizione del proprio oggetto, una definizione di importanza tanto piú decisiva in quanto alcuni orientamenti concettuali – ad esempio l'ermeneutica – si presentano come un'interpretazione. La difficoltà di definire le capacità denotative e connotative della musica – una difficoltà che spiega il relativo insuccesso di certe teorie semiotiche e/o semantiche [Nattiez 1987] – rende impossibile il riferirsi a rapporti di causalità semplici. A partire dal momento in cui la musicologia riconosce di essere al lavoro su oggetti ideali, di natura piú simbolica che materiale; dal momento in cui essa prende coscienza che si sta appropriando di un oggetto indeterminato, diviene impossibile concepire un processo la cui linearità suggerirebbe l'esistenza di rapporti di causalità, in base ai quali i fenomeni antecedenti determinano e generano sistematicamente quelli successivi. Alcuni autori individuano delle emergenze, delle coerenze, delle contemporaneità che si rifiutano di considerare come attinenti a una problematica della causalità. Un simile atteggiamento non significa peraltro che in ogni istante tutto sia possibile, ma che la pluralità dei possibili e l'esistenza di determinati vincoli fanno sí che alcune possibilità si realizzino e altre no. Di qui l'introduzione del concetto di sub-determinazione, che indica al tempo stesso la pluralità dei possibili e l'esistenza dei vincoli.

Per elaborare un discorso come questo, la musicologia aveva bisogno anche di ripensare nozioni come quelle di evento e di contesto. Il rapporto fra la comprensione della totalità e la resa del particolare nella sua singolarità è al centro della riflessione storiografica attuale. Contrariamente alle teorie dello *Zeitgeist*, una certa musicologia cerca di mostrare che non esiste un contesto, ma esistono delle operazioni, delle procedure, delle esperienze di contestualizzazione che investono in modo parziale, specifico e relativo una parte del reale storico. Alcuni autori compiono uno spostamento dell'*événementialité* verso la sua traccia e i suoi eredi [Tomlinson 1992] e invitano a seguire le metamorfosi del senso nelle mutazioni e negli slittamenti successivi della scrittura storica fra l'evento e la situazione attuale. In altri termini, si interrogano sulle diverse modalità della costruzione e della percezione dell'evento a partire dalla sua trama testuale. Questi musicologi tendono a superare l'alternativa fra valorizzazione delle strutture e valorizzazione degli eventi. Cercano piuttosto di definire quella che il *new historicism* ha chiamato «poetica della cultura». L'onnipresente oscillazione fra approccio ermeneutico e approccio archeologico mostra fino a qual punto nessuno dei due sia in grado di soddisfare da solo un tentativo di ridefinizione della musicologia. Atteggiamento ecumenico, certo, ma che suggerisce un continuo arricchimento del pensiero.

Le "nuove" musicologie sembrano piú idonee delle precedenti a rispondere agli interrogativi attuali in quanto condividono, sul terreno della musicologia storica, le recenti preoccupazioni degli etnomusicologi [Jeffery 1992]. Nell'etnomusicologia, che spesso si trova ad affrontare una grande diversità di situazioni e di approcci, un'attenzione sempre piú viva viene rivolta ai fenomeni dell'esperienza. Per esperienza musicale gli etnomusicologi intendono una molteplicità di pratiche concernenti sia le abitudini e le tradizioni, sia le condizioni di produzione e i sistemi di rappresentazione. La musicologia storica si sta impegnando risolutamente su questa strada, e non a caso, poiché uno dei dibattiti piú appassionanti di filosofia dell'arte nel secondo dopoguerra è stato quello che ha visto misurarsi Adorno, Gadamer e Derrida sul problema dell'esperienza estetica.

A questi progetti, talvolta complessi, è stato mosso il rimprovero di non tradursi in una riformulazione radicale delle idee comunemente accettate. Si tratta di un giudizio come un altro, il quale non si sforza di capire che lo spostamento di prospettiva investe gli obiettivi stessi della musicologia, ricostruita nel quadro di un progetto mirante a una comprensione globale della cultura. Viene cosí battuto in breccia un altro concetto del pensiero musicologico ereditato dall'estetica idealista tedesca dell'Ottocento: quello dell'autonomia della musica. Questa nozione ha sempre messo in imbarazzo il musicologo, e sopravvive ancora in alcuni teorici della storia come Gadamer attraverso la valorizzazione della tradizione germanica. E anche se una certa sociologia l'ha espunta, essa persiste a livello mentale.

Dahlhaus fu, ancora una volta, il primo a sfidare questo concetto di autonomia, ma fu vittima del suo attaccamento ai valori gadameriani [Dahlhaus 1977]. Bisognerà attendere gli anni Novanta perché la critica sociale e letteraria delle logiche dominanti sfoci in una condanna delle logiche dell'alterità. La musicologia è stata per lungo tempo associata a tale logica, e questo legame dipendeva da una sistematica contraddizione nell'identificazione di sé e dell'altro. La produzione e la comprensione della musica hanno svolto il ruolo di istituzione culturale per perpetuare questa contraddizione. Lo stesso ruolo ha avuto la pregnanza del principio di forma, che relega tutto quanto è espressivo in una posizione di devianza controllata, aprendo un fossato fra conoscenza musicale e risposta musicale. Il progetto modernista consistette nel percorrere questo fossato senza mai tentare di costruire un ponte fra le due rive. Fu evidentemente difficile rimediare a questa situazione, anzitutto perché il discorso modernista non ha scoperto alcuna alternativa efficace alla propria formulazione, e in secondo luogo perché esso ha ottenuto un certo successo e ha rapidamente sostituito la metafisica ottocentesca con la fenomenologia.

Neanche il progetto postmoderno può porre rimedio a questa situazione [Treitler in Solie 1993]: la logica dell'alterità è persistente. Ma il progetto postmoderno opera in modo da riconoscere la fantasia, capace in ogni momento di aprirsi a una logica piú flessibile, plurale e contingente. Discorso caotico, certo, ma che si rifiuta di ammettere che l'esperienza musicale sia organizzata secondo principî strutturali ed estetici, per ammettere piuttosto che essa sia regolata – per riprendere un termine della fisica – da un "attrattore strano". Un simile orientamento implica evidentemente una ridefinizione dell'esperienza estetica, reintegrata nella sua sovranità.

Potrà sembrare a qualcuno che questa musicologia non sia tale da sconvolgere fondamentalmente le pratiche. Ma un'analisi del sistema di causalità adottato, dei procedimenti di contestualizzazione, dei preconcetti estetico-filosofici, della scelta degli argomenti, delle attuali implicazioni del lavoro compiuto dimostrerebbe agevolmente il rifiuto di attingere all'alterità. La musicologia rischia sovente di sclerotizzarsi e di chiudersi in se stessa: il rifiuto della differenza epistemologica in nome di canoni procedurali approfondisce continuamente il solco fra la musicologia e la comunità dei lettori. Resta comunque assai elevato il pericolo di favorire l'analisi delle conseguenze di una situazione storica piú che non l'analisi della situazione stessa; nel campo del diritto, ciò equivale a giudicare le conseguenze di un atto e non l'atto medesimo. Due atteggiamenti radicalmente opposti, in grado da soli di esprimere sinteticamente la fondamentale differenza che anima il diritto e le scienze umane sulle due sponde dell'Atlantico.

Adler, G.

1885 *Umfang, Methode und Ziel der Musikwissenschaft*, in «Vierteljahrschrift für Musikwissenschaft», I, pp. 5-20.

Allen, W. D.

1962 *Philosophies of Music History. A Study of General Histories of Music. 1600-1960*, Dover, New York (2ª ed.).

Bent, I.

1994 *Music Analysis in the Nineteenth Century. Hermeneutic Approaches*, Cambridge University Press, Cambridge.

Bergeron, K., e Bohlman, Ph.

1992 (a cura di), *Disciplining Music: Musicology and its Canons*, The University of Chicago Press, Chicago Ill.

Corre, Ch.

1996 *Écritures de la musique*, Presses Universitaires de France, Paris.

Dahlhaus, C.

1977 *Grundlagen der Musikgeschichte*, Gerig, Köln (trad. it. *Fondamenti di storiografia musicale*, Discanto, Fiesole 1980).

Goehr, L.

1992 *The Imaginary Museum of Musical Works. An Essay in the Philosophy of Music*, Oxford University Press, Oxford.

Jeffery, P.

1992 *Re-envisioning Past Musical Cultures: Ethnomusicology in the Study of Gregorian Chant*, The University of Chicago Press, Chicago Ill.

Katz, R.

1986 *Divining the Powers of Music. Aesthetic Theory and the Origins of Opera*, Pendragon Press, New York.

Kerman, J.

1985 *Contemplating Music. Challenges to Musicology*, Harvard University Press, Cambridge Mass.

Lenneberg, H.

1988 *Witnesses and Scholars. Studies in Musical Biography*, Gordon and Breach, New York.

Nattiez, J.-J.

1987 *Musicologie générale et sémiologie*, Bourgois, Paris (trad. it. *Musicologia generale e semiologia*, Edt, Torino 1989).

Noiriel, G.

1996 *Sur la «crise» de l'histoire*, Belin, Paris.

Owens, J. A.

1990 *Music historiography and the definition of «Renaissance»*, in «Notes», XLVII, n. 2, pp. 305-30.

Page, Ch.

1993 *Discarding Images. Reflections on Music and Culture in Medieval France*, Oxford University Press, Oxford.

Qureshi, R. B.

1995 *Music anthropologies and music histories: a preface and an agenda*, in «Journal of the American Musicological Society», XLVIII, n. 3, pp. 331-42.

Shepherd, J., e Wicke, P.

1997 *Music and Cultural Theory*, Polity, Cambridge.

Solie, R. A.

1993 (a cura di), *Musicology and Difference: Gender and Sexuality in Music Scholarship*, University of California Press, Berkeley.

Thomas, D.

1995 *Music and the Origins of Language*, Cambridge University Press, Cambridge Mass.

Tomlinson, G.

1992 *Music in Renaissance Magic: Toward a Historiography of Others*, The University of Chicago Press, Chicago Ill.

Treitler L.

1989 *Music and the Historical Imagination*, Harvard University Press, Cambridge Mass. - London.

Vendrix, Ph.

1993 *Aux origines d'une discipline historique. La musique et son histoire en France aux* XVIIème *et* XVIIIème *siècles*, Droz, Genève.

1999 *La musique à la Renaissance*, Presses Universitaires de France, Paris.

Wangermée, R.

1951 *François-Joseph Fétis, musicologue et compositeur*, Académie royale de Belgique, Bruxelles.

Weber, W.

1989 *Mentalité, tradition et origines du canon musical en France et en Angleterre au* XVIIIème *siècle*, in «Annales Économies Sociétés Civilisations», n. 4, pp. 849-873.

Weller, Ph.

1993 *Discarding Images. Reflections in Music and Culture in Medieval France*, Oxford University Press, Oxford

1997 *Frames and images: locating music in cultural histories of the Middle Ages*, in «Journal of the American Musicological Society», L, n. 3, pp. 7-54.

MICHELA GARDA

Storia del bello musicale

Chi apprezza una musica dice che è bella. Con questo aggettivo si manifesta un sentimento legato intimamente alla temporalità. Se Faust desiderava fermare il tempo per prolungare la pienezza assoluta di un attimo implorando «Fermati dunque sei cosí bello», l'ascoltatore al contrario desidera che la musica non si fermi mai, per dilatare all'infinito nel tempo musicale il piacere della bellezza. Quando nell'uso comune si dice bella una melodia, si apprezza la dimensione superficiale della musica che in molte metafore poetiche e visive viene paragonata alla bellezza femminile [Dahlhaus e Eggebrecht 1985, trad. it. p. 119]. Storicamente, infatti, bellezza musicale e bellezza femminile sono state spesso chiamate l'una a illuminare l'altra, celando proprio dietro questo reciproco richiamo il peculiare segreto della loro unicità [Green 1997, pp. 1-3]. L'uso di definire bella una musica che diletta e si accorda ai propri criteri estetici è sopravvissuto alla fede in un bello metafisico, trascendente e assoluto, che costituisca una regola per discernere il bello incarnato nella materia corruttibile. Questo giudizio, che si pretende universale nell'urgenza dell'espressione, si sa invece condiviso soltanto dalla comunità del gusto, grande o piccola, a cui si appartiene. Dunque la storia dell'idea del bello musicale dovrebbe coincidere con la storia degli ideali estetici che si sono via via succeduti nel corso dei secoli. Nella riflessione estetica, tuttavia, la storia dell'idea del bello abbraccia un campo assai piú ampio di quello dei criteri normativi e comprende di volta in volta la definizione del significato e della relazione della musica rispetto alle altre arti.

Nella cultura sette-ottocentesca il bello visivo ha un carattere primario rispetto a quello sonoro. Alla fine dell'Ottocento la gerarchia tra il senso della vista e quello dell'udito, figlia del dibattito settecentesco sulle arti sorelle prima e della filosofia idealista poi, è attestata nella voce «schön» del dizionario dei fratelli Grimm. Qui, appellandosi a una dubbia etimologia, l'aggettivo tedesco *schön* (bello) viene ricondotto al verbo *schauen* (guardare); il suo significato risulta cosí legato alla vista: in origine bello sarebbe stato ciò che appare, che si impone allo sguardo per chiarezza e luminosità. In seguito, in uno stadio culturale piú raffinato, il suo significato sarebbe passato a quello di forma la cui apparenza suscita piacere, in primo luogo dunque la figura umana e soprattutto quella femminile. Il bello sonoro risulterebbe, per estensione, dal chiamare belle le impressioni degli altri sensi e quindi anche quelle uditive. Questa falsa etimologia attira l'attenzione su un aspetto che caratterizza la concezione occidentale del bello: la primarietà del bello visivo rispetto a quello uditivo. Dal semplice punto di vista intuitivo la visione del bello ha un carattere abbagliante, proprio come pensavano i Grimm. Lo sguardo indugia per prolungarne il piacere e per cercare le ragioni della sensazione gradevole suscitata da una presenza immediata. Il bello sonoro si dispiega invece nel tempo e comporta l'intervento della memoria che ricostruisce l'oggetto sonoro nella mente. Il prevalere del paradigma della bellezza visiva su quella uditiva presuppone che nella distinzione tra bello naturale e bello artistico, affermatasi nella tradizione estetica da Baumgarten in poi, prevalga il modello del secondo sul primo: nei sistemi estetici sette-ottocenteschi il bello sonoro compare infatti sotto specie di bello d'arte, mai come bello naturale. Musica e poesia sono arti che necessitano di una rappresentazione: esse vanno realizzate per mezzo della lettura, sia essa da voce alta o silenziosa, e dell'esecuzione musicale; la loro bellezza si rivela nella concretizzazione dell'opera che è alla base del processo interpretativo. Questa concezione del bello è figlia di una civiltà della scrittura, la cui estetica si basa sulla disponibilità di un testo scritto. La bellezza del suono, che gode della stessa immediatezza della bellezza visiva, risulta collocata ai margini del codice etico-estetico: il piacere sonoro nasce simultaneo alla sensazione uditiva ed è indipendente dalla forma semplice o complessa, razionale o irrazionale della musica.

1. *Antichità*.

La distinzione greca tra bello visibile, che appare (*faneron*), e bello invisibile, interiore (*afaneron*) applicata a eventi acustici indica proprio questa opposizione tra bello immediato o mediato. Ciascuno comporta una forma diversa di piacere: l'uno sollecita i sensi l'altro l'intelletto. Questa opposizione costituisce un filo rosso attraverso tutta la storia del bello musicale da Platone ai giorni nostri.

Anche se all'origine della civiltà occidentale si ipotizza che a una fase tattile-visiva sia seguita una fase acustica [Agamben 1977, p. 189; Bologna 1983, p. 44], nella Grecia arcaica oggetti visivi ed eventi uditivi ottengono a pari dignità l'appellativo di bello. Omero impiega questo aggettivo tanto per uomini e dèi, quanto per singole parti del corpo, fra le quali compare anche la voce. In una civiltà orale come quella greca fino al IV secolo [Havelock 1963] la dimensione sonora è una qualità prevalente della parola che nel suono emana un "incanto", ossia esercita un peculiare potere seduttivo. La bellezza sonora è una qualità del discorso detto che si attesterà nella tradizione retorica con il nome di eufonia. Nel greco classico, inoltre, si incontra il termine *callifonia*, contrario di *kakofonia* che designa invece il suono brutto e aspro che offende le orecchie. Con il verbo *callifoneo* si indicava sia l'eleganza del discorso sia la bella sonorità che ne scaturisce; essa seduce l'ascoltatore come il canto delle sirene soggiogava i marinai (*Thesaurum*). Euripide impiega il raro epiteto di *callifthongos* (*pulchrum reddens sonum*, dal bel suono) riferito alla citara e al canto. Platone per primo ha indicato come categoria unitaria «il bello della vista e dell'udito» illustrando nell'*Ippia Maggiore* le concezioni del bello correnti alla sua epoca.

Benché in generale l'arte figurativa e la poesia greca siano improntate al paradigma visivo della bellezza umana e quindi al bello naturale, a partire dalle prime speculazioni pitagoriche, databili intorno al v secolo e ai primi decenni del IV, si elaborano criteri oggettivi per definire il bello, quali ordine, simmetria e armonia, che scaturiscono dalla speculazione musicale. Sebbene questi criteri si possano illustrare in maniera intuitiva appellandosi alla bellezza naturale, essi riguardano la *ratio* intelligibile del bello che viene assunta a fondamento dell'impressione uditiva e sensibile. Nella cultura greca l'idea del bello si afferma come categoria metafisica e non estetica sia nelle speculazioni pitagoriche sia nei dialoghi platonici. In questi, inoltre, si ritrova una critica serrata ai criteri soggettivistici del bello sostenuti soprattutto dai sofisti, che lo facevano dipendere dalla cultura e dai costumi (*Ippia Maggiore*). Il bello platonico, inteso come idea che trascende le manifestazioni concrete rilevate dalla sensazione, sarà un punto di riferimento costante di tutta la speculazione successiva e l'unico argomento in grado di reggere alle critiche corrosive di coloro che di volta in volta si presenteranno come i sostenitori del bello sensibile: platonici saranno, infatti, gli argomenti addotti nel Seicento contro il pirronismo, nel Settecento per fronteggiare la grande crisi dell'universalità del bello e nell'Ottocento per restituirgli la supremazia sul sublime. Il bello metafisico, tuttavia, è una categoria autonoma solo in parte, in quanto per fondarlo è necessario un riferimento all'etica. Nei vari dialoghi platonici in cui si tocca il problema della bellezza si delineano le diverse forme in cui il bello trova la sua legittimazione ultima nel bene. Nel *Filebo* (64e-65a) la bellezza è una delle tre caratteristiche del bene assieme a proporzione e verità. L'idea del bello, inoltre, rappresenta la via maestra verso il bene secondo gli insegnamenti di Diotima ricordati da Socrate nel *Simposio* (211c-d). Il fine ultimo dell'educazione musicale risiede proprio nel risvegliare l'amore per il bello e avviare l'uomo alla contemplazione del bene (*Repubblica* III, 403c). La musica in particolare, nel senso originario della parola greca *mousiké* che comprendeva suono, parola e movimento [Pretagostini 1997], ha il potere di educare al bello grazie alla sua capacità di trasmettere all'anima ritmi e armonie basate sui princìpi di ordine e simmetria e di conferirle cosí un'armoniosa bellezza. Qui la dottrina platonica, nel recepire e tramandare la teoria dell'*ethos* musicale associata soprattutto a Damone di Atene [Wallace 1995], riconduce la bellezza musicale a una scelta medica ed etica. A differenza delle teorie razionalistiche pitagoriche la dottrina damoniana era il frutto di una viva sperimentazione musicale nell'ambito della percezione (*aisthesis*) e dell'esperienza (*peira*). Secondo questa teoria il musico doveva preferire quegli aspetti della sua arte dotati di una funzione pedagogico-politica, ossia in grado di riportare all'ordine e quindi al benessere l'animo turbato del cittadino e di metterlo in grado di partecipare alla vita della *polis*. Belle dunque erano definite le musiche che sortivano un effetto positivo sull'animo umano. Già due secoli prima di Platone, Anacreonte, incitando alla moderatezza simposiale, suggeriva di bere a piccoli sorsi allietati da canti belli, quelli cioè in grado di favorire la moderazione [Rossi 1988, pp. 238-239]. Nella dottrina platonica elementi damoniani e pitagorici vengono in contatto e contribuiscono al sincretismo post-platonico, che porterà all'inizio del III secolo a un pieno accoglimento della teoria dell'*ethos* nella speculazione pitagorica [Wallace 1995]. Nel *Timeo* è ben visibile a quale livello si incontrano la concezione metafisica e quella etica del bello. In questo dialogo Platone illustra il proprio modello cosmologico in una versione che risente piú profondamente della tradizione pitagorica rispetto a quella offerta nel mito di Er, nel libro X della *Repubblica*. Ispirandosi a un modello eterno, il demiurgo crea il mondo secondo ordine e bellezza, quindi - pitagoricamente - secondo proporzioni numeriche. La relazione tra bellezza cosmologica e bellezza e salute del corpo e dell'anima si instaura soltanto discendendo dai fondamenti del mondo ai principî della medicina: tanto nel cosmo quanto nel corpo e nell'anima umana la simmetria è il fondamento di ciò che è bello e sano (*Tim.* 87c). Se nel cosmo ordine, simmetria e dunque bellezza sono qualità costitutive ed eterne, nel corpo e nell'anima la salute e la bellezza sono il risultato di un'accorta educazione e di mirate cure mediche, qualora all'equilibrio dell'organismo subentri uno stato di disordine (*Tim.* 88c). La bellezza musicale dunque per Platone non è che un riflesso del suo fine ultimo, quello di risvegliare nell'uomo l'amore per il bello avviandolo cosí alla contemplazione del bene. Questa concezione pedagogica del bello viene ribadita da Platone nel libro II delle *Leggi*, dove egli affronta l'argomentazione in senso inverso, partendo dal problema estetico e non paideutico. L'argomento è risolto in poche battute:

> tutte le figure e le melodie che esprimono virtú del corpo e dell'anima, sia quella direttamente presente, sia indirettamente nelle riproduzioni, sono tutte belle; quelle che esprimono il vizio sono brutte (*Leggi* 655b).

Il discorso, come osserva uno dei protagonisti del dialogo, gira in tondo. Anche Aristotele affronta il problema del bello musicale dal punto di vista paideutico (*Politica* VIII), ma gli conferisce tutt'altra autonomia collocandolo nella dimensione dell'ozio, inteso come nobile svago dedito ad attività che hanno il fine in se stesse. L'educazione musicale, infatti, appartiene alla sfera di quanto non è utile né necessario, ma «liberale e bello». Bello quindi è un predicato dell'arte dei suoni in sé riferita alla sua natura libera e non vincolata da un fine, antico fondamento teoretico del concetto generale delle belle arti che in origine si addiceva soltanto alla musica: non solo, infatti, va appreso come si deve bene operare, ma anche come si deve stare in ozio con nobiltà. Ecco quindi che nella filosofia aristotelica, che ricalca con piú libertà la tradizione damoniana trasmessa da Platone, il bello guadagna una piú ampia autonomia pur circoscritto dai dettami dell'etica musicale.

Nelle *Enneadi*, Plotino presenta per la prima volta alcuni principî che rimarranno indiscutibili fino all'Ottocento. Egli mette infatti in relazione la concezione del bello elaborata da Platone nel *Simposio*, come iniziazione alla bellezza eterna e quindi al bene, con l'idea di una partecipazione dei singoli corpi all'idea di bellezza (*Enn.* I, 6, 1.6). Mentre Platone aggirava il problema del bello riconducendolo a quello del bene, Plotino instaura un rapporto di natura sostanziale tra il bello e i singoli oggetti, siano essi d'arte o di natura. Il libro VI delle *Enneadi*, dedicato alla bellezza, comincia con un'enumerazione dei fenomeni che vengono definiti belli nell'ambito del sensibile, la cui bellezza va riportata sí a quanto la precede e la fonda, ma ne costituisce al contempo una qualità immanente. Si afferma qui in maniera inequivocabile anche la primarietà del bello visivo su quello uditivo, a sua volta distinto in eufonia delle parole e bello musicale propriamente detto. A queste due categorie Plotino aggiunge il bello nei costumi, nelle azioni, negli atteggiamenti e nella scienza, ordinando cosí il paradigma sistematico del bello che rimarrà normativo fino a Baumgarten (*Enn.* I, 1). Plotino mette in discussione la tradizione pitagorica che individua il criterio primario di bellezza in un principio numerico-proporzionale. Se la bellezza è partecipazione e quindi somiglianza «tra le cose di quaggiú e le cose belle di lassú» tanto che l'anima scorgendo «la traccia di tale affinità, se ne allieta [...] e sale al ricordo di sé e di ciò che le appartiene» (*Enn.* I, 6, 2.10), non solo il composto deve essere bello, ma anche le parti, il semplice. La conseguenza di questo principio è un'estetica della luce e del colore che avrà nel Medioevo un notevole sviluppo [Eco 1987, pp. 55-65], ma altresí un'estetica musicale che legittima il bagliore di eternità racchiuso nel singolo suono. Se si passa dal semplice al composto, però, un altro principio interviene a sostituire quello proporzionale: l'idea di una forma che unisce in un tutto la molteplicità delle parti. A differenza della dottrina pitagorica che vedeva la bellezza nella presenza di un *logos* numerico, Plotino introduce il principio della forma come processo attraverso cui l'idea plasma un corpo alla bellezza (*Enn.* I, 6, 2.12). Nell'applicare alla musica questo principio, basato sull'idea di forma e quindi di figura, Plotino è costretto comunque a ritornare alla nozione di armonia e quindi ai rapporti proporzionali:

> Nel campo dei suoni, vi sono delle armonie che sono mute ai sensi, eppure sono fonte delle armonie manifeste; e in questo modo consentono all'anima l'intelligenza della bellezza, in quanto rivelano l'identico nel diverso. Ne segue ch'è proprio delle armonie sensibili l'esser misurate da una legge d'armonia, in un rapporto che non è generico ma tale che sia docile alla creazione ideale e al tema dominante.

Per Plotino la musica partecipa della potenza creatrice che considera e contempla nel mondo intelligibile la proporzione e la bellezza che regna nel tutto (*Enn.* V, 11.42). Nasce cosí l'idea dell'arte musicale specchio dell'armonia universale, un'idea destinata a dominare non soltanto il Medioevo latino, ma a passare nell'età moderna attraverso Athanasius Kircher e Keplero per giungere fino a Leibniz [Spitzer 1963].

2. *Medioevo e Rinascimento.*

Il tramite attraverso cui questi principî passano nella tradizione dell'Occidente cristiano è in primo luogo Agostino. Fedele al versetto sapienziale «Sed omnia in mensura, et numero, et pondere disposuisti» (*Sapienza* XI, 21) e alle letture plotiniane, Agostino concepisce il creato come un ordine disposto e governato da Dio (*De ordine*). L'uomo ne riconosce la bellezza attraverso un'ascesa progressiva dell'anima dal disordine del molteplice fino all'unione con l'uno divino, principio dell'ordine e dell'universo. Aritmetica, geometria, musica e astronomia dischiudono all'uomo «la sorgente e lo stesso penetrale» dell'ordine cosmico (*De ordine* II, 5.14). La via alla vera sapienza è tuttavia un'ascesa verso la bellezza divina, un cammino intellettuale e morale che parte dalle tracce della bellezza che colgono i nostri sensi per salire, guidati dalla ragione, i gradini costituiti dalle discipline quadriviali fino alla contemplazione delle realtà divine. La codificazione dell'*ordo studiorum* romano, come autentica via alla bellezza e alla sapienza e quindi la supremazia della ragione sul senso, non implicano ancora in Agostino la riduzione della dignità della musica alla sua sola dimensione razionale, teorica. Il cammino della ragione prende inizio nel mondo concreto, attraverso la mediazione dei sensi della vista e dell'udito che «possiedono alcune tracce della ragione». Essi sono il "doppio messaggero" della mente sottoposto alle necessità del corpo. Nel *De ordine* il piacere dei sensi della vista e dell'udito manifesta un bagliore della bellezza superiore (*De ordine* II, 11.34). È a partire dalla connessura tra senso e ragione che Agostino indica la via del distacco. Nelle *Confessioni* l'ascesi individuale è il risultato di una spietata lotta contro la concupiscenza della carne e pertanto anche contro le lusinghe dell'udito. Nel capitolo 23 del libro X si trovano *in nuce* tutti i dissidi che la bellezza sensibile della musica susciterà nella coscienza religiosa occidentale, dando luogo a rinnovate quanto inascoltate condanne e censure della musica da parte della Chiesa: il Concilio di Tours nell'813, la bolla di papa Giovanni XXII nel 1322, promulgata per arginare le inebrianti innovazione dell'*Ars nova*, fino al Concilio di Trento e al movimento ceciliano. Non v'è riconoscimento piú palese del potere seduttivo della bellezza musicale e del suo appello immediato al corpo dei timori espressi dai Padri della Chiesa, mitigati soltanto in coloro che, come Agostino, intuiscono l'opportunità di sfruttare l'effetto della bellezza musicale per la causa della religione (*Confessioni* X, 23). Nel *De ordine* lo studio, accompagnato dal piacere della felice contemplazione conduce al distacco dai sensi; ecco dunque che la ragione dopo lo studio della grammatica, della retorica e della dialettica si eleva alla contemplazione delle realtà divine e soprattutto desidera «la bellezza, che può essere vista direttamente e semplicemente senza questi occhi». La musica dunque, partecipe del senso e dell'intelletto, scopre la presenza e lo splendore dei numeri divini ed eterni in tutte le cose, di fronte ai quali la materia sensibile delle voci impallidisce (*De ordine* II, 15.41). La via alla bellezza e alla sapienza che la ragione individua nell'ambito della disciplina musicale è indagata in maniera piú particolareggiata nel *De musica*. La definizione di musica che compare nel libro I, «musica est scientia bene modulandi» (*De musica* I, 13.28), dispiega il proprio significato soltanto nell'ultimo: i ritmi che la ragione scopre nella musica sensibile e trattiene grazie alla memoria sono superiori in bellezza, perché imitano l'uguaglianza immutabile ed eterna. Nella bellezza intelligibile della musica si dischiude il senso dell'armonia del mondo, del riverbero del mondo intelligibile in quello sensibile e della loro intima e indissolubile connessione:

> E quali cose sono superiori, se non quelle nelle quali permane la somma, indiscussa, immobile eterna uguaglianza? Dove non si trova il tempo, perché nulla è mutabile, e da dove i tempi sono costruiti, ordinati e misurati a imitazione dell'eternità, mentre il giro del cielo ritorna all'identico e obbedisce alle leggi dell'uguaglianza, dell'unità e dell'ordine, con i giorni, i mesi, gli anni, i lustri e gli altri movimenti orbitali delle stelle. Cosí le cose terrene, sottomesse a quelle celesti, uniscono in una ritmica successione le orbite di propri tempi come in un poema dell'universo (*De musica* VI, 11.29).

Il fatto che le riflessioni intorno alla musica dei filosofi e teorici tardo-antichi fossero confinate in trattati specialistici come il *De musica* di Boezio, o di carattere enciclopedico come le *Institutiones* di Cassiodoro e gli *Etymologiarum sive originum libri XX* di Isidoro di Siviglia, fece sí che nel Medioevo l'interesse speculativo si focalizzasse sulla dimensione teorica e razionale della musica con la conseguente progressiva svalutazione della pratica musicale. Una volta codificata la gerarchia inaugurata da Boezio di musica mondana, umana e strumentale, la bellezza della musica venne ricondotta quasi esclusivamente al principio pitagorico-platonico del numero e delle proporzioni rispecchiata nella meravigliosa corrispondenza con l'armonia del cosmo e dell'anima umana.

L'estetica greca della proporzione domina la filosofia medievale, spesso ridotta alla sola longeva metafora della musica come specchio dell'armonia universale. Soltanto con la nascita di veri e propri trattati di composizioni che ampliano o affiancano il canone della teoria musicale si pone il problema del bello inteso come norma estetica e si mette tra parentesi il suo fondamento metafisico e trascendente che rimaneva, e non poteva essere altrimenti, quello della *proportio*. Già nel XII secolo compare la parola "bello" come criterio di scelta fra diverse soluzioni sonore: cosí l'*organum* rispetto al *cantus* deve trovarsi in precise relazioni intervallari «quia pulchrius sonat» rispetto ad altri e «quia male sonat» [Eggebrecht 1991, trad. it. p. 35], inoltre nel cosiddetto trattato de Lafarge si consente l'aggiunta di melismi alla fine di una clausula del *discantus* per accrescerne la bellezza e la raffinatezza [*ibid*., trad. it. p. 52]. Qui il giudizio sensibile sottintende la legittimità del piacere come fine se non primario almeno secondario del canto. Se la rigorosa fattura di un canto è il criterio secondo il quale si misura l'arte, la sua bellezza è indice della raffinatezza dell'artefatto, ne è *ornamentum*. Nel XIV secolo la polemica sull'*Ars nova* rivela l'affiorare di criteri estetici moderni come novità e complessità, nati dalla pratica musicale e dalla sua evoluzione storica. Ai riflessi di una coscienza estetica che scaturisce dalla pratica compositiva si accompagna una maggiore libertà nel celebrare "la dolcezza" dei suoni, secondo un termine che già Agostino aveva impiegato per esprimere la peculiare bellezza sensibile del suono e il suo inevitabile effetto sull'animo. La lode alla dolcezza dei suoni si fa strada tra l'enumerazione dei meravigliosi effetti della musica, che la tradizione medico-magica ha accumulato sui vantaggi educativi descritti da Platone. Il criterio del piacere estetico compare come timida qualità inutile fra le *mirabilia* promesse dagli oltremontani. Johannes de Muris [Gerbert 1905, vol. III, pp. 195-96] e, piú di un secolo dopo, Johannes Tinctoris [Zanoncelli 1979] appaiono fin troppo solerti nell'enumerare effetti di cui non si curavano affatto nella pratica per giungere infine a quella *dulcedo* che gli stava troppo a cuore. Mentre Marchetto da Padova fin dall'inizio del Trecento sa trovare una felice sintesi tra bello trascendente e diletto uditivo, tra giudizio dei sensi e *ratio* sovrasensibile, sciogliendo la tensione ascetica che da Agostino in poi li aveva separati: «tra tutte le piante la musica è la piú ammirevole: i suoi rami hanno belle proporzioni secondo i numeri; i suoi frutti sono le dolci armonie prodotte da queste consonanze». Nel sistema di Marchetto belle sono inoltre le dissonanze (terze, seste e decime secondo la sua classificazione) in quanto conducono alla maggior bellezza e perfezione delle consonanze perfette come la quarta, la quinta e l'ottava (*Lucidarium* 2.5.20). Da Marchetto in poi la classificazione e la definizione di dissonanza e consonanza rappresenta il punto in cui si incontrano musica speculativa e musica pratica. Consonanza e dissonanza sono fenomeni acustico-percettivi, anche se riconducibili a criteri aritmetico-proporzionali; una corretta successione di intervalli consonanti e dissonanti costituisce inoltre la sostanza della composizione polifonica: la bellezza dunque non è soltanto il riflesso della bellezza intellegibile che l'intelletto coglie nell'opera musicale, come nel cosmo o nell'armonia del corpo umano, ma vi è oltre ad essa una bellezza della musica sonora, una sorta di colore della sua superficie sensibile. «Musica colorata» aveva proposto Marchetto di chiamare la *musica ficta* (Pomerium). Anche per Gioseffo Zarlino [1558, p. 155] i colori sono la metafora che consente di spiegare la "vaghezza" delle consonanze che si allontanano dalla dupla, ossia l'ottava, e sono definite da rapporti proporzionali piú piccoli come la quinta e la quarta. Tanto piú vaghe sono le consonanze, sostiene Zarlino, tanto piú si dipartono dalla semplicità, che di rado costituisce per l'uomo un diletto, proprio come i colori "misti" come il verde, il rosso e l'azzurro sono piú vaghi e dilettevoli del nero e del bianco. La varietà e il genere misto valgono tanto piú come criterio generale di bellezza per valutare un'intera composizione:

> Percioche se bene il contrapunto si compone principalmente di consonanze; nondimeno per accidente anco si compone di dissonanze; accioche sia piú allegro e piú bello [*ibid.*, p. 157].

Come debba essere assortita la successione di consonanze e dissonanze è materia dei precetti compositivi: la bellezza di una composizione polifonica è definita da regole, basate sul criterio generale appena esposto della varietà e soprattutto su ragioni particolari ascrivibili in origine al maggior o minor diletto che recano certi suoni all'udito, ma ben presto cristallizzati in criteri assoluti e indiscutibili:

> Et benche io habbia detto, che nelle compositioni si usino principalmente le Consonanze, et dipoi per accidente le Dissonanze; non si debbe per questo intendere, che si habbiano a porre ne i Contrapunti, o Compositioni, come vengono fatte, senza alcuna regola, et senza alcuno ordine: percioche ne seguirebbe confusione: ma si deve auertire di porle con ordine, et con regola; acciò il tutto torni bene. Ma si debbe sopra 'l tutto hauer riguardo (oltre l'altre) a due cose; nelle quali (per mio giuditio) consiste tutta la bellezza, tutta la leggiadria, et tutta la bontà di ogni compositione; cioè alli Mouimenti, che fanno le parti della cantilena ascendendo, et discendendo per mouimenti simili; ouero contrarij: et alla collocatione delle consonanze ai luoghi proprij, nelle harmonie [*ibid.*, p. 173].

Per la teoria del contrappunto cinquecentesco da Zarlino a Giovanni Maria Artusi la bellezza diventa eleganza, osservanza di una precettistica che risulta fondata invero piú su ragioni storiche che formali:

> Queste Regole adunque porrò io conseguentemente per ordine, et porrò la sua dichiaratione; con la quale verrò a mostrar quello, che si hauerà da fare, et con ragioni euidenti mostrarò, in tal maniera si haueranno da intendere, aggiungendouene etiandio alcune altre, che saranno non solo utili; ma anco necessarie molto a tutti coloro, che desidererano di ridursi in un modo regolato, et ordine buono di comporre dottamente ed elegantemente, con buone ragioni: et buoni fondamenti, ogni cantilena: Et per tal modo ciascuno potrà conoscere in qual parte haurà da collocare le Consonanze, et le Dissonanze [*ibid.*, p. 173].

All'inizio del Seicento l'affermazione dell'espressione degli affetti come criterio estetico immanente incrina l'ideale di bellezza ed eleganza basata su ragione e tradizione che aveva retto la prassi contrappuntistica cinquecentesca. La musica pratica è accolta sí nella nuova cerchia delle "belle arti", ma subordinata alla poesia e al suo fine di rappresentare gli affetti. È questo il senso della nuova *querelle* tra antichi e moderni consumata tra Gian Maria Artusi e Monteverdi. L'ultima parola pronunciata dal fratello del compositore, Giulio Cesare Monteverdi, sposta il baricentro estetico per la prima volta dalla bellezza formale all'espressione degli effetti, sacrificando con ciò inevitabilmente l'autonomia della musica all'"orazione". Con tanta piú decisione si afferma questa rivoluzione negli scritti in appoggio alla pratica della monodia: nati in cultura classicheggiante, nutrita dalla fiducia umanistica nella superiorità della parola, dallo stesso Monteverdi a Giulio Caccini, Vincenzo Galilei, Giovanni Bardi si leva un coro unanime in favore di un'ideale antico di sintesi tra musica e poesia, in cui la prima serve e sostiene il compito della seconda. Bellezza, vaghezza e leggiadria scompaiono dai discorsi sulla musica sopraffatti dall'impero dell'espressione; ma nello stile compositivo ed esecutivo il bello si nasconde sotto gli pseudonimi di semplicità e naturalezza che, opposti ad artifizio, diventano le parole d'ordine dell'estetica moderna.

3. *XVII e XVIII secolo*.

Per tutto il Seicento nell'estetica filosofica si mantiene inalterata, tanto in filosofi come Mersenne e Cartesio quanto in musicografi come Kirchner, la fiducia nella corrispondenza tra armonia universale, umana e musicale che culmina già a Settecento inoltrato nella fondazione leibniziana di questa corrispondenza in un'attività inconsapevole della mente («exercitium arithmeticae occultum nescientis se numerari animi» [Leibniz 1906, p. 132]). A livello invece della teoria delle belle arti la musica risulta assoggettata al paradigma retorico della parola, sintetizzata nel motto oraziano «ut pictura poesis». Il criterio del bello musicale si risolve cosí nella maggiore o minore aderenza al testo poetico. Se le rivoluzioni dell'opera in musica testimoniano un gusto per il bello sensibile e voluttuoso, nelle testimonianze scritte lo si ritrova soltanto *ex negativo* nelle censure dei letterati che bollano il diletto dei sensi e auspicano un ritorno a un corretto e razionale rapporto tra arte dei suoni e della parola, ossia al predominio della parola sulla musica.

Verso la fine del secolo la «querelle des anciens et des modernes» scoppiata in Francia costituí una tappa fondamentale nella fondazione della coscienza estetica e storica moderna con la legittimazione dell'idea di *beau relatif* che minacciava la fede classicistica nell'idea di un bello oggettivo, universale e razionale [Jauss 1964]. La risonanza che le tematiche di carattere estetico e storico sollevate dall'acceso dibattito tra Boileau, Madame Dacier, Houdar de La Motte, Terrason ebbero nel discorso intorno alla musica nel corso del Settecento furono di grandissima portata [Garda, Jona e Titli 1989]. Innanzitutto si giunse poco a poco a liquidare l'idea di perfezione musicale conservata in una concezione mitica della musica antica e a radicare il concetto di bello in quello di gusto. L'idea della relatività del bello anticipata dall'estetica di Perrault forní gli strumenti concettuali per affrontare l'esperienza dell'alterità storica e geografica delle manifestazioni musicali, scoperte attraverso le relazioni di viaggio nei paesi extraeuropei, e le prime indagini sulla storia della musica. Proprio nell'estetica francese di primo Settecento, impegnata nella costruzione di un sistema abbastanza articolato per resistere al processo di relativizzazione del bello, si aprí lo spazio per una definizione autonoma del bello musicale. Nel 1715 il gesuita Yves-Marie André delinea in un *Essai sur le Beau* una triplice differenza tra bello essenziale, universale e autonomo, bello naturale, indipendente dall'opinione degli uomini ma creato direttamente da Dio, e bello d'istituzione umana, ossia arbitrario. A questa grande tripartizione del concetto di bello si interseca poi quella tra bello sensibile e intellegibile che permette di passare dall'ambito della sensazione (sia pure quella recepita dai due sensi superiori) al dominio artistico vero e proprio. Se quindi bello ottico o visivo e bello acustico o musicale sono fenomeni paralleli nell'ambito del sensibile, alla trattazione del bello musicale viene dato rilievo particolare fra i casi di bellezza nelle opere dello spirito. Il problema estetico del bello musicale risulta sollecitato tanto dalle concrete *querelles* musicali, fra lullisti e ramisti prima e fra sostenitori della musica italiana e della musica francese poi, quanto da un variegato e ormai amplissimo orizzonte geografico e del gusto. L'estetica si sente chiamata a offrire una soluzione ponderata alle baruffe del gusto, che sono piú chiassose e accanite di quanto non lo siano quelle intorno alle arti sorelle, perché in scena assieme allo spettacolo piú pubblico, appassionante e alla moda che ci sia: l'opera in musica. Nel bello musicale si ritrovano i due principî autonomi e indipendenti dall'intenzione umana legittimati in precedenza dal sistema, ossia il bello universale e razionale e il bello naturale: il primo si manifesta nell'ordine della forma e nelle proporzioni armoniche, mentre il secondo, creato da Dio, si basa sulla natura dei corpi sonori, sulla capacità dell'orecchio nel discernere i suoni e, soprattutto, sulla simpatia tra determinati suoni e le emozioni dell'anima. Per spiegare il bello musicale artificiale, che è quello proprio dell'opera d'arte individuata e non della musica come astrazione teorica, André [1715, p. 187] mette in campo il principio piú avanzato e meno definibile dell'estetica classicistica: quello del genio. L'appello alla misteriosa capacità del genio, pur temperata dalle regole dell'esperienza della retorica e del gusto, fa spazio a una sfera estetica umana indefinibile che viene ammessa per spiegare la libertà dell'artista creatore.

Nonostante abbia sciolto, almeno in parte, il genio dal vincolo di osservare le regole, l'estetica settecentesca non rinuncia ai criteri validi per formulare un giudizio di valore. Per André, a giudicare il bello non bastano i criteri storici del decoro e della convenienza; tutto si riconduce all'unico punto fermo nell'ambito indefinibile dell'opera d'arte che è il principio agostiniano dell'unità della forma:

> È sempre l'unità che costituisce la forma del vero bello. In materia di musica non ho paura ad affermare che questo principio è piú incontestabile che in tutti gli altri campi [*ibid*., p. 197].

Per tutto il Settecento la regola dell'unità nella molteplicità rappresenta il cardine dell'estetica musicale classicistica, impegnata a difendere il criterio del bello rispetto a quello antagonista dell'espressione. Benché tanto André quanto Crousaz, al quale si deve una piú ampia trattazione di questo principio, abbiano insistito piuttosto sulla indefinibilità del bello musicale che sul criterio generale dell'unità [Crousaz 1715, p. 295; Crousaz 1985, p. 120], esso fu ripetuto sino alla noia da critici, lessicografi e letterati (Sulzer, Koch, Rochlitz), fino a diventare l'unico criterio indiscutibile della critica musicale sino alla fine del secolo. In André si profila inoltre, pur nei limiti dell'argomentazione classicistica, la specificità del bello musicale, che anticipa almeno di mezzo secolo il capovolgimento della gerarchia delle arti sorelle che nel corso del secolo porterà a rovesciare il paradigma retorico basato sulla massima oraziana «Ut pictura poesis» [Alexander 1973-74]. Per André, infatti, non soltanto la molteplicità delle voci che si uniscono nel coro o la varietà degli strumenti musicali che si armonizzano nel concerto fa dell'arte dei suoni una sorta di esempio concreto ed emblematico del principio generale del bello, ovvero dell'idea della fusione delle parti in un tutto; la musica supera la pittura nel dominio che le è sempre spettato, ossia l'imitazione della natura, per la ricchezza di sfumature con cui è in grado di dipingere le passioni, la capacità di descrivere eventi che si evolvono nel tempo e la precisione che caratterizza il suono, misurabile e calcolabile rispetto alle piú indefinite qualità cromatiche [André 1715, pp. 204-10].

Nella seconda metà del Settecento la teoria del bello musicale da un lato cede il passo alla descrizione e definizione delle singole arti ricondotte a un unico principio, sia esso quello del genio o del gusto [Batteax 1773; Kant 1790, §§ 50-51], dall'altro è sopraffatta dall'interesse alimentato soprattutto da Rousseau per il potenziale espressivo della musica [Rousseau 1995]. La tensione rispetto all'estetica classicistica manifestata dalle nuove tendenze espressive si ripercuote a livello della teoria generale del bello nella divaricazione dell'estetica in due domini separati: il bello e il sublime [Garda 1995]. Questa duplicazione del campo estetico affonda le radici nella distinzione fra i tre stili basso, medio, sublime che nel corso del secolo assumono caratteri autonomi e travalicano l'orizzonte retorico. Lo stile alto, sublime assume i caratteri dell'estetica dell'espressione geniale e incontrollabile mentre quello medio si modella secondo il profilo dell'estetica classicistica del bello. Benché la dicotomia tra bello e sublime si sia sviluppata lentamente nel corso del secolo in primo luogo nell'estetica inglese, volta a un'indagine sull'origine dei sentimenti di bello e sublime culminata nell'*Inchiesta sul bello e sul sublime* di Burke [1757], e si sia sviluppata poi nell'estetica tedesca da Moses Mendelssohn a Kant, le prime fonti teoriche riguardanti esplicitamente la definizione degli ambiti del bello e del sublime musicale compaiono in Germania molto tardi, intorno alla svolta di secolo, quando la parabola speculativa del sublime settecentesco risulta conclusa. Friedrich Rochlitz [1824-32] affronta il problema della distinzione del bello e del sublime musicale da una prospettiva in cui si intersecano paradigma retorico e paradigma estetico. La gerarchia retorica dei tre stili viene infatti ridefinita come sistema di stili espressivi, in cui a ciascuno stile corrisponde un sentimento da esprimere in musica: il sublime, il grande o potente, il bello e il grazioso. In questa distinzione si individua lo slittamento che è intervenuto nella definizione degli ambiti di bello e sublime nel corso del secolo. Mentre nel sistema di André si distingueva tra bello del genio (sublime) e bello del gusto facendo appello a due temperature e qualità diverse delle passioni e del corrispondente stile, entusiasmo e diletto [André 1715, pp. 193-97], per Rochlitz lo stesso dominio del sublime si è a sua volta scisso in due: il sublime neoclassico inteso come elevazione dell'animo e autopotenziamento del sé e il sublime negativo descritto da Burke come sentimento che minaccia l'integrità psichica dell'io, e approfondito da Kant con il ritorno all'intero e sovrano controllo sul proprio sé grazie all'intervento delle idee morali. Nelle parole del divulgatore kantiano Christian Friedrich Michaelis, i domini del bello e del sublime risultano chiaramente distinti in termini di piacere e dispiacere:

> Un brano musicale è animato dallo spirito delle idee estetiche, se l'energia e l'impronta caratteristica dell'armonia e della melodia risvegliano in noi sentimenti e rappresentazioni inesprimibili e ci sollevano in una sfera ultraterrena [...]. La musica è per questo la lingua degli affetti. Ma gli affetti sono moti dell'animo connessi al sentimento del piacere e del dispiacere; vi sono affetti che sono estetico-sublimi, per esempio la collera, la disperazione indignata oppure l'entusiasmo; altri sono teneri e soavi e partecipano piú del carattere del bello [Michaelis 1795, pp. 12, 17].

4. *Ottocento*.

Tra la fine del Settecento e l'inizio dell'Ottocento la categoria estetica piú discussa, almeno in ambito musicale, è quella del sublime e non quella del bello, perché proprio attraverso l'approfondimento estetico dei suoi caratteri stilistici – stilemi drammatici, energia trascinante, gusto per l'antico [Garda 1995, pp. 198-253] – si consuma il processo di legittimazione del nuovo stile sinfonico e della musica strumentale in generale. In questi stessi anni all'interno del pensiero filosofico matura invece il superamento della dicotomia tra bello e sublime che caratterizza l'estetica dell'idealismo tedesco. Conciliatore tra i due domini dell'estetica è in primo luogo Herder, che dopo aver esplorato nei suoi primi scritti il *pathos* sublime dell'antico e la forza della poesia antica e del canto popolare giunge a formulare nello scritto antikantiano *Kalligone* una concezione panteistica della bellezza. Herder individua l'eccedenza di significato della musica strumentale nell'espressione della piú semplice e al tempo stesso piú elevata forma di devozione [Herder 1880, pp. 186-87]. La musica diventa espressione di una devozione per l'energia primigenia della natura, un eroico furore volto alla ricerca di una consonanza tra il sé e l'universo:

> Il piú sublime sentimento di sé è soltanto quello dell'armonia con se stessi e con le regole dell'universo ed è perciò la bellezza suprema [*ibid*., p. 239].

La vocazione superiore della musica manifestata nella tensione verso il sublime diventa nella penna di scrittori di musica come Hoffmann [1963] e Wackenroder [1967] qualità manifesta di un linguaggio eletto a penetrare i piú alti misteri dell'universo. La bellezza della musica che sconvolge lo spettatore non è piú mistero da indagare in se stesso, quanto una chiave d'accesso privilegiata a una dimensione trascendente.

La tendenza a individuare nell'arte una forma di conoscenza si manifesta in maniera tanto piú articolata nell'estetica idealistica e conduce a uno spostamento del baricentro degli interessi dell'estetica destinati ad allontanarsi sempre piú dal bello e dai suoi effetti come oggetto di indagine, definizione e discussione. L'estetica diventa in primo luogo filosofia dell'arte e distoglie progressivamente lo sguardo dal bello, legittimato una volta per tutte dalla consanguineità con il vero. Di conseguenza il fulcro dell'estetica slitta dall'indagine della bellezza al suo significato per lo spirito e per la conoscenza.

Nel sistema hegeliano [Hegel 1842] non si trova, dunque, una disamina delle caratteristiche del bello musicale, bensí delle caratteristiche generali e individuali della musica intesa come forma e contenuto dell'oggettivazione della soggettività nell'età romantica. La descrizione dei mezzi di espressione musicale e del rapporto con il loro contenuto si dilata a tal punto nell'estetica dell'esponente della destra hegeliana, Friedrich Theodor Vischer [1841-1858, vol. IV, pp. 775-1151], da far rientrare nel capitolo dedicato alla forma d'arte soggettiva, ossia la musica, un'ampia trattazione dei fondamenti teorici, della morfologia, dei generi e degli stili musicali, nonché una concisa storia della musica. Tuttavia, anche nelle pagine del *Bello musicale* di Hanslick – una riflessione nata dall'esercizio della critica musicale e non dall'elaborazione di un sistema filosofico – si cercherebbe invano una risposta al quesito circa la natura del bello musicale. Il suo intento è piuttosto definire le caratteristiche generali della musica, la sua essenza, la sua peculiarità nell'ambito di un'estetica che indaga la differenza specifica, il significato peculiare dell'arte dei suoni, la sua specificità linguistica. Il termine bellezza assume cosí un significato ambiguo: la «bellezza autonoma delle forme sonore» [Hanslick 1854, trad. it. p. 70] indica in sostanza il carattere artistico, autonomo della musica e il suo peculiare significato immanente; dall'altro lato la bellezza come qualità estetica delle forme sonore viene semplicemente data per scontata, identificando bello d'arte e bello di natura che l'estetica settecentesca aveva con accuratezza distinto:

> Il bello di un tema indipendente e semplice si annuncia al sentimento estetico con quella immediatezza, che non sopporta altra spiegazione se non tutt'al piú l'intima finalità del fenomeno, l'armonia delle sue parti, senza riferimento a nulla di estraneo. Ci piace in sé, come gli arabeschi, le colonne, o come i prodotti del bello di natura, come foglie e fiori [*ibid.*, p. 54].

Cosí i criteri di valutazione estetica non riguardano ciò che è bello per natura e quindi scontato e percepibile da chiunque, ossia la bellezza di un tema o di una melodia; il principio della novità e quello della coerenza, l'uno tratto dall'ambito storico, l'altro da quello logico, soppiantano ogni criterio di bellezza proprio dell'estetica classicistica o basata sulla corrispondenza con un modello matematico ed eterno, e liquidano il problema del bello circoscrivendolo alla dimensione orizzontale, melodica, inventiva e naturale della musica, una dimensione – lascia supporre Hanslick – che non esaurisce il significato autonomo della musica, che risiede nell'originalità della dimensione armonica e formale e nella coerenza della logica musicale.

La metafisica della musica schopenhaueriana [Schopenhauer 1859, § 52 e cap. 39] e il nichilismo nietzscheano, indagando la prossimità della musica con il dolore, prendono congedo dalla tradizionale equivalenza di musica e bellezza, processo che era già stato anticipato dall'affermazione del sublime settecentesco. L'estetica ottocentesca, inoltre, apre il suo dominio alla categoria del brutto [Rosenkranz 1853]. Esso non viene soltanto tollerato nell'ambito del pittoresco e del caratteristico, proprio del realismo estetico, ma assume mano a mano una propria autonomia nelle forme del sentire di fine secolo che rivelano un'attrazione per il lato miserabile, morboso, malato del reale. Per il Nietzsche della *Nascita della tragedia* la vera essenza della musica è il principio dionisiaco, espressione sfrenata del nichilismo che sta alle origini della civiltà greca. Anche se Nietzsche ritratterà questa concezione in *Nietzsche contra Wagner* e soprattutto nei *Frammenti postumi*, inneggiando all'enigmatica bellezza della musica mediterranea, alla misteriosa coincidenza di superficie e profondità, l'eredità del suo pensiero nell'ambito dell'estetica musicale rimarrà legata soprattutto alla concezione dionisiaca della musica.

5. *Novecento*.

Nel Novecento il discorso sulla musica si concentra su altri temi e problemi, come il carattere linguistico, il potenziale comunicativo, gnoseologico, utopico, la peculiare forma di temporalità che caratterizza la musica. Per l'estetica generale la bellezza, inoltre, non è piú la categoria sotto la quale è possibile raccogliere i prodotti di un'arte che viene sempre piú coinvolta nella sfida a cogliere il lato negativo e tragico, eccessivo e trasgressivo dell'esistenza [Jauss 1983]. In ambito musicale, in particolare, l'emancipazione della dissonanza prima e l'affermazione della dodecafonia poi ha posto con vigore il problema del tramonto del bello, connesso fin dal Medioevo, e con particolare forza dopo l'affermazione del sistema tonale, al rapporto funzionale tra dissonanza e consonanza. All'argomento avanzato dai critici della rivoluzione dodecafonica, basato sul principio della naturalità del sistema tonale e quindi dell'intrinseca bellezza della sua applicazione artistica, Schönberg oppone una concezione intellettualistica del bello. La bellezza non è una funzione della forma, ma un piacere intellettuale che scaturisce nel momento in cui la si comprende. Il suo valore artistico tuttavia non si misura in termini di simmetria, ma dal potenziamento della facoltà di comprendere [Schönberg 1950, trad. it. pp. 106, 147]. Gli orrori della seconda guerra mondiale e le condizioni sociali conflittuali della società industriale, la pervasività dell'industria culturale sollecitano in molti intellettuali tedeschi emigrati negli Stati Uniti un'acuta coscienza dell'inattualità del bello, della sua inconciliabilità con la condizione dolorosa dell'esistenza umana, che nella cultura francese si risolve invece in un culto estenuato e quasi religioso dell'«art pour l'art» [Jankélévitch 1961]. Nel romanzo musicale *Doktor Faustus* di Thomas Mann la bellezza musicale è espressione della falsa coscienza del filisteismo borghese («la bellezza mi è sempre stata piuttosto antipatica, ha un aspetto piuttosto sciocco e la gente quando ne parla ci si bea e ha la bava alla bocca» [Mann 1947, trad. it. p. 106]) oppure demoniaca tentazione di imitare con l'arte la bellezza del mondo inorganico, destinata a travolgere gli ideali umanistici rappresentati dall'ideale schilleriano che coniuga etica ed estetica, bellezza e dignità morale e razionale dell'uomo. L'analisi storico-filosofica di Adorno ha pronunciato una censura categorica nei confronti del bello musicale; se l'arte e la cultura sono alienate all'industria e la loro realtà è reificata, il potenziale di verità dell'arte sta nella negazione:

> la musica, coagulata nell'attimo, è vera in quanto esito di un'esperienza negativa. Essa riflette il dolore reale. La musica nuova demolisce con questo spirito gli ornamenti, e di conseguenza le opere simmetrico-estensive [Adorno 1949, trad. it. pp. 44-45].

Il principio dell'arte come apparenza che fa balenare la bellezza soltanto nel meccanismo dialettico della negazione determinata viene elaborata nella posteriore *Teoria estetica*:

> Tramite il suo riferimento a ciò che nella costituzione della realtà non è direttamente accessibile alla formazione discorsiva dei concetti e che nondimeno è obiettivo, l'arte mantiene fedeltà al progresso della ragionevolezza illuminata da cui l'arte stessa è provocata. Ciò che in essa si manifesta non è piú ideale e armonia, il suo aspetto liberatorio ha sede unicamente ancora nel contraddittorio e nel dissonante [Adorno 1970, trad. it. pp. 113-41, in particolare pp. 121-22].

Nell'arte si manifesta qualcosa che non c'è, il suo significato è pura immagine, *apparition*, fuoco d'artificio. Il trascendimento dell'empirico che avviene nell'arte, tuttavia, non può mai secondo Adorno essere altro se non il condensarsi del senso in un'immagine fuggevole:

> Denuncia e anticipazione sono in lei sincopati. Se l'"apparition" è lo sfavillio, l'esser toccato, allora l'immagine è il tentativo paradossale di avvincere questo massimo di fuggevolezza [*ibid.*].

Questo carattere enigmatico delle opere d'arte manifesta un contenuto di verità che soltanto la riflessione filosofica è in grado di esplicitare.

L'avanguardia musicale degli anni Cinquanta, assorbita nel compito di progettare un nuovo linguaggio musicale, mette tra parentesi il discorso sul bello, manifestando una certa allergia per un concetto che considera antiquato, legato com'è al mondo di valori del passato sulle cui macerie le avanguardie intendono costruire *ex novo*. Rimosso dagli esponenti della nuova musica e censurato dalla dialettica negativa adorniana, l'anelito positivo al bello torna ad affermarsi con prepotenza soprattutto negli anni Settanta sotto le parole d'ordine di nuova semplicità, neo-romanticismo, neo-tonalità. Sebbene sia molto difficile riunire in un'unica tendenza estetica poetiche e progetti compositivi tra loro eterogenei, in bilico tra regressione e genuino desiderio di oltrepassare l'ascetismo estetico dell'avanguardia, essi si possono tuttavia ricondurre a un unico minimo comune denominatore: la ricerca di un nuovo ideale di bellezza e la fede nella sostanza sensibile del bello [Bose 1978]. Concetti cosí generali si piegano con duttilità a intenzioni estetiche e politiche differenti: dall'affermazione del «semplice bello» sentimentale, sul quale già Hegel aveva ironizzato [Hegel 1842, trad. it. p. 1007; Dahlhaus 1978, p. 26], alla restaurazione della tonalità e delle forme simmetriche, all'estetizzazione di ogni dato acustico, anche il piú banale e fastidioso, bello in quanto reale (Cage), e infine alla ricerca di un nuovo ideale di bellezza irriducibile all'abitudine e alla reificazione [Lachenmann 1996]. Si tratta di tendenze diversissime sotto le quali si nascondono anche obiettivi polemici eterogenei; in esse si manifestano l'insofferenza nei confronti della riduzione dell'arte alle elaborazioni teoriche e politiche dell'avanguardia, quanto il bisogno antropologico del bello come istanza principale dell'arte, a dispetto di ogni sua riduzione a potenziale conoscitivo, utopico, rivoluzionario [Dahlhaus 1978]. Dalla cultura francese emerge un'altra prospettiva: la bellezza si presenta sotto la forma primaria di oggetto d'amore, fonte di godimento erotico intellettuale. È proprio attraverso il sottile mezzo della seduzione sonora, nella sua «qualità di linguaggio» che per Barthes [1982] la musica si fa discorso amoroso e metafora di potenziale inattuale sconosciuto alla massificazione del gusto. Con questo egli restituisce a quest'arte il piacere che scaturisce dal rapporto con l'oggetto amato, rende al suono la corporeità umana, la "grana" della voce.

AA.VV.

1995 *Mousiké. Metrica ritmica e musica greca in memoria di Giovanni Comotti*, a cura di B. Gentili e F. Perusino, Istituti editoriali e poligrafici internazionali, Pisa-Roma.

Adorno, Th. W.

1949 *Philosophie der neuen Musik*, Mohr, Tübingen (trad. it. *Filosofia della musica moderna*, Einaudi, Torino 1959).

1970 *Ästhetische Theorie*, Suhrkamp, Frankfurt am Main (trad. it. *Teoria estetica*, Einaudi, Torino 1975).

Agamben, G.

1977 *Stanze. La parola e il fantasma nella cultura occidentale*, Einaudi, Torino.

Agostino

1992 *Ordine, musica, bellezza*, a cura di M. Bettetini, Rusconi, Milano.

2000 *Le confessioni*, a cura di M. Bettetini, Einaudi, Torino.

Alexander, J. M.

1973-74 *"Ut musica poesis" in eighteenth-century England*, in «English Miscellany», n. 24, pp. 129-51.

André, Y.-M.

1715 *Essai sur le beau*, Ferra, Paris.

Aristotele

1973 *Opere*, Laterza, Bari.

Artusi, G. M.

1968 *Delle imperfezioni della moderna musica*, Forni, Bologna (ripr. facsimile delle edd. Vincenti, Venezia 1600, 1603, 1608).

Barthes, R.

1982 *L'obvie et l'obtus. Essais critiques III*, Seuil, Paris (trad. it. *L'ovvio e l'ottuso. Saggi critici III*, Einaudi, Torino 1985).

Batteux, Ch.

1773 *Les beaux-arts réduits à un même principe* (1746), Saillant et Nyon, Paris (trad. it. *Le Belle arti ricondotte ad un unico principio*, il Mulino, Bologna 1983).

Bologna, C.

1983 *Flatus vocis. Metafisica e antropologia della voce*, il Mulino, Bologna.

Bose, H.-J. von

1978 *Suche nach einem neuen Schönheitsideal*, in Thomas 1978, pp. 34-38.

Burke, E.

1757 *A Philosophical Enquiry into the Origin of our Ideas of the Sublime and Beautiful*, Dodsley, London (trad. it. *Inchiesta sul Bello e il Sublime*, a cura di G. Sertoli e G. Miglietta, Aesthetica, Palermo 1986).

Caccini, G.

1601 *Le nuove musiche*, Marescotti, Firenze.

1614 *Le nuove musiche e la nuova maniera di scriverle*, Zanobi Pignoni, Firenze.

Castiglione, B.

1998 *Il libro del Cortegiano*, a cura di W. Barberis, Einaudi, Torino.

Crousaz, J.-P. de

1715 *Traité du beau*, François l'Honoré, Amsterdam.

1985 *Traité du beau*, Fayard, Paris (secondo la 2ª ed. del 1724).

Dahlhaus, C.

1978 *Vom Einfachen, vom Schönen und vom einfach Schönen*, in Thomas 1978, pp. 22-33.

Dahlhaus, C., e Eggebrecht, H.-H.

1985 *Was ist Musik?*, Heinrichshofen, Wilhelmshaven (trad. it. *Che cos'è la musica?*, il Mulino, Bologna 1988).

Eco, U.

1987 *Arte e bellezza nell'estetica medioevale*, Gruppo Editoriale Fabbri-Bompiani-Sonzogno-Etas, Milano.

Eggebrecht, H.-H.

1991 *Musik im Abendland. Prozesse und Stationen vom Mittelalter bis zur Gegenwart*, Piper, München (trad. it. *Musica in Occidente: dal Medioevo ad oggi*, La Nuova Italia, Firenze 1996).

Fubini, E.

1976 *L'estetica musicale dall'antichità al Settecento*, Einaudi, Torino.

1987 *L'estetica musicale dal Settecento a oggi*, Einaudi, Torino (nuova ed. ampliata).

Galilei, V.

1581 *Dialogo della musica antica e della moderna*, Marescotti, Firenze.

Garda, M.

1995 *Musica sublime. Metamorfosi di un'idea nel Settecento musicale*, Lim-Ricordi, Milano.

Garda, M., Jona, A., e Titli, M.

1989 (a cura di), *La musica degli antichi e la musica dei moderni. Storia della musica e del gusto nei trattati di Martini, Eximeno, Brown, Manfredini*, Angeli, Milano.

Gentili, B., e Pretagostini, R.

1988 (a cura di), *La musica in Grecia*, Laterza, Roma-Bari.

Gerbert, M.

1905 *Scriptores Ecclesiastici de Musica Sacra*, Facsimile, Reinecke, Berlin (1ª ed. Typis San-Blasianis, St Blaise 1784).

Green, L.

1997 *Music, Gender, Education*, Cambridge University Press, Cambridge.

Grimm, J., e Grimm, W.

1899 *Deutsches Wörterbuch*, vol. IX, Hirzel, Leipzig.

Hanslick, E.

1854 *Vom Musikalisch-Schönen: ein Beitrag zur Revision der Ästhetik der Tonkunst*, Weigel, Leipzig (trad. it. *Il bello musicale*, Martello, Milano 1971).

Havelock, E. A.

1963 *Preface to Plato*, Blackwell, Oxford (trad. it. *Cultura orale e civiltà della scrittura: da Omero a Platone*, Laterza, Roma-Bari 1983).

Hegel, G. W. F.

1842 *Ästhetik*, a cura di F. Bassenge, Frankfurt am Main (trad. it. *Estetica*, a cura di N. Merker, Einaudi, Torino 1972).

Herder, J. G.

1880 *Kalligone* in *Sämtliche Werke*, a cura di B. Suphan, vol. XXII, Weidmannsche Buchhandlung, Berlin.

Hoffmann, E. T. A.

1963 *Schriften zur Musik. Nachlese*, Winkler, München (trad. it. *Poeta e compositore. Scritti scelti sulla musica*, a cura di M. Donà, Discanto, Fiesole 1985).

Jankélévitch, V.

1961 *La musique et l'ineffable*, Colin, Paris (trad. it. *La musica e l'ineffabile*, a cura di E. Lisciani-Petrini, Tempi moderni, Napoli 1985).

Jauss, H.-R.

1964 *Aesthetische Normen und geschichtliche Reflexion in der "Querelle des Anciennes et des Modernes"*, introduzione a Ch. Perrault, *Parallèle des Anciens et des Modernes*, Eidos, München.

1983 (a cura di), *Die nicht mehr schönen Künste: Grenzphänomene des Ästhetischen*, Fink, München.

Kant, I.

1790 *Kritik der Urteilskraft*, Lagarde-Friedrich, Berlin-Lindau (trad. it. *Critica della facoltà di giudizio*, a cura di E. Garroni e H. Hohenegger, Einaudi, Torino 1999).

Kircher, A.

1650 *Musurgia universalis sive ars magna consoni et dissoni in X libros digesta*, Corbelletti, Roma.

Koch, H. Ch.

1782-93 *Versuch einer Einleitung zur Komposition*, Rudolfstadt, Leipzig.

Lachenmann, H.

1976 *Zum Problem des musikalisch Schönen heute*, in Lachenmann 1996, pp. 104-10.

1984 *Musik als Abbild vom Menschen. Über die Chancen der Schönheit im heutigen Komponieren*, in Lachenmann 1996, pp. 11-115.

1996 *Musik als existentielle Erfahrung*, Bretkopf-Härtel-Insel, Wiesbaden.

Leibniz, G. W.

1906 *Epistolae ad diversos* (1712), lettera 154 a Christian Goldbach, in *Philosophische Werke*, a cura di E. Cassirer, vol. II, Meiner, Leipzig.

Mann, Th.

1947 *Doktor Faustus. Das Leben des deutschen Tonsetzers Adrian Leverkühn erzählt von einem Freunde*, Bermann-Fischer, Stockholm (trad. it. *Doktor Faustus*, Mondadori, Milano 1975).

Marchetto da Padova

1985 *Lucidarium in arte musicae planae / The Lucidarium of Marchetto of Padua*, ed. critica, traduzione con testo a fronte e commento a cura di J. W. Herlinger, The University of Chicago Press, Chicago Ill. - London.

Mersenne, M.

1986 *Harmonie Universelle: contenant la théorie et la pratique de la musique* (1636), a cura di F. Lesure, CNRS, Paris.

Michaelis, Ch. F.

1795 *Über den Geist der Tonkunst mit Rücksicht auf Kant's Kritik der ästhetischen Urteilskraft*, Schäfer, Leipzig.

1801 *Über das Erhabene in der Musik*, in «Monatsschrift für Deutsche», n. 1, pp. 42-52.

1805 *Einige Bemerkungen über das Erhabene in der Musik*, in «Berlinische musikalische Zeitung», n. 46, pp. 178-81.

Mouris, J. de

1323 *Tractatus de musica*, in Gerbert 1905.

Nietzsche, F.

1888 *Nietzsche contra Wagner*, in Id., *Scritti su Wagner*, Adelphi, Milano 1979.

1971 *Frammenti postumi (1887-1888)*, in *Opere*, a cura di G. Colli e M. Montinari, vol. VIII, tomo II, Adelphi, Milano.

1999 *Die Geburt der Tragödie* (1872), Goldman, München (trad. it. *La nascita della tragedia*, *ibid*., vol. III, tomo I, 1972).

Platone

1966 *Opere complete*, Laterza, Bari.

Plotino

1947-49 *Enneadi*, a cura di V. Cilento, Laterza, Bari.

Pretagostini, R.

1997 *Sulla Μουσική*, in AA.VV., *ΜΟΥΣΑ. Studi in onore di Giuseppe Morelli*, Patron, Bologna.

Restani, D.

1995 *I suoni del telaio. Appunti sull'universo sonoro degli antichi Greci*, in AA.VV. 1995, pp. 93-132.

Rochlitz, F.

1824-32 *Vom zweckmäßigen Gebrauch der Mittel der Tonkunst*, in Id., *Für Freunde der Tonkunst*, Cnobloch, Leipzig, vol. II, pp. 139-229 (terza e ultima stesura di un saggio pubblicato per la prima volta nel 1798 con il titolo di *Rapsodische Gedanken über die zweckmäßigen Benutzung der Materie bei Musik* nella rivista «Neuer Teutscher Merkur»).

Rosenkranz, K.

1853 *Ästhetik des Häßlichen*, Bornträger, Königsberg (trad. it. *Estetica del brutto*, Aesthetica, Palermo 1994).

Rossi, L. E.

1988 *La dottrina dell'"Ethos" musicale e il simposio*, in Gentili e Pretagostini 1988, pp. 238-45.

Rousseau, J.-J.

1995 *Écrits sur la musique, la langue et le théâtre*, in Id., *Œuvres complètes*, vol. V, Gallimard, Paris («Bibliothèque de la Pléiade»).

Schönberg, A.

1950 *Style and Idea*, Philosophical Library, New York (trad. it. *Stile e idea*, Feltrinelli, Milano 1975).

Schopenhauer, A.

1859 *Die Welt als Wille und Vorstellung* (1819), Brockhaus, Leipzig (trad. it. *Il mondo come volontà e rappresentazione*, a cura di A. Vigliani, Mondadori, Milano 1989).

Spitzer, L.

1963 *Classical and Christian Ideas of World Harmony*, John Hopkins Press, Baltimore (trad. it. *L'armonia del mondo: storia semantica di un'idea*, il Mulino, Bologna 1967).

Sulzer, J.

1796-98 *Allgemeine Theorie der schönen Künste*, Weidmann, Leipzig (rist. Athenäum, Frankfurt am Main 1972).

Thomas, E.

1978 (a cura di), *Darmstädter Beiträge zur neuen Musik*, vol. XVII, Schott, Mainz.

Tinctoris, J.

1979 *Complexus effectuum musices*, in Zanoncelli 1979.

Vischer, F. Th.

1841-58 *Ästhetik oder Wissenschaft des Schönen*, Carl Wäcken's, Reutlingen-Leipzig.

Wackenroder, W. H.

1967 *Werke und Briefe*, Schneider, Heidelberg (trad. it. *Fantasie sulla musica*, a cura di E. Fubini, Discanto, Firenze 1981).

Wallace, R. W.

1995 *Music theorists in fourth-century Athens*, in AA.VV 1995, pp. 17-39.

Zanoncelli, L.

1979 *Sulla estetica di Johannes Tinctoris*, con ed. critica, traduzione e commentario del *Complexus effectuum musices*, Forni, Bologna.

Zarlino, G.

1558 *Istitutioni harmoniche*, Francesco de Franceschi, Venezia (rist. anastatica dell'ed. Venezia 1561, Forni, Bologna 1999).

MARIO BARONI

L'ermeneutica musicale

1. *Dallo strutturalismo al decostruzionismo.*

Il termine di interpretazione è ambiguo quando viene applicato alla musica, perché può essere usato sia per indicare un discorso che interpreta la musica, sia per indicare l'esecuzione di un brano musicale. Si può anche aggiungere che in musica si "interpreta" non solo eseguendo; si può farlo anche semplicemente ascoltando, o anche in altri modi: i danzatori lo fanno muovendosi. Ma si può farlo appunto anche parlando di ciò che si è ascoltato: è a quest'ultima accezione che mi riferirò, nel corso dell'articolo, quando userò il termine "ermeneutica musicale", anche perché cosí facendo si instaurano impliciti collegamenti con l'ermeneutica filosofica, storica, politica, o estetica, che di norma si esprimono a parole quando vogliono interpretare o "dar senso" agli oggetti o agli eventi di cui parlano.

Si deve però aggiungere che esprimersi a parole a proposito di azioni o oggetti concettualmente definibili, come sono quelli considerati dalla filosofia, dalla storia o dalla politica, sembra essere del tutto naturale, mentre può esserlo meno in un contesto come quello musicale in cui gli oggetti da interpretare sono assai piú sfuggenti. Nel caso della musica, a che cosa si dà senso? Semplicemente ai suoni? O si presuppone che al di là dei suoni esista anche una sorta di "semantica" analoga a quella della lingua? E ancora ci si può chiedere fino a che misura i processi ermeneutici siano scissi, o scindibili, da quelli dell'apprezzamento, cioè se si possa interpretare senza valutare. Di solito i processi di valutazione sono riservati alla critica musicale, ma quali sono i confini fra critica ed ermeneutica?

Dedicherò l'articolo a questi problemi e terrò conto naturalmente delle controversie ormai piú che secolari, che attorno ad essi sono sorte, ma non mi assumerò il compito di farne la storia; su questi precedenti storici sono usciti recentemente due contributi [Giani 1997; Pozzi 1997] ai quali mi limito a rinviare. Terrò conto anche delle secolari discussioni sul problema dello statuto epistemologico dell'interpretazione: fino a che punto, e per quali ragioni, una interpretazione può dirsi "vera"? Anche in questo campo non mancano le discussioni, né mancano contributi recenti e importanti [ad esempio Bleicher 1980; Eco 1990]. Ma per introdurre adeguatamente il discorso, ricorderò anzitutto avvenimenti recenti che servono a delineare il contesto culturale nel quale la presente discussione è collocata.

Negli anni Sessanta e Settanta la musicologia è stata, com'è noto, influenzata fortemente da tendenze semiotiche che avevano le loro radici nella linguistica strutturale. Il paragone con i meccanismi del linguaggio verbale, non sempre esplicito, ma sempre incombente, ha fatto nascere l'ipotesi fortemente suggestiva che la musica potesse essere dotata delle stesse caratteristiche e studiata con la stessa scientificità con cui i linguisti trattavano la lingua. Prima ancora che gli studi potessero confermarne la validità, la presenza di queste ipotesi agí profondamente come stimolo alla ricerca, e in tal senso è lecito parlare di ideologia: la fede nell'assunto di base, la credenza nei presupposti scientifici della musicologia rinnovata orientavano gli studi e davano entusiasmo ai ricercatori. Sull'onda di questa tendenza (che corrispondeva fra l'altro alle poetiche dei compositori "scienziati" di quegli anni, oltre che, naturalmente, alla diffusione dei metodi semiotici in tutti gli altri settori del campo estetico) si svilupparono ampiamente teorie e pratiche di analisi musicale. Come gli studiosi del linguaggio distinguevano la linguistica sincronica (mirata alla definizione delle strutture) da quella diacronica (mirata alla ricostruzione dei processi storici), cosí anche i musicologi "strutturalisti" accentuarono il loro distacco dalla musicologia storica e rivendicarono l'autonomia del loro settore di studi.

Di tale autonomia faceva parte senza dubbio la diffidenza per la tradizione ermeneutica sospettata di scarsa scientificità. Non si trattava certo di un motivo nuovo: lo stesso Schenker, uno dei fondatori dell'analisi novecentesca, ai suoi tempi aveva schernito i metodi di studio di Hermann Kretzschmar, il padre storico dell'ermeneutica musicale [Bent 1994, vol. II, p. 12, nota 35], i cui scritti abbondavano di aggettivi, di metafore, di immagini che intuitivamente si potevano capire, ma delle cui ragioni l'autore non rendeva conto. D'altra parte tale diffidenza corrispondeva anche ad altri fenomeni: ad esempio alle tendenze "antisentimentali" delle musiche d'avanguardia, tendenze che furono poi fortemente ribadite negli ambienti del secondo dopoguerra; i quali erano tutti dediti all'invenzione di nuovi paradigmi strutturali ma assai poco inclini a confessare intenzioni espressive, anzi piuttosto orientati a dar credito alle asserzioni di un'estetica formalistica di hanslickiana memoria.

È vero tuttavia che uno degli aspetti fondanti della linguistica strutturale consisteva nello studio della semantica. Era dunque inevitabile che il problema si imponesse prima o poi anche nel campo musicale, a dispetto delle incombenti tendenze formalistiche. Si trattava del resto di un problema che si erano posti, anche senza esplicite suggestioni linguistiche, bensí traendo spunto da suggerimenti della psicologia, sia Leonard Meyer [1956], sia Robert Francès [1958], con due volumi profetici pubblicati per la prima volta negli anni Cinquanta. Fu appunto attraverso percorsi di questo genere, che in epoca di strutturalismo dominante si cominciò anche a discutere seriamente [Nattiez 1975; Stefani 1976] sul problema della "semantica" musicale, che costituisce senza dubbio uno dei possibili avvii alla riflessione sull'ermeneutica.

C'è ancora da aggiungere che negli Stati Uniti, dove gli studi analitici conobbero uno sviluppo particolarmente vistoso, le ipotesi semiotiche di tradizione europea ebbero allora scarsa risonanza; determinante fu invece il peso dei compositori e degli insegnanti di teoria musicale alla cui iniziativa si deve la nascita della Society for Music Theory. Significativi contributi essa ha offerto nel campo dell'analisi, spesso legati a procedimenti matematici, come quelli che caratterizzano la teoria insiemistica di Allen Forte [1973]. Non tutte le ricerche analitiche e semiotiche di quegli anni, in Europa o in America, condussero a risultati attendibili e a dimostrazioni indiscusse, ma il metodo scientifico di quelle ricerche ha lasciato un segno profondo nella musicologia degli anni successivi. Ciò che dimostrò vita piú effimera fu invece il legame organico con le scienze "dure", sia nella versione "linguistica" dominante in Europa, sia nella versione "matematizzante" che predominò negli Stati Uniti.

A quelle tendenze scientiste sono gradualmente subentrate negli anni Ottanta e Novanta, in molti aspetti della cultura, non solo musicale e non solo artistica, tendenze radicalmente opposte a cui di solito si applica la generica etichetta ideologica di "postmoderno". Senza entrare in dettagli su questo termine, i cui significati qui dò per noti, dirò anzitutto che le tendenze antiscientizzanti non si sono affermate solo nel campo degli studi, ma anche in quello della pratica musicale: i compositori degli ultimi anni hanno riscoperto le facoltà espressive della musica che in qualche caso usano senza i pudori che caratterizzavano i loro colleghi dell'epoca precedente. Si può aggiungere ancora, al di là degli orientamenti stilistici dei compositori, che negli Stati Uniti c'è stata una impetuosa rivolta musicologica contro gli eccessi di rigore analitico rappresentati dalla Society for Music Theory, e una decisa rivalutazione di tematiche critiche precedentemente trascurate (per lo piú introdotte attraverso la mediazione degli studi letterari): cosí ad esempio femminismo, sessismo, biografismo, psicoanalisi, teorie narratologiche, semiotiche e sociologiche, stanno caratterizzando quella che alcuni hanno chiamato "new musicology" per distinguerla da una musicologia considerata evidentemente ormai "vecchia".

Uno dei punti forti della "new musicology" è la tendenza "decostruzionistica" in virtú della quale nessuna interpretazione di un testo musicale può essere mai asserita come certa, non solo perché è sempre possibile trovare interpretazioni alternative e ugualmente attendibili, ma anche perché viene rifiutato l'antico principio in base al quale il compito dello studioso era quello di ricostruire le intenzioni espressive del compositore. Un testo, una volta composto, acquista una sua vita autonoma che può benissimo non avere a che fare con le intenzioni di chi l'ha costruito; anzi, decostruire queste intenzioni è il principale compito creativo dello studioso. L'idea della "morte dell'autore" divulgata da Barthes, Foucault e altri [Wolff 1981, trad. it. pp. 169 sgg.] ha giocato in questo campo un compito decisivo e l'insieme delle interpretazioni può avviarsi verso una "deriva" infinita di ricostruzioni diverse. In studi cosí orientati lo stesso linguaggio verbale, cioè lo strumento specifico dell'ermeneutica, tende a venire usato in modo creativo, a rompere i legami con l'univocità dei significati e a collocarsi al confine con territori ambivalenti e metaforici. In conclusione: siamo agli antipodi dell'epoca "strutturalistica" anche per quanto riguarda il rapporto con l'ermeneutica, che per la "nuova musicologia" è diventato centrale.

Questo articolo non intende difendere una particolare prospettiva ideologica. La sua intenzione è solo quella di attingere argomentazioni dal grande materiale delle riflessioni e delle ricerche che quarant'anni di dibattiti hanno messo utilmente in campo. Forse è il momento di porre tra parentesi le fedi e di cercar di capire concretamente per quali problemi le proposte di soluzione oggi disponibili possono essere considerate convincenti e per quali occorre attendere la necessaria maturazione.

2. *La "semantica" in musica.*

Come ho accennato in precedenza, l'ermeneutica musicale ha problemi propri e specifici che si sommano a quelli generali. Il primo problema riguarda la cosiddetta "semantica" musicale: di norma ogni essere umano attribuisce senso a un'azione, a un discorso, a un'immagine, se queste sono legate a situazioni d'esperienza che egli ha precedentemente vissuto, che conosce, e che in qualche misura sollecitano i suoi interessi. Anche un testo artistico ha senso e può essere interpretato in quanto evoca, direttamente o indirettamente, eventi del mondo o fantasie sul mondo, capaci di coinvolgimento. Ma se i suoni musicali non rinviano ad alcunché, se non evocano immagini di nessun tipo, se sono suoni e restano non piú che suoni, che cosa c'è in essi di interpretabile? E perché dovremmo interpretarli? Questa è la domanda iniziale a cui occorre rispondere per accingersi a parlare di ermeneutica in campo musicale.

Il problema si è posto quando, nel corso del nostro secolo, la cultura musicale ha messo a fuoco un'evidente contraddizione: da un lato esisteva una lunga e persuasiva tradizione filosofica, convalidata da constatazioni empiriche quotidiane, secondo la quale la musica non possiede apparati lessicali e semantici e dunque non può rinviare a nessuna immagine del mondo, perlomeno a nessuna immagine definibile e concettualizzabile. D'altro lato qualsiasi ascoltatore di musica ha sempre dimostrato di saper mettere in atto procedimenti interpretativi del tutto soddisfacenti, e per di piú la critica musicale ha fatto ampio uso di immagini che generalmente gli ascoltatori trovavano plausibili. Come si poteva conciliare la contraddizione?

A questa domanda hanno tentato di rispondere filosofi come Hanslick [1854], o come Susan Langer [1953], hanno dato contributi importanti i già citati Meyer e Francès oltre che i semiologi prima ricordati. Altri chiarimenti sono arrivati dal versante degli psicologi, per esempio dagli studi di Michel Imberty [1979] e recentemente anche da contributi provenienti dall'area anglosassone [Jones e Holleran 1992; Raffmann 1993; Sloboda 1985, cap. II]. In tutte queste ricerche tre questioni di fondo o, se si vuole, tre difficoltà di fondo sono emerse: una si riferisce alla possibilità di definire con esattezza i contenuti di una comunicazione che non si serva di elementi concettuali, una alla possibilità di individuare quali strutture sonore siano in grado di trasmettere quei contenuti, e la terza alla difficoltà di precisare le relazioni fra contenuti e strutture. Appunto in questi termini va visto il problema della semantica in musica.

Il modo piú semplice per descriverne a grandi linee il sistema, perlomeno fino al punto in cui oggi è possibile conoscerlo, consiste nel partire da uno schema di pensiero molto diffuso nell'Ottocento, anche se oggi obsoleto: la contrapposizione fra musica "pura" e musica "a programma". Una terminologia relativamente recente ha offerto a questa tradizionale dicotomia una dignità teorica accettabile: si tratta della distinzione fra "endosemantica" ed "esosemantica", altrimenti dette semantica interna ed esterna, o semiosi introversiva ed estroversiva [Nattiez 1987], o significato congenerico ed extragenerico [Coker 1972]. In breve: per endosemantica si intende di solito un puro e semplice sistema di relazioni fra elementi della struttura musicale, mentre l'esosemantica è l'allusione a immagini del mondo che si trova ad esempio (anche se non solo) nelle musiche che possiedono un titolo.

Di fatto l'endosemantica sembra coincidere con un sistema di regole di sintassi: in questi termini perlomeno si esprime Roman Jakobson [1970, p. 12] quando, sulla scorta di Ruwet, afferma che

> la sintassi musicale è una sintassi di equivalenze: le diverse unità stanno in relazioni reciproche di equivalenza multiforme [...] parallelismi di struttura fanno sí che l'interprete di un *signans* musicale immediatamente percepito inferisca e anticipi un successivo costituente [...] e l'insieme coerente dei costituenti. È precisamente questa interconnessione di parti e la loro integrazione in un tutto compositivo, che funziona da *signatum* musicale

ciò che equivale a dire che "la musica è un linguaggio che significa se stesso". Secondo l'ipotesi formalistica di Ruwet e Jakobson, la semiosi introversiva è "autoreferenziale", cioè non ha la possibilità di comunicare alcunché riguardo al mondo. Nonostante l'autoreferenzialità, tuttavia, qualche aspetto di natura vagamente "semantica" viene talvolta implicitamente riconosciuto a questo processo: la musica sembra misteriosamente "parlare" anche se non si può dire come e di che cosa. Né Ruwet né Jakobson affermano questo, ma Ruwet, nel momento in cui descrive strutture sintattiche, si lascia a volte sfuggire termini come «inquietudine, contrasto tagliente, staticità, dinamismo» [Ruwet 1962, *passim*], che vengono presentati come tratti specifici di quelle strutture; ora, quei termini indicano certamente caratteristiche pensate come strutturali, ma alludono anche, senza dubbio non volendolo, a situazioni o immagini che non sono riservate alla musica, ma derivano da esperienze piú generali, di natura extramusicale.

Molto piú chiare sono tuttavia le "parole" musicali quando il procedimento è esosemantico, o di semiosi estroversiva. Qui siamo nel campo di procedimenti come il *Leitmotiv* ai quali per comune accordo tutti siamo abituati ad attribuire un significato "esterno" alla musica stessa. È soprattutto a fenomeni di questa natura (beninteso non solo ai *Leitmotive*) che si riferiscono gli schemi di «competenza musicale» teorizzati da Stefani [1987]. Per spiegare l'esosemantica si può fare appello al concetto linguistico di "motivazione": come nelle onomatopee, o nel cosiddetto fonosimbolismo [Dogana 1983], cosí anche in musica può esistere un rapporto osservabile fra una struttura sonora e il significato che convenzionalmente le si attribuisce. Il rapporto può essere di analogia fra la struttura sonora e l'evento evocato: è il caso, ad esempio, delle strutture di "movimento" musicale correlate con la gestualità fisica [Krumhansl e Schenck 1997]. La relazione fra i due elementi, però, può non essere suggerita da analogie, ma semplicemente da associazioni mnemoniche, come avviene per lo piú nelle trasmigrazioni di stile studiate da Agawu [1991]. Per esempio quando Beethoven cita (nella ricostruzione di Agawu) modelli stilistici del barocco francese per evocare situazioni di grandiosa solennità, come accade all'inizio della Sonata Patetica, il rapporto fra l'idea di solennità e i ritmi puntati che la evocano non è evidentemente di analogia (che ragione c'è di considerare solenne un ritmo puntato?), ma è di memoria: i ritmi puntati (oltre ad altri sapienti accorgimenti stilistici) sono tipici dello stile francese e lo ricordano, e lo stile francese a sua volta scaturisce dalle solennità cerimoniali della corte barocca. È ovvio che tra associazioni analogiche e associazioni mnemoniche non c'è incompatibilità: un ritmo di valzer può evocare, per analogia, un gesto fisico, ma al tempo stesso può evocare, per associazione mnemonica, occasioni di festa.

Nell'organizzazione endosemantica è assai piú arduo individuare situazioni "extramusicali", tant'è vero che proprio per questa difficoltà si è ricorso a lungo all'idea dell'autoreferenzialità della musica. Esistono casi, tuttavia, in cui la funzione "semantica" di certi legami sintattici risulta particolarmente evidente: il rapporto fra attesa ed esaudimento proposto da Meyer [1956] e poi da lui ridefinito come «implicazione-realizzazione» [1973] si incarna infatti in eventi strutturali tipici della musica tonale, come il rapporto fra una dominante e una tonica o fra una frase sospesa e la sua "risposta" conclusa. Nel momento in cui il primo termine, quello "implicante", si manifesta, sorge l'attesa del secondo. Ma c'è anche di piú: se il secondo elemento, quello "implicato", non si verifica o si verifica in modi inattesi, chi ascolta è portato ad attivare una ulteriore risposta emozionale. È vero che per Meyer non si tratta di un'emozione "catalogabile" o nominabile, bensí di una sorta di "emozione in sé" non meglio precisabile (il che può anche indurre i linguisti a parlare di "autoreferenzialità"), ma è anche vero che una risposta emozionale è qualche cosa di diverso dai suoni che la generano. Infine, il linguaggio stesso delle tecniche musicali è spia di queste "allusioni al mondo": in tutta la letteratura musicologica, anche nella meno compromessa con problemi semantici [cfr. ad esempio Lerdahl e Jackendoff 1983] si parla di proporzioni o di simmetrie, dove il riferimento è a oggetti spaziali, per esempio alle simmetrie dell'architettura, oppure si parla di stabilità e instabilità dove il riferimento è a questioni di equilibrio statico; ma anche nei trattati teorici piú neutri e tecnici le metafore extramusicali abbondano: da quelle di tipo cinetico (come salire, scendere, ondeggiare) a quelle di tipo tattile (duro, aspro, leggero). Questi esempi dimostrano come anche le forme sintattiche cosiddette endosemantiche, in quanto dotate di facoltà allusive, possono essere portatrici di significati extramusicali, sia pure assai sottili e talora difficilmente precisabili.

Alcune osservazioni sono necessarie a questo punto: la prima è che i riferimenti extramusicali finora esemplificati non solo hanno spesso natura labile, piú appartenente alla sfera della subcoscienza che non a quella della consapevolezza esplicita, ma tendono anche a sfuggire a una concettualizzazione precisa, a una definizione verbale. Con quale legittimità parliamo in questo caso di "semantica"? Il dubbio è perfettamente lecito, anzi non è neppure un dubbio, è un'affermazione: se per semantica intendiamo il rinvio a concetti e se la funzione dei concetti è quella di categorizzare gli eventi del mondo e di distinguerli gli uni dagli altri, la cosiddetta semantica musicale non possiede né funzioni categorizzanti né funzioni distintive, e dunque non è una semantica. La musica si limita a stimolare risposte emotive e in qualche caso a evocare, ossia a richiamare alla memoria, oggetti del mondo, correlandoli con quelle risposte (che in tal modo si colorano di connotazioni emotive piú precise). Ma le funzioni dell'evocare sono molto diverse da quelle del categorizzare.

È necessario ancora precisare che le strutture musicali non solo possono richiamare alla memoria eventi extramusicali, ma lo fanno in forme non arbitrarie. In altri termini, l'evocazione non è un fenomeno soggettivo, ma è regolata da convenzioni culturalmente codificate e generalmente introiettate dagli ascoltatori. L'allusione a eventi del mondo si basa su pratiche ripetute che a poco a poco entrano nell'uso comune e che tutti gli ascoltatori imparano a utilizzare. Che la dissonanza implichi tensione o sgradevolezza, che i suoni acuti implichino chiarezza o che la tromba implichi eroismo non sono risposte soggettive, sono convenzioni eminentemente intersoggettive create dai musicisti e dagli ascoltatori europei, durevoli anche se non eterne, diverse da stile a stile, raramente esplicitate, mai usate come etichette lessicali, ma generalmente accettate per secoli da tutti i compositori e gli ascoltatori di musica.

In musica tuttavia queste situazioni strutturali significanti non hanno la stessa organizzazione dei termini verbali, non hanno uno statuto lessicale, cioè non si usano, né possono venire usate, da sole, come se fossero parole. Voglio dire che non esiste una dissonanza in assoluto: nella misura in cui essa è prodotta da note che possiedono una determinata durata, che appartengono a un accordo, che hanno un particolare timbro, una certa forza accentuativa, ecc. la dissonanza non può non assumere tutte le connotazioni che sono legate agli altri parametri musicali messi in gioco. Verrà dunque qualificata come dissonanza fuggevole, oppure pesante e aspra, o graffiante, o lieve, e cosí via. Ogni musicista mescola liberamente aggregazioni di tratti sonori di natura diversa (di cui conosce intuitivamente le potenzialità di significazione) e la qualità della sua invenzione consiste proprio nella capacità di dosare quei tratti in combinazioni capaci di indurre gli ascoltatori a interpretazioni ben guidate. L'abilità del compositore sta, insomma, nel fornire a chi ascolta indizi interpretabili. Siamo dunque ben lontani da entità di natura lessicale, poiché il lessico è costituito da termini in numero finito che possiedono un significato pre-determinato, mentre le aggregazioni indiziali della musica sono liberamente inventate dal compositore e dunque sono in numero potenzialmente infinito, e ogni aggregazione indiziale ha un senso diverso da tutte le altre. Anche per questa ragione la parola "semantica" può diventare equivoca. Siamo però di fronte a sistemi di indizi che possiedono limiti di interpretabilità, valicare i quali è considerato arbitrario: non si può facilmente giudicare lieve e aereo un *cluster* di quattro tromboni nel registro grave.

In un lavoro recentemente pubblicato [Baroni, Dalmonte e Jacoboni 1999] la meccanica di queste aggregazioni di tratti è stata studiata accuratamente in un determinato stile musicale: quello delle arie da camera del XVII secolo. La regolarità che risultava caratterizzare tali aggregazioni è stata tradotta in regole, capaci di descrivere le strutture di quello stile. In quell'occasione si trattava, in particolare, di un repertorio di arie di Legrenzi, ma è lecito presumere che con sforzi piú o meno analoghi si potrebbero descrivere altri repertori, anche di altri secoli e anche piú complessi. In quel caso le regole sono state poi trasformate in un programma per calcolatore che produceva testi musicali in stile legrenziano. L'aspetto piú singolare di questa ricerca è che i testi meccanicamente creati sulla base di quelle regole compositive non solo possiedono strutture analoghe a quelle del repertorio di partenza, ma sono in grado di riprodurne i caratteri espressivi: le arie della macchina non sono successioni di note qualsiasi, ma sono arie "interpretabili", che gli ascoltatori possono trovare "significative" e in qualche caso anche scambiare per arie "vere" di un autore d'epoca.

La "semantica" musicale di queste arie meccaniche (l'interpretazione in base alla quale esse vengono riconosciute come dotate di senso, cioè espressive, ossia capaci di riferimenti a plausibili esperienze affettive o immaginative) non nasce da un lessico, ma da regole di struttura (o se si preferisce, come suggeriva Jakobson, di sintassi), cioè da connessioni fra tratti sonori che l'epoca di Legrenzi normalmente utilizzava. Ogni epoca e ogni stile musicale possiedono regole specifiche di articolazione dei tratti sonori, regole che, nel loro insieme, costituiscono una sorta di "grammatica" di quello stile. L'esperienza di quel lavoro ci ha però dimostrato che le regole della grammatica non arrivano fino a vincolare il costrutto musicale nel suo complesso, che è e deve rimanere frutto d'invenzione compositiva: le regole infatti si riferiscono sempre a singoli aspetti, cioè ai parametri strutturali volta per volta presi in considerazione. Ad esempio, nella nostra grammatica esistono regole riguardanti il ritmo, altre riguardanti il profilo melodico, o le successioni armoniche, o la forma musicale. Com'è ovvio, regole di questo tipo limitavano Legrenzi nelle sue scelte e si può pensare che tutti i compositori siano analogamente limitati nelle loro scelte dalle regole della grammatica da essi adottata. Essi tuttavia possiedono la libertà di combinare creativamente particolari tratti sonori (poniamo ritmici) con altri tratti di parametri diversi (poniamo armonici) e in ciò soprattutto consiste la loro libertà inventiva. La nostra "grammatica" dello stile legrenziano limitava severamente le scelte all'interno di ciascun parametro, ma lasciava parzialmente aperta (per il calcolatore, regolava solo con norme statistiche) la loro combinazione globale.

I caratteri di espressività che le regole della grammatica legrenziana hanno prodotto nelle composizioni artificiali, dimostrano che la combinazione di particolari tratti sonori, e il dosaggio dei loro pesi (che la grammatica riflette) non è casuale, ma è frutto di scelte precisamente motivate: fra le infinite combinazioni possibili sono state preferite da Legrenzi quelle che, per le convenzioni "semantiche" della sua epoca, erano in grado di stimolare effetti di senso, risposte interpretative, culturalmente accettabili. Se ne può dedurre che i musicisti determinano intuitivamente le proprie scelte grammaticali, spinti dalle loro intenzionalità espressive e che eventuali analisi le possono descrivere. L'analisi naturalmente le descrive con tecniche "oggettive", che riducono il fenomeno complesso della creatività musicale a semplice evento strutturale. Il fatto che l'ascoltatore sia indotto ad attribuire alle aggregazioni strutturali fornite dalla macchina lo stesso carattere di sistema d'indizi che egli attribuisce di norma ai prodotti compositivi "umani", significa né piú né meno che le regole sintattiche inglobano la propria "semantica". La musica dunque non si comporta come il linguaggio, dove fonologia, sintassi e semantica sono componenti in qualche modo autonome: poiché manca il lessico, semantica e sintassi assolutamente coincidono, cosí come fonologia e sintassi.

Ma anche altri aspetti l'esperienza legrenziana può mettere in rilievo. Dallo studio è emerso infatti in maniera molto evidente come in un determinato repertorio esistano regole generalmente applicate, cioè comuni a tutti i brani presi in considerazione, e regole specifiche sia di un singolo brano sia di singoli episodi al suo interno. Nello studio citato abbiamo tradotto in programma informatico solo le regole "comuni". A queste si devono perciò gli effetti di senso che il programma è in grado di produrre. Tuttavia abbiamo anche definito con una certa dovizia di particolari, pur senza tradurle in programma, alcune regole specifiche, sia riferite globalmente a un'aria (c'erano arie particolarmente "vivaci", o "tristi", o "tensive" che utilizzavano le regole comuni alterando le percentuali di scelta di alcuni caratteri ritmici, armonici, melodici, formali, ossia potenziandone alcuni e sacrificandone altri) sia riferite a singoli episodi. Gli episodi erano di solito collegati alle parole del testo. In questo caso le regole comuni venivano usate con modificazioni e forzature al fine di produrre strutture capaci di evocare ad esempio immagini di tortuosità (come nell'aria *Nutro il serpe nel mio seno*) o di eroismo (come in *Mia ragione all'armi all'armi*). Abbiamo dunque distinto due categorie di regole: le prime (le "comuni") sono piú generiche e appartengono all'intero repertorio (le chiamiamo regole a espressività diffusa), le seconde adattano o modificano le prime al fine di produrre significati piú specifici (le chiamiamo regole a espressività determinata).

Se volessimo ora riprendere la distinzione prima ricordata fra endosemantica ed esosemantica potremmo affermare che la prima corrisponde a regole in grado di generare un'espressività "diffusa", non specificamente precisabile, non traducibile in concetti ben definiti (si capisce che quelle arie hanno un senso ma non è facile dire quale), mentre la seconda corrisponde appunto a regole i cui risultati "semantici" possono possedere gradi diversi di definibilità. Al di là del caso specifico di Legrenzi, esistono regole a espressività definita che producono piú o meno vaghi effetti di vivacità o tristezza, altre regole che producono effetti meglio precisabili perché legati ad esempio alle parole del testo (nel caso citato, tortuosità o eroismo), e altre ancora che producono allusioni precise a oggetti del mondo (come uccelli o tempeste), o allusioni a stili di epoche passate o di culture "diverse" (per esempio menzioni di popolarità in un contesto aristocratico), o allusioni codificate a eventi della vita sociale (le connotazioni del valzer viennese). Dunque è sbagliato interpretare la distinzione endo-eso come contrapposizione fra sintassi e semantica. Entrambe derivano da regole sintattiche, entrambe hanno potenzialità semantica (o para-semantica). Non c'è contrapposizione, c'è piuttosto continuità fra l'una e l'altra, e la loro differenza deriva solo da una maggiore o minore precisabilità dei loro contenuti. Piuttosto che distinguere endo- ed eso-semantica come due condizioni diverse e contrapposte è meglio concepirle come i due poli opposti di un *continuum*.

Al di là della differenza fra regole a espressività diffusa e a espressività definita, si può dire che in linea generale i riferimenti al mondo che una struttura musicale può evocare sono sempre assai disparati. A un primo sguardo, la loro natura si presenta cosí eterogenea che è difficile immaginarli come fra loro coerenti: piú che come una somma o una collezione di eventi, le evocazioni a cui un brano di musica dà luogo sembrano presentarsi in forma di congerie. Ad esempio, due frasi musicali strutturate come proposta-risposta, caso tipico dello stile classico viennese, stimolano interpretazioni che procedono in direzioni incongruenti: una delle piú diffuse, implicita nel termine tecnico di "proposta-risposta", è quella che si riferiva fin dal XVIII secolo all'idea di "conversazione musicale" o "imitazione del linguaggio umano" [Rosen 1980, trad. it. p. 173], ma altrettanto diffuso negli stessi anni era anche il paragone con l'architettura, in cui «ogni membro, ogni forma serve alla euritmia del tutto» [Carpani 1823, p. 54], per non parlare dell'universalmente diffusa idea dei rapporti di "tensione e distensione" (allusione a una situazione fisiologica?), o ancora di immagini gestuali come quelle proposte da Ruwet: «movimento [...] sospeso, poi condotto al suo termine» [cit. in Nattiez 1987, trad. it. p. 89]; a queste caratteristiche si possono ancora aggiungere, caso per caso, aspetti affettivi specifici (il carattere melanconico o brillante delle due frasi, ad esempio) o anche riferimenti a eventi sociali (per esempio ricordi di marce o di danze) che le due frasi possono evocare; per non dire che al cocktail si mescolano utilmente anche emozioni senza nome e senza volto, come quelle ipotizzate da Meyer. Ma in definitiva, che significa questo rapporto di proposta-risposta fra due frasi musicali? Dialoghi vocali, simmetrie architettoniche, gesti, umori... Che coerenza si può dare a questa mescolanza irrazionale di riferimenti a fenomeni diversi?

Evidentemente si tratta di una congerie non cosí assurda se di norma gli ascoltatori mostrano di capirla e di accettarne il senso. La spiegazione che è stata proposta, per esempio da psicologi come Imberty [1976], è che quei rimandi a oggetti del mondo cosí disparati sottendono un unico "schema affettivo" (il termine è tratto da Piaget) e che l'ascoltatore crea fra oggetti disparati dei riferimenti simbolici a un unico tipo di emozione, non necessariamente definibile in termini concettuali, ma perfettamente comprensibile sul piano intuitivo. In questo caso l'ascoltatore non usa il pensiero logico (che metterebbe in evidenza appunto le disparità concettuali) ma quello che Piaget [1945] chiama pensiero simbolico, che è un modo diffusissimo (ancorché spesso non consapevole) di intendere il reale. È una forma di pensiero, basata su reti di relazioni analogiche, che i bambini mettono in atto ad esempio nei loro giochi [Baroni 1978], che gli uomini del Medioevo usavano per interpretare i segni della presenza divina nel mondo

[Eco 1981], che molte popolazioni, non escluse quelle dei paesi industrializzati, utilizzano nelle piú diverse situazioni rituali [Firth 1973], che le arti figurative a loro volta utilizzano nelle loro immagini, e che tutti usiamo infine anche nella stessa vita quotidiana, quando ad esempio ci serviamo di metafore. L'uso del pensiero simbolico è la ragione per la quale le categorie concettuali non sono in grado di descrivere i "significati" della musica. E questa è un'altra delle ragioni per le quali si può affermare che in musica non esista una semantica. Ma infine è anche una valida ragione per dichiarare falsa l'idea opposta, che stava alla base delle teorie formalistiche, e cioè che l'unico modo di scambiarsi messaggi debba essere necessariamente il modo verbale [cfr. Nattiez 1987, trad. it. p. 91], e che, in mancanza di lessico, la musica è una pura e semplice successione di suoni connessi solo da legami sintattici. Questa è un'affermazione "verbocentrica" che oggi suona quanto mai ingenua.

Di solito siamo abituati a dar credito alla semantica verbale perché è formalizzata, per esempio dai dizionari, e non all'espressività musicale, perché il suo statuto simbolico lascia maggiore spazio all'attività interpretativa. Ma nell'ipotesi appena discussa, le competenze d'ascolto e d'interpretazione non sono arbitrarie: si basano su un sapere condiviso, cioè su convenzioni grammaticali e interpretative riconosciute e definibili. Le une e le altre possiedono, è vero, margini di ambiguità, ma è vero anche che entrambe possiedono confini che separano la legittimità dall'arbitrarietà. Ciò che non si può accettare è l'idea che i "significati" musicali possano essere poi tradotti in termini verbali adeguati, ma nessuno ha detto che tutti i significati dell'esperienza umana debbano sempre essere tradotti in termini verbali. Tutti sappiamo, anzi, quanto sia difficile ridurre a parole il senso di alcuni nostri vissuti quotidiani, anche dei piú semplici e consueti, e ciononostante abbiamo perfetta consapevolezza della loro esistenza, li sappiamo benissimo riconoscere e li utilizziamo quotidianamente nei nostri rapporti sociali. Ciò premesso, dopo aver accettato che anche la musica possa in qualche modo parlare del mondo, restano aperti ulteriori problemi di non poca entità.

3. *Semantica ed ermeneutica in musica*.

Fintanto che l'ascolto si riferisce a esperienze affettive (come letizia, vivacità, depressione, violenza, ecc.), a sensazioni (per esempio visive, o tattili, o gestuali), a immagini derivanti dal mondo esterno (non importa se fantastiche o realistiche), si può dire che le diversità di epoche o di stili influiscano in misura limitata sul senso attribuito alla musica: si tratta di esperienze affettive, sensoriali o immaginative sempre ben riconoscibili perché comuni a ogni uomo. Analogamente, l'amore descritto da Shakespeare in

Giulietta e Romeo o le colpe narrate da Sofocle nell'*Edipo re*, sono perfettamente comprensibili anche oggi perché rispondono a esperienze che ciascuno può aver vissuto e può riconoscere in se stesso. Si tratta di costanti antropologiche che si trovano in epoche diverse e in paesi diversi. In musica si può dire che l'interpretazione si basi in gran parte su questi patrimoni diffusi di esperienze umane.

Esistono tuttavia anche situazioni culturalmente specifiche: ad esempio, episodi di minaccia violenta si trovano nella *Passione secondo San Matteo* di Bach (deprecazione del tradimento di Giuda), nel *Don Giovanni* di Mozart (comparsa finale del Commendatore), nel *Don Carlo* di Verdi (scontro fra re Filippo e l'Inquisitore), ma la loro presentazione musicale è nettamente differente perché riflette modi di pensare, ideologie, sistemi di valore radicati in società di tipo diverso. La situazione "minaccia" appartiene a esperienze di vita di ogni uomo, è una "costante antropologica" eterna, ma il modo con cui quella minaccia è raccontata differenzia profondamente gli stili musicali dei tre autori. Per capire quelle differenze non si può fare appello semplicemente alla propria esperienza di vita: bisogna ricorrere a conoscenze specifiche relative a circostanze storiche e culturali oggi scomparse. L'ermeneutica è per tradizione la disciplina che ha fra i suoi principali scopi questa ricostruzione, o per meglio dire, l'indagine sui dialoghi fra persone e culture diverse. Non a caso le origini storiche dell'ermeneutica stanno nell'esercizio dell'interpretazione della Bibbia. Si potrebbe dunque ipotizzare che si possa intendere per "semantica" musicale l'interpretazione delle "costanti antropologiche" e per ermeneutica quella che punta sulle differenze culturali.

Qualsiasi forma d'interpretazione, tuttavia, è *in primis* un procedimento logico di formulazione di ipotesi a partire da indizi. Se si osservano le cose da questo punto di vista può cominciare a diventare problematica, in musica, una distinzione netta fra semantica ed ermeneutica. Si possono infatti inferire ipotesi sugli indizi musicali che alludono al vissuto della minaccia in quanto "costante antropologica" universale, ma si possono proporre ipotesi indiziarie altrettanto valide anche sui differenti modi con cui la minaccia viene manifestata in culture diverse. Ad esempio le minacce nel protestantesimo luterano, nelle fantasie controriformiste del Settecento libertino, e nello storicismo laico dell'età di Verdi, si differenziano fra loro perché derivano da radici sociali e ideologiche diverse, e anche perché sono legate al modo con cui ciascuna cultura elabora, controlla e manifesta le proprie emozioni [Ricci Bitti 1988]; e il controllo emozionale lascia in musica tracce individuabili e interpretabili indiziariamente. Allora qual è la differenza fra un tipo di ipotesi e l'altro? Si può pensare che si tratti di procedimenti logici diversi? In effetti, segnare confini netti fra semantica ed ermeneutica può risultare impresa alquanto problematica.

Jean-Jacques Nattiez [1987, trad. it. pp. 108-9], tuttavia, propone una distinzione che può tornare utile a questo proposito: quella fra ciò che egli chiama poietica induttiva e ciò che definisce poietica esterna. Nel campo della "poietica", intesa come ricostruzione musicologica dei processi implicati nella composizione, egli distingue gli aspetti "immanenti" dell'opera, cioè quelli che sono manifestati direttamente dalle strutture musicali e interpretabili sulla base di quelle, e lo studio di documenti che servono all'interpretazione, ma che non sono inclusi nel testo: ad esempio le testimonianze storiche. La poietica "induttiva" apparterrebbe al primo tipo di studio, la poietica "esterna" al secondo.

Su quest'ultima, tuttavia, egli precisa trattarsi di un «procedimento che proietta sulla partitura informazioni esterne» che permettono di interpretarne le strategie compositive che vi stanno alla base [Nattiez 1998, p. 44]. In altri termini, la poietica esterna non è solo una raccolta di dati storici: essa diventa parte del lavoro ermeneutico nella misura in cui consente di attribuire senso alle strutture musicali. Sapere che Wagner viaggiò in treno per raggiungere Venezia nell'autunno di un certo anno, e che pagò una certa cifra per affittare palazzo Vendramin, sono indubbiamente dati storici, che tuttavia sarebbero difficilmente utilizzabili per interpretare la sua musica, mentre i dati storici che Nattiez raccoglie ai fini dell'interpretazione della "alte Weise", della famosa melodia del corno inglese che si trova all'apertura del terzo atto del *Tristano*, sono indizi preziosi per proporne una interpretazione profonda e persuasiva [Nattiez 1993, pp. 149 sgg.]. A questo punto si potrebbe intendere la poietica induttiva come interpretazione delle "costanti antropologiche" e la poietica esterna come interpretazione di aspetti culturalmente e storicamente specifici.

Nei processi d'interpretazione della musica lo stesso problema si presenta anche in altre forme. Michel Imberty [1981] ha osservato ad esempio, parlando dei *Preludi* di Debussy, come esistano aspetti strutturali di quell'opera che possono essere considerati comuni a tutti i preludi (e questi costituiscono, per lui, il loro "stile") e aspetti che caratterizzano invece singoli preludi o singoli episodi di un preludio che egli chiama aspetti di "espressività". Parlando di *Des pas sur la neige* e di *La danse de Puck* egli osserva:

> Da un lato tristezza, disperazione, atmosfera atrocemente vuota, solitudine totale; dall'altro gioia leggera e vagante, ironia e fantasia, irrealtà felice e diafana. Tuttavia [...] nei due brani compare la stessa "qualità" globale dell'organizzazione del materiale sonoro; lo stesso concatenamento dei contrasti, delle rotture, dei ritmi, dei tempi; in breve lo stesso stile [p. 42].

Con il termine di stile egli indica dunque aspetti generali che caratterizzano tutti i preludi e, ancora piú, tutta la produzione di Debussy, distinguendola ad esempio da quella di Brahms con la quale essa viene messa a confronto in quel libro. Per comprendere la distinzione fra Debussy e Brahms non basta però una generica esperienza umana: occorrono informazioni specifiche sui due compositori e sulle condizioni culturali in cui essi si erano formati (Francia e Germania di fine Ottocento). In altri termini occorre mettere in campo informazioni "esterne" da "proiettare" sulle loro strategie compositive. Non c'è molta distanza fra la coppia "espressività/stile" e la coppia "poietica induttiva / poietica esterna". Il procedimento in base al quale i due studiosi arrivano a stabilire queste contrapposizioni è certamente diverso, ma il fenomeno a cui essi mirano mi sembra perlomeno analogo.

Se infine compariamo queste coppie di opposti con l'opposizione fra regole a espressività diffusa e regole a espressività definita che abbiamo utilizzato in precedenza, ritroviamo di nuovo una situazione analoga: le regole a espressività diffusa sono considerate caratteristiche di tutte le arie legrenziane (o del genere musicale dell'aria da camera) mentre le regole a espressività definita caratterizzano singole arie o singoli brani, come fanno appunto le caratteristiche "espressive" individuate da Imberty. Potremmo allora affermare in sintesi che le caratteristiche strutturali prodotte dalle regole grammaticali endosemantiche a espressività diffusa, che Imberty chiama caratteristiche di stile, si riferiscono ad aspetti che sono meglio interpretabili mediante processi di poietica esterna, ossia mediante informazioni storiche utili per ricostruire il sistema dei valori culturali e ideali proprio a un autore o a un gruppo di autori, mentre le regole esosemantiche, a espressività definita, si riferiscono a fenomeni "espressivi" (non di stile) caratteristici di un singolo brano o di un singolo frammento musicale, e in linea di massima sono interpretabili mediante il ricorso a esperienze esistenziali ampiamente condivise e non necessariamente caratteristiche di una specifica epoca o cultura.

Anche in questo caso, naturalmente, occorre ribadire che fra i due fenomeni non c'è netta contrapposizione, ma piuttosto continuità e spesso anche sovrapposizione. Alcune caratteristiche possono essere interpretate infatti come nettamente stilistiche e altre come nettamente espressive, ma in molti casi la distinzione non può che risultare sfumata: ad esempio le caratteristiche del solo di corno inglese del *Tristano* di Wagner sono espressive nel senso di Imberty, in quanto il loro carattere è quello di una melodia di una tristezza mortale, ma sono anche legate a tratti assai piú storicamente specifici, che Nattiez brillantemente ricostruisce mettendo in campo indizi che risalgono ad aspetti diversi della cultura tedesca (da Goethe a Schopenhauer) e che alla fine egli riassume nell'idea che quella "antica melodia" emerga da un mitico "viaggio agl'inferi". Scindere i due aspetti è in questo caso impossibile. D'altro lato, anche le nostre regole a espressività definita non sono separate dalle altre regole, ma convivono organicamente con esse, si innestano per cosí dire su di esse.

Ritorniamo ora al problema di partenza: è plausibile distinguere in musica l'apparato cosiddetto semantico dall'apparato cosiddetto ermeneutico? Diremo che si possono differenziare i livelli dell'interpretazione, ma che in ogni caso la ricostruzione del senso si basa su procedure indiziarie, sia che si tratti di semantica sia che si tratti di ermeneutica. La distinzione fra i due campi è tipica del linguaggio verbale, perché in quel caso le procedure della semantica seguono percorsi cognitivi sostanzialmente diversi da quelli dell'ermeneutica. In musica questa diversità è molto piú labile e meno giustificata. Anche in questo caso abbiamo a che fare con un *continuum*, dove caratteri espressivi "semanticamente" interpretabili rappresentano uno dei due poli, mentre caratteri culturalmente determinati e bisognosi di saperi "esterni" rappresentano l'altro polo.

Sotto un certo aspetto tuttavia esiste anche una possibilità di caratterizzare piú specificamente l'ermeneutica. Un'interpretazione musicale, l'abbiamo affermato fin dell'inizio, si può manifestare in modi diversi (attraverso il suono stesso o attraverso i gesti del corpo) e può anche non manifestarsi affatto: per esempio quando l'ascolto avvenga tramite un processo interiore (emozionale-immaginativo) che resti muto, che non si esteriorizzi in nessun modo. Tuttavia, nel momento in cui si usano le parole si entra in una dimensione sostanzialmente diversa dalle altre. Fino a che non ci si pone il problema della parola che interpreta siamo in un certo senso in un ambito pre-ermeneutico, ma quando si affronta il problema del metalinguaggio verbale con cui si traduce il senso di ciò che si è ascoltato, allora emergono questioni nuove: l'uso delle parole implica automaticamente una consapevolezza critica che in altre forme d'interpretazione non ha luogo. Le parole hanno una storia: scegliere un termine invece di un altro, ricorrere a particolari aggettivi, a giri di frase specifici può implicare teorie sottintese o ideologie latenti. In sostanza l'uso delle parole non consiste nel puro e semplice sforzo di concettualizzare il senso implicito attribuito alla musica, ma già presuppone una piú o meno latente teoria dell'interpretazione. A questo punto, ma solo a questo punto, l'interpretazione della musica può condividere gli stessi problemi teorici e filosofici delle altre forme d'interpretazione, e solo a questo punto, e solo all'interno dei limiti imposti dall'uso del linguaggio verbale, si può usare il termine di "ermeneutica" distinguendolo parzialmente dal termine piú generico di "interpretazione".

4. *Le condizioni di verità dell'ermeneutica.*

È famoso il passo di una lettera di Mendelssohn scritta a Marc-André Souchay il 15 ottobre del 1842: «Io amo ciò che mi esprime la musica, i pensieri per me non sono cosí indeterminati d'aver bisogno delle parole, ma anzi sono fin troppo determinati» [Barassi 1895, p. 276]. In altri termini, il problema che Mendelssohn si poneva era quello dell'inadeguatezza del linguaggio verbale a cogliere tutte le sfumature che la sintassi sonora sa mettere in campo. In tempi a noi piú vicini e con strumenti piú moderni e generali, il problema è stato affrontato da Nattiez già negli anni Settanta come discussione dei limiti di un linguaggio che parla di un altro linguaggio o, se si vuole, come critica del metalinguaggio [Nattiez 1975].

La natura del problema può essere ulteriormente precisata da quanto s'è affermato in precedenza sulla differenza fra semantica lessicale e disseminazione d'indizi interpretabili, ma può essere messa a fuoco ancor meglio se si fa attenzione alla differenza, anch'essa già indicata, fra pensiero logico e pensiero simbolico [Piaget 1945]. Umberto Eco [1981], indagando sulla nozione di simbolo, afferma che il significato di un'interpretazione simbolica non è univoco, ma tende a produrre una sorta di "nebulosa" semantica. Noi abbiamo aggiunto che in qualche caso (per esempio nel caso della musica) la rete di analogie che lega fra loro i membri di questa nebulosa è resa coerente al suo interno da una qualità affettiva (in termini piagetiani, da uno "schema affettivo") che contribuisce a conferirle unità. La fantasia dei buoni musicisti riesce a creare aggregazioni sonore che stimolano e permettono interpretazioni in chiave di pensiero simbolico. Questa è la ragione per la quale, secondo Mendelssohn, il pensiero concettuale è troppo grossolano per poterle descrivere adeguatamente. E infatti il linguaggio critico tende sempre a servirsi di metafore, di giri di frase, di immagini, di paragoni, per potersi approssimare in maniera piú persuasiva a quel sottile tipo di comunicazione.

Ma sorge a questo punto un ulteriore problema. Se per comunicazione noi indicassimo, in termini pragmatici elementari, quel tipo di meccanismo che permette il passaggio di una certa informazione dalla mente del soggetto X alla mente del soggetto Y, allora sarebbe assai difficile affermare che in musica avviene davvero un processo di comunicazione, cioè un passaggio d'informazioni. Tale passaggio si può avere solo se la decodificazione avviene senza ambiguità: il modello ideale è quello del dialogo fra l'uomo e la macchina, o anche quello di messaggi inambigui come quelli della segnaletica navale, quando un certo agitare di bandiere significa, poniamo: "Il nostro comandante invita il vostro a salire sulla nostra nave". L'invito può anche essere falso e nascondere una trappola, ma il passaggio di quell'informazione non è equivoco.

Nessuna musica ha intenzioni di questo tipo, ma ha come scopo quello di stimolare interpretazioni sulla base degli indizi che contiene, cioè di invitare a ricostruire schemi affettivi, sia generici e universali sia specifici di una determinata cultura. E non è neppure strettamente necessario che lo schema affettivo ricostruito sia esattamente quello dell'emittente; è solo necessario che esso sia significativo per l'ascoltatore e giustificato dalla scelta indiziaria che egli ha piú o meno consapevolmente compiuto. Eppure l'approssimazione alle intenzioni dell'autore, la risposta alle classiche domande: "Che cosa vuol dire questa musica? Che cosa ha voluto dire l'autore?" continua a essere alla base dell'ascolto musicale. I programmi di sala dei teatri o anche certi sofisticati articoli di critica hanno sullo sfondo, anche se non la manifestano quasi mai in maniera esplicita, la presenza di questa domanda. La stessa poietica di Nattiez va in questa direzione, quando si pone il problema di interpretare le strategie compositive che stanno alla base di un testo.

Emerge dunque anche in musica la questione epistemologica cruciale dell'ermeneutica: quella della coincidenza fra i contenuti di pensiero di chi emette il messaggio e di chi lo interpreta. Tutta l'ermeneutica contemporanea, Gadamer in testa, nega questa coincidenza, cioè nega quella possibilità di ricostruire le intenzioni comunicative dell'emittente, che le concezioni ingenue davano per scontata [Bleicher 1980]. Il problema ermeneutico è ovviamente piú complesso del problema semantico: ciò che l'ermeneutica prende in considerazione non è il significato inequivoco del messaggio delle bandierine, che è appunto la semantica, ma è il messaggio nella sua globalità, cioè la ricostruzione dell'intenzione che ha mosso il comandante della prima nave a invitare il comandante della seconda: si interpreta un'azione e non semplicemente un messaggio semantico. In un contesto d'azione (come l'azione del comandante della nave) ci sono mille altri indizi interpretabili, oltre al messaggio comunicato dalle bandierine: il modo con cui la nave si è avvicinata, lo stato del mare, le relazioni fra i due comandanti, ecc., fanno parte degli indizi interpretabili, mentre in un testo scritto, di solito, abbiamo a disposizione solo la scrittura.

Tuttavia anche la scrittura, nella misura in cui ci s'interroga sulle intenzioni di chi ha scritto, diventa una sorta d'implicita azione. Nell'ermeneutica biblica, da cui scaturisce quella moderna, l'interpretazione delle intenzioni era d'importanza vitale, perché era volta a scrutare nientemeno che le azioni divine e la volontà che le presupponeva. È un po' meno vitale capire quali siano le intenzioni dell'autore di un testo musicale. La maggior parte delle intenzioni dell'autore restano comunque oscure. Il testo non ce le comunica, o se lo fa, lo fa in maniera criptica. Prima di tutto, nessun compositore si pone il problema di esplicitare le proprie intenzioni: semplicemente affida queste intenzioni allo stile che adotta. La sua azione di artista consiste nel dialogare con le regole stilistiche socialmente diffuse, nell'accettarle, nell'usarle con particolari criteri, nel rifiutarle, nel modificarle. Mai nell'esplicitare le sue intenzioni: chi lo fa è un cattivo artefice, è colui che sostituisce la ricchezza della fantasia creativa con la vaga ambizione di possedere doti che purtroppo non ha. Non c'è niente di piú falso di una musica, o di un'opera d'arte in genere, che esibisce le sue intenzioni. A onta di queste difficoltà ermeneutiche, si può e si deve tuttavia pensare che un testo sia sempre frutto di intenzioni, che non venga composto per caso: le circostanze pragmatiche della sua formulazione devono comunque far parte del processo interpretativo (la poietica "esterna" di Nattiez mira a ricostruirle). Si può dire che un testo venga visto anche come azione e non come puro e semplice linguaggio.

Vista in questo contesto piú ampio, la possibilità di raggiungere una "comunicazione" fra emittente e ricevente in campo musicale si fa ancor meno plausibile: in musica manca un lessico, perché esiste solo una disseminazione d'indizi interpretabili; la loro interpretazione non si basa su procedimenti d'inferenza logica, ma su procedimenti simbolici di "analogia affettiva"; le intenzioni "pragmatiche" dell'emittente non vengono mai esplicitate, anzi non devono venire esplicitate. La coincidenza fra i contenuti di pensiero di chi emette il messaggio e di chi lo riceve, negata dall'ermeneutica moderna, è tanto meno plausibile in questo caso. Il problema reale, dunque, non è quello di capire se sia prevedibile o meno raggiungere quella impossibile coincidenza, ma è piuttosto quello di capire quali siano le conseguenze epistemologiche di questa acclarata impossibilità.

Secondo le tendenze estremistiche del cosiddetto decostruzionismo, la non coincidenza rende legittima qualsiasi possibile interpretazione. La "deriva" critica si serve anarchicamente di ogni elemento sintattico come di un indizio d'interpretazione possibile e plausibile, e lo fa in modo consapevole ed esplicito, "usa" il testo e non si limita a interpretarlo (cosí si esprime Eco [1992] nel suo dibattito con Rorty), non si pone compiti specificamente ermeneutici, non s'interessa di ricostruzioni storiche. Se qualche volta se ne interessa, lo fa in modo non sistematico e non problematico: cosí ad esempio Susan McClary [cit. in Van den Toorn 1995, p. 29] nelle sue interpretazioni di Beethoven in chiave di maschilismo sessuale si basa sulle proprie ideologie piú che sui dati della storia, e forza questi ultimi a favore delle prime. Secondo altre tendenze piú "moderate" il problema non è né quello di sostenere la possibilità della coincidenza, né quello di sostenere la legittimità di qualsiasi interpretazione, ma è piuttosto quello di riuscire a precisare i limiti di tale legittimità. A questo problema si è dedicato, in campo non musicale, Umberto Eco [1990], di cui trovo significative e utili alcune proposte.

Ricorderò anzitutto la sua distinzione fra *intentio auctoris*, *intentio operis* e *intentio lectoris*. La prima delle tre intenzioni è quella che si propone di cercare nel testo "ciò che l'autore voleva dire". Ora, è vero che tutte le osservazioni fatte fino a questo momento ci confermano quanto sia ingenuo immaginare che ciò sia possibile, ma non escludono che questa possa comunque essere conservata come linea di tendenza, a meno di voler negare che tutto il lavoro che gli storici hanno compiuto per secoli non sia servito per comprendere meglio le opere del passato. Che è cosa palesemente falsa. Ma c'è anche un altro aspetto dell'*intentio auctoris* che vale la pena di sottolineare: lo studioso può cercare nel testo anche un senso che l'autore vi ha immesso pur non avendone consapevolezza e che lo studioso è invece in grado di attribuirgli perché vede le cose da una prospettiva storica piú ampia o perché è in possesso di nuovi attendibili saperi (è ciò che forse tenta di fare maldestramente la McClary). In questo caso, però, esistono dei limiti di plausibilità: nel caso della sua interpretazione beethoveniana, le ricerche di storia sociale sulla diffusione delle ideologie, dei comportamenti e dei costumi sessuali possono essere utilizzate anche in campo musicale, ma vanno conosciute approfonditamente. E altrettanto approfonditamente dovrebbero essere conosciute le teorie psicoanalitiche perché la loro applicazione non risulti dilettantesca.

Forse piú problematica, ma altrettanto significativa, è l'area dell'*intentio operis*. Secondo Eco l'opera possiede una sua intenzionalità non data dall'autore ma offerta dalla struttura stessa del testo, in quanto deposito di implicite, convenzionali "istruzioni per la lettura". L'autore conosce e adotta quelle convenzionali istruzioni, che gli servono per stimolare e orientare l'attività interpretativa del lettore, ma nei confronti del lettore è il linguaggio che parla, sono le "istruzioni" stesse e non l'autore che le ha usate. Anzi a questo proposito Eco [1979] distingue l'autore empirico, cioè l'autore storico effettivo, da quello che egli chiama "autore modello", che è lo pseudo-autore inscritto appunto nelle convenzioni di lettura del testo. Nel corso dell'articolo abbiamo già confermato piú volte un fenomeno del tutto analogo, ricordando l'esperienza delle arie automatiche, che stimolano interpretazioni sulla base delle regole grammaticali e non certo di improbabili intenzioni della macchina.

Tuttavia c'è una differenza fra l'autore-modello di un testo narrativo (che è quello della "fabula" a cui fondamentalmente si riferisce Eco) e l'autore-modello delle arie di Legrenzi. Nel primo caso Eco descrive e discute una serie di "istruzioni per la lettura" che non derivano da teorie del linguaggio, ma da teorie del testo, e in particolare da teorie della narrazione. Nel caso delle arie di Legrenzi noi non abbiamo preso in considerazione teorie narrative (che fra l'altro in musica non esistono o se esistono hanno uno statuto discutibile, e comunque metaforico), bensí teorie di matrice linguistica: il modello a cui, sia pure alla lontana, ci si riferisce è quello di Chomsky, non, ad esempio, quello di Greimas. C'è una ragione che possa giustificare questa differenza fra letteratura e musica? Probabilmente ce n'è piú d'una. La prima, e la piú evidente, è che nella ricerca su Legrenzi non si ponevano questioni "narrative" complesse come quelle che trova Eco nei testi da lui esaminati. Le arie del Seicento che noi abbiamo analizzato sono caratterizzate da limiti temporali e formali molto ristretti: poche regole, che abbiamo chiamato di macroforma, erano sufficienti ad assicurare alle arie una coerenza discorsiva ("narrativa"?) adatta alle loro modeste esigenze.

Ma il problema di fondo è forse un altro. Si possono trattare in ambito musicale i problemi formali allo stesso modo con cui le teorie del testo trattano i problemi narrativi? Qualche esempio può essere indicativo a questo proposito. Eco [1979, pp. 87 sgg.] discute a lungo il concetto di "topic", che è l'argomento del discorso, ciò di cui si sta parlando, e che caratterizza e definisce ciascun episodio di una narrazione. Il problema che egli si pone è quello di capire quali tipi di ragionamento il lettore deve compiere per orientarsi all'interno dei vari *topics* che gli vengono presentati. Ad esempio, all'inizio dei *Promessi sposi* di Manzoni il lettore può facilmente dedurre dalle informazioni che sta ricevendo che l'argomento del discorso è la descrizione del lago di Como, e può apprestarsi a mettere in atto le sue competenze geografiche: segue gl'inviti del testo cooperando alla sua interpretazione. Poi si rende conto "che è in gioco l'incontro di un curato di campagna con due bravi", e successivamente ancora, che gli argomenti precedenti "fanno parte di un tema maggiore che è la difficoltà di celebrare un matrimonio", e cosí via. Da dove nasce la facoltà di "tematizzare" che il lettore mette in atto, cioè la sua competenza nell'individuare i temi o *topics* della narrazione? In parte – risponde l'autore – dalla struttura del testo stesso: per esempio dalla prassi convenzionale secondo la quale in ogni narrazione, a partire dalle favole infantili, l'ascoltatore si predispone alla ricerca dell'argomento del discorso (e ogni narrazione gli offre gl'indizi per trovarlo). In parte anche da quello che Eco chiama sapere enciclopedico, e che nelle pagine precedenti è stato indicato come "esperienza del mondo": cioè un sapere "vissuto" che permette al lettore di comprendere, nella fattispecie, le reazioni psicologiche di un curato di campagna, o le ragioni per le quali un signore vuole e può proibire un matrimonio. Il concetto di "enciclopedia" nasce in questo caso dalla contrapposizione con "dizionario": è un sapere non lessicale, ma esperienziale.

Ora, nell'ascolto musicale è sempre presupposta qualche forma di sapere esperienziale (anche se non "enciclopedico", perché soprattutto basato su vissuti di tipo affettivo piú che cognitivo), e su questo punto esistono analogie possibili con la narrazione: per interpretare un testo musicale occorre mettere in atto le proprie esperienze vissute. Meno agevolmente è traducibile in termini musicali il concetto di "argomento del discorso", perché nelle sequenze temporali della musica non c'è alcun "argomento" definibile come tale e chiaramente nominabile. La stessa cosa si può dire per la presenza dei personaggi, che in un contesto narrativo non mancano, ma che non esistono in musica. Tuttavia la forma musicale comprende a volte aspetti che hanno qualche vaga assonanza con quelli della narrazione. Ad esempio alcune sinfonie dell'Ottocento sono costituite come sequenze di episodi concepiti con una logica affettiva vagamente romanzesca: cosí Imberty [1981] riesce a ricostruire in maniera convincente le metamorfosi del motivo della morte nella Marcia Funebre della Terza Sinfonia di Beethoven. In altri casi esistono titoli di natura descrittiva (la Tempesta della Sinfonia Pastorale) dai quali la sinfonia acquista connotazioni narrative piú esplicite. Per di piú la forma musicale prevede anche a volte l'esistenza di "temi" (da intendersi nel senso tecnico di temi musicali, non di argomenti di narrazione) che certe tradizioni esegetiche assimilano a personaggi: si usa nello stile classico parlare di tema maschile e femminile [Rosen 1971, trad. it. p. 93]. In tutti questi casi siamo al limite del rapporto diretto con le forme narrative. Che non si tratti di autentica narrazione, tuttavia, è dimostrato dal fatto che se le stesse strutture vengono interpretate facendo riferimento alla retorica, come fa ad esempio Agawu [1991], il risultato non cambia in maniera sostanziale.

In ogni caso, i testi musicali si presentano come sequenze sonore selezionate in modo tale da evocare per analogia affettiva esperienze del mondo e da permetterne un'interpretazione in chiave simbolica. Il procedimento, narrativo o retorico che sia, è esattamente quello della "semantica" musicale: fra le regole strutturali che permettono di creare allusioni bellicose nell'aria di Legrenzi *Mia ragione all'armi all'armi* e le regole strutturali che hanno permesso a Beethoven di creare quegli episodi della Terza o della Sesta Sinfonia non c'è differenza di natura, anche se c'è ovviamente una differenza enorme di complessità e di ricchezza. Entrambi i procedimenti possono essere classificati come strutture a espressività definita. Ciò vuol dire che in musica è assai difficile parlare di strutture del linguaggio contrapposte a strutture del testo. È piú verosimile concepire la grammatica di uno stile musicale come un immenso apparato di disseminazione indiziaria, che va dalle piú minute microforme sub-notali, alle grandi strutture macroformali senza che fra le prime e le seconde si debba pensare a una reale differenza qualitativa.

Quella che Eco studia nei testi verbali, che chiama cooperazione interpretativa, che si basa su indizi di cui ogni testo richiede l'interpretazione, e che ha le sue basi in quel sapere esperienziale che egli definisce "enciclopedico", sembra avere caratteri straordinariamente simili all'organizzazione indiziaria dei testi musicali. In altri termini, la musica sembra possedere una grammatica analoga a quella studiata dalla linguistica, ma un apparato di significazione comparabile a quello studiato dalle semiotiche del testo. Esiste in essa un sistema indiziario che invita alla cooperazione interpretativa, e anche in questo caso si può parlare di *intentio operis*. Ci può essere cooperazione fra emittente e ricevente di un brano musicale nella misura in cui entrambi utilizzino analoghe convenzioni interpretative. È presumibile che ciò avvenga in molti casi, anche se su questo punto specifico una ricerca empirica seria è ancora tutta da compiere. Il principio della cooperazione interpretativa può comunque essere intesa come uno dei principali "limiti" (nel senso di Eco) della pratica ermeneutica. Oltrepassare quei limiti è certo possibile: lo dimostrano le tendenze decostruzionistiche. L'importante è esserne consapevoli. La "deriva ermeneutica" è accettabile: dipende solo dagli interessi dei lettori, dipende se essi sono interessati piú al critico o piú all'oggetto di cui egli parla.

L'*intentio lectoris*, infine, è da intendersi naturalmente come intenzione dell'ascoltatore. Si tratta di un caso strutturalmente diverso dai due precedenti perché sottoposto a un vincolo specifico e inevitabile: l'esistenza nell'ascoltatore di tendenze alla valutazione. Tendenze invincibili e legittime, perché la musica si ascolta bene solo se la si ama: la noia non è viatico per un buon ascolto. A questo punto siamo però decisamente fuori dal problema epistemologico primario dell'ermeneutica, che è quello di sapere se un'interpretazione musicale fatta a parole possa essere considerata vera o falsa. Il valore, come affermano Miceli e Castelfranchi [1992], è irrimediabilmente collegato all'opposizione buono/cattivo, non all'alternativa vero/falso. Il valore è inscindibile dagl'interessi di chi parla. Forse nell'ambito della critica musicale siamo un po' troppo abituati ad accettare come vere le valutazioni del grande esperto, dell'ascoltatore raffinato e autorevole. In realtà il problema della valutazione è molto complesso e molto insidioso, e tutt'altro che scientifico: implica un gioco sociale di punti di vista che va al di là delle affermazioni della scienza. Per di piú si può dire che esistano limiti sottili fra l'ermeneutica dei valori appartenenti al testo studiato e l'apprezzamento del testo medesimo in quanto portatore di valori che lo studioso condivide. Nel momento in cui un critico interpreta il senso del testo fa dell'ermeneutica, nel momento in cui lo apprezza fa un'opera di valutazione, ma questa è un'altra delle ragioni per cui l'uso del metalinguaggio verbale è sempre difficile: basta un aggettivo per cambiare l'universo di riferimento. In ogni caso i confini fra critica ed ermeneutica sono assai labili. Anche nel caso dei procedimenti di valutazione, tuttavia, ci troviamo di fronte a domande nei confronti delle quali la musicologia è ancora priva di risposte attendibili. Si tratta di un altro di quei problemi che è bene affidare agli studiosi del terzo millennio.

Agawu, K.

1991 *Playing with Signs. A Semiotic Interpretation of Classic Music*, Princeton University Press, Princeton.

Barassi, C.

1895 *Lettere di Felix Mendelssohn-Bartholdy: 1830-1847: tradotte dall'originale e precedute da cenni sulla vita e sulle opere di Felix Mendelssohn-Bartholdy*, Hoepli, Milano.

Baroni, M.

1978 *Suoni e significati. Musica e attività espressive nella scuola*, Guaraldi, Rimini-Firenze (nuova ed. Edt, Torino 1997).

Baroni, M., Dalmonte, R., e Jacoboni, C.

1999 *Le regole della musica. Indagine sui meccanismi della comunicazione*, Edt, Torino.

Bent, I.

1994 (a cura di), *Music Analysis in the Nineteenth Century. Hermeneutic Approaches*, Cambridge University Press, Cambridge.

Bleicher, J.

1980 *Contemporary Hermeneutics*, Routledge and Kegan Paul, London (trad. it. *L'ermeneutica contemporanea*, il Mulino, Bologna 1986).

Carpani, G.

1823 *Le Haydine, ovvero lettere sulla vita e le opere del celebre maestro Giuseppe Haydn*, Tipografia della Minerva, Padova (ripr. anast. Forni, Bologna 1969).

Coker, W.

1972 *Music and Meaning. A Theoretical Introduction to Musical Aesthetics*, Free Press, New York.

Dogana, F.

1983 *Suono e senso. Fondamenti teorici ed empirici del simbolismo fonetico*, Angeli, Milano.

Eco, U.

1979 *Lector in fabula. La cooperazione interpretativa nei testi narrativi*, Bompiani, Milano.

1981 «Simbolo», in *Enciclopedia*, diretta da R. Romano, vol. XII, Einaudi, Torino.

1990 *I limiti dell'interpretazione*, Bompiani, Milano.

1992 *Interpretation and Overinterpretation*, Cambridge University Press, Cambridge (ed. it. *Interpretazione e sovrainterpretazione*, Bompiani, Milano 1995).

Firth, R.

1973 *Symbols public and private*, Allen and Unwin, London (trad. it. *I simboli e le mode*, Laterza, Bari 1977).

Forte, A.

1973 *The Structure of Atonal Music*, Yale University Press, New Haven Conn.

Francès, R.

1958 *La perception de la musique*, Vrin, Paris (2ª ed. 1972).

Giani, M.

1997 *L'ermeneutica musicale nella tradizione tedesca*, in «Bollettino del GATM», IV, n. 1, pp. 9-28.

Hanslick, E.

1854 *Vom musikalisch-Schönen: ein Beitrag zur Revision der Ästhetik der Tonkunst*, Weigel, Leipzig; nuova ed. Wissenschaftliche Buchgesellschaft, Darmstadt 1981 (trad. it. *Il bello musicale*, Giunti-Martello, Firenze 1978).

Imberty, M.

1976 *Le problème de la médiation sémantique en psychologie de la musique*, in «Versus. Quaderni di studi semiotici», n. 13, pp. 35-48.

1979 *Entendre la musique. Sémantique psychologique de la musique*, vol. I, Dunod, Paris (trad. it. *Suoni emozioni significati. Per una semantica psicologica della musica*, Clueb, Bologna 1986).

1981 *Les écritures du temps. Sémantique psychologique de la musique*, vol. II, Dunod, Paris (trad. it. *Le scritture del tempo. Semantica psicologica della musica*, Unicopli-Ricordi, Milano 1990).

Jakobson, R.

1970 *Language in relation to other communication systems*, in B. Visentini (a cura di), *Linguaggi nella società e nella tecnica*, Comunità, Milano, pp. 3-16.

Jones, M. R., e Holleran, S.

1992 (a cura di), *Cognitive Bases of Musical Communication*, American Psychological Association, Washington D.C.

Krumhansl, C. L., e Schenck, D. L.

1997 *Can dance reflect the structural and expressive qualities of music? A perceptual experiment on Balanchine's choreography of Mozart's Divertimento n° 15*, in «Musicae Scientiae», I, n. 1, pp. 63-86.

Langer, S. K.

1953 *Feeling and Form*, Routledge and Kegan Paul, London (trad. it. *Sentimento e forma*, Feltrinelli, Milano 1975).

Lerdahl, F., e Jackendoff, R.

1983 *A Generative Theory of Tonal Music*, Mit Press, Cambridge Mass.

Meyer, L. B.

1956 *Emotion and Meaning in Music*, The University of Chicago Press, Chicago-London (trad. it. *Emozione e significato nella musica*, il Mulino, Bologna 1992).

1973 *Explaining Music*, University of California Press, Berkeley.

Miceli, M., e Castelfranchi, C.

1992 *La cognizione del valore. Una teoria cognitiva dei meccanismi e processi valutativi*, Angeli, Milano.

Nattiez, J.-J.

1975 *Fondements d'une sémiologie de la musique*, Union Générale d'Éditions, Paris.

1987 *Musicologie générale et sémiologie*, Bourgois, Paris (trad. it. *Musicologia generale e semiologia*, Edt, Torino 1989).

1993 *Le combat de Chronos et d'Orphée*, Bourgois, Paris (trad. it. in preparazione, Einaudi, Torino).

1998 *Essai d'analyse sémiologique tripartite*, in «Musicae Scientiae», numero speciale, *Tristan und Isolde, 'cor anglais' solo*, pp. 43-62.

Piaget, J.

1945 *La formation du symbole chez l'enfant. Imitation, jeu et rêve. Image et représentation*, Delachaux et Niestlé, Neuchâtel (trad. it. *La formazione del simbolo nel bambino. Imitazione, gioco e sogno. Immagine e rappresentazione*, La Nuova Italia, Firenze 1972).

Pozzi, E.

1997 *Ermeneutica, analisi, narratività. Tracce per un dibattito storiografico nella musicologia anglosassone*, in «Bollettino del GATM», IV, n. 1, pp. 29-52.

Raffman, D.

1993 *Language, Music, and Mind*, Mit Press, Cambridge Mass.

Ricci Bitti, P. E.

1988 *L'espressione e il riconoscimento delle emozioni*, in V. D'Urso e R. Trentin (a cura di), *Psicologia delle emozioni*, il Mulino, Bologna, pp. 99-118.

Rosen, Ch.

1971 *The Classical Style: Haydn, Mozart, Beethoven*, Faber and Faber, London (trad. it. *Lo stile classico: Haydn, Mozart, Beethoven*, Feltrinelli, Milano 1982).

1980 *Sonata Forms*, Norton, New York (trad. it. *Le forme-sonata*, Feltrinelli, Milano 1986).

Ruwet, N.

1962 *Note sur les duplications dans l'œuvre de Claude Debussy*, in «Revue Belge de Musicologie», n. 16, pp. 57-70 (trad. it. *Nota sulle duplicazioni nell'opera di Claude Debussy*, in Id., *Linguaggio, musica, poesia*, Einaudi, Torino 1983, pp. 55-85).

Sloboda, J. A.

1985 *The Musical Mind. The Cognitive Psychology of Music*, Oxford University Press, Oxford (trad. it. *La mente musicale. Psicologia cognitivista della musica*, il Mulino, Bologna 1988).

Stefani, G.

1976 *Introduzione alla Semiotica della musica*, Sellerio, Palermo.

1987 *Il segno della musica. Saggi di semiotica musicale*, Sellerio, Palermo.

Van den Toorn, P.

1995 *Music, Politics, and the Academy*, University of California Press, Berkeley - Los Angeles - London.

Wolff, J.

1981 *The Social Production of Art*, Macmillan, London (trad. it. *Sociologia delle arti*, il Mulino, Bologna 1983).

ROSSANA DALMONTE

Teoria e analisi

Se è vero, secondo quanto affermava Peirce, che tutte le parole hanno bisogno di "interpretanti" per poter essere collocate in un luogo preciso della galassia di senso a cui appartengono, è altrettanto vero che ci sono parole particolarmente disposte ad assumere significati fra loro anche molto diversi e che perciò hanno piú bisogno delle altre di essere corredate di un apparato interpretativo. Fra queste parole si devono senza dubbio includere i termini "teoria" e "analisi". Cominciamo dal primo che, essendo piú generico, ha dietro di sé una piú lunga storia di sensi, anche se ci si limiterà, ovviamente, a illustrare le accezioni che la parola possiede in campo musicale.

1. *Teoria*.

Esiste innanzitutto l'uso di distinguere la teoria dalla pratica musicale (e in questa accezione il termine "teoria" ingloba anche "analisi"), sia con un significato vagamente negativo, come qualcosa che con la musica vera e propria (quella "pratica") ha ben poco a che fare, sia per intendere l'elaborazione razionale di concetti formulabili indipendentemente da ogni applicazione concreta. Nel Conservatorio italiano, ad esempio, sotto l'insegna "Teoria e solfeggio" s'insegna a leggere la musica, distinguendo "teoricamente" una nota dall'altra secondo l'altezza e la durata. In questo caso specifico il senso è quello di fase preliminare e propedeutica all'apprendimento pratico del canto o di uno strumento.

Un'accezione del termine storicamente molto diffusa e condivisa dalle maggiori lingue europee è quella che corrisponde al significato di "insegnamento" o "manuale per l'apprendimento" in espressioni quali "Teoria della composizione", "Teoria del contrappunto", ecc. Nella letteratura degli ultimi secoli si trovano vari sinonimi, ad esempio: Kirnberger [1771-79] intitola il suo trattato teorico: *Die Kunst des reinen Satzes in der Musik* («L'arte della corretta composizione in musica»); Lobe [1850-67] preferisce intitolarlo *Lehrbuch der musikalischen Komposition* («Manuale della composizione musicale»); e Riemann [1903] *System der musikalischen Rhythmik und Metrik* («Sistema del ritmo e della metrica musicale»). In questo senso ci sono tante teorie, ad esempio, della composizione o del ritmo, quanti sono gli autori che hanno raccolto e variamente organizzato in sistema le regole sperimentate nella pratica compositiva a proposito di un certo parametro o tecnica della musica. La teoria intesa in questo senso ha due facce opposte e complementari: da una parte – come si è detto – offre una sintesi tendenzialmente completa (ma necessariamente parziale come ogni lettura del reale) delle leggi piú o meno consciamente scoperte dall'esperienza; dall'altra ha valore didattico, di avvio alla comprensione e poi all'applicazione delle nozioni apprese. Per il primo aspetto segue logicamente e cronologicamente la pratica, rispetto al secondo, invece, si colloca a monte e determina comportamenti non ancora accaduti. Sarebbe possibile coniare l'espressione "Teoria dell'analisi" e si potrebbe scrivere un trattato che sintetizzasse un'esperienza allo scopo di illustrarne i risultati e di favorirne l'applicazione in contesti analoghi; ad esempio i volumi di Forte e Gilbert [1982] e quello di Drabkin, Pasticci e Pozzi [1995], secondo questa accezione del termine potrebbero intitolarsi "Teoria dell'analisi schenkeriana".

La teoria intesa in questo senso espone i contenuti di una disciplina (la composizione, il contrappunto, l'analisi schenkeriana, ecc.) con piú o meno palesi intenzioni di offrire quanto di meglio sia noto sull'argomento; in realtà il valore di simili "teorie" non consiste nella loro particolare descrizione dell'aspetto preso in considerazione, bensí deriva – kantianamente – dal fatto di essere in grado di garantire comportamenti razionali nell'applicazione pratica della teoria stessa [Kant 1788, trad. it. p. 313]. La convinzione profonda che guida alla stesura in successione di sempre nuovi trattati di questo tipo è che quanto piú buona (ossia piú dettagliata, esaustiva e non contraddittoria) sarà la teoria, tanto migliori saranno i risultati delle sue applicazioni nella prassi, ad esempio, della composizione o dell'analisi; in altre parole, la finalità di questa letteratura teorica è fondamentalmente di tipo didattico.

L'argomento e l'articolazione in sotto-argomenti di queste "teorie" dipendevano dall'importanza che il pensiero filosofico delle diverse epoche affidava a uno o all'altro aspetto della musica. Se si vogliono rintracciare nella storia della musica esempi di opere in cui si concreta questa accezione del termine "teoria" si può cominciare dagli albori dell'età "moderna": i teorici del secolo XV – ad esempio Franchino Gaffurio con il suo *Theoricum opus* (Napoli 1478) – indagavano il fenomeno musicale prevalentemente sotto il profilo modale, in quanto la preoccupazione principale consisteva nel ribadire l'appartenenza della musica coeva a un sistema consolidato da tradizione secolare, un sistema che vedeva la musica saldamente ancorata alla matematica e alla geometria attraverso la speculazione sulle proporzioni, sui generi e sulle scale.

A partire dal secolo successivo, quando il pensiero trainante è l'ipotesi che vi sia analogia fra un brano musicale e lo schema di discorso elaborato dalla retorica classica, un altro tipo di indagine prende il nome di "teoria" e il tema centrale diventa quello di individuare nella musica la sua capacità di riprodurre le regole del linguaggio parlato. La musica viene ritenuta "poetica" e tale impostazione si riflette anche nei titoli, come si vede, ad esempio, in trattati come: *Praecepta musicae poeticae* (1563-64) di Gallus Dressler e *Musica poetica* di Joachim Burmeister (1606). Allora la teoria (ma Burmeister [1606, p. 71] la chiama «analisi») si esercita a esporre le regole per organizzare un brano musicale in maniera analoga alla tripartizione del discorso in *exordium*, *medium* e *finis*, e nel trovare (o definire, a seconda che prevalga l'aspetto compilativo o quello propositivo del trattato) l'analogia fra le "figure retoriche" del discorso e determinati modi di comporre basati sulla ripetizione, la disposizione delle parti del contrappunto, le alterazioni cromatiche estranee alla scala di base e tutti i possibili modi di aderire con la musica all'"affetto" espresso dalle parole.

Parallelamente alla tradizione teorica appena accennata si sviluppa un'altra corrente di pensiero che pone al centro dell'indagine tutti i modi possibili di elaborare una struttura compositiva di base: questo filone comprende sia la tradizione dei manuali di ornamentazione dedicati a cantanti e strumentisti (a partire da *La Fontegara* di Silvestro Ganassi, 1535), sia l'insegnamento della scrittura su basso continuo, intesa a scopi compositivi e utile anche per la realizzazione pratica di bassi cifrati [ad esempio Agazzari 1607]. Il pensiero che informa queste opere di "teoria" è che la musica si possa costruire in partenza da uno scheletro di base seguendo certe regole che nulla tolgono alla fantasia dell'artista, ma anzi sono in grado di stimolarla e sostenerla in tutte le circostanze.

La teoria dell'armonia elaborata da Jean-Philippe Rameau a partire dal *Traité de l'harmonie réduite à ses principes naturels* (1722), mettendo al centro di tutto il sistema musicale la triade maggiore e da essa derivando sia le concatenazioni armoniche sia lo sviluppo lineare della melodia, offriva per la prima volta all'analisi princìpi "certi" di verificabilità. La codificazione degli accordi e dei loro "rivolti", il riconoscimento delle note "sottintese" in un accordo formato da triadi sovrapposte, l'identificazione delle note melodiche "fuori armonia" posero le basi di un nuovo modo di intendere la composizione e costituiscono ancora oggi i fondamenti dell'analisi armonica.

Un diverso modo di concepire la composizione e la sua teoria viene inaugurato da Heinrich Christoph Koch nel suo *Versuch einer Einleitung zur Composition* («Saggio d'introduzione alla composizione»), in cui si pongono le basi di una concezione "fraseologica" del brano musicale [Koch 1782-93]. A guidare questa teoria non è piú la supposta analogia con il discorso retorico, bensí un processo esclusivamente musicale di espansione ordinato gerarchicamente: gli "incisi" di due battute s'uniscono a formare le "frasi" di quattro battute, indi i "periodi" formati a loro volta da due o tre frasi; viene poi prevista la possibilità di "interpolare" in un'unità musicale preesistente un'altra unità fraseologica di due o quattro battute, oppure di "comprimere" un'unità fraseologica di ampiezza "regolare" entro dimensioni piú piccole. Il lavoro di Koch non trascura alcun aspetto del fenomeno musicale, ma si sofferma in maniera particolarmente creativa sull'elaborazione melodica, spostando sulla dimensione orizzontale della musica l'attenzione da Rameau polarizzata sulla dimensione verticale dell'accordo. I principî di equilibrio e simmetria, la regolare scansione del periodo attraverso cadenze a diverso grado di conclusività/sospensione lasciano tracce profonde nella pratica compositiva e si riflettono in altre opere teoriche, e specialmente in quelle di due autori francesi, il cui insegnamento s'allarga fino a influenzare gli ultimi anni del secolo XIX: Jérôme-Joseph de Momigny, giustamente famoso per il suo *Cours complet d'harmonie et de composition* (1803-1806) e Antonin Reicha, che scrive vari trattati in francese e poi li pubblica a Vienna in una silloge di quattro volumi [Reicha 1832]. Su questa tradizione s'innesta la monumentale opera teorica di Hugo Riemann, di cui si dirà piú avanti.

Per Carl Czerny, invece, "teoria" significa principalmente "insegnamento delle forme musicali". Considerando già acquisite dai suoi lettori le nozioni basilari di armonia e contrappunto, egli pone il punto focale del suo trattato, *Scuola pratica di composizione* (ca. 1849), nel modo di organizzare le idee musicali in forme di piccole e grandi dimensioni, dal Lied all'oratorio, dalla danza popolare alla sinfonia, incaricandosi poi di dare i dovuti suggerimenti per la loro strumentazione. Riflessioni e approfondimenti sullo stesso tema, ma con piú ampio respiro teorico, si trovano nei numerosi e dotti volumi di Adolf Bernhard Marx, di cui basti segnalare quello che abbraccia il maggior numero di argomenti [Marx 1857]. Centrale vi è il pensiero della composizione musicale come di un tutto organico che si sviluppa armoniosamente in ogni sua parte dal piccolo seme del "motivo" iniziale. La teoria – non si stanca di affermare Marx – può fornire le regole per l'elaborazione del materiale motivico, ma non i motivi stessi che vengono trovati inconsciamente «dallo spirito del compositore». Lo stesso ha anche la facoltà di modificare, o meglio di "aggirare", le norme che regolano le diverse forme; e Marx fornisce numerosi esempi di come i grandi compositori abbiano eluso gli schematismi della "forma sonata" nel primo tempo del "genere sonata". In queste esemplificazioni l'analisi si mescola alla teoria e ne diventa strumento indispensabile.

Nell'ancora piú ponderosa opera teorica di Hugo Riemann il concetto di struttura fraseologica si modifica ulteriormente: il *Motiv*, l'unità di base, non è un'entità musicale concreta, bensí un modulo metrico («debole/forte») che costituisce un'unità di energia, la quale si evolve e passa da una fase di espansione a una di estinzione attraverso un punto intermedio di massima intensità. Il meccanismo che s'instaura a livello di "motivo" si riproduce ai livelli delle unità gerarchicamente superiori e l'intera composizione appare come un flusso dinamico di energie regolate dal reticolo teorico costituito dai *Motive*. La teoria del fraseggio, illustrata in numerose opere e sintetizzata nell'*Handbuch der Phrasierung* («Manuale del fraseggio») [Riemann 1912], viene anche applicata allo studio della letteratura musicale sia in volumi di analisi (delle Sonate di Beethoven e del *Clavicembalo ben temperato* di Bach), sia in revisioni "fraseologiche" delle sonate di Haydn e Mozart dotate di segni e indicazioni aggiuntive per l'interprete.

All'inizio del nostro secolo appaiono – sempre nell'ambito della cultura germanica – due opere intitolate allo stesso modo, ma profondamente diverse fra loro: *Harmonielehre* di Heinrich Schenker (1906) e *Harmonielehre* di Arnold Schönberg (1911). Il volume di Schenker contiene la prima formulazione di due concetti fino a quel momento ignoti alla tradizione della teoria armonica e destinati a influire profondamente sul metodo analitico messo a punto dall'autore negli anni successivi: il concetto di «elaborazione compositiva» (*Auskomponierung*) e quello di «prolungamento». La prima operazione consiste nella trasformazione che una singola unità subisce attraverso ripetizioni variate sia dal punto di vista melodico-motivico, sia dal punto di vista armonico o di articolazione ritmica. Il «prolungamento», invece, consiste in una sorta di interpolazione di materiale strutturato a tutti i livelli, ma che tuttavia non spezza la continuità profonda del grado tonale sentito come fondante in quel preciso momento della composizione. Il termine "sentito" non è usato metaforicamente: Schenker introduce anche la nozione psicologica della «valorizzazione», secondo la quale il nostro orecchio è in grado di assegnare a certi accordi la preminenza su ampie aree tonali, nozione che rappresenta il punto di partenza di un nuovo modo di ascoltare detto «ascolto strutturale».

L'opera di Schönberg nasce in polemica con l'insegnamento accademico dell'armonia, basato su principî e regole spacciati per "naturali" e quindi eterni. Egli avverte che le funzioni dell'armonia tonale non rappresentano che il «modello piú semplice» delle leggi musicali, modello che l'allievo deve conoscere e possedere fin nei minimi dettagli; ma l'allievo deve anche rendersi conto «che le condizioni di dissoluzione del sistema sono contenute in quelle stesse condizioni che lo determinano e che in tutto ciò che vive esiste ciò che modifica, sviluppa e distrugge la vita» [Schönberg 1922, trad. it. p. 37]. Nelle sue analisi di passi emblematici della letteratura musicale Schönberg introduce il concetto di «regione tonale», che comprende anche relazioni arcaiche di tipo modale fra i vari gradi della scala. Questo nuovo concetto produce non solo una diversa terminologia nell'identificazione degli accordi e delle loro funzioni, ma anche un progressivo allargamento dello spazio armonico che oltre a inglobare – come si è detto – certe funzioni modali e una tonalità comprensiva dei caratteri delle scale maggiore e minore, comprende anche la «sospensione tonale» e porta a considerare lo spazio sonoro come «pantonale».

Se si escludono le numerose pubblicazioni di tipo compilativo sorte per scopi pratici di utilizzazione nella scuola, forse l'ultimo scritto teorico nell'accezione di "manuale" è l'*Unterweisung im Tonsatz* («Ammaestramento al comporre») di Paul Hindemith [1937], il quale, pur condividendo molti principî generali con Schenker, tuttavia se ne allontana, in quanto non resta ancorato alla tradizione compositiva "classica", ma tenta di giustificare razionalmente le tendenze progressiste della musica del suo tempo, tendenze cui egli stesso partecipa con la sua opera di compositore. Alla base del suo insegnamento non sta la triade bensí la singola nota, che, secondo Hindemith, è legata da affinità di grado decrescente con tutte le altre note dello spazio cromatico. La successione ordinata secondo le affinità dà la «serie n. 1». Considerando poi l'equivalenza dei rivolti degli intervalli per cui, ad esempio, la settima maggiore equivale alla seconda minore, si ottiene una serie di intervalli di complessità progressiva rispetto alla nota di partenza («serie n. 2»). Analizzando una composizione sulla base di queste «serie» non s'incontrerà un punto di separazione fra la consonanza e la dissonanza, ma soltanto diversi gradi di tensione armonica.

Il concetto di "teoria" come *Lehre*, ossia come insieme di norme capaci di realizzare un particolare modo di considerare la musica, è l'accezione piú diffusa; essa, come si è visto, si mantiene per molti secoli sostanzialmente identica, anche se applicata a contenuti diversi.

Recentemente nel campo dell'antropologia musicale è stato elaborato un diverso significato di "teoria", che non ha ancora trovato larga applicazione, ma già fin d'ora appare molto fecondo. In questa accezione "teoria" corrisponde a "insieme di principî fondamentali", "filosofia di base", "scelta di campo" pregiudiziale e preventiva a qualsiasi scelta di metodo (anche analitico).

Alan P. Merriam, riprendendo un pensiero dell'etnografo Herkovitz, afferma che lo schema concettuale di fondo, ossia – in questo senso – la "teoria", influenza profondamente sia la scelta di un metodo (analitico, compositivo, di ricerca su campo, ecc.) piuttosto di un altro, sia la soluzione di un dato problema [Merriam 1964, trad. it. p. 57]. Avendo chiarito quale problema s'intende risolvere o quale obiettivo si vuole raggiungere, sarà la teoria che meglio s'indirizza a questi scopi a stabilire le prospettive di partenza, da cui deriverà la scelta di un certo tipo di analisi, o di un certo metodo di ricerca pratica.

Secondo questa accezione del termine non si parlerà di "teoria schenkeriana" a proposito dei volumi piú sopra citati di Forte-Gilbert e di Drabkin, Pasticci e Pozzi, bensí di "metodo di analisi elaborato da Schenker". Dunque Schenker non ha prodotto "teoria", ma soltanto un "metodo analitico"? Se si pensa ai famosi grafici e alla finale riduzione di un brano alle sue *Urlinie* e *Ursatz*, la risposta è affermativa, ma se si considera che questo "metodo analitico" è stato da Schenker elaborato all'interno di una nuova didattica della composizione articolata in tre momenti: studio del contrappunto severo, del basso continuo e della composizione libera, ecco che viene in luce un livello piú ampio rispetto alle regole di analisi, il piano, appunto, della teoria. Anzi, andando ancora piú a monte, si vedrà che questo schema didattico tripartito, in cui il suo famoso metodo analitico s'iscrive, deriva a sua volta da una concezione organicistica del fenomeno musicale, che considera una composizione come un organismo vivente, il quale prende forma dall'elaborazione graduale e sistematica di un nucleo fondamentale. Questa teoria, che Schenker eredita dalla tradizione illuministica tedesca, e che abbiamo vista condivisa da altri teorici quali, ad esempio, Adolf B. Marx e Hugo Riemann, considera lo sviluppo e l'articolazione di un essere vivente o di un prodotto artistico da un nucleo originario come un'operazione connaturata alle strutture cognitive e percettive dell'individuo: su questa base si capisce perché al centro della speculazione schenkeriana stia la musica della tradizione occidentale degli ultimi secoli, perché il suo insegnamento debba venire articolato in tre fasi e perché il metodo analitico piú idoneo a descriverla preveda un'interpretazione stratificata delle strutture musicali. Concezione organicistica dei fenomeni artistici; identità essenziale tra i fenomeni artistici e quelli naturali; identità di struttura e di funzionamento degli apparati cognitivi e di quelli percettivi sono i principî fondamentali, le "teorie" che guidano la riflessione schenkeriana e che è necessario comprendere per non rischiare di fraintendere i risultati a cui essa è pervenuta nel campo specifico dell'analisi, che è quello generalmente piú considerato.

In questa prospettiva proposta dall'antropologia non solo "teoria" e "analisi" si distinguono chiaramente fra loro, ma si vede anche che le loro diverse funzioni sono in realtà complementari: la teoria formula ipotesi concettuali e l'analisi le verifica sul concreto. Come nella scienza, anche nello studio della musica che si pretende scientifico non può esistere una teoria senza verifiche analitiche, come non possono esistere indagini concrete senza presupposti teorici: perciò è necessario non solo usare la terminologia appropriata, ma soprattutto distinguere correttamente la specificità dei ruoli.

Quanto ai rapporti reciproci fra i due momenti, e fra essi e gli obiettivi che lo studioso si pone, nell'articolato panorama teorico-analitico di fine secolo è difficile indicare una direttrice unitaria, e tanto meno una "teoria" o un metodo analitico emergenti. Tutt'al piú si può affermare che una teoria non è da considerarsi senz'altro "buona" se si dimostra verificabile attraverso buone analisi, ma piuttosto si deve misurare la sua validità dal fatto che sia in grado di spiegare (attraverso le sue applicazioni pratiche, cioè le analisi) il maggior numero possibile di fenomeni esistenti, cosí rendendosi appropriata al raggiungimento di diversi obiettivi.

Prendiamo ad esempio il caso di uno studioso interessato alle manifestazioni musicali di una sconosciuta tribú dell'Africa. Se la sua posizione teorica è mutuata dalla corrente funzionalistica e quindi egli è convinto che una cultura è la risultanza di un insieme intrecciato di elementi per cui separarne uno solo – anche a fini di studio – è come fare violenza all'insieme, egli sceglierà per il suo studio materiali che rivelino la globalità dei modelli di comportamento e da quelli risalirà agli aspetti musicali che piú lo interessano. È molto probabile che le informazioni sul modo di vivere di quella tribú saranno molto ricche, mentre quelle specifiche, ad esempio quelle sui fenomeni musicali, risulteranno piú generiche, ma saranno culturalmente motivate.

Se invece lo stesso obiettivo è perseguito da uno studioso di tradizione positivista, secondo il quale la cultura è un prodotto storico ricostruibile attraverso confronti fra gli elementi componenti i modi di vita di diversi popoli, allora il nostro studioso sceglierà il metodo piú idoneo a registrare momenti distinti della vita della tribú, e specialmente quelli musicali che piú lo interessano; e se avrà applicato correttamente il metodo di ricerca sul campo, se riuscirà a catalogare i materiali raccolti, a nominarli e ad analizzarli da diversi punti di vista (ritmico, timbrico, melodico, contrappuntistico, ecc.), otterrà un quadro preciso della musica di quella tribú, ma è facile che cosí facendo perderà di vista il contesto socioculturale in cui questo fenomeno s'iscrive. Il successo delle due ricerche dipenderà dal fatto di aver scelto la teoria piú idonea al raggiungimento degli obiettivi che si erano poste. La "teoria", infatti, non è mai neutra; se, da una parte, essa è strettamente connessa all'obiettivo che il ricercatore si pone, dall'altra è lei stessa che lo pilota verso l'uso di metodi e verso l'applicazione di procedimenti analitici che lo porteranno ai risultati desiderati, i quali saranno affatto diversi da quelli derivanti da altre teorie/metodi/procedimenti analitici pur esercitati sullo stesso campo o repertorio.

A un diverso grado di profondità epistemologica, possiamo considerare nella stessa prospettiva del rapporto teoria/analisi anche la tripartizione semiotica di Molino-Nattiez: a seconda che l'analisi parta da presupposti e si ponga obiettivi che interessano l'aspetto compositivo o quello della ricezione dell'opera oppure ci si eserciti momentaneamente sul puro testo, i metodi da privilegiare e i risultati che si raggiungeranno saranno sostanzialmente diversi [Molino 1975; Nattiez 1982, trad. it. pp. 8-26, 103-38].

Un'ultima accezione del termine "teoria", cosí come viene usato nel linguaggio musicologico, si precisa nel binomio tendenzialmente oppositivo teoria/storia. Nonostante la distinzione fra musicologia storica e musicologia sistematica operata già da Guido Adler [1885] verso la fine del secolo scorso, il quadro epistemologico delle discipline musicali non-storiche ha sempre mostrato un profilo mutevole e poco definito, forse perché piú sensibile di quello storico alle sollecitazioni di stimoli culturali esterni al campo degli studi musicali veri e propri. La letteratura teorico-didattica che è stata qui richiamata per esemplificare l'accezione "teoria = Lehre" costituisce l'unico repertorio che per consistenza possa affiancarsi alle indagini storiche, anzi rispetto a queste esso vanta senz'altro una tradizione piú antica. Sarebbe poi agevole allargare il campo e comprendere fra gli studi teorici quelli di estetica musicale, che hanno tradizione secolare come branca della speculazione filosofica dell'arte. Ma in questo caso il confine con gli studi storici è molto frastagliato e le reciproche contaminazioni molto frequenti e fruttifere.

Nella seconda metà del nostro secolo nel campo degli studi musicali "non-storici" (ossia, in questa accezione, "teorici"), cominciano a farsi sentire sollecitazioni provenienti da altre discipline che tentano di invadere il panorama di base solidamente bipolare (storia-teoria) con spinte centrifughe. La psicologia della percezione e il pensiero psicoanalitico dal versante teorico, la musicoterapia su quello pratico studiano i fatti della musica – il comporre, l'eseguire, l'ascoltare – come fatti acronici, che producono reazioni psicofisiche appartenenti al campo d'indagine della scienza medica e delle sue applicazioni.

Scienze antiche e specialistiche come l'anatomia, la fisiologia, la psicologia, la patologia e l'otologia, nella misura in cui si occupano del sistema nervoso, hanno dimostrato di poter giovare a comprendere e a intervenire in casi non solo di patologie legate alla musica, ma soprattutto nelle questioni fino dall'antichità accettate come "fatali": memoria e attenzione, talenti musicali precoci, esperienze sinestesiche, ereditarietà del talento musicale, ecc. [Critchley e Henson 1977; cfr. in questo stesso volume i saggi di Isabelle Peretz, John Sloboda e Johannella Tafuri].

Da parte sua la psicologia della musica – sia quella percettiva sia quella cognitiva – contribuisce alla comprensione del fenomeno musicale cercando di descrivere nel modo piú preciso e dettagliato i complessi meccanismi dell'ascolto. In quanto però l'ascolto cosciente della musica, quello che stimola reazioni e produce giudizi, è fortemente influenzato dall'esperienza, ecco che una delle discipline per statuto collegate all'*hic et nunc* e al lavoro sperimentale deve sporgersi sulla storia e chiedersi, ad esempio, come mai grandi capolavori che oggi sono considerati monumenti della storia della musica al loro primo apparire suscitarono critiche e resistenze. L'interrogativo su quanto l'esperienza possa influire sui meccanismi complessi della percezione musicale costituisce uno dei principali impegni di una disciplina che si riconosce in riviste come «Music Perception», fondata da Diana Deutsch (University of California Press) nel 1983, e «Musicae Scientiae», curata da Irène Deliège e fondata nel 1997.

In altri settori della ricerca "teorica" la filosofia marxista, la linguistica strutturale, la sociologia d'ispirazione durkheimiana pongono nuovi interrogativi e sospingono le indagini verso specificazioni disciplinari dai confini sempre piú netti. Si può dire dunque che negli ultimi cinquant'anni l'ambito della "teoria" si è molto allargato e ora comprende, oltre ai campi fin qui descritti, la semiologia e la sociologia della musica, l'antropologia e l'informatica musicale, discipline tutte che richiedono particolari trattazioni in altre parti di questa enciclopedia [si vedano, ad esempio, in questo stesso volume i saggi di Jean-Jacques Nattiez, Daniela Langer e Mario Baroni].

2. *Analisi*.

Fin qui si è parlato di analisi soprattutto come momento applicativo-tecnico di una teoria. È ora tempo di fermare l'attenzione sui diversi modi che tale applicazione pratica ha assunto. Prima di iniziare una rassegna – necessariamente in forma riassuntiva – dei principali metodi di analisi, occorre però per prima cosa precisare altri confini della nozione di analisi: una volta chiarita la linea di demarcazione fra teoria e analisi è necessario intendersi sulla posizione reciproca di analisi / discorso critico o ermeneutico.

Una prima distinzione si trova negli obiettivi delle due operazioni: mentre l'analisi tende a descrivere "com'è fatto" un costrutto sonoro cui la cultura affida funzioni musicali, il discorso critico mira essenzialmente a interpretarne il "senso" o a valutarlo sul piano estetico. Certamente è difficile (e anche improduttivo) separare nettamente descrizione e interpretazione e si può anche sostenere l'opportunità che in ogni descrizione s'insinui un certo tasso di valutazione/interpretazione, tuttavia per raggiungere i diversi obiettivi che le due direzioni d'indagine si propongono è bene mantenere attivi i meccanismi della loro identificazione.

Cominciamo perciò cercando di individuare i tratti caratteristici dell'operazione analitica. La prima specificità si attua sul piano del linguaggio: mentre la pratica dell'analisi impone un controllo attento e una tensione critica continua nei confronti delle estensioni denotative e connotative delle parole che si usano per parlare di musica, il discorso ermeneutico sfrutta abbondantemente le risorse del linguaggio metaforico-allusivo capace almeno di evocare quei significati che trovano la loro espressione piú propria nella musica stessa. Un'altra differenza s'incontra considerando il punto di vista di partenza: mentre il discorso ermeneutico cerca di esplicitare il senso globale di un pezzo, l'analisi si esercita su aspetti singoli, ed è costretta a selezionare un certo numero di tratti da sottoporre a indagine. Ovviamente è possibile che un'analisi prenda in considerazione "tutti" gli elementi di cui un brano è costituito, ma anche in questi casi non si tratta di un'analisi "globale", bensí di un'analisi parametrica a largo raggio. L'operazione di scelta degli aspetti da analizzare non è "neutra" in quanto presuppone la collocazione storica dell'oggetto: ad esempio, la componente armonica non è pertinente a tutti i repertori, inoltre un certo problema armonico non è ugualmente interessante in tutte le epoche. Si consideri, ad esempio, il collegamento V-I; esso è significativo – e quindi degno di essere rintracciato e contestualizzato – nella polifonia del XV secolo e magari in un'opera sperimentale del XX secolo, ma non nel repertorio sinfonico del secolo XVIII, dove è parte integrante della grammatica compositiva e dove è piú interessante analizzare i modi per evitare tale collegamento. Oltre alla necessità di una scelta preventiva di tratti pertinenti da analizzare, ogni tipo di analisi deve decidere quale dimensione darsi rispetto all'oggetto scelto: è possibile infatti osservare un brano musicale nelle sue dimensioni massime (analisi macrostrutturale) o minime (analisi delle unità piú piccole) o intermedie (analisi degli insiemi delle unità componenti di livello gerarchico superiore al minimo e inferiore al massimo). Infine, un'analisi può indirizzarsi verso "aree" d'interesse dotate di una relativa indipendenza reciproca, che potrebbero essere cosí identificate: l'aspetto sonoro globale derivato dalla percezione associata del timbro, della dinamica, dell'ambito e della tessitura; l'aspetto verticale degli accordi e della loro successione, delle relazioni contrappuntistiche, delle sovrapposizioni e commistioni tonali; l'aspetto orizzontale del profilo melodico, del ritmo e del metro, dei collegamenti fra parti. Ovviamente anche i rapporti esistenti fra queste "aree" costituiscono un'ulteriore area di interesse per gli studi analitici. Infine ciascuna di queste "aree" può essere analizzata sostanzialmente da due diversi punti di vista: sulla partitura scritta, col pensiero volto all'immagine sonora che essa prospetta, o come esperienza uditiva della sua effettuale esecuzione. In entrambi i casi la partitura (quando esiste) costituisce un punto di riferimento per cogliere certi tratti sia dell'esperienza compositiva, sia di quella dell'ascoltatore, tanto è vero che laddove manca (nella musica di tradizione orale o in quella elettroacustica) sempre piú spesso si ricorre a trascrizioni o a diagrammi sostitutivi per aiutare la memoria nelle operazioni analitiche complesse. Almeno a partire dalla fine del secolo scorso un altro tratto distingue la pratica analitica dagli altri discorsi sulla musica, ed è l'esigenza di dichiarare l'obiettivo di ognuna delle fasi in cui il lavoro si articola e di esplicitare i principî operativi scelti e applicati per raggiungere quegli obiettivi. A seconda che prevalga l'interesse per una o l'altra "dimensione" e/o per l'una o l'altra "area", la teoria che sta a monte di tutte le scelte suggerirà le strategie analitiche piú opportune e porterà alla stabilizzazione di particolari metodologie, piú o meno efficaci rispetto agli obiettivi, cioè piú o meno "buone", anche se nessuna potrà dirsi "vera" o "falsa".

I caratteri dell'analisi identificati fin qui si riferiscono alla pratica analitica attuale e servono sostanzialmente a illustrare il concetto di analisi che qui si vuole prendere in considerazione. Nel corso del tempo però il concetto di analisi non è sempre stato lo stesso, anzi è andato modificandosi in relazione alle teorie di cui era emanazione.

La preistoria dell'analisi – afferma Ian Bent [1980, trad. it. p. 7] – affonda le sue radici nel Medioevo; se la si considera come strumento sussidiario alla fondazione di una teoria, la s'incontra già nello studio del sistema modale (il lavoro di classificazione dei modi e la compilazione dei tonari a partire dall'epoca carolingia) e nell'insegnamento della retorica musicale, dove la definizione e l'applicazione delle "figure" prevedeva l'analisi del brano per tratti pertinenti e l'identificazione di particolari procedimenti sia orizzontali sia verticali (l'analisi delle consonanze, ad esempio). In tutta la tradizione della didattica della composizione, che è stata per rapidi tratti illustrata discutendo di una delle accezioni del termine "teoria", l'analisi è coinvolta a diversi livelli, e in generale serve per dimostrare le tesi che si vogliono sostenere. Volendo propugnare una teoria fraseologica della musica, ad esempio, s'illustra attraverso l'analisi come da *vollkommene Einschnitte* (incisi completi) si formino frasi e periodi [Koch ed. 1969, II, pp. 342-464], oppure ci si serve dell'analisi per proporre e discutere gli esercizi applicativi volti all'acquisizione di una particolare competenza compositiva [*ibid.*, III, pp. 205-30]. Ancora piú simili ai procedimenti analitici modernamente intesi sono i numerosi esempi musicali dei quali Antonin Reicha [1832] correda il suo trattato teorico; l'autore, infatti, attraverso un'analisi puntuale, sceglie dalle opere di grandi compositori del passato i passi idonei a esemplificare un costrutto melodico, un particolare andamento ritmico o l'articolazione binaria/ternaria di una forma.

Una importante tradizione di studi che inizia con Rameau [1722] e si arricchisce, ad esempio, con le opere di Johann Philipp Kirnberger [1771-79] e Christian Lobe [1850-67] interpreta il discorso sulla musica come analisi delle successioni armoniche fondate sulla corretta concatenazione delle "note fondamentali" e degli accordi corrispondenti. Questa tradizione ha lasciato tracce profonde nella scuola tanto che ancora oggi, per molti insegnanti, "fare analisi" significa essenzialmente dotare ogni accordo della sua cifratura, avendo cura di "ridurre" o "giustificare" le note estranee all'armonia fondamentale. Oltre che attraverso i manuali di armonia e composizione, l'analisi entra come strumento sussidiario nei lavori storiografici, in quelle monografie – come ad esempio quella di Beethoven di Adolf B. Marx [1859], quella di Mozart di Otto Jahn [1856-59] e quella di Bach di Philip Spitta [1873, 1879] – centrate non tanto sulle vicende biografiche dei compositori, quanto piuttosto sugli aspetti linguistici e ideali delle loro opere.

Alla precisazione degli strumenti dell'analisi contribuí in modo determinante la crescita della coscienza critica nella prima metà dell'Ottocento. Accanto alle grandi imprese delle prime edizioni critiche e degli *opera omnia* fioriscono gli studi sugli abbozzi e i materiali precedenti le stesure definitive. Questi lavori, basati su confronti puntuali e sostenuti da precise informazioni storico-biografiche, trasformano la documentazione filologica in scelte testuali grazie all'esercizio attento dell'analisi di tutte le fonti; pionieristico, ma per molti versi ancora esemplare, il lavoro di Gustav Nottebohm sull'opera di Beethoven (a partire dal 1865) e su quella di Mozart (a partire dal 1878).

All'inizio del nostro secolo, l'analisi musicale abbandona la posizione di disciplina sussidiaria e assume caratteri tanto diversificati e autonomi da venire in qualche caso scambiata per una vera e propria teoria (come si è detto a proposito del metodo analitico di Heinrich Schenker). Si legga, ad esempio, una famosa analisi di Schering (*Das kolorierte Orgelmadrigal des Trecento*, SIMG, 1911-12 [cfr. Bent 1980, trad. it. pp. 47-48]): l'interesse dell'autore appare del tutto concentrato sull'oggetto di studio e si direbbe che il descriverlo e "ridurlo" rappresenti l'obiettivo ultimo del lavoro. In questa analisi s'introduce l'importante concetto che non tutte le note hanno uguale valore strutturale, ma che alcune di loro hanno rilevanza maggiore e possono essere "tenute piú a lungo" al posto di altre di valore strutturale piú modesto che perciò vengono "ridotte". Il brano, ricondotto al suo scheletro portante, lascia trasparire le relazioni di movimento di un aggregato verso l'altro e la gerarchia fra quelli che si presentano a livello di "figura" o di "sfondo". La tecnica analitica della "riduzione" o "de-ornamentazione", è applicata in modo rigoroso e stringente; l'obiettivo dichiarato è quello di dimostrare che il madrigale fiorito non è altro che una trascrizione per strumento a tastiera di canti popolari preesistenti, ma non si tratta di obiettivo e metodologia "autonomi": la teoria da cui sia l'obiettivo sia la tecnica analitica discendono è la psicologia della forma elaborata dalla scuola gestaltistica; è da essa che Schering deriva la convinzione che una forma non perde la propria identità anche se le note primitive vengono sostituite da altre secondo particolari criteri; è dalla stessa teoria che egli assume la distinzione percettiva tra "figura" e "sfondo".

Una direzione di ricerca del tutto diversa è quella seguita da Knud Jeppesen nel suo ancora fondamentale lavoro *Der Palestrina-Stil und die Dissonanz* («Lo stile di Palestrina e la dissonanza») [Jeppesen 1925]. Benché un particolare autore e un particolare problema riguardante l'assetto verticale della polifonia siano messi in evidenza nel titolo, il vero obiettivo di Jeppesen è quello di identificare lo "stile" di Palestrina nel contesto della composizione del suo tempo, attraverso il confronto con il modo di comporre immediatamente precedente e successivo. L'originalità del metodo – che egli stesso definisce «empirico-descrittivo» – sta nell'assumere come punto di partenza una nuova teoria della storia: non si parte dal presupposto che Palestrina sia il *princeps musicorum*, bensí si descrivono e si analizzano le sue opere in confronto a quelle di Obrecht, La Rue, Carpentras, ecc. per arrivare induttivamente a delineare la sua posizione in un contesto molto articolato e di per se stesso interessante. È una visione della storia che si costruisce gradualmente dal rilievo di casi concreti, dal confronto incrociato di fatti che mostrino qualche analogia, dall'analisi parametrica condotta sulle partiture. A ciò si arriva attraverso lo spoglio sistematico di un repertorio vastissimo e attraverso la catalogazione di singoli tratti (ad esempio, il comportamento degli intervalli melodici nelle diverse posizioni metriche, la fenomenologia delle dissonanze rispetto al fenomeno metrico della sincope, ecc.). Questo metodo - d'impianto molto moderno e scientifico - non promette "sintesi" di valore generale, ma offre dati obiettivi ed esplicita i criteri usati per ottenerli, cosí che chiunque possa riprendere il lavoro da dove il precedente ricercatore lo ha lasciato.

Ancora dalla psicologia gestaltistica, combinata con la filosofia della volontà di Schopenhauer e con la psicoanalisi freudiana, prende le mosse il metodo analitico elaborato da Ernst Kurth nella sua opera principale, *Grundlagen des linearen Kontrapunkts* («Fondamenti del contrappunto lineare») [1917]. Ogni esistenza, e quindi anche la musica - afferma Kurth - si origina da una volontà di vita e di movimento; su questo primo livello agiscono le pulsioni profonde del subconscio, le quali producono «giochi di tensioni» che a loro volta vengono materializzati in suoni al terzo livello, quello dell'evento acustico. L'estrinsecazione di queste forze, essenzialmente cinetiche, avviene prevalentemente nella dimensione orizzontale della musica, quindi il metodo analitico deve essere adatto alla dimostrazione della genesi e dei caratteri di necessità e coesione interna della melodia. E poiché il maggior punto di forza propulsiva si trova nel passaggio semitonale fra la sensibile e la tonica, la dottrina armonica di Kurth si concentra sui procedimenti cromatici, che, inserendo «sensibili aggiuntive» nella scala, producono spinte molto forti sia verso un ampliamento delle regioni tonali, sia verso una loro dissoluzione. Emblematica a questo riguardo è la sua analisi del *Tristano* di Wagner [Kurth 1920] visto come un vasto campo di relazioni tonali a largo raggio, messe in moto dall'armonia dell'accordo iniziale.

Dalle principali direttrici del pensiero contemporaneo - la linguistica, inaugurata all'inizio del nostro secolo da Ferdinand de Saussure e lo strutturalismo, come teoria applicabile a ogni aspetto del sociale, secondo Lévi-Strauss - derivano diverse metodologie di analisi musicale, avvicinabili appunto per la comune base teorica, ossia per il fatto di porre come presupposto un'analogia fra la musica e il linguaggio non di tipo formale (retorico), bensí di tipo strutturale. Per qualche decennio questa impostazione teorica ha dato origine a rari approcci analitici, quali, ad esempio, Weingart [1929], Springer [1956] e Ruwet [1962]. Ma negli anni Settanta il compito di analizzare un *corpus* musicale particolare sulla scorta dei metodi descrittivi ed euristici messi a punto dalla linguistica divenne l'obiettivo di una nuova disciplina - la semiologia musicale - sviluppatasi soprattutto in Francia attorno alla rivista «Musique en jeu», e specialmente attorno alle iniziative promosse da Jean-Jacques Nattiez. Il metodo analitico che caratterizza questo ramo degli studi prende il nome di "analisi paradigmatica" e muove da un saggio di Nicolas Ruwet divenuto basilare per alcuni decenni [1962]. Il principio che sta alla base del metodo consiste nel cercare la forma del pezzo osservando la sua articolazione in parti e nel servirsi del criterio della ripetizione (di altezze e durate) per arrivare a tale divisione. Questo metodo è applicabile a qualsiasi repertorio, e in particolare ai brani monodici, ossia non è legato a stili particolari, cosí che può venire utilizzato, ad esempio, per un *Geisslerlied* del XIV secolo [Ruwet 1966], e per un brano di Debussy [Nattiez 1982].

Attenti ai procedimenti della teoria dell'informazione e alla loro applicazione al campo dell'arte sono invece alcuni studiosi americani. L'"informazione" in questo contesto teorico è generata dalla mancata conferma di un'aspettativa culturalmente determinata: quando all'interno di un messaggio si ha una scelta altamente probabile, l'informazione è scarsa, mentre è maggiore se vi si attua una scelta improbabile e quindi non attesa. Dall'appagamento o frustrazione di tali aspettative si determina, afferma Leonard B. Meyer [1956], il significato della musica e quindi l'analisi deve indagare quelle strutture del pezzo che producono l'attesa di una determinata continuazione, in particolare nella successione melodica [Meyer 1973]. Un metodo molto preciso e dettagliato del modello di «implicazione-realizzazione» nelle sue unità minime e poi nelle loro possibili combinazioni è stato elaborato piú recentemente da Eugene Narmour [1990; 1992].

Dalla teoria matematica degli insiemi e specialmente dal concetto di «appartenenza» che ne discende, prende le mosse uno dei piú originali metodi analitici degli ultimi decenni: l'analisi insiemistica di Allen Forte, messa a punto per l'indagine della musica del nostro secolo, non piú retta dalle leggi della tonalità, o quanto meno, non piú basata sull'egemonia della triade. Partendo dal presupposto che un «insieme» è un aggregato di entità omogenee e ben definite nel quale possono venire identificati dei «sottoinsiemi», che fra gli insiemi possono esistere relazioni di «equivalenza», «intersezione» e «complementazione», dando un valore numerico alle note che formano in insieme è possibile catalogare e confrontare gli insiemi che costituiscono un pezzo e trarre conclusioni su di esso a diversi livelli [Forte 1964].

Un buon esempio del rapporto fra "obiettivo", "teoria" e "metodo analitico" lo offrono i recenti studi sulle grammatiche. Partendo da presupposti derivati dalle teorie linguistiche di Noam Chomsky e da alcuni basilari concetti di matrice schenkeriana ("teoria"), Fred Lerdahl e Ray Jackendoff hanno formalizzato un sistema di regole per descrivere la struttura della musica tonale ("obiettivo"). Il metodo analitico da essi messo a punto è in grado di rintracciare la struttura della musica attraverso l'ordine che l'ascoltatore acculturato impone ai segnali fisico-acustici che colpiscono il suo orecchio all'ascolto [Lerdahl e Jackendoff 1983]. Piú recentemente il gruppo a cui appartiene la scrivente e che comprende Mario Baroni e Carlo Jacoboni si pone un obiettivo simile (le regole della musica) partendo da analoghe premesse teoriche. La differenza fra i due percorsi avviene a livello semiotico e quindi di metodo analitico, in quanto il nostro gruppo ipotizza una corrispondenza fra le regole compositive e quelle di ascolto, e sostiene che tale corrispondenza è condizione indispensabile perché la comunicazione musicale possa attuarsi [Baroni, Dalmonte e Jacoboni 1999].

La decisione di descrivere alcuni tipi di "teoria" e alcuni "metodi analitici" e non altri deriva dal fatto che questo articolo non si pone come obiettivo quello di offrire un panorama esaustivo della materia "Teoria e analisi", bensí quello di chiarire i loro rispettivi ambiti concettuali e applicativi nella storia e ai nostri giorni. Questi termini, infatti, sono spesso utilizzati in maniera generica e con frequenti scambi reciproci: il loro abbinamento in un unico articolo è sembrata occasione preziosa per offrire qualche supporto a un uso piú consapevole sia dei termini stessi sia delle pratiche a cui essi rinviano. Si è cercato di far ciò ricorrendo ad esempi attraverso i quali sono stati illustrati vari significati del termine "teoria" e diverse applicazioni analitiche che le teorie hanno avuto nel corso del tempo. L'impostazione potrà essere ritenuta "buona" se alla fine il lettore è stato messo in grado di aggiungere altri esempi, ossia di collocare la propria esperienza di "teoria" e "analisi" in un quadro che volutamente si dispone a un illimitato ampliamento.

Adler, G.

1885 *Umfang, Methode und Ziel der Musikwissenschaft*, in «Vierteljahrschrift für Musikwissenschaft», I, pp. 5-20.

Agazzari, A.

1607 *Del sonare sopra il basso*, Domenico Falcini, Siena.

Baroni, M., Dalmonte, R., e Jacoboni, C.

1999 *Le regole della musica. Indagine sui meccanismi della comunicazione*, Edt, Torino.

Bent, I.

1980 *Analysis*, Macmillan, London (trad. it. *Analisi musicale*, a cura di C. Annibaldi, Edt, Torino 1990).

Burmeister, J.

1606 *Musica poetica*, Stephanus Myliander, Rostock.

Critchley, M., e Henson, R. A.

1977 *Music and the Brain: Studies in the Neurology of Music*, Heinemann, London (trad. it. *La musica e il cervello. Studi sulla neurologia della musica*, Piccin, Padova 1987).

Drabkin, W., Pasticci, S., e Pozzi, E.

1995 *Analisi schenkeriana: per un'interpretazione organica della struttura musicale*, Lim, Lucca.

Forte, A.

1964 *A theory of set-complexes for music*, in «Journal of Music Theory», VIII, pp. 136-83.

Forte, A., e Gilbert, S. E.

1982 *Introduction to Schenkerian Analysis*, Norton, New York - London.

Hindemith, P.

1937 *Unterweisung im Tonsatz*, Schott, Mainz.

Jahn, O.

1856-59 *W. A. Mozart*, 4 voll., Breitkopf und Härtel, Leipzig.

Jeppesen, K.

1925 *Der Palestrina-Stil und die Dissonanz*, Breitkopf und Härtel, Leipzig (ed. or. *Palestrinastil med saerlight henblik paa dissonansbehandlingen*, Levin & Munksgaart, Copenhagen 1923).

Kant, I.

1788 *Kritik der praktischen Vernunft*, Hartknoch, Riga (trad. it. *Critica della ragion pratica*, in Id., *Scritti morali*, Utet, Torino 1970, pp. 127-315).

Kirnberger, J. P.

1771-79 *Die Kunst des reinen Satzes in der Musik*, 2 voll., Voss-Decker und Hartung, Berlin-Königsberg (rist. Olms, Hildesheim 1968).

Koch, H. Ch.

1782-93 *Versuch einer Einleitung zur Composition*, Rudolfstadt, Leipzig (rist. Olms, Hildesheim 1969).

Kurth, E.

1917 *Grundlagen des linearen Kontrapunkts. Einführung in Stil und Technik von Bachs melodischer Polyphonie*, Drechsel, Bern (rist. Olms, Hildesheim 1977).

1920 *Romantische Harmonik und ihre Krise in Wagners 'Tristan'*, Haupt, Bern-Leipzig.

Lerdahl, F., e Jackendoff, R.

1983 *A Generative Theory of Tonal Music*, Mit Press, Cambridge Mass.

Lobe, J. C.

1850-67 *Lehrbuch der musikalischen Komposition*, Breitkopf und Härtel, Leipzig.

Marx, A. B.

1857 *Allgemeine Musiklehre. Ein Hilfsbuch für Lehrer und Lernende in jedem Zweige musikalischer Unterweisung*, Breitkopf und Härtel, Leipzig.

1859 *Ludwig van Beethoven: Leben und Schaffen*, Breitkopf und Härtel, Leipzig.

Merriam, A. P.

1964 *The Anthropology of Music*, Northwestern University Press, Evanston Ill. (trad. it. *Antropologia della musica*, Sellerio, Palermo 1983).

Meyer, L. B.

1956 *Emotion and Meaning in Music*, The University of Chicago Press, Chicago-London (trad. it. *Emozione e significato nella musica*, il Mulino, Bologna 1992).

1973 *Explaining Music*, University of California Press, Berkeley Cal.

Molino, J.

1975 *Fait musical et sémiologie de la musique*, in «Musique en jeu», n. 17, pp. 37-62 (trad. it. *Fatto musicale e semiologia della musica*, in «Eunomio», n. 4 (1987), pp. 8-20).

Narmour, E.

1990 *The Analysis and Cognition of Basic Melodic Structures. The Implication-Realisation Model*, The University of Chicago Press, Chicago-London.

1992 *The Analysis and Cognition of Melodic Complexity*, The University of Chicago Press, Chicago-London.

Nattiez, J.-J.

1982 *An Analysis of Debussy's Syrinx*, in J. J. Nattiez, M. Guertin e M. Desroches, *Three musical analyses*, Toronto semiotic circle, Monograph, Working Papers and Prepublications, n. 4, Toronto, pp. 1-35 (trad. it. *"Syrinx" di Debussy: un'analisi paradigmatica*, in L. Marconi e G. Stefani, *Il senso in musica*, Clueb, Bologna 1987, pp. 93-137).

1987 *Musicologie générale et sémiologie*, Bourgois, Paris (trad. it. *Musicologia generale e semiologia*, Edt, Torino 1989).

Rameau, J.-Ph.

1722 *Traité de l'harmonie réduite à ses principes naturels*, Ballard, Paris; rist. Arte Tripharia, Madrid 1983.

Reicha, A.

1832 *Vollständiges Lehrbuch der musikalischen Composition*, 4 voll., Diabelli, Wien (rist. Henwekerneijer, Amsterdam s.d.).

Riemann, H.

1903 *System der musikalischen Rhythmik und Metrik*, Breitkopf und Härtel, Leipzig.

1912 *Handbuch der Phrasierung*, Breitkopf und Härtel, Leipzig.

Ruwet, N.

1962 *Note sur les duplications dans l'œuvre de Claude Debussy*, in «Revue Belge de Musicologie», n. 16, pp. 57-70 (trad. it. *Nota sulle duplicazioni nell'opera di Claude Debussy*, in Id., *Linguaggio, musica, poesia*, Einaudi, Torino 1983, pp. 55-85).

1966 *Méthodes d'analyse en musicologie*, ivi, n. 20, pp. 65-90 (trad. it. *Metodi di analisi in musicologia*, *ibid.*, pp. 86-119).

Schenker, H.

1906 *Harmonielehre*, Cotta, Stuttgart.

Schönberg, A.

1922 *Harmonielehre*, Universal Edition, Wien (trad. it. *Manuale di armonia*, Il Saggiatore, Milano 1963).

Spitta, Ph.

1873, 1879 *Johann Sebastian Bach*, 2 voll., Breitkopf und Härtel, Leipzig.

Springer, G. P.

1956 *Language and music. Parallels and divergences*, in AA.VV., *For Roman Jakobson. Essays*, Mouton, Den Haag, pp. 504-13; trad. franc. in «Musique en jeu», n. 5 (1971), pp. 31-44.

Weingart, M.

1929 *Étude du langage parlé suivi du point de vue musical avec considération particulière du tchèque*, in «Travaux du Cercle linguistique de Prague», n. 1, pp. 170-239

JEAN-JACQUES NATTIEZ

Etnomusicologia

Anche se non è facile dare una definizione completamente soddisfacente dell'etnomusicologia, tanto le sue diverse tendenze differiscono per oggetto e metodo, possiamo dire che essa studia le musiche dei vari gruppi etnici e delle comunità culturali del mondo intero, musiche che si distinguono dalla musica *colta* occidentale. Oscillando, nel corso della sua storia, fra l'analisi scientifica dei sistemi musicali e la descrizione etnografica dei loro contesti socioculturali, l'etnomusicologia è non soltanto un ramo della musicologia, ma anche dell'antropologia o dell'etnologia. Dal momento che deve spesso fare appello ad altre discipline (sociologia, psicologia cognitiva, coreologia, linguistica, acustica), essa è probabilmente una fra le scienze umane piú difficili. Senza contare l'impegno fisico e umano che essa richiede: nella ricerca sul campo, l'etnomusicologo deve pagare di persona in condizioni di clima e di vita spesso difficili, deve essere dotato di molto tatto nelle relazioni umane e anche d'un acuto senso diplomatico in determinate situazioni politiche. Con gl'interrogativi che solleva, l'etnomusicologia gioca un ruolo del tutto peculiare nei confronti della musicologia tradizionale, in quanto obbliga a relativizzare – sottolineando la specificità della nostra cultura – le composizioni e le pratiche musicali occidentali e a considerare la *nostra* musica come una modalità particolare del *fenomeno musicale* universale. In questo senso, l'etnomusicologia partecipa alla progressiva costruzione di una musicologia generale.

1. *Cronistoria della disciplina.*

Alla fine del Novecento, l'etnomusicologia aveva poco piú di cent'anni, visto che si è concordi, malgrado i lavori e le osservazioni di Jean-Jacques Rousseau [1768], di padre Amiot [1779] e di Guillaume Villoteau [1809], nel considerare come il primo lavoro di etnomusicologia l'articolo di Alexander John Ellis [1885] dedicato all'analisi delle scale non armoniche, cioè estranee alla nostra cultura occidentale. L'autore sosteneva che le scale musicali non erano né uniche né naturali. Nell'anno 1882 il tedesco Theodor Baker aveva pubblicato la sua tesi su *La musica dei selvaggi dell'America del*

Nord, una monografia interamente dedicata alla musica degli indiani Seneca dello stato di New York, nella quale si possono trovare tanto osservazioni etnografiche quanto trascrizioni musicali direttamente realizzate sul campo.

Il lavoro di quelli che molto piú tardi verranno chiamati etnomusicologi si semplifica molto con la comparsa dei mezzi meccanici di registrazione. Nel 1889 l'antropologo Walter Fewkes effettua le prime registrazioni tra gli indiani Zuni di Passamaquoddy, e nel 1902 Carl Stumpf crea i primi archivi di musica non occidentale presso l'Istituto di psicologia dell'Università di Berlino. L'esistenza di archivi e di registrazioni spinge un certo numero di etnomusicologi, soprattutto in Europa, a lavorare innanzitutto sulle musiche raccolte da altri; cosí Benjamin Ives Gilman trascrive e analizza nel 1891 le registrazioni di Fewkes.

1.1. La scuola di Berlino.

Alla fine del XIX secolo e all'inizio del XX, con Carl Stumpf, Otto Abraham ed Erich Moritz von Hornbostel [1975], compare il primo vero gruppo di ricerca etnomusicologica, che darà vita alla scuola di Berlino. Questi studiosi s'interessano ai processi mentali coinvolti nella musica (all'epoca la psicologia era la regina delle scienze umane) fondandosi sull'analisi delle altezze e della melodia, sui sistemi di accordatura e sul temperamento delle scale e degli strumenti. Gli scopi sono essenzialmente *comparativi*, e infatti la disciplina viene battezzata *vergleichende Musikwissenschaft* (musicologia comparata). Hornbostel stabilisce insieme a Curt Sachs [1914] la prima grande classificazione di tutti gli strumenti conosciuti nel mondo, gettando cosí le basi di uno dei rami dell'etnomusicologia, l'*organologia*, che ancor oggi suddivide gli strumenti in idiofoni, membranofoni, cordofoni e aerofoni. Per studiare la diffusione degli strumenti e dei tratti cultural-musicali attraverso il mondo, essi s'ispirarono alla *Kulturkreislehre* (teoria dei cerchi di cultura) degli antropologi Fritz Groebner e Wilhelm Schmidt. Hornbostel propose la teoria delle cosiddette *Blasquinten* con la quale pensava di dimostrare che la siringa si era diffusa dal Pacifico meridionale verso il Nuovo Mondo. Sachs sviluppò un tipo d'approccio molto in voga all'inizio del secolo, isolando un tratto caratteristico per studiarne le manifestazioni nel mondo intero. Sulla base di queste comparazioni, egli elaborò una teoria dell'evoluzione musicale. Questo genere di speculazioni storicistiche perdurava ancora negli anni Sessanta, soprattutto nell'analisi delle scale. Wiora [1961] e Sachs [1962] saranno forse gli ultimi a osare la costruzione in una prospettiva evoluzionistica di una storia generale della musica comprendente le musiche di tradizione orale. Sempre nello spirito della scuola di Berlino, Mieczysław Koliński [1961] dedica il suo maggior sforzo di ricerca a stabilire metodi d'analisi comparativa dei tratti melodici con l'intento di farne emergere i tratti universali. Convinto che tutti i sistemi di scale osservabili nel mondo siano derivati dal circolo delle quinte, egli ha proposto 348 tipi di strutture melodiche delle quali rileva la presenza o l'assenza nelle singole culture da lui studiate.

1.2. L'etnomusicologia americana: descrizione stilistica e aree culturali.

Il volto dell'etnomusicologia cambiò radicalmente quando i ricercatori privilegiarono l'indagine sul campo rispetto al lavoro piú o meno speculativo fondato sulle registrazioni d'archivio. Gli etnomusicologi centro-europei s'interessarono molto presto alle musiche contadine. Negli Stati Uniti, la musica degli Indiani poté essere studiata nel suo ambiente naturale, nei pressi delle grandi città e nelle riserve.

L'etnomusicologia americana fra le due guerre non è piú storicistica, ma soprattutto descrittiva e monografica, sempre piú dominata dall'osservazione etnografica. Non si dimenticano certo le finalità comparative, ma senza piú le ambizioni grandiose e universali della prima generazione della scuola berlinese. Cosí George Herzog [1937], i cui primi lavori comparativi risalgono al 1928, mette a confronto nella sua tesi lo stile di due culture musicali indiane, quella dei Pima e quella dei Papago. Egli fa leva soprattutto sugli schemi ritmici e sul tempo, l'accompagnamento, il movimento dell'ambito melodico, la maniera di cantare. Helen H. Roberts sistematizza l'uso degli elenchi di tratti, utilizzando, ad esempio, una batteria di trentasei variabili per classificare le forme canore di tre gruppi di Indiani californiani [Roberts 1933]. L'estensione del metodo la induce a proporre una ripartizione di tutte le musiche indiane dell'America del Nord sulla base di aree culturali [Roberts 1936] e a muoversi lungo una linea di ricerca definita in antropologia da Kroeber, che poi Bruno Nettl [1954] riprenderà e affinerà all'inizio della sua carriera.

Parallelamente, anche Frances Densmore si dedica a studi di tipo monografico: preoccupata della conservazione di musiche delle quali, come molti etnomusicologi, ella paventa una rapida alterazione a contatto con la civiltà occidentale, registra, trascrive e descrive nel corso di cinquant'anni la musica di una ventina di tribú indiane, lasciando una considerevole produzione costituita da quindici volumi pubblicati fra il 1917 e il 1957, tutti riediti nel 1972 [cfr. per esempio Densmore 1922], piú un lavoro di sintesi (1936). In sostanza questa autrice cerca in una musica ciò che è tipico di una tribú e che permette di inquadrarla in una categoria particolare, e mette in rilievo numerose informazioni etnografiche. Pur se i tratti da lei utilizzati possono sembrarci oggi banali, le problematiche da lei poste e il suo stile di lavoro anticipano di molti anni l'etnomusicologia moderna. In tal modo la Densmore è precorritrice di una tradizione che s'instaurerà con David McAllester. Nel suo studio *Enemy Way Music* [1954], quest'ultimo riunisce in un'unica monografia una parte dedicata all'etnografia degli eventi musicali e un'altra alla trascrizione e all'analisi del relativo repertorio musicale. Per la prima volta, un lavoro nordamericano attribuisce pari spazio al materiale antropologico e allo studio musicologico, senza tuttavia creare un collegamento fra i due.

Le ricerche di Alan Lomax cercano di colmare questa lacuna. È significativo che il titolo del suo libro sottolinei la congiunzione: *Folksong Style and Culture* [1968]. A quella data egli tenta di operare una sintesi delle correnti etnomusicologiche precedenti. Obiettivi comparatistici e universali: il mondo è diviso in sei grandi regioni e cinquantasei aree culturali rappresentate da duecentotrentatre culture specifiche. Obiettivi stilistici e descrittivi: la *cantometrica* descrive lo stile d'esecuzione dei canti per mezzo di trentasette tratti identificati da tredici variabili. Obiettivi etnografici: l'immagine cosí ottenuta dello stile di ciascuna area culturale viene messa in rapporto con un'analoga caratterizzazione, presa in prestito da Robert Murdock, dei tratti culturali propri a ciascuna regione. Il metodo di Lomax solleva numerosi problemi: la campionatura delle singole regioni è pertinente? La misurazione dei tratti è adeguata? Il rapporto stabilito fra le caratteristiche musicali ed etnografiche è convincente? Comunque sia, siamo certo di fronte a uno dei primi tentativi di rispondere (per dirla con Charles Boilès) a questioni musicologiche in etnografia e a questioni etnografiche in musicologia.

Contemporaneo di Lomax, Mantle Hood (uno specialista dell'Indonesia) ha proposto di colmare la distanza fra la cultura del ricercatore e quella dell'autoctono fondando l'Istituto di etnomusicologia dell'Università di California (UCLA) a partire dal concetto di bi-musicalità [cfr. Hood 1971]. Secondo Hood, uno dei modi migliori di penetrare la musica di un'altra cultura consiste nello studiarla intensamente dall'interno e nel divenirne un interprete. Egli ha pertanto istituito presso l'UCLA una sorta di conservatorio mondiale dove sono invitati professori e formazioni strumentali di ogni parte del mondo, soprattutto Asia e Indonesia, coi quali gli studenti si addentrano nei sistemi musicali imparando nel contempo ad eseguire i relativi brani.

Non deve dunque sorprendere che negli anni Cinquanta la disciplina sia stata ribattezzata etnomusicologia da Jaap Kunst o da André Schaeffner (l'effettiva paternità del termine resta controversa e la sua ortografia era inizialmente: etno-musicologia). Su entrambe le sponde dell'Atlantico la dimensione antropologica degli studi musicali ha assunto sempre maggiore importanza.

1.3. L'etnomusicologia in Europa: Bartók e Brăiloiu.

Anche in Europa centrale gli etnomusicologi passarono al lavoro sul campo. La raccolta e la trascrizione di repertori specifici di date aree culturali vi si svolse intensamente, ma per ragioni volta per volta diverse. Fin dalla comparsa del Gruppo dei Cinque in Russia, soprattutto con Milij Balakirev, si trattava di conservare le fonti musicali nazionali. Poiché si dedicavano alla raccolta della musica contadina e popolare, che nei loro paesi non era separata da confini netti dalla cosiddetta musica colta, questi ricercatori si presentavano come dei folkloristi. Due nomi dominano: Bartók e Kodály. Si potrebbe anche sospettare che l'impegno etnomusicologico del compositore Bartók fosse interessato e che gli fornisse soprattutto materiali musicali per i suoi lavori. Anche se Bartók s'è ispirato a stili e scale del mondo contadino, si dice che non abbia mai citato testualmente delle melodie o dei temi. Di fatto, egli sottolineava chiaramente l'interesse e gli scopi scientifici dell'etnomusicologia chiedendo ai raccoglitori di passare da obiettivi puramente estetici a una ricerca scientifica [cfr. Bartók 1977].

Il lavoro di Bartók e dei suoi collaboratori è immenso: hanno trascritto 3700 melodie ungheresi, 3500 rumene, 3223 slovacche, 89 turche e piú di 200 fra serbo-croate, ucraine e bulgare, suddivise in nove raccolte, senza contare il *Corpus musicae popularis hungaricae*, pubblicato dall'Accademia delle Scienze di Budapest a partire dal 1951. Se l'obiettivo di Bartók rimaneva storico e comparativo («occorre dipanare le filiazioni e le interdipendenze, ricondurre tutte le musiche della terra a piú forme, ad alcuni tipi e ad alcuni stili primitivi»), il suo lavoro analitico è soprattutto classificatorio, con un'attenzione particolare all'inventario dei motivi e delle loro varianti a partire dal quale si sforzava di far risaltare le reti d'influenze [cfr. Erdely 1965].

Dalla Romania proviene uno dei grandi teorici francofoni dell'etnomusicologia: Constantin Brăiloiu. Raccoglitore accanito (fra il 1929 e il 1932), nel 1929 fonda gli Archivi rumeni del folclore, prosegue la sua carriera a Ginevra dove istituisce gli Archivi internazionali della musica popolare, tuttora attivi; poi a Parigi, dove – dal 1948 fino alla morte prematura, avvenuta nel 1958 – lavora al Centre national de la recherche scientifique (CNRS) e all'Istituto di musicologia della Sorbona. Oltre ad alcune monografie di sociologia musicale, dobbiamo a lui un'importante serie di saggi [Brăiloiu 1973] che si fondano su quattro idee chiave [cfr. Nattiez 1993, cap. I]: gli studi di folklore musicale si collocano fra la musicologia e la sociologia; nella misura in cui è impossibile registrare ogni membro di una comunità occorre definire con criteri precisi quali sono gli informatori tipo; è superfluo ricercare l'origine e la diffusione di un canto; quello che è studiabile e che, di fatto, è caratteristico della trasmissione orale nella musica popolare, è la *tendenza alla variazione*, donde la necessità di registrare piú versioni di uno stesso pezzo. Per renderne conto, Brăiloiu propone di stabilire dei quadri sinottici nei quali si riscrivano per ogni versione solo gli elementi nuovi rispetto alla prima trascrizione. Tramite lo studio delle varianti, egli cerca di comprendere il funzionamento della tradizione orale: l'insieme del suo lavoro è dominato dalla ricerca dei *sistemi* che le sono sottostanti. Da questo punto di vista i suoi lavori piú minuziosi riguardano il ritmo – la ritmica infantile, il ritmo aksak, le corrispondenze sillabiche – e le scale, soprattutto la pentatonica. Il lavoro di Brăiloiu ha notevolmente influenzato la ricerca etnomusicologica francese, ma la sua ricezione internazionale è stata piú tardiva. I suoi scritti, redatti fra il 1932 e il 1958, raccolti in Francia nel 1973, sono stati tradotti in italiano nel 1978 e nel 1982, e in inglese nel 1984, contemporaneamente alla ripubblicazione in Svizzera della sua *Collection universelle de musique populaire enregistrée*, creata negli anni Cinquanta [Brăiloiu 1984].

1.4. L'antropologia della musica.

Per parte sua, l'etnomusicologia anglofona privilegiava la componente etnografica. Nel 1964, Alan Merriam pubblicava il suo lavoro *Anthropology of Music*, nel quale il punto di partenza metodologico non è piú la musicologia ma l'antropologia perché, a suo dire, i fenomeni musicali sono comprensibili solo se considerati nel contesto della loro cultura d'appartenenza: «Ethnomusicology is the study of music *in* culture». Egli proponeva un modello a tre stadi, dove i concetti e la cultura determinano i comportamenti, i quali producono a loro volta le strutture musicali:

> La musica è un prodotto dell'uomo ed ha una sua struttura, ma questa struttura non può avere un'esistenza propria separata dal comportamento che la produce. Per capire il perché una certa struttura musicale viva nella particolare forma che si è data, dobbiamo anche comprendere come e perché i concetti che stanno alla base di quel comportamento siano ordinati in modo tale da produrre quella particolare forma del suono [1964, trad. it. p. 25].

Il suo lavoro definisce sei assi fondamentali d'indagine: la cultura musicale nel suo aspetto materiale – gli strumenti, ciò che simboleggiano per i loro utilizzatori e la loro funzione economica; i testi dei canti e il loro rapporto con la musica; i tipi di musica cosí come sono definiti dagli autoctoni; il musicista (qual è il suo ruolo, il suo *status*? come lo si percepisce nella sua comunità? come si svolge l'apprendistato musicale?); gli usi e le funzioni della musica; la musica come attività musicale creativa. Da quel momento l'attenzione si spostava sul contesto. Cosí la bella monografia di Hugo Zemp, *Musique Dan* [1971], che studia la musica nel pensiero e nella vita sociale di una società africana, ricalca il programma di ricerca tracciato da Merriam, ma senza citare mai una sola nota musicale. *How Musical is Man?* [1973] di John Blacking, un libro breve, ma destinato a esercitare una considerevole influenza, andava anche piú lontano in questa direzione. Secondo uno schema non privo di analogie con la concezione marxista dell'influenza della struttura sulla sovrastruttura, Blacking ritiene che la cultura *determini* integralmente la musica: è dunque dall'etnografia, egli afferma, che occorre *cominciare* lo studio di una cultura musicale.

L'antropologia della musica ha permesso fra l'altro la nascita di un nuovo asse di ricerca fondamentale: lo studio delle *etnoteorie*. Siccome per molto tempo si è ritenuto che i "selvaggi" non concettualizzassero la propria musica, ricercatori come Hugo Zemp e Steven Feld si sono accorti di stare forse utilizzando, per parlare di fatti musicali, metafore che sarebbe stato possibile decodificare ricollocandole nel contesto della loro cultura, dei loro miti e del loro pensiero religioso. Al primo dei due studiosi, oltre a importanti articoli [cfr. Zemp 1979], si deve un magnifico film sugli 'Are' are, nel quale si vede uno dei "saggi" della comunità spiegare il sistema musicale utilizzato; al secondo, il libro *Sound and Sentiment* [1982], dedicato ai Kaluli della Nuova Guinea, che ha aperto una pagina nuova dell'etnomusicologia elevandone nel contempo i requisiti scientifici.

1.5. Lo studio delle strutture musicali.

Parallelamente alla nascita e allo sviluppo dell'antropologia musicale, una corrente apparsa in Europa e in America alla fine degli anni Cinquanta ha proposto di analizzare la struttura interna della musica con l'ausilio di metodi presi in prestito dai diversi rami della linguistica strutturale: la fonologia (Jakobson, Trubeckoj), il generativismo (Chomsky), la paradigmatica (Jakobson, Harris). Perciò, dopo le osservazioni preliminari di Bruno Nettl e George P. Springer che dimostravano l'analogia di funzionamento tra i fonemi di una lingua e le unità scalari d'un sistema musicale, Vida Chenoweth ha utilizzato il modello fonologico per ricostruire alcune scale musicali della Nuova Guinea [1979]. Esistono oggi numerose grammatiche generative per descrivere stili musicali particolari. Citeremo a titolo d'esempio quella di Judith e Alton Becker sullo *srepegan* giavanese [1979], particolarmente riuscita: essa permette, a partire da un numero finito di regole, di generare un numero illimitato di produzioni musicali appartenenti al genere cosí descritto. La tecnica d'analisi paradigmatica derivata dalle tesi del linguista e musicologo Nicolas Ruwet [1972] è alla base del monumentale lavoro di Simha Arom sulle polifonie e le poliritmie dell'Africa centrale [1985], che rappresenta a nostro parere l'impresa d'analisi etnomusicologica piú completa del Novecento. Laddove molto spesso si supponeva che le musiche tradizionali africane fossero improvvisate, Arom partiva dall'idea che i "primitivi" sapessero ciò che facevano. Utilizzando una tecnica di registrazione ispirata al *play-back*, che gli ha permesso di separare le parti vocali e strumentali di brani polifonici complessi, egli è stato in grado di evidenziare come ogni brano del repertorio centro-africano si basasse su un modello di riferimento molto semplice, un meccanismo che ritroviamo anche in Ciad, in Uganda e in Sudafrica.

1.6. Verso la connessione di strutture e cultura.

È evidente come l'orientamento antropologico dell'etnomusicologia abbia considerevolmente allargato il campo d'indagine della disciplina, anche se esso tende a credere che la descrizione dell'ambiente culturale basti a spiegare i fenomeni musicali. È anche possibile chiedersi se i numerosi studi empirici derivati da questa tendenza sempre dominante alla fine del XX secolo siano riusciti a fornire prove concrete dei condizionamenti della musica da parte del suo contesto. Se cosí fosse, si dovrebbe essere capaci di generare le strutture musicali a partire da una descrizione dell'ambientazione culturale, cosa notoriamente impossibile. D'altro canto, si potrebbe benissimo rimproverare legittimamente agli approcci ispirati alla linguistica di non fare apparire alcun nesso fra le strutture musicali e il funzionamento culturale globale, anche se nel migliore dei casi, come in Arom, le strutture esibite sono culturalmente del tutto pertinenti, corrispondono cioè alle categorie cognitive degli autoctoni.

Diversi tentativi sono stati proposti per cercare di superare ciò che Boilès chiamava «la sindrome di McAllester» (cfr. *supra*), vale a dire l'impossibilità per l'etnomusicologo di proporre qualcosa di diverso da una giustapposizione dell'analisi delle strutture musicali ai contesti socioculturali. Cosí sono state tentate tre strade: quella di Regula Burckhardt Qureshi [1986], che stabilisce questo nesso dimostrando la connessione fra i modelli culturali e le modalità d'esecuzione della musica, le quali condizionano a loro volta le produzioni musicali; quella di Antony Seeger [1987] che, ispirandosi allo strutturalismo antropologico di Lévi-Strauss, ha proposto di considerare le strutture musicali come omologhe delle strutture sociali, soprattutto dei legami di parentela; e infine quella di Monique Desroches [1996] che, nella scia delle tesi iniziali di Boilès, arriva a dimostrare come le strutture musicali non esistano indipendentemente dai significati, soprattutto religiosi, di cui sono portatrici.

1.7. Le indagini monografiche.

Nel corso di questa panoramica storica abbiamo evidentemente privilegiato i grandi assi metodologici della ricerca etnomusicologica. Ma occorre anche parlare dei temi e degli oggetti trattati dalla disciplina.

Nel corso dei primi cinquanta o sessant'anni dell'etnomusicologia, la scarsa quantità di monografie e di registrazioni disponibili permetteva agli autori di avventurarsi nella redazione di grandi sintesi tematiche. Pensiamo in particolare a *Primitive Music* di Wallaschek [1893], a *La musique et la magie* di Combarieu [1909], ai grandi lavori di Curt Sachs – *Geist und Werden der Musikinstrumente* [1929], *World History of the Dance* [1937], *Rhythm and Tempo* [1953] –, alla *Geschichte der Mehrstimmigkeit* [1934] o alla *Origen musical de los animales-símbolos en la mitología y la escultura antiguas* [1946] di Marius Schneider, ai *Vier Weltalter der Musik* di Walter Wiora [1961], o a uno dei grandi contributi all'organologia: *Origine des instruments de musique* di André Schaeffner [1936], la cui classificazione degli strumenti poggia non sulla loro descrizione morfologica ma sui sistemi di pensiero e sul contesto etnico che li ha visti nascere. Il lavoro piú recente di Gilbert Rouget, *La musique et la transe* [1980], è forse uno degli ultimi a proporre una sintesi di carattere universale.

Alla fine della sua vita (1935), Hornbostel aveva predisposto una *Demonstration Collection* sulla base delle proprie registrazioni e delle collezioni degli archivi di Berlino raccolte fra il 1900 e il 1913. Pubblicata nel 1963, consiste in due dischi a 33 giri che raccolgono 42 pezzi. Negli anni Cinquanta, la già citata *Collection universelle* di Brăiloiu, riuniva venticinque dischi a 78 giri, totalizzando l'equivalente di sei dischi a 33 giri e presentando 169 pezzi. Con la fine del XX secolo siamo in grado di accedere a circa cinquemila CD di musica di tradizione orale. Questa profusione riflette lo sviluppo quantitativo delle indagini sul campo nel corso degli ultimi cinquant'anni, il che spiega l'attuale renitenza degli etnomusicologi ad avventurarsi nelle grandi sintesi. Per contro, sono miriadi gli studi dedicati a culture musicali particolari, sotto forma di articoli o di libri. Occorrerebbe citare qui tutti coloro che, nei singoli paesi, hanno fatto o fanno dell'etnomusicologia una scienza vivente. Negli Stati Uniti ci limiteremo, forse arbitrariamente, a ricordare i nomi di Judith Becker e Mantle Hood per l'Indonesia, di Gérard Behague e Carol Robertson per l'America del Sud, di Jocelyne Guilbault per le Antille, di Judith Lynne Hanna e Anya Royce per l'antropologia della danza, di George Herzog e Alan P. Merriam per gli Indiani d'America e l'Africa, di Bruno Nettl per gli Indiani d'America, il Marocco e l'Iran, di William Malm per il Giappone, di Lorraine Sakata per l'Afghanistan, di Antony Seeger per il Brasile, di Kay Kaufman Shelemay per l'Etiopia, di Mark Slobin per l'Europa orientale e l'Afghanistan, di Ruth Stone e Paul Berliner per l'Africa. In Canada, segnaliamo i lavori di Charles L. Boilès per il Messico, di Beverley Cavanagh per gli Inuit e gli Indiani, di Monique Desroches per le Antille e la diaspora Tamil, di Regula B. Qureshi per l'India e il Pakistan; in Argentina, di Carlos Vega per l'America del Sud; in Giappone, quelli di Yosihiko Tokumaru, in Polonia, di Anna Czekanowska, in Portogallo, di Salwa El-Shawan Castelo-Branco, per la musica dei rispettivi paesi; in Ghana, di J. H. K. Nketia per la musica africana; nel Regno Unito, di Peter Cooke per l'Africa e le isole Shetland, di John Blacking per l'Africa; nei Paesi Bassi, di Jaap Kunst per l'Indonesia; in Austria, di Walter Graf e di Gerhard Kubik per l'Africa; in Germania, di Klaus Wachsmann per l'Africa e di Artur Simon per il Medio Oriente e l'Africa; in Belgio, di Anna Caufriez per il Portogallo; in Svizzera, di Sylvie Bolle-Zemp per la Georgia e la Svizzera.

L'etnomusicologia francese ha conosciuto uno sviluppo considerevole in questi ultimi trent'anni, con Simha Arom, Vincent Dehoux, Gilles Léothaud et Suzanne Furniss per l'Africa centrale, Jean-Michel Beaudet per l'Amazzonia e l'Oceania, Monique Brandily per la Libia e il Ciad, Alain Daniélou per l'India, Yves Defrance per la Bretagna, Alain Desjacques per la Mongolia, Philippe Donnier per la Spagna, Geneviève Dournon per il Rajahstan, Jean During per l'Asia interna, Mireille Helffer per l'Asia, il Tibet e il Nepal, Jean Lambert per il mondo islamico, Bernard Lortat-Jacob per l'Europa mediterranea, il Marocco e l'Etiopia, Claudie Marcel-Dubois per il folklore francese, Rosalia Martinez per l'America del Sud e la Spagna, François Picard per la Cina, Pribislav Pitoeff per l'Afghanistan e l'India del Sud, Gilbert Rouget per l'Africa, Tran Van Khe e Tran Quang Hai per il Vietnam, Hugo Zemp per l'Africa occidentale, le isole Salomone e la Svizzera.

In Italia, si deve a Diego Carpitella [1973; 1975] e Roberto Leydi [1983; 1991] il merito di aver procurato un titolo di nobiltà alla loro disciplina inserendola negli studi universitari (rispettivamente a Roma e a Bologna) e di avere incoraggiato l'etnomusicologia italiana a occuparsi, come loro stessi hanno fatto, della musica delle differenti regioni del loro paese [cfr. Giannattasio 1994; Giuriati 1995]. È per questo che, a differenza di quanto è accaduto in Francia, la maggior parte degli etnomusicologi italiani ha dedicato gran parte delle sue indagini alle diverse culture della penisola, pur senza rinunciare a varcarne i confini: Maurizio Agamennone e Sandro Biagiola (Italia centromeridionale), Piero Arcangeli (Italia centrale), Sergio Bonanzinga e Elsa Guggino (Sicilia), Roberto De Simone (Campania), Serena Facci (Italia centrale, Zaire, Burundi), Francesco Giannattasio, successore di Carpitella alla Sapienza (Italia meridionale, Sardegna, Somalia, Nepal), Giovanni Giuriati (Italia meridionale, Cambogia, Indonesia), Ignazio Macchiarella (Sicilia, Sardegna, catena alpina italiana), Tullia Magrini (Toscana, Emilia, Creta), Goffredo Plastino e Antonello Ricci (Calabria), Pietro Sassu (Sardegna, catena alpina italiana), Nicola Scaldaferri (Albania, comunità albanesi d'Italia), Marcello Sorce Keller (musiche mediterranee), Domenico Staiti (iconografia musicale mediterranea), Roberto Tucci (Calabria, Lazio, etno-organologia italiana), Ivan Vandor (Tibet).

Nei differenti paesi, una nuova generazione di etnomusicologi ha scelto le tendenze postmoderne dell'etnomusicologia; questo aspetto viene affrontato da Ramón Pelinski nell'articolo seguente (cfr. *infra*, *Etnomusicologia nell'epoca postmoderna*).

2. *Metodi e oggetti dell'etnomusicologia: fra l'universale e il culturale.*

Se oggi non siamo ancora in grado di fornire una definizione troppo stabile dell'etnomusicologia, è per la difficoltà di inquadrarne i metodi e l'oggetto. Il fatto stesso che la sua attuale denominazione abbia soltanto quarant'anni all'incirca chiarisce il motivo della sua relativa volatilità.

Dal punto di vista metodologico, si può dire che l'etnomusicologia oscilli fra due poli. Da un lato ha una vocazione comparatista e universale: si propone di studiare l'insieme delle musiche del mondo perché, come dice Nettl con un certo umorismo, «l'etnomusicologia è ingorda». Un tipo d'orientamento che, secondo una distinzione consolidatasi in antropologia e in linguistica, manifesta un carattere "-etic", il che significa che la ricerca viene condotta a partire dal punto di vista proprio al ricercatore e alla sua cultura. D'altro canto, nella sua versione piú etnologica che musicologica l'etnomusicologia cerca di privilegiare e isolare la specificità culturale di una certa civiltà musicale, diffidando dalle grandi imprese comparative o dalle ampie generalizzazioni al fine di favorire l'approccio specifico e monografico; qui il punto di vista deve essere "-emic", vale a dire basato sui concetti e il sistema di pensiero proprio degli autoctoni. Al limite, l'analisi dovrebbe essere fatta dall'autoctono in persona. Senza esagerare, è possibile spingere i parallelismi ancora piú lontano: sul versante "-etic" non si esita a formulare dei giudizi di valore e a ritenere, per esempio, che la musica di Bali o di Giava sia piú bella della *monotona* musica degli Indiani d'America; sul versante "-emic" si diffida di ogni estetica etnocentrica, e i soli criteri ammissibili sono quelli pertinenti alla cultura presa in considerazione, in quanto i nostri non potrebbero pretendere all'universalità visto che sono anch'essi condizionati dalla nostra storia culturale.

Si vede dunque quale dilemma stia di fronte all'etnomusicologia. Nella sua versione comparatista, che a nostro avviso rimane fondamentale, essa è alla ricerca degli universali della musica, questione legittima da un punto di vista antropologico, come viene richiamato dal titolo del libro di Blacking *How Musical is Man?*; nella sua versione culturalista essa tende a interessarsi specificamente delle singole culture e cerca di mettere fra parentesi la personalità del ricercatore. Ma questa posizione approda forse al paradosso perché, in quanto istituzione, la disciplina etnomusicologica è per definizione un prodotto della civiltà occidentale e s'interessa di quello che *noi* consideriamo come fatto musicale a partire da categorie di pensiero e strumenti metodologici generati dalla *nostra* storia scientifica.

È abbastanza sorprendente che l'etnomusicologia, al di là della diversità di scuole e tendenze, si trovi costantemente ad affrontare – o a riaffrontare – gli stessi problemi, ben inventariati nel lavoro di Bruno Nettl, *The Study of Ethnomusicology* [1983], che possiamo considerare il piú ricco manuale di base per questa disciplina. Alla concezione etnocentrica della *musica linguaggio universale* si contrappone oggi la specificità delle culture musicali. Si fa inoltre osservare che, se quasi tutte le società hanno termini differenti per indicare i vari generi musicali, esse sono ben lungi dal possedere tutte l'equivalente della parola *musica* [cfr. Giannattasio 1992]. E anche quando dispongono del termine, le sue frontiere semantiche non corrispondono necessariamente alla distinzione che noi stabiliamo fra musica e non-musica (parola, rumore), sempreché questo confine sia chiaramente tracciabile nei nostri repertori. Cosí l'etnomusicologia si è talvolta interrogata sui criteri di distinzione fra il parlato e il cantato [cfr. List 1963], proponendo la nozione di un *continuum* "parola-musica-danza" tanto è difficile in determinate culture dissociare il gesto coreografico dall'esecuzione musicale.

Dal punto di vista delle strutture sonore e dei procedimenti compositivi, il quadro comparativo delle produzioni e delle informazioni raccolte in tutto il mondo mostra una sorprendente varietà. Cosí per le musiche extraeuropee si è spesso fatta distinzione fra le musiche cosiddette d'arte (Cina, India, Bali, Giava) e le musiche popolari tradizionali (musiche degli aborigeni d'Australia, dei Pigmei o degli Indiani d'America). Un'analoga suddivisione è presente anche nei paesi europei fra la musica colta (Bach, Beethoven, Schönberg, ecc.) e la musica popolare contadina. Per molto tempo si è creduto di poter contrapporre le seconde alle prime sulla base della mancanza di una teoria musicale, al punto che si è giunti a definire l'etnomusicologia come lo studio delle musiche non teorizzate. Ora, ciò significa non tenere conto delle musiche asiatiche e arabe, mentre dopo i lavori di Zemp e di Feld diventa difficile negare l'esistenza di etnoteorie, per non parlare dei sistemi impliciti ricostruiti da Brăiloiu. Certo si può benissimo mostrare in che cosa le etnoteorie si distinguano dalle teorie occidentali, ma non si potrà negare loro lo statuto di teoria nella misura in cui esse si rivelano determinanti per la produzione musicale pratica [cfr. Nattiez 1987, cap. VIII]. Sul versante compositivo, sono presenti tutti i casi possibili, dai brani composti e ripetuti sempre uguali fino alle musiche con procedimenti continuamente rinnovati. Non è necessario arrivare per forza al concetto di "musica di tradizione orale", poiché vi sono notazioni musicali *strictu senso* in determinate culture musicali asiatiche (per esempio a Giava anche se non a Bali). E se la *musica* dei canti eschimesi di danza con accompagnamento di tamburo, composta e imparata a memoria, viene in effetti trasmessa oralmente, gli Inuit sanno anche avvalersi della scrittura dei *testi* cantati nell'alfabeto sillabico che i missionari hanno loro insegnato all'inizio del Novecento. Dunque vi sono casi nei quali l'oralità non è poi cosí esclusiva come si crede.

Se per molto tempo si è definita l'antropologia come lo studio delle società "fredde" o senza storia, fino al capovolgimento di questa concezione determinato dall'avvento dell'etnostoria, l'etnomusicologia è stata analogamente considerata una disciplina puramente sincronica. Certo, alle sue origini e sotto l'influenza delle teorie "diffusioniste" le speculazioni sull'origine della musica non sono mancate, ma sono poi scomparse non appena la comunità scientifica rifiutò di riconoscere una stratificazione fissa fra livelli piú o meno pronunciati di *primitività* e di antichità. Ciò significa che qualsiasi prospettiva di tipo storico sia scomparsa dall'etnomusicologia? Sarebbe difficile affermarlo. A fianco di ricerche specifiche sull'evoluzione di talune culture musicali o sull'influenza di una cultura musicale su un'altra, le scoperte e le ricerche piú recenti sul funzionamento del cervello rilanciano l'antica questione dell'origine della musica in rapporto al linguaggio, ma su base biologica, come si intuisce nel saggio di Blacking e come attesta un primo colloquio di biomusicologia tenuto a Fiesole nel 1997 [cfr. Wallin, Merker e Brown 2000]. Le questioni diacroniche ricompaiono anche con lo studio dei mutamenti in campo musicale: la globalizzazione della cultura euroamericana tramite i *media* audiovisivi, lo stretto contatto ormai stabilito fra le culture dei cacciatori-raccoglitori e le nostre, la comparsa di un "quarto mondo" nei paesi industrializzati, la presenza nelle città d'autoctoni e di aborigeni e l'ibridazione fra musiche tradizionali e musiche industriali occidentali trasformano lo studio delle pratiche musicali. Non si tratta piú di studiare (come diceva Brăiloiu a proposito della scuola di Berlino) «migrazioni favolose», ma sconvolgimenti dell'ambiente musicale circostante, e ciò si traduce nello sviluppo di un'etnomusicologia urbana e in un interesse fortissimo per la musica pop dei paesi del Terzo Mondo. Non deve sorprendere che, con la coesistenza di piú culture tipica dell'ultimo Novecento, la problematica dell'identità sia divenuta una delle questioni privilegiate dall'etnomusicologia, soprattutto nell'America del Nord.

Si dice anche che l'etnomusicologia si interessa soprattutto delle musiche funzionali. Forse l'introduzione di osservazioni etnografiche nella disciplina avrà magari permesso di inventariare le "circostanze musicali" nelle quali vengono eseguite le musiche studiate: ad esempio canti di lavoro, musiche religiose, musiche teatrali [cfr. Boilès 1978] e anche, piú in generale, musiche di festa [Lortat-Jacob 1980]. Ma questa constatazione rinvia a un difficile problema teorico: la struttura dei brani viene forse *modellata* da questi contesti? La musica avrebbe la funzione di rafforzare la coesione sociale, ma è legittimo chiedersi in che modo, e soprattutto perché. E la concezione culturalista secondo la quale la musica è determinata dalla cultura, tende a far dimenticare la possibilità di un'origine storica dei linguaggi musicali, come Herzog aveva opportunamente dimostrato negli anni Trenta. Il punto di vista funzionalista ha parimenti condotto per molto tempo a negare qualunque dimensione estetica nelle musiche di tradizione orale, laddove in effetti questa vi è presente: gli abitanti dell'isola di Malta hanno un sistema di soprannomi per gerarchizzare la qualità dei chitarristi improvvisatori; gli Inuit distinguono fra le voci belle e brutte; si sente spesso dire dagli Indiani d'America che le musiche degli Indiani del Nord sono piú riuscite di quelle del Sud.

Dunque, anche quando l'etnomusicologia si allontana dalle grandi comparazioni per studiare specifiche culture, essa costituisce un po' alla volta, con gli interrogativi che solleva, una *musicologia generale* attinente l'insieme delle musiche. Ci si può allora legittimamente chiedere quali siano le frontiere dell'etnomusicologia. Le musiche di tradizione orale? Si è visto che l'oralità non è un criterio sufficiente. Le musiche popolari? Ma allora dove porre il confine fra le musiche contadine da una parte, il jazz e la musica leggera dall'altra? Si sarebbe tentati di proporre una definizione al negativo: l'etnomusicologia s'interessa di tutto ciò che la musicologia classica non studia, ma anche qui si rischia d'imbattersi in qualche sorpresa. Tutte le questioni di musicologia generale sollevate dall'etnomusicologia non sono rivolte anche alla musica occidentale? Facendo della nostra cultura musicale una cultura fra le altre, non sarebbe interessante confrontare le culture extraoccidentali con le nostre modalità d'apprendimento, di composizione, d'interpretazione e di valutazione, con le nostre circostanze d'esecuzione e con tutto il rituale che circonda il concerto? Alcuni paragrafi del manuale di Nettl e un capitolo molto bello, «Lettera sull'opera», ne *La musique et la transe* di Rouget, in cui un musicista africano intraprende un'apocrifa lettura etnomusicologica di una serata all'Opéra di Parigi, lasciano intravedere il giorno in cui l'ingordigia condurrà l'etnomusicologo a trangugiare la musica occidentale. E cosí il capovolgimento sarà completo: la musicologia comparata, nata con la scuola di Berlino, s'interessava soprattutto ai parametri sonori di cui faceva l'analisi con gli strumenti della musicologia classica; l'etnomusicologia di domani assorbirà forse lo studio della musica di Mozart e di Wagner, ormai collocata su un piede di parità con quella dei Pigmei e dei Papua.

Quale che sia il reale sbocco di questa evoluzione, essa è in ogni caso testimonianza del ruolo culturale, per non dire politico, ricoperto dallo sviluppo dell'etnomusicologia. Alla fine dell'Ottocento, Baker parlava in assoluta buona fede della musica dei "selvaggi". Ancora nel 1956, Nettl intitolava un suo libro *Music in Primitive Culture*. Dopo Radin e Lévi-Strauss, sappiamo che i "selvaggi" e i "primitivi" pensano. La conoscenza delle categorie specifiche sottese a ciascuna cultura musicale del mondo, il riconoscimento dell'esistenza legittima di stili e sistemi musicali differenti dai nostri e la nascita di una coscienza musicale universale sono altrettanti contributi non trascurabili dell'etnomusicologia alla lotta contro il razzismo estetico e il razzismo senza aggettivi.

Amiot, J.-J-M.

1779 *Mémoire sur la musique des chinois*, Nyon l'aîné, Paris.

Arom, S.

1985 *Polyphonies et polyrythmies instrumentales d'Afrique centrale. Structure et méthodologie*, 2 voll., Selaf, Paris.

Baker, Th.

1882 *Über die Musik der nordamerikanischen Wilden*, Breitkopf und Härtel, Leipzig.

Bartók, B.

1948 *Bartók Béla válogatott zenei írásai*, Magyar Kórus, Budapest (trad. it. *Scritti sulla musica popolare*, Boringhieri, Torino 1977; 1ª ed. Einaudi, Torino 1955).

Becker, J., e Becker, A.

1979 *A grammar of the musical genre Srepegan*, in «Journal of Music Theory», XXIII, n. 1, pp. 1-43.

Blacking, J.

1973 *How Musical is Man?*, University of Washington Press, Seattle (trad. it. *Come è musicale l'uomo?*, Ricordi-Unicopli, Milano 1986).

Boilès, Ch. L.

1978 *Man, Magic and Musical Occasions*, Collegiate, Columbus Ohio.

Brăiloiu, C.

1973 *Problèmes d'ethnomusicologie*, Minkoff, Genève (trad. it. *Folklore musicale*, 2 voll., Bulzoni, Roma 1978 e 1982).

1984 *Collection universelle de musique populaire enregistrée*, raccolta di 16 dischi a 33 giri, VDE-425/430, Archives internationales de musique populaire, Musée d'ethnographie, Genève.

Carpitella, D.

1973 *Musica e tradizione orale*, Flaccovio, Palermo.

1975 (a cura di), *L'etnomusicologia in Italia*, Flaccovio, Palermo.

Chenoweth, V.

1979 *The Usarufas and their Music*, SIL Museum of Anthropology, Dallas Tex.

Combarieu, J.

1909 *La musique et la magie*, Picard et fils, Paris; ried. Minkoff Reprint, Genève 1978 (trad. it. *La musica e la magia*, Mondadori, Milano 1982).

Densmore, F.

1922 *Northern Ute Music*, Smithsonian Institution, Bureau of American Ethnology, bulletin 75, Washington.

1926 *The American Indians and their Music*, The Woman's Press, New York; ed. riveduta The Woman's Press, New York 1936; rist. Johnson Reprint, New York 1970.

Desroches, M.

1996 *Tambour des Dieux*, L'Harmattan, Montréal.

Ellis, A. J.

1885 *On the musical scales of various nations*, in «Journal of the Society of Arts», XXXIII, pp. 485-527.

Erdely, S.

1965 *Methods and Principles of Hungarian Ethnomusicology*, Indiana University - Mouton, Bloomington - Den Haag.

Feld, S.

1982 *Sound and Sentiment*, University of Pennsylvania Press, Philadelphia Pa.

Giannattasio, F.

1992 *Il concetto di musica*, La Nuova Italia Scientifica, Roma.

1994 *Pour une musicologie unitaire. L'ethnomusicologie en Italie*, in «Ethnologie française», XXIV, n. 3, pp. 587-601.

Giuriati, G.

1995 *Country report: italian ethnomusicology*, in «Yearbook for Traditional Music», XXVII, pp. 104-31.

Herzog, G.

1937 *A Comparison of Pueblo and Pima Musical Styles*, Tesi di dottorato, Columbia University, New York (in «Journal of American Folklore», XLIX, 1936, pp. 283-417).

Hood, M.

1971 *The Ethnomusicologist*, McGraw - Hill Book, New York (ried. 1982).

Hornbostel, E. M. von

1963 *The Demonstration Collection of E. M. von Hornbostel and the Berlin Phonogram-Archiv*, 2 dischi a 33 giri, FE 4175, Folkways Records.

1975 *Opera Omnia*, Nijhoff, Den Haag, vol. I.

Hornbostel, E. M. von, e Sachs, C.

1914 *Systematik der Musikinstrumente*, in «Zeitschrift für Ethnologie», XLVI, pp. 553-90.

Koliński, M.

1961 *Classification of tonal structures*, in «Studies in Ethnomusicology», I, pp. 38-76.

Leydi, R.

1983 *Musica popolare a Creta*, Ricordi, Milano.

1991 *L'altra musica*, Giunti-Ricordi, Firenze-Milano.

List, G.

1963 *The boundaries of speech and song*, in «Ethnomusicology», VII, n. 1, pp. 1-16.

Lomax, A.

1968 *Folksong Style and Culture*, American Association for the Advancement of Science, Publication n. 68, Washington.

Lortat-Jacob, B.

1980 *Musique et fêtes au Haut-Atlas*, Mouton, Paris.

McAllester, D.

1954 *Enemy Way Music*, Harvard University Press, Cambridge.

Merriam, A. P.

1964 *The Anthropology of Music*, Northwestern University Press, Evanston Ill. (trad. it. *Antropologia della musica*, Sellerio, Palermo 1983).

Nattiez, J.-J.

1987 *Musicologie générale et sémiologie*, Bourgois, Paris (trad. it. *Musicologia generale e semiologia*, Edt, Torino 1989).

1993 *Le combat de Chronos et d'Orphée*, Bourgois, Paris (trad. it. in preparazione, Einaudi, Torino).

Nettl, B.

1954 *North American Indian Musical Style*, American Folklore Society, Philadelphia Pa.

1956 *Music in Primitive Culture*, Harvard University Press, Cambridge.

1983 *The Study of Ethnomusicology: Twenti-nine Issues and Concepts*, University of Illinois Press, Urbana-Chicago.

Qureshi, R. B.

1986 *Sufi Music of India and Pakistan: Sound, Context and Meaning in Qawwali*, Cambridge University Press, Cambridge.

Roberts, H. H.

1933 *Form in Primitive Music*, Norton, New York.

1936 *Musical Areas of Aboriginal North American Indians*, Yale University Press, New Haven.

Rouget, G.

1980 *La musique et la transe*, Gallimard, Paris, 2ª ed. 1990 (trad. it. *Musica e trance. I rapporti fra la musica e i fenomeni di possessione*, Einaudi, Torino 1986).

Rousseau, J.-J.

1768 *Dictionnaire de musique*, Veuve Duchesne, Paris; ora in Id., *Œuvres complètes*, vol. V, Gallimard, Paris 1995 («Bibliothèque de la Pléiade»), pp. 603-1154 (trad. it. parziale in Id., *Scritti sulle arti*, a cura di F. Bollino, Clueb, Bologna 1997).

Ruwet, N.

1972 *Langage, musique, poésie*, Seuil, Paris (trad. it. *Linguaggio, musica, poesia*, Einaudi, Torino 1983).

Sachs, C.

1929 *Geist und Werden der Musikinstrumente*, Bard, Berlin.

1937 *World History of the Dance*, Norton, New York (trad. it. *Storia della danza*, Il Saggiatore, Milano 1966).

1953 *Rhythm and Tempo. A Study in Music History*, Norton, New York.

1962 *The Wellsprings of Music*, Nijhoff, Den Haag (trad. it. *Le sorgenti della musica*, Boringhieri, Torino 1979).

Schaeffner, A.

1936 *Origine des instruments de musique*, Payot, Paris; 2ª ed. Mouton, Paris - Den Haag 1968 (trad. it. *Origine degli strumenti musicali*, Sellerio, Palermo 1987).

Schneider, M.

1934 *Geschichte der Mehrstimmigkeit*, Bard, Berlin.

1946 *El origen musical de los animales-símbolos en la mitología y la escultura antiguas*, Instituto Español de Musicologia, Barcelona (trad. it. *Gli animali simbolici e la loro origine musicale nella mitologia e nella scultura antiche*, Rusconi, Milano 1986).

Seeger, A.

1987 *Why Suyá Sing: A Musical Anthropology of an Amazonian People*, Cambridge University Press, Cambridge - New York.

Villoteau, G.-A.

1809 *De l'état actuel de la musique en Egypte*, in Id., *Description de l'Égypte*, vol. I, Imprimerie nationale, Paris.

Wallaschek, R.

1893 *Primitive Music*, Longmans, Green and Co, London.

Wallin, N. L., Merker, B., e Brown, S.

2000 (a cura di), *The Origins of Music*, Mit Press, Cambridge Mass.

Wiora, W.

1961 *Die vier Weltalter der Musik*, Kohlhammer, Stuttgart.

Zemp, H.

1971 *Musique Dan. La musique dans la pensée et la vie sociale d'une société africaine*, Mouton, Paris - Den Haag.

1979 *Aspects of 'Are' are musical theory*, in «Ethnomusicology», XXIII, n. 1, pp. 36-67.

RAMÓN PELINSKI

Etnomusicologia nell'epoca postmoderna

1. *La condizione postmoderna.*

Non c'è bisogno di essere particolarmente avvertiti per notare come le condizioni materiali del tardo capitalismo stiano cambiando drasticamente i nostri modi di vivere. Manifestazioni di questa tendenza sono l'esplosione delle nuove tecnologie della comunicazione, l'informatica, l'archiviazione digitale, l'apertura del ciberspazio (che persino in Vaticano ha operato una sorta di cibertransustanziazione), la ristrutturazione del capitalismo, le lotte per la rivendicazione delle differenze, l'immigrazione e gli spostamenti demografici. Non vi sono piú delle frontiere nette fra culture territorializzate e culture deterritorializzate. La nostra attuale società è sommersa dall'ibridismo. Il nostro campo di lavoro fonde e confonde il villaggio con il ciberspazio.

La caduta del comunismo e, in generale, il collasso della politica di classe «cedono terreno a una gamma diffusa di *politiche dell'identità*», basate sulle differenze – etniche, di sesso o di genere – che sono patrimonio di gruppi tradizionalmente emarginati in lotta per l'uguaglianza [Eagleton 1996, cap. VI, p. 24]. Proliferano nuove teorie in grado di articolare queste possenti trasformazioni che stimolano il pensiero contemporaneo a immaginare – con piú dubbi che certezze – il nuovo millennio.

Scopo di questo testo è mostrare come alcune idee postmoderne abbiano influito sulle prospettive teoriche, gli obiettivi e le problematiche dell'etnomusicologia piú recente. Il nostro presupposto è che taluni testi etnomusicologici contemporanei abbiano guadagnato in raffinatezza teorica, in capacità critica e rilevanza sociale nella misura in cui si sono emancipati dai vincoli (talvolta opprimenti) che tradizionalmente mantenevano con l'etnologia e la musicologia. Tali testi, avendo raggiunto una maggiore identità disciplinare, tendono adesso a ispirarsi alle teorie postmoderne del post-strutturalismo, del post-colonialismo, del post-marxismo e alla critica femminista.

Dato che il postmodernismo assume significati distinti per persone diverse che vivono in ambienti culturali differenti, è necessario presentare – sia pure succintamente – le idee del postmodernismo che sembrano aver prodotto maggiori ripercussioni sull'etnomusicologia piú recente.

Come è successo anche in altre discipline umanistiche, le idee fondanti dell'odierno pensiero etnomusicologico provengono in gran parte dalla sia pur tardiva appropriazione di teorie europee del dopoguerra: la scuola di Francoforte con Adorno in particolare, lo strutturalismo linguistico e quello antropologico di Jakobson e Lévi-Strauss, i post-strutturalismi di Foucault, Deleuze, Derrida e Lacan, Gramsci e il post-marxismo di Althusser, la sociologia di Bourdieu e, infine, la nuova storiografia di Le Goff, Veyne e altri. In una maniera o nell'altra, tutti questi discorsi sono fra loro intrecciati: hanno in comune l'intento di sfidare le visioni accademiche e totalizzanti, le "grandi teorie" dell'Illuminismo, dell'hegelismo, del marxismo, ecc., le quali pretendono di essere il fondamento ultimo per legittimare la fede nel progresso storico e nel potere emancipatorio della ragione. Siffatte teorie implicano una visione eurocentrica del mondo, un canone artistico e accademico unidimensionale e forme occulte di dominio patriarcale su cui si fondano rapporti di tipo razzista, sessista, omofobico e classista. Comune ai discorsi postmoderni è anche il sostegno dato alle politiche di ambito locale e particolare, il favore accordato a posizioni di pluralismo e diversità, il presentarsi come difensori della diversità razziale, sessuale ed etnica [Giroux 1992, pp. 22-55].

Le teorie postmoderne assumono una posizione relativista: in termini culturali, sono una sfida alle posizioni etnocentriche in nome del pluralismo; in termini epistemologici, sostengono che «le teorie forniscono, nel migliore dei casi, prospettive parziali degli oggetti di cui si occupano, e che ogni rappresentazione cognitiva del mondo si riduce a costruzioni linguistiche e ideologiche» [Best e Kellner 1991, p. 4]. Per il postmodernismo, come per Nietzsche, non esistono fatti, ma interpretazioni (quantunque secondo Eco sarebbe bene ritenere che ogni interpretazione sia una interpretazione di un qualche cosa...) Cosí, per il postmodernismo la conoscenza non è oggettiva e neutrale (positivismo), o emancipatrice (marxismo), ma anzi indissociabile dai regimi di potere (Foucault).

Il postmodernismo rifiuta l'idea moderna di un "soggetto razionale unificato" a favore di un soggetto sociale linguisticamente decentrato e frammentato (Foucault), che sarebbe piuttosto una costruzione artificiale del discorso, una «semplice posizione soggettiva, un mero effetto del linguaggio, del desiderio e dell'inconscio» [Best e Kellner 1991, pp. 5, 42]. L'*io* è un'entità ogni volta differente, il soggetto non parla il linguaggio ma *è parlato* da esso. Noi siamo parlati dal discorso delle istituzioni. Con questa rivoluzione copernicana, il soggetto perde il suo *status* ontologico, il suo posto viene occupato dalle differenti teorie del soggetto inteso come mera funzione. Il postmodernismo elimina il soggetto come luogo e origine del discorso.

Se il soggetto postmoderno non è l'origine del discorso conoscitivo, e persino ogni pensiero non è altro che una costruzione linguistica, ci troviamo di fronte a una "crisi della rappresentazione" (o della referenzialità) che, grosso modo, consiste nell'eliminare l'identità fra le parole e le cose. Per questa ragione, lo studio qualitativo dei fenomeni sociali consisterà in primo luogo nell'analisi delle formazioni discorsive, cioè dei differenti sistemi di significato o "testi" vincolati all'espressione verbale (*Tel Quel*), la cui analisi può essere condotta a termine senza postulare un soggetto attivo, creatore o produttore. La lingua non è un'oggettivazione individuale ma collettiva, che esiste indipendentemente dal soggetto significante. Per i teorici idealisti (o pantestualisti) del postmodernismo non esiste una distinzione fra discorso e realtà: il discorso è la realtà e viceversa (per parafrasare Hegel). L'unico sapere significante proviene dalle formazioni discorsive, intese come luogo della lotta per il potere mediante la produzione di significato. Per loro, ogni discorso culturale è un discorso politico.

Dal momento che il discorso è un sistema linguistico autovalidantesi, un sistema che conferma il rapporto con la realtà a misura di coloro che lo utilizzano (Foucault), la costruzione della verità è associata a sistemi di potere le cui operazioni e contraddizioni dialettiche possono essere rivelate con il metodo della decostruzione [Subotnik 1996]. Se ogni teoria è caratterizzata dalla topicità, cioè se, come afferma Slavoj Zizék «la teoria è sempre parte della congiuntura nella quale interviene [...], un momento della totalità che rappresenta il suo *oggetto*» [1994, p. 182], uno dei problemi della decostruzione è appunto quello di contrastare gli effetti di questa topicità che minacciano di naturalizzare le strutture ideologiche [Krims 1998, p. 321].

Infine, posto che il significato non è dato se non in quanto viene costruito dall'esperienza del ricettore, il pensiero postmoderno è impegnato nel cercare di comprendere le esperienze che portano alla costruzione della soggettività. Tali esperienze sono spesso di natura corporea, cioè prelogiche e immediate, e costitutive dei processi cognitivi.

Fra le teorie postmoderne che hanno dato forma alle problematiche dell'etnomusicologia contemporanea spiccano, al di là del post-strutturalismo e del post-marxismo, le critiche post-coloniale e femminista.

I teorici del postcolonialismo (Albert Memmi, Frantz Fanon, Retamar R. Fernández, Edward W. Saïd, Paolo Freyre, Trihn Minh-Ha, Homi K. Bhabha, Thomas e altri) criticano le ideologie coinvolte nell'invenzione occidentale dell'Altro. Lo fanno decostruendo le implicazioni politico-concettuali delle dicotomie che le potenze coloniali avevano prodotto allo scopo di esercitare l'egemonia su di un Altro, che si supponeva inferiore, esotico, irrazionale, marginale. I poteri coloniali lo inventano, e pretendono di rappresentarlo, per poterlo sfruttare piú efficacemente in nome delle grandi concezioni totalizzanti dell'Occidente. Orientate verso la razionalizzazione universale, verso il progresso industriale e l'espansione dei mercati, tali concezioni propongono un destino comune unificato per tutta l'umanità, che dovrebbe essere naturalmente quello della civiltà occidentale, e sradicano le storie locali o nazionali.

Per il pensiero postcoloniale, la dicotomia centro-periferia perde di significato in un mondo di reti multiple nel quale i vecchi centri di riferimento diventano mobili ed eccentrici. Oggi il centro è nomade. Non può essere altrimenti in un'epoca di migrazioni, spostamenti, incrocio generalizzato, un'epoca multiculturale, dalle identità complesse e dalle lealtà disperse. In queste condizioni, una letteratura, un'arte e una musica postcoloniali emergono come nuove forme di resistenza e nuove sensibilità per contrapporre le tradizioni locali all'istinto multinazionale del capitale. Queste espressioni artistiche si avvalgono di strategie di significato e grammatiche d'opposizione, basate su un *code switching*, dove sincretismo e ibridazione fronteggiano le svariate forme assunte dall'egemonia economica. [Lipsitz 1994, p. 31].

Analogamente alla visione dell'Altro delle teorie postcoloniali, la critica femminista esige il riconoscimento dei diritti delle donne a rappresentarsi da sé in quei campi della vita dai quali furono escluse da un patriarcato che usurpò le loro funzioni significative e rappresentative, sradicando la loro presenza storica [Citron 1993; Cook e Tsou 1994; McClary 1991; 1993; Solie 1993]. Le differenze di genere vengono concepite come costruzioni culturali, politiche e simboliche che creano rapporti asimmetrici di subordinazione (il maschile è egemonico rispetto al femminile), dai quali le donne cercano di emanciparsi. Il genere come categoria analitica, ancor piú, come paradigma della nuova musicologia, ha dominato la ricerca musicale dalla metà degli anni Ottanta, quando la (etno)musicologia cominciò ad abbandonare l'isolamento dei suoi studi positivistici per aprirsi ai dibattiti in corso nelle scienze sociali e umane circa l'esperienza umana, la costruzione della soggettività, le politiche dell'identità, della rappresentazione e del potere, il ruolo della musica nella costruzione delle realtà sociali, ecc.

Alla critica femminista si unisce la critica gay e lesbica [Brett, Thomas e Wood 1994], con l'intento di proporre un approccio alternativo allo studio della realtà musicale che tenga conto della soggettività di quegli Altri che sono stati tradizionalmente disprezzati, esclusi e occultati nella storia musicale.

In tal modo le teorie postmoderne del postcolonialimo e del femminismo contribuiscono a collocare le politiche della rappresentazione discorsiva dell'identità etnica e di genere al centro del dibattito musicale critico.

2. *L'etnomusicologia nell'epoca postmoderna.*

L'etnomusicologia attuale, lungi dal temere il dialogo con queste idee, si nutre di esse per formulare nuove problematiche nelle quali la musica, invece di cercare la propria identità nel dato sonoro, simbolizza pensieri e prassi politiche, sociali e culturali del nostro tempo.

Per quanto non vi siano dubbi che i dibattiti attuali della musicologia

– in particolare della musicologia nordamericana – siano ispirati da prospettive postmoderne [Kramer 1992; 1993; Pasler 1997; Tomlinson 1993], sarebbe esagerato affermare che l'etnomusicologia contemporanea sia egemonizzata dalla teoria postmoderna. Da un lato, in gran parte del mondo non sussistono le condizioni materiali in grado di promuovere riflessioni postmoderne, e in quelle regioni nelle quali tali condizioni sono date c'è una remora storica che perlopiú si oppone a una rifondazione teorica del nostro settore di studio. D'altro canto, appartiene al concetto stesso di postmodernità il riconoscimento del pluralismo di tendenze epistemologiche e discorsive rispondenti ad aspetti particolari della realtà musicale. Di conseguenza, ciò che nell'ambito di questo saggio chiameremo per ragioni funzionali "etnomusicologia postmoderna" denoterà semplicemente quelle tendenze emergenti privilegiate da alcuni etnomusicologi che trascendono i limiti di categorie intellettuali accettate allo scopo di elaborare nuove teorie ispirate alla *condizione postmoderna*.

2.1. Musica e identità sociali.

Negli ultimi decenni gli etnomusicologi hanno prestato un'attenzione particolare alle differenze di genere (critica femminista, gay e lesbica) e a quelle di generazione (teorie sulle musiche popolari giovanili).

La concezione di un soggetto frammentato e costruito artificialmente come una funzione del linguaggio, il nuovo approccio alla realtà delle differenze di genere respinge la visione essenzialista di un'identità statica e costante a favore di una visione delle identità come processi dinamici, complessi, frequentemente reinterpretati, generalmente immaginati, e soggetti di volta in volta a negoziato.

Per altro verso, fra identità e musica esiste un vincolo privilegiato: la musica possiede il potere di offrire alla gente nel momento della *performance* l'esperienza corporea della propria identità immaginata [Frith 1996]. La *performance* non rinvia a un sentimento d'identità che si troverebbe dietro (o meglio sopra o sotto) la *performance*, bensí è la realtà stessa dell'identità. Per Turino la *performance* musicale «non è meramente un'affermazione circa l'identità e la visione del mondo, ma è piuttosto l'essenza stessa di questo genere d'affermazioni» [1989, p. 29]. In altri termini, «far musica non è un modo di esprimere idee, è un modo di viverle» [Frith 1996]. D'altronde, pensare che la *performance* non sia un simbolo di cose esterne ad essa, ma piuttosto che queste stesse cose si manifestino come *performance*, è un ritorno verso una fenomenologia delle cose in quanto tali [Friedson 1996, pp. XI-XVI].

Col dissolversi dell'opposizione coloniale centro-periferia, dei confini fra i territori etnici e delle frontiere fra le musiche, l'offerta musicale d'immagini identitarie è illimitata nella sua diversità: si estende dalle musiche territorializzate che configurarono le prime immaginazioni identitarie della nostra infanzia fino al flusso mondiale delle musiche mediatizzate che possono sia imporci le immaginazioni identitarie del colonizzatore, sia permetterci di vedere nella musica dell'Altro aspetti (e spettri) della nostra stessa identità.

È probabile che non esista testo etnomusicologico contemporaneo il quale non tratti – magari solo implicitamente – dei processi di costruzione dell'identità. Per menzionare soltanto un paio di esempi: secondo Turino, la costruzione dell'identità «implica processi creativi continui che interrogano le concezioni essenzialiste della cultura e dell'identità» [1993, p. 13]. Così, fra gli indios di Conima (Perú) che emigrano nella città di Lima emergono nuove identità sociali: in luogo dell'unica identità della loro comunità d'origine, gli indios costruiscono un'identità nuova che sintetizza gli elementi della *Montaña*, i comportamenti urbani, la cultura internazionale del rock, ecc. A sua volta, Martin Stokes [1994] mostra in che modo la costruzione musicale del luogo sovrapponga questioni di etnicità e d'identità.

Il contributo peculiare dell'etnomusicologia alla comprensione dei rapporti fra musica e identità si distingue per aver mostrato su scala mondiale che i concetti, i comportamenti e le musiche che fanno direttamente riferimento al genere sono costruzioni culturalmente variabili [Herndon e Ziegler 1990; Koskoff 1987; Robertson 1993; Sarkissian 1992, p. 345]. Inoltre, tanto il femminismo quanto la musicologia gay e lesbica [Brett 1994; Cusick 1994] hanno contribuito a promuovere il dibattito su questioni contemporanee che erano state fino a questo momento ignorate dalla (etno)musicologia tradizionale, come il ruolo ricoperto dal genere, dal desiderio, dalla soggettività e dall'esperienza personale della musica e del corpo nella costruzione dell'identità.

2.2. Globalizzazione e localismo, diaspora e identità.

Il problema della costruzione d'identità culturali torna a porsi in quei testi il cui oggetto principale è il rapporto dialettico fra globalizzazione e localismo: il postmodernismo svincola il potere del locale, del regionale, dell'idiosincratico per omogeneizzarlo globalmente sotto forma di world music. In effetti, la condensazione del tempo storico, la contrazione dello spazio geografico e la promiscuità di suoni provenienti da luoghi distanti ispirano tutti quegli studi che esaminano criticamente le strategie di fusione e confusione di suoni e sensazioni locali, e la circolazione di suoni e sensazioni fra pubblici locali e transnazionali in un mondo nel quale le culture autonome, omogenee e autodelimitate entro territori sovrani con frontiere ben stabilite, sono entità e identità in via di dissoluzione [Guilbault 1993*b*; Lipsitz 1994; Mitchell 1996; Pelinski 1995].

Gli studi su globalizzazione e localismo si concentrano particolarmente sulle problematiche politiche ed estetiche delle musiche transnazionali e delle differenze culturali che queste implicano, sulla dialettica di omogeneizzazione e diversità, e sulle categorie (*pastiche*, *nostalgia*) che caratterizzano la produzione di world music, ecc. [Erlmann 1993; 1994; 1998].

La globalizzazione dell'industria musicale, in particolare quella che produce world music, ha anche sollevato dei problemi d'identità in relazione all'imperialismo culturale, e la creazione o il consolidamento di spazi locali propri [Guilbault 1993; 1996].

Secondo George Lipsitz [1994, p. 3], le trasformazioni della musica popolare implicano dei cambiamenti nella poetica e nella politica locale. Nonostante la globalizzazione dei mezzi di produzione e distribuzione, e a dispetto del loro carattere nomade, le musiche popolari contemporanee rinforzano e insieme sabotano i vincoli con i propri luoghi d'origine. Anche se la comunicazione musicale interculturale risente di una memoria colonialistica (esotismo, razzismo), le condizioni emergenti della globalizzazione stanno cambiando questo panorama; nonostante l'integrazione globale, le identità locali non scompaiono.

Per altro verso, in un'epoca di eterogeneità, ibridazione e molteplicità, e in un mondo interconnesso nel quale il capitale opera su scala globale, le identità territorializzate su prospettive locali hanno la possibilità di aprirsi alle identità diasporiche offerte loro dalla globalizzazione.

Infine, grazie all'interconnessione di pratiche musicali e discorsive in un mondo globalizzato e mediatizzato, l'oggetto di studio di un'etnomusicologia postmoderna risulta piú complesso, una complessità questa che risiede piú nei caratteri della contestualità sociale che non nella materia sonora. Come vedremo fra poco, questa complessità risulta particolarmente evidente nel lavoro etnografico.

2.3. Il corpo nella musica.

La partecipazione del corpo alla formazione di significati prelogici e prediscorsivi è uno dei temi centrali del postmodernismo nella sua critica alla morale cristiana, alla razionalità moderna e all'oggettivismo scientifico. Tale critica ha a che fare con la repressione del corpo nella cultura occidentale e con il rifiuto dello stesso come strumento di conoscenza nella dicotomia cartesiana di corpo e spirito.

La ricerca secolare di un'accezione razionale e astratta sotto la superficie sensibile della musica ha sviato l'attenzione dagli aspetti corporali della musica stessa, che sono visibilmente assenti nei discorsi musicologici istituzionalizzati. La centralità del corpo nella comprensione della musica è stata, al contrario, costantemente accentuata dalle cosiddette *musicologie alternative*: studi di musica popolare, studi di musica e genere, teoria critica femminista [Brett 1994, p. 371; McClary 1991, p. 23; Middleton 1989, pp. 235-70, ecc.]. Tutte queste musicologie hanno in comune la questione ricorrente di come concettualizzare il corpo in quanto prerequisito di ogni esperienza musicale possibile [McClary e Walser 1994; Pelinski 1997*b*; Walser 1991]. In particolare, la critica femminista si richiama alla natura performativa della musica in quanto «attuazione della musica attraverso corpi reali e voci reali che la fa scendere dalla stratosfera per partecipare alle pratiche quotidiane» [McClary 1991, p. 417].

2.4. L'incidenza delle nuove tecnologie di comunicazione.

Anche il rapporto privilegiato che la postmodernità intrattiene con i mezzi di diffusione di massa e le nuove tecnologie della comunicazione è stato oggetto d'attenzione da parte dei ricercatori, in modo particolare quelli che studiano le musiche popolari. Dato che questi mezzi sono stati decisivi nella creazione di una cultura di massa, i processi di produzione, diffusione e ricezione sono stati il terreno di indagini particolarmente fruttuose per lo sviluppo teorico.

Sappiamo che la comunicazione di massa tende a ridurre l'esperienza della realtà a un'esperienza d'immagini. In questo senso, la televisione risulta il mezzo piú tipico della cultura postmoderna. Se i mezzi di comunicazione di massa diffondono in tempo reale a livello mondiale delle rappresentazioni (immagini) indistinguibili dalla realtà, possiamo parlare di un'insensibilità crescente del pubblico che guarda la televisione e assiste alla realtà come spettacolo (Eco, Baudrillard). In quest'ottica si collocano alcuni lavori che studiano la percezione distratta, disseminata, frammentata (Benjamin) del teleutente, un atteggiamento che rappresenterebbe la struttura stessa della conoscenza e della percezione di fine Novecento [Straw 1993]. Per parte sua, Carvalho riflette sui mutamenti di sensibilità che le innovazioni tecnologiche provocano nell'esecuzione e nella ricezione dei circuiti dell'odierno consumo musicale. Queste innovazioni «provocano un costante rinnovarsi nella percezione dell'ascoltatore di musica» e propiziano un clima mediatico «che omogeneizza l'impatto sensoriale della musica» [Carvalho 1996, pp. 254-55]. Per di piú, le nuove tecnologie di registrazione e di riproduzione conducono a un gusto standardizzato, nel quale il controllo elettronico dell'alterità annulla le differenze tra le musiche.

Altri mezzi di comunicazione di massa, come la musicassetta, sono persino arrivati a configurare in maniera specifica la produzione, la diffusione e la ricezione della musica popolare contemporanea [Manuel 1993].

2.5. La riconcettualizzazione dell'etnografia musicale.

La nuova etnografia musicale si fonda su riflessioni critiche che hanno come oggetto tanto l'esperienza diretta del lavoro sul campo, quanto la sua rappresentazione interpretativa in forma di testi.

2.5.1. *Il lavoro sul campo*. Il lavoro sul campo è molto differente da quelle missioni folkloriche il cui oggetto principale consisteva nel rintracciare la maggior quantità possibile di brani per sottoporli in seguito alla classificazione, alla descrizione, all'analisi e all'interpretazione nel laboratorio del ricercatore. Le "relazioni asimmetriche" che il contesto coloniale produce in questo genere di lavoro non sono in grado di captare gli aspetti umani interpersonali e di permettere un coinvolgimento in quei «processi personali interattivi» che riconoscono i valori specifici delle società studiate [Barz e Cooley 1997, pp. 7, 11]. Per ottenere una comprensione interculturale immediatamente vissuta, l'etnografia musicale odierna rifonda il concetto di lavoro sul campo, raccogliendo nuovi modelli di lavoro etnografico all'interno di una pluralità d'ispirazioni: le teorie femministe [Koskoff 1987; 1993; McClary 1991; 1993], la fenomenologia [Friedson 1996; Titon 1997], l'ermeneutica [Rice 1997], il dialogismo bakhtiniano [Feld 1990], ecc. In particolare, il femminismo ha dimostrato il carattere androcentrico di quei testi che pure pretendono di essere neutrali rispetto al genere [Babiracki 1997].

Lungo questa linea, le problematiche dell'odierna etnografia musicale sono intrise di postmodernismo: cosa potremmo riuscire a sapere attraverso il lavoro sul campo senza sfruttare i detentori della cultura che stiamo indagando? Cosa può offrire l'etnografia musicale alla conoscenza dell'essere umano? Quali obblighi di reciprocità intrattiene l'etnomusicologo con i membri della cultura che studia? [Barz e Cooley 1997, p. 11; Clifford 1983]. Come rileva Timothy J. Cooley, passare dallo studio della musica come oggetto allo studio della musica come cultura induce a praticare un'etnomusicologia riflessiva, nella quale il ricercatore non può collocarsi fuori da tale cultura come osservatore di una cultura oggettivamente osservabile. Dal momento che la soggettività del ricercatore interferisce nel processo della sua esperienza della cultura studiata (vissuta), è necessario che egli espliciti la sua posizione epistemologica e le modalità del suo rapporto con la cultura studiata [Cooley 1997, pp. 16-17; Kisliuk 1997].

2.5.2. *L'Altro fra di noi, ovvero il rimpatrio dell'etnomusicologia*. Il tipo di critica che sta al centro dei discorsi postcoloniali ha contribuito a riorientare l'indagine etnomusicologica verso settori di lavoro piú vicini alla vita quotidiana del ricercatore. Questo nuovo orientamento riceve l'appellativo di "etnomusicologia rimpatriata". Contropartita della etnoteoria, l'etnomusicologia rimpatriata emerge implicitamente dal discorso postcoloniale. Postulare il diritto delle culture africane o sudamericane a esprimersi con voce propria equivale ad ammettere che anche le minoranze etniche della città nella quale viviamo possono attrarre l'attenzione del ricercatore musicale. La "fantasia pastorale" di una cultura esotica – pura e lontana – come oggetto di studio è un residuo della Scuola di Berlino (musicologia comparata), per la quale la ricerca degli universali era piú importante della comprensione della specificità di una certa cultura musicale a partire da un contatto immediato con essa. Se l'estraneità dell'Altro è già la mia stessa estraneità, tanto vale rimpatriare l'oggetto del mio studio. Questo tipo di visione offre il vantaggio di aguzzare la vista da lontano dell'etnografo con la certezza immediata dell'*insider*.

Le esplorazioni nella direzione di una "etnomusicologia urbana" sono state privilegiate da A. Reyes Schramm [1992], il quale propone come oggetto di studio le minoranze etniche nel contesto urbano delle grandi città. M. Slobin [1993] offre uno studio programmatico delle pratiche musicali, diverse e complesse, che le subculture minoritarie conservano nelle grandi città, coltivando agganci interculturali in reticoli transnazionali e transetnici nei quali il globale si confonde con il locale.

L'etnografia musicale urbana che si propone come oggetto lo studio delle pratiche musicali popolari è un terreno nel quale si distinguono particolarmente gli studiosi anglosassoni (per esempio, Iain Chambers, Richard Middleton, Simon Cohen, John Shepherd, Andrew Goodwin, Simon Frith, Lawrence Grossberg, e molti altri). Fra loro, è stato Peter Manuel [1995] a sottolineare le "inclinazioni inerenti" fra le subculture urbane e l'estetica postmoderna.

Infine un aspetto particolare del rimpatrio dell'etnomusicologia è l'assunzione della propria tradizione musicale colta come oggetto di studio etnomusicologico [Jeffery 1992; Kingsbury 1988; Nettl 1992*a*; 1992*b*; 1995]. Potremmo denominare questo indirizzo "autoetnomusicologia", vale a dire una tendenza che si distingue per il riconoscimento dell'io come alterità, della propria identità come differenza. In effetti, un criterio per valutare la pertinenza di una descrizione socio-musicale delle musiche dell'Altro sarebbe di applicarla a noi stessi (Rosaldo).

2.5.3. *Crisi dell'autorità etnografica*. La critica della costruzione coloniale dell'Altro ha prodotto una crisi dell'autorità etnografica. Secondo James Clifford, questa crisi si manifesta nel fatto che il Primo Mondo non è origine e fondamento di verità antropologica. Viviamo piuttosto in una situazione di comunicazione e di contatto interculturale nella quale i processi d'interpretazione sono reciproci [Clifford 1980; 1983, p. 119; 1988].

In una situazione di etnografia generalizzata, l'autorità etnografica si distribuisce fra l'etnomusicologo e i suoi collaboratori in modo che fra di loro viene a stabilirsi un vincolo di reciprocità [Clifford 1983]. Ma piú che interscambio d'informazioni sulle rispettive culture, questo vincolo è uno dei fondamenti etici della comprensione interculturale.

Tradizionalmente, era l'etnomusicologo a "dire l'ultima parola" su una determinata cultura musicale. Oggi, sapendo che l'Altro, oggetto della nostra descrizione, è in gran parte frutto di una nostra costruzione intellettuale, ci chiediamo chi sia legittimato a esprimersi in sua vece, quale sia divenuto il ruolo dell'etnomusicologo nel descrivere e nell'interpretare una certa cultura, e quale ruolo abbia il collaboratore autoctono che ci fa dono della sua competenza culturale. La problematica della rappresentazione e dell'autorità è particolarmente avvertibile nella produzione e nella ricezione di pellicole e video [Dornfeld 1992; Titon 1992].

2.6. Nuove politiche della rappresentazione.

Il postmodernismo ha incentivato la riflessione sull'adeguatezza e sulla legittimità dei nostri mezzi di rappresentare (testualmente) l'Alterità culturale [Barz e Cooley 1997, p. 1]. Una delle ripercussioni del discorso postcoloniale nell'odierna etnomusicologia è, in effetti, l'ammissione che il rappresentare la cultura dell'Altro passa necessariamente attraverso le categorie mentali del ricercatore. Ciò che conta è ammettere l'azione del filtro culturale e non avere la pretesa di presentare il proprio discorso come un "riflesso fedele" della cultura dell'Altro.

L'elemento di soggettività è inevitabile e finisce semplicemente con l'essere un ostacolo per l'acquisizione della conoscenza dell'Altro, quando non se ne riconosce l'esistenza facendo tuttavia passare la rappresentazione soggettiva per verità oggettiva. Perché non si tratta soltanto d'incontrare qualcuno che si vuole incontrare per poi raccontarlo agli altri... Inoltre il soggetto del discorso deve identificare la propria posizione sociale e intellettuale per mettere in evidenza i rapporti di forza insiti nelle sue parole. Stando a *Orientalism* di Edward W. Saïd [1978], non possiamo negare che l'Altro sia il risultato di una costruzione ideologica nella quale interviene ogni genere di filtri, con un sistema di proiezioni, rifiuti e discriminazioni generalmente interiorizzati.

La soggettività del ricercatore riveste un ruolo decisivo nella rifondazione concettuale della etnografia musicale. Anziché offrire descrizioni puramente oggettive e "scientifiche" che pretendono di spiegare la musica con una resa concettuale razionale e logica, l'etnomusicologo incorpora i propri sentimenti e reazioni personali nelle riflessioni sull'esperienza di lavoro sul campo. L'oggetto della ricerca non è l'oggetto musicale, ma piuttosto la musica in quanto cultura, vale a dire la musica compresa sulla base dell'esperienza personale, diretta, corporea, cinestesica. Mentre l'etnografo moderno si collocava in un punto esterno alla cultura, da dove rappresentava l'Altro e accettava il paradigma scientifico secondo il quale la cultura sarebbe oggettivamente osservabile, l'etnografo postmoderno si sforza di comprendere la propria posizione a fronte della cultura studiata, esplicitando i propri punti di vista epistemologici, le proprie relazioni con la cultura e con le persone che studia [Barz e Cooley 1997, pp. 16-17].

2.7. Rappresentazione ed ermeneutica.

L'affermarsi delle teorie postcoloniali nell'etnomusicologia coincide con un regresso delle posizioni formaliste, universaliste e strutturaliste, a favore di un ritorno all'ermeneutica fenomenologica [Rice 1997] e di un'attenzione maggiore alla costruzione sociale dei significati. È questo ad esempio il tragitto percorso dalla "prima" semiologia musicale proposta da Jean-Jacques Nattiez negli anni Settanta fino alle sue posizioni epistemologiche attuali, nelle quali l'ermeneutica riveste un ruolo importante [Nattiez 1995].

Una posizione vicina alle impostazioni del postmodernismo è quella di etnomusicologi come Friedson [1996] e Rice [1997], che si richiamano a diverse metafore della fenomenologia ermeneutica di Edmund Husserl, Martin Heidegger, Hans-Georg Gadamer e Paul Ricœur. Ma al di là delle opposizioni *emic-etic*, e *insider-outsider*, implicite nella nozione di frontiere culturali, al di là dell'opposizione fra lavoro sul campo e scrittura accademica, fra vissuto e rappresentazione, l'etnomusicologo aspira ad annullare le frontiere fra l'Io e l'Altro, in una graduale "fusione d'orizzonti" culturali (Gadamer). Per un altro verso, la nostra condizione ontologica di "essere-nel-mondo" (Heidegger) è prioritaria rispetto alla conoscenza, alla comprensione e all'interpretazione. La comprensione preverbale precede la spiegazione, come abbiamo potuto sperimentare sovente nelle caratteristiche di musicisti di tradizione orale che non possiedono una teoria musicale formalizzata [Rice 1997, pp. 114-15].

2.8. Retoriche della rappresentazione.

La crisi dell'autorità etnografica, legata alla sopramenzionata crisi della rappresentazione e dell'annesso concetto di "epistemocentrismo", ha indotto a ricercare nuove strategie retoriche per la rappresentazione culturale che vadano al di là del taglio di scrittura oggettivista [Barz e Cooley 1997, p. 38]. In primo luogo vige la nozione postcoloniale secondo cui la descrizione etnografica e la sua interpretazione implicano la scelta di strategie discorsive in sintonia con il contesto socioculturale e le consuetudini discorsive della cultura studiata. Cosí, l'antropologo Renato Rosaldo crede che una disciplina operante a livello globale debba accettare delle strategie retoriche in risposta alla diversità delle culture con le quali apre un dialogo. Si tratta d'includere l'Altro nel discorso dell'etnomusicologo, sia ricorrendo a sistemi di scrittura capaci di sottolineare la parola del nativo, sia utilizzando modalità di rappresentazione affini a quelle della cultura studiata.

Di conseguenza, le modalità di rappresentazione postmoderna tendono ad abbandonare il registro accademico-oggettivista e "scientifico" di scrittura unidimensionale per sperimentare nuove retoriche. Alcuni (etno)musicologi sottolineano le interferenze e l'ibridazione fra musiche erudite, tradizionali e di massa declassificandole per mezzo di provocatorie giustapposizioni di testi. Per esempio, Susan McClary [1991] riunisce in uno stesso volume saggi riguardanti musiche colte e musiche popolari; Robert Walser [1993, pp. 57-107] segnala squarci di virtuosismo classico in un assolo di chitarra elettrica heavy metal. Con questo genere di procedimenti si pretende di democratizzare il canone, sminuendo le musiche maggiori e magnificando le musiche minori. In altri casi, una proliferazione massiccia di citazioni, neologismi, concetti dei *nouveaux philosophes* francesi, ecc., genera probabilmente una maggiore astrazione di quanta ne possa assorbire la musica trattata, come nel caso del brillante studio di Giancarlo Siciliano

[1997] su musica popolare e postmodernità. Strategie frequenti sono i cambiamenti di registro narrativo e la mescolanza di generi, i testi in collaborazione, il dialogo, l'etnotesto e la *fiction*. Dette strategie hanno tutte in comune il fatto di prevedere la possibilità di letture diverse, una visione in multiprospettiva della realtà musicale, il rifiuto di verità assolute e monolitiche, ecc.

2.8.1. *La mescolanza di generi.* «Sta accadendo qualche cosa al modo in cui pensiamo al nostro modo di pensare», ha detto Clifford Geertz, parlando della frequente mescolanza di generi nella scrittura intellettuale e artistica degli ultimi anni [1983, p. 20]. Analogamente alla pratica musicale contemporanea, il *pastiche* e il *bricolage* invadono la scrittura etnografica per neutralizzare ogni possibile imposizione di verità uniche. I discorsi dell'etnografia contemporanea sono discorsi a pluralità di voci, come stanno a indicare la polifonia di voci divergenti, la giustapposizione di generi letterari e, soprattutto, il prospettivismo epistemologico che li ispira. Premesso che non esiste un paradigma unificante (come è stato, per esempio, il paradigma antropologico nell'etnomusicologia nordamericana per piú di vent'anni), oggi è possibile, per citare degli esempi flagranti, che teorici post-marxisti della musica popolare assumano idee della semiologia [Shepherd e Wicke 1997; Tagg 1987], la quale, a sua volta, non disdegna di rapportarsi all'ermeneutica [Nattiez 1995]. D'altro canto, la pluralità di strategie discorsive risponde a una concezione dell'oggetto di conoscenza le cui molteplici sfaccettature possono acquisire una luce propria mediante adeguati strumenti retorici.

Gli esempi di questo nuovo modo di scrittura si distinguono per il loro pluralismo metodologico, una modalità riflessiva che sospende l'opposizione tra i differenti registri narrativi (diari di lavoro sul campo, quaderni di viaggio, descrizioni etnografiche, ecc.) e infine uno stile letterario erudito, di seducente lettura. Possiamo citare fra questi Bernard Lortat-Jacob [1990], Julie Taylor [1998] e Marta Elena Savigliano [1995; 1997], nei cui lavori l'invenzione narrativa (con una mescolanza inedita di dialogo, *fiction*, poesia, dramma, teoria dura e pura, ecc.) e la finezza riflessiva si discostano trasgressivamente dalla scrittura accademica per scoprire aspetti della musica che di solito passano inosservati all'etnomusicologia convenzionale.

2.8.2. *Testo in collaborazione.* Ogni lavoro d'indagine è un'impresa collettiva sotto diversi aspetti: per quanto attiene alla produttività del dialogo intersoggettivo fra ricercatori, come pure per l'atteggiamento di reciprocità verso gli autoctoni, le cui informazioni sono oggetto di “traduzioni” concordate e presentate in forma accessibile a una riappropriazione da parte loro [Clifford 1980]. La presenza di differenti voci in un'indagine non è accidentale: è una sottolineatura della voce dell'autoctono, il quale può eventualmente rendersi protagonista, accedendo alla paternità del testo in qualità di collaboratore o coautore. Risponde inoltre all'intenzione di presentare differenti punti di vista, favorire letture da prospettive distinte [Bachtin 1981] e far condividere l'autorità etnografica fra ricercatori e informatori autoctoni, collaboratori o amici, affinché costoro abbiano la possibilità di controllare l'interpretazione della loro propria storia. È questa la strategia utilizzata da Jocelyne Guilbault nel suo studio sullo Zouk [1993].

Altri esempi di questa impostazione sono l'articolo di Ellen Koskoff [1993] sul canto di Miriam, una donna Hasid, che intercala le impostazioni descrittive e analitiche dell'osservatore esterno con il modo di vedere della comunità religiosa di lei (i Lubavitcher), per concludere introducendo la dinamica di potere vigente fra l'osservatore e l'Altro osservato; e la mia stessa rilettura di un canzoniere castigliano, nella quale i testi di tre etnomusicologi *outsiders* sono alternati a quelli dei nativi: un danzatore e un politico [Pelinski 1997*a*]. Con questa maniera di lavorare, gli *informatori* della vecchia etnografia si trasformano in collaboratori e coautori, e gli "etnomusicologi" in un pubblico attivo e dialogante.

2.8.3. *Dialogo*. "Dialogo" è una metafora ermeneutica per indicare il processo di reciproca comprensione, interpersonale o interculturale, nel quale le dicotomie di soggetto e oggetto tendono a scomparire. È il tipo di situazione nella quale i dialoganti leggono, discutono, contraddicono e criticano liberamente le pratiche culturali, in un processo di rapporto reciproco [Erlmann 1996, pp. 11-12].

La metafora del dialogo esprime il fatto che per ottenere una comprensione interculturale è necessario riconoscere se stessi (cioè la propria stessa cultura), riconoscere l'Altro e dialogare con l'Altro sulla base dell'Alterità che ci costituisce. Ciò significa ammettere che «io è un Altro» (Rimbaud) prima di poter scoprire che «l'Altro è un io» [Todorov 1989, p. 49]. In questo dialogo nessuno possiede l'ultima parola, nessuna voce riduce l'altra alla semplice condizione d'oggetto, e l'altro viene riconosciuto come soggetto [Todorov 1982, p. 311].

La finalità del dialogo è dunque di ottenere una comprensione interculturale. Come ogni altra comprensione, si tratta di un'approssimazione ottenuta in diverse maniere tramite il dialogo, cioè di una correzione reciproca della comprensione affinché ogni partecipante riesca a ottenere un accordo adeguato su ogni particolare interazione [Marcus e Fischer 1986]. In effetti la tradizione ermeneutica recente (Gadamer, Ricœur, Geertz) ci ha insegnato che comprendere la cultura dell'Altro comporta un dialogo continuo fra i nostri "pregiudizi" culturali e quelli dell'Altro, una prospettiva in cui la sua diversità ci appare come una delle molteplici manifestazioni dell'unità dell'essere umano. La nozione di «dialogismo» [Bachtin 1981, pp. 324-30] rimanda a un discorso polifonico in cui le differenti voci s'intrecciano e si orientano verso la fusione dei rispettivi orizzonti socioculturali; un obiettivo questo che, per quanto utopistico, non deve essere scartato. Si deve comunque segnalare senz'altro che nel processo dialogico la fusione degli orizzonti socioculturali non comporta la dissoluzione dell'identità culturale.

La metafora del dialogo è stata utilizzata in musicologia con differenti connotati: come un intento di appropriazione dell'ermeneutica nel processo di comprensione di altre culture [Rice 1997]; in un'accezione piú vasta, come "dialogo delle culture"; o anche come strategia per la costruzione di testi [Keil e Feld 1994]. Da parte sua, nel poscritto alla seconda edizione di *Sound and Sentiment* [1990, pp. 239-68] Feld, basandosi su Bakhtin, conia il concetto di *dialogic ending* inteso come negoziato fra l'autore e i kaluli circa il libro che parla di loro. Qui il dialogo è inteso come una giustapposizione di voci che schiude una problematica sui diritti, sull'autorità e sul potere di controllare l'enunciato; ed è infine l'illustrazione di come i kaluli interpretano l'interpretazione della loro cultura avanzata dall'autore del libro.

2.8.4. *Etnotesto*. Altra forma retorica di descrizione etnografica è la rappresentazione culturale basata quasi esclusivamente sulla terminologia musicale degli autoctoni. Il ricercatore metterà da parte la soggettività dei propri impulsi ermeneutici per dare spazio alla voce dell'autoctono, alla quale viene cosí attribuita un'oggettività che invece mancherebbe alla voce del ricercatore. Risultato di questo genere di strategia con pretese di obiettività scientifica sono gli etnotesti che presuppongono il riconoscimento di registri, livelli o forme teoriche proprie delle culture studiate [Zemp 1978; 1979].

2.8.5. *Fiction*. In taluni casi, le frontiere fra invenzione e non invenzione, fra letteratura ed etnomusicologia, risultano labili. L'etnomusicologo-autore produce un'opera letteraria che descrive certe situazioni e determinati comportamenti attribuibili alle esperienze di ricerca sul campo di un collega. In quest'ordine d'idee, basandosi sulle pratiche e sul sapere musicale di comunità indigene immaginarie, Lortat-Jacob [1994] scrive un trattato fittizio di etnomusicologia. Si tratta di un testo che non ha come oggetto un'etnografia "reale", bensí una testualizzazione di una vasta esperienza personale di lavoro sul campo che alla fine produce un'etnografia virtuale [cfr. Geertz 1988; Okely e Callaway 1992]. Tuttavia, e indipendentemente dalle intenzioni ("poietiche") dell'autore, questa produzione etno-letteraria non sarebbe stata pensabile se i vincoli di riferimento tra le parole e le cose non fossero stati indeboliti dalle tendenze postmoderne.

2.8.6. *Rappresentazioni globali della musica*. Uno degli aspetti piú produttivi delle teorie postcoloniali è la critica dell'etnocentrismo radicato nella storiografia della musica occidentale. Questa critica si è forgiata in rappresentazioni globali delle musiche del mondo, che d'altra parte corrispondono a profonde trasformazioni della pratica musicale contemporanea. Oggi, in effetti, le musiche omogenee di poche comunità indigene isolate che solevano essere oggetto esclusivo dell'etnomusicologia cedono il posto alle musiche ibride di società urbane. Gli stili unitari tendono a dissolversi nel processo di disseminazione globale. Le musiche viaggiano nello spazio e nel tempo, riducono le distanze sia spaziali sia temporali, aboliscono la separazione fra arte colta e arte popolare, fra tradizioni orali e tradizioni scritte, fra musica erudita, folklorica e massificata. La «simultaneità di tutto con tutto» [Jameson 1984] conduce a sua volta al *pastiche* come forma adeguata dell'espressione postmoderna. La pratica della composizione e dell'improvvisazione postmoderne immagina continuamente nuove fusioni e confusioni fra musiche colte, tradizionali e di massa. Studiare la musica oggi è «occuparsi delle mescolanze» [García Canclini 1992, pp. 11-12].

Non sorprende dunque che un'etnomusicologia sensibile ai mutamenti nella vita musicale attuale cerchi le maniere di rappresentare questa nuova situazione. Mentre alcuni etnomusicologi rendono conto dell'influenza delle musiche occidentali sulle musiche del mondo [Nettl 1985], altri documentano la ricezione di queste musiche nel mondo attuale. Già nel 1977 David Reck indagava le musiche tradizionali e popolari di Oceania, Asia, Africa, Europa e America. Con maggiore o minor fortuna accademica, lavori di tipo panoramico sono stati portati a termine da Elizabeth May [1980], da Jeff T. Titon con James T. Koetting e David P. McAllester [1992], e da Peter Manuel [1988], senza dimenticare *World Music. The Rough Guide* [Broughton, Ellingham, Muddyman e Trillo 1994]. Fra i progetti enciclopedici occorre citare anche *The Penguin Encyclopedia of Popular Music*, curata da Donald Clarke [1989], e la recente *Garland Encyclopedia of World Music* [1996], articolata in nove volumi, sotto la direzione di Bruno Nettl, James Porter e Timothy Rice. Il progetto piú ampio – e piú lungamente atteso – è *The Universe of Music. A History*, a cura di Malena Kuss [1999], la cui ambizione è quella di offrire in virtuale sincronia un panorama di tutte le musiche del mondo.

3. *Conclusione*.

Il trattamento delle problematiche discusse in questo studio ha inteso fondarsi sui vari discorsi del postmodernismo (post-strutturalismo, decostruzionismo, postcolonialismo, ecc.) che forniscono riflessioni teoricamente provocatorie e stimolano il superamento delle tradizionali frontiere dell'etnomusicologia. In effetti, l'etnomusicologia attuale tende a integrare il suo discorso entro i piú ampi contesti di altri discorsi, siano questi antropologici, sociologici, filosofici, storici, ecc. Questa apertura interdisciplinare coincide con le pratiche musicali contemporanee, le quali rappresentano di solito una pletora di stili musicali, un incrocio di codici e voci differenti. Il discorso dell'odierna etnomusicologia è plurale e polifonico.

Terminiamo queste considerazioni con una serie di enunciati che sembrano poter riassumere l'obiettivo prefissatoci, e cioè mettere in luce la relazione esistente fra le differenti tendenze dell'etnomusicologia attuale e i vari discorsi che popolano il linguaggio del postmodernismo.

Abbiamo visto come certe espressioni dell'attuale etnomusicologia lavorino in concordanza con idee del pensiero contemporaneo che sono centrali per i dibattiti nei movimenti denominati postcoloniale, femminista e, in generale, postmoderno. Basandosi su tali discorsi, alcuni ricercatori propongono all'indagine musicale nuovi centri d'interesse. Per conseguire tale obiettivo, l'etnomusicologia si sforza di mantenere un atteggiamento riflessivo e critico sulle sue stesse premesse teoriche. Nell'esplicitare le proprie premesse, essa facilita il dibattito delle idee con altri orientamenti della ricerca musicale e assume un atteggiamento di dialogo con discipline e tendenze affini.

L'etnomusicologia nell'epoca postmoderna vede il preteso "discorso di verità" e "le verità assolute" dell'ideologia positivista come un discorso contestualmente variabile, che dipende dalla posizione e dagli interessi del soggetto ricercatore. In sintonia con il mutamento del paradigma scientifico operato nel secolo XX (Thomas Kuhn), essa non ignora il ruolo della soggettività e il "punto di vista" del ricercatore nel costituire l'oggetto di ricerca e nella produzione dei risultati di questa.

È improbabile che le problematiche precedenti avrebbero potuto radicarsi all'interno d'un paradigma basato su modelli totalizzanti, verità oggettive e positive, centrate su analisi musicali immanenti, e classificazioni nette di generi musicali e culture, relazioni trasparenti fra strutture musicali e sociali, in un regime disciplinare di verità etnomusicologiche.

Pur non disdegnando di avanzare prospettive teoriche proprie e una sua propria storia distinta nel coro delle discipline accademiche, l'etnomusicologia possiede una vocazione interdisciplinare. La sua tendenza ad appropriarsi criticamente del discorso di altre discipline sta a indicare che il suo senso d'identità e di gerarchia disciplinare è cosí fragile che non le importa di collocarsi fra estranei, a condizione che l'accolgano bene. Invece di muoversi fra compartimenti stagni, preferisce varcare le frontiere e coltivare la nozione d'indagine musicale, estendendola a tutti i suoni che la gente utilizza, inclusi quelli della propria cultura, e a tutte le accezioni che la gente le attribuisce.

L'etnomusicologia ha abbandonato, come superflue e semplicistiche, le opposizioni fra popolare e colto, orale e scritto, e il presupposto che una differente coniugazione di metodi e atteggiamenti sia necessaria per lo studio di queste categorie. Per contro, essa declassifica queste classificazioni alla ricerca di un linguaggio che sfugga alla logica delle opposizioni binarie per dare spazio a problemi di complessità, assenza, differenza e specificità, come dire a problematiche che rappresentano una minaccia per l'egemonia culturale e le narrazioni dottorali che conservano i canoni della musica colta [Giroux 1992; Marcus e Fischer 1986].

Infine, se l'etnomusicologia è un settore di studio attraente, ciò si deve in primo luogo al fatto che è passata attraverso taluni varchi del mondo contemporaneo che i filosofi, gli antropologi e i sociologi descrivono come il rifiuto di paradigmi autoritari, la sfiducia negli stili di conoscenza totalizzanti, una prospettiva critica circa i suoi stessi presupposti teorici e, perché no?, un'incertezza sul suo stesso orientamento come disciplina [Marcus e Fischer 1986, pp. 14-15]. In tal senso l'etnomusicologia appare come una sorta di abbozzo della musicologia del futuro...

È probabile che l'attuale etnomusicologia stia passando attraverso una specie di transizione hegeliana verso un regime transdisciplinare che potrebbe infine condurla alla dissoluzione come disciplina ben delimitata. Postmodernizzare l'etnomusicologia significa rischiare d'incrementare il pantheon postmoderno con un nuovo fatto epocale: la morte dell'etnomusicologia.

Babiracki, C. M.

1997 *What's the difference? Reflections on gender and research in village India*, in Barz e Cooley 1997, pp. 121-36.

Bachtin, M. M.

1981 *The Dialogic Imagination. Four Essays*, a cura di M. Holquist, University of Texas Press, Austin.

Barz, G. F., e Cooley, T. J.

1997 (a cura di), *Shadows in the Field. New Perspectives for Fieldwork in Ethnomusicology*, Oxford University Press, New York - Oxford.

Best, S., e Kellner, D.

1991 *Postmodern Theory*, Macmillan, London.

Brett, Ph.

1994 *Musicality, essentialism, and the closet*, in Brett, Thomas e Wood 1994, pp. 9-26.

Brett, Ph., Thomas, G. C., e Wood, E.

1994 (a cura di), *Queering the Pitch. The New Gay and Lesbian Musicology*, Routledge, New York.

Broughton, S., Ellingham, M., Muddyman, D., e Trillo, R.

1994 (a cura di), *World Music. The Rough Guide*, Rough Guides, London.

Carvalho, J. J. de

1996 *Hacia una etnografia de la sensibilidad musical contemporanea*, in *Cuadernos de música iberoamericana*, Sociedad General de Autores y Editores, Madrid, pp. 253-71.

Citron, M. J.

1993 *Gender and the field of musicology*, in «Current Musicology», n. 53, pp. 67-75.

Clarke, D.

1989 (a cura di), *The Penguin Encyclopedia of Popular Music*, Viking, London (nuova ed. Penguin Books, London 1998).

Clifford, J.

1980 *Fieldwork, reciprocity and the making of ethnographic texts*, in «Man», n. 15, pp. 518-32.

1983 *On ethnographic authority*, in «Representations», I, n. 2, pp. 118-46.

1988 *The Predicament of Culture. Twentieth Century Ethnography, Literature, and Art*, Harvard University Press, Harvard.

Cook, S. C., e Tsou, J. S.

1994 (a cura di), *Cecilia Reclaimed. Feminist Perspectives on Gender and Music*, University of Illinois Press, Urbana-Chicago.

Cooley, T. J.

1997 *Casting shadows in the field. An introduction*, in Barz e Cooley 1997, pp. 3-22.

Cusick, S. G.

1994 *Gender and the cultural work of a classical music performance*, in «Repercussions», III, n. 1, pp. 77-110.

Dornfeld, B.

1992 *Representation and authority in ethnographic film/video: reception*, in «Ethnomusicology», XXXVI, n. 1, pp. 89-94.

Eagleton, T.

1996 *The Illusions of Postmodernism*, Blackwell, Oxford.

Erlmann, V.

1993 *The politics and aesthetics of transnational musics*, in «The World of Music», XXXV, n. 2, pp. 3-15.

1994 *Africa civilised, Africa uncivilised. Local culture, world system and South African music*, in «Journal of Southern African Studies», n. 20, pp. 165-79.

1996 *Nightsong. Performance, Power and Practice in South Africa*, The University of Chicago Press, Chicago Ill.

1998 *How beautiful is small? Music, globalization and the aesthetics of the local*, in «Yearbook for Traditional Music», XXX, pp. 12-21.

Feld, S.

1990 *Sound and Sentiment. Birds, Weeping, Poetics and Song in Kaluli Expression*, University of Pennsylvania Press, Philadelphia Pa. (2ª ed. riveduta; 1ª ed. 1982).

Friedson, S. M.

1996 *Dancing Prophets. Musical Experience in Tumbuka Healing*, The University of Chicago Press, Chicago-London.

Frith, S.

1996 *Music and Identity*, in S. Hall e P. Du Gay (a cura di), *Questions of Cultural Identity*, Sage, London, pp. 108-27.

García Canclini, N.

1992 *Culturas híbridas. Estratégias para entrar y sair de la modernidade*, Sudamericana, Buenos Aires.

Geertz, C.

1983 *Local Knowledge*, Basic Books, New York.

1988 *Works and Lives. The Anthropologist as Author*, Stanford University Press, Stanford Cal.

Giroux, H.
1992 *Border Crossings. Cultural Workers and the Politics of Education*, Routledge, New York.

Goodwin, A.
1991 *Popular music and postmodern theory*, in «Cultural Studies», n. 5, pp. 174-90.

Guilbault, J.
1993 *Zouk, World Music in the West Indies*, The University of Chicago Press, Chicago-London.
1996 *Beyond the "World of Music" Label. An ethnography of transnational musical practices*, in S. Frith e W. Straw (a cura di), *The Cambridge Companion to Pop and Rock*, Cambridge University Press, Cambridge.

Guilbault, J., Averill, G., Benoit, E., e Rabess, G.
1993 *On redifining the "local" through world music*, in «The World of Music», XXXV, n. 2, pp. 33-47.

Herndon, M., e Ziegler, S.
1990 (a cura di), *Music, Gender, and Culture*, Noetzel, Wilhelmshaven.

Jameson, F.
1984 *Postmodernism or the culture logic of late capitalism*, in «New Left Review», n. 146.

Jeffery, P.
1992 *Re-envisioning Past Musical Cultures. Ethnomusicology in the Study of Gregorian Chant*, The University of Chicago Press, Chicago Ill.

Keil, Ch., e Feld, S.
1994 *Music Grooves. Essay and Dialogues*, The University of Chicago Press, Chicago-London.

Kingsbury, H.
1988 *Music, Talent and Performance. A Conservatory Cultural System*, Temple University Press, Philadelphia Pa.

Kisliuk, M.
1997 *(Un)doing Fieldwork: Sharing Songs, Sharing Lives*, in Barz e Cooley 1997, pp. 23-44.

Koskoff, E.
1987 (a cura di), *Women and Music in Cross-Cultural Perspective*, University of Illinois Press, Urbana-Chicago.
1993 *Miriam sings her song. The self and the other in anthropological discourse*, in R. A. Solie (a cura di), *Musicology and Difference*, University of California Press, Berkeley, pp. 149-63.

Kramer, L.
1992 *The musicology of the future*, in «Repercussions», I, pp. 5-18.
1993 *Music criticism and the postmodernist turn. In contrary motion to Gary Tomlinson*, in «Current Musicology», n. 53, pp. 25-35.

Krims, A.
1998 *Disciplining deconstruction (for music analysis)*, in «19th-Century Music», XXI, n. 3, pp. 297-324.

Kuss, M.

1999 (a cura di), *The Universe of Music. A History*, XI. *South America, Central America, Mexico, and the Caribbean*, Schirmer, New York.

Lipsitz, G.

1994 *Dangerous Crossroads. Popular Music, Postmodernism and the Poetics of Place*, Verso, London - New York.

Lortat-Jacob, B.

1990 *Chroniques sardes*, Julliard, Paris.

1994 *Indiens chanteurs de la Sierra Madre. L'oreille de l'ethnologue*, Hermann, Paris.

Manuel, P.

1988 *Popular Musics of the Non-Western World. An Introductory Survey*, Oxford University Press, Oxford - New York.

1993 *Cassette Culture. Popular Music and Technology in North India*, The University of Chicago Press, Chicago.

1995 *Music as symbol, music as simulacrum. Postmodern, premodern, and modern aesthetics in subcultural popular musics*, in «Popular Music», XIV, n. 2, pp. 227-39.

Marcus, G. E., e Fischer, M. M. J.

1986 *Anthropology as Cultural Critique*, The University of Chicago Press, Chicago-London (trad. it. *Antropologia come critica culturale*, Anabasi, Milano 1994).

May, E.

1980 (a cura di), *Musics of Many Cultures. An Introduction*, University of California Press, Berkeley.

McClary, S.

1991 *Feminine Endings. Music, Gender, and Sexuality*, University of Minnesota Press, Minneapolis.

1993 *Reshaping a discipline. Musicology and feminism in the 1990s*, in «Feminist Studies», XIX, n. 2, pp. 399-423.

McClary, S., e Walser, R.

1994 *Theorizing the body in african-american music*, in «Black Music Research Journal», XIV, n. 1, pp. 75-84 (anche presso il sito www2.uji.es).

Middleton, R.

1989 *Studying Popular Music*, Open University Press, Milton Keynes (trad. it. *Studiare la popular music*, Feltrinelli, Milano 1994).

Mitchell, T.

1996 *Popular Music and Local Identity*, Leicester University Press, London - New York.

Nattiez, J.-J.

1995 *Herméneutique, analyse, sémiologie musicales*, in *Tendenze e metodi nella ricerca musicologica. Atti del convegno internazionale (Latina, 27-29 settembre 1990)*, a cura di R. Pozzi, Olschki, Firenze, pp. 143-62.

Nettl, B.

1985 *The Western Impact on World Music. Change, Adaptation and Survival*, Schirmer Books, New York.

1992*a* *Mozart and the ethnomusicological study of western culture. An essay in four movements*, in K. Bergeron e P. V. Bohlman (a cura di), *Disciplining Music*, The University of Chicago Press, Chicago-London, pp. 137-55.

1992*b* *Recent directions in ethnomusicology*, in H. Meyers (a cura di), *Ethnomusicology. An Introduction*, Macmillan, London-Houndmills, pp. 375-99.

1995 *Heartland Excursions. Ethnomusicological Reflections on Schools of Music*, University of Illinois Press, Urbana.

Nettl, B., Porter, J., e Rice, T.

1996 (a cura di), *Garland Encyclopedia of World Music*, Garland, New York.

Okely, J., e Callaway, H.

1992 *Anthropology and Autobiography*, Routledge, London - New York.

Pasler, I.

1997 *Directions in musicology*, in *Music and Sister Disciplines. Past, Present and Future (16th International Congress of the ISM)*, Royal College of Music, London.

Pelinski, R.

1995 (a cura di), *Tango nomade*, Triptyque, Montréal.

1997*a* *Presencia del Pasado en un cancionero castellonense. Un reestudio etnomusicologico*, Publicaciones de la UJI, Castellon.

1997*b* *The body in the music*, in M. Jablosky e J. Steszewski (a cura di), *Interdisciplinary Studies in Musicology*, Wydawnictwo Poznanskiego Towarzystwa Przyjaciol Nauk, Poznan, pp. 185-202.

Reck, D.

1977 *Music of the Whole Earth*, Charles Scribner's Sons, New York.

Reyes Schramm, A.

1992 *Ethnic music, the urban area, and ethnomusicology* (1979), in K. Kaufman Shelemay (a cura di), *Ethnomusicology. History, Definitions and Scope*, Garland, New York - London, pp. 297-317.

Rice, T.

1997 *Toward a Mediation of Field methods and Field Experience in Ethnomusicology*, in Barz e Cooley 1997, pp. 101-20.

Robertson, C. E.

1993 *The ethnomusicologist as midwife*, in R. A. Solie (a cura di), *Musicology and Difference*, University of California Press, Berkeley, pp. 107-24.

Saïd, E. W.

1978 *Orientalism*, Rondon House, New York.

Sarkissian, M.

1992 *Gender and music*, in H. Myers (a cura di), *Ethnomusicology* cit., pp. 337-48.

Savigliano, M. E.

1995 *Tango and the Political Economy of Passion*, Westview Press, Boulder.

1997 *Nocturnal ethnographies. Following conrtázar in the milongas of Buenos Aires*, in «Etnofoor», X, n. 1-2, pp. 28-52.

Seeger, A.

1987 *Why Suyá Sing? A Musical Anthropology of an Amazonian People*, Cambridge University Press, Cambridge - New York.

Shepherd, J., e Wicke, P.

1997 *Music and Cultural Theory*, Polity, Cambridge Mass.

Siciliano, G.

1997 *Musique et postmodernité: pratiques, théorisations et interférences*, presso il sito www.uji.es.

Slobin, M.

1993 *Subcultural Sounds. Micromusics of the West*, Wesleyan University Press, Hannover-London.

Solie, R. A.

1993 (a cura di), *Musicology and Difference. Gender and Sexuality in Music Scholarship*, University of California Press, Berkeley.

Stokes, M.

1994 *Ethnicity, Identity and Music. The Musical Construction of Place*, Berg, Oxford-Providence.

Straw, W.

1993 *Popular music and postmodernism in the 1980s* (1988), in S. Frith, A. Goodwin e L. Grossberg (a cura di), *Sound and Vision: The Music Video Reader*, Routledge, London.

Subotnik, R. R.

1996 *Deconstructive Variations. Music and Reason in Western Society*, University of Minnesota Press, Minneapolis.

Tagg, Ph.

1987 *Musicology and the semiotics of popular music*, in «Semiotica», LXVI, n. 1-3, pp. 279-98.

Taylor, J.

1998 *Paper Tangos*, Duke University Press, Durham-London.

Titon, J. T.

1992 *Representation and authority in ethnographic film/video production*, in «Ethnomusicology», XXXVI, n. 1, pp. 89-94.

1997 *Knowing fieldwork*, in Barz e Cooley 1997, pp. 87-100.

Titon, J. T., Koetting, J. T., e McAllester, D. P.

1992 *Worlds of Music. An Introduction to the Music of the World's People*, Schirmer Books, New York (1ª ed. 1984).

Todorov, T.

1982 *La conquête d'Amérique*, Seuil, Paris.

1989 *Nous et les autres. La réflexion française sur la diversité humaine*, Seuil, Paris.

Tomlinson, G.

1993 *Musical pasts and postmodern musicologies. A response to Lawrence Kramer*, in «Current Musicology», n. 53, pp. 18-24.

Turino, T.

1989 *The coherence of social style and musical creation among the Aymara in southern Peru*, in «Ethnomusicology», XXXIII, n. 1, pp. 1-30.

1993 *Moving Away from Silence. Music of the Peruvian Altiplano and the Experience of Urban Migration*, The University of Chicago Press, Chicago Ill.

Walser, R.

1991 *The body in the music. Epistemology and musical semiotics*, in «College Music Symposium», XXXI, pp. 117-26.

1993 *Running with the Devil. Power, Gender, and Madness in Heavy Metal Music*, Wesleyan University Press, Hanover N.H.

Zemp, H.

1978 *'Are' are classification of musical types and instruments*, in «Ethnomusicology», XXII, n. 1, pp. 37-67.

1979 *Aspects of 'Are' are musical theory*, ivi, XXIII, n. 1, pp. 36-67.

Zizék, S.

1994 *The Metastases of Enjoyment*, Verso, London - New York.

RICHARD MIDDLETON

Lo studio della popular music

1. *Introduzione*.

In un certo senso, lo studio della popular music contemporanea è iniziato con la scoperta, da parte degli intellettuali europei di fine Settecento e primo Ottocento, di quella che fu chiamata "musica del popolo" (*folk music* o *Volksmusik*). Per Herder, Scott, i fratelli Grimm e molti altri che raccoglievano, pubblicavano e analizzavano questa musica "del popolo", la sua romantica "autenticità" si poneva in contrasto con gli usi commerciali a cui essa già si stava avviando. Herder era esplicito: «Il popolo [*Volk*] non è la plebaglia delle strade, che mai canta né compone, ma grida e distrugge» [cit. in Burke 1978, trad. it. p. 25]. L'influenza dei folkloristi e degli antiquari rimase forte fino a XX secolo inoltrato, portando con sé questa distinzione fra autentico e banale, tradizionale e commerciale, per non dire poi della loro pessimistica convinzione circa un declino culturale in atto. Quest'umore fu lento a dissolversi anche quando, nella seconda metà del XX secolo, i folkloristi cominciarono a essere assorbiti nella disciplina etnomusicologica. Analoghi atteggiamenti guidavano il lavoro degli oppositori della cultura di massa, il piú eminente dei quali fu Theodor W. Adorno che, a partire dall'elitismo di autori dell'Ottocento come Nietzsche e Arnold, estremizzò le idee già presenti a inizio secolo sugli effetti malefici della cosiddetta industria culturale.

All'epoca erano pochi i musicologi che non condividevano questa prospettiva. In realtà, persino quando negli anni Settanta i *popular music studies* – frutto dell'innesto fra la duplice influenza della musica rock e di emergenti teorie sui processi culturali – cominciarono a configurarsi come disciplina indipendente, i musicologi tardarono a mostrare interesse. Se lo studio della popular music ha rappresentato fin dall'inizio un'ampia (e talvolta instabile) coalizione di discipline, il pionieristico lavoro sociologico di autori quali Riesman [1950] suggeriva già che gli interessi della sociologia della cultura vi avrebbero assunto un ruolo centrale. E difatti molti fra i lavori piú importanti (ad esempio quelli degli studiosi americani Hirsch, Peterson e Garofalo, e dei britannici Frith e Negus) si sono sviluppati entro l'analisi sociologica delle istituzioni e delle pratiche dell'industria musicale. In modo analogo i cosiddetti "cultural studies" – la cui specifica messa a punto ebbe luogo nella Gran Bretagna degli anni Settanta mediante una fusione di marxismo occidentale, strutturalismo e post-strutturalismo francese – e il lavoro di teorici della cultura britannici come Raymond Williams furono esportati nell'America del Nord e altrove, adeguandosi tendenzialmente alle richieste neo-imperialiste della musica pop angloamericana nel dettare l'ordine del giorno a questo genere di studi.

Per gli studiosi il primo problema è sempre stato quindi comprendere l'esatta natura del proprio oggetto di studio. Per le correnti sociologiche e cultural-teoretiche la risposta a tale interrogativo ha assunto di frequente una dimensione sincronica, mentre piú fragile è rimasta quella storiografica. Inoltre, le ricerche storiche piú autorevoli sono state propense a collocare al centro indiscusso della loro attenzione il rock [ad esempio Gillett 1996] oppure il *mainstream* angloamericano di piú vecchia data [ad esempio Hamm 1979]. Mentre le piú antiche tradizioni degli studi folklorici o della critica alla cultura di massa si erano ritrovate all'interno di una teoria storica definita, seppur non adeguatamente fondata ("decadenza" rispetto a una precedente Età dell'Oro), le storie centrate sul rock hanno invece spesso assunto carattere meramente narrativo quando non addirittura ingenuamente celebrativo. Circoscrivere le tensioni che si presentano entro lo sviluppo dello stesso *mainstream* anglofono, per non parlare di una piú ampia concezione storiografica della popular music, richiederebbe una teoria in grado di afferrare sia l'intera rete delle differenze musicali sia le loro interrelazioni, per poi situare queste ultime all'interno di un convincente modello di evoluzione sociale. Il metodo che sotto questo profilo potrebbe forse possedere le maggiori potenzialità, quello basato sul concetto teorico di "egemonia" formulato dal marxista italiano Antonio Gramsci [cfr. Middleton 1990], ha riscosso un ampio consenso formale ma ha prodotto solo applicazioni disorganiche.

A causa di questo squilibrio metodologico e geo-politico interno alla disciplina, non sorprende che il problema di definirne l'ambito sia avvertito con particolare intensità in quei paesi dove il campo della musica "popolare" di tradizione locale, che potremmo qui definire "vernacolare", è linguisticamente definito in modo diverso rispetto alle consuetudini delle aree anglofone (ad esempio il termine italiano "musica popolare" non è certo corrispondente a quello inglese "popular music"). Ma dovunque su tale questione incidono anche particolari difficoltà derivanti da un'ulteriore e ineludibile dimensione del lavoro scientifico applicato a questo ambito, ovvero la necessità di *intellettualizzare l'ordinario*. Per molti, qui appare un'evidente incongruenza: capitali educativi di alto valore investiti nello studio di musica priva di valore, razionalità applicata al caparbiamente irrazionale, raffinati discorsi riferiti al deliberatamente muto. Di certo questa tensione pervade profondamente la ricerca accademica sul popolare, ma ciò è inevitabile. Conflitti e intersezioni tra coinvolgimento e riflessione, piacere e teoria, "popolo" e "intellettuali" creano le condizioni stesse per l'esistenza di qualsiasi studio della cultura musicale "vernacolare".

2. *La ricerca dell'autenticità*.

Come già suggerito, l'interrogativo se la popular music, pur essendo il prodotto di un'industria altamente capitalistica, possa cionondimeno trovare la via di esprimere *veri* sentimenti è fra i piú tenaci tanto per i dotti che per gli uomini della strada. Anche se è prodotta da *loro*, può rappresentare *noi*? Negli studi sulla popular music, nonostante i tentativi di liquidare l'eredità del pessimismo culturale legato alla propria preistoria intellettuale, sopravvive comunque un debito con tali posizioni del passato, e in particolare con la critica alla cultura di massa del primo Novecento. Ciò ha generato la caccia a una popular music che paia sfuggire all'abbraccio malefico dello sfruttamento commerciale. Il confine tra "autentico" e "commerciale" si è però rivelato labile. Se negli anni Cinquanta il critico britannico Richard Hoggart [1957] sosteneva la superiorità della cultura musicale "tradizionale" dei ritrovi operai maschili rispetto alla "luccicante barbarie" del rock'n'roll, alla metà degli anni Sessanta il confine aveva cominciato a spostarsi, inducendo alcuni commentatori a pensare che fosse possibile svolgere un "serio" lavoro creativo *all'interno* del pop. Sebbene spesso le fonti canonizzate – jazz, blues e folk – fossero ancora preferite ai loro adattamenti in chiave di pop commerciale, gli studi sul rock puntavano ormai sull'idea dell'*autenticità*, intesa come ricerca di espressioni musicali *comunitarie* della nuova categoria sociale dei "giovani".

Pur partendo da tradizioni in parte diverse, gli autori americani giunsero a posizioni analoghe. Ad esempio, Greil Marcus cerca una musica del "rischio" e della "libertà", dove «ogni tentativo individuale implica una comunità ideale» [1977, trad. it. p. 26]. La sua descrizione della ben nota parabola di Elvis Presley da giovane eroico a debole fantoccio dell'industria musicale si basa sull'idea della perdita di *fede*, non su un'idea rozza come il "vendersi" (che rappresenta la versione grossolana del medesimo punto di vista). È questa la prospettiva che stimolava riviste rock controculturali come «Rolling Stone» e «Creem», e presupposti analoghi filtravano pervasivamente nella stampa musicale britannica dedicata al pop (per non parlare di certa precoce musicologia accademica del pop).

Sullo sfondo di un'emergente New Left, negli ultimi anni Sessanta il mito dell'autenticità del rock abbandonò la tendenza libertaria per abbracciarne una marxisteggiante. Una fusione tra Marcuse e i Beats americani costituí la matrice in cui si sviluppò un'estetica del rock che andò a modellare in egual misura la pratica musicale, le teorie sulle musiche "vernacolari" e il discorso accademico. Seguendo un movimento parallelo (e interrelato), gli studi britannici, gravitanti sul Centre for the Contemporary Cultural Studies di Birmingham diretto da Stuart Hall, fondevano semiotica e post-strutturalismo con la teoria gramsciana dell'egemonia per creare quella che venne chiamata teoria delle sottoculture.

Nonostante il nuovo armamentario concettuale, anche nella teoria delle sottoculture il debito con l'antica opposizione alla cultura di massa è abbastanza evidente: il "popolo" dei Romantici, il proletariato del marxismo classico, i *bohémiens* e gli emarginati di Marcuse vengono sostituiti con le sottoculture giovanili (*ted*, *mod*, *rocker*, *hippy*, *punk*) in qualità di soggetti rivoluzionari, o perlomeno agenti di resistenza. Il progresso teorico è rappresentato dall'uso di Gramsci che permette una descrizione degli stili musicali intesi non semplicemente come "imposti" ovvero autogenerati, ma come forme di "negoziato" su un terreno culturale costantemente in movimento. Tutto ciò fu accompagnato dall'interpretazione del consumo musicale come aspetto della produzione di significato. Secondo questa prospettiva, gli elementi stilistici – che all'origine sono prodotti di massa – vengono "ri-articolati" in vista dei bisogni espressivi e dei contesti sociali delle sottoculture. La validità di quest'approccio dipende strettamente dalla teoria dell'*omologia* ("corrispondenza" strutturale). Tuttavia, la maggior parte degli studi sulle sottoculture postula la corrispondenza musicale piuttosto che *dimostrarla*. Quelli che tentano di farlo [ad esempio Hebdige 1979; Shepherd 1982; Willis 1978] cadono spesso in generalizzazioni, ambiguità o imprecisioni analitiche, carenze che sono sintomo di un problema situato a un livello piú profondo: nelle culture caratterizzate dalla fluidità e dalla molteplicità delle mediazioni è difficile proteggere la proprietà sociale delle forme culturali. Il *punk* ha rappresentato lo spartiacque. Quando le contraddizioni interne dello stile musicale e di quello culturale esplosero andando in frantumi, allora le immagini di una omologia sociomusicale persero credibilità.

In anni recenti, l'"autenticità" come tale ha anche combattuto per acquisire credibilità intellettuale, contaminata com'è dall'appagamento romantico e dallo sfruttamento politico. Tuttavia, nel discorso comune i modelli basati sulla distinzione fra "arte" e *trash* o tra *mainstream* e *underground* (e in ultima analisi tra un *pop* preteso commerciale e un rock preteso autentico) sono ancora fortemente diffusi. Ma in questi casi l'autenticità ha perso di vista il proprio senso profondo: traccia distinzioni, ma senza un chiaro riferimento a una soggettività sociale. Si potrebbe dire che per riabilitare il concetto sarebbe necessario prestare piú attenzione all'"articolazione" e meno all'"omologia", cosí che si possa riconoscere la *fluidità* della soggettività e del posizionamento sociale e teorizzare il ruolo della musica *entro* i circuiti processuali dei *media* commerciali anziché al di fuori di essi.

Lo studio di Sarah Thornton sulla "cultura di piccolo gruppo" (*club culture*) nella musica dance suggerisce che una simile via è praticabile. Contro l'approccio della scuola di Birmingham, ella sostiene che le sottoculture sono costruite *per mezzo* dei *media*, non a dispetto di questi, e non sono separabili dalle logiche di mercato. Astenendosi da un approfondimento analitico, la Thornton afferma che

> l'autenticità è in fin dei conti un effetto dei discorsi che circondano la musica leggera (popular music) [...] [e quindi] il modo migliore per definire le sottoculture è quello di parlarne come di gruppi sociali che sono stati etichettati come tali [1995, trad. it. pp. 86, 205].

In quanto portatori del proprio "capitale sottoculturale", essi si limitano a tracciare confini, imporre gerarchie e rivendicare esclusività, trasferendo nella stessa cultura giovanile i meccanismi di differenziazione tipici della società borghese. Questo quadro persuasivo rivela fino a che punto sia divenuto labile il concetto di autenticità. La Thornton si rende ben conto del potenziale repressivo, oltre che liberatorio, del concetto di "differenza", e tuttavia sembra ritrarsi da qualsivoglia tentativo di collegare la nuova segmentazione culturale a forze sociali di piú ampio respiro.

Oggi è facile vedere che i teorici delle sottoculture hanno spesso ignorato o sottovalutato il potere di tali forze, e questo aiuta anche a spiegare l'oblio in cui è caduto il piú autorevole fra i teorici della cultura di massa, Adorno, solitamente liquidato in modo riduttivo come snob elitario. È vero: il messaggio di Adorno [ad esempio 1990], se assunto nella sua accezione piú radicale, ridurrebbe gli studi sulla popular music alla ratifica dello *status* di merce-feticcio della musica, e nulla piú. Egli riscrive il concetto di *formula* (una base potenzialmente produttiva per la creatività) come *standardizzazione* della forma musicale e sopravvaluta il *monopolio* dell'industria musicale fino a un punto che gli studi empirici sull'industria e sul consumo mostrano essere ingiustificato. Egli inscrive inoltre la storia della musica entro un unidirezionale progetto hegelo-marxista di emancipazione dell'uomo che "promuove" ad antropologia della specie umana la visione ideologica di una classe in declino (quella borghese mitteleuropea). Tuttavia, chi potrebbe negare che le *strategie tendenziali* seguite dai poteri forti dell'intrattenimento e dai loro fiancheggiatori si avvicinino spesso all'incubo adorniano? Qualsiasi teoria sulla popular music deve procedere a occhi bene aperti all'interno di questo orizzonte, ma poche ne sono state capaci.

3. *Afferrare il testo musicale.*

Che cosa sentono gli ascoltatori di un pezzo di popular music? Come costruiscono le interrelazioni e i significati dei suoni? La disciplina che potrebbe rispondere a queste domande è la musicologia, i cui metodi canonizzati non si sono peraltro rivelati sempre all'altezza del compito. Uno degli aspetti meno accettabili della critica di Adorno è costituito proprio dal suo tipo di musicologia, consistente nel trasferire di peso il metodo dal suo *habitat* naturale, la musica classica, per applicarlo bene o male a un repertorio presumibilmente portatore di esigenze diverse. Non è insolito incontrare questo procedimento nei primi tentativi di fondare una musicologia della popular music, anche se non sempre ciò è avvenuto in modo cosí maldestro. Di fatto, nel lavoro delle piú giovani generazioni di studiosi attive a partire dagli anni Settanta sotto l'influenza dei "cultural studies" di quell'epoca, un tema dominante è appunto la questione del metodo analitico: com'è possibile "afferrare" il testo musicale? Tale interrogativo si è ridotto talvolta a un attacco puro e semplice contro il paradigma musicologico dominante.

È vero senz'altro che nel pop e nel rock (insieme ai generi afroamericani come rhythm & blues, soul e rap, che hanno avuto grande influenza negli stili pop/rock piú correnti) certe qualità tecniche – ad esempio il rilievo dato al *sound*, la peculiarità degli stili di canto e della timbrica, la relativa importanza e complessità del ritmo, l'espressività delle inflessioni di altezza, la valorizzazione della semplicità armonica e della ripetizione strutturale – sollevano vari dubbi circa l'adeguatezza del metodo analitico convenzionale, elaborato per il repertorio musicale eurocolto. Il nocciolo del problema parrebbe essere la *notazione*, poiché dal 1950 la produzione di popular music ha perlopiú fatto a meno della partitura, e molte delle qualità musicali sopradescritte non possono essere annotate con precisione se non a rischio di venire travisate. Ciò vale anche per i generi basati sulla scrittura, dove le convergenze con le pratiche della musica colta sono maggiori, come ad esempio nelle canzonette di Tin Pan Alley [strada e distretto urbano di New York dove si concentrano dai primi del Novecento le sedi degli editori di musica leggera] o nel music hall. Qui l'importanza dell'*esecuzione* e le sue divergenze dal testo creano i maggiori problemi. La carenza di documenti sonori relativi al repertorio proto-novecentesco complica la situazione.

I musicologi di area popular sostengono quindi la necessità di ascoltare l'armonia in modi nuovi, di sviluppare nuovi modelli di analisi ritmica, di prestare attenzione alle sfumature timbriche e alle inflessioni d'altezza, di afferrare le tessiture e le forme con modalità che possano metterle in relazione a funzioni sociali specifiche di quel genere musicale, di sfuggire agli effetti reificanti di ciò che Philip Tagg chiama «centralità della notazione» (ossia la tendenza a concentrare l'attenzione sulla partitura piuttosto che sui suoni). Di pari importanza è comunque il fatto che, a un secondo livello, i problemi metodologici derivano da piú profonde questioni concettuali interne al paradigma musicologico tradizionale. Rintracciare il significato della musica nei suoi schemi sonori oggettivamente costituiti, senza tenere in alcuna considerazione i contesti culturali, gli effetti sociali ed emotivi, e i movimenti del corpo che lo accompagnano e che forse lo generano, rientra infatti in una piú generale tendenza propria all'estetica borghese post-illuminista. L'"autonomia" trans-storica dell'opera, l'esigenza di un ascolto "disinteressato", la separazione dello "spirituale" da una piú bassa sfera fisiologica di espressione, la reificazione della "composizione": tutto ciò concorre a fondare un'ontologia che parrebbe negare completamente i modi quotidiani di esistenza della canzone popolare. Ascoltare in *questo* modo (come prescriverebbe il metodo analitico tradizionale) espropria la pratica a favore dell'"arte".

Simon Frith ha sostenuto che «la musicologia studia e pubblica popular music per chi desidera comporla o suonarla» [1996, p. 267], cioè costruisce i suoi discorsi pensando a chi fa musica, non a chi l'ascolta. Per chi crede invece che le cose non debbano stare per forza cosí – e cioè che il "musicologo" dovrebbe anche fungere da "critico", e perciò rappresentare necessariamente anche il "fan" – la sfida sta nel dimostrare come l'analisi possa dar conto delle reazioni all'ascolto fondandosi certo sull'intuizione, ma anche sulla conoscenza scientifica.

Ma se gli analisti sono anche dei fans, essi sono comunque fans di un genere atipico. Il quesito "*chi* è l'ascoltatore nell'atto dell'analisi testuale?" potrebbe spingerci a cercare una risposta attraverso un'escursione nell'etnomusicologia, dove il problema di come mettere in relazione una prospettiva "-etic" (il punto di vista dell'etnomusicologo, inevitabilmente esterno alla cultura studiata) con una prospettiva "-emic" (il punto di vista di chi è interno a quella cultura) è familiare. La questione è quella della *pertinenza* (del codice interpretativo, del paradigma analitico). A questo proposito vengono spesso chiamate in causa contrapposizioni di massima tra la musica classica occidentale da un lato e le musiche afroamericane e pop dall'altro: la prima sarebbe centrata sulla *sintassi* – "significato incorporato" (*embodied meaning*), come lo denomina Charles Keil [1966] –, le seconde sul *processo* – "sentimento ingenerato" (*engendered feeling*) secondo lo schema di Keil. Ciò non manca di fondamento, ma occorre cautela. Infatti, simili distinzioni dicotomiche sono di solito sospette, e probabilmente tutti gli stili musicali mescolano i due approcci in proporzioni variabili. Inoltre, uno stesso pezzo può essere sentito in modi diversi: anche se a un analista (un "esterno" che cerca di accedere all'"interno") sembra che una canzone possa rientrare in una data categoria, ciò non implica di per sé il consenso di tutti gli ascoltatori. Non ci resta dunque che domandarci ancora una volta dove sia di preciso questo "interno" (o se in effetti si possa localizzarlo in modo univoco).

L'analisi testuale della popular music ha cercato ispirazione non nell'etnomusicologia, ma nella semiologia, la "scienza dei segni", animata dalla certezza che in essa il "significato sociale" sia centrale. L'ascoltatore, a quanto pare, trova significative le canzoni, e il problema è capire come la musica produca tale effetto. Il lavoro di ricerca fin qui compiuto si diversifica quanto ai centri d'interesse e al grado di eclettismo metodologico. Tuttavia alcuni interrogativi continuano a ripresentarsi senza posa: quali sono i tratti musicali piú importanti? Come si suddividono e si correlano i tratti e le parti di una canzone? Che cosa costituisce esattamente un "testo" musicale (una canzone, uno stile, il repertorio di un esecutore) e come questo si relaziona ai vari tipi di "contesto"? I significati sono "codificati" in specifici tratti sonori, oppure sono attribuiti ad essi dagli ascoltatori in modo piú flessibile? Fino a che punto il processo interpretativo è il prodotto della nostra esperienza e fino a che punto esso costruisce l'esperienza? Il noto metodo di Philip Tagg [1982] fa affidamento piú degli altri sulla sperimentazione empirica. Tagg individua il significato anzitutto sostituendo elementi discreti della musica (un'altezza, un ritmo, ecc.) per verificare come ciò ne modifichi l'effetto, e poi attraverso il "confronto interoggettivo" con altri pezzi facenti parte dello stesso repertorio o di repertori simili. In entrambi i casi viene interrogato un certo numero di soggetti. Questo procedimento funziona bene per le musiche dotate di riferimenti extra-musicali, per esempio collegate a immagini visive (musica da film, sigle televisive), ma si espone alla critica perché tende a fissare i significati in modo troppo preciso, lasciando ben poco spazio agli effetti del contesto e del "negoziato" che avviene durante l'interpretazione. Funziona dunque meno bene nelle situazioni piú prevedibili e ripetitive dei tipici successi pop o dance, dove ci sono meno "immagini sonore" da estrarre.

In lavori piú recenti, Tagg [1992] ha posto maggiore attenzione su due tipi di indizi significanti a piú ampio raggio, entrambi in grado di veicolare agglomerati di associazioni: gli "indicatori di stile" (norme dello stile in questione) e le "sineddochi di genere" (riferimenti ad altri stili che funzionano come parti per il tutto). Non dissimilmente, lo scrivente [Middleton 1995], ispirandosi alla teoria del significato dialogico di Michail Bachtin, ha cercato di costruire le tessiture e i processi musicali come *dialoghi* a piú "voci" fra gli elementi stilistici e le loro associazioni. Ciò equivale a collocare il significato non "nel" testo, ma nel punto d'intersezione fra i *discorsi* (spesso in concorrenza fra loro). È interessante notare che due dei migliori studi interpretativi recentemente pubblicati, quelli di Robert Walser [1993] e di David Brackett [1995], utilizzano metodi che sottolineano l'importanza dei contesti discorsivi. Tuttavia, come sostiene Walser, la musica stessa funziona anche *come* un discorso: i testi, oltre a essere definiti dai contesti, li creano. In modo non dissimile, nel momento in cui l'analisi comincia ad accettare il ruolo che le spetta – quello di raccontare una fra le molte possibili storie collegate alla musica – quest'ultima (la pratica musicale) configura piú chiaramente se stessa nelle sue derivazioni dai discorsi critici, e reagisce implicitamente ai propri contesti musicali e non-musicali.

Si potrebbe dire in questo senso che la dance music (quel groviglio di stili anni Ottanta e Novanta etichettati come rave, house, techno e jungle, tendenti a minimizzare l'importanza delle parole e del contenuto vocale ed espressivo, mettendo in secondo piano le questioni di "autenticità" in favore di paesaggi sonori altamente "costruiti" e ben caratterizzati dal punto di vista ritmico) stia decretando la tanto propagandata "fine del rock". Questo fenomeno potrebbe anche rendere plausibile l'ipotesi che – pur essendo sempre e comunque la musica carica di significati – l'idea di *rappre-*

sentazione musicale, cioè di un testo musicale progettato per *esprimere* una realtà pre-esistente, colleghi la prospettiva semiotica non meno che l'estetica del rock, a una specifica forma di produzione di senso che potrebbe essere attualmente in declino. Se le tessiture dance tendono a sgombrare la messinscena rappresentativa precedentemente garantita nella popular music soprattutto da parole cantate in modo espressivo, ciò che pare dilatarsi nello spazio è il corpo con i suoi gesti.

4. *Il corpo popular*.

Eppure questo corpo non è forse mai stato davvero assente. La *fisicità* della popular music non è stata mai sottolineata in modo cosí ossessivo come nelle descrizioni del rock. Dai fans come dagli oppositori, il rock è stato generalmente assunto come l'epitome dell'espressione musicale di un'energia sessuale e corporea priva di inibizioni. Tuttavia, in una prospettiva piú ampia tale fisicità potrebbe essere considerata un aspetto della cultura popolare in quanto tale – questo è uno dei modi in cui Bourdieu [1979] distingue l'"estetica popolare" da quella associata alla cultura alta – e collegata alla teoria bachtiniana del "carnevalesco" sovversivo, con la sua esaltazione caratteristicamente grossolana della materialità nuda e cruda.

L'interpretazione secondo la quale la popular music – polarizzata intorno a generi *cantati* e *danzati* – fonderebbe secondo modalità specifiche *sentimento* e *movimento*, sembra spesso incarnarsi in un interprete, specialmente in una star: la sua stessa persona sembra raffigurare i sentimenti espressi dalla musica; i suoi gesti incitano, e rappresentano nel contempo, le risposte fisiche dei fans mediante la danza e in altri modi ancora. Eppure paradossalmente ben poche ricerche sono state dedicate al comportamento delle star da questo punto di vista, ovvero all'evento interpretativo in generale. La valanga dei lavori sul video pop, seguita alla nascita di questa nuova forma negli anni Ottanta, ha certo conferito all'analisi della popular music l'apporto positivo della teoria cinematografica, ma spesso ha perso di vista il legame sia con la musica in sé (ad esempio con i "gesti" strutturati nel dinamismo delle sonorità) sia con le antiche forme coreografiche di spettacolo.

Il canto assume qui un'importanza che va oltre l'"espressione", dal momento che in ultima analisi nell'atto del cantare le pulsazioni del corpo vengono materialmente esibite nel flusso della respirazione. Per Gino Stefani la melodia è il cuore dell'esperienza popolare della musica ed è appunto definita "musica cantabile":

> La voce cantante sta al principio di piacere come la voce parlata sta al principio di realtà [...]. Come il percorso del parlato, fittamente articolato di consonanti, sta al movimento articolato del camminare, cosí il decorso fluido, facile e scor-

revole, disteso e distensivo, libero da inciampi, della voce melodiosa sta al movimento continuo del volo [Stefani 1985, pp. 109-10].

Si potrebbe tuttavia sostenere che lo slancio propulsivo del corpo sia presente in tutta la musica, e che inoltre il suo ruolo segua una modalità di funzionamento capace, almeno secondo alcuni teorici, di scavalcare completamente le mediazioni dell'"espressione". Per Peter Wicke – che rifiuta gli apparati della semiologia e pone il "suono" al di sopra della forma – l'essenza della musica pop sta nella «presentazione collettiva di emozioni, posture e gesti».

Qui le cose piú importanti sono le "strutture piene di movimento" [...] [la musica] non è un segno di qualcosa che si trova al di là di sé, ma sta per qualcosa in sé; è la presentazione mimica di movimenti, di schemi di movimento e di scenari di movimento [1987, trad. ingl. p. 19].

In modo simile, Walser descrive momenti nella popular music dove «la musica è sentita al di dentro non meno che al di fuori, e il corpo sembra essere chiamato direttamente in causa» [1993, p. 45]. Ma se, come sostiene John Shepherd [1993], i dinamismi del suono costituiscono *in quanto tali* un luogo di scambio fra l'interno e l'esterno, dove si negozia la socialità fisica dei soggetti e dei loro corpi, il problema diviene quello di spiegare la specificità della popular music. Ciò solleva a sua volta alcuni interrogativi sul grado di "immediatezza" che possono assumere le "presentazioni" del corpo, poiché anche nei momenti apparentemente piú "fisici" dell'esperienza della popular music occorre prendere in considerazione i codici di mediazione inscritti negli specifici casi culturali. Ciò richiede sicuramente una teoria del gesto musicale fondata sia sullo spettro dei ritmi "naturali" intorno a noi e dentro di noi (compresi i ritmi del corpo), sia sulle pratiche culturalmente mediate di specifiche tradizioni musicali.

Una teoria simile – che traduce in una nozione piú ampia di ritmo permeante ogni aspetto della tessitura musicale ciò che nel gergo dei musicisti è detto *groove* – indica una semiologia "nascosta" i cui significati sono intraducibili, ma possono per l'appunto venire *afferrati*. Questa nozione potrebbe ricordarci le "figure del corpo", o "somatemi", di Roland Barthes (i gesti del corpo nel loro operare entro la musica). La teoria barthesiana della "grana" musicale [Barthes 1972; 1975], sebbene non dica praticamente nulla circa la popular music, è presto divenuta canonica negli studi in questo campo, senza dubbio proprio perché sembra offrire un modo per teorizzare l'intuizione della componente gestuale della musica. La «grana» segna «il corpo nella voce che canta, [...] nel membro che esegue» [1972, trad. it. p. 265]. È il *surplus* nell'interazione dei significanti che si muove a livello di ciò che Barthes denomina *significanza*, aprendo all'ascoltatore la possibilità della *jouissance* (il "godimento" del "perdersi", in opposizione alla conferma dell'identità associata al *plaisir*, che è un effetto della *significazione* di contenuti culturalmente inscritti). Gli ascoltatori pop che si sono "persi nella musica" sanno bene che cosa intende Barthes.

L'influenza di Barthes tra gli studiosi di popular music è purtroppo rimasta in massima parte a un livello elementare: vaghi appelli alla "grana" (spesso erroneamente ridotta al timbro) e romanticizzazione del "godimento". Troppo spesso si sono assimilate anche le carenze del discorso di Barthes: si tende a trascurare la costruzione sociale del corpo e delle sue pratiche significanti, l'interazione variabile tra *plaisir* e *jouissance* è ridotta a opposizione, mentre il "godimento" sembra abitare non tanto nella sfera psicoanalitica dell'immaginario, quanto in un'area di piacere stranamente neutrale e priva di connotazioni culturali. Per sfidare la libertà elitaria di Barthes di ritrovare la *signifiance* dove meglio crede – di solito in opere moderniste e d'avanguardia, mentre la *signification* si tiene in serbo per il "realismo aggettivale" dei prodotti culturali di massa – è necessario riconoscere che il corpo è *inculturato*.

Questo significa in primo luogo che il corpo è *sessualizzato*. L'analisi delle codifiche di genere nella popular music è una tendenza sempre piú consolidata entro la disciplina. Comunque, una cosa è osservare le convenzioni sociali che regolano i ruoli maschile e femminile nella produzione e nell'esecuzione della musica, altra cosa (piú difficile) è trovare la strada per discutere come le modalità della "mascolinità" e della "femminilità" siano costruite nella musica in sé. Possiamo collegare determinati stili o tecniche musicali a valori sessualmente connotati? Susan McClary [1991], ad esempio, ha diagnosticato il patriarcato nella musica occidentale, che si sarebbe imposto per mezzo della linearità narrativa e della conclusione tonale (la Legge del Padre, il trionfo della razionalità), esplorando poi le modalità con le quali Madonna sovverte tale situazione: l'ironia, il rigetto della linearità, il rifiuto della cadenza e del "levare fallico". Robert Walser [1993] collega col *machismo* la pulsazione trascinante e l'alto volume dello heavy metal, nonché i *power chords* e il controllato virtuosismo della chitarra, pur riservandosi ancora un certo margine per modulare tale immagine mascolina, specialmente nel glam-metal androgino. Simon Reynolds e Joy Press [1995] estendono un'analoga lettura all'insieme del rebel rock maschilista, ma gli affiancano altresí un'alternativa con la beatitudine oceanica, pre-edipica e "uterina" della musica ambient, del dream-pop e della psichedelia. Per Richard Dyer [1990] l'opposto della pulsazione "fallica" e "penetrante" del rock può essere rilevato nell'erotismo piú poliritmico (tale da coinvolgere l'intero corpo, con relativo effetto liberatorio) che egli ritrova nella disco music.

Tutti questi autori rifiuterebbero a buon diritto l'etichetta di essenzialismo. Eppure esiste un'implicita linea di demarcazione binaria ("mascolinità dominante" e sua relazione con qualcosa "d'altro") che collega le loro interpretazioni a idee preconcette sul genere sessuale. Cosí per Dyer «anche quando suonato da donne, il rock rimane indelebilmente fallocentrico» [*ibid*., p. 415]. Un simile approccio riesce a dar conto dell'intera gamma delle tessiture e delle strutture della popular music, nonché delle loro letture sessualmente connotate – diciamo dai *girl groups* al rap, dalle canzoni a luci basse alla techno? La domanda è sintomo di un problema piú ampio, che si semplifica nel momento in cui le codifiche di genere non sono piú definite attraverso un "taglio" binario, ma sulla base di una relazione reciprocamente costitutiva, la quale dà origine a un'interazione discorsiva, a una molteplicità di storie relative al genere sessuale e a una gamma di possibilità per il piacere erotico-musicale. Ecco quindi spiegato come Mick Jagger, in quanto incarnazione del desiderio fallocentrico del *macho*, dell'affettazione androgina, o di un narcisismo pseudo-adolescenziale, possa sempre trovare un plausibile riscontro nella stessa musica dei Rolling Stones.

5. *Genere, discorso, identità.*

Affinché sia possibile scoprire un qualsivoglia senso musicale, occorre anzitutto che siano soddisfatte le "condizioni di udibilità" – vale a dire, che gli eventi in questione siano classificati come "musica", poi come un tipo familiare di musica, e infine come un tipo di musica di cui si comprendono procedimenti e valori. Ciò è affine alla definizione di genere musicale data da Franco Fabbri:

> un insieme di fatti musicali (reali o possibili) il cui svolgimento è governato da un insieme definito di regole socialmente accettate [1982, p. 52].

Per Fabbri tali norme sono sí formali e tecniche, com'è ovvio, ma anche semiotiche, comportamentali, sociali, ideologiche, economiche e giuridiche. È all'interno di questa matrice – densa e potente, eppure mutevole – che avviene la comprensione di una ballad popolare, di un album di rock progressivo, dell'eurodisco, delle canzoni da cabaret, ecc., per non parlare di categorie piú generali come rock e pop, o addirittura della stessa "musica popolare" (in quanto opposta al non-popolare). Ma tali categorie non sono mai stabili: i musicisti, le etichette proposte dall'industria e il gusto dei pubblici non tracciano sempre i confini nell'identico modo, e inoltre «fra le comunità di interpreti ha luogo una continua lotta definitoria" [Fornäs 1995, p. 113]. Ciò significa che un qualsiasi genere popolare – diciamo il rock – si può descrivere al meglio non in forma di "biografia", ma piuttosto come il soggetto polivalente di un dialogo continuo che ora appare ad alcuni come una lotta fra genealogie alternative, ora si presenta ad altri come un "centro" (che nel caso del rock si definirà probabilmente maschio, bianco, ribelle e sottoculturale) individuabile in relazione a una gamma di "altri". In ogni caso, possiamo comunque dire che

> mediante la sua organizzazione generale [...] la musica offre alle persone [...] l'accesso al mondo sociale, un ruolo in un qualche tipo di narrazione sociale [Frith 1996, p. 90].

Offre, in altri termini, un'identità.

La "svolta discorsiva" evidente in questo tipo di approccio, e anche in molti altri studi recenti sulla popular music, ha prodotto diversi effetti. Tra di essi, un rinnovato privilegio accordato alla dimensione "locale", ossia a particolari "scene" musicali e alle "narrazioni sociali" incarnate non solo nelle relative pratiche musicali, ma anche nelle loro modalità di autocostruzione e nelle descrizioni che ne vengono date. Una prospettiva simile potrebbe essere ugualmente considerata una riproposta di vecchi interessi per le pratiche del consumo giovanile, o una risposta alle "narrazioni" postmoderne della frammentazione e della globalizzazione. Il pericolo è quello di sottrarre l'idea di consumo ai circuiti generali della diffusione musicale, mettendo tra parentesi i processi e gli effetti della produzione, nonché i piú praticati modelli di disseminazione. L'autorevole studio di Will Straw [1991] sulle "comunità" e sulle "scene", sebbene presti poca attenzione allo specifico del genere musicale, colloca gli spazi musicali locali all'interno di reti cosmopolite del gusto. La vecchia idea delle sottoculture musicali autolegittimantesi lascia il campo a quella di "scene" segnate da "alleanze" mobili di categorie musicali la cui legittimità è regolata dalle logiche di specifiche pratiche discorsive e istituzionali. L'idea che «le differenze sociali specifiche [...] siano articolate entro l'insieme dei pubblici sulla base di particolari blocchi di forme musicali» [*ibid*., p. 384] ben si adatta a molti dei modelli coi quali si cerca di spiegare il flusso musicale contemporaneo, anche se nel contempo pare sgombrare il campo da qualsiasi generale interpretazione politica del potere culturale.

Negli studi sul "locale" è difficile evitare questa restrizione di prospettiva. Il ricco studio etnografico di Barry Shank [1994] sulla scena musicale di Austin (Texas) s'incentra sulla complessiva adesione di un succedersi di stili musicali a ciò che egli considera la principale figura discorsiva nella scena locale dei club: la "sincerità". In modo simile, Tricia Rose colloca il rap newyorkese all'incontro fra le tradizioni dell'«espressività culturale dei Neri» e le «fratture culturali prodotte dall'oppressione post-industriale» [1994, p. 21]. In entrambi i casi, il piú ampio mondo musicale (incluse le mode dominanti a ogni livello, locale e non) è presente nella storia, ma come pubblico piuttosto che come attore. Il "senso di appartenenza" è garantito mediante la selettività e, in un certo qual modo, a spese dei "dialoghi" storici inscritti nello sviluppo degli stili musicali. Quando negli anni Ottanta la scena di Austin si "vende" di fronte al predominio di un'industria musicale in piena crescita, lo Shank, che si fonda sulla categoria di "sincerità", ricade nella spiegazione alquanto banale della "corruzione commerciale". La Rose invece, nel confutare le critiche alla "ripetitività" e alla "rumorosità" del rap facendo appello alla diversità dei Neri, riduce due delle piú diffuse metafore del pop a un'esclusiva peculiarità etnica, anziché situarle entro il piú ampio dialogo che caratterizza la cultura moderna nella sua globalità.

Bisogna riconoscere che trovare il giusto meccanismo di connessione fra il locale e il globale non è impresa facile. Lawrence Grossberg propone il concetto di "alleanze affettive". Si tratta di articolazioni che connettono determinate "formazioni culturali" – ad esempio la "formazione del rock" – a particolari contesti sociali. Il concetto è vicino a quello di Straw, ma Grossberg prende le distanze dal *senso* e insiste sugli *effetti*, sulla loro "osservabilità" e sulle loro "linee di forza", svuotando cosí il campo di ogni efficacia e la musica di ogni specificità: «non ci sono [...] limiti musicali rispetto a ciò che può o non può essere rock» [1992, p. 131]. Ma, si potrebbe obiettare, l'identità musicale è sempre *connessa* alle definizioni di genere e alle scelte di narrazione storica operate dagli attori sociali. La storia della musica può essere concettualizzata come un *dialogo* dove la memoria popolare, fondata su distinzioni reali, gioca la propria parte. Se per molti autori il rock'n'roll si articola attorno a figure quali Elvis Presley, Chuck Berry e Little Richard, le cose possono essere diverse per i Chicanos di Los Angeles, il cui eroe del rock'n'roll – come fa notare George Lipsitz [1990] – era Richie Valens. Eppure Valens aveva imparato dalle musiche afroamericane e dal country non meno che dalla musica latina, e il suo stile ibrido produsse successi internazionali.

Una volta all'interno del campo popular, tutte le musiche, per quanto possano essere di origine locale, finiscono dunque sotto l'influenza di una particolare "formazione discorsiva" di lungo periodo. A questo proposito, Simon Frith [1996] contrappone i discorsi che denomina "folk", "artistici" e "commerciali" in quanto incentrati rispettivamente sulle idee di "autenticità", "originalità" e "popolarità". Questi discorsi, che nelle società moderne funzionano trasversalmente rispetto a tutte le categorie musicali, sono sempre stati utilizzati per effettuare distinzioni musicali. Il sociologismo di Frith, che vuole sempre situare gli effetti musicali entro contesti discorsivi e sociali, è condizionato dal suo costruzionismo, secondo cui la musica dovrebbe fornire possibili identità e costruire pubblici piuttosto che rappresentare fatti sociali pre-esistenti. La conseguente necessità di spiegare le peculiarità della musica lo conduce verso una sorta di specialismo "musicologico" (interpretazioni di canzoni, stili di canto, tecniche di esecuzione, ecc.) che magari stride un po' con la sua insistenza sul ruolo del discorso "vernacolare" nella creazione del significato musicale. Tale connessione, alquanto problematica, fra "musica" e "discorso" è il nocciolo della questione. Se la musica è sempre mediata dal discorso e dalla collocazione istituzionale, essi sono a loro volta mediati da modelli distinti di pratiche della produzione musicale. Come spiega Georgina Born nella sua autorevole critica ai metodi che sopravvalutano il momento del consumo, per afferrare l'"oggetto culturale" di cui si va in cerca nello studio della popular music occorre ammettere la presenza di «una complessa costellazione di mediazioni», la quale richiede non solo il riconoscimento del potere definitorio del discorso, ma anche la piena riabilitazione di una teoria dell'agire estetico, del potere istituzionale e delle strategie creative [1993, p. 285].

6. *Modernismo / postmodernismo / postcolonialismo*.

I discorsi "artistici", "folk" e "commerciali" riflettono la dialettica presente fra i due poli "alto" e "basso", e nel contempo partecipano al gioco che si svolge al suo interno. Questi discorsi hanno origine a fine Settecento, nel momento stesso in cui nascevano le articolazioni della gerarchia culturale caratteristiche della seconda società moderna. Tuttavia, secondo i postmodernisti gli ultimi decenni del XX secolo hanno visto lo stemperarsi del modello dicotomico modernista. Ciò che attualmente pervade la cultura musicale nella sua globalità – almeno cosí essi sostengono – è l'accettazione della forma di merce, la valorizzazione del locale, la frammentazione delle identità, l'esaltazione dell'esteriorità ironica, l'abbandono delle teleologie. Tale indebolimento si manifesta certo a livello estetico (si confrontino ad esempio minimalismo e techno), ma è anche evidente in qualche misura entro alcuni aspetti della produzione, sia nell'uso della tecnologia elettronica, sia come risultato di una piú spinta mercificazione della musica classica.

Fra gli studiosi è vivo il dibattito circa il preciso momento di "rottura": alla fine del punk? all'inizio della dance? Allo stesso tempo è importante osservare che, a dispetto di indiscutibili collegamenti stilistici e ideologici trasversali (ad esempio fra i vari tipi di avanguardie), le musiche classiche e popular continuano complessivamente a circolare all'interno di economie diverse, rispondono a usi diversi, e mirano a pubblici diversi. Comunque, esiste forse un modo per comprendere la separazione tra livelli sociali e livelli estetici. Ad esempio, Born ha esplorato il fascino degli investimenti musicali in «comunità culturali immaginarie», tanto globali (i piaceri della popolarità di massa) quanto locali (i piaceri dell'«alterità» [*ibid*., p. 282]). L'argomentazione di Frith, con la sua eloquente descrizione di come la musica abbia il potere di offrire «modalità alternative di interazione sociale» al tempo stesso *ideali* e *agite* [1996, pp. 269-78], giunge a una conclusione non dissimile. Jacques Attali [1977] ha descritto la musica come una pratica in grado di *prefigurare* mutamenti nell'economia politica. Con minor enfasi, Antoine Hennion [1983] ribadisce che per i teorici della popular music una sociologia della musica è meno utile di una «musicologia della società».

Può sembrare che questa tendenza a privilegiare il culturale, cosí tipica della "svolta postmodernista", sia poco coerente con un mondo dove le filiali musicali delle grandi multinazionali della comunicazione dominano sempre piú la vita musicale di tutto il mondo. Gli studiosi di popular music non ignorano certo questi sviluppi economici [cfr. Burnett 1996; Wallis e Malm 1984]; tuttavia, il loro rilevamento degli effetti (globalizzazione dei mercati e delle grandi star, ricerca delle sinergie tra i *media*, sfruttamenti multipli dei diritti d'autore musicali, stimolazione della domanda di nuove tecnologie) è finora rimasto alquanto indietro rispetto alla velocità del cambiamento. Allo stesso tempo, il continuo bisogno di nuovi materiali da parte dell'industria musicale si adatta perfettamente alla valorizzazione postmoderna della *differenza* (il locale, l'"altro"). Mentre da un lato lo sviluppo postbellico, in Africa, Asia, America Latina e Caraibi, di moderne varietà di musica popolare ha attirato l'attenzione degli etnomusicologi – cosa che ha dato origine a vari poderosi studi, come ad esempio quelli sul *júјú* nigeriano [Waterman 1990], sullo *zouk* [Guilbault, Averill, Benoit e Rabess 1993] e sul *bachata* caraibici [Pacini Hernandez 1995], sull'*arabesque* turco [Stokes 1992], sull'*ingoma ebusuku* sudafricano [Erlmann 1996] e sui generi popolari indiani [Manuel 1993] –, dall'altro il diffondersi in queste aree dell'influsso musicale occidentale, unito allo sfruttamento delle musiche da parte delle multinazionali, ha provocato un vivace dibattito sul ruolo e sulle implicazioni della world music. Si tratta soltanto di un'etichetta commerciale che produce l'omogeneizzazione di un'ampia gamma di stili, oppure essa offre a musicisti finora rimasti ai margini un'occasione di affermarsi? Rappresenta una forma di pluralismo, oppure di imperialismo culturale? È un sincero riconoscimento della "differenza" in sé, oppure i meccanismi economici di appropriazione assorbono tale differenza tramutandola in una categoria esotica a buon mercato le cui radici affondano di fatto nella cultura occidentale del Settecento, a dir poco?

La world music potrebbe racchiudere tutte queste tendenze in varia misura. Comunque, è chiaro che non la si può semplicemente ridurre a una funzione dell'economia politica tardo-capitalistica. Musiche popolari di tipo chiaramente contemporaneo esistevano già nel primo Novecento in regioni dell'America Latina, del Sud Africa e dell'Estremo Oriente, e magari anche da prima. Proprio come la teoria dell'«Atlantico nero» di Paul Gilroy [1993] rintraccia la funzione costitutiva della musica afroamericana nelle stesse origini della modernità post-illuminista, cosí dobbiamo riconoscere che, almeno a livello di "economia del segno", le musiche popolari contemporanee, pur tenendo conto delle loro varie specificità storiche, sono sempre state inizialmente postcoloniali. Il Nero del Nuovo Mondo e le popolazioni subalterne degli imperi europei – soggetti coloniali all'interno e all'esterno dell'Occidente – si sono involontariamente uniti agli emarginati del proletariato europeo e nordamericano di razza bianca per creare le condizioni necessarie tanto all'egemonia ottocentesca dei generi popolari borghesi euroamericani (mediante la loro avvertita "alterità" come "barbari", "volgari", "plebei"), quanto al continuo rinvigorimento di questa stessa egemonia (minstrel song, spiritual, bolero, tango, blues, calypso, ecc.). Nel XX secolo i termini di questa relazione si sono rovesciati.

Dunque non sorprende troppo che gli studiosi, affrontando la world music, abbiano incontrato molti dei temi diffusi nella ricerca folklorica dell'Ottocento. Se è certo necessario lasciarsene alle spalle un buon numero (come l'idealizzazione romantica del "basso"), le potenzialità di questa tradizione di ricerca (tuttora vive ad esempio in studi sul country americano e sulle musiche nere) non sono ancora state sfruttate appieno. Probabilmente, gli studi sulla popular music hanno dovuto rompere con le aspirazioni universalistiche della musicologia precedente per poter fondare la specificità del proprio ambito disciplinare, donde l'affermarsi dell'"analisi del rock" come nuova norma. E tuttavia il futuro deve risiedere in una prospettiva piú ampia e onnicomprensiva, che guardi sia al di fuori, percorrendo l'ampia gamma delle culture musicali "vernacolari", sia all'indietro, esplorando il campo già ben cartografato delle registrazioni storiche. Resta da decidere tuttavia se tale riconoscimento della diversità soccomberà alla frammentazione o potrà essere integrato in un quadro globale coerente (seppur provvisorio), come ad esempio quello presentato dal modello neo-gramsciano.

Adorno, Th.W.

1990 *On popular music* (1941), in Frith e Goodwin 1990, pp. 301-15.

Attali, J.

1977 *Bruits. Essai sur l'économie politique de la musique*, Presses Universitaires de France, Paris (trad. it. *Rumori. Saggio sull'economia politica della musica*, Mazzotta, Milano 1978).

Barthes, R.

1972 *Le grain de la voix*, in «Musique en jeu», n. 9, pp. 57-63 (trad. it. *La grana della voce*, in Id., *L'ovvio e l'ottuso. Saggi critici III*, Einaudi, Torino 2001, pp. 257-66; 1ª ed. 1985).

1975 *Rasch*, in AA.VV., *Langue, discours, société. Pour Émile Benveniste*, Seuil, Paris, pp. 217-28 (trad. it. *ibid.*, pp. 287-99).

Born, G.

1993 *Afterword: music policy, aesthetic and social difference*, in T. Bennett, S. Frith, L. Grossberg, J. Shepherd e G. Turner (a cura di), *Rock and Popular Music. Politics, Policies, Institutions*, Routledge, London - New York, pp. 266-92.

Bourdieu, P.

1979 *La distinction*, Minuit, Paris (trad. it. *La distinzione. Critica sociale del gusto*, il Mulino, Bologna 1983).

Brackett, D.

1995 *Interpreting Popular Music*, Cambridge University Press, Cambridge.

Burke, P.

1978 *Popular Culture in Early Modern Europe*, Smith, London (trad. it. *Cultura popolare nell'Europa moderna*, Mondadori, Milano 1978).

Burnett, R.

1996 *The Global Jukebox. The International Music Industry*, Routledge, London - New York.

Dyer, R.

1990 *In defense of disco*, in Frith e Goodwin 1990, pp. 410-18.

Erlmann, V.

1996 *Nightsong. Performance, Power and Practice in South Africa*, The University of Chicago Press, Chicago Ill.

Fabbri, F.

1982 *A theory of musical genres: two applications*, in D. Horn e Ph. Tagg (a cura di), *Popular Music Perspectives*, Iaspm, Göteborg-Exeter, pp. 52-81.

Fornäs, J.

1995 *The future of rock: discourses that struggle to define a genre*, in «Popular Music», vol. XIV, n. 1, pp. 111-25.

Frith, S.

1996 *Performing Rites. On the Value of Popular Music*, Oxford University Press, Oxford.

Frith, S., e Goodwin, A.

1990 (a cura di), *On Record. Rock, Pop and the Written Word*, Routledge, London.

Gillett, Ch.

1996 *The Sound of the City. The Rise of Rock'n'Roll*, Souvenir Press, London (3^a ed.).

Gilroy, P.

1993 *The Black Atlantic: Modernity and Double Consciousness*, Verso, London.

Grossberg, L.

1992 *We Gotta get out of this Place. Popular Conservatorism and Postmodern Culture*, Routledge, London.

Guilbault, J., Averill, G., Benoit, É., e Rabess, G.

1993 *Zouk: World Music in the West Indies*, The University of Chicago Press, Chicago Ill.

Hamm, Ch.

1979 *Yesterdays: Popular Song in America*, Norton, New York.

Hamm, Ch., e Lamb, A.

1980 «Popular Music», in *The New Grove Dictionary of Music and Musicians*, a cura di S. Sadie, Macmillan, London, vol. XV, pp. 87-121.

Hebdige, D.

1979 *Subculture. The Meaning of Style*, Methuen, London (trad. it. *Sottocultura. Il fascino di uno stile innaturale*, Costa & Nolan, Genova 1983).

Hennion, A.

1983 *The production of success: an anti-musicology of the pop song*, in «Popular Music», III, pp. 159-93.

Hoggart, R.

1957 *The Uses of Literacy*, Chatto and Winders, London.

Keil, Ch.

1966 *Motion and feeling through music*, in «Journal of Aesthetics and Art Criticism», n. 24, pp. 337-49.

Lipsitz, G.

1990 *Time Passages. Collective Memory and American Popular Culture*, University of Minnesota Press, Minneapolis.

Manuel, P. L.

1993 *Cassette Culture. Popular Music and Technology in North India*, The University of Chicago Press, Chicago Ill.

Marcus, G.

1977 *Mystery Train. Images of America in Rock'n'Roll Music*, Omnibus Press, London (trad. it. *Mystery Train: visioni d'America nel Rock*, Editori Riuniti, Roma 2001).

McClary, S.

1991 *Feminine Endings. Music, Gender, and Sexuality*, University of Minnesota Press, Minneapolis.

Middleton, R.

1990 *Studying Popular Music*, Open University Press, Milton Keynes (trad. it. *Studiare la popular music*, Feltrinelli, Milano 1994).

1995 *Authorship, gender and the construction of meaning in the Eurythmics' hit recordings*, in «Cultural Studies», IX, n. 3, pp. 465-85.

Middleton, R., e Manuel, P. L.

2000 «Popular music», in *The New Grove Dictionary of Music and Musicians* cit., 2ª ed., vol. XX, pp. 128-66.

Pacini Hernandez, D.

1995 *Bachata. A Social History of a Dominican Popular Music*, Temple University Press, Philadelphia.

Reynolds, S., e Press, J.

1995 *The Sex Revolts: Gender, Rebellion, and Rock'n'Roll*, Harvard University Press, Cambridge Ma.

Riesman, D.

1950 *Listening to popular music*, in «American Quarterly», II, pp. 359-71.

Rose, T.

1994 *Black Noise. Rap Music and Black Culture in Contemporary America*, Wesleyan University Press, Hanover N.H.

Shank, B.

1994 *Dissonant Identities. The Rock'n'Roll Scene in Austin, Texas*, Wesleyan University Press, Hanover N.H.

Shepherd, J.

1982 *A theoretical model for the sociomusicological analysis of popular musics*, in «Popular Music», II, pp. 145-77.

1993 *Music as cultural text*, in J. Paynter, T. Howell, R. Orton e P. Seymour (a cura di), *A Companion to Contemporary Musical Thought*, Routledge, London.

Stefani, G.

1985 *La melodia: una prospettiva popolare*, in «Musica/Realtà», n. 17, pp. 105-24.

Stokes, M.

1992 *The Arabesk Debate. Music and Musicians in Modern Turkey*, Oxford University Press, Oxford.

Straw, W.

1991 *Systems of articulation, logics of change. Communities and scenes in popular music*, in «Cultural Studies», V, n. 3, pp. 368-88.

Tagg, Ph.

1982 *Analysing popular music: theory, method and practice*, in «Popular Music», II, pp. 37-67 (trad. it. *Analizzare la "popular music": teoria, metodo, pratica*, in Id., *Popular Music. Da Kojak al Rave*, a cura di R. Agostini e L. Marconi, Clueb, Bologna 1994, pp. 43-75).

1992 *Toward a sign typology in music*, in R. Dalmonte e M. Baroni (a cura di), *Secondo Convegno europeo di analisi musicale*, Università degli Studi di Trento, Trento, vol. I, pp. 369-78 (trad. it. *ibid.*, vol. II, pp. 205-13).

Thornton, S.

1995 *Club Cultures. Music, Media and Subcultural Capital*, Polity, Cambridge (trad. it. *Dai club ai rave. Musica, media e capitale sottoculturale*, Feltrinelli, Milano 1998).

Wallis, R., e Malm, K.

1984 *Big Sounds from Small Peoples. The Music Industry in Small Countries*, Constable, London.

Walser, R.

1993 *Running with the Devil. Power, Gender, and Madness in Heavy Metal Music*, Wesleyan University Press, Hanover N.H.

Waterman, Ch. A.

1990 *Jújú. A Social History and Ethnography of an African Popular Music*, The University of Chicago Press, Chicago Ill.

Wicke, P.

1987 *Rockmusik: zur Ästhetik und Soziologie eines Massenmediums*, Reclam, Leipzig (trad. ingl. *Rock Music: Culture, Aesthetics and Sociology*, Cambridge University Press, Cambridge 1990).

Willis, P.

1978 *Profane Culture*, Routledge and Kegan Paul, London.

PAMELA M. POTTER

Musicologia e nazismo

Per quanto frutto di ricerche apparentemente estranee agli appetiti terreni, la musicologia non è mai riuscita a restare del tutto insensibile alle lusinghe del potere politico. Una delle dimostrazioni piú plateali di ciò è la saga della musicologia in Germania, nazione comunemente considerata luogo di nascita di questa disciplina nella sua forma moderna. Risalendo agli inizi dell'Ottocento, ai tempi in cui Johann Nikolaus Forkel divenne uno dei primi studiosi a praticare la musicologia come noi la conosciamo in ambito accademico, si vedrà come gli studiosi tedeschi abbiano sempre ricoperto un ruolo centrale nel forgiare tale disciplina, imponendola come settore professionale di ricerca erudita internazionalmente accettato. Tuttavia questo lavoro d'avanguardia dei musicologi tedeschi ha anche finito col coincidere con alcuni degli avvenimenti piú turbinosi della recente storia tedesca, comprese due guerre mondiali, le gravi crisi economiche e i mutamenti radicali dell'intero sistema politico; periodi che non hanno soltanto influito sull'operato pratico della musicologia tramite tagli di bilancio e restrizioni nei viaggi e nelle comunicazioni internazionali; essi hanno anche sollecitato gli studiosi a dar prova dell'utilità del loro settore di studio per la società tedesca, con la conseguenza di indurli a mettersi al servizio delle grandi cause politiche.

Questo è particolarmente evidente negli anni Venti-Trenta. Nella repubblica di Weimar – la sfortunata democrazia fondata nel 1919 all'ombra della sconfitta nella prima guerra mondiale – le crisi economiche, l'instabilità politica e i mutamenti demografici obbligarono i musicologi a dar conto dell'utilità della loro professione per la moderna società tedesca. Furono allora varati dei progetti che accordavano maggiore attenzione alla musica tedesca e tentavano di colmare il fossato fra il mondo accademico e il pubblico. Nel momento in cui Hitler giunse al potere nel 1933, la musicologia era già nella posizione ideale per destare le brame dei capi nazisti, in ragione della sua potenziale capacità di servire i fini nazionalistici e la "comunità del popolo" (*Volksgemeinschaft*). Di conseguenza la musicologia tedesca del Terzo Reich riuscí a mietere vantaggi senza precedenti dall'appoggio del partito e del governo. Di fatto, il periodo nazista vide il sorgere in Germania di importanti iniziative musicologiche le cui conseguenze sono ancora oggi operanti.

1. *La musicologia tedesca diventa maggiorenne.*

La moderna musicologia tedesca era nata nel XIX secolo in un clima politico tutto teso alla formazione di una coscienza nazionale unitaria. La disciplina continuò poi a svilupparsi in presenza di particolari circostanze che richiesero ripetutamente un efficace rafforzamento della solidarietà tedesca: la politica bismarckiana di unificazione culminata nel 1871, la demoralizzazione seguita all'esito della prima guerra mondiale, la campagna di affermazione della superiorità "ariana" e di sterminio delle "razze inferiori" sotto Hitler, e l'obiettivo dichiarato di espandere la cultura tedesca in tutt'Europa nel corso della seconda guerra mondiale. In tutte queste occasioni, i musicologi furono chiamati a dare lustro alla superiorità qualitativa della musica tedesca, quella passata e quella presente, e a rafforzare la reputazione internazionale, via via sempre piú imponente, della cultura e del sapere tedesco in generale.

Il periodo che seguí la prima guerra mondiale fu carico d'insicurezze generate da un certo numero di fattori: la crescita della classe operaia, la rapida industrializzazione, la percezione dei danni subiti dall'identità nazionale tedesca e le tensioni fra le fazioni sociali e politiche. La musica veniva largamente favorita come la chiave per sanare le ferite di una società lacerata e per suscitare sentimenti di cameratismo e di orgoglio nazionale. Organizzazioni amatoriali come il Deutscher Arbeiter-Sängerbund additavano il canto corale come qualcosa in grado di riunire la gente di tutti gli strati sociali in un'attività comunitaria interclassista [Guttsman 1990, pp. 154-76]. Anche il movimento della gioventú tedesca (Jugendbewegung) privilegiò il far musica come una delle sue principali attività, e nel 1931 i gruppi corali annoveravano la partecipazione di quasi due milioni di cittadini tedeschi. Il diffondersi della pratica strumentale, sia in privato sia in pubblico, sta a dimostrare anche meglio fino a qual punto la musica fosse entrata a far parte del modo di vivere tedesco [Kestenberg 1931].

Al centro di tutta questa attività, la musicologia percepiva la pressione che veniva esercitata un po' su tutte le discipline accademiche per dimostrarne la pubblica utilità. Vedendo ridursi le possibilità di lavoro in seguito al ritorno degli ex combattenti in una struttura economica tedesca notevolmente indebolita, i musicologi pubblicizzarono le loro capacità pratiche sulla stampa popolare e sugli oltre sessanta nuovi periodici musicali non accademici. Sottolinearono la funzione educativa della musicologia nel trasformare l'ordinario melomane in un ascoltatore istruito e avanzarono proposte esplicite per una politica di educazione musicale [Albrecht 1928; Husmann 1933; Moser 1928; Schünemann 1927].

A differenza di altri studiosi, i musicologi avevano già costruito forti legami al di fuori del mondo accademico, esercitando le loro capacità come direttori d'orchestra, capi delle organizzazioni giovanili e trascrittori di musica antica a uso dei gruppi amatoriali. Come direttori di gruppi dediti alla musica antica (*Collegia musica*), i musicologi erano spesso i primi promotori di una cultura musicale superiore, specialmente nelle comunità piú piccole. Il *Collegium* era anche un veicolo per le pubbliche relazioni oltre i confini della comunità. Anche la Jugendmusikbewegung, che conobbe una rapida crescita, e la rinascita del far musica in privato (*Hausmusik*) attrassero i musicologi per la possibilità di offrire nuovi mercati all'esecuzione della musica antica e della musica popolare [Potter 1994].

La reviviscenza dell'attività musicale nel dopoguerra contribuí a rafforzare il prestigio internazionale della Germania come "nazione della musica", e quest'arte finí quindi col rivestire un ruolo importante nel restauro di un'immagine nazionale compromessa e nella ripresa del morale nazionale. I musicologi venivano a trovarsi in una posizione particolarmente favorevole per servire questa causa, in quanto sottolineavano la ricchezza della storia musicale tedesca. Essi rivolsero sempre di piú la loro attenzione alla storia e alla realtà della musica tedesca, in parte come risposta alla caduta del morale nazionale, e in parte per uscire dall'isolamento in cui li aveva gettati il conflitto mondiale. Le restrizioni dei viaggi in tempo di guerra avevano obbligato i ricercatori musicali a documentarsi meglio sulle risorse presenti in patria, e i rancori postbellici fra i colleghi dei paesi ex nemici alimentarono in Germania sentimenti d'isolazionismo.

Già nei primi tempi della pace, i musicologi dimostrarono il loro impegno a servire la nazione mediante la fondazione di una società di musicologia, di un istituto centrale di ricerca musicale e di altrettante riviste scientifiche affiliate. Nel proporre la costituzione di una società dei musicologi tedeschi (Deutsche Musikgesellschaft), Hermann Abert sostenne che

> la guerra ci ha reso consapevoli di tutta una serie di nuovi compiti nella formazione di un carattere nazionale e ci ha ricordato che c'è ancora molto lavoro da fare nella nostra stessa patria, un lavoro che in precedenza avevamo trascurato a vantaggio delle relazioni internazionali, e spesso a detrimento della nostra stessa cultura nazionale.

Alfred Einstein fece leva su questi umori nella sua introduzione al primo numero della rivista della società («Zeitschrift für Musikwissenschaft»). I tedeschi, egli asseriva, avevano speso i loro superiori talenti musicologici al servizio della causa internazionale. Era ormai giunto il momento di dedicarsi agli affari nazionali, soprattutto valutando l'amara esperienza degli anni della guerra, quando taluni studiosi non tedeschi non avevano esitato a indirizzare contro la Germania «un libello diffamatorio dopo l'altro» [Potter 1991]. L'Istituto centrale per la ricerca musicologica (Fürstliches Institut für musikwissenschaftliche Forschung in Bückeburg) adottò un analogo programma. La qualità di socio attivo era riservata agli studiosi tedeschi, le sue pubblicazioni privilegiavano argomenti d'interesse tedesco, e si attribuivano premi a quei cittadini tedeschi che avessero contribuito coi loro lavori a una migliore comprensione della cultura tedesca [Schneider 1919-20, pp. 5, 7]. Il suo organo scientifico, «Archiv für Musikwissenschaft», era improntato a un nazionalismo aggressivo ancor piú della «Zeitschrift». Specie negli anni Trenta, l'indice annuale dei lavori musicologici pubblicati rivela un'accresciuta concentrazione sulla storia della musica tedesca.

Anche se il governo di Weimar nulla fece per scoraggiare le iniziative della musicologia, esso mancava delle risorse necessarie per alimentarle. Al contrario il governo nazista prestò una notevole attenzione sia alla musica sia alla musicologia. Esso si rese conto della crescente popolarità della pratica musicale dilettantistica, inserí le attività musicali nelle organizzazioni di partito e in quelle militari, e mise sotto controllo amministrativo le associazioni amatoriali. Portò inoltre a soluzione problemi di lunga data che preoccupavano molto i musicisti in seguito al tracollo del mecenatismo di corte e operò importanti miglioramenti al fine di garantire loro una sicurezza professionale ed economica. Soprattutto i capi nazisti riconobbero la centralità della musica nella cultura tedesca. Essi sfruttarono la reputazione internazionale della Germania come "nazione della musica" al fine di costruire una sua immagine di potenza mondiale, immettendo risorse nelle istituzioni musicali di fama internazionale nello sforzo di cancellare l'immagine dei tedeschi come popolo barbaro. Compresero inoltre l'importanza di ottenere i servigi dei musicologi per sorreggere questa reputazione in patria e all'estero.

Nel 1933, quando Hitler giunse al potere, i musicologi tedeschi erano già riusciti a dimostrare la loro buona volontà di andare incontro ai bisogni della nazione. A sua volta il governo nazista mostrava rispetto ai predecessori un maggiore interessamento per la musicologia. Il governo e il Partito concessero una stupefacente quantità di aiuti alla cultura musicale, soprattutto quando questa contribuiva alla comprensione della tradizione musicale tedesca. Il neonato ministero per la Propaganda e per la Diffusione della cultura promise di creare nuovi posti di lavoro in ambito non accademico per il personale di formazione musicologica [Petzoldt 1935] e patrocinò, da solo o in partecipazione con altri enti, un certo numero di progetti musicali e musicologici: l'edizione dell'opera completa di Bruckner, l'opera completa di Gluck, una collana di canti popolari tedeschi in molti volumi e una raccolta di saggi musicologici che miravano a provare storicamente la presenza tedesca nella cultura musicale dei paesi annessi od occupati fino al 1944 [Potter 1996]. Questo ministero arruolò come consulenti *part-time* alcuni musicologi (Georg Schünemann, Siegfried Goslich e Gotthold Frotscher); uno studioso di chiara fama come Hans Joachim Moser si assicurò inoltre un incarico a tempo pieno con la creazione di un istituto che doveva rifornire il repertorio dei teatri lirici e delle sale da concerto con lavori "accettabili" e "sani". La proibizione di eseguire alcune composizioni di autori ebraici o stranieri aveva ristretto le disponibilità di repertorio, e questo istituto, la *Reichsstelle*, aveva il compito di commissionare nuovi lavori, specialmente delle operette, e di rielaborare vecchie composizioni per renderle piú "consone" [Drewes 1943; Moser 1943].

Il partito nazista impiegava anche nelle sue strutture il talento dei musicologi. L'"Ufficio Rosenberg", cane da guardia dell'intera organizzazione, era affidato all'ideologo ufficiale Alfred Rosenberg e aveva una sua sezione musicale diretta da un musicologo, Herbert Gerigk. Tale ufficio finanziava un ristretto numero di ricerche e di progetti editoriali, e arruolò decine di musicologi per giudicare la purezza ideologica degli scritti, per fornire dati al suo *Lexikon der Juden in der Musik* (un repertorio antisemitico degli ebrei operanti nella vita musicale) e per contribuire al progetto di una sua università d'élite, la *Hohe Schule der Partei* [Potter 1996]. Durante la guerra, l'*Einsatzstab Reichsleiter Rosenbergs* saccheggiò molti tesori nei territori occupati con la dichiarata intenzione di rifornire le biblioteche e i musei tedeschi [Bollmus 1970, pp. 145-51] e arruolò nel suo reparto speciale (*Sonderstab Musik*) altri musicologi, inviando studiosi in Polonia, Belgio, Francia, Olanda e negli stati baltici per valutare la qualità di quanto veniva sequestrato ai fini di un loro possibile impiego nella ricerca musicologica [De Vries 1996; Potter 1996].

Un altro importante mecenate erano le SS. Solitamente associate al terrore poliziesco e al genocidio, le SS erano un'imponente organizzazione istituita con il duplice scopo di coltivare una classe dominante nazista e di sterminare tutti quelli che venivano indicati come razzialmente e biologicamente inferiori. Inoltre, il loro capo Heinrich Himmler faceva ogni sforzo per riuscire a radicare una sorta di culto razziale, e si dedicò con intenso interesse a favorire una generale conoscenza della preistoria germanica. Egli diede vita allo SS-Ahnenerbe perché si occupasse di scienze naturali, scienze sociali e studi umanistici, finalizzati a una completa conoscenza della razza germanica [Kater 1974, pp. 17-24, 47-53, 65, 72]. A tutti quei musicologi che riuscirono a dimostrare interesse per quanto si poteva interpretare come "germanico", lo SS-Ahnenerbe garantí generose sovvenzioni per pubblicazioni e ricerche. A seguito di un ordine emanato direttamente da Himmler, esso patrocinò lo studio di Joseph Müller-Blattau sui tratti preistorici germanici riscontrabili nella musica popolare (*Germanisches Erbe in deutscher Tonkunst*, 1938), studio che fu pubblicato congiuntamente all'organizzazione della gioventú hitleriana (Hitlerjugend). Himmler mostrava anche un particolare interesse per le influenze germaniche nel canto gregoriano, e prese in considerazione le proposte di finanziare importanti lavori sulla musica medievale di Karl Gustav Fellerer e Ewald Jammers. Lo SS-Ahnenerbe sostenne anche vaste ricerche sul campo, nel corso delle quali gli etnomusicologi registrarono la musica popolare e raccolsero dati sulle popolazioni rurali di lingua tedesca che risiedevano al di fuori dei confini nazionali, molte delle quali erano state destinate da Himmler a essere reinsediate all'interno del Reich tedesco [Potter 1995].

La piú imponente operazione statale di sostegno alla musicologia fu la resurrezione del quasi defunto Fürstliches Institut für deutsche Musikforschung in Bückeburg. La forte inflazione degli anni Venti aveva costretto l'istituto ad annullare moltissimi suoi progetti e a cessare nel 1926 le pubblicazioni della sua rivista; esso esisteva ormai soltanto di nome. Nel 1935 il ministero dell'Istruzione tedesco trasferí l'istituto dalla sua periferica sede alla capitale del Reich; poi lo collegò all'archivio berlinese di musica popolare e alla rinomata collezione di strumenti musicali, nonché a un certo numero di progetti editoriali e di riviste; quindi creò un nuovo dipartimento per le ricerche sulla musica popolare. Ribattezzato Istituto di stato per la ricerca musicologica tedesca (Staatliches Institut für deutsche Musikforschung), esso ricondusse tutte le piú importanti iniziative in campo musicologico sotto la supervisione del ministero dell'Istruzione. Una delle maggiori eredità di questa operazione fu la fusione di tutte le preesistenti collane editoriali di musica antica tedesca («Denkmäler deutscher Tonkunst», «Denkmäler der Tonkunst in Bayern», «Denkmäler der Tonkunst in Österreich» e svariate altre produzioni regionali) nella serie nota come «Das Erbe deutscher Musik», ancor oggi in attività. L'altra grande eredità è stata l'autorevole enciclopedia *Die Musik in Geschichte und Gegenwart*, che venne alla luce solo al termine della seconda guerra mondiale, ma era stata inizialmente concepita nell'era nazista con la nomina a caporedattore di Friedrich Blume, che mantenne l'incarico fino al 1968 [Stein 1945, pp. 6-8].

«Das Erbe deutscher Musik» mirava non solo a riunire e riordinare le pubblicazioni di musica antica, ma anche a divulgare il lavoro musicologico. La nuova collana intendeva cosí raggiungere il pubblico in un formato standard che conciliasse le esigenze di studiosi e dilettanti. Il cambiamento di titolo da «Denkmäler der Tonkunst» a «Erbe deutscher Musik» era significativo: la sostituzione di *Denkmäler* (monumenti) con *Erbe* (eredità) implicava che la nuova serie avrebbe abbracciato l'intera "eredità musicale" (*musikalisches Erbe*), inclusa la musica popolare, e la denominazione *Tonkust*, con la sua implicita sottolineatura del termine *Kunst* (arte), veniva respinta per la sua sottintesa esclusione di tutte le forme di «attività musicali legate al quotidiano», quali la musica e la danza popolari, la musica cerimoniale e le varianti tedesche del canto gregoriano [Besseler 1935, p. 187; 1936-37, p. 16]. Il nuovo istituto si rivolse al pubblico anche con una nuova rivista, «Deutsche Musikkultur», che era indirizzata a una platea di lettori musicologi e musicofili, e assicurava ai musicologi una tribuna per parlare ai musicisti e ai dilettanti di musica di tutte le questioni inerenti alla "eredità musicale".

2. *La politicizzazione del sapere.*

Il fenomeno nazista incoraggiò i musicologi a incanalare le proprie ricerche verso quelle aree che potevano servire agli scopi dell'ideologia nazista; ma la maggior parte di queste aree non avevano nulla di nuovo. Un problema cui si attribuí crescente attenzione dopo il 1933 fu la definizione dell'"essenza" tedesca nella musica, vale a dire: cosa c'era nella musica tedesca che la rendeva tedesca? Questa problematica era stata affrontata piú volte nel corso di due secoli, sempre con risultati poco soddisfacenti. La centralità geografica della Germania e la ricettività dei compositori tedeschi rispetto a un'ampia gamma di influssi stilistici stranieri rendevano impossibile a chiunque l'impresa di circoscrivere dei tratti stilistici tedeschi, e cosí i tentativi di delineare un "germanesimo" nella musica rimasero costantemente nel vago. Questo fatto non impedí ai musicologi di affrontare nuovamente il problema con il rinnovato fervore nazionalistico che il nuovo ordine politico ispirava. Nel 1933 il musicologo Willibald Gurlitt aderí con molti illustri colleghi al proclama di Hitler che intimava il dovere di apprendere l'essenza del germanesimo per ricostruire la nazione e la società [Gurlitt 1933; Riethmüller 1991].

Con l'avvicinarsi della seconda guerra mondiale, i musicologi trovarono ispirazione nelle conquiste militari, ed estesero notevolmente la propria definizione di musica tedesca. In gran parte della letteratura precedente, si era manifestata una comune tendenza ad adottare taluni gruppi o singoli come tedeschi: i compositori franco-fiamminghi che avevano dominato la scena nel XIV e XV secolo, Franz Liszt, César Franck e altri. Nel corso della guerra questa prassi venne estesa all'indagine delle storie musicali di tutte le nazioni occupate o annesse dalle truppe tedesche, onde dimostrare una secolare presenza germanica nella musica di queste regioni. Ciò permise ai musicologi di proclamare che certe nazioni non avevano mai posseduto una cultura musicale propria e si vantavano soltanto di una dozzinale imitazione della produzione germanica, oppure che i loro maestri avevano avuto una dimostrabile formazione tedesca, o magari una discendenza "razziale" germanica. Per esempio, con l'annessione della regione cecoslovacca dei Sudeti nel 1938, molti importanti studiosi collaborarono a periodici popolari che illustravano l'influenza tedesca sulla musica boema nel corso dei secoli precedenti. Nel caso di Danzica e della Polonia, essi si affaticarono a confutare le rivendicazioni dei "cosiddetti" studiosi polacchi circa l'esistenza di una cultura autoctona [Potter 1996].

Un ulteriore ambito di forte attrazione fu l'applicazione di diffuse teorie razziali alla ricerca musicale. Nel promuovere le loro nozioni pseudoscientifiche di una superiorità razziale tedesca, gli ideologi nazisti intravedevano l'importanza del porre in evidenza la musica come prova incontrovertibile di tale superiorità. I musicologi potevano contribuire a promuovere la nozione di una superiorità tedesca e organizzare razionalmente la soppressione e lo sradicamento degli elementi "inferiori". L'unico problema era che un approccio razziale alla musicologia era stato respinto come erroneo dal musicologo austriaco Robert Lach [1923]. Di conseguenza, quando le pressioni politiche sollecitarono tutti i settori a prendere sul serio l'approccio razziale, i musicologi non disponevano di granché su cui basarsi. L'unica indagine a tutto campo su razza e musica era il saggio *Musik und Rasse* pubblicato nel 1932 dal dilettante Richard Eichenauer. Questi impiegava tecniche assolutamente inattendibili di comparazione fra i tratti fisici dei compositori tedeschi e lo stile delle loro composizioni [Eichenauer 1932]. Eppure, malgrado i suoi discutibili metodi e la mancanza di credenziali scientifiche, in mancanza di meglio i musicologi si riferirono al suo lavoro come a una fonte autorevole.

I musicologi resero pubblica la loro seria attenzione alla questione della razza in occasione del loro primo congresso scientifico nel Terzo Reich. Questo si svolse nel 1938 nel quadro di un grande festival musicale a Düsseldorf, i *Reichsmusiktage*, che produssero anche il noto documento sulla "musica degenerata", a ludibrio delle asserite influenze ebraiche nella musica popolare e in quella d'arte. Il tema centrale del convegno musicologico fu «Musica e razza», che era il titolo della relazione principale letta dal professor Friedrich Blume di Kiel, nonché di un'intera sessione. Altre sessioni si concentrarono su altre fortunate aree di ricerca, considerate importanti per le necessità dello stato: «Musica tedesca», «Maestri tedeschi», «Stato e musica», «Problemi della ricerca musicale» [Dümling e Girth 1988, pp. 62-76, 105-110]. Il motivo conduttore del discorso di Blume consisteva in un abile gioco di scherma col quale, pur rendendo omaggio a Eichenauer e altri, egli finiva col criticare le manchevolezze dei loro metodi. Le conclusioni di Blume, dissimulate entro un dedalo di contraddizioni, non pervenivano a nessun approdo nuovo [Blume 1939]. In ogni caso, la fortuna della tendenza razzista condusse negli anni che seguirono a un'ondata di pubblicazioni accademiche, compresa una raccolta di saggi a cura di Guido Waldmann intitolata *Rasse und Musik* (con contributi di Gotthold Frotscher, Richard Eichenauer, Joseph Müller-Blattau e altri), nonché una serie ancor piú autorevole di monografie storico-musicali dedicate alla razza, a cura di Friedrich Blume.

Un aspetto stranamente poco considerato fu la cosiddetta "questione ebraica". Un suo esplicito sostenitore fu il wagnerista Alfred Lorenz, tuttavia la maggior parte dei musicologi interessati alle ricerche razziali preferirono indagare la musica tedesca e dimostrare la sua superiorità [Lorenz 1938]. Una sola eccezione fu il relativamente sconosciuto musicologo Karl Blessinger. La sua monografia, pubblicata nel 1938 e ristampata nel 1944, si concentrava esclusivamente sull'Ottocento, e piú specificamente sui compositori Mendelssohn, Meyerbeer e Mahler. La preferenza accordata al XIX secolo era ovviamente influenzata dal famigerato articolo di Wagner *Das Judentum in der Musik*, come chiarisce il titolo scelto da Blessinger nel 1944: *Judentum und Musik* [Blessinger 1938]. Al di là del libello di Blessinger, l'unica iniziativa antisemita di rilievo assunta dai musicologi restò il *Lexikon der Juden in der Musik*.

Un'area di ricerca sviluppata piú di altre nel Terzo Reich fu quella della musica popolare tedesca. Lo studio accademico del canto popolare non era un fatto nuovo, ma per piú di un secolo era stato monopolizzato dai filologi, che prestavano maggior attenzione al testo piuttosto che alla musica. Per un serio studio sulle melodie si dovette attendere la costituzione dell'Archivio del canto popolare tedesco, avvenuta a Berlino nel 1917 sotto la direzione di Max Friedländer [cfr. «Volksgesang», in MGG 1949-79]. La crescita della musica amatoriale verificatasi negli anni Venti e Trenta alimentò l'interesse per le melodie popolari [Mersmann 1935-36]. Parecchi musicologi, a prescindere dalle relative aree di competenza, scoprirono piú d'una ragione per sentirsi attratti dalla ricerca sulla musica popolare. Alcuni di loro vi s'indirizzarono dopo il senso di frustrazione provato negli anni di scuola, imprigionati com'erano nella loro tradizionale formazione rivolta al passato mentre erano testimoni della vastissima influenza esercitata dalla musica popolare in seno al movimento amatoriale. Sostenevano che la rivoluzione nazionalsocialista aveva finalmente resa possibile la riforma della musicologia, colmando il fossato fra la dottrina accademica e la pratica musicale, ed elevando la musica popolare al rango di dignitoso argomento d'indagine [Huber 1937, p. 127; Müller-Blattau 1936-37, pp. 83-84].

Negli anni che seguirono l'ascesa di Hitler al potere, un maggior numero di musicologi si rivolse alla ricerca sulla musica popolare. Alcuni si sarebbero concentrati sullo sviluppo delle metodologie (Pulikowski, Mersmann e Danckert). Altri s'interessarono alla ricerca sulla musica popolare "applicata", vale a dire quella che coinvolgeva i musicologi nell'istruzione e nella pratica musicale quotidiana che interessava lo stato, il partito, la società e le istituzioni private. Il loro scopo era quello di distogliere la pratica musicale dalla cosiddetta degenerazione della musica popolare, indirizzandola verso la musica che emanava dal vero "germanesimo popolare" (*deutsches Volkstum*). Secondo Kurt Huber, che divenne il primo capodivisione per la musica popolare all'Istituto di Stato per la ricerca musicologica tedesca, lo scopo della ricerca sulla musica popolare era quello di rivelare l'"anima del popolo tedesco" (*deutsche Volksseele*) e di rendere accessibile al pubblico la ricerca in questo campo [Huber 1934-35; 1936]. Huber, che agli inizi della sua carriera era stato un fervente nazionalista, si sarebbe in seguito dissociato sia dalla direzione pseudoscientifica e razzista assunta dalla ricerca sulla musica popolare, sia dalle politiche devastanti del genocidio nazista durante la guerra. Egli si uní alla Rosa Bianca, un gruppo di resistenza studentesco attivo a Monaco, e nel 1943 venne messo a morte dai nazisti per alto tradimento.

3. *Gli effetti a breve e lungo termine.*

La generazione piú giovane dei musicologi preoccupati del proprio futuro mostrava ovviamente un particolare entusiasmo per il Terzo Reich, offrendo i propri servigi al *Volk* tedesco e allo stato nazista [Goslich 1935]. Questo tipo d'entusiasmo era in gran parte dovuto alla prospettiva dei posti di lavoro resi vacanti dall'espulsione degli ebrei dalle strutture accademiche. Anche l'*establishment* musicologico piú anziano voltò la schiena ai colleghi ebrei per affermare la propria determinazione a lavorare a fianco del regime. Nel luglio 1933 la Deutsche Musikgesellschaft licenziò il direttore ebreo del suo periodico, Alfred Einstein, procedette a riorganizzarsi sotto il nome di Deutsche Gesellschaft für Musikwissenschaft in base a uno statuto fondato sul principio nazionalsocialista di obbedienza (*Führerprinzip*), e offrí i suoi servigi allo stato in una lettera indirizzata al ministro della Propaganda [Potter 1991].

Ma anche se la musicologia tedesca poté trarre vantaggio dalla sottomissione allo Stato, subí perdite incalcolabili con la persecuzione e l'emigrazione forzata di alcuni dei suoi studiosi piú attivi e promettenti. La legislazione antiebraica costrinse all'emigrazione non meno di 150 musicologi, divenuti in seguito i luminari del settore fuori dalla Germania. Furono i rami sistematici della musicologia (fra cui l'acustica, la psicologia e lo studio della musica popolare e di quella non occidentale) a soffrire maggiormente delle politiche discriminatorie naziste. L'emigrazione forzata di Curt Sachs ed Erich von Hornbostel, dei loro studenti (Mieczysław Kolinski, Walter Kaufmann, Hans Hickmann, Manfred Bukofzer) e dei loro collaboratori (Robert Lachmann, Wolfgang Köhler, Max Wertheimer, Klaus Wachsmann ed Ernst Emsheimer) abbandonò le notevoli realizzazioni di studiosi prevalentemente ebrei attivi all'Università di Berlino nelle mani dei pochi studenti "ariani" rimasti [Schneider 1993].

Durante gli anni di Hitler la musicologia tedesca ebbe anche a soffrire per il suo isolamento dal resto del mondo. La persecuzione degli studiosi ebrei sollevò indignazione all'estero e impedí agli studiosi tedeschi di collaborare a periodici non tedeschi; le restrizioni valutarie degli anni Trenta ostacolarono lo scambio di pubblicazioni con altri paesi, e il ministro degli Interni aveva proibito di scrivere sui periodici esteri fondati da tedeschi di recente emigrazione. Gli studiosi tedeschi accentuarono il proprio isolamento nel 1936, boicottando il periodico della International Music Society nel momento in cui questa ruppe i rapporti con il suo editore tedesco [Potter 1991]. La portata di tale isolamento venne pienamente compresa soltanto dopo la seconda guerra mondiale, quando i musicologi tedeschi si resero conto di quanto la musicologia fosse progredita negli altri paesi, specie negli Stati Uniti [Blume 1948, pp. 3-8].

All'epoca i musicologi tedeschi e i capi nazisti avevano comunque colto i reciproci vantaggi della collaborazione, e questa lasciò una traccia nel sostegno governativo ai progetti musicologici che si protrassero nel dopoguerra. Il consenso offerto dai musicologi tedeschi alla causa nazista non era motivato semplicemente da calcoli interessati. La musicologia tedesca era profondamente radicata nel nazionalismo fin dai suoi inizi. La musica svolgeva un ruolo centrale nella definizione dell'identità tedesca, poiché la Germania si era distinta come una feconda produttrice di musica d'arte per gran parte dell'Otto e del Novecento. La potenza musicale tedesca si dimostrò virtualmente invincibile nella sopravvivenza delle istituzioni musicali entro l'arco di tempo che va dalla prima guerra mondiale al periodo d'instabilità economica che seguí. I musicologi erano ormai convinti che la loro materia di studio – la musica tedesca – fosse una delle risorse piú preziose del loro popolo, e trovarono non poche corrispondenze fra la visione nazionalsocialista del mondo e la propria, tanto da riuscire a forgiare un sodalizio armonioso.

La sconfitta nella seconda guerra mondiale costrinse gli studiosi tedeschi a epurare il loro settore dalle manifestazioni piú evidenti di nazionalismo e di razzismo. La rivelazione degli orrori del genocidio rese particolarmente cruciale lo sforzo di relativizzare o negare qualsiasi atteggiamento che potesse suggerire una simpatia per l'ideologia nazista. La fede in una superiorità musicale tedesca si era comunque cosí fortemente consolidata che non solo sopravvisse alla "denazificazione" della disciplina, ma continuò a vivere nella musicologia di altri paesi. La musicologia tedesca era stata per molto tempo un modello per tutti, e il canone musicologico esaltava la componente tedesca al punto da interdire un giusto riconoscimento di altre tradizioni. Solo da poco, e a stento, la musicologia ha accettato come oggetti di studio rispettabili materie quali l'opera francese e italiana dell'Ottocento, la musica inglese e la musica popolare americana.

La saga della musicologia tedesca fra le due guerre mondiali mostra in particolare come un periodo denso di radicali cambiamenti politici, economici e sociali possa sedurre gli studiosi fino a comprometterne la responsabilità etica e scientifica. Anche se il periodo nazista ci pone di fronte a uno scenario estremo, esso c'impartisce una lezione importante illustrando fino a che punto, in periodi di transizione intellettuale e politica, i percorsi della scienza possano rendersi vulnerabili alle forze dell'irrazionalismo, alle ristrettezze di bilancio e all'infiltrazione di ideologie populiste.

Albrecht, H.

1928 *Zur unseren Lage im Privat-Musikunterricht*, in «Die Musik», n. 20, pp. 671-672.

Besseler, H.

1935 *Die Neuordnung des musikalischen Denkmalwesens*, in «Deutsche Wissenschaft, Erziehung und Volksbildung: Amtsblatt der Reichs- und Preußischen Ministeriums für Wissenschaft, Erziehung und Volksbildung und der Unterrichtsverwaltung der anderen Länder», n. 1, pp. 187-89.

1936-37 *Das Erbe deutscher Musik*, in «Deutsche Musikkultur», n. 1, pp. 14-18.

Blessinger, K.

1938 *Mendelssohn, Meyerbeer, Mahler: Drei Kapitel Judentum in der Musik als Schlüssel zur Musikgeschichte des 19. Jahrhunderts*, Hahnefeld, Berlin; riedito come *Judentum und Musik*, Hahnefeld, Berlin 1944.

Blume, F.

1939 *Das Rasseproblem in der Musik. Entwurf zu einer Methodologie musikwissenschaftlicher Rasseforschung*, Kallmeyer, Wolffenbüttel.

1948 *Bilanz der Musikforschung*, in «Die Musikforschung», n. 1, pp. 3-19.

Bollmus, R.

1970 *Das Amt Rosenberg und seine Gegner. Zum Machtkampf im nationalsozialistischen Herrschaftssystem*, in *Studien zur Zeitgeschichte herausgegeben vom Institut für Zeitgeschichte*, Deutsche Verlags-Anstalt, Stuttgart.

De Vries, W.

1996 *Sonderstab Musik: Music Confiscations by the Einsatzstab Reichsleiter Rosenberg under the Nazi Occupation of Western Europe*, Amsterdam University Press, Amsterdam.

Drewes, H.

1943 *Die Reichsstelle für Musikbearbeitungen*, in «Allgemeine Musikzeitung», n. 70, pp. 25 27.

Dümling, A., e Girth, P.

1988 (a cura di), *Entartete Musik. Zur Düsseldorfer Ausstellung von 1938: Eine kommentierte Rekonstruktion*, Kleinherne, Düsseldorf.

Eichenauer, R.

1932 *Musik und Rasse*, Lehmann, München.

Goslich, S.

1935 *Studium und Beruf des jungen Musikwissenschaftlers*, in «Die Musik», n. 27, pp. 282-85.

Gurlitt, W.

1933 *Vom Deutschtum in der Musik*, in «Die Kirchenmusik», n. 14, pp. 167-69.

Guttsman, W. L.

1990 *Workers' Culture in Weimar Germany: Between Tradition and Commitment*, Berg, New York.

Huber, K.

1934-35 *Wege und Ziele neuer Volksliedforschung und Volksliedpflege*, in «Deutsche Zeitschrift», n. 48, pp. 424-38.

1936 *Der Aufbau deutscher Volksliedforschung und Volksliedpflege*, in «Deutsche Musikkultur», n. 1, pp. 65-73.

1937 *Der künftige Aufbau der Volksmusikforschung*, in «Deutsche Wissenschaft, Erziehung und Volksbildung: Amtsblatt des Reichsministeriums für Wissenschaft, Erziehung und Volksbildung und der Unterrichtsverwaltung der Länder (Nichtamtlicher Teil)», n. 3, pp. 127-32.

Husmann, H.

1933 *Musikkultur und Volksbildung*, in «Allgemeine Musikzeitung», n. 60, pp. 309-10.

Kater, M. H.

1974 *Das "Ahnenerbe" der SS 1935-1945: Ein Beitrag zur Kulturpolitik des Dritten Reiches*, Deutsche Verlags - Anstalt, Stuttgart.

Kestenberg, L.

1931 *Jahrbuch der deutschen Musikorganisationen 1931*, Hesse, Berlin.

Lach, R.

1923 *Das Rassenproblem in der vergleichenden Musikwissenschaft*, in «Berichte des Forschungsinstituts für Osten und Orient», n. 3, pp. 107-22.

Lorenz, A.

1938 *Musikwissenschaft und Judenfrage*, in «Die Musik», n. 31, pp. 177-79.

Mersmann, H.

1935-36 *Gegenwartsfragen der Volksliedkunde*, in «Musik und Volk», n. 3, pp. 222-27.

MGG

1949-79 F. Hoerburger, E. Stockmann e W. Suppan, «Volksgesang», «Volksmusik», «Volkstanz», in *Die Musik in Geschichte und Gegenwart. Allgemeine Enzyklopädie der Musik* (MGG), a cura di F. Blume, 1ª ed., Bärenreiter, Kassel-Basel 1949-68, vol. XIII (1966), coll. 1923-56.

Moser, H. J.

1928 *Zum Musikunterricht an den Volksschulen*, in «Die Musik», n. 20, pp. 669-670.

1943 *Von der Tätigkeit der Reichsstelle für Musikbearbeitungen*, in H. von Hase (a cura di), *Jahrbuch der deutschen Musik 1943*, Breitkopf und Härtel - Hesse, Leipzig-Berlin, pp. 78-82.

Müller-Blattau, J.

1936-37 *Gegenwartsfragen der Musikwissenschaft*, in «Musik und Volk», n. 4, pp. 83-87.

Petzoldt, R.

1935 *Heutige Berufsziele der Musikwissenschaftler*, in «Allgemeine Musikzeitung», n. 63, pp. 467-68.

Potter, P. M.

1991 *The Deutsche Musikgesellschaft, 1918-1938*, in «Journal of Musicological Research», n. 11, pp. 151-76.

1994 *German musicology and early music performance, 1918-1933*, in B. Gilliam (a cura di), *Music and Performance During the Weimar Republic*, Cambridge University Press, Cambridge, pp. 94-106, 195-99.

1995 *Did Himmler really like gregorian chant? The SS and musicology*, in «Modernism/Modernity», n. 2-3, numero speciale su «Fascism and Culture», pp. 45-68.

1996 *Musicology under Hitler. New sources in context*, in «Journal of the American Musicological Society», n. 49, pp. 70-113.

Riethmüller, A.

1991 *German music from the perspective of German musicology after 1933*, in «Journal of Musicological Research», n. 11, pp. 177-87.

Schneider, A.

1993 *Musikwissenschaft in der Emigration*, in H.-W. Heister, C. Maurer Zenck e P. Petersen (a cura di), *Musik im Exil: Folgen des Nazismus für die internationale Musikkultur*, Fischer, Frankfurt am Main, pp. 187-211.

Schneider, M.

1919-20 *Bericht über die erste Volkversammlung*, in «Archiv für Musikwissenschaft», n. 1, pp. 1-8.

Schünemann, G.

1927 *Geschichte der deutschen Schulmusik*, Kistner und Siegel, Leipzig.

Stein, F.

1945 *Zum zehnjährigen Bestehen des Staatlichen Instituts für deutsche Musikforschung*, inedito, Archivio dello Staatliches Institut für Musikforschung, Berlin.

DANIELA LANGER

Musicologia e comunismo

1. *Ideologia e conoscenza.*

Come ogni disciplina scientifica (incluse le scienze cosiddette esatte), nei paesi del blocco comunista la musicologia dovette subito far fronte a un paradosso realmente insormontabile: il bisogno di mantenere, affinare, far evolvere la propria specificità e l'obbligo di sottomettersi all'ideologia ufficiale, il marxismo-leninismo, dichiarata "scienza delle scienze". La prima condizione, l'oggetto e lo stesso significato finale di ogni ricerca musicologica, non furono in ultima istanza definiti se non come un'applicazione tra le altre della dottrina del materialismo storico, come una giustificazione concreta delle verità rivelate di quello che era chiamato "comunismo scientifico", insegnato a tutti come continua formazione obbligatoria. Nozioni e concetti, metodi e teorie, premesse e conclusioni dell'orientamento marxista servirono cosí da sostegno, unico strumento e inevitabile base di ogni scienza umana. È evidente che il lavoro dei musicologi, in un contesto cosí opprimente, non poteva che limitarsi al tentativo abbastanza umiliante di trovare un compromesso o, in altre parole, di salvare tanto la capra dell'ideologia che i cavoli della conoscenza.

Malgrado le piú o meno rilevanti peculiarità di ogni paese comunista – peculiarità connesse da un lato alle differenze di ordine storico, culturale, linguistico e ovviamente musicale in senso stretto, dall'altro ai legami e alle affinità tradizionali con questa o quella corrente di pensiero dell'Europa occidentale –, la definizione generale, la metodologia, le strategie, il funzionamento e i principali obiettivi della musicologia sono rimasti ovunque gli stessi. Nel momento in cui, l'uno dopo l'altro, questi paesi dell'Europa centrale e orientale verranno attratti nell'orbita comunista, il modello sovietico, col "beneficio" aggiuntivo di una "istruttiva" esperienza trentennale, imporrà la sua lezione dovunque e senza eccezioni, con la stessa forza e lo stesso carattere di obbligatorietà. Conseguenza immediata e tra le piú tragiche e dolorose sarà l'isolamento totale, la chiusura della disciplina all'interno delle frontiere del blocco, il divieto pressoché assoluto di mantenere contatti di lavoro o di scambio con i musicologi occidentali, considerati – quand'anche fossero marxisti – come pericolosi corruttori. D'altronde, ogni tentativo di collaborare scientificamente con un confratello, per quanto appartenente al blocco, sarà paventato dal potere e osservato con sospetto e preoccupazione. Nel seno della comunità musicologica, inquadrata dai relativi poteri, le poche e tenui sfumature filtreranno da ricerche e fatiche personali, condotte da individui isolati, tenute ai margini e piú o meno tollerate dall'istituzione scientifica o universitaria, dunque in definitiva dallo stesso stato.

Nel corso degli anni, dalla fine degli anni Quaranta fino al crollo del muro e alla dissoluzione dei regimi comunisti nel 1989, questa situazione globalmente bloccata ha comunque conosciuto un'evoluzione relativamente contrastata, derivante dal contesto politico di ciascuno di questi paesi (Iugoslavia 1953, Polonia 1956, Urss 1956, Ungheria 1956, Cecoslovacchia 1968, Polonia 1980, ecc.) e a tratti tollerante (per periodi piú o meno brevi) nei confronti di diverse libertà locali: ammorbidimento delle direttive ufficiali, relativizzazione dei criteri e dei riferimenti metodologici, schiudersi di spiragli verso correnti occidentali, allargamento dei campi d'investigazione, diversificazione e personalizzazione degli approcci e dei procedimenti, cosí come della presentazione stessa dei risultati della ricerca.

La storia comparata e particolareggiata della disciplina musicologica nei paesi comunisti deve ancora essere scritta, ma non sarà di certo la storia di una musicologia marxista (uno dei problemi piú delicati deriva dal fatto che la teoria e il pensiero marxisti, di per sé, sono stati in tutti questi paesi grossolanamente manipolati e semplificati a seconda delle necessità repressive degli apparati di stato). Per presentare un quadro, non certo completo, ma quanto piú concreto e variegato, dei rapporti che la musicologia e i suoi protagonisti hanno dovuto conservare con il potere costituito e l'incomprensibile gergo ideologico nel quale si drappeggiava, si focalizzerà un primo piano esemplificativo sulla musicologia in Cecoslovacchia, residenza dell'autrice fino al 1983; questo sarà comunque completato da raffronti e parallelismi con alcuni significativi esempi concernenti l'Urss e gli altri paesi europei del blocco comunista.

2. *Il periodo staliniano e il "realismo socialista"*.

È evidente che un sistema, qualunque esso sia e per quanto perfetto o definitivo possa dirsi, non può che funzionare attraverso tensioni, ambiguità e dinamiche interne permanenti. Tanto piú quando questo sistema è a sua volta compreso in un altro insieme infinitamente piú vasto, provvisorio, in movimento e ben altrimenti complesso, contro il quale inoltre si è costituito e contrapposto. Il sistema comunista, tanto viveva sotto una campana di vetro, ripiegato su se stesso e sprezzante rispetto a tutto ciò che gli era estraneo, quanto veniva scosso nei suoi fondamenti stessi ogni qual volta il mondo esterno gli si manifestava attraverso contraccolpi o conflitti che lo riguardavano. Questa osservazione è utile alla comprensione immediata della sottile dialettica dell'evoluzione e del funzionamento d'una disciplina scientifica, come la musicologia, durante i quarant'anni del suo asservimento all'ideologia comunista, o meglio al potere politico imperante. Bisogna comunque subito precisare – cosa che potrebbe sembrare evidente, ma non lo è – che i rapporti della musicologia con l'ideologia e col potere non potrebbero essere ridotti, neanche lontanamente, a una tipologia di assoggettamento o di pura dipendenza a senso unico. Bisogna invece interpretarli come una serrata connessione, come una collaborazione attiva e intenzionale, che trovava da entrambe le parti abbondante nutrimento di iniziative piú o meno gravide di conseguenze, in funzione del clima politico dato, che in ciascuno dei contesti nazionali determinava l'orientamento generale di ogni lavoro intellettuale.

Come nei paesi fratelli, la musicologia cecoslovacca sotto il regime comunista ha percorso tre grandi periodi, assai distinti l'uno dall'altro e anche relativamente diversificati al loro interno. Dal 1948 al 1956, essa era interamente tributaria del dogmatismo staliniano, o meglio delle direttive provenienti da Mosca attraverso il filtro del Comitato Centrale del Partito comunista cecoslovacco. Dal 1956 al 1969, parallelamente alla progressiva liberalizzazione (conseguente al XX Congresso del Pcus e al rapporto Chruščëv) del clima politico e alla emergente influenza di un comunismo riformista, la musicologia è slittata verso un eclettismo relativamente ispirato (tipicamente mitteleuropeo, d'altronde) e tuttavia prudente, lacunoso e perciò precario. Tra il 1969 e il 1989, periodo durante il quale, in seguito all'occupazione del paese a opera delle armate del Patto di Varsavia, furono portate a termine la maggior parte delle purghe politiche, la disciplina musicologica ha dovuto subire, come il resto della vita pubblica, il doloroso «processo di consolidamento e di normalizzazione». Disillusa, schizofrenica, essa si è lasciata andare a un colpevole cinismo. Le tracce, proterve e grottesche, del dogmatismo staliniano della prima metà degli anni Cinquanta venivano a scontrarsi con l'incapacità quasi ontologica degli uni e degli altri di fare e affermare l'esatto contrario di quello che pensavano nel loro intimo. Ma su questo torneremo in seguito.

Nel 1948, quando il colpo di stato comunista stava per sconvolgere tutta l'organizzazione della vita (pubblica e privata) in Cecoslovacchia, la musicologia aveva già alle spalle una storia ricca e appassionante. Praticata parallelamente come disciplina storica e teorica su basi sostanzialmente positiviste (nel solco di quella tradizione del positivismo ceco dell'inizio del XX secolo che aveva presieduto all'elaborazione dei fondamenti filosofici, storici e morali dello stato cecoslovacco, creato nel 1918), la musicologia si appoggiava da un lato sulle ricerche dei fondatori austriaci e tedeschi della musicologia moderna, nativi della Boemia o della Moravia e che in gran parte avevano in passato insegnato al Conservatorio o all'Università tedesca di Praga (Raphael Georg Kiesewetter, August Wilhelm Ambros, Guido Adler,

Eduard Hanslick, Heinrich Rietsch, Richard Wallascheck, Albert Wellek, Paul e Bruno Nettl), mentre d'altro lato si dedicava a sviluppare il ricco pensiero di Otakar Hostinský (1847-1910). Quest'ultimo, fondatore della cattedra di Estetica all'Università Carolina di Praga, esegeta e sostenitore di Smetana, Wagner e Fibich, era stato in particolare l'ideatore della teoria del "formalismo concreto", ma anche partigiano dell'idea di "progresso" nell'arte e grande teorico dei rapporti di interdipendenza tra musica e linguaggio. Tra i numerosi discepoli di Hostinský, Zdeněk Nejedlý (1878-1962), cofondatore con Hostinský, nel 1905, e primo docente del dipartimento di musicologia (o meglio di «scienza musicale», secondo l'antica dicitura germanica «musikalische Wissenschaft») dell'Università Carolina, si è trovato ad assumere un ruolo determinante per l'orientamento futuro, in Cecoslovacchia, delle scienze umane in generale e della musicologia in particolare. Autore di vaste e innumerevoli pubblicazioni in quanto storico (e acceso difensore) delle tradizioni musicali ceche, Nejedlý ha coltivato, a partire dagli anni Venti, il concetto di una storiografia musicale e di una musicologia ideologiche, "impegnate", militanti. Avendo assai presto aderito al marxismo-leninismo in versione staliniana, avendo fondato nel 1930 l'Associazione per l'amicizia tra Cecoslovacchia e Urss, poi partecipato al governo cecoslovacco in esilio a Mosca durante la seconda guerra mondiale, Nejedlý, dopo il 1945, ha potuto assumersi il ruolo di "pontefice" in ogni ambito artistico o culturale del paese. Allo stesso tempo stilava le direttive politiche e ideologiche di qualsiasi ricerca scientifica.

Il primo periodo – quello staliniano – della musicologia comunista è dunque caratterizzato in Cecoslovacchia dal severo controllo e dallo sguardo onnipresente di questo musicologo, promosso ministro e in seguito vice primo ministro del governo cecoslovacco. Nell'aprile del 1948, alla Conferenza sulla cultura nazionale a Praga, Nejedlý tenne un discorso intitolato «Direttive ideologiche della nostra cultura nazionale», dopo il quale nessuno poteva ancora avere dubbi sull'orientamento futuro della politica culturale cecoslovacca. I pretesi nemici della classe operaia furono messi in condizione di non nuocere: tra essi gli strutturalisti o i fenomenologi, piú o meno implicati nelle attività del Circolo linguistico di Praga (1926-48) e del Circolo filosofico di Praga (1936-48), che non hanno voluto o non hanno avuto il tempo di travestire le proprie convinzioni, senza parlare degli altri, cosmopoliti o liberali d'estrazione borghese o di fede trockijsta. Il terreno era quindi sgombro e i "lavoratori scientifici" (il termine "ricercatore" era scomparso dal vocabolario ufficiale) avevano la possibilità di tracciare, in uno slancio collettivo, le direttrici di un piano di ricerca e di lavoro ("obiettivi di stato" nel quadro dei piani quinquennali) dal quale la musicologia cecoslovacca – malgrado le vicissitudini che il potere in carica avrebbe subíto in seguito – non riuscirà mai a distaccarsi veramente. Questa direzione di massima della nuova musicologia socialista s'articolò in definitiva attorno alla seguente riflessione: bisogna ricominciare da capo, dunque dalla revisione della storia (la diacronia) e delle sue ripercussioni sul nostro presente e sul nostro radioso avvenire, lasciando da parte ogni speculazione sistematica e teorica (la sincronia) che rischierebbe di allontanarci dal fine principale: fornire a tutti una versione corretta della storia – marxista-leninista – con dei punti di riferimento ben saldi. Questo ha portato alla riscoperta, finalizzata alla rivalutazione, della storia nazionale (piú ceca che slovacca) della musica; con l'accento posto da una parte su un passato tanto glorioso quanto lontano (la storia del canto hussita e pre-hussita), d'altra parte sul periodo «Risveglio nazionale» degli anni Cinquanta dell'Ottocento, con Bedřich Smetana come figura emblematica della creazione di una musica moderna rispecchiante l'identità nazionale; o ancora sulla classificazione del vasto patrimonio di danze e canti tradizionali o popolari. La storia della musica e della musicologia russe e sovietiche è evidentemente passata in secondo piano, salvo occultamenti e sistematiche falsificazioni di tutto ciò che poteva rifarsi alle ambiguità rivoluzionarie degli anni Venti. Malgrado tutti gli imperativi ideologici e le violenze del clima post-rivoluzionario, gli anni Venti, nella Russia bolscevica, erano ancora contraddistinti da una relativa libertà culturale e artistica. In un discorso del 1921 Lenin dichiarò:

> In un momento di forte crisi, si può ottenere una vittoria politica in qualche settimana. In tempo di guerra, si può ottenere la vittoria in qualche mese, ma è impossibile ottenere una vittoria culturale in un cosí breve lasso di tempo.

Cosí tutta l'opera teorica, derivante proprio da quel periodo storico, di Boris Vladimirovič Asaf'ev, il piú celebre e originale musicologo russo, restava sepolta sotto una coltre di silenzio, ovvero (piú spesso) grossolanamente screditata in quanto formalista, antidialettica e antistorica.

L'opera di Asaf'ev (1884-1949) merita una breve digressione [Asaf'ev 1930; 1941; 1952-57]. Autore di pubblicazioni sotto lo pseudonimo di Igor' Glebov, egli aveva ricevuto una formazione storica e filologica, in parallelo agli studi di pianoforte e composizione. Spinto da Nikolaj Mjaskovskij, suo condiscepolo al conservatorio, cominciò nel 1914 la carriera di critico musicale sulla rivista «Muzyka», mentre lavorava ancora come maestro sostituto di quello che anticamente era il Teatro Mariinskij, a Mosca. Divenuto nel 1921 direttore del dipartimento di storia e teoria della musica dell'Istituto russo di storia delle arti e, nel 1923, portavoce della assai liberale Associazione per la musica contemporanea di Pietrogrado, insegnò presso il Conservatorio di questa stessa città (diventata Leningrado nel 1924) fino al 1943, quando si trasferí a Mosca. Ispirandosi alla teoria dell'«idea musicale» di Hugo Riemann, sviluppando l'ipotesi di Ernst Kurth sull'energia melodico-cinetica e soprattutto la teoria di Boleslav Leopoldovič Javorskij del «ritmo tonale», Asaf'ev ha cercato di superare la contraddizione tra estetica formale ed estetica espressiva elaborando un'interpretazione dialettica della relazione tra forma e contenuto. Il concetto chiave dei suoi studi, l'"intonazione", introdotto già da Javorskij (1908) e teorizzato dalla linguistica fonetica, designava in Asaf'ev l'insieme dei piú piccoli contesti musicali nella loro concreta realizzazione sonora, in altre parole l'insieme delle unità significanti riscontrabili nel movimento musicale e formale. Distinguendo tra il linguaggio, dove l'intonazione non è che sfondo, "testo nascosto" del significato logico-concettuale, e la musica, per cui l'intonazione è il "testo" stesso, Asaf'ev si sforzava di elaborare un approccio all'opera musicale che tenesse conto delle sue determinazioni e delle sue funzioni sociali. Fin dalla metà degli anni Venti, rinunciando sotto il crescente influsso del materialismo dialettico alle teorie formali statiche o astratte, definí la forma musicale come un "processo". All'inizio degli anni Quaranta Asaf'ev pervenne al concetto di "processo d'intonazione", da intendere come un movimento d'elementi derivanti allo stesso tempo dalla forma e dal contenuto musicali. Per lui la musica è ormai l'"arte del senso intonato" (da intendersi come: realizzato musicalmente e percepito concretamente), che veicola i suoi significati direttamente e unicamente attraverso le sue forme sonore concrete. Egli propone in tal modo di considerare la forma musicale nella fluida unità dei suoi tre livelli d'esistenza fondamentali e complementari; vale a dire: la composizione (creazione), l'interpretazione ("intonazione", realizzazione o attuazione sonora) e la percezione (processo di ricostruzione mentale nello spirito dell'ascoltatore). Dapprima appoggiato da Lunačarskij, il commissario del popolo per l'educazione e l'arte del Soviet supremo, Asaf'ev venne invece severamente attaccato, a partire dal 1926, sulle pagine della rivista «Muzyka i Oktjabr'» («Musica e Ottobre») dai rappresentanti dell'Associazione russa dei musicisti proletari, che lo accusavano di essere il «formalista piú conseguente». Ritiratosi negli anni Trenta dalla scena pubblica, tornò all'estetica musicale e alla musicologia solo all'inizio degli anni Quaranta, allineandosi tuttavia a certi dettami dogmatici degli ideologi del partito.

Nella Cecoslovacchia comunista, l'ideologia estetica ufficiale sarà quella del realismo socialista. La teoria del realismo socialista, già in corso di incubazione in Russia dai primi del Novecento sotto diverse terminologie e concettualizzazioni (il realismo critico e il realismo sociale di Lunačarskij, il realismo impegnato di Majakovskij, il realismo monumentale di Aleksej Tolstoj, gli scritti di Gor'kij, Livšic, Ždanov, il realismo proletario, rivoluzionario, nuovo, eroico, ecc.), si era costruita sui testi di Lenin, in particolare sul suo articolo *Organizzazione partigiana e letteratura partigiana* del 1905. Nel maggio del 1932 essa fece la sua prima apparizione ufficiale sulle pagine della «Literaturnaja gazeta» («Gazzetta letteraria»), con un editoriale intitolato «Al lavoro!» (*Za rabotu!*), in cui troviamo la sua prima definizione: «Il principio basilare da inculcare ad ogni scrittore è il seguente: scrivete la verità, rispecchiate in maniera verace questa nostra realtà che è dialettica di per sé». La dottrina fu ratificata in occasione del I Congresso dell'Unione degli scrittori sovietici (agosto 1934), nel momento in cui Stalin e i suoi seguaci ebbero bisogno di proclamare ostentatamente il compimento della costruzione del socialismo nel paese dei Soviet. La nozione stessa di realismo socialista, avendo il "merito" di essere sufficientemente astratta e "flessibile" al punto da poter inglobare e riassumere in sé tutte le precedenti, non cessò tuttavia di essere discussa all'interno delle istituzioni ufficiali, incluse fra l'altro tutte le "democrazie popolari" dopo il 1948, stabilendo talvolta un metodo, talaltra uno stile creativo, oppure una corrente artistica nella sua globalità, o ancora – e soprattutto – una categoria assiologica. Peraltro, qualunque fosse il caso in questione, la manipolazione di questo concetto derivava sempre e innanzitutto da obiettivi strettamente politici. Nel 1936, per esempio, in nome del "realismo socialista", le repliche dell'opera *Lady Macbeth del distretto di Mtsensk* di Šostakovič furono interrotte e l'autore fatto segno a virulenti attacchi come "nemico del popolo" («Caos anziché musica», secondo l'editoriale della «Pravda»).

Dopo il 1948, in Cecoslovacchia non si trattò d'altro che di "verità artistica", di carattere "impegnato", "partigiano", nazionale, popolare, ottimista, comprensibile e soprattutto comunicativo dell'opera musicale, con lo "specchio artistico della realtà" come concetto centrale di ogni creazione cosí come di ogni riflessione teorica. Su questi concetti e sulle loro implicazioni ideologiche si erano costruite le teorie generali dell'estetica e delle scienze dell'arte marxiste, alle quali la musicologia, nei suoi tratti generali, non poteva che essere subordinata. Nell'Urss degli anni Venti, queste implicazioni si erano palesate attraverso la censura di stato (e l'autocensura) sistematica, o esclusioni dalla vita pubblica e artistica, deportazioni e addirittura liquidazioni fisiche di quei membri dell'*intelligencija* che si erano mostrati renitenti nei confronti della dottrina ufficiale, accusati alla rinfusa di individualismo, elitismo, modernismo, pessimismo decadente, idealismo filosofico-borghese e soprattutto di "formalismo", quella generica etichetta che si supponeva dovesse comprendere tutte le precedenti determinazioni. A partire dal 1917, anno della rivoluzione, un gran numero di artisti e di rappresentanti dell'*intelligencija* si sono autoesiliati o sono stati costretti a emigrare (tra i musicisti Rachmaninov, Liapunov, Obukhov, Vijnegradskij, Lourié, Čerepnin, Metner, Koussevitzky, Kurtz, Šaljapin, Glazunov). Nel 1921 fu esiliato il poeta russo Gumilëv. Nel 1925 fu la volta di venticinque membri della Libera Accademia della cultura spirituale (gruppo di pensatori detti «Eurasiatici»), designati come nemici del popolo (tra loro il musicologo I. Suvcinskij, trasferitosi a Praga). Nel 1939 il piú originale regista teatrale, Vsevolod E. Mejerhol'd, amico intimo e collaboratore di Prokof'ev (tra l'altro per le sue opere *L'amore delle tre melarance* e *Simeone Kotko*), fu imprigionato e giustiziato in carcere un anno piú tardi. In Cecoslovacchia, e nelle altre "democrazie popolari", l'impulso decisivo all'edificazione di una musicologia comunista giunse solo nel febbraio del 1948, quando alla Conferenza dei musicisti sovietici tenuta presso il Comitato Centrale del Pcus l'ideologo ufficiale della cultura e della musica sovietiche, Andrej Aleksandrovič Ždanov, presentò il suo celebre rapporto sulle tendenze pericolose, nocive e ormai intollerabili nell'arte musicale comunista. Ždanov era diventato una figura di spicco dopo aver tenuto, a fianco di Gor'kij, il suo discorso sui principî del realismo socialista al primo congresso degli scrittori sovietici, tenutosi a Mosca nel 1934. Prendendo a pretesto – e come bersaglio concreto – un'audizione privata al Bol'šoj, in presenza di Stalin, dell'opera *La grande amicizia* del compositore georgiano Vano I. Muradeli, e rielaborando a modo suo la distinzione classica (borghese) di contenuto e forma, Ždanov condannò con un grandioso gesto inquisitorio tutto ciò che, nel panorama musicale dell'epoca, sembrava contraddire le sue consegne; cioè il rispetto del tonalismo, il primato della melodia, la cantabilità («pesennost'»), popolare, identificabile e memorizzabile, della musica – atteso che «ogni ricerca musicale o sonora falsamente innovatrice non può che sconcertare le masse». La critica dell'opera di Muradeli faceva da prologo al decreto del Comitato Centrale pubblicato il 10 febbraio 1948 nei giornali sovietici: «Si tratta di una composizione caotica ed inarmonica [*sic*] intessuta di continue dissonanze che disturbano l'orecchio [...]. Alcuni passaggi che si vorrebbero melodiosi sono improvvisamente interrotti da rumori incongrui e inadatti ad un orecchio normale» [Werth citato in Rigoni 1989-90, p. 176]. Secondo Ždanov, ogni «musica pura», nata dalle sole preoccupazioni formali e strutturali dei compositori e perciò prova del loro «rifiuto di servire il popolo», era da condannare come reazionaria e antisovietica. Alcuni tra i piú grandi – e piú prudenti – compositori sovietici, vincitori, spesso piú di una volta, del Premio Stalin, quali Šostakovič, Prokof'ev (tra il 1943 e il 1947, Prokof'ev ha ottenuto da solo ben cinque premi Stalin! Fu inoltre premiato con l'Ordine della Bandiera Rossa del Lavoro ed eletto Artista emerito del Popolo), Khačaturjan, Mjaskovskij e altri, si sono per l'ennesima volta trovati nel mirino della censura.

3. *Dalla repressione ždanovista alle prime forme di eclettismo dopo il 1956.*

In tutti i paesi del blocco sovietico, la musicologia, unitamente alle altre scienze umane e sociali, avrebbe ben presto subito una drastica ristrutturazione, organizzata in maniera servile secondo le tesi dello ždanovismo (*ždanovščina*). Messa sotto stretta sorveglianza dal Partito comunista, essa era ormai appannaggio dei soli suoi membri, una volta che gli indecisi e gli opportunisti erano stati estromessi dalla pubblica attività. Le basi del lavoro – financo lo stesso statuto della musicologia in quanto campo specifico di ricerca scientifica – furono corrette e ridefinite secondo il modello sovietico: nessuna iniziativa indipendente, nessun circolo o gruppo di lavoro (malgrado la loro tradizione, in Cecoslovacchia, tanto lunga e diversificata), nessuna pubblicazione indipendente erano piú permessi. Potevano sperare di sopravvivere in questo contesto solo coloro che accettavano di fare parte di quelle istituzioni ufficiali controllate dal partito, che avevano il monopolio assoluto nel loro campo e un potere decisionale illimitato. Cosí i musicologi sono stati raggruppati nella nuova Unione dei compositori cecoslovacchi (che andava a sostituire l'antico Sindacato dei compositori cechi), con il suo Comitato Centrale, il suo segretario generale, le sue sezioni ceca e slovacca e il suo organo di stampa, il periodico «Orizzonti musicali» («Hudební rozhledy»), fondato nel 1948 (e fino al 1962 l'unica rivista musicale autorizzata, a fianco di «Musica dell'URSS», stampata a partire dal 1950, e, dal 1951 al 1953, di «Musica sovietica», rivista piú teorica della prima, ma incline agli stessi slanci di propaganda politica). L'Unione, sedicente organizzazione volontaria invece fortemente selettiva (l'ammissione era subordinata al solo criterio politico), raggruppava compositori, musicologi, critici musicali e interpreti, nella sua sede principale di Praga e nelle filiali regionali sparse attraverso il paese (Brno, Bratislava, Plzeň, ecc.). Il compito di questa Unione era d'altronde stato chiaramente definito, al momento della sua fondazione, come ideologico, al fine di assicurare prima di tutto la giusta direzione della politica culturale in tutte le attività musicali (creazione, interpretazione, riflessione, pedagogia, ecc.).

Le prime manifestazioni dei musicologi cecoslovacchi dopo il 1948 si sono dunque limitate, in un primo tempo, agli elogiativi commenti e alle prudenti parafrasi (pubblicati sulla stampa del partito e su «Orizzonti musicali») dei testi "canonici" provenienti da Mosca, come l'opuscolo intessuto sulla trama dello sproloquio ždanoviano (Ždanov morí nell'agosto del 1948) dal compositore Tikhon Khrennikov (segretario generale, dal 1948 fino agli anni Ottanta, dell'Unione dei compositori sovietici), pubblicato in Cecoslovacchia nel 1949 con il titolo *Problemi della musica sovietica*. Si sono poi susseguite diverse traduzioni dei testi dei fondatori del marxismo-leninismo, come nel 1951 la raccolta *Sull'arte e la letteratura*, redatta in Urss da E. M. Livšic riunendo frammenti sparsi di Marx e Engels, o nel 1958 quella consacrata a Lenin e alle sue riflessioni sulla cultura e sull'arte. Per quanto concerne il jazz, le musiche popolari e le diverse forme di provenienza «americana e quindi capitalista e borghese», la traduzione ceca del libro di V. M. Gorodinskij, *Musica della miseria spirituale*, avrebbe a lungo rappresentato l'obbligatorio riferimento. Una volta forniti i capisaldi dell'unico «pensiero utile e sano» a chi si sforzava di non deviare dalla linea del partito, l'organizzazione del lavoro "scientifico" cecoslovacco poteva cominciare a costituirsi.

I gruppi di ricercatori formatisi in seno alle università, alle facoltà di musica delle accademie d'arte, ai conservatori di stato e agli istituti di ricerca collegati all'Accademia delle Scienze (Praga, Brno, Olomouc, Bratislava), si divisero i compiti. Alcuni tra i piú giovani talenti, quando per sincera devozione nei confronti della causa comunista, quando per puro opportunismo, hanno compiuto i loro studi direttamente a Mosca, come Jiří Bajer, futuro direttore, negli anni Settanta e Ottanta, della Sezione di musicologia dell'Istituto di teoria e storia dell'arte di Praga. Tra i meno giovani, che agli occhi del potere avevano un passato compromettente, alcuni si sono affrettati a rinnegare i loro lavori precedenti (spesso d'ispirazione strutturalista) per adottare la dottrina ufficiale. Cosí Antonín Sychra, discepolo e diretto successore, nel campo dell'estetica musicale e dell'analisi funzionale delle manifestazioni dell'arte popolare, di Jan Mukařovský (il quale aveva pubblicamente rinnegato a sua volta, dopo il 1948, l'intero *corpus* delle sue precedenti ricerche), divenne uno dei musicologi piú in vista, pubblicando fin dal 1948 una gran quantità di opuscoli e articoli su soggetti suggeriti dal potere (musica "dell'avvenire", critica "partigiana", realismo nell'opera di Smetana, realismo socialista in musica, ecc.) e ottenendo in cambio le cariche politiche e le cattedre universitarie piú ambite. Jan Mukařovský (1891-1975), figura dominante dell'estetica e della teoria della letteratura ceca fra le due guerre, membro del Circolo linguistico di Praga (1926-48), autore in particolare di *Funzione, norma e valore estetico come fatti sociali* (1936), e amico intimo di Roman Jakobson, dopo la sua adesione al partito nel 1948, fu nominato rettore dell'Università Carolina di Praga, e nel 1952 direttore dell'Istituto per la letteratura ceca presso l'Accademia Cecoslovacca delle Scienze. In accordo con lo spirito dello ždanovismo primario, l'obiettivo principale della musicologia socialista della prima metà degli anni Cinquanta consisteva nella lotta senza tregua contro le manifestazioni – in musica o nella riflessione metamusicale – di quel che le istanze ufficiali si ostinavano a chiamare con il termine-spauracchio di "formalismo". In effetti la musicologia marxista cecoslovacca aveva attaccato il "formalismo" fin dagli anni Trenta, e in particolare dopo la pubblicazione, nel 1936-37, del testo di Vojislav Vučkovič, musicologo di origine iugoslava residente a Praga, *Idealismo e materialismo in musica*, che applicava la nozione di formalismo a ogni musica detta "assoluta". Proprio come in Urss dopo il 1950, il termine «formalismo» presumibilmente designava, in ogni "democrazia popolare", la tendenza a una "ipertrofia" degli aspetti formali o strutturali a discapito del contenuto e della chiarezza del messaggio, tanto in un'opera musicale che in una riflessione teorica. Siccome ogni espressione – artistica o scientifica – doveva essere veicolo di un'idea (rivoluzionaria), di un contenuto (edificante), d'un messaggio (ottimista), d'una funzione (servire il popolo) e d'uno stile (realismo socialista), il formalismo, in quanto estraneo e nocivo all'arte cecoslovacca, slava e socialista, non ha mai smesso di essere il principale bersaglio di violente critiche. Queste non si indirizzavano solo ai compositori occidentali e ai rari compositori contemporanei cecoslovacchi, piú lenti di altri a piegarsi alle consegne ufficiali, ma attaccavano anche grandi compositori cechi, compresi Janáček, Martinů e Hába, che cosí rimanevano esclusi dai cartelloni delle sale da concerto. Proprio in questo periodo la musica di Dvořák si è vista accusare di "cosmopolitismo", in opposizione a quella "nazionale" di Smetana.

L'assurdità di un tale clima ideologico non poteva che determinare nella musicologia ufficiale dell'epoca l'enfatizzazione delle discipline storiche e della "folkloristica musicale", secondo la terminologia dell'epoca. Il termine "etnomusicologia" (come d'altronde "etnologia" o "antropologia") venne accuratamente evitato nella maggior parte delle "democrazie popolari", a eccezione dell'Urss, durante tutto l'arco del dominio comunista (salvo che nella seconda metà degli anni Sessanta), poiché la sua accezione rimandava, agli occhi degli ideologi ufficiali, alla "scienza imperialista" occidentale. Le nozioni di "folkloristica" o di "etnografia (musicale)" implicavano d'altronde un orientamento sostanzialmente descrittivo. Ciononostante, l'influenza dei linguisti d'origine russa stabilitisi tra le due guerre a Praga (Jakobson, Bogatyrev) o a Vienna (Trubeckoj), come del resto dei metodi e dei criteri di analisi linguistica, funzionale o strutturalista, che trovavano applicazione nelle loro ricerche, fu tanto ben assimilata in Cecoslovacchia che continuò a farsi sentire – in modo implicito ma costante – anche nella "scienza" comunista degli anni Cinquanta (come per esempio nei lavori di Robert Smetana, Sychra, Vetterl o Vysloužil nei paesi cechi, o di Kresánek, Leng, Elschek in Slovacchia). Con la "folkloristica" erano minori i rischi d'errore (cioè di risultare sgraditi alle autorità censorie) e maggiore la diretta efficacia applicativa dei risultati delle ricerche, dal momento che la valorizzazione e la glorificazione delle musiche "nazionali" (ceca e slovacca) cosí come dei rispettivi folklori, servivano direttamente gli interessi politici del potere costituito. Una delle maggiori preoccupazioni della musicologia dell'epoca consisteva dunque nel teorizzare "l'obbligo morale", per i compositori contemporanei, di attingere al patrimonio nazionale delle melodie e dei ritmi popolari, cosí come d'incentivare la produzione di opere "a tesi", "progressiste" e ottimiste. È evidente che le "canzoni di massa" facevano meglio al caso. Un'incalcolabile quantità di opere di questo tipo furono commissionate dallo stato (con la mediazione dell'Unione dei compositori), concepite, registrate e diffuse massicciamente tra il 1948 e il 1956. La maggior parte di queste (cantate, odi, oratori, sinfonie, marce, *ouvertures*, ecc.) glorificavano gli eroi (in primo luogo Stalin, secondariamente il suo omologo cecoslovacco, Gottwald) e le "grandi gesta" della costruzione del comunismo. Le canzoni di massa proliferarono a un ritmo tale che lo stesso potere ebbe difficoltà a controllarne e a renderne redditizio il flusso. Invece ogni musica nuova che esibiva una certa modernità o originalità (seriale, elettroacustica, concreta) venne messa totalmente al bando, proprio come il jazz o il rock.

Le basi istituzionali d'una vera ricerca musicologica erano in questo periodo praticamente inconsistenti. Soltanto un modesto Istituto per la storia della musica, annesso alla cattedra di musicologia presso la Facoltà di lettere dell'Università Carolina di Praga – dove, nel 1956, Mirko Očadlík fondò la rivista «Miscellanea musicologica», a periodicità irregolare, consacrata essenzialmente a soggetti relativi alla storiografia e alla paleografia musicali – e un Laboratorio di lessicografia musicale presso l'università di Brno, esercitavano bene o male questa funzione. Il Laboratorio per la canzone popolare e in seguito l'Istituto di etnografia e folkloristica, fondati a Praga rispettivamente nel 1953 e nel 1954 a iniziativa dell'Accademia Cecoslovacca delle Scienze, erano gli unici a godere di un prestigio e di un sostegno organizzativo consistenti da parte delle autorità politiche.

Solo dopo il 1956 si videro segni di disgelo. Con lo sgretolamento del culto di Stalin, in seguito al rapporto di Chruščëv al XX Congresso del Pcus del 1956, lo ždanovismo, in quanto dottrina ufficiale, si spense pressoché da un giorno all'altro. I musicologi marxisti piú ortodossi hanno cosí potuto cominciare a viaggiare all'estero e ad ammorbidire il loro atteggiamento precedente. Ad esempio Sychra, proprio nel 1956, si recò a Vienna per il convegno su Mozart, dopo aver compiuto numerosi altri viaggi a Parigi, New York, Teheran, ecc. Nel 1961 divenne membro del direttivo della Società internazionale di musicologia. Jaroslav Jiránek, portavoce dello ždanovismo nella Cecoslovacchia degli anni Cinquanta, fedele discepolo e infaticabile esegeta di Nejedlý, partecipò al VII Congresso della Società internazionale di musicologia a Colonia nel 1958, al seminario su Chopin a Varsavia e al congresso sull'estetica ad Atene nel 1960, alla conferenza su Liszt e Bartók a Budapest nel 1961, ecc. In questo stesso anno, il compositore Alois Hába poté finalmente partecipare, in qualità di ex socio onorario, al festival della SIMC a Vienna e cosí ricordare la posizione dell'avanguardia musicale cecoslovacca che era stata in passato assai importante in quella organizzazione. Per il solo decennio successivo al 1960, i musicologi cecoslovacchi cominciarono ugualmente a collaborare ai lavori della Società internazionale di musicologia. Cosí, si lasciava sempre piú spazio a una molteplicità di idee, soggetti e metodi di ricerca.

Nel 1962, per iniziativa di Jiránek, l'Accademia delle Scienze fondò a Praga l'Istituto di musicologia, che però si proponeva ancora una volta come "obiettivo principale" l'illustrazione della storia della musica ceca. Tuttavia, malgrado questo tenace orientamento storico, l'interesse di una parte dei musicologi si spostava sensibilmente verso preoccupazioni teoriche e piú sperimentali. Sempre nel 1962, il Laboratorio per la musica contemporanea, recentemente fondato presso l'Unione dei compositori cecoslovacchi, lanciò la rivista «Scienza Musicale» («Hudební veda») che verrà rilevata nel 1964 dall'Istituto di musicologia (e che continua a essere regolarmente pubblicata ancora ai giorni nostri). Nel 1963 nacque una Commissione per la musica elettroacustica. Nella seconda metà degli anni Sessanta furono organizzati diversi seminari e corsi di aggiornamento di musica detta "sperimentale" (a Praga e Brno, ma anche a Plzeň, città della Boemia occidentale che si era dotata di uno studio di musica sperimentale), con la partecipazione di ospiti di riguardo (Pierre Schaeffer, Gottfried Michael Koenig, Luigi Nono, ecc.). Lo stesso anno, sotto gli auspici dell'Accademia Cecoslovacca delle Scienze, si tenne al castello di Liblice, presso Praga, il celebre congresso su Franz Kafka, la pubblicazione delle cui opere era stata vietata in Cecoslovacchia dopo il 1948. Un altro avvenimento che ebbe luogo sempre nel 1963, e che può essere considerato come un segno premonitore della primavera di Praga del 1968, fu il primo Seminario internazionale dei musicologi marxisti dei paesi socialisti, organizzato a Praga dalla sezione musicologica dell'Unione dei Compositori. Il seminario fu consacrato alla rivalutazione metodologica del pensiero estetico del musicologo russo Boris Asaf′ev, e in particolare dei suoi concetti di "intonazione" e di "forma musicale come processo", fino ad allora violentemente criticati se non addirittura del tutto occultati. In seguito a questo seminario, un gran numero di musicologi sovietici, cechi, slovacchi e tedesco-orientali, e in minor misura di musicologi bulgari e ungheresi, cominciarono a studiare e perfezionare le "ipotesi" di Asaf′ev, per esaminarne, come si diceva allora, l'eventuale pertinenza metodologica a una musicologia marxista moderna. Tra i musicologi sovietici, Lev Abramovič Mazel′, Viktor Abramovič Cukkerman, V. S. Kornenko, Boris Mikhailovič Jarustovskij, Orlova, sono quelli che piú hanno contribuito, fin dalla seconda metà degli anni Cinquanta e soprattutto negli anni Sessanta, a riportare alla luce l'opera di Asaf′ev. A Praga, Sychra, Volek e soprattutto Jiránek si sono presi carico di questo compito, il primo rispolverando timidamente i suoi metodi del tempo che fu, ereditati dallo strutturalismo funzionale praghese degli anni Venti e Trenta, il secondo cercando di estendere la sua area d'interesse di ricerca a interrogativi estetici e filosofici piú generali, il terzo concentrando d'ora in avanti tutta la sua attenzione sull'opera teorica di Asaf′ev. La «teoria dell'intonazione» di quest'ultimo, nei suoi rapporti con le questioni di carattere semantico (contenuto, significato, interpretazione, senso della musica), è rimasta al centro delle preoccupazioni e delle ricerche di Jiránek, uno dei pochi musicologi restati sinceramente marxisti durante tutto l'arco della loro vita. Questi ha pubblicato diversi libri e scritti concernenti la teoria dell'intonazione [cfr. Jiránek 1965; 1967]. Lungo il suo tortuoso cammino, non cessava di confrontarsi con l'imperativo marxista dell'unità di forma e contenuto nell'arte, e di riformulare in questa prospettiva – in modo sempre piú complesso – le sue proprie definizioni di "intonazione", sulla linea tracciata da Asaf′ev. La versione recepita dalla storiografia della musicologia cecoslovacca sarà la seguente:

> L'intonazione è l'insieme delle piú piccole forme musicali (contesti musicali) concretamente realizzate (sonore), aventi per un soggetto socio-storico dato (anche individuale) un significato relativamente identico, caratterizzato da una certa strut-

tura concreta probabilistica, che è comune a tutte le componenti di un'espressione musicale e che sottende le relazioni tra queste stesse componenti.

I rapporti tra il particolare e l'universale, l'assimilato e l'insolito, il conosciuto e lo sconosciuto sono considerati come le forze motrici del processo di creazione della forma musicale, cosí come della trasmissione sociale dei significati musicali. Essendo questi ultimi per forza di cose socialmente determinati, la nozione di interpretazione, in quanto fonte d'attualizzazione perpetua del significato, è al centro di questa concezione. Jiránek ha distinto e analizzato diversi tipi d'intonazione vocale e strumentale secondo i generi e gli stili musicali. Sychra, dal canto suo, ha esaminato i loro rapporti con la musica "assoluta" e "a programma".

Le ricerche di Asaf'ev furono dunque il tramite privilegiato attraverso il quale "l'avanguardia" della musicologia cecoslovacca, nella seconda metà degli anni Sessanta, si aprí alle discipline fino ad allora rifiutate, vale a dire alla semiologia, alla psicologia e alla sociologia della musica, come pure all'etnomusicologia (a Brno e soprattutto in Slovacchia). Già nel 1961, il musicologo slovacco B. Kresánek pubblicò a Bratislava *La funzione sociale della musica*, primo tentativo di una riflessione sociologica originale. Seguirono i piú coraggiosi lavori di Ladislav Mokry, collega del precedente, e di Vladimir Karbusický, primo musicologo ceco specializzato in sociologia musicale [cfr. Fukac, Mokry e Karbusický 1967], che lavorò tanto all'elaborazione di una metodologia propria alla disciplina quanto al suo allargamento al campo delle musiche popolari (jazz, musica leggera) e ad analisi concrete. C'è da ricordare che negli anni Cinquanta il jazz in Cecoslovacchia era proibito o appena tollerato nelle sue forme piú candide o stemperate – "revivaliste". La sua provenienza geografica bastava da sola a giustificarne la condanna da parte delle autorità politiche in quanto musica imperialista e dunque incompatibile con una cultura socialista. Bisogna anche precisare che durante tutto il periodo del dogmatismo stalinista la sociologia era completamente scomparsa dai programmi di ricerca e di insegnamento universitario in Cecoslovacchia (cosa che, paradossalmente, non era avvenuta in Urss o in Polonia). Poiché si pensava che questa disciplina trattasse e rispecchiasse i problemi inerenti alle società "malate", "classiste", essa "logicamente" non aveva motivo di esistere in una società "sana", sbarazzatasi una volta per tutte delle "vecchie" distinzioni sociali. Aggiungiamo che negli anni 1964-1969 l'impulso maggiore alla costituzione di una sociologia musicale in Cecoslovacchia era venuto d'un lato dalle polemiche sorte attorno al saggio *Einleitung in die Musiksoziologie* [1962] di Adorno, dall'altro dalla musicologa polacca Zofia Lissa, esegeta marxisteggiante della fenomenologia dell'opera d'arte di Roman Ingarden, e dal suo confratello Ivo Supičić [1964; 1971]. Anche all'interno dell'Istituto di musicologia di Praga si sono manifestati seri tentativi di estendere il campo di analisi alle musiche non "colte". E ancora una volta, l'autorità di Asaf'ev e delle sue analisi, compiute negli anni Venti, sul rapporto di stretta interdipendenza fra la musica "della vita quotidiana" (*bytovaja muzyka*) e la musica "artistica", è servita tanto come principale riferimento quanto come alibi ideologico. Certi musicologi coinvolti in problematiche semiotiche e sociologiche, tra cui principalmente Jiří Fukac a Brno e Ivan Polednák a Praga, si sono sforzati di promuovere lo studio complessivo delle musiche «non colte» in disciplina musicologica a titolo pieno e autonomo. Insieme, essi hanno elaborato una sistematica e una metodologia specifiche, ispirandosi dapprima alle critiche costruttive di Theodor W. Adorno, tradotto per la prima volta in ceco nel 1964, poi alle tesi dei musicologi tedeschi Heinrich Besseler, Hans Heinrich Eggebrecht e Carl Dahlhaus, prima di arrivare, sul finire degli anni Settanta, a una formulazione sintetica originale dei fondamenti d'una teoria della musica detta "non-artificiale". Alla fine degli anni Sessanta essi avevano avviato un progetto di grande spessore: un'enciclopedia universale di tutte quelle musiche definite "non colte". Grazie ai loro perseveranti sforzi, Polednák e Fukac furono seguiti, a loro volta, da un buon numero di musicologi slovacchi, tedeschi, iugoslavi e austriaci. Adottando dapprima, nel 1967, la polarizzazione terminologica di Asaf'ev («khudožestvennaja muzyka - bytovaja muzyka»), poi quella proposta da Heinrich Besseler («Darbietungsmusik-Umgangsmusik») e da Eggebrecht («Artifizielle Musik - Funktionale Musik»), Polednák e Fukac, nella necessità di dotare la musica di una nuova base teorica, finirono per proporre una coppia di concetti generici deliberatamente neutri, «musica artificiale - musica non artificiale» (1977). Essa va intesa come una polarizzazione tipologica specifica di tutto l'"universo musicale", con le sue transizioni, scivolamenti e oscillazioni dei fenomeni musicali tra i due poli lungo l'asse "piú-meno", e questo in funzione delle caratteristiche musicali e dei contesti funzionali particolari (sociali, culturali, artistici, ecc.).

4. *Il "processo di consolidamento e di normalizzazione" dopo la Primavera di Praga.*

Come avvenne in ogni altro settore della vita pubblica, il 1968 e la Primavera di Praga portarono alla musicologia ceca e slovacca un respiro di novità, aprendo maggiori spazi alla diversificazione dei metodi di ricerca e al libero confronto delle opinioni. Il festival della SIMC, svoltosi l'anno precedente nella capitale cecoslovacca, aveva dato il segnale di partenza a una molteplicità di attività febbrili. Dapprima ci furono dei rimaneggiamenti istituzionali: i comunisti riformisti – detti liberali – prendevano a poco a poco il posto degli stalinisti duri e puri, confinandoli a ruoli di secondo piano in tutte le istituzioni scientifiche e culturali. Perfino i "senza partito" trovarono posto al loro interno, compresi – eccezionalmente – gli antichi espulsi dal Pc. I tentativi di recuperare il tempo perduto si fecero pressanti: per procurarsi libri e informazioni fino ad allora inaccessibili, per viaggiare all'Ovest o per farsi invitare dalle università occidentali per soggiorni di studio o cicli di conferenze. Una volta abolita ufficialmente la censura, nel giugno del 1968, alcuni testi e articoli musicologici di qualità poterono vedere la luce in Cecoslovacchia. Ansioso di colmare le piú vistose lacune ereditate dal dogmatismo staliniano, l'ambiente delle scienze umane si preoccupò in primo luogo di ristampare gli antichi testi strutturalisti e di pubblicare i lavori rimasti inediti. Cosí per esempio fu pubblicata una vasta antologia di testi strutturalisti e semiologici di Mukařovský anteriori al 1948 [cfr. Mukařovský 1966]. Pure nel 1969 gli istruttivi *Capitoli sulla storia dell'estetica* di Jaroslav Volek poterono venire alla luce, prima di essere ritirati dal mercato. Nello stesso anno fu anche varata a Brno una nuova rivista di musicologia, «Opus Musicum», ad opera di Jiří Fukac.

Sfortunatamente questo periodo fu troppo breve. Le speranze e le promesse di una durevole liberalizzazione svanirono rapidamente dopo l'occupazione della Cecoslovacchia, nell'agosto del 1968, a opera degli eserciti del Patto di Varsavia e poi, in maggior misura, dopo la messa a punto della politica di "normalizzazione e consolidamento" imposta dal regime neostalinista di Gustav Husák a partire dall'aprile del 1969. Qualche musicologo emigrò subito verso l'Ovest, come Karbusický che si esiliò nella Germania Federale, dove divenne docente universitario e continuò a pubblicare. Altri, piú numerosi, furono espulsi dal Pc, come Volek e Jiránek, ai quali fu anche impedito di insegnare, o Polednák e Fukac che furono soltanto "radiati". Questa sanzione, meno severa dell'espulsione, permetteva ai peccatori di "pentirsi", di recuperare la propria posizione sociale e di mantenere un certo margine di manovra all'interno delle istituzioni scientifiche. Altri ancora, non avendo mai aderito al partito, furono "semplicemente" messi fuori gioco, come Ivan Vojtěch, che aveva insegnato musicologia per alcuni anni all'Università Carolina di Praga e che fu dichiarato nemico del popolo, interdetto dall'insegnamento e dalla pubblicazione e spinto decisamente verso la dissidenza. Seguirono nuove ristrutturazioni dell'apparato amministrativo, in particolare la soppressione dell'Istituto di musicologia, sostituito da una modesta Sezione di musicologia, annessa all'Istituto di teoria e storia dell'arte. I progetti e i lavori in gestazione furono bloccati all'istante oppure rivisti attraverso parole d'ordine nuove, che tuttavia ricordavano in modo assurdo e tragicomico quelle dei primi anni Cinquanta. Nei testi ufficiali il realismo socialista tornò a essere la categoria suprema, inglobante tutto il bagaglio terminologico della teoria marxista dell'arte ("riflesso", "verità", "impegno", ecc.). Ciononostante, le conquiste della fine degli anni Sessanta non poterono essere ricusate in blocco. L'abitudine e il bisogno di lavorare insieme ad altri, di scambiare i punti di vista, di confrontare i metodi, di imparare e pensare in comune, non fosse che in privato o nell'intimità di una stanza chiusa, tutte queste esperienze esaltanti che avevano preceduto il colpo devastante della restaurazione politica non potevano evaporare senza lasciare traccia alcuna. Nessuna sincera convinzione questa volta, né alcuna adesione ad alcunché, se non all'idea di una sopravvivenza per quanto possibile decente. Sopravvivenza individuale, sopravvivenza professionale, ma anche sopravvivenza della stessa disciplina musicologica. Una volta dispersi, gli antichi gruppi di lavoro e di ricerca ritornarono poco a poco in attività grazie ai nuovi capitani che erano stati paracadutati a dirigerli: accorti e leali servitori del potere, ma col delicato compito di inquadrare un'armata di "buoni soldati Švejk".

Cosí, all'inizio degli anni Settanta, all'interno dell'Istituto di teoria e storia dell'arte si formò un «gruppo interdisciplinare di ricerca sui sistemi espressivi e comunicativi dell'arte», capeggiato da Sáva Sabouk. All'interno di questa squadra, verso il 1975, un Gruppo per la semiotica musicale si cristallizzò in maniera informale attorno alla direzione di Ivan Poledňák. Esso pubblicava un proprio bollettino, una rivista interna ciclostilata che venne alla luce in una decina di numeri. Pur restando tributario – e per quanto riguarda la metodologia interamente dipendente – dall'organismo principale, il Gruppo per la semiotica musicale poté sviluppare un'attività relativamente intensa, appoggiandosi in particolar modo sulla riflessione storica e sistematica di uno dei suoi piú prestigiosi membri, Jaroslav Volek, divulgata entro una cerchia ristretta sotto forma di conferenze. In primo luogo egli apportò un importante contributo alla metodologia generale (segno, meta-segno, struttura, sistema, sintagma, paradigma) [cfr. Volek 1981; 1982]; in secondo luogo trattò con immaginazione e una decisa indipendenza di pensiero i concetti di contenuto, significato, senso, rapporti fra opera e realtà – questioni cruciali ed estremamente delicate per una scienza marxista ortodossa. I suoi complessi interrogativi sulla natura della significazione in musica lo portarono alla formulazione di una teoria dell'iconicità strutturale della musica, fondata sulle nozioni di omomorfia con movimenti, di "intrecci", di relazioni e qualità delle relazioni. D'altra parte, egli ha postulato una natura espressiva della musica, basata sulla rappresentazione indiziaria della realtà. Infine ha esaminato la dimensione di meta-segno in quanto caratteristica della musica. Per quanto interdetto dall'insegnamento, questo *enfant terrible* dell'estetica e della semiotica musicali cecoslovacche ha potuto cosí, in maniera semiufficiale e benevola, contribuire alla salvaguardia di un'esigenza di rigore metodologico nel ristretto ambiente dei musicologi cechi. Il tandem Poledňák-Fukac ha consacrato gran parte del suo tempo alla riflessione sulla nozione stessa di musica, sulla sua definizione, il suo sistema terminologico, la sua stratificazione e tassonomia [cfr. Fukac e Poledňák 1981]. Fukac estendeva i suoi interessi alla comunicazione musicale; Poledňák dal canto suo trattava le questioni della polarità «presentazione-rappresentazione» in musica [cfr. Polednák 1980], dell'appercezione musicale [cfr. Polednák 1985], delle funzioni nella musica, ecc. Jiránek continuò a sviluppare le sue riflessioni sulla teoria dell'intonazione in Asaf'ev, pur spingendosi regolarmente nel campo delle potenzialità specificamente semantiche della musica [cfr. Jiránek 1979*b*]. Jarmila Doubravová, un'altra prolifica componente del Gruppo, articolò le sue idee soprattutto intorno alla propria «ipotesi interpersonale della semantica musicale» [cfr. Doubravová 1970]. Ivo Osolsobe, semiologo largamente influenzato dalle correnti di pensiero occidentali, si è dedicato, tra le altre cose, all'esame semiotico del teatro musicale [cfr. Osolsobe 1974]. Jiří Kulka trattò le questioni semiotiche dal punto di vista della psicologia musicale. La comunità semiotica, nel suo insieme, è stata mossa nei suoi sforzi da una «preoccupazione di approfondire le tradizionali relazioni fra musicologia e linguistica, sempre cercando di correggere l'accezione riduzionista della musica come lingua *sui generis* e quella di musicologia come filologia musicale» [cfr. Fukac, Jiránek, Polednák e Volek 1992].

Questa effervescenza nel campo della semiotica musicale, che ristabiliva una chiara continuità con la tradizione delle ricerche estetiche e musicologiche ceche anteriori al 1948, è stata frenata in maniera sostanziale, sul piano qualitativo, dagli imperativi dell'estetica marxista, "teorizzati" da Sáva Sabouk. Le sue «ipotesi sui sistemi espressivi e comunicativi dell'arte», laboriosamente articolate [cfr. Sabouk 1973; 1976] in un'ansia di rigorosa osservanza del materialismo dialettico e aventi *status* di legge, di riferimento obbligato per tutte le discipline artistiche, non hanno potuto che invalidare d'ufficio il fondamento stesso di tutti questi sforzi, anche dei meglio intenzionati. Tanto piú che gli altri settori della musicologia cecoslovacca di questo periodo, al di fuori delle ricerche puramente storiografiche (ovvero puramente acustiche), vivacchiavano con grandi difficoltà, seppure non declinavano miseramente, causa il mancato interessamento del potere costituito. Tuttavia, anche nel campo della storiografia musicale del XX secolo, il terreno era scottante e rimaneva poco margine di manovra. A titolo di esempio paradigmatico, assurdo e profondamente rivoltante, basta evocare il divieto assoluto (punito con sanzione "irrevocabile"), durante il ventennio 1969-89, di anche solo menzionare i nomi dei piú grandi artisti (autori-compositori-interpreti) protagonisti, nel periodo fra le due guerre, del celebre teatro libero di Praga (Jiří Voskovec, Jan Werich, Jaroslav Jezek, ecc.). Il fior fiore dell'avanguardia musicale e artistica di un tempo era ora diventato, agli occhi del potere fedifrago e dei suoi servitori impauriti, uno spauracchio accusatore. Cosí, per esempio, la grande enciclopedia delle musiche ceca e slovacca cosiddette non colte, che era già stata prevista sul finire degli anni Sessanta, ma che amputata di questo immenso capitolo della storia musicale ceca avrebbe rappresentato un crimine contro la memoria e la coscienza collettive, non poté vedere la luce prima del 1990, dopo la caduta del Muro di Berlino e il crollo del regime comunista cecoslovacco... Nello stesso anno, la Sezione musicologica dell'Istituto di teoria e storia dell'arte ha nuovamente ricuperato il rango di Istituto musicologico indipendente. Nel 1992 è stata finalmente possibile la pubblicazione di una vasta opera collettiva che riprendeva in esame i due decenni trascorsi e riassumeva gli sforzi metodologici, sistematici e tassonomici dei musicologi cechi nel campo della semiotica musicale [cfr. Fukac, Jiránek, Polednák e Volek 1992].

AA.VV.

1988 *Voprosy metodologii i sociologii iskusstva* («Questioni di metodologia e di sociologia dell'arte»), Lgitmik, Leningrad.

Adorno, Th. W.

1962 *Einleitung in die Musiksoziologie*, in Id., *Gesammelte Schriften*, XIV. *Dissonanzen. Einleitung in die Musiksoziologie*, a cura di R. Tiedemann, Suhrkamp, Frankfurt am Main 1980 (trad. it. parziale *Introduzione alla sociologia della musica*, Einaudi, Torino 1998; 1ª ed. 1971).

Asaf'ev, B. V. (Igor' Glebov)

1930 *Muzykal'na'ja forma kak protsess* («La forma musicale come processo»), Muzyka, Leningrad (trad. ingl. *Musical Form as a Process*, Ohio State University Press, Columbus Ohio 1976).

1941 *Intonacia* («Intonazione»), Leningrad.

1952-57 *Izbrannye troudy* («Opere scelte»), 5 voll., Izd-vo Akademii nauk SSSR (Accademia delle Scienze dell'Urss), Moskva.

Bek, J., Fukac, J., e Polednák, I.

1976 *Ceská hudební veda 1945-1975* («La musicologia ceca 1945-1975»), in «Hudební veda», n. 1.

Besseler, H.

1978 *Aufsätze zur Musikästhetik und Musikgeschichte*, Reclam, Leipzig.

Doubravová, J.

1970 *Interpersonální hypotéza v hudební sémiotice* («Ipotesi interpersonale in semiotica musicale»), in «Hudební veda», n. 2, pp. 179-83.

1984 *Musical Semiotics in Czechoslovakia*, in «International Review for the Aesthetics and Sociology», n. 1, pp. 31-38.

Elschek, O.

1973 *Gegenwartsprobleme der musikwissenschaftlichen Problematik*, in «Acta Musicologica», n. 1, pp. 1-23.

Fukac, J., Jiránek, J., Polednák, I., e Volek, J.

1992 (a cura di), *Základy hudební sémiotiky* («Fondamenti di semiotica musicale»), 3 voll., Facoltà di Lettere dell'Università di Brno, Brno.

Fukac, J., Mokry, L., e Karbusický, V.

1967 *Die Musiksoziologie in der Tchechoslowakei*, Ceskoslovenske hudebne informacni centrum, Praha.

Fukac, J., e Polednák, I.
1981 *Hudba a její pojmoslovný systém* («La musica e il suo sistema terminologico»), Academia, Praha.

Ingarden, R.
1962 *Untersuchungen zur Ontologie der Kunst. Muziwerk-Bild-Architektur-Film*, Niemeyer, Tübingen.
1966-70 *Studia z estetyki* («Studi di estetica»), 3 voll., Paânstwowe Wydawn, Naukowe, Warszawa.

Jiránek, J.
1965 *Umeni rozezpívat myslenku* («L'Arte di far cantare un'idea»), Panton, Praha.
1967 *Asafjievova teorie intonace, její geneze a vyznam* («La teoria dell'intonazione di Asaf'ev: genesi e implicazioni»), Academia, Praha.
1979*a* *Intonation als ästhetischer Begriff*, in «Musik in Geschichte und Gegenwart», XVI, Supplemento.
1979*b* *Tajemství hudebního vyznamu* («Il mistero della significazione musicale»), Academia, Praha.

Lissa, Z.
1969 *Aufsätze zur Musikästhetik*, Henschel, Berlin.
1974 *Wstep do muzykologii* («Introduzione alla musicologia»), Paânstwowe Wydawn, Naukowe, Warszawa.
1975 *Neue Aufsätze zur Musikästhetik*, Heinrichshofen, Wilhelmshaven.

Mayer, G.
1978 *Weltbild, Notenbild. Zur Dialektik des musikalischen Materials*, Reclam, Leipzig.

Mukařovský, J.
1966 *Studie z estetiky* («Studi di estetica»), Odeon, Praha (trad. it. *Il significato dell'estetica*, Einaudi, Torino 1973).

Osolsobe, I.
1974 *Divadlo které mluví, zpívá a tancí. Teorie jedné komunikacní formy* («Il Teatro che parla, canta e danza. Teoria di una forma di comunicazione»), Supraphon, Praha.

Polednák, I.
1980 *Ke vzatahu reprezentace a prezentace v hudebním sdelování* («A proposito della relazione rappresentazione-presentazione nella comunicazione musicale»), in «Hudební veda», n. 1, pp. 201-10.
1985 *Zum Problem der Apperzeption der Musik*, in «International Review for the Aesthetics and Sociology of Music», n. 1, pp. 43-56.
1990 *Musical semiotics: a report from Praga*, in «Theory Only», settembre, pp. 1-13.

Rigoni, M.
1989-90 *Serge Prokofiev, 'Histoire d'un homme véritable'*, in «Les Cahiers du CIREM», n. 14-15, *Révolution(s), politique et musique*, pp. 111-85.

Sabouk, S.
1973 *Umení, systém, odraz* («Arte, sistema, riflesso»), Horizont, Praha.
1976 *Umení a skutecnost* («Arte e realtà»), Ceskoslovenský spisovatel, Praha.

Supičić, I.

1964 *Elementi sociologije musike*, Muzikološki Institut Muzička Akademja, Zagreb.

1971 *Musique et société. Perspectives pour une sociologie de la musique*, Istituto di Musicologia, Accademia di Musica, Zagreb.

Sychra, A.

1948 *Hudba a slovo v lidové písni* («Musica e parola nella canzone popolare»), Svoboda, Praha.

1948-49 *Lidová písen z hlediska sémiologického*, Praha.

1973 *La chanson folklorique du point de vue sémiologique*, in «Musique en jeu», n. 10, pp. 12-33.

Ujfalussy, J.

1967 *Hudební obraz skutecnosti* («L'immagine musicale della realtà»), Supraphon, Praha.

Volek, J.

1966 *Teorie intonace, jegí geneze, soucasny stav a problémy* («La Teoria dell'intonazione: genesi, stato attuale e problematiche»), in «Hudební veda», n. 2, pp. 284-91.

1968 *Základy obecné teorie umení* («Fondamenti della teoria generale dell'arte»), SPN, Praha.

1981 *Hudební struktura jako znak a hudba jako znakovy systém* («La struttura musicale come segno e la musica come sistema di segni»), in «Opus musicum», n. 5, pp. 129-42; n. 6, pp. 161-74; n. 10, pp. 289-95 (in tedesco: *Musikstruktur als Zeichen und Musik als Zeichensystem*, in H. W. Henze, *Die Zeichen. Neue Aspekte des musikalischen Ästhetik*, II, Fischer, Frankfurt am Main 1981, pp. 222-55).

1982 *Problémy definice hudby z hlediska vedeckych disciplin* («Problemi della definizione della musica dal punto di vista delle discipline scientifiche»), in «Hudební veda», n. 2, pp. 123-53.

CAROLYN ABBATE

Musicologia e *gender studies*

1. *I silenzi della musicologia*.

Alla fine del XX secolo non si può piú presumere di studiare la musica d'arte europea come se questa fosse sospesa in un vuoto nel quale vengono annullate la cultura del compositore che l'ha creata e quella di chi ne scrive. Naturalmente è possibile descrivere la musica soltanto in termini di strutture, meccanismi formali o modelli di sonorità, sebbene non si possa piú considerare tutto ciò come un'analisi neutrale a livello zero della verità oggettiva. Ci siamo resi conto che questo livello zero è un luogo fittizio. Ma c'è di piú: il formalismo nelle sue manifestazioni piú grossolane può implicare o sostenere determinati programmi sociopolitici. Come scrive Christopher Norris:

> il formalismo può rappresentare nella sua forma piú pura, piú seducente ancorché coercitiva, quella variante dell'ideologia estetica che presidia il confine fra esperienza e conoscenza, arte per il consumatore ed arte come regno di una conoscenza specializzata inaccessibile a tutti tranne che all'esperto [1989, p. 9].

Dobbiamo comunque prendere atto che le pretese di potere e dovere intendere la musica come pura sonorità hanno dominato l'interpretazione di quest'arte dalla metà circa dell'Ottocento fino alla fine del Novecento, un periodo storico nel quale l'idea che la musica debba essere percepita come "assoluto" – liberata da funzioni sociali, contemplata come mero suono – ha rappresentato piú o meno un assioma intellettuale, specialmente nelle tradizioni della musicologia tedesca e angloamericana.

Riassumendo per sommi capi: fino alla svolta rivoluzionaria incarnata dall'estetica musicale di Schopenhauer cosí come è esposta in *Die Welt als Wille und Vorstellung* [1819], la stragrande maggioranza dei filosofi che scrivevano di estetica e di musica dava per assodato che la musica avesse una funzione mimetica o rappresentativa. In altre parole, che la musica fosse la traccia sonora di un oggetto non-musicale, di un'emozione o di un dramma. E tale assunto veniva ritenuto ugualmente vero non solo nel caso in cui il brano in questione fosse una musica chiaramente imitativa (*ouvertures* che illustravano una furiosa tempesta oppure i suoni della natura) ma anche nel caso di opere che potremmo considerare puramente "astratte". È noto che Momigny corredò di testi poetici i quartetti per archi di Mozart, come se questa ritraduzione della musica nell'oggetto extramusicale da essa rappresentato fosse operazione del tutto pacifica. Ma all'epoca in cui Edward Hanslick pubblicò il suo famoso e perfino famigerato libro *Vom musikalisch-Schönen* [1854], il pendolo aveva già raggiunto l'estremo opposto, a un punto tale che la musica era ormai considerata un'espressione trascendente, di gran lunga superiore alle altre arti o linguaggi, e tale trascendenza veniva per cosí dire pagata al prezzo di ammetterne l'indeterminatezza e l'astrazione, come se si trattasse di una fuga dalla capacità di rappresentazione. La musica divenne in tal modo il bersaglio di una metafisica romantica della mistificazione, e al contempo un oggetto puramente estetico. Per proporre un'analogia esagerata ma efficace: fu come se *Lolita* di Nabokov cessasse di essere la narrazione di una prospettiva tragica con divertenti scenette pornografiche per diventare semplicemente una raccolta di belle parole.

Non mancarono le eccezioni a questa visione estetico-musicale dominante, tra cui la piú significativa fu quella di Theodor W. Adorno e della Scuola di Francoforte, a partire dagli anni Cinquanta del Novecento. Tuttavia, quelli che Leonard Meyer in *Emotion and Meaning in Music* [1956, trad. it. p. 27] ha definito atteggiamenti assolutistici e formalistici di fronte all'interpretazione e alla creazione della musica, continuarono a influenzare la composizione e gli scritti musicologici per gran parte del XX secolo. La *summa* di questa teoria è stata probabilmente esposta nel famigerato *Poetics of Music* [1942] di Igor´ Stravinskij, dove si afferma che la musica è un linguaggio senza alcuna traccia di connessioni con la società, un discorso interamente solipsistico nel quale, tutt'al piú, materiale sonoro contemporaneo privo di connotazioni simboliche può essere interpretato come una reazione ad altro materiale (per definizione non simbolico) proveniente dal passato. Questa fu ad esempio la spiegazione che Stravinskij diede del suo stile neoclassico. Ad ogni modo, mentre è possibile vedere la storia della musica come l'evoluzione del suono organizzato non simbolico, autori come Boris Asaf´ev [1963] tendono piuttosto a rilevare che l'aspetto simbolico della musica, una volta annullato in tal modo, finisce per riaffermarsi potentemente.

Non è questa la sede per una disamina dettagliata della storia di tali idee. Benché sarebbe interessante fare ipotesi circa una simbiosi fra un dogma che propugna la purificazione dell'esperienza musicale dall'inquinamento extramusicale (come in Hanslick), l'emergere dell'astrazione e dell'elemento meccanico nella musica moderna (come nel sistema dodecafonico di Schönberg) e la nascita del fascismo in Europa, ciò non rientra nelle nostre finalità, anche perché si tratta di un piú ampio problema politico che è stato discusso a lungo altrove [cfr. ad esempio Taruskin 1996]. Né è questo il luogo per trattare dell'opposizione fra la musica popular o folk e la musica d'arte, nonché dell'ideologia che dichiara la prima oggetto non meritevole di indagine musicologica.

Tuttavia, per comprendere le passioni destate nella musicologia del tardo Novecento dalla voga corrente dei *gender studies*, dei *cultural studies* e dalla questione dell'identità d'autore, è necessario inquadrare il dibattito sullo sfondo di piú generali e antichi rebus insoluti. Innanzi tutto un interrogativo ontologico: in che consiste un'"opera" musicale? È forse un oggetto trascendente che esiste al di fuori di qualunque esecuzione data? [Per una rassegna di queste problematiche si veda Genette 1994]. Oppure l'"opera" consiste in effetti nella concreta realizzazione di una prescrizione, una partitura con indicazioni significative che, osservate nel corso di un'esecuzione, daranno come risultato l'esistenza di quell'opera? Le posizioni formaliste tendono ad allearsi con il presupposto della trascendenza dell'"opera", dato che tale presupposto non considera l'aspetto della produzione e del consumo musicale, un aspetto questo di particolare rilievo per le filosofie marxiste come quella di Adorno. Il secondo rebus è di carattere piú metafisico: cosa significa o cosa esprime un'opera musicale, ammesso che significhi o esprima qualcosa? A questa seconda questione sono correlate due ulteriori domande: in che modo le *credenze* sul significato della musica o su ciò che essa esprime maturate da un compositore o da chi scrive di musica trovano espressione nelle loro composizioni o trattazioni? E in che modo colui che scrive di musica è in grado di accreditare la propria "verità" circa la musica o le opere musicali?

2. *Le nuove questioni*.

Tali questioni sono state affrontate in maniera esauriente in quell'ambito che talvolta viene etichettato come "femminismo e musicologia" oppure *gender studies* e musicologia. Un osservatore esterno, considerando ad esempio la componente emotiva che sembra accompagnare la letteratura sul rapporto fra musica e genere (a prescindere dalla sua prospettiva: assolutista/formalista o espressionista/referenziale) potrebbe rendersi conto immediatamente che v'è in gioco qualcosa di molto personale. Adottiamo per il momento un punto di vista essenzialista, e immaginiamo due ipotetici interlocutori su posizioni inconciliabili: da un lato una donna che propone interpretazioni femministe delle sinfonie di Schubert, trasformandole in narrazioni sociali sui ruoli umani sessuati; dall'altro un uomo che rifiuta questo punto di vista basandosi sulla gelosa convinzione che la musica sia pura sonorità, convinzione che verrebbe offesa da una tale interpretazione e da qualsiasi accenno all'erotico.

Onde provare la sua credibilità e la giustezza della sua strada d'accesso a una verità dell'opera musicale, la femminista potrebbe invocare la sessualità conflittuale di Schubert; finendo cosí per accettare e utilizzare l'egemonia dell'erudizione, con le sue enumerazioni di fatti e documenti storici, proprio al fine di proporre un'interpretazione non egemonica del brano.

Per parte sua, l'uomo potrebbe far riferimento a qualcosa che egli considera un dato assoluto del linguaggio musicale – e cioè che esso è superiore rispetto alle semplici parole o alla narrazione verbale proprio perché *è* puro. Cosí facendo, egli rifiuterebbe d'un colpo una lettura culturalmente connotata di Schubert, dimostrando di essere ricaduto in un'estetica ottocentesca di scuola germanica. Il suo assunto prediletto, cioè la musica strumentale come puro suono, è frutto di una convenzione; tuttavia, nell'appellarsi a una particolare metafisica della musica (peraltro strettamente storicizzabile) come a una sorta di dato universale, egli rivela quanto sia irrazionale la base intellettuale su cui si fonda la sua verità.

D'altro canto, le letture e gli strumenti persuasivi dei due antagonisti potrebbero svilupparsi in altre direzioni. La nostra studiosa potrebbe contare sulle seduzioni della scrittura, sull'ironia, rifiutando ogni argomento storico convenzionale, onde strappare fiducia e ammirazione per il proprio punto di vista. Ella rifiuterebbe probabilmente la certezza e la convenzionalità di una qualsiasi "conclusione". Nel frattempo, il nostro ipotetico uomo potrebbe citare *Die Idee der absoluten Musik* di Carl Dahlhaus [1978] per sostenere che le dottrine dell'assolutismo estetico erano già affermate all'epoca di Schubert, che nulla dimostra che Schubert intendesse la musica strumentale come narrazione, e che le prove della sua sessualità conflittuale potrebbero rivestire un interesse biografico ma non avere rilevanza alcuna per l'interpretazione delle sue opere. Qui un'interpretazione radicale si sposa a un metodo rigorosamente erudito, mentre un punto di vista convenzionale viene associato ad argomentazioni piú quotidiane.

Questi casi ipotetici presuppongono solo in parte che i punti di vista degli studiosi, le loro metodologie e conclusioni derivino da una sorta di identità essenziale, definita in termini di sesso biologico o cultura di genere. È quasi superfluo sottolineare come l'essenzialismo – il postulato che il pensiero sia predeterminato dall'identità del soggetto pensante – rifletta un ovvio fenomeno psicologico ma rappresenti anche un rischio filosofico, in quanto può rivelarsi un'arma a doppio taglio producendo stereotipi razziali o culturali [cfr. Fuss 1989], e come nel contempo il postulato essenzialista non tenga conto di un approfondimento critico postmoderno, vale a dire che la soggettività e l'identità di una persona possono essere tanto costruite quanto ereditate.

Tuttavia è difficile dissimulare il punto centrale della questione, e cioè in che modo l'identità di una persona possa aver plasmato le sue argomentazioni e la sua scelta di un oggetto di studio. Questa autointerrogazione ricorre spesso nell'antropologia e nell'etnomusicologia moderne, dove la strategia di "posizionarsi" consapevolmente rispetto alle metodologie o agli stili conoscitivi in conflitto è quasi un luogo comune. Naturalmente, la scientificità in antropologia deve anche fare i conti col modo in cui l'autorità di uno studioso si afferma rispetto a un potere posseduto dalle identità essenziali, quello di condizionare il criterio di valutazione della realtà da parte dei lettori. Coloro che sono nativi di una particolare cultura ne possiedono una conoscenza speciale. Uno studioso in grado di operare allo stesso tempo come appartenente alla comunità in oggetto e come esterno ad essa – ad esempio un musicista sudasiatico che conosca anche la tradizione scientifica occidentale – si colloca con ciò in una posizione di particolare autorità.

Invero, alcuni autori che si occupano della realtà post-coloniale potrebbero pretendere che la loro duplice identità – in quanto membri di una minoranza etnica e culturalmente allogeni, e ciononostante in grado di padroneggiare lo stile conoscitivo egemone delle loro patrie scientifiche d'adozione, siano esse Oxford o Cambridge oppure Princeton, Harvard, Yale – conferisca loro un incontestabile vantaggio intellettuale e dia alle loro voci, figurativamente parlando, uno spessore senza pari rispetto a quelle degli studiosi culturalmente "monolingui".

Per estensione, si potrebbe sostenere che una donna rappresenti un informatore nativo per quanto riguarda il proprio sesso e l'appartenenza femminile di genere, e insieme una studiosa che in virtú di un ironico atteggiamento nei confronti delle posizioni dominanti nella scienza occidentale si colloca in una posizione di particolare autorevolezza quando tratta di *gender* e musica. Cominciamo a vedere come la *reductio ad absurdum* dell'argomentazione determini rivendicazioni confliggenti circa i termini e gli ambiti entro cui si esercita l'autorevolezza individuale. Inoltre, vi sono degli ambiti dei quali nessuno studioso vivente può trattare da una posizione di osservatore interno: quelli del passato, le tematiche storiche. Nessuno può essere infatti un nativo del XVII secolo. Quindi, è probabile che l'identità essenziale di un autore debba essere considerata di minore rilevanza quando egli scrive di storia. Tuttavia è forse proprio quando si scrive di storia che i dilemmi ideologici diventano piú pressanti.

Un'autocoscienza di questo tipo riguardo all'identità individuale è un tratto molto meno caratterizzante nei lavori musicologici sulla musica d'arte occidentale. Tale assenza riflette molte cose. Sebbene nel complesso si possa sostenere che i tradizionali storici della musica siano piú attenti al contesto culturale che non i teorici dello stesso tipo, nessuno dei due gruppi ha mostrato una particolare autoconsapevolezza riguardo alla questione dell'identità oppure a quella delle garanzie circa l'autorevolezza metodologica e la competenza individuale in sede di produzione scientifica.

Un altro fattore è rappresentato dalla lunga storia dell'approccio formalista in musicologia, cui si è accennato in precedenza. La musica d'arte occidentale è stata considerata come un foro accademico da cui le terrene questioni relative alla produzione, al consumo e al significato extramusicale, cosí come quelle inerenti alle nostre identità etniche e culturali in quanto pubblico di ascoltatori, si dileguano nel momento in cui ci si accosta al sublime regno dell'Opera *per sé* e ai suoi suoni ammaliatori. Tale mito utopico viene ammirevolmente reso in apertura del film di Ingmar Bergman sul *Flauto magico* di Mozart, dove il pubblico che assiste all'opera nel teatro svedese di Drottingholm è immaginato come un mosaico razziale ed etnico dei popoli del mondo.

A queste presunzioni di tipo formalista si sono contrapposte numerose obiezioni nell'ambito della critica musicale marxista, a cominciare da Adorno e dalla Scuola di Francoforte, e in quello dei *gender studies*. È interessante che le scuole marxiste di pensiero musicologico abbiano soprattutto messo radici non in Germania, dove le teorie di Adorno furono poco considerate per gran parte del periodo postbellico, ma in Inghilterra - concentrandosi nella cosiddetta Scuola di Birmingham e trovando espressione nella rivista «Cultural Critique» [cfr. Norris 1989] - e in America [cfr. Leppert e McClary 1987].

La critica propriamente femminista del pensiero musicologico ha trovato forse diffusione piú universale e si può considerare in certo modo un caso tipico. Ad esempio, per la nostra ipotetica studiosa, la già citata donna ironica, abbiamo il possibile ritratto in miniatura di un autore e di un'opera destinata a diventare un testo fondamentale per i *gender studies* e la musica: *L'opéra ou la défaite des femmes* [1979] di Catherine Clément. Ci soffermiamo sul libro della Clément perché solleva un insieme di questioni centrali per la nostra posizione rispetto alla musicologia, pur non incentrandosi sulla musica in sé e per sé. Il suo lavoro affronta indirettamente una serie di tematiche: identità ed essenzialismo, filosofie della storia, oggetti e aree specifiche della speculazione musicologica, meccanismi retorici e persuasivi degli autori. Il libro rappresenta una pietra di paragone per una riflessione piú generale e non ristretta alla tematica dei *gender studies*, ma estesa a questioni piú ampie attinenti al significato e al senso nella musica.

La Clément rilegge la trama di diversi celebri melodrammi sostenendo che, per ragioni di controllo sociale, vi sarebbe messa in scena la repressione e la sconfitta dei personaggi femminili in base a coerenti sviluppi storici. Di rado ella analizza dettagli e strutture musicali, notando invece come la musica fornisca semplicemente un'aura sonora che attenua la violenza, mentre con la sua bellezza distoglie l'ascoltatore dall'analizzare le sgradevoli implicazioni sociali delle trame operistiche. Tuttavia, la sua antropologia degli intrecci operistici costituisce forse l'aspetto meno radicale del suo libro, che risulta sorprendente per una serie di altri elementi. In primo luogo perché nel suo discorso la Clément, seguendo una strategia espositiva comune negli scritti femministi di scuola francese, presenta se stessa e la propria identità come donna e madre rifiutando il linguaggio della scientificità convenzionale a vantaggio di uno stile letterario giocoso e alto, e soprattutto perché dichiara ripetutamente di raccontare delle "storie", domandando a un certo punto al lettore: «mon histoire ne te plaît pas?» [1979, p. 148]. Molti lettori rimasero scandalizzati, sia per il tono familiare sia per la sicurezza di sé che portava l'autrice a etichettare il proprio lavoro scientifico come "una storia". Definendo le proprie interpretazioni *histoires* invece di accreditarle come dati di fatto, la Clément metteva globalmente in discussione l'interpretazione della musica, compreso il piú convenzionale discorso storico-musicale. La ricerca scientifica – ella sembrava suggerire – è plasmata dalla personalità, dall'identità e dalle appassionate convinzioni di chi scrive. Non esiste nessuno studio interpretativo oggettivo, nessuna narrazione fattuale che sia scevra da pregiudizi, a prescindere da ciò che un autore possa affermare in contrario. Ancora una volta, questa asserzione rappresenta un'ovvietà in settori come la storiografia moderna, gli studi postcoloniali o l'antropologia, dove oggi è quasi impossibile imbattersi in uno scritto scientifico il cui autore non si affanni a mostrare la propria coscienza relativistica e a riconoscere la possibilità di storie alternative.

Il libro della Clément ha esercitato una ricaduta intellettuale rilevante sulla musicologia angloamericana, ma forse minore sulle piú conservatrici culture accademiche continentali. A tutt'oggi si potrebbe scorgere l'influsso dell'ironica voce della Clément nel lavoro della statunitense Susan McClary o in quello di Michel Poizat, *L'Opéra, ou Le cri de l'ange* [1986], il cui titolo ricorda quello della Clément; mentre sono sorprendenti le assonanze, o forse le somiglianze accidentali, con quest'ultima nelle note a mo' di associazioni libere dedicate da Klaus Theweleit [1988] all'*Orfeo* di Monteverdi. È significativo notare come questi autori provengano da differenti discipline: la McClary è una musicologa, Poizat un linguista e psicoanalista mentre Theweleit un critico letterario e storico della cultura. Inoltre, molti lavori che si inseriscono in quel settore definito a volte come musicologia omosessuale o lesbica adottano come *topos* obbligato del proprio progetto interpretativo l'indicazione della Clément circa la necessità di fare dell'autobiografia, anche se spesso senza l'ironia e il brio letterario che hanno portato al successo questa propensione nella Clément. Un'interessante eccezione è il saggio di Wayne Koestenbaum, *The Queen's Throat: Opera, Homosexuality, and the Mystery of Desire* [1993].

Gli studi musicologici all'inizio del XXI secolo si svolgono in un ambiente scientifico conflittuale e pluralistico. In una tale situazione dovremmo essere oramai consapevoli che ogni tentativo di fornire una qualsiasi indicazione privilegiata di metodologie e ideologie conterrebbe un'implicita componente d'ironia. Né sarebbe adeguato limitarsi a richiedere una rassegnata tolleranza, presumendo che in un contesto tanto multiculturale tutta la produzione accademica goda di dignità e merito equivalenti. Il genio intellettuale, come quello compositivo, finirà per imporsi a prescindere dall'identità o dalla posizione politica dell'autore: per gli ideologi questa è forse una realtà difficile da afferrare. E non sarà meno vero che le mode ideologiche continueranno a informare la nostra percezione di ciò che rappresenta un'argomentazione musicologica convincente. È questa una realtà della cultura accademica che condannerà all'incomprensione molti scritti di genio.

Forse dovremmo sperare in una maggiore consapevolezza di quei dualismi citati all'inizio. Dovremmo comprendere i nostri atteggiamenti verso problemi fondamentali come lo *status* ontologico dell'opera musicale e il tema della musica come pura forma contrapposta alla musica come rappresentazione, e come questi atteggiamenti rispondano a postulati di lunga durata storica in materia di musica ed espressione. Ma ancor piú possiamo essere coscienti della nostra identità culturale e personale in quanto studiosi, e della voce individuale che conferisce espressione a tale identità, perché tutto ciò lavora come un sottile contrappunto e come una fonte di autorevolezza nelle nostre interpretazioni della musica.

Adorno, Th. W.

1962 *Einleitung in die Musiksoziologie*, in Id., *Gesammelte Schriften*, XIV. *Dissonanzen. Einleitung in die Musiksoziologie*, a cura di R. Tiedemann, Suhrkamp, Frankfurt am Main 1980 (trad. it. parziale *Introduzione alla sociologia della musica*, Einaudi, Torino 1998; 1ª ed. 1971).

Asaf'ev, B. V. (Igor' Glebov)

1963 *Muzykal'naja forma kak protsess* (1930), Muzyka, Leningrad (trad. ingl. *Musical Form as a Process*, Ohio State University Press, Columbus Ohio 1976).

Bent, I., e Drabkin, W.

1987 *Analysis*, Macmillan, London (ed. it. a cura di C. Annibaldi, *Analisi musicale*, Edt, Torino 1990).

Clément, C.

1979 *L'opéra ou la défaite des femmes*, Grasset, Paris; nuova ed. 1988 (trad. it. *L'opera lirica o la disfatta delle donne*, Marsilio, Venezia 1979).

Dahlhaus, C.

1978 *Die Idee der absoluten Musik*, Bärenreiter, Kassel (trad. it. *L'idea di musica assoluta*, La Nuova Italia, Scandicci 1988).

Fuss, D.

1989 *Essentially Speaking. Feminism, Nature, and Difference*, Routledge, New York.

Genette, G.

1994 *L'œuvre de l'art, I. Immanence et transcendance*, Seuil, Paris (trad. it. *Immanenza e trascendenza*, Clueb, Bologna 1999).

Hanslick, E.

1854 *Vom musikalisch-Schönen: ein Beitrag zur Revision der Ästhetik der Tonkunst*, Weigel, Leipzig; nuova ed. Wissenschaftliche Buchgesellschaft, Darmstadt 1981 (trad. it. *Il bello musicale*, Giunti-Martello, Firenze 1978).

Koestenbaum, W.

1993 *The Queen's Throat. Opera, Homosexuality, and the Mystery of the Desire*, Poseidon Press, New York.

Leppert, R., e McClary, S.

1987 (a cura di), *Music and Society. The Politics of Composition, Performance, and Reception*, Cambridge University Press, Cambridge.

McClary, S.

1991 *Feminine Endings. Music, Gender, and Sexuality*, University of Minnesota Press, Minneapolis.

Meyer, L. B.

1956 *Emotion and Meaning in Music*, The University of Chicago Press, Chicago-London (trad. it. *Emozione e significato nella musica*, il Mulino, Bologna 1992).

Norris, C.

1989 (a cura di), *Music and the Politics of Culture*, Lawrence and Wishart, London.

Poizat, M.

1986 *L'Opéra, ou Le cri de l'ange*, Métailié, Paris.

Schopenhauer, A.

1819 *Die Welt als Wille und Vorstellung. Vier Bücher, nebst einem Anhang, der die Kritik der kantische Philosophie enthält*, Brockhaus, Leipzig (trad. it. *Il mondo come volontà e rappresentazione*, Laterza, Roma-Bari 1983).

Stravinskij, I.

1942 *Poetics of Music*, Harvard University Press, Cambridge (trad. it. *Poetica della musica*, Studio Tesi, Pordenone 1984).

Taruskin, R.

1988 *The dark side of modern music*, in «The New Republic», n. 5 (settembre), pp. 28-34.

1996 *Stravinsky and the Russian Traditions: a Biography of the Works through "Mavra"*, The University of California Press, Berkeley.

Theweleit, K.

1988 *Buch der Könige*, Stroemfeld - Roter Stern, Basel - Frankfurt am Main.

Parte quinta
Pedagogia della musica

CLAUDE DAUPHIN

Didattica della musica nel Novecento

1. *Il concetto di metodo attivo.*

1.1. Definizione.

Con l'espressione "metodo attivo" le teorie pedagogiche intendono una tecnica di apprendimento sottesa dall'esperienza sensitiva e motoria del discente. Secondo questa concezione, ogni conoscenza acquisita sarebbe fondata sulla stimolazione ricorrente del sistema sensoriale o muscolare a opera di azioni o oggetti che suscitano l'interesse ludico dell'allievo. Da questa posizione derivano strategie di apprendimento che si basano sull'atteggiamento partecipativo dell'allievo. Invece che presenziare allo scorrimento di un sapere fissato, per lui foggiato e a lui destinato, il discente si applica attivamente nel processo di apprendimento. Questo orientamento pedagogico si oppone diametralmente all'insegnamento teorico: approccio cerebrale basato sull'induzione dell'intelligenza a opera dei contenuti del sapere, senza riferimento ai comportamenti osservabili.

In musica, lo spirito dei metodi attivi si manifesta in ogni situazione in cui l'allievo è spinto a fare musica ben prima di impararne la teoria. La funzionalità di questo approccio risiede nel ruolo centrale del canto, dei giochi ritmici corporei e dell'utilizzazione di semplici strumenti musicali. In effetti, l'organizzazione di questa pedagogia musicale ruota attorno alla strutturazione e allo sviluppo dei fatti musicali che appartengono all'universo tradizionale dell'infanzia. Cosí, la musica adempie a un altro degli obiettivi principali dei metodi attivi: fare del bambino il centro e il motore stesso della propria evoluzione, invece che condizionarlo alla logica dell'adulto in formazione.

Il concetto di metodo attivo ha trovato applicazione nell'educazione musicale per opera di alcuni compositori neoclassici affermatisi nel ventennio tra la prima e la seconda guerra mondiale. Émile Jaques-Dalcroze (1865-1950) ed Edgar Willems (1890-1978) in Svizzera, Zoltán Kodály (1882-1967) in Ungheria, Carl Orff (1895-1982) in Germania e Maurice Martenot (1898-1980) in Francia hanno visto il proprio pensiero pedagogico divenire oggetto di una vera e propria infatuazione. La loro fiducia nelle attitudini musicali presenti in ogni essere umano ha demolito sistematicamente lo spettro dominante di una formazione musicale riservata ai soli allievi di talento. Questi autori hanno deviato il corso della musica dal suo obiettivo tradizionale, sostituendo alla predominanza della materia l'importanza primaria del bambino.

Per attuare la loro rivoluzione *umanistica*, questi autori hanno dovuto provare all'ambiente musicale che la formazione strumentale non era una *conditio sine qua non* dell'educazione alla musica. In sua vece, il canto collettivo e l'utilizzazione globale del corpo come strumento di percezione e di produzione ritmica si rivelano essere degli strumenti assai piú efficaci e adatti all'universo sociale e scolastico. Essi sono arrivati a suggerire che l'educazione delle attitudini fosse da preferire all'educazione del talento, o che comunque la prima non potesse che giovare alla seconda.

> è un vero controsenso [scriveva Jaques-Dalcroze] spingere il bambino verso studi strumentali prima che abbia potuto manifestare le sue potenzialità ritmiche e di riconoscimento dei suoni. [...] Che li si lasci tamburellare sulla tastiera, cercare melodie o improvvisare successioni di accordi, va bene, ma che li si faccia studiare dei brani, assolutamente no! Dalla triplice fatica che comportano la tecnica di diteggiatura, la lettura a prima vista e la comprensione musicale, deriva un affaticamento nervoso che persiste per tutto il corso della vita [1965, p. 52].

1.2. Origini.

Il concetto di educazione attiva nasce con la filosofia sensista apparsa alla fine del XVII secolo e sviluppatasi durante l'intero arco del XVIII. Locke, Condillac, Diderot e Hume furono i primi a dissertare sulla subordinazione delle idee e dell'intelligenza al meccanismo della sensazione e dell'esperienza sensomotoria. Jean-Jacques Rousseau trasse dalle loro osservazioni le conseguenze che in seguito pose a fondamento del suo influente trattato pedagogico *Émile ou De l'éducation* (1762). Nella logica di questi autori, la conoscenza dipende direttamente dalla percezione. Essi ci presentano l'intelligenza come tributaria dei nostri sensi. La sensazione si rivela come il centro di gravità della loro riflessione.

Tuttavia, per quel che riguarda l'educazione musicale, alcuni approcci empirici imperniati anch'essi sull'induzione sensitiva si erano manifestati già in epoca medievale. In effetti, la comparsa della notazione musicale e della sua decodificazione sono state condizionate da una sorta di educazione sensitiva associata a meccanismi mnemotecnici. Tra le pratiche medievali, quella di Guido d'Arezzo si dimostrò senza ombra di dubbio la piú ingegnosa: associare la decodificazione della notazione degli intervalli melodici all'evocazione di formule audio-vocali prelevate dagli incipit dei canti liturgici precedentemente appresi. Dunque, il solfeggio risultava dall'allenamento dell'intelligenza attraverso la stimolazione ripetuta della memoria uditiva. In pratica, il sistema di solfeggio di Guido non si imparava attraverso una formazione teorica, ma era basato sulla memorizzazione di un repertorio avvenuta anteriormente all'apprendimento della lettura. Il modello della lingua materna risultante da una lunga immersione sensoriale sulla quale innestare successivamente l'approccio analitico (coscienza della grammatica, dell'ortografia e della scrittura) era già operante nell'educazione musicale del Medioevo. Questo stesso modello di una lingua precedentemente appresa attraverso procedimenti iterativi e associativi si rivelerà la principale caratteristica dei metodi attivi in musica.

Sulle orme di Rousseau, entro la stirpe dei teorici che hanno determinato la comparsa e l'evoluzione dei metodi attivi come modalità di apprendimento, troviamo Johann Pestalozzi (1746-1827) e Maria Montessori (1870-1952). Il primo, educatore a Zurigo, seguiva Rousseau nel suo intento di formare nella propria scuola dei piccoli Emilio che giungevano all'astratto attraverso la scorciatoia del concreto. Proprio come l'immaginario discepolo di Rousseau, gli scolari di Pestalozzi studiavano la geografia esplorando la loro regione per tracciarne la mappa, la fisica manipolando degli oggetti del loro ambiente, la matematica formando dei gruppi. Lo stesso procedimento caratterizzava l'approccio alla musica, che essi imparavano cantando e ritmando i loro giochi infantili senza preoccuparsi, almeno in un primo tempo, né della teoria delle tonalità, né della struttura delle scale, e ancor meno della metrica, della notazione o della lettura. Rousseau aveva già chiaramente tracciato per Emilio le linee di questo programma di educazione musicale:

> è facile intuire come, non avendo nessuna premura di insegnargli a leggere la scrittura, non avrò neppure fretta di fargli leggere la musica. [...] Non affrettiamoci ad impegnare la sua mente con i segni convenzionali. [...] La conoscenza delle note non è piú necessaria per saper cantare di quanto lo sia la conoscenza delle lettere per saper parlare [1980, trad. it. p. 160].

Émile Jaques-Dalcroze, Edgar Willems e Maurice Martenot si avvarranno della sua autorità per elaborare le direttive portanti come pure i minuti dettagli dei loro metodi di educazione musicale.

2. *I metodi vocali e sensomotori.*

I metodi attivi di educazione musicale si differenziano in primo luogo per l'assenza di un programma tradizionale di formazione strumentale. Invece che essere posto davanti a uno strumento con la vaga speranza di diventarne un giorno un interprete, l'allievo è piuttosto invitato a cantare e messo in condizione di potersi muovere. Lo stesso repertorio da acquisire non è convenzionale: si compone soprattutto di canzoni per l'infanzia, di quello che ormai si è deciso di chiamare folklore per bambini. Tutti i paesi d'Europa e d'America, impregnati degli schemi d'educazione occidentali, possiedono la loro versione nazionale di *Fra Martino*, *Au clair de la lune* o altri simili luoghi comuni. A questi classici "universali" si aggiungono le canzoni del folklore regionale, comprendenti le filastrocche infantili, parlate e/o cantate, caratterizzate da frasi di quattro tempi (a proposito della geografia di questa struttura di filastrocca, rimandiamo all'insostituibile studio di Constantin Brăiloiu, *Le rythme enfantin* [1973]). Con queste canzoni apprese in casa, all'asilo, al doposcuola o in altre istituzioni prescolari, l'allievo continua a divertirsi mentre applica le direttive del musicista educatore: cantare insieme, camminando tutti allo stesso passo, cambiando direzione a ogni frase, eseguendo semplici coreografie. Questa associazione di canto e movimenti fisici è intenzionale. Per suo mezzo il musicista educatore avvia il processo di educazione musicale attiva, che consiste nella creazione di un patrimonio musicale vivente sul quale l'allievo scoprirà e imparerà a conoscere formule ritmiche identificabili, motivi melodici modulabili e cadenze armoniche funzionali.

2.1. La ritmica di Jaques-Dalcroze.

2.1.1. *Caratteristiche*. La maggior parte del pensiero di Émile Jaques-Dalcroze è affidata ai suoi scritti, e in particolare a due opere regolarmente ripubblicate: *Le rythme, la musique et l'éducation* [1965] e *La musique et nous* [1981]. In esse l'autore, oltre a sviluppare argomentazioni per sottolineare l'importanza e il ruolo della musica nella formazione del cittadino, delinea altresí l'architettura del suo metodo di insegnamento. Egli sostiene che l'educazione del corpo attraverso la ritmica costituisce l'iniziazione all'espressione artistica delle emozioni. Il suo messaggio, nell'epoca in cui Nijinskij sfida le leggi della gravità e Stravinskij dissolve le convenzionali quadrature ritmiche, viene accolto con un certo calore. L'intuizione di Jaques-Dalcroze di riunire in un solo approccio educativo musica, danza e ginnastica, ha talmente influenzato gli altri promotori delle pedagogie musicali attive, in particolare Zoltán Kodály e Carl Orff, da innalzare questo visionario al ruolo di ispiratore del movimento.

2.1.2. *La percezione*. L'educazione musicale dalcroziana si riassume nell'attenta educazione della percezione uditiva spontaneamente trasmessa da reazioni corporali ben coordinate. L'allievo è in primo luogo sollecitato ad ascoltare e reagire fisicamente alle caratteristiche della musica che gli giunge. L'azione educativa si situa cosí su due livelli complementari: il maestro che esegue al pianoforte e gli allievi che si muovono in modo espressivo reagendo agli stimoli musicali percepiti. «Le sensazioni uditive – prescriveva Jaques-Dalcroze – devono essere completate da sensazioni muscolari» [1965, p. 48].

Questa oscillazione del flusso sonoro tra produzione intenzionale e percezione espressa esige da una parte un maestro molto abile alla tastiera, improvvisatore sottile e fantasioso, dall'altra degli allievi messi in condizione di muoversi a loro volontà. Ogni tratto musicale significativo suonato dal maestro, come un regolare martellamento del basso, un allegro saltellamento della melodia, un cambiamento improvviso di registro, salti, glissandi, ecc., determinerà negli allievi analoghi e conseguenti comportamenti. Jaques-

Dalcroze vedeva nell'interazione tra ascolto e movimento il procedimento ideale per giungere alla conoscenza delle strutture musicali e delle loro potenzialità espressive. Dal suo punto di vista, ogni conoscenza tecnica della musica acquisita al di fuori di questo percorso non poteva che risultare superficiale e antiartistica.

2.1.3. *La camminata*. Alla base del suo concetto di libera espressione attraverso il movimento sta la camminata. L'azione delle membra inferiori condiziona il rapporto col ritmo. Le variazioni di velocità del dislocamento nello spazio sono trasmesse al resto del corpo con maggiore sicurezza quando sono associate all'azione delle gambe. Vediamo qui intervenire la concezione dalcroziana del musicale come risultato del circuito fra l'orecchio che riceve, il cervello che comanda, il corpo che esprime e l'intelligenza che attribuisce significato.

2.1.4. *La formazione melodica*. L'autore della *Ritmica* accorda un'attenzione tutta particolare alla formazione melodica:

> Un metodo che pretende di insegnare a decifrare la musica senza essere basato sullo studio delle tonalità, cioè delle scale e dei rapporti tra toni e semitoni, deve essere considerato insufficiente [*ibid*., p. 88].

Il primo passo del metodo Dalcroze consiste nel sensibilizzare l'orecchio alla differenza fra toni e semitoni. L'accento è successivamente posto sulle tonalità assolute, col fine di porre in evidenza, comparandoli al *do* centrale del pianoforte, i reciproci rapporti fra le note. A questo scopo, l'autore prescrive lo studio della scala di *do* maggiore facendola intonare per sequenze ascendenti, proprio come si farebbe per lo studio del pianoforte. Parallelamente, egli raccomanda l'interpretazione di un gran numero di canzoni eseguite in questa tonalità. L'allievo incomincia successivamente l'analisi del circolo delle quinte, sempre partendo dalla nota *do* o dalle sue alterazioni, allo scopo di ben percepire il carattere del grado che questa nota occupa rispetto alla nuova tonica. La chiave di questo lavoro consiste nel mettere l'allievo nella condizione di saper spostare i semitoni del modo maggiore in funzione della tonica designata senza essere aiutato dal modello della scala tipo di *do* maggiore. Ma ben prima di arrivare a un tale approccio tecnico alla scala, Jaques-Dalcroze suggerisce di abituare l'allievo alle tonalità e al gioco delle modulazioni attraverso la pratica del canto accompagnato dal pianoforte. A questo scopo egli ha scritto diversi cicli di melodie, tra le quali bisogna ricordare le *Chansons romandes et enfantines* e le *Chansons populaires et enfantines*, opere di media difficoltà, a carattere umoristico e spiritoso.

2.1.5. *Gli accessori: cerchi, palline e fazzoletti*. Nel suo insieme, la ritmica di Jaques-Dalcroze resta un metodo d'educazione percettiva globale, basato sul controllo dei gesti ritmici e la loro ripercussione tramite l'intero corpo, messo a disposizione delle necessità espressive della musica. In questo progetto di formazione, l'accento è posto innanzitutto sul ritmo e sulla sua espressione attraverso il movimento. Il controllo di certi elementi legati al ritmo può richiedere un coordinamento gestuale preciso che va al di là di una libera esplorazione cinestesica. È cosí che si apprende a battere il tempo, utilizzando come accessori delle palline da tennis. Il primo tempo coincide con il primo rimbalzo della pallina sul suolo. I tempi successivi col recupero in mano della pallina e il trasferimento della stessa da una mano all'altra fino al ritorno periodico del primo tempo e del rimbalzo a terra. Questo andirivieni tra mani e suolo si accompagna a un gioco di variazione dei timbri caratteristici della posizione della pallina. Ne deriva anche una coincidenza tra l'energia muscolare spesa per lanciare la pallina a terra e il primo tempo della battuta, cosa che mette in rilievo l'espressione del tempo forte.

Il vantaggio delle distinzioni sonore implicate dal movimento della pallina è inoltre amplificato da una dimensione visiva, estremamente efficace per l'apprendimento delle proporzioni ritmiche attraverso il sistema sensoriale globale. L'allievo si compiace interiormente di osservare lo svolgimento del tempo inscritto nella traiettoria della pallina tra il pavimento e le mani e da una mano all'altra, e il ritorno periodico della battuta, il primo tempo della quale è segnato dal gesto iniziale.

L'altro versante di questa educazione globale consiste nell'esplorazione delle sottigliezze espressive della melodia. Qui intervengono nuovamente il corpo e i movimenti, armonizzati nel gioco dei fazzoletti. Questi riquadri di tessuto in seta leggera e colorata prolungano in scioltezza il gesto del tronco, del braccio e del polso, fornendo un'estensione visiva ai fluttuamenti della linea melodica. La flessibilità dei fazzoletti di seta, la loro colorazione delicatamente variegata, costituiscono uno stimolo ad accordare i movimenti del corpo allo svolgimento suggestivo della melodia e permettono di esprimere naturalmente le analogie tra acuto/grave nella dimensione sonora e alto/basso in quella spaziale.

Tra il materiale privilegiato dell'educatore dalcroziano troviamo anche i cerchi, utilizzati in una molteplicità di situazioni. Una delle funzioni piú comuni del cerchio consiste nel delimitare sul pavimento uno spazio donde l'allievo può uscire durante i periodi di svolgimento della melodia, per poi ritornarvi all'avvicinarsi della cadenza conclusiva. Il procedimento è semplice ma perfettamente adeguato all'attenzione uditiva, all'associazione tra fraseggio e spazio, fra decorsi melodici e arresti cadenzali. L'unione di questi procedimenti musicali in un sistema di stimolazione dei sensi e del movimento illustra efficacemente l'idea, cara a Dalcroze, di un *solfeggio corporale*.

2.2. La concezione di Kodály.

Kodály articola il proprio metodo a partire da una serie di tecniche precedentemente sperimentate per la loro immediatezza ed efficacia nell'assimilazione dei codici di scrittura e decodificazione dei simboli musicali.

Ricordiamo, tra esse, la solmisazione relativa, in quanto sistema di lettura, e la fonomimica come dispositivo di pre-scrittura. Per riportare in vita queste due tecniche, Kodály si ispirò al lavoro di due pedagoghi inglesi del XIX secolo, Sarah Glover e John Curwen, i quali avevano elaborato un sistema di notazione derivante da quello cifrato di Jean-Jacques Rousseau. Abolendo dalla prima educazione musicale il pentagramma, essi annotavano le figure ritmiche scrivendovi sotto l'iniziale della nota da cantare, che si rapportava a una scala tipo di *do* maggiore. Oltre alla solmisazione e a questa notazione stenografica, Kodály portava nell'Europa centrale la fonomimica, un sistema assai preciso di gesti manuali che corrispondevano ai gradi della scala di *do* maggiore. L'origine di quest'uso della gestualità delle mani per designare i suoni può essere rintracciata già nell'antico Egitto. Sono infatti numerosi i bassorilievi o le iscrizioni provenienti da questa epoca storica, che ci mostrano un musicista prodursi in una particolare gestualità manuale di fronte a uno strumentista che la interpreta musicalmente.

2.3. I procedimenti pedagogici.

2.3.1. *Il repertorio folklorico*. Ogni adepto del metodo Kodály è sensibilizzato alla necessità di fondare l'educazione musicale sul folklore nazionale. In particolare si cerca di privilegiare, all'interno del repertorio folklorico di ciascuna regione, le filastrocche e le canzoni per l'infanzia. Agli occhi del pedagogo kodaliano, esse rappresentano dei frammenti scelti della madrelingua musicale. Tutto ciò che risulta da questo apprendimento del canto folklorico e dei giochi d'accompagnamento risorge sotto forma di puro enunciato musicale. Solo alla fine questo viene associato alla notazione musicale, prima abbreviata e poi completa, nella quale l'allievo finirà per decodificare senza sforzo il gioco delle relazioni sonore.

2.3.2. *La solmisazione*. Nel metodo Kodály, la solmisazione è la base su cui si forma l'orecchio melodico e armonico. Questo sistema, fissato già in epoca medievale da Guido d'Arezzo, consiste nell'associare, a partire dal canto, la struttura della scala alle sillabe latine, *do*, *re*, *mi*, ecc., senza considerare la tonalità assoluta. Dal XVII secolo in avanti, con la scomparsa degli antichi modi e la loro fusione nei due modi maggiore e minore, la solmisazione si pratica in maniera tale da far coincidere i due semitoni del modo maggiore con le coppie di sillabe contenenti vocali acute: *mi-fa* e *si-do*. Con questo canovaccio di tonalità solidamente inscritto nel proprio sistema audio-vocale, il musicista abborda la decifrazione della musica sul pentagramma, chiamando *do* ogni tonica maggiore e *la* ogni tonica minore.

Questa maniera di procedere, cosí strana per i musicisti di formazione spagnola, francese o italiana di oggi, appare invece naturale per quelli di formazione anglosassone. La difficoltà di attribuire il nome sillabico delle note assolute ai relativi gradi della scala pare quasi insormontabile per i musicisti latinofoni. Gli anglosassoni, che hanno l'abitudine di designare le note assolute con le lettere A, B (o H), C, D, E, F, G, percepiscono immediatamente il vantaggio di ricorrere alle sillabe per facilitare l'intonazione dei due soli modi: quello di *do*, prototipo del modo maggiore, e quello di *la*, prototipo del modo minore.

Bisogna tenere presente che Kodály non è l'inventore della solmisazione. Inventata in epoca medievale da Guido d'Arezzo, essa ha subito diversi interventi di ringiovanimento. Tra altri, è forse Rousseau che ce ne ha fornito l'adattamento piú convincente alla musica classica tonale. Ecco come ci viene presentata questa teoria nell'*Émile*:

> Per distinguere le note, occorre dare un nome alle note stesse e alle loro diverse altezze; da questo derivano i nomi degli intervalli e le lettere dell'alfabeto con cui si contrassegnano i tasti del clavicembalo e le note della gamma. C e A indicano i suoni fissi, invariabili, che si ottengono sempre con gli stessi tasti. Ut e la sono un'altra cosa. Ut è sempre la tonica di un modo maggiore o la mediante di un tono minore. La è sempre la tonica di un modo minore o la sesta nota di un modo maggiore. [...] Le lettere indicano i tasti della tastiera, e le sillabe i gradi del modo [Rousseau 1980, trad. it. p. 161].

Rousseau aggiunge alla descrizione delle modalità di funzionamento della solmisazione, la funzione che le assegna nel suo progetto pedagogico:

> Con il nostro allievo seguiamo una pratica piú semplice e piú chiara; che per lui esistano soltanto due modi tra cui intercorrano sempre gli stessi trasporti, sempre indicati dalle stesse sillabe. Sia cantando che suonando uno strumento, che egli sappia stabilire il suo modo su ognuno dei dodici toni che possono servirgli da base, e che, sia che si moduli in D, in C, in G ecc., la finale sia sempre ut o la, a seconda del modo [...] la sua esecuzione risulterà piú nitida ed i suoi progressi piú rapidi. [...] Nulla è piú naturale che solfeggiare per trasposizione, quando il modo è stato trasposto [*ibid.*, trad. it. p. 162].

2.3.3. *La fonomimica*. I gesti che lo specialista del metodo Kodály articola per i suoi allievi principianti rappresentano un'interessante forma di pre-notazione musicale. In effetti, l'allievo percepisce uno stimolo visivo che associa a una sillaba della scala. Questa associazione evoca a sua volta il grado indicato nella sequenza delle relazioni tonali vocalizzabili. Il maestro *detta* in tal modo una melodia muta ai suoi allievi, i quali possono decodificarne i gradi cantandoli con la voce o ascoltandoli interiormente per intonarli o scriverli alla fine del dettato. Questo procedimento, assai efficace per la formazione dell'orecchio melodico, permette inoltre al direttore di coro che lo padroneggia un piú vivo e piacevole controllo dell'insieme vocale. Si può constatare, d'altro canto, che i coristi iniziati alla decodificazione della fonomimica attraverso la pratica stessa di questi gesti sonori raggiungono una notevole precisione d'intonazione. Questo risultato è certamente attribuibile all'applicazione del gesto al suono, all'emissione vocale, ma soprattutto al carattere psicologico che i gesti attribuiscono ai gradi della scala, carattere non privo di relazioni con le loro funzioni armoniche.

do: pugno chiuso, sensazione di punto d'ancoraggio alla tonica maggiore e fondamentale del modo;
re: mano aperta in posizione obliqua, movimento di slancio della scala;
mi: mano aperta con il palmo verso il basso, posizione di riposo della mediante;
fa: pugno chiuso col pollice puntato verso il basso, movimento di attrazione verso il *mi*. Semitono discendente;
sol: mano aperta con il palmo verso di sé e il pollice verso il cielo, affermazione della dominante;
la: mano apaticamente china verso terra, col polso ricurvo, molle indifferenza della sottodominante;
si: pugno chiuso, indice dritto verso il basso, tensione dinamica della sensibile verso la tonica. Semitono ascendente.

2.3.4. *La formazione ritmica*. Come gli altri metodi attivi, il metodo Kodály affida un ruolo propulsivo all'educazione ritmica. In primo luogo, gli allievi sono lasciati liberi di agire, perché il loro senso del ritmo è associato alla loro capacità di muoversi e di coordinare le lunghezze spaziali alle durate musicali.

Mentre elabora una coscienza ritmica, l'allievo impara a enunciare con onomatopee le formule ritmiche desunte dalle canzoni. Kodály concepiva queste onomatopee come un segno dell'adeguamento dei procedimenti pedagogici alle caratteristiche del *corpus* folklorico nazionale. In effetti, i diversi canti folklorici presentano spesso delle formule onomatopeiche, prive di significato, che paiono puri giochi linguistici determinati dal semplice piacere di associare delle durate musicali a delle sillabe. Si può cosí indicare il quadro delle principali onomatopee ritmiche utilizzate da Kodály:

Ti-ti ta
Tim-ri ta
Ti-tiri ta
Tiri-tiri ta
Ta-a
Ta-i-ti ta
Ecc.

Grazie a questa mnemotecnica il lavoro ritmico viene innegabilmente svolto con maggior efficacia nei primi tempi dell'apprendimento. Arrivato il momento di decodificare formule ritmiche piú complesse, l'allievo non avrà piú bisogno di queste stampelle, la cui elaborazione può rimanere a questo stadio rudimentale. Potremmo tuttavia metterci nella prospettiva delle ricerche psicopedagogiche della fine del XX secolo per evidenziare altri vantaggi di queste onomatopee ritmiche. Alcune affidabili ricerche concernenti le strategie di apprendimento hanno dimostrato che un buon numero dei blocchi che certi bambini o adolescenti manifestano nell'apprendimento della teoria musicale derivano dalle assurdità dei nomi delle durate musicali. Jean-Paul Despins spiega queste inconsce resistenze di fronte all'assurdità dei nomi delle durate musicali in rapporto al loro simbolismo linguistico imperniato sul colore e le forme:

> Come può una bianca essere la metà di una tonda? Tanto vale confessare che un'arancia è la metà di una mela. Come si può, logicamente, insegnare con disinvoltura che ci sono due nere in una bianca e quattro nere in una tonda? Si accetterebbe il seguente ragionamento: ci sono due pere in un'arancia e quattro pere in una mela? Ci si immagina a quale divergenza funzionale si sottopone il cervello di un bambino? [Despins 1986, p. 99; si noti che questi problemi sono peculiari alla lingua francese. L'italiano, lo spagnolo e le lingue anglosassoni sfuggono parzialmente a queste illogicità tramite l'enunciato delle proporzioni aritmetiche (intero, semi, quarti, ottavi, sedicesimi) combinate o meno con le unità di prolazione della teoria musicale medievale (breve, semibreve, minima, semiminima)].

2.3.5. *La formazione del senso armonico*. La solmisazione determina di per sé una forma di comprensione essenzialmente armonica della struttura melodica. Questo approccio è favorito dal punto di vista globale e intuitivamente analitico, focalizzato in permanenza sulle funzioni armoniche dei gradi della scala. Il riferimento uditivo alla tonica diventa una vera e propria necessità interiore al momento dell'intonazione di ogni nota della melodia. Dunque è in questa complementarità verticale che si elaborano le basi del senso armonico.

A questo scopo Kodály ha prodotto una serie di raccolte in cui la musicalità di ogni pezzo trascende i limiti del tradizionale esercizio di solfeggio. Lo stile di questi esercizi, per quanto tonale, riesce tuttavia a suggerire giri armonici di un delicato impressionismo, trasformandoli cosí in piccoli florilegi decisamente moderni ed estranei a ogni accademismo: dal semplice *Cantiamo intonati*, destinato al riscaldamento audio-vocale, fino ai nove superbi *Epigrammi per 2 voci e pianoforte*, attraverso i *Bicinia* e *Tricinia*, per due o tre voci, il livello di esecuzione dei quali necessita di una seria maturità di lettura.

2.4. Il metodo Martenot.

La sostanza del metodo Martenot è essenzialmente quella di un'iniziazione alla lettura musicale convenzionale per il tramite della pedagogia attiva. A questo scopo il metodo presta una grande attenzione alla psicologia infantile, con la costante preoccupazione di far sí che la musica contribuisca al completo dispiegamento delle facoltà senso-motorie. Martenot, persuaso dell'eccezionale complessità delle facoltà neurosensoriali chiamate in causa dal processo di lettura musicale, cerca di rendere l'operazione accessibile all'alunno, fin negli aspetti considerati piú aridi. La sostanza del metodo risiede in questa ambiziosa scommessa.

2.4.1. *Il risveglio delle facoltà ritmiche*. A fondamento di un'educazione musicale piú strutturata, Martenot pone il risveglio delle facoltà ritmiche. Egli pone alla base della scoperta del ritmo musicale lo sviluppo del senso della pulsazione. In seguito, ogni suddivisione dei tempi musicali sarà regolarizzata grazie a queste pulsazioni di riferimento, che agiranno come puntelli uniformemente disposti sull'asse temporale. Successivamente emergerà la nozione di ritmo allo stato puro, cioè dissociato dalla melodia e purtuttavia formulato tramite articolazioni vocali. Martenot raccomanda che questo processo di enunciazione di formule ritmiche si concretizzi attraverso forme onomatopeiche, *lalala* o altre, al fine di «educare i muscoli dell'apparato verbale» [1981, p. 30], forme piú adatte a favorire la rappresentazione mentale degli elementi musicali. Non bisogna infatti dimenticare che la via maestra dei metodi attivi parte dalla sensomotricità per giungere alla concettualizzazione.

Contrariamente alle pratiche pedagogiche tradizionali, secondo le quali l'approccio agli esercizi di apprendimento deve avvenire al rallentatore, Martenot si dichiara convinto piuttosto della necessità di adattare il tempo musicale al tempo fisiologico del bambino: 110-120 alla semiminima. Gli esercizi di Martenot cercano cosí di stimolare l'allievo invece che addormentarlo. Questo apporto dell'educazione musicale, attraverso il ritmo, al mantenimento dello slancio vitale è associato, nella filosofia di Martenot, a uno stato psicofisiologico analogo allo stato di allerta. Martenot designa questa «sensazione di leggerezza, questa impressione di essere pronto a compiere qualsiasi gesto ultrarapido» [1981, p. 32] con l'espressione di «stato ritmico».

2.4.2. *Gli esercizi-gioco*. Per portare l'allievo a interiorizzare e successivamente intellettualizzare il ritmo musicale, questi viene posto in situazione ludica. Martenot tuttavia circoscrive il ruolo del gioco nel quadro del suo metodo. In una nota dei suoi *Principes fondamentaux*, egli precisa che questa nozione

> non deve suggerire che il nostro scopo sia quello di divertire i bambini facendoli giocare. Né il nostro metodo è assimilabile a quei giochi educativi che si propongono di educare divertendo. I nostri esercizi, eseguiti seguendo le indicazioni, [...] sono tanto colmi di stimolazione, vita, libertà ed espressione da essere il naturale corrispettivo, per i nostri allievi, dell'attività ludica [*ibid*., p. 33].

Vale a dire che il metodo Martenot si fonda inizialmente su esercizi di apprendimento che prendono in prestito l'apparenza del gioco, per ragioni attinenti alla psicologia infantile e all'efficacia pedagogica. Bisogna tuttavia dare il giusto risalto al carattere musicale inerente a questi esercizi. Martenot, ispirandosi ai giochi tradizionali dell'infanzia per stimolare l'interesse dell'allievo, traspone nel suo sistema procedimenti musicali presenti nella cultura orale dei bambini di tutto il mondo. A ogni latitudine, questi giochi permettono ai bambini di vivere le loro relazioni di gruppo sotto il segno dell'interiorizzazione dei motivi ritmici, della trasmissione di frammenti melodici, e di vere e proprie schermaglie vocali che mettono alla prova la capacità del singolo di conservare un'idea musicale malgrado le tattiche d'attrazione o di diversione del gruppo. Queste tradizioni si manifestano come una sorta di protogenesi della musica. Abbiamo tratteggiato in altra sede lo studio di un caso di comparsa degli archetipi musicali nel quadro di una cultura di tradizione orale [Dauphin 1980]. Nella pedagogizzazione sistematica di questi procedimenti si può prefigurare un tipo di educazione musicale appropriato a un contesto multietnico in un ambiente cosmopolita

Il rapporto tra il maestro e gli allievi si struttura, secondo un'intuizione di Martenot accettata da ogni metodo di educazione musicale attiva, in base alla tipologia del *solo versus tutti*. L'autore del metodo riconosce in questa pratica una manifestazione archetipica delle strutture musicali elementari. A questo proposito Martenot si rifà al canto alternato tra il solista celebrante e l'uditorio, secondo l'esempio che i generi musicali afroamericani e in particolare gli spirituals hanno diffuso, modello a sua volta derivante dai rituali africani. Questo rapporto *solo-tutti* sostiene in realtà il principio dell'apprendimento per imitazione, caro ai seguaci dei metodi attivi. In musica, questo costante va-e-vieni tra il professore e la classe instaura una dinamizzazione reale risultante dall'amplificazione dell'esempio individuale attraverso la risposta collettiva. Il ritmo, in questo gioco d'andata e ritorno, spicca come l'ossatura vitale di questa pedagogia fondata su di una musicalità immanente.

Oltre alla ripetizione alternata, la dinamica *solo-tutti* favorisce altresí quei procedimenti di riconoscimento che sono assai praticati nell'educazione musicale. Il maestro esegue una breve formula ritmica o melodica che un allievo scelto a caso ripete con i nomi delle durate musicali o intona sui nomi delle note, e che poi la classe riprende collettivamente. Queste numerose ripetizioni, sempre diverse per timbro di voce o per massa sonora, permettono l'apprendimento evitando che l'allievo si annoi.

Prima di abbordare la lettura musicale tradizionale, Martenot propone inoltre di rendere familiari le figure della notazione musicale inserendole nei giochi di carte o di domino sulla base del loro valore di durata ritmica. Su questo principio, assieme alla sua collaboratrice Nelly Caron egli ha approntato un complesso di materiali pedagogici basato sulla stimolazione audiovisiva. La serie *Disques et Images* (Martenot e Caron [1992], in cinque volumi) presenta uno spettro completo dei procedimenti attraverso i quali Martenot, con un metodo rigorosamente strutturato, affronta l'educazione musicale. Il primo volume, *Chanson vole* («La canzone vola»), si propone di sviluppare la memoria musicale attraverso il riconoscimento di canzoni o filastrocche famose. Il secondo volume, *Les connaissez-vous?* («Li conoscete?»), propone degli esercizi di «affinamento dell'orecchio attraverso un gioco di riconoscimento di strumenti musicali abbinati a vignette». Il terzo, *Que font-ils?* («Cosa fanno?»), cerca di stimolare lo sviluppo della sensibilità musicale attraverso l'identificazione dei caratteri espressivi dei temi musicali ascoltati. Anche in questo caso una serie di vignette suggerisce alla vista l'aspetto uditivo percepito. Il quarto volume, *Rythme vole* («Vola ritmo vola»), mira alla «stimolazione del senso ritmico e dell'ascolto mentale mediante il riconoscimento di melodie popolari, associate ad una serie di vignette, unicamente a partire dal loro ritmo». Infine il quinto volume, *Plus haut? Plus bas?* («Piú alto o piú basso?»), introduce l'allievo alla «valutazione del movimento e delle altezze, mediante il confronto di suoni naturali e suoni musicali».

2.5. Il metodo Orff: una musica elementare.

2.5.1. *Percussioni corporee*. Fedele al principio dell'integrazione progressiva, proprio delle pedagogie attive, il metodo Orff privilegia il frazionamento dei materiali (*patterns* ritmici), la loro diretta ripetizione secondo il modello del maestro (eco) e l'esercizio muscolare meccanico (ostinato). Tale procedimento si può in particolar modo osservare durante il lavoro ritmico con il corpo. In questo caso il corpo svolge realmente un ruolo di strumento produttore di suoni e timbri multiformi, a seconda delle particolarità corporee implicate e delle modalità di attacco. In effetti il giovane musicista gioca con il proprio corpo secondo delle modalità selezionate per permettergli di avere a disposizione una tavolozza sonora fatta di schiocchi delle dita, battiti delle mani, martellamenti sulla coscia e colpi di piede sul terreno. Dall'insieme, l'*assolo* del maestro, il *tutti* della classe, i *ripieni* dei sottogruppi e le combinazioni formali (ripetizione, imitazione a canone, sezione improvvisativa), deriva un'esaltante magia ritmica che favorisce la fiducia in sé, rafforza la coordinazione motoria e rinsalda lo spirito di gruppo.

Le percussioni corporee si collocano entro differenti sequenze didattiche caratteristiche del metodo Orff. All'inizio di una lezione esse servono come esercizio di riscaldamento e condizionamento muscolare. Sotto forma di nuclei metrici suddivisi in unità di quattro pulsazioni di semiminime, il professore improvvisa una formula ritmica che miscela i timbri corporei dei quattro livelli. La classe risponde spontaneamente per imitazione. Questo esercizio risveglia l'attenzione del gruppo, raccorda la comunicazione tra maestro e allievi, rinvigorisce i riflessi uditivi e motori e prepara la classe a reazioni dinamiche auspicabili. Gli stessi schemi di esecuzione possono integrarsi all'orchestrazione di un brano musicale, servire di supporto all'integrazione di nuove formule ritmiche, permettere la realizzazione di un canone di ritmi e timbri corporei la cui ricchezza sonora costituisce un reale incremento delle facoltà musicali fondamentali.

2.5.2. *Parlare ritmato*. I cori parlati, ispirati al teatro antico, sui quali si basa buona parte dell'espressività di Carl Orff, hanno fatto sentire la loro influenza sui procedimenti pedagogici del metodo. La scansione dei versi ancor prima di imparare la melodia, la loro ripetizione secondo svariate tipologie di emozione (mesta, allegra, energica, fiacca, in tensione crescente o decrescente, *recto tono*, ecc.), costituiscono l'essenza di quel parlare ritmato cosí rappresentativo dei lavori di Orff. Gli effetti di massa che risultano dalla parola ritmata veicolano, con il loro sentore arcaico, un'idea di musica che attinge alle origini dell'umanità, imbevuta di sottesa spiritualità e inesauribile dinamismo. Orff puntava molto su questo funzionamento psichico dell'esperienza musicale primitiva per scatenare quelle pulsioni corporee che appaiono come estensioni necessarie della parola e del ritmo.

2.5.3. *Il canto.* Una volta familiarizzati gli allievi con i versi grazie alla pratica del parlare ritmato, il professore intraprende il lavoro melodico insegnando loro il canto. La melodia si impara per imitazione, gli allievi ripetono dopo il professore. Poiché i versi sono già stati memorizzati, le difficoltà di pronuncia e di articolazione sono già state vinte grazie a un lavoro di flessibilità labiale integrato nel gioco espressivo di enunciazione del testo: l'allievo può affrontare la melodia nella sua unità di musica e testo. Per innescare un'efficace memorizzazione del canto, il gioco della ripetizione si applica frase dopo frase. A ogni nuova esecuzione della canzone, il professore allunga gradualmente l'unità da memorizzare: coppia di frasi, strofa completa, intera canzone.

Onde preparare l'orchestrazione e l'interpretazione integrale, il professore aggiunge progressivamente le sezioni di percussioni corporee e d'accompagnamento strumentale, anch'esse provate una a una in separata sede con ogni sottogruppo della classe. Bisogna sottolineare che tutto questo lavoro di preparazione si basa essenzialmente sull'ascolto. Il metodo Orff non prevede il ricorso alla partitura musicale come supporto mnestico, durante questo periodo di iniziazione spontanea e sensoriale con classi di giovanissimi allievi. Tuttavia, nulla impedisce al professore di includere qualche rudimentale nozione di lettura o scrittura ritmica o melodica tra i suoi obiettivi d'apprendimento.

2.5.4. *Lo strumentario.* L'apporto piú evidente di Carl Orff alla pedagogia musicale rimane il suo strumentario. L'intuizione gli era venuta fin dai tempi dell'esperienza alla scuola di educazione fisica di Dorothee Günther. Una volta elaborato il piano, ne aveva affidato la costruzione all'artigiano Karl Maendler. Semplice da maneggiare, lo strumentario di Orff ha convinto della sua efficacia nell'esecuzione collettiva della musica per l'infanzia e si è in breve tempo imposto in tutto il mondo. Questo insieme, dalle finalità didattiche attraenti, raggruppa in due categorie gli strumenti percussivi: melodici (lamellofoni) e ritmici (dalle frequenze indeterminate). Le percussioni, associate al flauto dolce e al canto, permettono un'esecuzione stilisticamente caratterizzata, nella quale si riconosce integralmente la poetica musicale che il pedagogista di Monaco rivolgeva ai bambini di tutto il mondo. Egli infatti attribuiva al suo strumentario una carica umanistica di forte valore simbolico. Ciascuna delle sue sezioni evoca una ricca geografia sonora. L'Africa è rappresentata dagli xilofoni, ispirati al *balafon*. Il *gamelan* balinese e altri insiemi polinesiani sono evocati dalle sonorità fesse e ondeggianti dei metallofoni. I *woodblocks* e i gong ci trasportano dalla Cina al Tibet. I *guiros*, le *maracas* ed altre percussioni ritmiche evocano immagini sudamericane. L'Europa rinascimentale rivive con il flauto dolce e i metallofoni piú acuti: i *carillons* soprano e contralto. In tal modo, lo strumentario realizza in sé le aspirazioni del metodo Orff a una certa universalità.

2.5.5. *La danza*. Associata alla musica fin dalla nascita della pedagogia orffiana, la danza resta un complemento indispensabile per il perseguimento degli obiettivi cinestesici e di sviluppo motorio. Una volta imparate le melodie e allestita l'orchestrazione corporea e strumentale, il prodotto musicale trova il suo coronamento nell'organizzazione di una piccola coreografia. L'intervento del corpo intero favorisce nel giovane allievo l'integrazione totale dei rapporti fra musica e gestualità: coordinamento della pulsazione fondamentale con le suddivisioni ritmiche dei passi di danza o con il gestire mimico delle mani, con i movimenti del tronco, gli schiocchi delle dita, le figure ritmiche derivanti dalle percussioni corporee, ecc. È un vero e proprio spettacolo osservare una classe completa di bambini pervenire a un tale controllo degli elementi musicali e coreografici, a una tale armonia tra ruoli individuali e funzione di gruppo.

3. *Il metodo strumentale di Suzuki*.

3.1. Storia.

Il pedagogista giapponese Shiniki Suzuki nasce a Nagoya il 18 ottobre del 1898 e muore all'età di 99 anni il 26 gennaio del 1998. Il suo nome rimane intimamente accomunato al violino: suo padre, Masakichi Suzuki (1859-1944), precedentemente costruttore di *shamisen*, si era convertito alla liuteria del violino e aveva fondato la piú affermata manifattura giapponese per quanto riguarda questo strumento europeo. Shiniki diede il cambio a suo padre alla direzione di questa importante industria che portò il nome della famiglia nel mondo intero, grazie agli strumenti prodotti in serie, adattati alla taglia dei bambini e alle tasche dei musicisti dilettanti. Il successo economico dell'impresa manifestava d'acchito il suo legame con la pedagogia di questo violinista innovatore.

3.2. Caratteristiche.

Al di là dei suoi successi commerciali e spettacolari, Suzuki ha rivoluzionato la pedagogia stessa dello strumento. L'originalità del suo approccio si fonda su due capitali innovazioni: 1) il fondamento audio-vocale della sua pedagogia strumentale; 2) la trasformazione di un insegnamento individuale in un insegnamento collettivo.

Il metodo Suzuki entra nel novero delle pedagogie attive evitando di associare lo studio del violino a un qualsiasi approccio teorico. Durante i primi anni, lo studio dello strumento si basa sull'ascolto e sull'imitazione. Per giungervi, Suzuki considera l'esecuzione strumentale come un prolungamento di quella vocale. Il fanciullo comincia cantando il suo repertorio di canzoni per l'infanzia e trasponendolo in seguito sullo strumento grazie a un gioco di associazioni tra le dita della mano e le corde del violino, sul manico del quale si dispongono appositamente dei punti di riferimento. Dapprima il fanciullo canta la canzone completa di parole e melodia, poi la riprende cantando le cifre della diteggiatura che sarà implicata nell'esecuzione strumentale della melodia. Infine l'esegue sullo strumento lasciandosi guidare dal supporto mentale, linguistico e musicale costituito dall'associazione della canzone, della melodia e della diteggiatura. Per quanto riguarda il movimento dell'archetto, a questo stadio di apprendimento l'allievo si rifarà all'esempio del maestro che suona insieme e di fronte a lui.

Allo schema tradizionale dell'apprendimento individuale dello strumento, Suzuki sostituisce il concetto di studio collettivo. Il vero spirito del metodo Suzuki risiede in effetti in un'educazione di gruppo, in cui il dinamismo dei movimenti uniformi e collettivi si comunica e si imprime nelle rappresentazioni mentali di ogni alunno. Posto di fronte alla classe, il professore dà l'esempio e anima lo slancio di gruppo. Ne risulta una piacevole uniformità nei movimenti dell'avambraccio, dell'articolazione del polso, dei lanci e dei richiami dell'archetto, uniformità che si traduce ben presto in quei riflessi condizionati tanto necessari alla formazione strumentale. Questa messa in sintonia a un collettivo, coniugata al condizionamento dei riflessi, rappresenta la base del metodo di Suzuki, il quale paragonava lo studio della musica all'apprendimento di una lingua per formazione di automatismi.

Associando la propria formazione strumentale a una musicalità semplice, naturale, derivante dallo spirito di gruppo e basata su un repertorio quasi folklorico, il bambino si affeziona al proprio strumento, che diventa poco a poco un prolungamento della sua persona e della sua cultura. In tal modo, il metodo strumentale di Suzuki favorisce un'educazione musicale profonda, in cui il tasso di fedeltà allo strumento e alla musica in generale rimane considerevolmente piú alto di quello che un insegnamento strumentale piú convenzionale riesce a produrre.

4. *La pedagogia di Willems.*

Piú che un metodo di educazione musicale, Edgar Willems ha lasciato una copiosa opera di riflessioni sulla pedagogia della musica. I suoi numerosi scritti dipingono una vasta gamma di possibili attuazioni delle pedagogie musicali attive. Il *corpus* delle sue opere può a buon diritto essere considerato come il fondamento teorico e pratico dell'educazione musicale attraverso il metodo attivo.

Sfogliando i titoli qui inseriti in bibliografia, il lettore troverà un affascinante universo dove maestro e allievi compiono le loro rivoluzioni attorno a due astri principali: la musica e l'educazione. In queste opere, dove si fondono la pratica e la teoria dell'educazione, risiede la migliore sintesi filosofica delle pedagogie musicali attive. L'aspetto teorico è particolarmente delineato in *Les bases psychologiques de l'éducation musicale* [1987]; mentre la dimensione applicativa viene illustrata piú diffusamente in *L'oreille musicale* [1940].

Peraltro, queste due opere del primo Willems (le cui edizioni originali risalgono rispettivamente al 1956 e al 1940) devono essere rilette alla luce di un pensiero che si è considerevolmente sviluppato nel corso del tempo, pur restando fedele alle intenzioni e alle definizioni fondamentali di partenza. Cosí, percorrendo la letteratura willemsiana, ci si troverà di fronte a un utile confronto tra i fini dell'educazione musicale e quelli di discipline tanto diverse come la musicoterapia, il jazz e la formazione virtuosistica.

Amoaku, W.

1971 *Orff Schulwerk in the African Tradition*, Schott, Mainz.

Bachmann, M.-L.

1985 *La rythmique Jaques-Dalcroze, une éducation par et pour la musique*, La Baconnière, Neuchâtel.

Brăiloiu, C.

1973 *Le rythme enfantin. Notions liminaires*, in Id., *Problèmes d'ethnomusicologie*, Minkoff, Genève, pp. 265-99 (trad. it. in *Folklore musicale*, vol. II, Bulzoni, Roma 1982).

Chailley, J.

1965-66 *Solmisation relative ou solfège absolu?*, in «L'Éducation musicale», n. 123, pp. 26-27; n. 125, p. 18.

1980 *Hauteur absolue et hauteur relative*, in *Divini cultus splendori Studia musicae sacrae necnon et musico-paedagogiae*, Lithens e Steinschulte, Roma, pp. 125-30.

1983 *La Solmisation Kodály, révélateur des problèmes de hauteur absolue et de hauteur relative dans les pays latins*, in «L'Éducation musicale», XL, n. 295, pp. 7-10; poi in *International Kodály Conference Budapest 1982*, Musica, Budapest 1986, pp. 200-4.

Comeau, G.

1995 *Comparaison de trois approches d'éducation musicale: Jaques-Dalcroze, Orff ou Kodály?*, Centre franco-ontarien de ressources pédagogiques, Vanier.

Dauphin, C.

1980 *Le conte chanté haïtien comme lieu d'accumulation d'un savoir musical*, in «Yearbook of the International Folk Music Council», XII, pp. 77-83.

1988 *De l'influence de Jean-Jacques Rousseau sur l'évolution de la solmisation relative*, in «Bulletin of the International Kodály Society» (Budapest), n. 2, pp. 5-9.

1989*a* *L'impact de la solmisation hongroise sur le statut musicologique des théories de J.-J. Rousseau*, in *Musique baroque*, diretta da D. Paquette, Presses Universitaires de Lyon - Éditions À Cœur Joie, Lyon, pp. 169-81.

1989*b* *Le Clavier bien solmisé: une synthèse des théories de nomenclature du* XIème *au* XVIème *siècle dans l'œuvre de J. S. Bach*, in «Bulletin of the International Kodály Society» (Budapest), n. 2, pp. 20-24.

1992 *Rousseau, musicien des Lumières*, Courteau, Montréal.

Despins, J.-P.

1986 *Le cerveau et la musique*, Bourgois, Paris.

Hegyi, E.

1975 *Solfege According to the Kodály-Concept*, Zoltán Kodály Pedagogical Institute of Music, Kecskemét.

1984 *Stylistic Knowledge on the Basis of the Kodály-Concept*, Zoltán Kodály Pedagogical Institute of Music, Kecskemét.

Hickmann, H.

1956 *45 siècles de musique dans l'Égypte ancienne, à travers la sculpture, la peinture, l'instrument*, Richard-Masse, Paris.

Jaques-Dalcroze, É.

1928 *The Child and the Pianoforte*, in «The Musical Quarterly», XIV, n. 2, pp. 203-15.

1965 *Le rythme, la musique et l'éducation*, Foetisch, Lausanne; 1ª ed. 1920 (trad. it. *Ritmo, musica e educazione*, Hoepli, Milano 1925; nuova ed. Eri, Torino 1986).

1981 *La musique et nous*, Slatkine, Genève-Paris.

Landis, B., e Carder, P.

1972 *The Eclectic Curriculum in American Music Education. Contributions of Dalcroze, Kodály and Orff*, Music Educators National Conference, Washington.

Ley, M.

1984 *Vers le conte musical: comptines et éducation rythmique*, Fuzeau, Paris.

1985 *La mise en scène du conte musical: éveil esthétique et thèmes d'ateliers*, Fuzeau, Paris.

Martenot, M.

1981 *Principes fondamentaux de formation musicale et leur application*, Magnard, Paris (6ª ed.).

Martenot, M., e Caron, N.

1992 *Méthode de musique. Jeux musicaux Martenot* («Série disques et images»), 5 voll., illustrazioni di V. Clouët des Perruches, SIRS-Omnivox - BBC (France), Paris.

Martin, F.

1965 *Émile Jaques-Dalcroze: l'homme, le compositeur, le créateur de la rythmique*, La Baconnière, Neuchâtel.

Orff, C., e Keetman, G.

1967 *Musique pour enfants*, Schott, Bruxelles-Paris (ed. it. elaborata sulla base dell'opera didattica di Carl Orff e Gunild Keetman, G. Piazza, *Orff-Schulwerk. Musica per bambini*, Suvini Zerboni, Milano 1983).

Rainbow, B.

1980 *John Curwen. A Short Critical Biography*, Novello, Sevenoaks.

1980 «Notation monogammique», in *The New Grove Dictionary of Music and Musicians*, a cura di S. Sadie, Macmillan, vol. XIII, London, p. 420.

Ribiere-Raverlat, J.

1967 *L'éducation musicale en Hongrie*, Leduc, Paris.

1974-81 *Un chemin pédagogique en passant par les chansons, 500 chansons folkloriques de langue française [...] pour servir de base à la méthode Kodály*, 4 voll., Leduc, Paris.

1997 *Développer les capacités d'écoute à l'école*, Presses Universitaires de France, Paris.

Rousseau, J.-J.

1980 *Émile ou De l'éducation*, in Id., *Œuvres complètes*, tomo IV, Gallimard, Paris («Bibliothèque de la Pléiade») (trad. it. *Emilio*, La Nuova Italia, Scandicci 1995).

Szönyi, E.

1974-78 *Musical Reading and Writing*, 2 voll., Boosey and Hawkes, London.

1976 *Quelques aspects de la méthode de Zoltán Kodály*, Corvina, Budapest.

Willems, E.

s.d. *La préparation musicale des tout-petits*, Foetisch, Lausanne (trad. it. *L'educazione musicale dei piccolissimi*, La Scuola, Brescia 1985, 4ª ed.).

1940 *L'oreille musicale*, Pro-musica, Genève (trad. it. *L'orecchio musicale*, Zanibon, Padova 1975).

1954 *Le rythme musical, étude psychologique*, Presses Universitaires de France, Paris (trad. it. *Il ritmo musicale, studio psicologico*, Sei, Torino 1966).

1968 *L'éducation musicale nouvelle*, Pro-Musica, Bienne (2ª ed.).

1968 *Le jazz et l'oreille musicale: étude psychologique*, Pro-musica, Bienne (3ª ed.).

1970 *La préparation auditive de l'enfant*, introduzione di É. Jaques-Dalcroze, Pro-musica, Bienne, 3ª ed. (trad. it. *La preparazione uditiva del fanciullo*, Zanibon, Padova 1990, 4ª ed.).

1976 *La culture auditive, les intervalles et les accords*, Pro-musica, Fribourg, 4ª ed. (trad. it. *L'educazione all'ascolto. Gli intervalli e gli accordi*, Zanibon, Padova 1989, 3ª ed.).

1978 *Introduction à la musicothérapie*, Pro-musica, Fribourg (2ª ed.).

1987 *Les bases psychologiques de l'éducation musicale*, Pro-musica, Fribourg, 4ª ed. (trad. it. *Le basi psicologiche dell'educazione musicale*, Pro-musica, Fribourg 1990, 4ª ed.).

Zemke, L.

1977 *The Kodály Concept. Its History, Philosophy and Development*, Foster Music, Champaign Ill.

ROSALBA DERIU

Tendenze recenti nella didattica dell'educazione musicale

Scarsa capacità di progettare l'educazione musicale in funzione dei reali bisogni cognitivi e affettivi dei soggetti cui essa si rivolge. Inattuale e inefficace la concezione della musica in termini esclusivamente tecnici, senza alcun collegamento con il contesto culturale cui, come ogni altra attività espressiva dell'uomo, essa fa riferimento. Peso eccessivo attribuito ai repertori colti o popolari, lontani dalle abitudini di ascolto e dai gusti musicali di bambini e adolescenti di oggi. Insufficiente considerazione per la dimensione creativa dell'esperienza musicale.

Si possono cosí sintetizzare le principali critiche mosse dall'attuale pedagogia musicale ai cosiddetti "metodi storici", dei quali peraltro essa non disconosce affatto il valore e i meriti, primo fra tutti quello di aver posto in rilievo gli aspetti percettivi e motori della musica; in questo, Kodály, Jaques-Dalcroze e Orff rappresentano ancora punti di riferimento fondamentali per la didattica musicale la quale, mentre da una parte prosegue nel solco tracciato dai padri dei metodi storici, dall'altra percorre oggi nuove strade, contraddistinte dall'attenzione per i soggetti dell'apprendimento e per le loro modalità di approccio all'esperienza musicale, dalla valorizzazione degli aspetti creativi caratteristici di ogni linguaggio espressivo e quindi anche della musica, dal confronto con i nuovi repertori affacciatisi sulla scena contemporanea, dalla riscoperta del contributo che la musica può dare alla definizione dell'identità personale.

1. *Comprendere la cultura musicale attuale.*

Pur nella diversità delle posizioni, la riflessione pedagogica concorda ormai sull'esigenza di porre al centro dell'insegnamento il soggetto che apprende e il suo vissuto, inteso non solo come insieme di conoscenze preesistenti alla scolarizzazione ma anche come strutture cognitive di cui egli si serve nella sua vita quotidiana. Gli studi di Piaget infatti hanno ampiamente dimostrato come il pensiero infantile, in ogni fase della sua evoluzione, rappresenti un'organizzazione strutturata e coerente, funzionale ai bisogni cognitivi del bambino, un'organizzazione di cui ogni intevento educativo deve tener conto quando si propone di modificare le modalità con cui gli alunni si avvicinano al sapere e se ne appropriano.

L'insegnamento scolastico invece, con le caratteristiche di formalizzazione e astrattezza che le sono proprie, rischia di rappresentare qualcosa di "altro" rispetto all'esperienza cognitiva dei soggetti, un'ulteriore conoscenza che si aggiunge a quelle preesistenti ma senza modificare realmente le strutture cognitive proprie del soggetto, né il suo senso comune, cioè quell'insieme di conoscenze che guida la condotta nella vita quotidiana [cfr. ad esempio Olson 1979].

Già nel 1933 Dewey sosteneva la necessità di ancorare l'educazione all'esperienza e riformulava l'antinomia concreto/astratto nei termini familiare/estraneo proprio a partire dalla definizione di concreto come ciò che ha a che fare con la vita quotidiana. Nello stesso periodo in Francia Celestin ed Elise Freinet davano avvio al Movimento di Cooperazione Educativa che, dopo la seconda guerra mondiale, si diffonderà in gran parte dell'Europa, e non solo, con l'obiettivo di valorizzare il sapere posseduto dagli alunni e di consentire loro di appropriarsi di conoscenze utili alla concreta esperienza di vita e ai loro bisogni cognitivi e comunicativi [Freinet 1969].

Si è a lungo discusso se l'apprendimento debba configurarsi come acquisizione di un metodo di lavoro e di ricerca – il "metodo" dell'intelligenza proposto da Dewey [1933], cioè la capacità di pensare in modo produttivo, delimitando il problema, facendo delle ipotesi per la sua soluzione e verificandone la validità – o come acquisizione dei concetti fondamentali delle discipline nella tesi sostenuta da Bruner [1966] per il quale le idee portanti di una disciplina possono diventare elementi fondamentali della struttura cognitiva del soggetto che apprende consentendogli cosí un approccio complessivo ed economico al sapere. Di fatto pedagogisti e didatti condividono una concezione dell'insegnamento orientato non tanto alla trasmissione dei saperi (contenuti, nozioni, informazioni) quanto alla costruzione di consapevoli abilità, ovvero di comportamenti attraverso cui l'alunno mostra di saper utilizzare le acquisizioni. Al tradizionale concetto di "sapere" si è sostituito quello di competenza che collega saldamente sapere teorico e capacità operative. La competenza infatti costituisce una sorta di attrezzatura interiore che si forma nel confronto con precisi oggetti culturali ma è capace di applicarsi anche a oggetti diversi; essa dovrebbe dunque consentire all'individuo di operare autonomamente, in contesti differenti rispetto alla scuola sulla base delle informazioni apprese e delle abilità sviluppate.

L'importanza di sviluppare competenze utilizzabili anche in ambiti diversi da quelli scolastici è infatti un altro dei capisaldi della riflessione pedagogica piú recente, la quale ha messo in evidenza come il sapere trasmesso dalla scuola debba rispondere ai bisogni cognitivi, sociali e affettivi dei destinatari dell'insegnamento che devono poter usare le conoscenze e le abilità acquisite a scuola anche nella loro vita reale. Si è sottolineato come la progettazione degli interventi educativi, la formulazione degli obiettivi, dei contenuti e delle strategie didattiche non possa prescindere dal confronto con l'ambiente culturale all'interno del quale l'alunno verificherà l'efficacia degli strumenti culturali acquisiti nella scuola.

Sollecitata dal dibattito pedagogico generale anche l'educazione musicale ha dunque messo in discussione e sottoposto a verifica i propri ambiti d'intervento, le strategie, gli obiettivi e il concetto stesso di "sapere musicale" trasmesso dalla scuola. L'educazione musicale, sostiene Maurizio Della Casa, deve ridefinirsi in funzione dei bisogni dei soggetti dell'apprendimento per i quali, all'interno dei processi della formazione generale, la musica non rappresenta «una dimensione di realizzazione tecnico-specialistica, ma una delle componenti della cultura globale» [Della Casa 1985, p. 26]. Nella scuola di base un individuo non musicista dovrebbe poter appropriarsi di conoscenze e di tecniche musicali (esecutive, analitiche, inventive, ecc.) utili al proprio sviluppo e alla propria crescita culturale, intesa come «potenziale di azione e interazione col mondo» [*ibid*.]. Si tratta dunque di definire quale competenza musicale costituisca il traguardo formativo dell'educazione musicale, ovvero quale insieme di conoscenze e di abilità debba essere posseduto dall'alunno al termine del suo percorso di apprendimento musicale. Sapere, saper fare, saper comunicare è la formulazione di Gino Stefani [1982]; capire e produrre quella di Johannella Tafuri [1995]. In entrambe la competenza musicale si definisce come un insieme di abilità che riguardano da un lato la *comprensione*, intesa come capacità di cogliere l'evento musicale nella sua articolazione interna e nelle relazioni che intrattiene con il contesto culturale, e dall'altro la *produzione*, nella doppia accezione di esecuzione e invenzione. Comprensione e produzione rappresentano cosí le due direttrici lungo cui la competenza si sviluppa e, conseguentemente, i due assi portanti dell'intervento educativo, mentre il sapere costituisce quell'insieme di conoscenze che rende possibile sia la pratica musicale sia la comprensione e la produzione della comunicazione musicale.

Per definire quali conoscenze, capacità e strumenti cognitivi siano realmente utili alla formazione dei soggetti non musicisti è in ogni caso necessario un confronto attento con l'ambiente esterno: l'analisi dello sfondo culturale nel quale vivono gli alunni rappresenta infatti un momento essenziale della programmazione educativa e, inevitabilmente, un'occasione per ripensare alcuni tradizionali presupposti dell'educazione musicale. Almeno tre sono le novità che caratterizzano il paesaggio sonoro odierno: la moltiplicazione dei repertori (una pluralità di esperienze, diverse per genere, stile, provenienza geografica e storica, cosí intricate da rendere difficile il tentativo di delineare chiaramente i confini di ciascuna); la varietà degli approcci e delle modalità di fruizione della musica, assai diversi da quelli proposti dalla musica colta e gli unici nei quali, in genere, si riconoscano gli insegnanti; il ruolo giocato dalla musica di consumo nella definizione dell'identità giovanile. Tale complessità pone in discussione l'abituale orizzonte di riferimento dell'educazione musicale, fondamentalmente incentrato sul repertorio classico-romantico e su quelli infantili delle tradizioni popolari europee. Ma impone anche di studiare piú a fondo la dimensione comunicativa del linguaggio musicale e le nuove funzioni che esso va assumendo nella cultura contemporanea. E ancora chiede di riconsiderare l'importanza educativa degli aspetti creativi della musica sulla base della convinzione che si possiede un linguaggio non solo quando se ne conosce la grammatica ma quando si è in grado di utilizzarlo ai propri fini espressivi.

2. *La dimensione creativa.*

A partire dalla seconda metà del secolo scorso negli Stati Uniti si sviluppa un'intensa attività di studio e di ricerca sulla creatività, allo scopo di chiarirne origini, modalità evolutive, legami con l'intelligenza e influenze sull'apprendimento e sul successo scolastico e professionale. Guilford, Cropley, Torrance e Bruner sono alcuni degli studiosi che maggiormente indagano il pensiero creativo in un periodo che vede la creatività trasformarsi da dimensione di ricerca circoscritta all'ambito scientifico a vera e propria questione sociale, politica e culturale con inevitabili ripercussioni sull'educazione e sulla scuola.

Nello stesso periodo anche la pedagogia della musica comincia a riflettere sul ruolo che le attività inventive possono assumere nel processo di apprendimento musicale, giungendo assai presto a definire la creatività (l'improvvisazione, la composizione, l'arrangiamento, ecc.) come un momento importante dell'appropriazione della cultura musicale. Si comincia ad affermare infatti che la possibilità di sperimentare in prima persona gli elementi del linguaggio musicale consente un apprendimento profondo e significativo e, contemporaneamente, sviluppa le potenzialità espressive dell'alunno che può dar forma ai contenuti emozionali del proprio mondo interiore. Si riprende cosí un'intuizione che era stata già di Jaques-Dalcroze e Orff ma che ora viene sviluppata e approfondita fino a fare dell'esperienza creativa un vero e proprio perno della formazione musicale.

Proposte didattiche per valorizzare appieno le capacità creative degli alunni e per renderle funzionali all'apprendimento vengono elaborate già a partire dagli anni Sessanta da piú parti [si veda ad esempio la rassegna proposta in Dalmonte e Jacoboni 1978]. Ciò che le accomuna è l'attenzione costante allo sperimentalismo della musica colta contemporanea che diviene un fondamentale punto di riferimento, capace di dare legittimità anche sul piano musicale alle esperienze di didattica della creatività. In particolare la pedagogia musicale mostra interesse verso l'allargamento del concetto di suono proposto dalla musica contemporanea. In realtà l'attenzione ai materiali sonori faceva parte da tempo della pedagogia musicale del secolo: a Maria Montessori ed Edgar Willems, ad esempio, si deve la messa a punto di elaborati percorsi didattici incentrati su attività di ascolto, discriminazione e classificazione di suoni e rumori, i quali però vengono da loro considerati come un materiale semplicemente propedeutico all'esperienza musicale vera e propria. Alla fine degli anni Sessanta invece si produce un radicale cambiamento di prospettiva: si attribuisce una particolare importanza alla ricerca sonora sulla voce e sugli strumenti, all'esplorazione delle loro possibilità timbriche e delle tecniche di produzione utilizzabili, incoraggiando i comportamenti non convenzionali e le "scoperte" originali e trovando cosí una sostanziale affinità tra le produzioni infantili e i processi compositivi della musica contemporanea. François Delalande studia con attenzione il comportamento creativo infantile e le analogie che esso presenta con quello del musicista contemporaneo: per entrambi l'esplorazione del materiale sonoro costituisce il fondamentale punto di partenza. «Posto davanti a un corpo sonoro nuovo, il bambino, proprio come l'adulto, è spinto dalla curiosità di inventariarne le possibilità» [Delalande 1993, p. 158].

L'approccio allo strumento o alla voce attraverso la ricerca delle sue possibilità sonore rappresenta per molti autori una tappa fondamentale dell'educazione musicale e in particolare di ogni percorso creativo; attraverso di esso infatti è possibile aggirare l'ostacolo rappresentato dall'insufficenza della strumentazione teorica e tecnica caratteristica degli allievi all'inizio del loro percorso formativo, poiché in questa fase essi sono manifestamente incapaci di comporre e improvvisare rispettando le regole del linguaggio tonale. Il confronto con l'esperienza musicale contemporanea suggerisce alla pedagogia musicale idee e spunti nuovi per affrontare e sviluppare il pensiero creativo e non solo per realizzarne una propedeutica. Lili Friedemann [1978] ritiene che la ricerca sonora sia il motore di ogni esperienza inventiva e la pone al centro dei suoi percorsi, mirati soprattutto a sviluppare le capacità improvvisative; per Werner Keller il "prender gusto" alla manipolazione del fatto sonoro nella sua globalità costituisce un momento essenziale della formazione musicale. Murray Schafer [1970] esplora le possibilità della voce, proponendo attività ispirate ai materiali piú diversi: testi poetici, grafici, disegni, l'alfabeto...

L'invenzione di notazioni diverse da quella tradizionale e piú aderenti ai nuovi prodotti è un altro dei tratti caratteristici che l'esperienza didattica di quegli anni condivide con la ricerca contemporanea: Georg Self [1967], Nils Hansen [1975] e Brian Dennis [1975] predispongono partiture "nuove" da realizzare utilizzando le sonorità sperimentate e invitano i ragazzi a inventare nuove scritture in grado di dar conto delle loro produzioni.

È da sottolineare inoltre come la riflessione pedagogica sulla creatività musicale trovi nell'attenzione ai processi costruttivi, cioè ai modi usati per progettare la musica, un'ulteriore importante saldatura con l'esperienza contemporanea. A Keller [1978] si deve un'interessante riflessione sulle nuove "forme" sonore e sui modi con cui è possibile organizzare il brano musicale a partire da esse: egli propone criteri di analisi e di organizzazione del materiale sonoro diversi da quelli tradizionali, ormai del tutto inadeguati a definire i nuovi materiali sonori e le modalità della loro organizzazione. «Rullio», «corrente», «nuvola», ecc.; ripetizione, contrasto, trasformazione di una forma in un'altra: sono alcune delle proposte avanzate da Keller. Alla ricerca dei meccanismi costruttivi elementari Boris Porena dedica gran parte della sua lunga esperienza compositiva e didattica: concepire la musica come una delle forme di comunicazione gli suggerisce di cercare nella pratica musicale gli stessi processi logici fondamentali che sottostanno alle diverse attività comunicative [Porena 1979]. I criteri analitici elementari da lui individuati (identità, somiglianza, opposizione, addizione, integrazione, ecc.) costituiscono la base dell'attività compositiva, un'attività che egli apre a tutti.

In ambito inglese John Paynter e Peter Aston elaborano un metodo didattico che fa dell'attività creativa il proprio fulcro [Paynter 1992; Paynter e Aston 1979]: ogni nuova acquisizione, sia essa relativa alla grammatica del fatto sonoro o alle tecniche esecutive parte dalla sperimentazione concreta dei materiali sonori e delle loro modalità di combinazione. In seguito il confronto con i prodotti di altri compositori, quasi sempre contemporanei, viene a confermare il lavoro svolto, a correggerlo, a modificarlo, a spingerlo verso nuove realizzazioni. Nell'ipotesi di Paynter il repertorio codificato proposto all'ascolto risulta non tanto un modello impossibile da eguagliare e con il quale il confronto risulta sempre sproporzionato e tale da far ritenere le proprie produzioni poco piú che "giochi" da bambini, ma un materiale la cui analisi è motivata e resa possibile dall'uso che in prima persona si è tentato di fare degli stessi meccanismi costruttivi.

Il legame fra attività di ascolto e invenzione è presente anche nell'esperienza francese piú recente di Monique Frapat la quale, operando nella scuola materna, reputa fondamentale la costruzione di una cornice simbolica che motivi e dia senso all'attività musicale dei bambini [Frapat 1990]. A differenza delle proposte di Porena e di Paynter e Aston, incentrate fondamentalmente sull'aspetto sonoro dell'attività creativa, Frapat sottolinea la dimensione espressiva dell'invenzione infantile che, rispondendo a bisogni che sono cognitivi e affettivi insieme, si caratterizza per il suo essere saldamente ancorata all'esperienza simbolica. L'inizio della sua attività è dunque sempre rappresentato da uno spunto fantastico (una storia, una marionetta, una situazione, ecc.) che viene elaborato utilizzando le tecniche del linguaggio musicale conservando i suoi risvolti simbolici. L'accento posto sulla dimensione espressiva del linguaggio sonoro porta inevitabilmente Frapat a collegare strettamente l'attività musicale alle altre attività espressive: il movimento e l'immagine diventano cosí i corollari inseparabili della sua proposta didattica.

L'attenzione per gli spunti e i suggerimenti utili a sollecitare l'attività creativa caratterizza anche l'esperienza didattica di Gertrud Meyer-Denkmann [1978] che propone di partire sempre da situazioni extramusicali: si tratta di azioni, come mangiare e camminare o di eventi, naturali come la pioggia o artificiali come il traffico stradale. L'analisi delle sonorità presenti e dei movimenti a esse collegate fornisce cosí il materiale per l'invenzione musicale.

3. *I nuovi repertori*.

Kodály aveva giustamente affermato che l'educazione musicale deve partire dai repertori familiari agli alunni; Orff aveva capito che il primo approccio alla musica doveva essere gratificante: il bambino doveva cioè essere messo in grado di produrre subito la sua musica, senza dover sottostare a lunghi apprendistati. I nuovi strumenti appositamente predisposti da lui stesso rappresentano la sua piú significativa intuizione didattica, in grado di mantenere nel tempo vitalità e interesse. Ma i repertori ideati per quegli strumenti (la cosiddetta "musica elementare"), costruiti su materiali folklorici o supposti tali, mostrano, all'inizio del terzo millennio, la loro sostanziale inadeguatezza alla sensibilità musicale dei destinatari dell'educazione. Cosí come il repertorio popolare cui si era appoggiato Kodály.

L'acculturazione musicale di questa fine secolo infatti si costruisce nell'interazione con materiali musicali che solo in parte provengono dai tradizionali repertori infantili, e che invece si rifanno alle eterogenee proposte di televisione e *mass media*: materiali colti della tradizione occidentale, piú o meno rifunzionalizzati dalla pubblicità e da colonne sonore di ogni tipo, si mescolano alla musica di consumo e alle sonorità originarie di altre culture musicali in un intricato insieme in cui diventa difficile distinguere nettamente generi e stili.

Gli stessi strumenti elaborati da Orff, sostanzialmente di tipo percussivo, si rifanno a culture i cui prodotti musicali, sempre piú presenti nel nostro paesaggio sonoro, sono lontani dalle atmosfere tipiche della musica popolare infantile europea cui Orff si richiama: maracas, tumbas, *woodblocks*, *balafon* non costituiscono piú oggetti strani e un po' misteriosi per i quali è possibile inventarsi *ex novo* un repertorio, magari sul modello di quelli conosciuti, ma elementi del quotidiano di ciascuno, piú o meno solidamente ancorati a *sound* da cui è difficile prescindere. Di qui la necessità di ripensare i repertori da eseguire su tali strumenti, repertori che, pur presentando i tratti della facilità e della gradualità richiesti da un percorso di apprendimento, devono comunque costituire materiali significativi, reali e riconosciuti dagli alunni come familiari e attraenti.

Proposte interessanti in questa direzione sono giunte già negli anni Settanta dal gruppo di percussionisti *Les percussions de Strasbourg*, che ha affiancato alla propria attività concertistica sia quella di stimolo alla costituzione di un repertorio originale per le percussioni sia un'intensa attività didattica: «Percustra», il metodo elaborato dal gruppo, è incentrato sullo sviluppo del senso ritmico e sull'acquisizione delle tecniche esecutive relative agli strumenti a percussione. Straordinariamente efficace, perché basata sulla pulsazione e quindi di immediata decifrazione, è la notazione ritmica ideata da Percustra che si avvale di brani tratti da un repertorio assai vasto, appositamente pensato per le percussioni, che abbraccia gran parte della produzione del mondo contemporaneo, dalla musica colta occidentale a quella etnica.

Le musiche proprie di culture diverse da quella occidentale sono entrate nell'educazione musicale sulla scorta di due generi di motivazioni: da una parte hanno inciso le richieste poste alla scuola dalla pedagogia interculturale, la quale ha individuato nell'educazione alla diversità un obiettivo formativo imprescindibile in una società sempre piú attraversata da massicci fenomeni di immigrazione. Dall'altra parte è risultata decisiva la forte penetrazione nella nostra cultura musicale di prodotti provenienti da altre culture: anche nei repertori della musica giovanile sono rintracciabili strumenti, modi e *sound* le cui origini sono spesso le stesse dei bambini del Terzo Mondo ospitati nelle nostre aule scolastiche. Il desiderio di avvicinare culture diverse si unisce cosí alla ricerca degli aspetti musicali assorbiti dal nostro mondo, in percorsi didattici che, soprattutto nella scuola di base, mirano a far avvicinare gli alunni alla diversità, generando in loro prima di tutto curiosità e simpatia, premesse indispensabili perché l'acquisizione delle conoscenze necessarie per collocare correttamente l'esperienza musicale nel proprio contesto di appartenenza si inneschi su un atteggiamento culturalmente aperto e disponibile [Facci 1997].

Non manca chi fa notare come l'adozione di una tale prospettiva nasconda pericoli e rischi soprattutto all'interno di società in cui siano presenti delle minoranze: accostarsi a un repertorio musicale diverso da quello della propria cultura genera sicuramente negli individui facenti parte della cultura dominante disponibilità verso altre culture, ma gli appartenenti alle culture minoritarie rischiano, in questo confronto, di perdere i tratti distintivi delle proprie tradizioni musicali. David Sell [1994], analizzando lo scenario del suo paese, la Nuova Zelanda, mostra come la predisposizione di programmi educativi validi per tutti gli individui abitanti nel paese abbia avuto come conseguenze l'attenuazione di alcuni tratti distintivi della tradizione musicale Maori la quale mal si concilia con le modalità di istruzione scolastica tipiche del sistema di trasmissione culturale occidentale. Rischiamo, ammonisce Sell, di cancellare tradizioni musicali diverse da quella occidentale proprio perseguendo un orientamento che ingloba nell'educazione tutte le musiche del mondo, mentre nell'attuale situazione risulta urgente preservare l'integrità delle culture delle minoranze. Effettivamente, analizzando i programmi scolastici dell'Educazione musicale in vari paesi, ci si accorge come l'impianto educativo miri sostanzialmente a formare le conoscenze e le abilità musicali tipiche della cultura occidentale, aprendosi alle culture musicali "altre" solo per allargare l'ambito conoscitivo dello studente. Ad esempio negli Usa, probabilmente il piú grande paese multirazziale, gli standard educativi per l'educazione musicale, e l'indicazione di «cosa ogni giovane americano dovrebbe conoscere e saper fare nelle discipline artistiche», citano le musiche di culture diverse solo nell'ambito degli obiettivi relativi alla «comprensione della musica in relazione alla storia e alla cultura» [Zambelli 1996]. Ci troviamo dunque di fronte a programmi la cui apertura interculturale è funzionale alla crescita degli alunni appartenenti alla cultura occidentale ma probabilmente pericolosa per l'identità culturale e personale dei membri di altre culture.

La riflessione sulle modalità di apprendimento musicale praticate in culture caratterizzate dalla trasmissione orale del sapere musicale ha portato in ogni caso a riconsiderare l'importanza, anche per la nostra tradizione culturale, dell'apprendimento per imitazione, un apprendimento cioè che si consolida attraverso la ripetizione: fra le proposte di materiali provenienti da culture musicali diverse da quella occidentale, grande attenzione è stata rivolta agli ostinati ritmico-melodici sovrapposti, caratteristici di tanta parte della musica africana, un materiale particolarmente interessante, utile e gratificante, proprio perché viene riconosciuto dagli alunni come "musica vera" e non come semplice esercitazione e perché, con la loro struttura ripetitiva, permettono un apprendimento graduale che si realizza all'interno di una situazione collettiva.

La musica giovanile, con i suoi miti e le sue contraddizioni, rappresenta un'altra grande sfida per l'educazione musicale di inizio millennio. Per quanto lontana dalla formazione e dalle abitudini di ascolto degli insegnanti, la musica di consumo costituisce un settore rilevante dell'esperienza quotidiana di bambini e ragazzi, per molti forse l'unico al di fuori della scuola. Varie ricerche hanno evidenziato come la musica di consumo sia per gli adolescenti un'esperienza con risvolti affettivi molto importanti [Baroni e Nanni 1989], che si afferma già intorno ai tredici-quattordici anni, come un luogo privilegiato per la definizione della propria identità: i gusti musicali espressi dai ragazzi e difesi con passione dagli attacchi di compagni e insegnanti costituiscono un modo per esprimere valori e credenze, ansie e difficoltà del presente, dubbi, ipotesi e speranze sul futuro. Piú recenti osservazioni dei comportamenti infantili mostrano come l'età in cui ci si avvicina al mondo della musica popular, abbandonando definitivamente quello delle canzoni per bambini, si stia ulteriormente abbassando: le canzoni cantate a otto-nove anni sono piú o meno le stesse preferite dai preadolescenti, anche se rimangono differenti le modalità di fruizione e, soprattutto, di identificazione con gli idoli del momento.

Le strategie didattiche approntate per consentire ai ragazzi di operare su un repertorio a loro caro, accettando di farlo diventare oggetto di confronto, analisi e studio e realizzando nel contempo quegli apprendimenti richiesti dal curricolo, sono varie e le esperienze abbondantemente diffuse e ben documentate [si veda ad esempio Ferrari e Strobino 1994].

In sintesi la musica contemporanea, la musica etnica e la musica di consumo rappresentano oggi altrettante sfide che l'educazione musicale ha cercato di raccogliere in modi diversi. Ma poiché i repertori non sono un elemento della didattica che è possibile cambiare lasciando immutato tutto il resto, anche la scelta di avvicinare musiche nuove facendole entrare a buon diritto nella scuola ha messo in crisi le abituali strategie analitiche e alcuni consolidati strumenti concettuali, buoni per la musica di tradizione ma in difficoltà con i nuovi repertori: alla didattica spetta ora il compito, ad esempio, di ridefinire con chiarezza categorie efficaci per analizzare la voce e il *sound* della musica rock o quelle utili per compiere l'analisi formale di brani assolutamente lontani dalla nostra concezione di discorso musicale; piú ancora dovrà ripensare seriamente, nella formazione di base, il ruolo della notazione, la quale mostra tutti i suoi limiti quando è usata allo scopo di decodificare non solo la musica contemporanea e quella etnica, ma anche la musica di consumo: succede infatti che i ragazzi scoprano con grande frustrazione che le loro canzoni preferite, assolutamente facili da riprodurre per imitazione, diventino praticamente illeggibili quando sono trascritte sulla carta.

4. *Interpretare la musica.*

Una delle caratteristiche piú interessanti e innovative della didattica musicale degli ultimi decenni è l'importanza riconosciuta alle attività di interpretazione intesa come capacità di collegare l'evento sonoro ai diversi contesti dell'esperienza umana.

In realtà far disegnare o inventare storie a partire dall'ascolto di un brano musicale rappresenta una prassi didattica ancora molto diffusa in parecchi paesi, soprattutto con i bambini piú piccoli: la strategia didattica mira ad attirare l'attenzione dell'alunno permettendogli di associare al dato sonoro immagini di vario tipo, usando cosí le modalità del pensiero concreto a lui piú proprie, ma senza ritenerle veramente utili alla comprensione del linguaggio musicale. Successivamente infatti si porta l'alunno ad abbandonare ogni forma di pensiero immaginativo e a concentrarsi sulla musica come puro gioco di forme sonore, da indagare usando esclusivamente la strumentazione tecnica tipica del linguaggio musicale. Dalla musica a programma proposta all'inizio del percorso formativo si passa progressivamente all'ascolto di musica pura, etichettando come infantili e ingenue le modalità dell'ascolto "immaginativo". In questa prospettiva infatti il pensiero concreto viene ritenuto un passaggio obbligato dell'educazione, ma, in quanto fuorviante rispetto a una reale comprensione della musica, da abbandonare il prima possibile.

Questa impostazione è stata posta in discussione negli anni Settanta da studi provenienti da ambiti differenti, che hanno sostenuto la natura comunicativa della musica e hanno proposto tecniche e metodi didattici per inserire le attività relative all'interpretazione all'interno dei percorsi educativi. Gino Stefani ha introdotto la prospettiva semiologica all'interno della pedagogia musicale: egli propone di indagare l'oggetto sonoro sia in quanto Espressione (cioè forma sonora) sia in quanto Contenuto (cioè quell'insieme di rimandi cui ogni espressione culturale dà vita) allo scopo di capire i codici che collegano i due livelli.

> Per la solidarietà (relativa e variabile) esistente fra Espressione e Contenuto, una Espressione si individua tanto meglio quanto piú conosciamo i codici che gli danno senso [...]. Ne consegue che una pedagogia-animazione equilibrata, mentre promuove l'esplorazione del materiale, nel contempo assumerà un secondo compito parallelo: favorire lo sviluppo delle capacità di correlazione semantiche, cioè il collegamento fra Espressioni e Contenuti il che comporta la conoscenza o l'invenzione di codici [Stefani 1977, p. 14].

Nella teoria proposta da Stefani l'evento musicale non rappresenta esclusivamente un problema tecnico, ma viene definito come un fatto culturale, partorito da un contesto umano di cui porta tutti i segni; la comprensione dell'opera musicale avviene dunque simultaneamente sia al livello della percezione delle strutture musicali sia al livello della ricerca di quegli aspetti dell'esperienza umana e culturale all'interno della quale l'opera è nata e viene fruita. In questa prospettiva l'attività di ascolto non coincide con l'individuazione di elementi sonori (l'intervallo, la cellula ritmica o melodica, gli accordi, ecc.), individuazione che pure rimane fondamentale per la comprensione del senso musicale, ma si lancia alla ricerca delle interazioni fra la musica e gli altri linguaggi, fra la musica e le diverse dimensioni dell'essere umano, fra la musica e la vita concreta, materiale o psichica che sia.

La riflessione di Maurizio Della Casa invece rivela una chiara ascendenza linguistica: egli infatti cerca di cogliere i tratti caratteristici della comunicazione sonora indagando il linguaggio musicale con gli strumenti di analisi approntati dalla linguistica. Conseguentemente egli pone al centro della sua proposta didattica il suono in quanto veicolo comunicativo e privilegia le attività che prevedono il concorso di altri linguaggi [Della Casa 1974]. Mario Baroni, rifacendosi agli studi di Piaget sul pensiero simbolico infantile, riconduce le attività musicali all'interno della piú generale esperienza espressiva [Baroni 1978]; egli predispone dei percorsi metodologici che mirano a sviluppare parallelamente le capacità comunicative e le acquisizioni tecnico-grammaticali, essendo queste ultime necessarie al bambino per esprimere il suo vissuto simbolico e fantastico attraverso il linguaggio musicale. Il riferimento agli studi piagetiani contraddistingue anche la ricerca di François Delalande [1993] che considera la condotta simbolica uno dei tratti universali dell'esperienza musicale e, conseguentemente, uno dei capisaldi della formazione. In particolare l'osservazione del comportamento sonoro del bambino lo porta a sottolineare il ruolo del simbolismo cinestesico nell'invenzione musicale infantile, la quale, egli afferma, non è fondata su un realismo acustico ma piuttosto su una rappresentazione del movimento caratteristico dell'oggetto o della situazione evocata. Per questo Delalande ritiene che il gesto rappresenti un cardine essenziale fra suono ed espressione.

La riflessione sull'importanza della dimensione semantica della musica nell'esperienza educativa è il dato che caratterizza e distingue la didattica musicale italiana: non è frequente infatti trovare in altri paesi un interesse analogo e una produzione teorica e pratica altrettanto abbondante e significativa. Infatti, pur nella diversità delle posizioni, la letteratura pedagogica italiana presenta su questo tema un numero consistente di studi e di elaborazioni didattiche ampiamente sperimentate e documentate. Ciò che accomuna le diverse proposte è il proposito di rendere consapevoli gli alunni delle convenzioni culturali in base alle quali si creano le associazioni fra eventi sonori e vissuto extra musicale: sinestesie, pratiche sociali, abitudini culturali, reazioni psico-organismiche, ecc. sono gli aspetti sui quali, di volta in volta, essi sono invitati a riflettere per comprendere il senso (o i sensi) del messaggio musicale e i meccanismi cognitivi e culturali che ne consentono l'interpretazione.

Va sottolineato come l'attenzione alla dimensione semantica della musica risponda all'esigenza di creare legami significativi fra l'esperienza musicale proposta a scuola e quella vissuta quotidianamente, di collegare cioè istruzione ed educazione informale: al di fuori della scuola infatti l'attività di interpretazione del fatto musicale rappresenta una delle modalità di fruizione della musica piú diffuse: bambini e ragazzi imparano assai presto, nel contatto con i prodotti musicali proposti dai *mass media*, che la musica contribuisce alla creazione di stati d'animo, comunica sensazioni ed evoca ambienti, partecipa alla narrazione filmica, anticipandola, chiarendola, concludendola, ecc.

Fornendo agli alunni gli strumenti cognitivi utili a conoscere e capire le convenzioni culturali che presiedono alla comunicazione musicale la scuola rende consapevole ed esplicita un'attività comunque presente (la quale, senza un intervento educativo mirato, rimarrebbe intuitiva) e contribuisce alla costruzione di una preparazione reale e non solo accademica.

5. *La riflessione sull'identità musicale.*

Negli ultimi decenni la riflessione pedagogica ha posto l'accento sul ruolo dei fattori emotivi e affettivi nell'apprendimento [cfr. ad esempio Salzberger-Wittenberg, Williams Polacco e Osborne 1983]. In particolare la definizione di educazione come *relazione* ha portato al centro dell'attenzione pedagogica lo studio delle modalità con cui avviene l'interazione fra insegnante e studente all'interno del contesto relazionale piú ampio rappresentato dal gruppo-classe e dalla scuola. Inoltre nuovi ambiti di ricerca sono stati aperti dalla riflessione sulla molteplicità delle intelligenze [Gardner 1983] e dall'indagine sui concetti di identità e di stile cognitivo che sembrano particolarmente importanti nello studio degli approcci individuali all'apprendimento e quindi nella definizione di modalità di insegnamento rispettose delle differenze individuali e capaci di sviluppare le potenzialità proprie di ciascuno studente.

In Italia anche la pedagogia musicale ha cominciato a occuparsi di questi temi cercando, in particolare, di mettere a fuoco il contributo che essa può offrire alla riflessione sul concetto di identità. L'ipotesi che va emergendo è che la musica, rappresentando una dimensione importante dell'esperienza umana, costituisca un tratto specifico della piú generale identità personale: il suo radicamento nella sfera emozionale, il rapporto che essa intrattiene con il sistema di valori proprio dell'individuo, i forti legami esistenti fra gusti musicali e stile cognitivo, costituiscono alcuni degli aspetti che rendono plausibile tale ipotesi [Piatti 1994]. Sul ruolo che la scuola può assumere per aiutare gli studenti a scoprire, valorizzare e rafforzare la propria identità musicale si è dunque sviluppato un ampio dibattito che ha messo in risalto i diversi aspetti del concetto di identità musicale e del suo uso in ambito educativo.

La definizione piú interessante di identità musicale si deve a Franca Ferrari, per la quale essa costituisce l'insieme dei vissuti, dei valori, dei gusti, delle condotte e delle capacità che ciascuno ha maturato relativamente alla musica e che in quanto tali fanno parte del suo bagaglio culturale, costituendo una parte della sua identità complessiva [Ferrari 1994]. In questa prospettiva la musica, lungi dal rappresentare un insieme di contenuti e di abilità, viene definita come un segmento della storia cognitiva, sociale e affettiva di ciascun individuo che può essere fatto emergere, valorizzato e consolidato attraverso la riflessione sulla propria esperienza musicale, sui propri gusti, sulle condotte preferite e sulle competenze possedute. I concetti piú interessanti di questa prospettiva sono sicuramente quelli di competenza di base e di condotta, desunti rispettivamente da Stefani e da Delalande.

Secondo la teoria proposta da Gino Stefani ciascuno di noi è portatore di una competenza musicale, ha sviluppato cioè alcune abilità fondamentali ed è in grado di riflettere sull'esperienza musicale individuandone (anche senza saperli correttamente nominare) alcuni tratti pertinenti. Questa competenza di base è posseduta – sia pure a diversi livelli – da ciascuno e costituisce il punto di partenza di ogni successiva acquisizione [Stefani 1982]: prendere coscienza delle capacità del proprio orecchio o dell'estensione della propria memoria melodica o ritmica, o ancora dei criteri utilizzati da ciascuno per segmentare un brano nelle sue parti costituenti, o dei collegamenti che si sanno operare fra il dato sonoro e l'ambiente culturale di appartenenza, ecc., sono le attività con le quali dovrebbe cominciare ogni itinerario di apprendimento rispettoso del vissuto e dell'identità dei soggetti coinvolti [Tafuri 1995]. Sono stati progettati e realizzati molti percorsi didattici incentrati sulla valorizzazione delle competenze già possedute dagli alunni, sull'attenzione verso i loro interessi e il loro mondo simbolico [cfr., ad esempio, Mazzoli 1997]; la loro analisi mostra chiaramente come l'apprendimento risulti piú profondo e duraturo se gli alunni sono messi in grado di riflettere sulle loro conoscenze e abilità, all'interno di un contesto educativo accogliente e disponibile a seguire, e non solo a dirigere, gli itinerari attraverso cui essi costruiscono il proprio sapere.

Il secondo concetto centrale di questa prospettiva è quello di condotta musicale, elaborato da François Delalande sulla base della definizione piagetiana di condotta come comportamento messo in atto in funzione di una motivazione; le condotte musicali sono dunque i comportamenti attivati nei confronti dell'esperienza musicale – sia essa ascoltare, suonare o comporre – in funzione di una motivazione [Delalande 1993]. Egli individua tre fondamentali condotte – sensomotoria, simbolica, di regole – che rappresentano tratti universali dell'esperienza musicale, che ciascuno può ritrovare nella propria storia e nei propri comportamenti di fronte alla musica. Le esperienze didattiche realizzate sulla scorta della teoria di Delalande hanno mostrato l'utilità del concetto di condotta in ambito educativo: sollecitati a prendere coscienza dei propri modi di appropriazione della musica i soggetti scoprono aspetti della propria personalità (non solo musicale) difficilmente indagabili in altri modi [Ferrari 1991]. La condotta infatti, rappresentando il proprio personale modo di rapportarsi alla musica, costituisce un tratto caratteristico di ogni individualità. In questo senso essa appare come una sorta di declinazione musicale del concetto di stile cognitivo, uno degli ambiti di studio piú recenti e affascinanti della ricerca psicologica e pedagogica.

Rimane aperta la questione relativa all'utilizzo del concetto di identità in ambito educativo: c'è chi sottolinea [Baroni 1995] che l'identità riposa sempre su un sistema piú o meno implicito di valori; quindi nelle società complesse il riconoscimento e la valorizzazione dell'identità si accompagnano necessariamente al conflitto provocato dal legittimo desiderio di affermazione proprio di ogni identità. Se l'educazione si limitasse a confermare ogni identità mostrerebbe non solo una sostanziale ingenuità (come confermare infatti ogni identità all'interno di un gruppo-classe, in cui necessariamente convivono identità diverse?) ma rinuncerebbe anche a uno dei suoi compiti fondamentali, che è quello di problematizzare gusti e valori, piú che avallarli *tout court*, proprio per avviare gli alunni alla complessità sociale e fornire loro strumenti per ottenere rispetto per la propria identità, imparando contemporaneamente a rispettare quella altrui. Dunque l'attività educativa incentrata sull'identità dovrebbe essere capace di affrontare anche le problematiche legate alla gestione del conflitto connessa all'incontro/scontro di diverse identità.

Una risposta implicita a queste obiezioni viene dalle proposte della Ferrari sull'uso didattico del concetto di condotta: se le diverse condotte preferite da ciascuno sono, a turno, proposte a tutta la classe, ognuno ha modo di osservare e analizzare l'oggetto musicale da una prospettiva diversa da quella che adotterebbe spontaneamente. In questo modo ogni esperienza d'ascolto e/o di produzione diventa un modo per confrontarsi con i punti di vista altrui, sviluppando l'abitudine all'ascolto degli altri e, contemporaneamente, rappresenta lo spunto per allargare e far progredire la competenza dei ragazzi: l'adozione della condotta motoria infatti sollecita l'approfondimento degli aspetti ritmico-motori della musica mentre l'adozione della condotta simbolica avvia l'indagine sulla dimensione semantica del linguaggio musicale e l'assunzione della condotta di regole porta ad analizzare la sua struttura. Si tratta di momenti fondamentali di un'attività didattica che mentre valorizza il sapere e le competenze proprie di ciascuno contribuisce anche ad ampliare le conoscenze e le abilità di tutto il gruppo-classe, insegnando a relativizzare le proprie idee nel confronto con quelle dei compagni.

6. *Musica e integrazione sociale*.

La riflessione sulla musica come strumento di comunicazione, avviata in Italia negli anni Settanta e approfondita nel periodo successivo, ha portato ultimamente a considerare le possibilità comunicative della musica come una ulteriore risorsa nelle situazioni educative in cui siano presenti disagi umani, sociali e culturali. Si tende cioè a sottolineare la dimensione relazionale della musica, ovvero la sua capacità di facilitare la costruzione di relazioni umane positive. Se si considera che nella scuola italiana i bambini portatori di handicap sono inseriti nelle classi di normodotati si capisce facilmente come l'educazione musicale abbia cominciato a riflettere sulle modalità con cui la musica può favorire l'integrazione. L'ipotesi non è ovviamente quella di predisporre interventi di musicoterapia, per i quali sono necessari competenze e contesti del tutto differenti da quelli scolastici, quanto piuttosto di costruire situazioni educative che consentano a ciascuno di esprimere le proprie potenzialità musicali all'interno di percorsi didattici collettivi, strutturati in modo da permettere a ognuno di realizzare degli apprendimenti commisurati alle proprie possibilità e nello stesso tempo di acquisire un atteggiamento aperto e disponibile nei confronti della diversità.

Anche la richiesta sempre piú diffusa sul territorio di operatori musicali in grado di agire in contesti educativi differenti (con gli anziani, i disabili, nei centri sociali, dentro le carceri e gli ospedali, ecc.) pone all'educazione musicale problemi analoghi: in questi casi infatti non si tratta di mettere a punto percorsi didattici mirati all'acquisizione di tecniche o allo sviluppo di abilità, ma di rafforzare, attraverso l'esperienza musicale, l'identità dei soggetti con cui si opera, assecondando e facilitando le trasformazioni possibili e auspicabili [Vitali 1991].

Le esperienze realizzate in questo campo, per quanto suggestive, sono ancora frammentarie e prive di quell'organicità teorica e operativa che ne consentirebbe la generalizzazione; tuttavia è indubbio che questo settore rappresenta uno degli ambiti di ricerca e di intervento dell'educazione musicale del futuro.

Baroni, M.

1978 *Suoni e significati. Musica e attività espressive nella scuola*, Guaraldi, Firenze (nuova ed. Edt, Torino 1997).

1995 *Identità musicali? Perplessità, dubbi, precisazioni, divagazioni e altro*, in M. Piatti (a cura di), *Io-tu-noi in musica. Identità e diversità*, Pro Civitate Christiana, Assisi, pp. 93-101.

Baroni, M., e Nanni, F.

1989 *Crescere con il rock. L'educazione musicale nella società dei mass media*, Clueb, Bologna.

Bruner, J. S.

1966 *Toward a Theory of Instruction*, Harvard University Press, Cambridge Mass. (trad. it. *Verso una teoria dell'istruzione*, Armando, Roma 1967).

Dalmonte, R., e Jacoboni, M. P.

1978 (a cura di), *Proposte di musica creativa nella scuola*, Zanichelli, Bologna.

Delalande, F.

1993 *Le condotte musicali. Comportamenti e motivazioni del fare e ascoltare musica*, Clueb, Bologna.

Della Casa, M.

1974 *La comunicazione musicale e l'educazione*, La scuola, Brescia.

1985 *Educazione musicale e curricolo*, Zanichelli, Bologna.

Dennis, B.

1975 *Projects in Sound*, Universal Edition, London.

Dewey, J.

1933 *How we Think*, Heath, Boston (trad. it. *Come pensiamo*, La Nuova Italia, Firenze 1961).

Facci, S.

1997 *Capre, flauti e re: musica e confronto culturale a scuola*, in collaborazione con A. Colaianni e E. Treglia, Edt, Torino.

Ferrari, F.

1991 *Ascoltando*, in C. Delfrati e J. Tafuri (a cura di), *Scoprire la musica*, Ricordi, Milano, pp. 78-100.

1994 *Ripartire dall'identità musicale*, in Piatti 1994, pp. 131-45.

Ferrari, F., e Strobino, E.

1994 (a cura di), *Imparerock? A scuola con la popular music*, «Quaderni della SIEM», n. 6, Ricordi, Milano.

Frapat, M.

1990 *L'invention musicale en maternelle*, CRDP, Versailles (trad. it. *L'invenzione musicale nella scuola dell'infanzia*, Junior, Bergamo 1994).

Freinet, E.

1969 *Naissance d'une pédagogie populaire*, Librairie François Maspero, Paris (trad. it. *Nascita di una pedagogia popolare*, Editori Riuniti, Roma 1973).

Friedemann, L.

1978 *Improvvisazione collettiva*, in Dalmonte e Jacoboni 1978, pp. 180-92.

Gardner, H.

1983 *Frames of Minds. The Theory of Multiple Intelligences*, Basic Books, New York (trad. it. *Formae mentis. Saggio sulla pluralità dell'intelligenza*, Feltrinelli, Milano 1987).

Hansen, N.

1975 *Kreativitat im Musikunterricht*, Universal Edition, Wien (trad. it. *Creatività ed educazione musicale*, Suvini Zerboni, Milano 1984).

Keller, W.

1973 *Les percussions de Strasbourg. Percustra*, Leduc, Paris.

1978 *Ludi Musici*, in Dalmonte e Jacoboni 1978, pp. 115-26.

Mazzoli, F.

1997 (a cura di), *Musica per gioco. Educazione musicale e progetto*, Edt, Torino.

Meyer-Denkmann, G.

1978 *Modelli di esperimenti sonori e tentativi di costruzione formale. Azioni sperimentali*, in Dalmonte e Jacoboni 1978, pp. 45-54.

Murray Schafer, R.

1970 *When Words Sing*, Beradol Music, Scarborough Ont. (Universal Edition, London 1979).

Olson, D. R.

1979 *Linguaggi, media e processi educativi*, Loescher, Torino.

Paynter, J.

1992 *Sound and Structure*, Cambridge University Press, Cambridge (trad. it. *Suono e struttura*, a cura di G. Guardabasso, Edt, Torino 1996).

Paynter, J., e Aston, P.

1979 *Sound and Silence. Classroom Projects in Creative Music*, Cambridge University Press (trad. it. *Suono e silenzio. Progetti di musica creativa per la scuola*, Eri, Torino 1980).

Piatti, M.

1994 (a cura di), *Pedagogia della musica: un panorama*, Clueb, Bologna.

Porena, B.

1979 *La composizione musicale: uno strumento della pratica culturale di base nella scuola e nel territorio*, Altrarea, Treviso.

Salzberger-Wittenberg, I., Williams Polacco, G., e Osborne, E.

1983 *The Emotional Experience of Learning and Teaching*, Routledge and Kegan Paul, London (trad. it. *L'esperienza emotiva nel processo di insegnamento e apprendimento*, Liguori, Napoli 1987).

Self, G.

1967 *New Sounds in Class*, Universal Edition, London (trad. it. *Alla scoperta di nuovi mondi sonori*, Suvini Zerboni, Milano 1983).

Sell, D.

1994 *Educazione musicale interculturale: ipotesi e pericoli*, in «Musica Domani», n. 90, pp. 6-8.

Stefani, G.

1977 *Insegnare la musica*, Guaraldi, Firenze.

1982 *La competenza musicale*, Clueb, Bologna.

Tafuri, J.

1995 *L'educazione musicale: teorie, metodi, pratiche*, Edt, Torino.

Vitali, M.

1991 *Verso un'operatività musicale di base*, Cappelli, Bologna.

Zambelli, D.

1996 *Gli standard per l'educazione musicale nelle scuole degli Stati Uniti d'America*, in «Musica Domani», n. 101, pp. 3-10.

JOHANNELLA TAFURI

La formazione musicale superiore in Europa e in Nord America

1. *Questioni terminologiche.*

Il quadro generale che verrà delineato in questa sede sulla formazione musicale superiore in Europa e in Nord America si articolerà intorno ad alcuni aspetti chiave: le tipologie delle varie istituzioni, le radici storiche, i contenuti, ovvero i campi del sapere ufficialmente riconosciuti e le finalità professionali.

Innanzitutto chiariamo l'uso di alcuni termini. Nel dibattito italiano odierno sulle teorie dell'insegnamento/apprendimento troviamo il coesistere di termini diversi riferiti alla stessa realtà: educazione, istruzione, formazione. Al di là della complessità dei problemi e delle scelte possibili [Bertolini 1990; Laporta 1993; Massa 1992], nonché delle enfatizzazioni o delle riduzioni di tali termini nella dialettica che contrappone soprattutto educazione e istruzione, si possono tuttavia ravvisare delle differenze comunemente accettate: la trasmissione di contenuti culturali e di sistemi di valore attivata sia durante l'insegnamento sia al di fuori di esso, in italiano viene generalmente chiamata *educazione*; trattandosi di un processo orientato allo sviluppo delle persone come esseri umani e sociali, l'educazione è quindi ciò che determina il nostro modo di essere. Quell'attività che mette piuttosto l'accento su obiettivi e contenuti dell'insegnamento nel senso di concetti e abilità propri di ogni campo disciplinare, in italiano si chiama *istruzione*, sia che si tratti di quei requisiti minimi che lo stato garantisce attraverso l'obbligo scolastico (una persona analfabeta o quasi viene definita "senza istruzione"), sia che ci si riferisca agli indirizzi di studio basilari per le diverse professioni (istruzione classica, scientifica, musicale, ecc.). Riguardo poi all'attività che favorisce l'acquisizione di modelli culturali, di stili di vita o l'acquisizione di un certo tipo di concetti e abilità necessari per raggiungere degli obiettivi professionali, si usa il termine *formazione*: si parla infatti di formazione della personalità, formazione artistica o critica, e in questo caso il termine è piú vicino a quello di educazione, oppure si parla di formazione professionale (di giovani e adulti) e in questi casi il termine è piú vicino a quello di istruzione.

Altre lingue, e quindi altre culture, usano termini a volte simili, a volte diversi per esprimere questi tre concetti. In francese il termine *éducation* è equivalente al nostro, *enseignement* sostituisce "istruzione" e *formation* si riferisce strettamente alla formazione professionale. In spagnolo *educación* equivale all'italiano "educazione", *enseñanza* corrisponde a "istruzione" e *formación* pone una particolare enfasi sulla formazione professionale anche se ha anche un significato ampio come in italiano. In inglese il termine *education* comprende il senso dato in italiano sia a "educazione" (*general education*) sia a "istruzione" (*professional education*) mentre *training* è usato per indicare la formazione professionale ma anche l'addestramento, l'esercizio tecnico in senso stretto. In tedesco *Erziehung* è il termine che significa "educazione" mentre sia per "istruzione" sia per "formazione" il termine piú usato è *Ausbildung*.

Vediamo ora come classificare i contenuti dell'apprendimento che, come già detto parlando di istruzione, riguarda concetti e abilità o, detto in altri termini, il "sapere" e il "saper fare". Guardando da quest'ottica i contenuti della formazione musicale, è possibile raggrupparli in due grandi settori di studio: quello rivolto al "saper fare", cioè al padroneggiamento della capacità di suonare, comporre e dirigere, quindi alla pratica musicale, e quello rivolto al "sapere" musicale considerato come il sapere teorico. Concretizzando questo discorso in settori disciplinari, nel primo caso abbiamo le discipline relative allo studio degli strumenti (pianoforte, tromba, violino, ecc.), della composizione e della direzione (d'orchestra e di coro); nel secondo caso lo studio delle discipline musicologiche (storia della musica, teoria musicale, analisi, psicologia della musica, ecc.).

Pur occupandoci in questa sede della fascia superiore degli studi musicali, è opportuno ricordare l'esistenza di quel settore di studio che comprende un sapere e un saper fare orientati allo sviluppo della musicalità di tutti coloro che non sceglieranno una professione musicale, quello che in Italia si chiama educazione musicale, in Francia *éducation musicale*, in Spagna *educación musical*, in Gran Bretagna *music education*, in Germania *Musikerziehung*. Si tratta di un settore che solo recentemente, almeno in Italia, ha acquistato un proprio statuto disciplinare: trent'anni di esperienze di insegnamento e di riflessioni teoriche hanno permesso di individuare l'educazione musicale non piú come un *collage* di altre discipline musicali ridotte e adattate a uso dei bambini, ma come una disciplina autonoma il cui obiettivo è quello di fornire a tutti le occasioni di apprendimento necessarie per uno sviluppo ricco e articolato delle proprie potenzialità musicali, grandi o piccole che siano, in funzione di una formazione piú completa dell'immaginazione, della sensibilità, del pensiero creativo e critico, nonché della capacità di esprimersi e comunicare. Oggi in Italia l'espressione "educazione musicale" è comunemente usata per indicare la materia scolastica presente nelle scuole generali o quell'insieme di attività che spesso offrono scuole musicali private o istituzioni extrascolastiche (comuni, quartieri, associazioni, ecc.).

Ritornando ai due settori di studio indicati prima, quello delle discipline teoriche (i "sapere") e quello delle discipline pratiche (i "saper fare"), possiamo collocare accanto ad essi il settore della didattica come un *sovrasettore trasversale*, cioè quello che permette di acquistare gli strumenti del "saper far fare" ad altri ciò di cui si è padroni, nel nostro caso si tratta delle didattiche disciplinari relative ai settori evidenziati: la didattica degli strumenti-composizione-direzione, la didattica delle discipline musicologiche, la didattica dell'educazione musicale. L'acquisizione di queste didattiche disciplinari richiede il possesso previo di saperi musicali teorici e pratici adeguati all'insegnamento che si vuole impartire, in quanto base imprescindibile su cui innestare gli strumenti del programmare, gestire e verificare situazioni di apprendimento per altri.

Passando al termine "disciplina", anche questo richiede una chiarificazione che permetta di capire in che modo parleremo poi di discipline e di curricoli. La formazione, e quindi l'insegnamento/apprendimento, si concretizza intorno a dei contenuti raggruppati per ambiti di appartenenza chiamati normalmente discipline. Da chi e in che modo vengono individuate e definite le discipline e i loro contenuti?

Come fa notare Maragliano [1992], mentre la tradizione scolastica ci ha consegnato un sistema chiuso basato sull'identificazione tra i contenuti dell'insegnamento e i campi della ricerca scientifica, detto in altri termini tra discipline scolastiche e discipline accademiche, oggi la mappa dei saperi degni di essere insegnati si va ridisegnando sotto la spinta dei mezzi di comunicazione sociale: le tecniche dell'oralità secondaria, dell'immagine in movimento, della produzione sintetica del suono, della parola elettronica stanno sgretolando l'identificazione di cui sopra a favore di contenuti piú flessibili e riformulabili. Ciò è possibile anche per la crescente consapevolezza che già la stessa definizione e la scelta dei settori disciplinari sono condizionate dai sistemi simbolico-culturali propri di ogni periodo storico e di ogni area geografica, quella consapevolezza che permette di cogliere quanto «l'immagine della scienza, ciò che viene considerato scientifico in un'epoca storica dal gruppo sociale dominante determini il significato delle ricerche, i problemi da risolvere, e quindi anche i modi del loro insegnamento» [Pontecorvo 1978, p. 63].

Queste considerazioni aiutano a capire come i contenuti della formazione musicale si siano andati configurando, talvolta cristallizzando, oggi in parte riformulando, in istituzioni diverse, ma anche a capire le conseguenze della distinzione fatta all'inizio tra gli studi musicali teorici e quelli pratici. Se per i primi (per esempio la storia della musica, la psicologia della musica) è facile individuare un oggetto di studio, una specifica metodologia di ricerca e quindi una loro collocazione tra le discipline "scientifiche", arduo diventa il compito per gli studi pratici. Parafrasando Baldassarre nel suo discorso sulla didattica [1992, p. 35] potremmo dire che il nucleo fondamentale dell'oggetto della disciplina "pianoforte" o "tromba", per esempio, sia il *si-*

stema esecutivo/interpretativo costituito dalla triade *alunno-strumento-opera musicale*, e poiché suonare significa compiere una serie di movimenti per ottenere dallo strumento determinati risultati pensati e voluti, potremmo dire che si tratti di un sistema di azioni finalizzato a produrre, mediante la soluzione di problemi senso-motori, un evento musicale significativo. Data la specificità pratica e l'assenza di una metodologia di ricerca propria, riteniamo piú opportuno collocare il saper fare nell'area delle tecniche.

Dopo questi chiarimenti, continueremo per comodità a usare il termine disciplina solo nel senso di materia di studio, indipendentemente dal fatto che si configuri piú come disciplina scientifica o come tecnica.

2. *Antecedenti storici.*

Alla luce delle argomentazioni fin qui condotte, è possibile ora dare una motivazione alle differenze piú o meno marcate che si osservano tra le diverse istituzioni formative, principalmente le università e i conservatori, le prime interessate per tradizione alle "discipline accademiche" e quindi al "sapere", i secondi al "saper fare" e quindi alle "tecniche". Questa distinzione ha lontane radici storiche e risale perlomeno all'antica tradizione aristotelica che divideva la conoscenza in teorica e pratica raggruppando in questa seconda categoria quella basata sulle tecniche.

Il sapere teorico musicale, che si può far risalire alle prime ricerche pitagoriche sui rapporti di lunghezza delle corde, si è concentrato per molti secoli sulle trattazioni speculative. Seguendo la tradizione aristotelica, gli studi musicali proseguirono a lungo mantenendo la divisione tra musica *theoretica* o speculativa e musica *practica*. Come diceva Giacomo da Liegi nel suo *Speculum Musicae* (1321/23):

> La teorica consiste nello speculare sulla verità di ciò che appartiene a questo genere di musica, ricercando e dimostrando principî, proprietà, parti, mutamenti nel proprio oggetto; lí si ferma, lí finalmente riposa. La pratica invece pone il suo fine nell'opera. Tende a esprimere i suoni armonici con gli strumenti naturali o artificiali. L'una riguarda l'anima e l'intelletto speculativo, l'altra l'intelletto pratico, il corpo e l'udito [Jacobi Leodiensis 1955, p. 63].

Da ciò la distinzione tra *musici* e *cantores*, che era la distinzione tra i teorici e i pratici e conteneva un implicito senso di superiorità nei confronti di questi ultimi, tant'è vero che i teorici medievali, a proposito dei *cantores*, affermavano: «qui facit quod non sapit diffinitur bestia». Una divisione coltivata nel Medioevo anche nelle nascenti università, dove si discuteva della definizione, dell'etimologia e della nascita della musica cosí come delle sue basi matematiche e fisiche e delle sue relazioni con l'astronomia.

Contemporaneamente al procedere della riflessione teorica, il canto liturgico, raccomandato già dalla Regola di San Benedetto, assumeva un'importanza sempre maggiore nella vita religiosa medievale, favorendo cosí un grande sviluppo di questa attività e quindi la nascita di apposite scuole per cantori. A sostegno di tale attività ecco comparire nei trattati una serie di indicazioni pratiche sul canto liturgico, segno che, perlomeno nelle sedi piú prestigiose, la musica veniva coltivata sia come *scientia* sia come *ars*, termine, quest'ultimo, che in latino veniva usato per indicare mestieri o attività con fini pratici, cosí come per i greci l'arte (detta *techne*) indicava prevalentemente la capacità di operare manualmente. La presenza del cantore liturgico (che non era necessariamente un monaco) non deve però far dimenticare la presenza del cantore di corte, il menestrello: il primo imparava a cantare, a leggere la notazione mensurale, a improvvisare e, in alcuni casi, a suonare una tastiera e a comporre; il secondo acquisiva una tecnica strumentale, un repertorio e la capacità di ampliarlo. Il primo imparava in apposite scuole, il secondo per apprendistato diretto o presso il padre o presso un "maestro" di talento. Il primo esercitava la sua professione nelle chiese, il secondo nelle corti.

Accanto alle scuole per cantori, che sono come si è visto istituzioni ecclesiastiche con finalità liturgiche, ecco sorgere nel XIV secolo in Italia, ad opera di confraternite, i Conservatori, con lo scopo di accogliere orfani, trovatelli e poveri per "conservarli" dai pericoli della miseria educandoli e insegnando loro arti e mestieri tra i quali era compresa la musica. Successivamente il nome Conservatorio venne usato solo per quegli istituti che si specializzavano nell'insegnamento della musica dando luogo cosí a un'istituzione di tipo artigianale, sostanzialmente diversa dalle scuole corali in quanto non orientata al servizio liturgico ma a una professione musicale (della quale comunque il servizio liturgico poteva far parte) che fosse remunerabile.

Parallelamente al diffondersi di luoghi per lo studio della musica come attività pratica, aumenta la presenza di studi musicali teorici presso le sedi universitarie [Carpenter 1980]: dopo la prima di cui si abbia notizia, Salamanca (1254), vi sono testimonianze relative a Praga (1367), Vienna (1389), Colonia (1398), Cracovia (1400), Oxford (1431). Secondo le testimonianze rimaste, la prima laurea in musica viene conseguita nel 1456 all'Università di Cambridge e nel 1500 la troviamo anche a Oxford. In Italia le cattedrali e le corti occupano ancora un posto privilegiato e solo alla fine del 1400 si ha notizia di cattedre di musica nelle Università di Pavia e di Bologna.

Nel Seicento e Settecento i conservatori crescono per prestigio (dovuto soprattutto alla presenza di grandi musicisti), per numero e diventano essi stessi sedi rinomate di concerti. Vi si studiava canto, composizione, strumenti ad arco e a fiato. Le vicende alterne da essi subite non impedirono il rapido diffondersi in Europa di scuole di musica "all'italiana", chiamate anch'esse Conservatori. Nell'Ottocento si verifica una svolta decisiva per quanto riguarda la creazione di istituzioni dedite all'insegnamento musicale cosí come noi oggi lo concepiamo: da un lato, dopo la Rivoluzione francese e le guerre napoleoniche, sorgono in Europa istituzioni scolastiche non piú legate a tradizioni caritative o a iniziative private di gruppi di aristocratici colti, ma rette dallo stato con denaro pubblico. Cosí i conservatori mantengono il nome antico e in parte anche le funzioni che avevano posseduto nei secoli, ma diventano scuole nel senso moderno del termine. Dall'altro, la scoperta e la valorizzazione della storia come disciplina portante del sapere ottocentesco e quindi l'impetuoso sviluppo degli interessi storiografici in campo musicale trasformano gradualmente la vecchia tradizione della teoria musicale (che nei secoli si era sempre piú qualificata e specializzata come didattica della composizione) in sapere musicologico nel senso moderno della storia e filologia musicale. Cosí la musicologia storica, a partire dalla seconda metà dell'Ottocento, prima in Germania e poi via via nel resto dell'Europa, trova le sue sedi soprattutto nelle università.

Anche in questa nuova impostazione ottocentesca continua a sopravvivere la vecchia separazione gerarchica: i musicologi (i teorici) devono saper pensare, parlare e scrivere (soprattutto scrivere di storia) ma possono anche non saper suonare o cantare, mentre gli esecutori (i pratici) devono saper suonare ma possono anche non saper "pensare" né tantomeno scrivere sulla musica; fanno eccezione i compositori che dall'Ottocento in poi si qualificano spesso come intellettuali nel senso pieno del termine, piú però per effetto di autoeducazione che dei programmi scolastici.

Che cosa di questa concezione è rimasto nell'attuale pianificazione degli studi musicali in Europa e in Nord America? Nel momento in cui nasce un'istituzione scolastica, i suoi fondatori si pongono oggi delle finalità in funzione delle quali offrire determinati percorsi di studio, finalità che possono essere piú genericamente formative o piú prettamente professionali. Come dicevamo all'inizio, possiamo parlare di "educazione musicale" come disciplina formativa o parlare di strumento, composizione, direzione, didattica della musica come discipline professionalizzanti in quanto offrono dei percorsi che preparano a svolgere la professione di esecutori, compositori, direttori, insegnanti.

In questa sede ci occuperemo dei corsi professionalizzanti e ne osserveremo la fascia superiore, quella che per intenderci comincia dopo i sedici-diciotto anni. Quali curricoli vengono offerti? È chiaro che ogni curricolo o piano di studi nasce alla luce delle possibili professioni ma nasce anche da una filosofia di fondo, da una certa concezione della *scienza* e della *tecnica* che è quella che determina il peso da attribuire ai vari saperi in funzione dei profili professionali, del titolo rilasciato e quindi della professione per la quale si intende offrire una preparazione adeguata.

Guardiamo ora da vicino le istituzioni presenti nei vari paesi per evidenziarne la tipologia (indirizzo pratico, teorico o integrato), i curricoli programmati in funzione delle professioni previste e i titoli rilasciati.

3. *La situazione attuale*.

In questi ultimi vent'anni molti sono stati i paesi che hanno varato importanti riforme del sistema scolastico nelle quali però non sempre sono stati inclusi gli studi musicali. Di conseguenza la situazione si presenta abbastanza diversificata secondo che sia ancora molto forte il modello tradizionale o che le riforme abbiano piú o meno rivoluzionato il sistema di studi musicali adeguandolo alle esigenze della cultura e della società contemporanea. Per poter tracciare un quadro della situazione attuale relativa alla fascia superiore degli studi musicali è stato necessario innanzitutto decidere quali paesi prendere in considerazione: sulla base della reperibilità di materiali attendibili la scelta è caduta sui paesi della comunità europea ai quali sono stati aggiunti la Norvegia e la Svizzera per vicinanza geografica e culturale, nonché il Canada e gli Stati Uniti in quanto molto vicini alla cultura europea. Pur avendo consultato fonti autorevoli – Bartle [1996], Bruneau [1991], Deriu [1994] e i Programmi di studio nazionali per i vari ordini di scuola – ci scusiamo in anticipo di eventuali inesattezze, ma i continui cambiamenti legislativi e l'assenza di testi ufficiali aggiornati a livello nazionale (al di là dei programmi di ogni singolo Istituto) rendono impossibile una precisione assoluta. Riteniamo comunque che in questa sede sia sufficiente una panoramica che a grandi linee renda conto della formazione musicale superiore nei paesi scelti.

Dando uno sguardo sintetico ai sistemi di studio presenti in tali paesi si coglie immediatamente una grande varietà di istituzioni e di modalità organizzative sia interne (durata degli studi, programmi, titoli rilasciati, ecc.) sia esterne (rapporti con il governo, validità dei titoli, ecc.), una varietà nella quale non è facile orientarsi. Tuttavia, a un'osservazione piú attenta, emergono chiaramente due modelli predominanti che rispecchiano di fatto la separazione o l'integrazione tra gli studi pratici e quelli teorici. Il primo (e anche il piú antico) è quello che esalta la formazione pratica di esecutori, compositori e direttori (il saper fare) in istituzioni specialistiche di alto livello, chiamate prevalentemente conservatori, nelle quali la formazione teorica è abbastanza ridotta. Spesso queste istituzioni accolgono gli allievi fin da piccoli e offrono l'intero percorso di studi (inferiore, medio, superiore). Gli studi teorici vengono affrontati nelle università dove però non è prevista né richiesta una formazione pratica. In qualcuna di queste università vi è il dottorato di ricerca, ma solo in ambito musicologico con netto predominio della musicologia storica. Nei paesi che adottano questo modello, soprattutto quelli di lingua neolatina (o dagli antichi legami politico-culturali con essi), vi sono dunque molti conservatori (o istituzioni simili) che forniscono una formazione eminentemente pratica e poche università che forniscono una formazione teorica.

Il secondo modello è quello che propone un'integrazione tra formazione pratica e teorica nelle università dove è possibile affrontare sia studi strumentali e compositivi sia studi teorici ed è quindi possibile articolare piani di studio integrati. Nei paesi che adottano questo modello, soprattutto quelli anglofoni, vi sono molte università nelle quali è possibile ottenere una formazione musicale teorico-pratica (con approfondimenti piú teorici o piú pratici secondo le scelte personali) e pochi conservatori nei quali predomina la formazione pratica. In molte università vi è il dottorato di ricerca in ambiti di studio sia teorici (con varietà di indirizzi oltre a quello storico: psicologia della musica, analisi, psicoacustica, teoria, ecc.), sia pratici (composizione, strumenti, ecc.). Questo tipo di integrazione tra formazione pratica e teorica in alcuni paesi è avvenuto presso gli Istituti di formazione pratica, come è successo in Germania e sta succedendo in Spagna. In Germania nell'ex conservatorio, diventato *Hochschule für Musik*, sono state aggiunte cattedre di musicologia con possibilità di dottorati in musicologia e in didattica della musica, mentre le università si occupano solo della formazione musicologica con relativi dottorati. In Spagna il decreto del 1995 istituisce il "grado superiore" degli studi musicali nel Conservatorio Superior de música dove è possibile affrontare percorsi di studio articolati con indirizzo prevalentemente pratico (gli strumenti, per esempio) o teorico (come Musicologia o Etnomusicologia). Tali nuovi percorsi di studio stanno partendo in questi anni.

Esiste anche un'altra forma di integrazione, in verità poco diffusa, che è quella tra le Istituzioni stesse: l'università offre studi teorici chiedendo l'integrazione con studi pratici svolti in conservatorio, ed è quello che avviene in Francia all'Università Paris IV, La Sorbonne, e in altre università, le quali prevedono con apposita convenzione che gli studi pratici possano essere svolti nel conservatorio della città. Una situazione simile si riscontra anche in Svizzera, a Basilea, mentre in altri casi, per esempio in Irlanda, gli Istituti musicali possono essere affiliati a qualche università cosí che gli allievi possano conseguire un titolo universitario. In Svezia, poi, gli ex conservatori, chiamati Musikhögskolan, appartengono alle Università ma costituiscono delle unità autonome al loro interno.

Un discorso a parte merita la formazione degli insegnanti: è infatti una conquista abbastanza recente la convinzione che non basti possedere conoscenze teoriche e abilità tecniche relative a una determinata disciplina per saper insegnare ma è necessario acquistare gli strumenti propri della didattica generale e disciplinare, acquistare cioè la capacità di predisporre, gestire e valutare situazioni di apprendimento riguardo alla disciplina che si intende insegnare. In alcuni paesi questa convinzione è maturata prima, in altri dopo, ma gradualmente tutti stanno predisponendo corsi di studio per la formazione pedagogico-didattica degli insegnanti di musica: innanzitutto quelli di educazione musicale, forse anche perché si tratta di un insegnamento diverso dagli studi strumentali e inserito nelle scuole generali.

Piú lento invece è il cammino per gli insegnanti di strumento, composizione, discipline musicali teoriche, per i quali resiste ancora qua e là la convinzione che basti conoscere la storia della musica o saper suonare la chitarra per saperla insegnare. La formazione degli insegnanti viene affidata ora all'università, ora al conservatorio, ora in entrambe le istituzioni secondo l'impostazione generale degli studi presente nei vari territori e anche secondo l'evoluzione storica e la volontà di riforma manifestata da ciascun paese. In alcune università che si occupano della formazione degli insegnanti vi è anche un dottorato di ricerca in didattica della musica (Gran Bretagna, Spagna, Canada e Stati Uniti). La tavola 1 offre un quadro sintetico degli orientamenti presenti nei paesi presi in considerazione.

Alcuni esempi dettagliati possono favorire la comprensione delle diverse impostazioni presentate. Un esempio tipico del primo modello è presente in Italia, dove vi sono attualmente una cinquantina di conservatori a impostazione nettamente pratica e alcune facoltà universitarie che hanno solo corsi teorici. Una recente legge del dicembre 1999 (n. 508) ha approvato la trasformazione dei conservatori in istituti superiori di studi musicali ai quali si accede con la secondaria superiore e che dalla fine del 2000 dipendono dal ministero dell'Università. Tuttavia, poiché i regolamenti attuativi non sono stati ancora emanati e poiché il percorso di riforma sarà comunque lungo, riteniamo utile illustrare l'attuale modello, presente anche in altri paesi.

Nei Conservatori italiani i percorsi di studio sono ancora disciplinati dal Regio decreto del 1930 con il quale, su suggerimento di Alfredo Casella che si ispirava al modello del Conservatorio Nazionale Superiore di Parigi (al quale accenneremo piú oltre), veniva dato un forte impulso al concertismo virtuosistico. Solo un decreto del 1992 aveva permesso di aggiungere nuove discipline. Guardando l'iter di studio complessivo dei conservatori, cioè dal corso inferiore al superiore, troviamo che accanto alla "materia principale" nella quale si consegue il diploma, e che può essere uno strumento (incluso il canto), composizione, musica elettronica, didattica della musica, ecc., vi sono anche delle "materie complementari", alcune obbligatorie per tutti: teoria, solfeggio e dettato musicale, storia della musica, armonia; altre obbligatorie per alcuni, per esempio pianoforte e quartetto per coloro che studiano uno strumento ad arco, e altre facoltative. L'età minima di ammissione al conservatorio è undici anni tranne che per canto (sedici per le ragazze e diciotto per i ragazzi), e la durata degli studi di ogni materia principale varia da un minimo di cinque anni (canto) a un massimo di dieci. La fascia superiore di ogni materia principale, quella che qui ci interessa, dura generalmente due anni e in qualche caso tre, per cui se l'allievo ha iniziato a undici e non ha ripetuto accede al periodo superiore tra i sedici e i diciannove anni.

Passando all'Università, diciamo innanzitutto che i corsi di laurea completi in discipline musicali attualmente sono due: corso di laurea in Disci-

Tavola 1. Quadro sintetico delle istituzioni musicali superiori (dati del 1998).

(Si ritiene che le tre tavole qui presentate possano fornire un utile quadro d'insieme anche se la situazione reale è meno rigida di quanto possa apparire).

Istituzioni musicali	Austria	Belgio	Danimarca	Finlandia	Francia	Germania	Gran Bretagna
Molti Conservatori per la formazione pratica	X	X		X	X		
Poche Università per la formazione teorica	X	X		X	X		
Pochi Conservatori per la formazione pratica							X
Molte Università con formazione teorica e pratica			X				X
Molti istituti per la formazione pratica e teorica						X	
Molte Università per la formazione teorica						X	
Università e Conservatori in convenzione					X		
Dottorati all'Università:							
a) in musicologia	X	X		X	X		X
b) in educazione musicale							X
Formazione insegnanti di educazione musicale in Conservatorio/Hochsc	X	X	X	X		X	X
Formazione insegnanti di educazione musicale all'Università			X	X	X	X	X
Formazione insegnanti di strumento musicale in Conservatorio	X	X	X	X		X	
Formazione insegnanti di strumento musicale all'Università							

Istituzioni musicali	Grecia	Irlanda	Italia	Lussemburgo	Norvegia	Olanda	Portogallo
Molti Conservatori per la formazione pratica	X		X	X	X*	X	X
Poche Università per la formazione teorica			X		X	X	X
Pochi Conservatori per la formazione pratica		X					
Molte Università con formazione teorica e pratica		X					
Molti istituti per la formazione pratica e teorica							
Molte Università per la formazione teorica							
Università e Conservatori in convenzione		X					
Dottorati all'Università:							
a) in musicologia		X	X		X	X	
b) in educazione musicale							
Formazione insegnanti di educazione musicale in Conservatorio/Hoschsc	X	X	X			X	
Formazione insegnanti di educazione musicale all'Università		X	X	X			X
Formazione insegnanti di strumento musicale in Conservatorio					X	X	
Formazione insegnanti di strumento musicale all'Università							

* I Conservatori, pur mantenendo il loro impianto pratico, fanno ora parte delle *Lærerhøgskole* (scuole per insegnare) o delle Università.

segue tavola 1

Istituzioni musicali	Spagna	Svezia	Svizzera	Canada	Usa
Molti Conservatori per la formazione pratica			X		
Poche Università per la formazione teorica	X		X		
Pochi Conservatori per la formazione pratica				X	X
Molte Università con formazione teorica e pratica				X	X
Molti istituti per la formazione pratica e teorica	X				
Molte Università per la formazione teorica					
Università e Conservatori in convenzione		X*	X	X	
Dottorati all'Università:					
a) in musicologia	X	X	X	X	X
b) in educazione musicale				X	X
Formazione insegnanti di educazione musicale in Conservatorio	X	X	X	X	X
Formazione insegnanti di educazione musicale all'Università	X		X	X	X
Formazione insegnanti di strumento musicale in Conservatorio	X	X	X	X	X
Formazione insegnanti di strumento musicale all'Università				X	X

* I Conservatori sono diventati le *Musikhögskolan* che appartengono alle Università ma costituiscono unità autonome al loro interno.

pline dell'Arte, della Musica e dello Spettacolo (DAMS), indirizzo Musica presso la facoltà di Lettere e Filosofia dell'Università di Bologna (sono stati parzialmente attivati altri DAMS presso le Università di Torino, Roma, Cosenza e Palermo) e la Scuola di Paleografia e Filologia musicale dell'Università di Pavia con sede a Cremona. In tali corsi di laurea, che secondo la riforma in atto relativa a tutti i corsi di studio, dovrebbero durare cinque anni (laurea triennale piú laurea specialistica biennale), è possibile affrontare vari tipi di discipline teoriche: storia della musica relativa a varie epoche, etnomusicologia, analisi musicale, semiologia della musica, ecc. a Bologna; a Cremona, oltre a vari tipi di storia, paleografia latina, paleografia musicale bizantina, interpretazione delle fonti musicali, ecc. Di recente istituzione è il corso di laurea in Conservazione dei Beni culturali - Indirizzo dei beni musicali, attivato nelle Università di Bologna (con sede a Ravenna) e Lecce presso la facoltà di Conservazione dei Beni culturali, nelle Università di Parma, Udine (con sede a Gorizia) e Venezia presso la facoltà di Lettere. Accanto alle discipline storiche troviamo in questi corsi di laurea disipline piú specialistiche come Elementi di informatica e scienze dell'archivistica musicale, Iconografia musicale, Acustica applicata, ecc.

Riguardo alla formazione degli insegnanti della scuola secondaria esiste in conservatorio la scuola quadriennale di Didattica della musica articolata su cinque discipline tutte quadriennali: Pedagogia musicale (che comprende anche Psicologia e Didattica della musica), Elementi di composizione, Direzione di coro e repertorio corale, Storia della musica, Pratica della lettura vocale e pianistica. A partire dal 2000 sono state attivate presso alcune università le scuole di specializzazione per l'insegnamento secondario la cui finalità è la formazione degli insegnanti di tutte le materie presenti nella scuola secondaria (quindi anche l'educazione musicale), con insegnamenti relativi alle scienze dell'educazione e alle didattiche disciplinari. Niente esiste ancora per gli insegnanti di strumento o di discipline musicali teoriche. Per la formazione degli insegnanti della scuola materna ed elementare è stato attivato dal 1998-99 in alcune università un corso di laurea in scienze della formazione primaria nel quale è presente la metodologia dell'educazione musicale.

Passiamo ora al modello di studi integrato (formazione pratica e teorica) prendendo a titolo di esempio la situazione in Gran Bretagna, dove le università che offrono studi musicali sono circa cinquanta. Un numero molto alto, sul quale influisce il fatto che tra il 1991 e il 1992 il governo ha piú che raddoppiato il numero delle università britanniche anche mediante la trasformazione dei politecnici in università. L'attenzione crescente rivolta al "suonare" come "disciplina accademica" e l'esigenza sempre piú sentita che per capire la musica sia necessario saperla suonare e cantare ha portato a una rivoluzione nei programmi di studio universitari, cosí che accanto agli studi musicologici tradizionali vi è stato un gran fiorire di studi "pratici", dalla composizione ai vari strumenti, all'orchestrazione, alla musica d'insieme, alla direzione d'orchestra e di coro nei quali ci si può laureare e specializzare secondo i tre livelli di studio previsti (Bachelor, Master e Doctorate). Di conseguenza vi sono dottorati sia in musicologia, sia in ambiti pratici quali composizione e strumenti, sia in didattica della musica. In cambio i conservatori, chiamati con nomi diversi quali College of Music, School of Music, Academy of Music, ecc. sono pochi (circa otto) e si dedicano alla formazione pratica di alto livello. C'è da aggiungere però che recentemente si comincia a dare un certo rilievo agli studi teorici anche in queste sedi e, per esempio, la storia della musica e l'analisi hanno acquistato una maggiore importanza nei programmi di studio.

Lo stesso modello lo si trova sostanzialmente anche negli Stati Uniti, dove però vi sono vari tipi di università: grandi università statali (come quelle del Texas, dell'Illinois, del Michigan, dell'Indiana, della Florida, ecc.); piccole università statali in quasi tutti gli stati; piccole (tranne qualche eccezione) università private, anche queste in quasi tutti gli stati. Nelle grandi università, circa una quarantina, è possibile affrontare studi musicali di qualunque tipo: teorici (musicologia, etnomusicologia, teoria), pratici (composizione, strumenti, direzione) e di didattica della musica; tali studi prevedono i tre livelli finali normalmente previsti nel sistema di studi anglofono (Bachelor – che negli Stati Uniti si consegue dopo quattro anni di università e non dopo tre come in Gran Bretagna –, Master, Doctorate). Nelle università statali piú piccole è minore la varietà di materie e generalmente si arriva solo al primo livello, il Bachelor; in qualcuna si può ottenere anche il Master, piú frequentemente in Didattica della musica. Le piccole università private si comportano allo stesso modo, mentre le piú grandi (Miami, Stanford, Southern Carolina, ecc.) offrono programmi piú vasti sul tipo di quelli delle grandi università statali. I conservatori, prevalentemente privati, sono invece pochi e sono dedicati alla formazione pratica; solo raramente offrono anche studi teorici come avviene in alcuni dei piú grandi (per esempio Eastman, Oberlin, ecc.).

C'è anche da aggiungere che mentre nelle università gli studenti devono affrontare accanto alle materie musicali altre materie umanistiche e scientifiche per il 40-45 per cento del loro curricolo generale, nei conservatori tali materie occupano un posto ben minore nei diversi curricoli (15-25 per cento). È interessante notare qui che anche il decreto spagnolo di riforma degli studi musicali prevede che i curricoli del livello superiore siano strutturati intorno a tre aree formative di base: l'area relativa alla specializzazione musicale tecnica, l'area costituita dallo studio di materie teorico-umanistiche, l'area delle attività musicali collettive.

Si segnala infine, pur senza entrare nei dettagli, la presenza in diversi paesi di istituzioni di grande prestigio con caratteristiche proprie, orientate sostanzialmente alla formazione pratica. Citiamo il Conservatorio Nazionale Superiore di Musica di Parigi dalle antiche origini (1795), una struttura pubblica che offre un insegnamento gratuito, il cui titolo dal 1994 è il Diploma di Formazione Superiore. Famoso per essere una sede che punta al virtuosismo, questo conservatorio ha ampliato progressivamente i propri programmi aggiungendo ai dipartimenti classici degli strumenti, della composizione e direzione quelli relativi a Jazz e improvvisazione, Musica antica, Suono (con i due orientamenti, Acustica musicale e Mestieri del suono) e Pedagogia, indirizzato alla formazione degli insegnanti delle scuole di musica. Al ciclo di formazione superiore, della durata media di quattro anni si può aggiungere un ciclo di perfezionamento e specializzazione della durata media di due anni. Pur proponendosi esplicitamente di curare una formazione globale che comprenda dei *savoir et savoir faire*, in realtà il conservatorio offre dei percorsi di studio o eminentemente pratici per strumentisti, direttori e compositori, o eminentemente teorici per i musicologi. Recentemente si è aperto un Conservatorio Nazionale Superiore di Musica a Lione con un'impostazione sostanzialmente simile ed è in atto un processo di decentralizzazione regionale.

Non possiamo non citare infine la Juilliard School di New York, una struttura privata dedita anch'essa alla formazione superiore di alto livello di strumentisti, direttori e compositori. Oltre al ciclo superiore di quattro anni che porta al Bachelor, è possibile specializzarsi con un Master (due anni) e fare anche il dottorato in Composizione, Direzione, Esecuzione. Diversamente dall'istituzione parigina, nella Juilliard School vi è anche una Pre-College Division che offre formazione musicale a studenti di scuola primaria e secondaria, nonché una Extension Division per adulti.

4. *Durata degli studi.*

Osservando ora la tipologia delle istituzioni, la durata degli studi nella fascia superiore e i titoli rilasciati, notiamo una grande varietà soprattutto sul versante della formazione pratica: mentre l'università si chiama cosí dappertutto tranne che in Grecia, dove si chiama Panepistimion (l'insieme delle conoscenze) sull'altro versante il conservatorio ha spesso cambiato nome, soprattutto quando, per effetto delle riforme, è stata istituita una fascia superiore di studi che ha preso quindi un altro nome e il termine "conservatorio" è rimasto a indicare o scuole della fascia secondaria o scuole per amatori. Accanto a conservatorio troviamo per esempio Musikhochschule in Germania, Hogeschool in Olanda, Odeon in Grecia, Escola superior de Música in Portogallo, ecc. (cfr. tav. 2). In alcuni casi si tratta di Istituzioni comprensive di tutti i livelli, dall'inferiore al superiore, in altri solo di centri di formazione superiore. Da questo dipende l'età d'ammissione (otto-undici oppure sedici-diciotto) mentre la durata degli studi è piú

Tavola 2. Caratteristiche degli studi superiori nei Conservatori e istituti simili (dati del 1998).

Studi superiori nei Conservatori e istituti simili	Austria	Belgio	Danimarca	Finlandia	Francia	Germania	Gran Bretagna
Nome	Konservatorium Hochschule für Musik	Conservatoire	Konservatorium	Konservatorio	Conservatoire École de musique	Hochschule für Musik	College (o School) of music
Età di ammissione	19	15	16	15-16	5-6	16-18	16-18
Durata del ciclo superiore	4	5	5	4	1-3	2-3	3-4
Titolo rilasciato	Diplom	premier prix 5 + 3 = diplôme supérieur	diploma	diploma	premier prix	Vordiplom 2-3 + 2-3= Diplom	Bachelor o Diploma
Secondaria superiore obbligatoria	SI	NO	SI	NO	NO	SI	SI
Equivalenza titolo universitario	SI	NO	SI	NO	NO	SI	SI

segue tavola 2

Studi superiori nei Conservatori e istituti simili	Grecia	Irlanda	Italia	Lussemburgo	Norvegia	Olanda	Portogallo
Nome	Odeon	School (College) of music	Conservatorio	Conservatoire	Musikkon-servatorium nelle Lærerhøgskol	Hogeschool	Escola Superior
Età di ammissione	11	8-12	11	8	19	15-17	18
Durata del ciclo superiore	2-4	3-4	2	2	3-5	4-5	3
Titolo rilasciato	Diploma	Diploma Bachelor	Diploma	prix de capac. 2 + 2 =1° prix interrégional	Candidatus Magisterii	pratijkdiploma	bacharelato 3 + 1= licenciatura
Secondaria superiore obbligatoria	NO	SI	NO	NO		SI	SI
Equivalenza titolo universitario	NO	SI	NO	NO		SI	SI

Studi superiori nei Conservatori e istituti simili	Spagna	Svezia	Svizzera	Canada	Usa
Nome	Conservatorio Superior	Musikhögskolan	Konservatorio	Conservatory College of music	Conservatory College of music
Età di ammissione	18	19	17-20	18	18
Durata del ciclo superiore	4-5	4	3-7	3	4
Titolo rilasciato	(in via di definizione)	konstnärlig högskoleexamen i musik	Diploma	Baccalauréat 3 + 2 =Maîtrise	Bachelor
Secondaria superiore obbligatoria	SI	SI	NO	SI	SI
Equivalenza titolo universitario	SI	SI	NO	SI	SI

diversificata anche in rapporto alla disciplina principale scelta. In Italia infatti la durata degli studi per ottenere il diploma varia da cinque a dieci anni secondo la materia principale scelta, ma il periodo superiore di ogni percorso è quasi sempre di due anni, raramente di tre.

Nei paesi nei quali vi sono istituti di livello solo superiore, troviamo o un periodo unico della durata di quattro-cinque anni con diploma finale o il modello universitario che prevede due o tre cicli con diversi titoli, uno intermedio e uno universitario vero e proprio. Il nome dato con piú frequenza nei conservatori al titolo finale è *diploma* ma il peso giuridico cambia nel senso che non sempre è considerato di livello universitario anche perché non sempre è richiesto il compimento di una secondaria superiore.

5. *Organizzazione dei contenuti e profili professionali.*

Gli sviluppi della musica, degli strumenti e dei diversi usi sociali che si sono andati affermando dagli anni Cinquanta in poi hanno fatto emergere nuovi campi d'indagine, nuove tecniche e quindi nuove professioni. La concezione che la musica colta fosse "la vera musica" si è andata gradualmente sgretolando sulla spinta dell'affermarsi degli studi di etnomusicologia che hanno messo in evidenza la ricchezza del patrimonio di strumenti e repertori etnici dei nostri e di altri paesi, e quindi sistemi e prassi musicali diversi. Altrettanto si può dire dell'importanza degli studi e della prassi relativi sia alla musica jazz sia al grande e variegato repertorio che va in genere sotto il nome di popular music. Lo sviluppo dell'industria discografica e dello spettacolo ha poi fatto emergere la necessità di competenze diverse oltre a quelle di esecutori, compositori e direttori. Nella misura in cui le istanze sono diventate sempre piú pressanti per i crescenti bisogni di professionalità e di cultura, e nella misura in cui le istituzioni si sono dimostrate disponibili a formulare un'offerta di istruzione superiore rilevante e significativa per il contesto sociale, sono nate discipline, corsi di studio e titoli a garantire l'acquisizione e il riconoscimento ufficiale delle competenze richieste e quindi l'emergere di nuovi profili professionali.

Indubbiamente l'insegnamento di tutti gli strumenti dell'orchestra sinfonica continua a essere presente nei vari paesi, anche se con una distribuzione sul territorio diversificata in base alla domanda. Già nello stesso campo strumentale possiamo mettere in evidenza la recente attenzione rivolta al settore della musica antica, medievale, rinascimentale e barocca che ha portato all'istituzione di corsi di studio (con titoli finali specifici) relativi agli strumenti e alle prassi esecutive di diverse epoche storiche (dalla rivalorizzazione del clavicembalo, presente quasi dappertutto, a quella del flauto e violino barocco, al liuto, alla viola da gamba, ecc.). All'estremo opposto, storicamente parlando, si segnala il settore della musica contemporanea, oggetto qua e là di un'attenzione specifica sia sotto l'aspetto compositivo, sia sotto l'aspetto esecutivo, sia sotto l'aspetto strumentale (trasformazione degli strumenti tradizionali, nuovi modi di produzione del suono, ecc.).

Nell'ambito della musica contemporanea uno spazio di notevole rilievo va alla musica elettronica: dai primi strumenti elettronici degli anni Venti, alla musica elettronica vera e propria, all'informatica musicale, oggi sono stati fatti passi da gigante e sono molti ormai i paesi che prevedono corsi in musica elettronica orientati certamente alla composizione ma anche a quelle professioni che richiedono un uso sofisticato di strumenti elettronici e informatici in ambito musicale (tecnico del suono per spettacoli, studi di registrazione, restauro, ecc.).

Accanto agli studi musicologici, prevalentemente storici, presenti quasi dappertutto, si va diffondendo l'istituzione dell'etnomusicologia, campo di studi affermatosi ormai da diversi anni sulla spinta di vari fattori: dai primi studi di Bartók sulla musica contadina all'interesse delle avanguardie novecentesche per il primitivismo africano o per l'esotismo orientale, dagli studi su strumenti e sistemi musicali tipici dei paesi colonizzati all'interesse per la cultura etnica del proprio paese. L'etnomusicologia è oggi presente un po' dappertutto nelle università e, recentemente, anche in alcuni conservatori non solo come corso di studi con titolo finale autonomo (per esempio in Spagna dove vi è Etnomusicologia e Flamenco) e possibilità di dottorato, ma anche come disciplina presente in altri percorsi curricolari.

La rivisitazione del concetto stesso di musica e l'interesse per le funzioni sociali del far musica favoriti dall'etnomusicologia hanno preparato il terreno all'affermarsi del jazz e della popular music come campi degni di studi professionali di livello superiore. Non piú considerati come fenomeni giovanili passeggeri e comunque al margine degli studi "seri", il pop, il rock, la musica leggera, la musica commerciale, ecc., oltre al jazz, hanno mostrato il loro peso culturale e quindi la necessità di tecniche esecutive e investigative di alto livello per essere prodotte e capite. Non sono ancora molti gli istituti superiori che offrono curricoli professionali in questo settore ma a parte quelli piú famosi come il Berklee College of Music di Boston o il LIPA di Liverpool (fondato da Paul McCartney), dove è possibile affrontare discipline diverse (vari tipi di vocalità, improvvisazione, composizione, ensemble, arrangiamento, composizione di testi, sociologia della musica, tecniche multimediali, tecnologie informatiche, giornalismo, ecc.) il jazz e la popular music costituiscono anche discipline obbligatorie o facoltative all'interno di altri corsi di laurea in diversi paesi.

Un settore interessante, affrontato spesso nell'ambito degli studi sulla popular music, è quello relativo alla gestione e amministrazione dell'industria musicale. L'allargamento del mercato, delle sedi e delle modalità di circolazione della comunicazione musicale richiede un alto livello di professionalità che unisca alle competenze musicali quelle necessarie per programmare, gestire, amministrare studi di registrazione o festival, teatri lirici o industrie discografiche. Sono nati cosí i diplomi in organizzazione e amministrazione musicale. Si tratta di nuovi profili professionali che, come altri segnalati prima, si sono andati affermando soprattutto in quest'ultimo trentennio.

Un ambito di studi non certamente moderno, anzi forse il piú antico, è quello che affronta la musica di chiesa. Le antiche *Scholae canthorum* possono essere considerate in un certo senso le prime scuole di musica orientate a una professione che, in termini moderni, potremmo definire quella dell'"animatore musicale della liturgia". Come i riti religiosi delle varie culture, anche la liturgia cristiana è stata accompagnata, fin dal suo nascere, dal canto e successivamente dalla musica strumentale, sia pure con alterne vicende. Tale prassi ha permesso l'emergere di vere e proprie professioni o, per meglio dire, ministeri, e oggi in diversi paesi troviamo corsi di studio istituzionali di livello universitario che affrontano i vari aspetti teorici e pratici della musica di chiesa o musica liturgica sia protestante sia cattolica.

Citiamo infine i corsi di studio orientati alla gestione di biblioteche, musei, collezioni e archivi musicali: la mole crescente e la tipologia dei beni da custodire (cartacei, discografici, strumentali, su nastro, su pellicola, ecc.) ha reso necessaria l'acquisizione di un insieme di competenze diverse che richiedono approfondimenti specifici in vari settori. Accanto al tradizionale bibliotecario si affermano profili professionali piú articolati che possono richiedere competenze maggiori per occuparsi, oltre che di conservazione e archiviazione, anche di manutenzione e restauro.

Uno sguardo alla tavola 3 permette di avere un panorama della distribuzione delle aree di studio menzionate. La segnalazione indica la presenza di percorsi formativi specifici articolati intorno a un settore principale che determina anche il titolo finale; non viene segnalata invece la presenza di una singola disciplina (etnomusicologia o jazz o flauto dolce, ecc.) se rappresenta una delle tante materie di studio affrontate in percorsi formativi finalizzati ad altro (composizione, pianoforte, didattica della musica, ecc.).

Ci piacerebbe segnalare anche una serie di corsi o materie piú nuovi e originali, ma poiché lo spazio non lo permette ci limitiamo solo a uno: in un clima di attenzione progressiva alla differenza di genere, e quindi alla necessità di dare spazio alla "cultura di genere", non poteva mancare la materia «Le donne e la musica». In Gran Bretagna, in Canada, negli Stati Uniti, ma anche in Australia, si può già studiare.

6. *Conclusioni*.

La situazione presentata in queste pagine non è certamente statica ma in continua evoluzione. I mutamenti sociali, culturali ed economici che avven-

Tavola 3. Distribuzione dei piú recenti indirizzi di studio nei vari paesi (dati del 1998).

Indirizzi presenti in Conservatori e Università	Austria	Belgio	Danimarca	Finlandia	Francia	Germania	Gran Bretagna
Elettronica e informatica	X				X	X	X
Etnomusicologia e strumenti etnici	X			X	X	X	X
Jazz	X	X	X	X	X	X	X
Management e amministrazione					X	X	X
Musica antica	X	X	X		X	X	X
Musica di chiesa	X	X	X	X	X	X	X
Pop, rock			X	X		X	X
Produzione e registrazione del suono					X	X	X

Indirizzi presenti in Conservatori e Università	Grecia	Irlanda	Italia	Lussemburgo	Norvegia	Olanda	Portogallo
Elettronica e informatica			X			X	
Etnomusicologia e strumenti etnici	X	X	X		X	X	X
Jazz	X		X		X	X	
Management e amministrazione		X			X	X	
Musica antica		X	X	X	X	X	
Musica di chiesa	X	X			X	X	X
Pop, rock					X	X	
Produzione e registrazione del suono						X	

segue tavola 3

Indirizzi presenti in Conservatori e Università	Spagna	Svezia	Svizzera	Canada	Usa
Elettronica e informatica			X	X	X
Etnomusicologia e strumenti etnici	X	X	X	X	X
Jazz		X	X	X	X
Management e amministrazione			X	X	X
Musica antica	X	X	X	X	X
Musica di chiesa		X	X	X	X
Pop, rock				X	X
Produzione e registrazione del suono		X	X	X	X

gono sempre piú rapidamente, fanno emergere l'esigenza di una maggiore flessibilità e articolazione del sistema formativo e premono sull'offerta istituzionale di istruzione superiore che è sempre lenta a cambiare. In alcuni paesi le riforme sono avvenute negli anni Novanta, in altri sono alle porte, come in Italia, dove la recente riforma degli studi musicali che istituisce la fascia superiore di livello universitario aspetta i regolamenti attuativi per partire.

L'aumento di settori specialistici culturali e operativi da un lato e la maggiore mobilità geografica ma anche lavorativa dall'altro (è sempre piú frequente il cambiare lavoro) rendono urgente una maggiore flessibilità curricolare che faciliti l'adeguamento dell'offerta formativa ai rapidi cambiamenti che avvengono nel mondo del lavoro e delle condizioni di vita. La crescente pluralità di culture e conoscenze richiede lo sviluppo di settori innovativi riguardo ai curricoli e ai contenuti disciplinari. In questa direzione, il sistema dei "crediti", intesi come indicazione del carico di lavoro totale richiesto agli studenti (ore di lezione, di studio, di lavoro sperimentale, di attività di valutazione, ecc.), che va diffondendosi anche in Europa costituisce un passo avanti. Oltre alla definizione dei crediti, anche la suddivisione degli studi superiori in due-tre livelli (in Italia laurea e laurea specialistica, in Francia DEUG, Licence e Maîtrise, ecc.) costituisce uno strumento utile a favorire la scelta di curricoli differenziati che ammettano la mobilità degli studenti sia tra facoltà, sia tra livelli, sia tra atenei. In questo modo anche esigenze particolari di piccoli gruppi possono essere soddisfatte in percorsi di studio flessibili e innovativi rispetto a quelli tradizionali. L'Unione Europea spinge a confronti sempre piú serrati e la crescente mobilità tra i vari paesi, facilitata dalle recenti norme, fa sentire maggiormente la necessità di forme di equivalenza tra i titoli professionali.

L'autonomia delle istituzioni è la via necessaria per giungere a una pluralità di offerte che risponda all'effettiva varietà di domanda formativa. In alcuni paesi l'autonomia organizzativa, didattica e talvolta economica è già una realtà, sia pur all'interno di alcuni principî generali nazionali, in altri è assente, in altri, come in Italia, è in fase di attuazione. Sono comunque necessari tempi lunghi affinché il nuovo sistema diventi realmente effettivo ed efficace, fornisca cioè una formazione piú ricca e articolata sul piano tecnico, linguistico ed espressivo, ma anche piú completa riguardo a quel bagaglio di strumenti conoscitivi, interpretativi e critici che sono richiesti per affrontare con competenza una professione musicale.

Baldassarre, V. A.

1992 *Critica e azione*, in «Riforma della scuola», n. 4, pp. 35-36.

Bartle, G. A. R.

1996 (a cura di), *International Directory of Music and Music Education Institutions*, CIRCME, Western Australia University, Nedlands.

Bertolini, P.
1990 *L'esistere pedagogico*, La Nuova Italia, Firenze (2ª ed.).

Bruneau, D.
1991 *L'enseignement de la musique et de la danse en Europe*, IPMC, La Villette, Paris.

Carpenter, N. C.
1980 «Education in music, II/3: Middle Ages, Universities», in *The New Grove Dictionary of Music and Musicians*, a cura di S. Sadie, vol. VI, Macmillan, London, pp. 5-6.

Deriu, R.
1994 (a cura di), *Speciale Convegno*, in «Musica Domani», n. 91, pp. 15-25.

Jacobi Leodiensis
1955 *Speculum Musicae*, a cura di R. Bragard, American Institute of Musicology, Roma, I, XIX, 4b-5, p. 63.

Laporta, R.
1993 *Natura e finalità dell'educazione*, in AA.VV., *Fondamenti di pedagogia e di didattica*, Laterza, Roma-Bari, pp. 5-41.

Maragliano, R.
1992 *O troppa luce o troppo buio*, in «Riforma della scuola», n. 4, pp. 32-35.

Massa, R.
1992 *Dalla scienza pedagogica alla clinica della formazione*, in Id. (a cura di), *Istituzioni di pedagogia e scienze dell'educazione*, Laterza, Roma-Bari, 3ª ed., pp. 563-93.

Pontecorvo, C.
1978 *La ricerca del curricolo: teoria e pratica dell'innovazione*, in R. Laporta, C. Pontecorvo, C. Simone e R. Tornatore, *Curricolo e scuola*, Istituto della Enciclopedia Italiana, Roma.

FRANCA FERRARI

Educazione musicale e *mass media*

1. *Apocalittici e integrati.*

La discussione sull'argomento in oggetto, tra addetti ai lavori, ma anche tra "comuni pensatori", offre appiglio alle posizioni piú estreme e contrastanti: c'è posto per le previsioni piú apocalittiche come per le scelte piú integrate. Entrambe sono state illustrate da Nanni in un testo importante uscito nella seconda metà degli anni Ottanta [Baroni e Nanni 1989]. All'indomani delle polemiche suscitate dal fall out nucleare di Chernobil, egli additava provocatoriamente i rischi del *fall out mass mediale*, alludendo all'influenza dei *media* nel plasmare in modo determinante non solo i contenuti immaginativi (visivi, sonori, musicali, di costume) della gente, e dei giovani in particolare, ma le modalità stesse della percezione e dell'acquisizione di conoscenza. La fruizione dei *media*, infatti, abitua e predispone alla ricerca di stimoli che si modificano continuamente, ad altissima velocità e andando a solleticare piú sensi simultaneamente, costruiti con criteri del tutto opposti, dunque, a quelli cui è classicamente improntata una lezione frontale, una conferenza, o una qualsiasi lettura che richieda capacità di tenere il filo del discorso con logica lineare e concentrandosi su un solo oggetto per volta. Di fronte a questa constatazione, e visti gli obiettivi di orientamento e sviluppo delle capacità critiche che, nel nostro paese, attraversano tutti i curricoli della scuola di base, sembra impossibile non ritenere che all'educazione musicale spetti l'impresa di Sisifo, eroica quanto inutile, di fornire ai soggetti in formazione una qualche sorta di sistema immunitario.

Nello stesso tempo, però, dal punto di vista della consuetudine con linguaggi, stili e tecniche, lo stesso autore ha indicato l'opportunità, e in un certo senso la convenienza, di considerare i *media* come «una grande scuola di musica a cui tutti i ragazzi d'oggi sono iscritti d'ufficio fin dalla nascita» [*ibid*., p. 62], *un ambiente* d'apprendimento, dunque, molto prima che *un oggetto* d'apprendimento da sottoporre ad analisi e critica [cfr. anche Maragliano 1996].

La posizione opposta a quella di chi vorrebbe la scuola come argine e sistema immunitario rispetto all'ondata dei *media* è stata marcata, ancora alla fine degli anni Ottanta, da un convegno sul tema «Musica nella scuola e cultura dei ragazzi», che suggeriva, già nel titolo, un capovolgimento di prospettiva. Una cosa è infatti porsi, in generale, il problema del rapporto tra la musica che piace ai giovani e l'intervento educativo, visto che tale rapporto può, volendo, coincidere con la mera strumentalizzazione («Partiamo pure dalla tua canzonetta, ma quel che conta è che tu arrivi a imparare la musica come dico io...»). Altra cosa è invece assumere in partenza il concetto, denso di implicazioni e fin pesante, per chi venga da una formazione come la nostra, di una *cultura musicale dei ragazzi*. Di che razza di cultura potrà mai trattarsi, viste le difficoltà con cui l'educazione al suono e alla musica viene coltivata nelle nostre scuole di istruzione primaria e il conseguente bassissimo livello di alfabetizzazione musicale con cui i ragazzi arrivano (e a volte anche escono) alla/dalla scuola media?

2. *Condotte pop*.

Un primo modo per rendersi conto di quali competenze musicali i ragazzi coltivino di fatto attraverso i *media* può consistere nell'interrogarsi sulle loro *condotte* musicali, ovvero sulle motivazioni, le finalità in base alle quali organizzano le loro azioni spontanee intorno alla musica. François Delalande ha dedicato pagine illuminanti all'osservazione dei giochi di produzione sonora dei bambini piccolissimi, al riconoscimento in essi delle forme di gioco infantile tipizzate da Jean Piaget, nelle sue ricerche sullo sviluppo dell'intelligenza, come gioco senso motorio, gioco simbolico e gioco di regole, e al collegamento tra queste forme di gioco e le condotte musicali degli adulti. A me sembra che questa chiave di lettura si presti egregiamente anche per interpretare le condotte musicali spontanee degli adolescenti.

Trovo vero, per esempio, che il piacere che essi traggono dall'ascolto di musica è, spesso, il piacere di un *gioco senso-motorio*. Ho conservato un frammento di quotidiano con un'intervista a Ligabue di alcuni anni fa, in cui il noto *rocker* nostrano dichiarava:

> Chi viene ai nostri concerti ha una reazione fisica immediata, nel senso che si lascia andare completamente alla musica. Il rock, del resto, provoca questo tipo di risposta nella gente: secondo me, il fatto che il pubblico balli e si scateni predispone ad ascoltare sempre di piú («Il Giornale», 20 agosto 1992).

Per molti adolescenti, la musica è effettivamente, in primo luogo, uno stimolo motorio, una sorta di tonificante della tensione muscolare. Il cantante e il gruppo che "ci sanno fare", che coinvolgono gli ascoltatori, sono quelli che riescono a "tirar su", a "dare la molla", a comunicare una carica effervescente grazie alla quale è possibile uscire dalla routine, "sentirsi un altro"... È la funzione fondamentale della musica per tutti coloro che cercano le febbri del sabato sera nelle discoteche o nei *rave parties* ed è una motivazione che non tutte le musiche, evidentemente, sono in grado di soddisfare. Chi cerca nell'ascolto il piacere del gioco senso-motorio è in grado di selezionare musiche caratterizzate da determinati aspetti; il rilievo maggiore è conferito in genere ai tratti metrico-pulsivi, cioè alla possibilità di sincronizzare i movimenti con gli accenti ritmici (pulsazione, metro, ritmo), ma spetta anche al timbro-*sound*, che nei giochi senso-motori del pop-rock deve essere elettrico o elettronico, comunque ad altissimo volume, per consentire una presa di contatto che corrisponda a una sorta di *full immersion*: è la musica percepita, prima ancora che con le orecchie, con le gambe, sulla pelle, nelle viscere, in tutto il corpo. Pensando ad una condotta d'ascolto di questo tipo, fa sorridere la pretesa di quanti ancora si sforzano di ottenere attenzione dagli studenti nei confronti di stimoli sonori provenienti da impianti audio di scarsissima qualità, piccoli e, magari, anche mono, quali quelli che in genere si trovano nelle nostre scuole.

Per altri ragazzi e ragazze, come per molti adulti, il piacere della musica è invece piú simile a un *gioco simbolico*: il gusto dell'ascolto consiste soprattutto nel fatto che la musica può essere assunta come punto di partenza e tramite (*oggetto transizionale*, direbbe forse Winnicott, grande studioso del gioco nella psicologia dell'età evolutiva) per sognare e fantasticare, o per ricostruire nell'immaginazione la situazione emotiva, o la storia, o il contesto di cui essa è metafora e testimonianza.

Luca, un mio alunno di terza media, una volta mi ha spiegato cosí la differenza tra una condotta d'ascolto piú vicina al gioco senso-motorio e un'altra piú simile al gioco simbolico, riconducendo a questa differenza, esplicitamente, anche l'esistenza di diversi generi musicali: «Professoressa, ci sono due tipi di musica: quella che serve per scatenarsi e quella che fa pensare e ricordare».

Effettivamente, la diversità di condotte, di motivazioni, spiega, almeno in parte, la diversità degli stili e delle preferenze, la ragione per cui, in una stessa classe di scuola media, si può arrivare a conflitti temibili, espressi con frasi colme di disprezzo come "Ma quella è musica lassativa!", tra i fans, che so, di Jim Morrison e Vasco Rossi da una parte e quelli di Eros Ramazzotti o Laura Pausini dall'altra. Giustamente, Luca ha notato che la condotta senso-motoria, con il bisogno di "scatenarsi", seleziona un tipo di musica che non può corrispondere a chi cerca nella canzone e nel cantante la possibilità di pensare e ricordare, dunque, forse, soprattutto una compensazione affettiva, una identificazione emotiva, l'eco di vicende sentimentali vissute o intraviste. Certo, il successo ottenuto anni fa al festival di Sanremo dalla storia della ragazza rimasta sola nel banco, perché Marco se ne è andato e non ritorna piú per colpa di suo padre che è stato trasferito, può far sogghignare noi cinici, all'indirizzo di «quei parolieri che la sanno lunga sulla facilità alle cotte degli adolescenti...» Rimane il fatto che il bisogno di comunicare le proprie tensioni affettive, spesso vere e proprie angosce, nonché di trovarle rispecchiate in quelle altrui per sentirle come piú "normali" e viverle meglio è, per l'appunto, un bisogno, tanto piú forte in soggetti ancora fragili e in divenire, quanto a definizione dell'identità fisica e psicologica, come gli adolescenti.

Anche in questo caso, la condotta musicale seleziona degli aspetti strutturali ed esecutivi nella musica che la deve soddisfare. L'identificazione affettiva è veicolata dalla melodia, piú che dai tratti ritmici e trova certamente determinanti, ancora una volta, i caratteri timbrici del *sound*, vocale e strumentale.

Il colore e il calore della voce, di certi usi della voce (spezzata e col cuore in gola, come quella di tanti idoli delle giovanissime, oppure roca e vibrata, alla *bluesman*, per i piú "duri") già ne garantiscono la presa emotiva. Ciò che gli adolescenti vogliono è un modello di personalità, per definire il quale sono certo importantissime l'immagine, che appare e si può copiare, e i dati biografici, che si possono raccontare e divengono elementi mitici di affabulazione, ma che è segnato inevitabilmente e prima ancora da un determinato suono della voce, che, in una canzone, comunica a livello immediato, molto prima delle parole.

> Noi ci innamoriamo, per cosí dire, di certe caratteristiche della voce, che ci appaiono, piú o meno consapevolmente, come i sintomi della personalità di un certo individuo. [...] Al di là del sound, al di là della mediazione del microfono e del nastro, noi [i ragazzi] crediamo di ascoltare il suono della verità, di indovinarlo. Sentiamo la voce, la sua "grana", come qualcosa che quella persona possiede senza aver fatto nulla per possederlo: un dono... ed è proprio questa innocenza a sedurci.

In realtà,

> anche nella musica rock si impara a cantare, [ed] esistono modelli diversi di vocalità, modi diversi, e a volte molto lontani, di stilizzare l'espressione della cosiddetta "emotività naturale" [Fiori 1987, pp. 61-62].

In un brano rock mirato al gioco simbolico, la voce non si mescola tra gli strumenti ritmici, scandita e pulsante come quella di un *rapper*, ma assume rispetto a tutte le altre parti un indiscusso primato melodico e di *sound*, che cede solo allo strumento solista, cui sono affidati gli stacchi a carattere di improvvisazione generalmente previsti all'interno del pezzo. Quando poi all'interprete principale della canzone ne viene affiancato uno di altro sesso, grazie al quale la canzone avrà una forma esecutiva dialogica di tipo lui/lei, il fine dell'identificazione emotivo-sentimentale diviene ancora piú scoperto. Anche i timbri strumentali posti maggiormente in evidenza nella costruzione del *sound* – con l'opposizione tra suoni elettrici ed elettronici duri e percussivi in taluni casi e, viceversa, l'utilizzo di strumenti acustici, come la chitarra o il pianoforte, in altri – già consente di leggere quale tipo di gioco, di piacere musicale sia stato previsto per l'utente dall'autore della canzone e dal suo ingegnere del suono.

Anche per pensare e ricordare, comunque, c'è musica e musica. I vari stili sembrano definire altrettanti territori, usando per questo termine lo stesso senso a esso conferito dagli etologi. A ognuno di noi è capitato di cercare un programma musicale alla radio e, girando la manopola che seleziona la modulazione di frequenza, di ritrarci con orrore da alcuni paesaggi sonori che si affacciano all'audio, per fermarci invece su altri, che le nostre orecchie cercano e gradiscono. Ai ragazzi succede esattamente la stessa cosa, solo che loro, molto spesso, cercano proprio quello che noi evitiamo. Perché sono cosí immediatamente negativi (o positivi) nei confronti di alcuni tipi di *sound*, che scartano subito, prima ancora di avere capito esattamente di che pezzo o di che autore si tratti? Barthes e Havas [1977] ci hanno ricordato che la funzione antropologica dell'ascolto (di qualsiasi ascolto) è quella, per l'appunto, di accertare un territorio: il proprio spazio, il proprio tempo, un paesaggio di rumori e di suoni (di musiche anche, certamente) familiari e riconosciuti. Anche nella scelta degli ascolti musicali, allora, il *sound* che i ragazzi selezionano, con prontezza estrema, è quello che, in un certo qual modo, riconoscono come loro, li rappresenta.

L'osservazione delle condotte musicali degli adolescenti permette infine di riscontrare casi – piú rari, ma ugualmente significativi – di ascolto vissuto in forma di gioco di regole. Delalande lo spiega in questo modo:

> Produrre della musica significa anche costruire con i suoni. Si può andare anche oltre: significa costruire secondo delle regole, almeno nelle culture in cui l'atto musicale è istituzionalizzato da lungo tempo. Ma la parola "regola" deve essere precisata. Il piú delle volte non vi si lega alcun valore morale. Infrangere le regole non è male. Semplicemente, se non le si rispetta, una parte del piacere è perduta [Delalande 1993, p. 48].

Il piacere del gioco di regole è, per esempio, quello dei ragazzi che si risentono anche per dieci volte di seguito lo stesso punto di una cassetta per arrivare a captare esattamente un certo passaggio melodico, da ricantare o risuonare: «Mamma, ascolta la canzone che ho registrato ieri: mi aiuti a trovare le note?» (Archana, 9 anni). Cominciano a essere parecchie le tracce didattiche disponibili in letteratura per aiutare chi sia interessato a valorizzare questo tipo di ascolto [cfr. tra gli altri, senza menzionare i tanti articoli comparsi sulle riviste di settore, Ferrari e Strobino 1994; Strobino 1997; Traasdahl 1996], che, secondo alcuni, finisce comunque per riguardare la popular music quando essa entra nella scuola, dal momento che

> nell'esperienza quotidiana dei ragazzi la musica non è quasi mai un'attività autonoma, [...] oggetto d'attenzione concentrata, ma serve sempre a qualcos'altro. Nella scuola no: qui la musica diventa il centro dell'attenzione, l'approccio nei suoi confronti diventa analitico, riflessivo, e non corrisponde all'uso immediato ed emotivo che normalmente ragazzi e ragazze mettono in moto [...]. In questo senso, l'utilizzo scolastico della musica non è popular: nel momento stesso in cui una qualsiasi canzone pop è proposta come esperienza di ricerca, di riflessione, di presa di parola, o

come stimolo per fare musica, automaticamente si va oltre le forme che caratterizzano l'incontro quotidiano di ragazzi e ragazze con la musica [Strobino 1997, p. 4].

Il problema pedagogico e didattico consiste il piú delle volte nel riuscire a valorizzare e integrare, tenendo conto delle finalità educative cui la scuola è chiamata, tutte le condotte musicali: gli adolescenti, in modi e misure diverse, già le vivono spontaneamente e in questo, ci avverte Delalande, hanno qualcosa in comune con tutti gli uomini della terra.

3. *Cultura musicale dei ragazzi.*

A questo punto possiamo intendere, in generale, la cultura musicale dei ragazzi come un insieme di motivazioni, valori e credenze, schemi di interpretazione e criteri di valutazione, modi di appropriazione, memorie di repertorio che i ragazzi accumulano mano mano intorno alla musica e ai musicisti.

Detto insieme presenta alcune caratteristiche. Intanto, risulta "marchiato", sia quantitativamente che qualitativamente, dalle esperienze "forti", che il ragazzo portatore di questa cultura vive e ha vissuto: repertori musicali fruiti all'interno dei gruppi frequentati, che hanno cementato delle esperienze significative di socializzazione, con il gruppo *scout* come con la compagnia dello stadio; eventuali contatti con un amico piú grande, o comunque con un modello amato e ammirato, capace di suonare o di cantare bene o anche solo "intenditore" di un determinato genere musicale.

In questo senso, la cultura musicale dei ragazzi, come tutte le altre forme di cultura di base, non è frutto di lettura e conoscenza, ma di familiarità e si acquista, come l'abbronzatura, con l'esposizione a fonti di *oralità primaria* (la viva voce di amici o parenti) oppure, sempre di piú mano mano che si passa dall'infanzia all'adolescenza, con l'esposizione ai *mass media*, cioè alle fonti di quella *oralità secondaria* e "di ritorno" cosí ben descritta da Ong [1982]. Dalla prima, le mie due figlie di dieci anni hanno imparato *Ambarabacciccicciccò* e altre conte per giocare, *Tanti auguri a te* alle feste di compleanno, una serie di canzoni di Natale e vari canti per l'uso liturgico. Dalla seconda, cioè dai *media*, hanno fino ad ora acquisito una quantità di memorie melodiche legate alle sigle dei cartoni animati, ai personaggi di Walt Disney e ad alcuni *jingles* pubblicitari particolarmente ben riusciti, per trovarsi oggi pronte a raccogliere ciò che le multinazionali del pop stanno riservando e ritagliando *ad hoc* per i preadolescenti, attraverso una sfornata a getto continuo di gruppi musicali formati da ragazzini vagamente androgini, e per questo stesso meglio imitabili, che hanno solo due o tre anni piú di loro, un *sound* vocale in cui è possibile e piacevole identificarsi e dei *riff* su cui è addirittura possibile (l'ho visto con i miei occhi) battere le mani a coppie, sull'impronta di quei giochi d'abilità che da sempre la tradizione infantile possiede e reinventa.

Un secondo carattere comune a tutte le culture popolari e di base, che è proprio, dunque, anche della cultura musicale dei ragazzi, è stato identificato da Gino Stefani [1989] e da Richard Middleton [1990] come tendenza all'appropriazione dell'oggetto di culto, con le tattiche che l'arte di arrangiarsi di ciascuno sa suggerire. Nel nostro caso, ciò equivale a un bisogno, che i ragazzi dimostrano comunemente, a dispetto di tutte le affermazioni su un loro supposto atteggiamento passivo, e quindi ebete, di fronte alla musica massmediale, di appropriarsi a tutti i livelli della canzone cui in questo momento si sentono legati. L'insegnante di educazione musicale (beninteso: quello che gli alunni riconoscono come "disponibile") ben conosce le richieste di poter cantare o suonare in classe le canzoni piú note al momento, di poterne scrivere non dico le parole (quelle sono già state trascritte religiosamente sul diario, copiate da qualche rotocalco), ma le note, per poterle suonare sullo strumento utilizzato a scuola, che in genere, nel nostro paese, è il flauto dolce. Difficile immaginare, in assoluto, un *sound* meno rockettaro, ma persino a questo si arriva.

In terzo luogo, mi sembra interessante riconoscere, nella cultura musicale dei ragazzi, da un lato la tendenza a interpretare gli oggetti musicali che via via passano sotto la loro attenzione in base a codici ed etichette abbastanza convenzionali e standardizzati; dall'altro, al contrario, la disponibilità a conferire anche allo stesso oggetto musicale significati diversi e, in questo senso, a riscoprirlo ogni volta in base agli elementi in esso messi in luce dalle diverse appropriazioni massmediali. Cosí, per esempio, la *Cavalcata delle Valchirie* è la musica ideale per una scena di inseguimento nel film di John Landis *The Blues Brothers*, ma è anche il commento piú appropriato per far emergere la sfumatura razzista e imperialista conferita alla scena dell'attacco aereo americano al villaggio vietnamita in *Apocalypse Now* di Coppola, o per suggerire idee di velocità e potenza in uno spot pubblicitario dedicato ai benefici dell'energia elettrica o, ancora, per sonorizzare l'attacco guerresco intentato contro l'isola del jazz dal paese della sinfonia, con colpi di cannoni d'organo, in *The Music Land* di Walt Disney, nonché per introdurre la scena della donnona lottatrice nel film *I clown* di Fellini. È verosimile che un intervento educativo che abbia come oggetto sensi e strutture di questo brano musicale (che è già un oggetto *popular*, nel senso che, per l'appunto a causa dei *media*, è "nelle orecchie di tutti") possa semplicemente guidare a costruirne l'identikit proprio attraverso una ri-composizione dei diversi tratti messi in luce dai filmati menzionati, ognuno dei quali rappresenta una traccia osservativa sulla musica, un punto di partenza per rendere esplicite, nel lavoro in classe, le caratteristiche strutturali ed esecutive enfatizzate dalla sceneggiatura e dall'immagine.

4. *Tre modelli a favore dell'integrazione "educazione musicale / mass media".*

Anche le posizioni didattiche "integrate", ovvero quelle che suggeriscono senz'altro la valorizzazione in ambito educativo delle conoscenze musicali offerte dai *media*, si prestano a una lettura articolata. Mi sembra si possano infatti riconoscere tre diversi ordini di motivazioni musicali e pedagogiche, piú o meno consapevoli, che attribuirò, con forzata semplificazione ma per amore di chiarezza, ad altrettanti ipotetici insegnanti-tipo: l'eclettico, l'etnologo, il sim-patico.

L'insegnante *eclettico* [cfr., per esempio, Cerlati, Strobino e Vineis 1989; Paynter 1982; Vulliamy e Lee 1982; 1976] è quello che si pregia di attingere i repertori musicali oggetto del lavoro didattico, conformemente a quanto suggerito dagli stessi programmi disciplinari per la scuola elementare e la scuola media, in una gamma il piú ampia possibile di epoche, culture e stili di riferimento, cercando spesso proposte nuove e rapportandosi volentieri con le musiche nei confronti dei quali gli allievi appaiono piú interessati e motivati. Ritiene un valore la capacità di discostarsi dalle scelte musicali piú consuete e routinarie nella didattica; ha come riferimento non la musica, ma "le musiche" e trova particolarmente suggestivo rapportare tra loro esempi musicali apparentemente lontanissimi. Ha per esempio ri-scoperto l'utilità delle formule del centone gregoriano al momento delle prime esperienze di lettura e di composizione melodica e si è accorto che gli *hooks*, i "ganci" melodici del pop e del rock, tendono spesso a imperniarsi su moduli brevi, a impianto modale tetra o pentacordale, per cui gli piace ricorrere ad essi per esercitare le capacità strumentali, esecutive e improvvisative dei ragazzi all'interno di gamme di pochi suoni. Cosí, giusto per citare un'occorrenza che può essere significativa da questo punto di vista, già verificata come efficace in sede didattica, la figura cadenzale con nota cambiata in modo dorico *fa mi do re*, che è facile da intonare e costituisce già un'unità melodica di senso compiuto su cui gli studenti possono esercitarsi in operazioni di permutazione e trasposizione, ripetuta piú volte e poi trasposta tale e quale una quarta sopra (*sib la fa sol*), costituisce l'ossatura sia del Finale Atto I della *Turandot* di Puccini (la lunga invocazione a piú voci al principe perché desista dal folle intento di sottoporsi agli enigmi fatali), sia di *Pensieri e Parole* di Lucio Battisti, sia di una quantità di altre canzoni sul tema "confessione col cuore in mano, perorazione, preghiera" nate, anche per meglio imparare a memoria dei testi poetici classici assegnati dall'insegnante di letteratura italiana, con i miei studenti di scuola media e di conservatorio.

In definitiva, dunque, l'insegnante eclettico è quello che riconosce che in ogni canzone, in ogni *jingle* c'è qualcosa da imparare: un meccanismo, un trucco musicale (ritmico, timbrico, melodico, ecc.) che i ragazzi, giocando a *fare il musicista*, possono essere messi in grado di scoprire, all'inizio semplicemente imitando. Cosí John Paynter, a proposito della musica nella scuola secondaria, se da un lato avanza l'ipotesi che sarebbe opportuno tenersi lontani dal pop e «ripartire da zero con nuovi stimoli, in una regione sonora "neutra", che non crei automaticamente associazioni con la dicotomia "classico/leggero"», dall'altro constata come «sarebbe un errore sottovalutare l'efficacia dell'imitazione come [...] un aspetto della creatività che può essere di particolare importanza per gli adolescenti [...]. E l'imitazione implica familiarità con ciò che viene imitato» [Paynter 1982, trad. it. pp. 209-12].

Questa familiarità, tra l'altro, provvede la mente musicale dei ragazzi di immagini uditive estremamente nitide, con la relativa messa in memoria di un cospicuo bagaglio di schemi melodici e ritmici, dai quali è giustificato ritenere che convenga partire al momento del passaggio all'alfabetizzazione vera e propria, dal momento che non ha senso insegnare segni grafici di altezze o figure di durata che già non trovino una corrispondenza con rappresentazioni mentali sonore chiare e distinte. In altre parole, è abbastanza facile ritenere che la *lingua musicale materna* che Zoltán Kodály, pensando ai bambini ungheresi, identificava col patrimonio di conte e canzoni imparate in famiglia, debba oggi essere riconosciuta, per lo meno per i bambini che crescono nelle società di stampo occidentale, nelle musiche diffuse internazionalmente dai *media* [cfr. AA.VV. 1983]. Lo stesso Paynter cita l'esempio di Piers Spencer che, nell'impostare il lavoro educativo con una classe di scuola secondaria, sceglie di porre all'inizio del percorso didattico una serie di lezioni che mettano tutti gli allievi in grado di eseguire in gruppo gli elementi di base dello stile afro americano (dunque il *riff*, la scala pentatonica, la sincopazione e la successione di accordi del blues), colonna portante di quasi tutta la musica pop di oggi.

L'insegnante *etnologo*, invece [cfr. Baroni e Nanni 1989; Chambers 1982; Middleton 1990; Strobino 1997] è quello che, interrogandosi sull'opportunità di far entrare in classe la musica dei *media*, dunque i *jingles* pubblicitari, le colonne sonore e le canzoni in testa alle classifiche di vendita, cui pure attribuisce, non di rado, un assai dubbio valore artistico, decide di assumere per sé non dei ruoli valutativi ma, caso mai, orientativi, in base al principio di Blacking per cui «tutta la musica è popolare» e, comunque essa sia, «parla al mondo e parla del mondo» (cfr., per questa citazione, il documento finale dei "saggi" convocati dal ministro Berlinguer nel 1996-97 per definire i contenuti di base della formazione nel nostro paese: Ministero della Pubblica Istruzione, *I contenuti essenziali per la formazione di base*, marzo 1998 [anche in Maragliano 1998, pp. 123-57]). In questo senso, l'insegnante etnologo spera innanzitutto di poter guidare gli studenti a capire che la musica è un modo di conoscere il mondo e che, nella fattispecie, è possibile riconoscere nei vari stili popular, attraverso i loro aspetti strutturali ed esecutivi, l'impronta di situazioni o di mutamenti in corso, a vali livelli, nelle nostre società occidentali. Il suo miglior riferimento teorico è, in assoluto, Philip Tagg [1988; 1994], che, se è vero che una società si capisce ascoltando i suoi rumori [cfr. Attali 1977] e anche, come egli sostiene, che la musica cambia con il cambiare della società e del suo paesaggio sonoro, suggerisce all'insegnante almeno due domande con cui interrogare, e far interrogare, lo specchio.

Una consiste nel provare insieme agli alunni [cfr. Strobino 1994] a leggere i diversi paesaggi sonori del rock, con i loro impasti di *sound*, come altrettante stilizzazioni di paesaggi sonori industriali: musiche, dunque

> nate in mezzo al traffico, in cui i solisti di turno (cantanti, chitarristi, saxofonisti) cercano con i loro assoli di farsi sentire, di emergere sullo sfondo denso e pressante; la grande potenza sonora non può essere tolta alla musica di gruppi come gli Who, i Rolling Stones, né a quella di Jimi Hendrix, dei Clash o dei Sex Pistols. La musica nata in mezzo al traffico trova proprio nella sua densità, nella sua presenza e nella sua dinamica tattile tutto il suo realismo [Tagg 1988, p. 18].

L'altra ha invece a che fare con una lettura sociologica del rapporto figura/sfondo, nella musica e nelle arti visive, in base a una relazione duale «tra i temi come figure musicali e l'individuo in primo piano, tra l'accompagnamento e l'ambiente in cui la figura/sfondo si muove e trae la sua ragion d'essere» [Tagg 1994, p. 379]. Leggendo un dato modello di strutturazione musicale come metafora di un modello di strutturazione sociale, Tagg suggerisce che

> modi diversi di organizzare le figure musicali – sia come figura/sfondo (come nella maggior parte della musica europea e nordamericana), sia come principalmente sfondo (come nella polifonia dell'Africa occidentale), o come principalmente melodia (come in molta musica araba) – corrispondono a diversi ideali di socializzazione in culture differenti [*ibid.*, p. 380].

Cosí, per esempio, nella techno music

> non ci sono eroi della chitarra, rock star o figure musicali-strutturali in cui identificarsi [...]. Tu sei solo uno dei molti individui che formano l'intero musicale, l'intero sfondo – musicale e sociale – in cui ti trovi [...]. Per polarizzare le questioni, si potrebbe dire che forse la techno rave mette fine a quasi quattrocento anni di grande individuo borghese europeo in musica, cominciati con Peri e culminati con Parker, Hendrix e – Dio ce ne scampi! – Bryan May e Whitney Houston [*ibid.*, p. 383].

Enrico Strobino, che è un insegnante di scuola media, ha utilizzato questa traccia per osservare insieme a studenti e insegnanti in formazione alcuni esempi musicali, presi come campioni significativi di altrettanti generi, confrontandoli in base alle rispettive relazioni tra figura e sfondo. Sono risultate da questo esame, tra l'altro, una descrizione dell'heavy metal come

> melodia acuta e urlante (voce cantante o assolo strumentale), in continuo sforzo per emergere al di sopra del traffico, rappresentato da un accompagnamento denso, pieno, lo-fi, un vero e proprio muro sonoro

e una del Rap come

> una presa di parola, in cui in pratica un eroe affabulatore emerge dal panorama rumoroso e caotico della metropoli: rimane il paesaggio denso, sporco, caratterizzato da sonorità a bassa fedeltà, ma è ricacciato indietro, in uno sfondo lontano [Strobino 1997, p. 13].

È da sottolineare come entrambe queste tracce osservative dell'oggetto musicale, riguardandolo nella sua globalità, si rivelino particolarmente aderenti alla fruizione d'insieme, non analitica e di dettaglio, ma per *full immersion*, che i ragazzi dedicano frequentemente ai *media*.

Inoltre, l'insegnante etnologo, lungi dal cadere in una semplificazione comune tra i suoi colleghi e, in generale, tra i musicologi benpensanti, che fanno generale riferimento alla "musica dei giovani", pensando ai loro studenti come a un esercito compatto di adoratori degli stessi idoli, cerca varie soluzioni operative per sottolineare il fatto che, in una qualsiasi classe di scuola secondaria, è praticamente impossibile che tutti si riconoscano *fans* dello stesso cantante-personaggio. Al contrario, piú i ragazzi crescono e piú la frammentazione, nei gusti e nelle scelte, aumenta. La musica che essi scelgono, differenziandosi in questo modo prima dai loro genitori, poi dai loro coetanei dell'altro sesso poi dai coetanei dello stesso sesso, ma da cui vogliono essere diversi, sembra aiutarli a collocare e riempire dei frammenti nella definizione che faticosamente essi stanno cercando della propria identità. Come ha scritto Van Elderen

> Gli individui manipolano autonomamente [...] i propri bisogni e desideri culturali, secondo parametri loro propri e secondo l'immagine che ciascuno ha di se stesso. Nella moderna "cultura pop", il consumo culturale è una strategia attraverso cui ogni individuo rivela la propria identità [Van Elderen in Vitali 1991, p. 232].

In altre parole, l'insegnante etnologo ha imparato da John Blacking [1973, trad. it. p. 28] che «la chiave per la comprensione della musica è nel rapporto esistente tra soggetto e oggetto», per cui è del tutto fuorviante porsi nell'ottica di ascoltare dalla cattedra degli esempi di popular music senza tener conto dei vari modelli di relazione che i ragazzi intrattengono con essi. Se capire la musica, per Blacking, significa comprendere quali rapporti si stabiliscano tra l'oggetto musicale e il soggetto che l'ha prodotto e/o che ne fruisce, non ci è possibile capire la musica che ai ragazzi piace ascoltare (e che solo in pochi e selezionati casi piace anche a noi) se non interrogandoci e interrogandoli sui rapporti, sulle motivazioni che ad essa li legano. Torna in primo piano, in questa luce, il rapporto tra la cultura musicale che i ragazzi acquisiscono, in gran parte attraverso i *media*, e le loro condotte con/intorno ai suoni.

> Obiettivo primario, contestualmente all'uso didattico della "popular music", è quello di analizzare il rapporto che ciascun ragazzo instaura con essa e di farne og-

getto di dialogo in classe. Si tratta di smontare i rapporti soggettivi e i significati (personali e collettivi) della popular music, piuttosto che il suo linguaggio. Questi rapporti e significati non sono sempre uguali per ciascun ragazzo; la generalizzazione preconcetta è quindi un errore da evitare [in Nanni 1991, p. 481].

Infine, c'è l'insegnante *sim-patico* [cfr., per esempio, Stefani 1990; P.U.M. 1, 1992; P.U.M. 5, 1994] per il quale, il problema non è di fingere di provare simpatia per i repertori frequentati dagli studenti, o di pretendere moralisticamente che tutti mostrino simpatia nei confronti dei gusti musicali gli uni degli altri. Impossibile e scorretto. Caso mai, si tratta di dare spazio in classe, per quanto è possibile, alle varie condotte musicali, dei ragazzi come dell'insegnante, e di trovare occasione dalle musiche che i protagonisti stessi della relazione educativa suggeriscono, quasi sempre acquisite attraverso la familiarità con i *media*, per costruire in classe dei luoghi della *simpatia*, dei progetti di lavoro musicale cooperativo. Potremmo dire che questo insegnante sim-patico, al pari dei suoi colleghi, ha particolarmente a cuore certi passi dei programmi scolastici ministeriali rispetto ad altri. Per lui/lei hanno valore soprattutto quelle premesse in cui si stabilisce che la scuola è luogo di convivenza civile e democratica e si ricorda implicitamente l'etimologia antica: la *skolè* come *luogo dell'agio*. Ha scelto per sé l'ideale della cooperazione educativa, ovvero di una relazione docente/discente basata non sulla logica della trasmissione dei saperi, bensí, il piú possibile, su quella di un mutuo apprendimento, dell'incontro-scambio tra identità [cfr. Piatti 1992, p. 12; Tafuri 1995, pp. 13-18]. È il motto di Freire e dei maestri della pedagogia popolare italiana, come don Milani: «Nessuno educa nessuno, ci si educa insieme».

All'insegnante sim-patico, allora, la popular music interessa in quanto è un canale privilegiato per dare spazio all'esperienza dei ragazzi, per fare tesoro delle loro emozioni, anziché bandirle dietro i ragionamenti, per gettare dei ponti tra i loro vissuti fuori e dentro la scuola. La scelta di utilizzare il pop e il rock lavorando con gli adolescenti è, in questo senso, tutt'altro che casuale e diventa anzi, essa stessa, una "tecnica dell'animazione", ovvero uno

> strumento di lavoro per facilitare la relazione all'interno del gruppo e tra questo e l'animatore/insegnante, in linea con una visione dell'apprendimento come processo attivo, cooperativo e creativo

sapendo che

> C'è animazione dove si apprende a dare significato [Strobino 1997, p. 5].

Infatti, scrive ancora Strobino,

> La scelta dei contenuti non è mai neutra; si porta dietro conseguenze sia sul piano degli obiettivi, che delle modalità di lavoro e del tipo di relazioni tra le persone [*ibid.*, p. 4].

L'insegnante sim-patico ha dunque capito che, piú ascolta i suoi allievi, piú si sintonizza con le motivazioni che, soprattutto fuori dalla scuola, li legano alla musica, meglio riesce lui stesso a produrre idee con e intorno ai suoni. L'apertura alla cultura musicale dei ragazzi e alla sua complessità, nel senso di eterogeneità e conflittualità, spesso, rispetto ai valori musicali di cui egli stesso si sente portatore, è non di rado l'unica via realisticamente percorribile per riuscire a tenere le orecchie e la mente aperti su un mercato in cui l'offerta è sempre piú varia e differenziata in base al target, ai diversi modelli di compratore. L'insegnante sim-patico ha scoperto che gli conviene trovare il modo di imparare dai ragazzi per evitare di invecchiare e di stancarsi. Anch'egli, dunque, è interessato non solo alle musiche in quanto tali, ma a ciò che esse consentono di scoprire intorno ai soggetti che le ascoltano, le suonano o le cantano.

5. *Valori.*

In definitiva, possiamo chiederci quali criteri di valore possa utilizzare e, a sua volta, suggerire un insegnante alle prese con le musiche offerte dai *media*, o che i ragazzi stessi sottopongano alla sua attenzione. La risposta si modifica, mi sembra, a seconda delle opzioni già sommariamente descritte.

L'insegnante eclettico attribuisce normalmente valore e motivo di pregio alla novità, all'originalità, alla curiosità di una proposta o di un accostamento. Banalità e ricalco eccessivo di modelli in vigore costituiscono per lui i rischi peggiori, nei confronti dei quali cercherà di allertare le orecchie dei suoi studenti.

L'insegnante etnologo riconosce come valida qualunque proposta di musica massmediale in cui siano sufficientemente evidenti le tracce di una funzione sociale e sia al medesimo tempo possibile "mettere il dito" su ciò che, nelle caratteristiche strutturali ed esecutive di quella musica, è pertinente a quella data funzione, in modo che gli studenti stessi si trovino in mano gli strumenti per potere, volendo, cambiare, e anche stravolgere, il senso individuato.

Per l'insegnante sim-patico, poi, il massimo indice di professionalità sta nella capacità di generare sim-patia nei confronti di tutte le musiche, a cominciare da quelle in cui i diversi protagonisti della relazione educativa si identificano. Ciò equivale certo ad accogliere in classe la cultura musicale dei ragazzi, ma con essa, al di là dei personaggi e dei repertori, soprattutto un certo tipo di approccio creativo alle musiche che è tipico della popular music [cfr. Marothy 1981; Stefani 1989, p. 30], caratterizzato, come già si rilevava poco sopra, dalla tendenza a *fare proprie* (come si può: interpretandole con commenti verbali o mimico-coreografici, arrangiandole e rielaborandole per le voci e gli strumenti di cui si dispone, utilizzandole come moduli da giustapporre a frammenti musicali di altra provenienza, o come commenti sonori per prodotti realizzati con altri mezzi espressivi, ecc.) le musiche con cui si entra in contatto e che interessano.

> Essa consiste fondamentalmente nel ricavare da qualsiasi materiale col quale si viene a contatto (sia esso musicale o meno) "A music of your own", cioè una musica adatta (e "adattata") alle proprie esigenze e capacità [Agostini 1992, p. 174].

È, se vogliamo chiamarla cosí, la "prospettiva epistemologica" del *Piccolo principe* di Saint-Exupery nel colloquio con la volpe: «Non si conosce se non ciò che si è addomesticato».

Infine, in generale, credo che tutti coloro che si dimostrano sinceramente curiosi nei confronti dei suoni e delle musiche che "segnano", a vari livelli, l'esperienza dei ragazzi che oggi si stanno formando nelle scuole per essere adulti domani, condividano come valore e come urgenza la capacità di offrire, anche attraverso la musica, dei modelli credibili di pensiero e di relazione con il mondo: non necessariamente dei modelli con cui identificarsi, dato che i *media*, in questo, hanno sostituito la scuola piazzandosi subito dopo la famiglia, ma almeno dei modelli con cui confrontarsi, visto e considerato che l'adolescente ricerca la definizione della propria identità soprattutto attraverso l'opposizione con gli adulti che gli sono piú vicini. Se la musica massmediale può offrirci dei luoghi propizi per questo incontro/scontro, delle occasioni per il reciproco ascolto, ammesso che nelle aule scolastiche ci sia ancora qualcuno disposto ad ascoltare, piú che a difendere il proprio territorio, ritengo senz'altro valga la pena di darle il benvenuto.

AA.VV.

1983 *Bartók e la didattica musicale*, Unicopli, Milano.

AA.VV.

1992 *Dal blues al liscio. Saggi sull'esperienza musicale comune*, Ianua, Verona.

AA.VV.

1995 *L'animazione con gruppi di adolescenti*, Gruppo Abele, Torino.

Agostini, R.

1992 *Studiare la popular music*, in AA.VV. 1992, pp. 167-86.

Attali, J.

1977 *Bruits. Essai sur l'économie politique de la musique*, Presses Universitaires de France, Paris (trad. it. *Rumori. Saggio sull'economia politica della musica*, Mazzotta, Milano 1978).

Baroni, M.

1996 *Analisi musicale e giudizio di valore nella musica leggera*, in Dalmonte 1996, pp. 81-102.

Baroni, M., e Nanni, F.

1989 *Crescere con il rock. L'educazione musicale nella società dei mass media*, Clueb, Bologna.

Barthes, R., e Havas, R.

1977 «Ascolto», in *Enciclopedia*, vol. I, Einaudi, Torino, pp. 982-91.

Blacking, J.

1973 *How Musical is Man?*, Oxford University Press, Seattle-London (trad. it. *Come è musicale l'uomo?*, Ricordi-Unicopli, Milano 1986).

1981 *Making artistic popular music: the goal of true folk*, in «Popular Music», n. 1, pp. 9-14

1987 *A Commonsense View of all Music*, Cambridge University Press, Cambridge.

Cerlati, P., Strobino, E., e Vineis, D.

1989 *E l'aria ascolterà*, Pro Civitate Christiana, Assisi.

Chambers, I.

1982 *Per un insegnamento della pop music*, in «Musica/Realtà», n. 9, pp. 87-104.

Dalmonte, R.

1996 (a cura di), *Analisi e canzoni*, Università degli Studi, Trento.

Delalande, F.

1993 *Le condotte musicali. Comportamenti e motivazioni del fare e ascoltare musica*, Clueb, Bologna.

Fabbri, F.

1985 (a cura di), *What is Popular Music?*, Unicopli, Milano.

1998 *Don't bore me - get to the chorus: serve la noia alle canzoni?*, in G. Stefani, L. Marconi e E. Tarasti, *Musical Signification, between Rhetoric and Pragmatics. La significazione musicale, tra retorica e pragmatica*, Clueb, Bologna.

Ferrari, F.

1994 *La cultura musicale dei ragazzi*, in G. Grazioso (a cura di), *L'educazione musicale tra passato, presente e futuro*, Ricordi, Milano, pp. 78-87.

Ferrari, F., e Strobino, E.

1994 (a cura di), *Imparerock? A scuola con la popular music*, «Quaderni della SIEM», n. 6, Ricordi, Milano.

Fiori, U.

1987 *Servono, al rock, le parole?*, in «Musica/Realtà», n. 24, pp. 49-66.

Frith, S., e Goodwin, A.

1994 (a cura di), *On Record. Rock, Pop and the Written Word*, Routledge, London.

Garratt, S.

1994 *Teenage Dreams*, in Frith e Goodwin 1994, pp. 399-410.

Gazzara, F.

1993 *Processi creativi e comunicativi della musica nel messaggio pubblicitario radiotelevisivo*, in «Musica/Realtà», n. 40, pp. 93-110.

Maragliano, R.

1992 *L'educazione musicale di chi è diventato musica*, in «Nuova Rivista Musicale Italiana», n. 3-4, pp. 517-22.

1996 *Esseri multimediali. Immagini del bambino di fine millennio*, La Nuova Italia, Firenze.

1998 *Tre ipertesti su multimedialità e formazione*, Laterza, Roma-Bari.

Marothy, J.

1981 *A music of your own*, in «Popular Music», n. 1, pp. 15-25.

Middleton, R.

1990 *Studying Popular Music*, Open University Press, Philadelphia Pa. (trad. it. *Studiare la popular music*, Feltrinelli, Milano 1994).

«Musica Domani»

1971-99 Trimestrale della Società Italiana per l'Educazione Musicale, Ricordi, Milano, nn. 1-113.

2000 sgg. Trimestrale della Società Italiana per l'Educazione Musicale, Edt, Torino, nn. 114 sgg.

«Musica Scuola»

1986-93 Rivista di didattica del/col/intorno al suono e alla musica per la scuola di base, Nicola Milano, Bologna.

Nanni, F.

1991 *Perché la "popular music" a scuola?*, in «Nuova Rivista Musicale Italiana», n. 3-4, pp. 478-83.

Ong, W.

1982 *Orality and Literacy. The Technologizing of the Word*, Methuen, London - New York (trad. it. *Oralità e scrittura*, il Mulino, Bologna 1986).

Paynter, J.

1982 *Music in the Secondary School Curriculum. Trends and Developments in Class Music Teaching*, Cambridge University Press, Cambridge (trad. it. *La musica nella media superiore. Un'esperienza inglese tra educazione e istruzione*, Unicopli, Milano 1986).

Piatti, M.

1992 (a cura di), *L'educazione musicale in una società multietnica*, Pro Civitate Christiana, Assisi.

P.U.M.

1992-96 Quaderni del Progetto Uomo Musica, Pro Civitate Christiana, Assisi, nn. 1-10.

Shepherd, J.

1989 *Estetica, valore e influenza africana nella popular music: implicazioni interculturali per l'educazione musicale*, in «Musica/Realtà», n. 29, pp. 81-92.

Stefani, G.

1987 *Il segno della musica. Saggi di semiotica musicale*, Sellerio, Palermo.

1989 *Musica con coscienza*, Edizioni Paoline, Cinisello Balsamo.

1990 (a cura di), *Studi musicali: verso un nuovo paradigma*, Pro Civitate Christiana, Assisi.

1996 *Intense emozioni in musica*, Clueb, Bologna.

Stefani, G., e Marconi, L.,

1992 *La melodia*, Bompiani, Milano.

Stefani, G., Marconi, L., e Ferrari, F.

1990 *Gli intervalli musicali. Dall'esperienza alla teoria*, Bompiani, Milano.

Stefani, G., e Vitali, M.

1988 (a cura di), *Musica nella scuola e cultura dei ragazzi*, Cappelli, Bologna.

Strobino, E.

1994 *Profumo di Rock*, in Ferrari e Strobino 1994, pp. 16-31.

1996 *Città possibili. Musiche, gesti, segni e oggetti dalle "Città invisibili" di Italo Calvino*, Fuori thema, Bologna.

1997 *Rock in classe*, Unità del corso di perfezionamento a distanza in *Educazione musicale. Elementi di didattica*, Università degli studi di Roma Tor Vergata.

Tafuri, J.

1995 *L'educazione musicale. Teorie, metodi, pratiche*, Edt, Torino.

Tagg, Ph.

1988 *Leggere i suoni. Saggio sul paesaggio sonoro e la musica, la conoscenza, la società*, in «Musica/Realtà», n. 25.

1994 *Popular Music. Da Kojak al Rave*, a cura di R. Agostini e L. Marconi, Clueb, Bologna.

Traasdahl, O. J.

1996 (a cura di), *Rhythmic Music Education. Educational Systems, Teaching Methodologies, Music Policy*, Danish Music Council, Copenhagen.

Vitali, M.

1991 *Verso un'operatività musicale di base*, Cappelli, Bologna.

Vulliamy, G., e Lee, E.

1976 *Pop Music in School*, Cambridge University Press, Cambridge.

1982 *Pop, Rock and Ethnic Music in School*, Cambridge University Press, Cambridge.

SERENA FACCI

Multiculturalismo nell'educazione musicale

La questione dell'educazione multiculturale e/o interculturale è esplosa con evidenza, soprattutto in Europa, con l'intensificarsi, negli ultimissimi decenni, dei flussi migratori dai paesi piú poveri verso quelli piú ricchi. La presenza nelle classi di bambini "venuti da lontano", con diverse competenze linguistiche e culturali, è stata vissuta, soprattutto nelle città, come un'urgenza pedagogica che ha richiamato l'attenzione di esperti e governi.

A livello internazionale le prime indicazioni in merito alla scolarizzazione dei bambini stranieri, a seguito dei flussi migratori, sono contenute nella raccomandazione n. 18 dell'Unesco del 1982, in cui si parla esplicitamente del riconoscimento di una pari dignità a tutte le culture, delle relazioni interculturali come fattore di arricchimento, della necessità di preparare in senso interculturale gli insegnanti. In Europa, dalla metà degli anni Settanta, si sono susseguiti diversi documenti del Consiglio d'Europa e del Parlamento Europeo, in cui si invitano gli stati membri della Comunità ad agevolare l'inserimento scolastico dei figli degli emigranti, attraverso un'adeguata legislazione. In Italia le direttive comunitarie hanno trovato eco in una serie di decreti presidenziali e circolari ministeriali (dicembre 1986, settembre 1989, luglio 1990, marzo 1994, marzo 1999, fino alla costituzione della commissione nazionale per l'educazione interculturale in seno al Ministero per la Pubblica Istruzione) che, dopo aver previsto l'ammissione dei ragazzi stranieri nelle strutture scolastiche, raccomandando strategie di sostegno per l'apprendimento dell'italiano, sono andati via via adeguandosi alle necessità imposte da una convivenza multiculturale in seno alla scuola.

Le facilitazioni per l'apprendimento della lingua, infatti, si sono presto rivelate insufficienti a un inserimento scolastico degli studenti stranieri che fosse rispettoso delle diverse identità culturali. Strategie piú articolate, dunque, sono entrate a far parte delle indicazioni legislative:

1) la valorizzazione di forme di comunicazione non verbale (compresa la musica);
2) l'interazione con le diverse culture di provenienza, attraverso contatti con le famiglie e le comunità di immigrati;

3) l'utilizzazione di insegnanti specializzati, con competenze linguistiche adeguate.

Su un altro versante l'insorgere di fenomeni di intolleranza sociale, con rischi anche a livello scolastico di atteggiamenti razzisti, ha sollecitato un ampliamento del concetto di educazione alla multiculturalità, fino a farlo diventare uno dei postulati formativi necessari a una pacifica convivenza democratica (si fa riferimento, in particolare, al documento *Il dialogo interculturale e la convivenza democratica*, allegato alla circolare ministeriale. n. 73 del 2 marzo 1994). Il conseguimento di una finalità di questo genere travalica la questione dell'integrazione scolastica degli stranieri e va a coinvolgere in profondità la crescita dell'intero tessuto sociale nazionale. Per questo la cosiddetta pedagogia interculturale in Italia come altrove, sta spostando le sue attenzioni dagli studenti stranieri a quelli dei paesi ospitanti.

Quella a cui stiamo assistendo non è la prima migrazione di massa non solo della storia, ma anche del secolo XX, eppure temi come "accoglienza", "integrazione", "rispetto della cultura d'origine", "prospettiva interculturale" sono tutto sommato recenti. Alcune concause hanno favorito l'allargamento del dibattito sul multiculturale nell'educazione, interne ed esterne alla struttura scolastica. Le interne derivano dal radicarsi, pur fra mille difficoltà, della scuola di massa con i suoi valori di antisegregazione, di accettazione del diverso e di stimolo alla sua valorizzazione. Le esterne vengono da una una serie di fattori epocali, che in questa sede è solo il caso di nominare, dal processo sempre piú rapido di circolazione culturale, che, indipendentemente dai fenomeni migratori, ha investito l'intero pianeta, ai segni di "malessere" del protagonismo occidentale nella definizione delle storie culturali altrui.

Le diverse prese di posizione e le nuove disposizioni legislative hanno avuto una ricaduta non sempre sollecita nella realtà scolastica.

In paesi come gli Usa in cui la multietnicità è una realtà consolidata da tempo c'è ovviamente una maggiore esperienza confortata da una piú estesa bibliografia. Anche in stretto riferimento alle tematiche musicali è possibile in quel paese trovare riflessioni sull'evoluzione del concetto di multiculturalità nel Novecento, nonché osservazioni e valutazioni di quanto è avvenuto nella realtà scolastica [Volk 1998]. In molti paesi europei si sta assistendo solo a partire dagli anni Novanta a un dibattito consistente e al moltiplicarsi di iniziative. In Italia il primo convegno dedicato al tema della musica in una società multietnica è stato organizzato ad Assisi dalla Pro Civitate Christiana nel 1993 [gli atti di questo convegno sono in Piatti 1995]. Si è attualmente dunque in una fase fortemente sperimentale, in cui non è ancora generalizzata la capacità degli insegnanti di agire con disinvoltura su questi temi.

Le domande piú pressanti che hanno accompagnato, fin dall'inizio, le riflessioni sull'educazione musicale multiculturale possono essere cosí riassunte:

- la musica ha un ruolo specifico nell'educazione alla multiculturalità?
- l'atteggiamento e la proposta educativa degli insegnanti di materie musicali deve cambiare nel rivolgersi a gruppi scolastici multiculturali?
- è sufficiente che le strategie didattiche si basino su un inserimento nella prassi didattica di musiche non-occidentali?

1. *Multiculturalità, interculturalità e specificità della musica.*

Un primo punto da chiarire è la differenza tra le nozioni di multiculturalità e interculturalità sovente usate indifferentemente.

In realtà i due termini non sono sinonimi: per multiculturalità si deve intendere soprattutto la pacifica convivenza di culture o aspetti di culture diverse, non necessariamente comunicanti tra loro; per interculturalità un'interazione dinamica tra le culture.

Trasferiti in ambito pedagogico i due concetti danno vita all'educazione multiculturale e all'educazione interculturale. La prima richiede un passaggio non indifferente da un'offerta formativa monoculturale, da alcuni dichiarata etnocentrica e razzista [Nigris 1996, p. XX], a una pluriculturale. La seconda persegue:

> modalità che cerchino e apprezzino l'eterogeneità e quindi la differenziazione di mondi, dando vita a luoghi, per esempio quelli formativi, entro i quali il confronto si materializzi [Demetrio 1992, p. 53].

In questa ottica la multiculturalità è un dato di fatto e l'educazione multiculturale l'adeguarsi a questo dato di fatto. L'interculturalità è un processo «artificiale», che va progettato e perseguito attraverso la costruzione di «un'abitudine all'apertura», nella quale l'educazione può giocare un ruolo molto importante [*ibid.*, p. 49].

Dal punto di vista musicale la differenza tra il concetto di multiculturalità e di interculturalità sembra piú labile che in altri ambiti culturali, quali quello linguistico, etico, religioso: in contesti multietnici, a meno di non trovarsi in realtà politiche e ideologiche caratterizzate da razzismo o integralismo, è facile verificare casi di avvicinamento e interscambio tra esperienze musicali diverse. Nello specifico educativo si possono comunque cogliere questioni e atteggiamenti sensibilmente diversi.

Educazione musicale multiculturale. Se, come dice Carlo Nanni [1996, p. 73], «la multiculturalità si è affacciata alle nostre abitazioni» attraverso l'immigrazione, possiamo dire che la multimusicalità è entrata da tempo nelle nostre case, nelle nostre automobili, nei nostri supermercati, attraverso i *mass media*. Stando seduti in poltrona o nel nostro banco possiamo ascoltare indifferentemente musica del Medioevo europeo, della foresta centroafricana o della discoteca sottostante.

La multiculturalità, in altre parole, è parte costituente del panorama musicale contemporaneo. Questa affermazione ovviamente non ha nulla a che vedere né con le scelte musicali individuali né con le leggi del mercato. "Certe" musiche sono piú note, ascoltate, amate, consumate di altre.

Sul piano didattico questo dato di fatto pone l'insegnante in una posizione obbligata: formare alla musica di oggi vuol dire formare alle musiche.

In quasi tutti i testi di educazione interculturale si parla della necessità di passare da una didattica monoculturale a una multiculturale [Giusti 2001; Nanni 1998; Nigris 1996; Sirna 1996; Susi 1999]. Un insegnante di educazione musicale che, a livello di base, formasse i suoi allievi solo nella conoscenza della musica colta occidentale, senza prendere in considerazione altri repertori, generi e culture musicali, svolgerebbe un compito inadeguato ai tempi.

Qualche anno fa Patricia Shehan Campbell [1991] definí «insalata musicale» la realtà degli Stati Uniti e nell'esporre la sua metodologia didattica mise al primo posto la necessità di dare agli allievi tutti gli strumenti necessari per orientarsi in quella situazione. Ormai la realtà europea si sta velocemente uniformando a quella statunitense; per rendersene conto basterebbe dare uno sguardo ai programmi previsti dalle istituzioni concertistiche anche di piú vecchia tradizione: tutti ormai prevedono appuntamenti con musiche extraeuropee.

Primo obiettivo di un approccio multiculturale all'educazione musicale dovrebbe essere quindi la definizione di conoscenze e di metodi analitici che mettano in grado gli studenti di apprezzare qualsiasi proposta musicale. Perseguire operativamente questo obiettivo non è cosa facile perché richiede un serio ripensamento di programmazioni, metodi, libri di testo, supporti e sussidi ormai consolidati.

Il secondo obiettivo dovrebbe essere l'abitudine a una tolleranza musicale, ovvero al riconoscere pari dignità a tutte le espressioni musicali. Le scienze antropologiche, compresa l'etnomusicologia, hanno lungamente dibattuto a proposito del relativismo culturale, presupposto scientifico della tolleranza in quanto legittimazione di ogni soluzione culturale ai bisogni dell'uomo. In un *excursus* sui rapporti tra antropologia ed educazione interculturale Letizia Caronia [1996] sposa la causa relativista in quanto punto di partenza del processo formativo in senso interculturale. I bambini, e soprattutto gli adolescenti, tuttavia, per ragioni affettive e cognitive, sono tutt'altro che relativisti dal punto di vista musicale. In età giovanile, infatti, la musica è vissuta come uno dei luoghi in cui si costruisce l'identità personale e di gruppo e da tempo è in corso una riflessione pedagogica su questo tema [Ferrari 1994; Ferrari e Strobino 1994; Piatti 1995]). L'adesione a una corrente musicale è talvolta cosí profonda da diventare una passione esclusiva che rende poco disponibili verso altri generi. Sul piano cognitivo, la scarsa frequentazione da parte dei giovani, almeno in Italia, di linguaggi musicali costruiti su altre grammatiche rende poco familiari e comprensibili diversi repertori extraoccidentali, al punto che essi, in alcuni ambiti scolastici, non vengono riconosciuti come esperienze musicali. Anche il raggiungimento della tolleranza musicale, quindi, necessita di specifiche strategie didattiche, che difficilmente risulteranno efficaci se si baseranno solo su discorsi di principio, senza promuovere una profonda ricerca degli elementi di similitudine e differenza tra le culture musicali protagoniste del confronto.

Educazione interculturale e musica. L'interculturalità, se ne accettiamo la definizione di "territorio, artificialmente costruito, del confronto culturale" è anch'essa una dimensione problematica, ma piú naturalmente presente nell'ambito musicale.

La cosiddetta world music è un prodotto interculturale: nasce da un confronto ed è il risultato di un processo creativo estremamente artificioso. Si potrebbe, allora, esaurire la questione proponendo a scuola lo studio della world music. C'è chi ha elaborato in proposito esperienze didattiche interessanti [Disoteo 1998; Surian 1995]. Ma questo non sarebbe sufficiente a rispondere agli obiettivi di un'educazione interculturale. Almeno per tre motivi:

1) sotto l'etichetta "world music", nata per ragioni di classificazione commerciale, si stanno raccogliendo esperienze disomogenee: dalle musiche tradizionali, ai piú arditi esperimenti di contaminazione, quindi si rischierebbe di generare confusioni;
2) a meno di non mettere in atto complicati sistemi di ricostruzione dei tessuti musicali d'origine, la world music, per il tipo di supporti con cui viene veicolata (rete commerciale, circuiti spettacolari, pubblicazioni giornalistiche), non presenta agli alunni problemi di approccio troppo diversi da quelli di altri prodotti musicali contemporanei (in particolare tutta la popular music);
3) la formazione interculturale, tenendo conto di quanto fluide siano le dinamiche interculturali nella nostra società, non può limitarsi alla somministrazione di prodotti preconfezionati e sperimentali, come la world music. Quest'ultima non può che fornire l'esempio di un possibile percorso.

Piú interessante quindi è avviarsi per un'altra strada: quella di riprodurre nelle attività scolastiche i procedimenti creativi che danno vita alla world music, ovvero il confronto diretto con prodotti culturali variegati allo scopo di produrne uno nuovo, risultato di un approccio interculturale.

2. *Confronti multiculturali e percorsi interculturali.*

Spesso, nel dibattito sull'educazione in contesti multiculturali, è stato richiesto alle discipline musicali di svolgere un ruolo di mediazione nei confronti degli alunni stranieri. La forza della musica, secondo i sostenitori di tale richiesta, starebbe nella sua capacità di "parlare" e di "far parlare" al di là delle barriere linguistiche. In effetti alcune esperienze con bambini stranieri hanno dimostrato che la musica può riuscire a sbloccare situazioni di incomunicabilità verbale, di chiusura e di disagio profondo [Degli Esposti 1993].

Ciò avviene in virtú di un carattere "universale" della musica? E in che senso è ancora possibile fare tale affermazione? [sugli universali in musica cfr AA.VV. 1984; Delalande 1993; Giannattasio 1992; Nattiez 1987*a*; 1987 *b*; Tagg 1994]. Gli studi etnomusicologici hanno dimostrato che è inutile cercare costanti nei sistemi concreti di organizzazione della musica, gli studi semiotici hanno dimostrato il fatto che il significato attribuito a un brano musicale presentato ad un pubblico eterogeneo non è mai inequivocabilmente lo stesso per tutti gli ascoltatori.

Recentemente nella pedagogia musicale ha trovato eco un approccio "comportamentista" alla teoria degli universali secondo il quale le eventuali costanti andrebbero ricercate non nei prodotti musicali concreti, ma nei bisogni e nelle motivazioni del fare musica; questa posizione rinvenibile in John Blacking [1973] e Charles Boilès [1984] si affianca a un altro terreno di ricerca degli universali: quello della psicologia cognitiva, basato sull'individuazione di costanti nei processi percettivi. François Delalande, per esempio, parte da queste posizioni per formulare la sua teoria sulle condotte musicali:

> Se tutti gli uomini parlano e se tutti fanno musica, questo non avviene solo perché la mente umana ha delle caratteristiche universali (che la differenziano da altre specie). Questo avviene anche perché degli uomini che vivono in società sullo stesso pianeta incontrano piú o meno gli stessi problemi e trovano delle soluzioni comparabili. Per comunicare sui bisogni della vita corrente, hanno inventato il linguaggio. Le lingue non si assomigliano, ma il fatto di parlare è comune tra loro. Allo stesso modo hanno inventato la musica ed è sul versante delle motivazioni profonde delle condotte musicali che val ora la pena di cercare [1993, p. 44].

Alla teoria delle condotte musicali di Delalande si sono ispirati alcuni insegnanti per compiere esperienze didattiche con finalità interculturali [Facci e Ferrari 1992]. L'idea infatti che ci sia una comunanza di motivazioni nell'approccio degli uomini alla musica (la reazione sensomotoria, il gioco di regole, l'evocazione simbolica), può rendere un prodotto musicale trasferibile da un contesto a un altro. Essa infatti spiega un fenomeno abbastanza comune come la comprensione tra persone che non sanno comunicare verbalmente tra loro, ma che percepiscono la condivisione di un rapporto "comparabile" con la musica.

Proviamo a tracciare un possibile scenario di cui siano protagonisti un Io e un Altro, diversi per origini e cultura: ascoltando una sequenza sonora l'Altro comincia a muoversi, Io non conosco le caratteristiche e i significati dei suoi movimenti ma credo di comprendere perché reagisce cosí a quella sollecitazione. Si delineano a questo punto una serie di possibilità:

1) ciò a cui sto assistendo non è sentito dall'Altro come un'esperienza musicale e Io invece potrei interpretarlo come tale; gli etnomusicologi hanno in diverse situazioni messo in luce come sia possibile incorrere in equivoci di questo tipo;
2) l'Altro esegue movimenti di danza che Io osservo, anche incuriosito, ma che ritengo sgradevoli e dunque poco accettabili;
3) la sua danza al contrario risulta per me attraente e posso spingermi fino a imitarla;
4) non mi interesso alla sua danza e mi metto a ballare a modo mio.

Volutamente si è fatto ricorso solo al criterio estetico come forma di creazione del giudizio e non si sono tirate in ballo categorie intellettuali, come la voglia di conoscere, o etiche, come la voglia di solidarizzare: la reazione primaria piú comune degli studenti piú giovani a una proposta musicale nuova è quasi sempre "mi piace / non mi piace".

Proviamo a etichettare queste quattro opzioni usando i parametri della comprensione culturale, intesa come capacità di analizzare i prodotti culturali dell'Altro, e della condivisione culturale, intesa come accettazione delle motivazioni dell'Altro:

- nel caso 1 non c'è né comprensione né condivisione: Io non capisco né perché l'Altro si muove né in base a quali regole lo sta facendo; una eventualità di questo genere è in effetti poco verificabile nei contesti scolastici occidentali e, qualora lo fosse, aprirebbe la strada a tragitti essenzialmente extramusicali;
- nel caso 2 c'è comprensione ma non condivisione: Io capisco che lui sta ballando, potrei anche spingermi a scoprire le regole della sua danza, ma mi domando come possa ballare "cosí" e con una musica "cosí"; didatticamente saranno necessari percorsi tesi alla valorizzazione del prodotto culturale in questione per arrivare almeno a un livello di accettazione;
- nel caso 3 c'è comprensione e condivisione: anch'Io sento quella musica come ballabile e capisco che il modo di ballare dell'Altro è quello appropriato; didatticamente ci si trova in una situazione ottimale, favorevole sia alla crescita cognitiva sia a quella etica degli studenti;
- nel caso 4 c'è condivisione ma non comprensione: anche in questo caso Io sento quella musica come ballabile, ma reagisco applicando le

mie regole; come nel caso 2 saranno necessari percorsi didattici specifici che partano dalla condivisione della motivazione per arrivare alla conoscenza delle varie risposte a un unico e determinato bisogno musicale.

In ogni caso è necessario operare mediazioni, trovare metodi di "traduzione", avviare processi che forse condurranno a soluzioni ibride. La realtà multiculturale ci pone continuamente in una di queste quattro situazioni.

3. *Studenti stranieri / studenti indigeni*.

Chi sono i destinatari di un'educazione musicale multiculturale?

John Blacking, a proposito della realtà scolastica britannica, criticando le tesi del *Single group approach* (una delle strategie elaborate in Usa e Gran Bretagna per affrontare le problematiche sorte con l'immigrazione e che consiste nel riservare attività e spazi didattici a singoli gruppi di minoranza), scriveva:

> Lo scopo della musica nella scuola non deve essere quello di rinforzare i confini tribali o incoraggiare le etichettature, concentrandosi sulla musica pop nelle scuole a estrazione "proletaria", sul reggae nelle scuole con bambini di origine caraibica o sui canti popolari urdu dove c'è una maggioranza di pakistani. [...] Compito degli educatori musicali è di indurre in tutti i loro allievi nuove esperienze artistiche, che possono o non possono generare nuove esperienze sociali [1987, p. 147].

L'educazione musicale, in altre parole, deve adeguarsi a una società multimusicale dando a tutti gli strumenti necessari per viverla e interpretarla. Stranieri o indigeni che siano gli studenti hanno diritto agli stessi stimoli e alle stesse cure.

Nella didattica quotidiana non è cosa indifferente avere una classe a composizione mono o multiculturale. Ogni classe è in fondo un microcosmo sociale in cui si può lecitamente parlare di maggioranze o minoranze anche da un punto di vista "etnico". La salvaguardia delle minoranze etniche e linguistiche è un valore che si è fatto strada in diverse realtà dell'Occidente, con ricadute anche in ambito scolastico. Ne sono una prova le indicazioni normative (a cui si è fatto riferimento nel § 1), che spingono a una valorizzazione delle culture e dunque, ad esempio, delle musiche d'origine dei giovani immigrati.

L'applicazione meccanica di queste indicazioni non è però scevra da problemi e conseguenze. In primo luogo andrebbe chiarito, attraverso una conoscenza profonda dei singoli allievi, quale sia il loro personale rapporto con le culture musicali d'origine. Non sempre, per esempio, le musiche tradizionali rientrano nelle consuetudini musicali delle famiglie degli alunni stranieri. Gli immigrati africani, per esempio, ascoltano soprattutto la musica commerciale moderna dei loro paesi di origine, che, come si sa, è il risultato di un processo di contaminazione con le musiche caraibiche, il jazz e la popular music occidentale. In secondo luogo va tenuto presente il livello di preparazione multiculturale degli studenti dei paesi ospitanti, le cui reazioni alle proposte culturali dei (o per) compagni stranieri potrebbero essere negative e quindi controproducenti.

Numerose esperienze didattiche hanno dimostrato invece che laddove un approccio multiculturale, proposto a tutti gli studenti, è diventato prassi costante nell'educazione musicale, gli alunni stranieri possono diventare una grande risorsa. Da una parte, infatti, essi sono portatori di contenuti culturali diversi (per la musica: repertori, strumenti, tecniche vocali, posture di danza, ecc.) con cui gli studenti dei paesi ospitanti possono confrontarsi, con reciproco arricchimento. Dall'altra gli alunni stranieri manifestano generalmente interesse e predisposizione per le discipline musicali. Soprattutto se provenienti da società ancora prevalentemente rurali, molti bambini e giovani immigrati vivono in contesti familiari che forniscono lo sviluppo di capacità musicali basilari. La gran parte di essi, quindi, possiede una buona coordinazione motoria, uno spiccato senso del ritmo, un buon controllo della voce e dell'intonazione.

4. *Esperienze e strategie della didattica musicale multiculturale*.

In tutto il mondo le esperienze didattiche in chiave multiculturale si stanno moltiplicando. Un respiro multiculturale ha ispirato per esempio alcuni congressi mondiali dell'International Society for Music Education (in particolare: *Sharing Musics of the World*, Seoul 1992; *The Universal Language*, Amsterdam 1996; *Ubuntu: Music Education for a Humane Society*, Pretoria 1998).

Significativi sono i temi trattati da una delle commissioni dell'ISME, dedicata alla Community Music Activity. La relazione presentata da questa commissione al convegno ISME del luglio 1998 è intitolata *Many Musics - One Circle* e focalizza le tematiche necessarie a realizzare un modello programmatico di educazione musicale su scala planetaria. La prima tra queste, «Cultural Diversity in Community Music», raccomanda una serie di iniziative ispirate al concetto di tolleranza delle diversità culturali nell'educazione musicale quali:

- l'approccio all'educazione musicale e alla musica nell'educazione con una prospettiva "mondiale" (includendo in questa prospettva anche la storia della musica);
- lo sviluppo e la reperibilità di materiali per incoraggiare la tradizione orale, allo scopo di offrire forme alternative di trasmissione agli attuali sistemi di notazione.

Il perseguimento di queste finalità non si può ottenere che attraverso un'immissione nella scuola di repertori, strumenti, sistemi di creazione ed esecuzione musicale provenienti dalle varie culture del mondo.

La cosa non è nuova. Anche in Italia, dove si registra un certo ritardo su queste tematiche, quasi tutti i testi di educazione musicale contengono capitoli specificatamente dedicati alle musiche delle "altre" culture.

Forse la maggiore novità a cui si sta assistendo è il diffondersi del concetto di "pluralità musicale" come punto di partenza dei processi formativi. Alcuni autori definiscono "polimusicale" un modo di impostare le lezioni, in cui i suggerimenti provenienti da diverse culture sono utilizzati per formare gli allievi a una padronanza completa degli elementi basilari della musica [Shehan Campbell 1992].

La revisione dei cosiddetti *musical concepts* (ritmo, scala, melodia, ecc.) in senso multiculturale è stata del resto avviata da tempo in ambito musicologico [Nattiez 1987*b*]. Anche nella didattica si sta operando una graduale revisione di questi concetti di base a partire proprio dall'uso di repertori extraoccidentali. Si tratta di ripensare la teoria musicale di base nella prospettiva di mettere tutti in grado di comprendere tutto. Sul piano operativo ciò comporta la messa a punto di sistemi e materiali didattici atti a rendere i basilari concetti musicali (come ad esempio quelli di ritmo o di scala) trasversali e onnicomprensivi delle varie modalità presenti nel mondo.

Per il momento sembrano piú diffuse, almeno a livello di scuole di base, esperienze di apprendimento di singole culture musicali. Manuali, raccolte ragionate a fini didattici delle musiche di tutto il mondo, CD-Rom che offrono percorsi di indagine musicale in singole aree culturali si stanno diffondendo rapidamente nei vari paesi europei. Qualcosa è cambiato da quando a ragione John Blacking lamentava:

> I popoli e le tradizioni artistiche sono state riclassificate in modi stravaganti: ascoltare musica "africana" significa ascoltare uno o due generi di musica del Ghana [1987, p. 145].

I materiali didattici, spesso preparati da etnomusicologi o da insegnanti con formazione etnomusicologica, si giovano della disponibilità di repertori registrati e del relativo corredo di documentazione scientifica.

In alcuni paesi, come gli Usa o la Gran Bretagna, si ha una maggiore disponibilità di materiali e una piú sperimentata ricerca [cfr. Anderson 1991; Anderson e Shehan Campbell 1989; Floyd 1996; Volk 1998; la serie di manuali pubblicati dalla Heinemann Educational in collaborazione con la Womad Foundation. In Floyd 1996 si trova una rassegna bibliografica, compilata attraverso schede critiche, di opere relative all'uso delle "musiche del mondo"nella didattica], che si esplica attraverso l'insegnamento nelle scuole e nelle università di strumenti etnici o la consuetudine del *work-shop* con musicisti di diversa provenienza geografica. In Italia è a partire dagli anni Novanta che esperienze di questo tipo si sono intensificate soprattutto nelle scuole di base.

La conseguenza piú evidente di questa produzione di idee e materiali è la ricerca di "traducibilità". In molti testi si nota un grande sforzo di mediazione tra saperi musicali di varie provenienze e i modi di apprendere propri della realtà scolastica occidentale. Spesso le strategie utili alla trasmissione della musica colta europea si rivelano inadeguate a repertori non occidentali o folklorici ed è quindi necessario escogitarne altre che siano comprensibili per chi deve apprendere, ma che non impoveriscano o stravolgano troppo i materiali da trasmettere. Alcuni espedienti messi in atto dalla ricerca etnomusicologica per trascrivere e analizzare i repertori di tradizione orale stanno trovando un considerevole impiego. È il caso, per esempio, del TUBS (Time Unit Box System), elaborato da James Koetting [1970] per lo studio degli insiemi percussivi africani, e utilizzato da Trevor Wiggins [1993] in un manuale a uso scolastico sulla musica dell'Africa occidentale.

Anche nella diffusione del cosiddetto bilinguismo musicale, ovvero l'apprendimento, a vari livelli, di una tradizione musicale che affianchi quella acquisita per nascita, emerge il problema della "traduzione". Ad esempio, i musicisti africani che tengono in Italia *work-shop* o corsi di percussioni devono elaborare un metodo che consenta loro di essere compresi da allievi che non hanno con le sonorità e le formularità delle loro musiche la stessa familiarità dei loro connazionali. Devono, ovvero, operare semplificazioni, riduzioni, scelte di repertori adeguati. Per musicisti abituati a una trasmissione "immediata" del sapere musicale, come è nella maggior parte dei casi in Africa, ciò vuol dire passare a una trasmissione "mediata", in cui il ruolo del "maestro" è fondamentale e i principî dell'imitazione aurale e gestuale possono anche non essere sufficienti.

Questo fenomeno è speculare a quello a cui si assiste in paesi extraeuropei, come, per restare nell'esempio, quelli africani. Dopo un periodo di "imposizione dall'alto" della teoria e della didattica musicale europee, nei contesti scolastici di alcuni paesi si è optato, con la fine della colonizzazione e la nascita di stati indipendenti, per la valorizzazione di patrimoni musicali tradizionali. In Kenya, ad esempio, nel 1982 è stata creata una commissione presidenziale, composta da musicisti, per definire le linee di salvaguardia e diffusione, anche a livello scolastico, della musica tradizionale [Floyd 1996, pp. 186-87]. Nel frattempo, però, in molte realtà, si è formata una generazione di musicisti e insegnanti con una competenza bimusicale. A questi ultimi si deve una produzione di materiali didattici in cui i repertori tradizionali vengono filtrati dai sistemi di insegnamento europei: trascrizione dei testi delle canzoni, trascrizioni su pentagramma delle melodie, intavolature per l'uso degli strumenti, ecc. [Matare 1991; Mensah

1971]. Il lavoro di questi musicisti e di molti insegnanti è talvolta affiancato da musicisti tradizionali che vengono invitati nelle scuole o nelle università a tenere corsi e lezioni. Anche le procedure di insegnamento di questi maestri è parzialmente condizionata dalla struttura scolastica di tipo europeo: in effetti, a differenza di quanto avviene nei villaggi, essi sono chiamati a operare in contesti interetnici e in una realtà *in vitro*.

Del resto anche le grandi tradizioni asiatiche, come quella indiana, basate sulla trasmissione orale e sulla dipendenza totale dell'allievo dal maestro, stanno in qualche modo cambiando. Le classi con piú studenti stanno sostituendo il tradizionale rapporto maestro-allievo e alcune forme di scrittura per "esercitarsi a casa", nate per gli stranieri, stanno diventando prassi comune.

Non a caso, quindi, l'ISME ha esplicitato tra i suoi obiettivi quel richiamo alla "tradizione orale" di cui si è detto sopra. La tradizione orale racchiude in sé alcune grandi risorse:

- la trasmissione del sapere musicale attraverso l'esperienza concreta dell'apprendimento di veri repertori musicali (riducendo al minimo non solo la dicotomia tra "teoria" e "pratica", ma anche tra l'"esercizio" e il "brano" vero e proprio);
- la possibilità di "sommininistrare" in un'unica soluzione il prodotto musicale da apprendere nella sua integrità; la scrittura su pentagramma infatti conduce inevitabilmete a un apprendimento "a tappe", per esempio le "note", poi il ritmo, poi la dinamica, infine la verifica della parte nell'insieme; nella prassi orale l'elemento da apprendere suggerito dal maestro è generalmente completo in ogni sua parte; in molti contesti didattici, soprattutto nelle scuole elementari e materne, questo sistema risulta piú immediato ed efficace.

In attesa che la ricerca sul recupero dei sistemi di trasmissione orale produca itinerari didattici compiuti, si può dare per consolidata, almeno, l'abitudine a presentare in classe le culture musicali oggetto di studio attraverso l'ascolto o la visione di documenti musicali. L'esecuzione a scuola di canti di varia parte del mondo attraverso trascizioni su pentagramma, infatti, viene ancora utilizzata come esercizio corale o per generici appelli alla fratellanza universale, ma costituisce un'esperienza limitata sul piano del confronto multiculturale vero e proprio:

> L'emissione fisica del suono (timbro, intensità, altezza, durata, ecc.), senza dubbio rappresenta un importante condizionamento naturale-culturale di qualsiasi civiltà musicale [...]. Si tratta di diversità fisiologiche, oggi puntualmente individuate da sonografi o analizzatori elettronici, dalle quali non si può prescindere se si vuole capire o eventualmente ri-produrre una qualsiasi altra cultura musicale [Carpitella 1985, pp. 8-9].

Un orizzonte particolare, sfruttato soprattutto nella scuola di base, dove i tempi generalmente non consentono di approfondire e assorbire completamente nozioni e repertori relativi a culture musicali diverse, è quello di partire da stimoli multimusicali per alimentare le capacità creative degli alunni. Questa soluzione, raccomandata soprattutto per evitare che il confronto interculturale si riduca a tentativi malriusciti di riproduzione dell'originale, consiste nell'estrapolare da un qualunque stimolo di partenza (l'ascolto di un brano, l'osservazione di uno strumento) un principio creativo (procedimenti compositivi, tecniche costruttive, ecc.) da applicare per la realizzazione di un progetto originale [Giuriati 1985]. Questo modo di lavorare induce comunque gli alunni a un confronto impegnativo con i materiali sonori originali, che in genere va ad alimentare la curiosità, l'apprezzamento e talvolta la simpatia verso le culture musicali con cui si è entrati in contatto.

Un altro modo per avvicinare gli studenti a specifiche culture musicali è l'applicazione didattica di un punto di vista proprio dell'antropologia musicale, intesa come scienza delle motivazioni, piú che dei procedimenti, del fare musica.

Alcuni libri di testo italiani contengono proposte in tal senso: vengono individuate alcune funzioni della musica (quella di stimolo motorio, di legame con il rito, di esaltazione di obiettivi socialmente condivisi, ecc.), indi viene messa in luce la ricorrenza di tali funzioni in contesti diversi per tempo e luogo (i primi itinerari didattici in questo senso sono stati proposti da Carlo Delfrati nel testo per le scuole medie *Progetti sonori*, la cui prima edizione risale al 1979). Questo approccio risponde a una necessità segnalata dalla pedagogia musicale: quella di costruire unità didattiche sui bisogni e sulle motivazioni espresse dagli alunni [Disoteo 2001; Piatti 1994]. In questa prospettiva è possibile, anche se laborioso, individuare punti di contatto tra i modi di vivere la musica espressi dagli studenti e quelli testimoniabili in uno o piú "altrove": cosí alcuni itinerari didattici sulla danza possono essere provocati dalla "voglia" di discoteca; i canti da stadio possono costituire il punto di partenza per indagini sulle relazioni tra modalità della musica e identità di gruppo; la difficoltà di molti ragazzi a cantare in pubblico può essere affrontata in laboratori sull'uso della voce nelle diverse culture, che sollecitino una conoscenza e padronanza della vocalità individuale.

5. *Conclusioni*.

Chiunque si occupi di educazione multi- o inter-culturale sa bene di operare in un campo "fluido".

Da una parte la novità delle problematiche pone l'insegnante in una condizione rischiosa. Chi insegna sa di cimentarsi su un terreno a cui spesso non è preparato, e di basarsi piú su suggestioni che su un'esperienza consolidata. Ciò contrasta con i naturali obblighi formativi della didattica. Le sperimentazioni non possono che avvenire con gli alunni, con risultati talvolta esaltanti, ma tavolta fallimentari.

Dall'altra parte vi è una sensibile pressione della realtà esterna alla scuola, percorsa (a volte drammaticamente) dalla dinamica universale-particolare. L'obiettivo dell'educazione multiculturale è preparare i ragazzi a una società "planetaria", che sia terreno di libero confronto e di libere scelte anche sul piano musicale. Ma i particolarismi, gli integralismi, i separatismi, i vari tipi di razzismo, che sono all'ordine del giorno in molte parti del mondo, potrebbero (e talvolta già lo fanno) trascinare con sé anche la musica in una dolorosa "controtendenza".

Talvolta gli esperti, dibattendo sulle finalità dell'educazione musicale multiculturale, hanno sostenuto che non si possono confondere tra loro terreni che devono rimanere separati: insegnare non è far politica, la musica non deve diventare necessariamente una bandiera [Blacking 1987; Shehan Campbell 1992]. Questa posizione, probabilmente da condividere, va approfondita alla luce dei fatti. Nella vita scolastica è possibile trovarsi in situazioni estremamente problematiche.

Riferiamo un episodio verificatosi in una scuola di Roma. Un quattordicenne immigrato peruviano, nell'imparare una canzone sulla pace con un testo in piú lingue, rifiutò di cantare la strofa in ebraico. Il suo rifiuto derivava da idee razziste assorbite frequentando un gruppo di "ultrà", tifosi di una squadra di calcio, in cui evidentemente aveva trovato uno spazio per integrarsi (l'episodio è avvenuto a chi scrive nel 1994). Non si può negare che il rapporto tra questo ragazzo e il suo club calcistico sia stato di tipo interculturale. Dal quel gruppo aveva assorbito idee che gli erano estranee per cultura e provenienza geografica, ma che rispondevano alla necessità di riscattare il suo senso di diversità e inferiorità. La proposta interculturale dell'insegnante era invece debole e superficiale, una sorta di scorciatoia in cui la musica non era vista come un oggetto culturale da conoscere e apprezzare, ma come supporto accattivante di un valore extramusicale, pur importantissimo come la fratellanza universale. Probabilmente un lavoro approfondito sulla musica yiddish (da cui era tratta, tra l'altro, la melodia della canzone) avrebbe portato a migliori risultati.

Si proverà quindi ad avanzare alcune conclusioni:

1) l'intercultura non ha solo segni positivi;
2) l'educazione musicale multiculturale può aiutare in un processo educativo al rispetto, alla tolleranza, alla valorizzazione delle differenze, alla ricerca creativa di soluzioni ibride per crescere culturalmente;
3) per far questo non valgono le "scorciatoie": è necessario un lavoro minuzioso di conoscenza delle diverse culture, in cui la musica sia la

vera protagonista e non il motivo di contorno o supporto di ideali positivi pur fondamentali;

4) ogni progetto educativo non può basarsi solo su principî astratti, per quanto encomiabili, ma deve essere commisurato alla complessità sociale e culturale in cui la scuola si trova a operare.

AA.VV.

1984 *Universals II*, «The World of Music» (numero monografico), XXVI, n. 2.

Anderson, W. M.

1991 *Teaching Music with a Multicultural Approach*, Music Educators National Conference, Reston Va.

Anderson, W. M., e Shehan Campbell, P.

1989 (a cura di), *Multicultural Perspectives in Music Education*, Musical Educator National Conference, Reston Va.

Blacking, J.

1973 *How Musical is Man?*, University of Washington Press, Washington (trad. it. *Come è musicale l'uomo?*, Ricordi-Unicopli, Milano 1986).

1987 *A Commonsense View of all Music*, Cambridge University Press, Cambridge.

Boilès, Ch.

1984 *Universals of Music Behaviour. A Taxonomic Approach*, in «The World of Music», XXVI, n. 2, pp. 50-65.

Caronia, L.

1996 *Pedagogia e differenze culturali: risorse e dilemmi del sapere degli antropologi*, in Nigris 1996, pp. 17-78.

Carpitella, D.

1985 *Prefazione*, in Giuriati 1985, pp. 5-13.

Degli Esposti, M.

1993 *Progetto Rondini: una proposta musicale per l'accoglienza*, in «Musica Domani», XXIII, n. 89, pp. 31-34.

Delalande, F.

1993 *Le condotte musicali. Comportamenti e motivazioni del fare e ascoltare musica*, a cura di G. Guardabasso e L. Marconi, Clueb, Bologna.

Demetrio, D.

1992 *Educazione interculturale: quali competenze per gli educatori*, in Piatti 1992, pp. 43-56.

Disoteo, M.

1998 *Didattica interculturale della musica*, Emi, Bologna.

2001 *Antropologia della musica per educatori*, Guerini Studio, Milano.

Facci, S.

1997 *Capre, flauti e re: musica e confronto culturale a scuola*, in collaborazione con A. Colaianni e E. Treglia, Edt, Torino.

Facci, S., e Ferrari, F.

1992 *Noi ascoltiamo con Sim-patia*, in Piatti 1992, pp. 75-85.

Ferrari, F.

1994 *La cultura musicale dei ragazzi*, in G. Grazioso (a cura di), *L'educazione musicale tra passato, presente e futuro*, «Quaderni della SIEM», n. 6, Ricordi, Milano, pp. 78-87.

Ferrari, F., e Strobino, E.

1994 (a cura di), *Imparerock? A scuola con la popular music*, «Quaderni della SIEM», n. 7, Ricordi, Milano.

Floyd, M.

1996 *World Musics in Education*, Scolar Press, Aldershot.

Giannattasio, F.

1992 *Il concetto di musica*, La Nuova Italia Scientifica, Roma.

Giuriati, G.

1985 (a cura di), *Forme e comportamenti della musica folklorica italiana. Etnomusicologia e didattica*, Unicopli, Milano.

Giusti, M.

2001 *L'educazione interculturale nella scuola di base. Teorie, esperienze, narrazioni*, La Nuova Italia, Scandicci.

Koetting, J.

1970 *Analysis and notation of West African drum ensemble music*, in «Selected Reports in Ethnomusicology», I, n. 3, pp. 115-46.

Lees, H.

1992 (a cura di), *Music Education. Sharing Music of the World*, ISME, Christchurch (New Zealand).

Matare, J.

1991 *Music and Musical Instrument in the Life of an African Child*, Hug Musik, Zürich.

Mensah, A. A.

1971 *Folk Songs for Schools*, Ghana Publishing Corporation, Accra.

Musgrove, F.

1982 *Education and Anthropology*, Wiley, London.

Nanni, A.

1998 *L'educazione interculturale oggi in Italia*, Emi, Bologna.

Nanni, C.

1996 *Intercultura e educazione delle persone*, in Sirna 1996, pp. 73-82.

Nattiez, J.-J.

1987*a* *Musicologie générale et sémiologie*, Bourgois, Paris (trad. it. *Musicologia generale e semiologia*, Edt, Torino 1989).

1987*b* *Il discorso musicale. Per una semiologia della musica*, a cura di R. Dalmonte, Einaudi, Torino (3ª ed. 1998).

Nigris, E.

1996 (a cura di), *Educazione interculturale*, Bruno Mondadori, Milano.

Piatti, M.
1992 (a cura di), *L'educazione musicale in una società multietnica*, Pro Civitate Christiana, Assisi.
1994 (a cura di), *Pedagogia della musica: un panorama*, Clueb, Bologna.
1995 (a cura di), *Io-tu-noi in musica. Identità e diversità*, Pro Civitate Christiana, Assisi.

Shehan Campbell, P.
1991 *Lessons from the World, a Cross-Cultural Guide to Music Teaching and Learning*, Schirmer Books, Reston Va.
1992 *The world of music through American eyes: a case for multiethnic consciousness in teaching the world's music traditions*, in Lees 1992, pp. 32-42.

Sirna, C.
1996 (a cura di), *Docenti e formazione interculturale*, Il segnalibro, Torino.

Surian, A.
1995 *Le parole della musica*, in «Cem/mondialità», XXVI, n. 4, pp. 21-24.

Susi, F.
1999 *Come si è stretto il mondo. L'educazione interculturale in Italia e in Europa. Teorie, esperienze, strumenti*, Armando, Roma.

Tagg, Ph.
1994 *Popular music. Da Kojak al Rave*, a cura di R. Agostini e L. Marconi, Clueb, Bologna.

Volk, T. M.
1998 *Music, Education and Multiculturalism: Foundation and Principles*, Oxford University Press, Oxford.

Wiggins, T.
1993 *Music of West Africa, Womad Foundation*, Heinemann Educational Books, Oxford.

1. Orange, Teatro romano, I secolo a. C.

2. Pompei, *Odeion* del Teatro piccolo, I secolo a. C.

3. Giovan Battista Piranesi, *Veduta dell'anfiteatro Flavio detto il Colosseo*, acquaforte, *post* 1748.

4. Venezia, Basilica di San Marco, interno.

5. Andrea Palladio, Teatro Olimpico, Vicenza 1579.
6. Giovan Battista Aleotti, Teatro Farnese, Parma 1617-18.
7. Giuseppe e Carlo Galli-Bibiena, Markgräfliches Opernhaus, Bayreuth 1744-48.

8. Anonimo, *Il Teatro San Carlo di Napoli* di Giovanni Antonio Medrano e Angelo Caresale, *post* 1737.

9. Giovanni Antonio Medrano e Angelo Caresale, Teatro San Carlo, veduta dal palcoscenico.
10. Otto Brückwald, Festpielhaus, Bayreuth 1872-76, foto d'epoca.

11. Wallace K. Harrison, Metropolitan Opera House, New York 1966.

12. Charles Garnier, Théâtre de l'Opéra, Parigi 1861-75.
13. Victor Meano, Teatro Colón, Buenos Aires 1908.

14. Gottlob Thenerkauf, *La sala da concerto dell'Altes Gewandhaus* di Johan Friederich Dauthe, Lipsia 1780-81, acquerello, 1895.

15. Theophil Ritter von Hansen, Grosser Musikvereinsaal, Vienna 1870.

16. McKim, Mead e White, Symphony Hall, Boston 1900.
17. A. L. van Gendt, Concertgebouw, Amsterdam 1888.
18. Hans Scharoun, Berlin Philharmonie, Berlino 1963.

19. Ricardo Bofill, Auditorium dell'Arsenal, Metz 1987-89.

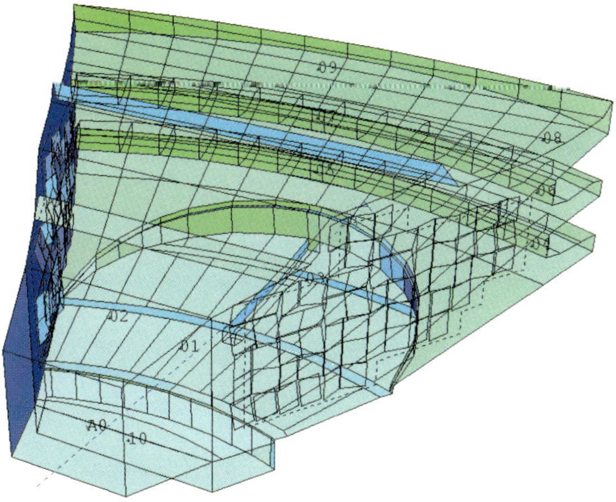

20. Gregotti Associati International, Teatro degli Arcimboldi, Milano 2002.

21. Commins Acoustics Workshop, ricostruzione al computer dell'interno del Teatro degli Arcimboldi.

22. Daniel Commins, conca orchestrale della Staatsoper di Monaco di Baviera.

Parte sesta
Dalla conoscenza all'interpretazione

PETER WARD JONES

Collezioni e biblioteche

La storia delle biblioteche musicali di ricerca come entità distinte può essere fatta risalire a quasi due secoli fa, sebbene le istituzioni cui in genere appartengono siano spesso notevolmente piú antiche. Il nucleo originario da cui si sono sviluppate consta di edizioni e manoscritti provenienti da collezioni private, nonché di archivi di compositori sovente acquistati dal loro diretto creatore; la storia della trasmissione di questi fondi speciali e della loro interazione con le rispettive biblioteche merita di essere studiata. Il *Directory of Music Research Libraries*, inizialmente pubblicato sotto gli auspici della IAML (International Association of Music Libraries) e oggi integrato nel RISM (Répertoire International des Sources Musicales), adotta per ragioni pratiche una definizione assai ampia del termine "biblioteca musicale di ricerca", includendovi virtualmente qualsiasi istituzione in possesso di materiali musicali di potenziale interesse per il ricercatore. Vi rientrano quindi molti soggetti il cui fine primario è diverso dal supporto alla ricerca – biblioteche ecclesiastiche, di teatri ed enti radiotelevisivi, archivi di imprese editoriali e centri nazionali di informazione musicale. In alcuni casi queste istituzioni si attrezzano a uso degli studiosi, come per esempio l'archivio milanese di Casa Ricordi, che racchiude fra i suoi molti tesori la magnifica collezione degli autografi operistici di Rossini, Verdi, Puccini e altri. Ma, per quanto tali fonti possano rivelarsi indispensabili ai fini della ricerca, l'oggetto principale della nostra attenzione verterà sullo sviluppo delle biblioteche che alla ricerca sono espressamente orientate. A titolo preliminare per una ricostruzione storica dal primo Ottocento in avanti, sarà necessario passare in rassegna le vicende anteriori del collezionismo musicale.

1. *Origini del collezionismo musicale.*

Le collezioni musicali private sono servite a molti fini, sia professionali sia voluttuari, anche a prescindere del tutto dalle immediate necessità di esecuzione pratica; ciò che sappiamo delle antiche raccolte musicali di questo genere ci fa pensare a un interesse almeno occasionale per la collezione di repertori ancora piú antichi. Cosí William Heather – il quale donò le proprie musiche manoscritte e stampate per istituire nel 1627 la collezione della Oxford Music School – era in possesso, oltre che di madrigali e mottetti a stampa coevi, anche di una serie di Messe inglesi di metà Cinquecento in parti manoscritte, di sicuro non piú utilizzate per l'esecuzione [Crum 1967, p. 23]. Pure nell'Europa continentale, la durevole stima manifestata nel Seicento per la musica di Palestrina e dei compositori in stile antico a lui contemporanei, fu tra i fattori responsabili del nascente interesse antiquario manifestato da alcuni musicisti [Riedel 1966, p. 8]. Tuttavia, molte delle piú antiche reliquie di fonti musicali devono la propria sopravvivenza a quella benevola trascuratezza instauratasi una volta che, venuto a cessare il loro uso pratico a fini esecutivi, esse restavano a giacere inutili e dimenticate per generazioni e generazioni nelle biblioteche ecclesiastiche, di corte e simili.

È solo nel Settecento che il nascente interesse per il passato musicale provoca la fondazione di vere e proprie collezioni musicali a indirizzo storico. Durante la stesura delle loro famose storie della musica, Charles Burney e Sir John Hawkins riunirono ricche biblioteche personali comprendenti testi sia musicali sia letterari. Un fenomeno altrettanto significativo, è il formarsi di un circuito di collezionisti, che si aiutano reciprocamente a identificare, scambiare o copiare a mano i testi piú ricercati. Il bolognese Padre Martini, che possedeva forse la piú vasta raccolta musicale del suo tempo (Burney la stimava in 17 000 volumi), intratteneva carteggi e scambi con un'ampia cerchia di musicisti. Tale collezione doveva fungere da sussidio alla redazione della sua *Storia della musica* (1757-81), che tuttavia non oltrepassò l'epoca della Grecia Antica. Burney e Hawkins conoscevano sicuramente anche le fonti piú antiche già riunite nelle biblioteche di varie istituzioni, ed entrambi frequentarono, fra le altre, la Bodleian Library di Oxford per studiarvi non tanto la musica pratica (di cui all'epoca essa non abbondava), quanto i trattati medievali e rinascimentali acquisiti dalla biblioteca fin dalla sua fondazione (1602) quali porzioni di piú ampie raccolte manoscritte. Durante i suoi viaggi nel continente, Burney rovistò negli archivi musicali, ma per scoprirvi talvolta, come nel caso della biblioteca imperiale di corte a Vienna, che l'ordinamento vi era caotico e la catalogazione carente, cosí da renderli virtualmente inutili ai suoi fini [Burney 1959, trad. it. p. 128]. Le biblioteche di lavoro di questi primi storici, costituite a scopi pratici, rappresentavano la loro risorsa fondamentale, poiché – anche a prescindere da altre considerazioni – le biblioteche istituzionali osservavano orari d'apertura assai ristretti, specie in inverno.

Da analoga motivazione nasce la collezione di Johann Nikolaus Forkel (1749-1818), meglio conosciuto per la sua biografia di Johann Sebastian Bach (1802). Come i suoi colleghi britannici, anche Forkel cominciò a redigere una storia generale (*Allgemeine Geschichte der Musik*, 1788-1801); i due volumi pubblicati conducono il lettore non oltre la fine del Cinquecento, e il previsto terzo volume non vide mai la luce. Ma l'ampia biblioteca personale di circa 2500 volumi radunata da Forkel era destinata ad alimentare la sua *Allgemeine Literatur der Musik* (1792), una bibliografia sistematicamente ordinata della letteratura musicale, che rivela un notevole livello di completezza e precisione. In seguito essa serví di base ad altri studiosi, come Pietro Lichtenthal (*Dizionario e bibliografia della musica*, 1826) e Carl Ferdinand Becker (*Systematisch-chronologische Darstellung der musikalischen Literatur*, 1838). Il rilievo dell'opera di Forkel consiste nell'aver gettato le basi della moderna bibliografia musicale, offrendo una catalogazione pressoché definitiva che collezionisti privati e biblioteche avrebbero usato come termine di riferimento per costituire le proprie raccolte di letteratura musicale.

Sullo scorcio iniziale dell'Ottocento, la mentalità storicistica del Romanticismo, col rinnovato interesse per la figura di J. S. Bach e la sua apoteosi fra le schiere dei sommi maestri, andò di pari passo con lo sviluppo di un altro interesse fra i collezionisti: quello per i manoscritti autografi dei compositori. Lo stesso Goethe ne fu affascinato, e ammise nel 1806 di aver cominciato «a raccogliere autografi per avvicinare a noi anche coloro che potrebbero essere lontani o defunti» (lettera a Johann Friedrich Blumenbach, 4 aprile 1806). Ma già nel Settecento si riteneva senza eccezione che i manoscritti dei compositori fossero cosa niente affatto trascurabile. Gli autografi di Händel, scrupolosamente conservati dall'interessato, finirono in possesso di John Christopher Smith junior, che dopo il 1770 li donò a re Giorgio III. Essi rappresentano il primo esempio di conservazione praticamente integrale del lascito *post mortem* di un grande compositore. L'argomento interessava anche a un certo numero di antiquari. Philip Hayes (1738-97), professore di musica a Oxford, veniva spesso consultato in qualità di esperto delle grafie musicali, e la sua formula di autentica «in the composer's hand writing» («di mano del compositore») compare sovente sugli autografi di diversi compositori fra i quali Henry Purcell. Ma è con due collezionisti del primo Ottocento che ha inizio un reale interesse per gli autografi. Georg Poelchau (1773-1836) mise assieme una delle piú ricche collezioni dei suoi tempi, comprendente molti manoscritti autografi di Telemann e di Emanuel Bach, nonché oltre cinquanta di Johann Sebastian, fra cui la *Matthäus-Passion*. Come vedremo, grande fu la sua influenza nel promuovere a Berlino la fondazione di una vasta raccolta musicale di natura pubblica. Il matrimonio con una facoltosa signora gli forní tempo e mezzi per consacrarsi interamente alla propria collezione, ricca anche di libri e di musica a stampa dal Quattrocento in avanti, come pure di lettere e ritratti. Egli intrattenne carteggi e scambi con un altro eminente collezionista dell'epoca, Aloys Fuchs (1799-1853), bibliotecario della Gesellschaft der Musikfreunde a Vienna. Uomo di possibilità economiche assai piú modeste, Fuchs possedeva una collezione di analoga vastità, e sebbene non trascurasse affatto la musica piú antica, nutriva maggiore interesse per la contemporaneità. Uno dei suoi obiettivi era infatti la raccolta completa delle opere di Mozart, stampate o manoscritte (ma non necessariamente autografe). Fuchs aveva un grande interesse e una particolare competenza per gli autografi musicali, e poiché per tale prerogativa godeva di vasta reputazione, la sua collezione fu oggetto di un articolo sin dal 1832 [Kiesewetter 1832]. Fu Fuchs a fornire brevi autografi di Haydn, Mozart e Beethoven a Felix Mendelssohn Bartholdy, per un album che quest'ultimo voleva donare alla fidanzata per il Natale del 1836 (ora conservato alla Bodleian Library di Oxford).

2. *Collezioni e biblioteche musicali nell'Ottocento*.

Collezionisti come Poelchau e Fuchs avevano la fortuna di vivere in un'epoca in cui cominciavano ad apparire sul mercato considerevoli quantità di musica antica, specie in seguito alla soppressione o alla secolarizzazione dei monasteri verificatasi in gran parte d'Europa durante il periodo rivoluzionario. Fu nel terzo decennio dell'Ottocento che si manifestò improvvisamente l'interesse ad ampliare le collezioni musicali delle maggiori biblioteche europee: quelle di Vienna, Berlino e Londra. Poiché ognuna di queste biblioteche aveva alle spalle differenti tradizioni e punti di forza, e si sviluppò con modalità proprie, un breve resoconto delle loro storie nel corso dell'Ottocento servirà a illustrare le tendenze principali, d'altronde rispecchiate in un buon numero di altri centri.

Come molte delle odierne biblioteche nazionali, comprese quelle di Francia e d'Inghilterra, la biblioteca nazionale austriaca (Österreichische Nationalbibliothek) si sviluppò da una preesistente biblioteca di corte, in questo caso la Biblioteca imperiale (Kaiserliche Hofbibliothek), della quale mantenne l'intitolazione sino al 1920. Consistenti raccolte musicali vi si erano gradatamente accumulate fin dal Seicento, in gran parte come risultato delle attività musicali di corte: allestimenti operistici, cappella di palazzo, e non da ultimo la melomania dimostrata da un certo numero di imperatori che si dilettavano di composizione, specie Leopoldo I (regnante dal 1658 al 1705). Nello stesso secolo, l'acquisto della famosa biblioteca di famiglia dei Fugger aveva fruttato rarità e tesori come le edizioni musicali stampate da Ottaviano Petrucci all'inizio del Cinquecento. Nel XVIII secolo questo processo di accumulazione fu tuttavia trascurato, col risultato di grandi dispersioni; pare che una porzione del materiale cartaceo venisse destinata a confezionare fuochi d'artificio [Haas 1930, p. 50]. Verso il 1820 uno spirito nuovo, dettato in parte dal nazionalismo, riconobbe la necessità di preservare quanto restava di tale patrimonio, e nel 1826 Moritz Dietrichstein, sovrintendente alla musica di corte, ricevette l'ordine di raccogliere e riordinare tutto il materiale musicale superstite (edizioni, libri e manoscritti). La biblioteca venne aperta al pubblico, e Dietrichstein manifestò l'intenzione di «far sí che le rarità e i tesori musicali venissero fruiti dai musicisti di talento e fossero accessibili ai dotti studiosi di musica» [*ibid.*]. A questo fine Anton Schmid (1787-1857), nominato primo curatore della sezione musicale, si rese conto della necessità di compilare validi cataloghi e di illustrare le raccolte; egli stesso scrisse uno studio pionieristico sulle tecniche di stampa musicale del Petrucci, oltre a fornire rilevanti contributi alla già citata *Systematisch-chronologische Darstellung der musikalischen Literatur* del Becker. Dietrichstein operò anche per arricchire la collezione di autografi e carteggi, e riuscí ad assicurarsi, perlopiú grazie a donazioni, cimeli come i manoscritti del *Kaiser-Lied* e della *Nelson-Messe* di Haydn, della *Frühlingssonate* di Beethoven e del *Requiem* di Mozart. Verso il 1840 poteva sembrare che fossero state gettate le basi per continuare a costruire solidamente su quella che (a onta delle dispersioni) era riconosciuta a livello mondiale come una delle maggiori raccolte storiche di musica. Ma le cose andarono diversamente. In seguito al pensionamento del Dietrichstein, si manifestarono nella direzione della biblioteca umori indifferenti e persino ostili nei confronti della sezione musicale; un atteggiamento destinato a prevalere per gran parte del secondo Ottocento. Ne conseguí la diluizione delle raccolte entro il patrimonio generale della biblioteca, e addirittura la loro parziale vendita a peso; ma in questo caso si trattava probabilmente di editoria musicale abbastanza effimera, ricevuta a metà secolo per diritto di deposito. E poiché ciò avvenne nel momento stesso in cui la musicologia cominciava a svilupparsi sistematicamente, le conseguenze di lungo periodo furono pesanti; perfino la donazione del fondo appartenuto allo storico musicale August Wilhelm Ambros (1816-76) venne inizialmente rifiutata, ancorché recuperata in seguito. Si potrebbe immaginare che la biblioteca viennese ospitasse una grande concentrazione di manoscritti autografi di Haydn, Mozart e Beethoven, ma non è affatto cosí. Proprio nel periodo in cui tali manoscritti comparivano in quantità sul mercato, la Hofbibliothek imperiale toccava il fondo del disinteresse, sebbene acquistasse nel 1857 l'autografo del Concerto per violino di Beethoven. Solo nell'ultimo decennio dell'Ottocento, sotto un nuovo direttore, si verificò un'inversione di tendenza, ed ebbe inizio il lento lavoro di riparazione dei danni. Nel 1897, con il lascito dei manoscritti di Anton Bruckner, cominciò un periodo piú felice, del quale si parlerà piú avanti.

Occorre ricordare che a Vienna la Hofbibliothek imperiale non era l'unica biblioteca musicale di qualche rilievo, dal momento che ricche collezioni esistevano anche nella biblioteca della Gesellschaft der Musikfreunde e, dai primi del Novecento, anche nella biblioteca comunale (Stadtbibliothek, oggi Stadt- und Landesbibliothek). Fin dalla sua fondazione nel 1814 a opera di Joseph Sonnleithner, la Gesellschaft der Musikfreunde ebbe tra i suoi obiettivi la raccolta e la conservazione dei documenti storici relativi alla musica, e sollecitò con notevole successo donazioni e lasciti grazie all'azione di eminenti bibliotecari, fra cui Aloys Fuchs e Gustav Nottebohm, il grande bibliografo ottocentesco di Beethoven. È quindi evidente che molti privati (compreso Brahms) preferissero offrire materiale alla Gesellschaft der Musikfreunde piuttosto che alla Hofbibliothek, la quale spesso soffriva di un rigido clima burocratico anche quando era ben disposta verso la musica. È interessante osservare che i numerosi autografi schubertiani che si conservano a Vienna si trovano in maggioranza nella biblioteca comunale e in quella della Gesellschaft; soprattutto quest'ultima può ambire a essere annoverata fra le massime biblioteche di ricerca del mondo.

Se da Vienna ci trasferiamo nella Berlino del 1820, troviamo un modello di sviluppo assai differente. Pur se l'antenata dell'odierna biblioteca nazionale (Staatsbibliothek zu Berlin Preussischer Kulturbesitz) era stata nell'Ottocento la biblioteca reale (Königliche Bibliothek), le sue collezioni musicali non provenivano affatto da un antico fondo di corte. In questo caso la spinta propulsiva giunse in gran parte dal nuovo interesse per la musica del passato – specie quella di Palestrina, Bach e Händel – e dalla pubblica deplorazione che Berlino mancasse di un istituto in cui conservarla. Nel 1823 Georg Poelchau propose la costituzione di una raccolta nazionale di musica presso la biblioteca reale. Parlando ad esempio delle opere di Bach, egli proclamò essere

> sacro dovere di tutte le istituzioni consacrate alla cultura, alle arti e alle scienze il raccoglierle e il conservarle per la posterità, poiché esse sono un inestimabile retaggio della nazione, di cui nessun altro popolo possiede l'eguale [Altmann 1920-21, p. 427].

Il tono nazionalistico di marca post-napoleonica è palese, e Poelchau potrebbe anche venir sospettato di un conflitto d'interessi, dal momento che desiderava far acquistare alla biblioteca la propria collezione, ricca di cimeli bachiani. Di fatto, la biblioteca reale acquistò nel 1824-25 una grande collezione musicale, ma non quella di Poelchau, bensí quella di Johann Friedrich Naue, un compositore di Halle. Le notizie sparse negli anni Trenta, secondo cui Vienna e Monaco cominciavano a dedicare maggiore attenzione alle proprie raccolte musicali, stimolarono presto finanziamenti speciali per acquisti di musica. La collezione di Poelchau venne finalmente acquistata, ma soltanto nel 1841, cinque anni dopo la sua morte. Essa pose solide basi per un piano di acquisizione di manoscritti e altri documenti relativi ai grandi compositori tedeschi, destinato a prolungarsi quasi ininterrottamente fino a Novecento inoltrato. Sotto le successive direzioni di Siegfried Dehn, Franz Espagne e Albert Kopfermann la sezione musicale conobbe una vera alluvione di manoscritti: Bach, Mozart, Haydn, Beethoven, Weber, Mendelssohn, Schumann, Meyerbeer e legioni di figure minori, senza contare l'acquisto di libri vecchi e nuovi e di musica a stampa. Talvolta, come avvenne per Weber, Mendelssohn e Meyerbeer, lasciti musicali al completo o buone porzioni di essi furono incamerati in un sol colpo. In altri casi, come per Bach, Haydn, Mozart e Beethoven, si verificò una graduale concentrazione di patrimoni manoscritti che spesso si erano dispersi per ogni dove. Persino la collezione di Aloys Fuchs approdò in gran parte a Berlino, e non a Vienna. Nonostante i molti lasciti e donazioni, anche l'acquisto ebbe un ruolo decisivo. Elargizioni speciali provenivano spesso dallo Stato (la collezione beethoveniana di Anton Schindler fu ceduta in cambio di una pensione a vita), e quando ciò non era possibile si escogitavano altri mezzi. Non era insolito che un industriale da poco arricchito e ansioso di guadagnare prestigio sociale venisse sollecitato con discrezione a finanziare un acquisto particolarmente allettante – ad esempio l'autografo della mozartiana *Zauberflöte* – col sottinteso che lo Stato lo avrebbe poi ricompensato con qualche onorificenza [Köhler 1961, p. 249]. La fortuna continuava a sorridere alla biblioteca, che talvolta rinunciava a un acquisto quando giudicava il prezzo troppo alto, per poi riuscire a concludere l'affare qualche anno dopo per una somma piú modesta: è quanto avvenne con la *Messa in si minore* di Bach, acquistata nel 1861 per 150 talleri, dopo essere stata rifiutata al prezzo di 1000 talleri nel 1853! Verso il 1900, quando la potenza imperiale tedesca era al suo apice, la biblioteca aveva superato di gran lunga la sua rivale asburgica. Fu anche grazie alla concentrazione a Berlino di tanti manoscritti autografi che nella seconda metà dell'Ottocento si rese possibile il lancio delle monumentali edizioni integrali di compositori come Bach, Mozart e Beethoven e l'attività di studiosi come Philipp Spitta ricevette adeguato sostegno.

Se ora volgiamo lo sguardo a Londra, vi troviamo ancora un altro modello di sviluppo. La biblioteca del British Museum (cosí denominata fino al 1973 e poi ribattezzata British Library) aprí i battenti nel 1753. Quantunque la vecchia biblioteca reale ne rappresentasse una delle collezioni originarie, essa conteneva poca cosa in fatto di musica (a differenza della successiva e autonoma Royal Music Library). L'incremento delle sue raccolte musicali durante i primi anni, eccezion fatta per alcune acquisizioni provenienti dalle biblioteche private di Burney e Hawkins, era in gran parte dovuto al diritto di deposito. La musica stampata in Gran Bretagna non cominciò ad affluirvi con regolarità che intorno al 1780, per poi accumularvisi rapidamente (sebbene in pratica solo una modesta percentuale della produzione editoriale nazionale vi fosse depositata sino alla fine dell'Ottocento). Nel 1824 l'editore, compositore e curatore editoriale Vincent Novello espresse disappunto per la mancanza di una biblioteca musicale nazionale. Nel decennio successivo gli fecero eco altre deplorazioni, che lamentavano l'incapacità del British Museum di concorrere ad alcune recenti aste, e sottolineavano come – per abbondante che fosse l'accumulo di editoria musicale effimera grazie al diritto di deposito – non si acquistassero importanti opere musicali prodotte all'estero. Questa situazione venne infine affrontata dalle autorità museali: nel 1841 Thomas Oliphant fu incaricato di catalogare la musica a stampa ivi depositata, e si dette principio ad acquisti regolari di musica presso gli antiquari e i normali librai [King 1979, pp. 54-64]. Le molte aste musicali londinesi nel corso del XIX secolo offrivano ricche opportunità, sicché – a parte un decennio di riflusso dopo il 1850 – il museo ne approfittò per acquisire musica stampata e manoscritta. Quest'ultima privilegiava le fonti musicali britanniche: non si facevano offerte per quegli autografi dei grandi compositori continentali che comparivano sul mercato londinese delle aste, anche se a metà del secolo i prezzi potevano essere talvolta irrisori. Cosí, gli autografi dei sei quartetti op. 10 di Mozart, con dedica a Haydn, furono venduti nel 1847 per 5 sterline e 15 scellini, e nel 1862 l'autografo del secondo libro del *Clavicembalo ben temperato* venne battuto a 5 sterline [Coover 1988, pp. 139, 182]. Per fortuna entrambi finirono in mano di acquirenti britannici – all'epoca non vi era molta concorrenza straniera – e alla fine entrambi pervennero al British Museum per via di lascito. Ma pur entro i limiti autoimpostisi, esso acquistava manoscritti su larga scala, fra cui trattati medievali, antologie virginalistiche elisabettiane e autografi di Purcell. Nel campo delle edizioni, la politica degli acquisti assunse un carattere ben piú internazionale, basandosi sulla strategia formulata da Antonio Panizzi, il grande bibliotecario del British Museum a metà Ottocento: tutte le sezioni dovevano contenere la piú completa raccolta esistente di pubblicazioni britanniche, e nel contempo mirare al secondo posto assoluto per ciò che riguardava la produzione degli altri paesi, subito dopo le rispettive biblioteche nazionali. Dal 1850 al 1886, le collezioni musicali furono efficacemente aiutate nel perseguimento di questo obiettivo dalle disposizioni dell'International Copyright Act, in base alle quali esse ricevevano per diritto di deposito molte recenti pubblicazioni francesi e tedesche in aggiunta alle nuove accessioni britanniche. Sotto la direzione di bibliotecari energici (in particolar modo William Barclay Squire a partire dal 1885) fu perseguita una vigorosa politica di acquisti, fra l'altro setacciando i cataloghi dei librai stranieri e partecipando alle aste sul continente. A livello organizzativo il British Museum si differenziava da quasi tutte le altre maggiori biblioteche, dal momento che le stampe e i manoscritti venivano gestiti separatamente dalle rispettive sezioni generali (Department of Printed Books, Department of Manuscripts). Tale stato di cose non mutò fino al 1997; ciononostante, verso la fine dell'Ottocento la biblioteca possedeva senza dubbio il piú completo patrimonio bibliografico del mondo in fatto di musica a stampa, un primato che forse perdura ai giorni nostri.

Queste furono le diverse modalità con cui si svilupparono nell'Ottocento le tre massime biblioteche musicali di ricerca a livello nazionale, e tali modelli vennero piú o meno condivisi da molte istituzioni consimili. Ad esempio, l'altra collezione europea maggiormente significativa, quella della Bibliothèque Nationale di Parigi, nacque dal nucleo delle raccolte regie, usufruí ben presto del diritto di deposito, fu diretta già a metà Ottocento da un curatore musicale specializzato, e perseguí con sollecitudine l'obiettivo di documentare il proprio patrimonio nazionale. Essa poté trarre particolare profitto dalla radicata tradizione centralistica francese, soprattutto con l'acquisizione del frutto delle molte confische di beni ecclesiastici e nobiliari all'epoca della Rivoluzione.

Ma le biblioteche nazionali o di rango consimile non sono le uniche istituzioni entro cui si vennero formando nel corso dell'Ottocento sezioni musicali di ricerca. Particolarmente significative sono le biblioteche dei conservatori, che sorsero tra fine Settecento e inizio Ottocento: Stoccolma (1771), Parigi (1795), Bologna (1804), Napoli (riorganizzato nel 1807), Bruxelles (1813) e la Royal Academy of Music di Londra (1822). Essi cominciarono ben presto ad attirare donazioni di musica del passato, come ad esempio la cospicua porzione della biblioteca di Padre Martini donata al Civico Liceo musicale di Bologna. In alcune città, come Napoli, Roma e Parigi, il conservatorio divenne il luogo preferenziale (o almeno sussidiario) del diritto di deposito. Spettacolari furono alcune donazioni, come quella dell'autografo del *Don Giovanni* di Mozart offerto al conservatorio di Parigi da Pauline Viardot-García nel 1892. Ma per biblioteche di quel tipo i problemi tendevano a crescere col passar del tempo, dal momento che esse appartenevano a istituzioni il cui compito principale era di fornire un'istruzione pratica a cantanti, strumentisti e compositori. Nella concorrenza per aggiudicarsi le risorse, le sezioni storiche delle biblioteche conservatoriali finivano per essere trascurate e rimanevano a corto di fondi, a meno che non fossero dirette da un curatore zelante come Alfred Wotquenne a Bruxelles fra il 1894 e il 1918. Ne soffrí persino il Conservatoire di Parigi, dove il problema trovò finalmente soluzione nel 1964 col trasferimento delle collezioni piú antiche alla sezione musicale della Bibliothèque Nationale.

Sebbene verso la fine dell'Ottocento molte collezioni istituzionali di rilievo si fossero formate in tutt'Europa, esse tendevano a funzionare come monadi isolate. Poche fra loro, soprattutto le piú grandi e importanti, disponevano a sufficienza di cataloghi a stampa. Ci voleva la lungimiranza e l'operosità di un uomo estraneo al mondo bibliotecario per mutare la situazione. A metà Ottocento, quando la musicologia tedesca iniziava a prender piede, Robert Eitner (1832-1905) fondò nel 1868 la Gesellschaft für Musikforschung, e nella rivista della società, i «Monatshefte für Musikgeschichte», di cui era direttore, pubblicò i cataloghi di parecchie piccole biblioteche. Ma questo suo contributo individuale, cui ne seguirono altri collettivi finalizzati a una bibliografia esaustiva e corredata di collocazioni delle edizioni musicali antologiche del Cinque-Seicento (*Bibliographie der Musik-Sammelwerke des XVI. und XVII. Jahrhunderts*, 1877), era solo un preludio al suo monumentale *Biographisch-bibliographisches Quellen-Lexikon* (1900-904), dove sotto le voci dei singoli autori egli registrò le collocazioni delle musiche manoscritte e a stampa composte fino a metà Ottocento e conservate in oltre duecento biblioteche. Questa stupefacente impresa, realizzata con l'aiuto di parecchi corrispondenti, fu il vero e proprio catalizzatore che elargí alle nuove e sempre piú numerose generazioni di studiosi la conoscenza dei luoghi di conservazione delle fonti. Un'ovvia conseguenza di quel lavoro fu l'enorme crescita della domanda rivolta alle biblioteche. Il *Quellen-Lexikon*, pur non esente da pecche riscontrabili nel suo germanocentrismo e nella minor copertura del periodo piú recente, rimase insuperato fino all'uscita nel 1960 dei primi volumi del *Répertoire International des Sources Musicales* (RISM), un lavoro tuttora in corso di edizione e che non sembra destinato a vedere la fine per molti anni a venire.

Se nell'Ottocento le grandi biblioteche crescevano a ritmo impressionante, anche il collezionismo privato fiorí come non mai, prima o dopo di allora. Per tutto il secolo sembra di riscontrare una grande abbondanza di materiali immessi per la prima volta o tornati a circolare sul mercato. Quantunque verso la fine di quel periodo la musica a stampa anteriore al 1700 divenisse sempre piú rara man mano che le istituzioni se ne accaparravano gli esemplari, per i privati rimaneva parecchio da acquistare. Ve n'erano ancora molti che mettevano insieme collezioni universali di musica alla maniera di Burney o di Forkel, senza eccessive restrizioni di periodo, genere o formato, ma qualcuno cominciava a specializzarsi. Gli autografi attiravano la concupiscenza dei musicisti dilettanti, per i quali possedere il manoscritto di un compositore rappresentava una forma di comunione col genio. Non è un caso che l'epoca vedesse proliferare largamente gli album di autografi, compaginati in genere da signore che davano la caccia agli esemplari della grafia di compositori e interpreti, se possibile contenenti citazioni musicali o perfino brani appositamente composti. Felix Mendelssohn fu tra coloro che contribuivano sovente ad arricchire con brani originali gli album delle loro conoscenze di sesso femminile. Fiorivano le aste musicali, specie in Inghilterra, e accanto ai comuni rivenditori di musica, molti dei quali trattavano anche opere del passato, nascevano gli antiquari musicali specializzati, capeggiati dalla famosa ditta di Leo Liepmannssohn (fondata a Parigi nel 1866 e trasferitasi a Berlino nel 1873). Fu questo tipo d'impresa commerciale ad avviare la tradizione – viva ancor oggi – di far redigere i cataloghi in modo scientifico, cosí giustificando i prezzi piú alti [Rosenthal 2000, pp. 16-17].

Caratteristica costante delle collezioni private è la loro natura transitoria. Poiché il collezionismo è una faccenda assai personale (se non una malattia), i suoi prodotti destano raramente l'interesse degli eredi. L'unica possibile eccezione è l'archivio di un compositore, che può a volte restare in famiglia per diverse generazioni, essendo considerato un pezzo di storia familiare. Se un collezionista non ha già deciso in vita di disporre della propria raccolta mediante vendita o donazione, quasi sempre sono i suoi discendenti a farlo. Se alcune collezioni di quest'ultimo tipo restano in famiglia per generazioni, ciò avviene di solito per caso fortuito, semplicemente perché le si perde di vista entro dimore assai vaste. Raccolte miscellanee consistenti perlopiú in materiali a stampa interessavano difficilmente alle biblioteche (soprattutto alle maggiori), dal momento che avrebbero contenuto doppioni del già posseduto. Naturalmente si davano anche eccezioni, come la grande raccolta di ottomila volumi già appartenuta a François-Joseph Fétis, l'autore della fondamentale *Biographie Universelle des Musiciens*; essa venne acquistata nel 1872 dalla Bibliothèque Royale di Bruxelles [Huys 1969, p. 316]. Diverso poteva essere il caso delle collezioni di manoscritti, a causa della loro evidente natura di unicità. Pertanto le collezioni private venivano perlopiú rimesse in circolazione tramite le aste e i mercanti specializzati, mentre solo una minoranza di pezzi filtrava nelle biblioteche istituzionali, ed era questo frequente riciclaggio della musica a mantenere in tanto dinamica attività il mercato delle aste. Non è inusuale trovare pezzi musicali recanti tutta una serie di *ex libris* o di note di possesso, che documentano il loro passaggio attraverso varie mani nel corso di un secolo o piú. Un buon esempio è offerto da due volumi seicenteschi di musiche vocali sacre di Johann Pachelbel, giunti in Inghilterra a metà Settecento e in possesso a quel tempo del compositore William Boyce. Essi transitarono in seguito ad altre tre collezioni prima di venire acquistati all'asta nel 1873, al prezzo di 8 sterline, da Sir Frederick Ouseley per la sua famosa raccolta del St Michael's College di Tenbury, trasferita alla Bodleian Library di Oxford intorno al 1980. Dall'analisi dei prezzi d'asta ottocenteschi emerge chiaramente come fosse possibile adunare notevoli collezioni con mezzi abbastanza modesti. Antichi trattati musicali e musiche a stampa venivano comunemente considerati come semplici oggetti di seconda mano, e non come i preziosi cimeli che oggi appaiono a noi. L'antichità sembrava contare meno, e pubblicazioni piú recenti spuntavano spesso prezzi piú alti di altre molto piú antiche, in quanto ritenute di maggiore utilità pratica. In Inghilterra, il prezzo medio di un trattato cinquecentesco dello Zarlino era di una sterlina circa, somma con la quale si poteva acquistare spesso un'edizione di madrigali elisabettiani in parti separate [Coover 1988, p. 54]. Ma sul mercato si muovevano certo anche collezionisti facoltosi, disposti a pagare prezzi piú elevati per articoli d'eccezione. Tale era Julian Marshall (1836-1903), un attivo collaboratore della prima edizione del *Grove's Dictionary*, che vendette quattrocento volumi al British Museum (compreso il quaderno d'abbozzi beethoveniano relativo alla *Sinfonia Pastorale*), prima che il resto della sua vasta collezione venisse liquidato in una serie di vendite all'asta.

3. *Collezioni musicali e biblioteche nel* XX *secolo*.

È negli Stati Uniti che si verificarono all'alba del Novecento i mutamenti di maggior rilievo; essi avrebbero finito per coinvolgere biblioteche e collezionisti di tutto il mondo. Durante l'Ottocento esistevano in quel paese poche biblioteche musicali importanti, sia istituzionali sia private. Faceva eccezione l'innografo e didatta musicale Lowell Mason (1792-1872), la cui collezione di diecimila pezzi, in gran parte acquistati nel corso di viaggi in Europa dal 1837 al 1853, si concentrava naturalmente sulla musica sacra. Con la donazione postuma all'università di Yale nel 1873, la collezione Mason costituí il nucleo di una fra le prime grandi raccolte musicali universitarie degli Stati Uniti. Analoga vicenda conobbe la collezione del finanziere di Filadelfia Joseph W. Drexel, fortemente tematizzata sui trattati e sulla musica pratica inglese dal Seicento in avanti. Drexel aveva vissuto qualche tempo a Parigi, e la sua vittoriosa partecipazione per procura all'asta londinese del 1877, con cui fu messa in vendita la biblioteca di Edward Rimbault, rese avvertiti per la prima volta gli europei della concorrenza americana per il possesso di fonti originali. Nel 1888 la collezione Drexel fu lasciata per testamento alla Lenox Library di New York, poi confluita nella neo-istituita New York Public Library (1896). Prima del 1900, le uniche altre istituzioni cospicuamente dotate di fonti musicali europee erano la Boston Public Library, che fin dal 1859 aveva acquistato trattati quattro e cinquecenteschi, e la Newberry Library di Chicago, fondata nel 1887 come biblioteca privata di ricerca, che nel 1889 aveva acquistato dal conte Pio Resse un'importante collezione italiana comprendente la prima edizione dell'*Euridice* di Jacopo Peri (1600).

La Library of Congress, sebbene avesse continuato fin dal 1846 a ricevere per diritto di deposito la musica stampata in America, e possedesse già nel 1897 circa 400 000 unità bibliografico-musicali, era invece abbastanza povera di musica europea. Tale situazione mutò radicalmente nel 1902, quando il bibliotecario, Herbert Putnam, nominò direttore della sezione musicale il ventinovenne Oscar Sonneck. In realtà quest'ultima era già stata fondata nel 1897, ma Putnam aveva preso tempo, nell'attesa della persona giusta per attuare le sue concezioni innovatrici in materia di collezioni musicali. Sonneck, un cittadino americano che aveva studiato musicologia in Germania, uomo di formidabile energia e capace di andare dritto allo scopo, si rivelò la scelta ideale e venne sostenuto da Putnam con generosi finanziamenti. Egli si accinse immediatamente al compito di costituire una raccolta davvero internazionale, al fine di sollevare gli studenti di musica americani dalla necessità di andare a perfezionarsi in Europa. Ciò rientrava nella strategia di Putnam, volta a fare della Library of Congress una vera biblioteca nazionale, e non solo quella di un corpo legislativo. Il programma d'acquisti di Sonneck fu gigantesco, specie nei campi della trattatistica, dell'opera (compresi i libretti) e della musica sinfonica. Lunghe liste di *desiderata* relative a titoli d'antiquariato vennero fatte circolare fra i librai di tutta Europa, mentre venivano effettuati anche acquisti all'ingrosso (a prezzi scontati) da editori in attività. Sonneck era animato da un forte spirito concorrenziale e sapeva prendere decisioni rapide. Ciò si vide ad esempio nell'accaparramento della grande collezione Schatz, ricca di 12 500 libretti, proprio sotto il naso della Hofbibliothek imperiale di Vienna (1908). Sonneck arrivò perfino a commissionare espressamente per la biblioteca copie manoscritte di intere partiture operistiche; ciò avveniva infatti molto prima dell'avvento del microfilm. Peraltro le sole acquisizioni non bastavano, e Sonneck scorse la necessità di cataloghi a stampa almeno per le principali sezioni, cosí da pubblicizzare le collezioni e incentivarne l'uso. Questi vennero regolarmente alla luce dal 1908 in poi. Nel contempo Sonneck ideò un nuovo sistema di classificazione per tutti i materiali d'interesse musicale posseduti dalla biblioteca, poi largamente adottato in ogni angolo d'America. Nel 1917, all'atto di lasciare la biblioteca, Sonneck stimava che la Library of Congress possedesse una collezione internazionale generalistica non seconda a nessun'altra; anzi a suo parere migliore di quella del British Museum, sebbene forse sorpassata da Berlino [Anderson 1989, p. 108]. Quale che fosse l'esattezza di tale affermazione, si trattò di un risultato notevole per soli quindici anni di lavoro, e di un'eccellente base di partenza per i suoi successori. Dato il suo immenso interesse per la storia della musica americana – una disciplina cui egli contribuí con pionieristici studi bibliografici – anche questo campo si trovò naturalmente al centro del suo impegno di bibliotecario; egli vedeva come un dovere istituzionale della Library of Congress il primeggiare per il possesso dei moderni compositori nazionali non meno che per quello dei maestri del passato. Nello sviluppare il versante non americano delle collezioni, Sonneck si concentrò sui materiali a stampa; con grande sollievo di collezionisti privati e bibliotecari europei, egli non privilegiò l'acquisizione di partiture autografe, lettere o ritratti, in parte perché – a suo modo di vedere – le biblioteche d'Europa godevano di un vantaggio troppo rilevante in questo settore [Sonneck 1983, p. 46]. Fu solo con i successori di Sonneck che la Library of Congress fu gradualmente in condizione di costituire un'invidiabile raccolta di autografi musicali e di carteggi europei, in larga parte grazie a mecenati e donatori quali Elizabeth Sprague Coolidge e Gertrude Clarke Whittall, e piú di recente a una schiera di enti morali e fondazioni. Anche le registrazioni sonore hanno fatto parte fin dal loro esordio delle collezioni della Library of Congress, contribuendo a trasformarla in uno dei piú attrezzati centri di ricerca del mondo.

Tutta questa attività s'incentrava su una politica di libero accesso a beneficio di un pubblico il piú possibile ampio, un tema che percorre il sistema bibliotecario americano con la sua storica preoccupazione di garantire a tutti l'opportunità d'istruirsi. Se il desiderio nutrito da Sonneck di emancipare gli studenti dalla necessità di recarsi nelle biblioteche europee ci appare oggi un poco ingenuo (in realtà il traffico transatlantico è invece aumentato, man mano che sorgeva il bisogno di esaminare direttamente manoscritti e altre fonti uniche), la sua opera ha pure suscitato in quegli stessi studenti aspettative tanto elevate circa le biblioteche europee da tradursi a volte in delusione. Lo storico americano James Truslow Adams poteva scrivere nel 1931:

> Chiunque abbia fatto uso delle grandi collezioni europee, con le loro restrizioni e burocrazie e difficoltà di accesso, ringrazia Iddio per la democrazia americana quando accede direttamente agli scaffali della Library of Congress [Anderson 1989, p. 144].

Purtroppo era vero, almeno a quel tempo, che in molte biblioteche europee i bibliotecari non rivestivano soltanto un ruolo di curatori, ma nutrivano qualche volta un atteggiamento padronale verso le collezioni loro affidate. Walter Rubsamen, ricercatore di fonti musicali del Rinascimento, ci ha lasciato un racconto istruttivo e piacevole delle sue esperienze in Italia dopo la seconda guerra mondiale [Rubsamen 1948-49]. Vi figura almeno un caso di un bibliotecario che rifiutava agli altri studiosi la consultazione dei manoscritti di un certo compositore perché intento egli stesso a pubblicarne le opere complete. Tali evenienze erano rare, ma le rigide restrizioni nel numero dei pezzi ordinabili in un giorno, spesso sommate a orari d'apertura limitati, nonché la necessità di esporre motivi soddisfacenti per la consultazione di determinati pezzi (per quanto giustificabile dal punto di vista del bibliotecario) dovevano apparire strane e seccanti agli americani, come pure a molti europei. Tuttavia in molti luoghi la situazione migliorava col trascorrere del secolo. Con l'avvento dei microfilm potevano però insorgere altre difficoltà. Alcune biblioteche (su ambedue le sponde dell'Atlantico, a dire il vero) rifiutavano di rilasciarli, oppure li concedevano solo a studiosi singoli e non a istituzioni, poiché desideravano mantenere qualche forma di controllo sull'uso cui venivano destinati i loro materiali, controllo che temevano di perdere una volta che i documenti fossero entrati a far parte, anche in copia, di un'altra biblioteca. Negli ultimi decenni l'atteggiamento è notevolmente cambiato, e molte biblioteche hanno collaborato a produrre in blocco microfiches commerciali di intere sezioni delle loro raccolte, espressamente destinate alla vendita sul mercato bibliotecario.

L'esempio proposto dalla Library of Congress venne ben presto emulato su scala ridotta da altre biblioteche statunitensi. La sezione musicale della New York Public Library, istituita nel 1911, si sviluppò in una grande biblioteca di ricerca al servizio della piú ampia utenza possibile, ancora una volta con l'aiuto di abbondanti finanziamenti e numerose donazioni. Ma fu nelle università americane che ebbero luogo gli sviluppi piú consistenti, nel momento in cui l'istituzione in molti atenei di facoltà musicali, verificatasi a partire dai primi del Novecento, rese necessaria la formazione di un congruo patrimonio librario. L'influenza di musicologi come Willi Apel,

Manfred Bukofzer e Alfred Einstein, profughi dalla Germania nazista negli anni Trenta, impresse ulteriore slancio alla disciplina man mano che essi s'incardinavano nelle università americane, e le loro biblioteche personali venivano spesso ad arricchire significativamente quelle che già esistevano nei relativi istituti o dipartimenti. Numerose università (fra cui quelle di Harvard, Yale, Princeton, Berkeley e dell'Illinois rappresentano solo alcuni esempi dei piú illustri) hanno ormai sviluppato le proprie biblioteche musicali in misura tale da offrire strumenti di ricerca di notevole ricchezza ed estensione. Ma esse differiscono dalle grandi biblioteche tradizionali del Vecchio Mondo, in quanto inevitabilmente sono costituite soprattutto da libri, edizioni e periodici moderni, mentre le fonti primarie piú antiche (specie quelle anteriori al 1800) sono presenti perlopiú in forma di ristampe, facsimili e microfilm. Alcune hanno portato la loro dotazione di microfilms a proporzioni di tutto rispetto, come l'università di Harvard con i suoi circa 25 000 pezzi conservati nella Isham Memorial Library. È vero che molte possiedono anche ragguardevoli collezioni di antiche fonti originali (come Berkeley con i suoi libretti veneziani del Seicento, o Princeton con la collezione händeliana intitolata a James S. Hall), e che vi si trovano ampie raccolte di materiali americani, ma queste cose restano piú la ciliegina sulla torta che non la pietra angolare dei loro patrimoni librari. Ciò riflette per molti versi i mutamenti intervenuti nella natura stessa della ricerca. Man mano che la musicologia si espandeva dai suoi interessi iniziali, centrati sull'indagine filologica e biografica circa i repertori e i musicisti piú antichi, per investire campi quali l'etnomusicologia, l'analisi e la sociologia della musica, ha avuto luogo un riequilibrio nella domanda degli strumenti di ricerca. Secondo molti, è oggi piú importante per una biblioteca di ricerca possedere un patrimonio il piú possibile completo di libri e periodici moderni che non grandi quantità di fonti originali sei e settecentesche. Coi loro generosi bilanci, le principali università americane sono riuscite in buona misura a raggiungere tale obiettivo, e si sono dotate di abbonamenti a periodici in quantità tale che rappresenterebbe un sogno proibito per quasi tutte le biblioteche europee. Disponendo per di piú dell'imponente massa d'informazione bibliografica oggi fornita da banche dati unificate come OCLC's FirstSearch (Online Computer Library Center's FirstSearch), nonché del supporto di un'efficiente rete di prestito interbibliotecario, le migliori biblioteche musicali americane possono offrire formidabili risorse ai ricercatori. Pure formidabili, ma in altro senso, sono le risorse musicali della Pierpont Morgan Library, gestita dall'omonima fondazione privata di New York; la sua sezione musicale si è sviluppata soltanto a partire dal 1968 e si concentra interamente su preziose fonti originali. Durante questo periodo ha accumulato una delle massime collezioni statunitensi di autografi musicali (specie dell'Ottocento) grazie soprattutto alle munifiche donazioni di altri collezionisti come Mary Flagler Cary, Robert Lehman, Dannie e

Hettie Heineman, cui si è aggiunta di recente la straordinaria raccolta di famosi lavori in *editio princeps* radunata da James J. Fuld.

Prima di esaminare la situazione delle biblioteche di ricerca europee nel XX secolo, sarà opportuno delineare le vicende attraversate dagli archivi dei compositori e dalle collezioni private, poiché sia gli uni sia le altre hanno influito considerevolmente sul mondo bibliotecario europeo. Nell'Ottocento i manoscritti dei compositori subivano ancora destini assai variabili dopo la morte dei loro creatori. Ad esempio, quelli di Mendelssohn, Wagner o Bruckner restarono perlopiú indivisi, mentre quelli di Chopin e di Liszt andarono largamente dispersi. Ciò rifletteva in parte l'atteggiamento dei loro stessi proprietari quand'erano ancora in vita. Col XX secolo s'instaura nei compositori la tendenza a tenere i propri manoscritti sotto piú stretto controllo, cosicché alla loro morte – se loro stessi ancora non ne avevano disposto per testamento – agli eredi o esecutori testamentari restava l'onere di trovare una sede adeguata per conservarli. Per oltre un secolo e mezzo nemmeno ai manoscritti dei piú illustri compositori si attribuí un reale valore economico, ed essi presero l'abitudine di offrirli in dono alla biblioteca nazionale del proprio paese o ad altra istituzione consimile. Cosí in Inghilterra la grande maggioranza dei manoscritti di Edward Elgar, Gustav Holst e Ralph Vaughan Williams fu donata al British Museum dai parenti, mentre negli Stati Uniti la legislazione fiscale favoriva efficacemente il passaggio di siffatti materiali a un'istituzione; di qui la presenza delle carte di George Gershwin e Aaron Copland nella Library of Congress, o di quelle di Charles Ives e Virgil Thomson all'università di Yale. Le biblioteche presero a incoraggiare questa tendenza, che poteva rimpinguare le loro raccolte con nuove accessioni culturalmente valide a costo zero. Negli ultimi decenni si è tuttavia prodotto un diverso atteggiamento, imputabile in parte al fatto che i compositori sono venuti a conoscenza delle somme ottenute da scrittori ancora viventi mediante la vendita dei propri manoscritti alle università americane. Un altro fattore sono senza dubbio i prezzi altissimi ormai battuti alle aste per gli autografi di famosi compositori del passato. D'improvviso i compositori contemporanei (o i loro eredi) sono stati tentati di realizzare il valore economico dei propri manoscritti. Non si tratta di un fenomeno interamente nuovo, perché si sa di Richard Strauss che produceva belle copie delle proprie partiture per venderle a coloro che ne facevano richiesta. Istituzioni come la British Library scoprono ora che, diversamente dal passato, devono rassegnarsi a pagare per assicurarsi i manoscritti dei maggiori compositori britannici, ad esempio Michael Tippett, Edmund Rubbra e Peter Maxwell Davies. Fatto ancor piú significativo è che nel 1973 l'instancabile direttore d'orchestra e mecenate svizzero della musica contemporanea, Paul Sacher, istituí a Basilea la Paul Sacher Stiftung, allo scopo di riunire in un unico centro di documentazione (aperto nel 1986) antologie archivistiche di grandi compositori del Novecento, comprendenti manoscritti, edizioni a stampa, registrazioni e carteggi, con l'obiettivo della maggior completezza possibile per i compositori prescelti. Grazie ai cospicui fondi derivatigli dal matrimonio con un'erede dell'impero farmaceutico Hoffmann - La Roche, il suo colpo da maestro è stata l'importazione dagli Stati Uniti del lascito musicale di Stravinskij. Con l'aggiunta di altri nomi, come Berio, Birtwistle, Boulez, Carter, Gubajdulina, Henze, Lutosławski, Maderna, Martin, Pousseur e Webern, in pochi anni si è accumulata una sbalorditiva quantità di materiali. Qualcuno potrà deplorare una simile "ghettizzazione" della musica contemporanea, e anche – per molti compositori – il loro esilio dalle biblioteche nazionali cui in caso contrario sarebbero naturalmente appartenuti. Si potrebbe replicare che l'archivio riflette la statura realmente internazionale di quei compositori, che non amerebbero veder relegati se stessi e la loro musica entro i confini nazionali. Peraltro, sono solo i compositori d'alto rango a richiamare questo tipo d'attenzione, mentre per gli altri resta il fatto che i loro manoscritti non avrebbero comunque un grande valore commerciale. Alle biblioteche nazionali resta quindi un ampio margine di manovra, indipendentemente dal fatto che alcune grandi personalità preferiranno ancora affidare la conservazione dei propri manoscritti alle patrie istituzioni.

Per i collezionisti privati, nel XX secolo si è verificata ben presto un'improvvisa rarefazione dell'offerta di mercato che, sommandosi alla nuova concorrenza da parte delle istituzioni americane, ha dato luogo a un generale incremento dei prezzi protrattosi fino ai giorni nostri. Cospicue collezioni generalistiche restavano ancora possibili (come dimostrano i casi di Alfred Cortot, Geneviève Thibault, Werner Wolffheim, e soprattutto di Paul Hirsch), ma richiedevano investimenti di tempo e di risorse finanziarie assai maggiori di prima, cosí da farne in prevalenza una riserva di caccia per i piú facoltosi. Hirsch (1881-1951) era un industriale di Francoforte e anche un profondo studioso della propria collezione, per formare la quale si era basato in primo luogo sul criterio dell'«importanza scientifica» [Rosenthal 2000, p. 17], riuscendo con fatica nel 1936 a esportarla in Inghilterra dalla Germania nazista. Mentre le prime tre collezioni citate andarono disperse (e molti dei loro pezzi finirono negli Stati Uniti) la raccolta Hirsch fu acquistata in blocco nel 1946 dal British Museum, le cui dotazioni vennero cosí grandemente arricchite, in particolar modo nel settore delle prime edizioni di classici viennesi. La maggior parte dei collezionisti novecenteschi ha tuttavia scelto la specializzazione. I piú facoltosi si sono spesso rivolti agli autografi, disponibili in misura maggiore di quanto si potesse prevedere, specie all'indomani della seconda guerra mondiale con l'immissione sul mercato di svariati archivi di editori musicali. Louis Koch, André Meyer e Hans Moldenhauer sono solo tre esempi di questo tipo, ma uno dei massimi collezionisti del secolo fu lo scrittore austriaco Stefan Zweig. Gli autografi musicali rappresentavano solo una parte della sua vasta raccolta, ma erano selezionati con la maggior cura possibile al fine di illustrare il lavoro del compositore. A una copia ben scritta, Zweig preferiva sempre un manoscritto irto di cancellature e correzioni. Egli credeva che in tal modo ci si potesse approssimare meglio all'osservazione e alla comprensione dell'atto creativo in sé; alla fine, però, si liberò di gran parte della propria collezione (tra il 1934 e il 1937), avendovi perso interesse a seguito del turbolento clima politico, ma ne conservò parecchi pezzi scelti (compreso il catalogo tematico autografo delle opere di Mozart e il Lied schubertiano *An die Musik*), successivamente (1986) donati dai suoi eredi alla British Library [Searle 1999].

Uno specialista nel campo della musica a stampa fu l'industriale di nascita olandese Anthony van Hoboken (1887-1983), che collezionò prime edizioni di grandi compositori da Bach a Liszt. Stabilitosi a Vienna dal 1924, egli profittò della situazione creatasi in Europa orientale nel primo dopoguerra, quando molte biblioteche si risolsero a vendere per somme assai modeste i pezzi che consideravano di minor valore. Hoboken assunse perfino un agente che facesse viaggi di ricerca per suo conto [Hoboken 1975]. Egli collezionava in primo luogo la musica di Joseph Haydn, e da questa attività ricavò il suo monumentale catalogo tematico haydniano (1957-78), un'opera fondamentale che gli ha assicurato l'immortalità. La sua intera collezione di circa ottomila volumi fu acquistata nel 1974 dalla Österreichische Nationalbibliothek. Una simile dedizione a un unico compositore divenne abbastanza comune, e la collezione händeliana di Gerald Coke (1907-90) ha dimostrato come fosse ancora possibile radunare una grande raccolta monografica di valore scientifico riguardante un compositore i cui manoscritti autografi già da tempo appartenevano quasi tutti a biblioteche o archivi istituzionali. Insieme al testamento di Händel, essa è stata donata alla Thomas Coram Foundation di Londra, che aveva avuto fra i suoi membri lo stesso compositore.

A riprova che anche persone di mezzi modesti possono tuttora creare una magnifica collezione specialistica, è assai istruttivo il caso di Walter Harding (1884-1973). Residente a Chicago pur se britannico di nascita, egli si guadagnava da vivere suonando l'organo nei teatri, nei cinema e nelle logge massoniche, ma sviluppò la passione di raccogliere fonti relative al *song* inglese da metà Seicento in poi, riuscendo infine a riempirsi la casa, dalla cantina alla soffitta, con una collezione che piú tardi si diramò fino alla *chanson* e all'opera francesi, nonché alla canzone popolare americana. Il segreto del suo successo risiedeva nell'aver scelto settori collezionistici poco trattati, che gli permettevano di comperare a prezzi molto bassi, non prestando inoltre troppa attenzione allo stato di conservazione del pezzo. Verso il 1940 soltanto la sua raccolta di canzonieri inglesi del Seicento veniva considerata seconda unicamente a quella del British Museum. Harding era un esperto bibliografo, e compilò per questa sua collezione indici di utilità impareggiabile. Non a torto è stato definito un «bibliomane musicale» [Krummel 1974]. La sua immensa raccolta fu lasciata per testamento alla Bodleian Library di Oxford che ebbe cosí la donazione piú vasta che avesse mai ricevuto nei quattro secoli della sua storia.

Si noterà che tutte queste raccolte specializzate sono confluite all'interno di un'istituzione, cosí che il fatto sembra rappresentare una decisa tendenza. Collezioni private di tipo universalistico rivestivano minore attrattiva per le biblioteche semplicemente perché avrebbero probabilmente introdotto troppi doppioni, anche se alcune delle facoltà musicali americane di piú recente istituzione erano disposte (potendoselo permettere) ad accoglierle, onde consolidare i propri fondi bibliografici. Cosí accadde con la collezione del musicologo belga Jean-Auguste Stellfeld, ricca di quattromila volumi e seimila edizioni musicali, che nel 1954 fu versata all'università del Michigan [Cutler, Sutherland e David 1954-55]. Ma una buona collezione specialistica offre potenzialità di ricerca talmente spinte – quella rara edizione privata, quelle bozze corrette, o quell'oscuro opuscolo di provincia – da eccedere di molto le possibilità di una grande biblioteca generalistica. Avendo investito tanta pazienza e fatica nell'adunare una simile collezione, il proprietario nutre anche una naturale riluttanza a vederla dispersa, poiché ne riconosce il carattere di unicità. Se vi aggiungiamo la prospettiva di una sorta d'immortalità, che a volte le biblioteche possono garantire includendo il nome del collezionista nella segnatura dei relativi pezzi, non saremo sorpresi di constatare come tale tendenza sia costante e duratura. L'ovvia conseguenza di lungo periodo del confluire di collezioni private entro le istituzioni è la rarefazione del materiale antiquario disponibile a tornare in circolazione sul mercato, col risultato d'innalzare ulteriormente i prezzi e di ridurre le opportunità per le future generazioni di collezionisti; uno stato di cose sovente deplorato dai mercanti e dalle case d'asta. Cionondimeno, una massa sbalorditiva di fonti originali resta tuttora in mani private, ed è ancora il collezionista singolo a dominare il mercato delle aste, per quanto quest'ultimo si sia contratto rispetto a un tempo. E tuttavia i collezionisti d'autografi indirizzano ormai il loro sforzo maggiore verso i carteggi, ancora abbastanza abbondanti, piú che non verso la musica in sé. L'atteggiamento dei collezionisti di fronte alle richieste dei ricercatori che vorrebbero consultare i loro tesori è variabile all'estremo. I migliori tra loro sono assai pronti ad acconsentire (Paul Hirsch era particolarmente generoso), poiché comprendono di essere soltanto i custodi temporanei dei propri beni; alcuni consegnano perfino fotocopie di pezzi unici a istituti di ricerca. All'estremo opposto si collocano purtroppo coloro che rifiutano qualsiasi collaborazione. Specie se hanno acquistato qualcosa in una prospettiva (oggi non insolita) d'investimento, temono forse la svalutazione di un manoscritto se ad altri è consentito di avervi accesso. In ciò sono spalleggiati dalle case d'asta, che si compiacciono di esaltare le proprie mercanzie come "inedite" o "mai consultate da studiosi nell'ultimo mezzo secolo" nella speranza di far lievitare il prezzo.

Dato tale contesto, quali sono stati i principali cambiamenti nelle biblioteche europee durante il XX secolo? Fra quelle già esaminate, la Hofbibliothek imperiale di Vienna è stata ribattezzata nel 1920 Österreichische Nationalbibliothek, e, a partire dall'acquisizione dell'archivio di Bruckner, ha perseguito attivamente la politica di incoraggiare altre consimili donazioni; Hugo Wolf, Hans Pfitzner ed Egon Wellesz sono fra i nomi piú illustri da citare al proposito. Al pari delle biblioteche americane, la sezione musicale ha aggiunto alla propria competenza le registrazioni sonore; una tendenza seguita da quasi tutte le biblioteche consimili, pur se in talune istituzioni queste fanno parte di una fonoteca generale e non rientrano sotto la gestione della sezione musicale. Il suo patrimonio è sopravvissuto indenne alla seconda guerra mondiale, mantenendo il proprio orientamento di principio verso la musica austriaca, sia d'arte sia popolare. Pur non trascurando la musica di altri paesi, non ha tentato di creare una collezione internazionale paragonabile ad altre biblioteche di pari rango.

La biblioteca statale di Berlino ha vissuto per contro un secolo travagliato. Mancando in Germania una legislazione sul diritto di deposito, la formazione nel 1906 di una Deutsche Musiksammlung (Collezione musicale tedesca) alla quale gli editori potessero inviare volontariamente copie delle loro nuove pubblicazioni (si vide poi che ve n'erano anche molte provenienti dai loro fondi di magazzino ottocenteschi) contribuí a creare un ricco archivio di musiche a stampa. Dapprima separata dalla Staatsbibliothek, essa vi fu unita nel 1912, quando fu ufficialmente istituita una Musikabteilung (Sezione musicale). Lo stupefacente afflusso di preziosi autografi e altri manoscritti proseguí fino allo scoppio della prima guerra mondiale (in questa fase si colloca fra l'altro l'acquisizione della Amalienbibliothek, già appartenuta nel Settecento alla principessa Anna Amalia di Prussia). La guerra e i suoi strascichi, con la rovinosa inflazione della repubblica di Weimar, portarono duri colpi alla biblioteca, ma fu il secondo conflitto mondiale che la condusse a una vera catastrofe. I suoi tesori, traslocati per motivi di sicurezza in vari castelli e miniere, sopravvissero alla distruzione pressoché totale subita nel 1944-45 dall'edificio sul viale Unter den Linden, ma la spartizione postbellica della città diede vita infine a due biblioteche di Stato, ciascuna in possesso di una parte delle precedenti collezioni, mentre alcuni dei materiali traslocati non furono mai recuperati. Una porzione assai significativa, a lungo creduta distrutta, è fortunatamente ricomparsa durante gli anni Settanta nella Biblioteka Jagiellónska di Cracovia che tuttora la detiene, essendo cosí in possesso – fra le molte altre cose – di oltre cento autografi mozartiani. La biblioteca statale di Berlino Ovest profittò del miracolo economico postbellico della Repubblica Federale e fu in grado di radunare nuove collezioni, compresa una cospicua quantità di fonti mendelssohniane raccolte in un apposito Mendelssohn-Archiv. La riunificazione del 1989 comportò infine la riorganizzazione delle due biblioteche, e si spera che la creazione nel 1997 di un'unica sezione musicale (ancora una volta nell'antico edificio della Unter den Linden) sia destinata a segnare l'inizio di un nuovo periodo di stabilità.

In Inghilterra le collezioni musicali del British Museum continuarono a svilupparsi a scala internazionale sulle loro splendide fondamenta ottocentesche. Alle collezioni Hirsch e Zweig e agli archivi di numerosi compositori si aggiunse un'altra importante acquisizione: quella della Royal Music Library, comprendente i 97 volumi di autografi händeliani già deposito della Corona fin dal 1911, e poi fatti oggetto nel 1957 di piena donazione da parte della regina Elisabetta II. Nel 1973 la biblioteca venne formalmente separata dal museo per divenire la British Library e nel 1997 si trasferí in un nuovo edificio, realizzando cosí il progetto, già formulato da Barclay Squire, di riunire i manoscritti e la musica a stampa. Caratteristica della biblioteca nel corso di tutto il Novecento fu la graduale pubblicazione di cataloghi speciali dei suoi fondi. Quelli dei manoscritti e della musica a stampa anteriore al 1800 comparvero precedentemente alla prima guerra mondiale (con successivi aggiornamenti), quello della Royal Music Library uscí nel 1927-29, e il catalogo completo della musica a stampa nel 1981-87, per venire poi distribuito anche su supporto CD-Rom. I recenti progressi tecnologici hanno reso disponibili tutti questi cataloghi (piú quelli del National Sound Archive) alla gratuita consultazione in Internet. Ciò non significa che non esistano piú in tutta la British Library fondi non catalogati: non diversamente da tutte le biblioteche consimili, essi vi figurano invece in gran quantità. La pubblicizzazione delle raccolte rimane un traguardo unico, poiché nessuna biblioteca di dimensioni paragonabili si è mai neppure avvicinata a un'analoga libertà d'accesso ai propri cataloghi; nella maggior parte delle biblioteche gli utenti sono costretti a far uso combinato dei cataloghi on-line e di quelli tradizionali. Chi oggi si aspettasse che tutti i contenuti della Library of Congress gli si rivelino con pochi colpi di tastiera o di mouse, si sbaglierebbe di grosso. Non c'è probabilmente altra biblioteca che piú di questa si fondi sulla memoria storica di personale in servizio da lungo tempo per aiutare i ricercatori a identificare i propri *desiderata* nel groviglio di cataloghi e sussidi di ricerca, per non parlare dei fondi ancora non catalogati. Moltissime biblioteche, ben che vada, hanno pubblicato soltanto i cataloghi di fondi speciali delle loro collezioni musicali, quantunque i cataloghi a schede di Berlino, Vienna e Parigi siano stati pubblicati su microfiches. Tentare di leggere in questo formato i dati bibliografici, perlopiú redatti a mano, mette a dura prova la vista. La Bayerische Staatsbibliothek di Monaco ha pubblicato il catalogo della musica a stampa (1988-90), poi reso disponibile anche su CD-Rom insieme alla letteratura musicale, ed è già in corso di pubblicazione il catalogo dei manoscritti, ciò che sotto questo rispetto ne fa probabilmente la piú avanzata fra le biblioteche del continente (sebbene debba gestire una quantità di materiale assai ridotta a paragone, per esempio, della Staatsbibliothek di Berlino). La biblioteca monacense – in origine, come Vienna, una biblioteca di corte dalle robuste tradizioni musicali – è stata designata negli anni Novanta quale principale centro di raccolta dell'informazione musicologica, e riceve oggi un sostegno dalla Deutsche Forschungsgemeinschaft (Centro Nazionale Tedesco per la Ricerca) per consentirle l'acquisto di nuovi materiali di interesse musicale su vasta scala internazionale, cosí da tenere il passo con le biblioteche americane d'avanguardia.

Sebbene quanto a finanziamenti le biblioteche universitarie europee non possano reggere il confronto con le migliori fra quelle americane, in Gran Bretagna la Bodleian Library di Oxford e la Cambridge University Library hanno radunato ricche collezioni per la ricerca musicale, fondate in parte sul diritto di deposito e in parte sul loro successo nell'attirare donazioni. Oxford, oltre ai già menzionati fondi Harding e Tenbury, è divenuta centro propulsore della ricerca mendelssohniana, grazie alla donazione di molte carte personali del compositore e di una parte della sua biblioteca musicale, pervenutale tramite i discendenti. Il XX secolo ha assistito anche alla tendenziale evoluzione in senso universitario dei conservatori europei, parzialmente alimentata dall'attenzione posta su argomenti come l'esecuzione filologica. Ne è conseguita un'impennata d'interesse, questa volta generata all'interno degli istituti stessi, per i fondi bibliotecari piú antichi, che pare di buon auspicio per il loro futuro. Un importante esempio al riguardo lo fornisce la bella collezione del Royal College of Music di Londra, fondato nel 1882.

Cosa tiene in serbo il futuro per le biblioteche di ricerca musicale? Certo una maggiore cooperazione interbibliotecaria; atteggiamento nel quale la comunità delle biblioteche musicali è stata per lungo tempo all'avanguardia, e di cui fin dagli anni Sessanta hanno reso testimonianza i cantieri tuttora aperti del RISM, impegnati a produrre cataloghi unici delle fonti originali piú antiche. Il flusso apparentemente inarrestabile di nuove pubblicazioni dotate di potenziale interesse per i ricercatori sfida la capacità di acquisto sistematico da parte di qualsiasi istituzione, salvo pochissime, e i sistemi di prestito interbibliotecario stanno assumendo un ruolo sempre piú importante. Si tende ad assicurare un accesso soddisfacente (ma non necessariamente istantaneo) all'informazione e alle fonti primarie, piuttosto che non a dotare ogni singola biblioteca di tutto il necessario, per quanto i ricercatori tengano ancora in gran conto un'istituzione che riesca a soddisfare *in loco* la maggior parte delle loro richieste. La facile disponibilità di riproduzioni in fotocopia, microfilm o su altri supporti è parimenti divenuta vitale. Le riproduzioni non possono esaurire tutti i bisogni, ma hanno trasformato le abitudini di lavoro degli studiosi. I tempi in cui un ricercatore stava seduto parecchie settimane in un'unica biblioteca nel corso di un viaggio di studio, trascrivendo laboriosamente le fonti, sono sempre piú lontani, data l'urgenza della moderna vita accademica. Oggigiorno la visita si riduce piú probabilmente a una breve sosta per esaminare quei dettagli di un manoscritto che non sono ricavabili da un microfilm. Anche il ruolo di Internet è indubbiamente destinato a espandersi in modi per ora difficilmente prevedibili. Al momento il suo frutto piú prezioso (a parte il vantaggio di comunicare in tempo reale con le biblioteche tramite posta elettronica) è rappresentato dalle informazioni bibliografiche ottenibili consultando cataloghi e banche dati on-line, nonché da un comodo accesso a enciclopedie, guide ed elenchi. In questo senso la disponibilità on-line del *New Grove Dictionary of Music and Musicians* spalanca certamente le porte a una nuova era. Le riviste elettroniche di argomento musicale, come il «Journal of Seventeenth-Century Music», sono ancora ai primi passi, ma è facile prevederne lo sviluppo secondo la falsariga che le riviste scientifiche su carta hanno seguito nel decennio appena trascorso. Ma la prospettiva di una sconfinata biblioteca virtuale di documenti digitalizzati e messi in rete, cosí da rendere superflua molta parte delle tradizionali biblioteche di ricerca musicale, sembra davvero assai lontana per motivi finanziari, giuridici e pratici. E naturalmente la vista di un'autentica pagina manoscritta di Beethoven procura un brivido che nessuna immagine su monitor può catturare!

Albrecht, O. E.

1953 *A Census of Autograph Music Manuscripts of European Composers in American Libraries*, University of Pennsylvania Press, Philadelphia Pa.

Altmann, W.

1920-21 *Die Musikabteilung der Preussischen Staatsbibliothek in Berlin*, in «Zeitschrift für Musikwissenschaft», n. 3, pp. 426-37.

Anderson, G. B.

1989 *Putting the experience of the world at the nation's command. Music at the Library of Congress, 1800-1917*, in «Journal of the American Musicological Society», n. 42, pp. 108-49.

Benton, R.

1967-72 (a cura di), *Directory of Music Research Libraries*, University of Iowa Press, Iowa City; nuova ed. Bärenreiter, Kassel 1979-85.

Brosche, G.

1987 *"Meine Sprache versteht die ganze Welt": die Musiksammlung*, in O. Mayl (a cura di), *Ein Weltgebäude der Gedanken: Die Österreichische Nationalbibliothek*, Akademische Druck und Verlagsanstalt, Graz, pp. 155-202.

Burney, Ch.

1959 *An Eighteenth-Century Musical Tour in Central Europe and the Netherlands*, a cura di P. A. Scholes, Oxford University Press, London; 1ª ed. *The Present State of Music in Germany, the Netherlands, and the United Provinces*, Becket,

London 1773 (trad. it. *Viaggio musicale in Germania e Paesi Bassi*, a cura di E. Fubini, Edt, Torino 1986).

Campbell, F. C.

1969 *The music division of the New York Public Library*, in «Fontes Artis Musicae», n. 16, pp. 112-19.

Coover, J.

1988 *Music at Auction. Puttick and Simpson (of London) 1794-1971*, Harmonie Park Press, Warren Mich.

Crum, M.

1967 *Early lists of the Oxford Music School Collection*, in «Music and Letters», n. 48, pp. 23-34.

Cutler, L. E., Sutherland, G. A., e David, H. T.

1954-55 *The University of Michigan's purchase of the Stellfeld Music Library*, in «Notes», n. 12, pp. 41-57.

Duckles, V.

1979-80 *The University of California, Berkeley, Music Library*, in «Notes», n. 36, pp. 7-22.

Elvers, R.

1987-88 *75 Jahre Musikabteilung*, in «Staatsbibliothek Preussischer Kulturbesitz Mitteilungen», n. 17, pp. 199-204; n. 20, pp. 137-43.

Grasberger, F.

[1972] *The Music Department of the Austrian National Library*, Österreichische Nationalbibliothek, Wien.

Haase, R.

1930 *Die Musiksammlung der Nationalbibliothek in Wien*, in «Jahrbuch der Musikbibliothek Peters», pp. 48-62.

Hoboken, A. van

1975 *Zur Entstehung meiner Sammlung musikalischer Erst- und Frühdrucke*, in G. Brosche (a cura di), *Beiträge zur Musikdokumentation. Franz Grasberger zum 60. Geburtstag*, Schneider, Tutzing, pp. 101-6.

Huys, B.

1969 *La section de la musique*, in *Bibliothèque Royale Mémorial. 1559-1969*, Bibliothèque Royale Albert Ier, Bruxelles, pp. 313-33.

Kahl, W.

1954 *Öffentliche und private Musiksammlungen in ihrer Bedeutung für die musikalische Renaissancebewegung des 19. Jahrhunderts in Deutschland*, in W. Brennecke, W. Kahl e R. Steglich (a cura di), *Gesellschaft für Musikforschung: Bericht über den internationalen musikwissenschaftlichen Kongress Bamberg 1953*, Bärenreiter, Kassel, pp. 289-94.

[Kiesewetter, Raphael Georg]

1832 *Autographen-Sammlung der Tonsetzer älterer und neuerer Zeit des Hrn. Aloys Fuchs in Wien*, in «Allgemeine musikalische Zeitung», n. 34, pp. 743-47.

King, A. H.

1963 *Some British Collectors of Music c. 1600-1960*, Cambridge University Press, Cambridge.

1979 *Printed Music in the British Museum. An Account of the Collections, the Catalogues, and their Formation up to 1920*, Bingley, London.

1983 *A Wealth of Music in the Collections of the British Library (Reference Division) and the British Museum*, Bingley, London.

Köhler, K.-H.

1961 *Die Musikabteilung*, in *Deutsche Staatsbibliothek. 1661-1961*, 2 voll., Verlag für Buch- und Bibliothekwesen, Leipzig, vol. I, pp. 241-74.

1975 *150 Jahre Musikabteilung der Deutschen Staatsbibliothek*, in G. Brosche (a cura di), *Beiträge zur Musikdokumentation* cit., pp. 203-12.

Krummel, D. W.

1969 *The Newberry Library, Chicago*, in «Fontes Artis Musicae», XVI, n. 3, pp. 119-24.

1974 *A musical bibliomaniac [Walter N. H. Harding]*, in «Musical Times», n. 115, pp. 301-2.

Lesure, F.

1978-79 *The music department of the Bibliothèque Nationale, Paris*, in «Notes», n. 35, pp. 251-68.

Miller, Ph. L., e Campbell, F. C.

1978-82 *How the music division of the New York Public Library grew - a memoir*, in «Notes», n. 35 (1978-79), pp. 537-55; n. 36 (1979-80), pp. 65-77; n. 38 (1981-82), pp. 14-41.

Münster, R.

1975 *Die handschriftlichen Nachlässe in der Musiksammlung der Bayerischen Staatsbibliothek*, in G. Brosche (a cura di), *Beiträge zur Musikdokumentation* cit., pp. 259-72.

1994 «Musikbibliotheken und Archive», in *Die Musik in Geschichte und Gegenwart*, a cura di L. Finscher, 2ª ed., Bärenreiter, Kassel.

2001 «Collections (private)», «Libraries», in *The New Grove Dictionary of Music and Musicians*, a cura di J. Tyrrell e S. Sadie, 2ª ed., Macmillan, London.

Nowak, L.

1948 *Die Musiksammlung*, in J. Stummvoll (a cura di), *Die Österreichische Nationalbibliothek: Festschrift*, Bauer, Wien, pp. 119-38.

Riedel, F. W.

1960 *Aloys Fuchs als Sammler Bachsicher Werke*, in «Bach-Jahrbuch», n. 47, pp. 83-99.

1962*a* *Die Bibliothek des Aloys Fuchs*, in W. Brennecke e H. Hasse (a cura di), *Hans Albrecht in Memoriam*, Bärenreiter, Kassel, pp. 207-24.

1962*b* *Über die Aufteilung der Musiksammlung von Aloys Fuchs*, in «Die Musikforschung», n. 15, pp. 374-79.

1963 *Zur Bibliothek des Aloys Fuchs: Ergänzungen und Berichtigungen*, ivi, n. 16, pp. 270-75.

1966 *Zur Geschichte der musikalischen Quellenüberlieferung und Quellenkunde*, in «Acta Musicologica», n. 38, pp. 3-27.

1975 *Siegfried Wilhelm Dehns Besuche in Wien 1841 bis 1846*, in G. Brosche (a cura di), *Beiträge zur Musikdokumentation* cit., pp. 391-404.

Rosenthal, A.

2000 *Obiter Scripta*, Offox Press, Oxford.

Rubsamen, W. H.

1948-49 *Music research in italian libraries. An anecdotal account of obstacles and discoveries*, in «Notes», n. 6, pp. 220-33, 543-69.

Sartori, C.

1971 (a cura di), *Le Biblioteche [Musicali] Italiane*, in «Fontes Artis Musicae», n. 18, pp. 94-157.

Searle, A.

1999 *The British Library Stefan Zweig Collection. Catalogue of the Music Manuscripts*, British Library, London.

Sonneck, O.

1983 *The music division of the Library of Congress. Methods, policies, and resources*, in W. Lichtenwanger (a cura di), *Oscar Sonneck and American Music*, University of Illinois Press, Urbana, pp. 31-59.

DIETRICH BERKE

Opera omnia e *monumenta*

1. *Definizione e limiti.*

Gli *opera omnia* musicali hanno per oggetto o la produzione di un singolo compositore, o un repertorio chiaramente definito per genere e cronologicamente delimitato (ad esempio *Das deutsche Kirchenlied. Gesamtausgabe der Melodien aus gedruckten Quellen bis 1680* [*Il canto sacro tedesco. Edizione completa delle melodie su fonti a stampa fino al 1680*]). I titoli di alcuni *opera omnia* di singoli musicisti con la precisazione di «Edizione delle opere» (o «Nuova edizione delle *opere complete*») ingannano sulle effettive dimensioni del materiale da pubblicare, poiché il concetto di "opera" non è da intendersi solo in senso enfatico come *opus* integrale, autentico, ma anche come la porzione eseguibile di un *corpus* giuntoci frammentario. Effettivamente, in quasi tutte le edizioni moderne si mira a una rigorosa completezza nella pubblicazione del materiale tramandato, inteso come "*corpus* integrale" (*Gesamtwerk*, cfr. *infra* § 2). Gli abbozzi e i progetti preparatori relativi a una data opera ne fanno parte tanto quanto i successivi schizzi, progetti e studi, non esclusi gli appunti nei quaderni degli allievi del compositore; materiali cioè che sfuggono a una rigorosa definizione del concetto di opera, ma che nel contempo sono indispensabili per la sua comprensione. Di regola vengono incluse anche elaborazioni di opere proprie e altrui, mentre la soluzione del problema degli *incerta* può collocarsi senz'altro al limite dell'attività editoriale. In generale dovrebbe valere come linea di condotta il principio che si possa inserire come *incertum* in un'edizione critico-scientifica solo un testo che sia stato tramandato con il nome di un dato compositore, ma le cui fonti e i cui tratti stilistici non consentano un'attribuzione univoca, e perciò rendano *dubbia* la sua autenticità. Per contro bisogna evitarne la pubblicazione nell'ambito di una tale edizione quando lo stato delle fonti e i tratti stilistici ne *escludano* l'attribuzione. Ciò vale anche e soprattutto per quelle composizioni che sono state tramandate con il nome di un compositore e sono state a lungo ritenute indiscutibilmente autentiche, ma per le quali le ricerche piú recenti hanno potuto dimostrare una diversa paternità (ad esempio i canoni KV 233/382*d* e KV 234/382*e* attribuiti a Mozart sono invece del compositore boemo Wenzel Trnka [Plath 1991, pp. 237-58]). In complesso il fenomeno degli *incerta* in un'edizione integrale critico-scientifica presenta problemi editoriali che spesso si possono superare soltanto scendendo a compromessi. Molte fra le moderne edizioni integrali di singoli musicisti contengono in appendice ulteriori materiali che non afferiscono direttamente all'opera, come edizioni di lettere e documenti, cataloghi delle fonti, ecc., ma sono ausilii indispensabili per la comprensione e per la valutazione dell'*opera omnia* in questione.

A differenza delle edizioni integrali di singoli musicisti – o anche a loro complemento – vi sono altre edizioni, quali i *Monumenta Musicae*, che antologizzano repertori nazionali, oppure «gruppi significativi di opere o anche opere maggiori di singoli compositori, ovvero specifici repertori o campioni di generi musicali cronologicamente e geograficamente delimitati, e spesso anche le opere rappresentative di una data regione» [Berke e Schmieder 1995, col. 1110].

I *monumenta*, in quanto serie aperte e redatte parallelamente agli *opera omnia* di singoli autori, sottostanno a determinate limitazioni nella scelta dei repertori da pubblicare, e devono spesso rinunciare proprio all'edizione di quelle opere che potrebbero essere piú rilevanti per la tematica di cui si occupano. Cosí l'edizione della *Passione secondo San Matteo* di Bach appartiene senza dubbio all'"eredità della musica tedesca", non può entrare nell'omonima serie monumentale che si pubblica parallelamente alla *Neue Bach Ausgabe* (NBA), non da ultimo per ragioni di economia scientifica.

Le moderne edizioni integrali di singoli musicisti (e la maggior parte dei *monumenta*) sono considerate edizioni critico-scientifiche. Loro scopo è il raggiungimento di un'immagine dell'opera (*Werkgestalt*) che sia la piú autentica possibile, eventualmente ripartita in piú versioni autonome e differenti fra loro, sulla base di tutte le fonti disponibili, che a loro volta vanno valutate secondo i metodi della critica filologica delle fonti. Le principali edizioni integrali e monumentali di singoli musicisti contengono perciò accanto al vero e proprio testo stampato anche parti verbali piú o meno estese in forma di prefazioni e apparati critici, spesso corredate da riproduzioni in facsimile di significativi estratti delle fonti o anche di fonti complete. Allo scopo di garantire la totale uniformità dei principî editoriali all'interno di un'edizione critico-scientifica integrale o monumentale, vengono emanate direttive editoriali ampie e assai dettagliate, a cui tutti i curatori del volume o dell'opera devono attenersi.

2. *"Vecchie" edizioni integrali.*

Sebbene nella seconda metà del Novecento gli *opera omnia* abbiano dato un impulso inatteso alla musicologia internazionale, avendo dischiuso problematiche scientifiche di importanza generale che vanno molto al di là della semplice edizione delle opere stesse (cfr. *infra* § 8), tuttavia essi non sono un'invenzione della nostra epoca. L'editoria musicologica si è dovuta confrontare criticamente con le tradizioni create nel XIX secolo sulla scia dello storicismo, non potendosi certo limitare a ripetere, magari su un piano un po' piú moderno, quanto era già stato realizzato. La pretesa delle odierne edizioni integrali di valere come "nuove" implica una sorta di denuncia nei confronti delle edizioni dell'Ottocento, squalificate come "vecchie" nel senso di "invecchiate". Ciò può sembrare in alcuni casi ingiusto, e fondato su un'ideologia unilaterale di progresso scientifico, tuttavia oggi nel campo della scienza si concede generalmente che le "vecchie" edizioni integrali non reggono alla moderna critica filologica, e neppure – e questa è la vera "novità" delle edizioni moderne – soddisfano le esigenze della prassi esecutiva. Non si dovrebbe dimenticare tuttavia che le edizioni critiche integrali dell'Ottocento, in confronto ai precedenti tentativi di far apparire a stampa l'opera di un compositore come *Œuvres complèttes* [*sic*], si fondano su un livello di qualità scientifico-metodologica del tutto nuovo, dovuto non da ultimo all'assunzione di metodi di critica delle fonti provenienti dalle discipline affini, soprattutto dalla filologia classica.

Uno dei primi ad aver cercato di redigere una "edizione integrale" dei propri lavori sotto forma di raccolte manoscritte "di rappresentanza", per di piú ordinandole secondo il genere poetico-musicale e controllando egli stesso il progetto e la sua esecuzione, fu il poeta-compositore francese Guillaume de Machault (1300 ca. - 1377).

> Una consapevolezza dell'importanza del proprio operato, sicuramente anche il desiderio di erigere le proprie opere a modello per i generi codificati di poesia e musica cortesi e, attraverso questa esemplarità, sopravvivere al proprio tempo, riflettono già qualcosa della crescente esigenza del compositore (o piú esattamente: del poeta-compositore) di individualità, di un riconoscimento della superiorità della sua produzione e insieme di un potere "normativo" nelle questioni artistiche basato proprio su questa individualità. E riflettono anche – non da ultimo per la straordinaria mole di materiale e di forza lavoro che era necessaria per la produzione di questi manoscritti – il fatto che la società cortese fosse disposta a non badare a spese per la raccolta e la conservazione di quest'arte nella sua forma autentica, e cioè quella sottoposta a revisione dallo stesso poeta-compositore [Finscher 1975, p. 2].

L'esempio di Machault stranamente ha avuto poco seguito presso le grandi personalità di compositori che vennero dopo di lui. Certo nel corso dei secoli successivi sono apparse altre grandi antologie manoscritte, in cui si conservano secondo precisi criteri interi repertori o parti di essi. Per l'epoca piú remota, primeggia il cosiddetto Codice Squarcialupi, compilato fra il 1420 e il 1440 per una famiglia di patrizi fiorentini, e che doveva contenere (almeno nelle intenzioni) l'intero repertorio del Trecento italiano, ordinato per compositore. Tuttavia non è documentabile che un compositore abbia intrapreso a uso dei posteri una "edizione integrale" delle proprie opere; non lo fecero né Monteverdi né Schütz, né Bach né Beethoven, né Mozart né Schubert. Questo stato di cose sembra essere rimasto invariato fino alla nostra epoca. Se Igor′ Stravinskij, in alcuni colloqui con Robert Craft, riteneva assolutamente necessaria un'edizione integrale delle proprie opere depurata da tutti gli errori e le corruzioni (comunicazione orale di Robert Craft allo scrivente), tuttavia egli stesso non pose mai seriamente mano a una tale impresa. Promuovere "edizioni integrali" delle opere dei grandi musicisti è evidentemente compito dei discendenti, come per «le opere di Antonio de Cabezón uscite a cura del figlio nel 1578, o le opere di Andrea Gabrieli a cura del nipote Giovanni, o il monumentale *Opus Musicum* di Orlando di Lasso a cura dei suoi figli nel 1604» [*ibid*., p. 3]. Nel caso di Stravinskij, per tornare di nuovo al presente, una simile impresa incorrerebbe in considerevoli problemi, dato che i diritti d'utilizzazione delle sue opere sono suddivisi fra piú di dieci case editrici, e la trasmissione dei diritti d'autore non è regolata in maniera uniforme, a differenza ad esempio delle opere di Schönberg o di Hindemith, per le quali le edizioni integrali critico-scientifiche sono rese possibili dalla volontà dichiarata degli eredi dei diritti. Nel caso di una suddivisione di questi ultimi, può presentarsi tuttavia la situazione paradossale per cui un'edizione critico-scientifica delle opere in questione sia pensabile solo dopo la totale estinzione dei diritti d'autore. In Germania e in altri paesi europei ciò accade solo settant'anni *post mortem auctoris*, un lasso di tempo in cui possono andare irrimediabilmente perdute fonti preziose e in cui di regola importanti testimoni dell'epoca ammutoliscono per sempre.

Tutto ciò non va però frainteso come un'indifferenza dei compositori nei confronti delle loro stesse opere. L'individualizzazione della personalità del compositore a partire dal tardo Medioevo e primo Rinascimento ha indubbiamente portato con sé anche un aumento di autostima del compositore medesimo, e quindi un nuovo giudizio di valore sulla propria creazione come *Opus*. Cosí il primo musicista tedesco di importanza mondiale, Heinrich Schütz (1585-1672), ha numerato scrupolosamente come "opere" le edizioni a stampa dei propri lavori, da lui stesso predisposte, e ne ha depositato gli autografi corretti di suo pugno nella biblioteca tedesca piú prestigiosa del suo tempo, l'attuale Herzog-August-Bibliothek di Wolfenbüttel. Anche Franz Schubert (1797-1828) – per fare l'esempio di un compositore ottocentesco sul quale stranamente continua a pesare l'immagine di una certa sbadataggine nella gestione della propria persona – ha sempre raccomandato vivamente ai suoi editori di mettere le indicazioni dei numeri d'*opus* (fino all'op. 108) da lui stesso stabiliti per le edizioni a stampa. Naturalmente i numeri d'opera dei compositori non sono esattamente corrispondenti con quelli dell'edizione integrale, dato che un manoscritto non viene da loro generalmente incluso nell'elenco. Mozart, che all'inizio del 1784 avvertí chiaramente la necessità di rendere conto a se stesso (e forse anche ai posteri) della portata delle proprie composizioni, nel febbraio di quell'anno redasse di suo pugno un catalogo delle opere, in cui registrava (quasi) tutto quello che andava scrivendo, a prescindere dal fatto che fosse destinato o meno alle stampe, e Ludwig von Köchel non a caso vide chiaramente l'importanza di catalogazioni il piú possibile complete come presupposto per future edizioni integrali: «In ultimo, non ha mancato di influire sulla presente catalogazione l'idea di fornire con essa un lavoro preparatorio per una futura edizione integrale delle opere di Mozart» [Köchel 1965, p. XII; prefazione alla 1ª ed., 1862]. E nel 1875, due anni prima che comparissero i volumi iniziali della prima edizione critica integrale delle opere mozartiane, fu Köchel a coniare la frase spesso citata: «Non c'è modo piú degno di rendere onore a un grande genio che con una corretta edizione di tutte le sue opere».

L'apparizione relativamente tardiva delle edizioni integrali storico-critiche, e cioè di edizioni che hanno effettivamente per oggetto l'opera completa di un compositore (e non solo nelle intenzioni o nel titolo), e la curano editorialmente con metodi scientifici ricostruibili e verificabili, è legata al fatto che solo allora la musicologia cominciò gradualmente a costituirsi in disciplina autonoma, mentre prima di quel momento non esisteva praticamente ancora come specializzazione storico-filologica. Nel XIX secolo le personalità piú significative in questo campo provenivano da altri ambiti già ben consolidati: Otto Jahn, il primo importante biografo di Mozart, era un filologo classico, Ludwig von Köchel era un eminente botanico, mentre Eduard Hanslick, ancora oggi ricordato come critico dalla lingua tagliente, nonché primo ordinario di musicologia all'Università di Vienna, era un giurista di professione. Gli albori dello storicismo musicale, che nel corso dell'Ottocento dominerà sempre piú la produzione e la riproduzione della musica, si possono trovare già nell'Inghilterra del secolo precedente, in un paese europeo cioè, «nel quale, in seguito allo sviluppo politico ed economico, un corrispondente accrescimento del sentimento nazionale si trasformò anche in un accresciuto interesse per il passato culturale della nazione» [Finscher 1975, p. 4]. Lo storicismo musicale, che secondo Finscher è la «ripresa, motivata da un interesse storico specifico, di una tradizione interrotta, non piú in vita», era quindi legato fin dall'inizio al sentimento nazionale; un legame non solo di grande importanza per la nascita di alcuni *monumenta*, ma anche, nella sua esasperazione a enfatico patriottismo, non privo di influssi sulla natura medesima di quelle edizioni.

La prima edizione integrale monografica dell'Ottocento che cercò di attuare l'idea di una filologia musicale – intesa come metodo per la produzione di testi musicali autentici –, fu la *Bach-Ausgabe*, promossa nel 1850 per il centenario della morte del compositore. Essa cominciò ad apparire nel 1851, ed era praticamente conclusa verso la fine del secolo. Il sentimento nazionale – i festeggiamenti bachiani del 1851 avevano elevato il *Thomaskantor* a simbolo dell'identità culturale della nazione tedesca (Finscher) – e la complessità filologica del *corpus* tramandato, la cui interpretazione doveva necessariamente stimolare ambizioni scientifiche, si assommano in questa edizione, promossa fra gli altri anche dal filologo classico Otto Jahn:

> Egli non parlava solo con l'autorità di una materia che si trovava al vertice della gerarchia culturale, ma soprattutto portava con sé i metodi della filologia testuale, sviluppati nel modo piú conseguente ed esemplare per tutte le scienze che lavorassero su testi storici [Finscher 1975, p. 5].

Durante la vita relativamente lunga di questa impresa editoriale, la musicologia si è assestata come disciplina storico-filologica e ha dato origine, sull'esempio della *Bach-Ausgabe*, a una serie di ulteriori edizioni storico-critiche integrali (Händel nel 1858, Palestrina e Beethoven nel 1862, Mozart nel 1877, Purcell nel 1878, Grétry nel 1883, Schütz nel 1885, Lasso nel 1894, Rameau nel 1896, Victoria nel 1902, Obrecht nel 1908, Buxtehude nel 1925, Machault e Monteverdi nel 1926, Ockeghem e Philippe de Monte nel 1927, Michael Praetorius nel 1928, Josquin Desprez nel 1929, ecc. [Finscher 1975, p. 6]). Solo una minima parte di queste edizioni raggiunge tuttavia il livello della *Bach-Ausgabe*. Nel carattere delle edizioni realizzate fra Ottocento e primo Novecento è inoltre riconoscibile la tendenza a una crescente chiusura della scienza rispetto alla prassi. Carl Dahlhaus ha ricondotto questa tendenza all'idea di patriottismo che stava alla base dei monumenti storico-nazionali:

> Una motivazione esclusivamente colta, limitata all'ambito scientifico non basta, soprattutto per la musica posteriore al Medioevo, a spiegare il fatto che un'edizione rimanga chiusa nei confronti della prassi musicale, vale a dire che conservi i caratteri di fasi piú antiche della notazione, autoescludendosi in tal modo dall'uso pratico, immediato. Alla base dei *Denkmäler deutscher Tonkunst* stava il pensiero chiaramente espresso da Philipp Spitta, secondo cui, all'ombra di un patriottismo che educava al profondo rispetto dei monumenti nazionali, ci si poteva concedere il lusso di esoteriche edizioni con testi il piú possibile inalterati. Il pubblico, anche quello musicalmente preparato, non doveva fare un uso pratico della *Tabulatura nova* di Samuel Scheidt, bensí venerarla come "*Monumentum musices germanicum*". Le chiavi antiche, la notazione mensurale e l'uso delle alterazioni venivano posti cosí sotto la protezione di una sorta di Sovrintendenza alle Belle Arti [Dahlhaus 1978, p. 21].

Ludwig Finscher individua la fase culminante di questa evoluzione, durante la quale la scientificità delle edizioni toccherà l'esoterismo, nella pubblicazione integrale delle opere di Machault intrapresa nel 1926 dallo storico e musicologo di Göttingen Friedrich Ludwig, che è del tutto inutilizzabile per la prassi esecutiva, non cerca nemmeno di fornire degli spunti per impostarla, e «anche dal punto di vista scientifico» è « del tutto accessibile soltanto alla ristretta cerchia degli specialisti» [Finscher 1975, p. 6].

Accanto alle edizioni informate ai principî dello storicismo, l'Ottocento e il primo Novecento hanno prodotto anche un'altra serie di edizioni, sempre comprese nella categoria delle "edizioni integrali storico-critiche", ma in cui l'interesse puramente storico lascia il posto a ideali piú finalizzati alla prassi, come l'ampliamento e il consolidamento del repertorio.

> Erano soprattutto le edizioni integrali di quei compositori che avevano prodotto i testi fondamentali del repertorio corrente: quelle di Mendelssohn nel 1874, di Chopin nel 1878, di Schumann nel 1879, di Schubert nel 1883, di Liszt nel 1905, di Brahms nel 1926 [*ibid.*].

Gli obiettivi di tali edizioni sono ben esemplificati sulla base di quella schubertiana (1883-95). Durante la sua redazione, essa si è modificata nei suoi concetti ispiratori, come si può leggere soprattutto nell'epistolario di Brahms con Eusebius Mandyczewski. Brahms, che nell'edizione integrale di Schubert per Breitkopf & Härtel curava la pubblicazione delle sinfonie, nutriva inizialmente la decisa opinione che in nessun caso si dovesse includere in un'edizione integrale tutto quello che un compositore ha lasciato: di certo non gli schizzi e i progetti, ma neppure le composizioni incompiute, né le opere giovanili. Egli e i suoi colleghi curatori – con l'eccezione di Mandyczewski – «consideravano loro compito [...] la stampa, cioè la prima pubblicazione delle opere inedite e la ristampa il piú possibile priva di errori delle opere già conosciute» [Feil 1968, p. 269]. Il fatto che l'edizione di Schubert sia, dopo quella di Bach, fra le migliori dell'Ottocento, è dovuto soprattutto all'attività di curatore di Eusebius Mandyczewski (1857-1929), il quale al proprio lavoro editoriale – curò la serie dei Lieder – uní interessi storico-scientifici e alla fine riuscí a convincere anche Brahms dell'esattezza delle proprie idee. In una lettera del 19 luglio 1893 egli scrive a Brahms:

> Il fatto che nel volume principale ci siano dovunque cose poco significative, e perfino assai deboli, è inevitabile. Tuttavia io non inserisco le cose deboli [...] per se stesse, bensí per mostrare come Schubert sia diventato quello che noi conosciamo, dove si trovino i suoi inizi, e come egli lavori e costruisca sempre e solo su sé medesimo. – Spero di rendere comprensibile l'esistenza delle opere deboli non meno di quelle eccellenti mostrando la loro reciproca correlazione [*ibid.*, p. 271].

Il principio metodologico di Mandyczewski, se spinto alle estreme conseguenze, tende all'idea di "opera totale" (*Gesamtwerk*) come oggetto dell'edizione. «Ma l'unica teoria dell'opera totale sviluppatasi nell'ermeneutica storica è quella esposta nella "filosofia della vita" [*Lebensphilosophie*] di Dilthey» [Dahlhaus 1978, p. 27]. Non è noto se Mandyczewski, che pure aveva studiato filosofia proprio all'Università di Vienna, conoscesse la «filosofia della vita» di Dilthey. In ogni caso, l'esposizione che Carl Dahlhaus fornisce di questa dottrina potrebbe benissimo servire di commento al sopraccitato passo della lettera di Mandyczewski:

> Se l'opera totale di un compositore appare come l'opera di una vita, dalla quale niente va escluso poiché anche la cosa artisticamente piú insignificante conserva un posto come documento della sua biografia interiore, è stato raggiunto un metodo d'interpretazione storica che giustifica il principio della completezza editoriale

> al di là di ogni argomentazione estetica. Un'opera totale è in tal modo indivisibile al pari della vita, di cui appare come l'oggettivazione. – Perciò solo l'idea dell'opera totale – e non il puro e semplice dato di fatto degli *opera omnia* – legittima il principio editoriale della completezza [*ibid.*].

Fra tutte le idee e correnti spirituali che hanno determinato e accompagnato le edizioni integrali ottocentesche, quella dell'opera totale si è dimostrata come la piú solida e suscettibile di sviluppi; in ogni caso ha fornito la base alla maggior parte delle nuove edizioni integrali del Novecento.

3. *"Nuove" edizioni integrali.*

Se dalla prospettiva odierna si rivolge uno sguardo panoramico alla storia dell'editoria musicologica, si può notare un sorprendente parallelismo di sviluppi tra XIX e XX secolo, proprio come se quello che è successo dal 1850 in poi si ripetesse a partire dal 1950, seppure con presupposti diversi. Infatti, cosí come nell'Ottocento, anche a metà del Novecento ebbe inizio un'imponente produzione di edizioni integrali, e di nuovo fu l'elaborazione editoriale dell'opera di Bach ad assumere – almeno in Germania – il doppio ruolo di apripista e insieme di modello.

La *Neue Bach-Ausgabe* (NBA), cosí chiamata per differenziarsi dalla precedente edizione ottocentesca, fu varata in occasione del festival bachiano di Göttingen del 1950, nel duecentesimo anniversario della morte del compositore. Presso il Bach-Archiv di Lipsia erano già iniziati in maniera indipendente i lavori preparatori per una nuova edizione integrale delle opere di Bach; malgrado la divisione politica fra le due Germanie, gli sforzi di Göttingen e di Lipsia confluirono, cosicché la NBA partí come iniziativa "inter-tedesca" (poco piú tardi questo modello fu seguito anche per la *Händel-Ausgabe* di Halle). Accanto alla NBA, o seguendo il suo esempio, nacquero in rapida successione altre edizioni, che si proponevano di subentrare come "nuove" edizioni integrali alle corrispondenti edizioni anteriori, fra cui: Händel, Mozart e Schütz (dal 1955), Chopin (dal 1949; in lingua tedesca dal 1956), Mendelssohn (dal 1960), Beethoven (dal 1962), Johann Hermann Schein (dal 1963), Schubert (dal 1964), Berlioz (dal 1967), Schumann (dal 1991), Brahms (dal 1995). A esse vanno aggiunte le edizioni di compositori la cui opera non era mai apparsa prima in edizione critica: Dufay (dal 1951), Telemann (edizione antologica) e Willaert (dal 1950), Gluck (dal 1951), Lechner (1954-98), Dvořák e Rimskij-Korsakov (dal 1955), Gesualdo (dal 1957), Haydn (dal 1958), Fux (dal 1959), Berwald e Schönberg (dal 1960), Wagner (dal 1970), Hindemith (dal 1975), Verdi (dal 1983) e molti altri, fino a Gade (dal 1995). [Si veda un altro elenco di edizioni, anche se ovviamente non completo, in Berke e Schmieder 1995, coll. 1116 sgg.]. Negli stessi anni si proseguirono anche alcune serie monumentali, come *Denkmäler der Tonkunst in Österreich*, *Monumenta Musicae Belgicae*, *Das Erbe deutscher Musik* , e se ne inaugurarono di nuove [*ibid.*, coll. 1130 sgg.].

Le edizioni monumentali e integrali della seconda metà del Novecento poterono senza dubbio approfittare delle esperienze delle edizioni critiche precedenti, e per un periodo si accarezzò anche l'idea di aggiornare le edizioni piú vecchie con revisioni e supplementi e risolvere cosí il problema in un tempo relativamente breve – un'idea che doveva venire al piú presto accantonata:

> Nel XIX secolo la musicologia, con la pubblicazione di edizioni integrali e serie monumentali, ha certamente fornito lavori eccellenti anche senza alcun appoggio istituzionale. Ciò era possibile fintantoché la pubblicazione tendeva essenzialmente a rendere accessibili fonti uniche o poco diffuse. La missione si complica però sostanzialmente man mano che l'edizione delle opere si sostituisce all'edizione delle fonti, e cioè quando una composizione non viene piú pubblicata a partire da una fonte unica, bensí sulla base di una collazione di tutte le fonti accessibili, e ancor piú da quando si è cominciato a utilizzare a regola d'arte, e non solo episodicamente, le scienze ausiliarie e gli strumenti tecnici oggi disponibili. Inoltre, la maggior parte delle edizioni ottocentesche erano le prime condotte scientificamente, mentre oggi molti grandi maestri come Schütz, Bach, Händel, Mozart, Beethoven e Schubert vengono pubblicati per la seconda volta; e se nel dopoguerra l'intenzione degli editori era innanzitutto quella di immettere sul mercato una nuova edizione al posto di quella esaurita, le vecchie edizioni sono ora da tempo disponibili in forma di facsimile, e la legittimazione delle nuove edizioni consiste principalmente nell'eliminare le lacune di quelle precedenti e nel presentare lo stadio piú avanzato della ricerca – una pretesa, tuttavia, piú spesso accampata che non mantenuta [Dürr 1957, p. 313].

Un ulteriore elemento che contraddistingue quasi tutte le moderne edizioni critico-scientifiche, è il loro nuovo rapporto con la prassi esecutiva:

> si può affermare che il principio dell'edizione scientifico-pratica si basa sulla certezza che una rigorosa scientificità dell'edizione non debba in nessun caso portare ad un allontanamento dalla prassi, anzi al contrario garantisca una maggiore vicinanza alla realtà – o almeno la possibilità di una maggiore vicinanza. In altre parole, si parte dall'idea che una crescente riflessione filologica e una crescente utilizzabilità pratica non si escludano, anzi si integrino a vicenda [Dahlhaus 1978, p. 22; cfr. *infra* § 6].

Tutto ciò, in particolare la pretesa di una rigorosa scientificità delle edizioni moderne, presuppone un solido fondamento istituzionale in campo organizzativo. Solo gradualmente, quanto piú ci si allontanava dall'idea di una semplice revisione delle edizioni passate, fece la sua comparsa un ulteriore fenomeno, solo apparentemente esteriore, e che non era affatto prevedibile in un primo momento: la relativa lunghezza dei tempi di edizione. Se i curatori e gli editori della NBA avevano inizialmente preventivato ai sottoscrittori un'attesa di circa quindici-vent'anni, questa previsione si rivelò presto un puro eufemismo. Se, come prevedono i piani attuali, la NBA giungerà alla sua (provvisoria) conclusione nel 2004, la sua elaborazione sarà durata piú di cinquant'anni, un lasso di tempo che costituisce l'assoluta normalità anche per altre grandi edizioni integrali (Mozart, Haydn, Schubert, ecc.). Inoltre i tempi lunghi non vanno ricondotti in nessun caso a problemi di capacità delle case editrici, ma sono dovuti esclusivamente alla complessità scientifica delle edizioni moderne, cosí come l'ha delineata Alfred Dürr nella citazione precedentemente riportata. Per le case editrici la pretesa delle edizioni di essere utili anche alla pratica musicale rappresenta un'ulteriore sfida, ossia quella di conformare effettivamente queste edizioni al momento esecutivo. Le moderne edizioni integrali critico-scientifiche, in questa sede lo si può soltanto accennare, sono grossi progetti scientifico-editoriali di lunga durata; alcuni dei problemi, opportunità e rischi che ne derivano verranno trattati nei paragrafi seguenti.

4. *Il contesto storico e politico attorno al 1950.*

Il momento in cui vennero varate le nuove edizioni integrali, appena cinque anni dopo la fine della seconda guerra mondiale, era solo apparentemente sfavorevole per imprese tanto imponenti. La guerra infatti aveva sí sconvolto l'Europa e lasciato devastazioni inimmaginabili in molti paesi, e specialmente in Germania, tuttavia fu proprio l'esperienza di queste brutali distruzioni, che avevano colpito anche e soprattutto i beni culturali, a fornire l'impulso decisivo per la conservazione di quanto si era salvato. Karl Vötterle (1903-75), fondatore della casa editrice Bärenreiter e senza dubbio il piú fecondo produttore di edizioni integrali, la pensava comunque cosí:

> Forse non è un caso che l'idea di creare nuove edizioni integrali abbia trovato in Germania un terreno particolarmente favorevole e fruttuoso. Ciò che è andato irreparabilmente distrutto ci sta davanti agli occhi piú che ad altri popoli. Cosí sentiamo l'imperiosa esigenza di conservare e ordinare quanto ci è stato tramandato [Vötterle 1956, p. 36].

L'idea della conservazione è sicuramente solo una delle tante che hanno alimentato la nascita e la produzione di edizioni integrali. L'enorme slancio economico dei paesi occidentali negli anni Cinquanta e Sessanta ha poi favorito ulteriormente questi sviluppi.

In Germania, dove l'editoria avrebbe acquistato particolare importanza, si presentò tuttavia una vera congerie di problemi sia per il lavoro scientifico sia per le case editrici. Nella nazione divisa erano sorti due stati che, in seguito alla politica della guerra fredda, si trovavano sempre piú in conflitto. La circolazione del sapere era possibile solo a condizioni difficilissime, soprattutto perché gli studiosi dell'allora Repubblica Democratica Tedesca erano sottoposti a rigide limitazioni nei loro viaggi. Il patrimonio di quella che era stata la biblioteca centrale tedesca, l'allora Preußischer Staatsbibliothek di Berlino, era suddiviso fra le biblioteche dell'Est e dell'Ovest. Durante la guerra, per ragioni di sicurezza, gli autografi di quella biblioteca erano stati infatti depositati in zone meno pericolose, ed è quasi un miracolo che essi, salvo qualche eccezione, siano rimasti intatti. Ad ogni modo i fondi depositati nella ex Slesia tedesca non sono stati accessibili ai ricercatori sino alla fine degli anni Settanta. Per la *Neue Mozart-Ausgabe* (NMA), che fin dall'inizio si era posta l'obiettivo di ripubblicare le opere di Mozart soprattutto sulla base degli autografi, ciò doveva influenzare assai negativamente i lavori, poiché tra i fondi depositati in Slesia (oggi conservati nella Biblioteka Jagiellónska di Cracovia e nuovamente consultabili) ci sono centoventi numeri del catalogo Köchel.

Ma la situazione del secondo dopoguerra ha modificato radicalmente anche il panorama editoriale tedesco. Quasi tutte le case editrici di lunga tradizione, fra cui la Breitkopf & Härtel, che ha pubblicato quasi tutte le edizioni musicali integrali dell'Ottocento, avevano sede a Lipsia. Le case editrici vennero mantenute in vita anche sotto il comunismo come "aziende di proprietà popolare", ma i titolari espropriati le rifondarono dal nulla in Germania occidentale. Per le case editrici interessate ciò rappresentò tuttavia una perdita di capacità produttiva, comportando un trasferimento delle edizioni integrali ad altre case editrici già collocate all'Ovest (Bärenreiter, Henle, Schott). Dato che per le sopra citate "edizioni in collaborazione" fra Est e Ovest, la *Neue Bach-Ausgabe* e la *Händel-Ausgabe* di Halle, si era esclusa per motivi politici e giuridici la compartecipazione di una delle vecchie case editrici, ora divenuta azienda di proprietà popolare, per risolvere il problema venne appositamente fondata nell'allora RDT una nuova casa editrice, l'azienda statale Deutscher Verlag für Musik di Lipsia. Il fatto che entrambe le edizioni siano sopravvissute a quarant'anni di separazione fra le due Germanie come edizioni in coproduzione inter-tedesca, spesso ovviamente a prezzo di un logorio fisico dei collaboratori interessati, fa parte anch'esso dell'aura di successo che tuttora circonda le edizioni integrali tedesche.

5. *Metodologia*.

Scopo di una moderna edizione critico-scientifica è di fornire un autentico testo dell'opera, previa valutazione di tutte le fonti secondo metodi scientifico-filologici. Questo indiscusso postulato contempla anzitutto, in fase di lavoro preparatorio, una raccolta e un'ispezione "acritica" di tutte le fonti; tanto quelle musicali (autografi, apografi, stampe originali e loro eventuali bozze, copie di esecuzione corrette dai compositori, ecc.) quanto quelle testuali (libretti, programmi letterari, ecc.). A ciò si aggiungono, anche se non riguardano direttamente l'opera in questione, documenti di vario tipo, come lettere e testimonianze dell'autore, documenti scritti da altri, recensioni, ecc. Tutto ciò viene immesso in un archivio delle fonti (oggi, opportunamente, in una banca-dati elettronica). Poiché le fonti devono sempre essere a portata di mano del curatore, egli ne ha bisogno anche sotto forma di copia (microfilms, microfiches, copie cartacee) quale materiale di lavoro immediatamente disponibile. Questi lavori, la cui importanza ai fini di un'edizione moderna è spesso sottovalutata dai finanziatori e dai non specialisti, richiedono moltissimo tempo, e assai raramente vengono realizzati come una fase separata di preparazione al vero e proprio lavoro editoriale. Perciò, di regola la raccolta delle fonti (termine tecnico: *euristica*) avviene, almeno per un certo periodo, parallelamente al lavoro di edizione in senso stretto.

Lo stesso lavoro editoriale, generalmente indicato nelle opere di consultazione come *tecnica d'edizione* [cfr. la trattazione dettagliata in Schmidt 1995, coll. 1656-80] è stato spesso oggetto di riflessione scientifica in tempi recenti [Dadelsen 1967; e in modo esauriente Feder 1987]; è praticamente impossibile riassumere tale riflessione in poche frasi, dato che essa non è per niente uniforme, ma cambia a seconda che ci si occupi della musica mensurale o di quella del XIX secolo, per non parlare delle opere della Nuova Musica con sistemi di notazione parzialmente modificati o totalmente nuovi e individuali. Essa dipende anche dal tipo di trasmissione di un'opera, a seconda che questa sia stata tramandata da fonti primarie per la maggior parte autentiche, come autografi e prime stampe autorizzate, o da una pluralità di fonti secondarie. E comunque, nell'edizione di musiche dell'Otto e del Novecento si è complessivamente affermato il metodo della critica testuale, mutuato dalla filologia classica. La rappresentazione delle sue fasi metodologiche – recensione delle fonti – loro collazione – classificazione delle varianti – è oggetto dell'apparato critico, mentre il suo risultato editoriale è l'opera come «Urtext» ovvero come «testo il piú possibile autentico» [Dahlhaus 1978, p. 23].

Nelle nuove edizioni integrali la disposizione del testo musicale non è regolata in modo uniforme. È vero che prevale la "forma di partitura", tuttavia l'impostazione della stessa non è uniforme: a volte si segue la norma attuale (legni – ottoni – timpani / percussioni, ecc. – archi – voci – basso), mentre occasionalmente si mantengono disposizioni piú antiche. I titoli delle opere strumentali vengono di regola modernizzati, cosí come le denominazioni degli strumenti; le tessiture originali per strumenti traspositori vengono perlopiú conservate, mentre le chiavi antiche, anche vocali, sono generalmente modernizzate. Alcune grafie antiche vengono riprese tali e quali dalle fonti (per esempio "Jüden" anziché "Juden" nella NBA), mentre altre grafie antiquate (come "seyn" o "Muth") vengono anch'esse modernizzate. In parte per alleggerire l'apparato critico, in parte per rendere immediatamente visibile al lettore o al musicista ciò che è stato tramandato dalle fonti e ciò che invece costituisce un'aggiunta editoriale, in molte edizioni integrali ci si serve di una scrittura tipograficamente differenziata delle note. Il sistema della differenziazione tipografica (per esempio la distinzione fra normale = originale / carattere piccolo = aggiunta per note, pause, accidenti, segni di staccato, ecc. o quella fra normale = originale / corsivo = aggiunta per numeri, lettere e parole) si può utilizzare sensatamente solo se lo stato della fonte è inequivocabilmente autentico; se il curatore è invece costretto a fondare la propria edizione su una pluralità di fonti (miscellanea di fonti), questo sistema giunge necessariamente ai limiti della sua utilizzabilità. L'edizione integrale delle opere di Haydn utilizza perciò anche caratteri diacritici, per esempio parentesi di forma diversa, con le quali si può indicare quale segno viene ripreso da quale fonte. È anche possibile l'uso congiunto di entrambi i metodi di rappresentazione, sia per motivi di facilità di lettura – un punto piccolo indicante lo *staccato* non è sempre facilmente distinguibile da un punto normale, una parentesi invece salta subito agli occhi – sia per rendere riconoscibili fra loro tipi di fonte diversi. Cosí la NMA in linea di principio utilizza la differenziazione tipografica, ma nelle indicazioni di scena e di regia delle opere teatrali utilizza se necessario anche i caratteri diacritici per distinguere un'indicazione proveniente dalla partitura da quella proveniente da un libretto a sé stante. Sia l'impiego della differenziazione tipografica sia l'utilizzo di segni diacritici necessitano in ogni caso di una chiara definizione. Se e fino a qual punto sia possibile annotare il testo musicale in un'edizione critico-scientifica, dipende anche da quanto ne soffre la leggibilità della stessa. Cosí le edizioni di Mahler e di Schönberg hanno rinunciato, vista la già grande densità semiografica delle partiture originali, a ogni tipo di contrassegno ulteriore.

Le parti verbali di una moderna edizione integrale consistono di regola in una prefazione standard (che si ripete uguale in ogni volume illustrando concisamente la struttura dell'opera e i principali criteri editoriali) e nelle prefazioni a ogni singolo volume, le quali si riferiscono ai lavori in esso contenuti. In tale contesto sono perlopiú inopportune analisi delle opere e considerazioni estetiche generali, ma si possono fornire indicazioni sulla loro origine e tradizione, sulla storia delle esecuzioni e della ricezione, o presentare questioni specifiche, ecc. L'apparato critico può comparire sia all'interno della partitura sia come pubblicazione separata. Oltre alle già citate indicazioni sulle fonti e sulle varianti, esso può presentare anche le correzioni autografe, che (quando sia possibile) cercherà di interpretare in riferimento al processo compositivo, o infine anche le motivazioni di eventuali decisioni del curatore, se esse non sono già deducibili dal testo musicale tipograficamente differenziato.

6. *Standard scientifico e adeguamento alla prassi.*

La maggior parte delle edizioni integrali critico-scientifiche nate dopo la seconda guerra mondiale sono dichiaratamente dirette a due gruppi del tutto diversi di destinatari: lo studioso, al quale vogliono offrire un testo ineccepibile, la cui autenticità è garantita dall'apparato critico, e il musicista pratico, che deve fondare l'esecuzione dell'opera proprio su questo testo. Sebbene l'editoria della prima metà del secolo, fino alla seconda guerra mondiale, avesse acuito sempre piú la propria consapevolezza di un legame fra lavoro editoriale e prassi esecutiva [cfr. Finscher 1975, p. 10], solo dopo la guerra è stato possibile trarre da tale posizione vere e proprie conseguenze editoriali. Per poter realizzare questo doppio obiettivo sotto forma di edizioni "scientifico-pratiche", ci si serví di un modello editoriale che non era neppure del tutto nuovo, quantunque nella prima metà del secolo fosse stato adottato sporadicamente, quasi una sorta di sfida alle cosiddette "edizioni didattiche", quelle cioè che «mirano direttamente alla prassi senza passare per la filologia» [Dahlhaus 1978, p. 23]: il tipo della *Urtext-Ausgabe*, che ora doveva fungere da ideale congiunzione tra scienza e prassi. Nella NBA il concetto di *Urtext* aveva trovato esplicito accoglimento nella prefazione generale:

> La nuova edizione delle opere di Bach (NBA) è una *Urtext-Ausgabe*; essa deve offrire alla scienza un testo originale ineccepibile delle opere di J. S. Bach e contemporaneamente servire di fondamento attendibile alle esecuzioni pratiche.

Malgrado il suo successo a tutt'oggi irrefrenabile, il concetto di *Urtext* presenta non irrilevanti problemi di definizione quando lo si sottoponga a una riflessione filologica.

> Il concetto di *Urtext-Ausgabe* ha acquistato efficacia [...] proprio per il fatto di essere rimasto vago, cosí che è potuto diventare uno slogan. È difficile distinguere una *Urtext-Ausgabe* da un'edizione storico-critica. [...] Un'edizione critica è caratterizzata unicamente dal fatto di obbedire alle regole del metodo filologico; ciò che essa presenta è sempre un testo "il piú possibile" autentico, anche quando lo stato delle fonti sia estremamente sfavorevole. Al contrario, si può parlare di un'edizione *Urtext* in senso stretto solo quando la versione che essa presenta è "abbastanza" autentica. Cosa voglia dire "abbastanza" può anche essere discutibile; ad ogni modo, sta di fatto che per un'edizione storico-critica è essenziale esclusivamente il metodo filologico, mentre una *Urtext-Ausgabe* necessita inoltre di uno stato delle fonti piuttosto favorevole [Dahlhaus 1978, p. 23].

In tal modo entra in gioco come criterio fondamentale per una definizione di *Urtext-Ausgabe* anche il concetto di testo, dove "testo" va inteso nel senso di un'opera trasmessa da una fonte primaria. Questa definizione ammette però anche la conclusione opposta che in presenza di uno stato delle fonti estremamente sfavorevole (ciò che può accadere talvolta a qualunque edizione critico-scientifica) il risultato di un "testo il piú possibile autentico" è sicuramente raggiungibile da un'edizione storico-critica, ma non da una *Urtext-Ausgabe* che rechi un testo anche solo "abbastanza" autentico. Da questo punto di vista quindi non c'è da meravigliarsi se in altri tentativi di definizione il concetto di *Urtext* sia stato inteso in senso molto piú ampio. In un'intervista per «Musik + Medizin» (rivista che nel frattempo ha cessato le pubblicazioni) è stato chiesto a Günther Henle, che ha basato quasi esclusivamente sull'idea di *Urtext* il programma editoriale della casa editrice G. Henle da lui fondata nel 1948, se si possa parlare di *Urtext* solo quando esiste un autografo o una prima stampa autorizzata dall'autore. La sua risposta:

> No, purtroppo non è possibile, altrimenti bisognerebbe limitarsi solo alle opere di cui si siano conservati gli autografi. [...] Ciò che conta è indagare scientificamente nella maniera piú ampia possibile quale sia stata l'ultima volontà del compositore.

Il testo quale elemento definitorio viene qui radicalmente rimosso, proprio con un trucco da prestigiatore, grazie al quale la *Urtextausgabe* si salverebbe anche in caso di "stato sfavorevole delle fonti". Per Henle conta alla fin fine il metodo scientifico dell'edizione, e in questo modo la differenza fra edizione critico-scientifica e *Urtext-Ausgabe* si riduce a una questione di sfumature.

C'è da dubitare che per le edizioni critico-scientifiche l'idea di *Urtext* continui a reggere anche in futuro. Infatti, se Günther Henle parla di studiare l'"ultima volontà" di un compositore, riferendola a una sola versione autentica dell'opera, egli presuppone come dato di fatto che tale "ultima volontà" non solo esista, ma si sia anche manifestata in modo evidente, oppure vada determinata con metodi scientifici, o all'occorrenza ricostruita a partire da una fonte primaria – autografo o «edizione autorizzata dall'autore» – per poter essere infine edita come *Urtext* [Berke 1991, p. 534]. Tuttavia la critica del concetto tradizionale di opera, e non da ultime anche le esperienze editoriali degli ultimi tempi (*Neue Schubert-Ausgabe*) hanno fatto vacillare sia l'idea di una "ultima volontà" come unica discriminante, sia quella di versione autentica dell'opera; due concezioni alle quali è legata anche l'idea di *Urtext* e che Ludwig Finscher ha contrassegnato quali «un legato dell'Ottocento» [1975, p. 9].

A questo punto non si può tacere come all'unificazione di scientificità e adeguamento alla prassi tentata mediante le edizioni scientifico-pratiche si siano collegati anche forti interessi e speculazioni editoriali. Non è certo un caso che sia stato un editore, Karl Vötterle, a preconizzare con enfasi il nuovo tipo di edizione nel suo saggio *L'ora dell'edizione integrale* (apparso in «Musica», n. 10, 1956). Certamente Vötterle nel 1956 aveva sottovalutato – anche troppo, visti gli sviluppi successivi – l'importanza commerciale delle edizioni integrali; egli mirava fin dall'inizio a un'immissione sul mercato di nuove edizioni, per le quali aveva preparato un piccolo elenco di caratteristiche solo apparentemente esteriori: utilizzabilità immediata come partiture per l'esecuzione, e mediata come base per edizioni complementari sotto forma di parti separate, riduzioni pianistiche, partiture da studio; formati tascabili; possibilità di sottoscrizione sia totale sia parziale o acquisto di singoli volumi, ecc. Se pure le nuove edizioni integrali si sono affermate nella prassi esecutiva in modi diversi, a volte soddisfacenti, a volte deludenti, si può dire che complessivamente il conto di Vötterle si è rivelato esatto (cfr. *infra* § 8).

7. *Organizzazione.*

L'elevato standard scientifico che si prefiggono le moderne edizioni musicali integrali, specialmente le piú imponenti, può venire realizzato soltanto attraverso un apparato scientifico istituzionalizzato con specialisti del settore. Tuttavia il loro finanziamento non può assolutamente venire garantito dalla sola vendita dei volumi a prezzi piú o meno accettabili. In Germania è stata perciò perseguita fin dall'inizio, e conformemente istituzionalizzata, una rigorosa separazione organizzativa fra l'elaborazione scientifica delle edizioni da una parte e la loro realizzazione editoriale dall'altra. Poiché la forma organizzativa messa a punto in Germania può servire da modello anche per analoghi progetti in altri paesi, la si descriverà qui un po' piú dettagliatamente.

Sull'esempio dello Johann-Sebastian-Bach-Institut di Göttingen (fondato nel 1951 con il compito principale di curare la pubblicazione della NBA in collaborazione con il Bach-Archiv di Lipsia) sono state fondate istituzioni analoghe anche per altri importanti progetti editoriali, impiegando collaboratori scientifici stabilmente assunti. Tali istituzioni editoriali si considerano liberi istituti di ricerca musicologica, la cui indipendenza sia dalle università sia dalle case editrici è garantita di volta in volta dalle varie associazioni sostenitrici; da parte loro, esse svolgono la funzione di datori di lavoro nei confronti dei collaboratori. Per quanto riguarda la gestione delle finanze, la contabilità e l'amministrazione generale sono le associazioni sostenitrici a fornire il referente; sotto il profilo del diritto associativo esse sono “associazioni di pubblica utilità” e come tali vengono registrate al competente ufficio giudiziario. Altre edizioni invece (Lasso, Gluck) sono annesse ad Accademie delle Scienze. Il finanziamento è regolato in maniere differenti e proviene in parte dal denaro degli sponsor, in parte da contributi delle fondazioni (Hindemith-Gesamtausgabe), in parte da fondi pubblici dei comuni, delle regioni e del governo federale, e spesso anche da una combinazione di queste fonti (finanziamento misto). In Germania il finanziamento di un gran numero di *opera omnia* avviene sotto l'egida della Conferenza delle Accademie tedesche delle Scienze, rappresentata dall'Accademia delle Scienze e della Letteratura di Magonza che amministra e redistribuisce i fondi ricevuti, sulla base di un accordo tra governo federale e stati regionali, per la metà dal ministero federale competente e per l'altra metà dal ministero della pubblica istruzione della regione in cui ha sede il relativo istituto editoriale. In Germania sono al momento impiegati dagli istituti editoriali circa sessanta collaboratori fissi, i quali, assieme ai musicologi delle università, formano un considerevole potenziale scientifico.

Di regola i lavori editoriali non possono venire esauriti dai soli collaboratori fissi; ciò valeva soprattutto nella fase iniziale, quando gli istituti editoriali erano ancora a corto di personale. Per l'edizione dei singoli volumi vengono pertanto impiegati collaboratori esterni retribuiti a prestazione, un procedimento che presenta vantaggi ma anche rischi; vantaggi in quanto offre la possibilità di coinvolgere nell'edizione in questione specialisti di fama internazionale; rischi, perché il procedimento è gravato da fattori imponderabili di natura qualitativa e da incertezze sui tempi di consegna del lavoro.

Il compito principale degli istituti editoriali è la compilazione scientifica delle edizioni sotto forma di manoscritti pronti per la produzione, da consegnare alle case editrici (ultimamente sempre piú in forma di archivi informatici). La realizzazione tecnica delle edizioni e la loro immissione sul mercato spetta alla casa editrice, tuttavia gli istituti sono coinvolti anche nella necessaria supervisione e nel coordinamento delle diverse revisioni fino al nulla osta di stampa. Dagli istituti editoriali viene fornito altresí tutto il lavoro di ricerca che esula dall'ambito strettamente editoriale (cfr. *infra* § 8 [per la figura professionale dei collaboratori a tali istituti cfr. Berke e Feder 1981]).

8. *Importanza scientifica e commerciale.*

I fondamentali risultati musicologici prodotti dall'editoria moderna, cui giustamente si fa sempre piú riferimento, non dovrebbero farci dimenticare che il suo scopo principale consiste nel pubblicare edizioni di opere elaborate in base a metodi scientifico-filologici verificabili. Le piú antiche edizioni ottocentesche, anche quelle che si consideravano "critiche", soddisfacevano a quest'esigenza solo in pochi casi. E anche dove esse producevano quasi esclusivamente «edizioni di fonti» [Dürr 1957, p. 313], si può obiettare che spesso non erano le fonti migliori a essere impiegate. Senza dubbio, almeno una parte delle edizioni antiche si sentiva obbligata a una critica filologica del testo, tuttavia è evidente che i metodi sono stati applicati (se mai ciò è avvenuto) con rigore variabile. Studiando le prefazioni che espongono i *criteri di revisione* seguiti in queste edizioni, salta agli occhi un considerevole grado di insicurezza metodologica. Ciò vale fra l'altro per la "vecchia" *Mozart-Ausgabe*, i cui *criteri di revisione* per l'edizione delle sinfonie (serie VIII) e della musica da camera e per pianoforte, ivi inclusi i concerti (serie XIII-XXII), consta solamente di un "catalogo dei manoscritti originali utilizzati" a mo' di elenco, che non consente certo un esame critico del testo edito e talvolta non si dimostra neppure convincente.

Alla maggior parte delle piú antiche edizioni critiche manca anche una tecnica ecdotica unitaria; di regola non esistevano direttive editoriali vincolanti, che per qualsiasi moderna edizione scientifica sono ormai un'ovvietà, cosicché i singoli volumi portano il marchio della personalità dell'editore. Ciò accade parzialmente anche nelle edizioni moderne, ma è avvertibile piú nelle parti verbali che nell'opera vera e propria.

Secondo Dürr [1957, p. 313], nelle nuove edizioni integrali l'edizione è il risultato della collazione di tutte le fonti conosciute, il che esclude che un'edizione possa effettuarsi secondo una sola fonte, scelta arbitrariamente tra quelle disponibili. Infatti lo scopo della collazione tra le fonti è quello di appurare le loro dipendenze reciproche (*filiazione*), di escludere fonti derivate (*eliminatio codicum descriptorum*) e in casi favorevoli di scegliere la fonte migliore (*codex optimus*) quale fonte principale dell'edizione [Dadelsen 1967, pp. 14-15]. Sommandosi al metodo della collazione, la descrizione esatta delle fonti (incluso lo studio delle grafie, della carta e delle filigrane) ha condotto talvolta a risultati straordinari, a spettacolari nuove datazioni delle opere vocali di Bach nel periodo lipsiense [Dürr 1957] e delle opere di Mozart fra il 1770 e il 1780 [Plath 1976-77], oppure alla totale riconsiderazione dei frammenti mozartiani grazie alle ricerche di Alan Tyson. Un'altra importante acquisizione, ottenuta anch'essa con l'utilizzo estensivo della collazione tra le fonti, è la rivalutazione delle differenti versioni di un'opera, che Ludwig Finscher ha cosí descritto:

> L'idea che fra molteplici versioni conservate di un'opera fosse sempre l'ultima, cioè la "versione autorizzata dall'autore" a rappresentare la definitiva volontà del compositore, e l'idea che fosse sempre possibile, pur davanti a evidenti contraddizioni nella tradizione, ricostruire la vera intenzione del compositore, erano retaggi del XIX secolo: la filologia testuale partiva dal presupposto (spesso divenuto inconsapevole) che un testo musicale avesse il carattere di "opera" definitiva, conclusa, ben organizzata; l'opera era espressione, o almeno prodotto, di una personalità la cui autonoma volontà ultima l'editore doveva rispettare. Queste convinzioni vennero però messe in dubbio man mano che la filologia del testo musicale si affinava e cominciava a utilizzare fonti anteriori al XVIII secolo – il lavoro sul dettaglio portò inevitabilmente alla revisione dei principî fondamentali [1975, p. 9].

Nella stessa direzione si muovono le riflessioni di Carl Dahlhaus:

> Per ciò che attiene al carattere storico di un brano di musica, come si spiega che esso appaia ad ogni esecuzione in forma diversa, adattata alle condizioni ambientali della riproduzione e, ancor peggio, che sia considerato dal suo stesso compositore come una specie di camaleonte? Per le opere di Rossini, per tacere delle melodie trobadoriche del XIII secolo e dei brani organistici del Seicento, la distinzione tra una versione primaria, autentica, che corrisponderebbe alle intenzioni del compositore, e gli adattamenti secondari, liquidati come deformazioni, è erronea e inadeguata, poiché tutte le versioni sono per principio equivalenti, e l'"opera", se la si vuole ancora chiamare cosí, non è in senso stretto se non l'inveramento di potenzialità realizzative apparse via via nella storia della sua ricezione. Ciò non esclude che possa essere legittimo scegliere una versione in apparenza piú riuscita delle altre; ma non si deve nascondere che una tale decisione si deve spesso a motivi di ordine estetico e non storico-filologico [1978, p. 25].

Oggi sappiamo che questo fenomeno è di importanza decisamente maggiore e piú generale di quanto non si credesse in origine. Lavori centrali di Bach (le Cantate, la *Passione secondo San Matteo*, *Il clavicembalo ben temperato I* e *II*, ecc.) ne sono coinvolti al pari di quelle opere schubertiane che vanno considerate di massima come "aperte" o *in progress*. Ciò non significa che tutte le opere di Schubert ci siano pervenute in uno stato di provvisorietà, ma piuttosto che, se lasciate nuovamente nella disponibilità del compositore, venivano sottoposte a continue modifiche. Il risultato non è però in alcun caso una "versione definitiva" sortita da un processo di sublimazione compositiva tale da porre fuori uso tutto quanto era stato scritto prima (in alcuni casi i disconoscimenti operati dai compositori stessi non vanno presi in considerazione), ma attesta bensí l'esistenza di diverse "configurazioni" di un'opera, ciascuna delle quali pretende all'assoluta autenticità (cfr. a questo proposito *infra* § 9).

Un'edizione integrale che abbia per oggetto l'"opera totale" di un compositore in senso diltheyiano [Dahlhaus 1978, p. 27] deve necessariamente far emergere ambiti creativi che restano di regola nascosti a un'edizione delle sole "opere" in senso stretto. Il ritrovamento e l'interpretazione di schizzi e progetti, per fare solo due esempi, ha posto l'idea del metodo creativo di Mozart e Schubert su basi totalmente nuove e piú realistiche. Materiali periferici rispetto all'opera integrale, studi, quaderni di esercizi degli allievi, rielaborazioni di opere altrui permettono di scoprire nell'attività di un compositore ambiti finora poco considerati, inoltre in alcuni casi fanno apparire sotto nuova luce le stesse opere centrali. Resta infine da accennare al problema degli *incerta*, che non si può risolvere in nessun caso solo con la critica stilistica, ma può trovare possibilità di soluzione con l'ausilio della critica testuale.

Mentre l'importanza scientifica delle nuove edizioni integrali non è generalmente contestata da alcuno, non si può valutare in modo unitario il loro successo commerciale, sebbene entrambi gli aspetti siano strettamente legati, come appare a prima vista. Infatti un'elevata attendibilità scientifica si dovrebbe tradurre in una corrispondente ampiezza di diffusione e determinare cosí in modo decisivo la tiratura delle edizioni quale automatico indice neutrale del successo economico. Nei primi anni Cinquanta, all'esordio della nuova editoria critica, il significato di questo collegamento è stato decisamente sottovalutato rispetto a quanto è emerso piú tardi.

Vötterle [1956, p. 35] non vedeva nella pubblicazione di edizioni integrali «un affare dal punto di vista commerciale» e puntava tutto sull'ulteriore commercializzazione a fini pratici. La ricezione oltremodo positiva ottenuta dalle nuove edizioni integrali, soprattutto negli anni Cinquanta e Sessanta, grazie a una vivace espansione economica, non era quindi prevedibile fin dall'inizio. Per una casa editrice che ha ampliato in modo significativo la produzione di edizioni integrali come la Bärenreiter (fondata da Vötterle nel 1923) queste non hanno rappresentato soltanto un aumento della reputazione scientifica internazionale, ma anche un considerevole elemento di fatturato.

L'ipotesi che l'assioma di Dahlhaus, «una crescente riflessione filologica e una crescente utilizzabilità pratica non si escludono, bensí si integrano a vicenda» [1978, p. 22], si porti dietro necessariamente una generale accettazione di queste edizioni anche nella prassi musicale e che con queste edizioni (e con quelle da esse derivate) si possa sbaragliare ogni concorrenza sul mercato, non si è imposta senza difficoltà. Le nuove edizioni integrali delle opere da Bach fino a Berlioz, Wagner e Janáček rendono senz'altro accessibile – e in ciò consiste non da ultimo il loro fascino editoriale – un repertorio standard sempre in voga sull'onda del tardo storicismo; tuttavia notevoli porzioni di questo repertorio, proprio perché facenti parte dello standard musicale, sono disponibili anche in innumerevoli edizioni concorrenti, alcune delle quali sono certamente antiquate, mentre altre sono redatte come *Urtextausgaben* secondo gli stessi metodi critico-scientifici delle nuove edizioni integrali, o altri analoghi. Cosí gli spartiti delle nuove edizioni integrali, se la casa editrice li vuole immettere sul mercato per l'uso quotidiano, s'imbattono in una concorrenza non trascurabile, e la loro affermazione necessita di una dura lotta.

Infine, una veloce diffusione delle nuove edizioni integrali nella prassi musicale viene resa difficile, anche a prescindere dai loro tempi lunghi, da circostanze imputabili alla sopradescritta separazione organizzativa fra elaborazione scientifica e realizzazione editoriale. La produzione di un editore musicale, in quanto impresa commerciale, deve adeguarsi in linea di principio al criterio della commerciabilità dei prodotti e con ciò anche alla loro idoneità a essere inseriti nel repertorio. Questi non sono però assolutamente criteri scientifici, e meno che mai categorie della critica testuale, bensí soltanto fenomeni che possono interessare gli studi sulla ricezione o la musicologia sistematica. La casa editrice non ha di regola la possibilità di influenzare la frequenza di apparizione dei singoli volumi di un'edizione integrale, e nemmeno di determinare le priorità nell'elaborazione delle edizioni. Da parte loro, gli istituti editoriali dipendono spesso per alcuni volumi dalla collaborazione di curatori esterni, i cui ritmi lavorativi sono al di fuori della loro sfera d'influenza. L'immagine ideale di una casa editrice che all'interno di un'edizione integrale pubblichi dapprima le opere centrali del repertorio suddivise in gruppi a sé stanti, nel rigoroso rispetto delle scadenze intermedie e a intervalli di tempo definiti e chiaramente delimitati, alimentando subito anche la prassi esecutiva e rinviando a un secondo momento tutto quanto è o appare periferico a dispetto della sua importanza scientifica (o semmai producendolo "a parte") è una rappresentazione puramente illusoria di fronte a quasi mezzo secolo di storia dell'editoria. Probabilmente essa non è neppure sostenibile sul piano scientifico.

Cosí l'influenza delle nuove edizioni integrali sulla prassi musicale si presenta oggi in modi differenti: in parte soddisfacente o anche assai positiva (grandi oratori di Bach, opere di Mozart, musica da camera in genere, anche di organico abbastanza ampio), in parte insoddisfacente (musica pianistica in genere); e i suoi sviluppi – vorremmo sottolinearlo esplicitamente – sono determinati soltanto dalle tecniche di commercializzazione, a prescindere dalla qualità editoriale.

9. *Prospettive.*

La domanda se alle "nuove" edizioni integrali del XX secolo seguiranno un giorno le edizioni "nuovissime" del XXI, è meno oziosa di quanto non sembri a un primo sguardo. Infatti alcune delle maggiori edizioni integrali (Bach, Mozart) stanno per essere completate, e già risulta chiaro che contengono singole opere bisognose di revisione. Vista la lunghezza dei tempi impiegati ciò non può stupire molto, dato che la ricerca non si è mai fermata e – non da ultimo anche attraverso il continuo lavoro alle edizioni stesse – ha prodotto nuove conoscenze, le quali si ripercuotono su alcune edizioni anteriori; un esempio illustre è l'edizione del 1954 della *Messa in si minore* di Bach, curata da Friedrich Smend nell'ambito della NBA. La necessità di rivedere singole opere non è tuttavia una ragione sufficiente per ricominciare da capo tutto il lavoro, dato che il problema si può risolvere sotto forma di "ristampe corrette" o di volumi supplementari all'interno del progetto ancora in corso. La necessità di una "nuovissima edizione integrale" delle opere di un grande compositore si potrebbe fare impellente solo quando l'edizione attualmente valida, a causa di una certa distanza storica, fosse considerata dalle successive generazioni di scienziati e musicisti piú che altro come un documento del passato, e come tale venisse trattata. Mi si concedano tuttavia alcune riflessioni sul futuro.

Finora le edizioni integrali del XX secolo hanno utilizzato la stampa come tramite quasi esclusivo: le edizioni vengono generalmente incise e composte tipograficamente senza difetti su carta di alta qualità e si presentano come tomi piú o meno voluminosi, per lo piú rilegati in lino; i prezzi di sottoscrizione e di acquisto per ogni singolo volume sono relativamente alti. Ma già oggi i numerosi rivolgimenti economici costringono le nuove iniziative in questo campo a una maggiore flessibilità, inclusa l'elaborazione elettronica dei dati. Infatti le lussuose edizioni di tipo tradizionale, a quanto si prevede, non saranno piú tanto facili da realizzare, visto l'assottigliarsi dei bilanci per la cultura. *L'ora dell'edizione integrale*, come Vötterle l'ha intesa e descritta nel 1956, batte sempre piú sommessamente, se non ha già smesso di battere.

La rivalutazione filologica delle differenti versioni quali autonome e autentiche "possibilità di realizzazione" di un'opera (processo che si ricollega alla critica del concetto tradizionale di opera [Dahlhaus 1978, p. 25]) pone sempre piú alle moderne edizioni integrali storico-critiche il problema di trovare dei compromessi fra ciò che è giustificato dal punto di vista filologico-scientifico e ciò che è economicamente ragionevole. Infatti la soluzione filologicamente piú accurata, la pubblicazione completa di tutte le versioni all'interno di un'edizione integrale, si può ancora realizzare per l'opera di Schubert, dove questo fenomeno coinvolge soprattutto il gruppo dei Lieder; ma per altri compositori, la cui produzione è incentrata sulle opere teatrali, le difficoltà risultano insormontabili. Ciò vale esemplarmente anche per un'opera come *Benvenuto Cellini* di Hector Berlioz, che – a prescindere da varianti minori – è stata tramandata in tre versioni principali, ognuna delle quali reclama la propria autenticità e nessuna delle quali può venire liquidata come "adattamento secondario" di una sola versione autentica. La riedizione delle opere a cura di Hugh Macdonald nel quadro della *New Berlioz Edition* «inserisce le versioni alternative nelle collocazioni a cui afferiscono, cosicché versioni successivamente composte di una stessa scena o passo compaiono una dopo l'altra anche in partitura» (Prefazione). Le versioni poste in questa sorta di *continuum* della partitura vengono distinte chiaramente le une dalle altre attraverso indicazioni supplementari, cosicché il fruitore può leggere o eseguire da cima a fondo ognuna di esse, mentre deve ovviamente saltare quelle inserite in mezzo. L'inedita genialità del procedimento non deve però far dimenticare che esso presenta per gli esecutori una certa complessità e costituisce inoltre un compromesso, ascrivibile in ultima analisi alla costrizione dei tradizionali metodi editoriali.

Le "nuovissime" edizioni integrali del futuro – ammesso che debbano chiamarsi cosí – non sono immaginabili senza l'impiego sistematico dell'elaborazione elettronica dei dati. Salvo poche eccezioni, già oggi i testi notati vengono elaborati con questo metodo, tuttavia le case editrici si servono degli operatori in questo settore come se non fossero altro che dei moderni incisori di note. Tuttavia esistono già oggi delle banche dati in cui sono registrati interi *corpus* di opere, e per le edizioni future la compilazione di un *database* sarà il primo passo verso la fissazione del testo di un'opera che, a mo' di *work in progress*, sia modificabile in ogni momento in caso di cambiamenti nello stato delle fonti, ma cui all'occorrenza si possa accedere in qualsiasi forma. Alcuni dei problemi sopra esposti sarebbero piú facilmente risolvibili con un impiego sistematico dell'elaborazione elettronica dei dati, fin dove ciò sia possibile nei limiti dei tradizionali metodi editoriali. Per la prosecuzione di edizioni già in corso (Bach, Mozart) esistono progetti di tal genere. Che il leggio del musicista possa un giorno, grazie ai sistemi mondiali di comunicazione elettronica, venire sostituito da un monitor è per il momento ancora una prospettiva inquietante, e non solo per i tradizionalisti incalliti - anche se in fin dei conti non è piú un'idea tanto utopistica.

Berke, D.

1991 *Urtext zwischen Wissenschaftsanspruch und Praxisnähe*, in «Österreichische Musikzeitschrift», n. 46, pp. 531-35.

Berke, D., e Feder, G.

1981 *Beschreibung der Tätigkeit des Musikwissenschaftlers an Forschungseinrichtungen für Editions- und Dokumentationsvorhaben*, in «Die Musikforschung», XXXIV, n. 4, pp. 464-67.

Berke, D., e Schmieder, W.

1995 «Denkmäler und Gesamtausgaben», in *Die Musik in Geschichte und Gegenwart. Allgemeine Enzyklopädie der Musik* (MGG), fondata da F. Blume, 2ª ed. riveduta a cura di L. Finscher, vol. II, Bärenreiter-Metzler, Kassel-Stuttgart, coll. 1109-56 (1ª ed. a cura di F. Blume, Bärenreiter, Kassel-Basel 1945-79).

Dadelsen, G. von

1967 *Editionsrichtlinien musikalischer Denkmäler und Gesamtausgaben*, Bärenreiter, Kassel.

Dahlhaus, C.

1978 *Zur Ideengeschichte musikalischer Editionsprinzipien*, in «Fontes Artes Musicae», XXV, pp. 19-27.

Dürr, A.

1957 *Zur Chronologie der Leipziger Vokalwerke J. S. Bachs*, in «Bach-Jahrbuch», XLIV, pp. 5-162 (2ª ed. Bärenreiter, Kassel 1976).

1980 *Zur Tätigkeit eines Herausgebers von Gesamtausgaben*, in *Kongressbericht, Berlin 1974*, a cura di H. Kühn e P. Nitsche, Bärenreiter, Kassel, pp. 312-18.

Feder, G.

1987 *Musikphilologie. Eine Einführung in die musikalische Textkritik, Hermeneutik und Editionstechnik*, Wissenschaftliche Buchgesellschaft, Darmstadt (trad. it. *Filologia musicale*, il Mulino, Bologna 1992).

Feil, A.

1968 *Kritisch revidierte Gesamtausgaben von Werken Franz Schuberts im 19. Jahr-*

hundert, in R. Baum e W. Rehm, *Musik und Verlag. Karl Vötterle zum 65. Geburtstag am 12. April 1968*, Bärenreiter, Kassel, pp. 268-78.

Finscher, L.

1975 *Musikalische Denkmäler und Gesamtausgaben*, in H. Bennwitz, G. Feder, L. Finscher e W. Rehm (a cura di), *Musikalisches Erbe und Gegenwart. Musiker-Gesamtausgaben in der Bundesrepublik Deutschland*, Bärenreiter, Kassel, pp. 1-13.

Köchel, L. R. von

1965 *Chronologisch-thematisches Verzeichnis sämtlicher Tonwerke Wolfgang Amadé Mozarts*, rielaborato da F. Giegling, A. Weimann e G. Sievers, Breitkopf und Härtel, Wiesbaden, ed. ampliata.

Mozart, W. A.

1991 *Eigenhändiges Werkverzeichnis Facsimile* (NMA X/33, sez. 2), introduzione e trascrizione di A. Rosenthal e A. Tyson, Bärenreiter, Kassel-London.

Plath, W.

1976-77 *Beiträge zur Mozart-Autographie II: Schriftchronologie 1770-1780*, in «Mozart-Jahrbuch», Kassel, pp. 131-73; anche in *Mozart-Schriften. Ausgewählte Aufsätze*, a cura di M. Danckwardt, Bärenreiter, Kassel 1991, pp. 221-65.

1991 *Echtheitsfragen bei Mozart*, Parte II. *Opera Incerta. Echtheitsfragen als Problem musikwissenschaftlicher Gesamtausgaben*, a cura di H. Bennwitz, G. Buschmeier, K. Hoffmann e W. Plath, Franz Steiner, Stuttgart, pp. 237 sgg.

Schmidt, Ch. M.

1995 «Editionstechnik», in *Die Musik in Geschichte und Gegenwart. Allgemeine Enzyklopädie der Musik* (MGG), vol. II cit., coll. 1656-80.

Tyson, A.

1981 *The Mozart Fragments in the Mozarteum, Salzburg. A Preliminary Study of Their Chronology and Their Significance*, in «Journal of the American Musicological Society», XXXIV, n. 3, pp. 471-510.

1992 *Mozart. Wasserzeichen-Katalog*, Bärenreiter, Kassel.

Vötterle, K.

1956 *Die Stunde der Gesamtausgabe*, in «Musica», n. 10, pp. 33-36.

MARGARET BENT

Edizioni critiche di musica medievale e rinascimentale

1. *Storia e premesse.*

All'infuori di rare eccezioni, l'interesse per l'antica musica d'arte di tradizione scritta si mantenne debole fino a circa due secoli fa. In via occasionale gli eruditi citavano o antologizzavano vecchie composizioni al fine di sottolineare virtuosismi tecnici quali i canoni, o magari per esprimere stupore davanti alla rozzezza della musica prima che essa raggiungesse la "moderna perfezione". Per molti versi, l'aforisma spesso citato di Johannes Tinctoris (circa 1470), secondo il quale soltanto la musica degli ultimi quarant'anni era degna d'attenzione, è confermato dalla vita cartacea delle composizioni musicali, cioè dal periodo di tempo – di rado superiore a una o due generazioni – entro il quale esse venivano ricopiate, diffuse e presumibilmente eseguite. A pochi o nessuno sarebbe venuto in mente di tradurre la musica vecchia in notazione moderna fino al tardo Settecento, quando il bolognese Padre Martini trascrisse brani di musica rinascimentale per proporli come modelli di contrappunto, mentre i musicografi britannici Burney e Hawkins riportarono alcuni esempi di composizioni antiche nelle loro rispettive storie della musica, pubblicate in concorrenza nello stesso anno (1776). Taluni repertori "antichi" non si estinsero mai del tutto: il madrigale inglese fu tenuto in vita dai brani ripubblicati in antologie di composizioni polifoniche a uso ricreativo (*catches* e *glees*), e analoga sopravvivenza conobbe la musica corale sacra posteriore alla Riforma. Mancavano però le basi della comprensione stilistica, premessa necessaria a qualsiasi pubblicazione e giudizio criticamente fondati.

Le edizioni di trattati teorici medievali precedettero di gran lunga quelle delle partiture musicali (per una bibliografia analitica delle edizioni citate nel presente testo si veda Charles 1980). In una pionieristica edizione datata 1784, Martin Gerbert pubblicò alcuni fra i testi teorici piú importanti, e il suo lavoro fu proseguito da Edmond de Coussemaker a partire dal 1864; solo in parte le loro edizioni sono state superate da altre piú recenti, condotte secondo i metodi critici del XX secolo. Le une e le altre sono oggi disponibili in rete all'indirizzo http://www.music.indiana.edu/. I primi tentativi in epoca moderna di scrivere la storia della musica medievale erano quindi in genere meglio informati sulla teoria che non sul repertorio; e infatti la realizzazione del progetto storiografico di Padre Martini si arrestò alla musica dell'antica Grecia.

Fra le riscoperte e le rivalutazioni ottocentesche, Palestrina fu il primo compositore rinascimentale a vedersi riconosciuto il rango di grande maestro, e divenne oggetto delle biografie scritte da Giuseppe Baini (1828) e Carl von Winterfeld (1832). Mentre altri compositori rinascimentali cadevano in dimenticanza, Palestrina continuò a essere celebrato come il salvatore della musica sacra di rito latino al tempo della Controriforma. Egli passò alla storia anche come il leggendario antesignano del metodo d'insegnamento musicale, codificato per la prima volta da Fux (1725). Lo stile del contrappunto "osservato", detto anche "alla Palestrina", rivestí nell'insegnamento musicale dopo il 1600 un ruolo analogo a quello già tenuto da Boezio nel Medioevo. Primo tra i grandi compositori rinascimentali, egli conobbe l'onore di una *Gesamtausgabe* delle sue opere a partire dal 1862, posteriore soltanto di un decennio alla prima *Bachausgabe* e seguita una generazione dopo dalle opere complete di Orlando di Lasso (1894). Cosí affermato il suo ruolo permanente di classico, Palestrina ha fruito dopo d'allora – non diversamente da Bach e da Mozart – di una nuova edizione integrale, mentre altri compositori di primo piano della Controriforma (ad esempio il suo contemporaneo Jacobus de Kerle) non ne hanno avuta nemmeno una antologica, dileguando in un relativo e immeritato oblio. In seguito l'attenzione cominciò a muoversi a ritroso, verso i predecessori dello stile palestriniano. Ai primi del Novecento si scoprirono e si pubblicarono Isaac (nei *Denkmäler der Tonkunst in Österreich* a partire dal 1898), Obrecht (dal 1908), e piú tardi Josquin (dal 1921), catalogati come maestri di una successione di «antiche scuole fiamminghe», non senza qualche interessata sfumatura nazionalistica.

Pubblicare la *Gesamtausgabe* delle opere di un compositore presuppone per definizione il privilegio accordato alla paternità d'autore. Opere anonime altrimenti relegate in oscuri e affollati magazzini possono assurgere a maggior dignità se qualche studioso propone di attribuirle a un compositore conosciuto, ma è una dignità che possono perdere se l'attribuzione viene piú tardi confutata. Tali gerarchie si ripercuotono anche sulle politiche dell'industria discografica, che tengono l'occhio fisso al mercato. La musica anonima vende meno di quella su cui si può appiccicare l'etichetta di un nome.

La musica medievale precedente alla Riforma, all'invenzione della stampa musicale, e anche al generalizzarsi dell'attribuzione di paternità, fu riscoperta piú lentamente. Laddove Palestrina per la Controriforma, le armonizzazioni dei corali luterani per la Riforma tedesca, e talune musiche del periodo definito in Inghilterra «The Golden Age» non uscirono mai dal repertorio delle rispettive comunità culturali, altrettanto non accadde per la musica piú antica. Il progresso fotografico di fine Ottocento diede origine in Inghilterra a pionieristiche collane editoriali, che resero disponibile un ampio repertorio di musica antica trascritta o in facsimile, tra cui un'edizione fotografica parziale del Tropario di Winchester (Walter Howard Frere 1894), la *Early English Harmony* (Harry Ellis Wooldridge, 1897) e la *Early Bodleian Music* pubblicata da Sir John Stainer e collaboratori a partire dal 1901; questi ultimi produssero anche nel 1898 facsimili e trascrizioni provenienti dall'importante manoscritto veneto del Quattrocento conservato nella Bodleian Library di Oxford (MS Canon. misc. 213), una fonte primaria per le *chansons* di Dufay.

Simili pubblicazioni rappresentarono un notevole stimolo allo studio della notazione e del repertorio, portando in ultima istanza alla scoperta e alla catalogazione di manoscritti senza i quali l'opera di edizione critica sarebbe stata impossibile. Il piú antico fra i grandi repertori polifonici dell'Europa continentale ad attirare l'attenzione degli studiosi fu quello legato all'attività della cattedrale parigina di Notre-Dame nel XII secolo e alle sue propaggini nel mottetto francese duecentesco. Quei primi studi si tradussero nel monumentale *Repertorium* di Friedrich Ludwig (1910), proseguito da Besseler per il repertorio polifonico del Trecento, ed ebbero un contraltare profano nel lavoro di Friedrich Gennrich sul repertorio monodico dei trovatori e dei trovieri. Fondamentale per lo studio della musica profana a stampa in Italia fu il catalogo di Emil Vogel (1892). Queste e altre pubblicazioni gettarono le basi del successivo lavoro di edizione critica.

In linea di principio, il punto di partenza ideale per la pubblicazione delle opere di un compositore tardo-medievale era il poeta e musicista trecentesco Guillaume de Machaut, la cui produzione gode di uno stato delle fonti davvero unico, dal momento che l'autore medesimo provvide a raccoglierle in un numero limitato di manoscritti, i piú importanti dei quali sono riuniti nella Bibliothèque Nationale di Parigi. Machaut è esente da quei problemi di anonimato, precario stato di conservazione e dispersione delle fonti che affliggono molti altri compositori. La grande impresa dell'edizione di Machaut fu affrontata nel triennio 1926-29 da Friedrich Ludwig, che si avvalse di un'approfondita collazione di altri manoscritti dispersi in varie biblioteche, e anche di fonti a suo tempo documentate ma oggi perdute. Il suo monumentale lavoro resta pressoché insuperato in molti campi, persino a confronto della successiva edizione di Machaut [Schrade 1956] che pure poté avvalersi di una piú progredita *recensio* fotografica delle fonti.

Recensio, *descriptio* e *collatio* delle fonti sono premesse necessarie a quasi ogni edizione critica, sebbene un discreto numero di pubblicazioni musicali basate su di un'unica fonte abbia potuto vedere parallelamente la luce con risparmio di molte fatiche di catalogazione. Oggi che gli studiosi hanno agio di lavorare con le riproduzioni fotografiche di fonti conservate in numerose biblioteche anche molto distanti, sono in grado di prendere decisioni piú sottili e raffinate di quanto non fosse al tempo in cui non vi erano alternative al viaggiare. Ciò si traduceva in pratica nel fondare talune edizioni sui manoscritti piú accessibili, anche se non necessariamente sui piú fededegni, elencando magari le lezioni alternative in ordine di convenienza pratica piuttosto che di attendibilità. Lo sforzo ciclopico di collazionare manoscritti conservati nelle biblioteche di tutto il mondo rappresentava un ostacolo di non poco conto.

Un'edizione critica fatta a regola d'arte dipende dalla conoscenza delle fonti e dalla possibilità d'accesso alle medesime; manoscritte per l'epoca medievale e del primo Rinascimento, sia manoscritte sia a stampa dal primo Cinquecento in poi. Non sarebbe stato possibile intraprendere edizioni di questo genere senza conoscere la collocazione di almeno alcune tra le fonti piú significative, e senza collazionarne e interpretarne il contenuto. Mentre i manoscritti dei testi classici erano tenuti in pregio e le loro collocazioni erano già state indagate dagli umanisti del Quattro e del Cinquecento, i manoscritti musicali non godevano della stessa considerazione, dal momento che la loro notazione era ormai obsoleta ed essi presentavano per i loro proprietari scarso interesse o valore pratico. In una cultura che di solito gettava via la musica passata di moda, la sopravvivenza di un manoscritto musicale dipendeva spesso dall'inerzia dei proprietari, dal suo valore di curiosità o, ancor piú raramente, dalla sua bellezza come oggetto. Per necessità di uso pratico, spesso i libri di musica non venivano conservati in biblioteca, ma in altri luoghi assai meno difesi. Periodi di rigorismo religioso o di torbidi sociali (ad esempio Savonarola, la Riforma e la Controriforma) conducevano all'intenzionale distruzione di opere d'arte, di strumenti e di libri musicali, oggetti considerati in quel particolare momento quali artifici del demonio. Anche le riforme liturgiche davano occasione alla distruzione di libri: i messali in latino, reperibili dovunque prima del Concilio Vaticano Secondo (1962-65), assunsero presto valore di rarità man mano che la tradizionale liturgia in latino veniva sostituita da forme democratizzate in lingua volgare.

A livelli piú materiali, i manoscritti musicali antecedenti all'invenzione della stampa erano scritti spesso su pergamena o carta di buona qualità, dovendo essere solidi e resistenti all'uso esecutivo. Una volta divenuti obsoleti, essi venivano spesso utilizzati come materiale di recupero, senza dubbio per una quantità di usi domestici che non ne hanno lasciato traccia. Ma a volte queste pagine strappate sono sopravvissute, specie quando venivano usate nella rilegatura di libri o come buste d'archivio (e all'occasione come materiale da costruzione, ad esempio all'interno di strumenti musicali o persino di edifici). Dal momento che tali riciclaggi erano del tutto incuranti del contenuto musicale di questi fogli, essi vennero, almeno dal nostro punto di vista, mutilati senza alcun riguardo, sicché di rado contengono lavori completi. E tuttavia questi ultimi si possono a volte ricomporre a partire da cosí miseri resti. Con poche eccezioni, l'esumazione e la catalogazione di siffatti frammenti non è stata intrapresa con metodo anteriormente al secondo Novecento, quando i principali manoscritti conservati integralmente o in gran parte erano ormai conosciuti e sfruttati a fondo. Per la musica la situazione è dunque assai diversa dalle discipline in cui questo processo di ricognizione e sfruttamento delle fonti si è già verificato uno o piú secoli fa (per un progetto indirizzato alla raccolta delle fonti frammentarie si veda http://www.diamm.ac.uk/). Il tasso di dispersione informativa è altissimo; sopravvive soltanto la punta di un iceberg, ciò che vale anche per le fonti a stampa. Per alcuni repertori e compositori le cose sono andate meglio, ma simili condizioni di trasmissione sono assai poco propizie alla produzione di testi autorevoli.

2. *Obiettivi e principî.*

Un'edizione critica mira a presentare una versione autorevole di un testo o repertorio di testi facendo uso di tutte le fonti disponibili, siano esse manoscritte o a stampa, distinguendo il testo originale dalle integrazioni e dagli interventi editoriali, e dando altresí conto delle varianti di lezione e delle scelte del curatore.

I relativi principî metodologici si basano necessariamente su quelli messi a punto per la filologia classica e biblica (in particolare quelli stabiliti da Karl Lachmann per la sua edizione del Nuovo Testamento greco e latino fra il 1842 e il 1850), e applicati altresí nel campo della filologia letteraria. Anche gli studi di stemmatica musicale si fondano sui principî formulati per la critica testuale nelle discipline linguistiche. La musica presenta tuttavia una gamma di problemi assai peculiari. Nel caso del cosiddetto canto gregoriano, i piú antichi manoscritti non indicano l'altezza assoluta dei suoni; la loro notazione è adiastematica (cioè non fa uso del rigo), e quindi perlopiú è possibile trascriverne le melodie soltanto applicando gli indizi forniti da fonti piú tarde annotate su sistemi di quattro righi (rigo tetrastico). Ciò significa che piccole varianti fra le versioni in notazione piú o meno evoluta possono andare perdute. Per le edizioni vaticane dei primi decenni del Novecento, i monaci di Solesmes si assunsero il compito di restaurare il canto gregoriano secondo la lezione dei manoscritti piú antichi; un programma di ricerca d'importanza capitale, ma i cui obiettivi non sarebbero stati raggiunti senza qualche sussidio esterno.

Anche nel caso della musica polifonica si danno condizioni diverse da quelle testuali. I sistemi di notazione sono grafici, e per la natura stessa dell'esecuzione musicale non possono mai essere integralmente prescrittivi. Notazioni differenti possono incorporare differenti aspetti concettuali della struttura musicale in rapporto all'altezza, al ritmo e ad altri parametri; tutti aspetti che possono andare perduti o restare inespressi quando la notazione è tradotta in un diverso sistema. Molti dettagli d'impaginazione grafica della musica sono di difficile o impossibile trasposizione quando si passa dall'antica notazione in parti separate, che osserva precisi requisiti di spaziatura, all'incolonnamento della partitura modernamente in uso, la quale trasforma in modo radicale il criterio d'impaginazione delle note. La notazione antica si basa sulla contestualità; un numero ristretto di simboli viene impiegato con maggiore frequenza, e il lettore li deve interpretare a seconda del contesto, fondandosi sul contesto udibile piú di quanto non faccia l'esecutore moderno, che spesso dipende fortemente dall'informazione visiva.

La ricerca recente guarda con maggior diffidenza alle antologie manoscritte di mano unica, e invece di considerarle quali «fonti» (*sources*, *Quellen*) non contaminate che ci trasmettono direttamente, come sorgenti di montagna, il puro dettato musicale di un compositore da tempo defunto, le valuta in rapporto a diversi gradi d'intervento umano, all'applicazione dei criteri editoriali dell'amanuense, a eventuali modernizzazioni e adattamenti da lui operati. Oggi siamo giustamente sospettosi verso la nozione, costruita dalla piú antica filologia testuale, di una trasmissione "pura" o "meccanica" contrapposta a una "contaminata"; e infatti in termini musicali la contaminazione – ossia, per esprimerci in modo piú positivo, la fecondazione incrociata – è uno stato di cose ineluttabile. Per approntare una copia intelligibile, un copista musicale deve, ancor piú di uno letterario, ricostruire il senso di ciò che sta copiando al fine di rendere fedelmente i segni immodificabili. Se possiede una conoscenza del brano derivatagli dall'esecuzione o dall'ascolto, la sua copia potrà venirne influenzata e potrà discostarsi da alcuni tratti dell'esemplare che gli sta davanti.

Il dilemma centrale circa la teoria e i principî dell'edizione critica si articola fra le contrapposte tendenze a far uso di un unico manoscritto oppure a integrare differenti versioni di uno stesso brano conservate in piú copie manoscritte. Alcuni curatori tendono a seguire la lezione di un singolo manoscritto, con tutte le sue pecche all'infuori degli errori piú flagranti, argomentando che tale manoscritto veniva effettivamente utilizzato, e che per almeno un musicista dell'epoca esso costituiva una rappresentazione fedele del brano. Se un'edizione dichiara di attenersi a un unico manoscritto, le lezioni di quest'ultimo saranno naturalmente da preferirsi ovunque paiano dotate di senso. Si può invece prescegliere una fonte principale e seguirla ogniqualvolta le lezioni siano soddisfacenti o indifferenti. Questo viene a volte indicato come principio del manoscritto-base. L'uno e l'altro criterio possono condurre all'uso di una lezione che, seppure plausibile, è peggiore di quella presentata da un altro manoscritto, presupponendo che un'edizione non debba essere piú promiscua dello stretto necessario. D'altro canto, attenersi in tutti i passi divergenti a quella che il curatore giudica la lezione migliore può dar luogo a una versione ibrida che non è rappresentata in alcuna fonte originale.

A ciò si può aggiungere la controversia sul punto se i manoscritti conservati rispecchino il modo in cui il compositore annotava la propria musica, e se essi venissero realmente utilizzati in sede d'esecuzione, o se invece questa non avvenisse a partire da testimoni diversi che non sono giunti fino a noi. Taluni hanno affermato che la presenza di errori flagranti, o magari l'inutilizzabile formato ridotto di certi codici, si opporrebbero alla prima ipotesi; ma con l'attuale aumento del numero di studiosi ed esecutori capaci di lavorare direttamente sui manoscritti, l'assoluta necessità preventiva di una trascrizione in notazione moderna trova sempre meno sostenitori.

L'impresa di riunire le opere di un compositore va dal relativamente semplice fino al quasi impossibile. La categoria dei casi semplici riguarda quelle raccolte di opere compilate direttamente dal compositore o da qualcun altro in vista di una loro diffusione manoscritta (o piú tardi anche a stampa), e per le quali possiamo nutrire la ragionevole sicurezza di vedervi rappresentato il grosso della produzione di quell'autore. All'estremo opposto, i problemi di attribuzione possono essere tanto ardui da farci dubitare che i lavori conservati siano davvero del compositore in questione, per non parlare della loro rappresentatività. Ad esempio, quasi nessuno dei lavori che la moderna filologia attribuisce al compositore trecentesco Philippe de Vitry compare sotto il suo nome nei manoscritti dell'epoca; tutti quelli che si ritengono suoi gli sono attribuiti indirettamente, o da coevi teorici della musica o da studiosi moderni su basi stilistiche. In altri casi, i lavori devono essere ricavati da un'ampia gamma di fonti che li presentano in modi e formati differenti (come accade ad esempio per il compositore quattrocentesco inglese John Dunstable), ponendo intricati problemi ai curatori che tentano di redigere una raccolta unitaria.

Con poche ipotetiche eccezioni, non possediamo autografi di compositori medievali, e anche nel Rinascimento essi sono ancora assai rari. Abbiamo le prove che alcuni autori (Machaut che lo afferma esplicitamente e Landino che era cieco) dettavano le loro opere a copisti o segretari, cosicché autografi veri e propri potrebbero non essere mai esistiti, rendendo difficili da decifrare le piccole tacite convenzioni di notazione fra compositore, copista ed esecutore. Diversi studi hanno esaminato l'uso che gli antichi musicisti facevano della partitura e il loro affidamento su un certo grado di controllo visivo da noi dato per scontato, ma che poteva essere meno centrale nel quadro della loro competenza musicale. Piú di recente, Owens [1997] ha studiato le tracce scritte lasciate dal metodo di lavoro di alcuni compositori rinascimentali.

Specie per l'era precedente l'invenzione della stampa musicale (vale a dire prima del 1500 circa, nel qual caso le opere di un compositore vanno collazionate da una vasta pluralità di antologie manoscritte eterogenee, ciascuna delle quali rappresenta un *unicum*) fatichiamo a farci un'idea di quale sia la parte della sua produzione che ci è stata conservata. L'assenza di un determinato genere musicale fra le opere di un certo autore può significare che egli non l'ha praticato affatto, oppure soltanto che il manoscritto in cui esso era rappresentato non è pervenuto sino a noi.

Anche se i principî della stemmatica e della critica testuale possono venire mutuati dalle discipline linguistiche, la notazione musicale si discosta tuttavia sostanzialmente dal testo verbale per il suo tasso di ambiguità. La notazione antica si affidava a raggruppamenti e spaziature fisiche, e a sconfinamenti dal rigo lungo l'asse verticale, con o senza tagli addizionali. Mentre con un testo verbale si può generalmente (anche se non sempre) determinare se l'amanuense intendesse scrivere una lettera o un'altra, in musica vi sono casi di effettiva ambiguità riguardo all'altezza (spaziatura verticale) o al ritmo (spaziatura orizzontale), ovvero all'interrogativo se una certa nota sia tagliata in testa o se si tratti invece di un'arbitraria deformazione verticale senza alcun significato. In mancanza di un valore semantico può essere piú facile ipotizzare un salto inavvertito dell'occhio del copista fra due passi analoghi che non la notazione di tutto quel passo sopra o sotto la giusta altezza. Due esempi di tale problematica nella musica tardo-medievale e rinascimentale riguardano il canto gregoriano e la polifonia fra Quattro e Cinquecento.

1) Il repertorio in *cantus firmus* (generalmente detto gregoriano) vanta suggestive origini leggendarie e un secolare prestigio consacrato dalla liturgia della Chiesa cattolica. Le sue prime manifestazioni scritte fanno uso di una notazione che a noi pare imprecisa e indeterminata, ma che era concepita come un sussidio mnemonico per cantori già familiari con quelle melodie, e inoltre in possesso di una prassi esecutiva non suscettibile di scrittura. Poiché questi elementi non sono piú recuperabili sulla base di una tradizione ininterrotta, la notazione dev'essere decifrata per mezzo d'indizi. I manoscritti di canto gregoriano contengono la piú antica e coerente tradizione di notazione musicale in Occidente, che sta in rapporto di continuità (anche se non di totale identità) con una piú accurata notazione posteriore cui si richiedeva capacità di adattamento a una prassi esecutiva mutevole. Nel corso dell'Ottocento i monaci di Solesmes realizzarono lo scopo di recuperare la purezza del canto gregoriano secondo lo spirito dei manoscritti piú antichi; tale obiettivo venne ratificato da papa Pio X all'inizio del Novecento. In effetti le loro riforme erano insieme sottili e di vasta portata, oltre a costituire un potente antidoto contro le versioni corrotte allora in uso; ma anche con le migliori intenzioni è semplicemente impossibile trascrivere i manoscritti piú antichi senza far ricorso alle copie posteriori, che a differenza di quelli utilizzavano una notazione piú precisa, concepita per essere accessibile a coloro che non conoscevano già le melodie. Non si tratta di decifrare un codice come fosse la stele di Rosetta; tutta la notazione musicale si affida a convenzioni e attese di esecuzione, che rendono la produzione di una versione scritta a carattere definitivo piú ardua di quanto non sia per i testi letterari.

Mentre la trasmissione dei testi liturgici è segnata da una notevole uniformità, per la notazione musicale a essi collegata accade quasi esattamente l'opposto [Planchart 1981]. La realtà di tradizioni locali divergenti si rispecchia in modo sintomatico negli incunaboli stampati durante il tardo Quattrocento, quando talvolta i libri liturgici venivano pubblicati con righi in bianco per consentire l'aggiunta manoscritta delle melodie a seconda degli usi ecclesiastici di caso in caso vigenti. In una situazione tanto fluida delle fonti musicali, e di fronte a una complessa interazione fra trasmissione scritta e orale, il curatore deve fare i conti con le scelte intenzionali di amanuensi e cantori (le quali possono giungere fino a completi rifacimenti compositivi) e anche con varianti fortuite o erronee. Vi sono casi di testi e/o musiche sostituiti a mo' di *contrafactum*, ovvero di brani "cannibalizzati" per farne la base di nuove composizioni. In tali condizioni qualsiasi tentativo di discernere, sotto la superficie di un repertorio in apparenza assai differenziato, un'unica tradizione sottostante originatasi secoli prima di assumere forma scritta, è prematuro se non del tutto fuorviante. Gli studiosi hanno piuttosto privilegiato l'indagine di singoli repertori locali, che in molti casi è tuttora in corso. Nel frattempo prosegue il dibattito sulla datazione e le origini dei repertori gregoriani, sulla diffusione della trasmissione orale precedente l'avvento della notazione, e se queste forme notate debbano considerarsi come differenti fotografie dello stesso fenomeno ovvero stadi differenti della medesima evoluzione.

2) Mentre il copista del testo letterario padroneggia in ogni momento il senso complessivo di quanto sta trascrivendo, la musica polifonica si presenta sulla pagina con una separazione fisica di quelle parti che nella realtà risuonano simultaneamente, cosicché il copista può dominare soltanto un livello della tessitura alla volta. Cosí, poiché la musica è priva di contenuto semantico, ogni singolo copista musicale potrebbe non rendersi conto di errori o anomalie che apparirebbero soltanto al momento dell'esecuzione. Viceversa, se egli conoscesse almeno in parte come suona il brano che sta copiando, potrebbe operare interventi o introdurre piccole divergenze dal testo scritto, tali da rispecchiare le consuetudini esecutive vigenti. Secondo i canoni della tradizione testuale, siffatto processo verrebbe etichettato negativamente come "contaminazione", ma in musica esso rappresenta un aggancio con quanto gli esecutori sarebbero comunque portati a fare; dunque costituisce una preziosa testimonianza per ricostruire quel labile spazio che intercorre fra la notazione e la sua realizzazione sonora. La notazione antica si decifrava per certi versi in dipendenza dal contesto; ad esempio, i cambiamenti nella rigorosa spaziatura dei segni, sempre possibili nel corso della copiatura, potevano incoraggiare interpretazioni differenti del ritmo scritto. Il copista esecutore, che "teneva dietro" al senso di ciò che stava trascrivendo, poteva facilmente esplicitare tali segnali, ovvero cambiarli o inter-

pretarli male. Anche se in taluni casi è possibile accertare la dipendenza di una copia dall'altra, raramente esistono di un brano fonti musicali in quantità sufficiente per disegnare uno stemma codicum di qualche utilità, come invece è possibile per i testi letterari; e poiché la vita attiva di una composizione polifonica era relativamente breve, l'analisi degli stemmi non è sostenuta da quella divergenza cronologica che si dimostra di vitale importanza per l'analisi dei testi classici e biblici, ma al massimo è d'ausilio nel fissare una qualche cronologia approssimativa.

3. *A chi deve servire l'edizione?*

Un'edizione può essere concepita a uso degli studiosi, degli esecutori o di entrambi. Le edizioni pratiche con pretese di scientificità spesso intendono rivolgersi ad entrambi i gruppi; fra queste si contano le opere complete di un singolo compositore e le cosiddette edizioni *Urtext*, come pure gran parte delle edizioni di musica antica. Molte edizioni di musica piú recente sono dirette unicamente agli esecutori, e sono povere o del tutto carenti di informazioni critiche. Esse possono tentare di aiutare l'interprete con l'aggiunta di diteggiature e fraseggi, abbellimenti o bassi continui interamente realizzati come avrebbe potuto fare un esecutore dell'epoca, e perfino interpretazioni analitiche che comportano interventi radicali, o una ristrutturazione fisica della notazione originale. Edizioni siffatte di musica sette-ottocentesca sono forse meno comuni oggi che non alcune generazioni fa, e possono destare diffidenza in quanto poco scientifiche e insieme sgradite al numero crescente di quei musicisti che sono in grado di prendere decisioni autonome. Ma gli interventi editoriali sono una caratteristica inevitabile e costante nelle moderne riedizioni di musica antica, vere e proprie traduzioni da un sistema di notazione a un altro differente e in parte inconciliabile. Piú si risale indietro nel tempo, piú si approfondisce il solco tra l'informazione contenuta nella notazione e i requisiti di memoria, conoscenza delle convenzioni e preparazione tecnica necessari per supplire alle sue lacune, piú si acuiscono i problemi e la portata delle divergenze. Perfino la scelta di incolonnare in partitura la notazione polifonica affinché il suo senso complessivo possa venir letto da una persona singola anziché realizzato nella pratica da tre o quattro, muta radicalmente quella spaziatura visiva fra le note che consentiva ai cantanti del tempo di inferire e di leggere in modo corretto dalle parti in notazione originale. Le decisioni editoriali prese in base alla notazione moderna piuttosto che a quella originale sono a rischio di deformazione, poiché operano approfondendo la distanza dalle regole che determinavano la concezione di partenza.

Ove le edizioni si rivolgano agli studiosi e agli esecutori insieme, il testo musicale sarà concepito per la pratica, mentre commenti e/o appendici forniranno lezioni alternative e informazioni che in genere permettono allo studioso di ricostruire le versioni originali o di sceglierne, se preferisce, una diversa. Nel caso della musica antica, le differenze fra la notazione originale e i suoi equivalenti moderni sono tanto radicali che quanto piú si fornisce un aiuto all'esecutore, tanto piú difficile diventa per lo studioso ricostruire il percorso seguito dal curatore. Viceversa, quanto piú il curatore viene incontro allo studioso, tanto piú egli complica la vita all'interprete. Cosí molte edizioni critiche di musica medievale e rinascimentale attuano compromessi che finiscono per scontentare l'uno o l'altro gruppo di utenti. In alcuni casi l'inconveniente è stato affrontato mediante una doppia pubblicazione, come ad esempio nell'edizione *The Collected Works of William Byrd* curata da Edmund H. Fellowes a partire dal 1937. Nei volumi della serie principale si dà l'altezza originale delle note, ma nelle versioni pratiche pubblicate a parte le musiche sono state trasposte per adeguarle al diapason moderno che si suppone equivalente. Un altro esempio riguarda le composizioni quattrocentesche racchiuse nei codici di Trento, la cui edizione è stata curata da Laurence Feininger a partire dal 1947; con la sua trascrizione diplomatica rispecchiante una forma di notazione originale che nessun musicista penserebbe di utilizzare per l'esecuzione, essa è chiaramente destinata agli studiosi, mentre alcuni lavori sono stati ripubblicati in partitura moderna a uso degli esecutori. La collana «Early English Church Music» cominciò a uscire nel 1963 in un piccolo formato adatto agli esecutori, ed era indirizzata al mercato dei gruppi corali; ora che i suoi costi l'hanno messa fuori della portata di quei cori che necessitano di un gran numero di copie, essa ha adottato una politica volta a soddisfare maggiormente le esigenze degli studiosi, ricorrendo per una certa porzione del repertorio a una presentazione grafica innovativa che conserva molti aspetti della notazione originale e riflette gli attuali interessi degli esecutori, nonché la loro accresciuta capacità di leggerla. Ma è ozioso pretendere che qualcuna di queste politiche si traduca in soluzioni capaci di durare al di là della generazione cui è rivolta, o che nella stessa pubblicazione si possano soddisfare al meglio le esigenze di esecutori e studiosi insieme, come pure continuerebbero a richiedere le considerazioni legate ai fattori di costo.

Le mode editoriali cambiano, e ogni nuova generazione ha la tendenza a trovare inaccettabili i prodotti della precedente. Qualsiasi moderna forma di presentazione riflette i bisogni della generazione da cui e per cui è stata concepita, e diviene obsoleta proprio come i grandi classici letterari, che spesso vengono ripubblicati e ritradotti a ogni nuova generazione. L'unica forma di presentazione in grado di resistere ai cambiamenti della moda e del gusto è la notazione originale in sé e per sé, oppure una sua fedele riproduzione in facsimile. L'interesse a usare i facsimili come sussidio per l'esecuzione di molti repertori antichi, stimolato dalla maggior facilità e dai costi decrescenti delle tecniche di riproduzione, conosce un continuo sviluppo. Nel facsimile quasi tutte le informazioni visive contenute nella fonte si conservano senza la deformazione imposta da un qualsiasi tipo di trascrizione, fosse pure una copia diplomatica. Anche il semplice incolonnamento delle parti entro una partitura produce sensibili differenze di organizzazione spaziale e innova i postulati di lettura. I primi facsimili dell'epoca moderna furono approntati per il canto gregoriano. A partire dal 1889 i monaci di Solesmes ribatterono ai loro critici allegando a mo' di prova i facsimili delle fonti nella collana «Paléographie Musicale»; ciò condusse nel 1908 all'omologazione ufficiale delle loro edizioni. Facsimili e indici del *Graduale* (1894) e dell'*Antiphonarium Sarisburiense* (1901) vennero pubblicati da Walter Howard Frere per la Plainsong and Mediaeval Music Society, una grande impresa che avviò lo studio della liturgia inglese, e dalla quale vennero lumi alle successive edizioni di polifonia britannica. Oggi molti interpreti preferiscono leggere le altezze segnate nella notazione originale e godere la libertà di scegliere il diapason a loro piú congeniale piuttosto che cimentarsi con trasposizioni per esteso graficamente anacronistiche, cosí come i suonatori di strumenti a tastiera sono in genere piú inclini a eseguire le proprie realizzazioni di un basso numerato piuttosto che venire a patti con elaborazioni d'altra mano. Ma il senso sempre mutevole dell'appropriatezza stilistica, nonché dei bisogni e delle convenienze dell'esecutore, comporta che nessuna soluzione possa soddisfare molto a lungo neppure la stessa categoria di utenti. E comunque un facsimile non è né potrà mai essere un'edizione critica, che è per sua stessa natura interpretativa e analitica.

4. *Alla ricerca delle convenzioni perdute.*

Un curatore che tenti di coadiuvare o di educare l'interprete dovrà ricorrere a indicazioni che l'esecutore antico dava per scontate e che solo la notazione moderna, non integrata da quelle tradizioni ormai perdute, ci obbliga a esplicitare. Per tutto il Medioevo e il Rinascimento, i diesis e i bemolle - noi continuiamo a chiamarli "accidenti", ma nella notazione moderna sono ormai tutt'altro che accidentali - erano segnati in modo piú o meno incoerente e discrezionale (la relativa problematica si cataloga generalmente sotto il termine "musica ficta") non per trascuratezza, ma perché gli esecutori formatisi in un certo stile sapevano quando applicarli, proprio come un parlante di lingua madre sa dove alzare e dove abbassare il tono nella lettura ad alta voce, e rivela nel modo in cui lo fa la sua comprensione o incomprensione del testo. La moderna notazione delle altezze e l'effetto delle indicazioni di tempo e di ritmo sono molto piú prescrittivi di allora. Alcune variabili di altezza e di ritmo, che nella notazione mensurale del Medioevo e del Rinascimento erano determinate dal contesto, sono addirittura inconcepibili in quella moderna, la quale a sua volta può rappresentare questi brani solo in maniera goffa e infedele. Tali fenomeni non possono soggiacere alla disciplina delle moderne stanghette di battuta, né tantomeno a quella del *software* programmato per trascrivere la musica del Sette-Ottocento.

Il testo scritto ci avvicina al senso musicale solo per approssimazione. Onde diagnosticare e correggere gli sbagli, bisogna sviluppare una sensibilità raffinata per le grammatiche e i dialetti particolari della musica. Per comprendere, interpretare e comunicare in modo intelligibile la pagina scritta, il musicista deve ricostruire le antiche convenzioni esecutive; un'operazione affatto indipendente dai tentativi di ricrearne il mondo sonoro mediante l'esplorazione delle tecniche vocali e strumentali e delle limitazioni fisiche proprie alle tradizioni esecutive oggi scomparse. Altre sfide si presentano in quantità quando si tratta di travasare il contenuto musicale da un sistema di notazione, dotato di proprie convenzioni grafiche e regole d'impaginazione, a un altro sistema concettualmente del tutto diverso. Queste sono soltanto alcune delle differenze da prendere in considerazione:

1) *Altezza*. La notazione moderna corrente è piú legata a una frequenza presunta di quanto non avvenisse nei secoli precedenti. Quando si possa dedurre approssimativamente una frequenza o un diapason, bisogna che la trascrizione moderna si sforzi di riflettere l'*altezza* reale alla quale la musica sarà stata eseguita all'epoca (si deve cioè trasportarla)? O si deve invece lasciarla alla sua altezza *scritta*, quand'anche fosse oggi diversamente connotata, lasciando agli esecutori moderni la scelta di alzarla o di abbassarla? L'integrale trasposizione scritta infligge una notevole violenza a quella segnaletica che la notazione trasmette agli esecutori e, per loro tramite, agli ascoltatori.

2) *Ritmo*. In primo luogo, il linguaggio ritmico mensurale va decifrato per consentirne la resa immediata nel linguaggio isocronico della notazione moderna, va depurato da alcuni elementi costitutivi di ambiguità e di alea, e forse adattato a un sistema concettuale estraneo. Insorge poi un dilemma analogo a quello dell'altezza. I valori di durata delle note devono ricalcare l'originale quand'anche abbiano perso quelle connotazioni, o devono invece tradursi nei valori piú brevi che l'esecutore moderno si attende per riconoscere le medesime indicazioni di ritmo, e dai quali può piú prontamente dedurre l'ambito di tempo che il curatore ritiene giusto? Se s'impiegano i valori originali la musica appare troppo "lenta", se sono tradotti in valori piú brevi che meglio riflettono la velocità d'esecuzione piú auspicabile, va perso di nuovo il collegamento con la morfologia della notazione originale. In questo campo le preferenze degli esecutori oscillano, e anche per ciò si rendo-

no necessarie continue riedizioni onde tenere il passo con lo *Schriftbild* favorito da ciascuna generazione. Si sono tentati diversi esperimenti per rappresentare la notazione originale mediante l'uso di simboli specifici. Ma anche il solo incolonnarli in partitura richiede compromessi tali da mettere alla prova le stesse basi concettuali e contestuali della notazione ritmica. Alcuni di questi tentativi si avviano decisamente lungo la strada di una propedeutica che induca gli esecutori a leggere direttamente dalla notazione originale, o almeno a valutare i pro e i contro legati alla scorciatoia della partitura moderna, proprio come nel caso di un testo tradotto in un'altra lingua. La nuova politica editoriale della collana «Early English Church Music» è un compromesso di questa natura, che conserva una stilizzazione morfologica delle note originali a titolo di promemoria delle differenze, ma viene incontro ai lettori mediante l'incolonnamento verticale del risultato.

3) *Inflessioni non scritte*. Anche quando la posizione delle note sul rigo era ben determinata, le loro inflessioni esatte sfuggivano spesso alla notazione. In altri termini, una nota può essere un qualche tipo di *fa* o di *si*, ma se si tratti di un *fa* o di un *fa* diesis, di un *si* o di un *si* bemolle, non si può scrivere per mezzo di un'alterazione come richiesto dalla notazione moderna. Nella polifonia tardo-medievale i criteri di decisione da applicare alle note prive di accidenti hanno condotto a dibattiti non di rado accesi sulla cosiddetta *musica ficta*. Concepire le alterazioni moderne quali "aggiunte" alla notazione originale, come hanno fatto molti studiosi, trascura di riconoscere la profonda differenza tra i vari sistemi concettuali. In termini di notazione moderna esse sono davvero "aggiunte" prescritte da un sistema ben diversamente normativo, ma che non "aggiungono" necessariamente alcunché alle nozioni implicite con le quali un esecutore medievale era solito porsi di fronte alla sua notazione poco prescrittiva. Si tratta invece di realizzazioni esplicite di quella notazione. Le attuali edizioni di musica antica hanno introdotto una distinzione fra gli accidenti attestati dall'autorità di uno o piú manoscritti e quelli aggiunti dal curatore, collocandoli rispettivamente sul rigo e al di sopra di esso. Tale distinzione richiede idealmente un'espressione grafica piú complessa, difficile da conseguire senza rendere la partitura troppo malagevole alla lettura. La scrivente ritiene che alcuni "accidenti"/inflessioni fossero tanto ovvi per gli esecutori medievali familiari con un certo linguaggio musicale da non richiedere una notazione esplicita secondo i nostri criteri, sicché la loro assenza non basta affatto a renderli facoltativi. D'altro canto, alcune situazioni concedono all'esecutore piú ampi margini interpretativi e autorizzano in-

flessioni alternative; a volte persino rispetto agli accidenti segnati nei manoscritti. Ciò presume una comprensione piú approfondita della grammatica soggiacente e un approccio meno letterale alla superficie della notazione, che in fondo è tutto quanto possediamo. La musica esige di essere letta alla luce di quei principî interiorizzati (e non solo applicati superficialmente) che possiamo ricavare dai precetti coevi della dottrina contrappuntistica.

Molti altri aspetti della musica che a noi sembrano fondamentali sono spesso non specificati, o solo accennati, dalla notazione medievale e rinascimentale. Ad esempio: come sottoporre alle note le sillabe del testo e perfino se la musica vada cantata o suonata, e – se suonata – su quali strumenti e in quale combinazione con le voci. Le composizioni polifoniche a uso liturgico venivano di solito copiate senza quelle sezioni in canto fermo che ne fanno parte integrante dal punto di vista musicale e testuale; il moderno curatore editoriale deve reinserirle, cosa che sarebbe stata del tutto pacifica per un esecutore coevo armato dei libri liturgici giusti. Il curatore può dover identificare e aggiungere i testi verbali cantati, suggerendo fin nel dettaglio come collocarli sotto la musica. Deve mettere a frutto la sua conoscenza delle convenzioni esecutive per supplire alterazioni cromatiche e relazioni ritmiche. Ma deve giungere fino a suggerire quelle indicazioni di dinamica, fraseggio e ornamentazione che gli esecutori coevi solevano senza dubbio applicare? La maggioranza dei curatori se ne astiene, ma piú per difetto di conoscenza che per intima convinzione dell'inopportunità di tali aggiunte.

Scelte consimili vanno affrontate dal curatore di testi letterari nel decidere se modernizzare l'ortografia di uno scrittore antico (diciamo di Shakespeare o di Chaucer), con tutti gli impliciti rischi di omografie o di quelli che i francesi chiamano *faux amis*, della perdita di rime nei casi in cui la pronuncia di talune parole sia cambiata, della diversa connotazione semantica acquisita nel frattempo da certi termini. Le differenze tra notazione musicale antica e moderna sono di ordine comparabile.

Molte edizioni cercano per quanto possibile di lasciare sgombra la partitura moderna da note a piè di pagina e commenti, nell'intenzione di renderla piu accessibile agli esecutori. Il necessario apparato critico, nel quale il curatore enuncia e motiva le scelte e i criteri editoriali adottati, viene spesso presentato in forma assai compressa in apertura o in fine di volume, lontano dalla musica, là dove l'esecutore non sembra tenuto né invogliato a consultarlo. Ciò implica spesso che gli vengano a mancare conoscenze essenziali sulla base delle quali compiere scelte informate. Di fatto le politiche editoriali trascurano spesso di distinguere fra lezioni alternative, ma tutte praticabili, da un lato ed errori flagranti dall'altro. In passato i curatori delle collane pretendevano spesso apparati critici tanto telegrafici da omettere informazioni interessanti circa la *traditio* di un certo brano. Le attuali politiche editoriali riconoscono invece il ruolo che in tali apparati deve spettare all'interpretazione dei dati di fatto, non disgiunta dalla loro enunciazione pura e semplice; gli studiosi possono voler verificare per proprio conto le fotografie e i facsimili sempre piú largamente disponibili. Un gran numero d'informazioni vitali viene sottratto, per scelta intenzionale o per materiale impossibilità, alla codifica in apparati critici che registrano le operazioni editoriali su di un testo già trascritto, e non nei termini propri alla notazione originale.

Il confine tra edizione ed elaborazione o arrangiamento è sempre stato labile. Specie dopo la seconda guerra mondiale le edizioni pratiche, sovraccariche di diteggiature e segni d'espressione, hanno via via ceduto il posto a edizioni *Urtext* pulite e senza fronzoli, radicate in parte nella medesima estetica di totale rigenerazione che informava gli allestimenti wagneriani della "nuova" Bayreuth. Ma presentare all'esecutore un'edizione ripulita può essere ingannevole; è invece necessario leggerla in rapporto alle tradizioni perdute, e solo in parte ricostruibili, della prassi esecutiva, specialmente per la musica di epoche piú antiche. Evitando compensazioni superfetatorie di queste tradizioni perdute, l'*Urtext* potrebbe consolidare un confine artificiale tra quelle convenzioni perdute e quanto effettivamente passava nella notazione.

5. *Repertorio e organizzazione.*

Il repertorio che costituisce l'oggetto di un'edizione può essere una raccolta ordinata per genere o per qualche altro criterio, oppure il contenuto di un singolo manoscritto o gruppo di manoscritti, o ancora il lavoro di un singolo compositore o gruppo di compositori legati da qualche tipo di relazione. Ciascun criterio pone al curatore problemi di fondo di volta in volta alquanto diversi. Molti lavori anonimi restano inediti perché non sufficientemente valorizzati dall'attribuzione a un compositore famoso, anche per epoche nelle quali i compilatori di manoscritti non consideravano importante l'indicazione della paternità d'autore. Enucleare da antologie manoscritte lavori attribuiti o suscettibili d'attribuzione onde sottoporli a un trattamento di riguardo crea seri problemi per la nostra percezione dell'equilibrio complessivo di una fonte di tal genere.

Collane che nell'insieme hanno contribuito piú di qualunque altra impresa a portare alla luce un vasto repertorio di musiche medievali e rinascimentali fuori dal contesto delle edizioni monografiche sono quelle di polifonia due-trecentesca pubblicate da L'Oiseau-Lyre, il *Corpus Mensurabilis Musicae* curato dall'American Institute of Musicology sotto la direzione di Armen Carapetyan e i *Monuments of Renaissance Music*, editi a Chicago.

Determinate gerarchie si evidenziano altresí nel modo di presentare le opere di un compositore; esse possono rivelare le particolari priorità di una generazione di studiosi, anche se l'organizzazione del materiale poteva apparire neutrale. Un esempio è rappresentato dall'*opera omnia* del compositore quattrocentesco Guillaume Dufay. Nel primo volume compaiono innanzitutto i mottetti, rigidamente suddivisi fra i prestigiosi "mottetti isoritmici" e i lavori a composizione libera, leggermente meno pregiati. Seguono poi le messe; e all'interno di esse i cicli unitari (missae totae) hanno la precedenza sui raggruppamenti omogenei di singoli movimenti, e questi a loro volta sono tenuti in maggior pregio dei movimenti isolati. Vengono poi le "composizioni liturgiche minori", comprendenti peraltro alcuni lavori che in base a un diverso criterio di classificazione avrebbero dovuto trovar posto nel primo volume, e infine le *chansons* profane. È pur vero che una simile tassonomia trova occasionali riscontri nella struttura delle antiche antologie, ma la gerarchia in essa implicita è stata per lo piú imposta dai criteri novecenteschi basati sull'archetipo della *Gesamtausgabe* di un grande compositore, ed è necessario modificarla per tener conto della molto maggior fluidità e persino dell'anonimato delle fonti antiche. Il processo di produzione delle edizioni critiche è destinato senza dubbio a evolversi ulteriormente. Oggi che la maggior parte delle fonti musicali anteriori al 1700 è disponibile in una qualche forma di trascrizione, gli sviluppi a venire si concentreranno probabilmente su nuove prospettive di classificazione e sulla nuova considerazione da riservarsi ai repertori anonimi secondo le critiche piú penetranti che sono state mosse al canone tradizionale; si dovranno inoltre ricercare forme di presentazione grafica della musica piú in armonia col sistema di notazione per il quale vennero concepite in origine, pur tenendo conto delle nuove tecnologie e delle mutate esigenze degli studiosi che godono ormai di un piú agevole accesso alle fonti primarie.

Bent, M.

1981 *Some criteria for establishing relationships between sources of late-medieval polyphony*, in I. Fenlon (a cura di), *Music in Medieval and Early Modern Europe. Patronage, Sources and Texts*, Cambridge University Press, Cambridge, pp. 295-317.

1984 *Text setting in sacred music of the early 15th century. Evidence and implications*, in U. Günther e L. Finscher (a cura di), *Musik und Text in der Mehrstimmigkeit des 14. und 15. Jahrhunderts*, Bärenreiter, Kassel, pp. 291-326.

1994 *Editing early music: the dilemma of translation*, in «Early Music», XXII, n. 3, pp. 373-94.

Boorman, S.

1981*a* *Limitations and extensions of filiation technique*, in I. Fenlon (a cura di), *Music in Medieval and Early Modern Europe* cit., pp. 319-46.

1981*b* *Petrucci's type-setters and the process of stemmatics*, in L. Finscher (a cura di), *Quellenstudien zur Musik der Renaissance I, Formen und Probleme*, Kraus, München, pp. 245-80.

1983 *Notational spelling and scribal habit*, in L. Finscher (a cura di), *Quellenstudien zur Musik der Renaissance II, Datierung und Filiation*, Kraus, München, pp. 65-109.

Borghi, R., e Zappalà, P.

1995 (a cura di), *L'edizione critica tra testo musicale e testo letterario. Atti del Convegno di Cremona (4-8 ottobre 1992)*, Lim, Lucca.

Caldwell, J.

1985 *Editing Early Music*, Oxford University Press, Oxford.

Caraci Vela, M.

1995 (a cura di), *La critica del testo musicale. Metodi e problemi della filologia musicale*, Lim, Lucca.

Charles, S. R.

1980 «Editions, historical», in *New Grove Dictionary of Music and Musicians*, a cura di S. Sadie, Macmillan, London, vol. V, pp. 848-69.

Greg, W. W.

1950-51 *The rationale of copy-text*, in «Studies in Bibliography», III, pp. 19-36.

Grier, J.

1992 *Scribal practices in the Aquitanian Versaria of the twelfth century. Towards a typology of error and variant*, in «Journal of the American Musicological Society», XLV, n. 3, pp. 373-42.

1996 *The Critical Editing of Music. History, Method and Practice*, Cambridge University Press, Cambridge.

Maas, P.

1960 *Textkritik*, Teubner, Leipzig, 4ª ed. (trad. it. *Critica del testo*, Le Monnier, Firenze 1972).

McGann, J. J.

1983 *A Critique of Modern Textual Criticism*, The University of Chicago Press, Chicago-London.

Owens, J. A.

1997 *Composers at Work*, Oxford University Press, Oxford - New York.

Planchart, A. E.

1981 *The transmission of medieval chant*, in I. Fenlon (a cura di), *Music in Medieval and Early Modern Europe* cit., pp. 347-63.

Roesner, E.

1981 *The problem of chronology in the transmission of organum duplum*, in I. Fenlon (a cura di), *Music in Medieval and Early Modern Europe* cit., pp. 365-99.

Schrade, L.

1956 (a cura di) *The Works of Guillaime de Machaut*, 2 voll., in Id. (a cura di), *Polyphonic Music of the Fourteenth Century*, voll. II-III, L'Oiseau-Lyre, Monaco.

CLAUDIO GALLICO

Edizioni critiche di musica barocca

1. *Premessa*.

Conviene definire la portata dell'espressione "barocco". Non per avviare una discussione di carattere generale, quanto piuttosto per determinare con chiarezza un campo di ricerca specificamente musicale.

È risaputo che la storia della musica ha mutuato in molti casi la terminologia della propria periodizzazione da quella di altre discipline. Il termine barocco rientra in questa condizione. Io mi ero proposto di considerarlo come etichetta di una delimitazione epocale, fissando con la necessaria elasticità una data o una fase d'inizio, e una fase di conclusione. Ma ripensando un appunto che ho scritto in *L'età dell'Umanesimo e del Rinascimento* [Gallico 1991, p. 109] riguardante la involontaria funzione compositiva secondaria della pratica del basso continuo, della quale chiarirò meglio qui in seguito la natura, ho individuato una *ratio* piú profonda.

Difatti che cosa potrebbe accomunare fra loro, osservando col giusto equilibrio strutture e valori, le ardue invenzioni organistiche di Girolamo Frescobaldi (1583-1643), il denso dettato sonoro di Alessandro Stradella (1639-82), le prodigiose architetture formate dalla retorica musicale di Johann Sebastian Bach (1685-1750), e persino il rilassato amabile comunicare di un giovanissimo Haydn (1732-1809); ovvero i due piú celebri Scarlatti, le ricche efflorescenze canore innalzate da Alessandro (1660-1725) e le forme asciutte e quasi epigrammatiche coniate dal di lui figlio Domenico (1685-1757)?

La risposta è data dalla presenza del basso continuo. Non soltanto per i limiti cronologici del periodo della sua applicazione, che è cosa già accertata da decenni in accreditati trattati di storia [Riemann 1912], quanto per un suo effetto piú determinato. Il carattere normativo, che presentano tutte le grammatiche musicali – dall'Agazzari al Mattheson, almeno – le quali diffondono istruzioni per la realizzazione eventualmente improvvisata del basso continuo, costituisce un terreno di continuità disciplinare e formativa alla quale si adeguano, salvo episodiche deroghe accidentali, tutti i compositori. (Sono convinto che l'avvento e la diffusione globale di questa pratica ha avuto una severa conseguenza deviante e riduttiva – come potrò chiarire meglio piú avanti – nello svolgimento del linguaggio musicale, e in particolare dell'armonia).

Pertanto il punto di partenza di questa trattazione giace attorno all'anno 1600, allorquando la pratica d'accompagnare dal basso le parti soprane di canto e di strumenti fu ratificata dalla cultura ufficiale e divenne costante. Andrà esaurendosi intorno al mezzo del XVIII secolo.

2. *Musica scritta e/o musica in suono.*

La definizione di qual sia il testo del quale si redige l'edizione critica è questione basilare, non semplicemente nominale o metodica; è legata alla sostanza degli eventi. Essa riguarda generalmente tutti i prodotti scritti della musica storica; diventa acutamente problematica nell'età che è oggetto del nostro esame. Il dilemma è aperto fra la musica scritta e la musica in suono: due domini essenzialmente correlati, ma fisicamente diversi. Nell'età del barocco la separatezza fra quelle due condizioni egualmente nodali dell'evento musicale è molto piú divaricata di quanto sia supponibile. Grande è la lontananza dell'effetto sonoro da ciò che si legge sulla pagina scritta.

Va rammentato che l'editoria della musica strumentale è fiorente nell'età del barocco; in misura minore si stampa musica vocale; mentre pressoché nulla è la produzione a stampa di musica operistica, tramandata comunemente in esemplari a mano. Lo scritto come giace sulle pagine pentagrammate costituisce una immagine estremamente ridotta e come ossificata della realtà sonora. Possiamo supporlo steso al fine di conservazione, e piú ancora di trasmissione, soprattutto sincronica; di certo fu guida per la esecuzione, fu collezione di un materiale reso disponibile alla mutevole rilettura del musico pratico. Esso fiorisce sopra una piattaforma di interessi mercantili differenziati. Ambizioni piú elevate da parte del compilatore dello scritto, sia egli amanuense, sia editore, rientrano nel disegno di sofisticati rapporti sociali e mondani: offerte, omaggi, dediche.

Il passaggio dallo scritto alla musica in suono richiedeva tutta una somma di interventi e aggiunte: basterebbe citare a questo proposito la realizzazione del basso continuo, o anche l'apposizione degli abbellimenti melodici impliciti, e convenienti. È evidente che la povertà dello scritto si accompagnava a una larghissima diffusione e conoscenza di consuetudini performative correnti, che gli esecutori contemporanei conoscevano bene. Di quelle si sono perse, nel divenire del tempo, col mutare degli stili, del gusto, della cultura, la pratica diretta e la tradizione.

L'editore critico deve quindi porsi preliminarmente il quesito se il testo proposto modernamente debba riportare visibilmente anche quell'insieme di integrazioni che l'autore antico considerava sottintese, benché inespresse, nello scritto. Ossia decidere se l'interpretazione corretta e completa delle intenzioni del compositore e dei suoi esercizi sonori costituisca parte essenziale del testo.

Vale rammentare il quesito di partenza: il testo della musica, oggetto dell'edizione critica, è la sua stesura scritta o la sua versione sonora? Dalla risposta dipendono riscritture molto differenti.

Entrambe le soluzioni del dilemma sono da ritenere legittime; io, schierato dalla parte della musica, ritengo che il testo musicale d'antica concezione, alla cui restituzione tende l'editore moderno, è l'*unicum* della sua versione in suono. Oltre all'esame notazionale e segnico della pagina antica e all'applicazione delle procedure classiche della filologia testuale, ritengo che debbano essere pertanto evocati e utilizzati i sussidi della pratica esecutiva nel senso piú largo e capillare: quindi dell'integrazione strutturale della partitura, dell'organologia, dell'arte vocale e strumentale, della capacità dei contenitori, quando occorra; giungendo infine alla identificazione dell'aura propria di ogni invenzione o ricreazione. Avverto tuttavia che la comune abilità di molti esecutori d'oggigiorno, basata su una solida conoscenza delle maniere antiche, è talmente accresciuta da rendere in molti casi inutili interventi scritti nel testo: fra questi, per dare l'esempio piú significativo, v'è la realizzazione del basso continuo destinata dalla trattatistica a strumenti classificati "perfetti", che è normalmente omessa nelle edizioni piú recenti.

Nell'esecuzione, nella riproduzione il testo assume una mobilità fluttuante. Vi prende forma un oggetto sonoro molteplice, complesso, magmatico, condizionato, contaminato. Esso è pure segnato da un destino alquanto angosciante: per quanto sia tenace, corretta, illuminata la marcia di avvicinamento, non è concesso di attingere al progetto formativo nativo, né di ricreare il modello voluto e foggiato e pronunziato dall'autore, e accolto dal suo utente. Una prova particolare della relatività storica dell'esercizio della critica: la perfezionata competenza della prassi esecutiva remota, raggiunta da studiosi ed esecutori dei nostri giorni, rende attualmente alquanto superflua la lezione di metodo interpretativo dettata tradizionalmente dal moderno editore nelle annotazioni che contornano il testo criticamente definito [Frescobaldi 1998, pp. XII-XIII].

3. *Alcuni aspetti notazionali.*

Per l'accertamento del testo scritto valgono dunque le procedure usuali e gli studiati passaggi ratificati dalla filologia, fondata come è ben noto sull'esame analitico delle fonti, e tendente alla restituzione di un testo che sia il piú coerente possibile con la presunta intenzione dell'autore.

Nell'epoca che qui è considerata, una scorsa agli aspetti visibili dei testi, come sono trasmessi, consente di segnalare momenti interpretativi particolari al fine della traduzione grafica. Ne esamino i piú rilevanti, a titolo d'esempio.

La questione della conservazione delle chiavi antiche, cosí come delle figure delle note, è vivacemente dibattuta. Laddove è certo che la forma e la posizione delle stanghette di battuta devono essere riprodotte tali e quali, per ribadire le informazioni fraseologiche che esse trasmettono.

L'armatura di chiave può non comprendere gli accidenti necessari alla definizione della tonalità del brano, in quel lungo crepuscolo della pratica della solmisazione. Gli accidenti iscritti nel corso della composizione richiedono una particolare sorveglianza critica, dal momento che gli usi grafici d'allora – l'accidente vale per ogni singola nota da alterare – non coincidono con quelli correnti oggi. E su questo terreno l'errore banale è in agguato.

L'indicazione numerica del metro, anche ove fosse inusuale, va riprodotta e decodificata. Essa potrebbe difatti trovarsi anche in conflitto con il ritmo reale della composizione.

La disposizione spaziale delle note sul foglio rivela spesso l'articolazione esecutiva richiesta. Ne sono esempio le composizioni intavolate per tastiera e incise su lastre per l'edizione antica a impressione, in tutti i casi apparsi nell'arco di tempo che si stende da Frescobaldi a Bach. Vi sono indicate soluzioni concernenti la distribuzione fra le due mani, la diteggiatura, l'accentazione, il fraseggio: elementi tutti d'alto pregio interpretativo. Siano rilevati e riprodotti.

Un altro passaggio impegnativo sta nel proposito di congiungere con tratti d'unione le note, che nelle stampe originali figurano separate una a una, mantenendone sistematicamente la disposizione, ossia la pronunzia originale. L'osservazione e il rispetto della stesura iniziale sono da considerare imperativi ineludibili.

Le partiture, quando mancano, devono essere ricostruite riunendo le parti singole eventualmente separate per i leggii. Nelle partiture orchestrali italiane si trascura spesso di tracciare il rigo della viola, a meno che si tratti di parti realmente composte; ma la viola figurava sempre nel complesso, e l'editore moderno proporrà di eseguirla all'ottava rispetto al basso. Tale lacuna degli originali rientra nell'ambito delle notazioni abbreviate. L'editore le sciolga secondo dottrina, evidenziandole con una differente grafia.

Tutto l'apparato di diciture sussidiarie che circonda la notazione musicale va letto rispettosamente e, come spesso occorre, spiegato: ciò vale per i titoli, i motti e le citazioni, le qualifiche formali, la designazione degli strumenti, le indicazioni dinamiche e agogiche e ogni altra istruzione periferica.

L'editore sperimenterà frequentemente che la disposizione delle parole accanto ai suoni, nelle scrizioni antiche delle composizioni cantabili, risulta inaccurata. In questa evenienza l'intervento deve farsi incisivo. Anzitutto si procederà alla restituzione di un organismo letterario ordinato e corretto; dopo un'accurata osservazione dello stile e degli usi dell'autore in discussione si dovrà procedere a una ridistribuzione coerente delle sillabe e delle parole accanto alle note.

Condotta a termine la rivisitazione e la restituzione dell'oggetto materiale tràdito, s'allarga l'ampio ventaglio di interventi pertinenti, questi, al versante esecutivo.

4. *Dalla parte della prassi esecutiva.*

Quando ci si volge invece alla realtà sonora, nella musica dell'età del barocco intervengono numerose variabili non disposte esplicitamente sulla pagina. Ne cito alcune fra le piú rilevanti.

La lacuna piú grave, che, se non colmata, rende ineseguibile la musica di quell'epoca, è l'assenza dell'accompagnamento strumentale di base. Vigeva allora la pratica del basso continuo. Questo era una singola parte strumentale grave, sottoscritta alla melodia o all'insieme principale, stesa in forma sintetica, che l'interprete completava all'atto dell'esecuzione, assegnandola a uno o piú strumenti convenienti, e realizzando anche all'improvviso un accompagnamento d'armonia completo e congruo. Questo statuto compositivo fu formalizzato proprio intorno all'anno 1600, da maestri fiorentini e lombardi. Rimase in vigore fin dopo il mezzo del XVIII secolo. La sua realizzazione richiede articolata competenza della manualistica d'epoca, sapienza armonica, e viva immaginazione, dal momento che essa variava, naturalmente, da fase storica a fase storica, da musicista a musicista, se non da composizione a composizione, persino.

Come ho già accennato, l'avvento del basso continuo avvia un moto di riflusso nel divenire della sensibilità armonica nella cultura della musica. Lo si osserva considerando a qual punto di avanzato sperimentalismo e di varietà formativa era giunta la scrittura dell'armonia, per esempio in madrigali di Gesualdo di Venosa (ca. 1560-1613), e del primo Claudio Monteverdi (1567-1643), o anche in certe invenzioni strumentali di Giovan Maria Trabaci (ca. 1575-1647), di Girolamo Frescobaldi; e come invece la grammatica dell'armonia prescritta dai teorici del basso continuo, da Agostino Agazzari (1578-1640) in avanti, e cercata e osservata per decenni dai compositori, riduce e schematizza le successioni armoniche, conferendo loro funzioni molto semplificate, condizionate da rapporti elementari fra i diversi gradi della scala tonale. Mentre sul finire del secolo XVI le trovate e le successioni accordali inusuali erano connesse all'affetto che animava la comunicazione sonora, e ne erano legittimate, la nuova grammatica reprime quell'aspetto del linguaggio a una condizione di neutralità espressiva, e di servizio subalterno rispetto alle virtú sonore, personificate queste dai solisti di canto e di strumento. Allora il luogo dell'armonia audace diviene una deroga, una deviazione, un sagace e sapido esperimento d'eccezione. Obiettivamente, nel disegno generale di svolgimento del linguaggio armonico la nuova normativa esercitò una forte, involontaria influenza frenante.

Altro luogo di intervento è l'aggiunta di abbellimenti inespressi, o la variazione estemporanea delle parti scritte. Che ciò avvenisse è cosa certa. Ne sono prova, per esempio, le versioni scritte delle varianti applicate alle proprie sonate da Arcangelo Corelli (1653-1713) che sono tramandate [Corelli 1710]. Esiste un numero considerevole di manuali che forniscono accurate istruzioni agli esecutori d'allora, quindi anche a chi intende rinnovarne la prassi [Mayer Brown e Sadie 1990]. All'inverso, autori di primo piano hanno anche voluto indicare la posizione e la fattura degli ornamenti melodici: si leggono in pagine vocali spirituali di A. Stradella, come in opere per tastiere di J. S. Bach.

Un caso singolare è proposto, all'inizio di quell'epoca, dalla preghiera *Possente spirto e formidabil nume* intonata da Orfeo alle soglie dell'Ade: per quella invocazione drammaticamente e simbolicamente cruciale Claudio Monteverdi stese affiancati nella partitura a stampa sia un disegno melodico di poche note, sia uno eccezionalmente arricchito di variazioni melismatiche (cfr. la figura a p. 7).

Considero quest'ultimo la proposizione di un canto florido di abbellimenti controllati, e non rilasciati all'arbitraria decisione del cantore. Altri musicisti dimostreranno la medesima preoccupazione. (Vorrei citare le accurate riscritture tarde delle proprie opere giovanili eseguite da Johann Sebastian Bach; per arrivare fino ai virtuosismi canori non piú soltanto esornativi, sí drammaticamente funzionali di Gioacchino Rossini [1792-1868]).

La variazione vocale virtuosistica della terza parte di quella struttura esemplare che è l'aria col da capo – onnipresente nelle composizioni del barocco avanzato, nella cantata, nell'opera, nell'oratorio – è invece obbligatoriamente prescritta ai vocalisti dalla piú accreditata manualistica settecentesca italiana rappresentata eminentemente da Pierfrancesco Tosi e Giovan Battista Mancini. Quello scorrere volubile di arcuati disegni cantabili, la struttura formale che si dissolve in aria, vanno certamente intesi come un emblema di specifico gusto barocco.

La corretta restituzione di questo aspetto della composizione originale comporta altresí una qualità di emissione vocale stilisticamente adeguata. Cosí come è richiesta, negli strumenti meccanici destinati alla riproposizione delle antiche musiche, una fattura modellata su quelle originali, e nel loro uso una studiata riproduzione delle tecniche esecutive. Su questo punto, un movimento riformatore specifico, che ha pure prodotto larga influenza metodica, è stata l'azione del recupero e del restauro degli organi antichi, la esemplare *Orgelbewegung* [Tagliavini 1962], alla quale si è ispirata non soltanto l'esecuzione delle opere organistiche, ma anche piú generalmente l'atteggiamento dei musicisti dediti agli antichi repertori. Il giusto fine consiste sempre nell'avvicinamento critico alla qualità sonoriale nativa.

Non meno utile risulta l'aspirazione ad ambientare la musica nei contenitori nei quali essa poté risonare in origine. Non si tratta solo del compiacimento estetizzante che un'operazione di questo genere può procurare, mediante la rivisitazione di sedi aventi speciali pregi architettonici. Le caratteristiche ambientali risultano determinanti per aspetti ben piú significativi. Vale citare almeno la loro relazione con la qualità dinamica, ossia con il volume della riproduzione sonora. Gli spazi della *Thomaskirche* erano agevolmente colmati da formazioni corali e strumentali esigue, per la esecuzione delle musiche liturgiche di J. S. Bach [Harnoncourt 1984]; la misura spaziale dei saloni signorili, e piú ancora dei deliziosi teatri veneziani, che videro la nascita e la tumultuosa espansione dell'opera in musica, fornisce la dimostrazione di quanto moderata potenza di suono occorresse per la mes-

Figura 1.

sa in scena di spettacoli pur visibilmente sontuosi. E un'altra variabile poteva influenzare l'intensità delle emissioni vocali e piú ancora il movimento dell'esecuzione: la gestualità attoriale.

Gli interventi dell'esecutore erano dunque molteplici, mutanti, e avvenivano da vari punti d'attacco. All'evento musicale conveniva pertanto, di volta in volta, una riproposta alquanto libera e variante. Vorrei affermare che quella riconosciuta ineluttabile mutevolezza delle realizzazioni sonore costituisce un'altra peculiarità fortemente caratterizzante di quei decenni, tale da definire un'epoca e una cultura.

Qual è il movente che può indurre a una ricercata e minuziosa analisi critica degli aspetti di una restituzione fedele? Esso discende dalla ineludibile necessità di riappropriarsi degli oggetti della storia nella loro consistenza piú autentica. Lo storico della musica deve fabbricare il proprio discorso, come scriveva con aurea espressione Monteverdi nell'indirizzo «agli studiosi lettori» del quinto libro dei suoi madrigali, «sopra li fondamenti della verità» [Monteverdi 1605]. Aspetto proprio della nostra arte è che essa vive e vibra nell'aria, e le sue opere non hanno la oggettiva consistenza materiale d'una immagine figurativa, o anche di un testo letterario compiutamente steso sul foglio: anche la partitura scritta ha una propria realtà materica, ma la verità sonora è cosa molto allontanata da quella, e bisognosa di un largo ventaglio di integrazioni. E qualunque omissione o alterazione di elementi originali dell'evento musicale potrebbe indurre a gravi fraintendimenti nella riappropriazione e rilettura interpretativa dello storico moderno.

Quello che ho asserito finora non toglie legittimità, di per sé, all'eventualità di riscritture eseguite su antiche pagine musicali: penso alle multiformi elaborazioni condotte nel corso del tempo su quei fini gioielli che sono le strofe dello *Stabat Mater* di Giovanni Battista Pergolesi (1710-36), create dal giovanissimo maestro a parti reali per le esecuzioni domestiche di una confraternita napoletana; alle contraffatture orchestrali compiute da Geminiani sopra la traccia di sonate corelliane [Geminiani 1726; 1729]; agli interventi amplificatori di Wolfgang Amadeus Mozart sulla struttura primaria del *Messiah* di Händel; alle trascrizioni, suggestive quelle per pianoforti da concerto di pagine bachiane proposte da Ferruccio Busoni. Gli esempi portati, validi per se stessi come opere dell'arte e nitidi testimoni epocali, provano quanto meno la invincibile tendenza, che scorre nel tempo, a incrementare il volume sonoro.

5. *Edizione della musica cantata.*

Un insieme di problemi particolari è proposto dal dominio della musica cantata; in questo, speciale attenzione va rivolta alla parte letteraria. I due regimi sonori, parole e musica, scorrono affiancati e in una correlazione strettissima. Considero a questo punto le parole soltanto. Esse hanno un percorso glottologico e logico proprio. Ma esse sono pure suono; nella maggior parte dei casi forniscono la misura della forma musicale; mediante sottili indotti psicologici conferiscono indirizzi espressivi al modello musicale finale.

Tenendo ben salde queste premesse rinnovo un pensiero che ho scritto piú di una volta, e che ho anche dettato, e al quale mi sono ispirato essenzialmente nel lavoro. Quando il testo letterario giace scritto sulla carta pentagrammata, esso sembra manifestare la propria identità originale, e a esso sembrano competere i criteri critici usuali. Ma quando le parole sono assorbite nel cantare, il testo letterario è irrimediabilmente bloccato nella forma che è proposta al cantore; anche quando sia deformato o corrotto. In realtà la corruzione del testo avviene inevitabilmente quando esso è prestato al canto. Avviene per l'aspetto strutturale: penso alle durate della pronunzia cantata, come alterano la metrica versificatoria e il *ductus* oratorio; e avviene per l'aspetto del valore: la qualità poetica nativa delle rime riesce eventualmente opacizzata da una cattiva musicazione (o all'inverso esaltata da una buona). Il discorso letterario subisce nel canto un tipico straniamento.

Ma per noi vale il modello come è sonorizzato. I problemi critici della parte letteraria s'allontanano allora relegati sullo sfondo. La lezione letteraria, espropriata della sua autonomia testimoniale, è fusa nel canto e cristallizzata; e del canto segue da quel momento il percorso e il destino. Sviata allora dal bacino nativo cala in un differente complesso di problemi critici.

È opinione unanimemente accolta che le ragionate modifiche di un testo tràdito con musica – una volta che si siano potuti accertare i percorsi delle due componenti prima dissociate, indi congiunte – non possano andare al di là di una cautissima *emendatio* dei nonsensi eventualmente introdotti o da fraintendimenti, o da errori triviali dell'amanuense o del tipografo.

Un vertice di musica cantata e un oceano di problemi è costituito da *La coronatione di Poppea*, "opera regia" di Gian Francesco Busenello, rappresentata con musica la prima volta nel 1643 a Venezia. Due sono le partiture superstiti, scritte da mani differenti. Sono acefale e senza nome d'autore. Discendono entrambe forse dal medesimo archetipo, rimasto sconosciuto. La partitura di Venezia (Biblioteca Nazionale Marciana, It. 439 [= 9963]) fu posseduta da Francesco Cavalli, ed è ragionevole credere che egli intervenisse nella stesura, quindi nella rappresentazione. La partitura di Napoli (Biblioteca del Conservatorio San Pietro a Maiella, Rari 641) risulta correlata con una rappresentazione avvenuta in quella città nel 1651, e proposta col titolo *Il Nerone*. Entrambe tramandano soltanto le parti vocali e il basso continuo; e un numero di sinfonie e ritornelli, che sono a tre parti nel manoscritto di Venezia; e piú spesso a quattro in quello di Napoli: tutte senza l'indicazione degli strumenti. Benché asserita tardivamente in fonti documentali, nessuno studioso contemporaneo contesta la paternità della musica di Claudio Monteverdi. Invece è assai incerto, per esempio, l'autore della musica di alcuni passi, e in particolare del mirabile duetto finale *Pur ti miro - Pur ti godo*: il testo è di Benedetto Ferrari; la musica potrebbe essere dello stesso Ferrari, di Filiberto Laurenzi, o anche di Francesco Cavalli [Bianconi 1991, pp. 209-11; Chiarelli 1974].

Tra la fonte veneziana e quella napoletana sussistono disparità rimarchevoli, nonostante la coerenza della trama e alcune scene essenziali anche sovrapponibili. Cito ad esempio solamente il finale dell'opera. A Venezia Poppea è incoronata imperatrice nel regno; a Napoli la scena è attorniata da una apoteosi in cielo celebrata da Venere e Amore fra immaginari voli di putti alati, e canti di voci puerili:

Coro di Amori
(a 3) Scendiam, compagni alati
voliam ai sposi amati!
(solo) Al nostro volo
risplendano assistenti i sommi divi,
(a 3) dall'alto Polo
si veggan fiammeggiar raggi piú vivi.

(Dialogo di Amore e Venere)
(a 3) Or cantiamo giocondi: in Terra e in Cielo
il gioir sovrabbonda.
In ogni clima, in ogni regione
si senta rimbombar Poppea e Nerone!

Al canto collettivo di versi futilmente occasionali, non usciti certo dalla penna del sagace Busenello, l'anonimo musicista allestí un saggio di esaltata spettacolarità secentesca.

Le divergenze fra le due partiture appaiono sostanziali e diffuse, tanto da rendere irrealizzabile anzitutto la redazione del presumibile archetipo, dal quale esse possono essere state esemplate, e da vanificare qualsiasi procedura metodica della filologia testuale (*recensio*, *lectio difficilior*, *lectio recentior* e cosí avanti). I due testimoni sono veramente indipendenti, nel senso che essi riferiscono l'evento unico delle rispettive rappresentazioni. Costituiscono pertanto una delle prime *cruces* e un precoce caso di quei problemi editoriali che presenta tutto il repertorio operistico dilagante fra Seicento e Settecento.

Difatti l'amplissimo giacimento di partiture manoscritte di opere teatrali e melodrammi spettacolarizzati nei due secoli, conservato nelle biblioteche e negli archivi teatrali di tutta Europa, tramanda i modelli scarniti dei rispettivi singoli accadimenti rappresentativi. Quei volumi conservano naturalmente soltanto le parole del dramma e la musica che lo decora; e cosí riferiscono una memoria impallidita dell'evento molteplice e composito. Certo sono integrati utilmente dai rispettivi libretti; e dagli apporti documentali di contorno. In sé, la rappresentazione risulta di volta in volta condizionata dal contesto ambientale, subordinata ai capricci dei cantanti, alle ambizioni dell'impresario, alle attese del committente, alle innumeri contingenze del luogo teatrale [Bianconi 1991, pp. 207 sgg.]. La situazione obiettiva di testi cosí determinati dalle circostanze spaziali e temporali e occasionali vanifica l'utilità della ricerca di archetipi e di correlazioni genealogiche, anche fra opere aventi lo stesso autore, e titolo, e soggetto.

Vale per quel repertorio ciò che scrisse Franca Brambilla Ageno a proposito dei canti popolari:

> non si può dire che esista un unico originale ricostruibile mediante la *recensio*, rispetto al quale le successive forme assunte dal testo in ogni suo punto siano deviazioni o alterazioni dovute alla trasmissione [...] qui tali forme successive sono tutte ugualmente legittime e nessuna deve venire eliminata [1984, p. 278].

E piú avanti: «esiste dunque una molteplicità di versioni» e «non si può ricostruire una redazione definitiva» [*ibid.*].

Fra i casi piú avvincenti merita d'esser citato uno contrapponibile al precedente. Voglio dire la convivenza di testo letterario e intonazione musicale nel canto cultuale della Chiesa romana, e di altri riti. Le parole sono devozionali e la dottrina le giudica immodificabili, a scanso di deviazioni eterodosse; invece le rispettive pronunzie musicali svariano di volta in volta. Questa situazione si verifica nel cuore del problema critico generale che investe la musica sacra: il dilemma tra forma estetica e funzione rituale. La prima plasmata dai cangianti atteggiamenti della operosità degli artisti; la seconda fermata dalla sua sostanza ideologica e dalla sua condizione cerimoniale. Su questo terreno viene avanti tutta la storia di quella musica. La preghiera ha acquisito una monumentalità marmorea satura di sedimenti morali depositati dalle innumerevoli riletture eseguite dalle generazioni successive degli oranti; ma con la sua ripetitività collide un mareggiare di linguaggi sonori mutevoli, che si susseguono nel tempo e si identificano nelle personalità dei loro autori, riflettendo il divenire incessante dei gusti, delle tecniche compositive, delle culture. E quella specialità formativa pretende una disposizione metodica particolare da parte dell'editore.

In ogni modo, la comunione strutturale con un discorso letterario fornisce all'editore dell'opera musicale una forte indicazione sull'andamento del movimento che la conduce. Difatti esso deve prendere quel tempo che è coerente con la comunicazione verbale, differenziata di volta in volta in una larga gamma di affetti. Questo sussidio rimase decisivo fintanto che i maestri non avvertirono l'esigenza di apporre indicazioni di tempo appropriate all'inizio delle proprie composizioni. È lecito supporre che le nuove esplicite prescrizioni di movimento dimostrassero la loro utilità allorquando venne meno un insieme di convenzioni esecutive generalmente acquisite. Vale osservare che quelle indicazioni – come Allegro, come Grave, come Presto – dapprima furono delegate a qualificare la natura dell'espressione del brano a cui erano riferite; nel corso del tempo esse assumeranno, assieme a un mazzetto di altri termini, una piú ordinata funzione di norme del movimento. Trattasi di uno dei piú significativi contributi della lingua italiana al lessico europeo della musica colta. E l'uso di prescrizioni agogiche scritte si diffuse gradualmente: dai primi accenni sparsi alla fine del primo trentennio del secolo XVII, a largo e sistematico utilizzo: per fare esempi meritano ricordo autori di varie lingue da Domenico Mazzocchi (1592-1665) a Henry Purcell (1659-95), e piú oltre Georg Philipp Telemann (1681-1757), Georg Friedrich Händel, J. S. Bach.

6. *A proposito di musica strumentale*.

La musica strumentale è sempre priva del sussidio delle parole, che possono in molti casi servire, come si è detto sopra, a rendere manifesta la sostanza espressiva, che il movimento può porre in evidenza e qualificare con velocità graduate. Per l'editore, per l'interprete, si propone un problema ulteriore. Non sorprende che, fra le mirabili istruzioni che Girolamo Frescobaldi ha sparso all'inizio dei suoi libri di musica tastieristica, si legga nel Libro di *Toccate e partite* del 1615: «Et non ha dubbio, che la perfettione del sonare principalmente consiste nell'intendere i tempi»; espressione elaborata nella edizione successiva della stessa opera come segue: «rimettendosi al buon gusto et fino giuditio del sonatore il guidar il tempo; nel quale consiste lo spirito, e la perfettione di questa maniera, e stile di sonare». Ad alcune righe ancora di Frescobaldi va riconosciuto il titolo di documentare il transito dalla prassi mensurale rinascimentale ai sistemi di definizione metrico-ritmica posteriori, e restati poi in vigore; nell'indirizzo ai lettori dei *Capricci*, 1624:

> Si deveno i principii cominciarli adagio a dar maggior spirito e vaghezza al seguente passo e nelle cadenze sostenerle assai prima che si incominci l'altro passo, e nelle trippole, o sesquialtere, se saranno maggiori, si portino adagio, se minori alquanto piú allegre, se di tre semiminime piú allegre, se saranno sei per quattro si dia il lor tempo con far caminare la battuta allegra [Gallico 1986, pp. 201, 203].

La teoria musicale coeva è concorde nell'identificare il medesimo processo. Si legga nel *Musicae compendium* di Descartes, finito di compilare nel 1618, là dove tratta del «ritmo o tempo da osservarsi in musica»:

> Sono sorti in musica due generi di misura, quello ternario e quello binario. Questo modo di dividere [...] è segnato da una percussione della mano o, come si dice, battuta, grazie alla quale possiamo cogliere tutte le parti di cui si compone la melodia, e godere dei rapporti proporzionali su cui debbono poggiare [...] e questo avviene, secondo me, realizzando una maggiore intensità della voce nella musica vocale, o uno sforzato nell'esecuzione strumentale, conseguendo in tal modo che all'inizio di ogni battuta il suono risulti emesso piú distintamente. È questo un accorgimento comunemente osservato dai cantanti e dagli strumentisti, soprattutto in quelle composizioni al cui ritmo si eseguono pantomime e si balla [Cartesio 1650, trad. it. pp. 75-76].

L'esergo dimostra anche la consapevolezza del grande pensatore relativa all'incisivo fenomeno linguistico che sta investendo la musica colta europea: la invenzione e il larghissimo consumo di un nuovo stile di danza personale – fondato su metri fissi misurati, accenti periodici in rilievo, disegni semplificati, forme ordinate con rigorosa simmetria –, e la sua penetrante influenza nell'arte.

Un'area di sviluppo di questo aspetto sta nell'estesissima produzione di sonate a tre. Si consideri la ben nota distinzione tra sonate "da chiesa", e sonate "da camera". Le prime organicamente strutturate in movimenti: proprio la *varietas* delle alternative di moti veloci o lenti rese indispensabile offrire nel testo la rispettiva indicazione agogica. Le altre, da camera, costruite mediante successioni di danze adiacenti, con metro e andamento contrastante.

Certezza si ha sulla specie degli strumenti che eseguivano il numeroso repertorio sonatistico dell'età del barocco. Con assoluta prevalenza strumenti ad arco, due violini, violoncello e strumenti "perfetti" per il basso continuo; con qualche alternativa di un flauto in luogo di un violino. Questo aspetto riduce e normalizza quelle differenti pratiche, che alle soglie del secolo concedevano invece alla partitura una libera variabilità timbrica. Difatti nei frontespizi delle musiche strumentali dei primi decenni è comune la dizione «per sonare con ogni sorte di stromenti». L'uso degli strumenti dipendeva dall'organico e dagli esecutori disponibili, e variava nella maniera piú informale ed elastica. L'editore moderno di quelle primizie dovrà pertanto astenersi dal prescrivere in maniera perentoria soluzioni timbriche esclusive; invece sarà buona cosa accertare per via documentale la disponibilità di mezzi e di personale negli ambienti nei quali le musiche erano destinate a risonare. L'informazione raccolta deve essere opportunamente consegnata agli utenti d'oggigiorno.

Un pregnante e simbolico punto d'arrivo della volontà di indicare infallibilmente la qualità timbrica degli strumenti in gioco, cosí come degli assetti strutturali, delle articolazioni di movimento, dei piani tonali, è rappresentato dai *Six concerts avec plusieurs instruments* di J. S. Bach (versione finale autografa dedicata a Christian Ludwig margravio di Brandeburgo, datata da Coethen 24 marzo 1721; creazioni iniziate nel 1718).

Il quinto concerto in Re maggiore di quella splendida collezione di invenzioni strumentali (BWV 1050) assegna, come è noto, al cembalo una rilevante funzione solistica. In tal senso costituisce una primizia alla quale poterono ispirarsi i compositori venuti dopo nel foggiare brani con solisti concertanti. Nel primo tempo Bach destinò inoltre al cembalo un'estesa cadenza assolo.

Del concerto sono conosciute tre versioni non prive di differenze. La prima è ricostruita mettendo insieme le parti separate destinate agli strumentisti copiate da Johann Christian Altnickol e aiuti. Anche la seconda raduna le singole parti, ma la parte di cembalo è autografa. La terza, infine, è una partitura integralmente autografata.

Una sostanziale differenza separa le due cadenze autografe destinate al cembalo solista; la prima è di 18 battute, la seconda di 65. Esse non sono sovrapponibili. Si tratta «di un divenire, di un farsi» [Basso 1979, p. 590]. Il moderno editore accoglie e privilegia dell'opera la versione ultima autenticata dalla mano del compositore, quindi il testimone *recentior*. In tal caso il compito dell'editore rimane quello di un semplice ammodernamento grafico, con cautissime correzioni di comprovata necessità, del riconosciuto *Urtext*. Ma la scelta della lezione piú recente non toglie importanza alla esistenza delle precedenti versioni delle quali si è detto. Ciò è tanto vero, che della prima stesura del concerto è stata condotta anche una fedele edizione moderna a cura di Alfred Dürr (BWV 1050a). Il pregio del riconoscimento della esistenza di lezioni diverse e successive, in questo come in tanti altri casi, sta nella facoltà offerta allo studioso di accedere alle fasi del percorso creativo del compositore.

Assumo il caso del Quinto concerto brandeburghese come esemplare della possibilità di eseguire nitide ricognizioni all'interno del travaglio attivato nel processo inventivo di un autore che ha rifornito di capolavori assoluti la storia della musica. Generalizzando, è questo uno dei piú formidabili strumenti di studio procurati dall'analisi dei testi finalizzata alla editoria critica.

7. *Edizione critica come limite.*

Io accolgo l'opinione aggiornata dei maestri della filologia classica. La restituzione di un testo che sia il piú vicino possibile all'originale, o all'archetipo, continua a essere il fine di una edizione criticamente condotta. Esso tuttavia non può che presentare una redazione ideale dell'opera. E la definizione della fonte primaria, eventualmente originale, della tradizione rimane un limite al quale è possibile soltanto tendere [Gallico 2001]: un limite inattingibile come è l'asintoto di una funzione geometrica. La ricerca d'area filologica non può che promuovere la riduzione di quel campo, che nel calcolo delle probabilità è l'intervallo di confidenza. Risulta molto stimolante la coincidenza dei problemi concernenti l'accertamento dell'identità testuale con quelli che vengono in evidenza nella teoria delle probabilità. Il bersaglio finale al quale è puntata l'attenzione indagatrice va per principio considerato rivedibile, poiché emerge da una progressione di preferenze e probabilità.

Al moderno editore non è dato che restringere gli spazi dell'approssimazione verso l'ultima verità. Egli è costretto a mutare una certezza in un'aspirazione, un dogma in un desiderio. Perdipiú, fra i contributi alla relatività del giudizio deve figurare la consapevolezza della distanza nel tempo, e delle mutazioni di specie ambientale e antropologica. È questo il delicatissimo ambito della ricezione, ossia della considerazione di quel vaghissimo circuito che si istituisce di volta in volta fra il produttore e l'utente.

La stessa molteplicità degli approcci critici, proposti e sperimentati dalle scuole di pensiero, può indurre a temperare l'eventuale entusiasmo teorico, con la consapevolezza della provvisorietà e parzialità settoriale di ciascun metodo di indagine e di giudizio: anche i metodi e i loro strumenti sono nella storia, oggetti della storia, calati, compromessi nel suo fluire. Mi chiedo se non sia giusto conferire onestamente a quei metodi un carattere non assolutamente prescrittivo, sí invece prudentemente problematico. L'unico vizio veramente imperdonabile rimane l'inerzia e l'indifferenza nei confronti della cercata verità. Allora l'osservazione attenta e affilata del testo rende trasparente l'oscurità della storia.

In quell'insieme di valori che è l'opera dell'arte o dell'ingegno, l'edizione critica comporta un imponente valore aggiunto. Mi sono convinto che nella redazione finale del testo e nei suoi contorni funzionali il valore non risiede soltanto nella stesura del testo, la cui validità può essere continuamente rimessa in discussione, bensí altrettanto nel processo sperimentale, intellettuale e immaginifico testimoniato dalla somma di informazioni procurate e dalle note argomentate degli apparati. In queste giace il sedimento di splendidi esercizi di ricerca ramificati in campi molteplici, che è intellettuale delizia del lettore ripercorrere.

Basso, A.

1979 *Frau Musika. La vita e le opere di J. S. Bach*, Edt, Torino (2^a ed.).

Bianconi, L.

1991 *Storia della Musica*, a cura della Società Italiana di Musicologia, V. *Il Seicento*, Edt, Torino (2^a ed.).

Borghi, R., e Zappalà, P.

1995 (a cura di), *L'edizione critica tra testo musicale e testo letterario. Atti del Convegno di Cremona (4-8 ottobre 1992)*, Lim, Lucca.

Brambilla Ageno, F.

1984 *L'edizione critica dei testi volgari*, Antenore, Padova.

Caraci Vela, M.

1995 (a cura di), *La critica del testo musicale. Metodi e problemi della filologia musicale*, Lim, Lucca (vi si trova una bibliografia specifica di 1400 voci, redatta da A. M. Grassi).

Cartesio (René Descartes)

1650 *Musicae compendium*, typis Gisberti à Zÿll & Theodori ab Ackersdÿck, Utrecht (trad. it. *Breviario di musica*, a cura di L. Zanoncelli, Passigli, Firenze 1990).

Chiarelli, A.

1974 *L'incoronazione di Poppea o Il Nerone. Problemi di filologia testuale*, in «Rivista Italiana di Musicologia», IX, pp. 117-51.

Corelli, A.

1710 *Sonate a violino e violone o cimbalo. Opera quinta [...] troisième édition ou l'on a joint les agrémens des adagio de cet ouvrage, composez par Mr. A. Corelli, comme il les joue*, Estienne Roger, Amsterdam.

Feder, G.

1987 *Musikphilologie. Eine Einführung in die musikalische Textkritik, Hermeneutik und Editionstechnik*, Wissenschaftliche Buchgesellschaft, Darmstadt (trad. it. *Filologia musicale*, il Mulino, Bologna 1992).

Frescobaldi, G.

1998 *Arie musicali*, a cura di C. Gallico e S. Patuzzi, Suvini Zerboni, Milano.

Gallico, C.

1986 *Girolamo Frescobaldi. L'affetto, l'ordito, le metamorfosi*, Sansoni, Firenze.

1991 *Storia della Musica*, a cura della Società Italiana di Musicologia, IV. *L'età dell'Umanesimo e del Rinascimento*, Edt, Torino (2ª ed.).

2001 *Aggiunte e considerazioni a «L'edizione critica tra testo musicale e testo letterario»*, in Id., *Sopra i fondamenti della verità. Musica italiana fra il XV e XVII secolo*, Bulzoni, Roma, pp. 393-95.

Geminiani, F. S.

1726 *Concerti Grossi [...] Composti delli Sei Soli della prima parte dell'Opera Quinta d'Arcangelo Corelli*, Smith, London.

1729 *Concerti Grossi [...] Composti della Seconda Parte dell'Opera Quinta d'Arcangelo Corelli*, Walsh, London.

Harnoncourt, N.

1984 *Der musikalische Dialog. Gedanken zu Monteverdi, Bach und Mozart*, Residenz, Salzburg-Wien (trad. it. *Il discorso musicale. Scritti su Monteverdi, Bach, Mozart*, Jaca Book, Milano 1987).

Mancini, G. B.

1774 *Pensieri e riflessioni pratiche sopra il canto figurato*, Ghelen, Wien.

Mayer Brown, H. M., e Sadie, S.

1990 (a cura di), *Performance Practice. Music after 1600*, Norton, New York.

Monteverdi, C.

1605 *Il quinto libro de madrigali a cinque voci*, Amadino, Venezia.

Riemann, H.

1912 *Handbuch der Musikgeschichte*, II/2. *Das Generalbasszeitalter*, Breitkopf und Härtel, Leipzig (2ª ed. 1922).

Tagliavini, L. F.

1962 *Nuove vie dell'arte organaria italiana*, in «L'Organo», III, pp. 77-113.

Tosi, P.

1723 *Opinioni di cantori antichi e moderni, o sieno Osservazioni sopra il canto figurato*, Lelio della Volpe, Bologna.

PHILIP GOSSETT

Edizioni critiche di musica dell'Ottocento

1. *Il mito del "capolavoro"*.

Per i musicisti di professione e per il pubblico dei concerti, l'Ottocento nella sua accezione piú ampia (da Haydn e Mozart fino a Mahler e Puccini) è un periodo nel quale grandi compositori scrissero grandi lavori musicali. I "capolavori" consacrati in questo canone dominano la nostra esperienza musicale: determinano il repertorio delle istituzioni sinfoniche e operistiche contemporanee, informano le scelte di pianisti, cantanti e strumentisti nonché, con deprimente regolarità, i corsi e i ricorsi delle nuove registrazioni. In nessun altro momento della storia della musica lavori di vecchia data hanno resistito con una simile perseveranza.

Questi lavori appaiono cosí familiari che esecutori e pubblico trattano la forma in cui essi sono giunti fino a noi come sacre scritture, perfettamente conservate in partiture che trasmettono nella stampa la sensibilità e il genio di un compositore. I filosofi, estranei alla problematica della notazione musicale, adottano la teoria estetica del primo Ottocento per consolidare questo mito [Goehr 1992]. A partire da questi testi stabili, l'esecutore è autorizzato ad approntare un'interpretazione e lo studioso a costruire un'analisi o una teoria. Pensiamo al coriaceo vecchio Brahms che bruciava versioni e bozze alternative: solo i lavori "veri" dovevano essere venerati nel pantheon della grandezza musicale. Non importa che circa vent'anni or sono Robert Pascall abbia inveito contro la credenza che le edizioni della musica di Brahms fossero prive di aspetti controversi [Pascall 1983], e che la stessa edizione della Prima Sinfonia op. 68, curata da Pascall nel primo volume di *Johannes Brahms: Neue Ausgabe sämtlicher Werke*, includa una precedente versione dell'Andante e illustri molte incertezze testuali [Pascall 1996]. Per la maggior parte degli esecutori è sufficiente la partitura stampata da cui essi hanno appreso un certo lavoro, ormai consacrata nelle consuetudini precedenti e probabilmente suggerita loro decenni prima dai loro insegnanti. L'idea stessa che un'edizione sulla quale un musicista è stato educato possa essere difettosa suscita ostilità. Se andava bene per Toscanini e Karajan, per Horowitz e Rubinstein, per Milstein e Stern, andrà bene anche per me.

Tuttavia la storia della musica a stampa nel corso dell'Ottocento è complessa, cosí come il rapporto fra i testi stampati e le pur sempre ingannevoli "intenzioni" dei compositori. Gli storici della letteratura, sulla scia di Jerome McGann [1984], hanno dimostrato che le edizioni stampate delle poesie di Byron o dei romanzi di Dickens e Manzoni si fondano inestricabilmente su di una complessa rete culturale e sociale; si trattasse di editori che collaboravano direttamente con gli scrittori, o di pirati senza scrupoli che scorrazzavano per i mari della tipografia. Trasporre il manoscritto di un autore in un testo stampato richiede interventi a piú livelli. Alcuni di questi dipendono dai ripensamenti dello scrittore (anche intorno ai propri fini artistici); altri riflettono i meccanismi editoriali stabiliti dai copisti, dai correttori di bozze e dagli editori (lo scrittore si è preoccupato della punteggiatura o si aspetta che questa sia messa a punto dalla casa editrice?); altri ancora soddisfano le mutevoli esigenze dei lettori. Un lettore in attesa dell'ultimo capitolo di un romanzo di Dickens, originariamente pubblicato a puntate nel corso degli anni Quaranta dell'Ottocento (Little Nell sta *davvero* per morire?), è diverso da un lettore del 2000.

Incoraggiati dalla Society for Textual Scholarship, il cui annuario contiene un ampio ventaglio di saggi sulla teoria ecdotica (AA.VV., 1981 sgg.), i curatori di opere letterarie hanno riesaminato la propria disciplina. In Germania le edizioni di Hölderlin e Kafka hanno ridisegnato la nostra conoscenza di questi autori; la *critique génétique* di scuola francese ha attenuato con ottimi risultati la netta distinzione tra frammenti, abbozzi e versioni. Dopo la pubblicazione dell'*Oxford Shakespeare* [Wells e Taylor 1986], si riconosce generalmente che per molti lavori shakespeariani (*Re Lear* è il caso piú eclatante) un unico testo sia inaccettabile. Le compagnie teatrali, invece di reagire con sospetto a queste scoperte, come fanno molti musicisti di professione, hanno colto la provocazione al volo.

2. *La complessità delle fonti. Rigore e approssimazione della musica a stampa.*

L'editoria musicale dell'Ottocento era un vortice di attività. La crescente importanza culturale del far musica, a livello professionale e amatoriale, comportava straordinarie opportunità commerciali per imprenditori come Giovanni Ricordi, Eugène Troupenas, Breitkopf e Härtel, o i figli di Bernard Schott. Tuttavia, in un mercato scarsamente regolato, per i compositori e i loro editori (anche se avevano la fortuna di stabilire un buon rapporto reciproco) non era facile tenere sotto controllo la disseminazione dei lavori musicali. Quando gli editori napoletani pubblicarono le opere di Bellini e Donizetti in ristampe scadenti delle edizioni autorizzate di Ricordi, addirittura riorchestrandone le riduzioni pianistiche, ai compositori furiosi non restò che esprimere la propria frustrazione per aver perduto il controllo sui propri prodotti artistici e sui relativi proventi [Jensen 1989, pp. 15-22].

Gli editori cercavano di controllare il mercato musicale tramite nuovi accordi sui diritti d'autore, regolando il commercio interno e internazionale. Per la musica ottocentesca ciò ha finito per aggiungere imprevisti problemi testuali. In certi momenti storici, una data composizione poteva essere protetta su scala internazionale solo se gli editori di differenti paesi la pubblicavano simultaneamente. Per ogni singolo lavoro un compositore doveva dunque creare una molteplicità di manoscritti, inevitabilmente differenti l'uno dall'altro. La moltiplicazione delle edizioni autorizzate di Chopin negli anni 1830 e '40 ha originato l'odierno fiorire di edizioni chopiniane concorrenti, visto che curatori ed editori continuano a cercare di districarsi fra le discrepanze delle fonti. Siccome Rossini non depositava tempestivamente in Francia le sue opere italiane, gli editori francesi le pubblicavano senza l'autorizzazione del compositore (e senza pagargli i diritti).

Laddove per epoche piú antiche si conservano relativamente poche fonti, di un lavoro musicale ottocentesco è spesso possibile ricostruire l'intero itinerario compositivo: dalla sua concezione originaria, alla prima pubblicazione, alle successive edizioni, fino alle versioni postume. Siamo sommersi da schizzi preliminari, abbozzi di sceneggiature, molteplici versioni autografe, manoscritti apografi, edizioni a stampa e arrangiamenti per altri strumenti (alcuni autorizzati o anche predisposti dal compositore). Per lavori di durevole successo, ulteriori ristampe introducevano liberamente modifiche infondate, spesso dettate unicamente dall'arbitrio editoriale.

Anche quando esiste un unico manoscritto autografo (quello in possesso del compositore) sussistono dei problemi [Grier 1996, pp. 109 sgg.]. I filologi classici possono lamentare l'assenza di fonti quando disegnano un albero genealogico per ricostruire le presunte lezioni di un archetipo, ma gli studiosi della musica ottocentesca sanno che incertezze negli stessi manoscritti autografi generano molta confusione nelle fonti piú tarde. Comunque, quando le edizioni stampate riproducono incoerenze dell'autore, si leva sempre un coro di proteste da parte degli esecutori. Nel manoscritto autografo del *Turco in Italia* di Rossini, una melodia dell'aria principale di Fiorilla, *Squallida veste*, viene suonata simultaneamente dal flauto e dal clarinetto [Bent 1988, p. 845]. Per una sequenza di quattro semicrome, la parte del flauto sfoggia quattro *staccati*, il clarinetto una legatura. Una versione preparatoria dell'edizione critica riproduceva la notazione di Rossini. Quando alla prima prova generale l'orchestra giunse a questa battuta, il direttore si fermò e chiese: «Che cos'è, staccato o legato?» Alla fine della prova, il direttore illustrò le deplorevoli conseguenze economiche che questo genere d'interruzioni causa a un teatro lirico. L'edizione definitiva indica una legatura per ambedue le parti, e pubblica gli *staccati* in nota a piè di pagina.

Splendido rompicapo! Esecutori e pubblico suppongono che i capolavori musicali dell'Ottocento esistano in forma unica e consacrata, mentre gli studiosi sanno che questo punto di vista è chimerico, che è un fraintendimento del processo mediante il quale nascono le edizioni a stampa sulle quali studiano ed eseguono i musicisti. È il capovolgimento della credenza comune circa la differenza fra studiosi ed esecutori: pedanti critici testuali che insistono sull'"accuratezza", ed esecutori a ruota libera che "interpretano" la musica con la loro personale sensibilità. E invece i critici testuali sono sensibili ai fattori storici sottostanti alla musica scritta, laddove molti esecutori non desiderano la presenza di questo genere di problemi. Dopotutto un pianista non può fermarsi nel bel mezzo di un notturno di Chopin e dire: «non siamo del tutto certi se la nota successiva sia un do o un do diesis»; un cantante non può arrestarsi dopo un *cantabile* di un'aria per informare il pubblico che «la seguente cabaletta probabilmente non è di Verdi».

Un'edizione critica deve mediare fra queste esigenze. Per farlo, deve rinunciare alla nozione che il suo scopo sia quello di produrre l'unico e definitivo testo di una composizione musicale, nozione che è alla base dell'idolatria del *capolavoro* inteso come sacra scrittura. È certo che vi sono lavori ottocenteschi il cui processo editoriale è stato sorvegliato diligentemente, dall'inizio alla fine e senza interruzione, da parte del compositore. Dopo che la progressiva sordità di Beethoven vanificò la sua capacità di partecipare attivamente alle esecuzioni, egli tendeva a concentrarsi sempre di piú sulla stampa [Kerman 1999]. In vaste aree della letteratura musicale (opera, concerti, repertorio virtuosistico per strumenti a tastiera o per violino, e anche nella vocalità cameristica) l'esistenza di piú versioni è comunque la regola. Nemmeno le sinfonie o la musica da camera ne sono esenti. Due esempi beethoveniani sono i quartetti per archi op. 18 n. 1 e op. 130: il primo revisionato a fondo dal compositore, il secondo fornito di due finali assai differenti; le sinfonie di Bruckner, con le loro molteplici versioni, sono esempi ben noti. Durante la seconda metà del Novecento, le edizioni critiche della musica ottocentesca hanno però esorcizzato in grande misura il mito del testo conservato alla perfezione. In alcuni casi, nondimeno, non si riesce ancora a raggiungere un'edizione soddisfacente.

3. *Le edizioni beethoveniane*.

Quando *Beethoven: Werke*, la nuova edizione critica intrapresa dal Beethovenhaus di Bonn, esordí nel 1961, prometteva grandi cose. Nell'Ottocento era uscita un'edizione integrale in gran parte basata su precedenti edizioni a stampa: i venticinque volumi della Breitkopf und Härtel *Beethovens Werke: Vollständige, kritisch durchgesehene überall berechtigte Gesamtausgabe* (1862-65, con un volume di supplementi aggiunto nel 1888), ma gli studiosi erano da tempo consapevoli delle sue lacune e manchevolezze. Nel 1957 il musicologo svizzero Willy Hess elencava i molti lavori mancanti alla *Gesamtausgabe*, compresa l'opera che Beethoven scrisse ed eseguí come *Leonore* in due differenti versioni nel 1805 e 1806, prima di revisionarla ancora come *Fidelio* nel 1814 [Hess 1957]. Fra il 1959 e il 1971 Hess curò quattordici volumi di un *Supplement zur Gesamtausgabe*, dando un assaggio di quanto ancora mancava.

Nel corso di vent'anni *Beethoven: Werke* pubblicò comunque la musica del compositore (concerti, musica da camera, sonate e variazioni per pianoforte) come se si stesse ancora producendo il testo definitivo per ogni singolo lavoro, quello che i tedeschi chiamano *die Fassung letzter Hand*. Anche se ogni volume comprendeva una breve introduzione sulle fonti, non veniva pubblicato un solo *Kritischer Bericht* (apparato critico) che ricordasse ai lettori come questi testi potevano dopotutto non essere definitivi. Solo dopo il 1980 i curatori cessarono di pubblicare volumi privi di apparato critico e s'impegnarono a correggere l'errore per le musiche già pubblicate. Anche se il numero dei volumi dati alle stampe conobbe una flessione durante gli anni Ottanta (i Novanta sono stati piú fruttuosi), nelle partiture beethoveniane di piú recente pubblicazione era però finalmente possibile rintracciare la storia, spesso assai intricata, di ciascuna composizione.

Queste edizioni dimostrano quanto ampio sia lo spettro delle letture problematiche nei lavori musicali "canonici"; esse permettono inoltre di accedere ad alternative rilevanti. Per esempio, l'edizione critica dei Lieder di Beethoven [Lühning 1990] comprende molte versioni multiple e frammenti, spesso con implicazioni d'ordine pratico per gli esecutori.

Anche per la musica strumentale di Beethoven il mito del "capolavoro" inviolabile entra in collisione con la pratica e l'editoria musicali in quanto fenomeni sociali. Poiché non è sopravvissuto alcun manoscritto autografo, tutte le edizioni piú autorevoli del Quarto concerto per pianoforte op. 58 si rifanno all'edizione originale stampata nel 1808; gli accomodamenti che potrebbero essersi resi necessari nella produzione di quest'ultima restano un mistero. Tuttavia, come sanno da tempo gli studiosi, la storia del concerto è piú complessa [Plantinga 1999, pp. 210-16]. Beethoven predispose numerose cadenze, le quali dovrebbero comparire tutte in qualunque edizione che si rispetti, anche se in passato solo alcune fra queste venivano incluse nell'edizione. La presentazione delle cadenze di Beethoven non obbliga il solista ad adottarle, ma a tener conto del fatto che il compositore – sordo e timoroso di perdere il controllo della sua musica affidandola ad altri pianisti – le fissò espressamente. Semmai le cadenze beethoveniane esemplificano quanto potrebbe essere interpolato o improvvisato al momento opportuno. Il fatto che Beethoven le annotasse è il riflesso del suo stato psicologico a un certo momento della sua vita; il suo intento quando invece affidò la loro realizzazione alla discrezione dell'esecutore non è meno meritevole della nostra attenzione.

Altrettanto significativo il fatto che su una copia apografa del concerto (ora alla Gesellschaft der Musikfreunde di Vienna) Beethoven in persona modificò la parte solistica, sospingendo la tessitura nel registro piú acuto del pianoforte, strumento che stava conoscendo una graduale evoluzione. Anche se gli studiosi non concordano sull'occasione specifica nella quale tali modifiche vennero introdotte, nessuno discute la loro importanza. La nuova edizione critica del Concerto op. 58 [Küthen 1996] comprende per la prima volta anche questo materiale. Essa non ha la pretesa di offrire agli esecutori un *unico modo* d'intendere i segni incompleti lasciati da Beethoven. È necessario un notevole sforzo esegetico per tradurli in forma utile all'esecuzione. Tanto per gli studiosi quanto per i pianisti, questo tipo d'esegesi rientra ad ogni modo nel necessario processo d'apprendimento del concerto di Beethoven. Un'edizione critica dovrebbe favorire tale processo.

4. *Liszt, Chopin, Berlioz.*

Per altro verso, la nuova edizione critica delle musiche di Franz Liszt è un'impresa mal concepita. Pubblicare questo autore non è mai stato affare da poco, e ogni raccolta editoriale è riuscita ad abbracciare solo una piccola parte del suo imponente lavoro compositivo. Non solo Liszt scrisse una gran quantità di musica, ma molta parte di essa consiste in lavori pianistici di cui egli stesso era l'interprete. Liszt suonò la propria musica per un periodo di vent'anni e sotto le sue dita essa subiva una costante metamorfosi. Il suo stile interpretativo e compositivo, fra gli anni Venti e Trenta di carattere maggiormente poetico, si sviluppò in una tecnica *trascendentale* nel quindicennio successivo, sbalordendo i suoi contemporanei e reinventando il virtuosismo pianistico. Questa trasformazione non piacque a un musicista e critico come Robert Schumann [Plantinga 1967, pp. 214-18], il quale preferiva lo stile precedente. Tra gli ultimi anni Quaranta e i Cinquanta, con il suo ritiro graduale dalla scena concertistica, Liszt limò in parte gli spigoli della sua musica precedente per renderla piú accessibile (pur se mai facile) per i pianisti che non disponevano del suo mostruoso talento.

Ripubblicare criticamente la raccolta dei dodici studi editi nel 1852 come *Études d'exécution transcendante* senza comprendervi le radicali varianti precedentemente comparse nel 1826 e nel 1837 preannuncia un intento polemico. È come se i curatori ungheresi della nuova edizione lisztiana sentissero il bisogno di esorcizzare l'immagine del Liszt virtuoso, del Liszt dalla personalità esorbitante [Gárdonyi e Szelényi 1970]. Implicitamente s'intende affermare che Liszt, a dispetto della sua predilezione per le trascrizioni e le fantasie sulle melodie operistiche di successo, è un "grande compositore" di "capolavori". Esiste una versione *definitiva* di ogni suo lavoro – sembrano volerci dire – e soltanto questa merita di comparire nella nostra edizione.

Senza voler negare che la versione finale di un pezzo sarà spesso la scelta migliore per un esecutore moderno [Rosen 1995, pp. 491 sgg.], resta il fatto che la decisione di bandire tutto ciò che non è versione finale da una moderna edizione critica è irragionevole. Non si tratta di abbozzi provvisori e documenti personali (argomento che si potrebbe avanzare per il manoscritto viennese dell'op. 58 di Beethoven), ma di documenti pubblici stampati e impiegati per le esecuzioni dal giovane Liszt del 1826 come dal Liszt pianista acclamato del 1837. Con quale diritto morale si negano agli esecutori queste testimonianze? I lavori pianistici di Liszt sono storici da cima a fondo; ogni versione degli studi possiede la propria storia e una consapevole interpretazione moderna è in grado di coglierne i differenti valori estetici. Un'edizione critica dovrebbe favorire queste possibilità, non occultarle.

Questioni anche piú complesse sorgono per la musica di Chopin. In questo caso nessuna edizione ha riconosciuto a sufficienza che un unico testo non può dar debito conto delle molteplici fonti conservate; e neppure possiamo aspettarci la messa a punto di criteri adeguati al compito. La musica di Chopin fu creata all'interno di strutture sociali e commerciali che ne complicavano la diffusione. I molti manoscritti che Chopin, per adeguarsi alle esigenze del diritto internazionale d'autore, sottoponeva a vari editori di differenti paesi (Francia, Inghilterra e «uno fra gli stati di lingua tedesca» [cfr. Kallberg 1996, pp. 215-28]), erano raramente gli stessi. Le divergenze riguardano dettagli di fraseggio, singole note e ritmi, o anche l'omissione (o l'aggiunta) di una o piú battute. Talune discrepanze possono essere considerate errori, ma la maggior parte di esse sono varianti legittime. Il fatto che una moderna edizione favorisca la fonte inglese, un'altra guardi a Parigi e una terza a Lipsia sottolinea la gravità del problema. E la situazione è ulteriormente complicata dai rapporti di Chopin con quegli allievi e mecenati ai quali egli forniva copie personali, con ulteriori lezioni alternative.

Per esempio, nel Walzer in *re* bemolle maggiore op. 64 n. 1, oppure nel Notturno in *fa* minore op. 55, n. 1, le varianti fra una fonte autentica e un'altra suggeriscono un ventaglio di scelte davvero sconcertante, ma solo se ci si colloca nell'ottica di una sola verità canonica. Un'adeguata edizione critica dei lavori di Chopin dovrebbe perciò offrire la testimonianza delle fonti, cercare di differenziare errori e trascuratezze dalle varianti vere e proprie, e presentare queste risultanze in termini pratici (o come versioni alternative di una certa composizione o come versione unica con varianti). Dunque, come afferma Kallberg [1996], «invece di consegnare al pianista una precisa ricetta per l'esecuzione, gli si presenta un ventaglio di opzioni». Il curatore deve valutare criticamente questo materiale: elenchi non ragionati di varianti non servono a nessuno.

Alcune nuove edizioni critiche tengono conto di questi problemi in modo esemplare. È il caso di Hector Berlioz, la cui musica aveva sempre ricevuto un pessimo trattamento editoriale e che dal 1967 sta uscendo in una nuova collana, curata da un gruppo di studiosi sotto la direzione di Hugh Macdonald e ormai prossima al completamento. Il posto d'onore va alla partitura completa di *Les Troyens*, precedentemente inedita. Grazie alla pubblicazione curatane nel 1969 dallo stesso Macdonald, quest'opera di Berlioz è stata restituita alle scene [Kemp 1988]. Analogo esito fa sperare la nuova edizione appena pubblicata del *Benvenuto Cellini* [Macdonald 1994-96]. Essa differenzia con grande competenza le tre principali versioni della partitura: il testo parigino precedente all'esecuzione (1838), la versione effettivamente eseguita nel 1838-39, e una revisione predisposta da Berlioz per l'esecuzione a Weimar nel 1852-53. Ulteriori dettagli sono attesi con la pubblicazione dell'apparato critico.

5. *Schubert e Schumann*.

Sia a Schubert che a Schumann le nuove edizioni critiche in corso rendono un ottimo servizio. I lavori di Schubert hanno preso a uscire dal 1964, e c'è un impressionante numero di volumi in corso di stampa. L'edizione di Schumann si è messa in moto solo a partire dal 1991, con la pubblicazione di appena pochi volumi. Ambedue le collane si sono impegnate, ove si rendesse necessario, a pubblicare le versioni alternative. L'edizione di Schumann mette a disposizione perfino gli abbozzi tuttora conservati, come nel caso della Terza Sinfonia op. 97 [Roesner 1995]. Gli ampi commenti critici possono rivelarsi d'inestimabile valore per gli esecutori. Per esempio, una precedente versione di *Rast*, il decimo Lied della *Winterreise* di Schubert, mostra l'indicazione dinamica *piano* già sull'ultimo accordo della misura 25 (dopo la prima esplosione in *forte* su «der Sturm half fort mich wehen»), invece che solo sul primo accordo della misura 26, come appare nella versione definitiva [Dürr 1979, p. 273]. Di sicuro questa informazione dovrebbe essere conosciuta dai pianisti che lottano per tradurre in suono la notazione schubertiana.

Gli atteggiamenti critici di fronte al problema delle versioni multiple sono ben poco uniformi. Lo studioso olandese Marius Flothuis, confrontando numerosi Lieder di Schubert esistenti in piú di una versione, invariabilmente etichetta la versione successiva con espressioni come «un'audace impresa», «un cambiamento vitale», «di certo un miglioramento» oppure «coronato da radioso successo» [Flothuis 1982]. Una posizione esattamente contraria è assunta per Schumann dal suo recente biografo John Daverio, il quale considera i rifacimenti d'autore dei brani pianistici «un prodotto meno fantasioso, meno "poetico" rispetto alla versione originaria». Ritorcendo contro Schumann le sue stesse parole, Daverio si richiama all'asserzione circa le due differenti letture pronunciata da Maestro Raro, l'*alter ego* piú razionale del compositore: «quella originale è solitamente la migliore» [Daverio 1997, pp. 138-39].

Ovviamente, questi giudizi sono il riflesso di differenti unità di misura. Sarebbe assurdo pensare che Schumann considerasse le versioni originarie della sua musica pianistica *migliori* di quelle che stava preparando verso la fine della sua vita. Ma è anche difficile credere che lo Schumann piú maturo fosse lo stesso compositore il cui genio aveva prodotto quei lavori negli anni Trenta. Poiché molti di noi apprezzano oltremodo la forza della musica giovanile di Schumann, e sono piú incerti sulla produzione degli ultimi suoi anni, c'è la tendenza a favorire le versioni anteriori. Un'edizione critica ci consegna il materiale con il quale è possibile formulare questi giudizi, ma occorrerà anche una certa cautela nel procedere.

6. *L'opera italiana dell'Ottocento*.

Gli studiosi che lavorano sull'opera italiana dell'Ottocento hanno da tempo compreso che il mito della "musica come testo" è insostenibile per tale repertorio. La storia di questi lavori è stata indiscutibilmente influenzata dal contesto teatrale e dalle interazioni creative fra compositori e interpreti. Tuttavia, prima dell'avvento delle moderne edizioni critiche anche questo repertorio veniva visto dagli esecutori del XX secolo come cristallizzato nei testi stampati allora disponibili, anche se questi venivano regolarmente tagliati o manipolati nel nome della "tradizione". Le edizioni a stampa delle opere di Rossini, Bellini, Donizetti e Verdi che gli esecutori si trovavano a disposizione erano state approntate verso la fine dell'Ottocento da funzionari della piú prestigiosa casa editrice musicale italiana, la Ricordi di Milano. In queste edizioni non vi è alcun cenno a complessità testuali, non vi è traccia di versioni alternative, e non si indicano le fonti. Con l'eccezione degli ultimi titoli verdiani (*Otello* e *Falstaff*), nessun'opera veniva predisposta sotto la supervisione del compositore. In molti casi (*Il Barbiere di Siviglia* o *La Cenerentola* di Rossini) Ricordi non aveva accesso ai manoscritti autografi. Le versioni censurate venivano pedissequamente riprodotte, anche dopo che i censori erano da tempo scomparsi. Per cui, nell'atto III del *Rigoletto*, il Duca continuava a entrare nella locanda di Sparafucile domandando «Una stanza e del vino», quando Verdi aveva scritto «Tua sorella e del vino» [Chusid 1983, p. 258].

L'*Edizione critica delle opere di Gioachino Rossini* (pubblicata a partire dal 1979 dalla Fondazione Rossini di Pesaro), *The Works of Giuseppe Verdi* (a partire dal 1983, The University of Chicago Press e Ricordi), e l'*Edizione critica delle opere di Gaetano Donizetti* (dal 1991, Ricordi e Comune di Bergamo) hanno cominciato a cambiare questa situazione. Un'attenta valutazione di questi volumi produce un risultato inatteso: la maggior parte delle opere italiane soffrono di problemi testuali in quantità non superiore (o anche inferiore) rispetto alle consorelle transalpine. È ovvio che spettacoli teatrali composti per l'Opéra di Parigi, come il *Guillaume Tell* di Rossini [Bartlet 1992], erano notoriamente instabili a prescindere dalla nazionalità del compositore. Ma nella maggior parte dei casi Rossini non apportava alle sue opere modifiche piú importanti della sostituzione di un'occasionale aria di sorbetto.

Quando queste nuove edizioni critiche riguardano opere di rara esecuzione, esse vengono salutate con entusiasmo. Sarà finalmente possibile mettere in scena con una certa tranquillità *Il Turco in Italia*, *La donna del lago*, *Semiramide* e *Il viaggio a Reims* di Rossini; per Verdi sono state del pari ripristinate le parti censurate di *Stiffelio* e *Nabucco* circola in un'edizione accurata. Tuttavia, anche se gli stessi principî informano le nuove edizioni della *Cenerentola* di Rossini o del *Trovatore* di Verdi, i musicisti che le devono eseguire si dimostrano riluttanti ad adottarle. A proprio agio con le familiari edizioni Ricordi, essi non riescono a comprendere perché mai le nuove edizioni sfidino con punti interrogativi, nuove fonti o nuove interpretazioni l'autorità di testi canonizzati. La cosa curiosa è che gli esecutori non temono di vedersi le mani legate da qualche testo troppo "scientifico", ma hanno paura che queste nuove edizioni gliele lascino troppo libere.

Anche la nuova edizione critica dei lavori di Richard Wagner, la cui pubblicazione è iniziata nel 1970 ed è ora prossima al completamento, ha complicato significativamente la nostra conoscenza di un compositore che si considerava l'erede diretto di Beethoven. Essa ha dimostrato come le edizioni ottocentesche risultassero via via sempre piú corrotte; ha concentrato l'attenzione su gravi *cruces* testuali, ma anche sull'esistenza di piú versioni (per esempio, del *Tannhäuser*) di quanto non si ritenesse in precedenza. La conoscenza completa delle fonti di *Tristano e Isotta* offre le seguenti nuove informazioni: tagli autorizzati da Wagner, cambiamenti di indicazioni dinamiche nel corso della partitura, e modifiche nelle linee vocali (specialmente per il ruolo di Tristano) operate in esecuzioni dirette dall'autore [Vetter e Voss, 1990-93].

7. *Conclusione*.

Nel suo giustamente famoso *Die Musik des 19. Jahrhunderts*, Carl Dahlhaus ha stabilito una dicotomia fra gli stili di Beethoven e di Rossini: una sinfonia di Beethoven si presenterebbe come testo musicale inviolabile, come "opus", mentre un'opera di Rossini sarebbe una traccia o un "abbozzo" per l'esecuzione, adattabile alle mutevoli condizioni della messinscena [Dahlhaus 1980, pp. 7-13]. Sarebbe facile obiettare che un paragone fra generi musicali tanto diversi quanto la sinfonia e l'opera sia improprio: in fondo l'impasto beethoveniano *Leonore/Fidelio* era non meno fluido della maggior parte delle opere rossiniane. Comunque, invece d'intraprendere questa via maestra molti studiosi dell'opera italiana hanno abboccato all'amo di Dahlhaus, insistendo sull'integrità di fondo della maggior parte delle opere italiane ottocentesche [Gossett 1992].

In ogni caso, la sempre crescente disponibilità di eccellenti edizioni critiche della musica ottocentesca ha rimesso a fuoco il dibattito. Piuttosto che sbagliarsi sostanzialmente sull'opera italiana, Dahlhaus ha in realtà equivocato sulla musica strumentale tedesca, per non parlare dei lavori di compositori francesi, polacchi o di altri paesi europei. I compositori dell'Ottocento operavano all'interno di reti sociali e commerciali che permettevano loro di eseguire e pubblicare la loro musica. Questi contesti erano compartecipi nella creazione e nella realizzazione delle composizioni musicali. Le edizioni critiche – purché rettamente concepite – dischiudono il testo, permettono che i problemi editoriali della musica scritta divengano di pubblico dominio, trasmettono le varianti e suggeriscono le alternative storicamente verificate. Cosí facendo esse restituiscono almeno in parte agli esecutori di oggi quelle possibilità di scoperta e quel senso di libertà che caratterizzavano il mondo musicale dell'Ottocento.

AA.VV.

1981 sgg. *Text. An Interdisciplinary Annual of Textual Studies*, The University of Michigan Press, Ann Arbor.

Bartlet, M. E. C.

1992 (a cura di), *Guillaume Tell*, in *Edizione critica delle opere di Gioachino Rossini*, Fondazione Rossini, Pesaro.

Bent, M.

1988 (a cura di), *Il Turco in Italia*, in *Edizione critica delle opere di Gioachino Rossini*, Fondazione Rossini, Pesaro.

Chusid, M.

1983 (a cura di), *Rigoletto*, in *The Works of Giuseppe Verdi*, The University of Chicago Press - Ricordi, Chicago-London-Milano.

Dahlhaus, C.

1980 (a cura di), *Die Musik des 19. Jahrhunderts. Neues Handbuch der Musikwissenschaft*, vol. VI, Akademische Verlagsgesellschaft Athenaion - Laaber, Wiesbaden-Laaber (trad. it. *La musica dell'Ottocento*, La Nuova Italia, Firenze 1990).

Daverio, J.

1997 *Robert Schumann: Herald of a "New Poetic Age"*, Oxford University Press, New York - Oxford.

Dürr, W.

1979 (a cura di), *Lieder*, Serie IV, Bd. 4, Teil b, in *Franz Schubert: Neue Ausgabe sämtlicher Werke*, Bärenreiter, Kassel.

Flothuis, M.

1982 *Schubert revises Schubert*, in E. Badura-Skoda e P. Branscombe (a cura di), *Schubert Studies. Problems of Style and Chronology*, Cambridge University Press, Cambridge, pp. 61-84.

Gárdonyi, Z., e Szelényi, I.

1970 (a cura di), *Études d'exécution transcendante*, in *Franz Liszt: Neue Ausgabe sämtlicher Werke*, Editio Musica, Budapest.

Goehr, L.

1992 *The Imaginary Museum* of *Musical Works. An Essay in the Philosophy of Music*, Oxford University Press, Oxford.

Gossett, Ph.

1992 *History and works that have no history: reviving Rossini's neapolitan operas*, in K. Bergeron e Ph. V. Bohlman (a cura di), *Disciplining Music. Musicology and its Canons*, The University of Chicago Press, Chicago-London, pp. 95-115.

Grier, J.

1996 *The Critical Editing of Music. History, Method, and Practice*, Cambridge University Press, Cambridge.

Hess, W.

1957 *Verzeichnis der nicht in der Gesamtausgabe veröffentlichten Werke Ludwig van Beethovens*, Breitkopf und Härtel, Wiesbaden.

Jensen, L.

1989 *Giuseppe Verdi and Giovanni Ricordi with Notes on Francesco Lucca: from "Oberto" to "La Traviata"*, Garland, New York - London.

Kallberg, J.

1996 *Chopin at the Boundaries. Sex, History, and Musical Genre*, Harvard University Press, Cambridge Mass. - London.

Kemp, I.

1988 *Hector Berlioz. Les Troyens*, Cambridge University Press, Cambridge.

Kerman, J.

1999 *Beethoven and the big change*, in «The New York Review of Books», 24 giugno, pp. 27-30.

Küthen, H.-W.

1996 (a cura di), *Klavierkonzerte II*, in *Beethoven: Werke*, Henle, München.

Lühning, H.

1990 (a cura di), *Lieder und Gesänge mit Klavierbegleitung*, in *Beethoven: Werke* cit.

Macdonald, H.

1994-96 (a cura di), *Benvenuto Cellini*, in *Hector Berlioz. New Edition of the Complete Works*, Bärenreiter, Kassel.

McGann, J. J.

1984 *A Critique of Modern Textual Criticism*, The University of Chicago Press, Chicago-London.

Pascall, R.

1983 *Brahms and the definitive text*, in Id. (a cura di), *Brahms. Biographical, Documentary and Analytical Studies*, Cambridge University Press, Cambridge.

1996 (a cura di), *Symphony N. 1*, in *Johannes Brahms. Neue Ausgabe sämtlicher Werke*, Henle, München.

Plantinga, L.

1967 *Schumann as Critic*, Yale University Press, New Haven - London.

1999 *Beethoven's Concertos. History, Style, Performance*, Norton and Company, New York - London.

Roesner, L.

1995 (a cura di), *3. Symphonie, Op. 97*, in *Robert Schumann: Neue Ausgabe sämtlicher Werke*, Schott, Mainz.

Rosen, Ch.

1995 *The Romantic Generation*, Harvard University Press, Cambridge Mass.

Vetter, I., e Voss, E.

1990-93 (a cura di), *Tristan und Isolde*, in *Richard Wagner: Sämtliche Werke*, Schott's Söhne, Mainz.

Wells, S., e Taylor, G.

1986 (a cura di), *William Shakespeare. The Complete Works*, Oxford University Press, Oxford.

JONATHAN DUNSBY

Analisi ed esecuzione musicale

1. *Considerazioni introduttive.*

Se c'è una tendenza specialistica nell'ambito degli studi sulla mente umana – come risulta evidente sia al non addetto ai lavori che al neuroscienziato, al medico clinico, allo psicologo della musica, al filosofo della musica e perfino ai rappresentanti della Nuova Musicologia e di tutta la litania dei metodi di ricerca attraverso cui è possibile accostarsi alla musica – è che la disputa tra "cuore e cervello" – che risale a Platone e Aristotele ed è stata tenuta in vita nell'estetica musicale specie nell'Ottocento, quando quest'ultima sembrava divenuta una disciplina vera e propria – si basava sostanzialmente su un presupposto sbagliato. In un certo senso Nietzsche ha portato la questione a un punto critico, invitandoci a distinguere il dionisiaco dall'apollineo. Gradualmente, ma negli ultimi anni in modo sempre piú esplicito, stiamo assistendo alla "ricomposizione" della mente frammentata. Dopo tutto, come ha dimostrato ampiamente Anthony Storr [1992], tale divisione si ritrova all'interno di ciascuno di noi: non è una patologia, ma una caratteristica del nostro essere uomini dotati di un emisfero cerebrale sinistro e di uno destro. Come ha scritto in modo particolarmente efficace il neurologo Antonio Damasio, «i sentimenti sono cognitivi al pari di ogni altra immagine percettiva» [1994, p. 159]. È superfluo sottolineare che l'analista musicale si avvicina all'oggetto del proprio studio con una profonda consapevolezza di questa "ricomposizione", e dunque non sarà sorpreso nel verificare che l'interpretazione musicale rientra nel novero dei suoi interessi. In effetti è stata avanzata anche l'ipotesi che siano proprio le esecuzioni reali, e non dunque le immagini astratte e atemporali dell'"opera", a dover costituire l'oggetto dell'analisi, sebbene questa prospettiva sia ancora agli albori. Nel frattempo, in linea con le formulazioni dominanti, sembra ragionevole affermare che l'analista, nel momento in cui affronta le problematiche dell'interpretazione, si stia di fatto occupando di un'"opera": come ha scritto Lydia Goehr,

> affermare che le opere sono entità distinte significa affermare che esse sono dotate di un'esistenza autonoma che prescinde dall'esistenza di esecuzioni e copie della partitura, e non si esaurisce in esse, indipendentemente dalle relazioni che le legano a queste ultime [1992, p. 15].

John Rink ha giustamente rilevato che «negli ultimissimi decenni si è quasi assistito a una esplosione della letteratura scientifica sul tema dell'esecuzione musicale» [1995, p. IX], ma bisognerebbe sottolineare che nella maggior parte dei casi non si è trattato di uno studio di interpretazioni reali, ma piuttosto di quelle che potremmo chiamare interpretazioni "virtuali".

In questo saggio ci limiteremo a esaminare il tema dei rapporti tra analisi e interpretazione entro i confini della musica tonale dell'Europa occidentale e alla luce delle moderne prospettive analitiche sviluppatesi all'interno di questa medesima area. Pur non volendo scusarci della scelta di occuparci solo di musica del passato e di una consolidata concezione dell'analisi di ascendenza germanica, la ristrettezza di una tale prospettiva di lettura deve essere tuttavia ammessa. Esistono ovviamente diverse modalità di approccio ai problemi interpretativi della musica post-romantica – un'area di indagine che dovrebbe stare al centro della riflessione contemporanea –, cosí come esistono altre società musicali evolute in cui lo stesso concetto di interpretazione è completamente diverso dal nostro: società in cui non esiste notazione, società in cui ciò che noi potremmo chiamare esecuzione in realtà assomiglia piú a una sorta di gioco, società in cui tutti i componenti sono potenziali esecutori.

Come si accennava in precedenza, gli studiosi di teoria musicale sono sempre piú consapevoli delle potenzialità legate all'approfondimento delle relazioni che intercorrono tra un atteggiamento speculativo nei confronti della musica e la sua concreta realizzazione sonora. In realtà negli ultimi tempi si sono registrate un gran numero di pubblicazioni in questa direzione – una strada che nel recente passato la maggior parte dei teorici aveva evitato di percorrere – caratterizzate però da una limitata attenzione nei confronti delle problematiche sottese a questi temi, e in particolar modo poco puntuali nel definire in che misura una focalizzazione congiunta di esecuzione e analisi potrebbe risultare auspicabile, o magari soltanto possibile (per una chiara e sintetica discussione della molteplicità delle forme simboliche legate all'interpretazione musicale si rinvia a Nattiez 1987, trad. it. pp. 58-61). In un quadro di riferimento relativamente ristretto, questa trattazione inizia dunque con la discussione di alcuni dei principî che regolano la nostra concezione dell'interpretazione; successivamente, senza indulgere a tecnicismi, verranno presentati alcuni casi esemplificativi. Per finire, verranno commentate alcune considerazioni in merito alla prassi esecutiva "autentica" e storicistica.

2. *L'approccio di Schönberg e di Schenker all'interpretazione musicale.*

È possibile sostenere che gli studi sull'interpretazione musicale sono stati fortemente influenzati dall'eredità di alcuni musicisti la cui formazione è piú o meno direttamente legata alla soverchiante presenza nel primo Novecento del compositore Arnold Schönberg, la cui Associazione per esecuzioni musicali private fu fondata alla fine della prima guerra mondiale. Schönberg era assolutamente convinto che una profonda comprensione della partitura musicale a livello concettuale costituisca il presupposto essenziale di un'adeguata interpretazione. Gli sviluppi novecenteschi della musica hanno sicuramente dimostrato la verità di questo principio nel campo della musica dodecafonica. Nonostante l'insistenza dei compositori della Seconda Scuola viennese sul fatto che ciò che conta è il risultato sonoro della musica, e non i suoi processi costruttivi, tutti concordano che per un'accurata esecuzione di queste partiture post-tonali, in particolar modo quelle di Webern, l'esecutore non può prescindere da una conoscenza approfondita delle proprietà intervallari delle serie di altezze e della loro articolazione ritmica. Lo studio di ogni dettaglio della partitura e di tutte le sue relazioni strutturali è considerato di importanza vitale per l'esecutore [cfr. Wintle 1982]. Non desta pertanto meraviglia che questa concezione dell'analisi come fase propedeutica indispensabile per l'interpretazione della nuova musica sia divenuta un luogo comune tra gli schönberghiani, a prescindere dal fatto che il repertorio fosse nuovo o vecchio, e che questa vasta corrente ideologica, diffusasi da Vienna in tutta Europa e – grazie soprattutto alla diaspora degli anni Trenta, in America e oltre – comprenda la maggior parte delle piú influenti figure del mondo musicale contemporaneo.

Questa posizione fu sostenuta esplicitamente dal violinista Rudolf Kolisch, il quale affermò che lo studio di una partitura

> deve andare molto al di là della consueta analisi strutturale. Deve penetrare in profondità, al punto tale da consentirci di ripercorrere ogni procedimento mentale del compositore. Solo un esame approfondito di questo genere ci consentirà di leggere i segni nel loro autentico valore e significato e di definire gli elementi oggettivi dell'esecuzione, specie quelli che si riferiscono al fraseggio, alla punteggiatura e all'inflessione, e che denotano l'affinità della musica col linguaggio verbale [Smith 1986, pp. 105-6; cfr. anche Kolisch 1983].

Una testimonianza altrettanto rigorosa di questo approccio si può rinvenire nel volume *Form and Performance* di Erwin Stein (anche Stein fu un personaggio di primo piano nella cerchia di Schönberg):

> Il compito supremo dell'esecutore è quello di realizzare il carattere della musica; è questo lo scopo per cui la musica è stata scritta. Non dovrebbe partire da idee preconcette sugli stati d'animo o sull'emozione da esprimere, ma piuttosto cercare il carattere nei tratti formali della musica. È la struttura della musica, cosí come risulta dalle sue componenti melodiche, armoniche, ritmiche e dinamiche, che determina al tempo stesso forma e carattere. Il carattere è determinato dalla struttura. Attraverso una piena comprensione della seconda egli potrà comunicare il primo, ma maltrattando la musica egli non farà altro che distorcere entrambi. Egli deve tener con-

to delle caratteristiche della struttura e, nel combinarle, decidere della loro priorità in base al suo senso delle proporzioni e al suo equilibrato giudizio [1962, p. 20].

La posizione della Seconda Scuola di Vienna nei confronti dell'interpretazione ha molti aspetti in comune con l'approccio schenkeriano, che tende peraltro a rivendicare una certa priorità in questo genere di questioni: «Se solo i virtuosi, – scrisse incidentalmente ma con convinzione Heinrich Schenker nel 1925, – fossero capaci di ascolto a lunga distanza e di *pensare le cose nella loro globalità dall'inizio alla fine!* » [1994, p. 95; corsivo mio]. Senza entrare nei dettagli dell'enorme influenza esercitata da Schenker nel campo dell'interpretazione musicale sin dagli anni Venti, possiamo ricordare ad esempio l'autorevolezza dei suoi scritti su Beethoven, che furono studiati da moltissimi direttori d'orchestra ed esecutori viennesi sia prima sia dopo la seconda guerra mondiale e oltre [Dunsby 1995, pp. 47-48]. L'approccio schönberghiano e quello schenkeriano si fondano su una matrice idealistica: supponendo che la partitura musicale offra la piú completa testimonianza possibile dell'intenzione compositiva, l'esecutore ha il compito di interpretare e decodificare questa informazione e di riprodurla fin nei minimi dettagli nel corso dell'esecuzione. La realtà è diversa, sia perché la notazione musicale, in mani compositive abili, è sempre parsimoniosa di verità, sia a causa dell'inevitabile aura di contingenza storica implicita nell'atto di suonare, cantare o dirigere la musica composta da altri. Nessuna di queste due posizioni dominanti, che hanno modellato i nostri preconcetti sull'interpretazione musicale, attribuisce un ruolo esplicito al pragmatismo della sala prove o dell'aula di insegnamento, dove la tradizione uditiva e verbale rappresenta la principale valuta corrente. Non c'è posto neanche per il pragmatismo del musicologo, il quale può scoprire un bel giorno il documento che rimette in discussione un qualche aspetto dell'interpretazione precedente.

Sottovalutare l'importanza dei risultati conseguiti dagli schönberghiani o dagli schenkeriani sulla scia di quell'idealismo creativamente ispirato sviluppatosi all'inizio del XX secolo sarebbe un atto di sterile autonegazione. Tuttavia l'esecutore ha bisogno di operare una qualche forma di mediazione tra la sfera dello spirituale e quella del reale, senza dover necessariamente screditare l'una o l'altra. Questo risultato può essere ottenuto introducendo una distinzione abbastanza semplice, ma spesso sottovalutata, fra interpretazione ed esecuzione. Anche se un'analisi minuziosa può accreditare l'essenzialità di un particolare tipo di interpretazione, la definizione delle specifiche modalità attraverso cui tale interpretazione può essere comunicata all'ascoltatore nel corso dell'esecuzione costituisce un problema completamente diverso [Dunsby 1997]. A seconda degli strumenti, dell'acustica, o anche di variabili come l'ora del giorno, potrebbe presentarsi la necessità, ad esempio, di mettere in particolare risalto alcuni dettagli musicali per poter comunicare meglio il proprio messaggio. Una dimostrazione pratica dell'importanza di queste variabili è rappresentata dalla carriera di uno dei piú apprezzati interpreti moderni, lo scomparso Glenn Gould, che si ritirò completamente dall'attività concertistica poiché riteneva che tali situazioni potessero falsare il rapporto artistico fra interprete e ascoltatore (per un resoconto dettagliato di queste idee dell'artista si rinvia a Gould 1987). Senza dubbio, studiare l'esecuzione in termini sociologici significa attivare un tipo di indagine molto meno teorica rispetto a quello studio analitico dell'interpretazione che ha rappresentato il modello ideale del secolo trascorso. Di conseguenza, gli esecutori che non si considerano degli analisti non potranno nutrire grandi aspettative nei confronti dell'analisi. Comprendere e cercare di spiegare la struttura musicale è un'attività diversa dal comprendere e comunicare la musica. All'inizio del nostro discorso abbiamo insistito, in termini antropologici, sul fatto che esiste una vera e propria sovrapposizione naturale tra questi due poli di attività, che in fin dei conti sono regolati da una mente umana unitaria; tuttavia tale sovrapposizione non può essere totale.

A questo punto è necessario fare qualche osservazione sul modo in cui i concetti appena enunciati si relazionano alla posizione schenkeriana sull'interpretazione musicale; la scelta di soffermarci qui su Schenker si deve alla notevole influenza esercitata da questa corrente di pensiero nel campo dell'analisi musicale, in particolar modo nei paesi anglosassoni. Schenker utilizzava il vocabolo "interpretazione" come un termine peggiorativo, per indicare il processo attraverso cui l'esecutore sovrappone le proprie, personali, idiosincratiche idee musicali a quelle del compositore. Qui il termine viene invece utilizzato in un'accezione diversa: esso sta a indicare la comprensione di un'"opera" derivata principalmente dalla realtà interna di quella stessa opera – e "opera" in effetti significa partitura, quantunque dovremo anche interessarci del modo in cui quest'ultima viene eseguita, sia pure senza voler fare di questo fenomeno una vacca sacra (come invece fa Johnson 1997). In ogni caso la nostra distinzione fra interpretazione ed esecuzione non contraddice in modo sostanziale la formulazione di Schenker, la quale sostiene che tutti gli elementi necessari per assimilare una composizione si possono trovare entro la partitura e le tradizioni che l'accompagnano; e che tuttavia il compositore non offre all'esecutore un *vademecum* delle modalità attraverso cui realizzare concretamente l'effetto richiesto (Rothstein 1984 presenta un'interessante esemplificazione di questo aspetto del lavoro di Schenker). I moderni indirizzi della teoria musicale sono renitenti nel prendere alla lettera l'affermazione di Schenker secondo cui solo nel cosiddetto *Meisterwerk* (capolavoro) si potrebbe trovare quella magica coerenza per cui ogni dettaglio della struttura tonale e ritmica è interrelato con tutti gli altri, tanto al livello superficiale della musica, quanto ai livelli di estensione piú profondi (il che per i musicisti – e certo, magari inconsciamente, anche per gli ascoltatori – corrispondono piú o meno alla "trama" di un dramma letterario); una interrelazione che si allarga anche agli ulteriori livelli della gerarchia tonale.

Vari studiosi si sono posti il problema di come utilizzare i principî schenkeriani non solo per l'analisi di "capolavori", ma anche di quella che potremmo chiamare "normale buona musica": William Pastille [1984] ha approfondito tale specifico problema, e Charles Burkhart [1983, p. 112] si è domandato se lo stesso Schenker non potrebbe aver in qualche modo mitigato il suo dogma del *Meisterwerk* come categoria assoluta. La normale buona musica può manifestare molte prerogative del capolavoro tonale dal punto di vista della condotta delle parti, ma non è organica nella sua essenza: per questo motivo non esiste alcuna chiave di lettura privilegiata per spiegarne la struttura, e di conseguenza nemmeno per interpretarla.

Può esservi un vasto accordo sul fatto che le lezioni ricavabili dall'interpretare la struttura di un capolavoro migliorano immancabilmente il nostro successivo approccio a musiche meno organiche; ad esempio, che un bravo interprete della mozartiana Sonata per pianoforte in *la* minore K. 310 saprà suonare bene anche una sonata di Dussek o Pinto, o destreggiarsi fra le tortuosità di un recitativo "liberamente" strutturato che sfocia in un'aria belcantistica. Vi è tuttavia anche qui un rischio di iperteorizzazione, e cioè di eseguire musica strutturata in modo poco rigoroso, informale, come se appartenesse alla tradizione dei capolavori. Nell'ambito della teoria musicale, l'adozione su vasta scala delle tecniche analitiche schenkeriane a prescindere da un'applicazione rigorosa dell'estetica schenkeriana ha consentito di appianare la distinzione tra capolavoro e non-capolavoro: se ciò ha contribuito a umanizzare l'immagine dei partigiani della teoria schenkeriana, può anche creare inutili difficoltà all'esecutore, il quale si trova alle prese con una sorta di pan-schenkerismo che conserva ben poco del rigore artistico del modello originario (come spiegato in Snarrenberg 1997, pp. 56-57). Cosí stando le cose, non si può far altro che consigliare all'esecutore l'adozione dell'atteggiamento piú concreto possibile in un clima post-idealistico. Di conseguenza, il modo migliore di accostarsi all'analisi per un interprete forzatamente influenzato anche in minima parte da Schenker non è quello di considerarla una sorta di verità assoluta, ma piuttosto un'attività finalizzata alla soluzione di problemi specifici.

3. *Analisi e/o interpretazione.*

A questo proposito esiste già una certa tradizione, ravvisabile nell'interazione fra pedagogia e interpretazione mediante i diversi approcci al concetto di edizione musicale. A volte il bisogno di fissare un sapere esecutivo ha assunto la forma di consigli tecnici e spirituali, come nelle edizioni di Chopin curate da Alfred Cortot, che rappresentano forse l'esempio piú celebre di questa tendenza. Un campionario di particolare interesse è costituito dai curatori delle sonate per pianoforte di Beethoven: von Bülow (1894) e Schnabel (1935), piú attenti a questioni espressive, Tovey (1931) e Schenker (1934) piú inclini a soffermarsi su quelle che al giorno d'oggi potremmo chiamare questioni analitiche, ma tutti concordi nel rivendicare la necessità di una cognizione storica e di un esame dettagliato e approfondito di tutti gli aspetti della partitura (per una trattazione assai istruttiva circa la storia editoriale delle sonate pianistiche di Beethoven si rinvia a Drabkin 1985). Tutta la storia della prassi editoriale dell'Ottocento può essere considerata come una branca preistorica dell'analisi novecentesca (come pure la storia dei programmi di sala nel tardo Ottocento, specie in Gran Bretagna, sulla quale si è appena iniziato a indagare in modo sistematico); tale prassi nasce da una presa di coscienza dell'inadeguatezza della partitura musicale come guida per l'interpretazione, fino a giungere al gusto tardo-romantico di imporre talune letture "personali" o "interpretazioni" nel senso deteriore del termine – un limite paradossale di questa seconda fase è rappresentato dal desiderio di Ferruccio Busoni di realizzare quella che egli aveva concepito come una versione da concerto dei *Drei Klavierstücke* op. 11 di Schönberg (1909), con grande costernazione del compositore [per una recente e approfondita panoramica della grande epoca dell'"arrangiamento" si rinvia a Sachania 1998]. La conseguente reazione, rivendicando la necessità di rispettare il testo del compositore e di studiarlo in quanto tale, rese inevitabile l'affermazione della teoria e dell'analisi della musica tonale: ecco dunque che l'oggetto di studio di tali discipline, vale a dire il tentativo di comprendere le modalità di funzionamento della struttura musicale, cominciò a suscitare sempre maggior interesse. Era inevitabile che questo fenomeno determinasse delle difficoltà di comunicazione. Piú l'analisi è raffinata, tanto meno essa risulta comprensibile al non specialista: eppure bisognerebbe avere il coraggio di ammettere che è proprio quest'ultimo ad averne piú bisogno. Per quanto efficacemente tali difficoltà possano essere superate alla lunga, bisognerebbe tuttavia evitare di indulgere a sentimentalismi circa una chimerica unità di intenti fra i diversi obiettivi dei musicisti.

Alcuni problemi di interpretazione possono essere facilmente risolti in un modo o nell'altro attraverso l'analisi. Quando ciò non accade, è possibile che l'analisi sia carente, ma è altrettanto probabile che l'esecutore abbia posto le domande sbagliate. La figura 1 presenta una semplice situazione di questo genere. Nella terza sezione della Fantasia op. 116 n. 2 di Brahms compare un materiale nuovo, di carattere contrastante: dopo la sezione iniziale e quella centrale in minore, a battuta 51 affiora una melodia in modo maggiore priva di quella particolare ripetizione di note sul primo tempo che caratterizza il tema iniziale.

L'esecutore potrebbe domandarsi: che rapporto c'è fra queste due melodie? La risposta è che, con grande perizia, Brahms ha utilizzato su vasta scala le antiche tecniche del contrappunto doppio variato all'ottava, come illustra la figura 2.

In ogni caso, l'esecuzione di questi temi non pone alcun serio problema all'interprete. Le melodie sono state chiaramente predisposte per creare un effetto di contrasto, e non è assolutamente necessario che la loro unità strutturale sia percepita direttamente dall'ascoltatore: qualunque sottolineatura da parte del pianista, ad esempio mettendo in evidenza la voce intermedia dell'inizio per evidenziare l'origine del successivo tema contrastante, risulterebbe in questo caso poco appropriata, poiché distruggerebbe quell'equilibrio di unità e contrasto che Brahms ha come sempre realizzato con grande abilità compositiva.

Per altre situazioni problematiche l'operazione analitica può invece rivelarsi necessaria ed efficace. Un esempio interessante è il primo movimento della *Waldstein-Sonate* di Beethoven nell'interpretazione datane *una tantum* da Maurizio Pollini (il lettore dovrà accettare questo racconto come un caso di testimonianza "auricolare"). Nell'esposizione, il secondo tema fu presentato con un'insolita sonorità opaca, attribuendo piú o meno lo stesso peso agli accordi, per lo piú di tre note, affidati a ciascuna delle due mani [per l'eccezionalità di una sonorità cosí "sbilanciata" cfr. Dunsby 1995, pp. 63 sgg.]; tuttavia nella ripresa il tema fu eseguito con la luminosa cantabilità della voce superiore che ci si attende da un cosí valente pianista. Questa scel-

Figura 1.

Figura 2.

ta risultò doppiamente efficace in un grande auditorium, dove effetti contrastanti di tal genere possono essere particolarmente incisivi. Il problema che Pollini stava cosí risolvendo, in modo piú o meno consapevole, era probabilmente di carattere armonico. Il secondo tema dell'esposizione è presentato nella tonalità della mediante maggiore, *mi* maggiore, che prende il posto del *do* maggiore iniziale. La prima ripresa di questo tema non è nella tonalità d'impianto, ma al sesto grado maggiore, e cioè in *la* maggiore. Sebbene si tratti di una relazione traspositiva assolutamente legittima, essa determina tuttavia un'audace e temporanea trasgressione rispetto alle convenzioni della forma-sonata; lo stesso Beethoven conferma questa sua intenzione ripetendo nuovamente il tema al sesto grado minore (*la* minore), per riproporlo infine nella tonalità d'impianto. In che modo l'esecutore può trarre profitto da questo procedimento armonico e renderlo il piú chiaro possibile all'ascoltatore? Un'ottima soluzione, quella di Pollini, consiste nell'attirare l'attenzione uditiva su questo punto dell'architettura musicale conferendo al secondo tema della ripresa un'incisività espressiva senza precedenti, cosí concentrando l'attenzione dell'ascoltatore su un particolare momento nella narrazione armonica beethoveniana. L'analisi può spiegare il carattere peculiare di questa intensificazione armonica, ma solo l'esecutore può valutare l'opportunità di tradurla in un particolare effetto espressivo a livello di interpretazione (curiosamente, ma semmai a riprova dell'assunto, sia pure *a contrario*, Schnabel voleva che questa ripresa del secondo tema fosse interpretata «meno espressivamente» [cfr. Wolff 1979, p. 134; corsivo mio]).

4. *Scelte e "sfide" dell'esecutore.*

A questo punto è opportuno presentare, sia pure necessariamente a titolo sperimentale, alcuni concreti esempi della specifica interazione fra interpretazione analitica e interpretazione pratica, basandoci sul Preludio in *sol* minore op. 28 n. 22 di Chopin. Per fornire un quadro di orientamento iniziale, l'esempio 3 propone una sintesi delle prime quattro battute. La figura 3*c* riproduce una semplice riduzione ritmica di questo passaggio: in generale la riduzione ritmica non pone particolari problemi, dato che il pezzo è in uno stile di "corale figurato" che si ricollega al celebre ventesimo Preludio in *do* minore (uno pseudo-corale non ornato che viene regolarmente antologizzato come un frammento monumentale dell'arte chopiniana alla portata di quasi ogni pianista dilettante). Chi fosse interessato a verificare l'esistenza di una sorta di prassi corrente della riduzione a partire dall'inizio del XIX secolo può consultare la riduzione dello Studio di Chopin op. 10 n. 1 realizzata da Czerny, l'inizio della quale è riprodotto in Bent e Drabkin [1987, trad. it. p. 30]. Il secondo pentagramma della figura 3*c* propone una semplice riduzione "tecnica" tradotta nelle convenzioni della notazione analitica schenkeriana, sulla cui simbologia si possono reperire informazioni in numerosi testi teorici, tra i quali si raccomanda in particolare Cook [1987, trad. it. pp. 65-68].

Fin dall'esordio è forse anche troppo evidente come alcuni dei dettagli evidenziati nella figura 3 possano rendere problematica un'interpretazione ottimale. Ad esempio, è abbastanza difficile far "cantare" le parti in questo inizio energico e agitato (fig. 3*a*). Sia la figurazione a mo' di nota di volta tra *sol-fa-sol* nella melodia della mano sinistra (batt. 1-2) sia il movimento ascendente verso la tonica nella voce superiore tenderebbero a ingannare l'orecchio, facendo percepire la seconda battuta come un'armonia di tonica.

Lo schema armonico delle battute iniziali presentato nella figura 3*b* di-

Figura 3.

mostra tuttavia che il *mib* affidato alla mano destra a battuta 2 in questo caso è essenziale per l'andamento della condotta delle parti; il pianista ha tutte le ragioni per considerare l'eventualità di conferirgli una particolare chiarezza di articolazione utilizzando qualche accorgimento specifico, come quello suggerito nella figura 3*a*, che rappresenta solo una tra le possibilità. Chopin sembra aver posto l'interprete di fronte a una situazione problematica, ma è anche possibile che essa sia determinata dalla relativa opacità del pianoforte moderno rispetto allo strumento francese del primo Ottocento utilizzato dal compositore. Sia detto per inciso, è probabile che la soluzione tecnica piú efficace per il *mib* sia quella di suonarlo un infinitesimo prima delle altre note della mano destra – anche se ogni soluzione particolare dipende dallo stile di interpretazione pianistica cui ogni singolo esecutore decide di uniformarsi.

È probabile che il potenziale risolutivo dell'analisi rispetto ai problemi d'interpretazione si sia rivelato meno efficace nell'ambito del tempo musicale – vale a dire nei problemi di proporzione, metro e ritmo. Queste ineffabili qualità della musica sembrano particolarmente refrattarie a un esame concettuale minuzioso, e le questioni che non è stato possibile illuminare piú di tanto nemmeno con l'ausilio del microscopio musicologico potranno difficilmente essere affrontate in questa sede. Ciò che l'analisi trova cosí difficile afferrare è quel segreto dell'esecutore – la scelta del tempo – che comprende un gran numero di fattori come il rubato, l'articolazione strutturale e l'enfasi espressiva, e che rappresenta un elemento di fondamentale importanza nella presentazione di quasi tutte le composizioni (tali osservazioni non intendono liquidare le ricerche recentemente condotte in ambito neurologico, specie se si considera l'importanza di uno studio come quello di Epstein [1995]).

È forse proprio nella scelta del tempo musicale che si evidenzia il piú profondo scarto ideologico tra le aspirazioni dell'analista e quelle dell'interprete. Si consideri quant'è sottile, per un esecutore, il crinale che separa un'articolazione calibrata da un volgare effetto teatrale nella figura 4, dove il secondo *sol*, contrassegnato da un asterisco, deve essere reso all'ascol-

Figura 4.

to come: un levare della nota successiva; l'elemento ritmico sussidiario di una figurazione di nota puntata; il completamento di un primo tempo di battuta ritmicamente non accentuato dopo un'intensa anacrusi di due semiminime... davvero una nota polisemica! La maggior parte di questi significati possono essere resi nell'esecuzione attraverso l'opportuna introduzione di una pausa non scritta sul terzo tempo della prima battuta incompleta, venendo tuttavia in tal modo a compromettere una piú ampia possibilità di percezione dell'ordine metrico nella prima frase.

L'inizio della Sonata di Berg, per quanto raffinato possa essere, è uno di quei casi che gli esecutori potrebbero considerare problematici, un caso da affrontare pragmaticamente: manca quella magistrale chiarezza di intenzione compositiva e coerenza esecutiva che si può trovare nell'opera matura di Beethoven o Stravinskij, Scarlatti o Messiaen. L'analista è impotente in un caso di questo genere. L'analisi si occupa di solito dell'ideologia della venerazione, della celebrazione della perfezione culturale, di spiegare il funzionamento delle cose musicali, e non di cercare di capire perché le cose non funzionano cosí bene come si potrebbe desiderare.

Quella di Berg è la prima opera ufficiale di un giovane compositore, ma nel campo dell'analisi e dell'interpretazione ci si può trovare di fronte a questo genere di sfide anche operando entro il canone del "capolavoro" di cui si è parlato in precedenza. La figura 5 illustra un interessante caso emblematico.

Si tratta del secondo tema della Sonata per violino e pianoforte in *re* minore op. 108 di Brahms, un tema che solo in un secondo momento potrà dispiegarsi in tutta la sua straordinaria bellezza, quando sarà affidato alla parte del violino. Quando viene esposto per la prima volta dal pianoforte solo esso risulta invece quasi ineseguibile. A qualunque ragionevole velocità vengano suonate le cinque note arpeggiate della prima battuta, come pure le sei note arpeggiate alla quinta battuta del tema, si verrà necessariamente a determinare una frattura che rischia o di risultare sgradevole, dato che gli accordi sono particolarmente aspri, oppure di contraddire il metro, se si concede loro il tempo sufficiente per dispiegarsi fino allo *sforzando*. Il primo sistema della figura 8 riproduce il passaggio nell'edizione di Schnabel: tutti i segni dinamici ed espressivi annotati in carattere minore (e qui ulteriormente evidenziati e racchiusi in un circolo) sono aggiunte dell'editore, mentre i segni in carattere piú grande sono quelli apposti da Brahms. La soluzione proposta da Schnabel consiste nel controbilanciare il problema ritmico attraverso l'introduzione di sfumature dinamiche, fondandosi evidentemente su un'analisi del ruolo dissonante/consonante delle appoggiature. Il secondo sistema della figura 8 tenta di rappresentare questa ipotesi di lettura combinando le dinamiche di Schnabel con una semplice riduzione del genere di quella già presentata nell'esempio 3: le corrispondenze tra "edizione" e "analisi" sono assai meticolose. Affinché questa spiegazione non possa sembrare un atto di eresia critica, poiché mette in discussione l'abilità compositiva che caratterizza l'opera matura di un genio, bisognerebbe considerare che in questo caso lo stesso Brahms sapeva di aver scritto un'idea impraticabile. La sua copia della partitura stampata porta una correzione (riprodotta sul terzo sistema della figura 8) in cui la mano sinistra non solo non partecipa all'arpeggio sulla quarta croma, ma ripete anche la nota del basso sul terzo quarto della battuta, appianando il ritmo e la tessitura. È un caso alquanto frustrante di analisi critica realizzata dallo stesso compositore; in realtà essa risulta di scarso aiuto pratico, dal momento che Brahms non ha mai fatto modificare le lastre di incisione per la successiva stampa dell'op. 108, e non ci è peraltro pervenuta alcuna testimonianza storica del fatto che egli intendesse veramente cambiare questo passaggio ([Pascall 1983]; in questo e altri suoi scritti Pascall suggerisce che nella musica di Brahms ogni autentica *Fassung letzter Hand*,

Figura 5.

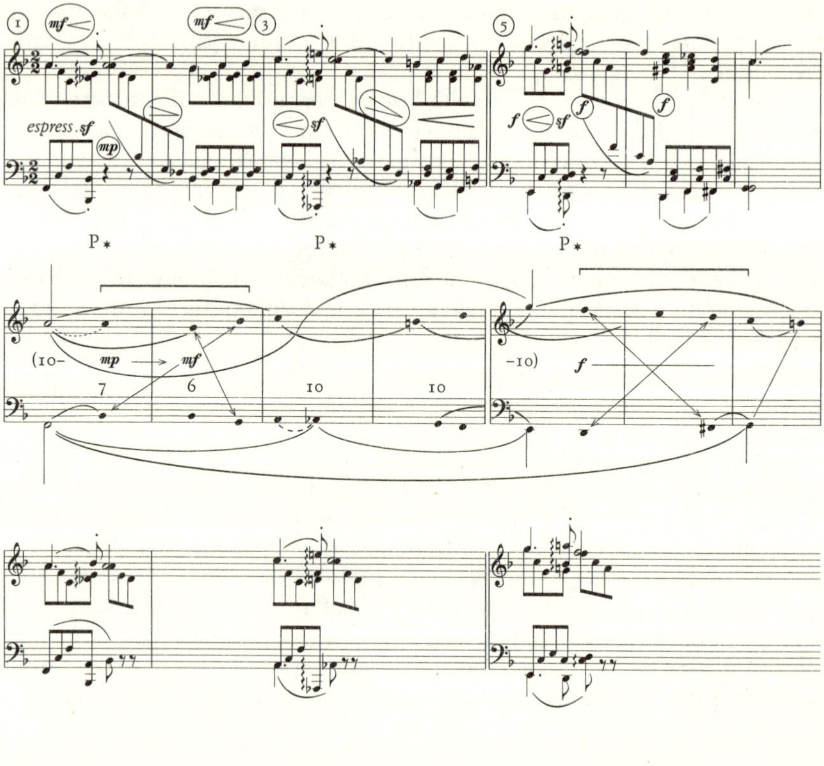

o "ultima volontà d'autore", dovrebbe essere adottata dall'esecutore). Nondimeno, questo caso ci consente di verificare molto chiaramente in che modo Brahms ha analizzato un problema interpretativo e come di conseguenza ha trasformato la sua creazione iniziale.

5. *Ulteriori approcci: un breve cenno "storicistico".*

Se la nostra riflessione è stata guidata da un presupposto implicito, esso va ricercato nell'idea che, al di là di quanto si possa casualmente supporre o addirittura affermare con convinzione, la musica del passato ci pone di fronte a un numero di problemi di gran lunga maggiore rispetto a quella moderna o contemporanea. Per questa ragione abbiamo delineato un percorso all'interno del XX secolo mantenendoci entro i confini dell'eredità di pensiero di Schönberg e Schenker, tralasciando molti altri aspetti: un ulteriore confine di rilievo potrebbe essere lo stravinskismo, in cui il concetto di "esecuzione" – inteso a celebrare non la morte dell'autore, bensí quella dell'"esecutore" – è destinato a soppiantare il concetto di interpretazione. Un altro paletto di confine potrebbe essere la questione del "gusto", che pone in primo piano il problema dei destinatari dell'interpretazione, anche se sulla domanda "per chi sta interpretando l'interprete?" non grava ancora quel terrificante senso di rovina sperimentato dalla sua attuale controparte poietica – "per chi compone il compositore al giorno d'oggi?" Tali peccati di omissione nel nostro resoconto sono tutt'altro che privi di significato. Ad esempio, l'ideologia dell'"esecuzione" sia moderna (anche prima dell'avvento del sintetizzatore) sia antica, che si ritrova in quell'approccio tipo "macchina da cucire" che all'inizio e alla metà del Novecento ha caratterizzato l'interpretazione della musica del tardo barocco, non ha alcun bisogno dell'analisi, pur se intesa nella piú ampia accezione del termine: se il vostro punto di vista nei confronti dell'interpretazione è semplicemente quello di eseguire, come direbbe un inglese, le note giuste nel giusto ordine, e anche se questa presunta indifferenza fosse soltanto una posa, le questioni analitiche non potranno far altro che godere di una considerazione molto bassa.

Si consideri infine che negli ultimi decenni il rapporto con il passato, specie in materia di interpretazione musicale, è stato reso particolarmente problematico dalla questione dell'"autenticità", che – come sostiene con forza Richard Taruskin – non dovrebbe illuderci circa l'effettiva possibilità di un "autentico" mitizzato, ma si dovrebbe considerare per ciò che è realmente: il punto di vista dell'"autenticista" è semplicemente un atteggiamento nei confronti di un diverso momento storico [Taruskin 1988]. Se Taruskin descrive l'autenticismo come un fenomeno sostanzialmente illusorio, il filosofo della musica Peter Kivy prende una posizione ancor piú rigida, aggiungendo alla critica concettuale di Taruskin un corollario quasi moralistico:

> Il movimento dell'esecuzione storicamente autentica trova la sua piú profonda ragion d'essere in una sorta di *puritanesimo* musicale: l'esecutore è il messaggero del compositore; il messaggero viene ucciso in quanto latore non (come accade di solito) di cattive notizie, bensí di notizie false o tendenziose [Kivy 1995, pp. 283-84; corsivo mio].

Tutta l'argomentazione di Kivy tende a demolire l'illusione secondo cui un'eventuale interpretazione sufficientemente autentica consentirebbe all'ascoltatore di attivare un filo diretto con il compositore, quasi una sorta di "chiamata in teleselezione". L'analista non può fare a meno di concentrare la propria attenzione su tali questioni, specie se si considera che nell'attuale dibattito sulla natura dell'interpretazione musicale gli studiosi piú autorevoli continuano a manifestare una forte avversione nei confronti dell'ipotesi che in una società musicale matura sia possibile far musica senza l'ausilio della teoria.

Bent, I., e Drabkin, W.

1987 *Analysis*, Norton, New York (ed. it. a cura di C. Annibaldi, *Analisi musicale*, Edt, Torino 1990).

Burkhart, C.

1983 *Schenker's theory of levels and musical performance*, in D. Beach (a cura di), *Aspects of Schenkerian Theory*, Yale University Press, New Haven, pp. 95-112.

Cook, N.

1987 *A Guide to Musical Analysis*, Dent, London (trad. it. della prima parte, *Guida all'analisi musicale*, a cura di G. Salvetti, Guerini e Associati, Milano 1991).

Damasio, A.

1994 *Decartes' Error. Emotion, Reason and the Human Brain*, Putnam, New York.

Drabkin, W.

1985 *The Beethoven Sonatas*, in «The Musical Times», CXXVI, n. 1706, pp. 216-220.

Dunsby, J.

1989 *Performance and analysis of music*, in «Music Analysis», VIII, n. 1-2, pp. 5-20.

1995 *Performing Music. Shared Concerns*, Oxford University Press, Oxford.

1997 *Acts of recall*, in «The Musical Times», CXXXVIII, n. 1847, pp. 12-17.

Epstein, D.

1995 *Shaping Time. Music, the Brain and Performance*, Schirmer, New York.

Goehr, L.

1992 *The Imaginary Museum of Musical Works. An Essay in the Philosophy of Music*, Oxford University Press, Oxford.

Gould, G.

1987 *The Glenn Gould Reader*, a cura di T. Page, Faber and Faber, London (trad.

it. *L'ala del turbine intelligente. Scritti sulla musica*, Adelphi, Milano 1988; 2ª ed. 1993).

Johnson, P.

1997 *Musical works, musical performances*, in «The Musical Times», CXXXVIII, n. 1864, pp. 4-11.

Kivy, P.

1995 *Authenticities. Philosophical Reflections on Musical Performance*, Cornell University Press, Ithaca-London.

Kolisch, R.

1983 *Zur Theorie der Aufführung*, in «Musik-Konzepte», n. 29-30, gennaio.

Nattiez, J.-J.

1987 *Musicologie générale et sémiologie*, Bourgois, Paris (trad. it. *Musicologia generale e semiologia*, Edt, Torino 1989).

Pascall, R.

1983 *Brahms and the definitive text*, in Id. (a cura di), *Brahms. Biographical, Documentary and Analytical Studies*, Cambridge University Press, Cambridge, pp. 59-75.

Pastille, W.

1984 *Heinrich Schenker, anti-organicist*, in «Nineteenth-Century Music», VIII, n. 1, pp. 29-36.

Rink, J.

1995 (a cura di), *The Practice of Performance. Studies in Musical Interpretation*, Cambridge University Press, Cambridge.

Rothstein, W.

1984 *Heinrich Schenker as an interpreter of Beethoven's Piano Sonatas*, in «Nineteenth-Century Music», VIII, n. 1, pp. 3-28.

Sachania, M.

1998 *The Arrangements of Leopold Godowsky. An Aesthetic, Historical and Analytical Study*, PhD dissertation, University of Cambridge.

Schenker, H.

1925-30 *Das Meisterwerk in der Musik*, 3 voll., Drei Masken Verlag, München-Wien-Berlin (reprint facsimile: Olms, Hildesheim - New York 1974).

Smith, J. A.

1986 *Schoenberg and His Circle. A Viennese Portrait*, Schirmer, New York.

Snarrenberg, R.

1997 *Schenker's Interpretative Practice*, Cambridge University Press, Cambridge.

Stein, E.

1962 *Form and Performance*, Faber and Faber, London.

Storr, A.

1992 *Music and the Mind*, Harper Collins, London.

Taruskin, R.

1988 *The pastness of the present and the presence of the past*, in N. Kenyon (a cura di), *Authenticity and Early Music. A Symposium*, Oxford University Press, Oxford, pp. 137-210.

Wintle, C.
1982 *Webern's Concerto Op. 24/II*, in «Music Analysis», I, n. 1, pp. 73-99.
Wolff, K.
1979 *Schnabel's Interpretation of Piano Music*, Faber and Faber, London.

PAUL GRIFFITHS

Finalità ed effetti della critica

Critica è interpretazione. In questo senso, il critico è un esecutore. L'ovvia e principale differenza fra le due attività sta in questo: l'esecutore converte in suono materiali non acustici (nella tradizione classica, prendendo le mosse da una partitura, che viene mediata da una tradizione esecutiva e dal deposito intellettuale della sua formazione e del suo istinto); il critico si muove invece nella direzione opposta, traducendo in parole l'esperienza d'ascolto. Ma queste parole contribuiranno a loro volta, come ogni esecuzione, alla vita della musica, quale essa continua nella mente degli ascoltatori. Anzi, le parole del critico possono persino diventare parte del materiale da cui l'esecutore prende le mosse.

Certo, per la musica sarebbe piú agevole sopravvivere senza la critica che non senza gli esecutori – benché, data l'attuale vastità del repertorio registrato, l'indispensabilità dell'esecuzione non possa darsi per scontata in eterno; mentre la critica probabilmente sopravviverebbe anche se non ci fossero piú critici di professione, dato che essa è il mezzo mediante il quale ognuno spiega la musica a se stesso. Una raccolta di dischi è già un giudizio, e ogni ascolto è atto a suscitare idee: parole, immagini, ombre di ricordi; insomma, tutta critica. Tuttavia, per il critico di professione queste idee devono essere enunciate in pubblico: esse, per variare l'analogia, devono venire "eseguite". La risposta alla musica – quella reazione che per la maggioranza della gente è soltanto privata e personale, quasi intima rivelazione da condividere con i soli amici – dev'essere espressa pubblicamente. Al critico, cosí come all'esecutore, si chiede di esporsi. E, non diversamente dall'esecutore, il critico si deve spesso pronunciare seduta stante.

1. *Aspetti pratici.*

Per quanto possa apparire strano, da quando negli anni Ottanta l'industria tipografica è stata informatizzata, la critica giornalistica si è fatta assai meno istantanea. Prima d'allora, opere e concerti venivano di solito recensiti all'indomani dello spettacolo, e ciò comportava inevitabilmente che l'articolo venisse scritto ben prima di mezzanotte. Uno spettacolo che si protraesse fino a sera inoltrata lasciava al critico un'ora o anche meno per redigere un pezzo che poteva arrivare al migliaio di parole. In tali condizioni, il lavoro del critico non poteva che essere improvvisato. Il ritmo dell'informazione, paradossalmente piú lento nell'era informatica, concede al critico il tempo per riflettere e per dormire. Quasi mai i piú importanti quotidiani chiedono "recensioni immediate", ma hanno l'abitudine, ad esempio, di occuparsi il giovedí, o anche piú tardi, degli spettacoli dati il martedí. Dunque non si deve consegnare l'articolo prima che sia trascorsa almeno mezza giornata dall'esecuzione.

Altri aspetti pratici della produzione giornalistica condizionano il lavoro dei critici. La lunghezza di una recensione deve di solito essere decisa in anticipo e, benché il critico possa avere voce in capitolo, la possibilità di ampliare o ridurre la recensione a seconda dei pregi maggiori o minori dell'esecuzione è molto limitata. All'epoca delle recensioni estemporanee questo vincolo era pressoché assoluto: il critico doveva scrivere per riempire un certo spazio in una pagina già "composta" il giorno prima, e gli si diceva quante parole gli erano concesse (magari con l'approssimazione di appena una decina). Persino con l'attuale maggiore disponibilità di tempo, il critico deve comunque mantenersi entro certi limiti per correttezza verso i colleghi: una recensione troppo lunga toglierebbe spazio agli altri giornalisti; una troppo corta metterebbe in imbarazzo la redazione.

La redazione svolge una funzione importante. Se già l'ampiezza di una recensione dipende solo in piccola parte dal giudizio dei critici, questi non esercitano poi alcuna influenza su titoli, illustrazioni, collocazione delle loro recensioni nell'ambito della pagina: tutte decisioni monopolizzate dai redattori. E se la fine delle recensioni immediate ha reso meno agitata la vita dei critici, ha altresí concesso piú ampio spazio all'intervento redazionale sui testi. Col vecchio metodo le recensioni venivano immediatamente preparate per la stampa da una sola persona, mentre di solito il critico era ancora presente negli uffici del giornale a sorvegliare il procedimento. Oggi i critici svolgono abitualmente il lavoro a casa propria, disertando le operazioni redazionali che possono protrarsi per parecchie ore coinvolgendo non un unico redattore, ma uno o piú capi redattori e revisori. Il capo redattore può intervenire, in misura diversa da giornale a giornale, nello stabilire quali spettacoli meritino l'invio di un critico: in genere solo i critici piú autorevoli possono prendere questa decisione per proprio conto, e spesso sono loro ad assegnare i compiti ai colleghi piú giovani.

Ciononostante, la critica conserva caratteristiche fortemente personali, e a quanto pare i critici vengono stimati – dalle direzioni dei giornali nonché dai lettori – per la loro originalità e persino per le loro stravaganze. Le redazioni piú avvertite cercano perciò di esaltare e accentuare il tono delle critiche, non già di attenuarlo. E in generale, giorno per giorno, la critica offre alcuni fra gli scritti piú originali che si possano trovare sui quotidiani.

La critica è anche soggetta a pressioni in senso contrario. Il business delle pubbliche relazioni diffida della critica. Gli agenti desiderano senz'altro avere spazio sui quotidiani, ma pochi di loro non si preoccupano di una possibile pubblicità negativa. Preferiscono i preannunci alle recensioni. Infatti i preannunci degli spettacoli, basandosi di solito su interviste con i musicisti, sono quasi obbligatoriamente positivi. Ciò che piú importa, essi appaiono per definizione prima dello spettacolo, e possono pertanto costituire un richiamo, mentre le recensioni, persino le piú osannanti, influiscono assai poco sull'affluenza del pubblico. I concerti sono di norma eventi unici, e anche quando ciò non accade (come con le orchestre americane, che d'abitudine ripetono lo stesso programma tre o quattro volte in una settimana), la recensione viene spesso pubblicata dopo che le esecuzioni si sono concluse. Per quanto riguarda poi l'opera lirica, è probabile che i biglietti per le esecuzioni piú prestigiose vadano esauriti molto prima che appaia una qualunque recensione, e persino per gli spettacoli di minor conto non è possibile che la critica riesca ad allungare o ad abbreviare la durata di programmazione.

Diversamente dai loro colleghi che si occupano di teatro di prosa, di film, di danza e di arti visive, i critici musicali non possono insomma, nella maggior parte dei casi, dare consigli di effetto immediato: e appunto per questo molti direttori di giornali, al pari degli agenti, preferiscono preannunciare gli spettacoli musicali piuttosto che recensirli. Ed effettivamente i preannunci, se preparano il pubblico ad ascoltare pezzi musicali poco noti, svolgono una positiva funzione critica. D'altra parte, essi possono anche ridursi a semplici mezzi per diffondere il culto divistico della personalità; e pertanto la progressiva erosione dello spazio che i giornali riservano alla critica – in favore di preannunci e di aneddoti vari – può non fare gli interessi della musica o dei lettori.

2. *Critiche e giudizi.*

Un ambito in cui i lettori possono regolarsi direttamente sulla recensione di un critico musicale è quello dei dischi. In questo campo, tuttavia, i quotidiani sono molto meno importanti delle pubblicazioni specializzate: la cosa si può dimostrare comparando il diverso volume pubblicitario affidato dalle case discografiche ai due rispettivi media. Infatti la pubblicità, se ci limitiamo ad analizzarne la frequenza per misurare l'efficacia di mercato di un certo mezzo di comunicazione, non mente mai. Del resto, neppure in un periodo di recessione dell'industria discografica, i quotidiani offrono spazio sufficiente a trattare adeguatamente le nuove uscite. E persino le pubblicazioni specializzate possono trovarsi in difficoltà nel confronto con le fonti informatiche. Ad esempio, un grande rivenditore su Internet offre sia recensioni tratte da altre fonti pubblicate, sia commenti espressi da singoli individui. Recensioni e commenti del genere possono essere conservati e ripetutamente aggiornati per tutto il periodo durante il quale un disco rimane in commercio. In tali condizioni è improbabile che rimanga un qualsiasi spazio per la professione del critico. Nella democrazia di Internet ogni musicofilo, ogni "navigatore" diventa un potenziale critico.

Un critico potenziale o soltanto un giudice potenziale? Giudicare – cioè emettere una sentenza su di un'opera o un'esecuzione – è certo un aspetto della critica, ma è soltanto un aspetto. La sentenza non ha peso, a meno che non riguardi oggetti acquistabili e consumabili piú o meno immediatamente, come un'esecuzione o un disco. Comunque rivestita, essa serve a comunicare un messaggio del tipo "compera" o "non comperare". La critica va oltre, o forse non va cosí lontano. Suo compito non è di emettere un giudizio, ma di dare una risposta. La risposta implica sicuramente anche un giudizio. Che il critico si interessi a uno spettacolo o a un disco è già in certo modo un giudizio: con ciò egli manifesta l'aspettativa di un'esperienza interessante e di un godimento, poiché nessuno presterebbe attenzione a qualcosa che prevedibilmente non gli piacerà. E i lettori sanno individuare i giudizi anche quando non siano esplicitamente espressi; ma la funzione essenziale del critico consiste nel fornire un resoconto e una spiegazione. Se una critica si risolve in una classifica dei "divi", non è affatto vera critica.

3. *Resoconto e spiegazione*.

Si dice spesso che la musica non può essere tradotta in parole: la critica musicale per un verso confuta questa nozione, per un altro la convalida. In realtà, la critica musicale piú fine e acuta non si esprime forse in parole ma nella produzione di altra musica: infatti, per quanto Berlioz [1968; 1969; 1991] e Schumann [1914] – per citare solo due fra i molti critici-compositori – abbiano anche scritto cose egregie intorno a Beethoven, essi hanno però espresso le piú analitiche, meditate e stimolanti reazioni alla sua opera proprio attraverso le loro creazioni musicali. Nelle attuali società, tuttavia, per la maggior parte di noi il linguaggio nel quale pensiamo è quello verbale, e la musica in fondo non è piú difficile da tradurre in parole dell'amore, della filosofia e delle condizioni meteorologiche.

La protesta di Roland Barthes [1972, trad. it. pp. 257-58], secondo cui la critica musicale consisterebbe in larga misura in una serie di aggettivi, conserva una certa validità: sarebbe infatti difficile scrivere di musica senza farne uso. Ma essi trovano una piú ricca espansione nelle metafore; e il compito di descrivere una composizione o un'esecuzione si giova di una vasta gamma di immagini. La maggior parte delle lingue offre un numero assai limitato di parole atte a descrivere direttamente i suoni: in inglese gli unici esempi sono forse *loud* e *quiet*. I critici che vogliano andar oltre questi termini elementari devono pertanto ricorrere ad altre espressioni o inventarne di nuove. Fra le prime ci sono molte parole correnti che, quasi come un lessico settoriale, sono state applicate alla musica: "alto", "veloce", "dolce", "morbido" e via dicendo; c'è altresí l'intero repertorio dei termini tecnici, al cui impiego si deve peraltro ricorrere con cautela nelle critiche dei quotidiani. Tali critiche, infatti, sono potenzialmente scritte per qualsiasi lettore, e in ultima analisi per chiunque sia disposto a leggere una critica musicale. "Triade", "canone" ed "esposizione" sono probabilmente accettabili; "settima di dominante" è senza dubbio già proibitivo. In ogni caso, un'immagine appropriata conseguirà il risultato con maggior sicurezza ed efficacia di qualsiasi indicazione tecnica.

Offrire un resoconto per mezzo di immagini è il primo dovere del critico, e in questo senso egli è semplicemente un reporter. Ma un resoconto senza spiegazione è di scarsa utilità. Le caratteristiche individuate in un'opera o in un'esecuzione devono essere spiegate nel loro significato specifico, strutturale, espressivo e sociale. Le opere e le esecuzioni devono in genere essere collocate entro contesti piú ampi. La critica musicale è dunque intessuta non solo di immagini ma anche di correlazioni.

4. *Ambienti e pubblici*.

Il linguaggio della critica varierà a seconda del mezzo e dei lettori cui si rivolge, e il critico che lavori in ambiti diversi deve sapersi esprimere in molti diversi linguaggi. Molte sono certamente le modalità secondo cui le parole vengono abitualmente applicate alla musica, e secondo cui si esercita pertanto l'attività del critico. La partitura conterrà anche parole; quanto meno, le parole di un titolo o il nome di un compositore, nonché le parole dei segni d'espressione, di una dedica o di un testo cantato. In un certo senso, tutte sono critica. Un compositore che intitoli un'opera *La mer* o *Secret Theatre*, svolge egli stesso un'attività autocritica, e la semplice parola "Mozart", attribuita a un lavoro, può modificare radicalmente le modalità d'ascolto di quella musica. I segni d'espressione sono una critica privata, bisbigliata dal compositore all'esecutore; i libretti sono una critica pubblica, pronunciata dall'opera medesima, spesso a voce alta.

Al di fuori della partitura, gli spazi offerti alla critica sono anche piú numerosi. La critica in senso stretto si può trovare in quotidiani, riviste, trasmissioni radio, programmi di sala, opuscoli e note di corredo alle incisioni, in rapporti confidenziali ai finanziatori, in libri di vario genere: antologie di recensioni, articoli, saggi, opere di musicologia e biografie. Per lo piú queste critiche avranno stili diversi. Il programma di sala, per esempio, deve lasciare aperta la possibilità di molteplici interpretazioni, mentre la recensione di un quotidiano dovrà mettere a fuoco un solo aspetto. I termini tecnici, fuori posto in un quotidiano, sono il linguaggio naturale delle analisi musicologiche.

Media diversi si rivolgono a pubblici diversi, e perfino in un solo ambito può accadere che ci si debba rivolgere a un pubblico differenziato. Le cose vanno cosí soprattutto per quanto riguarda la critica dei quotidiani, perché un giornale può essere letto da un milione o piú di persone, mentre pochi libri (e meno che mai i libri di analisi musicale) raggiungono piú di una decina di migliaia di lettori. Possiamo immaginare che il milione di lettori potenziali di una critica giornalistica si distribuisca in una serie di cerchi concentrici. Troviamo in primo luogo coloro che sono direttamente coinvolti nell'avvenimento: compositori, interpreti, amministratori e organizzatori. Vengono poi coloro che hanno assistito personalmente all'esecuzione. Oltre si stende la piú vasta platea delle persone musicalmente educate e interessate alla musica, tra le cui file si recluta il pubblico presente alle esecuzioni. E piú numerosa di tutte è probabilmente la schiera degli individui che non hanno specifico interesse per la musica, o comunque non per la musica classica.

La recensione deve parlare a tutti costoro. Un lettore che abbia assistito a uno spettacolo deve poter capire che il critico era là con lui, nello stesso luogo e nello stesso momento; mentre un lettore "non-musicale" non deve comunque sentirsi escluso *a priori*. La critica deve insomma entrare in sintonia, seppure solo in parte, con quanto ricordano coloro che erano presenti, ma deve dire qualcosa anche a coloro che erano assenti. Ai partecipanti deve offrire un'interpretazione alternativa alla loro, agli assenti un'interpretazione necessariamente unica ed esclusiva. Se una tale sintesi di esigenze opposte richiede che le caratteristiche peculiari di un'esecuzione siano inserite in un contesto piú ampio, d'altra parte la varietà del pubblico cui il critico si rivolge rappresenta uno stimolo positivo per la sua attività.

5. *Soggettività e oggettività*.

Il critico deve anche avere una specie di doppio cervello per conservare l'equilibrio fra reazioni soggettive e reazioni oggettive, benché questo antico nodo sia piú facile da sciogliere di quanto si pensi o si dica. Il critico – bisogna ammetterlo – è un tipo insolito. Persino tra i musicofili piú entusiasti ce ne sono pochi che, come accade normalmente a un critico, assistano a quattro o cinque opere e concerti alla settimana per tutta la stagione, anno dopo anno. Una cosí esclusiva dedizione alla musica imprime sulla soggettività del critico il segno di un'esperienza che si estende ben al di là dell'occasione immediata. Certo, i critici commentano quanto hanno ascoltato in una determinata sera, ma i loro scritti sono improntati da quanto essi hanno udito in tante altre serate. Essi ascoltano Anne-Sophie Mutter che esegue il Concerto per violino di Brahms, e intanto ricordano le precedenti esecuzioni di quello stesso lavoro a opera della medesima artista, ricordano altri concerti e registrazioni da lei effettuati, altre letture dello stesso concerto da parte di altri interpreti, altre esecuzioni di Brahms, altre serate con altre musiche. Il problema vero non è quello di raggiungere l'oggettività, ma piuttosto quello di conservare intatta la soggettività: quella freschezza dell'attenzione che conferisce vitalità alla critica.

La soggettività del critico sarà modificata non solo dal cumulo delle esperienze personali, ma anche dalle conoscenze acquisite. Quand'anche abbiano abbandonata la pratica musicale, i critici devono avere una certa comprensione dei problemi esecutivi, della necessità di studiare, di esercitarsi, di esibirsi in pubblico: tutti problemi che essi devono conoscere, se non altro tramite il proprio lavoro. I critici devono necessariamente aver studiato, quantomeno da autodidatti, la storia della musica, l'analisi e le tecniche compositive. Dovranno ascoltare la musica nel contesto – e quasi in nome di – una visione complessiva della natura e delle potenzialità della musica. La loro soggettività sarà profondamente assorbita da problemi esterni, e potrebbe doversi rigenerare mediante periodi di allontanamento dal mondo musicale, pause di riflessione, impegno in tipi diversi di lavoro o in quelle altre attività che fanno parte della vita.

I pericoli cui è esposta la condizione del critico sono infatti evidenti. Come ogni altra attività letteraria, la critica ha valore soltanto se dice qualcosa di nuovo, e cionondimeno il critico, una volta superata una certa età, è tenuto ad aver ascoltato e giudicato molte volte i grandi lavori del repertorio musicale. Una certa capacità di dimenticare può essergli non meno necessaria dell'esperienza; un certo desiderio di liberarsi del passato o almeno di non concedergli un peso eccessivo e di ascoltare come se fosse la prima volta.

Il critico dev'essere anche al tempo stesso soggettivo e oggettivo nel presentare, come già si è detto, le proprie reazioni private in sede pubblica. Nascono pertanto problemi di ammissibilità. La musica suscita emozioni intense: il critico può benissimo rifiutarsi di accoglierle tutte. A questo livello una reazione misurata, quasi oggettiva, funge da meccanismo di autodifesa. Come posso salvaguardare la mia integrità personale se divulgo fra estranei i miei piú intimi pensieri? E tuttavia la critica dà il meglio di sé quando sfiora i limiti dell'impudenza.

L'alternativa è ancora piú intollerabile. Se il critico indossa il manto dell'oggettività, allora parla nascondendosi dietro una maschera che egli si riserva di manipolare a piacimento. La sua oggettività deve consolidarsi piuttosto col ripetuto e collaudato esercizio della soggettività.

6. *Critici ed esecutori*.

Fra di loro nessuna guerra. E come potrebbe esserci? Se la critica è interpretazione piuttosto che attività giudicante, allora il giudizio si esprime nell'attenzione del critico per una data esecuzione, e tale giudizio è positivo per definizione. L'unica condanna esplicita di un esecutore per cui non provo trasporto – che io sia o meno critico di professione – è l'assenza.

Certo l'assenza può risultare consigliabile solo retrospettivamente. Anche i piú grandi interpreti possono incorrere in serate negative, in collaborazioni poco congeniali, o in apparenti abbagli interpretativi. E nel caso di esecutori giovani o sconosciuti, la critica può trovarsi di fronte alla necessità di una totale stroncatura. Si tratta di problemi diversi. I musicisti piú bravi riconosceranno probabilmente da soli i propri errori, o almeno ci sarà qualcuno che in privato dica loro che cosa non ha funzionato. In questi casi, compito del critico è di dire, il piú brevemente e garbatamente possibile, che cosa non andava e perché, a beneficio di coloro che hanno assistito all'esecuzione. Ma quando un interprete prenda decisioni artistiche sconsiderate, allora il critico può prospettarsi l'eventualità di un dialogo inteso a confutarle: a beneficio, questa volta, non solo degli spettatori ma dell'esecutore stesso, nonché degli altri esecutori. Il dissenso, in quanto rivela l'interesse per ciò che si è ascoltato, può persino gratificare l'esecutore piú di uno scialbo consenso, e certamente offre ad altri lettori piú ampia materia di riflessione. E può persino convincere l'esecutore a cambiare parere.

Il dissenso è anche piú stimolante per chi scrive, ed è anche piú facile da esprimere (il che costituisce un pericolo). Se un'esecuzione ha successo, il critico può incontrare qualche difficoltà nel dire in che misura e perché ciò è accaduto. Piú completo è il successo, piú grande è la difficoltà, perché un'esecuzione riuscita sembrerà probabilmente eliminare ogni possibilità d'interpretare il pezzo in modo diverso. Per giunta (ma fra le due cose può esserci una connessione), il lessico degli elogi è assai povero, e i critici si trovano ridotti a usare gli stessi limitati aggettivi barthesiani: "grande", "bello", "straordinario", "poderoso", stupefacente". Solo quando c'è dissenso il lessico si fa ricco e aperto.

Quando si tratti di musicisti giovani e sconosciuti, per motivi di cortesia l'espressione del dissenso dev'essere contenuta. Del resto, non v'è alcuna ragione di fustigare musicisti che non avranno futuro. A questo proposito i critici si devono assolutamente rendere conto di non essere gli unici arbitri, e in fondo nemmeno i piú importanti. Essi non sono tenuti a estirpare tutte le erbacce dal giardino della musica, e inoltre con ogni probabilità non sarebbero neppure in grado di adempiere un tale dovere. Ci sono numerosissimi esempi di musicisti rimasti in carriera per molto tempo dopo che il periodo delle critiche favorevoli era cessato da un pezzo, e altri che hanno conseguito un'improvvisa e clamorosa fama a dispetto di tutto quanto ne avevano detto i critici. Nell'attuale mondo della musica, l'opinione corrente è creata forse assai meno dai critici che non dagli operatori di mercato; e costoro possono bensí ascoltare i critici, ma poi elaborano le loro strategie per sfruttare negli esecutori capacità che non hanno nulla a che vedere con la musica. Questo fatto può essere scoraggiante per il critico, ma può anche rappresentare una liberazione. Affrancati dalla responsabilità di dire "sí" o "no", essi possono occuparsi del "come" e del "perché" con molto maggior profitto per se stessi e per i lettori.

La capacità dei critici di chiarire il come e il perché deriva in parte dalla loro attenzione e dalla loro esperienza, in parte dalla loro comprensione dell'esecuzione. E gli esecutori li stimano nella misura in cui ne stimano l'attenzione, l'esperienza e l'acume. Ci sono esecutori che affermano di non leggere mai le critiche. In tal modo si condannano a impoverirsi. La critica dovrebbe offrire agli esecutori la piú sicura indicazione che essi hanno superato l'esame del pubblico, e suggerire loro come possano ottenere un tale risultato in modo diverso e forse piú efficace.

7. *Critici e compositori.*

Sono talvolta le stesse persone. Mentre ben pochi esecutori hanno pubblicato critiche musicali - probabilmente perché essi, per educazione e inclinazione, sono fatti per esprimersi in musica e non in parole - molti compositori si sono invece dedicati anche alla critica: da Berlioz e Schumann, passando per Debussy [1971] e Dukas [1948; 1980], fino ad Anthony Payne (collaboratore stabile di «Tempo» e del «Daily Telegraph» già a partire dagli anni Settanta) e a Kyle Gann (collaboratore negli anni Novanta di «The Village Voice»). Forse ciò avviene perché i compositori hanno spesso sentito l'obbligo di dar conto verbalmente della loro stessa musica, e per estensione si sono impegnati a sostenere determinate concezioni musicali. L'attività del compositore può forse richiedere e stimolare, ben piú di quella dell'esecutore, le capacità mentali di decidere e di spiegare, che sono appunto le attitudini richieste al critico. E per giunta i compositori sono tendenzialmente faziosi. I contrasti fra gli esecutori sono alimentati soprattutto dalla gelosia, piuttosto che da dissensi d'ordine estetico (benché si debba fare eccezione per le polemiche sullo stile da adottarsi per la musica antica, scatenate sul finire del Novecento dai sostenitori della prassi esecutiva originale), mentre i compositori hanno spesso definito la propria identità in contrapposizione ideologica agli altri compositori, e per ciò appunto sono stati inclini a spiegarsi in parole, se non altro per intima soddisfazione personale. Al di là di tutto questo, i compositori possono sentirsi portatori di precisi interessi nel campo della critica, dato che col tempo l'opinione dei critici diventa il punto di vista adottato dalla storia della musica.

Dobbiamo in qualche modo comprovare quest'affermazione. In primo luogo, la critica musicale ha cominciato a prender forma intorno al 1800, quando la storia della musica si andava trasformando in un repertorio vivo e non era piú un semplice catalogo di biblioteca. Le critiche che Beethoven poté leggere in vita parlavano del posto che gli spettava fra gl'immortali, e una generazione piú tardi, nelle critiche scritte da Schumann, troviamo la forte preoccupazione di formulare giudizi duraturi. Nel XX secolo la frammentazione della cultura musicale ha spinto i critici a prendere posizione pro o contro singoli compositori e scuole. Gli esempi piú clamorosi si riscontrano fra i compositori affermatisi in Europa negli anni Cinquanta, come Pierre Boulez, Karlheinz Stockhausen, Luigi Nono e Harrison Birtwistle, tutti energicamente sostenuti da critici che occupavano posti di prestigio in enti radiofonici e consigli d'amministrazione dei festival.

Tuttavia non è affatto certo che questo sia ancora oggi il modo di costruire una fama, e nemmeno che sia mai stato quello di consolidarla durevolmente. Ricordiamo l'elogio tributato da Schumann a Chopin, ma non la sua entusiastica approvazione dei quartetti per archi di Hermann Hirschbach [Schumann 1914]. E sembra impossibile che la musica di Nono o di Birtwistle avrebbe potuto guadagnare tanti consensi senza contare su esecutori devoti e sulla diffusione di registrazioni. Per quanto riguarda il futuro, probabilmente la fama di compositori ed esecutori dipenderà in misura crescente dagli operatori del marketing, specie da quelli dell'industria discografica. Nei primi anni Novanta è stato un disco, promosso con abbondanza di mezzi, a trasformare in classico popolare la Terza Sinfonia di Henryk Górecki, ed è stata una casa discografica, la Sony, che nel corso dello stesso decennio ha innalzato le sorti di compositori tanto eterogenei come György Ligeti, Tan Dun e Richard Danielpour.

Lontani dal turbinare delle statistiche e dalle strategie del mercato di massa, i critici possono ancora riuscire a parlare pacatamente, benché pubblicamente, ai compositori. Se non sul corso della storia della musica (la quale potrebbe anche non avere piú alcun corso) essi possono ancora influire sulle scelte individuali di compositori ed esecutori. Per gli uni come per gli altri il rapporto con i critici si basa sulla fiducia, e può pertanto essere ben piú utile delle relazioni, fondate solo sul reciproco interesse, che essi intrattengono con le case discografiche, con gli editori e con gli impresari.

Per un critico la piú grande gioia professionale e personale nasce dalla possibilità di seguire da vicino la carriera di un compositore, di influenzarla e di decifrare il lavoro di quel compositore a beneficio degli altri. La critica della musica contemporanea non è un compito a parte: come per ogni altra musica essa richiede soltanto attenzione vivace e capacità espositiva. Una preparazione specialistica è di dubbia utilità. Prima di occuparsi di un nuovo pezzo, i critici possono volersi studiare la partitura, ma la stessa cosa possono fare anche per un'opera già nota. Possono anche voler assistere alle prove, ma si espongono cosí al pericolo di diluire l'effetto del primo ascolto e di sminuire pertanto la propria capacità di reagirvi con immediatezza. La competenza del critico deriva dall'esperienza e dal fiuto, non già dal compito a casa svolto alla vigilia dell'esecuzione. E la nuova musica, come ogni altra, vive o muore a seconda dell'effetto che produce nel momento in cui viene eseguita.

Un'opportunità esclusiva del critico che si occupa di musica contemporanea è quella di stabilire rapporti diretti con i compositori e di incoraggiare il pubblico ad affrontare nuove esperienze. Compositori ed esecutori possono imparare moltissimo dalle critiche sfavorevoli, benché la lezione sia dura da accettare; e per la stessa ragione le critiche negative o problematiche possono, se ben condotte, garantire che la comunicazione è avvenuta (o che ha subito fratture) e possono magari indurre a qualche benefico ripensamento. Per quanto riguarda i lettori, se essi si fidano di un critico quando si occupa di un repertorio corrente possono continuare tranquillamente a fidarsi di lui anche quando li inizia a musiche meno familiari.

8. *Critica e contestazione.*

È questo il campo in cui la critica può dare il meglio di sé: quando tende non tanto a formare opinioni quanto a proporre problemi da discutere. I pericoli cui l'autentica esperienza musicale è costantemente esposta sono la routine incartapecorita e l'effimera superficialità delle mode, che non lasciano spazio a una crescita culturale costante. Le grandi istituzioni del mondo occidentale – orchestre, sale da concerto, teatri d'opera, agenzie di promozione – potrebbero funzionare senza problemi con un gruppo piuttosto ridotto di grandi interpreti, impegnati a presentare in tutti i paesi un repertorio sostanzialmente limitato di capolavori riconosciuti. Nello stesso tempo le case discografiche si danno da fare per trovare qualcosa d'insolito o magari stravagante, purché abbia un enorme potenziale di mercato. Da una parte abbiamo quindi un Beethoven esportato da un continente all'altro, dall'altra un'illustre diva della lirica che intona canti armeni, o un piccolo violoncellista-prodigio che esegue canzoni dei Beatles.

La critica deve contestare tutti questi estremismi. Può essere un po' tardi per dire cose nuove intorno a Beethoven, ma i critici non potrebbero continuare a lavorare se non si rendessero conto che, in ultima analisi, proprio questo è il loro dovere. E si deve pur denunciare il danno umano arrecato dalla merce di consumo istantaneo usa-e-getta. Quanto meno, la critica non può limitarsi a riferire nel modo piú accurato possibile ciò che avviene nel mondo della musica, ma ha anche il compito di sollevare domande. Ancora una volta, il dissenso sarà piú eloquente dell'omologazione.

9. *Critica ed esperienza*.

La carriera del critico, auspicabilmente destinata ad accrescerne la saggezza, gli farà conquistare un punto di vista dal quale sia le ripetizioni sia le innovazioni gli sembreranno arbitrarie. Per il critico di musica classica la ripetizione deve essere accettata ed essere anzi motivo di compiacimento, perché tale musica non potrebbe esistere senza i suoi classici, da ripetersi necessariamente all'infinito. Ma ciò può non rappresentare un peso. Anche i classici cambiano, cosí come cambia il critico che tanto spesso li frequenta: i gusti mutano, e nuovi particolari vengono scoperti o dimenticati. I classici non assomigliano a edifici ultimati, ma a cantieri in perpetua ricostruzione. E il critico può essere incline a sorridere delle esecuzioni che sottolineano l'instabilità dei classici mediante stravaganze di ritmo, di fraseggio o di accento, oppure mediante nuove orchestrazioni (come hanno fatto i complessi di musica antica, il cui successo è dipeso in larga misura dalla loro sola diversità). L'esperienza indurrà comunque ad apprezzare nuovi modi di pensare quando siano sostenuti da compiuta maturità.

L'esperienza può anche, meno opportunamente, indurire il critico nei confronti delle novità; e non solo contro i ciarlatani, ma anche contro nuovi compositori ed esecutori dotati di autentico talento, o altri già affermati che cerchino di battere nuove strade. D'altra parte, quest'ultime sono di solito piú fruttuose quando si allacciano a percorsi e destinazioni già noti, e la crescente familiarità del critico con i paesaggi del passato può farlo reagire anche alla nuova musica e alle nuove interpretazioni in maniera piú positiva e piú sicura di sé.

10. *Il tramonto del critico*.

I critici devono accettare la propria fatale obsolescenza. L'opera loro, come quella degli esecutori prima dell'epoca discografica, è legata al momento e in esso si esaurisce: i critici reagiscono alle manifestazioni musicali dell'oggi, e quanto di meglio possono sperare è d'influire sul futuro della musica, non certo d'essere riletti in quel futuro. Persino di critici fra i piú illustri del passato sono rimaste poche tracce – eccezion fatta per quei critici che erano anche compositori.

Eduard Hanslick [cfr. 1972] è ricordato piú come presunto modello di Beckmesser, il pedante dei *Maestri Cantori* di Wagner, che non come critico; George Bernard Shaw [cfr. 1981] è letto per le sue battute e per i suoi pittoreschi insulti piuttosto che per le sue spiegazioni. Non che battute e insulti debbano essere tenuti in dispregio; anzi, la critica seria ne ha spesso bisogno.

La critica può avviarsi a sparire dalla scena musicale anche in un altro modo, cioè cedendo il passo ai segugi della pubblicità e ai compilatori di classifiche. Infatti la critica richiede una serie di preliminari "atti di fede" nella musica, che sono stati messi in discussione negli ultimi decenni. Uno di questi consisteva nell'idea che le nuove composizioni fossero rivolte a un vasto pubblico: un'idea che assegnava al critico il compito di proporre tali composizioni all'attenzione della gente offrendole i mezzi per affrontarle penetrandone l'intimo significato. Oggi i critici stentano a far udire la loro voce, soverchiati come sono dal concorrente baccano degli affaristi del settore musicale, decisi a mantenere lo *status quo* mediante periodiche immissioni di novità rapidamente consumabili. A rischio è anche l'idea – pure non in urto con l'opinione corrente – che la musica si rivolga ai singoli individui e che quindi la reazione di un individuo del mestiere, qual è il critico, abbia un autentico valore. Attualmente circola una grande quantità di musica intorno alla quale non si può formulare alcun serio giudizio critico: una musica creata non per gli individui ma per il mercato, e destinata non già a diventare parte integrante della vita degli uomini, ma a essere consumata e gettata.

Un'autentica cultura musicale – una cultura della conservazione e della crescita, in cui la musica si sviluppi e i fruitori maturino a loro volta per adeguarsi ad essa, una cultura in cui la vita dell'ascolto si faccia continuamente piú ampia e profonda – è sostituita da una cultura digitale fondata sulla manovra di interruttori che accendono o spengono qualunque cosa venga trasmessa.

Può tuttavia essere compito della critica indagare sulle modalità con cui musicisti e musicofili possano operare responsabilmente anche in una temperie culturale di tal genere.

Barthes, R.

1972 *Le grain de la voix*, in «Musique en jeu», n. 9, pp. 57-63 (trad. it. *La grana della voce*, in Id., *L'ovvio e l'ottuso. Saggi critici III*, Einaudi, Torino 2001, pp. 257-66; 1ª ed. 1985).

Berlioz, H.

1968 *Les soirées de l'orchestre* (1852), Grund, Paris (nuova ed. Stock, Paris 1980).

1969 *Les grotesques de la musique* (1859), Gregg, Westmead.

1991 *À travers chants* (1862), Flammarion, Paris.

Debussy, C.

1971 *Monsieur Croche et autres écrits*, Gallimard, Paris (trad. it. parziale *Il signor Croche antidilettante*, SE, Milano 2000).

Dukas, P.

1948 *Les écrits de Paul Dukas sur la musique*, Société d'éditions françaises et internationales.

1980 *Chroniques musicales sur deux siècles (1892-1932)*, Stock, Paris.

Hanslick, E.

1972 *Musikkritiken*, Reclam, Leipzig.

Schumann, R.

1914 *Gesammelte Schriften über Musik und Musiker* (1854), Breitkopf, Leipzig (5ª ed.); nuova ed. Reclam, Stuttgart 1982 (trad. it. *Gli scritti critici*, Ricordi-Unicopli, Milano 1991).

Shaw, B.

1981 *Shaw's Music*, a cura di D. H. Laurence, Bodley Head, London.

ALEJANDRO PLANCHART

L'interpretazione della musica antica

1. *Archeologia musicale in Europa.*

La sistematica rivisitazione della musica barocca, rinascimentale e medievale non soltanto come oggetto di studio e di riflessione, ma anche in termini di esecuzione e di apprezzamento estetico, è un prodotto dell'epoca romantica. L'affermazione di quello storicismo ottocentesco che ebbe inizio, particolarmente in Germania e in Italia, come componente della ricerca di un'identità nazionale sull'onda delle guerre napoleoniche, si fuse in Inghilterra con un tradizionale interesse di lunga durata per l'antichità e infine si estese alla Francia e alla Spagna. In tutti i paesi queste tendenze si trovarono associate a una reviviscenza religiosa di stampo conservatore, tanto cattolica quanto protestante, che alla fine avrebbe avuto una forte influenza sugli aspetti musicali di quello stesso storicismo. Tuttavia, a dispetto della relativamente rapida diffusione internazionale dello storicismo ottocentesco, è opportuno anche ricordare che in origine la storia dell'arte e la musicologia, come discipline accademiche, furono prevalentemente tedesche – in effetti fu Friedrich Chrysander a coniare il termine *Musikwissenschaft* – e che fin dall'inizio gli storici tedeschi interessati a queste discipline mostrarono quell'attrazione per l'Italia e la sua civiltà che avevano avuto sempre una forte presa sul *Geist* tedesco fin dai tempi di Carlo Magno.

I prodromi di tale riscoperta si possono rintracciare, alla fine del Settecento, nelle iniziative dell'Academy of Ancient Music di John Pepusch in Inghilterra e in seguito di Georg Kiesewetter a Vienna e Carl Friedrich Zelter a Berlino. Già all'inizio dell'Ottocento, le associazioni di *Kenner und Liebhaber*, in quasi tutte le maggiori capitali musicali europee, possedevano una certa conoscenza della musica barocca e del tardo Rinascimento, inoltre su questa musica erano stati pubblicati alcuni studi pionieristici. Il *Gradus ad Parnassum* (1725) di Joseph Fux, anche se concepito soprattutto come manuale di contrappunto, aveva contribuito alla quasi canonizzazione di Palestrina e mantenuto vivo l'interesse per la sua musica. La biografia bachiana (1802) di Johann Nikolaus Forkel attingeva alle sorgenti del nascente nazionalismo tedesco, con un atteggiamento che sarebbe stato imitato in Italia dallo studio su Palestrina (1826) di Giuseppe Baini, mentre l'attrazione degli studiosi tedeschi per la civiltà italiana si stava manifestando non soltanto negli studi di Carl von Winterfeld su Palestrina (1832) e su Gabrieli e la scuola veneziana (1836). Tuttavia, in un modo o nell'altro, per la maggior parte del pubblico dei concerti sarebbe stata l'esecuzione della *Passione secondo San Matteo* di Bach presso la Berlin Singakademie, l'11 marzo 1829, a costituire il momento determinante. Come ha giustamente sostenuto Harry Haskell, «l'Ottocento è stato un'epoca di archeologia musicale, e la *Passione secondo San Matteo* fu il suo primo grande ritrovamento» [1988, p. 13].

Un altro aspetto di tale archeologia musicale fu la pubblicazione di raccolte di musica del passato con quell'accurato metodo di studio delle fonti che i filologi e gli studiosi delle materie classiche avevano applicato ai testi letterari. Era questo l'intento soggiacente alla formazione della Bach Gesellschaft e alla sua decisione di pubblicare l'opera completa di Bach (Lipsia 1851-99). La lista dei sottoscrittori è rivelatrice del sostegno internazionale sorprendentemente ampio a un'impresa che si avvaleva di mecenati in quasi tutti i paesi europei e anche in America. Nel 1862 erano stati avviati altri due progetti, la raccolta delle opere di Händel (Lipsia, poi Amburgo 1858-92), e di Palestrina (Lipsia 1862-1907). Il fatto che queste iniziative siano partite con Bach, Händel e Palestrina non deve sorprendere, dal momento che, agli occhi dei Romantici, la loro musica rappresentava la musica antica per antonomasia. Verso la fine del secolo era stato intrapreso un certo numero di consimili progetti monumentali, riguardanti le composizioni di Schütz (Lipsia 1885-1927), Corelli (Londra 1891) e Orlando di Lasso (1894-1927), la musica per tastiera di Couperin (Londra 1888), le *chansons* di Dufay e dei suoi contemporanei (Londra 1898) e i perfino piú ambiziosi *Denkmäler der deutschen Tonkunst* (Lipsia 1892-1931) e *Denkmäler der Tonkunst in Österreich* (Vienna 1894). La maggior parte di queste edizioni, anche quelle londinesi riguardanti Corelli e Couperin, erano frutto del lavoro di studiosi tedeschi e non sorprende che, quando Felipe Pedrell decise di dare alle stampe i lavori di Tomás Luis de Victoria (1902-13), si rivolse per la realizzazione alla casa editrice lipsiense Breitkopf und Härtel.

Nel loro approccio alla musica queste edizioni differiscono qualitativamente dalle collezioni antiquarie pubblicate in precedenza nel corso del secolo, quali *Musica Divina* di Proske e Haberl (Regensburg 1853-74) e *Trésor Musical* di Maldeghem (Bruxelles 1865-93), raccolte per lo piú intese per un uso pratico immediato piuttosto che come fonti scientifiche di studio e archetipi per successive edizioni pratiche. Un'impresa notevole che abbracciava entrambi gli aspetti fu l'edizione dell'intero *corpus* del canto gregoriano intrapresa dai monaci di Solesmes a partire dal 1840, che produsse i suoi primi frutti con la pubblicazione del *Liber Gradualis* (Tournai 1883), curato da Joseph Pothier, e sfociò nella fondazione della collana «Paléographie Musicale» (1889).

L'attività editoriale era anche rivelatrice di un accentuato interesse per l'esecuzione della musica antica, stimolato dalla riesumazione della *Passione secondo San Matteo* da parte di Mendelssohn (1829). Oltre alla tradizionale Academy of Ancient Music di Londra, l'esecuzione di musica antica, sovente in programmi finalizzati alla didattica, prese corpo a partire dalla seconda metà del secolo a Parigi per opera di Choron e Fétis [Wangermée 1948], a Bruxelles sempre grazie a Fétis, e in Austria e Germania con Brahms, Proske e Haberl. Buona parte della musica riscoperta era musica vocale sacra e il suo recupero si giovava non solo della costituzione di decine di nuove associazioni corali in Inghilterra, Francia e Germania, ma anche delle energie del movimento ceciliano, che mirava a purgare la musica ecclesiastica contemporanea dei suoi elementi teatrali e si proponeva come finalità pratica dei suoi sforzi un ritorno al canto gregoriano e alla polifonia del tardo Cinquecento. Questo non significa che fosse trascurata la musica strumentale. La musica del Seicento e del Settecento cominciò a comparire nei programmi dei concerti, e inoltre si ebbe un certo numero di virtuosi che cercarono esemplari ancora funzionanti di strumenti ormai obsoleti per utilizzarli nelle proprie esibizioni. Fra questi è degno di nota Ignaz Moscheles che già nel 1838 metteva in programma musica di Bach e Scarlatti suonata su un clavicembalo del Settecento; in questo caso uno strumento d'eccezione provvisto di una "cassa espressiva" simile a quelle degli organi, la quale permetteva di creare un effetto di crescendo e diminuendo. Gli studiosi della musica, per parte loro, tendevano ancora a vedere la storia della musica in termini evolutivi, costantemente indirizzata a quella "perfezione" dell'arte che consideravano tipica del loro tempo.

2. *Dolmetsch, Landowska e Schweitzer, innovatori del primo Novecento.*

A dispetto del profilo storico-didattico dei programmi e anche dell'uso occasionale di strumenti antichi, esecutori e curatori trattavano la musica dei secoli precedenti sostanzialmente come musica contemporanea, adottando e applicando le convenzioni d'esecuzione correnti alla propria epoca. Solo le collezioni musicali di *monumenta* cercavano di produrre versioni non ritoccate della musica, ma queste servivano regolarmente come fonte testuale per le versioni che pervenivano alla grande maggioranza degli esecutori, quindi sempre filtrate dall'opera di un altro curatore. Persino le ammirevoli ed eccellenti edizioni dei lavori per tastiera di Bach dovuti a Hans Bischoff erano chiaramente concepite per pianoforte e comprendevano sfumature dinamiche che, in alcuni casi, potevano essere fatte risalire a Beethoven e a Czerny. Tali atteggiamenti cominciarono a cambiare nei primi decenni del Novecento sotto l'influenza di tre personalità molto differenti che s'interessavano sia del repertorio sia dell'autentica sonorità della musica antica: Arnold Dolmetsch (1858-1940), Wanda Landowska (1879-1959) e Albert Schweitzer (1875-1965).

Nato in Francia, Dolmetsch inizialmente si era formato come fabbricante di strumenti, ma poi studiò violino con Henri Vieuxtemps (1879-80) al Conservatorio di Bruxelles (1881-83) e al Royal College of Music (1883-85). Ben presto s'interessò alla musica antica e agli strumenti d'epoca, restaurandone poi un certo numero; fabbricò il primo liuto nel 1893, il primo clavicordo nel 1894 e il primo clavicembalo nel 1896. Nel 1904 si trasferí a Boston, dove lavorò per la ditta Chickering costruendo clavicordi e clavicembali (1905-11), ivi compreso un clavicembalo commissionato da Busoni e in seguito appartenuto a Ralph Kirkpatrick. Dal 1911 al 1914 svolse un'analoga attività per la ditta Gaveau di Parigi, ma nel 1914 ritornò in Inghilterra per poi stabilirsi a Haslemere (1917) dove diresse un laboratorio dedicato alla costruzione di strumenti d'epoca, quali clavicordi, clavicembali, viole, liuti e flauti dolci, un centro per lo studio e l'esecuzione della musica antica e dove, a partire dal 1925, organizzò un certo numero di festival. Nel 1911 Dolmetsch aveva intrapreso uno studio sulla prassi esecutiva del periodo barocco, sfociato nella pubblicazione del suo trattato *The Interpretation of the Music of the XVIIth and XVIIIth Centuries* [1915], lavoro fondamentale ancor oggi, nonostante le nuove conoscenze emerse.

In grande misura autodidatta, Dolmetsch era sotto ogni aspetto un esecutore dotato ed espressivo, capace di produrre un bel suono, per quanto talvolta le sue esecuzioni fossero tecnicamente discontinue. Il suo talento come fabbricante di strumenti e come insegnante e mentore non sono mai stati messi in dubbio. All'inizio il mondo accademico accolse con scetticismo la sua opera, ma alla fine i piú restarono convinti dall'accuratezza e dalla profondità delle sue pubblicazioni. Per parte sua, Dolmetsch, uomo dalla personalità difficile e permalosa, si risentí per l'iniziale atteggiamento di scetticismo e non si riconciliò mai col mondo accademico. In un certo senso, l'interesse per la musica amatoriale da lui mostrato nel corso di tutta la sua esistenza lo faceva muovere in senso opposto all'indirizzo delle università e dei conservatori. Tuttavia il suo lavoro pose il fondamento sul quale poggia in gran parte la riscoperta della musica antica nel corso del XX secolo.

A differenza di Dolmetsch, Wanda Landowska e Albert Schweitzer furono musicisti formati secondo i canoni tradizionali ed esecutori virtuosi. Dopo aver esordito come brillante pianista, nel 1900 la Landowska si trasferí a Parigi e s'interessò al clavicembalo, col quale nel 1903 tenne il suo primo concerto. Da allora, anche se occasionalmente si produsse al pianoforte, divenne una zelante sostenitrice del clavicembalo e della musica di Johann Sebastian Bach. Nel 1913 presentò al pubblico un nuovo cembalo fabbricato da Pleyel su sue espresse indicazioni, che non era tanto una ricostruzione storica quanto una sorta di "espediente polemico" impiegato nella sua campagna contro la diffusa opinione sulla "superiorità" del pianoforte. La sua sonorità poteva espandersi in grandi sale da concerto ed era in grado di reggere la compagnia dei moderni strumenti ad arco. Nello stesso tempo i registri azionati dalla pedaliera, tra i quali uno di 16 piedi, permettevano una varietà di coloriture in qualche modo piú prossime alla musica francese del Novecento che non a quanto era possibile ottenere coi clavicembali del Sei-Settecento. Le sue splendide interpretazioni le valsero un grande seguito su scala mondiale; dopo aver insegnato presso la Schola Cantorum di Parigi, la Musikhochschule di Berlino e l'École Normale di Parigi, fondò una École de Musique Ancienne a Saint-Leu La Forêt, dove insegnò a un gran numero di allievi fino allo scoppio della seconda guerra mondiale. Con l'arrivo dell'esercito tedesco nel 1940, la Landowska lasciò la Francia prendendo la via dell'America. Spese i suoi ultimi anni a Lakeville, nel Connecticut, dove aveva ricreato qualcosa di simile alla sua scuola di Saint-Leu La Forêt. Il successo ottenuto nel far rivivere il clavicembalo non solo come strumento storico, ma anche come strumento del Novecento, fece sí che, al momento della morte, Debussy stesse progettando un lavoro con l'uso del clavicembalo e de Falla, Poulenc e altri le dedicassero importanti lavori scritti per questo strumento. I suoi scritti, dall'iniziale *Musique ancienne* [Landowska 1919] ai saggi riuniti in *Landowska on Music* [1965], non solo rivelano una preparazione profonda, ma ci trasmettono anche parte dell'entusiasmo e della fantasia che informavano le sue esecuzioni.

Oltre agli studi di teologia, e piú tardi di medicina, Schweitzer ricevette un'approfondita formazione musicale in Alsazia con Eugen Münch e Jacobstahl, quindi a Parigi con Widor, Philipp e Marie Jaëll, un'allieva di Liszt. Da Münch e Widor, in particolare, ricevette non solo un'esauriente introduzione alla musica di Bach, ma anche la conoscenza della tradizione tedesca nell'interpretazione di questa musica. Già dal 1896 egli era scontento dei moderni organi per l'esecuzione della musica di Bach e nel 1909, al congresso della International Music Society, propose il suo progetto di un *Internationales Regulativ für den Orgelbau*, concettuale per quella *Orgelbewegung* che segnerà l'inizio del periodo di ripristino degli organi barocchi e la fabbricazione di nuovi strumenti basati su questi modelli, indirizzo dominante nella produzione dell'organo in gran parte dei paesi europei nella prima metà del Novecento. Il fondamentale studio di Schweitzer su Bach apparve in Francia nel 1905 e in Germania nel 1908, in edizione assai ampliata. Fra il 1912 e il 1914, insieme a Widor, pubblicò i primi cinque volumi dell'*opera omnia* per organo di Bach in un'edizione meticolosa, mentre gli ultimi tre vennero curati insieme a Edouard Nies-Berger e pubblicati fra il 1954 e il 1967, molto tempo dopo che Schweitzer aveva lasciato l'Europa stabilendosi a Lambaréné, in Gabon, dove sino all'ultimo diresse l'ospedale da lui fondato nel 1913. Negli ultimi decenni di vita Schweitzer lasciava a volte Lambaréné per tenere concerti e registrazioni in Europa, ma il suo lavoro piú significativo nel campo dell'esecuzione musicale barocca era di fatto terminato nel 1914.

3. *Il cambiamento in Inghilterra e in Francia.*

L'azione di Dolmetsch, Landowska e Schweitzer si fece sentire principalmente sulla musica strumentale e in modo particolare sulla decisione di recuperare gli strumenti d'epoca nell'esecuzione della musica antica. Il loro influsso sulla musica vocale fu indiretto e complicato dal fatto che una "tradizione storica" era stata stabilita nel XIX secolo dal movimento ceciliano in Germania e dalle scuole di musica sacra come quella fondata a Parigi da Louis Niedermeyer nel 1853. Il cambiamento maggiore, a prescindere dall'importanza attribuita alle esecuzioni puramente *a cappella* di musica sacra del Cinquecento, si verificò con l'abbandono degli enormi organici ormai divenuti tradizionali in Inghilterra per i festival händeliani, e che venivano impiegati altrove in Europa per far rinascere la musica di Bach e di Palestrina, cosí come di altri compositori del Rinascimento e del primo Barocco. Tuttavia sembra che per l'emissione di voce non si considerassero granché le possibili differenze non solo da un'epoca all'altra, ma anche da un paese europeo all'altro. Cosa tanto piú curiosa se si pensa che il secondo e il terzo quarto del secolo avevano assistito a cambiamenti notevoli nell'emissione di voce (analizzati da compositori come Rossini), nello sforzo di soddisfare le esigenze poste da repertori come il *grand opéra* di Meyerbeer e Halévy, le opere del secondo periodo di Verdi e le prime opere mature di Wagner. Ci si aspetterebbe che i direttori d'orchestra e i critici fossero in egual misura consapevoli di simili cambiamenti, ma punti di vista come quelli espressi da George Bernard Shaw ed Edmund Fellowes, i quali avevano per tempo sollevato interrogativi sull'altezza delle note e sul tempo, nonché sull'emissione di voce nelle esecuzioni della musica antica, erano poco frequenti anche a metà Novecento. Eppure, come emerge dalle fonti, i direttori dei cori si sforzavano di ottenere un'emissione di voce capace di rendere la polifonia abbastanza limpida e trasparente; agli inizi del Novecento un certo numero di organizzazioni (degne di nota soprattutto quella dei Chanteurs de Saint-Gervais sotto la direzione di Charles Bordes e il coro della Cattedrale di Westminster sotto quella di Richard Terry) ottennero un'invidiabile reputazione a questo riguardo e vennero imitate da altre istituzioni corali nel continente, e particolarmente in Inghilterra dalle fondazioni corali di Oxford e di Cambridge. Tuttavia si deve osservare che, sotto molti punti di vista, questa è una tradizione che si era formata largamente *ad hoc*, verso la fine dell'Ottocento e all'inizio del Novecento, e che si portava dietro un certo numero di assunti non verificati concernenti la *purezza tonale* e i limiti di espressività e di sfumatura vocale che dovevano essere adottati nei repertori di musica antica, assunti che erano piú una reazione contro il sentimentalismo "melodrammatico" della musica da chiesa dell'Ottocento che non il risultato di uno studio su quanto si poteva sapere circa le esecuzioni vocali nei periodi rinascimentale e barocco. Di fatto questi movimenti e i loro sostenitori spesso mostravano di nutrire programmi e concezioni legati alla musica contemporanea del loro tempo: Niedermeyer e i ceciliani si occupavano di rinnovamento spirituale e di riforma della musica liturgica, Terry manteneva antichi e stretti rapporti con l'ordine benedettino della Downside Abbey e tramite questo con il movimento benedettino di riforma della musica sacra cattolica mediante il ripristino del canto gregoriano, mentre Bordes e i Chanteurs de Saint-Gervais finirono per stabilire rapporti non meno stretti con una delle istituzioni musicali piú significative della Francia del primo Novecento, la Schola Cantorum.

Fondata nel 1894 da Charles Bordes, Vincent d'Indy e Alexandre Guilmant, la Schola Cantorum, che in origine intendeva chiamarsi Société de Propagande pour la Divulgation des Chefs-d'Œuvres Religieux, cominciò con un deciso programma di riforma della musica sacra in Francia non molto differente da quello dei benedettini di Solesmes. Nel contempo il suo intento era quello di essere una scuola di musica nella quale il corso di studi doveva rigidamente basarsi sul canto fermo (secondo il metodo di Solesmes) e sulla polifonia del tardo Rinascimento. Essa aprí i battenti nell'autunno del 1896 e alla fine divenne una temibile concorrente del conservatorio di Parigi in quanto era frequentata non soltanto da coloro che s'interessavano del gregoriano e della polifonia rinascimentale, ma anche dai compositori piú creativi dell'epoca. Fra i suoi allievi vi furono Albert Roussel, Erik Satie, Isaac Albéniz, Joaquín Turina, Edgar Varèse, Bohuslav Martinů, Georges Auric, Arthur Honegger e Quincy Porter, mentre Claude Debussy e Romain Rolland furono tra i suoi primi sostenitori. Fra il 1900 e il 1910 la Schola prese l'inconsueta iniziativa di far rivivere, talvolta in forma oratoriale e talvolta in forma scenica, un certo numero di opere barocche, tra cui l'*Armide* di Lully, l'*Orfeo* e *L'incoronazione di Poppea* di Monteverdi, nonché *Hippolite et Aricie*, *Zoroastre*, *Dardanus* e *Castor et Pollux* di Rameau. A dire il vero, queste opere venivano perlopiú presentate in versioni abbreviate e spesso romanticizzate a cura di Vincent d'Indy, versioni che per non pochi di questi lavori rimasero a lungo le uniche edizioni moderne disponibili. Durante i primi decenni del Novecento, la Schola diede un considerevole impulso al movimento per la musica antica in Francia e ispirò la formazione di un certo numero di complessi orchestrali che utilizzavano strumenti d'epoca, in particolare l'orchestra da camera "La Couperin" diretta da Eugène de Bricqueville e la Société des Instruments Anciens Casadesus.

4. *Germania*.

In Germania queste tendenze vennero accolte in due maniere distinte. Una fu quella della Singbewegung che era l'erede della tradizione ceciliana del XIX secolo, ampliata in direzione di chiare ideologie nazionalistiche tedesche. L'altra fu la rinascita della tradizione del Collegium Musicum nelle università tedesche, operata a Lipsia da Hugo Riemann nel 1908. Nel 1922 Willibald Gurlitt, uno studente di Riemann, fonderà un *collegium* particolarmente attivo a Karlsruhe e molto presto altri *collegia* si costituiranno nella maggior parte delle università tedesche. Si trattava sostanzialmente di complessi amatoriali diretti da storici della musica che però comprendevano un certo numero di esecutori di notevoli capacità, i quali avevano anche la formazione adatta per districarsi in prima persona tra le astrusità della notazione medievale e rinascimentale; persone il cui fine ultimo era quello di affermarsi come musicologi. Ne derivò non solo un notevole incremento nelle esecuzioni di repertori piú antichi di quelli barocchi e tardo-rinascimentali, ma anche, col 1931, l'inaugurazione di una collana dal titolo «Das Chorwerk», dedicata alla pubblicazione di accuratissime edizioni di musica medievale e rinascimentale che si rivolgevano principalmente agli esecutori pratici piuttosto che agli studiosi. Nei decenni seguenti l'esempio di «Das Chorwerk» venne seguito da numerose altre collane, soprattutto «Antiqua Chormusik» e «Hortus Musicus».

Tra la fine degli anni Venti e l'inizio dei Trenta cominciò a formarsi un certo numero di complessi orchestrali professionistici di musica antica, che erano in un certo senso un'evoluzione dei *collegia* tedeschi. Nel 1926 Geneviève Thibaut fondò la Société de Musique d'Autrefois che organizzava due concerti l'anno. William Devan (1906-49), un americano espatriato che aveva lasciato gli Stati Uniti nel 1926 e studiato il canto gregoriano a Roma tra il 1931 e il 1932, andò poi a Parigi, cambiò il suo nome in Guillaume de Van e, nel 1936, fondò i Paraphonistes de Saint-Jean des Matines, un complesso che tenne numerosi concerti e registrò musiche comprese fra il Duecento e il Cinquecento. Fra questi, il gruppo di gran lunga piú influente fu Pro Musica Antiqua di Bruxelles, fondato nel 1932 da Safford Cape (1906-72), un altro americano che nel 1925 era andato a studiare composizione a Bruxelles – dove aveva conosciuto il musicologo Charles van den Borren la cui figlia avrebbe poi sposato – e che aveva maturato un profondo interesse per l'esecuzione della musica medievale e rinascimentale.

Il Pro Musica Antiqua potrebbe essere considerato come la forma professionistica dei *collegia* tedeschi afferenti alle università. Van den Borren continuò a essere il suo consulente storico e Cape riuscí a portare il gruppo a un alto livello tecnico. Prima dello scoppio della seconda guerra mondiale il gruppo effettuò lunghe *tournées* e contribuí a un buon numero di registrazioni per la Anthologie Sonore fondata da Curt Sachs, e in seguito per la History of Music in Sound. Dopo la sospensione bellica, riprese i concerti e le registrazioni, contribuendo con un certo numero d'incisioni pionieristiche alla monumentale impresa della collana «Archiv Produktion» della Deutsche Grammophon, che aveva avuto inizio nel dopoguerra con "serie monografiche" intese ad abbracciare l'intera storia della musica d'arte occidentale dal canto gregoriano fino a tutto il Settecento. Sotto questo punto di vista il Pro Musica Antiqua, proprio come Wanda Landowska e Albert Schweitzer, è rappresentativo di quella tradizione novecentesca nell'esecuzione della musica antica che ebbe inizio al tempo delle incisioni a 78 giri e proseguí nell'era del miscrosolco, venendo a essere fra il 1930 e il 1960 il complesso di musica antica piú largamente registrato, quello le cui esecuzioni venivano considerate il modello ideale a cui tutti gli altri aspiravano. La sua parabola è il piú autorevole indicatore dell'immensa influenza delle registrazioni non solo sulla formazione di un vasto pubblico attento alla musica antica, ma anche sulla trasmissione delle tecniche di esecuzione di questi repertori nel XX secolo.

Un'ulteriore evoluzione del sistema dei *collegia* tedeschi, che eserciterà un'immensa influenza sullo sviluppo delle modalità d'esecuzione della musica antica nella seconda metà del XX secolo, fu la fondazione della Schola Cantorum Basiliensis nel 1933, a opera di August Wenzinger e Paul Sacher. La Schola Cantorum Basiliensis è stata a tutti gli effetti la prima istituzione a dedicarsi espressamente allo studio della musica antica in ogni suo versante, dal canto fermo sino a tutto il Settecento, riunendo un gran numero di esecutori specialisti e collegandosi per gli aspetti storico-musicali all'istituto di musicologia dell'Università di Basilea. Non a caso, inoltre, il suo co-fondatore Paul Sacher si era principalmente interessato alla musica del Novecento, e come direttore dell'Orchestra da Camera di Basilea era stato responsabile delle commissioni d'un certo numero di importanti lavori a Bartók, Britten, Henze, Hindemith, Honegger, Martin, Stravinskij, Tippett e altri. Ciò perché negli anni tra il 1920 e il 1950 si colloca la fioritura del movimento neoclassico, quando compositori come Stravinskij e Hindemith, il gruppo francese dei Sei e perfino Schönberg e Webern guardavano alla musica barocca e a quella del primo periodo classico come a una fonte d'ispirazione per i propri lavori, ora con le parodie di Pergolesi e Händel in *Pulcinella* e *Œdipus rex* di Stravinskij, ora con il contrappuntistico "ritorno a Bach" («Bach to Bach») delle *Kammermusik* di Hindemith, ora con le movenze mozartiane di gran parte della musica da camera di Poulenc, ora con l'uso di forme barocche nella Suite op. 25 di Schönberg, o ancora con la struttura classicamente equilibrata e l'uso quasi accademico della forma-sonata nel Concerto op. 24 di Webern. Tutto ciò è forse uno dei segni piú eloquenti di quanto la rivisitazione della musica antica nei decenni centrali del XX secolo fosse parte integrante del movimento modernista, di quanto essa condizionasse l'estetica della sua esecuzione nel corso di tale periodo.

5. *La nascita dell'industria discografica.*

Come ha fatto notare un certo numero di critici successivi, il nucleo di tale estetica si fonda su una reazione alle tradizioni del tardo romanticismo, le quali imponevano un approccio letterale alla partitura nell'esecuzione di qualsiasi tipo di musica; un approccio chiaramente divergente da quello che conosciamo grazie ai trattati e alle relazioni del Cinque, del Sei e del Settecento. In altri termini, gli esecutori, mentre adottavano questi trattati come delle guide e quasi come dei talismani, li interpretavano anche e interpretavano il dato storico in sé in maniera selettiva anche se non sempre in modo consapevole. Sotto questo profilo la tradizione esecutiva della musica antica nel XX secolo è una tradizione contemporanea creata da interpreti influenti e alimentata dalla crescita dell'industria discografica fin dagli anni Trenta.

La capacità delle registrazioni di promuovere la diffusione della musica antica fu dimostrata in modo sensazionale da una serie di incisioni di madrigali monteverdiani effettuata nel 1937 da Nadia Boulanger con alcuni dei suoi allievi, e seguita da altre incisioni di musica barocca. Tali incisioni divennero in seguito molto ricercate e spinsero un considerevole numero di esecutori a seguirne l'esempio. Gli allievi della Boulanger, per lo piú compositori ma anche taluni eccellenti interpreti, mantennero spesso un durevole interesse per la musica antica e promossero attivamente quella miscela pragmatica di erudizione e abilità esecutiva che era stata della loro insegnante. Prima della seconda guerra mondiale era uscito un certo numero d'incisioni di antologie di musica antica, fra le quali le piú influenti furono la *History of Music by Ear and Eye* (Columbia 1932) a cura di Percy Scholes, l'*Anthologie Sonore* (1933) pubblicata da Curt Sachs a Parigi e, in seguito, la *History of Music in Sound* (1950) della HMV. Alla fine queste furono eclissate da due progetti imponenti: il primo, varato nel corso degli anni Trenta dal reparto discografico delle Éditions de l'Oiseau Lyre di Louise Dyer, piú tardi divenuto, dopo il suo acquisto da parte della Decca alla vigilia della guerra, la prima etichetta specializzata in musica antica e in quella che sarebbe poi stata definita *historically informed performance*; la seconda impresa, condotta con una metodologia piú sistematica, fu quella della Deutsche Grammophon, iniziatasi nel dopoguerra con la collana «Archiv Produktion» che mirava a rappresentare l'equivalente discografico di una gigantesca serie di monografie abbracciante l'intera storia della musica occidentale dal canto gregoriano al tardo Settecento. Il successo e il prestigio della serie «Archiv Produktion» stimolò poi la Telefunken a produrre una propria collana di musica antica, «Das alte Werk» (ora ribattezzata «Teldec»), che però era concepita sul modello delle Éditions de l'Oiseau Lyre. Per la verità, dopo i primi tre decenni iniziali dell'operazione, «Archiv Produktion» rinuncerà all'aspetto "antologico" della sua produzione allineandosi a Oiseau Lyre e «Teldec» nel dedicarsi semplicemente a incisioni di musica preottocentesca. Nei decenni piú recenti si è assistito alla nascita di numerose etichette specializzate nella musica antica, da quelle minori come la Titanic Records di Boston, a quelle vincolate in esclusiva a un unico complesso e concepite come uno sbocco per le sue esecuzioni, come la Gymell di proprietà dei Tallis Scholars, fino a imprese relativamente grandi, quali le sezioni francese e tedesca della Harmonia Mundi. Sotto questo aspetto, le piccole società di registrazione sono le discendenti dirette di un certo numero di imprese che esistevano ai margini delle grandi società d'incisione a partire dagli anni Trenta. Le registrazioni e le trasmissioni radiofoniche (quest'ultime soprattutto in Europa) hanno dunque svolto un grande ruolo non solo nella diffusione dei diversi repertori della musica antica, ma anche nella creazione delle moderne tradizioni di esecuzione storica, se si considera la vastissima diffusione delle esecuzioni di complessi che hanno avuto la possibilità di essere registrati dalle etichette piú prestigiose.

6. *Gli Stati Uniti*.

Nell'Europa degli anni Trenta, l'avvento al potere del fascismo e del nazismo provocò fra le altre conseguenze anche un immenso esodo di artisti e studiosi europei verso il Nuovo Mondo. Sotto questo punto di vista, particolarmente influente fu il ruolo dei musicologi tedeschi che perlopiú andarono a far parte – in seno a quelle facoltà universitarie americane dove esisteva l'insegnamento della musica – di scuole che erano a tutti gli effetti dei conservatori, e che si dimostrarono un terreno particolarmente fertile per la tradizione dei *collegia* tedeschi esportata dagli esuli. Nel contempo, la struttura delle scuole musicali americane di livello universitario contribuí non poco a eliminare quelle barriere di sospetto fra studiosi ed esecutori che in Europa erano state la norma, e cosí i *collegia* americani svolsero un ruolo decisivo nell'ampliare l'interesse verso la musica pre-settecentesca sia fra gl'interpreti sia fra il pubblico. Tra i primi e piú influenti *collegia* vi fu quello della Yale University, inaugurato agl'inizi degli anni Quaranta sotto la direzione di Leo Schrade e Paul Hindemith, sebbene il direttore effettivo del complesso fosse il solo Hindemith. Egli fu in grado non solo di assicurarsi l'impiego della vasta collezione di strumenti antichi posseduta da Yale, ma seppe anche persuadere il Metropolitan Museum di New York a permettere l'impiego di alcuni dei suoi strumenti. La durevole influenza del *collegium* di Hindemith può essere valutata in base alle vicende di alcuni dei suoi "discendenti". George Hunter, un ex allievo del *collegium* di Yale, aveva fondato nel 1949 un analogo gruppo presso la University of Illinois, e fra i suoi primi studenti vi furono Jantina Noorman, Sterling Jones e Thomas Binkley; gli ultimi due furono tra i fondatori dell'autorevolissimo Studio der frühen Musik, che fece scuola in Europa nell'esecuzione di musica medievale. Analogamente, quando Noah Greenberg e Shelley Gruskin fondarono nel 1952 il New York Pro Musica, un buon numero degli esecutori di questo complesso erano stati allievi del *collegium* di Hindemith. Il New York Pro Musica ebbe un notevole impatto, sia in America che in Europa. Ciò fu dovuto in parte all'estroverso stile esecutivo del gruppo, ma anche alla pragmatica, ma non per questo meno solida, capacità di mescolare ricerca erudita e pratica musicale, un indirizzo che il gruppo aveva esplicitamente adottato. Il suo esempio ebbe grande importanza nell'incoraggiare la formazione di complessi analoghi, specialmente in America, per esempio il Waverly Consort e la Boston Camerata, ma anche in Europa orientale, dove le autorità sovietiche guardavano ufficialmente alla rivisitazione della musica antica con non poco sospetto, ma dove il New York Pro Musica riuscí comunque a effettuare alcune *tournées* di successo. Caratteristica importante del lavoro di Greenberg è che egli ha sempre cercato i pareri e le proposte provenienti dagli studiosi, in modo particolare da Gustave Reese, ma anche da Rembert Weakland, William Smoldon e Joel Newman, pur conservando una vivace sensibilità circa quello che si richiedeva all'epoca per presentare al pubblico questi repertori cosí da raggiungere una platea abbastanza vasta; egli è sempre riuscito a equilibrare con non comune successo queste esigenze spesso in conflitto.

Un anno dopo la fondazione del New York Pro Musica, Nikolaus Harnoncourt e sua moglie Alice fondarono a Vienna il Concentus Musicus (prima apparizione pubblica nel 1957), per esplorare le modalità di esecuzione della musica antica con strumenti d'epoca. Il Concentus era un piccolo complesso strumentale; le sue prime esecuzioni e incisioni, che spaziavano dalla musica del Quattrocento a Bach, mostravano chiaramente che l'approccio adottato evitava lo stile sgargiante ed estroverso del New York Pro Musica a favore di un raffinato approccio estremamente attento a un fraseggio e a un'articolazione piú sottili che, quantunque basati su una lettura degli antichi trattati di esecuzione, si mantenevano anche saldamente radicati in quella tradizione quartettistica del primo Novecento che era parte integrante della loro formazione di strumentisti ad arco. Se si tiene conto delle loro successive vicende professionali, è abbastanza significativo il fatto che, proprio nel momento in cui gli Harnoncourt stavano cominciando il loro lavoro con il Concentus Musicus, era docente di clavicembalo all'Accademia Musicale di Vienna quel Gustav Leonhardt che si era diplomato nel 1950 alla Schola Cantorum di Basilea. Leonhardt, che si era anche dotato di una solida preparazione musicologica e aveva fondato un proprio gruppo un anno dopo il ritorno ad Amsterdam nel 1954, sarebbe diventato il clavicembalista e l'insegnante di clavicembalo piú influente della seconda metà del Novecento; egli collaborò strettamente con Harnoncourt in un considerevole numero di progetti successivi. La sua personale antipatia per i clavicembali programmaticamente modernizzati ebbe un grande peso nell'incoraggiare musicisti e fabbricanti a lavorare su copie di autentici strumenti d'epoca.

Negli stessi anni che avevano assistito all'ascesa del New York Pro Musica e del Concentus Musicus, l'Inghilterra vide l'affermazione di un importante e influente studioso in questo campo nella persona di Thurston Dart. Dart combinava tecniche esecutive da virtuoso con una formidabile intelligenza e con una solida preparazione storico-musicologica. Egli possedeva un senso istintivo di quelli che sono i confini mutevoli fra quanto possiamo conoscere circa le modalità esecutive e quanto invece l'esecutore debba creare *ad hoc*; possedeva anche un'immaginazione artistica sufficientemente potente e nutrita da una raffinata conoscenza degli stili musicali da rendere pressoché impercettibile l'inevitabile e frequente superamento di tali confini. Insegnante carismatico e influente, ha educato e ispirato un notevole numero fra i migliori storici della musica della nuova generazione inglese; la sua guida e il suo esempio hanno profondamente influito su un'intera generazione di esecutori, fra i quali Michael Morrow, fondatore del complesso Musica Reservata (ca. 1955), e David Munrow, fondatore di The Early Music Consort of London (1967). Quest'ultimo ha rappresentato quasi una replica europea del New York Pro Musica di Greenberg, non soltanto sotto il profilo della popolarità e dei successi ma anche come vivaio di un amplissimo e variegato gruppo di musicisti attivi in differenti rami della musica antica; di modo che per decenni, dopo la morte prematura di Munrow all'età di 34 anni nel 1976, gli ex allievi di The Early Music Consort restano in Inghilterra fra gli esecutori piú presenti e prestigiosi di musica antica.

In termini analoghi, un certo numero di cantanti saltuariamente impegnati con Munrow nei primi anni Sessanta fondò nel 1967 l'influente complesso Pro Cantione Antiqua, dedicato ai repertori tardo-medioevali e rinascimentali. Il fermento di quegli anni, specie in Inghilterra, preannunciò l'emergere della musica antica come un'importante forma commerciale del far musica; il pubblico sempre piú numeroso che non solo assisteva ai concerti ma acquistava le registrazioni di questi complessi si trasformò, di qua e di là dell'Atlantico, in un pubblico vivace e attivo che, riprendendo la tradizione ottocentesca, comprendeva un gran numero di esecutori dilettanti. Ne nacque un nuovo mercato della riproduzione di strumenti d'epoca, sicché il numero dei fabbricanti di strumenti cominciò a crescere in maniera esponenziale negli anni Sessanta; questo mercato comprendeva non solo i costruttori di copie non eccezionali alla portata di dilettanti non troppo facoltosi, ma anche coloro che rifornivano esclusivamente i piú esigenti nella classe emergente degli esecutori virtuosi. Indizio significativo dell'espansione di questo tipo di pubblico e della crescente interazione fra studiosi ed esecutori nel trapasso tra gli anni Sessanta e i primi Settanta fu nel 1973 la fondazione da parte di John Mansfield Thompson del periodico «Early Music», il quale si proponeva come un *forum* per tutti gli aspetti (filologici e tecnico-pratici, eruditi e popolari) di quella che cominciava a considerarsi un'importante sotto-disciplina musicale. Prima di «Early Music» esisteva un piccolo numero di pubblicazioni edito da associazioni organologiche come la Galpin Society (il cui bollettino cominciò a uscire nel 1948), o di altre che si occupavano di specifici repertori strumentali: il «Journal of the Lute Society of Great Britain» (dal 1959), l'«American Recorder» (dal 1960), le riviste della «Viola da Gamba Society» (dal 1964) e della «Lute Society of America» (dal 1968), e «Il flauto dolce» (dal 1979). Tuttavia il successo di «Early Music» ispirò la fondazione di alcune riviste dedicate al solo campo della musica antica e concentrate in particolar modo sui problemi dell'esecuzione. Le piú notevoli fra queste restano il «Basler Jahrbuch für Historische Musikpraxis» (1977), «Performance Practice Review» (1988), «Jahrbuch alte Musik» (1989) e la nuova serie de «Il flauto dolce», ora ribattezzato «Recercare» (1989).

7. *L'evoluzione interpretativa della seconda metà del* Novecento.

Il relativo successo commerciale di svariati complessi di musica antica, sorretto dalle case discografiche, produsse tra la fine degli anni Sessanta e l'inizio dei Settanta due conseguenze. La prima fu la comparsa degli insegnamenti di musica antica non solo nelle università ma anche nei conservatori, in modo particolare in quelli britannici, tedeschi e dei Paesi Bassi, ma anche americani, con programmi ovviamente basati sul modello della Schola Cantorum Basiliensis presso la quale essi esistevano da tempo. Ciò condusse a sua volta alla rapida professionalizzazione del settore, poiché nel giro di una generazione un sempre maggior numero di esecutori assai ben preparati si sarebbero diplomati sulla base di programmi siffatti. Nel contempo tale professionalizzazione favorí l'allontanamento dalla musica medievale e rinascimentale verso quella barocca e classica, repertori che erano piú vicini alle tradizioni conservatoriali e offrivano a un musicista di professione qualcosa di piú simile alle consuete opportunità di carriera. E cosí gli anni Settanta e Ottanta sono stati contrassegnati da un relativo declino nell'esecuzione e nella registrazione di musica medievale e rinascimentale (tendenza che si sarebbe capovolta solo alla fine degli anni Novanta), mentre crescevano notevolmente di numero i complessi con strumenti d'epoca specializzati nella musica settecentesca e del primo Ottocento.

Una seconda conseguenza: man mano che il settore della "musica antica" invadeva i repertori un tempo considerati come tipico repertorio standard dagli esecutori e dai complessi di tipo tradizionale, si accentuò la propaganda a favore di un approccio storico all'esecuzione, condotta ormai con un taglio decisamente commerciale, visto che le case discografiche rappresentavano il principale supporto dei nuovi complessi. A partire dai primi decenni del Novecento era accaduto agli esecutori e agli studiosi interessati all'esecuzione della musica antica di presentare la loro attività come uno sforzo di recupero di repertori dimenticati e della loro autentica tradizione esecutiva; un tipo di rivendicazione che apparirà sempre piú spesso, e con crescente disinvoltura, sulle copertine dei dischi e nei programmi di sala durante gli anni Sessanta e i primi anni Settanta. Ciò accadeva ancor di piú per la musica barocca e classica, ricca di una letteratura pedagogica coeva che invece era semplicemente assente per quella musica medievale e rinascimentale. Nello stesso tempo le divergenze di lettura fra studiosi ed esecutori circa le testimonianze raccolte fecero sorgere polemiche talvolta aspre riguardanti questioni come il diapason [Parrott 1984, in replica a un'intervista di John Elliot Gardiner su BBC3], la composizione di specifici organici strumentali [Rifkin 1982; 1983; 1985; 1995; Marshall 1983; Parrott 1998], oppure l'uso di strumenti nella musica polifonica prima del 1450 [Page 1977; 1992].

Comunque, se fino ai primi anni Settanta le rivendicazioni di autenticità erano perlopiú passate inosservate o viste come pubblicità, con l'affermarsi dei nuovi periodici dedicati alla musica antica e alla sua prassi esecutiva esse si spostarono su un piano differente e ben presto alcuni studiosi affrontarono l'esame critico del problema; in modo particolare Taruskin [1982; 1995], Dreyfus [1983] e Kerman [1985]. Kerman e Taruskin, il secondo in particolare, hanno affermato che gran parte della tradizione esecutiva della musica antica nel Novecento sarebbe appunto solo una tradizione novecentesca con salde radici in un'estetica modernista, affine per molti tratti alla tradizione dominante esemplificata da Arturo Toscanini e dai suoi seguaci. Ciò ha fatto nascere una polemica ampia e talvolta apertamente astiosa [Kenyon 1984]. Alla fine ne è comunque derivata una rivalutazione fondamentalmente salutare delle pretese di autenticità avanzate negli anni Sessanta e Settanta, ma anche un'analisi della misura in cui l'interpretazione e la rinascita della musica antica appartengono alle concezioni estetiche del Novecento.

La professionalizzazione di tale interpretazione e il suo accoglimento nei conservatori hanno anche avuto come conseguenza un'interazione di livello molto piú elevato fra gli specialisti di musica antica e gli esecutori tradizionali, di modo che molte delle idee proclamate dai riscopritori sono divenute parte integrante del normale arsenale intellettuale e tecnico degli interpreti di stampo tradizionale, mentre l'influenza si esercitava anche nella direzione opposta, dal momento che esecutori dediti principalmente al repertorio antico si sono resi ben conto, attraverso le polemiche sull'autenticità, fino a che punto la loro attività conservi un taglio moderno (o postmoderno).

Anche i decenni seguiti al 1970 hanno visto un'enorme crescita della letteratura dedicata a specifici aspetti della prassi esecutiva antica. Un tipo di letteratura spesso riassunta in esaurienti manuali che ripercorrono il lavoro di Dolmetsch e Donington [1963; 1982], come *Performance Practice* di

Brown e Sadie [1989], in guide specializzate su precisi periodi [Carter 1997; Donington 1973; Kite-Powell 1995; McGee 1985] oppure da collezioni di saggi che cercano di fornire agli interpreti e al pubblico un approccio alla musica dal punto di vista storico, analitico e pratico [Knighton e Fallows 1992]. Queste pubblicazioni, soprattutto quelle specializzate, mirano a una sintesi aggiornata delle informazioni al momento disponibili e forniscono ampie bibliografie della letteratura originale e secondaria; specie dal momento che la disponibilità di fonti primarie, sia musicali sia trattatistiche, è cresciuta in maniera esponenziale grazie anche alle riproduzioni in facsimile. Inoltre, periodici come «Performance Practice Review» e «Basler Jahrbuch für historische Musikpraxis» compiono enormi sforzi per redigere cataloghi annuali della letteratura secondaria disponibile.

In ultima analisi, il quadro dell'interpretazione della musica antica si presenta alla fine del XX secolo come una realtà molto variegata e vivace, con decine di organizzazioni che vi si dedicano in tutti i paesi industrializzati e con l'integrazione sempre maggiore di questi repertori entro la normale attività non solo degli specialisti, ma di qualunque musicista che coltivi la musica d'arte occidentale.

AA.VV.

1992 *The early music debate: ancients, moderns, postmoderns*, in «Journal of Musicology», X, n. 1, pp. 113-30.

Arlt, W.

1983 *Zur Idee und zur Geschichte eines "Lehr und Forschunginstituts für alte Musik", in den Jahren 1933 bis 1970*, in P. Reidemeister (a cura di), *Alte Musik: Praxis und Reflexion*, Amadeus, Winterthur, pp. 29-76.

Brown, H. M.

1976 *Embellishing Sixteenth-Century Music*, Oxford University Press, London.

Brown, H. M., e Sadie, S.

1989 (a cura di), *Performance Practice*, 2 voll., Macmillan, London.

Campbell, M.

1975 *Dolmetsch. The Man and his Work*, Hamilton, London.

Carter, S.

1997 (a cura di), *A Performer's Guide to Seventeenth-Century Music*, Schirmer, New York.

Dart, T.

1954 *The Interpretation of Music*, Hutchinson, London (nuove edd. 1967 e 1973).

Davidoff, J.

1965 *The New York pro musica and the Soviet Union*, in «Journal of the Viola da Gamba Society in America», II, n. 1, pp. 30-33.

Dolmetsch, A.

1915 *The Interpretation of the Music of the XVIIth and XVIIIth Centuries*, Novello, London (nuova ed. Washington University Press, Seattle 1969).

Donington, R.

1963 *The Interpretation of Early Music*, Faber and Faber, London (nuove edd. St. Martin's Press, New York 1974; Norton, New York 1989 e 1992).

1973 *A Performer's Guide to Baroque Music*, Faber and Faber, London.

1982 *Baroque Music. Style and Performance*, Norton, New York.

Dreyfus, L.

1983 *Early music defended against its devotees. A theory of historical performance in the twentieth century*, in «The Musical Quarterly», LXIX, n. 3, pp. 297-322.

Elste, M.

1995 *Alte Musik als ästhetische Gegenwart: Reinhard Goebel im Gesprach mit Martin Elste*, in «Phono Forum», X, n. 1 (ottobre), pp. 36-42.

Fallows, D.

1983 *Specific information on the ensembles for composed polyphony, 1400-1474*, in S. Boorman (a cura di), *Studies in the Performance of Late Medieval Music*, Cambridge University Press, Cambridge, pp. 109-59.

Farrenc, A.

1854 *Les concerts historiques de M. Fétis à Paris*, Dondey-Dupré, Paris.

Fellerer, K. G.

1980 «Cecilian Movement», in *The New Grove Dictionary of Music and Musicians*, a cura di S. Sadie, Macmillan, London, vol. IV, pp. 47-48.

Haar, J.

1985 *Music of the Renaissance as viewed by the Romantics*, in A. Dhu Shapiro (a cura di), *Music and Context. Essays for John M. Ward*, Music Department of Harvard, Cambridge Mass., pp. 126-44.

Haskell, H.

1988 *The Early Music Revival. A History*, Thames and Hudson, London.

Kenyon, N.

1984 (a cura di), *The limits of authenticity. A discussion*, in «Early Music», XII, n. 1, pp. 3-25.

1988 *Authenticity and Early Music*, Oxford University Press, Oxford.

Kerman, J.

1985 *Contemplating Music. Challenges to Musicology*, Harvard University Press, Cambridge Mass., cap. VI, *The historical performance movement*, pp. 182-217 (testo pubblicato in Gran Bretagna col titolo *Musicology*, Fontana-Collins, London 1985).

Kite-Powell, J. T.

1995 (a cura di), *A Performer's Guide to Renaissance Music*, Schirmer, New York.

Knighton, T., e Fallows, D.

1992 (a cura di), *Companion to Medieval and Renaissance Music*, Dent, London.

Kottick, E.

1977 *The Collegium. A Handbook*, October House, Stonington.

Landowska, W.

1919 *Musique ancienne*, Mercure de France, Paris.

1965 *Landowska on Music*, a cura di D. Restout, Stein and Day, New York.

Le Huray, P.

1990 *Authenticity in Performance. Eighteenth-Century Case Studies*, Cambridge University Press, Cambridge.

Marshall, R. L.

1983 *Bach's chorus. A preliminary reply to J. Rifkin*, in «Musical Times», CXXIV, n. 1679, pp. 19-22.

McGee, T. J.

1985 *Medieval and Renaissance Music. A Performer's Guide*, University of Toronto Press, Toronto.

Page, Ch.

1977 *Machaut's 'pupil' Deschamps on the performance of music*, in «Early Music», V, n. 4, pp. 484-91.

1989 *Voices and Instruments of the Middle Ages. Instrumental Practice and Songs in France, 1100-1300*, Dent, London.

1992 *The English a cappella heresy*, in Knighton e Fallows 1992, pp. 23-29.

1993 *The English a cappella renaissance*, in «Early Music», XXI, n. 3, pp. 452-71.

Parrott, A.

1984 *Transposition in Monteverdi's Vespers of 1610. An 'aberration' defended*, in «Early Music», XII, n. 4, pp. 490-516.

1998 *Bach's chorus. Beyond reasonable doubt*, ivi, XXVI, n. 4, pp. 636-58.

Rifkin, J.

1982 *Bach's "choruses" - less than they seem?*, in «High Fidelity - Musical America», XXXII, n. 9 (settembre), pp. 42-44.

1983 *Bach's Chorus, a response to Robert Marshall*, in «Musical Times», CXXIV, pp. 161-62.

1985 *Bach's Chor. Ein vorläufiger Bericht*, in «Basler Jahrbuch für historische Musikpraxis», n. 9, pp. 141-56.

1995 *Bach's chorus. Some red herrings*, in «The Journal of Musicological Research», XIV, n. 3-4, pp. 223-34.

Schott, H.

1984-92 *The Historical Harpsichord*, 3 voll., Pendragon, New York.

Taruskin, R.

1982 *On letting the music speak for itself: some reflections on musicology and performance*, in «The Journal of Musicology», I, pp. 338-49.

1995 *Text and Act. Essays on Music and Performance*, Oxford University Press, New York - Oxford.

Wangermée, R.

1948 *La musique ancienne contre la musique d'aujourd'hui*, in «Polyphonie», III, *Présence de la musique ancienne*, pp. 12-29.

CHRISTOPHE DESHOULIÈRES

La regia moderna delle opere del passato

La messa in scena non ha che un secolo di vita, l'opera lirica ne ha quattro... Per tre secoli l'opera ha comunque offerto al proprio pubblico uno spettacolo, un prodotto d'arte scenica a pieno titolo che l'odierna regia lirica ha invece la pretesa di *reggere* (cioè di dominare) da sola. Ma quale tipo di dialogo s'è venuto instaurando fra il teatro moderno e il patrimonio storico della musica?

È chiaramente impossibile illustrare tutti gli stili di messa in scena che abbracciano i differenti repertori della lirica, tanto piú che l'interazione fra l'estendersi continuo di questo repertorio e le modalità del suo trattamento scenico è complessa e abbastanza instabile. Perciò questo sintetico saggio ha l'unica pretesa di trasmettere le informazioni elementari per comprendere il *problema culturale* della percezione contemporanea della messa in scena operistica.

1. *Comparsa di un'arte moderna: dalla regia alla messa in scena.*

Per l'opera lirica, la grande novità del XX secolo è la comparsa della messa in scena. Un atto di rottura col passato per l'arte lirica e anche per il teatro in generale.

Ma come dobbiamo intendere questo strappo? Come un qualcosa che s'è verificato, e basta? O forse la nozione di *messa in scena* dev'essere sistematicamente subordinata alla comparsa di tale espressione in Francia sul finire dell'Ottocento, attorno al Théâtre Libre di André Antoine? La storia del teatro fa corrispondere la funzione della regia alla comparsa del termine francese *mise en scène*, anche se l'albero genealogico della nozione di *drammaturgia* farebbe semmai risalire le sue pretese teoriche all'inizio dell'Ottocento tedesco. Comunque, a dispetto della corrispondenza letterale col tedesco *Inszenierung*, l'espressione francese *mise en scène* si traduce abitualmente con *regia* in italiano e con *staging* in inglese, ignorando la logica prevalente in Francia. Per il teatro come per l'opera, a partire dal XVI secolo fino ai nostri giorni, il concetto di *regia* non è forse piú chiaro? È pensabile che la concreta pratica teatrale abbia dovuto attendere nuove sfumature terminologiche per arricchirsi?

Sarà anche cosí, ma a una sola condizione: se si accetta di considerare la fondazione francese di un'autonoma arte della messa in scena come un *discorso moderno*, la cui formulazione è tipica del pensiero estetico che prepara il secolo XX. Tutti sanno che l'opera lirica è comparsa in Italia all'inizio del Seicento, che i cantanti, i librettisti, i musicisti, i pittori, i ballerini e i macchinisti l'hanno fatta evolvere per tre secoli disputandosi il predominio sul palcoscenico; la messa in scena invece ha solo un secolo di vita, e visto che essa non è comparsa per caso si dovrà dire che l'arte della messa in scena è un'*arte moderna*.

Ciò significa che la comparsa attorno al 1880, tra la Francia e la Russia, del termine *messa in scena* e dell'operazione in sé (gli spettacoli firmati dai registi Antoine e Lugné-Poe, Stanislavskij e Mejerchol'd) è un fenomeno attinente alla generale trasformazione del pensiero estetico. In pittura, Claude Monet dimostra allora che è possibile rappresentare la cattedrale di Rouen in cinquanta maniere del tutto diverse; analogamente, il teatro scopre in sé il potere di stabilire fra il testo, la recitazione degli attori e la creazione delle scene una relazione piú libera e piú complessa della convenzionale illustrazione delle didascalie. E per tutto il corso del XX secolo l'arte della messa in scena impone gradualmente la sua volubilità, il suo *esprit de variations*.

In questo modo si è venuta costituendo un'impressionante eredità drammaturgica, al centro della quale il lavoro proteiforme di Bertolt Brecht (primo autore a modulare la propria scrittura in funzione di una riflessione complessiva sulla messa in scena) è d'una importanza capitale. I testi fondamentali del repertorio teatrale (*Amleto*, *Don Giovanni*, *Il giardino dei ciliegi*, ecc.) funzionano da punti di riferimento per la storia medesima della messa in scena, da un grande regista a un altro, da una generazione alla seguente, da un paese ai suoi vicini... Mettere in scena un testo in grado di suscitare altri spettacoli grazie alla sua ricchezza polisemica significa fatalmente inscriversi *a priori* in un'estetica della ripetizione ovvero della rottura, della mancanza o del sovraccarico, e soprattutto del conflitto.

Ormai il senso di un certo lavoro dipende *anche* dalla sua interpretazione. In teatro questo tipo di procedimento ermeneutico si sdoppia tramite le due letture del testo proprie del lavoro teatrale: l'interpretazione del regista precede e influenza profondamente la *lettura finale* dello spettatore. Da questo punto di vista, l'arte della messa in scena appare come l'arte moderna per eccellenza.

1.1. Grandezza e decadenza della regia lirica.

In ogni caso, prima della parola fu la cosa... qualche volta. Sterminato inespresso teorico, grande disordine della storia: prima di essere rilevato dal regista, il potere centralizzatore sulla rappresentazione operistica – la regia – venne sporadicamente assunto dalle piú diverse figure di partecipanti, dal cantante (da Caccini a Nourrit) allo scenografo (Berain, Servandoni, Ciceri: tre secoli dell'Académie Royale de Musique), dal coreografo (Lully) al compositore demiurgo (Wagner), dal committente-sovrano in persona (Ludwig II di Baviera o Giorgio II di Sassonia-Meiningen) al librettista (Metastasio, Scribe) o all'architetto (il Bernini), ecc. La decisione di produrre una coerenza estetica posta a fondamento di ogni messa in scena s'affermerà nel XIX secolo in nome dell'illusionismo allora in voga, i cui molteplici procedimenti spettacolari paiono quasi voler predisporre il pubblico al futuro avvento del cinema. Per l'opera lirica, la preoccupazione dell'illusione è ancora piú romanzesca e fantastica che non realistica; l'Opéra di Parigi ricicla l'atmosfera dei romanzi gotici, da *Robert le diable* di Meyerbeer all'atto del cimitero di *Un bal masqué* di Scribe e Auber, precedente a quello verdiano. In realtà (pubblico trionfo dell'illusionismo scenico ottocentesco!) la ricostruzione storica è molto relativa. Passando da un atto all'altro, uno stesso personaggio indossa costumi di secoli differenti, cosa che non disturba il pubblico se i cantanti hanno un'aria esotica ed elegante; si applaudono le *sfilate in costume* con le comparse in marcia, i cori, le ballerine e i cavalli in carne e ossa, che ne *La juive* di Halévy o negli *Huguenots* di Meyerbeer rappresentano le scene madri prima di ogni finale d'atto... Qualsiasi cosa, a condizione che dallo spettacolo sprigioni con dovizia un messaggio evidente: *l'illusione della storia*. Nel contempo, ecco che il gusto per il *naturale* denota un carattere piú sentimentale che non sociale, come nella *Traviata*: le grandi emozioni del melodramma trovano nell'opera lirica un'amplificazione musicale tagliata sulla loro patetica e declamatoria (dis)misura.

Per raccapezzarsi da una serata all'altra, o nel caso di una successiva ripresa, il regista redige degli *scénarios*. Questi canovacci, antenati dei quaderni di regia, accennano a una generale conduzione tecnica, nella quale si mischiano l'inventario del trovarobe e le indicazioni per gli spostamenti dei cori, ottimi per "riempire le due estremità della scena" quando non li si fanno sfilare in costume... Alla fine dell'Ottocento, la necessità della messa in scena viene provocata da quel *dégoût du théâtre* provato da una fazione sempre piú importante del pubblico colto. A Parigi, da parte di un Émile Zola o di uno Stéphane Mallarmé, e di tutta una certa letteratura critica di fine secolo, si respinge con unanime moto di tedio il "grande spettacolo borghese"... Prima in teatro, poi all'opera, il bisogno di messa in scena risponde alla *vergogna del vedere* provocata non da repentini accessi di "buon gusto", ma dai progressi dell'illuminazione. Il progresso tecnico suscita l'esigenza estetica. Prima del 1830, con la sostituzione delle vecchie lampade a olio mediante l'illuminazione a gas, s'asseconda l'esigenza romantica di una maggiore verità nei sentimenti e nella recitazione. Prima del 1880 la luce elettrica fa il suo ingresso nei teatri, rivelando la miseria delle scenografie polverose, il cui potere illusorio svanisce col dileguarsi dell'ombra propizia. La crudezza della luce elettrica distrugge l'effetto dei fondali meglio dipinti, dei mobili piú autentici, dei costumi piú colorati e delle espressioni gestuali piú sublimi.

Attorno al 1900, addomesticando l'elettricità, prendendo coscienza della specificità della messa in scena come arte, i registi ultimi arrivati contribuiranno a scindere l'arte scenica in due entità piú o meno separate: il teatro d'arte e gli spettacoli. Da una generazione all'altra, come da un paese all'altro, questa distinzione non obbedisce alle stesse pratiche, alle stesse connotazioni di favore o di disprezzo. In Francia, il secolare primato di scuola accordato alla letteratura su tutte le altre arti rafforza ideologicamente il rango del teatro d'arte fra gli altri spettacoli. Interpretato su scala europea, l'ascetismo di un Jacques Copeau (apostolo del "Testo-Re", il primato del testo) è rivelatore di quel violento rifiuto della teatralità che solo lo spirito giansenista della letteratura francese poteva generare. L'opera lirica viene allora considerata dagli intellettuali come *una sorta di circo* a uso e consumo delle classi elevate. L'opera, come il circo, è d'altronde lo spettacolo il cui cosmopolitismo a dominanza italo-tedesca è indice di *mauvais goût*!

Nel resto d'Europa la delimitazione fra gli ambiti del *teatro puro* e delle altre arti rappresentative è fortunatamente meno precisa; non è praticamente mai esistita nei paesi anglosassoni, tanto che si arrivò all'impiego dei talenti teatrali shakespeariani nella commedia musicale e nel cinema sonoro, fin dalle prime manifestazioni di queste arti. Lo strano miscuglio di dinamismo e conservatorismo che caratterizza la drammaturgia degli spettacoli anglosassoni non lascerà l'opera lirica ai margini delle innovazioni saggiamente introdotte nella messa in scena del teatro parlato, da Piccadilly a Broadway. In Germania, dove la cultura musicale gode di una rispettabilità non minore di quella della cultura letteraria, il problema ha soltanto una portata tecnica; l'opera adotterà l'idea della messa in scena piú velocemente che in qualsiasi altro paese.

Per contro, i due maggiori paesi del Sud Europa conserveranno a lungo le tradizioni della regia lirica ottocentesca, in margine all'influenza di un'arte della messa in scena riservata a uno sperimentalismo da laboratorio intellettuale: spettacolo favorito da un ceto medio preoccupato di distinguersi senza modificare le proprie abitudini, l'opera verista e la *zarzuela* spagnola manterranno una sorta d'illusionismo naturalistico molto convenzionale fino alla metà di un secolo che resta comunque segnato dall'apporto critico delle drammaturgie teatrali di un Pirandello e di un Lorca.

2. *Potere e repertorio: evoluzione dell'identità del regista.*

Se all'opera il Novecento è il secolo del regista, costui ha dovuto contendere il potere sulla rappresentazione al direttore d'orchestra, al decoratore, allo scenografo e anche al cineasta. In effetti, il fenomeno dell'arrembaggio del teatro ai danni dell'opera si generalizza solo a partire dagli anni Cinquanta: in questo periodo, pur musicalmente vivo grazie alla fioritura di voci eccezionali, il patrimonio lirico sta agonizzando in un'esibizione scenica ormai divenuta insopportabile; e cosí i registi verranno chiamati al capezzale di uno spettacolo moribondo, ma pur sempre fiero della sua specificità lirica.

Geloso del suo potere supremo, il direttore d'orchestra si è opposto per molto tempo al regista. Ambedue dirigono infatti l'interpretazione dei cantanti, quando il gesto deve mettersi al passo col fiato... A fronte di un Gustav Mahler che favorí l'introduzione della scenografia moderna sul palcoscenico dell'Opera di Vienna, quanti altri direttori rifiutarono d'accettare l'autonomia della dimensione teatrale nell'opera lirica! Solo le personalità piú colte – e le piú autoritarie – se ne fecero carico: per Arturo Toscanini, dirigere un'opera di Verdi era anche dirigere degli attori allo scopo di poter sottolineare meglio la tensione drammatica del lavoro. Si avrebbe quindi torto a sottovalutare l'importanza del direttore d'orchestra "demiurgo" nell'allestimento operistico del Novecento: anche se l'ultimo bastione del potere direttoriale all'opera è caduto al Festival di Salisburgo con la morte di Herbert von Karajan (1989), un direttore della nuova generazione come John Eliot Gardiner sente oggi la necessità di assumere la regia delle opere che dirige. La memorabile disputa intervenuta nel 1974 a Salisburgo fra Giorgio Strehler e von Karajan in occasione delle prove del *Flauto magico* offre un rimando storico per evocare l'insieme dei conflitti che possono insorgere fra un direttore d'orchestra e un regista.

I cantanti sono gli oggettivi alleati del direttore d'orchestra, poiché cantano lo stesso ruolo in molte produzioni diverse e non sono disponibili a reinventare ogni volta la propria interpretazione. Quando i cantanti si ribellano alla rielaborazione di un ruolo che essi pretendono di conoscere a fondo (quando la fede nell'univocità musicale prevale sullo spirito innovativo proprio del teatro) è il direttore d'orchestra che finirà col dominare tutta la rappresentazione, compreso l'aspetto teatrale. Nondimeno l'ampliamento del repertorio, fenomeno costante dalla metà del Novecento, delegittima la pretesa del direttore d'orchestra a un sapere assoluto fondato sul dominio dell'orchestra sinfonica. Né prima di Beethoven né dopo Verdi il direttore d'orchestra riuscí mai a padroneggiare la pluralità drammaturgica d'un repertorio in espansione.

2.1. L'opera lirica del pittore di scene.

In ogni caso, il musicista e l'uomo di teatro coltivano una dimensione comune: la temporalità del discorso. Quando il pittore, lo scenografo e persino il coreografo pretendono di informare il teatro lirico ai propri criteri estetici, essi sostituiscono una logica formale alla sfida semantica della messa in scena lirica; lo spazio diventa la dimensione principale della rappresentazione. Nel XX secolo, alcuni artisti hanno preteso che lo spettacolo operistico potesse trovare il suo compimento subordinando la regia degli attori e qualunque pensiero drammaturgico al modo d'esprimersi di altre discipline schiettamente plastiche.

Nell'Ottocento, frazionando gli atti del *grand opéra* romantico in altrettanti *quadri* quanti erano i cambiamenti di scenografia, incoraggiando l'adozione del *quadro finale*, apoteosi della rappresentazione, la scena lirica tradizionale confessa di trovare il suo modello di riferimento nella pittura. È questa l'epoca d'oro dei laboratori di scenografia, specializzati soprattutto nella composizione di gigantesche tele dipinte a *trompe-l'œil*, genere accademicamente riconosciuto. Tuttavia, siccome non c'è nessuno che imponga una visione coerente e collegiale del lavoro scenografico, l'effetto voluto dal pittore viene distrutto o da una sfilata decisa dal coreografo, o dall'ingresso dei cori dal fondo deciso dal direttore d'orchestra, ecc. Caratteristica perversa dell'illusione: essa viene regolarmente infranta. Ecco il limite di un'arte che si preoccupa solo dell'effetto grandioso.

In tali condizioni, obbligata al rispetto della corporazione dei pittori-scenografi, la neonata pratica della messa in scena s'illude di fare una rivoluzione imponendo nella scenografia teatrale l'uso di pittori illustri. Sergej Djagilev, impresario di compagnie liriche di giro prima d'imporsi con i Balletti Russi, fa valere l'idea che la riuscita di una rappresentazione dipenda dalla collaborazione fra scenografi e musicisti. A partire dal 1909, gli artisti russi danzano e cantano a Parigi davanti a fondali dipinti da Bakst, Benois, Braque, Derain, Laurencin, Matisse, Picasso, Rouault, Utrillo, ecc. I Balletti Russi figurano cosí fra i miti fondativi dell'arte moderna, ma sarebbe bene relativizzarne l'apporto alla fioritura della messa in scena lirica. L'abbandono del dogma figurativo, l'inedito splendore dei colori si limitano semplicemente a cancellare le convenzioni piú ridicole, tuttavia la rappresentazione viene pur sempre concepita come un *quadro animato* davanti a un fondale dipinto. Se l'artista riesce ormai a imporre costumi in armonia con la scenografia, le circostanze della recitazione teatrale dei cantanti non mutano assolutamente. Nella stessa epoca, Fëdor Šaljapin fa sensazione nel ruolo protagonistico del *Boris Godunov*, non grazie a un regista (peraltro assente), ma perché il cantante si è ispirato di propria iniziativa agli spettacoli moscoviti del teatro di Stanislavskij.

Fra il 1920 e il 1960, sul modello dei Balletti Russi, che Jacques Rouché imitò per primo all'Opéra di Parigi, la collaborazione fra i pittori contemporanei e gli artisti lirici costituisce ormai il contrassegno di *ordinaria modernità* dell'opera lirica europea. La firma di un grande pittore garantisce la novità della messa in scena: dal Maggio Musicale Fiorentino al Festival di Aix-en-Provence, il fenomeno conoscerà le sue correnti e le sue mode: da Roma a Firenze, Felice Casorati e Giorgio de Chirico accentuano la rigidità o lo schematismo neoclassici, mentre da Aix-en-Provence a Parigi s'impongono le tele firmate Cassandre, Wakhevitch, Balthus, Masson, ecc. L'apoteosi del sistema viene raggiunta nel 1952 con la produzione di *Les Indes galantes* di Jean-Philippe Rameau all'Opéra di Parigi: non meno di sette scenografi a spartirsi le diverse sequenze dell'opera! Nella rivista brechtiana «Théâtre populaire», che promuove insieme a Bernard Dort, Roland Barthes [1981] attacca queste *Indes galantes* per denunciarne le connotazioni culturali estetizzanti, il sovraccarico referenziale del nuovo *spettacolo gastronomico* di un'opera lirica aggiornata al gusto di moda: moderno gusto borghese, avido di una connivenza immediata coi segni del proprio esborso, renitente al disagio mentale che l'economia semantica di una messa in scena degna di tal nome, perché unitaria, susciterebbe nel lungo periodo.

2.2. La comparsa degli scenografi.

Dal fondale d'autore alla scena costruita; lo scenografo assume un po' alla volta il posto che gli spetta sulla scena lirica. Con il passaggio dalla teoria alla pratica, ancora sporadicamente a partire dagli anni Trenta, è spesso la nuova economia scenografica proveniente dall'ispirazione di Appia [1983-91] e di Craig [1980] a salvare dal ridicolo il teatro lirico... Con la diffusione delle idee moderne, soprattutto nell'architettura, e con la complicità della moda, i registi lirici alleggeriscono il tradizionale *bric-à-brac* dell'illusione.

L'influenza delle teorie scenografiche di Craig e Appia è fondamentale in quella Germania dell'espressionismo che assiste alla fioritura di ardite invenzioni scenografiche. Grazie a questa mediazione, la scena lirica tedesca si orienta verso una semplificazione geometrica dei suoi elementi. Ma l'avanguardia non s'intende bene con le istituzioni liriche; è il cinema ad approfittare di questa corrente, una volta che gli scenografi riusciranno a imporre le proprie innovazioni anche al di fuori degli spettacoli sperimentali. In tal modo il Bauhaus dà vita a un proprio repertorio senza per la verità interessarsi a quello dell'opera lirica. Per il Bauhaus la scenografia, una delle arti plastiche sottoposte alle nuove regole della funzionalità, diventa un'arte a sé stante, un'operazione architettonica di *proiezione spaziale* che va oltre i confini delle sale teatrali.

Per contro, vivificata da un maggior numero di seguaci perché piú facilmente spendibile nelle capitali europee, la corrente neoclassica s'ispira a quella *purificazione delle forme* cui si richiamano numerosi bozzetti di Appia per ottenere un tipo di scenografia che concili i riferimenti architettonici greco-romani con una grafica di taglio moderno. In Italia, le scenografie del Maggio Musicale Fiorentino sono tipiche di questo nuovo gusto dominante. Nei paesi anglosassoni, con pragmatismo, i registi affrontano quasi subito l'opera lirica interpretando in senso formalista le teorie di Appia e Craig; essi si appropriano dei soli procedimenti scenografici piú comodi, per riunirli in seguito a elementi scenografici realistici e storicistici. Per esempio, Margherita Wallmann [1976] prediligeva le grandi scalinate su praticabili mobili, e non esitava a mescolare questi elementi scenografici con altri zeppi di riferimenti storici.

2.3. L'affermazione del coreografo.

È facile criticare la pretesa dei pittori di scene e degli scenografi di dominare l'insieme della messa in scena lirica, a detrimento della coerenza drammaturgica e della direzione della recitazione; ed è altrettanto difficile sciogliere il dilemma teorico riguardante il potere del coreografo sulla rappresentazione operistica.

Fissiamo alcuni riferimenti storici essenziali. L'origine, con la nascita dell'opera in seno ai balletti di corte italo-francesi, da Baltazarini di Belgioioso (XVI secolo) a Jean-Baptiste Lully (XVII secolo). La fioritura barocca, con la supremazia che nell'opera francese viene accordata alla danza e conduce alla creazione del Ballet d'Action da parte di Noverre (XVIII secolo). La decadenza del rapporto fra danza e opera: mentre il balletto conquista la propria autonomia, l'opera romantica relega le danze di scena alla funzione d'intermezzo (XIX secolo). Alla fine dell'Ottocento, il progetto estetico totale di Wagner permette nuovamente agli artisti di concepire l'integrazione della danza nella continuità del dramma lirico (*Parsifal* di Richard Wagner, 1882; *Salome* di Richard Strauss, 1905) come pure la creazione di un *teatro dell'avvenire* nel quale confluiscano danza, musica e dramma (Georg Fuchs, *Das Tanzlegendchen*, 1908). Infine, i Balletti Russi introducono la ricerca dello *spettacolo plastico* nella ricomposizione dei generi legati all'arte e alla scena moderne.

Da Lully a Maurice Béjart è innegabile che la corporeità ritmica e melodica del danzatore viene a stabilire un rapporto profondo con la recitazione composita dell'attore-cantante. Con Fuchs e Djagilev, la rivalutazione del corpo nel lavoro di regia con gli attori va di pari passo con la necessità di *far muovere il cantante* assieme alla musica che interpreta. Gli esercizi fisici prescritti da Stanislavskij, la bio-meccanica di Mejerchol'd e soprattutto la ginnastica ritmica di Jaques-Dalcroze [1920] si applicano tanto al cantante d'opera quanto all'attore di prosa. Quasi a immagine della sua creatura ideale (la *super-marionetta* di Craig), il regista operistico cosí come noi lo conosciamo rappresenta soltanto il momento finale di una generale tendenza del Novecento a scoprire e codificare il gesto della scena.

E di questa tendenza l'utopia dello *spettacolo totale* costituisce la scommessa suprema. All'inizio del XX secolo, i teorici della messa in scena (Appia, Craig, Jaques-Dalcroze) associano pratiche teatrali e coreografiche. Oggigiorno, le preoccupazioni dei nostri esploratori dell'eredità culturale fanno loro eco: la riscoperta a fine Novecento dell'opera barocca francese, che associa il gesto al canto e la danza alla recitazione, rinnova le inclinazioni dell'avanguardia per lo *spettacolo totale*.

L'esempio piú illustre della danza che s'impadronisce dell'opera: Maurice Béjart scrive le coreografie per *La dannazione di Faust* di Berlioz (Opéra di Parigi, 1964) e per *Il flauto magico* di Mozart (Théâtre de la Monnaie di Bruxelles, 1982). Nel primo caso, Béjart circonda i solisti di canto e i cori con evoluzioni coreografiche che creano una visione plastica al di là del dramma, in accordo con l'opera immaginaria, ideale, abbozzata da Berlioz nella pseudo-opera (piú esattamente: *légende dramatique*). Con Mozart, per contro, Béjart sopprime i cantanti! Al loro posto, i ballerini illustrano l'azione dell'opera seguendone la musica registrata... Béjart, relegando l'interpretazione musicale nella sfera inalterabile e congelata di un *archetipo discografico* e riconducendo la messa in scena alla coreografia, denuncia in effetti la messa in scena lirica come inadatta a tradurre la visione estetica che le piú belle musiche teatrali gli ispirano.

Attualmente, forse per imitare Djagilev, i direttori artistici dei teatri lirici propongono spesso e volentieri ai coreografi di curare la messa in scena di un'opera: a Bruxelles, Mark Morris e Trisha Brown proiettano sull'opera barocca la propria estetica, cosí come Pina Bausch che, dal suo teatro coreografico di Wuppertal, produce una rilettura post-espressionista delle opere di Gluck e di Bartók. In Francia (François Raffinot, Anna Yepès) e in Canada (Marshall Pinkoski) i coreografi specializzati in danza barocca assumono logicamente la direzione di quegli spettacoli (Rameau, Purcell) nei quali la precisione della gestualità sorregge organicamente il canto drammatico.

2.4. Gli stili del teatro trasposti nell'opera lirica.

Tuttavia, siccome la danza non è per ora che un sostituto in via eccezionale, la *mancanza di teatro* di cui soffre palesemente l'opera lirica riguarda la dimensione fondamentale della messa in scena teatrale, la direzione dell'attore. In linea generale, nell'opera questa è assente, non foss'altro a causa del numero molto limitato delle prove e della rotazione fra prima e seconda compagnia.

Fra il 1960 e il 1980 circa, l'assalto all'opera lirica da parte degli artisti di teatro risponde alla necessità di rinnovare il meccanismo scenico: dopo il 1960, a dispetto delle considerevoli evoluzioni artistiche e tecniche, l'esibizione di una scenografia virtuosistica (Josef Svoboda) o la rigorosa economia dei segni della rappresentazione (Wieland Wagner) non sono piú sufficienti alla perpetuazione del genere; occorre cambiare le regole del gioco dei cantanti, pretendere da loro un impegno da veri attori. A seguito delle esemplari regie mozartiane e verdiane firmate da Giorgio Strehler, il pubblico ha preso coscienza che la *riteatralizzazione* dell'opera lirica passa essenzialmente per una direzione dell'attore altrettanto esigente di quanto avviene nel teatro di prosa. Alla fine del XX secolo, il regista che dimostra nel modo migliore la validità dell'applicazione alla scena lirica di una direzione dell'attore di tipo teatrale è senza dubbio un allievo di Strehler, Patrice Chéreau.

Tutta la drammaturgia di Patrice Chéreau risiede in una decisa direzione dell'attore: questa abolisce le convenzioni dell'abituale *azione cantata e mimata* e dà l'illusione di una vera e propria rappresentazione teatrale animata da attori che conoscono profondamente i loro ruoli. A questo riguardo, la produzione parigina della *Lulu* di Berg (1978) è un riferimento di valore storico. In effetti, l'energica direzione dell'attore da parte di Patrice Chéreau sottolinea e rinnova, una volta applicata all'opera, l'estetica "fusionale" del genere molto piú di quanto non la denunci. Con Chéreau torna credibile l'antica chimera dell'unità di musica e teatro che bene o male tiene insieme l'opera. Con questo stesso intento la non meno storica *Tetralogia* del 1976, firmata dalla coppia Patrice Chéreau e Pierre Boulez per Bayreuth, feudo dell'ortodossia wagneriana, ha segnato il trionfo sull'opera convenzionale di un teatro animato da personaggi assai complessi, tanto con l'artificio del canto quanto nella nudità della parola [cfr. Nattiez 1983].

All'opposto di Patrice Chéreau, gli stili teatrali di Luca Ronconi [1986] e di Robert Wilson riposano non tanto sulla tensione costante della direzione dell'attore, quanto piuttosto sulla coerenza d'un complesso dispositivo estetico, in cui la scenografia condiziona la recitazione teatrale dei cantanti. A proposito di Wilson e Ronconi, malgrado le loro differenze, possiamo anche azzardarci a forgiare un neologismo parallelo a quello di *teatralità*: la *liricità*... Questi registi di teatro, la cui influenza è stata fondamentale per le scene europee a partire dal 1970 circa, erano stati attirati dall'opera perché le loro drammaturgie racchiudevano già *a priori* certe analogie con l'universo lirico. La *liricità* della loro maniera di fare teatro portava a compimento la distruzione totale di tutte le convenzioni recitative naturalistiche con l'imposizione spettacolare di nuovi codici di rappresentazione (macchinismo ronconiano, gestualità wilsoniana; trattamento della temporalità come dimensione principale dello spettacolo, ecc.).

I critici sono soliti citare come esempi del rivolgimento estetico degli anni Settanta l'*Orlando Furioso* (1969) di Luca Ronconi dall'Ariosto e *Le regard du sourd* (1971) di Robert Wilson. Due spettacoli molto lunghi (da quattro a sette ore e mezzo), le cui rispettive *temporalità rituali* mutuano alcune forme dai teatri lirici d'Oriente e d'Occidente: tutti gli spettatori hanno riconosciuto il macchinario barocco nei carri epici di Ronconi, cosí come un certo rapporto fra i diagrammi estetici di Wilson e il teatro *Nô* giapponese. In seguito, la drammaturgia di Wilson continuerà a giocare sulla dilatazione del tempo e sul potere ipnotico dei suoi quadri scenici in maniera assai operistica... Un rapporto ufficializzato nel 1976 con la prima rappresentazione al Festival d'Avignone di *Einstein on the Beach*, opera-balletto di Philip Glass e Lucinda Childs.

A seguito di altre importanti esperienze, Luca Ronconi e Robert Wilson non potevano che affrontare l'opera, *l'originale*, penetrando a poco a poco nel suo circuito produttivo. Oggi nessuno può piú negare che Wilson e Ronconi siano numi tutelari dell'arte lirica ufficiale.

Refrattario alla consacrazione ufficiale, Luca Ronconi si accolla la propria nativa *liricità* con un certo humour. S'intende che nel campo del teatro di prosa, ormai consapevole di subire l'influenza di rimbalzo dell'estetica lirica, Ronconi s'astiene dall'*operizzare* i suoi spettacoli e rinuncia alle scenografie complicate, per esempio con una restituzione di Goldoni al *gioco scenico* elementare. Sul versante operistico Ronconi si diverte invece a organizzare la festa di una teatralizzazione pura dell'opera con *Il viaggio a Reims* di Rossini, allestito a Pesaro nel 1984. Spettacolo emblematico di un'opera autocelebrantesi: grazie a schermi di proiezione che rispecchiano in scena l'azione – rendendola a se stessa mischiata con le immagini del *corteo reale* che sta sfilando nel frattempo per le strade della città – un *gioco di specchi tecnologico* moltiplica gli effetti dell'originaria, narcisistica teatralità dell'opera onde meglio distrarre lo spettatore dall'esecuzione lirica.

2.5. Un ambiente di specialisti.

A ogni modo, nel Novecento le categorie di registi provenienti dal teatro sono un'eccezione statistica: la maggioranza dei registi d'opera "non fa altro".

Tali specialisti dello spettacolo lirico seguono una carriera parallela a quella dei direttori d'orchestra e dei cantanti, in un ambito professionale loro proprio, che non ha dunque nulla a che fare con quello del teatro di prosa. Nove volte su dieci, il direttore artistico di un teatro lirico assume un certo regista perché ha già visto un suo precedente spettacolo in un altro teatro; si può notare come perlopiú i dirigenti di questo genere vadano a teatro alla ricerca d'un regista *esterno* solo se la sua rinomanza mediatica li spinge a farlo... Il circuito di produzione operistica è un circuito chiuso, ma per contro, grazie all'universalità del linguaggio musicale, il regista già affermato ignora quelle frontiere che rinchiudono l'uomo di teatro nel suo orticello linguistico.

Un'altra realtà sollecita poi alla specializzazione i registi d'opera lirica: a dispetto delle sempre crescenti esigenze del lavoro di messinscena, le consuetudini piú o meno oggettivamente fondate di cantanti e musicisti restano quanto mai vincolanti. L'aspetto internazionale della produzione lirica appesantisce queste regole; volerle rimettere in discussione significherebbe rompere con tutto un sistema.

Mettere in scena un'opera significa spesso accettare una certa regola del gioco che non ha nulla a che fare con quanto richiede il lavoro di direzione degli attori. Nei teatri lirici il tempo delle prove è molto limitato: in un mese circa, il lavoro musicale deve avere la precedenza. Prima le prove al pianoforte e poi quelle con l'orchestra; per la messa in scena resta poco tempo. Forse venire a patti con le esigenze di un mestiere è di per sé un'arte...

2.6. L'arrembaggio drammaturgico.

Nella scia del regista, o come suo sostituto, compare un nuovo pretendente al potere sulla rappresentazione operistica, forse meno attento ai cantanti e tanto piú crudele nei loro riguardi quanto piú ha a cuore un discorso dimostrativo di verità sull'intero lavoro: il drammaturgo. Egli non è piú soltanto il segretario di redazione dei programmi di sala, né colui che fornisce la documentazione al regista, il suo consigliere letterario e/o artistico... Gli capita di fare della regia, quando ovviamente il regista non sia in prima persona un drammaturgo nato. Una certa concezione drammaturgica del lavoro di regia lirica può essere all'origine dell'ambizione di voler organizzare *diversamente* la rappresentazione.

In realtà, "affare riservato" di specialisti che provengono da formazioni simmetriche (scenografia, drammaturgia, e persino teatro...), prima di essere regia in senso stretto la regia lirica è il prodotto di un sottile *rapporto di forze*, il cui scopo riconosciuto è far vivere un repertorio presso il pubblico, in maniera piú o meno pedagogica, piú o meno grossolana... Vecchie ricette che per la maggior parte del tempo il lavoro drammaturgico non fa che raffinare, giustificare, confortare, rendere perenni! Infatti, malgrado le sue promesse di reciproca intesa, quando non è supportata da un vero lavoro teatrale, l'arrembaggio dei drammaturghi all'opera si limita a lasciare la scena lirica nel suo stato, mostrandone semmai i paradossi.

Il merito recente riconosciuto appunto ai drammaturghi lirici impegnati in musiche barocche e contemporanee è quello di ripensare il rapporto fra lavoro di messa in scena e istituzione, anche a costo d'inventare nuove strutture di produzione o nuovi modi collettivi di lavoro. Accanto a quei "dinosauri lirici" che sono i costosi teatri d'opera internazionali, le piccole e flessibili compagnie liriche fanno (ri-)nascere il teatro musicale non meno dell'opera da camera... Riscoprire la *commedia dell'arte* con i cantanti di un'opera veneziana composta da Francesco Cavalli a metà Seicento, o reinterpretare le *performances* messe a punto da Luciano Berio per Cathy Berberian attorno al 1970, significa voltare le spalle alla pesantezza scenica del repertorio lirico ereditato dall'Ottocento. E invece di inseguire la presa di potere all'opera, la drammaturgia può dunque riconfigurare la stessa posta in gioco di questa competizione.

3. *Personalità di riferimento*.

Per rappresentare un riferimento, la personalità di un artista deve appartenere al momento fondante di un genere, o al contrario apparire come rappresentativa (a titolo quasi sociologico) delle pratiche, insieme diffuse e consigliabili, del suo mestiere. Non dovrebbe dunque sorprendere di vedere qui indicati tre registi contemporanei a ridosso di tre pionieri del primo Novecento.

3.1. Tre fondatori: Appia, Jaques-Dalcroze, Craig.

In estrema sintesi: la prima ondata dei pionieri della messa in scena (Antoine, Stanislavskij, Lugné-Poe) si dedica alla riforma del teatro, mentre la seconda (Appia, Jaques-Dalcroze, Craig) a quella dell'opera. Questo movimento, qui ridotto a formula, traduce l'evoluzione della scoperta empirica dei principî della messa in scena verso una formulazione teorica via via piú complessa, senza che vi sia la necessità d'un passaggio alla pratica. In questa prima metà del secolo della messa in scena, la linea Antoine-Stanislavskij è la storia di un lavorio incessante su rappresentazioni concrete; la componente Appia-Craig-Artaud si confonderà invece con l'elaborazione di un discorso sull'utopia della rappresentazione scenica perfetta, pressoché astratta a causa delle sue eccessive pretese in fase realizzativa. La giovane arte della messa in scena pratica il teatro e teorizza l'opera.

In realtà, le effettive realizzazioni pratiche di Appia, Jaques-Dalcroze e Craig potrebbero sembrare irrisorie agli occhi di quei registi odierni che firmano non meno di due o tre spettacoli l'anno. In primo luogo musicista e decoratore (presto si dirà "scenografo", con termine tratto dal vocabolario degli architetti rinascimentali), Adolphe Appia (1862-1928) fonda le prime riflessioni generali intorno alla messa in scena sui lavori di Wagner, da lui rappresentato solo in tre occasioni, in Italia e in Svizzera (*Tristano e Isotta*, Teatro alla Scala di Milano, 1923; *L'Oro del Reno*, 1924; e *La Valchiria*, 1925, per il Teatro dell'Opera di Basilea; regia, scene e luci). Un altro artista svizzero, il compositore Émile Jaques-Dalcroze (1865-1950) collabora con Appia, cui si deve la concezione scenografica della messa in scena di *Orfeo ed Euridice* di Gluck, rappresentato nel 1913 a Hellerau, presso Dresda. Importante rivoluzione: l'incontro di questi due grandi teorici della scenografia e della gestualità colloca la ricerca sull'opera lirica all'avanguardia del teatro moderno. Ruolo sperimentale della regia operistica confermato dai lavori di Edward Gordon Craig (1872-1966) che già a partire dall'anno 1900 esordisce nella sua insolita carriera mettendo in scena opere barocche inglesi.

La ricchezza teorica offerta dall'opera lirica è a quel tempo evidente: oggetto di un'abbondante letteratura (grazie al movimento simbolista), la musica sembra animare tutte le altre arti; essa suggerisce una terza dimensione della rappresentazione teatrale, finora pensata nelle due dimensioni del rapporto testo-scena e parola-gesto... Nell'opera la "Dea Musica" spodesta il "Testo-Re" del teatro. Questo misticismo romantico, *melomania visionaria* ereditata dal secolo di Wagner, permette a Jaques-Dalcroze, Appia e Craig di arricchire la combinatoria degli elementi che concorrono all'estetica della rappresentazione scenica. Partiti per conquistare il Graal di una percezione estetica totale, sono tornati dal viaggio riportando tecniche che costituiscono i fondamenti dell'apprendistato professionale degli attuali mestieri di regia teatrale.

Gli artisti simbolisti introducono le sinestesie nelle preoccupazioni della moderna avanguardia. Dalle celebri *correspondances* di Baudelaire al misconosciuto alfabeto cromatico e musicale di René Ghil, dai pittoreschi esperimenti del "teatro dei poeti" di Lugné-Poe al rigoroso lavoro d'analogia fra i movimenti del corpo sonoro e del corpo umano di Jaques-Dalcroze, le poetiche del primo Novecento definiscono la sinestesia come il piú alto e complesso problema estetico. In Jaques-Dalcroze viene delineata una continuità perfetta fra le sensazioni, il movimento ritmico e melodico del corpo (dalla respirazione al gesto) e la musica: concezione unitaria dell'essere rivelata grazie a un lavoro di armonizzazione fra l'Io e il mondo... Singolare tentativo di fondare uno "yoga occidentale", che trova la sua applicazione pratica nell'opera lirica:

> Ogni singolo movimento ritmico musicale, deve trovare nel corpo dell'interprete un adeguato movimento muscolare; ogni stato d'animo espresso dalla sonorità, deve determinare sulla scena un atteggiamento che lo caratterizzi.

Cosí scriveva Jaques-Dalcroze nel 1920.

> Ogni sfumatura orchestrale, ogni *crescendo*, *diminuendo*, *stringendo* o *rallentando* deve essere sentito dall'interprete e, se è del caso da lui espresso [trad. it. p. 190].

Resta da interpretare quella sfumatura che separa l'arte della messa in scena da un metodo di traduzione automatica tramite gesti codificati (alla maniera del linguaggio dei sordomuti)... Fin dall'inizio, Jaques-Dalcroze è consapevole del rischio tautologico della sua coreografia teatrale, anche se afferma ingenuamente: «La vista di un gesto che s'arresta prima o dopo la caduta del ritmo musicale rappresenta una vera e propria sofferenza estetica». Perché questo «Jean-Jacques Rousseau della nostra epoca musicale» (Firmin Gémier) non presagisce che l'arte moderna – in dissidio con qualunque ideale metafisico dell'armonia – coltiva la *sofferenza estetica*: il 1913, anno dell'*Orfeo* firmato da Jaques-Dalcroze e da Appia, resta soprattutto l'anno del *Sacre du printemps* di Stravinskij, la cui *poliritmia* risulta accentuata dalla scandalosa, perché *asimmetrica*, coreografia di Nijinsky.

Il concetto di *super-marionetta* (Craig) inverte la dimensione ontologica della ritmica formulata da Jaques-Dalcroze e considera l'attore come il prodotto del suo ambiente scenografico. Nel lavoro dell'attore la messa in prospettiva sostituisce la messa in forma. Craig svuota chi recita della sua interiorità, ne rende superflua un'interpretazione soggettiva, fusionale, di testo e musica... Quello che il corpo non esprimerà piú verrà detto con un equilibrio complesso e oggettivato di simboli: nella teoria della *super-ma-*

rionetta la riscoperta della maschera è centrale. Per contro, Craig si ricollega alle idee dei due riformatori svizzeri concentrando tutta l'attenzione sul dispositivo scenografico che condiziona lo spazio della rappresentazione. Appia comincia per primo a spezzare il dispositivo frontale della rappresentazione che è proprio della "scatola magica" della scena all'italiana: la semplice "sala" di Appia è uno spazio libero nel quale lo scenografo può riunire a suo piacimento praticabili e volumi. E così, da buon rivoluzionario, Appia fa *tabula rasa* di tutto quanto l'ha preceduto; un'audacia che nutrirà le teorie scenografiche dell'espressionismo tedesco, ma anche quello spazio insieme rudimentale e cosmico concepito da Paul Claudel per la realizzazione del *Soulier de satin*.

Se l'opera non fosse esistita, questi rifondatori del teatro l'avrebbero inventata: Appia, in sintonia con la ritmica di Jaques-Dalcroze, cerca di sottomettere lo spazio al tempo musicale, vale a dire: ogni manifestazione materiale alla determinazione della durata, dimensione soggettiva del sentimento, dell'ascolto... La pulsazione dell'essere è l'*a priori* della percezione e della trasformazione della realtà: Appia battezza infatti "spazi ritmici" le proprie scenografie alla Dalcroze. Sulla scena lirica, Appia inventa lo spazio della rappresentazione a partire dai movimenti e dagli eventi lungo l'intero decorso temporale del flusso musicale e drammatico, tramite una rigorosa economia architettonica della scenografia: superficie essenziale su cui giocano recitazione e luci. Per parte sua, anche Craig cerca di "mostrare l'invisibile", di produrre le ombre di un mondo trascendente o sognato. Anche lo scenografo inglese privilegia la luce (splendore dell'anima, ideale corpo sinestesico della musica, ecc.), sebbene l'illuminazione valorizzi maggiormente la metamorfosi dei meccanismi scenografici e i simboli rappresentativi della recitazione espressiva del cantante, che Craig rifiuta... D'altra parte quest'ultima differenza è solo teorica, poiché nella pratica la ritualizzazione del "gioco mascherato" di Craig sembra quasi trovare un'eco nel rigore ritmico delle evoluzioni stabilite da Jaques-Dalcroze.

L'opera lirica, genere ossessionato da un *analogon* drammatico che viene trasceso dall'idealizzazione della musica – un progetto la cui realizzazione si rivela sistematicamente imperfetta –, non poteva che corrispondere alle esigenze utopiche dei tre pionieri idealisti della moderna messa in scena. Dopo Appia e Craig, si può affermare che gli elementi della teoria della messa in scena lirica sono stati stabiliti.

Vocabolario d'una lunga serie di riesami e rivalutazioni? Possiamo comunque legittimamente sorprenderci che tutto ciò non sia ancor oggi altrettanto noto nell'ambiente operistico quanto lo sono ad esempio le teorie brechtiane in quello teatrale. Brecht, si dice, è *mal conosciuto*, vittima del successo o anche della volgarizzazione maldestra delle sue teorie; Appia e Craig restano *misconosciuti* dagl'intenditori dell'arte lirica, il che è anche peggio. Sintomo d'inesistenza storica? Qualsiasi ricerca genealogica sulla messa in scena lirica inciampa su questioni attinenti la sociologia della cultura, che denunciano i moderni processi di sfruttamento e di cancellazione delle teorie e delle forme, e non del solo dibattito estetico.

3.2. Tre specialisti contemporanei: Ponnelle, Pizzi, Martinoty.

Questi tre registi d'opera lirica attivi nell'ultimo trentennio del secolo hanno in comune soltanto la loro specializzazione e la fama professionale internazionale di cui sono oggetto, e non si sono quasi mai occupati di teatro di prosa, di teatro *parlato*. Siccome il teatro *cantato* si sottrae ostinatamente alle regole della messa in scena codificate per tutto un secolo di allestimenti teatrali, questi registi hanno scoperto le proprie ricette per riuscire *comunque* a lavorare nella lirica; ed è stata la riuscita piú o meno regolare di questi procedimenti a imporli in seguito nel circuito professionale delle grandi istituzioni operistiche.

A metà strada fra le produzioni piú istituzionali e le esperienze ancora "militanti" di musica barocca, come dire fra Karajan e Harnoncourt, la brillante carriera di Jean-Pierre Ponnelle è emblematica. Allievo del pittore Fernand Léger, egli fa solo una breve apparizione nella messa in scena teatrale prima di specializzarsi nella regia lirica con *Tristano e Isotta* (1963), lavoro che riprenderà a Bayreuth solo nel 1981. Ma nel frattempo Ponnelle lavora soprattutto nei paesi di lingua tedesca; s'impone specialmente nella trincea lirica piú conservatrice d'Europa, il Festival di Salisburgo. Laddove Strehler rifiuta ogni compromesso, Jean-Pierre Ponnelle accetta i vincoli della regia lirica tradizionale e li combina fra loro con abilità. Strategia che la critica ha talvolta tacciato di accademismo, ma i cui successi hanno fatto epoca. L'influenza di Ponnelle sugli "specialisti" piú recenti (Jean-Claude Auvray, Jean-Louis Martinoty) è innegabile.

Nella sua direzione degli attori, molto vivace (per non dire *agitata* nel recitativo, con Mozart e Rossini), Jean-Pierre Ponnelle impiega decisamente i procedimenti tautologici di una gestualità illustrativa, come semplice prolungamento delle "intenzioni del testo" e anche del movimento musicale... Un gioco tautologico paragonabile all'arte di sottolineare le intenzioni del testo per mezzo delle inflessioni della voce, come fa il baritono tedesco Dietrich Fischer-Dieskau, le cui interpretazioni liederistiche rappresentavano una pietra di paragone all'epoca delle regie di Jean-Pierre Ponnelle. Ciò che il pubblico d'estrazione teatrale criticava come una volgarità, il pubblico di un grande festival operistico internazionale lo accettava come il lodevole sforzo di traduzione visiva di un libretto in gran parte *sconosciuto*. Anche se la direzione degli attori traduce la lettura ponnelliana dei desideri sessuali e dei conflitti sociali che legano fra di loro i personaggi (per esempio in *Cosí fan tutte*), le scenografie e i costumi trasmettono l'essenziale del messaggio drammaturgico del regista, il quale privilegia la *messa in prospettiva storica* del lavoro, un'idea ancora originale prima del 1970.

Dalla scenografia alla regia, il percorso professionale di Pier Luigi Pizzi è molto differente. Scenografo e costumista al seguito di Luchino Visconti e di Franco Zeffirelli, Pizzi ha fatto una lunga carriera di scenografo in teatro e all'opera prima di firmare uno spettacolo come regista. In seguito, questa "*star* all'italiana", invitato da Milano a Parigi, e da Reggio Emilia a Los Angeles, si allontana raramente da un repertorio lirico dai grandi effetti decorativi, barocco e romantico.

La sequenza ininterrotta dei suoi successi negli anni Ottanta è impressionante. Certo, osservato nella continuità del suo impegno, lo scenografo Pizzi è diventato lo specialista internazionale nel recupero di produzioni senz'anima, riscattando con qualche bella operazione scenografica la vacuità di spettacoli privi di necessità o anche di notorietà. Per esempio, in occasione dell'inaugurazione dell'Opéra Bastille a Parigi nel 1991, il suo allestimento di *Les Troyens* di Hector Berlioz illustrò bene quest'arte sontuosa del vuoto con una messa in scena abbozzata, incompiuta, riassumibile in pochi bei quadri, come l'apparizione utopica di Cartagine, città giallo ocra che prende forma in un miraggio del deserto... Per contro, questo *esteta dell'immagine lirica* ha dato prova della sua maestria teatrale in alcune occasioni memorabili.

La sequenza delle grandi opere barocche italiane secondo Pizzi, una vera e propria resurrezione dell'"estetica del piacere", ha svolto un ruolo considerevole nella storia contemporanea della riscoperta dell'opera barocca (*Orlando Furioso* di Vivaldi, Verona 1978; *Ariodante* di Händel, Milano 1981; *Orlando* di Händel, Reggio Emilia 1985). Pizzi dimostra la pienezza del suo talento quando deve aggirare i mille ostacoli – anche economici – delle produzioni da lui dirette. Dirige i cantanti ne *Il cappello di paglia di Firenze* di Nino Rota (Reggio Emilia, 1988) come fossero gli attori nel vaudeville di Labiche, facendo leva su un dispositivo scenico che accentua l'effetto "corsa folle" della *pièce*. Il suo *Macbeth* di Verdi (Parigi, 1982) è ascetico: praticabili neri condensano o disgregano le gradazioni di uno spazio neutro (o forse malefico nella sua tetra indeterminazione); i profili delle streghe, cantanti e ballerine, modellano lo spazio vero e proprio della rappresentazione. Ma, non appena ne ha i mezzi, egli è pronto a celebrare come si deve i fasti della teatralità barocca: la sua visione caravaggesca della *Passione secondo San Giovanni* di Bach (Venezia, 1984) assume il valore d'un manifesto spirituale piú prossimo alla Controriforma che non all'universo luterano. Ma, quasi echeggiando le lacerazioni della Germania barocca, si tratta di contraddizioni che sono presenti nello stile stesso dell'autore della *Messa in si minore*.

In effetti, Pier Luigi Pizzi è il vero campione del principio di *scenografia sufficiente*, visto che abbandona sovente i cantanti a se stessi al centro dell'ambientazione scenografica. La sua concezione della regia si adatta a quella fretta nell'allestimento delle produzioni liriche che rappresenta una minaccia costante per la continuità della messa in scena di tipo teatrale applicata all'opera lirica. Allo stato attuale dello spettacolo operistico, questa evidente forma d'efficienza è degna di considerazione, poiché dimostra come lo sguardo dello scenografo contribuisca a risolvere la gestione dello spettacolo lirico senza rinunciare a una visione estetica complessiva.

Infine, perfetta dimostrazione del lavoro drammaturgico nell'opera, la carriera di Jean-Louis Martinoty è esemplare: dapprima critico musicale, Martinoty impara il mestiere della regia lirica come assistente di Jean-Pierre Ponnelle, prima di diventare un regista molto affermato in Germania come in Francia, dove riceve piú volte il premio per il migliore spettacolo lirico dell'anno (*L'Ercole amante* di Cavalli, Lione 1979; *L'incoronazione di Poppea* di Monteverdi, Tourcoing 1982). Nominato direttore dell'Opéra di Parigi (1986-89), Martinoty programma delle stagioni originali, animate da un'acuta curiosità drammaturgica. In seguito, tuttavia, Martinoty lavorerà soprattutto in Germania.

Martinoty trasforma la messa in scena in una rete discorsiva profusa, contrastata, spesso piú stridente che patetica, interpretando la storia coeva alla composizione dell'opera e trasformandola con ironia in una rappresentazione delle frustrazioni sociali dell'epoca. E nel repertorio barocco, regolarmente indagato con fortuna da Martinoty, l'aspetto composito degli elementi che concorrono alla rappresentazione trasmette allo spettacolo una complessità anche maggiore, con grande ricchezza di dati e di significati (*Alceste* di Lully, Parigi 1992; *L'opera seria* di Gassmann, Schwetzingen 1994; *L'Argia* di Cesti, Innsbruck 1997). Ciò non toglie che, quando il drammaturgo si sovrappone all'opera, il museo della memoria viva e creatrice lasci talvolta il posto all'accumulazione delle allusioni; il *bric-à-brac* decorativo dell'Ottocento viene uguagliato da quello dei segni d'una cultura ubriaca di esibizioni archivistiche. Per Martinoty uno spettacolo vivo non è altro che l'*analogon* di una costruzione intellettuale, come se la scena operistica dovesse sistematicamente aprire il gran libro dei suoi sogni, quello di *un'opera immaginaria*...

Regista di grande talento, ma anche intellettuale alle prese con le proprie idee (1991) e collezionista d'arte contemporanea, Jean-Louis Martinoty è un caso che riassume in sé i paradossi dell'ambiguo rapporto degli artisti francesi con la drammaturgia. Il "drammaturgo alla francese", invece di governare il senso come nella pratica brechtiana tedesca, moltiplica le metafore e gli effetti speculari. Ma piú che offrire belle immagini alla contemplazione immediata dello spettatore (senza necessariamente infliggergli la pesantezza della costante ironia che prevale nella scena tedesca), la scena lirica di Martinoty costituisce un *cantiere culturale* nel quale s'affrontano le contraddizioni dell'opera d'arte.

4. *Il repertorio e l'assalto drammaturgico*.

Parallelamente all'applicazione del sapere musicologico nella pratica artistica, l'affermarsi graduale d'una visione drammaturgica del repertorio ha contribuito nel corso del XX secolo al suo costante ampliamento. L'intervento del regista nell'opera lirica permette dapprima di ripensare la coerenza scenica del tradizionale repertorio ottocentesco, che poggia sempre su due pilastri: Verdi e Wagner. In un secondo tempo, quasi al margine di questo consolidamento, la riabilitazione di *tutte* le opere di Mozart addita allo spettacolo lirico una nuova frontiera teatrale: *buffa* o *seria* che fosse, l'opera dell'epoca mozartiana invitava a risalire nel tempo e a estendere retroattivamente il repertorio dell'opera all'insieme del suo patrimonio storico fino alle sue cosiddette origini "barocche".

Paradossalmente, se la messa in scena sembra oggi quasi un esercizio di restauro storico integrale del repertorio lirico, i registi hanno cominciato a pensare di essere i giudici della posterità. Per esempio, attorno al 1960 nessun intellettuale o uomo di teatro parigino si curava minimamente del patrimonio lirico; essi ostentavano di infischiarsene del "buon vecchio *Faust* di Gounod" che l'Opéra Garnier presentava con scenografie polverose e un Mefistofele rossovestito con barbetta; e negli album di *Tintin* [Hergé 1963] l'enorme Castafiore cantava il ruolo di Margherita disgustando i ragazzi con la rappresentazione caricaturale dell'opera lirica. Il fenomeno di massa dell'editoria e del mercato discografici permetteva a taluni di profetizzare la morte dello spettacolo lirico a vantaggio di un recupero esclusivamente musicale dei capolavori del repertorio. È stato proprio il rinnovamento della messa in scena lirica che, salvando la rappresentazione operistica, ha invertito la tendenza. Quando nel 1975 Jorge Lavelli presentò la sua regia del *Faust* di Gounod all'Opéra di Parigi, il pubblico s'accorse che quest'opera magniloquente poteva sprigionare un'autentica tensione drammatica, e persino una riflessione drammaturgica sul cinismo faustiano. E gli amanti del teatro tornarono all'opera.

Vi ritrovarono il consueto repertorio lirico ottocentesco ripartito con un'estrema disuguaglianza di trattamento fra Verdi e Wagner. Fin dall'origine della messa in scena lirica, Appia e Craig s'interessarono a Wagner, mentre Verdi veniva abbandonato alle intoccabili tradizioni dei pittori di fondali.

Per gli anni Trenta, possiamo cosí riassumere la situazione arretrata della messa in scena verdiana: mentre il filosofo Adorno analizza l'ideologia wagneriana, fonte di un futuro rinnovamento drammaturgico, la critica dà in pasto *Il Trovatore* di Verdi alla *verve* parodistica dei fratelli Marx in *Una notte all'Opera*! Negli anni Cinquanta, mentre la riforma di Wieland Wagner a Bayreuth obbedisce a lungo a motivazioni politiche ed estetiche profonde, la sporadica riscoperta della drammaturgia verdiana resta il frutto d'iniziative isolate, di capricci divistici o di fantasticherie estetiche... Fortunatamente, con la leggendaria *Traviata* messa in scena da Luchino Visconti con Maria Callas per il Teatro alla Scala di Milano (1955), si raggiunge il capolavoro storico. Ma in seguito bisognerà attendere gli anni Settanta, sempre a Milano, per ritrovare grazie alla collaborazione fra Giorgio Strehler e Claudio Abbado opere verdiane (*Simon Boccanegra*, 1971; *Macbeth*, 1975) capaci d'iscriversi nella leggenda del teatro lirico. Ma, a eccezione delle iniziative prese da Maria Callas, il repertorio verdiano ha piú sfruttato che non promosso la riforma generale della scena lirica.

4.1. Il caso Wagner dal punto di vista teatrale.

Al contrario, da Appia a Chéreau, la messa in scena delle opere di Wagner ha ricoperto un costante ruolo di riferimento nella storia moderna dello spettacolo operistico.

Non sono soltanto l'originalità e la complessità drammatiche di un incomparabile lavoro creativo a spiegare come Wagner si trovi al centro della storia moderna della messa in scena lirica; la sua fecondità è anche il prodotto di una tradizione drammaturgica tedesca che è avanti di un secolo sul resto dell'Europa. Infatti, fin dagl'inizi dell'Ottocento i registi d'opera tedeschi concepiscono le rappresentazioni liriche secondo una logica globale: i gesti e l'espressione dei cantanti devono accordarsi con le scene e i costumi... Essi tendevano a identificare la scena con una scacchiera, sulla quale lo spirito del regista deve giocare una partita unitaria. Nel resto d'Europa i cantanti erano lasciati a se stessi. Ora, con Weber, Meyerbeer, Wagner... e Verdi, i cori assumono un'ampiezza che non avevano mai conosciuto nell'opera dai tempi della riforma di Gluck; la loro gestione scenica diventa dunque la questione centrale di una messa in scena embrionale che prende a poco a poco coscienza della propria necessità. Ai tempi di Wagner, la compagnia dei Meiningen rappresenta il culmine d'un secolo di teatro tedesco; nel 1874 André Antoine andrà fino a Bruxelles per assistere ai loro spettacoli e ne dedurrà i principî teorici unitari della messa in scena moderna. Uno dei primi critici wagneriani francesi, Lavignac, coglierà l'occasione per paragonare Bayreuth con il Théâtre Libre e attribuire a Wagner in persona l'invenzione della messa in scena! Lo si è creduto, ma non è vero; un'ambiguità che per tutto il Novecento sta alla base di entrambe le correnti del teatro wagneriano: quella conservatrice e quella modernista.

Come il suo mecenate Ludwig II, anche Wagner coltiva una fede profonda e ingenua nelle pratiche illusionistiche della scenografia coeva. Se Wagner non ha dubbi nell'identificare opera e teatro, non è per riformarne le tecniche, ma semmai per giovarsi d'un maggior numero d'effetti drammatici già noti. Il compositore di *Tristano* rappresenta il prototipo dell'*Io romantico* animato da una prepotente volontà, che trasforma la percezione del mondo a misura delle proprie visioni. Richard Wagner ammira i registi dell'Opéra di Parigi, cosí consumati nell'arte dei paesaggi tormentati, delle città gotiche dipinte sui fondali, delle vacillanti immagini proiettate dalla lanterna magica... A Bayreuth, se la concezione frontale della sala buia è rivoluzionaria, se la disposizione dell'orchestra nel golfo mistico è innovativa, i dettagli per la messa in scena predisposti dal compositore-demiurgo continuano a rispecchiare quanto si svolge nella maggior parte dei teatri lirici dell'epoca. I devoti ammiratori che vanno in pellegrinaggio a Bayreuth, come Lavignac, si astengono generalmente dall'evocare i problemi della messa in scena: la musica trascende tutto ciò che c'è da vedere! È una fortuna, visto che l'ampia documentazione fotografica della scenografia wagneriana originale muove piuttosto al riso: trasportato in epoche eroiche, il preteso naturalismo di Wagner regista si limita a mostrare elmi di latta, spade di legno e valchirie col busto... È il celebre *bric-à-brac wagneriano* che Cosima, l'erede dell'impero, conserverà con maniacale devozione fino all'ingresso trionfale dei nazisti a Bayreuth.

D'altra parte è certo che Wagner, nelle prefazioni, nelle didascalie e negli scritti miscellanei, preconizzava con ardore l'avvento di un cantante-attore completo; la "naturalezza della recitazione" è la meta costante del drammaturgo-compositore. Ma, date le condizioni della regia lirica nel XIX secolo, questo desiderio non si realizzò mai davvero; condurre l'opera wagneriana alla sua potenziale dignità teatrale sarà dunque nel Novecento il grande impegno della messa in scena lirica. E i registi wagneriani – con Appia in testa – non sono mai riusciti veramente a spiegare nei loro scritti il paradosso teatrale della originale creatività wagneriana: il teatro di Bayreuth favorisce costantemente la ricerca drammaturgica (il *Ring* del centenario allestito da Pierre Boulez e Patrice Chéreau sta a dimostrarlo) affinché gli artisti contemporanei dimentichino che si tratta di un'utopia *realizzata*! Tutti sanno infatti che è tipico dell'utopia non reggere la prova della realtà. Il movimento simbolista ha coltivato un rapporto profondo con i lavori wagneriani solo riconoscendovi una sorta di dialettica oscura fra l'archetipo e il fallimento del segno, fra l'assenza e la distorsione della forma.

Dopo la caduta di Hitler, Wieland Wagner può finalmente intraprendere la "redenzione teatrale" del lavoro del nonno basandosi sulle teorie, ormai vecchie di mezzo secolo, dei teorici wagneriani della moderna messa in scena lirica. La "nuova Bayreuth" denazificata si ripulisce del *bric-à-brac* d'un illusionismo romantico ormai messo a nudo dalle luci crudeli della nuova estetica. L'illuminazione, deliberatamente utilizzata per il suo valore simbolico, è il protagonista della *Tetralogia* e del *Tristano*, in armonia con il sistema dei *Leitmotive* musicali. Ora la luce trasfigura le forme di una scenografia spoglia, ma di grande ampiezza spettacolare, che valorizza l'intenso gioco teatrale dei protagonisti, quei cantanti-attori sognati appunto da Wagner a prescindere dalle sue ingenue preferenze per la regia decorativa del suo secolo. Questi cantanti-attori erano una necessità conseguente dal tipo di scrittura drammatica e musicale delle sue opere.

A riprova dell'eccellenza della messa in scena lirica di Richard secondo Wieland, la qualità della messa in scena influenza la lettura musicale, arricchendola. La musica del dramma wagneriano non è la stessa prima di Wieland e dopo Wieland: prima di lui, i grandi direttori della tradizione romantica (i Furtwängler, Knappertbusch, Krauss) privilegiavano l'incontenibile movimento sinfonico che travolge i personaggi; ma dopo aver sperimentato la scarnificazione teatrale, anche se la tradizione persiste (Böhm, Solti) vi sono direttori che ci fanno scoprire il *teatro intimo* di Bayreuth. Agli inizi degli anni Sessanta Herbert von Karajan sta forse leggendo Strindberg mentre dirige la sua storica *Tetralogia* fra quelle ombre "umane, troppo umane" dell'illuminazione decisa da Wieland? Carlos Kleiber, quando nel 1982 registra *Tristano* come un'opera da camera inquadrando da vicino i personaggi (grazie all'audace artificio d'una tecnica di registrazione che ricostruisce la disposizione delle voci sul palcoscenico), prende atto di una seconda nascita del lavoro di Wagner, del suo primo vagito nel mondo teatrale un secolo dopo il suo concepimento.

Dopo Wieland, Patrice Chéreau sarà ora in grado d'intervenire su di un campo sgomberato in termini drammaturgici (e reso neutro in termini musicali dalla lettura analitica di Pierre Boulez): *doppia vittoriosa espugnazione* da parte di una messa in scena di origine teatrale dopo quella di una messa in scena specificamente lirica (cosa che di solito si tende a dimenticare). Ma resta il fatto che la regia di Chéreau è interessante in quanto prima messa in scena *contemporanea* a Bayreuth, se consideriamo che il lavoro di Wieland s'iscriveva in una procedura complessa di cancellazioni e di restauri storici. Comunque, senza la preventiva apertura simbolistica di Appia e di Wieland, le riletture di Chéreau *e degli altri* sarebbero state impossibili. In virtú della sua importanza storica, l'esempio wagneriano permette di pensare la messa in scena lirica come l'arte specifica di restituire a un lavoro antico la sua nativa singolarità e polisemia – quelle precedenti all'intrusione delle riletture, le quali appunto sfruttano e traducono tale ricchezza per il meglio (o per il peggio).

Dopo Wieland Wagner e Patrice Chéreau sarà possibile valutare come merita la prodigiosa costruzione intellettuale rappresentata dal sistema di scrittura wagneriano: la *Tetralogia* è concepita come un linguaggio, ma il vocabolario di questo linguaggio cambia di senso in funzione di una sintassi che risponde a una logica estetica e non piú semantica. Qualsiasi melomane capisce come il *Leitmotiv* dell'*Oro*, per esempio, riesce a contraddire e smentire la parola "amore" pronunciata dal nano malefico, ecc. L'artificio del commento orchestrale è noto fin dalla nascita dell'opera e raggiunge il culmine con Mozart; ma quando i simboli si accavallano nella complessità del fluire di suono e poesia, è ben abile il regista che riesce a ridurre il "messaggio wagneriano" a una traduzione pura e semplice. Quest'arte è mostruosa perché ha sistematizzato la soggettività in un simulacro razionale di linguaggio dei sensi. Il fascino di Wagner è quello di parlare con la sua arte solo a chi gli cede la propria volontà, a chi mette in scena il suo preteso mistero nel proprio codice, come ha ben compreso Proust... Il mondo wagneriano è un mondo perché è privo di senso, ed è dunque possibile costruirvi sopra tanto un'ideologia totalitaria quanto cento messe in scena, a meno di non proiettarvi il romanzo della propria vita.

4.2. La rivalutazione delle opere d'epoca mozartiana.

A partire da metà Novecento, quando il passaggio dal teatro all'opera era ormai diventato un'abitudine per un numero crescente di registi, esso coincise con un intenso desiderio d'esplorazione del repertorio alla luce della storia letteraria e politica. Nel teatro francese, per esempio, le generazioni di Louis Jouvet prima e di Jean Vilar poi aguzzarono il loro appetito drammaturgico: allestire un *Don Giovanni* di Molière faceva nascere la voglia di mettere in scena quello di Mozart.

Tuttavia, il repertorio lirico ereditato dall'Ottocento riduceva Mozart a *Don Giovanni* e *Flauto magico*. Ma in Italia, già alla fine degli anni Quaranta, fu un'irresistibile identificazione critica coi paradossi del *razionalismo sentimentale* settecentesco a spingere Giorgio Strehler verso Mozart come verso Goldoni. Quelle di Strehler sono regie esemplari per entrambi gli autori, senza che vi si avverta una profonda differenza drammaturgica. Cantato o parlato, *un unico teatro* anima il neoclassicismo europeo nato dall'Illuminismo, quello che Strehler ricompone:

> È il suo tono che parte da una comicità motoria, ritmica, tipica del Goldoni comico, e a poco a poco degrada nel patetico, nel dolente [...]. È la sua raggiunta maturità di annotazione psicologica, di fissare il tratto inconfondibile del carattere e soprattutto dello stato d'animo [1974, p. 237].

Un discorso che s'adatta tanto alla *Trilogia della villeggiatura* di Goldoni quanto a *Le nozze di Figaro* di Mozart, *commedie malinconiche* che restano indimenticabili nella regia di Strehler.

Buffa o *seria* che sia, l'opera mozartiana viene ancora rivisitata in modo frammentario. In Francia, prima del suo ripetuto trionfo al Festival d'Aix-en-Provence negli anni Cinquanta, un capolavoro dell'opera comica come *Cosí fan tutte* era considerato una sorta di banale divertimento libertino, trattato con meno riguardo de *Il ratto dal serraglio*, un pretesto per sfoggiare scenografie rococò. Oggigiorno, nella scia di Mozart, Cimarosa comincia a malapena a ritrovare il posto che gli spetta... Quanto al versante serio del repertorio mozartiano, esso è attualmente conteso fra i piú diversi stili drammaturgici in una vera e propria gara di regie, firmate da Jorge Lavelli (*Idomeneo*, Angers-Parigi 1975), Jean-Pierre Ponnelle (*Mitridate re di Pon-*

to, Schwetzingen-Vicenza 1983), Patrice Chéreau (*Lucio Silla*, Milano-Bruxelles 1984), Michael Cacoyannis (*La clemenza di Tito*, Aix-en-Provence 1988), Graham Vick (*Mitridate re di Ponto*, Londra 1991), ecc. E non è finita, perché l'opera seria mozartiana spalanca le porte all'opera lirica barocca piú difficile da riscoprire, non foss'altro che per la scomparsa dei castrati.

Insomma, la fecondità del rapporto Mozart-Goldoni scoperto da Giorgio Strehler può essere riprodotta altrove; la convergenza stilistica fra le dimensioni del teatro e dell'opera lirica è possibile anche coi lavori scenici di altre epoche. Ciò è particolarmente evidente con l'epoca barocca, epoca per eccellenza dell'estetica teatrale e culla dell'opera lirica.

In Francia, Jean-Marie Villégier vive un'avventura simile a quella di Giorgio Strehler con il teatro e l'opera del Seicento francese; ora sono Racine e Lully a entrare in risonanza... Allestita per la prima volta nel 1987, a Firenze e poi a Parigi, la messa in scena dell'*Atys* di Lully secondo Jean-Marie Villégier – di certo l'ultimo grande avvenimento nella storia della regia operistica francese – deve molto agli anni che il regista ha trascorso alla riscoperta dei testi drammatici dell'epoca barocca.

5. *La riscoperta spettacolare dell'opera barocca*.

La pratica della messa in scena dell'opera barocca è un fenomeno contemporaneo. Da appena due generazioni il repertorio lirico corrente si è aperto a compositori "pre-mozartiani", fino a quel momento frequentati soltanto dai musicologi o da alcuni concertisti; e cosí Cavalli, Cesti, Lully, Charpentier, Campra, Vivaldi, Rameau, ecc. si aggiungono ai vari Monteverdi, Purcell, Händel, già ben accetti alle istituzioni dell'arte lirica. E dietro l'etichetta di *barocco* una ventina di nomi nuovi sono ormai presenti nei cartelloni dei teatri d'opera allo stesso titolo di Verdi, Wagner, Puccini, Berg... Tuttavia il termine "barocco", usato un po' convenzionalmente per indicare questo nuovo repertorio, non si riferisce soltanto a un certo periodo storico (1600-1750 ca.) come da periodizzazione accademica tedesca riveduta dai musicologi anglosassoni; ciò che è giunto fino a noi, passando attraverso le piú diverse reincarnazioni operistiche europee dei secoli XVII e XVIII, ciò che appassiona oggi gli artisti lirici, i registi e il pubblico dell'opera allargato a nuovi melomani è quella particolarissima concezione della teatralità che il Novecento chiamò "barocca", dapprima con un certo disprezzo e poi con affascinata ammirazione. E anche se gli usi e le definizioni correnti del termine "barocco" si rivelassero falsi o illusori, il recupero di questo repertorio è ormai registrato nella storia contemporanea dello spettacolo vivente con questo appellativo.

Contrariamente all'idea diffusa che (non senza logica) pensa a un lento *progredire* del Novecento verso le certezze musicologiche dell'oggi, i pionieri dell'interpretazione lirica barocca furono spesso contemporanei all'esumazione delle antiche partiture, risalente ormai a un secolo fa. Generalmente, furono solo i loro successori ad arrangiarle e modernizzarle, credendo cosí di renderle piú accessibili secondo il criterio delle istituzioni musicali di allora. Cosí le edizioni operistiche monteverdiane di fine Ottocento risultano molto piú fedeli ai manoscritti originali che non le versioni di metà Novecento: attorno al 1900, Vincent d'Indy e soprattutto Gaetano Cesari erano già piú fedeli al testo di Monteverdi del nostro contemporaneo Raymond Leppard. Ma nel frattempo gli archeologi hanno lasciato il posto agli impresari dei festival operistici. Tuttavia già fin dai primi del Novecento, grazie alle teorie dell'interpretazione formulate da Arnold Dolmetsch, tutto era musicologicamente pronto per una rinascita dell'opera barocca.

Nel 1900, complice l'organista e direttore d'orchestra Martin Shaw, Craig mette in scena a Londra *Dido and Aeneas* di Purcell, e l'anno seguente una sorta di *mask* galante tratto da Händel. Invece di obbedire al *gusto kitsch* che la Belle Époque nutre nei riguardi dell'epoca barocca, Craig opera una rottura radicale con lo storicismo della regia tradizionale, tanto piú che il repertorio barocco non è vincolato alla verosimiglianza psicologica e narrativa su cui si regge la lirica dell'Ottocento: con una scenografia astratta, la luce modella lo spazio in maniera pittorica; il direttore della recitazione mette in rapporto i movimenti dei cantanti e quelli della musica con grande rigore. Concezione utopica dello spettacolo lirico che il regista sogna di poter realizzare con un lavoro parimenti emancipato dai vincoli formali dell'opera: *La Passione secondo San Matteo* di Johann Sebastian Bach. A partire dal 1900, Craig deposita uno dopo l'altro progetti scenografici irrealizzati ai piedi della grande *Passione*, e lo spettacolo non avrà mai luogo.

Il 22 giugno 1903, nel cortile interno della Schola Cantorum di Parigi, *La guirlande* sarà la prima opera di Rameau a essere nuovamente rappresentata; a quel tempo Debussy scrisse: «Viva Rameau! Abbasso Gluck!» L'insolenza della formula segna il cambiamento di mentalità del nuovo secolo, che rifiuta le basi estetiche del passato recente per ricercare in un passato piú lontano nuovi modelli formali. Dopo un secolo, l'odierno "ritorno al barocco" sembra realizzare la parola d'ordine di Debussy.

La contrapposizione fra le istituzioni e i primi "barocchisti" è una costante di tutto il Novecento: *Le triomphe de l'amour* di Lully, rappresentato nel 1925 all'Opéra di Parigi, trascura il dettame del ritorno alle fonti della musica e della danza antiche; è soltanto un balletto in costumi galanti. Invece nel 1933 Amsterdam promuove e accoglie una produzione francese che mira alla ricostruzione rigorosa di *Acis et Galatée* di Lully, grazie alla partitura fedelmente riveduta da Henri Prunières, all'ascetica direzione musicale di Pierre Monteux e alle scenografie di André Boll, sulla base delle ricerche originali di Jean Berain. Nel decennio 1970-80, questo faccia a faccia tra gli apparati della produzione lirica e i "barocchisti" rimarrà sempre lo stesso.

Gli eruditi fortunati non fanno storia: le dotte ricerche e le realizzazioni andate in porto dei pionieri dell'opera barocca furono altrettanti fuochi fatui. Per contro, gli arrangiatori persero raramente l'occasione di adattare i maestri d'un tempo all'estetica dominante dei teatri d'opera; tra queste funeste ragioni marginali va annoverato anche il nazionalismo culturale. Negli anni Venti, i musicologi tedeschi recuperarono le opere italiane di Händel sotto forma di *grand opéra* storico, cantato in tedesco nel quadro di festival specializzati! Lo snello complesso strumentale barocco si gonfiava fino alla dimensione di un'orchestra sinfonica wagneriana... Siccome Händel veniva ancor piú rivendicato dai nazionalisti inglesi che non da quelli tedeschi, tale estetica festivaliera fece scuola oltremanica, soprattutto a Glyndebourne, fino agli anni Settanta. Tagliate su misura per il neoclassicismo di stato, le pesanti produzioni liriche dei musicisti-ideologi novecenteschi perpetrarono devastazioni per noi inimmaginabili. La palma spetta al compositore nazista Carl Orff (1895-1982). Dopo alcuni esperimenti preliminari, Orff trascrisse tre lavori di Monteverdi (*Orfeo* [*Orpheus*], *Il ballo delle Ingrate* [*Tanz der Spröden*] e il frammentario *Lamento d'Arianna* [*Klage der Ariadne*]) per ricavarne un trittico teatrale rappresentato per la prima volta a Dresda nel 1940 sotto il geniale titolo di *Lamenti*!

6. *Tendenze della messa in scena operistica alla svolta del secolo.*

Dal momento che la storia dello spettacolo è fatta di una continua alternanza fra amnesia e riscoperta, i luoghi comuni sull'opera lirica oggi circolanti nell'ambiente teatrale fanno sempre dell'arte lirica una “terra di missione” per l'arte della messa in scena. Tanto peggio per i precursori d'inizio secolo, quando Appia, Jaques-Dalcroze e Craig avevano assegnato alla scena lirica un decisivo vantaggio teorico sulla scena drammatica. Oggi il modello culturale del teatro parlato, con la ricchezza delle sue forme antagoniste, s'impone sull'opera come l'unico modello da seguire. E cosí, quando l'opera non scimmiotta grossolanamente drammaturgie teatrali già note, si sforza, grazie ad alcune personalità d'eccezione, di riprodurre la medesima qualità nella regia degli attori, e ciò malgrado la sua ineluttabile convenzione: la parola cantata.

Il “passaggio all'opera” è divenuto la ricompensa obbligata di una normale carriera di regista teatrale. Il caso di Jorge Lavelli è esemplare: rivelatosi con l'audacia delle sue prime regie teatrali, egli è diventato, dopo un *Faust* di Gounod reputato “scandaloso” all'Opéra di Parigi (1975), un *habitué* dei cartelloni lirici internazionali. Il pubblico dell'opera gli deve spettacoli molto belli, ma è da molto tempo che Lavelli non turba piú nessuno. L'avventura di questo “passaggio” è diventata *routine*. L'importazione del teatro nell'opera, fattasi sistematica, non è piú garanzia d'innovazione, di creazione, di rinnovata vitalità. Peggio ancora: l'obbligo di tentare l'opera per attestare il proprio successo teatrale produce spesso esperimenti assurdi sul piano artistico. Non è raro che importanti registi di teatro vadano fuori strada nell'opera, con produzioni chiaramente estranee al loro universo estetico personale.

Molto accentuato, a seconda dei paesi, il fenomeno del travestimento teatrale dell'opera è rivelatore delle differenze culturali fra paesi europei che si pensa debbano apprezzare pressappoco lo stesso repertorio ereditato dall'Ottocento. Ma la stessa opera di Verdi, messa in scena a Francoforte, Lione, Bruxelles, Londra, Bologna, Amsterdam e Basilea secondo i criteri di teatralità dominanti in ciascun paese, rischia di non *assomigliarsi* piú...

In Germania, ma anche a Parigi (secondo una corrente d'influenza culturale dominante), trionfa attualmente una sorta di scuola neo-brechtiana della messa in scena lirica (Ruth Berghaus, Jürgen Flimm, Achim Freyer, Michael Hampe, Herbert Wernicke, ecc.) coerente a tal punto che questa drammaturgia lirica tedesca è ormai riconoscibile dalle sue convenzioni. Quale che sia l'opera trattata, da Monteverdi a Berg, la tensione dialettica che questo teatro impone all'opera si traduce ormai in una serie di connotazioni mutuate dalle vere-false messe in scena brechtiane degli anni Sessanta e Settanta: scenografie e costumi utilizzano soltanto una tavolozza cromatica di toni freddi, grigi e marroni, a meno che una macchia dal colore altamente simbolico (il rosso del potere criminale, il blu notte di una delicata atmosfera romantica) non arrivi a spezzare con violenza questo rifiuto drastico della piacevolezza estetica; i costumi sono ovviamente di una sobrietà disarmante, salvo quando gli "strumenti del potere" vanno a passeggio coperti da impermeabili della Gestapo (o del KGB) e quando le "figure della seduzione" esibiscono esche biancastre, seni magri e bicipiti geometrici. Martinoty non ci sta: «In Germania sembra diventata insopportabile la vista d'un costume del Settecento su un palcoscenico operistico!» La direzione degli attori, che è la principale preoccupazione in un universo visivo cosí monotono, incide nel vivo: il cinismo dimostrativo che sottolinea i rapporti sociali fra i personaggi è pari solo al nervosismo arruffone che si propone di segnalarne i rapporti d'alienazione sessuale. Non meno convenzionale dei vecchi codici della recitazione naturalista, prevale una gestualità simbolica tipica della scena lirica tedesca di scuola post-brechtiana, meccanico non-conformismo inventato da coloro che cercano di stanare un'*arte borghese* immaginaria.

Anche in altri paesi d'Europa hanno preso piede all'opera le rispettive caricature dei teatri d'avanguardia nazionali. In Francia, la sorprendente carriera lirica di Pierre Strosser ne è l'illustrazione perfetta: da un clamoroso *Pelléas et Mélisande* di Debussy all'Opéra di Lione (1984) alla *Tetralogia* di Wagner al Théâtre du Châtelet (1995), Pierre Strosser si accontenta d'imporre come novità una retorica minimalista familiare ai conoscitori del l'avanguardia teatrale francese. Ma l'ascetismo di Strosser è ancor piú sorprendente quando lo si paragona alla nuova schiera di registi della drammaturgia anglosassone. È chiaro che in teatro come all'opera, da Piccadilly a Broadway, e dal Covent Garden di Londra al Lincoln's Center di Washington, dopo molte generazioni di dogma naturalista, qualsiasi regista appena un po' bizzarro può passare per rivoluzionario saccheggiando le ricette estetiche teatrali del vecchio continente che si combattevano a metà Novecento. Negli Stati Uniti, in Gran Bretagna, quindi al Festival d'Automne a Parigi, Peter Sellars fa sensazione trasponendo i libretti delle opere di Mozart in situazioni contemporanee: gl'intricati inseguimenti amorosi hanno luogo in un *fast-food*, Despina non serve del cioccolato ma della coca-cola, ecc. Questo procedimento drammaturgico della trasposizione ironica e rivelatrice, il teatro europeo l'ha esaurito da tempo in tutte le sue forme, da Bertolt Brecht a Jean Anouilh, tuttavia oggi questa drammaturgia assurge a criterio assoluto di modernità, quasi una promessa di scandalo e di mondanità, trionfando al Festival di Salisburgo. E attualmente la maggior parte dei giovani registi d'opera anglosassoni si accalca sulle orme di Peter Sellars, abile direttore della recitazione e comunicatore sorridente.

In effetti, sotto l'impero dei *mass media* il cinema rimpiazza il teatro come pietra di paragone dell'opera lirica contemporanea. I registi lo riconoscono volentieri: se il mondo dell'opera tende cosí facilmente a ignorare il teatro, ciò avviene meno per incultura che non in nome di una relazione piú profonda con l'altra fonte d'ispirazione offerta dall'immaginario cinematografico. Senza ricondurla alla questione ormai discussa e ridiscussa del *film d'opera* – ciclicamente alla moda negli anni Cinquanta, poi negli anni Ottanta – l'analogia fra opera e cinema è profonda e meriterebbe uno studio specifico. Condizionato dal montaggio parallelo di una colonna sonora che predomina nella costruzione del senso complessivo, forse l'immaginario visivo stimolato dal cinema si apparenta per natura a quello dell'opera lirica. La pratica dello *story-board* è rivelatrice della somiglianza fra le rispettive tecniche (pur se qualche volta viene adottata anche in teatro); comunque sia, è da notare che il risalto degli elementi plastici nel racconto cinematografico di certi registi deve qualcosa alla scena lirica per la quale erano passati: dopo Ejzenštein, Visconti e Orson Welles, citiamo Ken Russell, Roman Polanski, Peter Greenaway, ecc. In ambedue le forme di spettacolo opera un identico tipo di sguardo; per esempio, Jean-Pierre Ponnelle pensa al cinema già a partire dal suo lavoro di uomo di scena e poi, quando diventerà cineasta, dovrà soltanto modificare leggermente il dispositivo teatrale affinché la cinepresa possa avvicinare il suo occhio indiscreto alla scena e aprire le sue inquadrature sulle quinte. La sua produzione d'opera filmata è imponente: *Il barbiere di Siviglia*, *Madama Butterfly*, *Le nozze di Figaro* e soprattutto (in quanto segna l'ingresso trionfale del repertorio barocco nel circuito lirico internazionale) la trilogia delle opere monteverdiane alla fine degli anni Settanta. Jean-Pierre Ponnelle affermava di volere in tal modo «portare Karajan al cacciatore di pellicce dell'Alaska»... Del resto, da inventore di uno straordinario sistema di autopromozione culturale qual era, Herbert von Karajan era dello stesso avviso! La rapida diffusione odierna dell'*home video* darà loro ragione?

7. *L'opera, equivoco culturale e museo vivente.*

Siccome nella storia dello spettacolo il Novecento appare ormai come il secolo del cinema e della messa in scena, duplice rivoluzione della percezione e del linguaggio estetici, l'assalto all'opera è stato all'origine d'un grande *equivoco culturale.* Scandalo endemico, incanalato dalle consuetudini, ma anche alimentato dalla tradizionale separazione fra il pubblico del teatro e quello dell'opera.

Sottoposta dopo l'opera veneziana alle leggi della moda e del mercato, l'arte lirica non è mai riuscita (malgrado gli sforzi dei lullisti, e poi dei wagneriani) a fondare tradizioni abbastanza durature da farla apparire come un monumento la cui perennità scenica potesse sfuggire alle mode e alle ideologie contingenti. In effetti, prima ancora che la messa in scena se ne occupasse, l'opera ha sempre mal sopportato di venire sezionata nelle evoluzioni parallele delle arti che la componevano. Un interrogativo mal posto: «il regista si crede forse piú importante del direttore d'orchestra e dei cantanti?» avvelena le relazioni del pubblico con lo spettacolo operistico.

Per comprendere il fenomeno, bisogna studiare come si forma *il punto di vista dello spettatore.* Ai giorni nostri, è raro purtroppo che lo spettatore si prenda la briga di leggere in dettaglio il libretto di un'opera prima di assistere a una rappresentazione. La maggior parte del pubblico s'aspetta dal regista la traduzione scenica di quello sforzo di lettura che invece, per parte loro, gli spettatori dell'epoca barocca si assumevano in proprio. Infatti tale atteggiamento moderno non ha piú nulla a che fare con quello dello spettatore d'un tempo: gli storici dell'opera sei e settecentesca ripetono incessantemente che da Striggio a Quinault, da Busenello a Metastasio, ciò che interessava innanzitutto il pubblico colto era il valore del libretto; dunque, *mutatis mutandis,* Monteverdi, Lully, Vivaldi o Jommelli erano ai loro occhi soltanto effimeri illustratori del dramma. Il compositore ricopriva il brillante ma contestato ruolo dell'odierno regista. E se la storia artistica dell'epoca barocca è anche la storia del lento processo di riconoscimento (piú sporadico che evolutivo) dei musicisti come autori esclusivi delle loro opere, furono Mozart, Beethoven e i Romantici a imporre un po' alla volta la nostra moderna concezione della composizione lirica. Per merito della messa in scena, o anche per sua colpa, *i librettisti* – e non i musicisti – *tornano a sostenere l'esame del pubblico*. Ormai il vero libretto è quello che la messa in scena si degna di far sentire e vedere.

Comunque, se alla fine del XX secolo l'affermazione che il senso d'un certo lavoro dipende *anche* dalla lettura che ne viene fatta è diventata banale, succede che a tale proposito insorgano ancora delle polemiche ideologiche. La questione dibattuta è sempre la seguente: in quale proporzione, in quale misura l'intervento della lettura registica può espropriare l'autore di un lavoro della sua responsabilità creatrice?

Se l'opera è in ritardo sul teatro, ciò riguarda certo l'assimilazione critica del repertorio nei rispettivi pubblici. Non è che oggi il pubblico della lirica conosca meno bene *La Traviata* e *Tristano* di quanto il pubblico del teatro non conosca *Amleto* e *Il giardino dei ciliegi*; grazie alla massiccia diffusione discografica delle opere, sarebbe vero semmai il contrario, statisticamente parlando: qualsiasi melomane ascolta decine di volte il suo capolavoro preferito, mentre la rilettura regolare d'un testo teatrale è prerogativa di qualche universitario specializzato o dei due o tre registi che vi costruiscono intorno una produzione. È la musica - se non il verso - che si registra nella memoria, e non un *testo d'intreccio*. Per contro, la cultura del pubblico teatrale moderno non è fuori strada quando intende la messa in scena come l'arte di rileggere un testo inserendolo in un movimento scenico. Per l'opera, ciò non è per nulla chiaro: la musica non viene considerata un testo preesistente, ontologicamente non scalfito da una mediocre rappresentazione, perché la musica è la posta medesima dell'esecuzione, il suo elemento creativo. All'opera, la partitura formula e designa soltanto l'archetipo ideale di cui l'esecuzione lirica costituisce l'*analogon*. La melomania che circonda il repertorio lirico contribuisce dunque ad allontanare il suo pubblico dalle problematiche teatrali insite nell'opera stessa.

Per esempio, l'appassionato melomane può anche conoscere benissimo a memoria il *Don Giovanni* e non essersi mai preoccupato della sua logica teatrale, tanto complicata... All'ascolto, col testo sott'occhio, l'immaginario musicale di *Don Giovanni* è soave, seducente e perfino malinconico, cinico, bizzarro, violento, spaventoso, ma la sua continuità estetica è perfetta, e mai la didascalia "la scena cambia" farà incappare il melomane nelle ingrate e insolubili questioni che il regista deve affrontare sistematicamente. Soprattutto nel secondo atto: com'è possibile che tutti gli inseguitori finiscano per ritrovarsi con Leporello in una piccola sala? Come far convivere tante arie da concerto con l'incalzare dello sviluppo drammatico? Quest'ultimo è presente anche prima dell'invito a cena del Convitato di pietra? E la statua del Commendatore dovrà fare irruzione come una mostruosità fuori moda, buona soltanto a far paura alle ragazzine del Settecento? Bisogna commuoversi davanti a tante candide convenzioni e ingegnarsi a riprodurle? Perché non tradurre il cadavere ambulante del vecchio Commendatore cattivo nel nostro linguaggio del cinema *horror*? E se il Commendatore fosse solo l'allucinazione uditiva di Don Giovanni e Leporello, la sua anima dannata, dunque un delirio psicotico di colpa che è sufficiente evocare sulla scena con un effetto luminoso? E cosí via.

Un drammaturgo che si rispetti potrebbe riempire intere pagine. Tuttavia, ascoltando Mozart e leggendo Da Ponte, l'*analogon* del capolavoro musicale drammatico si manifesta alla perfezione: tutto il *Don Giovanni* è lí, percepito, intelligibile, alla nostra portata, ma teatralmente assente... E l'opera ci fa desiderare per il teatro quello che la musica di Mozart ci ha già dato. Come se il proposito suicida dell'opera fosse di annientare ogni spettacolo destando un immaginario musicale tanto desiderabile che la sua traduzione nel gioco scenico non riuscirebbe mai a essere soddisfacente.

Dunque l'opera lirica è lo scandalo dell'estetica teatrale: la musica agisce sulla scena come una specie d'illusione suprema, dissipatrice d'ogni straniamento, d'ogni riflessione dialettica. L'opera è una macchina in grado di trasformare le variazioni ludiche del teatro nella materializzazione di un ideale musicale trascendente.

Ci sono ottimi motivi per adorarla o per detestarla. La gente di teatro non rinuncia a denigrare lo spettacolo operistico; le recriminazioni professionali, spesso giustificate, nascondono un malessere autentico, inespresso ma legittimo; tuttavia questo disprezzo tradisce anche una grave incomprensione dell'estetica lirica.

Perché l'opera, a differenza del teatro, presuppone il difficile spettacolo di temporalità contraddittorie. Se la musica è per definizione l'arte del tempo, la rappresentazione operistica sembra soffrire di una confusione dei tempi. Della confusione che regna sulla scena lirica, l'intrusione del teatro nella musica non è l'unica colpevole. Oggi l'opera è un *museo vivente* nel quale si affrontano riferimenti temporali (storici e stilistici) inconciliabili. Anche nel cuore stesso del pulsare temporale della musica. Per esempio, è possibile ascoltare un baritono (registro vocale codificato nell'Ottocento) cantare un'opera seria di Mozart (composta su un libretto dell'assai piú anziano Metastasio) spolmonandosi come se si trattasse di Verdi, a fianco d'un soprano che sottolinea il testo e moltiplica le fioriture alla maniera barocca, mentre il direttore d'orchestra "dilata" il suono in maniera sinfonica e accelera i tempi come per Richard Strauss... e tutti con l'aria di chi fa rumore nel suo angolino.

Per amore della musica cerchiamo dunque d'essere lucidamente platonici: la Musica – che non può manifestarsi senza *accordo* nella trascendenza d'una qualità concorde dell'attimo presente – è un evento molto raro nell'opera. Non è giusto che il responsabile della messa in scena diventi il capro espiatorio nello scontro che l'opera sostiene fin dai suoi inizi fra i melomani appassionati della *musica pura* e i *dilettanti* appassionati di *dive & divi*... Che faccia indossare ai cantanti mozartiani parrucche o caschi da motociclista, il regista non è comunque l'unico responsabile del *bric-à-brac* culturale dell'opera, lavoro di natura collettiva al crocevia tra differenti influenze della nostra eredità storica.

Comunque, anche se la messa in scena non è unica colpevole delle contraddizioni temporali e storiche dell'opera, è innegabile che essa finisca col sottolinearle e col giocarci. Il lavoro della messa in scena s'iscrive nel gioco (in senso approssimato per difetto) che minaccia l'opera da quando gli artisti cercano di farla esistere, di darle quel movimento unitario che si chiama vita. Nel passato, musica e teatro si adattavano bene o male l'un l'altra a prezzo di tacite convenzioni con un pubblico di adoratori delle cantanti; oggi la messa in scena sottolinea il disagio di ogni spettacolo teatrale governato dalla musica e lo sancisce, a sua volta con maggiore o minor fortuna. Inutile negarlo: per ogni Giorgio Strehler o Patrice Chéreau, quanti sbiaditi epigoni confondono rilettura drammaturgica e rottura provocatrice!

7.1. L'opera lirica e il problema del "museo vivente".

La messa in scena nacque un secolo fa grazie a un'*astuzia della ragione*, in senso hegeliano: i Meiningen, quindi Antoine, s'allontanarono loro malgrado dall'esattezza della ricostruzione e sperimentarono la possibilità d'una coerenza estetica della rappresentazione. La messa in scena, arte della ricomposizione ludica di un'esecuzione a molteplici varianti, è il frutto di una scrupolosa ricostruzione naturalistica della realtà. La qualità concettuale di questo capovolgimento paradossale è essenziale: nell'origine della messa in scena c'è la ricerca di un'univocità ideale che implacabilmente obbliga un regista rigoroso ad adottare una pluralità di segni. Come l'eroe rivoluzionario dei *Demoni* di Dostoevskij che *parte dalla libertà senza limiti per sfociare nel dispotismo senza limiti*, il regista di fine Ottocento passa nell'elaborazione del suo progetto da un estremo estetico all'altro, oppure li confonde. Il sovrintendente alle belle arti offre all'iconoclasta la chiave del museo... La messa in scena consiste in un "museo vivente" del teatro nel quale i quadri vengono ridipinti ogni sera.

Ma dopo un secolo di esperimenti e di riconoscimenti del suo valore artistico, qual è il regista che vada oltre il perfezionamento di un'estetica della rappresentazione scenica ormai acquisita da tempo, e persino semiologicamente codificata?

Come per l'arte moderna nel suo insieme, gli anni che stiamo vivendo sono decisivi per poter scoprire se l'arte della messa in scena teatrale sarà capace di mantenere ancora le sue promesse, di costruirsi il proprio avvenire, o se un secolo di scoperte non si ridurrà alla fine a un affollato catalogo dei *trucchi di regia*.

Arte o artigianato? L'arte della messa in scena è sempre la fidanzata d'una creatività in perenne evoluzione, della manifestazione di un pensiero decisivo per portare a termine il procedimento contemporaneo della rappresentazione? O non sarà che, ammettendo l'esistenza di una dottrina della messa in scena sotto forma di patrimonio accumulato tramandabile nell'ambito universitario, lo stato, il guardiano del museo, prenderà atto della fine dell'avventura?

Passate le soglie del 2000, la messa in scena in quanto arte deve affrontare questi interrogativi. Infatti non basta piú attaccare un tipo di teatro e d'opera chiamandoli *archeologici* in nome di "una creazione contemporanea in pericolo" dal momento che "l'arte vivente sarebbe soffocata dal patrimonio storico", ecc. La storia degli spettacoli dopo il XIX secolo ci insegna che non è vero niente, che la volontà (anche quella piú ideologica e ingenua) di *ritorno alle fonti* è in grado di suscitare un'elaborazione nuova – pressoché necessaria – dell'estetica teatrale contemporanea. Non si tratta piú soltanto di una nostalgia creatrice, il cui principio è noto dal Rinascimento e dal Romanticismo; ormai s'è messa in azione una paradossale *memoria anticipatrice*.

AA.VV.
1979 *Visualità del «maggio». Scenografie: bozzetti, figurini e spettacoli (1933-1979)*, Catalogo a cura di R. Monti, De Luca, Roma.

AA.VV.
1980 *L'opéra*, diretta da P. Brunel e S. Wolff, Bordas, Paris.

AA.VV.
1987 *L'opéra*, in «Théâtre en Europe», n. 14.

AA.VV.
1989 *Opéra et mise en scène*, in «Revue Musicale», n. 8.

AA.VV.
1990 *Le Sacre du printemps de Nijinsky (archéologie d'un ballet moderne)*, in «Les Carnets du Théâtre des Champs-Elysées», n. 1.

AA.VV.
1995 *De la parole aux chants*, diretta da G. Banu, incontri organizzati dal Conservatoire national supérieur d'art dramatique, dalla Vidéothèque de Paris e dall'Académie expérimentale des théâtres (ottobre 1994), Actes Sud, Arles.

Appia, A.
1983-91 *Œuvres complètes*, 6 voll., L'Âge d'homme, Lausanne.

Bablet, D.
1965 *Esthétique générale du décor de théâtre de 1870 à 1914*, CNRS, Paris.

Barthes, R.
1981 *Les maladies du costume de théâtre* (1955), in Id., *Essais critiques*, Seuil, Paris, pp. 53-62 (trad. it. *Le malattie del costume teatrale*, in Id., *Saggi critici*, Einaudi, Torino, in corso di stampa; trad. it. dell'ed. 1963, Einaudi, Torino 1966, 1985).

Baur-Heinhold, M.

1966 *Theater des Barock*, Callwey, München (trad. it. *Teatro Barocco*, Electa, Milano 1971).

Beaussant, Ph.

1994 *Vous avez dit «baroque»? Musiques du passé, pratiques d'aujourd'hui* (1988), Actes Sud, Arles.

Bianconi, L., e Pestelli, G.

1987 (a cura di), *Storia dell'opera italiana*, 6 voll., Edt, Torino.

Camerini, S., e Ragusa, M.

1991 *L'opera [oggi] in Italia*, Cappelli, Bologna.

Chéreau, P.

1988 *Si tant est que l'opéra soit du théâtre. Notes sur une mise en scène*, Ombres, Toulouse.

Craig, E. G.

1980 *On the Art of the Theatre*, Heinemann, London (trad. it. *Il mio teatro. L'arte del teatro. Per un nuovo teatro. Scena*, Feltrinelli, Milano 1971).

De Simone, R.

1982 *Rituels, théâtre, musique*, Guinot, Paris.

Dort, B.

1988 *Le parcours du spectateur*, e *L'illusion de l'opéra*, in Id., *La Représentation émancipée*, Actes Sud, Arles.

Hergé

1963 *Les bijoux de la Castafiore*, Casterman, Tournai (trad. it. *I gioielli della Castafiore*, Lizard, Roma 2001).

Horowicz, B.

1946 *Le théâtre d'opéra. Histoire, réalisations scénique, possibilités*, Éditions de Flore, Paris.

Jaques-Dalcroze, É.

1920 *Le rythme, la musique et l'éducation*, Foetisch, Lausanne; nuova ed. 1965 (trad. it. *Ritmo, musica e educazione*, Hoepli, Milano 1925; nuova ed. Eri, Torino 1986).

Lavelli, J., e Satgé, A.

1970 *Opéra et mise à mort*, Fayard, Paris.

Leibowitz, R.

1971 *L'interprétation au théâtre*, in Id., *Le compositeur et son double*, Gallimard, Paris.

Lust, C.

1969 *Wieland Wagner et la survie du théâtre lyrique*, La Cité, Lausanne.

Martinoty, J.-L.

1990 *Voyages à l'intérieur de l'opéra baroque. De Monteverdi à Mozart*, Fayard, Paris.

1991 *L'opéra imaginaire*, Messidor, Paris.

Moindrot, I.
1993 *La représentation d'opéra. Poétique et dramaturgie*, Presses Universitaires de France, Paris.

Nattiez, J.-J.
1983 *Tétralogies (Wagner, Boulez, Chéreau). Essai sur l'infidélité*, Bourgois, Paris.

Pizzi, P. L.
1992 *Dessins pour la scène*, Bibliothèque Nationale - Opéra de Paris - Louis Vuitton, Paris.

Poizat, M.
1986 *L'Opéra, ou Le cri de l'Ange. Essai sur la jouissance de l'amateur d'opéra*, Métailié, Paris.

Quadri, F.
1973 *Il rito perduto. Luca Ronconi*, Einaudi, Torino.

Ronconi, L.
1986 *Inventare l'opera. L'Orfeo, Il viaggio a Reims, Aida: tre opere d'occasione alla Scala*, a cura di A. Dossena, Ubulibri, Milano.

Roubine, J.-J.
1980 *Théâtre et mise en scène. 1880-1980*, Presses Universitaires de France, Paris.

Rouché, J.
1910 *L'art théâtral moderne*, Cornely - La Grande Revue, Paris.

Salazar, Ph.-J.
1980 *Idéologies de l'opéra*, Presses Universitaires de France, Paris.

Strehler, G.
1974 *Per un teatro umano*, Feltrinelli, Milano.

Van, G. de
1992 *Verdi. Un théâtre en musique*, Fayard, Paris.

Wallmann, M.
1976 *Les balcons du ciel*, Laffont, Paris (trad. it. *Balconate del cielo*, Garzanti, Milano 1976).

JEAN-JACQUES NATTIEZ

Interpretazione e autenticità

La rivendicazione dell'autenticità nell'interpretazione musicale, al momento della sua comparsa all'indomani della seconda guerra mondiale, ha potuto essere considerata come una conseguenza di quel positivismo che aveva ispirato la musicologia storica per quasi un intero secolo e la cui insegna era quella di Ranke: descrivere il passato *wie es eigentlich gewesen ist*, proprio come esso era stato. Grazie all'indagine storica, all'osservazione dell'iconografia musicale, alle descrizioni dei concerti e delle feste, alla lettura dei trattati, alle prefazioni dell'epoca, alle partiture annotate dai compositori, alle analisi filologiche, all'esame critico dei manoscritti, si sarebbe potuto finalmente ricostruire il passato e scoprire il segreto, l'essenza, lo *spirito* d'una composizione, riproducendo le musiche antiche e barocche sulla base di uno stile *autentico*. Come scriveva Harnoncourt nel 1951, «una certa restituzione è fedele a partire dal momento in cui s'avvicina alla concezione che ne aveva il compositore all'atto della composizione» [1984, trad. it. pp. 13-14]. Si cita spesso come esempio della determinazione di volersi mantenere fedeli al compositore la formula attribuita a Wanda Landowska: «voi suonate Bach alla vostra maniera, io lo suono secondo Bach».

In un primo tempo circoscritta alle sole musiche antiche e barocche, questa tendenza è poi sconfinata nell'epoca classica durante gli anni Ottanta: è il periodo nel quale Harnoncourt registra le ultime sinfonie e le principali opere teatrali di Mozart, e in cui Christopher Hogwood pubblica la registrazione integrale delle sue sinfonie con l'Academy of Ancient Music; nel 1981 Frans Brüggen crea The Orchestra of Eighteenth Century. Contemporaneamente si levano voci che reclamano l'estensione della tendenza al XIX secolo:

> Il periodo romantico invoca ormai i suoi strumenti autentici e i suoi autentici linguaggi. L'emissione vocale del *bel canto* deve ancora fare molta strada per arrivare a Bellini (e, aggiungerei, a Wagner). [...] I corni ad anima stretta di Wagner e le sue trombe (abbastanza) lunghe in *fa*, meritano sicuramente uno sforzo. Non sarebbe tempo di esigere una completa genuinità? [Donington 1983, p. 45].

Gardiner, che aveva fatto epoca incidendo nel 1974 il *Vespro della Beata Vergine* di Monteverdi, crea l'Orchestre révolutionnaire et romantique e registra l'integrale delle sinfonie di Beethoven.

Certo, questa ricerca dell'autenticità non era cosa interamente nuova, come ha mostrato Alejandro Planchart (cfr. in questo volume *L'interpretazione della musica antica*, alle pp. 1011-28), ma la tendenza *autenticista*, lanciata e amplificata dal mercato discografico, ne ha fatto un fenomeno culturale di primo piano nella seconda metà del Novecento.

1. *Il caso della musica barocca: immagine d'un consenso.*

Per il melomane e per molti critici musicali, la prova del carattere autentico di una certa interpretazione di composizioni barocche si manifesta soprattutto nell'impiego degli strumenti d'epoca, un aspetto sottolineato di frequente dalle case discografiche con l'uso di etichette pubblicitarie in piú lingue del tipo: "Con strumenti antichi". Citiamo un esempio fra mille di tale diffusa concezione dell'autenticità:

> Tutti specialisti riconosciuti della musica del Settecento, i componenti dell'*Orchestra of Eighteenth Century* suonano con strumenti d'epoca o con copie di essi. In questo modo cercano di realizzare lo scopo dell'orchestra, che è quello di riprodurre in concerto i capolavori classici di Mozart, Haydn, del primo Beethoven, e le opere di compositori della prima metà del XVIII secolo come Bach o Rameau, nel modo in cui venivano suonati al loro tempo. Circa l'organico, l'Orchestra assomiglia ai migliori complessi del tempo che avevano sede a Mannheim, Parigi e Vienna (Libretto per un CD di Frans Brüggen - Sinfonia n. 40 di Mozart e Sinfonia n. 1 di Beethoven -, Philips, 416 329-2; 1985).

Questo è un testo assolutamente tipico dell'ideologia autenticista largamente diffusa dalle società discografiche: allusione alla competenza musicologica, impiego di strumenti originali, identità fra l'interpretazione proposta oggi e quella dell'epoca, organici conformi alle modalità del XVIII secolo. In breve, ciò che ci viene fatto sentire sarebbe conforme a un'immagine *vera* del passato.

È probabile che si debba ascrivere a questo genere di discorsi, motivati soprattutto da ragioni commerciali, un'immagine semplicistica del movimento in oggetto, anche se questa era stata corroborata dalla rappresentazione abbastanza obliqua datane da un musicologo come Kerman [1985; cap. VI; per una critica della sua posizione cfr. Bent 1986]. Allorquando, a partire dagli anni Ottanta, esso sarà contestato dagli stessi che l'avevano difeso o seguito nella pratica (cfr. *infra*), taluni avranno buon gioco a rimproverargli il presunto *positivismo* dei suoi fondamenti [cfr. Taruskin 1995, pp. 79, 101]. Per la verità, gli aderenti attivi a questo movimento avevano avuto fin dall'inizio una visione molto piú sfumata delle cose. Cosí Harnoncourt [1982, p. 101] ha sottolineato il fatto che perfino uno strumento d'epoca era stato sottoposto nel corso del tempo a ritocchi e riparazioni, tanto che era necessario fare ricorso a copie (è il caso dell'orchestra di Brüggen appena citata). Un po' come William Christie [in Labie 1989, p. 49], Harnoncourt ha difeso l'utilizzazione degli strumenti d'epoca innanzitutto perché sono maggiormente congeniali all'interpretazione dello stile barocco [1982, pp. 19, 91, 102], ad esempio in ragione della ricchezza di armonici dell'oboe e del fagotto barocchi, o della dolcezza e della delicatezza del flauto traverso d'epoca. È preferibile tuttavia suonare nello stile barocco con uno strumento moderno, che suonare nello stile romantico con uno strumento antico [*ibid.*, p. 132; Christie, in Labie 1989, p. 90]. D'altronde molti strumenti erano intercambiabili, come violino e flauto, violino e oboe, fagotto e violoncello, clavicembalo e pianoforte. E cosí, anche le singole testimonianze disponibili circa questo o quell'organico non devono essere fatte assurgere a principio generale: ciò che la documentazione storica suggerisce, è semmai che i compositori adattavano gli organici in funzione dell'acustica propria d'ogni ambiente d'esecuzione, e questo fino a Mozart e Haydn.

> Nel XVII secolo la realizzazione sonora di un dato componimento musicale veniva fissata solo al momento dell'esecuzione, e unicamente per quella particolare occasione [Harnoncourt 1982, p. 221].

Mozart eseguí le sue prime sinfonie a Salisburgo con una piccola formazione, ma per far eseguire le stesse sinfonie a Milano scelse una formazione ampia in ragione della grandezza della sala [*ibid.*, p. 125]. Ma in apparenza nulla di paragonabile all'orchestra romantica o post-romantica. Il che spiega come nel periodo che c'interessa i tempi fossero con ogni probabilità assai piú veloci di quelli odierni.

In effetti, per i musicisti seguaci di questo movimento esiste uno stretto legame fra lo strumento utilizzato, l'immagine sonora ottenuta, il luogo d'esecuzione, lo stile barocco in sé e il modo di suonare o la tecnica di canto che lo traduce. Ciò vale grosso modo per l'arco temporale 1600-1750, con possibili estensioni fino al periodo classico, il che c'induce a interpretare la notazione musicale di questo lungo periodo in modo diverso da quanto si fa per la musica romantica.

Ma in che cosa consiste questo stile barocco? Con differenti sfumature a seconda degli autori, tutti concordano nel riconoscere il carattere espressivo, nonché persino linguistico o retorico della musica barocca. Dolmetsch ha dedicato all'espressione il primo capitolo del suo libro, citando un lungo passo da un trattato di Thomas Mace (*Music's Monument*, 1676):

> Affermo e mi offro di sostenerlo a prova che, per ciascuna persona intendente, la musica è una favella, la qual possiede le sue significazioni nell'istessa guisa delle parole, se non piú fortemente [in Dolmetsch 1915, p. 11].

Dart [1954, p. 91] si sofferma sull'*Essay on Musical Expression* di Avison, il quale sostenne nel 1752 che la musica strumentale non è altro se non un'imitazione della musica vocale. Per Harnoncourt, una composizione musicale barocca è essenzialmente un discorso. Questa tesi è per lui centrale, come si comprende dal termine impiegato per il titolo del suo primo libro, dove si parla volentieri di *musica retorica* [1982, p. 165] o di *musica eloquente* [*ibid*., p. 176]. In questo modo, Harnoncourt si fa eco del trattato di Mattheson, *Der vollkommene Kapellmeister* [1739], considerato l'espressione piú compiuta della concezione retorica della musica in epoca barocca: a somiglianza di un'orazione classica, ogni composizione era in obbligo di offrire un *exordium*, un'*expositio*, una *propositio*, una *probatio*, una *refutatio* e una *conclusio* [cfr. Buelow 1980]. «La melodia strumentale – scriveva Mattheson – senza il soccorso delle parole e delle voci, si sforza di dire tante cose quante se ne dicono con le parole». Il contenuto retorico della musica è possibile in virtú del nesso che si è stabilito, nella musica vocale, fra il testo e le figure musicali che ne illustrano il contenuto. Quando la musica strumentale afferma la propria autonomia, le sue figure conservano il significato acquisito nel contesto della musica vocale. È addirittura possibile imitare in maniera astratta, all'interno del discorso strumentale – in particolare nelle sonate, nei concerti e persino nelle sinfonie –, il dialogo del linguaggio umano.

In tal modo si spiega il legame fra lo stile barocco cosí definito e le modalità interpretative.

> Tutti i trattati coevi a Händel sottolineano l'importanza di un'accentuazione corretta di quelle piccole o piccolissime frasi che essi paragonano alle sillabe o alle parole del linguaggio [Harnoncourt 1982, p. 234].

È in funzione di questa generale chiarificazione, in senso espressivo e retorico, che conviene reinterpretare le partiture [Harnoncourt 1982; 1984 *passim*]. Nel XVII e nel XVIII secolo, un'indicazione quale *allegro* veniva intesa, piú che come una prescrizione di tempo, come l'espressione del carattere gaio e gioioso d'un passaggio o d'un movimento. Poiché, a imitazione delle parole della lingua, il discorso musicale barocco è fatto essenzialmente di piccole unità, il suo schema fondamentale d'accentuazione risiede, per esempio in una misura a quattro tempi, nella duplice alternanza di *forte* e di *piano* (*f p f p*), con i primi due piú intensi dei secondi. Lo schema *f p* corrisponde in quanto tale alla tensione e alla distensione, e nei colpi d'arco all'arcata "in giú" e all'arcata "in su", da cui un'articolazione fondamentalmente meno lunga di quella della grande frase romantica. È per questo che l'archetto barocco, corto e leggero, è piú adeguato per l'esecuzione di questa musica. Nello stesso tempo, le dissonanze dovevano essere accentuate e legate alla loro risoluzione, suonata piú *piano*, con un suono in estinzione. In un contesto del genere, i ritmi puntati avevano un'importanza particolare, perché contribuivano all'articolazione della *pronuncia* musicale: la nota breve che seguiva la nota puntata doveva essere suonata all'ultimo istante, *dopo* l'esatto momento richiesto dalla suddivisione matematica della misura. Perciò il punto non significava solo prolungamento, ma anche accentuazione. Da cui, nell'interpretazione della musica barocca, la raccomandazione di fondo di evitare ogni tipo d'esecuzione uniforme. E inoltre, visto che l'espressione era lo scopo essenziale di questa musica, gli ornamenti (i cui simboli gli specialisti del barocco hanno imparato a decifrare a seconda dei contesti) dovevano rinforzarne lo spessore affettivo, in modo particolare nei movimenti lenti. Nel periodo barocco, un buon suonatore d'*adagio* era in effetti un musicista che sapeva abbellire in maniera intelligente.

È in questi termini che crediamo di poter riassumere il consenso fra i musicisti specializzati nell'interpretazione del periodo barocco. In contrasto con lo stile d'interpretazione del *mainstream* classico e romantico, «ciò che differisce sono i due modi di suonare», dice William Christie [in Labie 1989, p. 49].

2. *Il dibattito sul movimento autenticista da parte di cultori e oppositori.*

Ma negli anni seguenti all'emergere della corrente autenticista cui aveva cosí fortemente contribuito, lo stesso Harnoncourt avanzava espressioni dubitative:

> Non c'è nessuno che possa dire *in modo certo* come leggere questa musica, come procedere nel dettaglio quando la si suona. [...] Sono molto scettico e mi domando se oggigiorno sia ancora possibile comprendere perfettamente questa musica. [...] È del tutto possibile che lo sconvolgimento totale della nostra vita culturale nel corso di quest'ultimo secolo abbia modificato a tal punto la pratica e l'ascolto della musica che noi non percepiamo né comprendiamo piú assolutamente quanto, ad esempio, Mozart diceva nella sua musica e ciò che vi trovavano i suoi contemporanei, i quali invece la comprendevano. [...] Non esiste una continuità di tradizione per il modo di suonare, al punto che noi non sappiamo affatto come si suonassero in realtà questi strumenti d'una volta [1982, pp. 38, 40, 92, 129].

Anche se queste (a dir poco) esitazioni di Harnoncourt sono state espresse tutte prima del 1980 (i diversi saggi di Harnoncourt non sono datati, ma una nota finale dell'autore precisa che nella sua raccolta del 1982 il testo piú recente risale al 1980), è soltanto a partire dagli anni Ottanta che proprio in seno al movimento autenticista sono sorti interrogativi talora perfino devastanti. Il segnale d'inizio è stato probabilmente dato da Richard Taruskin e Laurence Dreyfus in due articoli che fecero scalpore, rispettivamente: *On letting the music speak for itself* [1982, ripubblicato nel 1995] e *Early music defended against its devotees* [1983, ripubblicato nel 1995]. Nella letteratura specializzata si susseguirono quindi gli spunti di discussione. Nel 1984, la stessa rivista «Early Music» ospita un dibattito significativamente dedicato ai *limiti dell'autenticità* [Leech-Wilkinson 1984]. Nicholas Kenyon pubblica nel 1988, nel suo lavoro *Authenticity and Early Music*, i contributi fortemente critici di un simposio. Nel 1992, il «Journal of Musicology» prosegue la discussione pubblicando i contributi di un altro incontro: *The early music debate: ancients, moderns, postmoderns*, e intanto la contestazione dell'*autenticismo* traspira sia in uno storico del movimento [Haskell 1988, cap. IX] sia in un musicologo specialista della *performance practice* [Neumann 1989].

Che cosa è successo nell'arco d'una generazione? Dentro e fuori il movimento si è annidato il dubbio circa le *verità* storiche piú fermamente acquisite: strumentazione e organici, stile, contesti d'esecuzione, traduzione dell'espressività.

Dubbi circa la strumentazione e gli organici. In apparenza è questo il punto forte del movimento autenticista: occorre suonare le musiche antiche e barocche con gli strumenti originali e con gli organici dell'epoca. Rosen vi scorge senz'altro una regressione:

> È un errore credere che un compositore scriva solo per lo strumento di cui dispone, e questo errore è stato alla base del dogma duro e puro della musica antica. [...] Molti compositori scrivono sperando anche in un'esecuzione ideale, che possa trascendere la povertà dei mezzi e i compromessi imposti dalla pratica [Rosen 1991, pp. 113, 117].

A questo argomento Nikolaus Harnoncourt sembra aver già risposto in anticipo: «Il compositore pensa solo in funzione delle sonorità della sua epoca e in nessun caso di una qualsivoglia futuribile utopia» [1984, trad. it. p. 101]. Vero o falso? «Non siamo piú tanto sicuri che Scarlatti abbia scritto le sue cinquecento e piú sonate per il clavicembalo e non per il pianoforte», riferisce Rosen [1991, p. 106]. Eva Badura-Skoda, per parte sua, scopre che già nel 1733 Bach aveva l'occasione di suonare alcuni dei suoi concerti per tastiera sul pianoforte del Collegium Musicum di Lipsia [Neumann 1989, p. 27] e di recente s'è anche affermato, sulla base di alcuni atti notarili, che egli ne possedeva uno in casa. Ed ecco che viene fuori una lettera di Mozart al padre datata 11 aprile 1781, dove egli si rallegra perché una delle sue sinfonie è stata eseguita da quaranta violini, dieci viole, dieci contrabbassi, otto violoncelli, sei fagotti e con i fiati tutti raddoppiati [*ibid.*, p. 170]. Ci si chiede allora se è proprio cosí necessario insistere, in nome dell'autenticità, sulla miniaturizzazione degli organici, quella stessa che induceva Joshua Rifkin ad affidare le parti corali della *Passione secondo San Matteo* a... un quartetto di solisti.

> Quando nel 1955 è stato composto *Le marteau sans maître* [ci ricorda Boulez] in Germania la scuola di percussioni era relativamente scarsa. C'era l'abitudine di suonare con due bacchette. Oggi lo si fa con quattro e l'esecuzione è molto piú agevole. Per motivi d'autenticità, si dovrebbe tornare all'esecuzione con due bacchette? Certamente no. Da questo esempio si vede bene quanto vi sia d'assurdo nella nozione di autenticità [1992, p. 15].

Se ammettiamo con Dreyfus [1983, p. 301] che l'idea di strumentazione autentica non ha senso, perché a quell'epoca la nozione stessa di strumentazione non esisteva, saremo portati a vedere l'essenza profonda delle composizioni non nelle loro sonorità, ma nelle loro strutture. Per Neumann [1989, p. 170], il ricorso agli strumenti antichi è un travestimento che ci svia: «un capolavoro eterno deve essere vincolato a un mezzo transitorio?» [*ibid*., p. 24].

Dubbi circa lo stile. All'epoca delle musiche antiche e barocche, al contrario di quanto accade nella nostra moderna maniera di suonare, esisteva un unico stile? Si protesta tanto oggigiorno contro quello che Hirsch chiamava *the fallacy of the homogeneous past*, contro il livellamento stilistico praticato dagl'interpreti autenticisti [Dreyfus 1983, p. 301; Neumann 1989, p. 20; Taruskin 1995, p. 79]. Cosí Neumann ricorda che non si suonava dovunque con lo stesso diapason, che la maniera d'articolare il fraseggio variava da regione a regione [1989, p. 23]. Sulla portata geografica della nozione di *note ineguali* la discussione infuria. Per David Fuller, in un suo testo non meno compromettente della voce che il *New Grove* dedica a questa nozione, essa si applica anche a Bach. Per Neumann, si tratta invece di una convenzione strettamente circoscritta alla musica francese [*ibid*., pp. 65-76]. Quello che era vero in una certa regione, lo era anche in un'altra? Gli attuali critici dell'omogeneizzazione stilistica concordano sul punto di vista relativamente sfumato espresso in precedenza da Harnoncourt; come molti, egli ha sempre riconosciuto [1982, *passim*] la diversità di stili nell'epoca barocca: giustapposizione degli stili francese e italiano agl'inizi del barocco, poi in Telemann ("i gusti riuniti") e in Bach, indi, in successione, l'affermarsi dello stile galante (*Empfindsamkeit*), del classicismo e del primo stile beethoveniano, e infine la differenza fra lo stile di un'epoca e quello individuale di un singolo compositore. Ma esistono secondo lui una *gerarchia* di rilevanza fra i tratti *autentici* della musica antica, nonché un principio dominante: quello dell'articolazione o fraseggio, tanto per i compositori barocchi quanto per quelli classici [Harnoncourt 1982, p. 45].

Lo stesso Harnoncourt formulerà comunque piú di un dubbio sulla possibilità di comprendere oggigiorno il significato delle figure di retorica musicale di cui non ci resta che una traccia sonora. Anche se i trattati dimostrano in maniera indiscutibile che la musica barocca veniva composta a imitazione delle figure retoriche, ci si può chiedere se ricostruire in funzione di tali significati i significanti eseguiti possa essere di qualche utilità per l'ascoltatore odierno.

> Vivaldi aveva certamente degli ascoltatori cui questo linguaggio era estremamente familiare, in virtú del loro temperamento, del loro vocabolario e delle possibilità di paragone. L'effetto immediato doveva dunque essere molto forte. Ma per noi questo linguaggio è incomparabilmente piú difficile da comprendere; non ci re-

sta allora che attenerci alle componenti rimaste comprensibili, o, se si vuole, cercare d'ascoltare questa musica con un orecchio diverso, seguire il dialogo con ingenuità, e finiremo allora per comprenderlo di nuovo [1982, p. 193].

Ne siamo sicuri? Non vi è qui un certo volontarismo?

> Come tutte le grandi opere di Bach [scrive ancora Harnoncourt] la Passione secondo Matteo è chiaramente impregnata di simboli, di descrizioni sonore, di enigmi numerici. [...] Questo vocabolario non ci tocca affatto, perché non lo conosciamo piú e per noi non è naturale [1984, trad. it. p. 211].

Se si prescinde da frammenti isolati, come certi procedimenti di descrittivismo sonoro che siamo in grado di comprendere grazie al loro carattere mimetico, Harnoncourt ammette che «ogni frase musicale o quasi dovrebbe essere spiegata» [*ibid.*, trad. it. p. 212]. La ricostruzione dell'universo sonoro arriva a restituirci solamente dei significanti vuoti, o che quantomeno *oggi comprendiamo in altro modo*.

Dubbi circa la non-espressività nell'interpretazione. Soprattutto ai suoi inizi, il movimento autenticista ha mostrato la propensione a privilegiare uno stile esecutivo che concedeva poco spazio all'espressione delle emozioni. Questo perché, secondo Dreyfus [1983, p. 319], si metteva l'accento sulla ricerca stilistica; secondo Taruskin [1995, p. 72], perché si identificava la musica con l'oggetto trasmessoci dall'*Urtext*; secondo Neumann [1989, p. 172], perché la lettura oggettivista delle partiture ha indotto a ignorare la liceità del *vibrato*, in particolare nella musica vocale; secondo Leech-Wilkinson [1984, p. 14], perché la musica antica ha subito l'influenza delle interpretazioni moderne, a loro volta contaminate dal serialismo. Neumann non esita ad affermare che ne è derivato uno stile d'interpretazione tedioso: «L'esecuzione deve essere soprattutto musicalmente soddisfacente; non basta che sia storicamente interessante» [1989, p. 29]. Poco dopo Kivy si rifarà alla medesima idea: l'unico scopo d'una esecuzione è quello di riuscire a fornire all'odierno ascoltatore la migliore interpretazione possibile. È questo ciò che consentono le interpretazioni autenticiste? [Kivy 1995 *passim*]. In sintesi, come ha ribadito Dreyfus [1992], questa corrente avrebbe finito col produrre l'effetto perverso di sottrarre alla dimensione musicale il concetto di sublime.

Ciò significa comunque dimenticare che fin dal 1915 Dolmetsch aveva fatto dell'espressione la priorità di quel movimento di cui era stato uno dei promotori.

> Alle esecuzioni musicologiche che conosciamo, spesso storicamente irreprensibili ma prive di vita, è bene preferire una restituzione totalmente erronea sul piano storico, ma musicalmente viva. È chiaro che la conoscenza musicologica non dev'essere fine a se stessa, ma darci semplicemente i mezzi per arrivare alla migliore restituzione perché, in fin dei conti, questa sarà autentica solamente quando la composizione perviene alla sua espressione piú bella e piú chiara; ciò si produce quando le

conoscenze e la consapevolezza delle responsabilità si sommano alla piú profonda sensibilità musicale.

Questo testo non appartiene al Taruskin degli anni Ottanta, ma all'Harnoncourt del 1954 [1982, p. 17].

Dubbi circa la possibilità d'integrare in un'interpretazione 'autentica' l'insieme dei contesti che le pervengono dal reticolo dei significati originari. È questo, con ogni probabilità, il punto piú debole delle pretese all'autenticità, nella misura in cui i contesti appartengono sicuramente alla *realtà musicale totale* propria di una data epoca e di una data cultura. Scrive Brett:

> L'ironia dello storicismo è che le tecniche utilizzate per riscoprire e restaurare le opere d'arte tendono spesso a renderle inutilizzabili [...]. L'operazione di contestualizzare l'opera d'arte può portare a un completo annegamento e assorbimento della sua essenza da parte dell'ambiente circostante [1988, p. 112].

In effetti, «un'esecuzione musicale non è normalmente un atto di costruzione storica contestuale» [Tomlinson 1988, p. 126]. «Non possiamo ricreare l'*aura* del contesto originario» [Morgan 1988, p. 71]. Ma Harnoncourt non aveva atteso che Rosen [1991] sottolineasse che le opere del passato erano state scritte in funzione di un'ambientazione acustica specifica, quella che la dimensione delle nostre sale da concerto, la diffusione fonografica e il pubblico contemporaneo possono solo snaturare. Egli ha sempre insistito sulla flessibilità delle formazioni strumentali dell'epoca in funzione di ciascuna delle particolari circostanze d'esecuzione [cfr. Harnoncourt 1982, pp. 111, 221; 1984, trad. it. *passim*].

Da qui il suo desiderio di offrire al XX secolo le migliori condizioni acustiche d'esecuzione. Kivy riprenderà la stessa idea:

> Trasferiti dalla loro coreografia originaria e sistemati nel museo dei suoni, questi sestetti [di Mozart] saranno in grado di restituire le loro ricchezze contrappuntistiche a beneficio di quell'estasiata attenzione estetica che scena e prassi musicale moderne sono espressamente destinate a promuovere. E questo, ovviamente, fornisce la giustificazione del fatto di estrarli dalla loro originaria ambientazione per inserirli in quest'altra del tutto nuova e apparentemente estranea [1995, p. 244].

Margaret Bent [1998] va ancora piú lontano e invita i ricercatori ad abbandonare le ricerche contestuali e culturali per mettere l'accento sulla comprensione interna dei linguaggi delle musiche antiche, esaminati nei loro propri termini. Il problema non è piú allora la ricerca dell'introvabile – in che modo suonassero un tempo queste musiche – ma di dedicarsi al senso immanente di queste composizioni. In tale ottica, «la loro interpretazione è una sorta di analisi in azione».

E ancora, *dubbi circa la legittimità stessa dell'atto ricostruttivo mirante all'autenticità.* Christie si lamenta d'appartenere a «una stirpe d'antiquari, d'archeologi e di collezionisti» [in Labie 1989, p. 89]. Sul versante delle strategie compositive, Dreyfus [1983, p. 301] contesta l'idea dell'interpretazione autentica per il semplice motivo che all'epoca la nozione d'autenticità non esisteva. Harnoncourt scrive che

> non sarebbe mai venuto in mente a Beethoven, Mozart o Bach di eseguire un lavoro dei loro predecessori nel senso voluto dal compositore. Se per una ragione qualunque si desiderava espressamente un'esecuzione, allora andava da sé che un certo lavoro venisse ammodernato radicalmente [1982, p. 170].

È legittimo chiedergli allora perché proprio lui voglia procedere a una ricostruzione storica. Sul versante delle strategie percettive, parecchi autori fanno appello piú o meno esplicitamente all'argomentazione ormai antica di Handschin [1950, p. 126], secondo il quale l'interpretazione autentica si giustificherebbe solo se potessimo riportare gli ascoltatori di oggi alle condizioni percettive dell'epoca, vale a dire dimenticando l'evoluzione musicale dei secoli successivi, ma anche, potremmo aggiungere, ritrovando il contesto stilistico e ideologico che all'epoca permetteva di comprendere il significato senza preoccuparsi dell'autenticità. Kivy ha definito brillantemente questa difficoltà «il paradosso dell'ascolto autentico», che consiste nel farci ascoltare storicamente le esecuzioni autenticamente storiche in una maniera storicamente inautentica [1995, p. 72]!

Harnoncourt:

> Chiaramente sappiamo molto bene che, anche con gli strumenti antichi e i cori di ragazzi, non possiamo assolutamente trasportare all'epoca attuale un'interpretazione del XVIII secolo, per cosí dire sterilizzata, come una sorta di gigantesco compito della musicologia pratica; e d'altronde non lo desideriamo neppure. Musicisti e ascoltatori dell'epoca attuale, che sul piano musicale sono cresciuti con Beethoven, Brahms e Stravinskij, suonano e ascoltano una composizione di Bach con orecchie molto diverse da quelle dei musicisti e ascoltatori dell'epoca di Bach che conoscevano solo Buxtehude, Kuhnau e Reinken [1984, trad. it. p. 95].

Straordinaria ammissione, visto che egli implicitamente riconosce come la ricostruzione della musica antica, persino la piú fedele all'universo creativo dell'autore, si scontrerà sempre con l'ostacolo dell'irrimediabile frattura tra le condizioni d'ascolto di ieri e quelle di oggi. Perché tornare allora ai criteri del passato? Nell'ottica gadameriana da lui adottata, quella del *dialogo musicale* fra il compositore del passato e l'interprete d'oggi, la sua risposta è costantemente questa:

> Dobbiamo cercare nell'esecuzione la forza di persuasione e non il "vero" o il "falso" [...]. [Lo strumento storico] non trasmette la normale sonorità della nostra epoca, ma un colorito estraneo, "esotico". Per concludere sulla mia concezione della gerarchia dei diversi aspetti, direi dunque che, a mio avviso, al rango immediatamente inferiore a quello della composizione stessa, che si deve trovare sempre al primo posto, vengono la passione e l'immaginazione dell'artista [...]. Perché un vero artista può fare molte cose che suonano false, *di cui si può dimostrare che suonano false* [il corsivo

è mio] e tuttavia riuscire lo stesso a far passare la musica sotto la pelle dell'ascoltatore, a rendergliela veramente vicina [Harnoncourt 1982, pp. 122-23, 127, 129, 134].

Volevamo in realtà realizzare con i mezzi del XVIII secolo un'interpretazione del XX [...] [Gli strumenti d'epoca] ci offrivano ricchissimi stimoli sonori e tecnici che influenzano continuamente l'interpretazione. *È questa l'unica vera ragione per cui continuiamo a suonare con strumenti originali* [...] non è una decisione da storico, ma da musicista vivo e vitale quella di impiegare questi strumenti. *Musicalmente* capiamo perché certe sequenze di note devono avere colori strani e diseguali e questo *ci sembra preferibile*, per questa musica, alla regolarità e l'uniformità degli strumenti moderni [Harnoncourt 1984, trad. it. p. 95].

Pervenuto a questo punto del ragionamento, Harnoncourt si ritrova a fianco di Boulez e propone agli ascoltatori d'oggi la musica antica col medesimo atteggiamento col quale la musica contemporanea presenta il suo arsenale di novità. Se ho voluto raccogliere tutte queste citazioni è perché, con posizioni come le sue, Harnoncourt ha anticipato di quasi dieci anni le analisi di Richard Taruskin [1995] e di Peter Kivy [1995] i quali non sembrano stranamente aver mai avuto sentore dei suoi scritti, per quanto i testi essenziali di Harnoncourt, anteriori al 1980, siano accessibili in tedesco dal 1982, in francese dal 1984 e in inglese dal 1988.

Nei suoi saggi sulla musica e l'interpretazione, Taruskin ha sostenuto essenzialmente tre argomenti:

1) Riallacciandosi alla tesi dell'illusione intenzionale (*intentional fallacy*) di Wimsatt e Beardsley [1946] – diffusasi all'epoca della *Nouvelle Critique* con il concetto barthesiano di *morte dell'autore* – Taruskin esclude ogni possibilità di conoscere in modo certo le intenzioni del compositore circa l'interpretazione e respinge come illegittima la pretesa di *consultare l'oracolo* [1995, pp. 54-55] e di conoscere realmente il passato.

2) Di conseguenza, ogni interpretazione autenticista è in realtà soltanto un'esecuzione moderna della musica del passato:

Come tutti avvertiamo segretamente, chiamiamo esecuzione storica qualcosa che appartiene al suono di oggi e non a quello di allora [*ibid.*, p. 166].

L'esecuzione *storica* d'oggidí non è realmente storica; una speciosa patina di storicismo ricopre uno stile esecutivo tutto contemporaneo, e in effetti si tratta dello stile piú moderno che ci sia; la merce storica si è conquistata una buona accoglienza, e soprattutto una vitalità commerciale proprio in virtú della sua novità, non della sua antichità [*ibid.*, p. 102].

E in effetti l'ideologia della tendenza autenticista deriverebbe, secondo Taruskin, dall'ideologia modernista: esse avrebbero in comune gl'ideali d'impersonalità [*ibid.*, p. 103], di letteralismo [*ibid.*, p. 167], di autonomizzazione dell'opera d'arte, d'immanenza delle sue strutture interne e di oggettivismo anti-affettivo [*ibid.*, p. 60; per un punto di vista analogo, cfr. Kivy 1995, p. 229].

3) Tutto ciò non significa che un'interpretazione autenticista non sia valida:

> Essa trae la sua autenticità non dalla sua verosimiglianza storica, ma dal suo rispecchiare veracemente, nel bene e nel male, il gusto dell'ultimo scorcio del ventesimo secolo [1995, p. 166].

Come affermato con forza in apertura del suo lavoro: «questione di gusto, non di verità» [*ibid.*].

> Gli esecutori non possono realisticamente preoccuparsi di *wie es eigentlich gewesen* [*ist*], del come è stato veramente. Il loro lavoro è quello di scoprire, con una certa dose di fortuna, *wie es eigentlich uns gefällt*, come realmente ci piace [*ibid.*, p. 148].

Le interpretazioni moderne della tendenza autenticista sono autentiche perché in queste esecuzioni, al di là della pretesa ricostruzione storica, i musicisti sono fedeli a se stessi e al loro senso ricco e profondo della musicalità. Ma qui, beninteso, il senso del concetto di autenticità è cambiato radicalmente: esso non rimanda piú al rapporto esistente fra un'interpretazione e l'universo proprio d'un compositore o al testo musicale, ma al rapporto d'un interprete con se stesso.

A dispetto delle critiche di cui è stato fatto oggetto il movimento autenticista e delle sue divergenze intestine emerse in piena luce, non sarebbe bene valutare la possibilità che questi musicisti abbiano colto qualche verità nascosta circa la musica barocca? Sarebbe legittimo affermare che talune interpretazioni sono piú autentiche di altre? Per Taruskin, «chiunque ammette oggi che non conosceremo mai realmente *ciò che è stato*», perché le nostre conoscenze storiche sono solo una proiezione immaginaria di noi stessi sul passato [*ibid.*, p. 78]. Sarebbe a dire che – come afferma lo storico Paul Veyne – «la verità è figlia dell'immaginazione» [1983, p. 123]?

> In questo caso [gli risponde il filosofo Bouveresse] da dove potrebbe mai provenire il concetto di realtà in base al quale possiamo affermare che le camere a gas sono o non sono esistite nei fatti, indipendentemente dalla nostra immaginazione? [1984, p. 110].

La stessa domanda potrebbe essere rivolta a Taruskin. Da dove proviene la sensazione naturale che, in certi casi, una determinata interpretazione sia effettivamente piú fedele, piú autentica di un'altra? Peter Kivy, nel suo lavoro intitolato significativamente *Authenticities*, ha replicato con fermezza a Taruskin che la conoscenza delle intenzioni del compositore è possibile, a certe condizioni che sono familiari a chi è pratico dell'esegesi rettamente intesa [1995, p. 19]. La pretesa dei primi autenticisti – con la notevole eccezione di alcuni protagonisti del movimento, come Harnoncourt (cfr. *supra*) – di aver quasi ritrovato nella loro interpretazione lo spirito della composizione nella sua univoca verità, ha potuto giustificare per reazione l'insorgere del relativismo.

La posizione di Kivy merita un istante di attenzione, perché le analisi fenomenologiche sulle quali si fonda tutta la sua argomentazione e con le quali io sono spesso d'accordo sono d'una finezza e d'una precisione rare. Inoltre, perché egli adotta una posizione dialettica assolutamente originale. In una prima parte egli sviluppa la dimostrazione che le intenzioni del compositore (come si è appena visto), l'autenticità sonora (che egli non restringe alla scelta degli strumenti) e i luoghi e contesti d'esecuzione sono conoscibili e accessibili, anche se le forme d'autenticità sono fondamentalmente plurime. Ma in seguito l'autore sostiene che la ricerca dell'autenticità deve essere respinta: perché in ultima istanza ciò che prevale è la prova dell'ascolto e perché egli riabilita un'altra forma di autenticità, quella della sincerità dell'interprete di cui auspica venga rivalutata l'importanza contro *la cultura dell'autore e del testo* [1995, p. 187], contro il culto del compositore-che-sa-tutto-del-suo-lavoro e l'ideologia romantica che lo sorregge. Adottando queste posizioni, Kivy si affianca all'antiautoritarismo di Taruskin [cfr. 1995, cap. VII] e al dialogismo di Harnoncourt: l'esecuzione di un brano musicale è il risultato di una collaborazione fra il compositore e i suoi interpreti, considerati da Kivy come degli *arrangiatori*. Da qui infine la sua insistenza tutta postmoderna nel respingere l'idea che l'interprete stia lí per trasmettere «la verità, tutta la verità, nient'altro che la verità» [Kivy 1995, pp. 282-86]. Privilegiando la personalità dell'interprete e il piacere dell'ascoltatore, egli salva *in extremis* il rispetto del testo, ma non affronta mai veramente la questione dello stile. È cosí che si sbarazza della «quasi universale tendenza, in atto almeno dal diciottesimo secolo, di cercare di comprendere la musica assoluta sulla base dell'uno o dell'altro modello linguistico» [*ibid.*, p. 284], senza esaminare se la concezione retorica della musica barocca sulla quale si basa un Harnoncourt e che legittima sicuramente le brevi unità di fraseggio caratteristiche di tutto il movimento autenticista non sia priva di un qualche fondamento storico, dal momento che ha appena ammesso come possibile la conoscenza delle intenzioni...

Credo sia necessario prendere le distanze dalla vecchia credenza positivista secondo cui sarebbe possibile conoscere davvero la totalità del passato, ma non mi sembra tuttavia accettabile di finire per cadere nel fosso del relativismo postmoderno dominante alla fine del Novecento e nemmeno nell'ipostasi dell'interprete e dell'ascoltatore. Vorrei contrapporre a queste posizioni l'idea che esistano delle *verità locali* belle e buone, edificabili soprattutto su un'interrogazione sistematica dell'organizzazione musicale immanente, cosí come propone Bent [1998]. Oserei dire che una cultura la quale non riconosca l'esistenza di queste verità locali è matura per il fascismo. Oltre questo punto, insieme epistemologico e politico, non sono in grado di avallare del tutto le posizioni da me esaminate perché, come non si può (diceva Koestler) *disinventare* un'invenzione scientifica – per quanto terribile essa sia, vedi la bomba atomica – cosí non si possono eliminare dalla storia culturale gl'interrogativi fondamentali. Orbene, dal XIX secolo in poi la nostra cultura è tutta impregnata di storia: come non potremo mai piú dimenticare che una certa composizione è stata scritta da qualcuno e in un'epoca differente dalla nostra, cosí è semplicemente impossibile, ogni volta che ci troviamo di fronte a una certa interpretazione in concerto o su disco, non porci la domanda: questa interpretazione è fedele al compositore, è autentica relativamente allo stile e alla prassi esecutiva dell'epoca? E ora, in conclusione, vorrei analizzare gli elementi che intervengono nell'enunciato d'un giudizio d'autenticità.

3. *La costruzione del giudizio d'autenticità.*

Riprendiamo alla radice il problema dell'autenticità. Che cosa significa fondamentalmente la qualifica di "autentica" assegnata a un'interpretazione? Prima di tutto significa esprimere un giudizio, vale a dire stabilire una relazione fra una data interpretazione, o piú esattamente (ci ritorneremo piú avanti) fra *certi aspetti specifici* di una data interpretazione e l'universo, o meglio *certi aspetti specifici* dell'universo d'un compositore o di uno stile del passato, cosí come si manifesta tramite una certa opera musicale. In altri termini, il giudizio d'autenticità è una *costruzione simbolica* che accetta la scommessa di stabilire una verità nell'introduzione d'un nesso fra due ordini di realtà. Questa scommessa si fonda in effetti non sul mettere in rapporto il *senso* di questa o quella interpretazione con lo *spirito* di questa o quella composizione o di questo o quello stile, ma sul nesso istituito fra una *selezione* delle caratteristiche dei due ambiti. Non che esista da una parte *LA* composizione (o *LO* stile), e dall'altra *LA* interpretazione che ne trasmetterebbe *LA* verità; vi sono invece delle realtà *plurime* da cui il giudizio d'autenticità attinge gli elementi pertinenti, a partire dai quali costruisce la propria relazione fondante.

In che cosa consiste questa pluralità che serve di sfondo alla costruzione del giudizio d'autenticità?

A monte della composizione, essa sta anzitutto sul versante di quanto attiene alle strategie compositive le quali hanno fatto sí che la composizione fosse quella che è. Fra queste strategie figura l'intenzione del compositore, o meglio l'universo *DELLE* intenzioni del creatore: il progetto stesso della composizione (scrivo una sonata e non un concerto, una cantata anziché una passione) e, via via che procederò nella creazione, quell'insieme straordinariamente complesso, variegato e variabile di strategie, fatto di aggiustamenti, tentativi ed errori, di pentimenti e anche di certezze: in rapporto ai miei predecessori, alle composizioni che ho già scritto, a ogni porzione già composta della mia opera, ecc. Tuttavia, per fluttuanti che siano queste strategie, sono comunque qualcosa di reale, e talune di esse sono conoscibili: grazie all'esame delle bozze, alle cancellature sui manoscritti, alle testimonianze verbali pervenuteci, al confronto fra le opere, allo studio delle strutture della composizione, ecc. Dunque il giudizio d'autenticità potrà giovarsi di una *selezione* particolare delle variabili strategiche che operano nel procedimento compositivo, privilegiarne una o piú d'una mettendole in evidenza, e decidere di farne *LA* verità complessiva *DEL* senso della composizione che si suppone l'interprete saprà restituire, posizione questa di carattere monolitico che è ovviamente inaccettabile.

Seconda causa di pluralità alla base del giudizio d'autenticità: non esiste *UNA* essenza della composizione che ci verrebbe rivelata nella sua luminosa chiarezza tramite l'analisi o il commento; la composizione è al contrario il punto d'incontro di una diversità di *livelli di pertinenza stilistica* e di una diversità di *parametri* costitutivi. Lo stile, innanzitutto; una composizione non è rivelatrice di uno stile, ma di molti, gerarchicamente inscatolati l'uno dentro l'altro *dal basso verso l'alto*, ad esempio lo stile delle ultime sinfonie di Mozart, lo stile della maturità di questo compositore, lo stile di Mozart in quanto si differenzia da quello di Haydn, lo stile classico nel suo insieme. Una certa particolare interpretazione può essere valutata in rapporto a ognuno di questi livelli stilistici, vale a dire in rapporto a ciascuno degli universi di riferimento piú o meno vasti in funzione dei quali *IL* senso stilistico della composizione è dato. Poi vengono i parametri: una sinfonia di Mozart non è un'entità in sé, ma la combinazione complessa di differenti elementi costitutivi – l'armonia, il ritmo, la metrica, il tempo, la melodia, l'organizzazione intervallare, il gioco delle dinamiche, la tessitura – che il giudizio d'autenticità potrà privilegiare per farne una caratteristica della composizione, del suo stile, dell'universo del compositore e della sua epoca.

Terza causa di pluralità: lo stesso responsabile del giudizio d'autenticità, il quale, nel rapportarsi all'universo compositivo dell'autore, all'epoca di riferimento e alla composizione (nelle differenti componenti e ai differenti livelli stilistici di questa), attribuisce un peso maggiore o minore a ciò che egli *seleziona* e introduce nella costruzione del proprio giudizio. Trattando delle intenzioni del compositore, Randall Dipert [1980] ha proposto una concezione analoga a questa distinguendo fra loro ciò che egli chiama *low-level intentions*, *middle-level intentions* e *high-level intentions*. Cosí l'impiego di strumenti antichi – che non varia dall'inizio alla fine di un'esecuzione – sarà piú importante per l'acquirente d'un disco di musica barocca che non il criterio parimenti generalizzato dell'adeguamento dello stile esecutivo al principio di organizzazione retorica delle composizioni di tutto il periodo barocco, secondo la proposta avanzata da Harnoncourt, che gli attribuisce un'importanza gerarchica ancor maggiore. La stessa cosa vale per gli aspetti particolari di una data interpretazione considerati al fine di valutarne l'autenticità. In breve, per riprendere la felice espressione di Paul Veyne [1971], l'ascoltatore (o il critico) costruisce un *intreccio* tanto in rapporto alla composizione quanto in rapporto all'interpretazione. Ed essendo tale intreccio tanto piú fluttuante in quanto la musica è un'arte che si svolge nella dimensione temporale, il responsabile del giudizio d'autenticità si riferisce o a momenti particolari della composizione o dell'interpretazione - privilegiandone alcuni e dimenticandone altri a seconda della pregnanza che attribuisce loro durante il procedere della composizione - oppure alla composizione considerata nel suo insieme come un tutto unico. O almeno crede di farlo. Donde i tre principî che mi sembra possano spiegare la costruzione dei giudizi d'autenticità [Nattiez 1993, pp. 95-105], e cioè:

1) il contenuto del giudizio d'autenticità varia a seconda che il giudizio sia rivolto a momenti particolari della composizione o all'integralità del suo svolgimento;
2) il giudizio d'autenticità viene percepito come vero a livello della globalità della composizione quando, per l'ascoltatore o per il critico, vi sia corrispondenza fra l'intreccio in base al quale egli si rappresenta la composizione e quello in base al quale ne penetra il concetto interpretativo;
3) anche quando i giudizi d'autenticità si riferiscono alla globalità di ciò che si definisce talvolta lo "spirito" della composizione, essi si basano su aspetti particolari ai quali il responsabile del giudizio attribuisce un peso determinante.

Ho parlato in precedenza di *verità locali*. Nutro la debolezza di sperare che, grazie agli strumenti della filologia, procedendo alla messa in serie delle informazioni e dei testi, operando una rigorosa valutazione critica dei documenti, alcune certezze possano essere stabilite caso per caso, e conseguentemente talune opzioni interpretative possano venire criticate come infedeli e non autentiche. Per esempio, è certo che Gould non dà un'interpretazione autentica delle sonate di Mozart quando le "contrappuntizza"; infatti l'indagine storica è in grado di provare *al di là d'ogni ragionevole dubbio* che esse non sono state scritte in questo stile. Per contro, quando egli mette in evidenza una struttura contrappuntistica nella sua interpretazione del Concerto in re minore di Brahms, un'analisi scrupolosa della partitura può giustificare questa novità nella concezione interpretativa del primo concerto brahmsiano; d'altronde essa è stata giudicata abbastanza pertinente per essere ripresa da altri come András Schiff, Ivo Pogorelich e Krystian Zimerman. Ma non è solo la dimensione contrappuntistica a essere costitutiva di questa composizione. C'è il tempo, la concezione complessiva della tessitura, la relazione tra il pianoforte solista e l'orchestra, ecc., e per ognuno di questi aspetti si può porre la questione dell'autenticità interpretativa. La risposta può essere negativa, come nel caso di Leonard Bernstein, che ritenne giusto dissociarsi pubblicamente dalla concezione di Gould prima di dirigere la composizione con lui solista [cfr. Gould 1985, pp. 358-59];

laddove, almeno per quanto riguarda l'aspetto contrappuntistico, si può dimostrare la fondatezza del giudizio positivo d'autenticità. Se sulla base dei giudizi negativi si giunge a dire che *lo spirito* della composizione è stato tradito, è perché s'ipostatizzano certi aspetti particolari della composizione facendone la base di ciò che si crede essere la sua *essenza* o il suo spirito. In questo modo si svalutano le altre verità locali delle quali è pure possibile dimostrare l'esistenza. È per questo che, anche quando un aspetto specifico di un'interpretazione ci irrita in rapporto all'idea complessiva che ci siamo fatti di una certa composizione o di un certo stile, ve ne sono altri degni d'interesse e di considerazione, ma che talvolta sono completamente oscurati nel giudizio dell'ascoltatore se l'aspetto negativo che ha attirato l'attenzione occupa tutto lo spazio. È forse per questa ragione che molti frequentatori abituali di Bayreuth respingono in blocco la concezione della *Tetralogia* di Boulez, mentre in realtà egli ha riscoperto la finezza di fondo della scrittura wagneriana:

> Estrema preghiera ai miei cari colleghi! [scriveva Wagner in occasione della prima *Tetralogia* rappresentata a Bayreuth, il 13 agosto 1876] *Pulizia*! Le note grosse escono da sole, ma l'importante sono quelle piccole e il loro testo.

Non è questione di scegliere fra oggettivismo e relativismo, perché non esiste interpretazione musicale che sia totalmente autentica o totalmente non autentica. Non esiste l'interpretazione che scopre *LA* verità della composizione, una sorta d'essenza platonica alla quale essa si avvicinerebbe, e ciò vale tanto per l'interpretazione musicale quanto per l'esegesi delle composizioni; una parentela a suo tempo individuata da Gadamer. «È pur vero che differenti analisi possono essere ugualmente valide, ma non se provengono da premesse erronee», scrive Margaret Bent [1998, pp. 19-20]. Probabilmente è stato Hirsch [1967] a fornire, in materia di esegesi dell'opera letteraria, le basi epistemologiche migliori per definire cosa sia la validità di un'interpretazione (in senso ermeneutico), una nozione che si può agevolmente applicare all'interpretazione musicale. Vi sono interpretazioni *valide* (come quella del concerto di Brahms da parte di Gould) e altre che sono *non-valide* (come la sua interpretazione delle sonate di Mozart). La nozione di validità è interessante per riconoscere come le possibili interpretazioni di una stessa composizione siano molteplici, ma nello stesso tempo essa permette di sottolineare che questa molteplicità non autorizza l'interprete a fare qualsiasi cosa.

L'interpretazione di un'opera è il punto d'incontro fra l'universo di un creatore e quello di un *traduttore* che ha il meraviglioso e pericoloso incarico di farla pervenire a un'esistenza sonora. Un'interpretazione sarà sempre il punto di tensione fra un mondo senza il quale la composizione non sarebbe esistita e il mondo dell'artista che ricrea le condizioni affinché questa torni in vita e che, a questo titolo, la traguarda attraverso il prisma della propria personalità e della propria epoca. Messo di fronte a una certa interpretazione, qualcuno si alza e pronuncia un giudizio globale di autenticità o di non-autenticità, pur appoggiandosi unicamente su alcune particolari caratteristiche dell'artista e della sua epoca, dell'opera e dell'interpretazione: ma è questo giudizio globale d'autenticità a rivelarsi il piú delle volte non-autentico nel suo funzionamento.

Bent, M.

1986 *Fact and value in contemporary scholarship*, in «The Musical Times», n. 127, pp. 85-89.

1998 *The grammar of early music: preconditions for analysis*, in C. C. Judd (a cura di), *Tonal Structures in Early Music*, Garland, New York - London, pp. 15-59.

Boulez, P.

1992 *Zukunftsmusik: avenir de la musique*, in «Circuit», III, n. 1, pp. 7-22.

Bouveresse, J.

1984 *Le philosophe chez les autophages*, Minuit, Paris.

Brett, P.

1988 *Text, context, and the early music editor*, in Kenyon 1988, pp. 83-114.

Buelow, G. J.

1980 *Rhetoric and Music*, in *The New Grove Dictionary of Music and Musicians*, a cura di S. Sadie, Macmillan, London, vol. XV, pp. 793-803.

Dart, T.

1954 *The Interpretation of Music*, Harper and Row, New York - Evanston Ill. (nuova ed. 1963).

Dipert, R.

1980 *The composer's intentions: an evaluation of their relevance for performance*, in «The Musical Quarterly», LXVI, n. 3, pp. 205-18.

Dolmetsch, A.

1915 *The Interpretation of Music of the 17th and 18th Centuries*, Novello, London (2ª ed. 1946; ristampa University of Washington Press, Seattle-London 1969).

Donington, R.

1963 *The Interpretation of Early Music*, Faber and Faber, London (nuova ed. riveduta 1974).

1983 *Why early music?*, in «Early Music», XI, n. 1, pp. 42-45.

Dreyfus, L.

1983 *Early music defended against its devotees: a theory of historical performance in the twentieth century*, in «The Musical Quarterly», LXIX, n. 3, pp. 297-322.

1992 *Early music and the repression of the sublime*, in «Early Music», X, n. 1, pp. 114-17.

Gould, G.

1985 *Contrepoint à la ligne (Écrits II)*, Fayard, Paris.

Handschin, J.

1950 *Musica aeterna*, Metz, Zürich.

Harnoncourt, N.

1982 *Musik als Klangrede. Wege zu einem neuen Musikverständnis*, Residenz, Salzburg-Wien; qui citato nella trad. fr., *Le discours musical. Pour une nouvelle conception de la musique*, Gallimard, Paris 1984.

1984 *Der musikalische Dialog. Gedanken zu Monteverdi, Bach, Mozart*, Residenz, Salzburg-Wien (trad. it. *Il discorso musicale. Scritti su Monteverdi, Bach, Mozart*, Jaca Book, Milano 1987).

Haskell, H.

1988 *The Early Music Revival. A History*, Thames and Hudson, London.

Hirsch, E. D.

1967 *Validity in Interpretation*, Yale University Press, New Haven - London.

Kenyon, N.

1988 (a cura di), *Authenticity and Early Music*, Oxford University Press, Oxford - New York.

Kerman, J.

1985 *Musicology*, Fontana, London (ed. americana *Contemplating Music. Challenges to Musicology*, Harvard University Press, Cambridge Mass.).

Kivy, P.

1995 *Authenticities. Philosophical Reflections on Musical Performance*, Cornell University Press, Ithaca-London.

Labie, J.-F.

1989 *William Christie: Sonate baroque*, Alinea, Aix-en-Provence.

Leech-Wilkinson, D.

1984 *What we are doing with early music is genuinely authentic to such a small degree that the word loses most of its intended meaning*, in «Early Music», XII, n. 1, pp. 13-16.

Le Huray, P.

1990 *Authenticity in Performance. Eighteenth-century Case Studies*, Cambridge University Press, Cambridge.

Mattheson, J.

1739 *Der vollkommene Kapellmeister*, Christian Herold, Hamburg.

Morgan, R. P.

1988 *Tradition, anxiety, and the current musical scene*, in Kenyon 1988, pp. 57-82.

Nattiez, J.-J.

1993 *Le combat de Chronos et d'Orphée*, Bourgois, Paris (trad. it. in preparazione, Einaudi, Torino).

Neumann, F.

1989 *New Essays on Performance Practice*, UMI Research Press, Ann Arbour.

1993 *Performance Practices of the Seventeenth and Eighteenth Centuries*, Schirmer Books, New York.

Rosen, Ch.

1991 *Le choc de l'ancien* (1990), in «InHarmoniques», n. 7, pp. 104-25.

Taruskin, R.

1995 *Text and Act. Essays on Music and Performance*, Oxford University Press, New York - Oxford.

Tomlinson, G.

1988 *The historian, the performer, and authentic meaning in music*, in Kenyon 1988, pp. 115-36.

Veyne, P.

1971 *Comment on écrit l'histoire*, Seuil, Paris (trad. it. *Come si scrive la storia. Saggio di epistemologia*, Laterza, Bari 1973).

1983 *Les Grecs ont-ils cru à leurs mythes?*, Seuil, Paris.

Wimsatt, W. K., e Beardsley, M. C.

1946 *The intentional fallacy*, in «Sewanee Review», n. 54, pp. 468-88.

DANIEL E. COMMINS

L'acustica dei teatri e delle sale da concerto*

1. *Introduzione*.

Le esigenze acustiche degli ambienti destinati all'esecuzione e all'ascolto della musica variano nel corso dei secoli. La musica stessa subisce una continua evoluzione. Anche l'acustica e, piú in generale, la natura fisica e architettonica di quegli spazi (aperti o chiusi che siano) sono soggette a variazioni. La natura di tali cambiamenti dipende da una quantità di fattori: il modo di vita, il clima, i materiali utilizzati, le tecniche costruttive e cosí via. Le caratteristiche degli spazi musicali hanno notoriamente influenzato la musica stessa.

In epoca moderna, il progresso tecnologico, benché positivo sotto tanti aspetti, ha dato origine a esigenze molto diverse per generi musicali assai differenti. Ad esempio, gli spazi utilizzati per il suono naturale e per quello amplificato sono, in linea di principio, diversissimi fra loro: il suono amplificato può essere destinato a pubblici molto numerosi, mentre il tradizionale suono naturale deve necessariamente rivolgersi a un uditorio piú ristretto. Da un punto di vista acustico, gli spazi usati per la musica amplificata sono notevolmente diversi da quelli destinati unicamente al suono naturale.

Un modo di risolvere il problema potrebbe essere quello di utilizzare tutte le risorse della tecnologia contemporanea per creare la sala da concerto virtuale: in linea di principio, un sistema tridimensionale di generatori sonori elettroacustici, associati ad apparati di elaborazione del segnale, sarebbe in grado di simulare qualunque campo sonoro. È ancora incerto se questo tipo di sistema sia destinato o meno a divenire effettivamente operativo; in realtà, gli ascoltatori esperti sanno che il suono tecnicamente elaborato non avrà mai lo stesso ruolo di quello naturale.

Nel XX secolo il conflitto fra suono naturale e suono artificiale, combinato a inevitabili limitazioni economiche, ha dato origine a una tendenza incresciosa: l'uso del medesimo spazio per tutti i tipi di musica. Sono stati costruiti ambienti vastissimi che, nonostante tutte le acrobazie tecniche, non raggiungono mai l'eccellente qualità delle classiche sale da concerto ottocentesche. La questione dell'acustica degli spazi musicali è diventata quindi estremamente complessa.

* Le tavole fuori testo cui si rinvia in questo studio cono comprese tra le pp. 880 e 881.

In ogni caso, è essenziale comprendere anzitutto le leggi fondamentali dell'acustica delle sale da concerto e dei teatri d'opera destinati all'ascolto del suono naturale. Gli elementi fisici fondamentali sono: il volume, la forma, la larghezza e la lunghezza, la natura dei materiali usati e la loro capacità di assorbire o diffondere il suono.

In questo contributo cercheremo di delineare il retroterra storico dell'acustica degli spazi musicali, di descrivere alcuni tipi di edifici, e di fornire una descrizione semplificata di come progettare acusticamente sale da concerto e teatri d'opera secondo gli ultimi dettami dell'arte.

2. *Breve storia dell'acustica della sala da concerto e del teatro d'opera.*

I futuri storici saranno forse in grado di scoprire dove furono costruiti e utilizzati i primi spazi destinati all'esecuzione e all'ascolto collettivi della musica. È possibile che i primi spazi organizzati siano stati indiani, inca o babilonesi. Nei templi babilonesi alcuni aspetti progettuali avevano chiaramente il ruolo specifico di migliorare la diffusione del suono, incrementandone la chiarezza e l'intelligibilità.

La documentazione di cui disponiamo in questo campo è assai scarsa e frammentaria. Gli architetti e gli ingegneri specializzati in questa problematica fanno sempre riferimento ai pitagorici del VI secolo a. C. come autori di un razionale approccio progettuale a quella che oggi chiameremmo una sala da concerto. È probabile che anche alcune culture piú antiche abbiano padroneggiato l'argomento, ma a noi non ne sono giunte tracce.

È ben noto che molti odeon, teatri e arene dell'antichità, giovandosi probabilmente di alcuni progressi gradualmente raggiunti in modo empirico, erano dotati di notevoli qualità acustiche. Gli edifici e le tecniche costruttive erano semplici, e alcuni architetti erano probabilmente uomini "completi", capaci di padroneggiare tutti gli aspetti della progettazione: culturali, architettonici, tecnici. È probabile che molte costruzioni mal riuscite venissero distrutte in modo da poter riutilizzare i loro materiali per altri usi. Ma alcune strutture sono famose ancor oggi per le loro eccezionali qualità acustiche, benché molte di esse siano state alterate dal trascorrere del tempo. Fra gli esempi piú famosi vi sono i teatri di Epidauro, di Pompei e di Orange. Le tavole 1, 2 e 3 mostrano questo tipico teatro dell'antichità.

I greci e i romani padroneggiarono la progettazione e la costruzione di spazi semicircolari e semiellittici, con un piccolo palcoscenico addossato a un solido fondale e con una serie di ripidi gradoni per i posti a sedere. Ciò garantiva a un pubblico molto vasto una buona intelligibilità delle parole; in virtú delle stesse soluzioni, anche la musica era chiara. Spazi ellittici come il Colosseo romano avevano il difetto di una forte concentrazione del suono. Nondimeno, questo aspetto aveva una conseguenza positiva: il suono proveniente dalla folla poteva essere chiaramente udito nell'arena, e ciò esercitava una forte influenza sui gladiatori. Non è certo che questi spazi fossero utilizzati anche per la musica; tuttavia, le conoscenze di acustica ambientale acquisite a quel tempo hanno influenzato la progettazione acustica fino all'epoca moderna.

2.1. Sviluppo storico dell'acustica ambientale come disciplina scientifica.

Aristotele (384-322 a. C.) nel *De Anima* e nel *De Audibilibus* identificò taluni fenomeni acustici, come la propagazione del suono, gli echi, l'intelligibilità delle parole, e cosí via, e compí reali progressi nella conoscenza della fisica del suono e dei meccanismi di percezione di esso.

I *Dieci libri sull'architettura* di Vitruvio (25 a. C.) gettano una luce piú chiara sull'argomento. Per via matematica e sperimentale, Vitruvio riuscí a comprendere i piú importanti meccanismi del suono e a proporre alcune soluzioni architettoniche, come l'uso dei vasi nei teatri per rinforzare la voce. Fu probabilmente Boezio (480-524 d. C.) a sviluppare la prima attendibile teoria ondulatoria del suono: un modello semplificato che egli trasse dalla facile osservazione del comportamento dell'acqua.

Stranamente, la nostra conoscenza dell'argomento presenta una lacuna assai vasta: non molto ci è stato tramandato durante un periodo di quasi dieci secoli. Fanno eccezione l'opera dell'arcivescovo Sigieri per la Cattedrale di Saint-Denis (1129) e le vestigia rimaste nelle chiese di alcune regioni come la Vandea. Nelle pareti di questi edifici religiosi furono spesso murati dei vasi per cercare di assorbire i suoni a bassa frequenza, migliorando cosí la chiarezza e l'intelligibilità. All'infuori di questi casi, poco sappiamo sulle tecniche di progettazione in uso nel Medioevo. Nelle cattedrali medievali l'assorbimento era molto limitato, a parte quello offerto dal pubblico stesso e dalle strutture del coro. I volumi erano vastissimi e il tempo di riverberazione assai lungo. L'ambiente produsse indubbiamente una certa tradizione musicale: prosperavano le liturgie cantate, con esecuzioni organistiche e solistiche. Le risonanze di simpatia venivano sfruttate per ripercuotere il medesimo suono nello spazio. Probabilmente i canti gregoriani, che utilizzavano questi fenomeni, furono composti specificamente per le chiese destinate a ospitarne l'esecuzione, al fine di creare un'atmosfera mistica.

Si ritiene – benché gli specialisti non abbiano accertato l'esattezza di questa ipotesi – che Giovanni Gabrieli (1553-57 ca. - 1612) abbia composto le sue musiche per la Basilica di San Marco a Venezia (la tav. 4 mostra l'interno della Basilica) distribuendo gli esecutori in modo che le due cantorie e le rispettive cupole risonassero e la musica sembrasse provenire da entrambi i lati della chiesa (una sorta di precoce stereofonia o tecnica di spazializzazione).

Il XVI secolo segnò un deciso cambiamento di metodo e accelerò l'evoluzione della ricerca. La svolta fu rappresentata dal lavoro di Galileo (1564-1642) sulla natura delle frequenze: si può dire che in quel momento nacque l'acustica come scienza. Seguirono altre importanti ricerche scientifiche: Robert Boyle (1627-91) indaga i meccanismi di trasmissione del suono, Isaac Newton (1653-1742) sviluppa nei *Principia Mathematica* la sua teoria della velocità del suono nell'aria e studia le analogie fra l'acustica e l'ottica, fornendo uno strumento interpretativo tuttora utilizzato come approccio preliminare ai fenomeni acustici nelle sale. Nello stesso periodo di tempo Joseph Sauveur (1653-1716), il fondatore della scienza acustica musicale, coniò il termine "acustica" e studiò il rapporto tra la frequenza e l'altezza dei suoni. Brook Taylor (1685-1731) studiò la frequenza delle corde tese: un modello che può essere estrapolato e applicato ad altri oggetti.

Alla fine del XVII secolo avviene una vera rivoluzione: progressi molto rapidi vengono compiuti sia in acustica sia in architettura. Sul piano scientifico vanno ricordati Eulero (1707-83) e la sua *Physica de Sono* (1727), Lagrange (1736-1813), D'Alembert (1717-83), Laplace (1749-1827), i cui contributi avrebbero trovato larga applicazione nella progettazione delle sale da concerto e dei teatri d'opera. Savart (1791-1841) indaga i limiti di udibilità, Faraday studia l'irraggiamento acustico e Stokes (1819-1903) gli effetti della viscosità dei fluidi nella propagazione del suono.

Nei secoli successivi, l'attività nel campo della scienza acustica si intensifica grazie all'immenso lavoro di Lord Rayleigh (1842-1919), sintetizzato nella sua *Theory of Sound* (1877), e al fondamentale lavoro di Sabine (1868-1919) sul tempo di riverberazione e sull'assorbimento. Sabine [1992], per determinare in fase di progettazione il tempo di riverberazione di un ambiente, sviluppa un metodo semplicissimo utilizzato da allora con pieno successo.

Le indagini scientifiche su temi come la propagazione, la velocità, l'attenuazione e la dispersione del suono, gli effetti dell'umidità, i sistemi elettroacustici e sonori, le tecniche di registrazione, la modellistica e la psicoacustica si sono enormemente sviluppate nel corso del XX secolo. Molte teorie, esperimenti e strumenti sono stati il frutto, diretto o indiretto, degli sforzi compiuti durante la seconda guerra mondiale per migliorare le cognizioni acustiche: un campo di studi di importanza fondamentale per la guerra sottomarina. In questo modo, l'acustica delle sale da concerto e dei teatri d'opera ha potuto beneficiare dei progressi tecnici realizzati nel corso del piú disastroso degli eventi. L'acustica ambientale ha conseguito il rango di scienza moderna grazie ai lavori di Watson [1930], Knudsen [1950] e Cremer [1976].

2.2. L'acustica ambientale, gli edifici e l'architettura.

Dal punto di vista architettonico, è sempre intorno alla metà del Settecento che, grazie alla costruzione di molti teatri, soprattutto in Italia, la conoscenza pratica dell'acustica del teatro d'opera e della sala da concerto compí progressi significativi. Dai salotti privati, dai castelli e dai palazzi, nei quali gli spazi – a causa delle dimensioni relativamente modeste e dell'arredamento – erano normalmente idonei all'esecuzione della musica da camera vocale o strumentale, i concerti si trasferirono nei pubblici teatri, di solito molto piú vasti.

Durante il Rinascimento l'architettura, col palladiano Teatro Olimpico di Vicenza (1580-83) (fig. 1, spaccato longitudinale del Teatro; cfr. tav. 5) imboccò una via diversa. Questo teatro è ancor oggi un modello al quale gli architetti fanno spesso riferimento, benché le sue caratteristiche acustiche non siano del tutto soddisfacenti per le esigenze contemporanee. I teatri elisabettiani, con il grande assorbimento verso l'alto e le loro gallerie laterali, parevano molto adatti alla parola, ma non offrivano le migliori condizioni acustiche per il canto o la musica. Il Teatro del Buen Retiro, costruito nel 1632 dall'architetto italiano Cosimo Lotti per il re di Spagna, fu probabilmente uno dei primi ad avere dei palchi di proscenio e un ampio palcoscenico capace di contenere cinque file di quinte. Questo tipo di palcoscenico di grande profondità, con tendaggi e serrande posteriori, cui facevano riscontro scarse superfici riflettenti intorno agli esecutori, creava un certo numero di problemi acustici.

2.2.1. *Il teatro d'opera*. Si può dire che il XVII secolo vide la nascita del teatro "per musica", in seguito distinto in teatro d'opera e sala da concerto. I teatri veneziani dei SS. Giovanni e Paolo (1638) e di San Moisé (1640)

Figura 1.

Vicenza. Il Teatro Olimpico (fonti: G. C. Izenour, *Theater Design*, McGraw-Hill, New York - London 1977, p. 188).

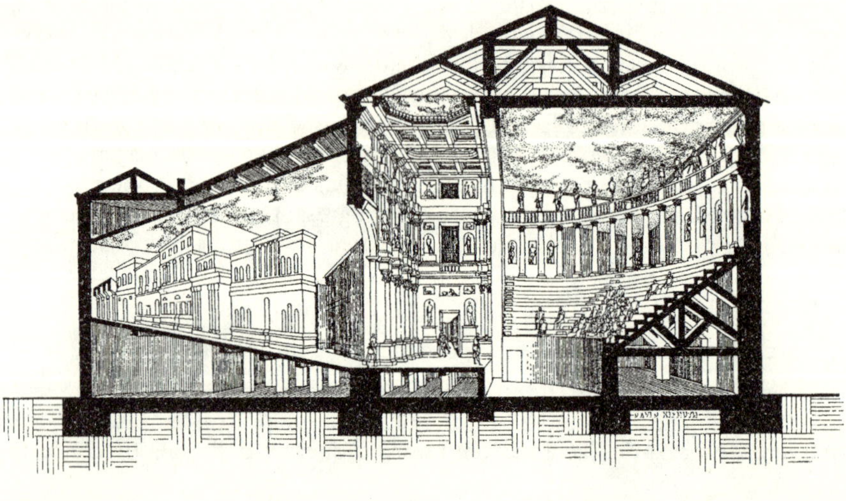

e il Teatro Farnese di Parma (1654; fig. 2, spaccato longitudinale del Teatro Farnese; cfr. tav. 6) ne rappresentano i primi esempi. Lully (1632-87) persuase Luigi XIV a costruire il teatro di Versailles, dotato di una delle prime autentiche buche orchestrali.

I Galli-Bibiena, una vera dinastia di architetti, progettarono molti teatri. Il Margräfliches Opernhaus di Bayreuth di Giuseppe Galli-Bibiena, costruito nel 1751-53, è un perfetto esempio di teatro di quel periodo, a forma di campana (cfr. tav. 7). Attrezzato alla perfezione, è probabilmente il piú bel teatro d'opera tedesco di quell'epoca. Restaurato e conservato con gran cura, fornisce ancora utili insegnamenti ai progettisti contemporanei. La sua decorazione produce una forte diffusione del suono: un aspetto che sarebbe stato indagato molto piú tardi. Dei palchi laterali facevano parte anche i cosiddetti *Trompetenlogen*, dai quali i suonatori di tromba annunciavano l'arrivo del margravio. Questi palchi laterali svolgevano una funzione acustica fondamentale, in quanto distribuivano il suono in direzione del pubblico e dei musicisti, che all'epoca non erano collocati in una buca orchestrale.

Altri lavori dei Galli-Bibiena non ebbero il medesimo successo. Per esempio, il Teatro Comunale di Bologna (1756-63) aveva un interno rivestito di pietra che si rivelò troppo riverberante, per cui dovette essere rifatto. In quegli anni la progettazione acustica dei teatri in pietra non era stata ancora perfezionata. Oggi vi sono esempi di teatri d'opera o di sale da concerto in marmo o in pietra; il Corum di Montpellier, una sala della capienza di 2000 posti usata per recital, concerti sinfonici e opere, è stato costruito quasi interamente con materiali duri, e ha avuto un'ottima riuscita grazie a un uso adeguato di superfici diffusive.

Figura 2.

Parma. Il Teatro Farnese (fonti: G. C. Izenour, *Theater Design*, McGraw-Hill, New York - London 1977, p. 199).

Nel corso degli ultimi 250 anni sono stati costruiti teatri d'opera sempre piú grandi. I modelli principali sono il Teatro San Carlo di Napoli (1737; tav. 8: veduta dal palcoscenico; cfr. anche tav. 9) e il Teatro alla Scala di Milano (1778, ricostruito nel 1946). Quanto piú grande è il teatro, tanto piú difficile è ottenere buone linee prospettiche, e imitare di conseguenza l'eccellente acustica dei teatri piú piccoli. In realtà, la capienza varia nel corso degli anni: la Scala, che in origine avrebbe dovuto contenere circa 2800 posti, ne ospitava appena 1807 alla fine del XX secolo. Perciò, anche se per la sua progettazione sono stati adottati tutti gli accorgimenti tradizionali, le sue dimensioni hanno creato problemi. La sua acustica è piuttosto buona rispetto ai criteri del teatro d'opera. Per i concerti sinfonici, e piú ancora per quelli cameristici, la grande diffusione del suono ad opera dei palchi mal compensa l'acustica secca, dovuta all'eccessivo assorbimento. Il teatro piú famoso per la sua acustica è La Fenice di Venezia (1792), distrutto da un incendio una prima volta nel 1836 e una seconda nel 1996. La sua ricostruzione offrirà la possibilità di adottare gli ormai indispensabili accorgimenti tecnologici; ma cosí facendo sarà difficile conservarne le qualità acustiche originarie.

Nell'Ottocento furono costruiti molti teatri d'opera in Europa e in America prendendo a modello quelli italiani: a Londra, Vienna, Filadelfia, New York. I risultati furono diseguali. L'Opéra Garnier di Parigi (cfr. tav. 12) non fece mai storia dal punto di vista acustico, nonostante un progetto interessante: centinaia di posti non ricevono alcun suono diretto, e dovunque l'acustica è compromessa da un eccessivo assorbimento; alcuni recenti lavori di rinnovamento hanno peggiorato la situazione, perché è stato disteso un folto velluto assorbente intorno alle poltrone e ai palchi.

Il Festspielhaus di Bayreuth (1876; fig. 3, pp. 1091-92: pianta e spaccato longitudinale; cfr. tav. 10) è l'esempio unico al mondo di un teatro d'opera progettato appositamente per un unico compositore: Richard Wagner. Esso rappresenta un'autentica innovazione: l'orchestra è quasi completamente racchiusa in una fossa coperta; la trasmissione del suono tra la fossa orchestrale e il palcoscenico è in gran parte il risultato di una propagazione attraverso materiali solidi, e la chiarezza del suono è controllata da alcune grandi cavità verticali che si aprono sulle pareti laterali. Sono stati compiuti vari tentativi di imitare la fossa orchestrale di Bayreuth, ma di solito senza successo: comunque, le fosse orchestrali di questo tipo sono risultate sfavorevoli alle opere di Mozart e di Verdi.

Il Metropolitan Opera House di New York (1883; fig. 4, p. 1093: spaccato longitudinale; cfr. tav. 11) è un esempio straordinario di teatro insolitamente grande, con oltre 3600 spettatori, e un'acustica abbastanza buona. In linea di principio, un vero teatro d'opera non dovrebbe contenere piú di 1500 ascoltatori. Fino a 2000 posti è ancora possibile ottenere buoni risultati con una progettazione estremamente rigorosa; oltre questo nu-

Figura 3.

Bayreuth. Il Festspielhaus e la sua buca orchestrale (fonte: L. L. Beranek, *Concert Halls and Opera Houses. How They Sound?*, Acoustical Society of America, New York 1996, p. 234).

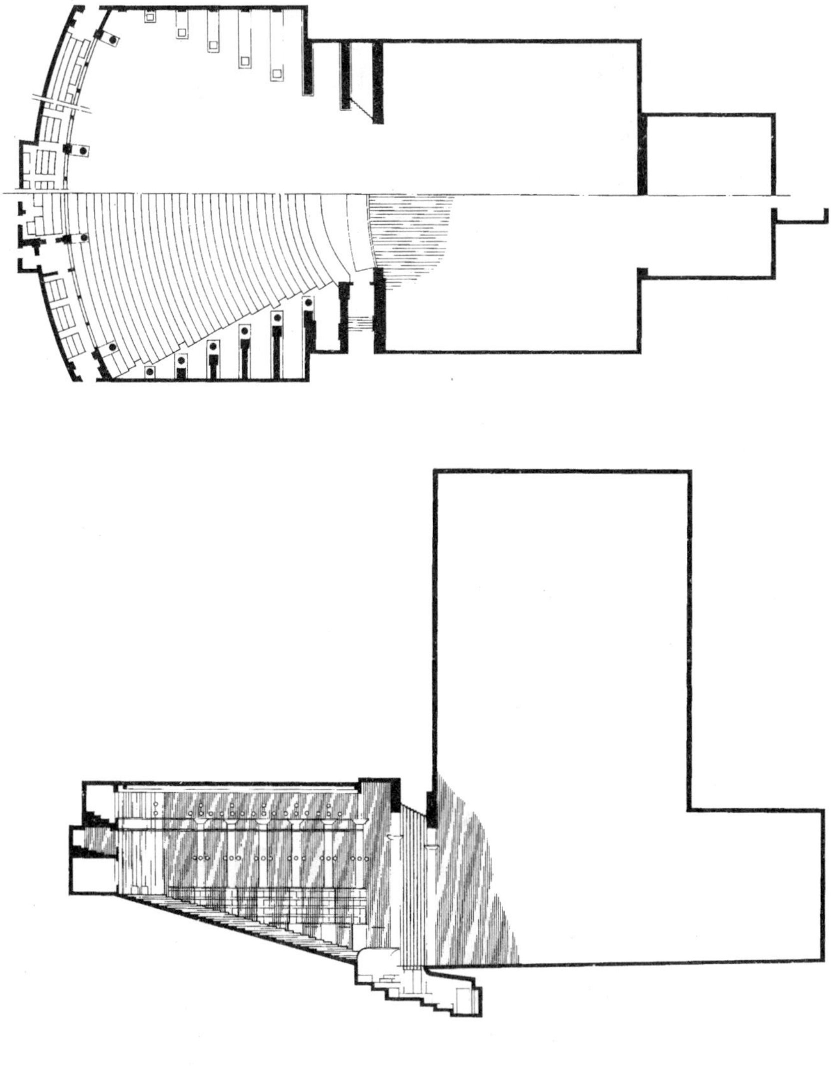

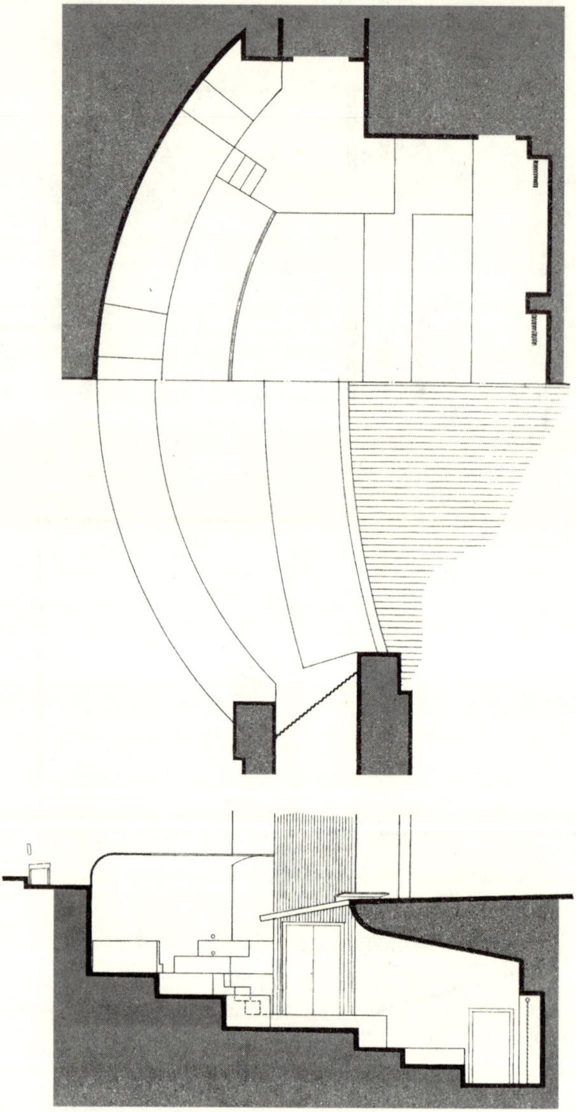

mero, il problema diviene assai complesso, perché è impossibile mettere a sedere tanta gente in vicinanza del palcoscenico e creare una geometria che produca le essenziali riflessioni laterali.

L'altro esempio straordinario è il Teatro Colón di Buenos Aires (1908; fig. 5, p. 1094: spaccato longitudinale; cfr. tav. 13), che contiene 3252 buoni posti. Questo teatro, dotato di una discreta chiarezza di suono, è diventato anche una buona sala per concerti sinfonici.

2.2.2. *La sala da concerto*. L'evoluzione della sala da concerto è per certi aspetti simile. La musica, eseguita originariamente in edifici privati come il castello di Esztheráza, che aveva un volume di 9500 metri cubi, si trasferisce a poco a poco in autentiche sale da concerto pubbliche. La piú antica sala da concerto è lo Holywell Music Room di Oxford (1748).

Una delle sale piú famose rimane ancora come modello (benché, come molte altre, sia scomparsa da gran tempo): è l'Altes Gewandhaus di Lipsia (1780; tav. 14: interno), ancor oggi oggetto di studio. Il suo successo fu dovuto probabilmente al volume e alla forma: un volume di circa 2100 metri cubi per 400 spettatori, con un tempo di riverberazione stimato a circa 1,2 secondi, che oggi non sarebbe soddisfacente. Il Neues Gewandhaus (1886), che ne prese il posto, conteneva 1560 spettatori in un volume di 15 600 metri cubi; il tempo di riverberazione era di circa 1,55 secondi.

Alla fine dell'Ottocento sorsero le migliori sale da concerto per la musica classica: hanno tutte la famosa forma a "scatola da scarpe", volume ed

---

Figura 4.

New York. Il Metropolitan (fonte: L. L. Beranek, *Concert Halls and Opera Houses. How They Sound?*, Acoustical Society of America, New York 1996, p. 319).

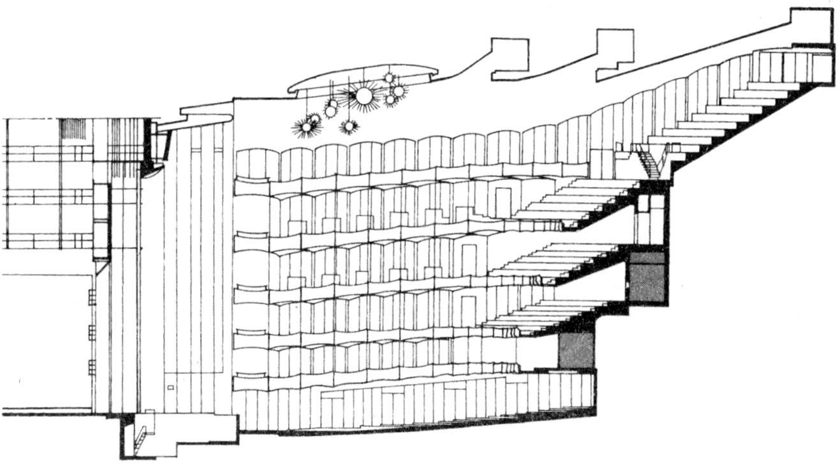

energia laterale adeguati. Le tre sale divenute esemplari sono: il Grosser Musikvereinssaal di Vienna (1870; la figura 6, p. 1095, mostra le piante del piano inferiore e superiore e uno spaccato longitudinale; cfr. tav. 15); il Concertgebouw di Amsterdam (1888; fig. 7, p. 1096: pianta e spaccato longitudinale; cfr. tav. 17); e il Symphony Hall di Boston (1900; fig. 8, p. 1097: piante dei piani inferiore e superiore e spaccato longitudinale; cfr. tav. 16). Sono tutte famose per il loro lungo tempo di riverberazione, la diffusione e il decadimento morbido. Il loro celebre suono sembra dovuto ai volumi, alle proporzioni e alle eccellenti riflessioni laterali.

Queste qualità non sono state probabilmente eguagliate da nessuna fra le sale piú moderne, eccezion fatta per la Berlin Philharmonie (1963; fig. 9, p. 1098: pianta di un piano e spaccato longitudinale; tav. 18: veduta dalla platea), nella quale 2218 posti sono stati sistemati in settori separati, graduati in altezza l'uno rispetto all'altro. Siffatta tecnica, denominata del "vigneto a terrazze" (*Weinbergen*), consente anche di ottenere, entro un ampio volume riverberante di 24 500 metri cubi, il giusto tempo di riverberazione di circa 2 secondi alle medie frequenze, e di fornire a tutti gli ascoltatori le decisive prime riflessioni forti, da cui dipende la chiarezza del suono.

La forma a "scatola da scarpe" (tav. 19: interno dell'Arsenal di Metz) e il metodo del "vigneto a terrazze" sono stati applicati a molte sale, tal-

Figura 5.

Buenos Aires. Il Teatro Colón (fonte: L. L. Beranek, *Concert Halls and Opera Houses. How They Sound?*, Acoustical Society of America, New York 1996, p. 171).

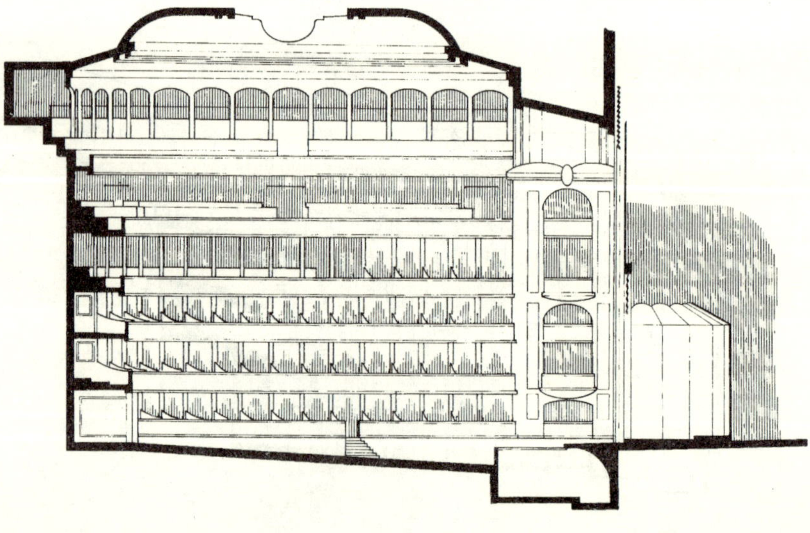

Figura 6.

Vienna. Il Grosser Musikvereinssaal (fonte: L. L. Beranek, *Concert Halls and Opera Houses. How They Sound?*, Acoustical Society of America, New York 1996, p. 183).

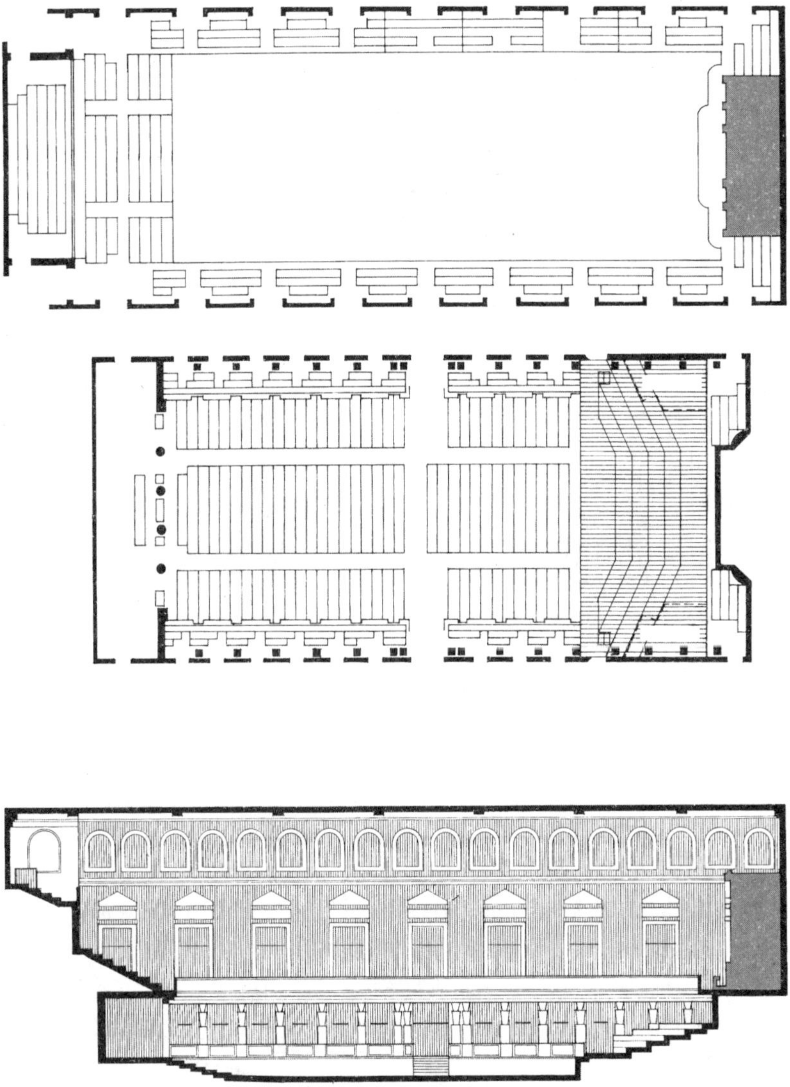

volta con successo. Questi principî darebbero sempre buoni risultati, se non fossero sottoposti ad altre restrizioni: le sale multiuso, le sale ad acustica variabile, le sale eccessivamente ampie non sono mai in grado di soddisfare le esigenze di un'autentica sala da concerto perché, per ottenere una buona acustica, è assolutamente necessario rifiutare ogni compromesso. Tutte

Figura 7.

Amsterdam. Il Concertgebouw (fonte: L. L. Beranek, *Concert Halls and Opera Houses. How They Sound?*, Acoustical Society of America, New York 1996, pp. 378 e 379).

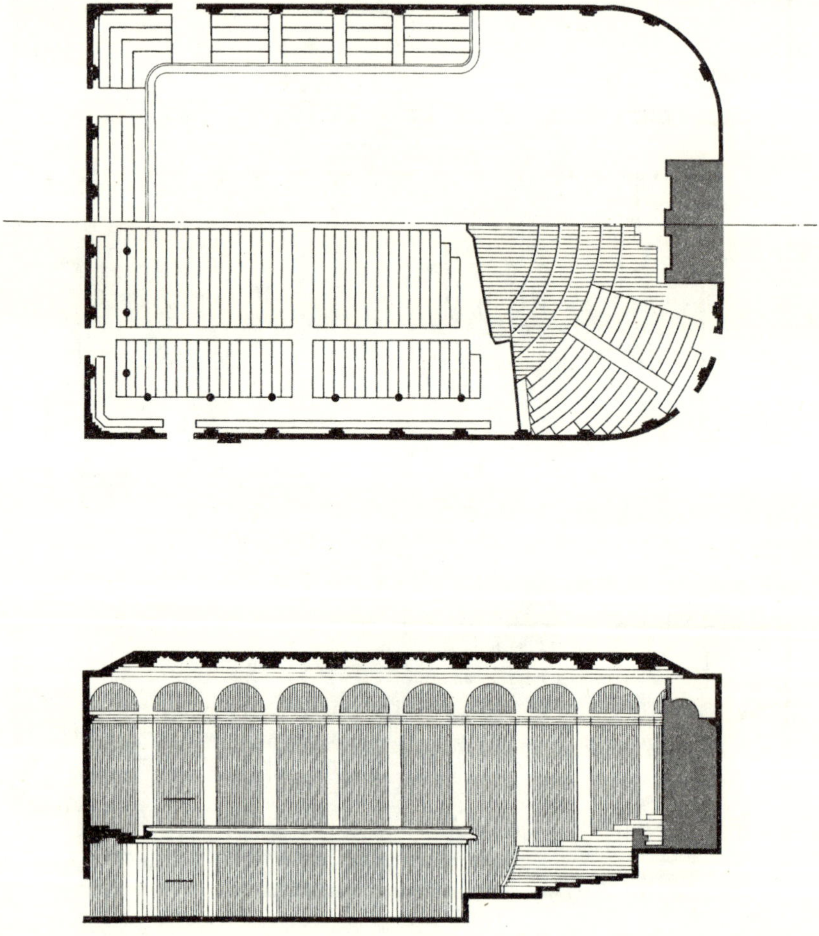

Figura 8.

Boston. Symphony Hall (fonte: L. L. Beranek, *Concert Halls and Opera Houses. How They Sound?*, Acoustical Society of America, New York 1996, pp. 80 e 81, foto di Brodford Herzog).

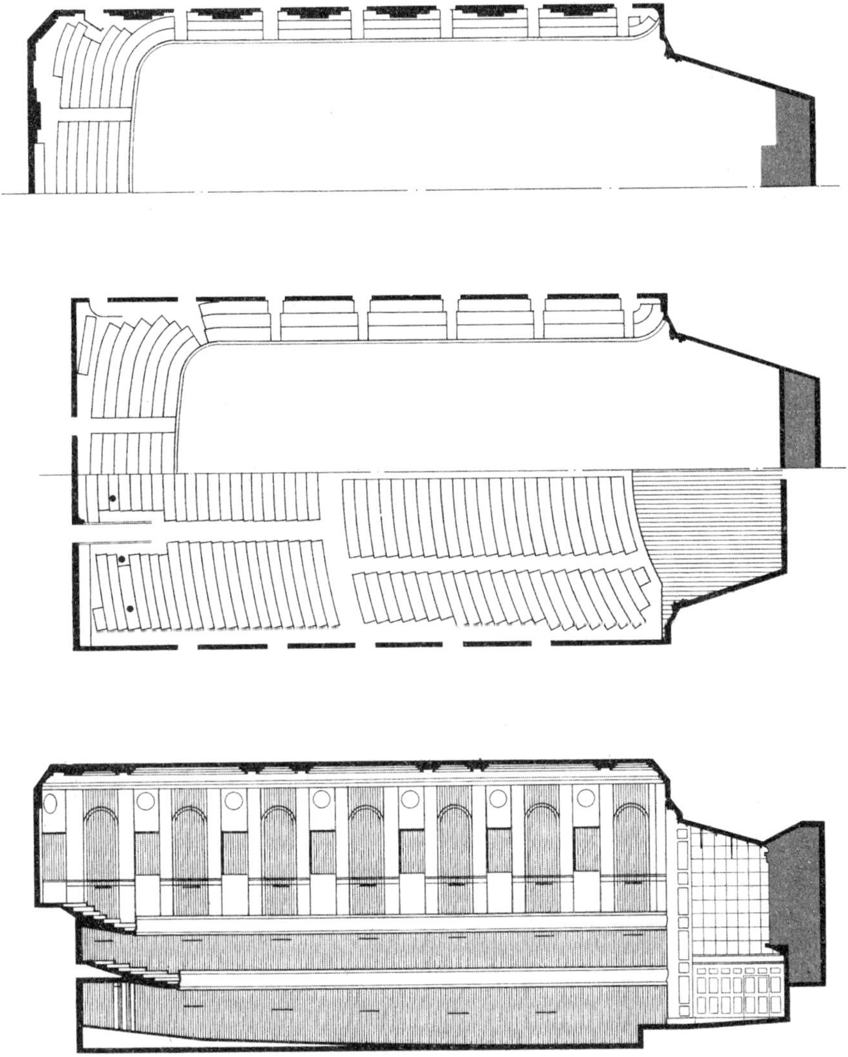

Figura 9.

Berlino. La Philarmonie e i suoi Weinbergen (fonte: L. L. Beranek, *Concert Halls and Opera Houses. How They Sound?*, Acoustical Society of America, New York 1996, p. 247).

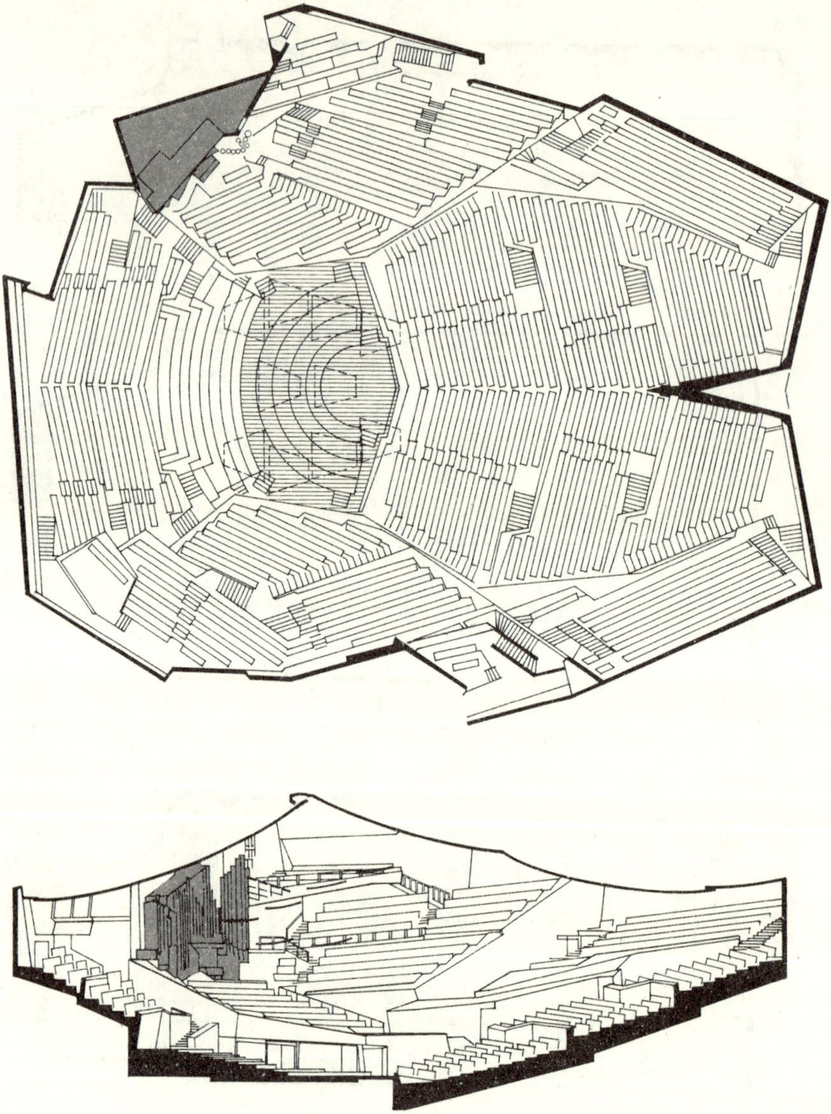

le condizioni debbono essere ottimali. È sperabile che, dopo molte sale da concerto sbagliate, si ritorni alle regole tradizionali e si costruiscano di nuovo eccellenti sale per musica.

Naturalmente, lo spazio ottimale per la musica sinfonica è quello che accoglie da 1400 a 1700 ascoltatori. È allora piú facile sistemare il pubblico in un volume relativamente ristretto, di circa 9 metri cubi a persona, con tutti i posti a sedere collocati a una ragionevole distanza dal palcoscenico e con adeguate riflessioni laterali.

3. *La moderna scienza del design acustico*.

La notevole mole di lavoro svolta in passato costituisce una miniera di conoscenze e di informazioni che può essere sfruttata per il design delle sale da concerto e dei teatri d'opera moderni. Quando si prende in considerazione il loro design, non si deve mai dimenticare che esso non mira semplicemente a costruire una sala rispondente a determinati parametri oggettivi e misurabili. Si tratta di creare un ambiente nel quale, grazie alla scelta adeguata di forme e materiali, venga raggiunto un risultato di natura soggettiva, quasi impalpabile: il vero scopo è quello di contribuire alla trasmissione di emozioni fra esecutori e ascoltatori. L'autore del design acustico ha il compito di tradurre queste esigenze soggettive in un risultato oggettivo, realizzabile come somma di scelte geometriche e architettoniche. L'aspetto oggettivo di questo processo è descritto piú avanti.

Anche i criteri oggettivi sono in costante evoluzione. Come uno strumento, un timbro o la ricezione del pubblico mutano continuamente per effetto di nuove tecnologie o di nuove condizioni di ascolto, cosí cambiano i parametri oggettivi. Anche gli strumenti usati nella progettazione delle sale da concerto e dei teatri d'opera sono profondamente cambiati nel corso del XX secolo: tecniche di misurazione, transduttori, microfoni e altoparlanti, analisi del segnale, dispositivi multicanale, computer veloci, memorie potenti, programmi di modellistica hanno messo a soqquadro il campo del design acustico. La quantità di informazioni disponibili è grandissima; la conoscenza dell'argomento è molto migliorata.

Ciononostante, come in altri campi, il problema non è quello di imparare di piú, ma di far conoscere i principî essenziali a tutti gli operatori, e in particolare agli architetti, che in fin dei conti devono prendere le decisioni fondamentali.

3.1. Fondamenti di acustica ambientale delle sale da concerto e dei teatri d'opera.

L'acustica dell'ambiente nel quale si fa musica influenza notevolmente il risultato auditivo, sia per il pubblico sia per i musicisti. In un ambiente molto "asciutto", nel quale l'energia sonora tende a decrescere rapidamente a causa della grande quantità di materiali asssorbenti, la musicalità è povera, mentre la chiarezza può essere buona. Al contrario, in uno spazio fortemente riverberante, come una cattedrale, la musicalità di solito non è buona e la chiarezza viene perduta, perché occorre un periodo di tempo troppo lungo per smorzare l'energia acustica. Perciò, un luogo adatto alle esecuzioni musicali dovrebbe collocarsi idealmente a mezza via. Il suono dovrebbe avere una durata non eccessiva, propagarsi entro l'ambiente, circondare il pubblico e infine spegnersi. Uno spazio di questo tipo sarebbe adatto per la cosiddetta musica classica.

Naturalmente, è molto importante per i musicisti ascoltare ciascuno il proprio suono, e anche ascoltarsi bene l'un l'altro, in modo da poter suonare insieme: queste sono chiamate "buone condizioni d'assieme". Perciò, se lo spazio circostante riverbera troppo, non è possibile udire singolarmente ogni nota od ogni esecutore. Se lo spazio è asciutto, ogni nota può essere udita separatamente, ma i suoni non si fondono bene insieme. È dunque evidente che le caratteristiche acustiche di una sala da concerto debbono essere accuratamente regolate.

Con l'opera il problema è ancor piú complesso, perché per gli strumenti l'ambiente dev'essere piuttosto riverberante, mentre per la voce dev'essere asciutto al punto da lasciar comprendere le parole. Ciò spiega perché un ambiente possa non essere egualmente adatto per l'opera e per il concerto. E ciò spiega anche come alcuni moderni teatri d'opera, ad esempio l'Opéra Bastille di Parigi, non siano affatto pari alle attese. Naturalmente, piú vasto è l'ambiente, piú difficile è trovare la soluzione.

3.2. La fisica dell'acustica ambientale.

Le sorgenti utilizzate per produrre musica – gli strumenti e la voce umana – sono estremamente complesse. La potenza sonora, lo spettro delle frequenze, la direzionalità, ecc. variano notevolmente da una sorgente all'altra; è quindi difficilissimo prevedere con esattezza l'acustica di un ambiente. Questo fenomeno, associato agli aspetti soggettivi del suono, crea la falsa impressione che l'acustica fisica sia qualcosa di molto complesso. In realtà, l'acustica fisica è una scienza, pura o applicata, che – per quanto attiene alla progettazione di sale da concerto e teatri d'opera – può di essere spiegata in termini semplici.

Ogni sorgente complessa può essere scomposta in un insieme di sorgenti elementari. Ogni sorgente semplice genera un'onda sonora che si propaga nell'aria in modo ben conosciuto. Il livello del suono, chiamato tecnicamente livello di pressione sonora, decresce con l'aumentare della distanza, si attenua nell'aria, e viene riflesso, assorbito, diffratto, diffuso, concentrato dall'involucro della sala e dal suo contenuto. Poiché numerosi meccanismi sono coinvolti nella produzione del suono, e poiché ognuno di essi agisce differentemente per frequenze diverse, la quantità di informazione necessaria per descrivere completamente un campo sonoro è sbalorditiva.

Per semplificare le cose, i fisici hanno immaginato che il suono (il quale è una vibrazione delle molecole d'aria intorno al loro stato di equilibrio, una fluttuazione temporale e spaziale intorno a una pressione atmosferica relativamente costante) viaggia in modo molto simile alla luce. In condizioni normali, esso segue un percorso rettilineo, e viene incurvato o assorbito dagli ostacoli. Si può parlare di un'ombra acustica cosí come si parla di un'ombra ottica. La natura dell'ombra dipende dalla natura dell'ostacolo, ma anche dalla frequenza della lunghezza d'onda. Le due quantità sono correlate, poiché la lunghezza d'onda è il rapporto fra la velocità del suono nell'aria (circa 340 millisecondi) e la frequenza. Questo concetto è importante, perché la "curvatura" dell'onda sonora dipende dalle dimensioni dell'ostacolo rispetto alla lunghezza d'onda: un suono che abbia un'elevata lunghezza d'onda, cioè un suono di bassa frequenza o suono "grave", ignorerà praticamente un piccolo ostacolo. Verrà invece riflesso e diffratto da un ostacolo avente dimensioni pari alla metà della lunghezza d'onda, o superiori ad essa.

Orbene, un suono che colpisce un ostacolo ne viene anche assorbito. L'assorbimento dipende dalla natura del materiale e dal tipo di costruzione. Il meccanismo di assorbimento dipende altresí dalla frequenza. Per esempio, stoffe, sedili imbottiti, tendaggi assorbiranno le note alte, mentre un sottile pannello di legno assorbirà quelle basse. Al contrario, materiali densi e duri rifletteranno l'energia sonora. Possiamo dire che un'"immagine acustica" della sorgente si formerà dall'altra parte dello "specchio". Per la piú semplice delle onde sonore, l'onda piana, l'angolo di riflessione è uguale all'angolo di incidenza. La forma dell'ostacolo influenza notevolmente il risultato: un riflettore concavo con un grande raggio di curvatura concentrerà il suono. Di conseguenza, entro un ambiente potrà esservi una concentrazione di energia acustica in una determinata area, e una corrispondente rarefazione di essa in un'altra. Le superfici convesse tendono invece a diffondere l'energia acustica che le colpisce. Questi fenomeni sono molto simili a quelli osservati per la luce. Per il suono sono ovviamente necessari riflettori molto piú grandi che non per la luce. Per le note piú gravi, i riflettori debbono avere dimensioni superiori ai 5 metri.

In un ambiente dove siano presenti materiali duri e manchino quelli assorbenti, l'energia sonora rimbalza avanti e indietro per lunghissimo tempo finché non è assorbita dall'aria. In tal caso, l'energia acustica si trasforma in energia termica. Potremmo domandarci fino a qual punto la cessione di energia acustica possa accrescere la temperatura di un ambiente: l'aumento di temperatura è in realtà piccolissimo, perché l'energia acustica è di per sé minima.

La forma dell'ambiente e la natura dei suoi elementi decorativi influiscono sul modo in cui evolve il campo sonoro. Se vi sono pareti dure parallele, si ottengono modalità stabili; il suono rimbalza avanti e indietro senza perdite apprezzabili e viene catturato in un'onda stazionaria. Se le superfici dure sono molto lontane l'una dall'altra, allora si produce un'eco; se l'intervallo fra il suono iniziale e il suono riflesso è superiore agli 80 millisecondi, per alcuni individui l'eco sarà percepibile o fastidioso. L'eco può essere percepito fra il pubblico o anche alla sorgente. Gli echi possono disturbare gli strumentisti o i cantanti, poiché una nota può allora interferire con la successiva. Se vi sono superfici curve, possono verificarsi sensibili effetti di diffrazione o di concentrazione del suono.

Come ogni altra scienza, l'acustica esige l'uso di parametri prevedibili e misurabili, in modo che la progettazione di un ambiente possa essere guidata da decisioni razionali. Molti ne sono stati inventati nel corso degli anni, ma solo pochi sono veramente utili. La principale variabile presa in considerazione nell'ultimo secolo è stata il tempo di riverberazione: quello che un suono impiega per diminuire di 60 decibel. Il livello di pressione sonora è uguale a venti volte il logaritmo in base 10 del rapporto fra la pressione sonora alla sorgente e la pressione di riferimento pari a $2x10^{-5}$ N/m^2. Esso si esprime in decibel (dB). Le altre variabili in uso sono strettamente correlate alle principali, ossia: tempo di decadimento precoce, chiarezza, intelligibilità, volume ed energia laterale, o il suo equivalente, la correlazione incrociata interaurale.

Uno dei fattori che rendono difficile il design acustico è il gran numero di dati necessari per descrivere un segnale che varia col tempo, lo spazio e la frequenza. Prima del 1970 erano disponibili soltanto strumenti molto rudimentali di previsione e di misurazione. Sul finire del XX secolo, in acustica come in ogni altro campo, la situazione cominciò a cambiare in seguito all'uso di computer rapidi e potenti. Essi consentirono di migliorare in fase progettuale l'analisi del comportamento del suono, e di concepire ambienti che seguissero le ben note regole fondamentali di un buon design. Il modello tridimensionale computerizzato di un ambiente (tavv. 20 e 21: Teatro degli Arcimboldi a Milano), nel quale a ogni componente siano attribuite specifiche caratteristiche acustiche, fornisce una rappresentazione grafica della distribuzione del suono, ma può anche produrre un modello acustico di ciò che sarà udito nella sala, una volta che questa sarà costruita. I modelli acustici stanno al suono effettivo come i modelli architettonici stanno agli edifici reali; ma negli ultimissimi tempi questi strumenti hanno trasformato la scienza dell'acustica.

La conoscenza è ancora sommaria, e molto rimane da fare per ricavare dall'acustica soggettiva i criteri oggettivi del design; ma indubbi progressi sono stati compiuti, e se i gestori delle sale da concerto e dei teatri d'opera, gli architetti e gli ingegneri coopereranno fra loro, in futuro sarà possibile costruire ottime sale.

3.3. Principî elementari di design.

Da questi principî fondamentali emerge con chiarezza che l'acustica di un ambiente dipende da molti fattori e che il progetto architettonico di una sala da concerto o di un teatro d'opera deve basarsi su una scelta accurata dei parametri fondamentali. Elementi essenziali sono: l'equilibrio fra i materiali diffrangenti e i materiali assorbenti, e l'assenza di difetti acustici come gli echi e la concentrazione del suono.

La variabile piú importante è il volume. La riverberazione dipende essenzialmente dal volume dell'ambiente. Alla fine dell'Ottocento Sabine dimostrò che il tempo di riverberazione è direttamente proporzionale al volume di un ambiente e inversamente proporzionale alla quantità di assorbimento nell'ambiente stesso. Questo primo passo da compiere nel processo di design è semplicissimo: il volume dell'ambiente deve essere adeguato alle dimensioni del pubblico e agli usi a cui viene adibito l'ambiente stesso.

Nel corso degli anni sono state fissate alcune semplici regole. La parola esige tempi brevi di riverberazione per evitare una perdita di intelligibilità, e richiede quindi uno spazio relativamente piccolo e assorbente. La musica sinfonica esige un ampio volume riverberante, con scarso assorbimento e grande diffusione, ma senza echi, né onde stazionarie o concentrazioni.

Una sala da concerto capace di 2000 posti dovrebbe avere normalmente un volume netto di circa 18 000 metri cubi, cioè 9 metri cubi a persona; il tempo di riverberazione ottimale dovrebbe essere di 2 secondi (la figura 10, p. 1104, mostra un diagramma usato onde stabilire il tempo di riverberazione ottimale per un determinato uso). Alcuni edifici religiosi esigono volumi ancora piú vasti, al fine di creare condizioni ottimali per le opere corali.

La forma dell'ambiente è il secondo fattore in ordine di importanza. Teoricamente sono possibili infinite soluzioni, ma è necessario seguire alcune regole auree. Nella misura del possibile, tutti i posti a sedere dovrebbero essere relativamente vicini al palcoscenico, benché a queste condizioni non sia facile sistemare un gran numero di persone. Nelle grandi sale da concerto, per ottenere una sufficiente sonorità è consigliabile non superare una distanza massima di 33 metri fra l'ultima fila di posti e la posizione del primo violino.

Inoltre, per avere la certezza che il suono sia chiaro o che i testi cantati siano intelligibili, ogni spettatore dovrebbe essere relativamente vicino a una superficie laterale che faccia rimbalzare il suono originario. Questa è ovviamente una difficoltà, ma molte soluzioni sono praticabili. Per esempio, il Goldener Saal del Musikverein di Vienna è di pianta rettangolare (la cosiddetta forma "a scatola da scarpe"), con una larghezza di 20 metri. Un altro famoso esempio è la sala della Philharmonie di Berlino: l'ambiente è vastissimo, ma ogni settore di posti è circondato da pareti fortemente riflettenti che creano per ciascuno di essi le indispensabili riflessioni laterali (cfr.

quanto detto sopra circa la tecnica del "vigneto a terrazze"). Naturalmente, vi sono molti altri modi di risolvere questo problema: pareti, palchi, mezzanini, settori sfasati.

In una sala da concerto il design del palcoscenico e dei suoi annessi, e nel caso dell'opera il design del proscenio e della fossa orchestrale, debbono assolvere a esigenze apparentemente contraddittorie: il suono dev'essere distribuito a tutti gli ascoltatori, ma dev'essere anche indirizzato verso i musicisti e gli artisti.

In un'orchestra sinfonica, ogni esecutore dovrebbe poter udire chiaramente se stesso e i suoi colleghi, in quelle che vengono chiamate "buone condizioni d'assieme"; in tal caso, un musicista ha le migliori possibilità di mantenere esattamente l'intonazione e il tempo. Strano a dirsi, questo aspetto essenziale è spesso trascurato, e il volume intorno al palcoscenico è progettato in modo tale che l'energia acustica si proietti direttamente verso il

Figura 10.
Tempo di riverberazione ottimale per vari usi, come funzione del volume ambientale (fonte: I. Barducci, *Acustica applicata*, Esa, Milano 1991, p. 136).

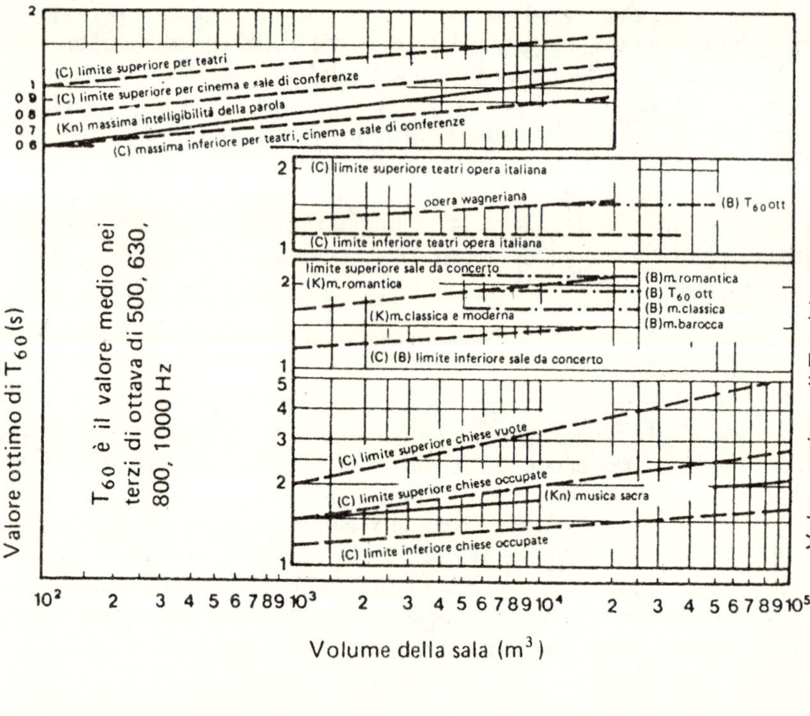

pubblico: essa viene cosí assorbita precocemente e non può diffondersi in modo adeguato nell'ambiente.

In un teatro d'opera, la progettazione della buca d'orchestra dovrebbe essere tale da distribuire il suono in modo che esso non sia troppo forte per gli orchestrali e si proietti verso il pubblico e verso il palcoscenico. I cantanti debbono essere in grado di udire bene l'orchestra, e viceversa. Il design di una buca d'orchestra, delle pareti e del soffitto adiacenti, è cosa delicata: debbono trovarsi nella giusta posizione e rinviare il suono immediatamente. È accaduto che, nel progettare un nuovo edificio, questa regola sia stata trascurata. Si tratta ovviamente di esigenze piú facili da soddisfarsi per un ambiente piccolo che non per uno grande. Un caso increscioso è quello dell'Opéra Bastille, dalla capienza di 2700 posti, che manca di riflessioni laterali causa l'eccessiva larghezza delle file di poltrone, il soffitto troppo alto, e le elevate proprietà assorbenti del proscenio e della platea. La moderna tecnologia edilizia, consentendo la costruzione di vasti spazi e di pareti molto distanziate, può dar luogo a gravi inconvenienti acustici. Prima del Novecento le tecniche costruttive non permettevano errori madornali.

Il passo successivo consiste nel fornire una sufficiente diffusione del suono. Negli ultimi secoli, il problema non poté essere individuato con chiarezza, perché gli architetti decoravano spontaneamente le sale con elementi diffusivi: intagli barocchi, soffitti a cassettoni, statue, ecc. L'architettura moderna predilige sovente superfici assai pure, che tendono a riflettere il suono in modo crudo. Il problema consiste nel conferire a queste superfici la forma e la collocazione piú opportune, sí da rendere possibile un'adeguata distribuzione del suono.

Infine, è importante la scelta dei materiali. In una sala da concerto o in un teatro d'opera, contrariamente a ciò che di solito si crede, pochi sono gli elementi assorbenti. Le poltrone debbono essere scelte con cura, in modo che forniscano un certo assorbimento, ma non troppo: in linea di principio, il potenziale assorbente di una poltrona dovrebbe essere sempre lo stesso, indipendentemente dal fatto che essa sia occupata o vuota. In teoria, dovrebbe anche diffrangere egualmente il suono in entrambe le condizioni, ma in pratica ciò non è possibile. Il pavimento e il palcoscenico di una sala da concerto e di un teatro d'opera dovrebbero normalmente essere dei tavolati di vero legno poggianti su travetti, con una spessa ma smorzata intercapedine sottostante.

L'uso moderno, che tende a costruire pavimenti di cemento, e talvolta persino palcoscenici o buche orchestrali di cemento, ha provocato svariati disastri acustici. Le pareti, il soffitto e le gallerie dovrebbero essere altamente diffusivi. Inoltre, affinché la diffusione del suono sia efficace, le dimensioni degli elementi diffusivi dovrebbero superare di molto la metà della lunghezza d'onda delle note piú gravi. L'unica eccezione è costituita di solito dalla parete di fondo, che può essere messa in condizioni di assorbire l'intera estensione musicale.

I teatri d'opera integrano sovente il loro repertorio mediante concerti sinfonici. In questi casi l'orchestra ha l'occasione di uscire dalla sua buca e di offrire al pubblico un repertorio piú vasto. Dal punto di vista acustico, anche questo è un problema. Normalmente un teatro d'opera è progettato in modo da ottenere una buona musicalità e una buona chiarezza quando l'orchestra è collocata entro la buca. Spesso il tempo di riverberazione non è cosí lungo come in una sala da concerto della stessa capienza. È necessario allora collocare sul palcoscenico una "falsa parete" (o "conca orchestrale") che si estenda fino a coprire il podio direttoriale. Conca e podio debbono essere progettati in modo da trasformare realmente il teatro d'opera in sala da concerto. Per delimitare fisicamente lo spazio intorno all'orchestra non è consigliabile installare tendaggi o sipari che assorbirebbero il suono. Non è sufficiente installare pareti discontinue o porzioni di soffitto, perché esse non impedirebbero al suono di diffondersi verso la sommità del palcoscenico e di essere ivi assorbito dai sipari e dagli apparati scenici. L'energia residua, quale che fosse, rifluirebbe nella sala molto dopo il primo suono, talvolta con un'eco molto violenta. La soluzione migliore consiste nell'erigere intorno ai musicisti una struttura capace di riflettere e di diffondere in modo adeguato il suono sia verso il pubblico sia verso gli esecutori. È ovvio che questa grande struttura dev'essere rapidamente rimovibile, affinché non interferisca con altre attività quali rappresentazioni, prove, allestimento di scenografie, regolazione delle luci, ecc. Per lungo tempo le conche orchestrali furono goffe e pesanti, ma l'impiego di tecniche costruttive leggere, che si avvalgono della tecnologia usata per la costruzione di aerei e di imbarcazioni da diporto, ha portato qualche miglioramento: è possibile utilizzare un rivestimento leggero che dia gli stessi risultati dei tradizionali pannelli in legno massiccio (tav. 22: veduta dalla platea della conca orchestrale della Staatsoper di Monaco).

3.4. Il problema delle multisale.

Nel corso del XX secolo, per ragioni economiche e d'altro genere, molte sale furono progettate per lo svolgimento di attività chiaramente incompatibili fra loro: concerti, opere, film, conferenze. Questo problema di compatibilità è insolubile, a meno che il locale non sia piccolo. Per esempio, una sala da concerto di 600 posti può facilmente diventare una sala per conferenze, perché il tempo di riverberazione, anche se piuttosto lungo per la musica da camera o per un'orchestra di tipo "mozartiano", è sufficientemente breve affinché il suono musicale sia chiaro e il discorso intelligibile. La chiarezza e l'intelligibilità sono strettamente interrelate. In sale che giungano fino a 1200 posti il problema è ancora risolubile se il volume, la forma, le superfici riflettenti e diffusive sono adeguati.

Per sale piú grandi, il problema è di difficile o impossibile soluzione. Fino a una capienza di circa 2000 posti essa consiste in un design molto rigoroso. Al di là di tale cifra, non si dovrebbe neppure tentare. Molte soluzioni sono state proposte per rendere flessibili le sale. Se ne conclude che, dal punto di vista acustico, sembra impossibile ottenere la straordinaria qualità delle sale ottocentesche a forma di "scatola da scarpe". Sono state adottate alcune tecniche, ma in pratica sono andate quasi tutte incontro all'insuccesso.

Per esempio, un tentativo è stato quello di costruire volumi fra loro collegati che prolunghino il tempo di riverberazione mediante l'apertura di pesanti porte: tali accorgimenti, pur essendo estremamente costosi, non riescono veramente a creare buone condizioni acustiche, perché incidono soltanto sulla coda della risposta ambientale. Talvolta vengono installati in una sala complicati dispositivi di amplificazione elettroacustica per creare una riverberazione artificiale; benché la tecnologia stia facendo rapidi progressi, questi sistemi non riusciranno mai a compensare un design poco confacente, e ciò per una ragione molto semplice: inserire "scatole nere" addizionali (i processori elettronici e i transduttori acustici) significa aggiungere alla risposta ambientale quella di strumenti artificiali, modificando cosí il suono e il messaggio veicolato dalla musica. Tali sistemi innescano anche una colorazione del suono. Questo approccio tecnologico dovrebbe essere limitato esclusivamente alle nuove forme di musica, o a sale che si siano rivelate del tutto fallimentari. In altri casi, sono stati introdotti nel design degli elementi mobili. Sempre complicati, costosi da costruire e da sistemare, dopo qualche anno vengono di solito abbandonati e dimenticati, a causa della loro relativa inutilità.

3.5. L'isolamento dal rumore e dalle vibrazioni.

La sala da concerto e il teatro d'opera moderni esigono un certo grado di silenzio. Lo sviluppo delle tecniche di registrazione digitale ha prodotto conseguenze sulla tolleranza del rumore e delle vibrazioni da parte del pubblico: l'orecchio è oggi abituato a un'amplissima gamma dinamica, che dal suono molto forte arriva a quello molto tenue. Ciò significa che i livelli di rumore dovuti ai sistemi tecnici interni o all'intrusione di rumori esterni devono essere molto contenuti.

Le sale da concerto e i teatri d'opera sono sempre costruiti in affollate aree urbane, caratterizzate da un intenso traffico stradale, ferroviario e aereo. Se queste sorgenti sono molto aggressive, la copertura dell'edificio deve impedire che quei rumori siano trasmessi all'interno. A ciò contribuisce un buon design che, mediante spazi ausiliari, protegga la sala da tutte queste sorgenti. In certi casi, per impedire la propagazione delle vibrazioni provenienti da autocarri, tram, treni o ferrovie metropolitane, l'edificio o le sale destinate alla musica debbono essere posti in sospensione su di un sistema elastico che filtri le vibrazioni indesiderate. Poiché il problema è simile a quello della protezione degli impianti nucleari dai terremoti, è stata utilizzata la stessa tecnologia in forma di imbottiture elastiche o di ammortizzatori a molla in grado di sostenere decine di migliaia di tonnellate.

Inoltre, tutte le attrezzature interne (impianti di ventilazione, riscaldamento e condizionamento dell'aria, generatori elettrici, luci, macchine sceniche, sistemi idraulici, ecc.) debbono essere progettate e installate in modo da non produrre rumori molesti. La struttura stessa dell'edificio deve fornire isolamento contro il rumore propagato attraverso mezzi aerei o solidi. Le sale di prova, le cabine di regia, gli studi di registrazione debbono essere acusticamente separati dagli uffici, dai laboratori, ecc. Sono attualmente disponibili tecniche che consentono di ridurre il rumore di fondo a livelli bassissimi.

4. *Conclusioni*.

Lo straordinario sviluppo dell'industria musicale ha completamente modificato la percezione del suono, e di conseguenza le caratteristiche degli spazi destinati alla musica. Se non si fa qualcosa per conservare le conoscenze finora accumulate nel campo della scienza acustica ambientale, rispettando le esigenze architettoniche e tecniche di sale da concerto e teatri d'opera veramente idonei al loro scopo, non sarà piú possibile ascoltare un suono naturale nel modo dovuto. La perdita culturale sarebbe irreversibile.

Non si dovrebbe permettere che considerazioni di natura economica inducano a concentrare in un medesimo spazio una commistione di forme d'arte fra loro incompatibili. La nostra società dovrebbe tornare a progettare edifici specializzati: sale per musica da camera, sale per musica sinfonica, teatri d'opera, ambienti per musica amplificata o jazz, e cosí via; ognuno fatto su misura per la rispettiva funzione. Dimensioni, volume e forma di una sala per musica dovrebbero sempre essere definiti in primo luogo da ragioni acustiche. Complessi e costosi ambienti ad acustica variabile, volumi accoppiati o dispositivi di amplificazione elettroacustica andrebbero evitati. Se proprio sono necessari, il loro repertorio non dovrebbe sovrapporsi a quello degli ambienti destinati all'esecuzione di musica "classica".

D'altro canto, non vi è ragione che la tecnologia non debba contribuire a un miglioramento del design acustico; le conche orchestrali leggere sono un esempio di sinergia positiva fra musica e alta tecnologia. La scienza e la tecnologia moderne non debbono relegare in secondo piano i principî fondamentali sviluppatisi nel corso dei secoli, ma devono invece contribuire all'arricchimento delle attuali conoscenze.

AA.VV.

1994 *Proceedings of Wallace Clement Sabine Centennial Symposium*, Acoustical Society of America, Cambridge Mass.

Ando, Y.

1998 *Architectural Acoustics*, Springer, New York.

Barron, M.

1993 *Auditorium Acoustics and Architectural Design*, E and FN Spon, London.

Beranek, L. L.

1996 *Concert and Opera Halls. How They Sound?*, Acoustical Society of America, New York.

Commins, D.

1988 *L'acoustique des salles de spectacle: les grands principes*, in «Cahiers techniques du bâtiment», n. 98, pp. 77-89.

Cremer, L., e Müller, H. A.

1976 *Die wissenschaftlichen Grundlagen der Raumakustik*, Hirzel, Stuttgart.

Forsyth, M.

1985 *Buildings for Music*, Mit Press, Cambridge Mass.

Jordan, V. L.

1980 *Acoustical Design of Concert Halls and Theatres*, Applied Science Publishers, London.

Knudsen, V. O.

1950 *Acoustical Design in Architecture*, Wiley, New York.

Lenzi, D., e Bentini, J.

2000 (a cura di), *I Bibiena, una famiglia europea*, Marsilio, Venezia.

Lord, P., e Templeton, D.

1986 *The Architecture of Sound*, The Architectural Press, London.

Meyer, J.

1978 *Acoustics and the Performance of Music*, Verlag Das Musikinstrument, Frankfurt am Main.

Sabine, W. C.

1992 *Collected Papers on Acoustics*, Peninsula, Los Altos Ca.

Strutt, J. W., e Baron, R.

1877-78 *The Theory of Sound*, 2 voll., Macmillan, London; nuova ed. Dover, New York 1945.

Watson, F. R.

1930 *Acoustics of Buildings*, Wiley, New York.

PIERRE BOULEZ

Testo, compositore, direttore d'orchestra

1. *Nascita del direttore d'orchestra.*

La funzione del direttore d'orchestra cosí come oggi la conosciamo nasce agli inizi dell'Ottocento, quando la funzione del compositore cessa di essere necessariamente vincolata a quella dell'interprete; almeno per quanto riguarda l'orchestra, il cui sviluppo tende progressivamente a stabilizzarsi, standardizzarsi, organizzarsi nel quadro di istituzioni-tipo. L'affermarsi dell'interprete nelle vesti di direttore d'orchestra è dunque fenomeno parallelo allo sviluppo della società ottocentesca e degli organismi cui essa dà origine. Le orchestre di corte, spesso di organico limitato rispetto alla norma odierna, non erano tenute a mantenere in vita un repertorio storico. Presso gli Esterházy, Haydn componeva e dirigeva la propria musica; per lui non esisteva alcuna frattura tra l'attività di compositore e quella d'interprete, anche quando in seguito si lanciò nell'avventura londinese. È vero che il *Konzertmeister*, insieme primo violino e direttore, rivestiva un ruolo importante nei teatri d'opera o nei concerti di musica sacra. Tuttavia se il compositore, il librettista e i cantanti erano citati (ad esempio) nelle locandine operistiche, il nome del direttore d'orchestra dovrà attendere molto tempo prima di figurarvi, o magari di vedersi riconoscere un ruolo centrale: egli era nient'altro che un «primus inter pares», molto piú "par" che "primus"...

Agli inizi del periodo in cui la direzione d'orchestra guadagnò una certa autonomia, il compositore non sempre era il miglior paladino della propria musica. Da una testimonianza di Schindler [1840] su Beethoven apprendiamo che i musicisti si fidavano piú del *Konzertmeister* Schuppanzigh che non dello stesso compositore, svantaggiato dalla sua sordità e, a quanto pare, da un estremo nervosismo. Il primo ad aver stabilito un'autentica tradizione direttoriale è senza dubbio Mendelssohn che, alla testa del Gewandhaus di Lipsia, allestí delle vere e proprie stagioni concertistiche in cui figuravano i suoi stessi lavori, ma anche quelli di Wagner; quest'ultimo, lungi dall'esserne deliziato, gli rimproverò di non rispettare le sue indicazioni agogiche e di sfigurare le sue intenzioni. Oltre alla rivalità personale (per non parlare dell'antisemitismo wagneriano) è possibile che c'entrasse qualcosa la concorrenza allora divampante fra Dresda e Lipsia; inoltre, ancor prima che interprete, Mendelssohn era un compositore con proprie ben definite concezioni stilistiche, di sicuro non coincidenti con quelle di Wagner. Egli contribuí comunque ad affermare la nozione di repertorio, in special modo con la famosa "riesumazione" della *Passione secondo San Matteo* di Bach (1829), a un secolo dalla sua prima esecuzione. Con Mendelssohn nasce per cosí dire il concerto "storico", quello che non presenta piú esclusivamente la musica composta dai contemporanei, ma che integra le opere del passato coi mezzi e gli organici del tempo presente.

Certo, malgrado alcune individualità notevoli come Habeneck (attivo a Parigi), che non era compositore, i direttori d'orchestra dei quali la storia fa menzione per la prima metà dell'Ottocento sono innanzitutto dei creatori. Liszt aveva rinunciato alla carriera di pianista per comporre e dirigere opere e concerti a Weimar – a lui si deve la prima rappresentazione del *Lohengrin* nel 1850. Quando leggiamo gli scritti di Berlioz sulla tecnica della direzione d'orchestra [1855], dove si tratta della battuta e del gesto, ma anche della disposizione in scena dei cori, dei solisti e delle sezioni strumentali, assistiamo davvero alla *nascita d'una professione*. Le testimonianze wagneriane sulla direzione d'orchestra [1869] non sono meno importanti di quelle di Berlioz, specie perché si vede per la prima volta un compositore (e non dei piú trascurabili!) chinarsi sulla musica dei suoi predecessori, soprattutto di Beethoven, a riflettere sull'inflessione del fraseggio, sulla scelta del tempo e sullo stile piú conveniente per rendere giustizia alle loro opere.

2. *Berlioz e Wagner.*

Molti sono i tratti distintivi fra Berlioz e Wagner. In modo abbastanza sorprendente per ciò che riguarda Beethoven, Wagner era talora meno stimato come direttore a paragone di Berlioz: le recensioni dei loro concerti londinesi intorno al 1850 giudicano il primo troppo mobile, difficile da afferrare, e invece il secondo particolarmente chiaro e pieno di vivacità. Inoltre Berlioz non prese mai parte alla vita di un'istituzione; scorrendo la sua biografia si rileva quante difficoltà e ostacoli gli toccò affrontare per convincere i vari organismi responsabili ad allestire le sue opere. Al contrario Wagner s'inserisce ben presto in un quadro istituzionale, dapprima a Riga (1837-39) poi a Dresda, dove prosegue dal 1842 al 1849 la prestigiosa tradizione teatrale istituitavi da Weber. Dopo la sua partecipazione ai moti rivoluzionari, Wagner deve fuggire in Svizzera; gli viene proposto allora di riorganizzare l'orchestra di Zurigo – nel 1851 redigerà a questo fine una relazione scritta – ma nella sua autobiografia *Mein Leben* [Wagner 1963] egli si lagna del livello troppo dilettantesco riscontrato in quella realtà, e rinuncia rapidamente a creare l'istituzione ideale da lui sognata. Com'è noto venne poi Bayreuth, inaugurata nel 1876. Ma anche dopo le successive difficoltà finanziarie, egli si prefisse nel 1877 di istituire una scuola d'interpretazione per preparare le giovani generazioni a eseguire la sua musica. Con lui vediamo già profilarsi un certo numero d'istituzioni oggi ben note, derivanti piú o meno dai modelli innovativi che egli aveva proposti pur senza riuscire a realizzarli.

Quanto a Berlioz, non ebbe una discendenza diretta e restò un fenomeno isolato. Ne ebbe invece una indiretta, poiché le orchestre i cui nomi sono ancora noti a Parigi (Colonne, Pasdeloup, Lamoureux) vennero fondate da direttori che s'ispiravano al suo esempio. In origine tali associazioni esordirono con i concerti popolari: si trattava di far uscire la musica dal suo ghetto troppo angusto fornendo al pubblico potenziale un'occasione di educarsi musicalmente. In ciò si produsse una reazione al funzionamento della Société des Concerts du Conservatoire, un organismo assai elitario, le cui poltrone prenotate con abbonamento annuale si trasmettevano per generazioni nelle famiglie come un bene ereditario. La Société des Concerts viveva di rendita sugli allori conquistati nell'era di Habeneck, quando aveva offerto alla Francia prime esecuzioni di sinfonie beethoveniane la cui eccezionale qualità fu riconosciuta dallo stesso Wagner. Piú tardi, questa associazione un tempo all'avanguardia era divenuta profondamente conservatrice, e il Berlioz delle ultime opere non vi si poté eseguire se non eccezionalmente perché giudicato troppo inquietante e scomodo. Le altre associazioni concertistiche sviluppatesi soprattutto dopo la guerra del 1870 furono il frutto di un soprassalto di nazionalismo – si voleva provare che la cultura musicale francese poteva resistere alla cultura musicale tedesca e misurarsi con essa – ma, come già detto, si trattava altresí di ampliare la cultura musicale oltre le classi alte della società. Il repertorio dei concerti Pasdeloup, Lamoureux e Colonne era nuovo per quell'epoca: tali istituzioni contribuirono a divulgare Berlioz e a far attecchire in Francia la musica di quel Wagner che, dopo il fiasco e la catastrofe del *Tannhäuser* nel 1861, vi era rimasto del tutto emarginato. Mentre il repertorio si estendeva a molti altri autori di diverse provenienze, l'interprete in capo s'era distaccato dal compositore: i direttori che fondarono queste tre associazioni non erano creatori, ma la loro azione si rivelò decisiva per la vita musicale francese.

3. *Compositori-interpreti e interpreti-musicologi.*

Che accadeva intanto in Germania all'epoca della maturità di Wagner? Nel suo caso l'influenza è diretta, non soltanto perché egli si preoccupa di formare gli interpreti delle proprie musiche, ma perché vediamo che questi suoi allievi lo prendono a modello d'interpretazione, soprattutto per Beethoven, un autore le cui esecuzioni dirette da Wagner s'impongono rapidamente come veri e propri modelli, pur se a volte le si contesta in nome (già allora!) di una certa tradizione classica. Con innegabile zelo pedagogico Wagner si preoccupò visibilmente di contribuire alla formazione di tre direttori: Hans von Bülow – che guidò nel 1865 la prima rappresentazione di *Tristan und Isolde* –, Hans Richter – che a Bayreuth fece altrettanto con la *Tetralogia* nel 1876 – e Hermann Levi, che nel 1882 tenne a battesimo il *Parsifal*. Si dice che le interpretazioni delle sinfonie beethoveniane offerte da von Bülow subissero la forte influenza di quelle del suo maestro: non ne possediamo ovviamente una testimonianza *de auditu*, ma possiamo verificare l'atteggiamento interpretativo di von Bülow nell'edizione delle sonate pianistiche di Beethoven da lui curata, dal momento che la sua reputazione di pianista non era inferiore a quella goduta come direttore d'orchestra. Questa edizione è la meno "critica" immaginabile nell'odierna accezione, ma si rivela piuttosto "anticritica" nella misura in cui il testo originale vi appare sovraccarico di numerose aggiunte: vi abbondano dinamiche e fraseggi, senza che tuttavia ne venga modificata la sostanza in sé e per sé. Secondo me, von Bülow è il simbolo dell'interprete che si appropria dell'opera per farla assolutamente sua mediante una fedeltà possessiva che sconfina nell'abuso di potere. Ma ciò non è forse piú rivelatore, e in definitiva piú interessante, di una fedeltà sterile che si attiene esclusivamente alla lettera del testo?

Del resto nemmeno Wagner agiva diversamente. Si devono a lui una nuova orchestrazione del *Don Giovanni* di Mozart (WWV 83, 1850) – Mozart aveva fatto altrettanto con Händel – e una dell'*Iphigénie en Aulide* di Gluck (WWV 77, 1854) per la quale egli compose perfino un'aria interamente originale! A far ciò lo spingeva il desiderio di avvicinare queste due opere alle proprie concezioni drammatiche, cosí legittimandole grazie a precedenti incontestabili. Quando diviene interprete, il compositore soggioga l'opera a un divenire storico di marca personale: fa aggiunte al testo, modifica le sfumature, rettifica o amplifica l'orchestrazione. Sarà lo stesso atteggiamento che spingerà Mahler a modificare in taluni dettagli le strumentazioni delle sinfonie di Schumann e perfino di Beethoven, in cui egli scorgeva uno sfasamento rispetto al pensiero musicale; si tratta delle versioni cui si è ispirato ad esempio George Szell nel dirigere Schumann con l'Orchestra di Cleveland (1946-70). Mahler, quando si trovò a capo della New York Philharmonic in un'epoca in cui Bach non corrispondeva all'ideale sinfonico allora vigente, apprestò versioni condensate della *Suite* in si minore e di quella in re maggiore, nelle quali realizzava egli stesso il continuo al pianoforte.

Il periodo intercorso fra Wagner e Mahler è quello in cui si affermò la simbiosi piú stretta fra compositore e interprete, l'epoca in cui le due funzioni coincisero con maggior immediatezza, ma a titolo fortemente individuale. Venne poi il tempo dei musicologi, la cui prima preoccupazione era l'esattezza formale del testo. L'opera completa di Monteverdi curata da Malipiero [1926-68] ne rappresenta uno dei segni premonitori: il compositore barocco era letteralmente da riscoprire, dal momento che nessuna tradizione diretta lo ricollegava alle pratiche musicali del nostro tempo.

Il paradosso sta nel fatto che con le loro edizioni i musicologi-interpreti, come già Hans von Bülow, sconfinavano sul terreno della composizione; avendo tuttavia lo scrupolo di precisare nella prefazione che talune indicazioni erano state aggiunte poiché apparivano indispensabili alle modalità d'esecuzione. Penso a edizioni oggi assai difficili da reperire, come quelle di musiche vocali del Cinquecento francese curate da Charles Bordes negli anni a cavallo del 1900. Per conferirgli un determinato carattere espressivo, il testo originale veniva trasposto in una certa tonalità giudicata confacente a un clima affettivo derivato da una letteratura posteriore all'opera; in piú gli si aggiungevano qua e là dei *crescendo* e dei *diminuendo*, visibile testimonianza di una tipologia interpretativa di chiaro stampo romantico: in mancanza di ciò il testo sarebbe stato giudicato freddo e senz'anima.

Venne poi il periodo dell'ascetismo musicologico, in tardiva coincidenza con la fiducia che Stravinskij e Ravel avevano nutrito nell'oggettività della sottomissione al testo letterale, e che di fatto finiva per sfociare nell'eliminazione dell'interprete, insieme glorificato e neutralizzato: si pensava all'opera del compositore come a un oggetto di pura trasmissione, soprattutto senza aggiungervi alcunché di soggettività superflua.

Piú di recente, con non minore insistenza sul rigore della propria attività, il musicologo ha continuato ad assumere il ruolo d'interprete, e cioè a rivestire sotto un manto piú ambiguo il ruolo di co-compositore; abbiamo visto la preoccupazione dell'autenticità ossessionarlo al punto di trasformare gli strumenti d'epoca insieme in un feticcio e in un tabú, a onta dell'insoddisfazione provata da personaggi come Berlioz o Wagner, che spiavano con interesse, ovvero promuovevano, l'innovazione strumentale. Peraltro, essendo il concetto d'autenticità del tutto relativo e soggetto a fluttuazioni congetturali, si è anch'esso enormemente evoluto, sicché è grazie alla mediazione del musicologo che si allaccia in questo campo il collegamento fra interprete e compositore, e anche la stessa musicologia evolve senza tregua…

In qualità di compositore sono assai sensibile, a volte non senza scetticismo, ai criteri che definiscono stilisticamente l'evoluzione storica, e sovente ripenso alla formula di Thomas S. Eliot: «Ogni nuovo capolavoro ci apre una nuova prospettiva sui capolavori del passato». Parlando alla lettera, la musica del passato è certo interpretata oggi piú fedelmente di un tempo, ma temo a volte che questa apparente fedeltà non sia se non l'illusione di una ricostruzione anestetizzata, giacché non posso concepire come la nostra arte poggi su di una frattura intenzionalmente divaricata fra mondi tenuti separati in modo artificiale. Dirigere le opere del nostro tempo ci apre un'altra prospettiva su quelle del passato: in tal modo non facciamo piú riferimento a un museo asserragliato e reso asettico, ma comprendiamo questo museo meglio di prima, ed esso ci aiuta a sua volta nell'attribuire una filiazione, quindi solidità e stabilità maggiori, alle opere dell'oggi. Quando l'appropriazione quotidiana del patrimonio storico scompare con tutto il suo strascico d'iconoclastia, la cultura corre il rischio di trasformarsi in una fantomatica riserva di caccia.

Da parte sua, von Bülow ha fondato la grande tradizione tedesca dei direttori celebri che consacrano la loro vita alla conservazione, all'esaltazione e alla celebrazione del repertorio classico e romantico; dopo di lui solo due compositori hanno davvero saputo imporsi come direttori d'orchestra: Mahler e Strauss. In seguito la funzione del compositore-direttore è divenuta l'eccezione, quantunque ciò non significhi che oggi non esistano piú dei compositori-interpreti. Ma nell'epoca presente i loro problemi hanno cambiato di specificità, data l'evoluzione della società musicale e della società nel suo complesso.

4. *Compositori-strumentisti e compositori - direttori d'orchestra.*

Vorrei sottolineare innanzitutto la differenza tra il compositore-strumentista e il compositore - direttore d'orchestra. Il primo necessita di un allenamento muscolare se non quotidiano almeno abbastanza costante, grazie al quale poter conservare le proprie capacità virtuosistiche, mentre il secondo, una volta giunto a possedere il mestiere, può in ogni momento interrompere o riprendere la propria attività senza dover temere le conseguenze di un'interruzione. Ad esempio Bartók, lungi dal dedicarsi esclusivamente al pianoforte, spese una parte del suo tempo a registrare sul campo il ricco tesoro del folklore, senza contare lo spazio da lui riservato alla composizione. Ecco perché la registrazione della Sonata per due pianoforti, realizzata in collaborazione con la moglie nel secondo periodo della sua esistenza, è stata sicuramente eguagliata (se non addirittura superata) sotto il profilo tecnico dagli odierni virtuosi dell'interpretazione. Nondimeno è per noi una fortuna l'aver conservato, grazie a questo documento, una preziosa testimonianza del punto di vista originale del compositore. Lo strumentista può comunque dimostrare piú familiarità con l'opera che non il compositore stesso, semplicemente perché, suonandola di frequente, ha l'occasione di assorbirne la sostanza con maggiore assiduità. Si racconta che Schönberg dicesse: «Ho ascoltato il mio lavoro almeno una volta; quando l'ho scritto». A questo punto il compositore ha una coscienza sicura dell'opera, ma in modo astratto. In particolare non giunge ancora a padroneggiare il suo reale svolgersi nel tempo. Personalmente non mi sento a mio agio con un'opera da me composta prima di averla diretta piú volte: è solamente a quel punto che la domino da capo a fondo. Posso anche aver disegnato la carta di un paesaggio mentale, ma mi resta da percorrere la strada tracciata in quel paesaggio. Il lavoro dell'interprete consiste appunto nel suonare e risuonare spesso le medesime opere, nel sezionarle pedagogicamente per se stesso. Al contrario, una volta che il compositore ha terminato la propria opera, non prova necessariamente interesse a ripercorrerla senza posa, perché desidera passare ad altro.

Il direttore professionista deve invece spiegare l'opera a se stesso prima di poterla spiegare agli altri, e deve prepararvisi tanto meglio quanto piú breve è il tempo a sua disposizione per farlo. Là dove un solista può disporre di un tempo illimitato per preparare un concerto, il direttore d'orchestra non dispone perlopiú che di un numero di prove pericolosamente ristretto per allestire un intero programma. La superiorità del direttore professionista sul compositore-direttore sta nel fatto che, a forza di dirigere le stesse opere, ne conosce i punti deboli e quelli forti. Stokowski diceva in sostanza: quando leggo un lavoro con l'orchestra non indugio mai sui passi facili, che andranno a posto da soli; i momenti difficili devo invece provarli con cura affinché siano suonati come si deve: i momenti difficili trascurati non potranno che deteriorarsi, mentre i passaggi facili continueranno a stare a posto senza ulteriori sforzi.

Secondo la mia esperienza, anche con le orchestre di piú alto livello, sono di solito sempre gli stessi passaggi a creare problemi. Fra un'orchestra e l'altra vi sono certo differenze che risentono soprattutto del carattere nazionale: un'orchestra tedesca non ha le stesse reazioni di una americana, francese o inglese. Ma ad esempio nel caso dell'opera 6 di Berg, difficile per l'orchestra sotto lo specifico profilo dell'equilibrio fra gli strumenti, o della Sesta Sinfonia di Mahler, a tratti ardua per gli strumentisti, chi ha diretto queste opere venti o trenta volte può valutare con precisione quali passaggi critici dovrà privilegiare nel corso delle prove per riuscire ad allestirle rapidamente. Anche qui l'interprete è in vantaggio rispetto al compositore. A dire il vero, riconosco in me una specie di schizofrenia tra il compositore e l'interprete: io interpreto me stesso in un certo modo, ma in futuro altri interpreti si troveranno probabilmente piú a loro agio di me con le mie stesse opere. Per contro non ho alcun problema coi brani che ho diretto spesso, come *Le sacre du printemps* (Stravinskij) o *Jeux* (Debussy), i quali sono stati alla base della mia formazione e dello sviluppo del mio pensiero musicale come compositore.

Per quanto riguarda i compositori che dirigono solo sporadicamente, e in genere solo le proprie opere, il problema è piú serio, giacché il contatto occasionale con la direzione impedisce loro di affinare le proprie reazioni; in parole povere, di fare progressi. Per ciò stesso manca soprattutto loro una tecnica di base: la forza della personalità giunge qualche volta a compensare le carenze, ma in presenza di circostanze difficili o di sgraditi imprevisti, è assente il riflesso professionale d'emergenza. I compositori che hanno diretto unicamente le proprie opere non possono mettere a punto un gesto piú generalizzabile. Allorché mi accostai con molta modestia alla direzione, ero estremamente goffo. Una cosa si rivela particolarmente difficile per il direttore d'orchestra - compositore che non padroneggia la tecnica direttoriale: l'immagine interiore che egli possiede della propria opera gli viene ovviamente riflessa in modo *abbastanza* deformato, dal momento che gli strumentisti, non conoscendola, non possono certo interpretarla subito secondo il suo desiderio. Per il compositore è difficile dover subire questa immagine distorta, continuare a dirigere e riuscire a intervenire per correggere l'interpretazione fino a che il suo ideale mentale non coincida con la realtà ascoltata; pur continuando a imprimere il suo impulso in questa o in quella direzione, il direttore deve praticare l'ascolto analitico di quanto percepisce. A ciò si aggiungano i problemi inerenti all'apprendistato del mestiere vero e proprio. Quando tenevo corsi di direzione d'orchestra, ho potuto constatare che uno studente in possesso di un eccellente orecchio improvvisamente non sentiva piú nulla mentre dirigeva. Con l'iperstimolazione le orecchie si tappano letteralmente; si contempla la partitura in modo ipnotico, si accennano i poveri gesti dei quali ancora si riesce a disporre, e si è impotenti a correggere.

In questa condizione non ci può essere alcuna risposta efficace da parte degli orchestrali. Tutta la difficoltà di questo mestiere consiste nel sapere perché ciò che si ascolta non corrisponda all'immagine ideale: se a causa dell'intonazione, del ritmo, dell'equilibrio, dell'assieme. Questo non pone troppi problemi quando si tratta di quelli che vorrei chiamare *i valori assoluti della musica*: le altezze e le durate. Grazie soprattutto all'orecchio assoluto, e in un contesto musicale semplice e lento, si può scoprire immediatamente se qualcuno ha suonato una nota per un'altra; qui non è possibile alcuna esitazione. Ma esistono casistiche piú complesse. Per distinguere la nota falsa entro un accordo di sei o piú note, soprattutto con un tempo veloce, bisogna avere in testa un modello mentale preciso del rapporto intervallare fra le note costitutive dell'accordo; in caso contrario non è possibile identificare quella che diverge: l'interprete che ha eseguito l'opera quindici o venti volte avrà maggior facilità a comprendere perché o dove quest'accordo suoni falso. In questo caso non si dispone soltanto di un modello mentale, ma di un modello reale già ascoltato e archiviato, come nel mio caso taluni accordi della mia *Seconde improvisation sur Mallarmé*, che ho diretto un buon numero di volte.

5. *Il mestiere del direttore d'orchestra.*

Al di là dell'aspetto tecnico, qual è la differenza dal punto di vista concettuale fra il compositore e l'interprete? Si dice a volte che il compositore sarebbe il migliore fra gli interpreti, e non solo delle proprie opere, poiché sa come si compone una partitura, è in grado di padroneggiarne l'analisi e ne ha una visione a un tempo analitica e sintetica trasferibile in campo interpretativo. Ciò è insieme vero e falso; vero nel senso in cui effettivamente il compositore possiede in linea di principio mezzi analitici piú efficaci che non l'interprete, e soprattutto piú profondamente introiettati. L'interprete può anche saper descrivere le fasi dello sviluppo, afferrare il dispiegarsi dell'opera con l'ausilio dei documenti esegetici che può consultare, ma non arriverà probabilmente a comprendere con la stessa facilità il meccanismo interno della composizione, vale a dire come e perché l'autore abbia scritto una determinata sequenza di eventi musicali. Eppure questa conoscenza detenuta dal compositore ha i suoi limiti. Nessuno potrà mai decifrare il movente profondo della *Grosse Fuge* di Beethoven: viene un momento in cui la conoscenza si scontra col mistero dell'intuizione. Quest'ultima entra soprattutto in gioco nel direttore per quelli che chiamo i valori relativi. Innanzitutto il tempo, che organizza le figurazioni ritmiche e che dipende da fattori assai soggettivi, come fra l'altro il rapporto psicologico del direttore con l'opera; poi l'equilibrio delle sonorità, che può sí dipendere dall'acustica di una determinata sala, ma anche dalla sonorità propria di un certo strumento all'interno di un certo gruppo, e infine, beninteso, dal grado di complessità della partitura. Il terzo valore relativo, il piú importante per me, è la traiettoria specifica dell'opera, che è necessario a un tempo seguire e organizzare onde tradurne la forma. Questa traiettoria può essere realizzata con mezzi differenti, in special modo tramite l'equilibrio che si deve stabilire fra i diversi episodi di un'opera, o di un movimento di essa. Orbene, è nella traiettoria che risiede a mio avviso l'essenza dell'interpretazione.

In quanto compositore, sono evidentemente molto sensibile a quest'aspetto, anche se mi accade talvolta di sottolineare di piú questo o quel dettaglio della scrittura continuando a pensare alle conseguenze e alle deduzioni che potrei ricavarne astraendolo dal suo contesto e attribuendogli un rilievo differente. È in tal modo che mi sono ispirato a un passo del *Sacre du printemps* in cui gli archi divisi sovrappongono i tremoli a un disegno di armonici arpeggiati: dettaglio trascurabile, ma che è sufficiente notare per trarne profitto. Quando dirigo mi accade di pensare soprattutto al compositore: si è preso il disturbo di scrivere con attenzione, accuratamente, le proprie intenzioni – almeno per quanto lo può consentire la notazione musicale – e io non posso prendere sotto gamba questa sua cura scrupolosa. Mi sforzo di ottenere un'esecuzione che sia la piú vicina possibile alla mia lettura della partitura, esaminandola nei dettagli, ma senza perdere di vista la sua traiettoria complessiva. In fin dei conti, io so quanto sia piú difficile comporre che dirigere...

Alcuni interpreti hanno un intuito eccezionale per la grande forma. All'interprete è certo facile assimilare dettagli e segmenti di traiettoria, ma si può pensare che afferrare il percorso generale richieda una capacità piú concettuale, piú riflessiva, del tipo di quella che si pratica a tavolino quando si prende a decifrare il dispiegarsi dell'opera in base a diversi parametri, come il tipo di scrittura, la tematica, i rapporti formali. Ho visto infatti degli interpreti puramente intuitivi che traducevano la forma di un brano con maggior efficacia di altri piú "intellettuali". La componente intuitiva nell'interprete non compositore resta assai rilevante; potremmo paragonarla all'intuizione del contadino di fronte alla scienza del meteorologo: un paragone che potrebbe sorprendere, ma che mi sembra del tutto giustificato. Il meteorologo consulta il computer, calcola statistiche e probabilità, mentre il contadino osserva le nubi, la direzione del vento, e si basa su fenomeni locali. Laddove il meteorologo lavora in modo generale e analitico, il contadino presta attenzione a dati particolari. D'altronde può accadere a entrambi di sbagliarsi, non diversamente da quanto succede nell'universo della musica... L'interprete ha una sorprendente visione pragmatica della forma e dello sviluppo della musica, soprattutto perché il rapporto che si stabilisce fra lui e il pubblico gli fornisce informazioni dirette sull'affettività e l'efficacia dei momenti successivi. Egli avverte direttamente quale passo dell'opera debba privilegiare rispetto a un altro, quali contrasti sia indispensabile sottolineare, quali siano le necessarie oasi di riposo. Nel caso delle opere spesso eseguite o registrate, una traiettoria diversamente concepita con altre intenzioni non meno legittime può sconcertare molti ascoltatori che tendono ad assimilare la partitura a quanto sono abituati ad ascoltare. È possibile che una certa interpretazione di Furtwängler risalente a un certo mese o anno, della quale possediamo ancora l'incisione, fosse eccezionale, ma non era che un episodio di tutte le sue interpretazioni possibili. Orbene, l'opera è sempre piú significativa di quanto il documento sonoro abbia potuto fissare e, in questo senso, il disco ha forse creato una pericolosa confusione fra partitura e realizzazione della medesima. Il ruolo dell'intuito nel valutare l'interpretazione lo ritroviamo ugualmente nelle opere di musica contemporanea, giacché il pubblico non possiede alcun "modello" per giudicarle. Mi sembra che il criterio piú immediato sia la sonorità, come pure una certa vivacità dei contrasti che facilita all'ascoltatore la fissazione di una traiettoria immaginaria, magari non corrispondente per forza a quella dell'autore. Un'interpretazione sicura di se stessa sviluppa una tensione positiva nell'atto musicale: la convinzione dell'interprete trascina in una certa misura l'adesione degli ascoltatori. La famosa battuta di Schönberg: «La mia musica non è difficile, è solo mal eseguita» riassume piuttosto bene la somma dei malintesi fra compositore, esecutore e pubblico. Secondo me, la realizzazione sonora convincente è connessa all'evidenza della struttura profonda della musica: all'interprete spetta il compito primario di trasmettere al pubblico appunto tale "evidenza".

Per far ciò occorre in primo luogo la consapevolezza delle differenze stilistiche fra un periodo e l'altro, fra l'uno e l'altro compositore. Il linguaggio di Ravel è essenzialmente armonico; equilibrarne le componenti è piú facile che non per un compositore come Berg, il cui linguaggio nei *Drei Orchester-*

stücke op. 6 è essenzialmente contrappuntistico e richiede di stabilire un'indispensabile gerarchia tra i differenti strati. D'altra parte il ritmo ha subito una radicale evoluzione a partire dall'inizio del Novecento. Nelle opere classiche si incontravano essenzialmente periodi simmetrici e stabilità di tempo per lunghi periodi. Nell'epoca romantica, specie con Wagner, questa regolarità tende a scomparire e si affermano contrasti agogici marcati. In Debussy la fluidità dei tempi è una caratteristica essenziale. Con Stravinskij e Bartók, e poi con Messiaen, è cambiata radicalmente la base della pulsazione ritmica: questa poggia su un'unità minima moltiplicabile per due o per tre, cosí da produrre per giustapposizione una pulsazione irregolare. Laddove in Stravinskij o in Bartók il tempo rimane stabile, in Messiaen può subire repentine modificazioni, prive di particolari giustificazioni logiche. Nell'opera di Ligeti si assiste a una sovrapposizione di periodicità differenti che bisogna riuscire a evocare mediante il gesto direttoriale. In alcune delle mie opere, come *Éclat*, i gesti non corrispondono a schemi ritmici definiti, ma sono rivolti individualmente a ciascun musicista per indicargli le entrate in funzione di un ordine che il direttore sceglie *ad libitum*. In certe opere di Berio e di Stockhausen alcuni musicisti suonano a un tempo loro proprio prima di riconfluire nell'alveo generale. Questi differenti usi del tempo musicale che sono stati generati dall'evoluzione radicale del linguaggio novecentesco esigono una gestualità adeguata, come pure un'opportuna tecnica in sede di prove.

Quando lo stile è familiare, il direttore si regola essenzialmente sul fraseggio e sull'impulso. Il gesto mira anzitutto a ottenere coesione e fluidità, poiché molte cose vanno a posto da sole: in tal modo la gestualità può essere abbastanza libera, poiché non sussistono troppi pericoli di incidenti, a eccezione forse di vuoti di memoria o cadute d'attenzione. Quando la musica è densa, come nell'ultimo dei *Drei Orchesterstücke* di Berg, occorre prestare molta attenzione all'equilibrio fra le diverse componenti della polifonia. Ciò non è realmente dato o stabilito dal testo, se non su un piano abbastanza astratto. Spetta al direttore stabilire le relative priorità e gerarchie che conferiranno a questa polifonia un valore sonoro. Quando il ritmo è irregolare, come in Stravinskij, Bartók o Messiaen, il gesto dev'essere chiaro e corrispondere a una precisa geometria cui ci si deve attenere rigorosamente, poiché l'esattezza della comunicazione ottica diviene allora essenziale. Ma non avrebbe senso dirigere in questo modo Debussy: nel suo caso occorre al contrario impregnare di flessibilità la stessa battuta, il che non significa certo mancanza di precisione. Se d'altro canto l'opera richiede di indirizzare segnali specifici a un musicista, è necessario stabilirne esattamente il codice in sede di prova, onde evitare qualsiasi ambiguità.

Vorrei aggiungere che non tutti i lavori si provano allo stesso modo. Se l'opera è concepita come un flusso continuo, è indispensabile lavorare in chiave di continuità; si dimostra essenziale, come già sappiamo, fissare la traiettoria del movimento o dell'opera intera, e perciò è meglio memorizzare temporaneamente i problemi riscontrati e correggerli in una fase successiva, o altrimenti il significato del lavoro sparirebbe man mano che si rinnovano le interruzioni e l'interesse dei musicisti si affievolisce. Ciò è altrettanto vero per un dramma di Wagner che per il *Pelléas et Mélisande* di Debussy. Se il lavoro è costruito come una specie di rompicapo o di mosaico (penso alle *Sinfonie di fiati* di Stravinskij) è piú utile ripetere l'uno dopo l'altro i passaggi fondati sui medesimi principî; soltanto dopo aver effettuato questa messa a punto il direttore ricostruirà l'integrità del rompicapo e tutti capiranno il modo in cui è strutturata l'opera. Altrettanto accade con le Variazioni op. 31 di Schönberg. Sarà opportuno provare in primo luogo le variazioni scritte per la grande orchestra al completo, poi quelle concepite per differenti impasti strumentali a somiglianza della musica da camera. Allorché si dirigerà l'opera da cima a fondo, il contrasto fra questi tipi d'organico permetterà di distinguere istantaneamente le due famiglie di sonorità, e quindi una componente essenziale della forma. In tal senso, una prova può divenire una lezione di composizione estremamente diretta e pratica, senza far necessariamente ricorso a un vocabolario piú astratto e teorico. È proprio questa una seria difficoltà per il direttore d'orchestra: trasmettere nel modo piú immediato possibile una conoscenza approfondita della partitura. Per ottenere davvero il successo nella direzione d'orchestra occorre anzitutto essersi prefisso, in maniera insieme intuitiva e consapevole, il rapporto fra la concezione musicale e il modo di ottenerne la conferma sonora.

Le conoscenze, la tecnica e il mestiere sono assolutamente necessarie, ma non basterebbero a spiegare la qualità di una certa interpretazione, poiché la spontaneità dell'istante resta la parola chiave e il mistero principale. Vi è un paradosso nella professione del direttore d'orchestra e dell'interprete in generale: piú si è imparato, piú si conosce, e piú ci si può abbandonare all'impulso immediato, permettendosi di essere intuitivi e spontanei. In definitiva, il fenomeno della *spontaneità acquisita* sta alla base di ciò che si chiama interpretazione. Questa non dipende soltanto dalla quantità e dalla qualità del lavoro preparatorio; le opere che non ero assolutamente riuscito ad assimilare malgrado la fatica sostenuta si sono rivelate immediatamente piú familiari di prima quando le ho affrontate di nuovo dopo un periodo di riposo totale, come se fosse stato in azione un processo sotterraneo e nient'affatto cosciente: un dono in apparenza piovuto dal nulla.

A torto o a ragione, mi si ritiene un essere esclusivamente razionale e logico, e dunque in possesso dei requisiti primari dell'oggettività. Ma credo di sapere che razionalità e logica si fondano sull'incertezza del confronto soggettivo. Senza questo mistero instabile e volatile, la direzione d'orchestra sarebbe altrettanto appassionante?

Berlioz, H.

1843 *Le chef d'orchestre: théorie de son art*, in *Grand traité d'instrumentation et d'orchestration moderne*, Schönenberger, Paris; ripubblicato da Actes Sud, Paris 1988.

Boulez, P.

1981 *Points de repère*, Bourgois, Paris (trad. it. *Punti di riferimento*, a cura di J.-J. Nattiez, Einaudi, Torino 1984 (in particolare «Il testo e la sua realtà», pp. 327-406); nuova ed. *Points de repère*, I. *Imaginer*, a cura di J.-J. Nattiez e S. Galaise, Bourgois, Paris 1995.

Monteverdi, C.

1926-68 *Tutte le opere*, a cura di G. F. Malipiero, 17 voll., Universal Edition, Asolo-Wien.

Schindler, A.

1840 *Biographie von Ludwig van Beethoven*, Aschendorff, Münster.

Wagner, R.

1851 *Ein Theater in Zürich*, ora in *Gesammelte Schriften und Dichtungen*, Olms, Hildesheim 1976, vol. V, pp. 20-52.

1869 *Über das Dirigieren*, Leipzig; ora *ibid.*, vol. VIII, pp. 261-337.

1963 *Mein Leben (1813-1868)*, List, München (1ª ed. integrale).

Indice dei nomi e delle opere

Stampato per conto della Casa editrice Einaudi
Presso la Libropress s.r.l., Castelfranco V.to (Treviso)
nel mese di aprile 2002

C.L. 15850

Ristampa 0 1 2 3 4 5 6

Anno 2002 2003 2004 2005